澄迈县志

（1999—2010）

澄迈县史志编纂委员会 编

方志出版社

图书在版编目（CIP）数据

澄迈县志：1999—2010 / 澄迈县史志编纂委员会
编. -- 北京：方志出版社，2020.10
ISBN 978-7-5144-4341-7

Ⅰ. ①澄… Ⅱ. ①澄… Ⅲ. ①澄迈县－地方志－
1999—2010 Ⅳ. ①K296.64

中国版本图书馆CIP数据核字(2020)第213475号

澄迈县志（1999—2010）

编　　者：澄迈县史志编纂委员会
责任编辑：王　娜

出 版 者：方志出版社
地　址　北京市朝阳区潘家园东里9号（国家方志馆6层）
邮　编　100061
网　址　http://www.zgfzcb.cn
发　　行：方志出版社图书经销中心
电　话（010）67110500
经　　销：各地新华书店
印　　刷：海南鑫汇亚印务有限公司

开　　本：889×1194　1/16
印　　张：60.625
字　　数：1432千字
版　　次：2020年10月第1版　2020年10月第1次印刷
印　　数：0001～3000册

ISBN 978-7-5144-4341-7　　定价：498元

澄迈县史志编纂委员会
（2009年8月至2012年8月）

澄迈县史志编纂委员会
（2012年9月至2017年5月）

澄迈县史志编纂委员会
（2017年6月至2019年3月）

澄迈县史志编纂委员会
（2019年4月至2020年8月）

澄迈县史志编纂委员会
（2020年8月起）

《澄迈县志（1999—2010）》编辑部
（2009年8月至2016年8月）

主　　编：王邦照
副 主 编：邓日光　何传映　黎　明
编　　辑：李实兴　李树德　李爱娥　孙　健　廖　敏　陈　平　符潇潇　李杰良

《澄迈县志（1999—2010）》编辑部
（2016年9月至2019年3月）

主　　编：王　斯
副 主 编：何传映　黎　明
编　　辑：宋家良　李树德　李实兴　廖　敏　陈　平　符潇潇　孙　健　李爱娥
李杰良

《澄迈县志（1999—2010）》编辑部
（2019年4月至2020年8月）

主　　编：王泽史

副 主 编：何传映　黎　明

编　　辑：宋家良　李树德　李实兴　廖　敏　陈　平　符潇潇　孙　健　李爱娥
李杰良

《澄迈县志（1999—2010）》编辑部
（2020年9月起）

主　　编：邱铭成

副 主 编：李华全　吴坤飞

编　　辑：宋家良　李树德　李实兴　廖　敏　陈　平　符潇潇　孙　健　李爱娥
李杰良

《澄迈县志（1999—2010）》撰稿人及供稿单位名单

（排名不分先后）

县委纪律检查委员会	梁定卓
县委办公室	张正桥　王澄山　张文淘
县委组织部	况攸琪
县委宣传部	徐　衡　钱　玮　潘在天　符运彪　张阅微
县委政法委员会	赵金波
县委统一战线工作部	许　宁
县委直属机关工作委员会	唐　旺　冯德迈　王群天
中共澄迈县委员会党校	陈明良　吴　燕
县委老干部局	曾　矫
县委关心下一代工作委员会	曾　妹　王邦照
县文明办	邝俊虹　郑　浩
县委机构编制委员会办公室	彭春梅
县人大常委会办公室	蔡笃辉　劳凤花　吴春婷
老城经济开发区管理委员会	吴年怡
福山咖啡文化风情镇管委会	
金江镇	陆家良　朱建元　廖春燕
老城镇	颜江燕
福山镇	莫惠瑜
大丰镇	曾德良　王瑞铭　朱兴建
瑞溪镇	吴展锋
加乐镇	李家驹
文儒镇	陈凤菁
中兴镇	劳宝山　齐光楠　王川鹏

仁兴镇	吴　昊
桥头镇	王昌锦
永发镇	亚春亮　罗嘉彬
金安筹备组	徐　敏　戴厚钦
县人民政府办公室	陈妡男　张冠华　洪　峣
县信访局	邵　侠　卢晓倩
县档案馆	陈丹鸿　许　宁
县工业信息化和科学技术局	王　花　王河章
县综合行政执法局	吴海波　陈海秋　王　忠　陈明明　蔡汝积　王钟贞
县市场监督管理局	金斌伟
县卫生健康委员会	罗育书　叶小灵　谢世章　王宝斐　王川翔
县人民医院	李达绚
县中医院	何发霖　林仕敏　符　丹
县妇幼保健院	王澄飞　王清旭
县爱国卫生运动服务中心	罗丽梅　王祥彬
县疾病与预防控制中心	陈麒有　陈　波　曾德媛　王　英　王　翔　童贤跃　符方武　杨　聪　蔡小丹
县皮肤性病与精神卫生防治中心	符方军
县人力资源和社会保障局	李小晶
县就业局	蔡汝存　陈赛玉
县社会保险服务中心	陈秀南
县医疗保障局	
县住房和城乡建设局	亚春亮　曾　姑
县住房保障与房产管理局	黄世娟　周　殷　王　航　林中工
县审计局	李玉梅
县税务局	黄晓雪　李潇薇　李　放
县生态环境局	吴多强　谢丽芸　王　琦
县水务局	王钟伟　陈金女

县扶贫工作办公室	王澄伟
县旅游和文化广电体育局	林佳颖　唐　颖　李　秋
县教育局	戴启滠
县财政局	王金萍　林　燕
县会计管理中心	陈　玮
县国有资产管理局	曾潇潇
县林业局	陈　安　符阳旭
县民政局	吴殷萌　王天湘
县自然资源和规划局	王开学
县气象局	陈元海
县统计局	李　静
县地震信息中心	王　敏　卓上学
县志馆	
县农村农业局	李天标　方国政　吉训祥
县畜牧兽医局	王广棠
县热作局	王　敏　黄慧文
县农业技术推广中心	
县农业机械化管理局	姜祖俊
县乡村振兴服务中心	吴忠浩
县交通运输局	王　海　陈　潭
澄迈公路分局	曾淑君　黄海转　王　芳　廖传敏
县邮政局	赵松锋
县商务局	邱其超
县烟草专卖局	王　欣
县供销合作联社	周小平
县发展和改革委员会	乔　飞
县粮食和物资储备服务中心	肖满镇　梁　峰
县应急管理局	温亚军
县消防大队	谢门周

县公安局	吴淑旭
县检察院	陈春丽　邝晓花
县法院	曾雁燕
县司法局	陈　略　吴淑薇
县人民武装部	
武警澄迈边防支队	王　伟
县退役军人事务局	彭　存　刘　勇　王德端
县政协办	王川坚　王广宏　傅　敏
县归国华侨联合会	王雪云
县工商联合会	王白冰　吴　燕　蔡星美
县总工会	徐开科
共青团澄迈委员会	王智慧
县妇女联合会	陈　静　杨　珠
县科学技术协会	王三宠
县文学艺术界联合会	蔡瑞林
县残疾人联合会	陈锦夺
中国国民党革命委员会澄迈支部	梁　恒
中国民主同盟澄迈县支部	王思雄　曾令庄
中国民主促进会澄迈县委员会	吴飞玲
致公党澄迈县支部	徐奇亮
台湾民主自治同盟澄迈县支部	符小荷
中国民主建国会澄迈县支部	陈周典
中国农工民主党澄迈县小组	许金海
中国电信澄迈分公司	庞修仁
中国联通澄迈分公司	王世宗
中国移动澄迈分公司	
中国人民银行澄迈支行	李自林
中国工商银行澄迈支行	曾秀敏
中国农业银行澄迈支行	

中国建设银行澄迈支行	黄志坚
中国银行澄迈支行	李开英
中国农业发展银行澄迈支行	
澄迈农商银行	李虹漫
中国人寿保险公司澄迈县支公司	
中国人民财产保险公司澄迈县支公司	
海南电网有限责任公司澄迈供电局	苏庆高　吴清强　陈景隆　郑大飞　伍人剑
	陈韶龙　冯斯敬　吴　彬　郑天河　潘阳红
澄迈县自来水公司	洪　慧
澄迈华侨农场	
澄迈红山农场	杨克祥
澄迈大拉农场	黄立雄
海胶产业集团红光分公司	
海胶产业集团西达分公司	
海胶产业集团昆仑分公司	
海胶产业集团和岭分公司	
海胶产业集团红岗分公司	
澄迈林场	冯成云

《澄迈县志（1999—2010）》审查验收单位和人员名单

初审验收单位和人员

澄迈县史志编纂委员会

成　员：王　宁　王　海　王川坚　王文艺　王文范　王书秘　王谋炳
王晓辉　王锡瑞　乔　飞　李　旭　李　翔　李　毅　李道强
岑　军　何传映　何深汉　张　雄　林　鹏　林　旭　陈智敏
杨　健　钟国斌　符芳松　张　雄　张山旭　欧阳斌　罗忠贵

专家评审组

《澄迈县志（1999—2010）》专家评审组

组　长：符和积

成　员：李养国　王海云　朱兴明　周文奇

复审验收单位和人员

澄迈县史志编纂委员会

主　任：吉兆民

常务副主任：司迺超

副主任：莫仲敏　杨全策　周领军　娄和文

委　员：王　宁　王　海　王川坚　王文艺　王文范　王书秘　王谋炳　王晓辉
王锡瑞　乔　飞　王康德　李　翔　李　毅　岑　军　何传映　何深汉
张　雄　林　鹏　林　旭　陈智敏　杨　健　钟国斌　符芳松　张山旭
欧阳斌　周序坚　徐琼芳　林　江　黄　颖　童清茂　蔡笃辉　廖忠兰

参会专家：符和积　王海云　周文奇

终审验收单位和审稿人员

终审单位：海南省地方志办公室

审稿人员：泰武军　陈家传　覃　偲　符思权

澄迈县城区图（2010年）

澄迈县志
（1999—2010）

澄迈湾

（2008年，吴文生 摄）

澄迈县志
(1999—2010)

县城新貌

（陈世兴 摄）

县城一角原貌

（2000年，陈世兴 摄）

金马大道

（陈世兴 摄）

澄迈县志（1999—2010）

海南西环铁路澄迈段

（2003年，陈世兴 摄）

金江防洪大桥原貌
（2003年，陈世兴 摄）

改造金江防洪大桥
（2004年，陈世兴 摄）

金江防洪大桥
（2005年，陈世兴 摄）

公开拍卖公车　接受社会监督
海南省澄迈县公务车拍卖会
澄迈县国有资产管理办公室
海南启铭拍卖有限公司

澄迈县教育科技发展基金会2010年助困奖优大会

1 | 8
2 7
3 4 5 6

1. 澄迈县公务车拍卖会
   （2004年，陈世兴 摄）
2. 澄迈县教育科技发展基金会2010年助困奖优大会（张运谅 摄）
3. 向群众发放林权证（2008年，陈世兴 摄）
4. 建设生态文明村（2002年，陈世兴 摄）
5. 现场销毁假冒伪劣产品
   （2007年，陈世兴 摄）
6. 首届海南（永发）冬季优质瓜菜种子展销会（2008年，陈世兴 摄）
7. 金江镇大村委会干部述职述廉大会
   （陈世兴 摄）
8. 大丰镇挂牌成立（2008年，陈世兴 摄）

陆侨无核荔枝基地

（海南陆侨农牧开发有限公司 提供）

澄迈县志 (1999—2010)

1|2
⑤
3|4

1. 收割橡胶（2007年，陈世兴 摄）
2. 澄迈瓜果菜良种良苗繁育示范基地 （2010年，苏晓杰 摄）
3. 瑞溪镇罗浮洋供应港澳市场瓜菜种植区（2009年，苏晓杰 摄）
4. 无籽蜜柚（2010年，王家专 摄）
5. 木瓜种植基地（2007年，陈世兴 摄）

豇豆丰收（陈世兴 摄）

海南省第一家有标示可追溯农产品加工基地（2009年，古月 摄）

商标富农——桥头沙土地瓜

（2010年，王家专 摄）

澄迈县志（1999—2010）

1	2	3
4		5

1. 人工插秧（2001年，陈世兴 摄）
2. 人工犁地（2000年，陈世兴 摄）
3. 机械化作业（2006年，陈世兴 摄）
4. 松涛灌区美亭东干渠（2001年，陈世兴 摄）
5. 粮食丰收（2001年，陈世兴 摄）

1 | 2 | 4
3 | 5 | 6

1. 内海养殖（1999年，陈世兴 摄）
2. 桥头镇玉包渔港（2008年6月，曾深 摄）
3. 龙胆石斑鱼养殖场（2009年，陈世兴 摄）
4. 渔民结网（2002年，陈世兴 摄）
5. 淡水养殖丰收（2003年，陈世兴 摄）
6. 东水港渔民出海捕鱼满载归来
（2002年，陈世兴 摄）

1. 福牛（2008年，陈世兴 摄）
2. 黑山羊（2005年，陈世兴 摄）
3. 万头猪场（2005年，陈世兴 摄）
4. 白莲鹅养殖基地（陈世兴 摄）
5. 文儒山寮鸡养殖场（2001年，陈世兴 摄）

澄迈县志(1999—2010)

白莲鹅1号

百佳汇超市
瑞佳商业广场
RUIJIA PLAZA
避风阁
热烈庆祝瑞佳商业广场百佳汇超市9月10日隆重开业
开心又实惠

来投资 来开发、您发财 我发展

1	2
3	4

1. 澄迈首家大型连锁超市——瑞佳商业广场百佳汇超市开业（2010年，王昌平 摄）
2. 基本公共服务均等化（2010年，李建 摄）
3. 老城经济开发区管委会办公大楼（2008年，陈世兴 摄）
4. 海南华盛天涯水泥有限公司（王昌平 摄）

澄迈县志（1999—2010）

1	3	4
2	5	6
	7	8

1. 澄迈被服厂（2000年，陈世兴 摄）
2. 澄迈苦丁茶厂（2002年，陈世兴 摄）
3. 上海家化一角（陈世兴 摄）
4. 武钢集团海南有限责任公司生产车间（2009年，苏晓杰 摄）
5. 通威（海南）水产食品有限公司生产车间（2009年，张杰 摄）
6. 海南翔泰渔业有限公司生产车间（2008年，陈世兴 摄）
7. 海南中航特玻材料有限公司生产车间（2007年，陈世兴 摄）
8. 福山油田花场油气处理站（2004年，陈世兴 摄）

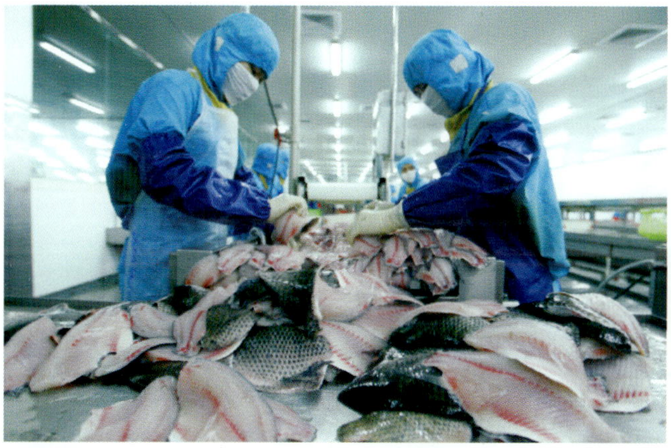

中海油气

（陈世兴 摄）

谷石滩水电站（陈世兴 摄）

澄迈县地面水厂（2001年，陈世兴 摄）

变电站
年，陈世兴 摄）

华能海口电厂
（2007年，王凯 摄）

500千伏海南联网——澄迈县
福山变电站段（2009年，张杰 摄）

中国邮政

青少年活动中心

1 | 2	6
3	
4 | 5	7

1. 第十一届中国海南岛欢乐节在福山镇开幕（2010年，王昌平 摄）
2. 圆梦·海南2008年春节联欢晚会（王昌平 摄）
3. 加乐“家家乐”文化节（2010年，王昌平 摄）
4. 澄迈县邮政局大楼（陈世兴 摄）
5. 青少年活动中心（2009年，王昌平 摄）
6. 金江影剧院（2010年，王昌平 摄）
7. 澄迈县图书馆（2009年，王昌平 摄）

澄迈县志
(1999—2010)

1 2 8
3
4 5 6 7

1. 金江中心市场（2009年，王昌平 摄）
2. 澄迈中等职业技术学校（2006年1月，曾深 摄）
3. 金江绿地广场（陈世兴 摄）
4. 2009年海南岛国际公路自行车赛澄迈赛段（王昌平 摄）
5. 澄迈县2010年“中国移动杯”呀喏哒喃新声总决赛（王昌平 摄）
6. 2010中国海南岛欢乐节跨年欢乐盛典在澄迈举办（王昌平 摄）
7. 金鑫足球训练基地（2007年，陈世兴 摄）
8. 多媒体教学（2006年，陈世兴 摄）

澄迈县志
(1999—2010)

1 2 5
3
4 6

1. 2005年海南省少年儿童乒乓球锦标赛在澄迈举行（2005年，陈世兴 摄）
2. 海南首届职工运动会在澄迈县举办（2010年，王昌平 摄）
3. 民间舞狮队（2003年，陈世兴 摄）
4. 拔河比赛（2009年，陈世兴 摄）
5. 支援汶川灾区（2008年，苏晓杰 摄）
6. 为少数民族同胞开展义诊活动（2005年，陈世兴 摄）

澄迈县志
(1999—2010)

1 | 5 / 6
2 — 7
3 | 4 | 8 | 9

1.海滩“洗龙水”
（2007年6月23日，陈世兴 摄）
2.永庆寺落成庆典暨诸佛菩萨圣像开光法会（2009年4月22日，陈世兴 摄）
3.海南月亮湾高尔夫球会（2006年，陈世兴 摄）
4.海南西海岸索菲特前沿大酒店（2006年，陈世兴 摄）
5.南泰鳄鱼湖（2006年，陈世兴 摄）
6.天然氧吧（2005年，陈世兴 摄）
7.九乐宫温泉度假村（2006年，陈世兴 摄）
8.白鹭天堂（2008年，陈世兴 摄）
9.加笼坪原始热带雨林自然保护区（2007年，陈世兴 摄）

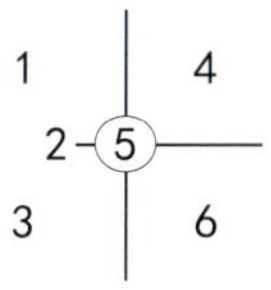

1. 济公山（2007年，陈世兴 摄）
2. 美榔双塔（陈世兴 摄）
3. 大成殿原貌（2005年，陈世兴 摄）
4. 老城镇罗驿村古村道（2005年，陈世兴 摄）
5. 永发镇南轩村石照壁（2005年，县志馆 提供）
6. 金山寺（2003年，陈世兴 摄）

澄迈县志
(1999—2010)

1	2	6
3	4	
5		7

1. 无核荔枝（海南陆侨农牧开发有限公司 提供）
2. 荔枝丰收（海南陆侨农牧开发有限公司 提供）
3. 果农喜收香蕉（陈世兴 摄）
4. 波罗蜜（2008年，陈世兴 摄）
5. 澄迈福橙（2009年10月，陈世兴 摄）
6. 福山咖啡（2008年，王家专 摄）
7. 莲雾（2005年，陈世兴 摄）

澄迈县志
(1999—2010)

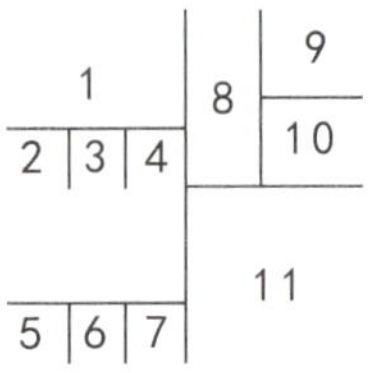

1. 咖啡糕（陈世兴 摄）
2. 福山咖啡豆（王家专 摄）
3. 桥头沙土地瓜（王家专 摄）
4. 瑞溪粽子（2010年，王家专 摄）
5. 每年农历二月第一的“丁日”，澄迈南部一些农村为小孩取名，在举办“押手丁”仪式上摆放的大煎堆（陈世兴 摄）
6. 长安芝麻糖（陈世兴 摄）
7. 丹尾大茂酸菜王（陈世兴 摄）
8. 瑞溪腊肠（陈世兴 摄）
9. 白莲白切鹅（陈世兴 摄）
10. 澄迈白切鸡（陈世兴 摄）
11. 烤乳猪（陈世兴 摄）

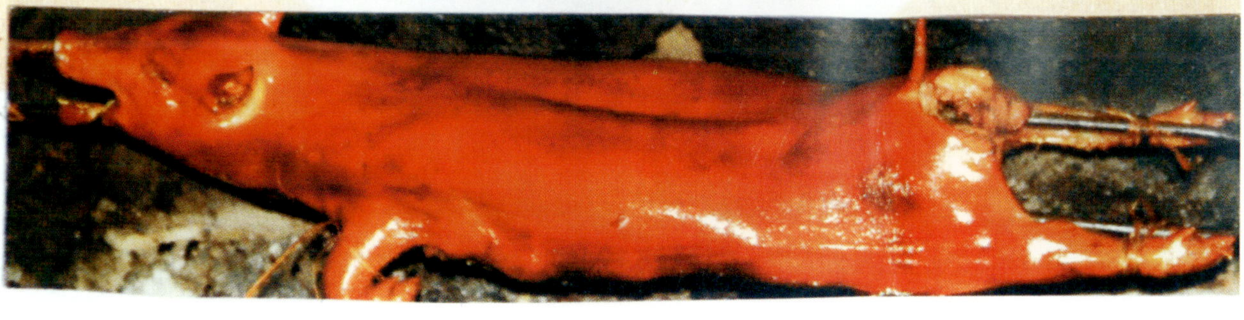

中华人民共和国

1 2 3
4 5
6

1. 执子之手与子偕老（澄迈县长寿研究会 提供）
2. 长寿老人在择菜（2010年，澄迈县长寿研究会 提供）
3. 长寿老人在劈柴（2010年，澄迈县长寿研究会 提供）
4. 长寿老人风采（澄迈县长寿研究会 提供）
5. 长寿老人风采（二）（澄迈县长寿研究会 提供）
6. 长寿老人在打门球（2010年，澄迈县长寿研究会 提供）

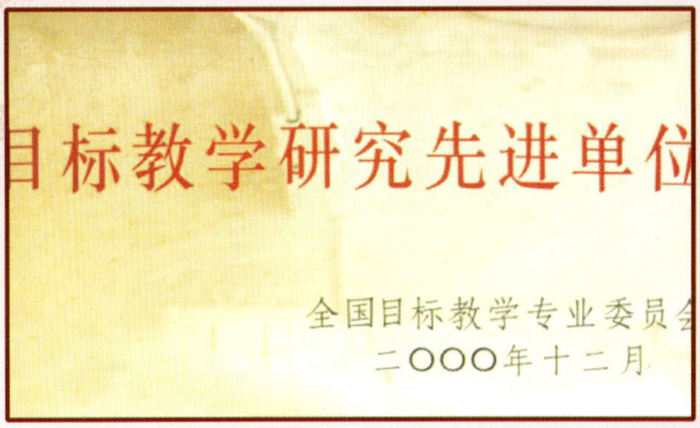

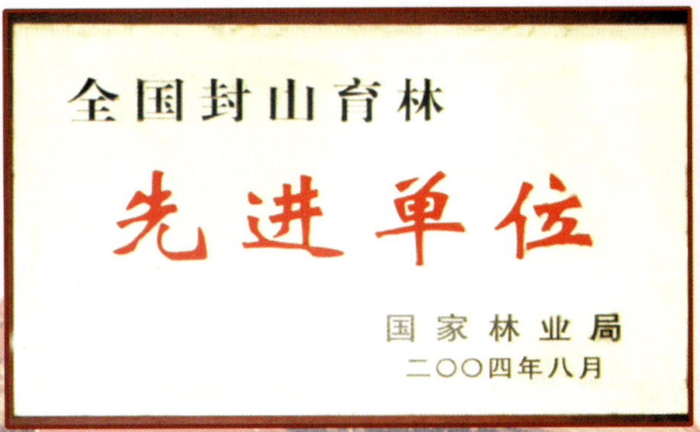

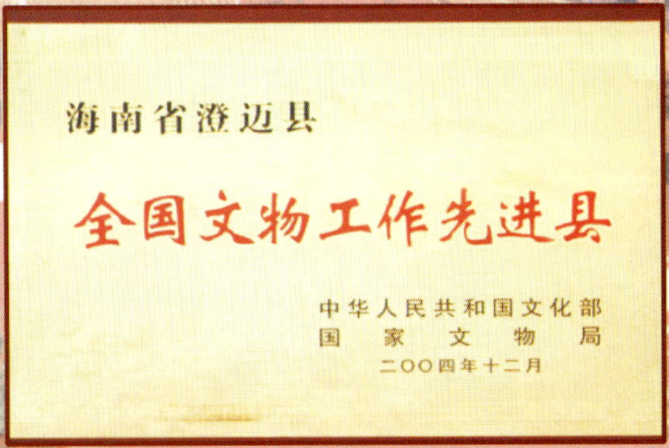

（以上图片均由澄迈县档案馆 提供）

澄迈县志（1999—2010）

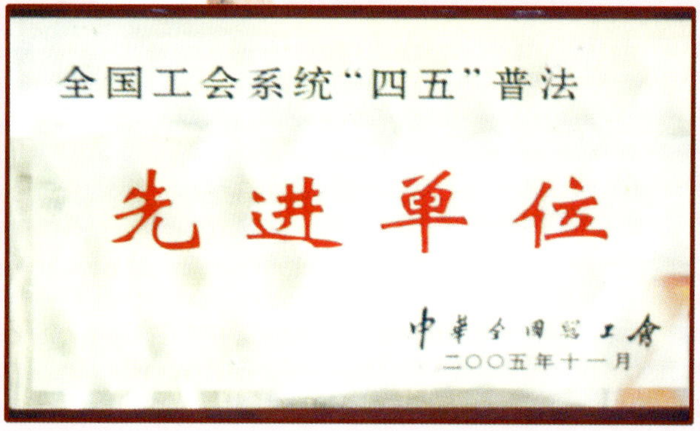

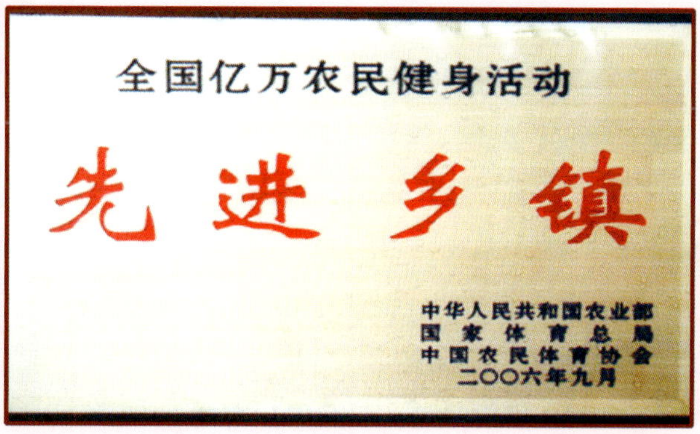

（以上图片均由澄迈县档案馆 提供）

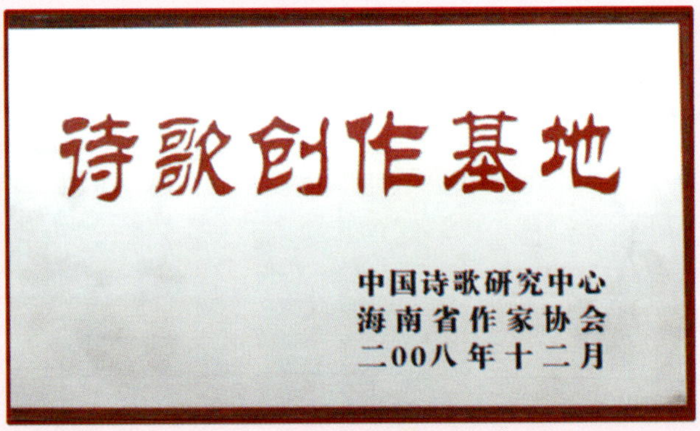

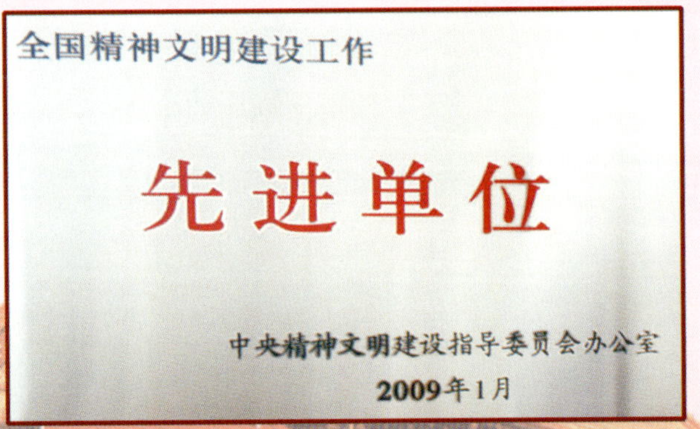

（以上图片均由澄迈县档案馆 提供）

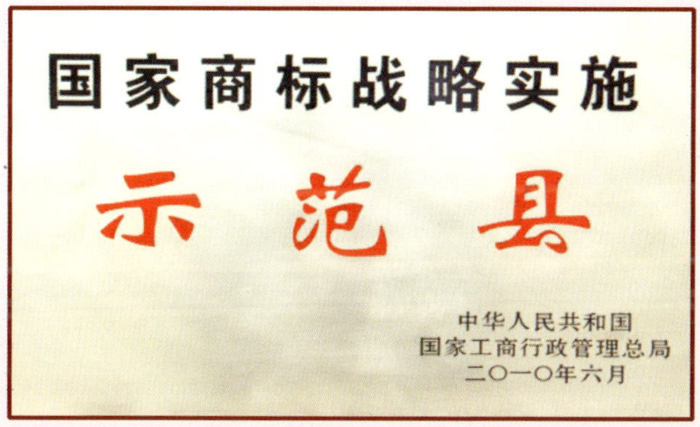

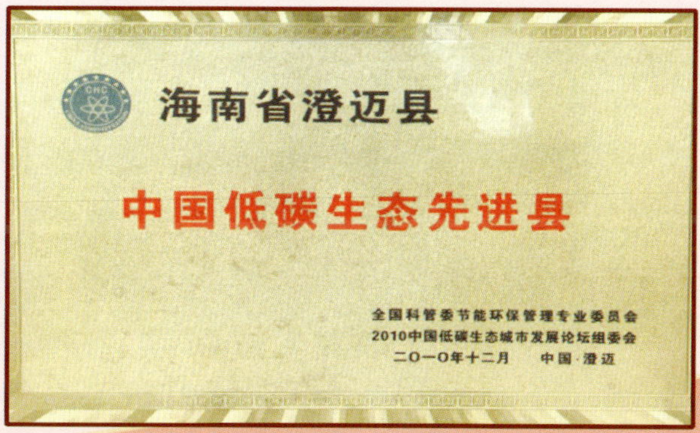

（以上图片均由澄迈县档案馆 提供）

序

《澄迈县志（1999—2010）》几经寒暑，即将付梓问世，这是澄迈历史上的一件盛事，可喜可贺！

这部志书是中华人民共和国成立后澄迈县第二部县志，它是全县经济发展、城乡面貌变化和社会建设业绩的实录，反映了这段时期全县自然和社会的历史与现状，是澄迈县之总览，是澄迈县的“百科全书”。它为子孙后代留下真实的历史资料和历史借鉴，其“存史、资政、育人”的作用与价值，在当代和未来都不可估量。

澄迈历史悠久，文化厚重，人杰地灵，修志古风绵延不绝，历史上澄迈县有过七次修志记载，现存志书有四个版本，其尽叙历史沿革之要略，追记先贤英杰之功绩，反映经济文化之盛衰，留下极其宝贵的历史文化遗产。

物换星移，岁月增辉。1999 年至 2010 年，中共澄迈县委、澄迈县人民政府举全县之力，栉风沐雨，奋发图强，大力实施“三县一地”（生态现代化建设县、新型工业县、休闲旅游县和热带高效农业示范基地）经济社会发展战略，施发展之计，展小康蓝图，全县经济发展突飞猛进，城市建设日新月异，农村面貌焕然一新，谱写了社会主义建设的绚丽篇章。

盛世修志，以史为鉴，古有优良传统，今当继承创新。全面、真实、准确地记述澄迈县这段时期的历史进程，这是澄迈修志工作者义不容辞的责任。《澄迈县（1999—2010）》是在澄迈县委、县政府的高度重视下，经过全体修志人员的辛勤笔耕，集各方之智，尽各界之力，历经十载寒暑，十易其稿，终于成书。其工程之浩繁，工作之艰辛，诚非常人所力及。该志书详细记载澄迈县的地理、政治、经济、文化、社会等方面的情况，反映了各行各业的发展变化，是一部体例完备，框架合理，图文并茂的澄迈新志书。

编修县志，有益当代，惠及后世。《澄迈县志（1999—2010》是澄迈县委、县政府遵循中央关于修志工作各项指示精神，通过县地方志办公室，组织广大修志人员，以马克思主义，毛泽东思想为指导，用历史唯物主义和辩证唯物主义观点，继承并发扬修志优良传统，广征博采，精心笔耕的成果。该志书仍续前志体例，用“述、记、志、传、图、表、录”之体裁，取“编、章、节”之架构，首为概述，次为大事记，后为专志，末为附录，凡 18 编 77 章 358 节 143 万字。《澄迈县志（1999—2010）》集思想性、科学性和资料性为一体，以翔实的内容、鲜明的时代特征，浓郁的地方色彩，把澄迈千年古县的发展历史奉献给全县人民和广大读者，为今后规划建设和治理澄迈，提供了宝贵的历史借鉴和科学依据，它是澄迈县社会主义精神文明和物质文明建设的可贵结晶和全县广大人民的宝贵精神财富。相信这“一方之文献”一定会得到社会各界人士的珍视，让其裨益当代，泽惠后世。

鉴古知今，继往开来。修志之意，旨在激励当代，启迪后世。诚望全县广大人民承先辈壮志，尚拼搏精神，人尽其才，物尽其用，续写澄迈新篇章。

编修县志是一项文化建设工程，在十年的编修过程中，得到海南省地方志办公室的领导和专家的及时指导，县内老干部和各界人士给予大力支持和帮助。《澄迈县志（1999—2010）》的成书，是全县广大修志工作者甘居寂寞，无私奉献的结果。借此机会，向辛勤耕耘在修志工作一线的人员和所有为《澄迈县志（1999—2010）》作出贡献的同志们和社会各界朋友，致以衷心的感谢和深挚的敬意！

是为序。

澄迈县史志编纂委员会

2020年9月

凡 例

一、本志书以马克思列宁主义、毛泽东思想、邓小平理论、“三个代表”重要思想、科学发展观、习近平新时代中国特色社会主义思想为指导，坚持辩证唯物主义和历史唯物主义原则，全面、系统地记述澄迈县自然与社会的基本情况，力求做到思想性、科学性和资料性的相互统一，并突出时代特征和地方特色。

二、本志书是第一轮《澄迈县志》的续志，记述时限为1999—2010年，为保持事项记述的完整性，某些内容适当上溯。记述的地域范围为2010年12月底的澄迈县区域。

三、本志书采用述、记、志、传、图、表、录等体裁，以志为主，为编、章、节结构。使用规范的现代语体文记述，除引用原文外，均以第三人称记述。全书共设18编，以事分类，以时为经，横排纵述。

四、本志书中华人民共和国成立前，以历史纪年括注公元纪年法；中华人民共和国成立后，一律采用公元纪年法。

五、本志书历史称谓沿用当时称谓，必要时括注今称谓；今称谓使用标准名称；字数较多的称谓首次出现时用全称，其后用简称。志书中简称的“省”指海南省，“县”指澄迈县，“党”指中国共产党（简称的省委、县委、镇委均指中国共产党的地方组织或基层组织），“团”指中国共产主义青年团。

六、本志书入传人物依照“生不立传”原则，排列按卒年先后为序，对2010年仍在世人物用以事系人或以录、表等方式入志。所记人物不受籍贯限制。

七、本志书的文字、标点、数字和计量单位等分别依照《中华人民共和国国家通用语言文字法》、《标点符号用法》（GB/T 15834—2011）、《出版物上数字用法》（GB/T 15385—2011）、《中华人民共和国计量法》等规定，农田土地面积仍沿用“亩”作为计量单位。

八、本志书所采用的资料，凡来自澄迈县各单位、文献和旧志摘抄的，入志时不再注明出处；其他来源的则随文括注。

目 录

第二编　国土管理 环境保护

第三编 城乡建设和管理

第四编 农 业

第五编 工业 交通 电信 邮政

第六编 水务 电力

第七编　商贸 服务业 旅游

第八编 财税 金融

第九编 综合经济管理

第十编　中共地方组织

第十一编　政权 政协

第十二编 民主党派 群众团体

第十三编　政法 军事

第十四编 综合政务

第十五编　科技 教育

第十六编 文化 体育

第十七编 医疗 卫生

第十八编　人　物

总 述

澄迈县地处北纬19° 23′ — 20° 01′ ，东经109° 45′ — 110° 15′ ，位于海南岛的西北部。东邻海口市，西接临高县，南毗屯昌县、定安县，西南与儋州市、琼中黎族苗族自治县相连，北临琼州海峡，与雷州半岛隔海相望，全境东西宽56.25千米，南北长70千米，全县陆地面积2072平方千米，海域面积470.53平方千米。自西汉元封元年（前110年）置县，已有2120年的悠久历史。2010年，辖金江、瑞溪、永发、老城、加乐、文儒、福山、桥头、中兴、仁兴、大丰等11个镇、177个村（居）委会、867个自然村。境内有3个国有农场（金安农场、红光农场、西达农场）、1个省直属林场（澄迈林场）、1个省级开发区（海南老城经济开发区）、1个国家级综合保税区（海口综合保税区）、1个国家级枢纽港（马村中心港区）。民族除汉族外，还有黎族、壮族、苗族、瑶族、回族、满族、藏族、布依族、土家族、彝族、畲族、蒙古族、侗族、毛南族、仫佬族、土族、仡佬族、傣族、哈尼族、高山族、水族、京族、东乡族、朝鲜族、维吾尔族、羌族等27个少数民族，2010年，全县户籍总人口约56万人。澄迈是世界长寿之乡、世界富硒福地、中国生态文化示范县。

一

澄迈地势南高北低，分为平原、丘陵台地和丘陵岗地三类。南部为丘陵山地，中部为河积平原，北部为台地和海积平原。海拔300米以上的山峰有大王岭、白石岭、白茶岭等14座，其中大王岭海拔513米，为全县最高峰。地属热带季风气候，光照充足，雨量充沛，气候温和，四季如春，全年无霜。年均日照2017.6小时，年平均气温23.8℃，最高气温41.1℃，最低气温1.1℃，年均降雨量1790.7毫米。

境内河流众多，水资源丰富。有大小河流20多条，总长250千米，常年流量35亿立方米，地下水总储量3.2亿立方米，其中优质地下矿泉水7处。南渡江流经8个乡镇，流程116.3千米，年均流量13.4亿立方米。建有中型水库4宗，小(一)型水库13宗，总库容量1亿立方米，蓄水工程472宗，引水工程90宗，年年加大投入大搞冬修水利建设，用水实灌面积1.15万公顷。

澄迈土地肥沃，土地总面积2072平方千米，土壤以砖红壤为主。全县耕地面积2.75万公顷，其中水旱田1.54万公顷，旱坡地1.21万公顷。宜林热作地8万公顷，已开发7.8

万公顷。宜牧地1万公顷，沿海滩涂2900公顷。全县光、热、水充足，适宜多种热作物生长，热作资源丰富。种植橡胶9000公顷，椰子1500公顷，咖啡800公顷，胡椒1.067公顷，槟榔1200公顷，益智70公顷，福橙1500公顷，无籽蜜柚333.3公顷，无核荔枝333.3公顷。

澄迈物产丰富。野生动物有黄猄、野猪、豪猪、野兔、狐狸、穿山甲、水獭等10多种。其中金钱龟、毛鸡为高级补品，鹧鸪和野兔营养丰富，被誉为“飞禽鹧鸪走兽兔”。昆虫种类不计其数。饲养禽畜有鸡、鸭、鹅、羊、牛、猪等。植物中，有经济价值的有上百种，其中贵重木材为母生、青梅、花梨、荔枝等。土特产及药材主要有红藤、白藤、益智、砂仁和槟榔等。热带经济作物有橡胶、椰子、甘蔗、香茅、油棕、胡椒、剑麻、咖啡、苦丁茶、福橙、无籽蜜柚、无核荔枝等。粮食作物以水稻为主，还有10多种薯类和5—6种豆类。瓜类有辣椒、西红柿、毛瓜、菠萝、荔枝、西瓜等几十个品种。

县内已探明的陆地矿产资源有石灰石1070万吨，石英石5000万吨，还有石油、水晶、黄金、白银、泥煤、锌铝、赤铁、高岭土、花岗岩、玄武岩、砖瓦黏土矿、锰等十多种。全县发现矿产地55处，其中金属矿产地11处，非金属矿产地32处，能源矿产4处，水气矿地8处。

全县海洋面积470.53平方千米，海岸线长127.3千米(含内湾线)，内外港湾15处，属琼州海峡和北部湾的一部分，水温暖和，海水深度大，盐度适中，发展港口贸易，海洋捕捞业、养殖业等条件优越。内港湾有浅海涂滩1533公顷，海水有机物质丰富，是海水养殖的理想基地。近港湾海域盛产马鲛鱼、红鱼、黄花鱼、石斑鱼、鲳鱼、金枪鱼、鱿鱼、墨鱼、龙虾、虾米等名贵海鲜。内外港湾均可建2万吨级泊位码头。海岸景观分布在北部沿海一带，主要景点有盈滨半岛和太阳湾旅游区；人文景观主要有美郎姊妹塔、老城永庆寺、金江金山寺；山石景观有济公山、九乐山温泉、奇石岗、仙人洞等。

二

1999—2010年，澄迈县大力实施“三县一地”（生态现代化建设县、新型工业县、休闲低碳旅游县，热带高效农业示范基地）战略，经济社会各项事业取得巨大成就。

经济总量大幅提升。1999年，全县生产总值达20.8亿元，其中，第一产业9.2亿元，第二产业7.9亿元，第三产业3.7亿元。社会固定资产投资总额8.7亿元，财政收入13886万元。2010年末，全县完成生产总值（不含农垦）106亿元，首次突破百亿元大关，人均生产总值23785元，突破3000美元大关，同比增长25.6%。其中，一产30.03亿元，增长

12.3%；二产 49.31 亿元，增长 26.4%；三产 26.66 亿元，增长 41.0%。三次产业结构为 28.3 ∶ 46.5 ∶25.2。全口径财政收入 28.17 亿元，同比增长 105.6%，其中县级各项收入 21.47 亿元，增长 157.6%;地方财政一般预算收入 10.06 亿元，增长 88.6%。全社会固定资产投资 83.73 亿元，同比增长 100.2%。全县旅游接待人数 76 万人次，同比增长 50.0%，累计旅游收入 3.10 亿元，同比增长 51.7%。社会消费品零售总额 14.27 亿元，增长 18.0%。城镇居民人均可支配收入 14808 元，增长 23.4%。农村居民人均纯收入 5885 元，增长 12.2%。

重点项目建设成效显著。2010 年，通威水产、永凯包装材料厂、中航特玻、海胶集团乳胶丝等重点项目建成投产。“三港合一”马村中心港区一期工程完成。海南生态软件园已开园，吸引了东软集团等 143 家知名 IT 企业入驻，2010 年实现产值 15 亿元。海口综合保税区封关运行。第十一届海南岛欢乐节主会场福山咖啡文化风情镇中心区建设按时竣工并交付使用，80 多天建成 20 多万平方米的街馆、广场、道路和绿地等，创造“澄迈速度”，塑造真抓实干、敢为人先的“澄迈精神”，梦幻岛海上竞技运动项目开工建设，历时 7 年的中国最大面积的单体佛苑永庆寺落成。海南老城经济开发区实现飞跃发展，至 2010 年，全区入驻企业 613 家，项目 836 个，实际投资总额达 276.9 亿元，其中投资或产值超亿元的企业 50 多家。2010 年，老城开发区企业总产值（不含老城镇）211.7 亿元，比上年增长 52.8%；国内生产总值 64.71 亿元，比上年增长 45.7%；全口径财政收入 18.32 亿元，比上年增长 89.3%，占全县财政总收入的 65.0%。

特色农业不断壮大。创建“商标富农工程示范县”，被国家工商总局授予“国家商标战略实施示范县”称号。推进农业标准化、产业化和国际化进程，“有标识可追溯农产品示范县”“无公害农业科技示范县”“农业生产现代化示范县”“富硒农产品示范县”建设效果明显。福山咖啡、澄迈福橙、桥头地瓜、无籽蜜柚、无核荔枝、白莲鹅、文儒山寮鸡、澄迈福牛、新吴鸭等农产品成为全省乃至全国精品。其中，苦丁茶、福山咖啡等产品获得“国家地理标志保护产品”，澄迈福橙获“中国十大名橙”“中国国宴果品”等荣誉。建成中华人民共和国农业部认证的 19 个无公害瓜菜生产基地，冬季瓜菜种植面积、总产量、出岛量、出口量、单项人均收入等五项指标均居全省前列。2009 年，全省第一家供港澳瓜菜加工厂惠民农产品出口配送中心建成运营，瓜菜和水产品加工出口总量达到 23 万吨，全省排名第一，其中瓜菜供港澳和出口中亚五国 13 万吨，水产品加工出口美国、欧盟等 10 万吨。2010 年末，农业总产值突破 40 亿元，达到 45.59 亿元，年均增长 10.4%。

城乡建设全面提速。澄迈县城城市总体规划、老城片区总体规划、第二轮澄迈县土地利用总体规划等修编获省政府批准，金马片区、县城旧城区、老城片区和各镇的控制性详细规划基本完成，金马物流中心规划、金山寺佛教文化公园总体规划、各镇的土地利用规划、金江休闲娱乐之都和福山咖啡文化风情镇规划等已完成。县城环城西路、解放路、立新路等县城“三纵三横”主干道改造工程、金江中心市场改造、金江污水处理厂、老城开发区供水厂、西区污水处理厂等项目建成。老城开发区建成道路69千米，基础设施达到“七通一平”（道路通、给水通、供电通、排水通、热力通、电信通、燃气通及土地平整）的国际优良开发条件。开展创建“国家级卫生县城”活动，整治城乡“脏乱差”，硬化县城小巷230多条，完成金江、福山、老城等街道立面改造，城乡面貌明显改观。

社会各项事业全面发展。全力改善保障民生，通过实施为民办好事实事，逐年加大民生投入，把新增财力主要用于改善民生，推动“8+2”工程的深入开展。在教育方面，实施九年义务教育和高中、职中免费教育，落实“三免四补”政策，投资7500万元建设县职教中心、青少年活动中心和澄迈中学改造工程，实施农村中小学远程教育、中小学校舍安全、生态循环型学校建设等工程，加快建设思源学校、孤儿学校、特殊教育学校，办学品位不断提升。在医疗卫生方面，全面实施医药卫生体制改革和建立健全三级公共卫生服务网络，重大传染病得到有效遏制，投入近1亿元完成县医院迁建工程，建设农村卫生室226个，实现村村有卫生室目标。实施“健康澄迈”医疗健康服务信息化示范县建设；在社会保障方面，建立完善社会救助、医保、社保和城乡低保制度等四大保障体系，城乡基本医疗保障体系覆盖全县。推行新农保，60周岁以上人口基础养老金发放率达100%。城市4539户11154人和农村6590户10426人纳入低保，做到应保尽保。给80岁以上老人按每月60元、200元、500元等标准发放长寿补贴，被评为“中国长寿之乡”。全面启动华侨农场1.37万名职工养老、医疗保险工程。在就业方面，通过加大就业培训、开发公益性岗位和组织劳力输出，累计新增就业17258人，下岗失业人员实现再就业6397人，农村劳动力转移就业40236人，做到零就业家庭动态为零。在住房方面，把保障性住房建设作为一号民生工程，2003年实施保障性住房建设，累计建设经济适用房4899套、廉租房1460套和农村危房改造842间，解决一大批公职人员和困难家庭住房难问题。全面完成华侨农场危房改造，得到国侨办的肯定。在电信金融服务方面，实现所有行政村通宽带和安装POS机（刷卡消费终端）。在文化设施建设方面，实施全国文化信息资源共享工程，推进农村“一站一室两场”文化设施建设，全县11个镇都建有文化站；建设226个农村文化室、156个农家书屋和232个篮（排）球场。县图书馆、文化馆、展览馆、金江影剧院、广播电视演艺中心等重大文化设施投付使用。新编《澄迈县志》出版发行。“花瑰艺术”被列入第三批国家级非物质文化遗产保护名录。在农民增收方面，大力实施橡胶槟榔富民、特色农业富民、商标富民、打工经济富民等四个“富民工程”，加大对农民的各类直补力度，良种补贴、农机具购置补贴、农资综合直补等28种补贴资金通过银行卡集中发放。

在社会主义新农村建设方面，妥善处理土地纠纷问题，累计处理土地纠纷案件313宗，面积1933公顷。全县累计投入4300万元，建设449个文明生态村，占自然村总数的51.8%。基本完成176个村（居）委会共669千米的农村通畅工程项目建设，实现所有行政村通硬化道路；1000人以上自然村通畅工程正抓紧实施。投入1.45亿元，建成147宗农村饮水安全工程，解决432个自然村23.28万人的饮用水安全问题。县城首次开通公交线路，结束澄迈县无公交车的历史。

三

加强社会管理，坚持不懈抓好维稳工作。深入开展打击吸贩毒、“两抢一盗”（抢劫、抢夺，盗窃）等各类专项严打活动，连续3年荣获“全省优秀禁毒市县”称号。强化信访工作，坚持开展“大接访”和网上信访，开通政风行风热线，促进退役士兵安置、工商分流人员、失地农民保障、土地纠纷等一批历史遗留问题的解决。落实安全生产责任制，进一步完善安全生产应急救援体系，为群众安居乐业创造良好环境。加强国防动员和战备力量建设，民兵预备役建设、国防动员和双拥共建工作有新的进展，连续4届荣获“全国双拥模范县”称号。较好地完成计划生育责任管理目标任务。统计、审计、档案、民族宗教、法制、妇女儿童、外事侨务、口岸、对台、气象、防震减灾等各项工作也取得新的进步。

改革创新硕果累累。1999—2010年间，投入近3亿元完成国有企业改革86家，安置职工7216人。每年投入1000万元支持中小企业发展。帮助涉农中小企业贷款5年累计8030万元。农业保险试点改革取得新进展，新增水稻保险等7个险种。全面完成集体林业产权制度主体改革，完成确权发证面积4.06万公顷。华侨农场改革不断深入，设置大丰镇，同时保留华侨农场，实行一套人员、两块牌子的管理模式。改革津贴发放方式，将全县公务员阳光津贴的40%和机关工作人员交通补贴的50%，按工作绩效发放。积极配合农垦社会职能改革，接收教职工1282人，农垦居民参保32045人。加强政府职能改革，成立招商局、城市管理局等。加大财政管理制度改革力度，国库集中支付全面铺开。成立城市建设有限公司、城乡建设有限公司、老城开发区发展有限公司，进一步拓宽澄迈县经济发展投融资渠道，成功采用BT模式建设福山咖啡文化风情镇和城乡水电路等基础设施建设。做好省下放权力的衔接落实工作，用好、用活、用足省下放澄迈县172项事权。强化行政效能监察，政务中心的服务功能显著增强。切实改进机关干部工作作风建设，开展制度“廉审”，落实党政领导干部问责暂行规定和“一岗双责”制度，实行廉政维稳保证金制度，深入开展“三联”（联村、联户、联企）活动。推行无纸化和手机办公系统，提高行政机关执行力和工作效率。加大反腐倡廉工作力度，2006—2010年立案73宗，给予党纪、政纪处分94人，收缴违纪资金和挽回经济损失近400万元，促进干部勤政廉政。

1999—2010年，澄迈县先后获得中国50家投资环境诚信安全区、中国最具投资价值20强开发区、中国长寿之乡、中国福橙之乡、中国无核荔枝之乡、中国绿色名县、中国生态文化建设示范县、中国低碳生态先进县、中国低碳旅游示范区、中国富硒产业示范区、国家级食品安全示范县、国家商标实施示范县、全国生态文明先进县、中国最佳休闲旅游县、全国科普示范县、全国双拥模范县、全国群众体育工作先进单位等30多项国家级殊荣。

优越的自然资源和得天独厚的区位优势，是振兴澄迈的有利条件。澄迈的发展潜力巨大，前景光明，前程灿烂。在中共十七大精神指引下，澄迈人民坚持科学发展，励精图治，扬长避短，按照县委提出的“三县一地”经济社会发展战略，努力打造“三大产业经济功能区”，建设“六大产业体系”（无公害绿色生态农业、新型工业、现代物流业、休闲低碳旅游业、历史福寿文化产业、生态旅游房地产业），形成“一都二中心三区四镇”（金江休闲文化娱乐之都，金马现代物流中心、粤海铁路南站物流中心，海南老城经济开发区、盈滨半岛国家AAAA级度假旅游区、加笼坪热带雨林生态旅游区，福山咖啡文化风情小镇、台湾民俗文化风情小镇、欧洲文化风情小镇、红树林湿地风情小镇）的格局，为建设富裕、民主、文明、和谐的社会主义新澄迈而奋斗。

大 事 记

1999 年

3 月 16 日，澄迈县第一家乡镇计划生育服务所——瑞溪镇计划生育服务所建成投入使用。

3 月 17 日，老城镇山林发生火灾，驻军出动 200 多名官兵扑灭。

4 月 24—30 日，中国—巴西热作农业研讨会代表团一行 200 人到澄迈县考察参观热作水果基地、椰风厂等。

5 月 11 日，县四套班子、机关干部、驻澄迈军警和群众共 4000 多人整治美亭龙坡坪。

6 月，中共邓仲支部成立旧址被命名为澄迈县爱国主义教育基地。

9 月，沙土、花场、大场、道铺等地养殖牡蛎面积达 286.67 公顷，为海南省最大的牡蛎养殖基地。

12 月 16 日，投资 3180 万元的金江大型水厂一期工程竣工投入使用，日供水量 2 万吨，县城居民全部饮上卫生水。

同年，澄迈县昆仑水泥厂竣工投产，该厂总投资 1900 万美元，占地面积 7.33 公顷，年产能力 45 万吨。澄迈县被评为“全国双拥模范县”。澄迈县农田整治获海南省二等奖。中华人民共和国林业部野生动物园授予瑞溪镇加琏村“爱鸟护鸟模范村”称号。改造金江旧市场、文化北路、环城西路、人民路、中山路、文明路、文明路西区富朗六巷和县医院门前等道路，建设金屯公路金江出口。澄迈县与湖北省枣阳市缔结兄弟友好市县。桥头镇儒里湾建成 133.33 公顷鲍鱼养殖基地。黎寨地区安装广播电视接收天线，黎族同胞看上电视。

2000 年

1 月 20 日，海南海虹企业（控投）股份公司在澄迈县设立“海虹奖（助）学金”，计划年捐资 20 万元用于奖励高考成绩优秀学生，扶持特困优秀生，扶助贫困乡村学校，省政协副主席符气浩出席首捐仪式。

1—4 月，县委、县人大、县政府、县政协及县纪委、县法院、县检察院、县公安局等领导班子先后开展“三讲”（讲学习、讲政治、讲正气）集中教育“回头看”活动。

1 月 17 日，省委书记、省人大常委会主任杜青林到澄迈县检查“三讲”教育工作。

1月29日，中华人民共和国税务总局局长金人庆到澄迈县考察高效农业。

3月2日，澄迈县组织530名干部组成“三落实”工作队进驻农村，开展蹲点、定点、包点和“三下乡”（文化下乡、科技下乡、卫生下乡）工作活动。

3月7日，海南军区司令员刘人杰到澄迈县检查人民武装工作。同日，澄迈县开通“148”法律服务专线电话。

3月15日，县文体局没收销毁一批非法盗版和黄色音像制品，其中VCD光碟16860盒（张）、黄色书刊400多册。

3月17日，中华人民共和国农业部部长陈耀邦到澄迈县考察高效农业。同日，南渡江乐溪段流域水千米被污染，死鱼3万公斤。

3月19日，省公安机关摧毁盈滨岛3个特大赌场，现场抓获参赌人员852人，缴获赌资100多万元，没收赌具啤酒机677台。

3月20日，省委书记、省人大常委会主任杜青林到澄迈县参加县委班子“三讲”教育民主生活会。

3月，澄迈县热带水果示范场被省旅游局指定为定点旅游单位。

4月11日，澄迈县组织1万人到地坡岭举行种植椰树大会战，共种植椰树2万多株。

4月中旬，澄迈县在各中小学巡回开展《中华人民共和国预防未成年人犯罪法》宣传教育活动，整个活动为期2个月。

5月，全县牡蛎养殖280公顷，产值378万元；江蓠养殖286.67公顷，产值964万元；海水、淡水种苗3.5亿万尾，产值3500万元。三项指标均居全省第一位。

同月，全县鲍鱼沉箱制作5200箱，放养3050箱，名列全省第一。

6月5日，澄迈县在海口举办无核荔枝推介会。

6月28日下午，由省储备血液中心和省献血办公室主办，县委办、县政府办、县卫生局、县爱卫办协办的无偿献血活动在县委大院举行，县直机关45个单位210人参加无偿献血活动，共捐献血量3万毫升。

6月28日，印度尼西亚侨领何隆朝到澄迈县考察。同日，印度尼西亚宝利集团塑料有限公司与澄迈县签订在老城开发区兴建鸟语林公园和塑料厂合约，项目计划投资6亿元。

9月1日，巴布亚新几内亚外长约翰卡普廷到澄迈县考察。

9月6日，金江镇大拉村为村中4对新人举办集体结婚仪式。

10月10日，桥头边防派出所破获一起假冒武警走私汽油案件，抓获犯罪嫌疑人4名，缴获汽油50桶、汽车1辆。

10月中旬，海南遭受一场百年一遇特大洪灾，南渡江金江水文站水位高达29.6米，澄迈县受灾村庄 67 个，受灾人口 25.56 万人，直接经济损失 1.77 亿元。灾后，县委、县政府筹资 139.5 万元赈灾，给五保户新建住房 481 间，帮助特困灾民维修危房 341 间，并于 24 日与各乡镇委书记签订重建家园工作责任书。

10 月 30 日，海南军区副司令员招尚福到澄迈县检查征兵工作。

11 月 1 日，全国进行第五次人口普查，据凌晨 1 时统计，澄迈县共有人口 434666 人，其中男性 239519 人，占 55.1%；女性 195147 人，占 44.9%。

11 月 8 日，省委常委、纪委书记刘学斌、副省长王琼英到澄迈县检查救灾工作。

11 月 11 日，省委书记、省人大常委会主任杜青林到澄迈县检查灾后恢复生产重建家园工作。

11 月 23 日，省人大常委会副主任毛志君带领部分全国人大代表和省二届人大代表到澄迈县考察。

12 月 20 日，澄迈县举行万人签名禁毒活动。

12 月 28 日，澄迈县果菜运销协会成立，会员 80 名，副省长韩至中出席成立仪式。

同月，澄迈县实现广播电视全覆盖和村村通。

同年，长安镇引种美国青蛙试养获得成功。福山镇土艳村吴妚姑被评为“海南省十佳长寿老人”。澄迈县冬修水利建设荣获海南省一等奖。据统计，全县农村开展基层组织建设“三级联创”活动共筹资 1007 万元优化村委会办公设施，157 个村委会办公室实现楼房化。

2001 年

1 月 6 日，中共中央政治局委员、广东省委书记李长春在省委书记、省人大常委会主任杜青林、县人大常委会主任王川信等陪同下，视察澄迈县盈滨半岛南泰鳄鱼湖动物园。

1 月 31 日，第七届椰风狂欢节在永发镇椰风工业城举行，共有 3 万多人欢闹新春。

2 月 18 日、6 月 18 日，省委书记、省人大常委会主任杜青林到澄迈县检查工作。

2 月 26 日，凌晨 3 时，冰雹龙卷风袭击澄迈，冰雹暴倾半个小时，毁坏房屋 200 间，伤 3 人，经济损失 750 万元。

3 月 2 日，副省长于迅到澄迈县考察企业生产情况。

3 月，澄迈县启动农村 “文明家园建设工程”。

同月，由中科集团投资的高科技生物制药项目——黄宁素系列产品生产企业正式落户老城开发区，计划总投资 4636 元、年生产能力 3000 吨。

4 月 17 日，澄迈县代表团代表海南省应邀参加山东寿光国际蔬菜博览会，会上展出的33个瓜果菜品种备受青睐。

5月16日、8月3日，省人大常委会副主任王信田，省委常委、组织部部长张德春先后到澄迈县检查“三个代表”重要思想学教工作。

5月24日，省委常委王守初到澄迈县检查工作。

6月18日，澄迈县开展清理整顿行政事业单位资金账户。

同月，澄迈县实行副科以下干部全员竞岗，有152人通过竞岗走上领导岗位，其中提拔使用59人。通过公开报考录用345名大中专毕业生。盈滨广场建设工程竣工投入使用，其项目投资500多万元。

8月13日，省人大常委会副主任吴葵光到澄迈县进行“两基”（基本实施九年义务教育和基本扫除青壮年文盲）工作调研。

8月27日，副省长吴昌元到澄迈县调研。

9月7日，省委副书记罗保铭到澄迈县考察工作。

同日，省委常委洪寿祥率领省教师节慰问团到澄迈县慰问教师。

9月12日，省委书记白克明到澄迈县考察工作。

9月19日，省委“三个代表”重要思想宣讲团在县委礼堂举行专题讲座，由海南大学哲学博士李星良教授主讲，县委四套班子领导成员和干部群众1000人聆听讲座。

9月23日，澄迈县全面推行政务公开制度。

9月，澄迈县教育局被评为海南省“两基”工作先进单位，局教研室荣获“全国目标教学研究先进单位”称号。

10月9日，省长汪啸风到澄迈县考察工业建设情况。

10月12日，海南省禁毒戒毒工作在金江召开现场会，会上澄迈县推介以劳养戒毒新模式。

11月16日，中华人民共和国人事部、中华人民共和国农业部表彰100名优秀农村人才，澄迈县农民王廷标被授予一等功。

同月，县委、县政府决定在全县直机关、事业单位中开展“双评”（评比最佳和末位诫勉单位）活动。

12月3日，红光派出所抓获5年前杀人嫌疑徐某，并移交河南警方。

同日下午，“中国世纪爱心万里行”社会募捐活动在澄迈县拉开帷幕，县四套班子领导成员及部分部委办局负责人当场捐款3740元，后各单位陆续开展捐款活动，共捐款21800元。

12月7日，南渡江金江防洪建设工程动工，兴建北岸2000米长堤。

12月9日，澄迈县行政审批中心和投资服务中心挂牌成立并正式运作。

12月10日，粤海铁路西环线动工仪式在老城开发区举行，副省长于迅出席仪式活动。该线全长182.5千米，途经海口、澄迈、临高、儋州、白沙、昌江等6个市县，计划总投资17.4亿元。

12月25日，石浮乡扶贫大道动工兴建，项目总投资300万元。

同月，金江糖厂依法宣布破产。该厂有现金7.95万元，债务累计达2830万元。

同年，第十四次全国目标教学观摩研讨会论文评比，澄迈县共有11位教师论文获奖，其中获国家级奖3人（篇），省级奖8人（篇）。

同年，全县财政总收入突破2亿元大关，共收入22731万元。

2002年

1月8日，县四套班子领导成员、各机关企事业单位、武警官兵共3905人，及瑞溪干部群众在瑞溪大东洋进行水利建设大会战。

1月15日、10月18日，副省长吴昌元2次到澄迈县调研工业、农业建设情况。

2月3日，老城工业开发区区内联盛发加油站发生倒塌事故，造成1人死亡、1人重伤、8人轻伤。

2月8日，省委常委王守初到澄迈县检查贯彻落实党代会精神情况。

2月11日，省人大常委会副主任王信田到澄迈县慰问孤寡老人及困难户。

2月19日，椰风工业城举行狂欢节活动，省文化下乡慰问团到场演出，参加活动群众5万多人。

2月20日，位于老城开发区的粤海铁路海口南站物流配送中心动工兴建，该站占地面积33.33公顷，年物流量可达400万吨。

2月24日，长安卫生院被省卫生厅授予“爱婴医院”称号。

同月，金江镇京岭村开发村前7.06公顷百年墓兴建新村村址。

3月8日，澄迈县组织妇女干部、职工等1240名开展长跑活动，纪念“三八”国际妇女节。

同日，九乐山温泉度假山庄开业迎宾。

3月18日，副省长江泽林到澄迈县调研农业产业结构，考察无公害瓜菜基地并检查国家粮食储备库建设及“三冬”（冬修、冬种、冬管）准备工作等情况。

3月19日，澄迈县发展计划局局长王扬兰荣获全国“三八红旗手”荣誉称号。

同月，澄迈县农村推广沼气池建设。

3月7日，瑞溪镇产坡村村民自筹40多万元修建村道——瑞溪果菜一条街，该街全长500米，宽18米。

3月9日，省人大常委会副主任陈苏厚到澄迈县考察农业。

3月10日，省委副书记罗保铭到澄迈县调研。

5月1日，澄迈县公安局局长麦吉松被评为“第四届海南省十大杰出青年卫士”。

5月17日、8月14日，副省长符桂花先后2次到澄迈县了解旱情。

5月18日，省人大常委会副主任吴葵光带领执法检查组到澄迈县检查工作。

5月23日，全国更新家庭教育观念报告团到澄迈县开展巡回报告活动，来自北京的5名专家、优秀家长先后在会上作报告，与会人员600多人。

5月27日，澄迈县县首届中小学生田径运动会结束，澄迈中学、澄迈县第二小学分别获中学组和小学组团体总分第一名。

5月28日，澄迈县代表队参加海南省劳动保障知识电视大奖赛，荣获三等奖。

6月1日，海南亚太飞训练有限公司在太平乡进行森林防火空中侦察飞行器试飞获得成功。该飞行器由国外引进，飞行最高度可达3500米，飞行时长2小时，飞行里程100千米，具有森林火情火险预测、空中宣传、摄影等功能。

6月6日，副省长江泽林带领省扶贫办、省水利局等部门负责人到澄迈县指导工作。

6月5日、10月2日、10月5日，省委副书记、省长汪啸风先后到老城开发区考察工作。

6月10日，无核荔枝在桥头镇大批种植获得成功。24日，无核荔枝出口售价每千克60元。

6月12日，副省长王琼英到澄迈县考察计生工作。

6月13日，省委副书记、省纪委书记蔡长松到澄迈县检查打击“两抢”（抢劫、抢夺）工作。

6月25日，省人大常委会副主任韩至中到澄迈县调查农网改造及农业建设情况。

6月27日，省委常委钟文到澄迈县检查政法工作。

7月5日，省人大常委会副主任张德春到澄迈县检查华侨及人大工作。

同日，省文物部门展出在山口、长安、福安出土古瓷2000多件，展具有碗、壶、瓮、香炉、灯盏、碟、杯、烟斗、棋子等10多个品种。其中以碗具数量最多，碗具底部大都有“玉”“正”“福”等字样，外壁为诗文；瓷具有青釉瓷、青白釉瓷、青花瓷、黄釉瓷、褐釉瓷等5种；有些瓷器上还配有孔雀、莲花、佛像手、象棋子、青蛙、螃蟹、“马”、

“车”等图文。

7月9日，省委常委、组织部部长张纪南到澄迈县了解基层组织建设情况。

7月16日，2001年世界小姐第四名李冰、新丝路模特大赛冠军甄妮等到永发小学参加助学签字仪式，给该校特困小学生4名资助学杂费用，直至高中毕业。其中李冰捐助2名，甄妮、海润珠福公司各捐助1名。

7月18日，海南老城欣龙无纺厂引进德国水刺无纺布生产线。生产技术具有世界先进水平，年可产水刺无纺布1.2万吨。水刺无纺布被列入“2001年国家级火炬项目计划”，被列为“2001年国家重点技术创新项目”。

7月21日，澄迈县在全省率先成立农业行政综合执法大队。

同月，经省政府批准，澄迈县将原有的18个乡镇调整撤并为10个镇，即金江镇、老城镇、永发镇、文儒镇、瑞溪镇、加乐镇、福山镇、桥头镇、中兴镇和仁兴镇。

8月14日，海南省青少年篮球锦标赛在澄迈县举行。

8月22日，由省农业厅主办、澄迈县政府和省果菜运销协会承办，省农科院和海南和信集团有限公司协办的2002年海南（永发）冬季瓜菜优良种子展销会在永发果菜批发市场举行，省内外参展单位有112家，展位105个，观展群众达12万多人次。

8月26日，福建、广东、广西和海南等4个省区14名荔枝、龙眼专家到澄迈县进行研讨交流。

同月，澄迈县开通农业“110”服务电话热线，该线配备“110”行动专用车一辆，实行24小时免费为农民服务。澄迈县与琼山、儋州、洋浦被省定为首批省级课程改革实验区，小学一、三年级和初一正式启动课改实验。

9月2日，位于老城开发区美朗工业小区的海南大海水产饲料厂正式建成投产。总投资5000万元，占地25000平方米，共有4条生产线，年可生产鱼虾饲料5万吨，创产值3亿元。

9月4日，白莲中学校长李界平荣获第四届海南省中小学“十佳校长”称号。

9月4日、18日，海南军区司令员李必兴、海南军区政治部副主任黄建材先后到澄迈县检查民兵预备役和武装工作。

9月5日，省委常委、秘书长王为璐到澄迈县调研。

9月29日，省委书记、省长汪啸风率领省政府办公厅、省人事劳动保障厅、省民政厅等负责人到澄迈县考察。

9月30日，澄迈县工商体制改革完成，分流319人，接收债务8600万元。

同月，澄迈县爱委会王开雄被全国爱卫会授予“‘九五’期间农村改水改厕先进工作者”荣誉称号。永发果菜纸箱厂动工兴建。海南博士院士产业园在老城开发区挂牌成立，占地533.33公顷，入研单位人员有清华、北大、中科院及美日德英等国家院士12人、博士160多人。

10月9日，澄迈华侨农场土地确权工作完成，并率先全省通过省国土环资厅验收。

10月14日，在澄迈县实践“三个代表”工作队的工作下，瑞溪镇三多村、罗浮村化解百年积怨。

10月16日，海口、琼山、文昌、定安、临高、乐东和澄迈7个市县在澄迈县委常委会议室召开打击流窜犯罪联席会议，海口市市长王法仁、省公安厅副厅长彭晓敏等出席会议。

10月19日，由省委宣传部、省文体厅主办，中共澄迈县委、县政府承办的迎接十六大广场文艺展演在金江绿地广场举行，全省共有9个市县文艺队参演。省委副书记罗保铭、省委常委周文彰，澄迈县四套班子领导成员和澄迈5万名群众共同观看演出。

10月24日，省政协副主席王广宪到澄迈县调研。

11月6日，王国雄先进事迹巡回报告团在县礼堂作巡回报告。

11月19日，全省农业综合开发整治项目现场会在澄迈县举行。

11月25日，第三届海南欢乐节盈滨广场狂欢活动举行，省委常委王守初和澄迈县四套班子领导等参加活动。

同月，南渡江金江段防洪工程第一期工程竣工，该工程总投资1788万元，其中国债资金1500万元，县投资288万元。

12月6日，在2002年中国（海口）冬季农副产品交易会上，澄迈县先后与14个省市的果菜批发市场和运销客商签订合同43份，成交量19.09万吨，总额2.83亿元。同日，澄迈县荣获海南冬交会布展二等奖。

12月28日，老城国家粮食储备库工程竣工，总投资2782万元，建设总面积1.45万平方米，库储总量5万吨。

同年，澄迈县全面推行“村财镇管”制度，全县1040个村级组织中有1012个实行村财镇管。老城开发区共引进60个项目，计划投资84.82亿元，实际投入5.83亿元；全县财政总收入26111万元，比上年增收3380万元。通过论证，制定澄迈县城总体规划。澄迈县先后被评为全国双拥模范县，被评为“全国开展农村‘三个代表’重要思想学习教育活动先进单位”，被评为“全省农村土地流转和确权工作先进单位”，被评为“全省社会治安综合治理先进单位”，荣获“2002年全省科技先进县”称号。

2003年

1月2日，副省长符桂花到澄迈县慰问贫困残疾人和考察戒毒工作。

1月3日，国家农综办原常务副主任周清泉到澄迈县考察高效农业。

同日，全国甲级足球队海南冬训动员大会在盈滨半岛金鑫足球训练基地召开，副省长王琼英、中国足协副主席杨一民等人出席会议。

1月10日，省委常委、统战部部长王守初先后到澄迈县考察台资企业、检查“非典”防治工作等。

1月14日，全国总工会副主席苏立清率团到澄迈县慰问困难职工。

1月14日，副省长江泽林到澄迈县检查工作和调研情况。

1月26日，全国人大常委会委员阮崇武在省人大常委会副主任张德春、韩至中的陪同下，到澄迈县考察热带高效农业。

1月28日，国务院参事、国务院机关党组原副书记、副秘书长张克智到老城开发区考察工作。

同月，澄迈县政府非税收入实行“单位开票、银行代收、财政统管”的征缴管理制度。

3月4日，省人大常委会副主任王法仁到澄迈县调研。

3月6日，省委常委、省政法委书记钟文到澄迈县指导政法工作。

3月中旬，澄迈县公安机关采用测谎技术侦破一起重大交通事故意肇事案。

3月中旬，桥头镇举行水稻插秧机演示会，演示结果每台机每小时插秧0.33公顷，是人工的13倍。省农机服务中心、县农机服务中心等领导和200多名群众参加现场会。

3月18日，广州白云国际机场地勤服务有限公司在金江镇举办首届大型人才劳力交流会，澄迈县共有2000多人参加面试，其中录用351人。

3月28日，澄迈县第七届政协委员召开第一次全体会议，会上文丁开当选为县政协主席。

3月29日，澄迈县第十二届人民代表大会召开第一次会议，会议选举王川信为县人大常委会主任，选举吴九丰为县人民政府县长。

同月，澄迈县获“海南省科技进步先进市县”称号。澄迈县被评为中国50家投资环境诚信安全区之一。首届中国果菜产业论坛上，澄迈县荣获“中国果菜十强县”称号，无核荔枝被评为“中国荔枝王”，县农业局局长李志雄被评为“第三届中国果菜产业十大杰出人物”。

4月15日，澄迈县政府出台奖励农村纯女户结扎政策，除一次性奖励4000元之外，夫妇双方每人每月补贴 60 元。

4 月 23 日，海南省“非典”督察组到澄迈县检查和指导工作。

4 月 27 日，为预防“非典”，县委、县政府组织人员进驻马村港，严格检查返琼船只，县委书记、县长亲自登上返自广州货船进行检查。

同月，澄迈县成立非典型肺炎防治工作领导小组，县委领导和县委办、县政府办等有关单位的主要负责人为成员，下设办公室，全面开展抗击“非典”斗争。

5 月 14 日，省委书记汪啸风到澄迈县考察。

5 月 18 日，桥头中心小学三年级学生王某（11 岁）不慎失足落水于水库，正在放牛的同班同学王某（12 岁）发现后，奋不顾身跳入水库只身救人，因身弱力薄，双双溺死。

5 月 21 日、22 日，副省长刘琦到老城开发区调研。

5 月 31 日，中国女子足球队首次到盈滨半岛金鑫足球训练基地集训。

5 月 31 日，县劳动力服务市场和再就业培训基地建成投入使用。

6 月 3 日，中国女足在盈滨金鑫基地结束为期一周的集训后出征亚洲杯比赛，副省长符桂花到金鑫足球训练基地鼓劲助威。

6 月 20 日，省委副书记罗保铭到澄迈县考察。

6 月 24 日，省人大常委会副主任王琼瑛到澄迈县对防震减灾工作进行专项调研。

7 月 25 日，省委常委、副省长吴昌元到澄迈县考察。

8 月 28 日，第二届海南（永发）冬季优良瓜菜种子（农资）展销会在永发镇开幕，副省长江泽林、省政协副主席肖若海等出席开幕式。

9 月 15 日，省政协副主席吴葵光到老城开发区调研。

9 月 18 日，省政协副主席王辉丰到澄迈县进行基层文化建设专项调研。

10 月 28 日，世界首尊金玉大佛奉安仪式在盈滨半岛举行。

同月，海南华盛新人造板厂建成投产。

11 月 29 日，全国政协原副主席赵南起由省政协主席王广宪陪同到澄迈县调研。

12 月 2 日，金江旧大桥拆除，兴建新桥（防洪大桥）。

12 月 5 日，省委副书记、省长卫留成到老城开发区考察。

同月，睿丰光纤缆厂在老城开发区建成试产。

2004 年

1 月 2 日，省委副书记、省长卫留成到澄迈县调研。

1月2日，中国男子足球队等全国11支甲A足球队到澄迈县金鑫足球训练基地进行集训。

1月10日，汪啸风、卫留成、罗保铭、于迅、王为璐、周文彰等省领导到老城开发区考察。

1月18日，中国石油集团海南福山油田油气利用项目竣工和三个新项目举行开工典礼。

1月下旬，中华人民共和国农业部国际经济合作司司长牛盾到澄迈县考察农业工作。

2月7日，国务院侨务办国内司司长周中栋到澄迈大丰华侨农场调研侨务工作。

3月1日，省人大常委会副主任韩至中到澄迈县开展《中华人民共和国农村土地承包法》执法情况调研。

3月2日至3日，十届全国政协社会和法制委员会副主任曹克明、中纪委巡视专员戴俭明到澄迈县巡视工作。

3月7日、8日，省委常委、省政法委书记钟文到国有红光农场东潮村慰问群众。

3月12日，省人大常委会副主任秦醒民到澄迈县进行个体经济和禁毒工作调研。

3月18日至19日，省人大常委会副主任陈孙文对澄迈县贯彻实施《中华人民共和国会计法》工作进行检查。

3月30日，副省长江泽林到澄迈县开展农业调研。

4月8日，省委常委、常务副省长吴昌元到澄迈县调研。

4月21日，中华人民共和国农业部财务司副司长王正谱到澄迈县调研农业旱造生产工作。

4月26日,省人大常委会副主任张德春、韩至中、王琼瑛、王法仁、陈孙文到澄迈县考察。

4月27日，省委常委、宣传部部长周文彰，副省长符桂花到澄迈县检查指导工作。

4月28日，“海南博士院士产业园（海南省高新技术产业示范区）”开园仪式暨“国家非织造材料工程研究中心”挂牌仪式在老城开发区举行。

5月初，省委常委、省政法委书记钟文到澄迈县戒毒所考察。

5月10日，省委书记汪啸风到澄迈县调研。

5月25日，国务院五部委治理整顿土地市场秩序检查验收组到澄迈县检查工作。

5月31日，省政协副主席王辉丰到澄迈县调研新型农村合作医疗试点工作。

6月8日，副省长刘琦到老城开发区考察、调研。

6月30日，中华人民共和国质检总局副局长王秦平到澄迈县检查调研。

7月20日，全省社会治安综合治理与禁毒工作会议在澄迈县召开。

8月13日，省委副书记、省纪委书记蔡长松到澄迈县调研乡镇纪检改革。

9月7日，全国农综项目验收组到澄迈县进行项目验收。

10月14日，省人大常委会副主任陈孙文到澄迈县开展留学人员在琼创业权益保障情况调研。

10月25日，南太平洋岛国高级外交官代表团到澄迈县万嘉果农庄参观。

10月26—27日，海南省《中华人民共和国城市规划法》执法检查暨2004年海南环保世纪行动活动检查组到澄迈县检查工作。

10月29日，中华人民共和国人口计生委、卫生部、药监管理局联合督查组到澄迈县检查治理出生人口性别比偏高问题工作。

11月17日，全国人大教科文卫委员会委员李宏规到澄迈县开展《中华人民共和国人口与计划生育法》执法调研。

12月27日，副省长刘琦到澄迈县出席武钢集团海南公司脱脂线投产暨精整机组项目启动仪式。

2005年

1月20日，国务院华侨办公室副主任刘泽彭到澄迈大丰华侨农场慰问。

1月24日，省政协副主席吴葵光到澄迈县慰问残疾军人，复员军人和孤老烈属。

2月18日，副省长江泽林到澄迈县检查指导防旱抗旱工作。

2月19日，省委常委、政法委书记钟文到澄迈县调研和指导工作。

3月28日，省委常委、秘书长王为璐到澄迈老城开发区调研。

4月6日，中央督导组许东明、汪震一行到澄迈县检查指导保持共产党员先进性教育活动。

4月29日，省人大常委会副主任韩至中到澄迈县进行新型农村合作医疗工作调研。

4月30日，省委书记、省人大常委会主任汪啸风到澄迈县考察、调研。

5月19日，省委常委、副省长吴昌元到澄迈县调研和指导工作。

6月8日，省委副书记、纪委书记蔡长松到澄迈县老城开发区调研。

7月6日，省人大常委会副主任王亚保到澄迈县开展水污染防治法执法检查暨海南江河环保世纪行活动。

7月8日，省人大常委会副主任秦醒民到澄迈县进行南渡江生态环境保护立法调研。

7月20日，省老干部工农业考察团到澄迈县老城开发区参观考察。

8月23日，省政协副主席林安彬率领省政协历届委员联谊会考察团到澄迈县老城开发区参观考察。

9月8日，省委副书记罗保铭、副省长符桂花到澄迈县慰问教师并调研。

9月25—26日，澄迈县遭受32年一遇强台风“达维”袭击，直接经济损失4.97亿元。

10月19日，省委常委、宣传部部长周文彰到澄迈县调研；省人大常委会副主任陈孙文到澄迈老城开发区开展《海南省旅游条例》执法检查。

11月25日，省委副书记、省长卫留成，副省长刘琦到澄迈县老城开发区调研。

12月6日，中组部副部长、人事部部长张柏林到澄迈县调研、指导工作。

12月20日，澄迈县正式接管原省农垦场属福山、仁兴两镇。

12月21日，省人大常委会副主任王琼瑛考察澄迈县高新技术产业发展情况。

2006年

2月23日，中纪委党风室副主任赵建明到澄迈县开展农村基层党风廉政建设专题调研。

3月21日，省人大常委会副主任韩至中率省琼台农业合作调研组到澄迈县调研。

3月24日，省人大常委会副主任张德春到澄迈县调研。

4月3日，省人大常委会副主任陈孙文到澄迈县调研。

4月12日，副省长刘琦考察华能海口电厂四期工程建设情况。

4月13日，中央纪委副书记张惠新到澄迈县调研。

4月14日，国家开发银行行长高坚到澄迈县考察。

4月17日，省人大常委会副主任王法仁到澄迈县开展侨法执法检查。

5月15日，省委常委、统战部部长王守初到澄迈县视察中小学危房改造工作和出席全省中小学危房改造攻坚工程现场会。

5月25—26日，全省农村基层党风廉政建设工作会议在澄迈县召开，省委副书记、省纪委书记蔡长松出席。

5月30日，中国海南第四届盈滨龙水节项目推介会暨签约仪式在盈滨半岛举行，中国工业报社社长王军等出席会议。

5月30日，省政协副主席符气浩到老城开发区出席永庆寺大雄宝殿封顶庆典仪式和调研招商引资情况。

5月31日，福耀海南70万吨浮法玻璃项目在老城经济开发区举行开工典礼仪式。国务院特区办原主任符平，省领导汪啸风、卫留成、王广宪、吴昌元、刘琦等出席。

6月1日，全国政协常委、省政协副主席伉铁保到澄迈县进行文明生态村建设情况调研。

6月6日，省政协副主席张海国到澄迈县进行农村信用社改革专题调研。

8月8日，省委常委、秘书长肖若海到澄迈县调研和出席第五届海南永发冬季农副产品展销会开幕式。

10月25日，密克罗尼西亚联邦国会外事委员会主席阿利克在全国人大外事委员会办公室副主任高金鹭等领导的陪同下到澄迈县参观考察。

11月3日，省委常委、副省长于迅到澄迈县调研。

11月28日，省委常委、宣传部部长周文彰到澄迈县做理论学习报告。

12月6日，县、镇两级人大代表举行选举，分别选出县、镇两级人大代表215名和604名。

12月23日，中华人民共和国财政部社保司司长由旺春到澄迈县检查指导新型农村合作医疗工作。

2007年

1月16日，省委常委、组织部部长方晓宇到澄迈县指导工作。

1月16日、31日，副省长刘琦到澄迈县指导工作。

1月23日，省人大常委会副主任王学萍到澄迈县黎村苗寨调研。

1月31日，省委副书记、代省长罗保铭到澄迈县调研。

2月12日，省政协主席钟文到澄迈县调研。

3月4日，中央纪委北戴河培训中心副主任李永忠到澄迈县调研指导工作。

3月9日，副省长符桂花到澄迈县进行农村文化建设工作调研。

4月8日，中华人民共和国农业部市场与信息司司长张玉香到澄迈县调研。

4月12日，中华人民共和国海关总署副署长盛光祖到老城开发区调研。

4月12日，副省长姜斯宪到澄迈县调研。

4月18日，省人大常委会副主任王琼瑛到澄迈县调研。

5月14—15日，省人大常委会有关领导到澄迈县检查指导工作。

5月22日，省人大常委会有关领导到澄迈县调研。

7月18日，中华人民共和国人事部领导到澄迈华侨农场调研。

8月7日，省人大常委会有关领导到澄迈县调研。

9月30日，海南西线高速公路澄迈县出口路正式建成通车。

11月9日，中纪委驻建设部纪检组组长姚兵到澄迈县盈滨半岛考察。

11月15日，省委副书记于迅、国家文物局局长单霁翔先后到澄迈县调研。

11月28日，省委副书记、省长罗保铭到澄迈县调研。

12月20日，海口港马村中心港区一期工程正式开工，省领导卫留成、罗保铭、方晓宇、许俊等出席开工仪式。

2008年

1月10日、3月17日、6月26日，省委常委、政法委书记肖若海到澄迈县调研。

1月25日，2008圆梦海南春节联欢晚会在澄迈县金江绿地广场举行，省委书记、省人大常委会主任卫留成，省委副书记、省长罗保铭等省领导和航天英雄杨利伟出席晚会。

1月29日，省政协副主席、省科技厅厅长王路到老城经济开发区调研。

4月3日，全省林改试点工作经验交流会在澄迈县召开，副省长陈成出席会议。

4月28日，海南军区司令员黎仁林到澄迈县调研。

4月29日，大丰镇正式揭牌成立。

5月23日，省委常委、副省长方晓宇到澄迈县调研。

6月3日，副省长李国梁到老城经济开发区调研。

6月13日，副省长姜斯宪到澄迈县调研。

8月5日，省政协副主席张海国到澄迈县调研。

9月23日，省人大常委会副主任符桂花到澄迈县调研。

11月6日，中国海南生态软件园合作建设合同正式签署。

11月10日，省政协主席钟文到澄迈县调研。

12月12日，中电国际新能源控股有限公司董事长李小琳，省政协副主席、省工信局局长赵莉莎到澄迈县指导工作。

2009年

1月7日，国务院正式同意海口保税区区位调整至海南老城经济开发区并设立海口综合保税区。

2月2日，省政协副主席王路到老城经济开发区调研。

2月25日，中华人民共和国统计局副局长张为民到澄迈县调研农业统计工作。

3月9日，副省长、省妇儿工委主任符跃兰到澄迈县检查妇女儿童工作和农村安全饮水工作。

3月16日，副省长李国梁、省政协副主席赵莉莎出席在澄迈县举行的澄迈—海口—文昌中海石油输气管道工程项目开工典礼。

3月31日，全国经济委员会副主任、中共中央政策研究室副主任郑新立到澄迈县调研海洋开发情况。

4月8日、9日，中华人民共和国发改委副主任解振华到澄迈县调研。

4月15日，省委常委、组织部部长楼阳生到澄迈县指导工作。

4月16日，国家信息化专家咨询委员会主任、中国电子商会会长、中华人民共和国信息产业部原副部长曲维枝到澄迈县检查指导工作。

4月17日，省军区司令员黎仕林少将到澄迈县调研。

4月19日，国务院总理温家宝到红光农场向阳队考察工作，并和割胶工人亲切交谈。

4月21—23日，澄迈县举办中国海南第七届盈滨龙水节暨永庆寺开光活动。省政协主席钟文、省委常委许俊、副省长符跃兰、省政协副主席邱德群、原副省长刘名启等出席。

4月23日，中华人民共和国环境保护部污染防治司副司长凌江到老城经济开发区调研指导海洋环境保护工作。

4月26日，中华人民共和国公安部监管局副局长郭振久到澄迈县检查工作。

5月7—8日，省委副书记于迅到澄迈县进行基层党建工作调研。

5月19—20日，省委副书记、省长罗保铭，副省长李国梁到澄迈县调研，并出席海南生态软件园开工仪式。

6月10日，中华人民共和国卫生部副部长刘谦到澄迈县调研。

6月30日，省委书记卫留成，省委副书记、省长罗保铭，中华人民共和国电力监管委员会副主席王野平等领导出席500千伏海南联网工程正式投入运行仪式。

7月6日，最高人民检察院原检察长贾春旺到澄迈县调研。

7月30日，全国政协常委、人口资源环境委员会主任、中华人民共和国人口和计划生育委员会主任张维庆率领中央深入学习实践科学发展观活动第四巡回检查组到澄迈县检查指导工作。

8月31日至9月1日，由共青团中央国际联络部部长倪健带领的共青团中央调研组到澄迈县调研。

2010 年

1 月 14 日，省委常委、纪委书记王为璐到澄迈县检查党风廉政建设情况。

1 月 16 日，首届中国 TD-SCDMA 应用论坛暨投融资对接会在盈滨半岛举行。

3 月 1 日，省委书记、省人大常委会主任卫留成到澄迈县考察指导工作。

3 月 29 日，副省长李国梁到澄迈县调研。

4 月 8 日，海南生态软件园隆重开园。

4 月 13 日，中共中央政治局常委、中央书记处书记、国家副主席、中央党校校长习近平到老城经济开发区考察调研。

4 月 15 日，省政协副主席王路到澄迈县老城经济开发区调研。

5 月 13 日，省委副书记于迅到海南生态软件园调研。

5 月 17 日，最高人民检察院检察长曹建明到澄迈县调研。

5 月 24 日，省政协副主席赵莉莎到澄迈县调研。

6 月 7 日，省高院院长董治良到澄迈县调研。

6 月 8 日，省委常委、省政法委书记肖若海，省人大常委会副主任符兴，副省长符跃兰，省政协副主席王宇田，省检察院检察长马勇霞等领导到澄迈县调研。

6 月 13 日，全国人大常委会原常委、解放军军事科学院原政委张序三将军到澄迈县参观考察。

6 月 14 日，全国人大常委会原副委员长何鲁丽到澄迈县调研。

6 月 15—17 日，第九届国际老人文化博览暨中国海南第八届盈滨龙水节在澄迈县隆重举行仪。

7 月 1 日，省委巡视一组进驻澄迈县开展第二轮巡视工作。

7 月 7 日，全国政协常委、全国食产委主任李志海带领全国高科技食品产业化委员会专家组到澄迈县考察富硒产业建设工作。

8 月 2—4 日，省委五届八次全体（扩大）会议和省委 2010 年度理论研讨会在澄迈县盈滨半岛隆重召开。

11 月 10 日，中国农村卫生协会会长朱庆生到澄迈县调研。

11 月 11 日，中华人民共和国农业部副部长陈晓华到澄迈县调研。

11 月 21 日，澄迈县福山咖啡·首都各届桥牌邀请赛暨澄迈福山咖啡指定为全国桥牌比赛唯一指定咖啡饮品授牌仪式在北京人民大会堂隆重举行。

11 月 23 日，省政协副主席张海国、史贻云到澄迈县调研。

12 月 5 日，中共中央政治局常委、中央纪委书记贺国强到澄迈县考察。

12 月 6 日，国家信息化领导小组主任曲维枝到澄迈县检查指导工作。

12 月 13 日，国务院侨办副主任马儒沛到澄迈县就华侨农场改革和发展状况进行考察。

12 月 28 日，2010（第十一届）中国海南岛欢乐节在澄迈县福山咖啡文化风情镇举行。

第一编　环境 政区 居民

第一章　自然环境

澄迈县位于海南岛西北部，地处北纬 19° 23′ —20° 01′ ，东经 109° 45′ —110° 15′ 。北临琼州海峡，东接海口市、定安县，南邻屯昌县、琼中县，西连儋州市、临高县。陆地东西宽 56.25 千米，南北长 70 千米，全县陆地总面积 2072 平方千米，海域面积 470.53 平方千米。

第一节　地质地貌

一、地质

地质历史，始于古生代地层。在距今 4 亿—5 亿年的奥陶—志留纪，地壳急剧下降，并形成西南东北向的拗陷带，海水从西南方向入侵，沉积一层页状建造和类复理石建造岩石。志留纪末，发生加里东运动，地壳隆起，遭受剥蚀。晚古生代石炭纪时，地壳发生沉降，再度出现海侵，在凤朝田村至加月村一带沉积一些层以沙泥质岩石为主体的岩石。澄迈县缺失中上石炭统和二迭系的沉积，表明澄迈县在 3 亿年前的下石炭世末已全面褶皱上升为陆。晚二迭世末发生的华力西运动，几乎波及整个海南地区，使古生代地层发生强烈褶皱变形，形成东北向的褶皱构造带，随着这次构造盍运动，还伴有大规模的华力西—印支期花岗岩的侵入。

中生代全县继续隆起上升，遭受剥蚀，仅在一两处（新吴、山口乡太彦）白垩纪山间盆地内堆积有陆相红色碎屑岩的沉积，同时伴随有中酸性岩浆侵入和喷发活动，形成分布于效古至南方水库一带的花岗岩，以及山口乡田坡村一带的流纹岩。

新生代时南部和北部在构造上表现差异极大，王五至文教断裂以南（相当于大塘河、南渡江以南）的继续隆起，遭受剥蚀，而北部（王五至文教断裂以北）则为雷琼新生代断陷盆地的一部分。该盆地在新生代早期的下第三纪时沿着东西向断裂呈阶梯状陷落，形成断陷，沉积层杂色的以陆相（冲洪积相和湖泊相）碎屑堆积为主的地层，最厚达 2000 多米。上第三纪时南海海盆扩张海水侵入，堆积了厚达1000米的滨海—浅海相沉积。这说明距今1200万—2500万年的上第三纪时琼州海峡雏形已经形成，使海南岛与雷州半岛隔海相望。第四系以河流相为主。沉积相的特征及其变化，反映了县北部新生代时期地壳从局部断陷沉降（早第三纪）发展为大面积断陷（晚第三纪），再转变为隆起（晚第四纪）的复杂演化过程。在这时的每一个地质发展阶段上，均伴随着多期次的火山活动。并形成大面积的岩被和众多的火山堆，堆积厚达100多米以上的熔岩和火山碎屑岩。这些特征标志着北部在构造上的活动。

二、地貌

地势南高北低。南部为丘陵岗地，占总面积45.6%，中部为南渡江沿岸河积平原，占总面积14.6%。北部为台地和滨海冲积平原，褶皱明显，占总面积的39.8%。地势最高点为大王岭，海拔513米。

丘陵岗地　主要分布在西南部的中兴、仁兴、加乐、文儒、石浮一带，面积6.60万公顷，占土地总面积的32.37%。其岩性组成有花岗岩、沙页岩、红色砂岩、变质岩等。由于风化作用强烈，风化壳较厚，土壤和水分条件较好，易耕种，多已开垦种植热带作物。由于地壳上升经流水侵蚀切割，形成丘陵、岗地和沟谷。丘陵地按高度分为高丘陵和低丘陵，高丘陵为250—500米，面积9253.34公顷，占总面积4.53%；低丘陵为100至250米，面积5.67万公顷，占总面积27.74%。沟谷，环绕丘陵岗地分布，丘腰以上多开垦为橡胶园，冲沟多开垦为农田。

台地　主要分布在北部的山口、太平、金江、美亭、白莲、老城、大丰、福山、桥头一带，高出海面50—100米。表现形成有孤立的火山锥、火山口和广阔的火山台地，由更新世喷发的火山岩组成，面积8.38万公顷，占土地总面积的40.99%。至2010年，由于长期风化作用，表面已普遍红土化，红土厚度一般2～5米，最厚处达10多米。红土旱时干硬，雨时黏滑易化解，在长期水流作用下多形成冲沟、坳沟和羊背地状。沙泥堆积的地方，土质疏松，易于耕种，是水果、糖蔗、谷物等的主要产地。

平原阶地　主要分布在中部的太平、长安、瑞溪、新吴、永发等南渡江沿岩地区。由沙壤和黏土组成的南北两大片河积平原，垦殖历史悠久，稻田广布，如罗浮洋、太平洋等。北部的老城、马村、桥头等地，是由海岸风浪堆出沙堤和沼泽地组成的海积平原，受河流的冲刷和海潮作用，在河流低阶地下部、河谷以及海成沙堤，均有大量细沙、含砾中粗沙和贝壳等生物碎屑等，是各种建筑的重要原材料。至2010年，平原阶地海拔为50米以下，全县平原阶地面积5.56万公顷，占土地总面积的26.74%。

2010 年澄迈县地貌类型面积一览表

表 1-1-1

地貌类型		面积（公顷）	总比值（%）	海拔高度（米）	分布
丘陵岗地	高丘陵	9253.34	4.53	250—500	中兴、仁兴、加乐、文儒、石浮等乡镇
	低丘陵	56733.36	27.74	100—250	
台地		83766.71	40.99	50—100	山口、太平、金江、美亭、白莲、大丰、福山、桥头
平原阶地		55513.36	26.74	50 以下	太平、长安、瑞溪、新吴、永发
海滩		11700.00	5.75	—	在东水港至马村以及至玉包港一带

三、山岭

澄迈县地处由山地向台地过渡的丘陵地带，西南部有蜿蜒起伏的丘陵，坡度多在 40 度左右，岭围坳、沟绕丘呈波浪式向北铺开，山泉涌流。中部、东部和北部，零星岭峦错落其间。海拔 100 米以上的山岭有 52 座，其中较为知名的有 10 座。

大王岭　位于仁兴镇西，南北走向，海拔 513 米，澄迈县最高山峰，为澄迈县和儋州市的分界岭。岭上植有橡胶等林木。

白石岭　因岭上多白石，故以白石为名，又名白茶山。位于仁兴镇田敦村西，南北走向，主峰海拔 511 米，状似绳，面积约 17 平方千米。巅有天池、泉水从石隙涌出，久旱不涸，多雨不溢。

尖石岭　又名东岭、官荀岭。位于文儒镇南，南北走向，长 8000 米，宽 1500 米，主峰海拔 429 米，为澄迈县与屯昌县的分界岭。岭上有石屋石洞多处，洞可容几十人至数十人不等，至 2010 年，四周已种植橡胶。西侧有南方水库、文儒水库和王文宇烈士纪念碑，西北隅有济公仙石。

苦香岭　又名银孔岭。位于国营昆仑农场炳田村西，三角形状，海拔 312 米，为澄迈县与儋州市的分界岭。蕴藏白银、黄金矿产，属银金共生的小型矿床。

美朗岭　位于中兴镇南土村西北，四周低平，一峰独秀，海拔 268 米，为澄迈县与临高县交界山。

南味岭　位于文儒镇西南，海拔 252 米，为澄迈县与屯昌县的分界岭。

九乐山　位于仁兴镇东南，沿南渡江西岸，由 19 座峰组成，坳多丘低，面积约 20 平方千米，海拔 200 米。山脚下，有一温泉，日产温水量达数百吨，水温恒定，在 57—58℃

之间，硫黄气味浓郁，有医疗保健功用，被开发成旅游温泉浴场。

六芹山　位于中兴镇仁洞村东南，东临南渡江，由20多个山冈组成，海拔150米，面积约20平方千米。20世纪30—40年代，曾为中共党组织的革命根据地，中共琼崖特委、琼纵总部、中共澄迈县委和澄迈县民主政府驻地。

风门岭　位于老城镇南兴墟西，海拔105米。1950年4月19日，解放海南战役著名的风门岭阻击战就在此岭进行。岭上建有阵亡烈士纪念碑。

花公岭　位于石浮乡山架村东，南北走向，海拔105米，为澄迈县与定安县的交界岭。

迈山　又名那油岭，位于老城镇龙吉村西北，东西走向，形如初月，海拔67米。

四、植被

境内植被有自然植被和栽培植被。自然植被主要分布在林地和未利用土地，面积约8.80万公顷，占土地总面积的42.41%。有大戟科、山荔枝科、无患子科、桃金娘科、桑科等热带次生林。仁兴、中兴地区多为橡胶及热带次生林、经济林和灌木林。中部平原阶地、北部阶地台地、沿海地区多为人工林和经济林（包括橡胶林）。2010年，全县林木覆盖率达52%以上。

第二节　气候水文

主要特点：属热带季风气候，季风影响大，光照充足，高温多雨，雷暴多，台风频繁，四季不明显，干雨季分明，雨热同期。

干凉季，一般出现在11月至次年4月，月均降雨49.7毫米。最少月份（1月）18.0毫米，总雨量298.2毫米，占年均雨量1801.2毫米的17%。最多雨量年份（2009年）雨量456.6毫米，最少雨量年份（2005年）仅88.0毫米。月平均气温在17.9—25.6℃之间，最冷的1月17.9℃，历年极端气温1.1℃。

雨热季，一般出现在5—10月，月均降雨量250.4毫米，最多月（9月）317.4毫米，总雨量1503.0毫米，占年均雨量的83%。其中8月、9月雨量为587毫米，占年均量的39.1%。本季月均气温在24.8—28.5℃之间，最热的7月为28.5℃；历年极端最高气温41.0℃，出现在2007年4月1日，为全省之最。

一年四季气温变化不大，最冷的冬季（12月至次年2月），气温比年均气温23.8℃偏低5.0—6.4℃之间。受冷空气影响时，常伴低温阴雨出现，偶见霜冻。春季（3—5月），气温回升快，月均气温24.8℃。春分至清明期间，多出现三五天低温阴雨天气，俗称“清明风”。5月平均气温上升到27.4℃，开始出现高温天气。夏季（6—8月），为全年高温季节，月均气温28.0℃，最热是7月，平均气温28.4℃，比年均气温偏高4.6℃，有“干热风”出现。8月，台风、暴雨频繁，气温略有下降，秋季（9—11月），月均气温24.0℃，9月台风、暴雨频繁。10月“寒露”节气前后，天气变凉，时有三五天的低温天气出现，俗称“寒露风”。秋季内月均气温近似春季，不同的是秋季高温多雨转向低温少雨，而春季则相反。全年高温多雨，光照充足，热量丰富，为农作物创造良好的生长条件，但不利因素是雨量分布不均，时空变化大，易出现春旱、夏涝灾害，偶有冷害（低温阴雨、低温霜冻），风害（台风、清明风、寒露风、干热风）等灾害，给农作物生长带来一定的影响。

一、气温

1999—2010年，年均气温 24.2℃，年际变化在23.3—24.7℃之间，变幅1.4℃。2010年高温年，年均24.7℃。全年各地年均气温差异不大，一般在23.5℃左右，其分布状况是，中部略高，南北稍低。

年中高温天气多出现在6—7月，最热7月份平均气温28.4℃。常出现高温纪录，极端平均气温为29.8℃；极端高温日出现在2007年4月1日，为41℃，全年有9个月（3—11月）平均气温都在21℃以上。

常年最冷的天气多出现在1月，平均气温17.5℃，月际变化在13.4—20.2℃之间。极端低温月为13.2℃，出现在1999年12月24日；极端气温日为2.0℃。

温差小，年均气温日较差为8.5℃，各月一般在7.4—9.5℃之间变动，具有海洋性气候特征。

日均气温≥12℃，是早稻种子发芽出苗的起点温度，初日为2月初，终日为1 2月底，持续天数为330天；日均气温≥15℃，是早稻及其他喜温作物移植返青的安全期，初日为2月底至3月初，终日为12月第三候，持续天数290天；日均气温≥20℃，为230天左右。日均气温≥23℃，适宜于水稻、花生等作物正常开花，初日为4月中旬，终日为10月下旬，持续天数为200天。全年日均气温≥0℃的年活动积温为8697.3℃；日均气温≥10℃的年有效积温在8434℃。

1999—2010年澄迈县气温表

表1-1-2　　　　单位：℃

项目 / 年份	年平均	最高月均气温		最高气温			最低月均气温		最低气温		
	气温	月份	气温	月	日	气温	月份	气温	月	日	气温
1999年	24.1	7月	28.9	3月	19日	40.4	12月	13.2	12月	24日	2.0

续表 1-1-2

项目 年份	年平均气温	最高月均气温		最高气温			最低月均气温		最低气温		
		月份	气温	月	日	气温	月份	气温	月	日	气温
2000 年	24.2	6 月	28.3	4.5 月	26 日	36.9	2 月	15.5	12 月	24 日	10.3
2001 年	24.2	7 月	28.2	4.5 月	9，7 日	38.6	2 月	15.9	12 月	23 日	7.4
2002 年	24.5	6 月	28.6	5 月	22 日	37.2	1 月	18.1	12 月	27 日	8.4
2003 年	24.7	6 月	28.8	4 月、5 月	13，6 日	39.9	1 月	17.4	1 月	8 日	7.0
2004 年	24.1	6 月	28.7	7 月	7 日	37.2	1 月	18.3	1 月	22 日	7.9
2005 年	24.2	6 月	28.5	5 月	10 日	38.9	12 月	17.9	12 月	23 日	7.3
2006 年	24.3	7 月	28.7	6 月	7 日	38.0	1 月	17.9	1 月	10 日	8.0
2007 年	24.0	7 月	28.7	4 月	1 日	41.0	1 月	16.5	1 月	30 日	6.8
2008 年	23.3	7 月	27.9	4 月	8 日	37.8	2 月	13.5	1 月	2 日	6.8
2009 年	24.2	7 月	28.4	2 月	23 日	37.7	1 月	15.4	1 月	14 日	5.8
2010 年	24.7	6 月	29.2	5 月	9 日	39.3	12 月	19.0	12 月	17 日	6.6

二、降水

雨量分布不均，干雨季分明，雨季平均降水量 1485 毫米，占年均雨量的 83%，其中，5—9 月雨量较多，5 个月总量为 1307.9 毫米，占年均雨量的 73%；干季雨量为毫米，占年均雨量的 17%，其中，12 月至次年 3 月雨量最少，4 个月总雨量 119.5 毫米，仅占雨量的 6.7%，常出现历史性冬春缺水。月最多雨量 1133.2 毫米，出现在 2010 年 10 月；月最少雨量为 3.4 毫米，出现在 1999 年 2 月。年均雨日为 162 天，最多年份 189 天，最少年份 123 天。

1999—2010 年澄迈县雨量表

表 1-1-3

项目 年份	全年降雨量（毫米）	全年降水天数（天）	最多月雨量		最大日雨量			最少月雨量	
			月份	雨量（毫米）	月份	天	雨量（毫米）	月份	雨量（毫米）
1999 年	141.0	143	5 月	287.4	10 月	20 天	80.9	2 月	3.4
2000 年	2363.3	169	10 月	531.0	10 月	14 天	175.7	2 月	18.3
2001 年	2075.4	171	8 月	428.2	8 月	29 天	120.2	1 月	17.1

续表 1-1-3

项目 年份	全年降雨量（毫米）	全年降水天数（天）	最多月雨量		最大日雨量			最少月雨量	
			月份	雨量（毫米）	月份	天	雨量（毫米）	月份	雨量（毫米）
2002 年	2150.2	157	6 月	455.6	9 月	20 天	124.8	1 月	4.5
2003 年	1615.8	128	8 月	667.3	8 月	25 天	166.7	2 月	0.8
2004 年	1158.0	124	9 月	289.0	9 月	7 天	143.5	11 月	1.7
2005 年	1473.9	163	8 月	354.7	6 月	30 天	132.3	2 月	5.7
2006 年	1439.5	155	9 月	384.9	10 月	2 天	95.9	1 月	11.7
2007 年	1847.7	153	5 月	497.7	9 月	24 天	108.3	12 月	1.1
2008 年	2189.6	178	10 月	602.8	10 月	13 天	200.3	11 月	12.7
2009 年	2450.1	165	9 月	507.4	10 月	12 天	299.7	11 月	4.0
2010 年	2556.0	171	10 月	1133.2	10 月	13 天	226.0	3 月	2.2

第三节　自然资源

一、土地资源

（一）土壤种类　澄迈县土壤分为水稻土、砖红壤土（赤土）、潮沙泥土、菜园土、滨海沙土、石质土 6 个土类、13 个亚类、49 个土属、164 个土种、11 个变种。

水稻土　全县水稻土面积 2.328 万公顷，占土地总面积 11.3%，占耕地面积 35.54%，分为 6 个亚类。

1. 淹育型水稻土　主要分布在白莲、老城、永发、美亭、加乐、长安、太平、新吴等地，面积 1988.45 公顷，占水稻土面积 8.5%。地势较高，多为灌溉困难，水源缺乏的望天田、单造田和部分新垦的稻田。

2. 潴育型水稻土　面积最大、土种最多、分布最广，各乡镇均占有一定面积。共计 1.6 万公顷，占水稻土面积 69.6%。水耕年代较久，熟化程度较高、排灌条件较好，是水稻土中理化性质较为理想的土地类型。

3. 渗育型水稻土　主要分布在中兴、加乐、新吴、永发、老城、桥头等地的坎边岭脚，面积 911.60 公顷，占水稻土面积 3.92%，铁、锰离子严重损失，是水稻土中养分含量最低的土壤。

4. 潜育型水稻土　主要分布在中兴、加乐、文儒、石浮、美亭、桥头、永发、白莲等地。面积3758.60公顷，占水稻土面积16.19%。地下水位高、土壤酸性强，作物长势差。

5. 沼泽型水稻土　主要分布在永发、美亭、桥头、老城等丘陵地区的山坑低洼地段。面积406.60公顷，占水稻土面积1.75%，地下水位高、土质呈酸性、土层深厚，潜在养分高，有效养分低，作物产量中等。

6. 盐渍性水稻土　主要分布在桥头、老城、马村、大丰沿海地区。面积172.60公顷，占水稻土面积0.74%。

25个土属，83个土种，只有咸田一个土属，轻咸田、中咸田两个土种。

1. 砖红壤土　主要分布在桥头、老城、美亭、白莲、金江、永发、加乐、文儒、石浮、中兴、山口、新吴、太平、长安等地。面积12.85万公顷，占土地总面积63.19%，分布广阔。在县北部台地和南部丘陵阶地，表土黏质重，容易形成铁壳，土层中铁质含量14%—19%，是发展林业、畜牧业、果林、茶园、橡胶、咖啡、胡椒、甘蔗等热带经济作物生产重要基地。

2. 滨海沙土　主要分布在老城、马村、桥头等沿海岸带沙堤发育区。面积2.87万公顷，占土地总面积14.1%。土质多沙，结构松散，有机质少，矿物分解慢，砂粒比黏粒粗大，中细砂占80%，容易透水，土体分层明显。适宜种植瓜菜、番薯、高粱、花生。

3. 潮沙泥土　主要分布在瑞溪、长安、金江、永发、太平等南渡江中、下游两岸平原，多属洋田。面积7260公顷，占土地总面积3.6%。土质白色、灰色或褐色，结构疏松，没有黏性，容易透水，地力较弱，适宜种植粮食、果、蔗、豆、麻类作物。

4. 菜园土　主要分布在瑞溪、金江城镇附近。面积6507公顷，占土地面积3.2%。土壤熟化程度较高，土层深肥、结构良好，肥力高，宜种植蔬菜。

5. 石质土　主要分布在文儒、中兴、仁兴等地区。面积1000公顷，占土地总面积0.5%。由花岗岩发育形成石山，为裸岩石砾地。宜种植花生、豆类、玉米等作物。

1999—2010年澄迈县土地种类一览表

表1-1-4

土　类	面　积（万亩）	占土地总面积（%）	分　布
水稻土	34.81	11.30	各乡镇均占有一定面积
砖红壤土	192.75	63.19	县北部台地和南部丘陵阶地
滨海沙土	43.00	14.10	主要分布在沿海岸带沙堤发育区
潮沙泥土	10.98	3.60	分布在南渡江中、下游两岸平原

续表 1-1-4

土　类	面　积（万亩）	占土地总面积（%）	分　布
菜园土	9.76	3.20	分布在瑞溪、金江城镇附近地区
石质土	1.50	0.50	分布在文儒、中兴、仁兴地区

（二）土壤养分　按澄迈自然地理状况，大体划分为 4 个区，即古火山地迹区、河流冲积地迹区、侵蚀剥蚀地迹区、沿海海积地迹区。

古火山地迹区　主要分布在福山、大丰、白莲、美亭一带。由于长期风化作用，表面已普遍红土化，红土厚一般 2—5 米，最深达 10 多米。据在美亭乡黄竹村旁生赤土田深 13 米采集的表土化验分析：含有机质 1.81%，含氮（N）0.087%，含磷（P）0.073%，含钾（K）0.164%，碱解氮 85PPM，速效磷 12PPM，速效钾 71PPM，酸碱度（pH 值）5.5。

河流冲积地迹区

1. 冲积平原　分布在南渡江中、下游沿岸，由沙壤和沙黏土组成。据在瑞溪镇潮泥田深 19 米采集的表土化验分析，含有机质 2.7%，含氮 0.156%，含磷 0.063%，含钾 1.353%，碱解氮 73PPM，速效磷 17PPM，速效钾 47.9PPM，酸碱度 pH 值 4.8。

2. 河流低阶地　分布在南渡江冲积平原的边缘地带。阶地下部为沙砾层，上部为砂泥层，已开成红沙土田、红半沙沥田、红泥肉田、红沙泥田等。据在山口乡孔水村旁红沙土田采集深 14 厘米的表土化验分析：含有机质 1.86%，含氮 0.092%，含磷 0.047%，含钾 4.4%，碱解氮 71PPM，速效磷 22PPM，速效钾 51PPM，酸碱度 pH 值 5.4。

3. 河谷平原　分布在南渡江上游和大塘河沿岸，由沙壤土、砂土或砂黏土等土种组成，是种植水稻的理想之地。以金江镇大村黄赤泥土为例，表土深 14 厘米，含有机质 1.4%，含氮 0.002%。含磷 0.026%，含钾 0.564%，碱解氮 59PPM，速效磷 24PPM，速效钾 47PPM，酸碱度 pH 值 5.6。

侵蚀剥蚀地迹区

1. 侵蚀剥蚀台地　分布在山口、太平、长安、瑞溪和澄迈林场一带，由花岗岩、砂页岩、红色砂岩、变质岩等组成。这些台地已垦成沙泥田、沙土田、潮泥田等。据在瑞溪镇罗浮村旁潮沙泥土田采集深 12 厘米的表土化验分析：含有机物质 0.50%，含氮 0.027%，含磷 0.046%，含钾 1.79%，碱解氮 18PPM，速效磷 4PPM，速效钾 40PPM，酸碱度 pH 值 5.1。

2. 侵蚀剥蚀丘陵　分布在县西南部的中兴、仁兴、文儒、加乐一带，由花岗岩、变质岩和红色砂岩等构成，风化较厚、土壤较肥。据在文儒乡土腰地区方红赤沙泥地采集深 23 厘米的表土化验分析：含有机质 1.74%，含氮 0.086%，含磷 0.044%，含钾 3.57%，碱解度 89PPM，速效磷 15PPM，速效钾 89PPM，酸碱度 pH 值 4.3。

沿海海积地迹区

1. 海成沙堤　分布在马村湾和盈滨湾一带，沉积物为中细砂，含砾中粗砂，含贝壳等生物碎屑。

2. 海滩　主要由淤泥、细沙、沙砾等组成，普遍含贝壳、螺壳。主要分布在马村、东水港至桥头镇玉包港一带，有礁石滩、泥沙滩和玄武岩风化滩等。据在沙土滩黄棕色沙土采集深 9 厘米的表土化验分析：含有机质 0.063%，含氮 0.019%，含磷 0.042%，含钾 0.77%，碱解氮 30PPM，速效磷 7PPM，速效钾 34PPM，酸碱度 pH 值 6.2。

1999—2010 年澄迈县土壤养分情况表

表 1-1-5

养分土壤		有机质（%）	氮（N）（%）	磷（P）（%）	钾（K）（%）	碱解氮（PPM）	速效磷（PPM）	速效钾（PPM）	酸碱度（pH）
古火山地迹区		1.810	0.087	0.073	0.164	85	12	71.0	5.5
河流冲积地迹区	冲积平原	2.700	0.156	0.063	1.353	73	17	47.9	4.8
	河流低阶地	1.860	0.092	0.047	4.400	71	22	51.0	5.4
	河谷平原	1.400	0.002	0.026	0.564	59	24	47.0	5.6
侵蚀剥蚀地迹区	侵蚀剥蚀台地	0.530	0.027	0.046	1.790	18	4	40.0	5.1
	侵蚀剥蚀丘陵	1.740	0.086	0.044	3.570	89	15	89.0	4.3
沿海海积地迹区		0.063	0.019	0.042	0.770	30	7	34.0	6.2

二、植物资源

澄迈县植物资源丰富，种类繁多，有 11 个大类 310 种，分类如下：

谷薯类　水稻、陆稻、玉米、高粱、狗尾粟、鸭脚粟、番薯、木薯、毛薯、大薯、马铃薯、竹薯、南椰、马齿等。

蔬菜类　白菜、芥菜、苋菜、甜菜、生菜、卷心菜、花椰菜、芹菜、青菜、空心菜、菠菜、韭菜、葱、大蒜、番茄、茄子、辣椒、花椒、灯笼椒、萝卜、胡萝卜、艾菜、油菜等。

瓜类　冬瓜、黄瓜、土瓜、西瓜、南瓜、苦瓜、丝瓜、四季瓜、葫芦瓜、木瓜、青瓜、飘瓜、甜瓜、丹瓜等。

果类　荔枝、龙眼、波罗蜜、椰子、阳桃、杨梅、石榴、黄皮、柑、橘、橙、柚、洋蒲桃、香蕉、菠萝、杧果、人心果、山竹子、桃、土檀子、桃食娘、昌汉子、观音指等。

豆类　青豆、赤豆、黄豆、绿豆、黑豆、柳豆、白豆、扁豆、豆角、压草豆、相思豆等。

藤竹类　红藤、白藤、黄藤、葛藤、土藤、鸡藤、金竹、麻竹、石竹、黄竹、茅竹、刺竹、白眼竹、青皮竹、箭干竹等。

中草药　忍冬、决明、草决明、菖蒲、天门冬、车前草、蛇床子、括楼根、干葛、大小苏、苍耳、艾叶、水萍、香附子、天南星、益智、槟榔、马鞭草、蓖麻、牵牛子、使君子、金不换、桑寄生、桑根、巴豆、陈皮、鸡血藤、鸭脚木、金钱草、白丁香、砂仁、巴戟、淮山、枫香、土茯苓、紫苏、凤尾草、接骨草、鸡冠花、谷精草、铁冬青、牛大力、鸡旦花、灵芝、薄荷、山总管、野菊花、柳豆、血见愁、茴香、庵摩勒、枸杞子、木鳖子、旋复花、豆蔻、贯众、藿香、山栀子、茱萸、槐角、山柰、白皮、凤仙花、蒲公英、破布叶、山芝麻、蛇状子、马钱子、半夏、猪屎豆、朝开幕花、莪术、曼陀罗、穿心莲、金银花、大叶青、益母草、山银花、马齿苋、百部等。

花草类　菊花、蒜莉、木芙蓉、海棠、大红花、悬铃花、鸡冠花、赛兰、含笑花、老来红、百日红、百日白、九里香、指甲花、月季、玫瑰、七里香、石兰、蔷薇、仙人掌、朱兰、紫笑、莲花、夜落金、倒粘花、剑兰、金银花、野牡丹、蜈蚣草、露兜草、竹节草、长春花、知风草、萱草、芸草、菖蒲、凤尾草、铁树、万年青、鼠耳、灯芯草、香茅、苞芒、莎草草、稗草等。

油脂类　花生、芝麻、油菜、蓖麻子、石栗、油茶、山苍子、野油桐、香茅、油棕等。

经济作物　咖啡、胡椒、香茅、橡胶、油棕、糖蔗、椰子、白麻等。

木材类　石梓、香楠、胭脂、荔枝、母生、波罗蜜、龙眼、柳槁、海桃、黄槁、麻楝、香枫、青梅、海梅、苦梅、黄樟、红樟、台湾相思、黄鼓丁、红心、红花、土漆、苦楝、白香、黄杨、土檀、花梨、猫尾木、紫木、土松、柽柳、山椤、苏木、刺桐、黄桐、乌榄、橡胶、山桂、白茶、木棉、牛奶树、桄榔、野枇杷、鸭脚木、山柚、榕树、木香、大叶桉、小叶桉、窿缘桉、木麻黄、柠檬桉、乌柏、春花、赤鳞、柳、柏、松、买顽、肖蒲桃、油丹、毛丹、苦梓、绿楠、油楠等。

三、动物资源

按生物学分类，澄迈县拥有动物资源共 10 个大类 228 种。

（一）脊椎动物

哺乳类　黄牛、水牛、羊、猪、猫、兔、野猪、豪猪、穿山甲、野兔、野猫、刺猬、黄猄、水獭、松鼠、山鼠、鹿、猴子、果子狸、蝙蝠、包公狸、田鼠、豹鼠、独龙鼠等。

鸟类　鸡、鸭、鹅、鸽、火鸡、燕子、八哥、黄莺、山鹏、乌鸦、麻雀、老鹰、苍鹰、猫头鹰、雉鸡、斑鸠、百舌、剪刀雀、鹌鹑、鸱鸮、喜鹊、子规、山鸡、啄木鸟、割雀、鹭鸶、画眉、白面鸡、牛奴、鸬鹚、杜鹃、海鹅、水鹰、鸳鸯、海鸟、鸥、水鸭、秦吉了、鹦鹉、青春鸟、鹑鸽、鹧鸪等。

爬行类　金钱龟、水鳖、蜥蜴、坡马、银环蛇、水蛇、雷公马、壁虎、蟒蛇、藤蛇、金环蛇、花蛇、眼镜蛇、七寸蛇、灰蛇、裙带蛇、青竹蛇、石龙子、火蛇、锦蛇等。

两栖类　青蛙、蟾蜍、树蛙、雨蛙、浮蛙、蝌蚪等。

淡水鱼类　黄鳝、罗非鱼、鲤鱼、青鱼、草鱼、鲢鱼、鳙鱼、泥鳅、花鳅、白鳝、土鲮鱼、鲫鱼、斑鱼、鲇鱼、胡子鲶、攀鲈等。

海水鱼类　麻鱼、海鳗、马鲛、乌鲳、白鲳、燕鱼、宝刀、红花、蛇鲻、尖嘴、跳天、花鲛、比目、金钱、西纲、带鱼、揭尾、海鲶、面条、河豚、斑石鲈、珍鲹、中华青鳞鱼、刺头梅童鱼、黄鲫、真鲷、金色少沙丁、大黄鱼、齐鱼、海龙、海马、黄鲷、刺鱼、金线鱼、长尾大眼圈、头鲈、鱼曹 白、蓝圆鲹、勒鱼、金枪鱼、鲨鱼、石斑等。

（二）无脊动物

节肢类　蝗虫、蜂、蜻蜓、蚊、蝇、蚁、跳蚤、虱、螳螂、蝴蝶、竹节虫、臭虫、蟋蟀、蝉、蚜虫、蛾、萤火虫、金龟子、三化螟、卷稻虫、稻飞虱、天牛、蚱蜢、椿象、屎壳郎、桑蚕、蛉虫、地老虎、尺蠖、黏虫、豆象、步行虫、铁甲虫、玉米螟、稻苞虫、蜈蚣、蚰蜒、蜘蛛、蝎、斑节对虾、近缘新对虾、墨吉对虾、龙虾、花虾、鹰抓虾、螃蟹、青蟹、花蟹、梭子蟹、招潮、东方鲎等。

棘皮类　海星、海胆、海参等。

软体类　河蚌、蚬、蜗牛、田螺、蛤蜊、江珧、蚝、蚶、蛏、乌贼、鲍、香螺、海蛳、海镜、车白、流螺、鱿鱼、章鱼等。

环节类　蚯蚓、水蛭、山蛭、星虫、水丝蚓、白线蚓等。

四、矿产资源

澄迈县矿产资源丰富，已探明的有石油、石英石、石灰石、黄金、白银、水晶、泥煤、铅锌、赤铁、高岭土、锰、花岗岩、玄武岩等。

石油　位于福山一带。经中奥合作勘探福山凹陆地石油，按金凤南 1 号探井获得高产油气流，经放喷计算，日产原油 228 吨，天然气 11.3 万立方米。

石英石　位于南蛇岭，又称南蛇岭硅石矿。总藏量 5000 万吨以上，平均品位为含硅 99.5%，耐火度为 1547.6℃。矿床露天，宽 80 米，长 12 千米。

石灰石　位于石浮热水溪、高田坡等地，总储藏量 1070 万吨，方解石占 99%以上，平均含石灰钙（CaO）53.92%。矿石多为一级品，是较好的水泥、石灰原料。当地群众已开采多年，矿床土层深，开采难度大。

黄金　矿点一：位于文儒镇金沟岭，属沙金，每立方米土壤含沙金0.06克。民国期间已开采；矿点二：位于仁兴乡马牯岭，属小型黄金矿，于1991年零星开采。

白银　位于仁兴镇银孔岭。此岭为澄迈县与儋州市分界岭，两县市农民从两侧开采，县界内已开采矿点9个，系银金共生的小型矿。

水晶　矿点一：位于仁兴镇美合岭，矿床长5.5千米，宽3千米，6条矿床有3条露出地面，大的矿苗15—17毫米，至今还没有开采；矿点二：位于银瓶岭，海拔237米，是澄迈县和屯昌县交界岭，系白银、水晶矿，当地农民已零星开采。

泥煤　分布在瑞溪镇加巨一带。20世纪60年代初，曾组织开采，因煤龄幼、质量差而停止。

高岭土　分布在九乐山、瑞溪镇和山口乡等地，当地农民已开采，用以制作日用器具和建筑材料。

石墨　分布在文儒镇石浮水井村旁，经探明，有开采价值。

铅锌　分布于加乐镇加桐村西北侧。20世纪80年代曾有过小规模开采。

软锰　分布在山口乡横滩村旁，质量好，有开采价值。

花岗岩石　分布在文儒镇的山猪岭、加朗园、虎头岭，加乐镇的石桩岭，仁兴镇的山水岭，中兴镇的东岭、大石岭、土龙村旁等地区，储藏量大，已陆续开采。

玄武岩石　分布在福山镇的永文岭、虎岭、福山水库东侧，桥头镇的雷公岛，林诗岛等地。储藏量大，有开采价值。雷公岛、林诗岛的玄武岩风化石，保存完整，是研究海岸地质结构较有代表性石材资料。

此外，仁兴镇的石鼓岭铜矿，永发镇的新吴石壁岭铁矿，中兴镇的二步岭磁矿等，均有开采价值。

五、淡水资源

（一）河流

境内共有大小河道20多条，总长250.1千米，流程面积2564.1平方千米，常年流水量35亿立方米，是全县工农业用水的主要来源之一。

南渡江澄迈段是澄迈县河网之主纲。自西边流入南渡江的河沟有:荔枝湾沟、风朝田沟、石鼓岭沟、九乐山沟、犁沙河、大堀沟、中贡河、大塘河、汶安河等；自东边流入南渡江的河沟有大岭沟、贤口沟、石弄花沟、合水沟、南味沟、加蟹涧、奉水涧、牛温坑溪、效古涧、太平溪、东排洋溪（又名海仔河）、仁格河等。县北部有美未河、美素河（又名花场河），双杨河（又名销阳河）等流入大海。境内流程10千米以上的河流有以下14条：

南渡江　海南岛三大河流之最，发源于白沙黎族自治县南峰岭，流经白沙、儋州、澄迈、定安、琼山等县市，至海口市入海。古南渡江从澄迈西南的马湾沟流入境，向北流至山口地段，沿着台地倾斜面向北流入琼州海峡。后由于海口出海的次成河向上游台地区溯源侵蚀，反北流的古河道改向东流，从今永发镇出境。南渡江集雨总面积7176平方千米，总长度330千米，平均比降0.0022米，总落差703米。内河段集雨面积1578平方千米，流程长116.3千米，上游已建松涛水库，中游建设九龙水库及电站，从金江镇山口至永发镇40千米的河段，河床平坦,河面宽阔,两岸滩涂堆积了大量金刚砂。河积平原和阶地大多都是肥沃的田野。

大塘河　系南渡江支流。发源于儋州市和澄迈县交界的大王岭，流经临高县，从官田流入县，至金江镇大塘村汇入南渡江。集雨面积601平方千米，河流长56千米，河道平均比降0.00183米，县内流程14.2千米。流域集雨面积278平方千米。

澄江　隋朝以此江命县名。发源于神岭东麓，向北流经琼山县西部，从美造入境，至龙吉村西，绕老城南过，流入东水港。集雨面积62平方千米，流程13千米，蜿蜒弯曲，为时令河，有“九曲水”之称。

海仔河　又名东排洋溪。属南渡江支流，发源于文儒镇山猪岭，流经北雁峒、加朗峒、长安镇，从新村仔村汇入南渡江,集雨面积176平方千米,流程30千米。平均比降0.00253米。

汶安河　系南渡江支流，发源于白莲群典村风门岭一带，流经美亭、瑞溪、金安农场，从永发镇汶安村汇入南渡江，集雨面积165平方千米，河流长25千米。平均比降0.00134米。

绿现河　又名犁沙河，属南渡江支流，发源于国营昆仑农场加东铺，流经仁兴、中兴两地，从北解溪汇入南渡江，集雨面积174平方千米，流程34千米，平均比降0.00296米。

岭肚岭河　又名加蟹涧，发源于屯昌县雨水岭，流入南渡江。集雨面积144平方千米，流程26千米，境内河流长度14千米，流域集雨面积70平方千米，平均比降0.0048米。

龙洲河　系澄迈和定安县的边界河。发源于屯昌县黄竹岭，流经屯昌、澄迈、定安三县，从定安县溪头坡汇入南渡江，集雨面积1293平方千米，河流长度108千米，从新吴墟东南侧入境，从山内下村西侧出境，县内流域面积35平方千米，流程10千米，为时令河。

花场河　又名美素河。发源于金江镇美亭鹧鸪岭，流经福山镇汇入花场港出海，集雨面积117平方千米，全程长20千米，平均下降0.00167米，为时令河。河流短，流速快，洪峰大，涨落迅速，对两岸农田破坏严重。

双杨河　又名稍阳河，发源于老城镇白莲群典村西北岭麓，流经大丰地区，入敦周港后出海，集雨面积28平方千米，流程15千米，河床平均比降0.00154米。上游有3条支流。

下岭河　系大塘河支流。发源于中兴镇福来西北侧，流经敦风、福安、大云、道南等地汇入大塘河，集雨面积43平方千米，流程17千米。河床平均比降0.00182米。

仁格河　属海仔河支流。发源于文儒镇石浮平坦村北，流经长村、合福、仁格、宋岭、村内、新村仔上村汇入海仔河。集雨面积 21 平方千米，流程 11 千米。河床平均比降 0.00198 米。

九乐山沟　属南渡江支流。发源于仁兴镇挂灯岭，由 15 个源头汇流而成，流过蜿蜒起伏的山谷汇入南渡江，集雨面积 31 平方千米，流程 12 千米。河床平均比降 0.00232 米。

石古岭沟　属南渡江支流。发源于国营昆仑农场辖区的炳田村东，流经荔枝头、美玉、道殿、加类、红泉、石古岭等地汇入南渡江，流域面积 66 平方千米，流程 13 千米。河床平均比降 0.00231 米。

集雨面积 100 平方千米以下的还有北潭溪、加潭溪、北文溪、排坡溪、老城溪等。

（二）地下水

地下水资源可开发利用量为 3.651 亿立方米，分为南北两大地区。北部地区福山至美亭以北水文站钻孔透露，上新统地层 2—4 个含水层，含水层岩性为贝壳沙砾岩，沙砾卵石中粗砂，砂质亚砂土。厚度 25—70 米。大拉钻孔水位深 49 米，东水港钻孔水位高出地面 5.73 米，单位水量分别为 0.64 升/秒、1.51 升/秒。

北部地区　地层侵蚀作用强烈，白莲糖厂旧址至美亭北面花场港一带，地面标高 60 米以下。上新统上段，含水层普遍露头发育，泉流量 1—5 升/秒；白莲北利岭北东泉和福山（幸福）泉流量最大，分别为 150 升/秒、100.2 升/秒；东部老城一带，含水层埋藏深，厚度较薄，水位埋藏浅，含水性较好；大拉至白莲一带，以山岩台地，含水层埋藏浅，厚度较大，但水位埋藏深，一般大于 30 米，水性较差。

南部地区　村落居民多饮用岩泉水。1998 年，中兴、仁兴、文儒、石浮、加乐 5 个乡镇共有水井 495 口，雨季日涌水量 3500 立方米，平均每人 0.054 立方米，旱季涌水量减少 30%—40%。从仁兴乡至石浮乡一带，系断裂破碎带和石英脉带发育，有些地段（如九乐山、银瓶岭等）温泉密布。在九乐山以机械钻两口地矿热水井，分别深 250 米和 200 米，日喷水量 5460 立方米，水温为 57.1℃。在银瓶岭北麓，有一泉眼自流温泉，日喷水量 620 立方米，水温为 54.5℃，有硫黄气味。在红岗场，以机械钻一口矿泉井，深 200 米，日涌水量 600 立方米。经化验分析：主要成分有 pH 值为 7.02，钠（Na）15.38，锂（Li）0.03，锶（Sr）0.39，溴（Br）0.12，碘（I）0.15，锌（Zn）0.029，游离（$C0_2$）5.70，偏硅酸（H_2SiO_3）78.00 等有益于人体的元素，为县南部地方最深之饮用矿泉水井。

六、海洋资源

澄迈县海岸线长，海域辽阔，海洋生物、海洋化学、沿海滩涂、红树林及滨海旅游等资源十分丰富。

海洋生物达 2000 多种，其中脊椎动物有 1200 多种，无脊椎动物有 600 多种，海底植物有200多种。脊椎动物主要有鱼类，经济价值较高的鱼类有红鱼、黄鱼、鱿鱼、马鲛鱼、金枪鱼、石斑鱼、带鱼、墨鱼、鲳鱼等。无脊椎动物主要有海参、海绵、珊瑚虫、螺、虾、蟹、贝类；海底植物主要有海藻（江篱），海藻种类以紫藻和褐藻为主。

海域海水中的化学元素有80多种，含量较多的化学元素有氯、钠、硫、碳、镁、镍、硼、钙、钾、氮、锰等，微量元素有锌、铅、金、银、钼、铜、磷、碘等。

沿海山奇水秀，沙滩洁白，海水清澈，风景独特，其中盈滨半岛、玛岛、雷公岛都具有发展滨海旅游业的极大潜力。

（一）海域

澄迈县海岸线东起拨南村，与海口市分界；西至桥头镇包岸村，与临高县毗邻。内湾海岸线全长89.84千米，外湾海岸线全长37.50千米。海域总面积470.53平方千米，约占全县陆地面积二分之一。

海域海水深度较大，平均水深为40米。其中等深线0—5米的海域主要分布在距海岸线100米的海域范围内，面积约201平方千米；等深线5—10米的海域主要分布在距离海岸线100—300米的海域范围内，面积约216平方千米；等深线10米以上的海域主要分布在距海岸线300米以外的海域范围内，面积约583平方千米。

海域海水温度夏季较高，冬季较低，南北相差小。表层平均温度为25.3℃，最高温度达33.7℃，最低温度为19.0℃。

海域海水盐度较大，常年盐度变化不明显，南北盐度相差不大。表层平均盐度为29.5‰，最高盐度达32.8‰，最低盐度为15.5‰。

滩涂资源主要分布在桥头、福山、马村、老城等乡镇沿海，面积达16672公顷，滩涂带有机物质丰富，土壤砂性大，对发展海水养殖十分有利。

（二）潮汐

海域的潮汐，一年中有265天为日潮，仅有100天为半日潮。据1988年秀英基面实测资料分析，海域涨潮历时平均为14小时25分钟，落潮历时平均为9小时35分钟，落潮历时年平均潮位为1.25米，年最高潮位为3.78米，年最低潮位为0.13米，年平均潮差为1.60米，年最大潮位为1.70米，年最小潮差为1.36米，平均潮位和平均潮差的月变化详见表1–1–6和表1–1–7。

1999—2010 年澄迈县沿海海域各月份潮位比较表

表 1-1-6　　单位：米

月份	1月	2月	3月	4月	5月	6月	7月	8月	9月	10月	11月	12月
平均潮位	1.15	1.48	1.46	1.47	1.49	1.51	1.46	1.48	1.55	1.67	1.55	1.45
平均高潮位	2.46	2.36	2.28	2.20	2.29	2.45	2.41	2.36	2.38	2.68	2.42	2.43
最高潮位	3.14	3.02	2.69	2.83	2.86	3.01	3.00	2.90	3.10	3.78	3.01	3.05
平均低潮位	0.64	0.63	0.64	0.72	0.67	0.55	0.54	0.65	0.72	1.13	0.69	0.49
最低潮位	0.14	−0.07	0.06	0.15	0.14	−0.09	−0.07	0.02	0.29	0.46	−0.01	−0.13

1999—2010 年澄迈县沿海海域各月份潮差比较表

表 1-1-7　　单位：米

月份	1月	2月	3月	4月	5月	6月	7月	8月	9月	10月	11月	12月
平均潮位	1.55	1.36	1.38	1.51	1.53	1.62	1.70	1.53	1.40	1.53	1.51	1.59
平均最大潮差	2.31	2.12	1.85	2.02	2.19	2.36	2.43	2.26	2.05	2.01	2.23	2.40

（三）港湾

全县共有大小港湾 15 个，面积较大的港湾有马村港、东水港、玉包港、理善港、林诗港、包岸港、才芳港、信作港、敦周港、老城湾、美浪港、花场湾、沙土湾、美档湾、包金湾等。

石石矍港（今马村港），港湾呈长弧形，水域面积 25875 平方千米，航道水深 10—13 米，船只靠岸处水深 9.5 米，万吨巨轮可进出，湾内泥沙质底，没崖石、暗礁，底部平坦，东西两岸环抱，湾面浪平，是个天然良港。在唐宋时期，是海南岛与祖国大陆出入门户，官方传送公文渡口，贾客扬帆蚁聚之地。

1999—2010 年澄迈县主要港湾位置、面积和水深情况表

表 1-1-8

港湾	位置	面积（平方米）	水深（米）	港湾	位置	面积（平方米）	水深（米）
东水港	老城镇	7.4	3.2—23.5	林诗港	桥头镇	4.2	2.2—18.5
马村港	老城镇	6.5	3.8—21.6	包岸港	桥头镇	5.1	2.1—21.2
老城湾	老城镇	7.2	1.5—19.7	美档湾	老城镇	4.8	2.5—17.6

续表 1-1-8

港湾	位置	面积（平方米）	水深（米）	港湾	位置	面积（平方米）	水深（米）
花场湾	福山镇	5.8	2.1—20.2	包金湾	老城镇	4.5	1—9
玉包港	桥头镇	6.1	24—22.3	才芳港	桥头镇	4.2	1.8—18.1
沙土湾	桥头镇	5.5	1.7—18.5	信作港	桥头镇	3.9	1.6—17.4
理善港	桥头镇	4.7	1.9—19.4	敦周港	大丰镇	3.7	1.7—18.2
美浪港	大丰镇	3.4	1.8—17.1				

（四）岛屿

全县岛屿 3 个：林诗岛、玛岛、雷公岛。

1999—2010 年澄迈县岛屿位置、面积和平均海拔情况表

表 1-1-9

岛屿名称	位　置	面积（平方米）	平均海拔（米）
林诗岛	桥头镇	2.8	26.5
玛　岛	老城镇马村	2.6	22.6
雷公岛	桥头镇	2.1	24.5

（五）红树林

主要分布在桥头镇的包岸港、福山镇的花场湾、马村的马村港、老城镇的边湾老城港等海岸，面积达 3.2 平方千米。树高林密，种类繁多，具有很高的使用研究价值和观赏价值。

第四节　自然灾害

一、台风

1999—2010 年影响澄迈县的台风（含热带低压）共计 33 次，年平均 3 次。最多年 6 次（2009 年），最少年为零（2004 年、2010 年）。年发生率为 97%。

按台风影响程度，一般影响出现 17 次，占累年的 51%；中度影响共出现 13 次，占累年的 40%；严重影响共出现 3 次，占累年的 8%。严重影响的台风，年发生率为 29%，即约 3 年一遇。初台风，平均始期在 7 月上旬。最大风速：瞬间极大风速 33 米/秒，风

向西北；平均最大风速 25 米/秒，风向西北。日最大雨量为 349.3 毫米，过程最大雨量为 433.1 毫米。

1999—2010 年澄迈县影响性台风一览表

表 1-1-10　　　　单位：次

月份项目	5 月	6 月	7 月	8 月	9 月	10 月	11 月	12 月	全年	年平均
影响总数	1	4	12	13	17	10	3	0	33	3
历年平均	0.05	0.2	0.6	0.65	0.85	0.5	0.15	0	3.0	3.0
中度影响	1	3	5	6	6	3	0	0	0	1.2
严重影响	0	—	1	2	2	3	0	0	0	0.4

附件：1999—2010 年澄迈县台风洪涝致灾情况

2000 年 10 月中旬，澄迈县遭受百年一遇的水灾。2001 年 8 月 29—30 日，受 0114 号热带风暴影响，全县普降暴雨到大暴雨，造成洪涝灾害，全县经济损失 1689 万元。

2003 年 7 月 21—24 日，连续前后受 0307 号和 0308 号台风影响。其间，0307 号台风于 24 日上午 10 左右在广东的阳江到电白之间沿海地区登陆，由于台风范围较大，澄迈县也出现了极大风速为 19 米/秒，过程总雨量 93.3 毫米。据统计，全县受灾乡镇 9 个，受灾人口 5.172 万人，倒塌房屋 25 间，合计直接经济损失 0.0025 亿元。

2003 年 8 月 25 日，0312 号台风于凌晨 4 点 10 分在海南省文昌市翁田镇登陆，澄迈县受之影响，极大风速 25.4 米/秒（10 级），风向西南偏西，过程总雨量 303.5 毫米，是当年影响的台风中最严重的一次。据县三防办统计，全县受灾乡镇 10 个，受灾人口 22.67 万人，倒塌房屋 567 间，农作物受灾面积 6.084 公顷，减收粮食 6000 吨；死亡牲畜 0.0003 万头；水产养殖损失 1200 公顷，损失数量 60 吨；水利损坏堤防 7 处，长度 450 米；损坏护岸 13 处；损坏水闸 4 座；冲毁塘坝 3 座；损坏灌溉设施 46 处；损坏机电井 26 眼。总计直接经济损失 0.881 亿元。8 月，受台风“科罗旺”影响，洪涝成灾。南渡江澄迈水位超过警戒水位 0.29 米，全县经济损失 0.881 亿元。

2005 年 9 月 25—27 日，遭受 32 年来最大的 0518 号台风“达维”袭击，最大风速达 30.4 米/秒，给全县农作物和各行业造成严重的经济损失，直接经济损失共计 4.97 亿元。其中损坏、倒塌房屋 4635 间，受灾人口 48.6 万人，死亡大牲畜 126 头，农作物受灾面积

13610 公顷。通信及水利设施等均遭到不同程度的破坏。

2008 年 10 月 4 日，受 0817 号热带风暴“海高斯”影响，澄迈县直接经济总损失 0.13084 亿元，其中洪涝灾害：受灾乡镇 9 个，受灾人口 10.96 万人，倒塌房屋 3 间，直接经济损失 0.0655 亿元；农林牧渔业灾害：农作物受灾面积 1722 公顷，其中粮食作物 1660 公顷；农作物成灾面积 1033 公顷，其中粮食作物 996 公顷；农作物绝收面积 344 公顷，其中粮食作物 332 公顷；减收粮食 1992 顿；直接经济损失 0.03984 亿元；水利设施灾害：损坏堤防 89 米，冲毁塘坝 1 座，损坏灌溉设施 42 处，直接经济损失 0.0255 亿元。13—14 日，全县普降大暴雨，澄迈县出现洪涝灾害，造成直接经济损失 0.6864 亿元。

2009 年 8 月 7—9 日，受 0907 号热带风暴“天鹅”影响，由于暴雨持续,造成全县出现洪涝灾害，导致村庄被浸。9 日止，全县被浸村庄 10 个，转移 8 个村庄，转移 991 人，损坏房屋 13 间，受灾水稻面积 3147.67 公顷，农作物受灾面积 2132 公顷，受灾虾塘面积 230.33 公顷，公路毁坏路基 3 处，水库渠道损坏 33 处，全县共造成直接经济损失 0.6498 亿元。

2009 年 9 月 9—11 日，受 0913 号热带风暴“彩虹”横穿和伴有龙卷风共同影响，全县遭受风灾雨灾，出现较严重的灾情。全县受灾村庄 9 个，受灾人口 45.8 万人，房屋倒塌 11 间，造成直接经济损失 984 万元；农林牧渔受灾情况：农作物受灾面积 1420 公顷，其中粮食作物受灾 1206 公顷，农作物成灾面积 430 公顷，其中粮食作物 360 公顷，农作物绝收面积 182 公顷，其中粮食作物 144 公顷，因灾减产粮食 1720 吨，经济直接经济损失 629 万元，其中经济作物损失 0.0285 万元；工业交通方面：公路中断 2 条，直接经济损失 105 万元；水利设施方面：损坏小型水库 10 座，损坏堤防 1 处计 42 米，损坏灌溉设施 18 处，直接经济损失 250 万元。

2009年9月27—29日，受0916号台风“凯萨娜”影响，全县农作物总受灾面积1050公顷，其中水稻被浸面积620公顷；农作物成灾面积311公顷，其中粮食作物面积190公顷，作物绝收面积103公顷，其中粮食面积74公顷。水利设施损坏山塘2宗，堤岸1处，损坏灌溉设施9处。经济直接损失668万元，其中水利180万元。全县群众转移人数277人。

2009 年 10 月 12—13 日，受 0917 号热带风暴“芭玛”影响，澄迈全县范围遭受风灾雨灾，出现严重的灾情。全县受灾村庄 11 个乡镇受，受灾人口 29.6 万人，全县房屋倒塌 436 万间，造成直接经济损失 35804 万元；农林牧渔受灾情况：农作物受灾面积 6920 公顷，其中粮食作物受灾 3980 公顷，农作物成灾面积 3354 公顷，其中粮食作物 1590 公顷，农作物绝收面积 1260 公顷，其中粮食作物 557 公顷，因灾减产粮食 5010 吨，经济直接经济损失 23478 万元，其中经济作物损失 19778 万元；工业交通方面：公路中断 31 条，直接经济损失 4747 万元；水利设施方面：损坏小型水库 19 座，损坏堤防 9 处计 380 米，损坏灌溉设施 370 处，直接经济损失 0.42 亿元；城市受淹情况：淹没面积 1.6 平方千米，占城市面积比例 30%，淹没历时 3 小时，主要街道最大水深 0.52 米，房屋受淹 13500 间，城区直接经济损失 1300 万元。

2010 年 10 月上、中旬，连续出现澄迈县历年罕见的两轮强降水引发洪涝灾害的天气过程，其受灾情况：10 月 1—9 日，受南海辐合带和冷空气共同影响，全县普降暴雨，使全县 11 个乡镇受灾，受灾人口 12.8 万人，房屋倒塌 119 间，转移人口 2962 人，造成直接经济损失 2782 万元；农林牧渔受灾情况：农作物受灾面积 4042 公顷，农林牧渔业受灾直接经济损失 1320 万元；工业交通运输业直接经济损失 100 万元；水利设施 370 万元。10 月 13—17 日，受南海辐合带和冷空气共同影响，全县普降暴雨，使全县 11 个乡镇受灾，受灾人口 15.6 万人，直接经济损失 10.52 亿元，其中，种植业损失 3.1 亿元，橡胶损失 1.15 亿元，畜牧业损失 5813 万元，水产业损失 8315 万元，房屋损失 2.0076 亿元，交通损失 1.65 亿元。

二、龙卷风

2001 年 2 月，受较强冷空气影响引发龙卷风天气，全县房屋损坏、瓜菜等损失共计 572 万元。

三、洪涝

1999—2010 年，全县发生过 2 次洪涝，年均为 0.1 次，即每 10 年发生一次。洪涝多由台风带来的连续暴雨（日雨量 80 毫米）所造成。全县年均暴雨日为 7 天，最多是 2000 年和 2010 年各 13 天。洪涝标准：金江日最大雨量 200 毫米或过程雨量 350 毫米；南渡江金江水文站水位 28.50 米高程（榆林基面），即超过警戒水位 1 米以上。

四、旱灾

干旱分为春旱、冬旱、夏旱和秋旱，旱期开始是连续 7 天每天日雨量小于等于 1.0 毫米，或 7 天总雨量小于等于 5 毫米，则从第七天起统计旱情；旱情结束日是日雨量大于等于 15 毫米或过程雨量大于等于 20 毫米的前一天为旱情结束日。

2004 年，全年出现旱情日共 229 天，年中最长一次连旱是 97 天，开始时间是 2004 年 9 月 26 日，终止时间在 2004 年 12 月 31 日。

2005 年，全年出现旱情日共 227 天，年中最长一次连旱是 131 天，开始时间是 2005 年 1 月 1 日，终止时间在 2005 年 5 月 10 日。

五、其他灾害

低温阴雨　全县低温阴雨有干冷、湿冷和先干后湿冷 3 种。1999—2010 年共出现低温阴雨天气6次，年均0.5次，最多年为24天，出现于2008年1月24日至2月16日。低温霜冻以“干冷”为天气特征。出现在“寒潮”或强冷空气偏西入侵后，境内大幅度降温，夜间风微天晴，下半夜至清晨有可能出现低温霜冻危害，少见霜冻，1999年至2010年，没有一年出现霜冻。

2003年1月6—8日，连续3天低温阴雨天气，最低气温7℃。

2004年2月4日、10日分别出现轻度和中度的低温阴雨天气过程。

2008年1月24日至2月16日，出现持续24天的重度低温阴雨天气，是1969年以来39年的最长纪录。

冰雹　发生时间大约在4—5之间，常见于第二场较大春雨中。1999—2010年，共出现冰雹天气2天，年均0.2天，其年发生率为15%，即7年一遇。其地理分布是中部，南部山区较多，北部沿海地区较少，冰雹的移动路径与龙卷风基本相似，自西南向东北。

清明风　多发生于3月下旬至4月中旬，由于冷空气南下影响，常有3天以上的偏北风伴低温（17—22℃）阴雨天气出现，影响抽穗扬花的早稻结粒率。1999—2010年，澄迈县受清明风影响有4次，年均0.35次，清明风一般持续3—5天。

此外，个别年也出现干热风影响早稻的结实率。寒露风对晚稻的抽穗扬花也有一定影响。

第二章　建置区划

第一节　建置沿革

1999年，澄迈县隶属海南省，至2010年隶属关系未变。

1999年前澄迈县建置沿革简表

表1-2-1

朝代	年号（公元纪年）	县名沿革	隶属关系
西汉	元封元年（前110年）	苟中县	珠崖郡
	初元三年（前46年）	朱卢县	合浦郡
东汉	建武十九年（43年）	珠崖县	合浦郡

续表 1-2-1

朝代	年号（公元纪年）	县名沿革	隶属关系
三国	吴赤乌五年（242 年）	朱卢县	交州
西晋	太康元年（280 年）	玳瑁县	合浦郡
南北朝	南朝元嘉八年（431 年）	朱卢县	合浦郡
	齐（479—502 年）	朱卢县	合浦郡
	梁大同年间（535—546 年）	朱卢县	崖州
	陈（557—589 年）	朱卢县	崖州
隋	大业三年（607 年）	澄迈县	珠崖郡
唐	武德五年（622 年）	澄迈县	崖州
	贞观十三年（639 年）	曾口县	崖州（注：析澄迈、琼山地置曾口等县，隶属琼州）
	天宝元年（742 年）	澄迈县	珠崖郡
五代十国	南汉乾和十五年（957 年）	澄迈县	崖州（注：曾口县撤销，大部地域划归澄迈县）
北宋	开宝五年（972 年）	澄迈县	琼州
	熙宁六年（1073 年）	澄迈县	琼管安抚司
元	世祖至元十五年（1278 年）	澄迈县	琼州路安抚司
	世祖至元二十八年（1291 年）	澄迈县	琼州军民安抚司
	天历二年（1329 年）	澄迈县	乾宁军民安抚司
	元统二年（1334 年）	澄迈县	乾宁安抚司
	至正二十三年（1363 年）三月	澄迈县	乾宁军民安抚司
明	洪武元年（1368 年）	澄迈县	琼州府
	洪武三年（1370 年）	澄迈县	广东等处行中书省琼州府
	洪武九年（1376 年）	澄迈县	广东承宣布政使司琼州府
	光绪三十一年（1905 年）	澄迈县	广东布政使司琼州府
	宣统三年（1911）十一月	澄迈县	广东都督府琼崖临时行政总机关
中华民国	元年（1912 年）1 月	澄迈县	广东都督府琼崖安抚司
	元年（1912 年）7 月	澄迈县	广东都督府琼崖绥靖处
	3 年（1914 年）夏	澄迈县	广东省琼崖道
	10 年（1921 年）2 月	澄迈县	广东省琼崖绥靖委员公署
	14 年（1925 年）11 月	澄迈县	广东省南区善后公署
	21 年（1932 年）7 月	澄迈县	琼崖特别行政区

续表 1-2-1

朝代	年号（公元纪年）	县名沿革	隶属关系
中华民国	25 年（1936 年）7 月	澄迈县	广东省第九区行政督察委员公署
	35 年（1946 年）1 月	澄迈县	广东省政府主席琼崖办公处
	38 年（1949 年 9 月 30 日止）4 月	澄迈县	海南特别行政区
中华人民共和国	1950 年 5 月	澄迈县	广东省海南军政委员会
	1951 年 4 月	澄迈县	广东省人民政府海南行政公署
	1968 年 4 月	澄迈县	广东省海南行政区革命委员会
	1980 年 1 月	澄迈县	广东省人民政府
	1984 年 10 月	澄迈县	广东省海南行政区公署
	1988 年 4 月	澄迈县	海南省人民政府

第二节　行政区划与联合勘界

一、行政区划

1999 年，澄迈县辖金江、长安、太平、美亭、山口、加乐、文儒、石浮、永发、新吴、老城、白莲、马村、福山、桥头、中兴、仁兴、瑞溪等 18 个乡镇，村（居）委会 157 个，村民小组 1038 个。2002 年 7 月实行乡镇调整，全县设镇 10 个，村（居）委会 157 个，村民小组 1120 个，自然村 826 个。

2005 年，全县有乡镇 10 个，村（居）委会 165 个，村民小组 1002 个，自然村 813 个。2007 年，澄迈县华侨农场实行体制改革，组建大丰镇，实行镇场合一，一个区域、两块牌子。

2010 年，全县辖金江、老城、福山、桥头、瑞溪、永发、中兴、文儒、加乐、仁兴和大丰 11 个建制镇。年底，全县有村（居）委会 176 个，村民小组 961 个，自然村 867 个。

二、联合勘界

为贯彻落实国务院关于开展全面勘界工作的决定、海南省人民政府关于印发《海南省勘定市、县级行政区域界线总体方案》的通知文件精神，确保行政区域界线管理工作法制化、科学化，实现依法行政管理，维护边界安定，促进经济发展。澄迈县以《海南省市、县级行政区域界线界测绘技术规定》《海南省调处土经纠纷确定土地权属的若干规定》及原广东省测绘局和各县（市）革命委员会 1977—1978 年编绘出版的县（市）地图为基本依据，参考两（市）县国土管理局1995年调绘的《土地利用现状图》，从1999年开始进行市县级区域界线勘定工作，1999年7—11月完成市县级区域界线勘定工作，此后每五年开展一次联合检查工作，第一轮市县级联合检查工作2004年开始，2009年第二轮。

（一）澄迈县与海口市界线勘定

澄迈县与海口市界线勘定起于海口市、海口（琼山）、澄迈县边界交会点，止于海口、澄迈县界线交会点，边界线全长28.5千米，全线共设立界桩34个，其中单立双面大型界桩33个（004–027–21至004–027–53）；三面界桩一个（004–027–20）。

（二）澄迈县与琼山县界线勘定

澄迈县与琼山县界线勘定起于海口市、海口（琼山）、澄迈县边界交会点，止于海口（琼山）、澄迈县、定安县界线交会点，边界线全长74.8千米，全线共设界桩20个，其中单立双面大型界桩18个，三面界桩2个。

（三）澄迈县与临高县界线勘定

澄迈县与临高县界线勘定起于东北澄迈县道夸村西南边的海域，西南止于儋州市、澄迈县、临高线边界交会点的美郎岭，全长84.7千米，共设立界桩6个，一个三市县交会点三面界桩，5个双面界桩。

（四）澄迈县与儋州市界线勘定

澄迈县与儋州市界线勘定北起于儋州市、澄迈县、临高县边界交会点，南止于儋州市、澄迈县、琼中黎族苗族自治县边界交会点，边界线全长46.3千米，全县设立界桩5个，其中单立双面大型界桩3个，三面大型界桩2个。

（五）澄迈县与琼中县界线勘定

澄迈县与琼中黎族苗族自治县界线勘定，西南起于儋州市、澄迈县与琼中黎族苗族自治县边界交会点，东南止于屯昌县、澄迈县和琼中县边界交会点，边界线全长46.4千米。全线共设界桩4个，其中同号双立大型双面界桩2个，三面界桩2个。

（六）澄迈县与屯昌县界线勘定

澄迈县与屯昌界线勘定，起于澄迈县、屯昌县和琼中黎族苗族自治县三县边界交会点，止于澄迈县、屯昌县和定安县三县边界交会点，边界线全长81.1千米，全线共设立界线5个，其中单立双面大型界桩3个，三面界桩2个。

（七）澄迈县与定安县界线勘定

澄迈县与定安县界线勘定，起于澄迈县与定安县和海口市三市（县）边界交会点，止于澄迈县与定安县和屯昌县三县边界交会点，全长60千米，共设6个大型双面界桩，2个大型三面界桩。

第三章　乡镇简介

第一节　金江镇

一、位置与政区

金江镇位于澄迈县中部，南渡江中游两岸。东与瑞溪镇接壤，南与加乐镇毗邻，西与中兴镇相连，北与老城镇、福山镇、大丰镇交界；距省会海口 56 千米，是金海（口）、金永（发）、金屯（昌）、金仁（兴）、金福（山）等五条公路交汇点。地势北高南低，南部为冲积平原沙泥土，北部是浅海相堆积台地红壤土。较高的山是大拉岭，海拔 130 米。水系有南渡江自西向东穿境而过，主要支流有大塘河、倒流溪、大催溪等。

属热带季风气候区，年平均气温 23.8℃，最高气温 41.2℃，最低 1.1℃，偶有霜冻。年降水量 2044.9 毫米，年降水日数 155 天，6—9 月降水量为全年 78.9%。年日照 2088 小时，有台风影响。

1999 年，全镇总面积 75.34 平方千米。其中陆地面积 73.683 平方千米，占 97.8%；水域面积 1.657 平方千米，占 2.2%。有 7200 户，总人口 62097 人，其中男性 33842 人，女性 28255 人，耕地面积 3303.27 公顷。

2002 年 7 月乡镇调整后，辖区面积发生重大变化。2005 年，全镇总人口 146334 人。2010 年，全镇总面积 389.79 平方千米，其中陆地面积 364.06 平方千米，占 93.4%；水域面积 25.73 平方千米，占 6.6%。有 42927 户，总人口 161309 人，其中男性 87429 人，女性 73880 人。耕地总面积 6493.33 公顷，其中水田 4572.13 公顷，旱地 1923.53 公顷，以种植水稻、蔬菜、橡胶、香蕉等为主。

1999 年，金江镇辖大塘村委会、村头村委会、大催村委会、塘口村委会、博潭村委会、京岭村委会、大坡村委会、天山村委会、大拉村委会和钟寨居委会共 10 个村（居）委会。2002 年 7 月，乡镇调整后，由于原长安镇、美亭乡、太平乡辖区和山口乡部分辖区并入金江镇，全镇辖区村（居）委会增至 55 个，自然村 223 个。至 2010 年，其行政区划不变。

2010年金江镇辖区村庄一览表

表1-3-1

村委会	自然村、移民点名称	已废村名
大塘村委会	大塘、塘东、塘内、山腰、墩山、云山、黄龙、高山	—
村头村委会	南口、仁家、海河、村头上、村头下	—
大催村委会	大催、白合洋、村尾、大园、崩岸、洋田、沟边	—
塘口村委会	姜宅、中村、上坎	—
北潭村委会	北潭、长坡仔	—
京岭村委会	京岭、六山、下六、新村园、反修、溪排坡、长发坡	—
大坡村委会	大坡、福星、黄家上、黄家下	—
天山村委会	天塘、加升塘、北排山	—
大拉村委会	大拉、河沟	—
钟寨居委会	王宅、蔡宅、加笼园、雷宅、富朗	—
长坡村委会	长坡、土尾、坡六、后山肚	—
长村村委会	长村、加时王、加时徐、加时曾	中宛市、南闹坡、新会坡、平头岭
合福村委会	合福、沙田、仁格、军口岭	三架岭、三坡塘、新岭
军口村委会	军口、观音堂、文山后、许居岭、云沙岭	—
南墩村委会	南墩、村内、宋岭	—
东联村委会	东排洋、溪排洋、牛路头、溪下	—
长安村委会	长安、后田、茨园、库云、新云、新村仔上、新村仔下	茅场、老家坡、高山坡
北河村委	北河、后山、大坡山、北河仔	军冲岭
五联会委会	下山、吉宅岭、下云、三坡六、红茂岭	—
六角塘村委会	六角塘、老家、新田、邱家、南洋	—
福龙村委会	福龙、龙生、塘上、官田、东截、福龙墟、番村、玉宛、金龙堀	石田村
茂坡村委会	令尾、吉美、长来、桥上、下生、岸头黄、岸头郑、蒙加云、洋心、茂坡仔	—
美亭村委会	美亭村、美亭墟、军路、那利、加岑	忙拉、南白、黑冲、昌颠

续表 1-3-1

村委会	自然村、移民点名称	已废村名
黄竹村委会	黄竹	坡豆、加朝、圾立、土昇岭、母热
龙坡村委会	龙腰上、龙腰下、龙怀、龙潭、三脚岭、山内坡	龙弯、坡草、田尾、下云山
名山村委会	名山、下塘、山朝、军田坡	岭村、下村、信口、新墓、坡礼、后排、东山
好让村委会	好让、东山、桥头、潭官、北让	阿创、仁里、永恒、美操
大美村委会	大美、美中墟、文英	—
扬坤村委会	扬坤、万昌、美敬、双井、新村、美朗	美向、大坡、那让、新安、美永、黑世
雅新村委会	雅颂、雅头、新村	美中、美伦、群巷、雅南
木棉村委会	木棉、排井岭、昌茂、美堆	下田、朝塘、加笼塘
北芳村委会	北芳、大堀、新村、里好、美山、后岭、背井、面前坡	加塘、古岭
太平村委会	太平、九京、乌什、上大潭	后堀朗、排高岭
六山村委会	六山、出头塘、强朗、面前六、加笼堆	—
海仔村委会	海仔、白芒、黄琼、下宅岭	加利桥
春芳村委会	春芳、加潭、新云	—
塘北村委会	塘北、小生美、大生美、下大潭、泉水村	—
兴加村委会	兴加朗、周北坡、周下六、陈北坡	—
下坡村委会	下坡、溪边、封克、坡尾村、大茂	南殿坡村
山口村委会	山口、水朗、巨坡、文头山、新村沟、飞树墩下、飞树墩上、加来上、加来下	后屈塘
善井村委会	善井、安良、新安、后岭、后村、白山	官田、加居
仁丁村委会	仁丁、兹可上、兹可下、美肥、卜德洋新村、洋中、仁丁墟、南来、龙兴、洋坡	卜德洋老村
道南村委会	下岭、文户、松柏、好操、下田	—

1999—2010 年金江镇面积与人口一览表

表 1-3-2

年份	总面积（平方千米）	耕地面积（公顷）	总人口（人）	男女比例	其中农业人口（人）
1999 年	75.34	3254.87	62097	119.8	46573

续表 1-3-2

年份	总面积（平方千米）	耕地面积（公顷）	总人口（人）	男女比例	其中农业人口（人）
2000 年	75.34	3254.73	67235	118.3	49082
2001 年	75.34	3252.87	67916	121.7	47443
2002 年	389.79	6408.20	138606	101.2	99796
2003 年	389.79	6421.73	139651	120.2	99152
2004 年	389.79	6427.47	143823	100	100676
2005 年	389.79	6430.07	146334	120.2	102141
2006 年	389.79	6437.73	148840	118.8	102451
2007 年	389.79	6452.60	150962	119.8	103762
2008 年	389.79	6452.60	154415	119.3	105983
2009 年	389.79	6443.00	156218	118.8	107066
2010 年	389.79	6466.67	161309	118.3	110497

二、经济发展

1999 年，全镇生产总值 27846 万元，比上年增长 15.8%，农业总产值 7539.9 万元，比上年增长 8.9%；粮食播种面积 2263 公顷，总产 12434 吨，比上年增长 2.6%；瓜菜种植面积 1111.33 公顷，总产 34103 吨，比上年增长 10.6%；水果种植面积 363.33 公顷，总产 5091 吨，比上年增长 15.8%；肉类总产 3268 吨，比上年增长 10% 乡镇企业总产值 20609 万元，比上年增长 19.2%；农民人均纯收入 3055 元，比上年增长 10%。

2000 年，农业总产值 7560 万元。农民人均纯收入 3299 元，比上年增收 244 元，增长 10.3%，水果总产 5341 吨，比上年减产 12.3%。全年瓜菜种植面积 1088 公顷，总产 37520 吨，比上年增长 10%，全镇粮食总产 11247 吨，比上年减产 9.5%。

2002 年，全镇生产总值 67006 万元，比上年增长 11.2%，其中第一产业产值 34532 万元，比上年增长 13.2%；第二产业产值 964 万元，比上年增长 8%；第三产业产值 22827 万元。全镇增加下水田果蔗 75.60 公顷，种植圣女果 186.67 公顷，种植瓜菜 4917 公顷，更新及增加香蕉面积 27.67 公顷，新种荔枝 146.67 公顷，龙眼 31.40 公顷，其他杂果 30 公顷，橡胶 94.60 公顷，椰子 6.60 公顷，种桑 140 公顷，奇树菜 46.67 公顷。新增 3 个养猪场，生猪年出栏量均在 600 头以上，全镇猪、牛、羊、兔、三鸟和其他动物饲养、水产养殖均比上年有较大的增长，肉类总产比上年增长 9%；全年财政收入 874 万元，占包干总任务474万元的184%。

2005年，全镇生产总值完成11.38亿元，同比增长9.1%，其中第一产业完成6.47亿元，同比增长3.8%；第二产业完成1.68亿元，同比增长18%；第三产业完成3.23亿元，同比增长16.2%。全镇财政收入1194.16万元，同比增长28.5%。全镇财政总支出2657万元（含县拨补资金），其中一般预算支出1289万元，同比增长0.5%。农民人均纯收入3369元，同比增长2.8%。全镇瓜菜总产130700吨，比上年增长2.9%。香蕉遭受“达维”台风影响，由于种植面积增加289.20公顷，产量仍达到28090吨，与上年持平。三鸟出栏135.3万只，同比增长5%，生猪出栏72226头，同比增长2.8%，水产品产量11614吨，同比增长100.7%。

2008年，全镇生产总值87665万元，比上年增长8.9%，其中第一产业39920万元，同比增长4%；第二产业18542万元，同比增长11%；第三产业29203万元，同比增长15%。全镇地方财政总收入3466.8万元，其中地方一般预算收入1923.5万元。农民人均收入3506元，同比增长6%。

2010年，全镇生产总值165310万元，增长16.5%，其中第一产业82338万元，同比增长5%；第二产业8909万元（不含规模以上工业和县属建筑业的增加值），同比增长78.1%；第三产业74063万元，同比增长26.7%。全镇一般预算收入30153384.17万元，同比增长41.7%。农民人均收入达到5504元，增长13.8%。

三、社会事业

（一）基础设施建设

1999年，投入242万元用于文明路西区6条小街、富朗村、雷宅村、中山东路、新兴街的硬化美化改造、大塘村至黄龙村柏油路铺设。大坡村公路扩建，北潭村修公路、北排山村渠道硬化等项目。

2002年，冬修投入40多万元对官田洋进行综合整治，投入25万元改造岭蒙渠道3千米并硬化1.5千米，投入13万元硬化山口洋渠道3.2千米，投入近10万元维修了水毁渠道及田洋整治，同时还打抗旱井9口及维修抽水设备，修建拦水坝2个，桥梁4座。

2005年，全镇投入241万元用于农业基础设施和农村饮水工程建设，其中打饮用井26口，田头井142口，堵河40处，购置抽水机26部，修建机电站26座，建水塔4座，无塔供水1处，对大催洋进行全面综合整治，硬化渠道86条，长36.3千米；维修田间公路12条，长11千米。投入132万元，建桥四座，硬化道路及维修乡村公路20.5千米，农业生产、交通环境和农村居民生活明显改善。

2008年，镇政府共投入8万元用于长安市场、长安墟二分渠道、山口、太平、美亭等小城镇的环境卫生整治和路灯、绿化的维护。共投入 85 万元用于冬修水利和农业综合治理：一是对大坡洋、山口洋等 2 个田洋共 646.67 公顷农田的“山、水、田、林、路”进行全面整治，硬化排灌沟 97.87 千米；二是对太平洋、山口洋、老家洋、南墩洋等田洋进行全面维修，维修主渠道及排灌沟 425.3 千米；三是对高山朗渡槽等一批水毁渠道进行维修或加固。

2010 年，投入约 60 万元对名山洋和龙坡洋等 2 个田洋进行整治，投入 83.98 万元修复合堀朗水库等 13 处水毁农业设施和 1325.4 千米农业排灌沟。

1999—2010 年金江镇村镇农村通畅工程建设情况表

表 1–3–3

年　份	总投资（万元）	总长（千米）	道路建设情况
1999 年	—	—	—
2000 年	—	—	—
2001 年	—	—	—
2002 年	—	—	—
2003 年	—	—	—
2004 年	—	—	—
2005 年	111.8	20.8	通达
2006 年	1409.93	38.268	硬化水泥路面
2007 年	1129.83	30.86	硬化水泥路面
2008 年	1697.66	44.499	硬化水泥路面
2009 年	873.95	21.847	硬化水泥路面
2010 年	1509.89	37.109	硬化水泥路面

（二）教育

1999 年，全镇有幼儿园 7 所，教职工数 40 人，学生 714 人，教室 2250 平方米，运动场 350 平方米；全镇小学 11 所，教职工 187 人，小学生人数 4195 人，教室 4256 平方米，运动场 12650 平方米。

2005 年，有幼儿园 15 所，教职工数 75 人，学生 787 人，教室 3460 平方米，运动场 567 平方米。2010 年，幼儿园 11 所，教职工数 60 人，学生数 796 人，教室 3760 平方米，运动场面积 567 平方米；有小学 56 所，教职工人数 637 人，小学生 12264 人，教室 22345

平方米，运动场 59360 平方米；初级中学（不含县级中学）4 所，教职工 151 人，初中生 3048 人，教室 3552 平方米，实验室 480 平方米，运动场 8546 平方米。

2008 年，全镇中小学在校生 11872 人，教师 1139 人。拨款 5 万多元对塘口小学等农村小学进行维修和改造，解决中小学校的实际困难。对教师、教学点进行必要的调整，稳定农村教师队伍和教学秩序。

2010 年，有小学 54 所，教职工 651 人，小学生 7249 人，教室 22345 平方米，运动场 59360 平方米；初级中学（不含县级中学）4 所，教职工 152 人，初中生 1972 人，教室 3552 平方米，实验室 480 平方米，运动场 8546 平方米。

（三）文化体育

1999 年，抓好村镇文化、校园文化建设，创建文化乡镇。开展全民健身和各种体育比赛，丰富人民群众的文化体育生活。

2002 年，大拉村投入 40 多万元，建成文化活动中心投入使用。

2010 年，全镇村镇文化建设共投入 780 万元，其中兴建党校、农民夜校和农村文化室 19 间，音乐、书法、文学、琼剧等协会 6 个。2010 年，全镇村村建有体育活动场地，共有标准篮、排球场 105 个，其他活动场地有 32 个。有篮球协会、乒乓球协会、象棋协会等各种体育协会 6 个，其中老年人体育协会会员达 1000 多人；有中老年人健身操队伍 50 多支，人员 1000 多人，每年举办的活动 10 次，经常参加体育活动人数 40%。

2010 年金江镇农村文化室基本情况表

表 1–3–4

村委会	面积（平方米）	电脑配置（台）	图书（册）	房屋结构	备注
京岭村委会	800	1	2000	钢筋水泥	2 间
天山村委会	500	1	2000	钢筋水泥	—
城东居委会	1200	1	2500	钢筋水泥	—
大坡村委	500	1	2000	钢筋水泥	—
大塘村委	900	1	2000	钢筋水泥	—
大催村委	300	1	2000	钢筋水泥	—
塘口村委会	300	1	2000	钢筋水泥	—
博潭村委会	300	1	2000	钢筋水泥	—
钟寨居委会	1200	1	3000	钢筋水泥	—

续表 1-3-4

村委会	面积(平方米)	电脑配置(台)	图书(册)	房屋结构	备注
大拉村委会	1100	1	3000	钢筋水泥	2间
仁丁村委会	300	1	2000	钢筋水泥	—
六山村委会	300	1	2000	钢筋水泥	—
木棉村委会	300	1	2000	钢筋水泥	—
春芳村委会	400	1	2000	钢筋水泥	—
北方村委会	900	1	2500	钢筋水泥	2间
塘北村委会	400	1	2000	钢筋水泥	—
五联村委会	300	1	2000	钢筋水泥	—

（四）医疗卫生

1999 年，全镇有卫生院 2 所，面积 1993 平方米，病房床位 50 个，共有医生 48 名，护士 26 名；有村卫生室 58 所，医务人员 58 名。

2005 年，全镇有卫生院 6 所，面积 14563 平方米，病房床位 96 个，共有医生 96 名，护士 54 名；有村卫生室 42 所，医务人员 42 名，医疗室面积 2400 平方米，服务人口 75019 人。

2010 年，全镇有卫生院 6 所，面积达 14872 平方米，病房床位 108 个，共有医生 109 名，护士 61 名；有村卫生室 58 所，医务人员 58 名，卫生室面积 3300 平方米，服务人口 80903 人。

（五）生态文明建设

1999 年，市政建设和城镇卫生再创佳绩，再次荣获省爱国卫生检查评比第一名。农村改水改厕收益户数 2225 户，超额完成县下达的任务。

2002 年，全镇共投入 260 万元用于文明家园建设，硬化村道路 13280 平方米，修建村公路 32 千米。全镇 13 个文明家园建设点均不同程度地进行整治，部分村道进行硬化。全镇新建户厕 315 个，改水受益人数 3153 人，农村整治脏乱差成效显著。有 63 个自然村完成了电网改造。

2005 年，投入 89.1 万元创建 9 个文明生态村，建沼气池 365 个。

2008 年，创建 4 个文明生态村，其中蒙加云、李六山 2 个村庄为县级创建村庄，后岭、岸头郑 2 个村庄为镇级创建村庄。镇政府和创建村庄结合实际情况，采取“政府出一点、社会力量资助一点、群众自筹一点”的方式，充分发挥政府职能，以镇政府资金的“抛砖引玉”作用，带动群众多渠道集资。2008 年，创建村庄共投入资金 93.3 万元，其中，政府拨款 11.5 万元，县直机关赞助 3.5 万元，群众自筹和社会筹资 78.3 万元。创建村庄共拆除危房及障碍物 22 间（处），种植花木 90 多株，硬化村道路 46 条，总长 7848 米，面积 16995 平方米，建户厕 39 个，沼气池 13 个，猪栏 46 个。

2010 年，共创建水朗等 18 个文明生态村，累计投入创建资金 665.4 万元，共平整道路 101 条,面积 33052 平方米,硬化路巷 104 条，面积 20910 平方米，建球场 6 个，文化室 5 间。

（六）医疗保险

2003 年，澄迈县开始开展由政府扶持、农民自愿参加的新型农村合作医疗工作。根据县政府的部署，金江镇发动各村委会农民积极参与。

2004 年，全镇参加合作医疗人数 37617 人。

2005 年，全镇参加合作医疗 46117 人，比上年增加 8500 人。

2008 年，全镇参加农村合作医疗人员达 89463 人，参合率 92.36%，城镇居民参保人数 10779 人，参保率达 98.21%。

2009 年，全镇参加农村合作医疗共有 100569 人，参合率达 95.7%。2010 年城镇医保参加人数 15300 人，参合率 80%。

（七）民政救助

1999 年，为孤老复员军人建房，帮助军烈属等优抚对象筹措生产资金以及打井抗旱。

2002 年，对五保户、特困户、残疾人、军烈属和复员退伍军人重新登记造册，对口扶贫取得效果。

2005 年，帮助贫困村庄修路 9 千米，打饮用井 5 口，安装自动吸水装置。帮助残疾人修建房室 8 间。扶持贫困农户建猪栏 71 个，购买猪苗 170 只，种植橡胶 34000 株，扶持 61 名贫困生上学，其中镇政府扶持 22 名贫困生上大学。全镇投入抗旱资金 327 万元，缓解 25 个村庄 12622 人饮水困难，缓解受旱面积 1440 公顷。投入资金 46.06 万元，购置救灾物资和修建受台风损失的房屋，将救济救灾物资发放到灾民手中，帮助灾民修建房屋 150 间。

2008 年，为低保户 2067 户，3106 人发放低保金，其中城镇低保 271 户，465 人；完成危房改造 76 间；发放救济款 17.5 万元，救济粮 82 吨，棉被 900 张，衣服 1400 件。

2010 年，共发放大米 175 吨，棉被 650 张，毛巾、衣服等一批；共拨出救灾资金 674.9 万元，其中重建倒塌房屋 371.4 万元，修复水毁道路、渠道 45 万元，灾后环境卫生整治 3.3 万元，里好、牛合岭、合堀朗、大美等水库加固资金 6.5 万元，农业救灾补助款 185.5 万元，农机耕作补贴 63.2 万元。发放一批畜牧救灾种苗，其中鸡 31192 只，鸭 37598 只，鹅 25169 只，猪 846 头，牛 9 头，帮助群众恢复生产。慰问困难老党员等弱势群体 54 名，送上慰问金和慰问物品（折合）共 16200 元。及时发放五保金、低保金、抚恤金和救济粮。全镇办好农村低保 3450 人，城镇低保 565 人，五保户 1380 人。

第二节 老城镇

一、位置与政区

老城镇位于澄迈县北部，距县城金江镇 37 公里，与省会海口市毗邻。东与海口市秀英区的丰南乡、石山镇接壤，南接金江镇、永发镇，西连大丰镇，北临琼州海峡澄迈湾。

地属台地，海滨海积平原地，地势东高西低，土壤由玄武岩和滨海沉积物组成，也有沙壤土和红壤土。主要的山岭有迈山（又名那油岭），在城东五里，脉自独珠山蜿蜒而来，地势高朗，气脉厚聚，海拔 67 米。颜春岭（又名大山岭），海拔 144 米，还有夏社岭、石石矍岭、佛社岭等。水系有澄江、外桥水、九曲水。

位处热带海洋季风气候区，常年平均气温为 24.3℃左右，最高温度为 40.3℃，最低温度为 2℃。偶有霜冻。年均日照 2060 小时，年均雨量为 1600 毫米。受台风影响。

1999 年，老城镇辖石联村委会、大亭村委会、玉堂村委会、才吉村委会、大场村委会、大场村委会、龙吉村委会、美儒村委会、盈滨村委会、儒宗村委会和老城居委会共 10 个村（居）委会。2002 年 7 月，澄迈县乡镇调整，原白莲镇、马村镇划入老城镇，其土地总面积增至 259.99 平方千米，辖 22 个村（居）委会、81 个自然村，总人口 62556 人，耕地总面积 2376.93 公顷。至 2010 年，辖区不变。

2010 年老城镇管辖村庄一览表

表 1-3-5

村委会	自然村、移民点名称	已废村名
老城	老城墟、龙凤、龙吉、美造	—
石联	音书、石石矍、潭昌、潭脉、美玉	—
大亭	孟乐、仲音、富巷、文集、音大、美当	—
玉堂	玉堂、音臣、鲁邱、美俗、文莲、美榔、文礼	—
才吉	上吉、东水、美宁、潭才	—
大场	大场、道辅	—

续表 1-3-5

村委会	自然村、移民点名称	已废村名
盈滨	盈滨、美鼎、儒峨	—
儒宗	儒宗、美南	—
罗驿	罗驿、荣堂、玉章	—
白莲	白莲墟、群大、那仍、沙吉、倘村、好用、夏社	—
潭池	潭池、仁里、美儒、美月、美且	—
玉楼	玉楼、昌盛、潭颜、儒林	—
富豪	那统、富豪、青岭、美巢、那板、美文、玉旺、南兴	昌广
坡脑	大连、潭城、仁厚、坡脑、群吴、仁心、儒文	—
文玉	文楠、玉堂	—
马村	马村、包金、国社	国社西村
文大	文大、富书、美当、朝京	—
东水	东水港	—

1999 年，全镇总面积 74.9 平方千米，总人口 21253 人。2002 年 7 月，澄迈县调整行政区划，土地总面积增至 259.99 平方千米，辖 18 个村（居）委会，81 个自然村，总人口 62556 人，耕地总面积 2376.93 公顷。2005 年，总人口 50781 人。2010 年，总面积 241.7 平方千米，全镇共有 10523 户，总人口 55258 人，其中男性 29976 人，女性 25282 人。

二、经济发展

1999 年，工业总产值 327.4 万元，农业总产值 4051.2 万元，第三产业总产值 2134.6 万元，财政收入 423 万元，农村人均收入 2896 元。

2005 年，工业总产值 2408 万元，农业总产值 18877.5 万元，第三产业总产值 4926.7 万元，财政收入 2449 万元，农村人均收入 4114 元。

2008 年，全镇农村经济总收入 33389 万元，同比增长 6.4%，乡镇财政收入 3934 万元，同比增长 59%；人均收入 4777 元，同比增长 5.2%。

2009 年，全镇农村经济总收入 36088.7 万元（其中第一产业 26591.4 万元，第二产业 2996.5 万元，第三产业 6500.8 万元），财政税收收入 8485 万元，人均收入 5300 元。

2010 年，全镇农村经济总收入 38209.41 万元（其中第一产业 27757.03 万元，第二产业 3039.29 万元，第三产业 7413.09 万元），人均收入 6116 元。财政税收收入 9486 万元，增长 12%。

1999—2010 年老城镇主要农产品生产一览表

表 1-3-6

年份＼项目	粮食（吨）	油料（吨）	水果（吨）	家禽（万只）	家畜（头）
1999 年	645.8	93.8	73.0	9.98	9251
2000 年	824.1	76.3	76.0	12.90	3531
2001 年	11184.5	1111.0	869.6	11.50	12323
2002 年	11032.8	358.0	191.0	35.00	46412
2003 年	11232.6	359.0	273.6	41.60	56528
2004 年	11247.9	503.0	362.0	36.00	42896
2005 年	11387.0	605.0	2351.3	23.96	24988
2006 年	14961.0	2680.0	1694.0	23.80	28897
2007 年	14179.0	404.0	2434.0	24.60	32522
2008 年	32426.0	2662.0	3877.0	61.00	51832
2009 年	33268.0	2785.0	5683.0	59.68	53139
2010 年	35062.0	2862.0	9594.0	100.60	54749

三、社会事业

（一）交通

2005—2010 年，全镇村镇农村畅通工程投入 1989.8 万元，建设道路总长 57.362 千米。

2005—2010 年老城镇村镇道路建设情况表

表 1-3-7

年　份	总投资（万元）	总长（千米）	道路建设情况
2005 年	37.08	7.415	通达
2006 年	268.78	7.415	硬化水泥路面
2007 年	117.69	2.958	硬化水泥路面
2008 年	442.26	11.543	硬化水泥路面
2009 年	480.67	12.220	硬化水泥路面
2010 年	643.32	15.811	硬化水泥路面

（二）教育

1999年，老城镇共有小学33所，教职工385人，学生8037人，教室面积6576平方米，运动场面积7300平方米。2000年，老城镇共有小学33所，教职工403人，学生7485人，教室面积6576平方米，运动场面积7300平方米。2005年，老城镇共有小学26所，教职工373人，学生4931人，教室面积4744平方米，运动场面积66080平方米。2010年，老城镇共有小学23所，教职工364人，学生4059人，教室面积6798平方米，运动场面积66080平方米。

1999年，有中学3所，教职工186人，学生3074人，教室面积5084平方米，实验室面积285平方米，运动场面积24030平方米。2000年，有中学3所，教职工192人，学生2832人，教室面积5084平方米，实验室面积300平方米，运动场面积25050平方米。2005年，有中学3所，教职工228人，学生4180人，教室面积6268平方米，实验室面积534平方米，运动场面积44140平方米。2010年，有中学3所，教职工258人，学生3075人，教室面积6766平方米，实验室面积922平方米，运动场面积44140平方米。

2000年，老城镇有幼儿园1所，教职工3人，学生59人，教室面积160平方米，运动场面积70平方米。2005年，有幼儿园1所，教职工5人，学生95人，教室面积160平方米，运动场面积70平方米。2010年，有幼儿园1所，教职工12人，学生178人，教室面积265平方米，运动场面积70平方米。

（三）文化体育

至2010年，全镇村镇文化建设投入488万元，其中兴建党校1间，农民夜校3间，农村文化室14间。建有文化站22个，体育场地21个。

2010年老城镇农村文化室一览表

表1-3-8

村委会	面积（平方米）	电脑配置（台）	图书配置（册）	房屋结构	备　注
老城	300	11	4300	钢筋水泥	兼老城居委会
石联	390	1	1800	钢筋水泥	2间
大亭	450	1	1800	钢筋水泥	3间
玉堂	150	1	1800	钢筋水泥	1间
才吉	240	1	1800	钢筋水泥	1间
大道	300	1	1800	钢筋水泥	—
道辅	—	—	—	—	—

续表 1-3-8

村委会	面积（平方米）	电脑配置（台）	图书配置（册）	房屋结构	备　注
美造	—	—	—	—	—
龙吉	—	—	—	—	—
美儒	160	1	1800	钢筋水泥	1 间
盈滨	—	—	—	—	—
那板	96	1	1800	钢筋水泥	1 间
白莲	300	1	1800	钢筋水泥	—
罗驿	160	6	1800	钢筋水泥	1 间
潭池	176	1	1800	钢筋水泥	1 间
玉楼	300	1	1800	钢筋水泥	1 间
富豪	300	1	1800	钢筋水泥	—
坡脑	300	1	1800	钢筋水泥	—
文玉	300	1	1800	钢筋水泥	—
马村	300	1	1800	钢筋水泥	1 间
文大	300	1	1800	钢筋水泥	—
东水	300	1	1800	钢筋水泥	—

（四）医疗卫生

1999 年，老城镇有卫生院 3 所，医生 24 人，护士 21 人，面积 15302 平方米，病床位 44 张。2005 年，有卫生院 3 所，医生 25 人，护士 27 人，面积 15302 平方米，病床位 50 张。2010 年，有医院 3 所，医生 26 人，护士 30 人，面积 15302 平方米，病床位 59 张。

2005 年，老城镇有农村合作医疗卫生室 23 所，医务人员 33 人，医疗室面积 1297 平方米，服务人口 38409 人。

2010 年，有农村合作医疗卫生室 22 所，医务人员 33 人，医疗室面积 1506 平方米，服务人口 45538 人。

（五）生态文明建设

1999 年，老城镇加大投入，加强城乡基础设施建设和整治环境卫生，硬化净化美化人居环境，农村改水改厕收益户数 1536 户，完成县下达改水改厕任务。

2002 年，全镇投入 168 万元用于文明家园建设，硬化村道路 13280 平方米，修建村公路 25 千米。对 6 个文明家园建设点进行创建，硬化村道。全镇新建户厕 174 个，改水受益人数 2153 人，农村整治脏乱差成效显著。

2005 年，投入 103 万元创建 6 个文明生态村，硬化环村路 6 千米，种植绿化树 500 株，建沼气池 365 个。

2009 年，投入 25 万元，大力推进文明生态村建设，其中道辅村（15 万元），沙吉村（10 万元）。完成农村畅通工程道路建设 7 条，总长度 14.28 千米，其中才吉路 4 千米，玉楼路 2.6 千米，潭池路 1.6 千米，白莲至罗驿路 0.5 千米，西线 39 公里至美巢路 1.96 千米，富豪至仁心路 3.2 千米，儒峨路 0.42 千米。对农村路巷进行维修，其中群大村投入 1 万元维修村道；潭池村投入 60 万元铺设水泥村巷；罗驿村投入 70 多万，完善 16 条村巷；坡脑村投入 1 万元维修 3 千米的道路。美当村投入 4 万多元，硬化村道。镇墟文德路、龙凤路和迈岭路共长 4.75 千米，开工建设。投入 22 万元对农田水利等基础设施进行修整和建设。

（六）医疗保险

2003 年，澄迈县开始开展由政府扶持、农民自愿参加的新型农村合作医疗工作。根据县政府的部署，老城镇发动各村委会农民积极参与。

2004 年，全镇参加合作医疗人数 21140 人。

2005 年，全镇参加合作医疗 24530 人，比上年增加 3390 人。

2009 年，全镇 18 个村（居）委会 41000 人参加新型农村合作医疗。

2010 年，落实新农合 40586 人，参加新型农村养老保险 12095 人，参保率 100%。

（七）民政救助

1999 年，老城镇关心军烈属的生活，为孤老复员军人建房，帮助军烈属等优抚对象筹措生产资金 20 万元，“八一”中国人民解放军建军节上门慰问军烈属，帮助打井 12 口。

2002 年，对五保户、特困户、残疾人、军烈属和复员退伍军人重新登记造册，发放物资一批，帮助困难户解决实际问题。

2005 年，帮助贫困村庄修路 15 千米，打饮用井 8 口。帮助残疾人修建房室 5 间。扶持贫困农户建猪栏 27 个，购买猪苗 84 只，扶持 43 名贫困生上学，其中镇政府扶持 22 名贫困生上大学。全镇投入抗旱资金 256 万元，缓解 18 个村庄 8265 人饮水困难，缓解受旱面积 641 公顷。投入资金 42 万元购置救灾物资和修建受台风损失的房室，将救济救灾物资发放到灾民手中，帮助灾民修建房室 150 间。

2008 年，完成 18 个村（居）委会 380 个农村五保供养对象，28 个孤寡老人，14 个孤儿，57 个优抚对象，1266 个农村居民和 135 个城市居民低保对象排查核实工作。筹措建房资金为五保户建房 27 间，为优抚对象建房 11 间，为残疾人建房 42 间，改造危房 80 间。

为全镇 300 名五保老人发放 10 万元慰问金及慰问品。

2009 年，共给贫困户发放大米 60 吨，慰问孤寡老人和五保户 423 户，投入 1.8 万元对 21 户五保户和 0.8 万元对 10 户残疾人进行危房改造。全镇有 80 户 139 人和 839 户 1252 人分别纳入城市低保和农村低保，发放低保金 132.7 万元，为 363 名五保对象发放供养金 69.7 万元。

2010 年，对 351 户五保户和 971 户低保户兑现五保、低保资金 78.79 万元。共发放大米 166 吨，投入 11.1 万元对 13 户五保户和 3 万元对 8 户残疾人进行危房改造。实施城乡医疗救助、大病救助 137 人次，救助金额 55.38 万元。发放救灾资金 107.5 万元，农药 143 箱，肥料 41 吨；投入 69 万元改造危房 78 间，发放棉被 660 床。

第三节　福山镇

一、位置与政区

福山镇位于澄迈县西北部，距县城金江镇 18 千米。东与国营红光农场相邻，南与金江镇接壤，西与临高县皇桐镇、西北与临高县博厚镇毗邻，北与澄迈县桥头镇、东北与马村交界。

地处半丘陵台地，地势以海榆西线公路为分水岭、缓缓向东北方向倾斜。土壤以玄武岩台地砖红壤和黄色砖红壤（或水化砖红壤土）为主，俗称红泥土等。属半丘陵地带，较高的山岭有龙虎岭，海拔 109 米，羊岭海拔 103 米，群国岭、土神岭海拔 76 米，礼占岭、搬钱岭海拔 75 米，群堂岭海拔 37 米。水系有美素涧，发源于福山头杨堀，流入花场港。官族溪发源于美玉村的后牙冲，注入花场港。侯臣溪发源于美玉岭，龙凤溪发源于龙虎岭，礼查溪发源于楷模冲，丰门溪发源于敦崇岭，河水均流入马袅港。海拔一般在 20—100 米之间，易机械耕作，土地利用率较高。福山地处松涛水库灌区。排灌渠道 2 条 30 千米，排灌主渠道贯穿全境长 22 千米，福山水库占地 533.33 公顷，境内溪渠交织，水源充足，灌溉条件较好。境内石油资源丰富，已探明陆滩资源量达 100 多亿吨。已开发花场油田，油井 210 口，年产原油 15 万吨，液化气 4 亿立方米，已建成海口天然气管道、花场油气处理中心、天然气压缩站、加气站（CNG）、液化气天然气站（LNG）等项目。境内虎岭周边拥有 333.33 多公顷、深 30 多米的玄武岩石层，现开发碎石场 5 家。2010 年，福山镇获得“中国生态文化名镇（乡）”荣誉称号。

属热带季风海洋性气候区，干湿季节分明。年平均温度 23.2℃。年际极端最高气温和极端最低气温分别为 40℃（1980 年 4 月 23 日）和 1.5℃（1955 年 1 月 12 日）。有霜冻、年日照 1920—2250 小时，年降雨量 1718 毫米，常年风力 2—4 级，受台风影响。

1987 年 5 月，撤销区乡建制，福山区改为福山镇。2005 年 12 月 20 日，福山镇整建制移交澄迈县管辖，完全与国营红光农场分离出来。2010 年，福山镇有 7 个村委会、1 个社区居委会、44 个自然村、69 个村民小组。

1999 年，土地总面积 58.26 平方千米，常住人口 18311 人，外来暂住人口 781 人，总人口 19092 人。

2000 年，土地总面积 58.26 平方千米，常住人口 18476 人，外来暂住人口 816 人，总人口 19292 人。

2005 年，土地总面积 58.26 平方千米，常住人口 14816 人。

2010 年，土地总面积 58.26 平方千米，其中水域面积 328.67 公顷（含海域）。已开发利用耕地 2833.27 公顷，有耕地 2073.13 公顷，其中水田 749.87 公顷，旱地 47 公顷。全镇有 3695 户，总人口 18476 人，男 9305 人，女 9171 人。人口密度每平方千米约 317 人，全镇人口均为汉族。以讲海南话和临高话为主，信宜县移民点讲客家话等。

2010 年福山镇辖区村庄一览表

表 1-3-9

村委会	自然村、移民点名称	已废村名
福山社区居委会	福山墟、美玉、美星、和富、福东	婆勤、昌妙、礼琴、风梧
文社村委会	文社、和乐、荣儒、昌群、信宜、儒林、新平	南白、文带、朱点、群堂、昌群村已整体搬迁到美玉村后面、和乐村已整体搬迁到红光农场丰收队
迈岭村委会	迈岭、尧础、文堂、信岭、美若、丰门、鳌池、名器	礼同、礼查、扶东、扶西、仕优、名器
敦茶村委会	侯臣、白堂、敦茶、洋道、长安、文榜、永边	龙蛟、侯臣内村、那尧
博才村委会	博才、丰行、洋干、昌球、洋琴、博文	皇桐、海丰
官族村委会	官族、多乐、华雄、礼占、远征、昌堂、敦国	群豪、文谭
花场村委会	花场墟、儒堂	占香、用文、那昌、木仁
仁里村委会	军山坡、仁里、合口、贞园	贞园村已无人居住

二、经济发展

1999 年，全镇生产总值为 4509 万元，比上年同期增长 8%，年人均纯收入达 2551 元，比上年同期增长 8%。

2000 年，全镇工业总产值 440 万元，农业总产值 4160 万元，第三产业总产值 699 万元，财政收入 297 万元，农村人均收入 2770 元。2000 年，农业生产总值完成 3703 万元，比上年同期增长 8%，水稻生产面积 1443.07 公顷，总产量 7983 吨。甘蔗种植面积 475 公顷，产量 22908 吨，种植果蔗面积 13.33 公顷。畜牧业产值 605 万元，比上年同期增长 4%，水产业产值 264 万元。

2002 年，全镇生产总值 6308 万元，比上年同期增长 8.4%，年人均纯收入达 3113 元，比上年同期增长 6.5%。

2004 年，全镇生产总值 7370 万元，比上年同期增长 6%，年人均纯收入达 3503 元，比上年同期增长 6%。

2005 年，全镇工业总值 1645 万元，农业总产值 4686 万元，第三产业总产值 482 万元，财政收入 287 万元，农村人均收入 3678 元。

2008 年，全镇完成国内生产总值 14985 万元，增长 11%，其中农业产值达 9704 万元，增长 4%，农民年人均收入达 4461 元，比上年增加 330 元，增长 8%；完成地方财政收入 909.8 万元。

2010 年，全镇完成国内生产总值 4.4 亿元，是 2005 年的 5.61 倍，同比增长 25%，其中第一产业 2.56 亿元，增长 12%；第二、三产业的产值 1.84 万元，增长 13%。农民年人均纯收入达 6169 元，增长 17%。完成地方财政收入 1637.19 万元，同比增长 7%（其中工商税完成 1377.9 万元，契税收入 78 万元，耕地占用税 3.8 万元，转移性专项收入 117 万元，非税收入 60.49 万元）；社会固定资产投资 2100 万元；银行年末存款余额达 4.52 亿元，同比增长 44%。全镇水稻面积 1312.21 公顷，蔬菜面积 914.57 公顷，水果播种面积 1897.33 公顷，热带作物播种面积 532.20 公顷；总肉量 1448.69 吨，福山咖啡、澄迈福橙、金福山香蕉等农产品成为全省精品。澄迈福橙获“中国十大名橙”“中国国宴果品”荣誉称号。修建农村道路 5 条长 35 千米，其中硬化 25 千米；投资 650 多万元，维修加固渠道、山塘水库、环田沟、拦水坝、渡槽等一批水利设施，维修 2719 工程、美玉渠道、博才渠道、官族渠道、美广渠道、大堂渠道等，修复 20 宗水毁工程，增加灌溉面积 33.33 公顷。

1999—2010年福山镇主要农产品生产一览表

表1-3-10

项目年份	粮食（吨）	油料（吨）	水果（吨）	家禽（只）	家畜（头）
1999年	3133.4	18.6	10544.0	40430	10879
2000年	3457.2	19.3	12370.0	40504	11270
2001年	3706.9	20.1	15438.0	40923	11047
2002年	3752.6	21.4	15982.0	40744	11923
2003年	3979.4	20.7	17973.0	38748	10894
2004年	4358.3	21.9	20087.0	40337	11344
2005年	4479.1	22.3	23922.0	41790	11865
2006年	4684.4	23.1	25904.0	42646	12103
2007年	4943.5	23.6	29525.0	43500	12469
2008年	5739.1	47.1	39327.4	39700	11150
2009年	6686.5	71.3	40839.1	44300	10540
2010年	7032.1	68.0	38417.5	50200	9264

三、社会事业

（一）交通

1999—2010年，全镇村镇农村畅通工程投入1394.28万元，平整村道和硬化路面，建设道路总长182.52千米。

1999—2010年福山镇村镇道路建设情况表

表1-3-11

年　份	总投资（万元）	总长（千米）	道路建设情况
1999年	20.0	15.00	平整村道
2000年	3.0	2.00	平整村道
2001年	106.0	7.50	水泥硬化、平整村道
2002年	20.0	2.00	水泥硬化、平整村道
2003年	16.5	23.00	平整村道
2004年	59.7	28.40	水泥硬化、平整村道

续表 1-3-11

年　份	总投资（万元）	总长（千米）	道路建设情况
2005 年	63.0	20.00	水泥硬化 2 千米
2006 年	60.0	10.90	水泥硬化、平整村道
2007 年	55.0	10.10	水泥硬化 10.1 千米
2008 年	50.0	22.00	水泥硬化 3 千米
2009 年	71.0	6.62	水泥硬化 4 千米
2010 年	870.0	35.00	水泥硬化 25 千米

（二）教育

2005 年，福山镇有幼儿园 1 所，教职工 10 人，学生 130 人，教室面积 280 平方米，运动场面积 500 平方米。2010 年，有幼儿园 6 所，教职工 75 人，学生 757 人，教室面积 2792 平方米，运动场面积 1814 平方米。

1999 年，福山镇有小学 21 所，教职工 352 人，学生 4637 人，教室面积 8882 平方米，运动场面积 45310 平方米。2005 年，有小学 21 所，教职工 343 人，学生 4027 人，教室面积 9242 平方米，运动场面积 45310 平方米。2010 年，有小学 15 所，教职工 320 人，学生 3431 人，教室面积 6948 平方米，运动场面积 37940 平方米。

1999 年，福山镇有中学 2 所，教职工 134 人，学生 1727 人，教室面积 3934 平方米，运动场面积 21850 平方米，实验室面积 284 平方米。2005 年，有中学 2 所，教职工 146 人，学生 2528 人，教室面积 6534 平方米，运动场面积 22950 平方米，实验室面积 871 平方米。2010 年，有中学 2 所，教职工 160 人，学生 1956 人，教室面积 7327 平方米，运动场面积 25520 平方米，实验室面积 890 平方米。

（三）文化体育

1999 年，抓好村镇文化、校园文化建设，创建文化乡镇。开展全民健身和各种体育比赛，丰富人民群众的文化体育生活。

2002 年，全镇投入 30 多万元，建成白堂文化活动中心和博才文化活动中心投入使用。

2005 年，福山中学投入 202 万元，建成一栋科学馆三层 392 平方米，一栋五层学生公寓（可住 540 人）2005 平方米及食堂配套设施，完善学校竞技运动场。

2010 年，全镇村镇文化建设投入 890 万元，其中兴建党校 1 间，农民夜校 9 间，农村文化室 3 间。

2010 年福山镇农村文化室一览表

表 1-3-12

村委会	面积（平方米）	电脑配置（部）	图书配置（册）	房屋结构	备　注
福山社区	240	10	2500	二层水泥	—
敦茶村委会	120	8	1800	平顶水泥	—
博才村委会	120	9	1500	平顶水泥	—

福山地区的居民以讲临高话和海南话为主，喜欢唱临高木偶戏、琼戏为主，有村庄过公期的习俗。福山社区街道居民每年自费请戏班公演；花场村逢年过节、公期期间举办农民喜闻乐见的体育比赛项目活动；侯臣村成立八音队、腰鼓队；有 8 个村庄设有民间舞蹈队；书法爱好者春节期间在主街道设立现场写对联销售；民间乐器如二胡、唢呐、古筝等弹奏者不胜其数。

福山中学体育场地实现标准化，丰行村、白堂村、鳌池村、敦茶村、花场村设篮（排）球场、乒乓球桌和运动器材等设施。镇区内有篮球爱好者队、中国象棋协会、乒乓球协会、足球俱乐部、围棋协会、排球协会、羽毛球协会等，每年组队参加县举办的各种比赛活动。

（四）医疗卫生

1999 年，福山有医院 3 所，医生 30 人，护士 9 人，医院面积 800 平方米，病床 12 位。有农村合作医疗卫生室 14 所，医务人员 14 人，卫生室 1400 平方米，服务人口 23980 人。

2005 年，福山镇共有农村合作医疗卫生室 11 所，医务人员 11 人，医疗室 170 平方米，服务人口 15780 人。

2008 年，福山镇共有农村合作医疗卫生室 18 所，医务人员 36 人，卫生室 1080 平方米，服务人口 27000 人。

2010 年，福山镇共有农村合作医疗卫生室 11 所，医务人员 16 人，医疗室 170 平方米，服务人口 16800 人。

（五）生态文明建设

1999 年，投入 1.5 万元修建福兴路排水沟 1.1 千米，架设路灯 45 盏，设立机动车辆场 3 个，停设点 5 个。投入 6 万元建设白堂村生态文明村，对畜禽进行圈养，建户厕 3 个。

2005 年，文明生态村建设投入 70 多万元，其中白堂村集资 13 万元建一栋一层 160 平方米的文化室及建设配套设施，永边村集资 20 多万元进行道路硬化村中道路、改水改厕、建排水沟等，花场村集资 37 万元硬化村中小巷、种绿化树、架路灯等，全镇新建沼气池 60 个，改水改厕受益群众 2800 人。

2008 年，改造福兴路、胜利路的路面，架设路灯 101 盏，种绿化树 216 株，修建农贸市场 1800 平方米。

2010 年，投入 1510.98 万元用于路面改造、沿街外立面改造、小巷硬化、安装路灯安设垃圾屋和果皮箱、摆放垃圾桶、整治人行道卫生以及招聘环卫工配强城监管理队伍等。投入资金 208 万元用于美玉、敦茶和儒林村创建文明生态村，创建文明生态村 12 个；建设农村文化室 3 个、农家书屋 6 个和篮（排）球场 3 个。完成农村户厕改造 300 户。建设总规模为日供水 5.5 万吨，近期日供水 2.5 万吨供水厂，给水管网总长约 37.64 千米，供水范围包括福山镇区及各自然村、红光农场、金马片区、大丰镇及各自然村，受益人口达 6 万多人。

（六）医疗保险

2003 年，澄迈县开始开展由政府扶持、农民自愿参加的新型农村合作医疗工作。根据县政府的部署，福山镇发动各村委会农民积极参与。

2004 年，全镇参加合作医疗人数 7246 人。

2005 年，全镇参加合作医疗 8053 人，比上年增加 807 人。

2008 年，全镇参加农村合作医疗 11935 人，参合率 92.24%，占农业人口 12870 人的 92.7%，城镇居民参保人员 1099 人，参合率 99%。

2010 年，推行新农保，发放给 1257 名 60 周岁以上农村居民人口基础养老金，发放率达 100%；完成合作医疗参保人数为 13229 人。

（七）民政救助

1999 年，改水改厕工作投入 7.1 万元，受益人口 325 户 520 人。

2005 年上半年，福山镇遭受旱情，农村受旱面积 2066.67 公顷，23 宗山塘水库干枯，饮水困难 10 个村庄 2380 人。为抗击旱情，福山镇集资 31.4 万元，投劳 9000 人次进行抗旱保生产，确保生产、生活安全用水。购买 20 部抽水机，拨 5 吨柴油，打深井 7 眼，新开挖 5 条 8 千米水渠及加固了一批农田水利设施。9 月，遭受台风“维达”袭击，全镇经济损失 10495 万元，水利设施被冲毁，经发动群众集资进行灾后生产自救（投资 59.05 万元，投劳 18000 人），把财产损失降至最低水平。新型农村合作医疗参合 10943 人，占农村人口 12278 人的 89%。

2008 年，全镇有五保 375 人，每月发放金额 5347 元，农村低保 725 人，每月发放金额 54637 元，优抚复退军人每月共发放金额 24800 元，每月发放残疾金 3200 元。发放救济物资大米 51 吨，棉被 254 张，衣服 320 套，帮助残疾人建房 7 间，帮助五保户、特困户建房 14 间，为优抚复退军人，烈属修建房屋 16 间，投入资金达 10 万多元。

2010年，有五保户441人，每月发放金额65280元，农村低保834人，每月发放金额55660元，80—89岁长寿老人658人，90—99岁长寿老人116人，100岁以上长寿老人7人，以上民政救助对象每月都能按时足额领到救助金。每月发放金额25403元，残疾人84人，每月发放5040元。发放救济物资大米45吨，棉被340张，衣服430套。利用洪涝灾害维修危房资金57.19万元帮助农民重建房屋68间，其中帮助五保户、低保户、孤儿、重灾户重建房53间，维修房15间。

第四节　桥头镇

一、位置与政区

桥头镇位于澄迈县西北部，距县城34千米，距西环高速公路12千米。东与老城镇交界，西和临高县马袅乡接壤，南与福山镇毗邻，北临琼州海峡，海岸线长26.2千米。土壤为红土壤和沙土壤，海拔最高41米。

属热带海洋性季风气候区，年平均气温23.2° C，有效积温（12° C以上）8666.6° C，年日照在2160—2800小时，年雨量在1400—1800毫米。有玉包港，林诗港，新兴港，包岸港，才芳港，信作港，沙土港和林诗岛，雷公岛。浅海珊瑚礁，海石花具有较高的观赏价值。有南山水库、永良水库、松涛东灌溉区支渠等农田水利设施。

1987年5月，桥头区公所改称桥头镇人民政府。

1999年，土地总面积70.3平方千米，常住人口21454人，男女比例101，外来暂住人口519人，总人口22064人。

2000年，土地总面积70.3平方千米，常住人口21779人，男女比例101，外来暂住人口529人，总人口22308人。

2010年，土地不变，耕地面积1991.33公顷，其中水旱田766.67公顷，林地1000公顷，热带名优水果300公顷，总人口22176人。

2010年桥头镇管辖的村庄名称一览表

表1-3-13

村委会	自然村，移民点名称	已废村名
桥头村委会	桥头墟、儒朋、文旦、洋南、洋水、头才、敦茶、儒良、那恒	龙文、木代、昌茂、北凉、文当、白西、洋洞、昌追、敦香、仁章、玉口、古宗、儒大、群大、桥石、敦爷、瓜田、文儒、坡大、国培、头桥、平乐、昌感、同育

续表 1-3-13

村委会	自然村，移民点名称	已废村名
桥东村委会	没运、那若、博明、才芳东、才芳西、才芳港、洋占、扶东、扶西	扶东下、信作、南甫、那芬、三叉
沙土村委会	美梅、昌堂、那南、北山、昌表、反帝、圣眼、文旭、福留、钦帝、扶里、木春、小美良	—
西岸村委会	西岸、美龙、昌大、大美良	南山、那帮、昌色
元隆村委会	文兵、新村、陈村、头表、文昌、群龙、儒里、扶脉、武新	文秀、南典、善作、儒堂、儒音
玉包村委会	玉包港、新兴港、林诗、道伦	儒敬、仁洪、那韩、永求、里善、进大、木良、玉包
善丰村委会	正好、美位、那能、文加、三角、南新、永良、美甲、儒头、仁同	扶大、那社、头寒、修随、文袁、保求、姓高、扶道、洋糟、太掩、洋观、新市、游家、儒洋、美炎、美蓝、文头东
荣兴村委会	美丁村、武田、包岸、头洋、儒音、国太、巨里、中兴、道僚	头冲、坡落、善扔、那寒、刘家、石角、头石、头重、坡东、马头、扶焕、头群、龙修、洋整、扶补时、那门、敦寒、文东、喜旭、符家

二、经济发展

1999 年，全镇生产总值为 7892 万元，比上年同期增长 8%，年人均纯收入 2871 元，比上年同期增长 8%。

2000 年，全镇生产总值为 8760.12 万元，比上年同期增长 11%，财政收入 84 万元，农村人均收入 3186 元。水稻生产面积 587 公顷，总产量 445 吨。甘蔗种植面积 720 公顷，产量 31208 吨。

2002 年，全镇生产总值为 9460.93 万元，比上年同期增长 8.%，年人均纯收入达 3409 元，比上年同期增长 7%。

2005 年，全镇生产总产值 10217.81 万元，比上年同期增长 6.5.%，财政收入 2105 万元，农村人均收入 3898 元。

2008 年，冬季瓜菜种植近 400 公顷，香蕉种植面积 333.33 公顷，无核荔枝种植面积 353.33 公顷。海洋捕捞船只 648 艘，网箱养殖 600 多口，高位池养虾场面积 133.33 公顷。投入 15 万元硬化沙土渠近 800 多米，全面维修各田冲渠道，并对永良水库，南山水库 2

宗水利设施进行除险加固。

2009 年，全镇生产总值 2.31 亿元，同比增长 9.79%，财政收入 129.18 万元，农民人均纯收入 5188 元，同比增长 15.3%。

2010 年，全镇生产总值 2.79 亿元，同比增长 20.8%；农民居民人均纯收入 6108 元，同比增长 17.7%；财政总收入 498.4 万元，其中税收收入 262.1 万元，同比增长 102.8%。2010 年，水稻种植面积 612 公顷，甘蔗种植面积 760.4 公顷，香蕉种植面积 520 公顷，瓜菜种植 531.33 公顷，种植沙土地瓜 350 公顷，种植无核荔枝 342 公顷，种植大棚西瓜 114 公顷。向全镇 3052 户农户发放粮食直补、农资综合补贴等各项涉农补贴资金 126.69 万元；捕捞船只 688 艘，全年捕捞量 15325 吨；海水养殖 96.67 公顷，产量 5000 吨；淡水养殖 81.33 公顷，产量 675 吨。投入 50 万元修建道僚村防潮提。全面维修水利渠道，拨款 3 万元维修西岸渡槽。

1999—2010年桥头镇主要农产品生产一览表

表1-3-14

项目年度	粮食（吨）	油料（吨）	水果（吨）	家禽（只）	家畜（头）
1999 年	8106.2	25.7	10086	68950	16950
2000 年	8358.8	28.2	10105	74310	17203
2001 年	8656.7	32.5	10343	75650	17880
2002 年	8812.6	38.3	10489	76580	18990
2003 年	9121.2	40.1	10872	81780	19801
2004 年	9240.5	43.3	11203	92360	20865
2005 年	8710	52	11890	104862	21627
2006 年	7671.2	26.49	12065	68594	19907
2007 年	10465.6	24.6	12960	88650	21780
2008 年	11262.	21	13988	95776	22675
2009 年	12579	39	17248	33200	25197
2010 年	13270	40	17077	12723	20822

三、社会事业

（一）交通

1999—2010年，全镇村镇农村畅通工程投入3092.38万元，平整村道和硬化路面，建设道路总长58.2千米。

1999—2010年桥头镇村镇道路建设情况表

表1-3-15

年　份	总投资（万元）	总长（千米）	道路建设情况
1999年	112.88	3.3	道路硬化
2000年	142.89	3.8	道路硬化
2001年	167.24	3.3	道路硬化
2002年	181.17	4.0	道路硬化
2003年	216.87	4.6	道路硬化
2004年	267.23	5.3	道路硬化
2005年	304.62	5.1	道路硬化
2006年	347.82	6.6	道路硬化
2007年	398.76	6.7	道路硬化
2008年	436.72	7.4	道路硬化
2009年	477.68	8.1	道路硬化
2010年	516.78	9.1	道路硬化

（二）教育

1999年，桥头镇有幼儿园2所，教职工10人，学生210人，教室面积286平方米，运动场面积265平方米。2005年，有幼儿园2所，教职工12人，学生287人，教室面积366平方米，运动场面积492平方米。2010年，有幼儿园3所，教职工20人，学生363人，教室面积658平方米，运动场面积670平方米。

1999年，桥头镇有小学13所，教职工121人，学生2476人，教室面积6230平方米，运动场面积27690平方米。2005年，有小学1所，教职工125人，学生1986人，教室面积5823平方米，运动场面积2560平方米。2010年，有小学11所，教职工112人，学生1795人，教室面积6157平方米，运动场面积2560平方米。

1999年，桥头镇有中学1所，教职工36人，学生442人，教室面积528平方米，运动场面积 4740 平方米。2005 年，有教职工 41 人，学生 615 人，教室面积 1220 平方米，运动场面积 4740 平方米，实验室面积 0 平方米。2010 年，有教职工 42 人，学生 1956 人，教室面积 1220 平方米，运动场面积 4740 平方米，实验室面积 96 平方米。

（一）文化体育

至 2010 年，全镇体育场馆有排球场 5 个，篮球场 5 个。

2010年桥头镇农村文化室一览表

表1-3-16

村委会	面积（平方米）	电脑配置（部）	图书配置（册）	房屋结构	备注
桥东村委会	120	2	1000	钢筋混凝	—
西岸村委会	120	2	1000	钢筋混凝	—
玉包村委会	100	2	1000	砖混结构	—
善丰村委会	110	2	1000	水泥	—
元隆村委会	120	2	1000	砖混	—

（四）医疗卫生

1999年，桥头镇有卫生院1所，医生5人，护士7人，医院面积6582平方米，病床20位。2005年，桥头镇有卫生院1所，医生7人，护士11人，医院面积6089平方米，病床20位。2010年，桥头镇有卫生院1所，医生6人，护士12人，医院面积6089平方米，病床20位。

1999 年，桥头镇有农村合作医疗卫生室 11 所，医务人员 15 人，医疗室 460 平方米，服务人口 19940 人。2005 年，有农村合作医疗卫生室 11 所，医务人员 14 人，医疗室 490 平方米，服务人口 21600 人。2010 年，有农村合作医疗室 11 所，医务人员 18 人，医疗室 680 平方米，服务人口 22920 人。

（五）生态文明建设

1999 年，全镇加强基础设施建设，开通农村道路总长 20 千米，实现村村通车、通电。硬化玉包港道路 1000 米，架设路灯 12 座。扶持农民建设家庭卫生户厕 354 个，改水 5872 人，清理排水沟 250 米。

2002 年，全镇硬化进村道路及村内水泥道路 3583 米，硬化路巷 60 条 2308 米，修建路巷道排水沟 30 条。种植各种绿化树木 650 棵，清理垃圾、土石方 320 立方米，建户厕 63 个，新建沼气池 21 个。

2005 年，全镇硬化进村道路及村内水泥道路 5700 米，种植各种绿化树木 250 棵，拆除破损无人居住建筑 20 处，建户厕 86 个，新建沼气池 32 个。

2008 年，对儒里村道路、排水沟进行硬化，平整公共场地 6616 平方米，改厕 140 个。对桥头墟进行规划和对原有基础设施进行改造，整治福桥路两旁、桥头墟及各村委会的卫生死角，建设 20 多个垃圾处理池。

2009 年，对儒朋村 3369 平方米道路进行硬化，平整公共场地 3905 平方米；修建儒朋村文化室。修建侨头墟财政路水利沟桥，硬化改造总长度 3230 米，总面积 11545 平方米的 13 条镇墟路巷，打通断头路 4 处。

2010 年，硬化镇墟路巷 8 条，总长度 1466 米，总面积 6372 平方米。改造人民路街道排水系统，铺设主干道路两侧人行道彩砖 1248 米，种植绿化树，并对主干街道两侧建筑立面统一规划。建设停车场。硬化荣兴小学—红山—桥头县道道路。全面硬化村道，建设文化室，篮球场。建成 6 宗农村饮水安全工程，解决群龙、文昌、包岸、中兴、文旦、林诗等自然村 2100 多人的饮用水安全问题，完成改水改厕 513 个。

（六）医疗保险

2003 年，澄迈县开始开展由政府扶持、农民自愿参加的新型农村合作医疗工作。根据县政府的部署，桥头镇发动各村委会农民积极参与。

2004 年，全镇参加合作医疗人数 11402 人。

2005 年，全镇参加合作医疗 12360 人，比上年增加 958 人。

2008 年，全镇参加新农村合作医疗人数 18942 人，参合率 96%。参加城镇居民合作医疗保险人数 396 人，参保率 106%。

2009 年，全镇城镇居民合作医疗保险人数 457 人，参保率 126%；全镇农业人口实际参合人数 20041 人，参合率 100%。

2010 年，参加城镇居民合作医疗保险人数 510 人，参保率 102%；全镇农业人口实际参加合作医疗人数 20783，参合率 99%。新型农村养老保险参保人数 7019 人，参保率 79.84%。

（七）民政救助

1999 年，桥头镇关心军烈属的生活，为孤老复员军人建房，帮助军烈属等优抚对象筹措生产资金 16 万元，“八一”中国人民解放军建军节上门慰问军烈属，送上慰问金和慰问品一批。

2002 年，桥头镇对五保户、特困户、残疾人、军烈属和复员退伍军人重新登记造册，发放物资一批，帮助困难户解决实际问题。

2005 年，桥头镇帮助残疾人修建房室 8 间。扶持贫困农户建猪栏 21 个，购买猪苗 63

只，扶持33名贫困生上学，其中镇政府扶持18名贫困生上大学。全镇投入抗旱资金95万元，缓解15个村庄5265人饮水困难问题。投入资金62万元购置救灾物资和修建受台风损失的房室，将救济救灾物资发放到灾民手中，帮助灾民修建房室104间。

2008年，提高对低保和五保户及复员军人、军属、伤残军人的补贴标准，低保从每月55元提到65元，五保户从每月125提到145元，使506名农村低保群众、50名城镇低保居民、203名五保户以及复员军人、军属、伤残军人等优抚对象受益。

2009年，重新核定634名低保对象和196名五保户，提高低保水平；拨款13.3万元，为五保、低保、弱势群众等18户民政救助对象及2户受台风袭击房屋倒塌村民新建20间房屋。对复员军人、伤残军人、军属等优抚对象进行照顾。

2010年，向城镇28户54人和农村211户558人发放低保金64.18万元，向受灾群众发放救灾粮55吨、棉被220床、衣服230套。实施贫困白内障患者复明工程和残疾人康复工程，为93名白内障病患者进行免费复明手术。向符合政策规定的重度残疾人发放补助款4.68万元。为五保户、残疾人、困难户重建房屋90多间，发放救灾、灾后重建及恢复生产资金81万元。投资40余万元对桥头敬老院进行改造。

第五节　瑞溪镇

一、位置与政区

瑞溪镇位于澄迈县东部，东与永发镇毗邻，西与金江镇交界，南与文儒镇相连，北与金安农场接壤，土地肥沃，雨量充沛，灌溉便利，农业生产条件优越，是澄迈县重要的粮食及冬季瓜菜生产基地，也是澄迈县东部地区的贸易重镇。主要农作物有水稻、果蔗、冬季节瓜菜、胡椒等，各类瓜菜远销全国各地，供港澳瓜菜基地之一的罗浮洋更是远近闻名。瑞溪墟历史悠久，居民作坊所生产的瑞溪牛肉干、瑞溪腊肠、瑞溪粽子等产品香醇可口，很受大众喜爱。

地形地貌属冲积平原地，南高北低，土壤以沙壤为主,最高点南桥冲岭，海拔82米。属热带季风海洋气候，特点是夏热冬冷，受季风影响较大，光照充足，高温多雨，雷暴日多，是全县雷暴高发区，热带气旋影响频繁，四季不明显，雨季分明，干凉同季，雨热同期。年平均气温23.9℃，最冷为1月平均气温17.6℃，最热为7月平均气温28.4℃，年极限气温为41.4℃和7℃，偶有霜冻。高温天气过程(日极端最高气温差35.0尤持续两天以上）多集中在5—7月；年平均降水量1785.3毫米，年平均日照总时数1915.2小时，年平均风速2.0米/秒，年极大风速32.4米/秒，年平均大风（17米/秒）日5.1天。最大风力12级。

南渡江从境内穿过，西边有冷水溪，中部有北云溪，东边有南浙溪，金安农场辖区有汶安河，自南向东流入南渡江；有加巨、村内2个小型水库，南浙、大洞2个小型水库，以及山琼、大坡、东头、昌里、干岭5个山塘，常年蓄水874万立方米，灌溉面积600公顷。

境内资源主要有泥煤，在加巨村一带。20世纪60年代初，曾组织农民开采，因煤龄幼、质量差而停止。

1987年，瑞溪区公所改称瑞溪镇。截至2010年，全镇辖有14个村委会，2个居委会，1个镇办热作场，59个自然村，总人口39131人，男女比例为84.7，常住人口32295人。总面积75.74平方千米。耕地面积1711.07公顷，其中水田面积1249公顷。辖区内有注册的企业50家、个体工商户318户、农民专业合作社13家。

2010年瑞溪镇管辖的村庄名称一览表

表1-3-17

村（居）委会	自然村、移民点名称	已废村名
瑞联村委会	瑞溪、产坡、下村、文曲	下云
北桥村委会	北桥、山内、池边、巷头、东洋、	—
仙儒村委会	仙儒、江湾、南浙、下割、坡尾、大洞	鸡腌
村内村委会	村内、昌里、沙田	—
里加村委会	里加、加井、西文岭	—
群庄村委会	南文、北文、口坡、西上、龙桥、东头、南头、坡上	苦坡仔
南尖村委会	大坡、南尖上村、南尖下村、坡尾岭、下宅岭	—
山琼村委会	山口、上琼、加琏、坡尾仔、南山	岭上
加巨村委会	加巨里、小古、平坡岭、朝文、加巨坡、常树	排云、村宅
罗浮村委会	罗浮	—
三多村委会	三多	—
番丁村委会	番丁、下坡、下坡园、江上、连塘、库村	—
山尾村委会	大洋、山尾	—
北洋村委会	北洋、河头、干岭村、北畔仔	—
第一社区居委会	—	—
第二社区居委会	—	—

二、经济发展

2001—2010年瑞溪镇主要农产品生产一览表

表1-3-18

项目年份	粮食（亩）	粮食（吨）	油料（亩）	油料（吨）	家禽（只）	家畜（只）
2001年	42950.00	13012.50	1370	266.50	292212	1832
2002年	45680.00	13785.20	1450	288.50	303077	1876
2003年	42855.00	12057.00	1905	399.00	339875	1963
2004年	43581.72	12548.95	1920	411.00	427972	2081
2005年	38245.89	7243.80.	2423	430.00	423812	2073
2006年	43067.86	12879.00	1850	427.90	463057	2181
2007年	42333.86	12170.40	1847	338.40	530625	2425
2008年	43045.17	13211.06	1585	291.79	458336	1490
2009年	42673.75	13243.30	1616	303.00	1358244	1866
2010年	42728.18	13757.30	1643	304.00	1287711	1874

（一）工农业产值

1999年，全镇工农业总产值2亿元，比上年增加2000万元，增长11.1%，其中农业总产值6143万元，比上年增加558万元，增长10%。乡镇企业总产值8963万元，比上年增加369万元，增长4.3%，农村人均收入2430元。农业税任务49万元，完成49万元，占任务100%；农林特产值任务16万元，完成13万元，占任务的81%；工商税任务154万元，完成135万元，占任务的87.6%。

2000年，全镇社会总产值达1.555亿元，农业总产值5371万元，农村人均纯收入2589元。

2002年，全镇工农业总产值15730万元，农业总产值6629.08万元，比2001年增加673万元，增长11.3%，农村人均纯收入3022元，比2001年增加229元，增长8.2%。全镇工商税任务78万元，完成118万元，占任务的151.2%，农业税任务32万元，完成37万元，占任务的115.6%，财政收入145.46万元，占任务的186.49%，比上年增收20.6万元，增长15.56万元。

2005年，全年工农业总产值19119万元，其中农业总产值比上年增长6%，全镇农业人均纯收入3474元，比2004年增长167元，增长5%，财政收入260万元。

2008年，全镇生产总值达2.4亿元，比上年同期增长9%，其中第一产业增加值805万元，比上年同期增长5%；第二产业增加值610万元，比上年同期增24%；第三产业增加值达585万元，比上年同期增长9%。完成固定资产投资2248万元，同比增长112.66%。完成财税总收入305.98万元，占年度任务的109.5%，比上年增长0.73%。其中地方一般预算收入279.2万元，占年度计划任务的109.59%；完成非税收入20.15万元，占年度任务的296%；全年完成财政支出328.01万元，比上年减少3.43%。全镇人均纯收入达到4189元，比上年增加302元，增长7.8%。

2010年，全镇工业总产值6100万元，农业总产值21400万元，第三产业总产值8800万元，农村人均收入6005元。全镇完成固定资产投资3985万元，同比增长24.8%。完成财税总收入11833万元，占年度任务的37%，同比增长-5%。其中地方一般预算收入34.33万元，占年度计划任务的107.28%；完成非税收入4.49万元，占年度任务的49.89%；完成财政支出196.28万元，比上年增加16.22万元，增长9%。

（二）粮食总产值

1999年，粮食总产量达15465.9吨，比上年增加222.3吨，增长1.4%。淡水养殖（含捕捞）总产量950吨，比上年增加30吨，增长3.2%；肉类总产量3702.8吨，比上年增加176吨，增长5%。去冬今春，全镇冬季瓜菜种植面积（含复种）1333.33公顷，实现产值5000万元，比上年增长5%。

2001年，全镇水稻种植面积2576.67公顷，粮食总产量达12139.5吨；冬种瓜菜产量39500吨，比2000年增长16.1%；林业产值407万元，比上年增长9.1%；牧业产值1172万元，比上年增长13%；渔业总产值493万元，比上年增长13%。淡水养殖（含捕捞)总产量1105吨，比上年增加127吨，增长13%。

2004年，全镇粮食种植面积2905.47公顷，总产量达12547吨；瓜菜生产形势喜人，瓜菜种植面积2462.47公顷，总产量50775吨，销售价格由于受天气及市场的影响，比上年大幅度普遍提高，农民收入显著增加，真正实现增产增收。

2005年上半年，经历较为严重的旱灾，下半年又遭到台风“达维”的肆虐。全镇粮食种植面积减少，粮食总产量由上年的12547吨减少到7244吨；瓜菜种植面积2257.13公顷，总产量由上年的50775吨减少至44711吨。

2008年，全镇粮食种植面积2869.67公顷，产量13211吨。种植瓜菜2523.40公顷，生猪出栏15651头。农业基础设施建设共投入资金约30万元。

2010年，全镇粮食种植面积2168.41公顷，产量10989.3吨，其中水稻种植面积1996.57公顷，产量9527吨。受10月水灾影响，同比2009年减少16.02%。冬季瓜菜种植2702

公顷，总产量 81881 吨。打造港澳沪瓜菜品牌，完善并扩大罗浮洋、大东洋、国际洋供港、澳、沪瓜菜基地，供港澳沪瓜菜基地面积 8667 公顷。全镇牛存栏 3883 头，出栏 1874 头；猪存栏 30806 头，出栏 20231 头，饲养产仔母猪有 2241 头；羊存栏 837 头，出栏 411 头。鸡存栏 132672 只，出栏 2281720 只；鸭存栏 220449 只，出栏 963064 只；鹅存栏 26344 只，出栏 42877 只；禽类合计存栏 359465 只；出栏 1287711 只。全镇渔业养殖面积 269 公顷，产量 2075 吨。鸭苗孵化 7854 万只，全年出栏鸭子 22 万只，产鱼 2075 吨，三项产值 3992.8 万元（不含鸭苗）。

三、基础设施

（一）交通、供水、供电

1999 年，硬化从瑞溪道班—瑞溪村和中山路街道。多渠道筹资，对北江里渠道进行整治，铺上水泥盖板，改善瑞溪墟的交通状况。完成加潭渠道 7 千米的维修和遍及全镇各村委会的支渠毛渠、斗渠的维修任务。争取上级支持。投资兴建仙儒村委会南浙水库，解决仙儒村委会 6 个自然村 173.33 公顷土地的生产用水问题。

2000—2001 年，结合整治大东洋，全面加高拓宽仙儒公路，筹资 30 万元全面改造番丁公路，硬化下村岭地段 500 米的路面，解决番丁村委会 1700 余群众的行路难和农副产品运输难问题。在云南省铁路总公司海南分公司的支持下，硬化长 500 米、宽 17 米的产坡村富民大道，使之成为瑞溪果菜一条街。

2002 年，加强农田水利基础设施的建设，配合农综工程硬化下坡洋 13 千米的水利渠道，改善农业生产条件，解决番丁村委会 6 个自然村群众农业生产用水问题，同时投资 15 万元，硬化产坡肚 2 千米的渠道，发动群众投工投劳，完成加潭东干渠，美丁干渠、罗浮洋、大东洋、公庙肚、国际洋、下村洋，以及加巨水库、村内水库渠道的维修任务。

2006 年，修复加固加巨水库、村内水库，硬化加潭东干渠和美亭支渠，新建南浙水库，连续四年对罗浮洋、大东洋、国际洋、番丁洋等四大田洋渠道及基础设施进行整治，同时改造和维修瑞溪至加巨、瑞溪至番丁、瑞溪至村内、瑞溪至仙儒四条主要乡村公路。对瑞兴路、瑞新西路、富民路、瑞江西路、富隆路、瑞岸西路等进行改造和硬化，绿化和亮化。打造深井 1 口，建水塔 1 座，安装水管 1900 米，供群众饮上卫生的自来水。

2009 年，硬化番丁村村路 3.4 千米，硬化山尾村路 1 千米，硬化北洋村路 2.5 千米，硬化三多村村路 2 千米，硬化坡尾村一条长 600 米，宽 3 米的村道。维修加巨水库西渠渡槽，保障加巨村委会 80 公顷农田的生产用水；在三多洋打四口抗旱井，提供 100 公顷农田生产用水；维修田间渠道 312 千米，为 126.67 公顷农田的生产用水提供保障。

2010年，中线高速公路在瑞溪境内全面开工。完成金永公路瑞溪墟段改道工程，解决镇墟街道狭窄拥堵问题；海屯高速公路建设顺利推进，池边桥改造竣工通车，北文桥、干溪桥的动工建设，完成27.55千米的“通畅工程”，实现镇墟到每个行政村的公路基本硬化。瑞溪自来水厂基础设施完工，解决瑞溪镇23个村庄17000多人的饮水难问题。完成3.5万伏变电站的建设和3条10万伏线路改造工程，解决瑞溪发展的用电问题。

（二）生态文明建设

1999 年，全镇加强基础设施建设，开通农村道路总长 20 千米，实现村村通车、通电。硬化道路 1000 米，架设路灯 12 座。

2002年，建成江上、库村、产坡、大洋等4个文明生态村，群众自发掀起创建设文明村活动，使全镇掀起创建生态村建设高潮。

2003年，创建番丁外村、龙桥、西上、北桥仔等4个文明生态村。扶持全镇农户按其所需兴建沼气池37个，改善农村的人居环境，治理农村“脏、乱、差”的问题，促进了农村的物质文明和精神文明建设。

2004年，创建加井村、干岭村、罗浮村、三多村等4个文明生态村。

2008年，对仙儒村委会南浙村及番丁村委会下坡村进行建设。南浙村修建1条950米长进村大道，100米的环村水泥路，建造1个公厕；下坡村修建1条800米的环村水泥路，建造1间一层四格100平方米的文化室，修建1个标准篮球场。修建罗浮村球场，硬化坡尾村道路，建造北洋村公厕，建造朝文饮水工程，在各村建造沼气池共计51个；建镇文化中心及下坡村宣传文化室。对全墟各街道路灯进行改造。

2010 年，对北洋、坡尾、罗浮、三多村 4 个生态文明村进行建设和续建。全镇硬化环村路 7 千米，路巷 30 多条 2450 米。修建篮球场 3 个，文化室 2 间，公厕 1 个，沼气池 100 个，完成 200 个户厕建设。“通畅工程”硬化村公路 9 千米，全镇各村委会已全部通上水泥路，新建仙儒、山尾、二社区 3 个农家书屋，共有图书 7 万多本。

截至2010年，全镇共建成生态文明村19个。

四、社会事业

（一）教育

1999 年，全镇适龄儿童入学率 99.6%，初等教育完成率 99.3%，瑞溪中心小学代表澄迈县参加全省校容校貌评比，荣获一等奖。瑞溪中学 1999 年中考取得好成绩，被评为“澄迈县 1999 年度目标教学管理先进单位”。

2000 年，瑞溪中学复办高中。全镇有小学 32 所，教职工 193 人，学生人数 5312 人，教室面积 10500 平方米，运动场面积 3800 平方米。有中学 1 所，教职工 77 人，学生人数 1587 人，教室面积 2688 平方米，运动场面积 8650 平方米。

2002年，全镇筹集资金120万元，投入中小学校舍和校容校貌的建设，新建教学大楼和教师宿舍2100平方米，消灭危房。筹集资金兴建大坡小学校门和围墙，兴建番丁、三多、山尾、北畔仔小学教学楼和教师宿舍。瑞溪中学中考被省级重点中学录取的学生有38人。瑞溪教办被列为全国教改的基地，全镇小考成绩名列全县18个乡第三名，有1名学生考入海中，2名学生考入国科园，20名学生被澄迈中学录取。

2005年，瑞溪中心学校有多名同学被国兴等省重点学校录取。瑞溪中学有14名学生上本科大学，人围率比上年大为提高，是瑞溪中学办学以来取得成绩最好一年。全镇有幼儿园6所，教职工35人，学生565人，教室面积1415平方米，运动场面积925平方米。有小学26所，教职工185人，学生人数4118人，教室面积9650平方米，运动场面积3600平方米。有中学1所，教职工102人，学生人数2216人，教室面积2688平方米，运动场面积8650平方米，实验室面积225平方米。

2010年，加大教育投入，改善办学条件，改造教职工居住、办公场所，中小学教育教学质量稳步提高。瑞溪中学高考上二本线2人，三本线12人,专科线20人。全镇有幼儿园7所，教职工49人，学生人数788人，教室面积1715平方米，运动场面积1940平方米。有小学22所，教职工171人，学生人数2510人，教室面积9248平方米，运动场面积3200平方米。有中学1所，教职工98人，学生人数1208人，教室面积3568平方米，运动场面积8650平方米，实验室面积225平方米。

（二）文化体育

1999年，创建一条文明整洁的示范街道一瑞新东路，建设一个文明整洁清洁的村庄—仙儒村。

2000—2002年期间共建设场球5个，建设文化广场3个，文化室4间，引导三多、罗浮两村通过开展文明家园建设竞赛活动，组织文化宣传队进行互访和召开群众茶话会交心，交流思想，总结经验。

2005—2006年期间着手开展启动文化广场建设项目，加快瑞溪文化广场的建设，为全镇人民群众提供一个开展大型文化体育活动的场所和载体。修建坡尾岭村文化长廊及排球场，瑞溪村排球场和篮球场、下坡村篮球场、南浙村排球场、下宅岭村灯光排球场。

2009年，在坡尾、仙儒、罗浮及三多村各修建1个篮球场，丰富村民的文体生活。

截至2010年，全镇共兴建农村文化室7间，图书室9间。总面积共965平方米，共有图书42300册。全镇建有标准水泥球场24个，整套健身器材2套。2010年，瑞溪镇第二社区中老年健美舞蹈队参加海南省组织的全省中老年健美舞蹈比赛获得第二名。七夕节是瑞溪墟的传统节日——军坡节。瑞溪墟的军坡节是纪念五海帝君，当地俗称五海公。本地民间比较有影响力的节庆日还有产坡村公祖生日（农历九月二六），巷头村、南山村冼太夫人纪念日（农历二月二十三），山口村林大将军纪念日（农历二月二十一日），罗浮村黄大将军纪念日（农历正月十六日），三多村刘室公祖生日（农历二月二四）。

（三）医疗卫生

1999年，发动人民群众改水改厕，全镇兴建户厕232个，完成改水103户，受益人数405人，解决广大群众饮水卫生和如厕问题，提高生活质量。集资新建中心卫生院门诊部，方便群众看病。

2000年，瑞溪镇有卫生院1所，医生11人，护士2人，医院面积7999平方米，病床20位；有农村合作医疗室17所，医务人员19人，医疗室680平方米，服务人口28765人。

2000—2002年，实施塑造瑞溪形象工程，整治瑞溪墟的卫生等工作，组织实施创建“小城镇”和文明家园建设活动，支持和动员群众搞好改水改厕工作。全镇21%的农户建起户厕，85%的农户使用符合卫生标准的饮用水。医疗卫生保健事业正常发展，人民健康水平得到提高。开展儿童计划免疫活动，发动儿童家长送儿服食糖丸和打预防针。

2004—2006年，完成新建瑞溪中心卫生院留医部和手术室，增配X光机和B超机等医疗设备，配备急救车，医疗水平显著提高。

2005年，开展爱国卫生运动“灭四害”活动，清理城乡环境，保障人民身体健康。瑞溪镇有卫生院1所，医生9人，护士5人，医院面积7999平方米，病床20位。有农村合作医疗室17所，医务人员19人，医疗室680平方米，服务人口28765人。

2008年，实施卫生一体化工作，强化文明行医，加强群众性免疫防保工作。在各村建造沼气池，通过改造和完善，各村的村容村貌、环境卫生、得到全面整治。

2009年，改水、改厕工作进展顺利，完成350个户厕建设，方便群众生活，开展“亮睛工程”落实白内障患者免费手术105例，使群众得到“看得见”的实惠。

2010年，瑞溪卫生院加强医疗卫生工作，医疗水平得到提高。瑞溪镇有卫生院1所，医生9人，护士9人，医院面积6089平方米，病床20位。其中专业技术人员9人，主治医师1名，执业医师6名，其中中医师1名，执业助理医师3名；注册护士9名，其中护理师5名，其他技术人员10余人。拥有彩超、全自动生化分析仪、血球分析仪等医疗设备，设有内儿科，妇产科、预防保健门诊，儿保门诊、妇保门诊，中医科、附属科等科室，20张病床，观察病床5张。共有农村合作医疗室17所，有医务人员17人，医疗室1020平方米，服务人口39131人。

第六节　永发镇

一、位置与政区

永发镇位于澄迈县东部，距县城 25 千米。东北与海口市秀英区东山镇交界，西北毗邻金江、老城镇，西南与瑞溪镇和金安农场接壤。地势东北高，西南低。南部为平原地带，北部为低丘地区。北部土壤为红壤土，东南部为砂壤土，西南为黄壤土。境内有牛古岭，海拔 53 米，娥头岭海拔 62 米。水系有排坑岭溪，南轩大泻（大瀑布）、小泻（小瀑布），均流入南渡江。

属热带季风海洋性气候区，年平均气温 23.8℃，年均日照 2043 小时，年均雨量 1764 毫米。

1986 年 12 月，撤永发区公所，改为永发镇。2002 年 7 月，调整行政区划，永发、新吴两镇合并，仍称永发镇。镇政府驻永发墟。2010 年，永发镇辖排坡村村委会等 19 个村（居）委会。

1999 年，全镇总人口 27134 人。2002 年，全镇总人口 40525 人。2005 年，全镇总人口 41102 人。2007 年，全镇总人口 42222 人。

2010 年，永发镇总面积 77.3 平方千米，耕地面积 2441.07 公顷，其中水田面积 1067.33 公顷，旱地 589.47 公顷。辖 19 个村委会 94 个自然村，总人口 42815 人。辖区面积 127.3 平方千米。性别比 117.94。

永发镇岑后村是中国当代著名民族学者和民俗学家岑家梧的故乡。1931 年，岑家梧考取中山大学，毕业后留学日本，研究人类学和考古学。1946 年后，岑家梧先后在中山大学、岭南大学、中南民族学院任教，主要著作有《史前史概论》《图腾艺术史》《史前艺术史》等。1966 年，岑家梧在“文化大革命”中遭受迫害逝世，时年 54 岁。

2010 年永发镇管辖的村庄名称一览表

表 1-3-19

村委会	自然村、移民点名称	已废村名
永发村委会	永发、永灵、加善、南洋、文安、山头、永茅	下岭冲
排坡村委会	上排坡、下排坡、彩云、岭后、新村园	—
卜罗村委会	卜罗、村芳、屋排、山头尾	—
长福村委会	长福、谷宅、后岭、岭头、新村	—

续表 1-3-19

村委会	自然村、移民点名称	已废村名
侍郎村委会	侍郎、排坑岭、潭土、三角坡、龙文沟、黄家、黄岭、弄水岭	—
卜岸村委会	卜岸、施教、凤凰	—
儒林村委会	美向外、美向内、儒林、儒谢、儒娥、美墩、美玉	—
卜后村委会	卜后、道吉、儒定、儒陈、太位、土冻	—
东兴村委会	南轩、儒昂、美傲、秀灵、潭玛、那佬、潭塘、牛玛、美仁、东兴	美弄、高山、十二墩、阿发
永丰村委会	儒音、美楠、儒存、那雅、儒陈、坡道	阿烘、谷盈
永跃村委会	美才、永跃、下市、湾田、排坡、尖岭、田察、岭下、美坦、南弄、头乙岭、大郡	军部、上岭
新吴村委会	中文、新吴、美头、龙头、石鼓、南祥	边村、牛马田
南昌村委会	南兴、南白、吴冲、加马、昌文	—
大山村委会	大山、面前坡、海枫、排冲、公安市	—
赛玉村委会	赛玉、桥坡、长岭、南什坡、塘圮、吴双安、林双安、何双安	—
龙楼村委会	龙楼、加长	—
参军村委会	参军、昌尾、加乐岭	—

二、经济发展

1999 年，全镇工农业总产值 1.92 亿元，其中农业总产值 0.79 亿元，同比增长 5%。

2005 年，全镇工农业总产值 2.98 亿元。其中农业总产值 1.1 亿元，同比增长 4.7%。

2008 年，全镇工农业总产值 3.714 亿元，其中农业总产值 1.230 亿元，同比增长 3%；工业总产值 2.478 亿元，同比增长 9%；粮食总产量 4628 吨，同比增长 4%；瓜菜总产量 34717 吨，同比增长 6%；人均纯收入 4457 元，同比增长 5%。全年财税收入 230 万元，完成征收任务 128%。2008 年，全镇鱼鸭混养专业户 550 户，鸭年出栏量 250 万只，产值 5000 万元，鱼产值 1000 万元。完成造林绿化任务 133.33 公顷。对 3 个水库进行除险加固，重新硬化龙洲河引水渠道、松涛 16 分渠，总长 20 千米。清淤维修 50 千米，重点整治大小排、灌沟总长 21 千米的侍郎洋。

2010 年，全镇工农业总产值 7.12 亿元，其中农业总产值 4.01 亿元，工业总产值 2.21 亿元，三产服务业 0.9 亿元，人均纯收入 6055 元。全镇财税收入 416 万，同比 2009 年增长了18.5%。2010年，全镇鱼鸭混养水面积突破 433.33公顷，山塘水库486宗，鸭的年产量750万只，鱼的年产量为1300万尾，从业人员4200人，年利润3875万元，人均6845元。粮食总产量15508.4吨，瓜菜总产量35551吨。

三、社会事业

（一）教育

1999年，永发镇有小学32所，教职工190人，学生531人，教室面积10506平方米，运动场面积3806平方米。2005年，有小学26所，教职工183人，学生4138人，教室面积9653平方米，运动场面积3609平方米。2010年，有小学22所，教职工170人，学生2516人，教室面积9249平方米，运动场面积3203平方米。

1999年，永发镇有中学1所，教职工78人，学生1588人，教室面积2689平方米，运动场面积8650平方米。2005年，有教职工103人，学生2218人，教室面积2689平方米，运动场面积8656平方米，实验室面积229平方米。2010年，有教职工96人，学生1209人，教室面积3566平方米，运动场面积8653平方米，实验室面积229平方米。

2005年，永发镇有幼儿园6所，教职工33人，学生563人，教室面积1410平方米，运动场面积926平方米。2010年，永发镇有幼儿园7所，教职工48人，学生789人，教室面积1713平方米，运动场面积1943平方米。

2010年，全镇村镇文化建设投入200万元，兴建农村文化室8间。

（二）医疗卫生

1999年，永发镇有医院1所，医生10人，护士3人，医院面积7996平方米，病床19位。

2005年，永发镇有医院1所，医生8人，护士6人，医院面积7996平方米，病床22位。

2010年，永发镇有医院1所，医生10人，护士12人，医院面积6098平方米，病床21位。

1999年，永发镇有农村合作医疗室19所，医务人员30人，医疗室725平方米，服务人口28768人。

2005年，永发镇有农村合作医疗室18所，医务人员23人，医疗室689平方米，服务人口28769人。

2010年，永发镇有农村合作医疗室21所，医务人员25人，医疗室1029平方米，服务人口39139人。

（三）生态文明建设

1999年，全镇造林76公顷（浆纸林），开通农村道路总长42千米，实现村村通车、通电。硬化乡村道路 1200 米，架设路灯 62 座。扶持农民建设家庭卫生户厕 423 个，改水 4874 人，清理排水沟 458 米。

2001 年，全镇硬化进村道路及村内水泥道路 2146 米，硬化路巷 103 条 4309 米，修建路巷道排水沟 32 条。种植各种绿化树木 1206 棵，清理垃圾、土石方 632 立方米，建户厕 63 个，新建沼气池 22 个。

2005 年，全镇硬化进村道路及村内水泥道路 4563 米，种植各种绿化树木 605 棵，拆除破损无人居住建筑 32 处，建户厕 124 个，新建沼气池 36 个。

2008 年，全镇创建 4 个县级文明生态村，累计创建 28 个文明生态村。全年硬化环村路 3 条 2530 米、巷道 5 条 1200 千米，建设环村前横墙 625 米，挖排水沟 2410 米，建休闲场所 2 个，并安装老年人健身器材一套，建戏台 1 个，安装路灯 30 盏，建沼气池 35 个（“一池三改”），公厕 1 个，垃圾池 1 个，体育场 1 个，篮球场 1 个，乒乓桌 11 张，种植绿化果树 300 株。拆除违章建筑 8 间、简易棚 13 间、不规范广告牌 7 块，整治卫生死角 12 处，清理垃圾 35 吨。投入资金 20 万元建排水沟 400 米，维修路灯 45 盏，设立大型广告牌 2 个，硬化路巷 7500 余米。

2010 年，全镇创建文明生态村 4 个，硬化村主干路 3 条 2770 米，建设 2 个排、篮球场 1100 平方米，建设文化室 1 间 120 平方米，创建树荫乘凉亭 3 个。清理卫生死角 48 处，清运垃圾 200 多吨，购买垃圾桶 200 多个安装在主街上。在镇主街道、永富路、东兴墟安装照明路灯 161 盏。修建永发镇近 1 千米排水沟系统。

（四）医疗保险

2003 年，澄迈县开始开展由政府扶持、农民自愿参加的新型农村合作医疗工作。根据县政府的部署，永发镇发动各村委会农民积极参与。

2004 年，全镇参加合作医疗人数 18450 人。

2005 年，全镇参加合作医疗 20330 人，比上年增加 1980 人。

2008 年，全镇参加新型农村合作医疗人数 35730 人，占农村人口 92%，参加城镇居民基本养老保险人数 976 人。全年住院获补偿 8977 人，补偿金额 138 万元，获第二次医疗补偿 94 人 9.89 万元。

2009 年，全镇参加新型农村合作医疗人数 38445 人，占农村人口 96%，全年住院获补偿 744 人，190 万元；门诊 3070 人，金额 12 万元；门诊统筹 25106 人，金额 32 万元。

2010 年，全镇参合人数 8892 户，38992 人，占农业人口 96.2%，住院 1083 人次，报销金额 320 万元。全镇参加医保人数 900 人。

（五）民政救助

1999 年，永发镇关心军烈属的生活，为孤老复员军人建房，帮助军烈属等优抚对象筹措生产资金 24 万元，“八一”中国人民解放军建军节上门慰问军烈属，送上慰问金和慰问品一批。

2002 年，永发镇对五保户、特困户、残疾人、军烈属和复员退伍军人重新登记造册，发放物资一批，帮助困难户解决实际问题。

2005 年，永发镇帮助残疾人修建房室 15 间。扶持贫困农户建猪栏 30 个，购买猪苗 120 只，扶持 53 名贫困生上学，其中镇政府扶持 31 名贫困生上大学。全镇投入抗旱资金 180 万元，缓解 18 个村庄 8267 人饮水困难问题。投入资金 76 万元购置救灾物资和修建受台风损失的房室，将救济救灾物资发放到灾民手中，帮助灾民修建房室 84 间。

2008 年，全年落实农村低保 968 户 1143 人；城镇低保 41 户 72 人；五保供养 231 人。优抚对象 66 人，及时发放补助金，发放救济大米 47 吨，衣服 290 套，棉被 190 张，救灾救济款 13.7 万元。投入资金 11.7 万元，扶持残疾人进行危房改造 4 间，五保对象危房改造 4 间，特困危房改造 11 间。对农村因患大病没钱治疗的困难群众，实行第二次救助，发放医疗救助款 75120 元。发放种粮补贴 979 公顷 143061 元；发放能繁母猪补贴 1687 头 168700 元；建设水厂 2 间，解决 3000 名农民的饮水安全和 19000 名农民饮水困难的问题；投入资金 77.5 万元，建设大山、排坡等扶贫村庄。全年补助抗震资金 45000 元，扶持建成抗震房室 18 间（幢）。调查核实全镇中华人民共和国成立后农村离任“两委”干部 443 人，符合条件领取晚年生活补贴的有 283 人，月补贴金额 36326 元。

2009 年，全年落实农村低保 808 户 942 人；城镇低保 34 户 57 人；五保供养 44 人；优抚对象 78 人，每月定时发放补助金 17 万元，发放救济大米 34 吨，衣服 430 套，棉被 200 张，救灾救济款 6.8 万元，扶持残疾人进行危房改造 9 间，五保对象危房改造 8 间，投入资金 13.6 万元。

2010 年，落实农村低保 808 户 942 人；城镇低保 34 户 57 人；五保供养 381 人；优抚对象 61 人。参加农保人数 8003 人，占应参保人数 75.4%，全镇 60 岁以上 4438 人全部发放养老金。

第七节　加乐镇

一、位置与政区

加乐镇位于海南岛澄迈县南部，距县城金江镇 18 千米。东至文儒镇石浮，南与文儒镇交界，西临南渡江，东北接金江镇长安，北毗金江镇的太平。

地处低岗矮丘地带，四周为低山丘陵环绕，中间为平坡原野展布。低山丘陵占总面积的四分之三，平坡原野占四分之一。西南地高且多山岭，海拔高程为 33.0—202.0 米。最低点为南渡江江面，最高点为南蛇岭顶峰。较高的山岭有深空岭海拔 129 米，交椅岭海拔 133 米，马鞍岭海拔 139 米，大岭海拔 156 米。东北低又多丘陵，骑牛岭海拔 151 米，苟黑冲岭 129 米，兰塘东岭 131 米，面前冲岭 127 米，石墓岭 95 米。

属热带海洋性季风气候区，年平均气温 23.8℃，最冷的 1 月平均 16.9℃。全年日照时间 1800—2200 小时。年降水量 1800—2000 毫米，受台风影响。地温年平均 26.4℃，全镇阳光充足，气候温和，雨量充沛，土地肥沃，生态良好，环境清新。

偏东地区有一座南北走向的南蛇岭，南端主峰雷公鼻顶海拔 190 米，北端主峰效古岭颠海拔 199.5 米。系石英石矿，为石英脉型，全长 12 公里，平均宽度 60 米，从地表平均高度 80 米，深度约 250 米，探明储藏量 5000 万吨以上，属大型露天矿床。经化验平均品位含硅（SiO_2）99.45%，含铁（FeO_2）0.075%，耐火度为 1574.6℃，是生产石英玻璃的好原料。1974 年春发现后，当地农民有零星开采。

1987 年 5 月，加乐区公所改称加乐镇。2009 年，加乐镇辖加乐、加茂、产坡、茅坡、加朗、德润、加桐、北统、长岭、常树 10 个村委会，居委会 1 个，自然村 72 个，至 2010 年不变。

1999 年，全镇总人口 21625 人；2002 年，全镇总人口 23463 人；2005 年，全镇总人口 24598 人；2007 年，全镇总人口 25441 人。

2010 年，全镇总面积 82 平方千米，其中耕地面积 978.13 公顷，林地面积 5690.95 公顷。加乐镇行政辖区管辖 1 个居委会（加乐墟），10 个村委会（德润、北统、加桐、长岭、常树、加茂、茅坡、产坡、加乐、加朗），自然村 72 个。全镇总人口 26239 人，其中农业人口 24315 人，城镇常住人口约 4556 人（包括长期居住在镇区的德润村委的人口约 1930 人）。有王、陈、徐、蔡、符、李、刘、林等 86 个姓氏。

1999—2010 年加乐镇面积与人口一览表

表 1-3-20

年份	面积（平方千米）	常住人口（人）	男女比例	外来暂住人口（人）	总人数（人）	备注
1999 年	82	21322	117	303	21625	—
2000 年	82	22203	116	321	22524	—
2001 年	82	27685	115	322	28007	—

续表 1-3-20

年份	面积（平方千米）	常住人口（人）	男女比例	外来暂住人口（人）	总人数（人）	备注
2002 年	82	23120	113	343	23463	—
2003 年	82	23484	114	359	23843	—
2004 年	82	23790	112	386	24176	—
2005 年	82	24177	110	421	24598	—
2006 年	82	24679	110	431	25110	—
2007 年	82	25000	112	441	25441	—
2008 年	82	25894	113	439	26333	—
2009 年	82	25545	110	434	25979	—
2010 年	82	25785	111	454	26239	—

2010 年加乐镇管辖的村委会及乐溪管区和村庄名称一览表

表 1-3-21

村委会	自然村、移民点名称	已废村名
加乐居委会	加乐墟	园尾村
德润村委会	德润（上、中、下）、安常坡、下山、昌文、排坡、加曾园	加玉坡村
北统村委会	北统（上、中、下）、镜坡南、石坑、岭门、加桐仔、镜坡北	王发村（加八村）、坡平村、镜坡西
加桐村委会	加桐、大路坡、美龙、东排湾、五教、土尾山、内龙、南文坡	龙崛村、五旦园村、吴教村、南澳村
长岭村委会	长岭、横岭、效古	岭路村、马蹄坡村
常树村委会	常树	加龙塘
加茂村委会	来龙子、文坡山、罗旺、面前坡、加先、加产、加茂岭、平高岭、柳昌	吴旦岭村
茅坡村委会	茅坡（上、中、下）、加朗口、上岭脚、下岭脚、加发坡、桂村园	斩狗村、茅坡新村、岭仔园村、加发坡园村
产坡村委会	营石坡、加玉、加夏、文茂、产坡、排塘、新坡、岭孟园	文茂仔村、苦来水村、加发坡村

续表 1-3-21

村委会	自然村、移民点名称	已废村名
加乐村委会	加乐（上、中、下）、加头、加布、王美丰、李美丰、岭下、坡塘、加扒	旧村坡村、土孟村
加朗村委会	岭头上、岭头下、土音、文丰园、彰岭、彰坡、冲头园、瑞味园、田尾、加云、加志、岭上园、仁里园、邦田园、坡村	北奉坡村、加青山村、村内村、后岭村、风浩园村、大六园村、新村、灵圣
乐溪管区	上位村、下坑园村、石头村、北柳村、加应村、加塘村、吉坡村、红花树村、陈村、美宅陆村、高升园村、深田园村、奉水村、红岗农场五个生产队	仲山村、潭崛村

二、经济发展

1999 年，全镇工业总产值 273 万元，农业总产值 3196 万元，第三产业总产值 2368 万元，农村人均收入 3688 元。

2000 年，全镇工业总产值 292 万元，农业总产值 3413 万元，第三产业总产值 2583 万元，农村人均收入 3762 元。

2005 年，全镇工业总产值 428 万元，农业总产值 4797 万元，第三产业总产值 3559 万元，农村人均收入 4153 元。

2008 年，全镇生产总值达 11785.6 万元，较上年增长 7.9%，农民人均纯收入 3505 元，较上年增长 5.1%，财政收入稳步提高。

2009 年，全镇总产值达 13211.6 万元，比 2008 年增长 12.1%，其中第一产业收入 10156.7 万元，比 2008 年增长 19.4%；第二产业收入 1331.2 万元，比 2008 年负增长 10%；第三产业收入 1723.7 万元，比上年增长 7.6%。地方财政一般预算收入 772492.89 元，农民人均纯收入 4670 万元，增长 16.2%。2010 年，全镇生产总值达 20682.4 万元，比上年增长 46.4%，其中第一产业产值 14735.8 万元，比上年增长 45.1%；第二产业产值 2931.6 万元，比上年增长 30.6%；第三产业产值 3015 万元，比上年增长 5%。农民人均纯收入 6350 元，比上年增长 36%。地方财政一般预算收入 81 万元，比上年增长 4.5%。

2008 年，全镇耕地面积为 970.67 公顷，林业规划用地面积 4828.80 公顷，其中商品林 4471.20 公顷，生态林 357.60 公顷。农林牧渔社会总产值 8504.4 万元，比上年增加 716.8 万元，增长 9.2%，其中农业产值 1784.2 万元，比 2007 年增长 105.7 万元，增长 6.3%；林业总产值 3042.8 万元，比 2007 年增长 291.6 万元，增长 10.6%；畜牧业产值 3495.6 万元，比2007年增长12.6%。农民人均纯收入3505元，较上年增长5.1%。

2009年，全镇能繁母猪存栏8398头，肉猪出栏6842头，全镇产肉量609吨，畜牧防疫2.8万次。种植橡胶、槟榔190.8万株。耕地面积为970.67公顷，林业规划用地面积4828.80公顷，其中商品林4471.20公顷，生态林357.60公顷。农林牧副渔社会总产值10156.7万元，比2008年增加1652.3万元，增长19.42%，其中农业总产值1932万元，比上年增加147.8万元，增长8.28%；林业总产值3408.2万元，比上年增加365.4万元，增长12%；畜牧业总产值4612万元，比上年增加1116.4万元，增长31.93%。农民人均纯收入4670元，比上年增长16.2%。

2010年，全镇耕地面积为970.67公顷，林业规划用地面积4828.80公顷，其中商品林4471.20公顷，生态林357.60公顷。农林牧副渔社会总产值14735.8万元，比2009年增加4579.1万元，增长45.08%，其中农业总产值2438.8万元，比上年增加506.8万元，增长26.23%；林业总产值5598.5万元，比上年增加2190.3万元，增长64.26%；畜牧业总产值5603.3万元，比上年增加991.3万元，增长21.4%。农民人均纯收入6350元，比上年增长36%。年黑猪出栏量7011头，比上年增长3.9%；存栏量16401头，比上年增长4.7%；黑猪仔12万头，比上年增长14.4%。橡胶种植面积3489.07公顷，收割面积2598.93公顷，产量（干胶）3681吨，比上年增长35.4%。

1999—2010年加乐镇主要农产品生产一览表

表1-3-22

项目年份	粮食（吨）	油料（吨）	瓜菜（吨）	水果（吨）	家禽（只）	家畜（头）
1999年	7475.7	61.66	2274.9	154	899.9	4244.4
2000年	7495.5	59.55	2308.1	158	771.6	4258.2
2001年	11479.2	58.43	2359.1	160	915.1	4286.6
2002年	7604.9	65.88	2391.4	170	924.8	4299.5
2003年	7562.75	56.25	2425.5	172	791.2	4320.2
2004年	7560.30	56.65	2441.7	176	803.3	4329.5
2005年	7518.30	52.37	2487.0	178	810.1	4350.2
2006年	7539.80	54.50	2610.5	181	818.3	4363.1
2007年	7601.50	55.90	2726.9	184	824.9	4381.2
2008年	7694.50	55.80	2836.6	188	833.0	4349.5

续表 1-3-22

项目年份	粮食（吨）	油料（吨）	瓜菜（吨）	水果（吨）	家禽（只）	家畜（头）
2009 年	7664.00	54.50	2884.1	190	838.8	4969.0
2010 年	8682.80	73.60	3365.1	193	852.1	4439.9

三、基础设施

（一）交通

1999 年，投资 295 万元，硬化乡村道路 8 千米。2000 年，投资 158 万元，硬化乡村道路 6 千米。2006 年，投资 145 万元，硬化乡村道路 4 公里。2008 年，投资 127 万元，硬化乡村道路 4 公里。2009 年，投资 251 万元，硬化乡村道路 7 千米。2010 年，投入资金 78.25 万元建设屯大线 K37+500 至岭门，建设里程 1.565 千米，通畅岭门，加桐仔等 2 个村。

（二）生态文明建设

1999 年，造林 100 公顷（浆纸林），新种植橡胶 130 公顷，干胶总产量 999 吨，产值 779 万元；种植胡椒 48.67 公顷，总产量 219 吨，产值 418 万元。种植槟榔 213.33 公顷，总产量 18.8 吨，产值 228 万元。开通农村道路总长 30 千米，实现村村通车、通电。硬化加乐墟道路 500 米，架设路灯 52 座，高标准建设能容纳 5000 观众的综合性、多动能文体场所 1 个。扶持农民建设家庭卫生户厕 567 个，改水 6870 人，清理排水沟 250 米。

2001 年，硬化进村道路及村内水泥道路 2380 米，硬化路巷 80 条 3300 米，修建路巷道排水沟 18 条。种植各种绿化树木 950 棵，共清理垃圾、土石方 320 立方米，拆除破损无人居住建筑 20 处，建户厕 73 个，新建沼气池 25 个。

2005 年，造林 133.33 公顷，硬化进村道路及村内水泥道路 6 千米，种植各种绿化树木 300 棵，拆除破损无人居住建筑 20 处，建户厕 116 个，新建沼气池 30 个。

2006 年，九龙水电站解决加乐镇 90 个村，通电农户 5525 户，乐溪水电站停止使用。投资 145 万元，硬化乡村道路 4 千米。扶持农民建设家庭卫生户厕 607 个，扶持修建沼气池 86 个。

2007 年，建设进村道路及村内水泥道路 980 米，硬化路巷 5120 米，修建路巷道排水沟 2000 多米。清理垃圾、土石方 119 立方米，拆除破损无人居住建筑 6 处，建户厕 76 个。新建沼气池 50 个。

2008 年，增创平高岭上村和加夏村两个县级文明生态村。硬化进村道路及村内水泥道路 2460 米，硬化路巷 95 条 4300 米，修建路巷道排水沟 15 条 860 米。种植各种绿化树木

850棵，槟榔2310棵，建花池和草坪2个。共清理垃圾、土石方65立方米，拆除破损无人居住建筑16处，建户厕56个，新建沼气池36个。全年村级公路硬化达到26千米。

2009年，建设进村道路及村内水泥道路680米，硬化路巷43条4120米，修建路巷道排水沟2000多米。清理垃圾、土石方62立方米，拆除破损无人居住建筑5处，建户厕86个。新建沼气池36个。新建猪栏230个，养猪1023头，养鸡5326只。新建村民休闲场所1个、篮排球场3个。硬化4条镇墟到各村委会道路，建设3条环村路，4条通村路。全年村级公路硬化达到17.6千米；建设加发坡村道路；建设上岭脚村道；建设岭门和长岭两村篮球场；建设茅坡中村道路等；改造茅坡村和上岭脚村深水井1口，解决1200多人口安全饮水问题；完成县下达农村改厕任务420间。改建镇墟人行道576米和改建路灯21盏，对镇墟上乱停、乱放、乱摆、乱建等进行整治；清理新市场路臭水沟40米，并加盖水泥盖板；新建新华路45米长的排污沟；清理德润中村路口、新市场路、加茂路口等处卫生死角。

2010年，硬化进村道路及村巷4300米，排水沟2850米，栽植各种绿化树32棵，安装路灯48盏，新建猪栏76个，沼气池43个，改厕46个，休闲场所4个，垃圾池9个。在加桐村委会打一口深水井，以解因旱情造成耕地无水灌溉之困；完成县下达农村改厕任务200间；改建加乐镇镇墟人行道1100多米和新建路灯30盏优化了镇墟居民居住环境。对镇墟上乱停、乱放、乱摆、乱建等进行强有力的整治。

四、社会事业

（一）教育

1999年，加乐镇有幼儿园1所，教职工10人，学生97人，教室面积200平方米，运动场面积170平方米。2000年，加乐镇有幼儿园1所，教职工11人，学生110人，教室面积200平方米，运动场面积170平方米。2005年，有幼儿园3所，教职工29人，学生339人，教室面积986平方米，运动场面积795平方米。2010年，有幼儿园5所，教职工38人，学生人数455人，教室面积1286平方米，运动场面积835平方米。

1999年，加乐镇有小学11所，教职工117人，学生2615人，教室面积9651平方米，运动场面积6408平方米。2000年，加乐镇有小学11所，教职工119人，学生2625人，教室面积9651平方米，运动场面积6408平方米。2005年，有小学10所，教职工133人，学生2536人，教室面积9218平方米，运动场面积6208平方米。2010年，有小学9所，教职工124人，学生2486人，教室面积8786平方米，运动场面积6008平方米。

1999年，加乐镇有中学1所，教职工56人，学生865人，教室面积1369平方米，运动场面积10006平方米，实验室面积80平方米。2000年，加乐镇有中学1所，教职工69

人，学生 1127 人，教室面积 1369 平方米，运动场面积 10006 平方米，实验室面积 40 平方米。2005 年，有教职工 64 人，学生 932 人，教室面积 1739 平方米，运动场面积 10090 平方米，实验室面积 40 平方米。2010 年，教职工 67 人，学生 1800 人，教室面积 1739 平方米，运动场面积 10090 平方米，实验室面积 190 平方米。

（二）文化体育

1999 年，全镇文化、广播事业投入支出 2.2 万元。2010 年，全镇村镇文化室建设投入 38 万元，其中农民夜校 11 间，农村文化室 4 间。

民间文化娱乐活动有民间公期、装军、舞虎、舞狮、业余琼剧团演出、八音演奏、盅盘舞等。其中由民间自发的、历史悠久的闹军坡活动逐渐创变成为文化节，取名为“加乐镇家家乐文化节”。“加乐”的谐音为“家乐”，“家家乐”以构建和谐家庭、和谐镇为目的。文化节保留“公期”中亲朋好友团聚、联络交流感情、增强凝聚力的积极一面，还有针对儿童启蒙教育的“押手丁”节等。

加乐墟、乐溪、长岭、彰坡、加志、常树、加乐、茅坡、德润、北统、镜坡等村皆有八音乐队。2010 年 8 月，加茂岭村王利天、王玥父女，加乐墟王时平等 3 人被选入澄迈八音队，代表海南省赴上海世博会，8 月 6—11 日参加海南活动周民族民间民俗文艺表演，演奏海南民间乐曲《万花灯》《风云卷》《弄手花》等，深受国内外观众好评。体育活动主要有排球、篮球、乒乓球、放风筝、打秋千、拔河等。文艺创作有民歌民谣、琼剧剧本、诗歌、对联、小说、绘画、雕刻等。

体育活动主要项目有排球、篮球、乒乓球、拔河、象棋、走城、打秋千、放风筝、武术等。每年正月初二至十五军坡节期间，有单人秋千、双人秋千比赛。2000 年 10 月，海南省文化广电出版体育厅授予加乐镇“海南省体育先进乡镇” 称号。2006 年 9 月，农业部、国家体育总局、中国农民体育协会授予加乐镇第八批全国“亿万农民健身活动先进乡镇”称号。2009 年 10 月，国家体育总局授予加乐镇“2005—2008 年度全国群众体育先进单位”称号。

（三）医疗卫生

1999 年，加乐镇有卫生院 1 所，医生 8 人，护士 4 人，医院土地面积 4452 平方米，病床 15 位。1999 年，加乐镇有农村合作医疗卫生室 10 所，医务人员 29 人，医疗室 1060 平方米，服务人口 24832 人。

2000 年，加乐镇有卫生院 1 所，医生 7 人，护士 3 人，医院面积 4452 平方米，病床 15 位。2005 年，有医生 11 人，护士 5 人，医院面积 4452 平方米，病床 30 位。2010 年，有医生 10 人，护士 10 人，医院面积 4452 平方米，病床 30 位。

2000 年，加乐镇有农村合作医疗卫生室 18 所，医务人员 29 人，医疗室 720 平方米，服务人口 28766 人。2005 年，加乐镇有农村合作医疗卫生室 19 所，医务人员 20 人，医疗室 680 平方米，服务人口 28760 人。

2010 年，加乐镇有农村合作医疗卫生室 20 所，医务人员 23 人，医疗室 1020 平方米，服务人口 39130 人。

第八节　中兴镇

一、位置与政区

中兴镇位于澄迈县西南部，地处北纬 19° 34′，东经 109° 51′，面积 120.7 平方千米，镇政府驻中兴墟，距县城 27 千米。东北与金江镇交界，西北与临高县毗邻，西和儋州市接壤，南是仁兴镇，东临南渡江。

地势西北高东南低，属丘陵岗地。土壤为硅酸质砖红壤和沙壤土，以砂壤为主。境内有马鞍、城明、交椅、如帽、登高、三脚、猫头等山岭。林峨村、横滩村与南渡江相依，水系有红石、中兴、慷慨、大园、斗进、群麻、加陋、风脚、犁沙、福安等小溪，均流入南渡江。水库有促进、大桥、加排、玛露、墩雅。中兴镇是通往澄迈西南地区必经之地，乃西南地区经济、政治、文化的中心。2010 年 1 月 16 日，中兴镇被评为“中国生态文化名镇”。

1986 年 12 月,中兴区公所改称中兴镇。2002 年 7 月，乡镇撤并后，中兴镇接管原山口乡旺商、孔水、横滩、大云、福安等 5 个村委会。2010 年 10 月，中兴镇农科站撤销，北茂、南仙、南丰 3 个自然村合并成立南茂村委会。至 12 月，全镇辖 1 个居委会，即中兴居委会，10 个村民委员会，即好保、加龙、福来、仁洞、东岭、旺商、孔水、横滩、大云、福安、南茂，两个农（林）场，即山口林场和加渡口农场。

1999 年，全镇总人口 12733 人。2002 年，全镇总人口 22143 人。2005 年，全镇总人口 26519 人。2007 年，全镇总人口 26532 人。2010 年，全镇总人口 21534 人。

2010 年中兴镇管辖村庄名称一览表

表 1-3-23

村（居）委会	自然村	已废村名
中兴居委会	中兴墟、大园村、多廉内村、多廉外村、龙生村、彭宅村	老殿、那苏寮、美祖、古湾、下田、龙宽

续表 1-3-23

村（居）委会	自然村	已废村名
好保村委会	好保墟、慷慨村、美玉村、好保村、加森村、美丁内村、美丁外村、敦雅村、专业场	城明市、九九、加若园、加龙
加龙村委会	龙坦内村、龙坦外村、加楚村、坎岩村	—
东岭村委会	东岭村、南进上村、南进下村、红星村、三台村、土龙村、斗进	三峰、铺子、加保、仙山、朝阳、美龙、朝南
福来村委会	福来圩、群麻村、加陋村、加崖村、加富村、新村	国玉、矛祖、加禹寮稻庭脚、胭脂头
仁洞村委会	仁洞村、龙坤村、美井村、风脚村、福长村	坡立子、印村、黎村、六芹、冲头园
福安村委会	福安村、高田上村、高田下村、美扬村、乐旺村	—
孔水村委会	孔水村、中央村、朝田村、南玉村、水仔村、太彦村、里万村	坡禄
横滩村委会	横滩村	六进
旺商村委会	旺商村、排塘村、加笼村、新铜鼓村、老铜鼓村、田坡村、大兴村、林峨村、高江村、万坡东村、万坡西村	太破、旺树、长尾、后岭、北埠墟、老同鼓
大云村委会	大云墟、大云村、崇文村、田沟村、美万上村、美万下村	—
南茂村委会	北茂村、南丰村、南仙村	老殿、那苏寮、南来、九湾寮、江斧冲

二、经济发展

1999 年，全镇生产总值 6210 万元，比上年增长 9%。农村人均纯收入 1946 元，城镇居民人均可支配收入达 3681 元。

2003 年，全镇生产总值 8112 万元，比上年增长 8.52%，其中第一产业增长 4.21%，第二产业增长 5.6%，第三产业增长 15.36%。农村人均纯收入 2287 元，比上年增长 5.54%。

2005 年，全镇生产总值 9540.8 万元，比上年增长 8.4%，其中第一产业增长 2.07%，第二产业增长 10.6%，第三产业增长 16.03%。农村人均纯收入 2553 元，比上年增长 7.13%，城镇居民人均可支配收入 4371 元，同比增长 5.87%。

2008年，全镇生产总值12074万元，比上年同期增长8%，其中第一产业产值7313.4万元，比上年增长7%；第二产业产值2098.3万元，比上年增长8.5%；第三产业产值2771.7万元，比上年增长12%。镇地方财政收入71万元，农民人均收入4875元，比上年增长18.5%，城镇居民人均可支配收入10533元，增长8.2%。

2009年，全镇生产总值19600万元，比上年同期增长13%，其中第一产业16800万元，增长7%；第二产业2400万元，增长6%；第三产业2780万元，增长7%。城镇居民人均可支配收入11060元，比同期增长6%；农民人均纯收入5265元，增长8%。

2010年，全镇生产总值23520万元，比上年同期增长12%，其中第一产业17789万元，增长11%；第二产业2590万元，增长8%；第三产业3141万元，增长13%。城镇居民人均可支配收入12166元，增长10%；农民人均纯收入5610元，增长11%。

1999年，全镇农业总产值3100万元，比上年增长2.3%，其中粮食产量达到4237吨，新增种植橡胶310.20公顷。

2003年，全镇农业生产总值3327万元，比上年增长2.59%，其中粮食总产量7131吨，比上年减产8.86%；林业总产值1500万元，比上年增长36.12%；热带高效农业新增种植面积8.60公顷，比上年增长7.4%；橡胶种植面积1800公顷，比上年增长10.7%；肉类总产量1386.6吨，比上年增长10.61%。

2005年，全镇农业总产值3479万元，比上年增长2.01%，其中粮食产量4528.4吨，比上年减产2528.4吨；林业总产值2100万元，比上年增长19.3%；橡胶总产量1312.4吨，新增种植橡胶421.92公顷，比上年增长21.6%；肉类总产量1505.27吨，比上年增长5.05%。

2008年，农业总产值7313.4万元，占社会总产值的60.5%。耕地面积2330.73公顷，其中水田面积1861.67公顷，产量5705吨，增长3.3%，农业人口18904人，占总人口的87.8%。共有中小型水库3宗，小A型水库2宗，山塘水库3宗。橡胶3389.53公顷，新植279.20公顷，收割面积1770.67公顷，产量2210吨，比上年增加386吨，增长21%；蔬菜种植面积411.67公顷，产量5705吨，增长23%；花生种植面积218公顷，产量310吨，比上年增加154吨；西瓜种植面积40公顷，产量300吨。

2009年，全镇农业总产值16800万元。耕地面积2330.73公顷，其中水田面积975.73公顷，水稻产量8422吨，比同期增长2%，农业人口18974人，占总人口的95%，共有中小型水库3宗，小A型水库2宗，山塘水库3宗。橡胶面积5010.47公顷，已开割的有2488公顷，产量3615吨，产值7400万元，农民人均橡胶纯收入比上年增收350元。蔬菜种植面积418.33公顷，产量7119吨，增长11%；花生种植面积242.67公顷，产量339吨，增长7%。投入冬修水利资金约25万元，完成近22千米的主干渠道的维修和清理工作，对大云洋、孔剑冲等农田进行整治。

2010 年，全镇农业生产总值为 17789 万元，实有耕地面积 2330.73 公顷，其中，水田面积 975.73 公顷，粮食总产量达到 8990 吨，比上年同期增长 2 %；全镇现有橡胶面积 5061.13 公顷，已开割的有 3212 公顷，产量 4510 吨，总产值 9100 万元，农民人均橡胶纯收入比上年增收 310 元；蔬菜种植面积 600.67 公顷，产量 8020 吨，增长 4%；花生种植面积 302.67 公顷，产量 430 吨，增长 3 %。修复旺商地段水毁工程和大云洋农田整治；改厕完成 430 个；在孔水村委会、中兴居委会、福来村委会、好保村委会实施改水工程。

1999—2010 年中兴镇主要经济指标一览表

表 1-3-24

项目年度	工业总产值（万元）	农业总产值（万元）	第三产业总产值（万元）	财政收入（万元）	农村人、收入（元）
1999 年	—	—	—	—	—
2000 年	89	3241	1090	78	1926
2001 年	—	—	—	—	—
2002 年	—	—	—	—	—
2003 年	—	—	—	—	—
2004 年	—	—	—	—	—
2005 年	100	3479	1345	70	2553
2006 年	—	—	—	—	—
2007 年	—	—	—	—	—
2008 年	—	—	—	—	—
2009 年	—	—	—	—	—
2010 年	143	3968	1562	88	3456

1999—2010 年中兴镇主要农产品生产一览表

表 1-3-25

项目年份	粮食（万吨）	油料（吨）	水果（万吨）	家禽（万只）	家畜（万只）
1999 年	8.010	3346.80	5.31	567	41
2000 年	8.060	3019.62	5.60	540	39

续表 1-3-25

项目年份	粮食（万吨）	油料（吨）	水果（万吨）	家禽（万只）	家畜（万只）
2001 年	8.200	2908.60	5.54	551	36
2002 年	7.901	2743.10	6.08	510	35
2003 年	7.680	2698.60	6.32	496	33
2004 年	8.160	2839.09	6.48	477	31
2005 年	7.880	2741.80	7.52	478	29
2006 年	9.900	1807.50	10.73	344	23
2007 年	10.900	2424.69	12.99	378	25
2008 年	11.520	4066.01	10.52	442	26
2009 年	11.040	339.00	7.05	108	18
2010 年	11.130	431.00	7.23	135	21

三、社会事业

（一）交通

2003—2010 年，全镇村镇农村畅通工程投入 2040.60 万元，平整村道和硬化路面，建设道路总长 52.67 千米。

2003—2010 年中兴镇村镇道路建设情况表

表 1-3-26

年份	总投资（万元）	总长（千米）	道路建设情况
2003 年	62.00	4.200	水泥硬化
2004 年	—	—	—
2005 年	—	—	—
2006 年	573.52	13.438	水泥硬化
2007 年	319.20	7.890	水泥硬化
2008 年	237.60	5.940	水泥硬化
2009 年	711.00	17.775	水泥硬化
2010 年	137.28	3.432	水泥硬化

（二）教育

1999年，中兴镇有幼儿园1所，教职工3人，学生90人，教室面积100平方米，运动场面积50平方米。有小学8所，教职工101人，学生1005人，教室面积3000平方米，运动场面积16700平方米。有中学1所，教职工29人，学生436人，教室面积480平方米，运动场面积500平方米，实验室面积48平方米。

2000年，中兴镇有幼儿园1所，教职工3人，学生100人，教室面积100平方米，运动场面积50平方米。有小学8所，教职工115人，学生1040人，教室面积3000平方米，运动场面积16700平方米。有中学1所，教职工32人，学生450人，教室面积480平方米，运动场面积500平方米，实验室面积48平方米。

2005年，中兴镇有幼儿园3所，教职工7人，学生259人，教室面积300平方米，运动场面积150平方米。有小学14所，教职工101人，学生1430人，教室面积5100平方米，运动场面积26200平方米。有中学1所，教职工36人，学生480人，教室面积576平方米，运动场面积500平方米，实验室面积48平方米。

2010年，中兴镇有幼儿园4所，教职工35人，学生570人，教室面积1170平方米，运动场面积1760平方米。有小学9所，教职工124人，学生2486人，教室面积8786平方米，运动场面积6008平方米。有中学1所，教职工38人，学生500人，教室面积576平方米，运动场面积500平方米，实验室面积48平方米。

（三）文化体育

1999—2010年，全镇村镇文化建设投入250万元，其中兴建党校1间，农民夜校2间，农村文化室3间。中兴镇综合文化站，面积350平方米，配备电脑7台，图书2000册。民间有2个八音队，即中兴八音队和横滩八音队。有北茂村排球场、孔水村篮排球场、好保村篮排球场、龙坦内村排球场，共2000平方米。

（四）医疗卫生

1999年，中兴镇有卫生院1所，医生4人，护士6人，卫生院面积3630平方米，病床18位。

2000年，中兴镇有卫生院1所，有医生4人，有护士6人，卫生院面积3630平方米，病床18位。

2005年，中兴镇有卫生院1所，有医生5人，有护士7人，医院面积3630平方米，病床20位。

2010年，中兴镇有卫生院1所，有医生6人，有护士9人，医院面积4000平方米，病床25位。

2000 年，中兴镇有农村合作医疗卫生室 11 所，有医务人员 12 人，医卫生室 40 平方米，服务人口 19239 人。

2005 年，中兴镇共有农村合作医疗卫生室 11 所，有医务人员 12 人，卫生室 40 平方米，服务人口 22715 人。

2010 年，中兴镇共有农村合作医疗卫生室 11 所，有医务人员 12 人，卫生室 40 平方米，服务人口 23719 人。

（五）生态文明建设

1999 年，全镇加强基础设施建设，开通农村道路总长 42 千米，实现村村通车、通电。硬化道路 1340 米，架设路灯 32 座。

2003 年，全镇投入 14.7 万元，建设孔水、福长、好保、加渡口 4 个文明生态村。

2004 年，全镇投入资金 20.3 万元，建设文明生态村 2 个，硬化村道路巷 45 条 1700 米，建设挡水墙 2500 米约 1300 平方米。文明生态试点示范村庄沼气入户 71%，打人畜饮水及抗旱井 10 眼。

2005 年，建设北茂、孔水村文明生态村示范村，投入资金 25 万元，硬化村道 400 米，村容村貌得到改善。

2008 年，解决中兴墟主街道路硬化、路灯架设和镇区自来水配套设施等问题，对镇区干道、街道两旁进行绿化、美化。创建龙坦村、好保村两个文明生态村，建文化室 1 间，排球场 2 个，硬化环村道路 1500 米。建设沼气池 56 个，主要分布在中兴居委、好保村委、加龙村委、孔水村委等 4 个村（居）委会。

2010 年，全镇硬化乡村道路 3 条 3.8 千米，新兴路排水沟改造、铺设人行道、种植绿化苗木盆架子及新兴西巷道路硬化。建设孔水村委会连片文明生态村建设，在好保、中兴、福来、孔水等村（居）委会建起焚烧式垃圾池，在孔水村委会建起公厕。

（六）医疗保险

2002 年，中兴镇大力推广和宣传新型农村合作医疗制度。

2003 年，中兴镇开展农村新型合作医疗工作，全镇近 400 名孤老人员参加，解决了农村孤老人员治病难的问题。

2004 年，全镇参加农村新型合作医疗的人数 12000 人。

2005 年，全镇参加新型合作医疗人数 12759 人，其中孤老、伤残、孤儿人数 526 人，解决农村孤老、特困、孤儿等人员的治病难问题。

2008 年，全镇参加新型合作医疗人数 21631 人，占常住农业人口 18904 的 114%，占户籍农业人口 23512 的 92%。城镇医保参保人数达 504 人。

2009年，全镇参加新型合作医疗人数为22458人，占县下达指标23640的95%。

2010年，全镇参加新型合作医疗人数23626人，占县下达指标任务的100%；城镇医保参保人数500人，占县下达指标任务的100%；全镇有7614人参加新型农村养老保险，参保率达82%，完成县下达的指标任务。

（七）民政救助

1999年，中兴镇为孤老复员军人建房，帮助军烈属等优抚对象筹措生产资金35万元，“八一”中国人民解放军建军节上门慰问军烈属，送上慰问金和慰问品一批，帮助困难户解决实际问题。

2003年，全镇有孤老人员近400名。2005年，孤老、伤残、孤儿人数526人。对这几类人员都按照国家有关政策给予救助和帮扶。

2008年，全镇列入五保户对象176户，城镇低保对象52户89人，农村低保对象610户，725人。实施的“霞光计划”——中兴镇敬老院落成并交付使用。

2009年，全镇核实低保746人，其中城镇低保56人，农村低保690人，农村五保198人，敬老院19人。对五保、优抚等都能按时足额发放资金，按时完成农村优抚、五保房屋维修工程，维修房屋49格，投入34万元。发放救灾救济款5.6万元，发放救济棉被150张，棉衣230件，发放优抚对象医疗补助款0.5万元，农村特困医疗救助款9.5万元。抓好“亮睛工程”，县下达任务为120例，完成100例，占任务的83%，使白内障患者重见光明。

2010年，全镇民政救助城镇低保30人，农村低保907人，农村五保276人，敬老院20人，按时足额发放定补资金。全年投入9.6万元，维修房屋15间，发放救灾救济款44.5万元，救济棉被280床、棉衣230件，优抚对象医疗补助款2.676万元、农村特困医疗救助款7.33万元。

第九节 文儒镇

一、位置与政区

文儒镇位于澄迈县南端，地处澄迈、定安、屯昌交界地带，毗邻红岗农场，北与加乐镇接壤。距县城金江28千米。境内道路四通八达，有金屯公路通金江、屯昌，有文定公路通定安，有长石路通长安。

属于丘陵岗地，东北部为丘陵台地，地势低平缓，最高的山岭有尖石岭，海拔429米。土壤主要是沙土或沙壤土。主要矿产资源有石灰矿、铝锌矿、花岗岩矿等，特别是石灰矿在省内享有盛名。

气候类型属于琼北微寒中风气候区，年平均日照 2060.5 小时，年降雨量 1800 — 2000 毫米。有加旦坡溪、新村仔溪、浪溪、三屯溪等 7 条河流水系。南方水库库容 1065 万立方米，灌溉面积 733.33 公顷。文儒水库库容 133.1 万立方米。

2002 年 7 月，调整行政区划，文儒、石浮两乡合并，称文儒镇。

境内有王文儒革命烈士纪念碑、红军革命传统教育根据地、红军司令部旧址、红军列宁学校、红军后方医院、红军哨所石洞等革命史迹。

1999 年，全镇总人口 30641 人。2002 年 7 月，调整行政区划，文儒、石浮两乡合并为文儒镇。2002 年，全镇总人口 31425 人。2005 年，全镇总人口 31667 人。2007 年，全镇总人口 31343 人。2010 年，全镇总人口为 31519 人，辖 13 个村委会 72 个自然村，土地面积 160.30 平方千米。

二、经济发展

1999—2010 年，文儒镇以种养业、热带产品（如橡胶、槟榔、胡椒）加工业为主导产业，具有较大的种养、加工、旅游观光发展潜力。拳头产品有橡胶、菠萝、胡椒、菠萝、山寮鸡、牛等。期间，大力招商引资，成功引进日本和牛生产技术落户。

1999 年，全镇生产总值为 9290 万元，比上年同期增长 1.3%，其中第一产值 9126 万元，第二产业产值 74 万元，第三产业产值 90 万元，农民人均纯收入 1998 元，同比增加 3%。

2000 年，全镇生产总值为 9409 万元，比上年同期增长 1.2%，其中第一产值 9235 万元，第二产业产值 77 万元，第三产业产值 97 万元，农民人均纯收入 2057 元，同比增加 2.9%。

2005 年，全镇生产总值为 10381 万元，比上年同期增长 0.7%，其中第一产值 10165 万元，第二产业产值 98 万元，第三产业产值 118 万元，农民人均纯收入 2498 元，同比增加 3.9%。

2008 年，全镇生产总值 17256 万元，比上年同期增长 8%，其中第一产业产值 12251 万元，第二产业产值 742 万元，第三产业产值为 4263 万元，农民人均纯收入 3380 元，同比增长 9%。农业生产总值 12251 万元，占社会生产总值的 71%。耕地面积 2117.73 公顷，其中水田 1179.40 公顷，旱地 938.27 公顷，农业人口 26583 人，占总人口的 96%。有水库 10 个，其中小（一）型 1 宗，小（二）型 9 宗，水稻播种面积 217.49 公顷，总产量 9583.8 吨，同比增长 8.8%，热作物种植橡胶面积 3068.07 公顷，产量 2250 吨，槟榔面积 894.73 公顷，产量 1530 吨，胡椒 116.70 公顷，产量 150 吨。畜牧业为牛出栏 1355 头；猪出栏 21125 头；禽类出栏 197896 只，人均收入达 3114 元，同比增长 7.5%。

2010 年，工业总产值 126 万元，农业总产值 5555 万元，第三产业总产值 139 万元，财政收入378万元，农村人均收入4806元。橡胶种植3431公顷，橡胶开割2581.20公顷，年产量3600吨，槟榔种植1044.73公顷，槟榔收获面积541.43公顷，年产量3350吨。水稻播种2081.22公顷，粮食收获9319吨。禽畜出栏量：生猪出栏23108头，牛出栏量1492头，禽类出栏量24.27万头。各类瓜菜种植297.87公顷，总产量6229吨。发放救灾农药74箱，南瓜种子100包、豆角种子100包，发放种粮补贴资金202.649万元。发放农技示范户生物有机肥50包，水稻、瓜菜受灾资金19.5万元。发放橡胶良种种苗5520棵，补贴资金16560元。发放腐杆剂总计12吨。

1999—2010年文儒镇主要经济指标一览表

表1-3-27

项目年度	工业总产值（万元）	农业总产值（万元）	第三产业总产值（万元）	财政收入（万元）	农村人均收入（元）
1999年	—	—	—	—	—
2000年	77	9235	97	278	2057
2001年	—	—	—	—	—
2002年	—	—	—	—	—
2003年	—	—	—	—	—
2004年	—	—	—	—	—
2005年	98	10165	118	316	2498
2006年	—	—	—	—	—
2007年	—	—	—	—	—
2008年	—	—	—	—	—
2009年	—	—	—	—	—
2010年	126	5555	139	378	4806

三、社会事业

（一）交通

1999—2010年，全镇村镇农村畅通工程投入1397.64万元，平整村道和硬化路面，建设道路总长70.09千米。

1999—2010年文儒镇村镇道路建设情一览表

表1-3-28

年份	总投资（万元）	总长（千米）	路面性质
1999年	22.64	8.82	土路
2000年	21.64	7.52	土路
2001年	25.1	8.67	土路
2002年	34.33	11.43	土路
2003年	39.36	1.23	水泥路
2004年	80.64	2.52	水泥路
2005年	112.35	3.21	水泥路
2006年	123.68	3.67	水泥路
2007年	185.88	4.98	水泥路
2008年	32.13	0.82	水泥路
2009年	223.79	5.92	水泥路
2010年	496.10	11.30	水泥路

（二）教育

1999年，文儒乡有幼儿园3所，教职工8人，学生325人，教室面积350平方米，运动场面积150平方米。有小学13所，教职工240人，学生2650人，教室面积14400平方米，运动场面积2260平方米。有中学2所，教职工50人，学生658人，教室面积900平方米，运动场面积2600平方米，实验室面积160平方米。

2000年，文儒乡有幼儿园3所，教职工9人，学生340人，教室面积350平方米，运动场面积150平方米。有小学13所，教职工240人，学生2650人，教室面积14400平方米，运动场面积2260平方米。有中学2所，教职工50人，学生665人，教室面积900平方米，运动场面积2600平方米，实验室面积160平方米。

2005年，文儒镇有幼儿园3所，教职工11人，学生350人，教室面积370平方米，运动场面积158平方米。有小学11所，教职工245人，学生2730人，教室面积15000平方米，运动场面积2300平方米。有中学2所，教职工55人，学生612人，教室面积960平方米，运动场面积2700平方米，实验室面积160平方米。

2010年，文儒镇有幼儿园3所，教职工10人，学生360人，教室面积370平方米，运动场面积160平方米。有小学11所，教职工256人，学生2890人，教室面积15100平方米，运动场面积2400平方米。有中学2所，教职工56人，学生583人，教室面积980平方米，运动场面积2700平方米，实验室面积160平方米。

（三）文化体育

2010年，全镇村镇文化建设投入190 万元，其中兴建党校1间，农民夜校1间，农村文化室7间。

2010年文儒镇农村文化室统计表

表1-3-29

单位	面积（平方米）	电脑（部）	图书（册）	房屋结构	备注
文儒文化站	300	8	2200	混凝土	—
桂根村委会	120	1	1650	混凝土	—
坡尾村委会	120	1	1600	混凝土	—
文儒村委会	120	1	1600	混凝土	—
山心村委会	120	1	1600	混凝土	—
大边村委会	120	1	1600	混凝土	—
珠宝岭村委会	120	1	1600	混凝土	—

（四）医疗卫生

1999年，文儒乡有医院3所，医生30人，护士9人，医院面积800平方米，病床12位。

2000年，文儒乡有医院3所，医生31人，护士10人，医院面积800平方米，病床12位。

2005年，文儒镇有医院3所，医生35人，护士9人，医院面积800平方米，病床18位。

2010年，文儒镇有医院3所，医生37人，护士11人，医院面积800平方米，病床17位。

2000年，文儒乡有农村合作医疗卫生室14所，医务人员14人，卫生室1400平方米，服务人口24000人。

2005年，文儒镇有农村合作医疗卫生室15所，医务人员15人，卫生室1500平方米，服务人口24500人。

2010年，文儒镇有农村合作医疗卫生室26所，医务人员52人，卫生室1700平方米，服务人口28000人。

（五）生态文明建设

1999 年，全镇加强基础设施建设，开通农村道路总长 26.2 千米，实现村村通车、通电。硬化道路 8820 米，架设路灯 22 座，建设球场戏台各 8 个。

2003 年，全镇投入 44.73 万元，建设石花、久市坡、大坡等 6 个文明生态村。

2005 年，全镇投入资金 120.3 万元，建设文明生态村 6 个，硬化村道路巷 68 条 2706 米，建设挡水墙 2500 米约 1300 平方米。文明生态试点示范村庄沼气入户 74%，打人畜饮水及抗旱井 16 眼。

2008 年，建设文儒墟安全饮水工程，解决 5000 多人饮水难问题，安装石浮墟、文儒墟路灯。建排球场 1 个，修建道路 200 米，建设乡村道路 800 米。

2009 年，治理镇村卫生死角 40 多处，清运垃圾 300 多吨。改造文儒墟两边人行道。硬化石浮墟旧街道 300 多米。改造乡村道路共计 8.5 千米。

2010 年，新建文儒墟过路桥两边人行道 50 米。改造文儒墟、石浮墟、坡尾墟路灯。建设两个文明生态村。新建珠宝岭村道路 300 米、秀长山 1000 米、大长坡 600 米、山心村 1000 米，硬化加味村路巷 700 米。硬化土腰村委会至屯昌更丰村委会主道全长 620 米，硬化栖雁岭村出口路 360 米。

（六）医疗保险

2002 年，文儒镇大力推广和宣传新型农村合作医疗制度。

2003 年，文儒镇按照澄迈县新型农村合作医疗工作有关要求，发动各村委会农民积极参与。全镇参加合作医疗人数 21656 人，其中近 500 名孤老人员参加，解决农村孤老人员治病难的问题。

2005 年，全镇参加新型合作医疗人数 25591 人，其中孤老、伤残、孤儿人数 621 人，解决农村孤老、特困、孤儿等人员的治病难问题。

2009 年，全镇 27216 人农村人口参加新型合作医疗，占县下达任务 101.6%，参加城镇合作医疗 366 人，占县下达任务 100%。参合农民门诊统筹 21855 人次，报销医疗费 22.96 万元，门诊账号 1501 人次，报销医疗费 9.837 万元，住院治疗 818 人，报销医疗费 138.508 万元，为产妇分娩 793 人，实行医疗费减免 15.9 万元，为农民实行医疗费 187.205 万元。

2010 年，新农合工作任务 26841 人，实收 26031 人（其中包括农村低保、五保 1273 人），完成 27304 人，占任务的 104.89%。

（七）民政救助

1999 年，文儒镇为孤老复员军人建房，帮助军烈属等优抚对象筹措生产资金 34 万元，解决生产资金困难问题。“八一”中国人民解放军建军节上门慰问军烈属，送上慰问金和慰问品一批，帮助困难户解决实际问题。

2003 年，全镇有孤老人员近 500 名。2005 年，孤老、伤残、孤儿人数 621 人。对这几类人员都按照国家有关政策给予救助和帮扶。

2005 年，文儒镇帮助残疾人修建房室 23 间。扶持贫困农户建猪栏 40 个，购买猪苗 160 只。全镇投入抗旱资金 140 万元，缓解 11 个村庄 4267 人饮水困难问题。投入资金 76 万元购置救灾物资和修建受台风损失的房室，将救济救灾物资发放到灾民手中，帮助灾民修建房室 58 间。

2008 年，全镇有五保户 375 人，每月发放金额 5347 元；农村低保 725 人，每月发放金额 54637 元。优抚复退军人若干人，每月发放金额 24800 元，每月发放残疾金 3200 元。以上各项救济全年发放 1630144 元。发放救济物资大米 51 吨，棉被 254 张，衣服 320 套，帮助残疾人建房 7 间，帮助五保户、特困户建房 14 间，为优抚复退军人，烈属修建房屋 16 间，投入资金 10 万多元。

2010 年，有五保户 441 人，每月发放金额 65280 元，农村低保 834 人，每月发放金额 55660 元；优抚复退军人若干人。80—89 岁长寿老人 658 人，90—99 岁长寿老人 116 人，100 岁以上长寿老人 7 人，以上民政救助对象每月都能按时足额领到救助金，每月发放金额 25403 元；残疾人 84 人，每月发放 5040 元。以上各项救济全年发放 151.176 万元。发放救济物资大米 45 吨，棉被 340 张，衣服 430 套。利用洪涝灾害维修危房资金 57.19 万元帮助农民重建房屋 68 间，其中帮助五保户、低保户、孤儿、重灾户重建房 53 间，维修房 15 间。

第十节　仁兴镇

一、位置与政区

仁兴镇位于澄迈县西南部，距县城 43 千米。东临南渡江，西与国营昆仑农场、和岭农场毗邻，北与中兴镇交界，南与西达农场接壤。东西长 11.88 千米，南北宽 3.44 千米，呈菱形状。

属丘陵地带，西南高，向东北倾斜，花岗岩母质地层，耕作层结构以沙壤土为主，坡度一般 15 度以下，宜种植林、胶、蔗、南药等多种作物。境内丘连丘，岭接岭，较高的有山帽岭、海拔 175.1 米，双钳岭海拔 153.8 米，加音岭海拔 191 米。水系有松运溪、下杨河、落坎河，下水河、铁炉河等，流入南渡江。还有发美、拔落堀等 5 个水库山塘，常年蓄水 31.4 万立方米，灌溉农田 185 公顷。

地处低纬度区，属热带季风气候，年平均气温 23℃，偶有霜冻，年平均降雨量 2012

毫米，年平均降雨日 156 天，日照时数 2000 小时，有台风影响。

仁兴镇名源自仁兴墟，含行仁必兴之意，其先身为鸭姆坡市，旧称美新市、新市。2002 年 7 月，调整行政区划，撤乡设镇。仁兴镇是一个革命老区，境内有美合抗日根据地和六芹山抗日根据地。

1999 年，全乡总人口 7371 人。2002 年，全镇总人口 8399 人。2005 年，全镇总人口 8632 人。2007 年，全镇总人口 8392 人。2010 年，全镇土地总面积 33 平方千米，辖吴案、仁兴墟、美厚、拾村、松运、四联、岭仑等 7 个村委会，36 个自然村，总人口 8968 人。民族有苗族、黎族和汉族等。

2010 年仁兴镇辖区村庄名称一览表

表 1-3-30

村委会	自然村、移民点名称	已废村名
吴　案	美雅、下岭、吴案、下水、美吾园、群仙、加南园、新兴村	美木
仁兴墟	仁兴墟、黑面、福朝、	—
美　厚	美厚墟、美厚村、那裕、南初、良坡、中央土、仁坡、新安、水井	山尾、面前坡、北温、艾溪、新田、加仁、加烈、怪坡
拾　村	下球、上球、仁里、武大、美万、道坦、南丰、丹九坡、道坦新村	桂贤、下求老村、三家岭、加岭园、
松　运	龙湾、松头、加运、新民	那娘、良湾老村
四　联	上杨、下杨、发美、美略、加音	美苗村
岭　仑	岭仑墟	新村、外村、痕铺、田宅

二、经济发展

（一）生产总值

1999 年，全乡生产总值 5437.46 万元，第一产业 5021.46 万元，第二产业 104 万元，第三产业 312 万元。

2005 年，全镇生产总值 6138.49 万元，第一产业 5637.49 万元，第二产业 149 万元，第三产业 352 万元。

2008 年，全镇生产总值 6915 万元，比 2007 年（下同）增长 6%，其中第一产业产值6419.1万元，增长13.4%。林业收入4293万元，占全年农业生产总值的66.9%，增收318万元，增长8%；第二产业没有收入，第三产业产值495.9万元，增长12.4%。全镇地方财政收入82.5万元，增收12.5万元，同比增长17.5%。农民人均收入3607元，增长6%。

2009年，全镇生产总产值15407.1万元，比上年增长8%。地方财政收入119万元，占任务的127%。农民人均纯收入4076元，增长13%。

2010年，全镇生产总产值17753.47万元，同比增长15.2%。第一产业总产值17347.02万元（其中农业总产值2710.35万元，林业总产值10002.8万元，畜牧业总产值3817.67万元，渔业总产值816.2万元）。第二产业总产值102.85万元，第三产业总产值303.6万元。实现财政收入156.6万元，比上年增加32.9万元，增长26.6%。人均纯收入6038元，比上年增长15%。

（二）热作产值

1999年，全镇耕地面积为873.61公顷，林业规划用地面积4528.87公顷。农林牧渔社会总产值5021.46万元，农民人均纯收入3605元。

2005年，全镇种植橡胶面积2106.56公顷，其中开割面积1213.33公顷，新增种植橡胶面积31.67公顷，干胶总产量2722吨。加固和维修群星水库及其渠道。

2008年，全镇种植橡胶面积2166.53公顷，其中开割面积1313.33公顷，新增种植橡胶面积42.87公顷，干胶总产量2758吨，比上年增长0.4%。加固和维修群星水库及其渠道、发美塘、美雅后溪塘等水利设施。

2009年，全镇粮食产量5532.59吨，同比增长7.4%；瓜菜产量1178.4吨，同比增长27.2%；畜牧业出栏量175557头。橡胶面积2340.73公顷，其中开割面积1497公顷，新植面积174.20公顷，干胶产量3143.7吨，同比增长13.9%。对全镇1900户补贴对象，4358.93亩种粮面积进行核查，顺利完成补贴对象信息采集、补贴信息录入系统，通过一卡通发放种粮补贴资金749368元。免费为新兴苗村发放3万株槟榔苗。全镇有87387户新植橡胶户领取到补贴，43427户新植槟榔户领取到补贴。全镇橡胶种植面积2340.73公顷，槟榔种植面积115.11公顷。修复群星水库3.5千米渠道，做好春秋防疫工作，免疫密度达100%。

2010年，全镇橡胶产值7309.76万元，总面积2398.35公顷（其中新种57.63公顷），收获面积1680.80公顷，年产量3322.62 吨，同比增长5.7%，槟榔产值258.75万元，槟榔种植面积129.24公顷（新种14.13公顷），收获面积41.60公顷，产量517.5吨，同比增长28.0%；粮食播种面积1116.13公顷（其中水田840.73公顷，番薯275.40公顷），粮食总产量5588吨（其中稻谷4809.5吨，番薯778.5吨），同比增长1%；蔬菜播种面积239.13公顷，收获面积196公顷，产量1264.75吨，同比增长7.3%。畜牧出栏204537头(只)，肉类产量 1245.58 吨，同比增长 2.3%。畜牧存栏 26214 头（只），其中，家禽存栏 15589 只，猪存栏 6956 头，羊存栏 1904 头，牛存栏 1765 头。水产品养殖面积 118.20 公顷，总产量 1166 吨，同比增长 98.6%。对全镇 1716 户农户通过惠民一卡通发放农田补贴 791880 元。把农药、肥料发放到农户手中。修复群星水库 3.5 千米渠道，开通发美水库下游渠道 1.5 千米。

1999—2010 年仁兴镇主要农产品生产一览表

表 1-3-31

项目年份	粮食（吨）	油料（吨）	水果（吨）	家禽（万只）	家畜（万头）
1999 年	4963.0	42.00	412.00	156.00	428.23
2000 年	5223.0	45.00	435.00	171.00	445.90
2001 年	5957.0	52.00	437.50	212.00	490.60
2002 年	6498.0	58.00	582.00	301.00	468.90
2003 年	7235.0	116.00	886.00	182.00	578.00
2004 年	7356.0	120.00	987.00	199.00	625.00
2005 年	7300.0	125.00	980.00	203.00	630.00
2006 年	5907.5	87.00	889.00	225.00	972.80
2007 年	4801.9	70.75	916.05	268.21	994.15
2008 年	5153.5	85.87	638.20	327.13	1133.02
2009 年	5532.5	88.52	643.50	346.68	1237.16
2010 年	5588.0	97.30	664.85	384.82	1245.58

三、社会事业

（一）交通

2006—2010 年，全镇硬化乡村道路 8 条，共计 45 千米，投入 52 万元修建仁昆路至新兴苗村路，投入 33 万元修建四联马略至坡林道路；投入 28.11 万元抢修 2010 年洪水摧毁道路；投入 22 万元开通拾村至吴案村的道路。

1999—2010年仁兴镇村镇道路建设情况表

表1-3-32

年份	总投资（万元）	总长（千米）	路面性质
1999年	—	—	—
2000年	—	—	—
2001年	—	—	—
2002年	—	—	—
2003年	—	—	—
2004年	—	—	—
2005年	—	—	—
2006年	—	—	—
2007年	—	—	—
2008年	686.6	25.386	水泥
2009年	81.0	2.700	水泥
2010年	65.0	2.100	水泥

（二）教育

1999年，仁兴乡有幼儿园1所，教职工3人，学生人数40人，教室面积50平方米，运动场面积100平方米。有小学11所，教职工93人，学生人数1750人，教室面积2880平方米，运动场面积2700平方米。有中学1所，教职工22人，学生人数200人，教室面积600平方米，运动场面积5000平方米，实验室面积100平方米。

2005年，仁兴镇有幼儿园2所，教职工6人，学生人数100人，教室面积300平方米，运动场面积200平方米。有小学11所，教职工84人，学生人数1350人，教室面积2880平方米，运动场面积2700平方米。有中学1所，教职工22人，学生人数210人，教室面积600平方米，运动场面积1000平方米，实验室面积125平方米。

2010年，仁兴镇幼有儿园3所，教职工10人，学生人数200人，教室面积300平方米，运动场面积260平方米。有小学11所，教职工79人，学生人数1000人，教室面积

2880平方米，运动场面积2700平方米。有中学1所，教职工22人，学生人数220人，教室面积600平方米，运动场面积1000平方米，实验室面积125平方米。

2006—2010年，镇委镇政府加大对教育工作的投入，认真落实“三免四补”政策，确保贫困儿童入学。对王澄钦（清华大学）、陈丽等考上名校的学子进行每人3000至10000元不同的奖励。2007年，全镇投入资金62.5万元改善仁兴学校、岭仑、松运、拾村等4所小学的校容校貌，进一步美化学校环境。把新兴苗村3—6年级的60多名学生移民到仁兴学校就读。

（三）文化体育

2010年，全镇村镇文化建设投入230万元，其中兴建党校1间，农民夜校1间，农村文化室6间。

2010年仁兴镇农村文化室一览表

表1-3-33

村委会	面积（平方米）	电脑（部）	图书（册）	房屋结构	备 注
吴 案	100	2	1000	平房	—
仁兴墟	100	2	1000	平房	—
美 厚	360	2	1000	楼房	—
拾 村	100	2	1000	平房	—
松 运	120	2	1000	平房	—
四 联	120	2	1000	平房	—

仁兴镇民间文化有仁兴墟一年一度正月十二日传统的文化节，美厚为正月初十日，岭仑为正月十三日。

2010年，体育场地有加运村灯光球场、美厚村篮排球场等6个。

（四）医疗卫生

1999年，仁兴乡有卫生院1所，医生12人，护士10人，卫生院面积1600平方米，病床12位。有农村合作医疗卫生室5所，医务人员5人，卫生室300平方米，服务人口8900人。

2005年，仁兴镇共有卫生院1所，医生17人，护士19人，医院面积1600平方米，病床16位。有农村合作医疗卫生室6所，医务人员6人，卫生室360平方米，服务人口9560人。

2010 年，仁兴镇共有医院 1 所，医生 18 人，护士 11 人，医院面积 1600 平方米，病床 17 位。有农村合作医疗卫生室 6 所，医务人员 6 人，卫生室 360 平方米，服务人口 9800 人。

2006—2010 年，开展环境卫生整治，引导农民改厕、建沼气池。共修建 532 个厕所，修建 650 个沼气池。

（五）生态文明建设

1999 年，全镇加强基础设施建设，开通农村道路总长 18 千米，实现村村通车、通电。硬化道路 2846 米，架设路灯 18 座，建设球场戏台各 5 个。

2003 年，全镇投入 53.78 万元，建设美厚等 3 个文明生态村，改善农村人居环境。

2005 年，全镇投入资金 131.2 万元，建设文明生态村 5 个，硬化村道路巷 56 条 1796 米，建设挡水墙 1500 米约 930 平方米。文明生态试点示范村庄沼气入户 77%，打人畜饮水及抗旱井 8 眼。

2008 年，建造发美村、美梧村、仁坡村水井三口及其供水设施，解决三个村庄 1000 多人饮水困难问题，建造仁兴墟至吴案、岭仑、松运及美厚村、仁坡等自然村水泥硬化道路。修建美梧文明生态村村路及篮球场。完成改水改厕沼气池入户 66 个。

2009 年，修建仁兴学校学生宿舍楼、食堂和公厕，为美厚小学修建 1 个篮球场；修建仁兴至新兴苗 7.5 千米道路。硬化新兴村村路，修建拦水围墙、健身活动场所和文化室，修建丹九村篮球场和村路村港硬化。完成改水改厕入户 204 个、沼气池 73 个。建造水塔和铺设水管，解决美梧村和仁坡村饮水困难问题。完成下杨村村路水泥硬化，完成美厚村村路水泥硬化，完成美梧村村路水泥硬化。

2010 年硬化美厚墟村路村巷，建设四联加音文明生态村，其中硬化村路 1.5 千米，维修道路 1.5 千米。对仁兴墟人行道进行美化绿化，改造道路两旁排水沟，整治仁兴墟卫生。完成下水村、美厚墟、美厚村、那裕村的水井和水塔建设，硬化下水村村路村巷和美梧村路。

（六）医疗保险

2002 年，仁兴镇大力推广和宣传新型农村合作医疗制度。

2003 年，仁兴镇按照澄迈县新型农村合作医疗工作有关要求，发动各村委会农民积极参与。全镇参加合作医疗人数 1465 人，其中近 100 名孤老人员参加，解决农村孤老人员治病难的问题。

2005 年，全镇参加新型合作医疗人数 2598 人，其中孤老、伤残、孤儿人数 131 人，解决农村孤老、特困、孤儿等人员的治病难问题。

2008 年，有 8301 人参加新型农村合作医疗，参合率 98.5%。2009 年，参加农村合作医疗有 8987 人，参加城镇居民医保 360 人。2010 年，全镇参加农村合作医疗有 9365 人，超额完成县政府安排 9064 人参合的任务。参加城镇居民医保 336 人，超额地完成县政府下达的 300 人参保的任务。有 3520 人参加新农保，参保率 78%，超额完成县政府下达 70% 的参保率任务。

（七）民政救助

1999 年，仁兴镇为孤老复员军人建房，帮助军烈属等优抚对象筹措生产资金 21 万元，解决生产资金困难问题。“八一”中国人民解放军建军节上门慰问军烈属，送上慰问金和慰问品一批，帮助困难户解决实际问题。

2005 年，仁兴镇帮助残疾人修建房室 13 间。扶持贫困农户建猪栏 22 个，购买猪苗 88 只。全镇投入抗旱资金 84 万元，缓解 9 个村庄 3269 人饮水困难问题。投入资金 106 万元购置救灾物资和修建受台风损失的房室，将救济救灾物资发放到灾民手中，帮助灾民修建房室 12 间。

2008 年，全镇发放农村低保金 27 万元，五保金 13 万元，发放救济特困户资金 4.3 万元，投入 12.6 万元维修危房 21 间，发放救灾救济大米等物资 27 吨，发放救灾衣被 258 件。出资 5 万元购买橡胶种苗 1 万株发放给发展种植业的贫困户。

2009 年，全镇发放农村低保金 33 万元，五保金 12.5 万元，发放救济特困户资金 6 万元，投入 13.1 万元维修危房 18 间，发放救灾济物资大米 10 吨，发放救灾衣被 170 件。投入 4 万元改造残疾人危房 5 间，发放残疾人低保金 4.68 万元。

2010 年，全镇发放农村低保金 27 万元，五保金 11.9 万元，优抚金 21.5 万元，发放 80 岁以上老人生活补助 18.3 万元。发放救灾物资大米 61 吨，棉被 185 套，衣服 130 套。投入 35.85 万元修建 45 间受灾倒塌的房屋。投入 4 万元维修 4 间五保户房屋，投入 4.8 万元改造残疾人危房 6 间，发放残疾人低保金 14.04 万元。残疾人专职委员工资 2.01 万元。

第十一节　大丰镇

一、位置与政区

大丰镇位于澄迈县境内北部，毗邻老城开发区、马村港，东南部接壤澄迈县金江镇，西部与澄迈县福山镇相连。国道 215 线公路、环岛西线高速公路和金江至马村（金马）大道公路以及粤海铁路穿越辖区，全镇道路形成网络，交通便利。地势平坦，地力肥沃，水系以河沟为主，地下水资源丰富，水质清澈。松涛水库水利渠从辖区经过，水源充足。

属半湿润气候区，气候条件属半湿润、中风害、轻寒害区。年平均气温 23.5℃，最低月平均温度 16.5℃，绝对最低温度 1.1℃；最高月平均温度 28.4℃，绝对最高温度 38.6℃。

日平均温度≥18℃的连续日数有310天左右（属轻寒害区）。年降水量1600—1800毫米，年雨日有100天左右，冬春降水量占全年雨量的20%—25%，夏秋降水量占全年的76%—81%，其中台风带来的降水量约占35%，年中雨量集中，干湿季节明显，月平均降水量<50毫米的月份有5个月之久，以干燥度指标计算属半湿润区。年蒸发量1175毫米，相对湿度80%左右，台风发生的频率每年1—2次；≥10级大风出现的概率6%—10%，自1959年以来≥12级的台风仅发生过一次，但常风较大，年平均风速在2.4—3.7米/秒，主要风向是东北与东南风（属中风害区）。

1999年，全镇总人口14520人。2002年，全镇总人口15430人。2002年7月，澄迈华侨农场从海南省外事侨务办移交澄迈。县政府接管后，对澄迈华侨农场进行改革，理顺农场的管理体制，同时解决农场历史遗留问题。2005年，全镇总人口16269人。2007年10月，海南省人民政府批准成立澄迈县大丰镇，并保留澄迈华侨农场牌子，实行一套人员、两块牌子的管理模式。大丰镇设立行政建制，开全省华侨农场体制改革的先河。镇政府驻地设在澄迈华侨农场场部所在地。大丰文化底蕴深厚，人文景观较多，有归侨文化、古驿站文化、古商道文化等，保留的遗迹主要有封平约亭，大丰古村落。2007年，全镇总人口16843人。

2010年，全镇土地总面积1.04万公顷，其中已开垦利用地6852.47公顷，可垦荒地1521.20公顷，其他土地2039.67公顷。辖有9个村委会，45个自然村，总人口17310人，其中归难侨1429人。

二、经济发展

1999年，全镇生产总值7120万元，比上年增长9.3%。农村人均纯收入2110元，城镇居民人均可支配收入3960元,农业总产值3560万元，比上年增长4.6%，其中粮食产量4810吨。

2003年，全镇生产总值8830万元，比上年增长8.7%，其中第一产业增长5.1%，第二产业增长6.2%，第三产业增长15.9%。农村人均纯收入2980元，比上年增长5.9%。全镇农业生产总值4010万元，比上年增长4.8%，其中粮食总产量达8010吨。

2005年，全镇生产总值10250万元，比上年增长9.2%，其中，第一产业增长6.1%，第二产业增长11.2%，第三产业增长16.9%。农村人均纯收入3175元，比上年增长7.8%，城镇居民人均可支配收入4650元，同比增长6.2%。全镇农业总产值4480万元，比上年增长6.1%，其中粮食产量达到8830吨。

2008年，全镇生产总值16270万元，比上年同期增长11.3%，其中第一产业产值11017万元，比上年增长7.5%；第二产业产值2516万元，比上年增长18.8%；第三产业产值2737

万元，比上年增长 17.1%。城镇居民人均可支配收入 11880 元，增长 7.3%，农民人均收入 5377 元，比上年增长 8.2%。全镇农业总产值为 5160 万元，占社会总产值的 60.5%。耕地面积 2597.33 公顷，其中水田面积 1321.33 公顷，产量 6550 吨，增长 3.3%，农业人口 12510 人，占总人口的 88%。山塘水库共 6 座，其中小（二）型水库 2 座。橡胶种植面积 456 公顷，新植 58.67 公顷，收割面积 334 公顷，产量 450 吨，比上年增加 32 吨，增长 6.5%；蔬菜种植面积 658.67 公顷，产量 21620 吨，增长 9.8%。收获荔枝 231 吨。投入 180 万元，种植 10.67 公顷莲雾。全年粮食总产 4928 吨，比上年度增长 9%。种植甘蔗 458.87 公顷，比上年增长 18%；瓜菜总产 20674 吨，比上年增长 6%；香蕉总产 10373 吨，比上年增长 3%。

2010 年，全镇生产总值 20150 万元，比上年同期增长 10.4%，其中，第一产业达 12730 万元，增长 6.4%；第二产业达 3560 万元，增长 18.3%；第三产业达 3860 万元，增长 17.6%。城镇居民人均可支配收入 11551 元，增长 10.9%；农民人均纯收入 6610 元，增长 13%。粮食总产量 6710 吨，瓜菜 22123 吨，比上年略有增长。发展韭菜花项目，扶持 26 户归侨发展家庭经济；创设福橙基地，安排给 30 户归侨管理，受益 165 人。开发养猪项目，扶持 30 户归侨职工发展养猪业。推广种植超级水稻 53.33 公顷。发放粮食补贴资金 244.79 万元，受益农户 2583 户，发放饲养母猪补贴资金 13.44 万元，发放农户造林财政补贴资金 19.1 万元。改造整治荣友区等 2 个田洋 133.33 公顷的农田水利设施，建设大丰区儒盈村、五村区头甸村水利分渠引水工程，改造维修肖阳队、美玉村、才存村、美桃村、荣友区农田水利灌溉和农田整治，新增农田受益面积 36.67 公顷。

1999—2010 年大丰镇主要农产品生产一览表

表 1-3-34

项目年度	粮食（吨）	油料（吨）	橡胶（吨）	水果（吨）	家禽（只）	家畜（头）	瓜菜（公顷）
1999 年	6839	131	6500	19864	130	1110	700
2000 年	6903	146	6500	20367	142	1141	700
2001 年	6976	159	6500	20765	157	1166	700
2002 年	7033	174	6500	21227	163	1188	733
2003 年	7074	189	6500	21696	171	1207	733
2004 年	7130	198	6500	22197	179	1224	767
2005 年	7191	211	7000	22592	191	1247	767
2006 年	7236	220	7000	23113	203	1270	800

续表 1-3-34

项目年度	粮食（吨）	油料（吨）	橡胶（吨）	水果（吨）	家禽（只）	家畜（头）	瓜菜(公顷)
2007 年	7272	241	7000	23529	211	1294	800
2008 年	7314	259	7000	23952	219	1313	800
2009 年	7351	280	7000	24294	231	1334	800
2010 年	7375	293	7500	24509	238	1346	867

三、基础设施

1999 年，全镇（澄迈华侨农场）共有行政村道路 8 条，自然村道路 32 条，全部为土路，作业区（连队）创建环境卫生示范点 5 个，全镇（场）饮用自来水村庄占 65%。

2004 年，全面推进农村通电工程，实现农村居民户户通电。2008 年，大丰镇加快文明生态村建设工作，共创建生态村 8 个，建设村（居）委会（作业区）办公室和文化室 9 间 1378 平方米。积极推进侨队人居环境改造工程，完成 6 个侨队危房改造 38500 平方米。至 2009 年，6 个侨队人居环境及公共设施得到改善。

2010 年，大丰镇创建文明生态村 25 个，完善农场 9 个作业区办公设施建设，投入专项资金 2900 万元，完成全部 8 条行政村道路硬化，18 条自然村道路硬化，全镇交通情况大大改善。建成水塔 27 座，农村居民饮用自来水实现全覆盖。

1999—2010 年大丰镇村镇道路建设情况表

表 1-3-35

年份	总投资（万元）	总长（千米）	路面性质
1999 年	150	73	土路
2000 年	150	73	土路
2001 年	150	73	土路
2002 年	150	73	土路
2003 年	1000	25	水泥路
2004 年	1440	36	水泥路
2005 年	1760	44	水泥路
2006 年	2000	50	水泥路
2007 年	2200	55	水泥路
2008 年	2400	60	水泥路

续表 1-3-35

年份	总投资（万元）	总长（千米）	路面性质
2009 年	2680	67	水泥路
2010 年	2900	73	水泥路

四、社会事业

1999 年，大丰镇（澄迈华侨农场）建有幼儿园 1 所，设立小学 11 所，初级中学 1 所，全镇（场）共有教职工 115 人，学生 1552 人。辖区设立图书阅览馆 1 个，作业区文化体育活动场所 12 个。有澄迈华侨农场医院 1 所，医生 7 人，护士 9 人，医院面积 6670 平方米，病床 10 位。农村（作业区）设有卫生室 5 所，医务人员 5 人，卫生室占地面积 90 平方米。

2003 年，澄迈华侨农场中心学校和大丰初级中学合并为大丰学校，大丰卫生院成立，原澄迈华侨农场医院并入大丰卫生院。2004 年，农场内部公费医疗与新型农村合作医疗接轨，取消农场内部公费医疗，全镇（场）发动农业户口人员参加农村新型合作医疗。

至 2010 年，全镇共有教职工 115 人，学生 1820 人，医务人员 21 人，农村人口参合人数 12203 人，城镇医保参保人数 987 人，全镇社会各项事业均衡发展。

2010 年大丰镇农村文化室一览表

表 1-3-36

村委会	面积（平方米）	电脑配置（部）	图书配置（册）	房屋结构
才存村委会	150	4	2000	混凝土
美玉村委会	150	4	2000	混凝土
文音村委会	120	3	2000	混凝土
安丰村委会	120	3	2000	混凝土
美桃村委会	120	3	2000	混凝土
荣友村委会	120	3	2000	混凝土
肖阳社区	150	3	2000	混凝土
红岭社区	120	3	2000	混凝土

第四章 农林场（企业）

第一节 地方农场

一、澄迈华侨农场

澄迈华侨农场位于澄迈县境内，农场场部东距省会海口市47千米，南距澄迈县城金江镇15千米，北距马村港2.5千米。国道215线（西线）公路从农场东部通过，环岛西线高速公路及高速铁路穿越农场北部，澄迈县城金江镇至马村镇（马村港）的金马大道公路穿越农场5千米，场内交通运输方便。

1978年12月，成立澄迈华侨农场筹建处。1979年12月，广东省澄迈华侨农场正式挂牌成立，隶属于海南行政区侨务办公室，由海南行政区华侨农场管理局直接管理，为县处级建制。主要负责安置印支难民性质的全民所有制华侨企业。1988年，海南建省后，广东省澄迈华侨农场更名为海南省澄迈华侨农场，受海南省侨务办公室（海南省外事侨务办公室管理）直接领导。2002年7月，农场管理体制下放到澄迈县人民政府管理。2003年7月，农场剥离场办社会职能，完成公安、教育、医疗等机构移交澄迈县有关职能部门直接管理。2007年，经海南省政府批准，设立澄迈县大丰镇，设立乡镇建制。2008年4月28日，挂牌成立大丰镇，保留农场牌子管理体制。

截至2010年，全场土地总面积10413.13公顷，已确权发证8509.33公顷。已开垦利用面积6674.47公顷，其中水田533.33公顷，橡胶168.27公顷，胡椒67.93公顷，果园786.13公顷，林地1351.87公顷，耕地1992.47公顷，淡海水养殖287.80公顷，山塘水库222.53公顷。农场总人口15620人，其中归难侨1649人，全场职工总数5736人，其中农场热作区队职工2100人（难侨职工405人），农场转制职工3636人，管理人员167人。场内设有12个机关科室，2个直属热作区，辖14个热作队，11个农场作业区，辖45个农村生产队（村）。初级中学1所，小学11所，幼儿园（托儿所）1间，职工医院1所，村级卫生所7个。

澄迈华侨农场河流资源丰富，分布均衡，南面有才存沟，西面有六角塘沟，中部有双杨河、美桃沟、美浪河，中小型水库有乒乓水库、良任水库、儒盈水库、孝友水库。松涛主渠从农场南面穿过，有两条丫渠贯穿，一条从儒俄到兵乓岭队，一条从孝友到五村头甸。

1979—1982年建场初期，农场发给归难侨每年每人2套衣服、1张蚊帐、1床棉被、碗、锅等生活必需品。成年人每个月供应17.5公斤大米、油0.25公斤。18周岁以下的每月大米6—14公斤不等。对家庭人口多，劳力少的难侨家庭，按每人每月16元的生活标准来发放，既“三定”（定工资、定家庭人口、定生活）标准，达不到“三定”标准的，农场给予每人发放16元生活费。农场主要以种植水稻、甘蔗为主。农场的经营管理模式是以按勤计酬，以出勤登记，按日计酬，月发工资，按农工二级发工资。种植水稻86.67公顷，甘蔗100公顷，养牛38头。粮食总产78万公斤，甘蔗7500吨，主要生产资料、粮食及资金上级有关部门计划调拨，干部职工年均收入280元左右。

2002年7月后，澄迈县委、县政府从人力、物力、财力等方面加大投入，共投入资金约1.2亿元，以解决民生问题为重点，率先在全县实施“8+2”（教育、医疗卫生、社会保障、就业、住房、电信服务、金融服务、文化建设等8个方面城乡基本公共服务均等化工程和农民增收工程、以文明生态村为载体的新农村建设工程）民生工程。推进农场职工危房改造和转制村队土坯房改造，2002年至2010年底，共投入资金3200万元，加快职工危房和农村土坯房改造，建设面积54916平方米，受益人口8000多人，其中归难侨1169人320户，归难侨人均住房面积从2002年8.5平方米增加至2010年13.95平方米。落实社会保障工作，将5000多名职工养老保险纳入省级统筹，为425名归难侨“4050”人员续缴社会保险金。推行新农合和城镇居民医疗保险，拨付1509.76万元为1539名退休人员补交医疗保险费，把152户320人符合条件的困难家庭纳入全县低保范围。投入资金1000万元，为全镇（场）失地的职工群众交纳社会保险费。扶持归难侨发展生产，拓宽就业渠道，鼓励年龄轻有文化技术的人员外出务工。加大对职工群众的扶持，推行粮食直补、良种补贴、农机补贴、农资补贴等，帮助难侨职工群众发展生产，投资57万元建大棚，种植瓜菜面积1.20公顷，县财政借支9万元，扶持农场13户归难侨养殖专业户。投入58万元建设绿化苗圃项目面积16.67公顷，受益67户。投入资金41.6万元发展韭菜花项目，扶持29户归侨发展家庭经济。投入资金34.6万元创设福橙基地。投入资金53.5万元开发养猪项目，无偿扶持97户归侨职工发展养猪业，并给予每户7000元借支资金作为前期投入。

二、澄迈红山农场

红山农场位于澄迈县北部，北纬19° 55′，东经109° 54′，土地面积1024.93公顷。与澄迈县福山镇、桥头镇，临高县博厚镇交界，在福桥公路的中心点，场部距县城28千米，距省会海口48千米。

1978年9月创建红山农场，辖丰西村、丰东村、文头村3个经济合作队，农场设置5个股室(行政股、生产股、保卫股、国土股、计生)。下辖六个生产队,1所完全小学。设党总支 1 个，党支部 4 个。2010 年，有管理人员中机关干部 47 人，干部 213 人。

1999 年，全场总人口 2237 人。2010 年,全场户数 562 户，总人口 2216 人，均为汉族，讲海南话。耕地总面积 909 公顷（国有土地 455.67 公顷，经济合作队集体土地 453.33 公顷）,水田 46.67 公顷。主要生产橡胶、阳桃、香蕉等热带作物，辅以水稻、甘蔗、蔬菜、禽畜等。

1999—2010 年，种植橡胶 95 公顷,累计产量 907.456 吨,产值 916.08 万元。1999 年，发展瓜菜（冬瓜、南瓜、辣椒、芥菜）种植累加 90.13 公顷，产量 4056 吨，产值 486.72 万元，逐年面积浮动不大，产值基本与平均值持平。2005 年，香蕉种植面积累加 251.60 公顷，产量 9435 吨，产值 1320 万元。2006 年，水稻 50.67 公顷，产量 342 吨，产值 6.156 万元。

2005 年，红山农场基本完成红山小学的基建建设，两栋教学大楼，校区面积 4 公顷，勤工俭学基地 1.47 公顷。2005—2010 年,共投入 35 万元对环队道路进行整理铺设。至 2010 年，农场为 212 人缴纳社会养老保险。

三、澄迈大拉农场

澄迈县大拉农场位于澄迈县中部，东经 110° 01′ 776″ ，北纬 19° 79′ 142″ ，海榆西线 225 国道、环岛西线铁路穿场而过，距金马大道 1 千米，距澄迈县城金江镇 5 千米，西与大拉村土地、大坡村土地接壤，南临北排山土地，东与金安路为界，北与黄竹村委会土地接壤。土地为红土壤，总面积 2.82 平方千米。属热带气候区域，四季如春，雨量充沛，日照充足。

澄迈县大拉农场原为澄迈县劳动大学、澄迈县五七干校、澄迈县经济场，1978 年由广东省财政厅投资 600 万元创办，直属澄迈县热带作物服务中心管理的国有企业。农场人口来自广西、广东、海南澄迈等地，汉族为主，通用普通话、海南话，个别讲客家话。

1999 年，人口 753 人，在职职工 214 人，退休职工 138 人，设行政股、保卫股、生产股、办公室，管理人员 30 人。有 2 个私办卫生所，医务人员 4 人。辖区小学学校 1 所，商业店铺 15 家，派出所执勤点 1 个,道班 1 个。2000 年，生产股下设 3 个割胶连队,每队 15 人。

2001 年，海南财政厅拨付费用用于生产肥料及职工住房维修，新建农贸市场 1 座，摊位 13 个。2002 年，新修建两层办公楼 430 平方米，场部迁移至新办公场所。农场以种植橡胶为主。2003 年，种植橡胶 100.60 公顷、干胶 80 吨产量，甜笋 3 公顷、产量 90 吨，防风林木 32.07 公顷，椰子 6.07 公顷，产量 1000 个，咖啡 6.07 公顷，产量 5 吨，全年总收入 41 万元。

1999—2010 年，农场对外承包土地若干公顷，承包金收入 60.3 万元。农场工业企业有橡胶加工场、羽毛加工场、弹簧厂等。1999 年，农场经济以种植橡胶为主。生产股下设三个橡胶割胶连队，分一队、二队、三队，每队 20 名工人，开割橡胶有 36010 株，胶园按抽签方式分配到胶工进行生产一年，下年进行重新抽签分配。2005 年，受“维达”台风灾害，橡胶损失严重，剩余 35612 株，年产量 40 吨，年收入 80 万元。由于农场经济收入减少，部分职工进行岗位调整，缩减员工 21 人。2007 年，县政府同意出让 2.47 公顷土地，土地补偿款用于缴交农场拖欠 356 名职工自 1992—2007 年的养老社保费补缴及退休人员自费办理退休（单位部分）的退费。2008 年，更新橡胶 4 公顷 1980 株，年干胶年产量 60 吨，收入 120 万元。2009 年，附近群众偷砍防护林的案件时有发生，农场制定防护工作方案，严格管理，增强保卫人员的防护意识，加强巡逻，防止偷胶，保护农场的财产安全，全年橡胶干胶产量 50 吨，年收入 100 万元。2010 年，县政府征用 25 公顷橡胶地，征用土地款及青苗款用于补缴职工养老保险。全年干胶产量 40 吨，年收入 84 万元。2010 年，全场总人口 860 人，有管理干部 29 人，其中行政干部 10 人，以工代干 10 人，管理人员 9 人，固定工、合同工 152 人，签订合同劳动用工 70 人，退休人员 138 人，在岗人员 154 人。农场种植橡胶 100.60 公顷、甜笋 1.67 公顷，年产干胶 30 吨，收入 50 多，林木 20 公顷，固定资产 949 万元。

2001 年，修建农贸市场解决全场 800 多人菜篮子问题。2002 年，修建两层行政办公楼，用于各股室办公，改善办公环境。2010 年，建设保障性住房 132 套，解决部分职工住房问题。县政府回收 25 公顷橡胶地，用于修建澄迈县思源初中、澄迈县思源高中、澄迈县爱心学校、澄迈县特殊学校等 4 所学校，1 个师训中心，将辖区发展成为澄迈县教育基地。原小学改建幼儿园，有教师 48 人，学生 418 人。

第二节　国有农场

一、澄迈县农垦办事处

澄迈县农垦办事处为海南省农垦总局派出机构。原为澄迈县农场工作部，1988 年 3 月，海南省农垦总局成立，撤销农场工作部，改设澄迈县农垦办事处，至 2010 年，沿袭之。

农垦办事处基本职能是负责对澄迈县境内所属农垦企业工作进行指导检查、督促，协调农垦与澄迈县政府之间的关系。

2008 年，澄迈县农垦办事处履行总局各项督导工作任务，促进辖区农垦各单位国有开割胶园职工家庭长期承包、民生工程、政企分开、社企分离等工作落到实处。

配合县委、县政府争取橡胶产品深加工乳胶丝加工项目落户澄迈老城工业开发区。派出一名干部参加地方社会治安综合治理工作。派出1人配合县社保局，深入农场宣传城镇居民参加基本医疗保险。全县垦区居民32809人参保，占应参保人数的97%，缴纳医疗保险费218.9万元。

根据农垦“三融入”（体制融入地方、管理融入社会、经济融入市场）的要求，积极配合澄迈县政府有关职能部门，积极主动做好教育、公共卫生、户籍管理、就业、社保等政府职能移交的调查摸底工作。对社会治安、护林保胶、土地维权、土地权、林权、房产等办证工作给予支持。

对辖区6家农场落实总局重要工作部署、重点民生工程进行督查督办。全县6家农场完成水泥铺设路面116.695千米，住房建设完成1753户152410.53平方米，饮水工程任务完成62个队（村），电改和岭、金安农场已装电表到家到户，实现同网同价。

国有开割胶园职工家庭长期承包工作，6月底前全面完成。对辖区各单位的体制改革工作进行督导。截至10月底，各农场与分公司的资产及债务和财务、费用等业务上的分离工作完成，按照新的机构设置，人员配置和新的企业职能、管理制度投入运作。配合抓好海胶集团上市工作督导。

2009年，海南农垦实行管理体制改革后农场重组，昆仑、和岭、红岗并入西达农场，现为3家包括西达农场、金安农场、红光农场，是以热带经济作物生产为主，农工商综合经营的全民所有制企业（兼农场的社区管理）。另外，还成立4家公司，分别是海胶集团西达、红光分公司，以橡胶生产为主，海南省农垦集团澄迈红光置业有限公司、澄迈红光投资有限公司，以房地产为主。

2010年5月，在农垦澄迈办事处的协调和各农场党委办的配合下，移交学校党员423名。11月15日，提前一个半月实现各农场民政管理职能移交澄迈县政府，3个农场移交的优抚对象103人。

同年，根据省农垦总局安委会检查要求，澄迈县农垦办对垦区澄迈片3个农场安全生产工作进行专项检查。经澄迈县农垦办的协调，澄迈县安监局、澄迈县国土环境资源局、澄迈县公安局、澄迈县工商局等相关部门7月14日联合开展打击非法采石场行动，对红岗第二队石场的8个石场点进行打击，现场扣风转机、开采工具4套，并移交公安机关按有关法律进行处理，发现非法石场开采人员10名，现场对他们进行教育。

二、红光农场

红光农场地处北纬19° 43′ 04″ —19° 55′ 52″ ，东经109° 49′ 48″ —110° 02′ 12″ ，位于澄迈县西北部，离省会海口市40千米。东邻澄迈县大丰华侨农场和海南军区生产基地，南邻金江镇，西邻临高县皇桐乡和龙波乡，西北抵临高马袅乡，北邻澄迈县红山农场、桥头镇和花场港。

2005年后，农场经历实体分离。3月，海南橡胶红光分公司成立，成为海南橡胶集团旗下25家分公司之一。12月20日，福山镇从红光农场分离，整体移交澄迈县政府。2008年10月农垦体制改革，海南橡胶红光分公司与红光农场彻底分离，独立运作。2009年，红光中学、小学以及各教学点移交澄迈县政府。2009年7月22日，经农垦集团批准，澄迈红光投资有限公司成立，从红光农场分离，隶属海南农垦集团中南投资集团有限公司。2010年2月5日，经海南农垦集团批准，澄迈红光置业有限公司成立，从红光农场分离，是海南农垦第一批农场公司化改造设立的投资公司，隶属于海南农垦集团旗下中源集团有限公司。

1999年，红光农场原有土地面积1.46万公顷，产业以种植橡胶为主。1999年，人口20302人。2004年，与红光分公司分离之前，农场实有橡胶面积5576.20公顷，其中开割橡胶面积4016.53公顷，当年生产干胶3518吨。2004年，人口22662人。至2004年，累计生产干胶92830吨。2008年，红光农场与红光分公司分离后，划出土地6494.53公顷。截至2008年12月底，全场（分公司）总人口22926人，其中职工4337人，病退人员184人，非职工人员3144人，离退休4367人，家属小孩10894人。有土地总面积1.46万公顷，其中利用面积1.43万公顷，橡胶面积6790.83公顷。全年种植橡胶面积163.83公顷。水稻面积380.14公顷，防风林面积3922.12公顷。年生产干胶1962吨 。完成橡胶中小苗管理147公顷。全年造林33公顷，水稻播种面积760.2公顷，总产量434万公斤。全年工农业总产值完成11712万元，盈余1.9万元。2010年，人口24197人。

2008年，海南农垦管理体制改革，海南橡胶集团红光分公司成立后，根据海南省委、省政府及农垦总局有关精神，红光农场转产，进行二次创业。实行“三清一控”（清理土地、劳动力、资产和控制开支）改革，大力发展现代农业。实施开割胶园职工家庭长期承包改革。截至5月底，完成3666.67公顷91万株开割树的核株、定产和承包工作，落实承包岗位1106个，平均割株870株，并全面签订责任书。胶工年人均收入7253.77元，同比上年提高5%。发展职工自营经济 ，截至2008年12月，职工自营经济纯收入1589.3万元，劳均纯收入9614.6元，比上年同期增长95.2%，其中瓜菜种植面积807.87公顷，纯收入1277万元；水果种植面积676.40公顷，纯收入565万元；自营胶156公顷，纯收入807万元；家庭养殖644万元；糖蔗、水稻等作物纯收656万元；其他收入157万元。

2010年4月成立红光置业有限公司，研究部署公司化改造工作，完成农场土地和相关资产的划转工作，使红光置业公司正常运作并成功划入农垦总公司。出台《海南省国营红光农场土地管理办法》《海南省国营红光农场劳动力管理规定》《海南省国营红光农场财务管理制度》《海南省国营红光农场机关事务管理规定》《海南省国营红光农场机关干部管理制度》《关于进一步加强和改进基层党支部建设的意见》《海南省国营红光农场2010年党风廉政建设和反腐败工作实施意见》《海南省国营红光农场关于鼓励在职干部加强学习的有关规定》等9项规章制度，规范管理措施和管理程序，有力推进农场的各项工作。

三、西达农场

西达农场位于澄迈县西南部，地理坐标为北纬19° 25′ —19° 39′ ，东经109° 49′ —109° 58′ 。东以南渡江为界，对面与加乐镇和红岗农场相望，南接地方国营仁兴热带作物场，西连中兴镇，西北、西南分别与红华、昆仑两国有农场相邻，北与金江山口相接。全场范围东西宽27千米，南北长37千米。

西达农场是澄迈县最早种植橡胶的国有农场。场部驻在仁兴墟1千米处的加命坡，距县城金江镇约40千米。场部设有中小学教学大楼、医院门诊、留医楼、敬老院住舍楼、办公大楼、招待所楼、工人文化宫和住宅楼等楼群。

1999年10月，农场机构改革，设置行政办公室、经管科、生产科、财务科、劳工科、纪委监察审计科，并先后成立国土自营管理服务中心、教育管理服务中心、人口卫生管理服务中心、供销管理服务中心、商贸农牧管理服务中心、基建管理服务中心、广播电视站，与公司分离自办。2002年，农场有8个管理区和科级单位27个，下设3个队级直属单位和82个生产队，以及1所初级中学、6所完全小学、9个教学点，1家医院，69个卫生所。

2009年农垦体制改革，2月和4月原西达、昆仑、和岭、红岗农场相继重组，建立新的西达农场体系，新组建的西达农场机关设12个科室，下辖4个分场即昆仑分场、和岭分场、红岗分场、社区办事处（原西达场部称社区办事处）；场基层单位有3个作业区，11个直属单位，4家医院，82个卫生所，4所防疫站，116个生产队。共拥有土地面积3.84万公顷（其中海胶橡胶面积1.60万公顷）。

2010年，西达农场总人口为6.6万人，职工3121人，其中已退休646人（国家统筹）。西达农场拥有土地面积1.35万公顷，已开垦利用1.19万公顷，造林256.73公顷，自营经济1992.47公顷。树种繁杂多样，有三角枫、山樟等多种类。人工林积蓄量64.2万立方米。人工植被树种有荔枝、龙眼、波罗蜜、杧果、母生、苦楝、花梨树、沉香树、桉树、橡胶树、马占树、檀香等。林业副产品有槟榔、益智、白藤、红藤等。多丘陵沟谷有利蓄水。农场境内有青山、七队、中南长岭、南昌、新村等5宗水库，山塘294座、蓄水面积241.67公顷，灌溉面积占水田面积56%。有硫化矿质温泉，自然涌水眼4处，九乐宫温泉自涌泉眼2处，日涌量5460立方米，水温57℃，泉水清澈，含硫量高，有益元素多，具有医疗保健功效的热矿水。

西达农场是以种植橡胶为主的国有企业，种植橡胶面积4223.40公顷。1999年开割胶树91.2万株，年产干胶3231吨，平均亩产干胶82.4公斤，年株产干胶3.7公斤。胶工人均产干胶3.05吨，胶工人均收入4856元（4—12月的割胶收入）。

2000年，西达农场有橡胶面积4223.40公顷，168.7万株，橡胶经济收入占农场工农业总产值80%—85%，成为海南省较大规模的天然橡胶基地。

西达农场是澄迈县粮食的重要产地。先后培育、引进推广200多个水稻品种。2010年，全场水稻种植面积1418.57公顷，总产13478.23吨。

西达农场是澄迈县荔枝、龙眼之乡。至2001年底，全场种植荔枝近100公顷。西达农场又是瓜菜的重要产地。1999—2010年，累计生产各类瓜菜3152.9吨。主要品种有毛瓜、冬瓜、苦瓜、节瓜、丝瓜、椰子菜、芥菜、茄子、尖椒、圆椒等。

1999—2001年，投入960多万元资金，建立机关、勇进、朝阳、福来、南岛五大现代热带高效农业基地，拥有阳桃、荔枝和其他名优水果近333.33公顷。

2000年，农场投入800多万元扩建九乐宫温泉宾馆，使其成为融旅游、度假、娱乐、健身为一体的休闲胜地。2001年，在场部建起一座35万伏的变电站，全场职工用上电照明和自来水。场内建起130、139通信接受基站，电话可直拨全国和世界各地。2010年，投入配套资金200多万元，改造职工住房530套。建设水毁房屋129套，水毁桥梁、涵洞2座，水坝1座。打深井、建水塔、装水管解决红岗分场乐溪管理区七个生产队、昆仑分场场部、西达总场场部等单位2万多人饮水难问题。抓好33.11千米通畅工程道路建设，完成保障性住房700套，道路硬化19千米，解决780人安全饮水问题。

2001年，实行橡胶及农作物管理体制的产权改革，通过抵押、承包、租赁、股份制等多种形式，将橡胶及农作物的使用权和经营权下放给职工，使职工家庭农场逐步成为自主经营，自负盈亏的经济实体。农场把52.3万株橡胶开割数实施内部转让给职工家庭长期经营。至2001年底，农场已利用土地7806.67公顷，占总面积15463.93公顷的50.48%。自营耕地1161.20公顷，农场胶园4223.40公顷，林地面积2009.13公顷，居民点与工矿用地306.67公顷，交通用地97.93公顷。

2008年，农垦体制改革，实行“政企分开、社企分离”，农场分为农场社区和海胶西达基地分公司两个主体。社区（农场）被剥离了作为经济主体的橡胶，主要承担着信访维稳、社会管理、环境整治等社会公共职能。

2010年4月，西达农场正式挂牌成立投资公司，向海南农垦总局申报与海南茂源农牧业有限公司合作开发“茂源国际观光牧场”，以及与海南舜发置业有限公司合作开发“济公山文化博览苑”。

四、红岗农场

红岗农场位于澄迈县东南部，地处北纬 19° 29′ 24″ —19° 34′ 54″ ，东经 109° 55′ 42″ —110° 07′ 04″ 。东邻广青农场，西隔南渡江与西达农场相望，南与晨星农场接壤，北连加乐镇、文儒镇。场部位于文儒镇以东 1.5 千米处（旧称“珠宝村”），距澄迈县城 28 千米，距省会海口 57 千米。

红岗农场原称广东省国有红岗农场。1988 年 4 月，海南建省，改称“海南省国营红岗农场”。2009 年 4 月，农垦体制改革，重组到西达农场。2010 年 6 月，改称国营西达农场红岗分场。2010 年，设 24 个科室，直属单位 8 个，管区 2 个，橡胶生产队 38 个，水稻队 19 个。

1999 年，人口 12025 人。2002 年，人口 11989 人。2005 年，人口 13336 人。2007 年，人口 13650 人。2010 年，人口 14685 人。人口中以汉族为主，达 12347 人，占 98%，人口密度为每平方千米 0.12 人。人员来自全国 16 个省市地区，有 85 个姓氏，有汉族、黎族、苗族、壮族 4 个民族。语言主要是海南话，通用普通话。个别讲客家话、潮州话、粤话、黎话、苗话。辖区东西最大距离 19.9 千米，南北最大距离 11.8 千米，总面积 107.19 平方千米。

红岗农场经济以橡胶生产为主，兼发展热带高效农业和多种经营，至 2010 年，土地面积 8533.33 公顷，其中天然橡胶 3333.33 公顷，自营经济作物 800 公顷，林地 3000 公顷，水稻播种面积 266.67 公顷。2010 年，国内生产总值达到 2570 万元。

1993 年 8 月 12 日，在离场部 1 千米的山上发现一巨石，因其状酷似传说中的“济公”而得名“济公石像”。“济公石像”高 5 米，宽 2.8 米，右侧头像，五官、面部表情、头上破帽、项上佛珠，堪称天下一绝。经海南地质大队勘查和专家论证，海南省农垦总局批准立项开发“济公山风景区”，风景区占地 25 平方千米，已发现各类景点 50 多个。2009 年该风景区被列入海南农垦资源推介会一大招商项目，区内旅游资源丰富独特，项目规划分为文化休闲区、温泉疗养区、水上休闲区、野外探险区四个区。

五、昆仑农场

昆仑农场位于澄迈县西南部，距县城金江镇 40 千米。位于北纬 19° 23′ 10″ —19° 31′ 34″ ，东经 109° 44′ 116″ —109° 51′ 08″ 。场区范围西起大茹岭、苦香岭与儋州境内国营蓝洋农场接壤，南临南渡江与屯昌县境内的国营中坤农场为邻，西南与琼中黎族苗族自治县松涛镇隔江相望，东邻国营西达农场，北接国营和岭农场。

1958 年 4 月开始建立昆仑农场，场部设在美合墟西南 1 千米的凤凰岭处。2010 年，昆仑农场共有 3 个作业区，33 个生产队，9 个科室，直属单位 3 个。2010 年 10 月，海南省农垦体制改革后，把原昆仑农场、和岭农场、西达农场、红岗农场重组为西达农场，重组后原昆仑农场为西达农场昆仑分场。1999年，人口14205人。2002年，人口14833人。2005年，人口14765人。2007年，人口14885人。2010年，土地面积1.06公顷。总户数4526户，总人口16216人，在职职工1139人，其中男职工644人，女职工495人。农场人口来自海南、广东、广西、湖南、湖北、河北、四川、江苏、浙江、上海、山东、黑龙江等省区。有汉族、黎族、壮族和苗族等，少数民族占人口13.5%，其中以黎族人为最多，共1527人，占全县黎族人口的33.5%，是澄迈县黎族人集居点。讲普通话、海南话为主，部分村队讲客家话、黎话。

昆仑农场经济以种植橡胶为主。1999—2000年生产干胶19016吨，2010年生产干胶21650吨。2010年，共有橡胶总面积5044.07公顷，其他经济作物270.47公顷，种植水稻397.78公顷，总产量3536吨，水利有效灌溉面积近2000公顷。工业企业有橡胶加工厂、花岗岩厂、胶杯厂、电站、机运队，机械总动力2579千瓦，共计工业总值3260.5万元，个体私营经济上百个，从业人员127人。

1999年，全面推行抵押承包办法，主要采取职工专业户的形式，由干部、管理人员和辅助人员集体或个人抵押承包，视年终目标完成情况，根据达标率按比例结算后，将抵押金和风险金返还给承包者,并以此为基数计算奖罚。干胶生产完成2935吨,占计划105.8%；粮食生产完成2380吨，比上年增产218吨；水果（荔枝、龙眼）13.6吨，柚子0.75吨。

2002年，实行体制改，撤并机关科室、作业区、生产队，压编人员207人。严格控制生产成本，杜绝浪费，压编非生产性开支，确保农场经济平稳运行。

2005年，深化农场机构体制改革，实行两块牌子、一套人员，农场分成海胶昆仑分公司，负责橡胶生产，农场（社区）负责社会公共事务，海胶公司推行国有开割胶园职工家庭长期承包。农场（社区）主要抓好民生工程建设、社会治安综合治理、社会管理等社会职能，实行政企分开、社企分离。

2007年，稳步推进政企分开、社企分离工作。贯彻落实国务院及海南省委、省政府关于海南农垦体制改革的要求精神，严格按照总局《关于农场与基地分公司分离指导工作的实施意见》的要求，通过宣传发动、抽查摸底、制订方案、组织实施等工作，推进农场社区与海胶基地分公司的分离。在整体划清农场与基地分公司在人员、资产、费用、机构与业务工作的同时，保证分离后农场（社区）与分公司之间各项工作的有序开展，做到改革到位、平稳过渡、队伍稳定、人心不乱。

2008年，海南农垦海胶公司上市，海胶公司与农场正式分离，为独立运营，自负盈亏的实体。

2009 年，根据海南农垦总局的指示，昆仑农场并入西达农场，改称西达农场昆仑分场。

2010 年，围绕农场改革发展稳定的目标，抓民生、促稳定，抓管理、促增效，抓挖潜、捉创收，推动各项事业发展，民生事业改善，社会大局稳定，职工生活提高。党的建设、精神文明建设、社会保障、社会管理、信访维稳、职工帮扶等各项工作取得进展。

场内有初级中学 1 所，完全小学 2 所，初级小学 1 所，教学点 5 个，在校学生 1183 人，教师 135 人，其中：中级以上职称 78 人，初级职称 46 人，学龄儿童入学率 99.8%，毕业率 97%，巩固率 90%以上。投入 100 多万元购买医疗设备和改造装修医院门诊楼、住院楼。职工医院医疗用房建筑面积 3685 平方米，为钢筋混合结构楼房。农场医院有医务人员 39 人，其中中级以上职称 3 人，初级职称 33 人，卫生所 8 间，卫生人员 9 人。

六、和岭农场

和岭农场位于澄迈县西南部，地处北纬 19° 29′，东经 109° 43′—109° 49′，东与中兴镇交界，西与儋州市和庆镇毗邻，北接临高县红华农场，南连国营昆仑农场。

和岭农场场部驻南塘溪中游西岸，距省城海口市 120 千米，县城金江镇 45 千米。1992 年 6 月，农场将原来的 24 个科室组合为“七办一会”（党委办、行政办、企业办、农业办、工业办、群工办、综治办和工会），减员 57 人。1994 年 8 月，重设 17 科室，下辖 38 个生产队。场办企业有供销、工业、粮油公司和自营经济办公室，直属单位有胶厂、茶厂、修理厂、粮油厂、电厂、汽车队、基建队，还有医院、中学、中心小学等。

2005 年 3 月，海南省农垦体制改革，实行政企分开、社企分离。原农场分为农场社区和海胶和岭基地分公司两大块，38 个生产队划属基地分公司管理。2009 年 3 月，海南省农垦总局决定重组合并，将和岭社区并入国营西达农场，基地分公司并入海胶西达分公司。7 月，农场教育系统人随资产移交澄迈县人民政府。

1999 年，人口 12409 人。2002 年，人口 12680 人。2005 年，人口 12376 人。2007 年，人口 12466 人。2010 年，土地总面积 5933.33 公顷，总人口为 13387 人，职工 4053 人，其中已退休 3162 人（国家统筹）。橡胶是农场主要经济支柱，种植国有橡胶 2400 公顷。职工自营经济有橡胶、水稻、甘蔗、热带水果和养殖牛、羊、猪、鱼及三鸟等。

1999—2010 年多年累计产胶 3.81 万吨。同期更新胶园 971.33 公顷。职工群众利用自留地、五边地、零碎插花地种植橡胶，种植私营胶 760 公顷，45000 株，已陆续开割。2010 年，私营橡胶产干胶 1005 吨，产值 2000 多万元。此外，私营经济还有种植水稻、甘蔗、果树，养殖牛、羊、猪、鱼及三鸟等，多种经营平均收入 1.75 万元。场办工厂有标准胶厂、茶叶加工厂、粮油加工厂、修理厂和发电厂共 5 家，有 1 个汽车队，农业机械总动力 2630 千瓦。有个体营业店 486 间，从业人员 1086 人，年社会商品零售总额为 670 万元。10 多年间，农场经济总产值13.3亿元。

1999年，场部有办公楼、工会楼、招待所各1幢，街道2条。2010年，街道有5条（分别命名为和发、和旺、和兴、和昆、恒大路），街道安装高杆路灯126盏。此外机关东、西区职工住宅区、车队、修理厂、基建队住宅区也相继进行职工住房改造，共建楼房459套，6.08万平方米，配套设施包括有硬、绿、亮化和排水排污等工程。场部楼房化达98%，基层生产队居点改造或新建职工住房850套，共计7.66万平方米，新建改造率达56.5%。全场泥土道路里程82千米，已铺设水泥硬化路54千米，沿途受益居民点29个。场区设有邮政支局1个，电信服务点1个，代办处9个，移动电话8655个，互联网用户1048户，有线电视（含自装锅线）2989户。给供水建有自来水塔4座。容水300吨，供给使用户2106户，场区主要道路排水沟1.35万米，辖区驻地有花园绿地5个，队级文明生态绿化地12个，绿化面积6500平方米。

和岭农场有完全小学8所，教学点8处，中学1间，拥有2767平方米的四层教学大楼1幢，2150平方米的多媒体教学楼1幢，4890平方米的师生宿舍2幢，1.8万平方米的露天田径运动场1个。拥有职工医院1所，占地面积2.5万平方米，内设门诊部、留医部、妇产科、牙科、化验室、超声波、心电图、理疗室、X光和卫生防疫组，拥有病床65张，医务人员71人，基层生产队设有卫生所30间，卫生员35人。

2003—2010年，农场多次被海南省农垦总局，澄迈县委、县人民政府评为良好企业、精神文明建设、安全生产和护林保胶先进单位，2004年被海南省人民政府授予“无毒社区”称号。

七、金安农场

金安农场位于澄迈县东部，南渡江北岸，东与永发镇交界，南临南渡江与瑞溪镇隔江相望，西和罗浮村毗邻，北和美亭乡接壤，面积21.77平方千米。场部距县城金江镇20千米，离省城海口市52千米。2010年，全场总人口10241人。

1965年1月，兴建国营金安农场，属海南农垦管辖的谷物农场。1969年改制为广州军区生产建设兵团五师十团，1974年兵团解散后恢复为国营金安农场。1988年成立供销、商贸、生产服务、乳猪、工业、基建、果菜、房地产等7个公司，1998年保留供销、食品两个公司。农场设置1个党委13个党支部，共有党员505名，农场设置14个科室（党委办公室、工会团委、计划生育办公室、劳动社保科、国土环境资源科、生产技术科、信访办公室、财务科、工业基建科、行政办公室、武装部、综治办公室、改革发展办公室、城镇管理办公室）。下辖5个作业区、27个生产队、3个橡胶队、1所医院、1所初级中学、6所完全小学。2010年10月，海南省农垦体制改革后，农场成立澄迈县金安实业有限公司。

1999—2010年，金安农场不断加强基础设施建设和社会服务管理工作，投入资金修建道路、水利设施和整治环境卫生等，农业基础条件和群众生产生活条件得到改善。在发展经济方面，金安农场发挥自身优势，发展冬季瓜菜产业，促进农业增效和农民增收，人民生活水平不断提高，教育、文化、医疗卫生等社会各项事业得到发展，农场综合实力明显增强。

（一）经济发展

1999年，种植果蔬667.40公顷，总产12121吨，产值2395万元，人均纯收入4195元，人均产值0.76万元。全场水稻总产7188吨，比上年增产348吨，冬季瓜菜种植面积713公顷，总产值3400万元，比上年增长11.9%，职工平均纯收入5457元。

2000年，遭受两次台风和百年未遇的特大洪水袭击，全年干胶生产58吨，比上年减少4吨，粮食总产量6010吨，比上年减少993吨，工农业总产值4221万元，比上年减少339万元，职工平均收入6629元，比上年减少319元。

2003年，全年工农业总产值4461万元，比上年增加406万元，职工平均纯收入6502元，比上年增加386元，生产干胶80吨，粮食总产量5619吨。

2005年，工农业总产值4461万元，职工平均纯收入6502元。

2010年，生产干胶13.5吨，早晚两造各插秧600公顷，总产量8073吨，比上年增产423吨。冬季瓜菜种植面积600公顷，总产量约1.46万吨，总产值4172万元，比上年增加250万元。

（二）教育医疗

1999年，金安农场有中学1所，小学6所，在校学生分别为422人和1679人，教职工分别为34人和98人，校舍分别为2749平方米和7362平方米。有场医院1所，卫生所5所，执业医务人员36人。6月30日前，在编在职的正式教职工，按其本人原工资标准的基础上调升一级半工资；退休退职教职工养老金，退休人员每月调整增加55元，退职人员每月调整增加35元。

2001年，农场通过医疗改革，实行院长承包制，自主经营，参与医疗市场竞争。医院在竞争中发挥优势，取得好的效益，保证职工工资按时发放，减少了农场对医疗的投入。对全场小学校长进行公开竞选，使6位年轻优秀教师走上学校领导岗位。

2003年，在抓好企业增效，职工增收的同时，重点做好“非典”预防工作，落实各级责任人，制定24小时值班和“双零”报告制度，设立发热病号门诊，使防护工作取得成效。投入30万元扩建金安医院门诊大楼，投入1.8万元购置B超机，改善医疗条件。

2008年，共投入300多万元，建设农场中学综合教学大楼和学生宿舍楼。农场6所小学校舍实现楼房化，在校学生有806人，教职工有85，校舍面积9897平方米。

2009年底，教育系统随资产移交给澄迈县人民政府管理。

2010年，有医院1所，卫生所1所，医务人员26人。

（三）环境整治

2001年，发动场部和金安墟每户每月集资3元，集中清运垃圾。2008年全年共组织开展3次大规模环境整治,投入107.5万元，硬化道路16342平方米，组织农场干部职工打扫卫生3次，清理卫生死角20多处，清理居住环境杂草杂物500立方米。整治场部和生产队公厕,维修扩建农场中心小学公厕，在书富区新建公共厕所1个，完善场部和生产队文化体育设施。

2005年，组织4597人次，清除积水65处，填平积水洼地82处，疏通水沟103条，清除卫生死角15处。

2010年，制定《海南省国营金安农场环境整治工作实施方案》《海南省国营金安农场环境综合整治责任分工实施方案》，并制作金安农场环境整治责任分解图，张贴在机关大楼门前，明确分工，落实责任，扎实开展工作。通过整治，农场的环境卫生得到改善。

（四）民生工作

1999年，投入22500元新建美亭水库第六分渠590米，投入20600元，维修吾录水电站闸门门口、红岭防渗渠道和吾录水电站渡槽，打抗旱水井15口。

2000年，争取上级拨款30万元，修建场部1座100立方米的水塔及配套设施，解决场部职工及周边群众4000人饮水安全。

2002年，集资100万元，建设金安中心大道。投入6.5万元，建设场部3块300多平方米的绿地。发动吾录二队集资15.9万元，建设1210米长的水泥硬化巷道。修建金安农场农贸市场，解决全场人民群众菜篮子问题。

2006年，集资41.7万元，建文化室1间和硬化5084平方米的路巷，改善职工的居住环境。

2010年，完成危房改造500套，投入200多万元，新建1个公厕、多功能宣传文化室1间、球场2个，硬化18个农村队的环村公路和村中道路，总长5.61千米。

2010年，全场共参加城镇居民医疗保险1514人，参加农村合作医疗保险3361人。上报澄迈县民政局批准低保户209户343人，月发放低保金73270元。

第三节 农垦企业

一、海胶产业集团红光分公司

2010年是海南农垦体制改革的关键一年，也是海胶集团产业结构调整、稳步发展的关键一年。

2010年，出台《红光分公司机构改革工作实施方案》，完成机关机构改革工作。撤销物资供应站，将经营管理部与生产技术部合并，设立生产经营部，新设立橡胶收购部，总经理办与党群办合署办公，保留中心收胶站，业务上受橡胶收购部管理。将海胶产业集团红光分公司原61个生产队合并为54个。妥善安置29名富余人员。

同年，干胶生产计划2328吨，完成干胶生产2705吨，占年管理计划的116.2%，与上年同期相比增加853吨，增幅51.5%。年上缴计划1027吨，共收购干胶2403.565吨，其中回收上缴干胶1006.46吨，现价收购干胶1433.756吨，回收上缴干胶率达98%；杂胶完成65.292吨，其中胶线完成41.528吨，胶块完成23.764吨。民营胶收购年计划300吨，总共完成民营胶收购103.043吨，占计划的34.3%。

同年，橡胶更新计划为373.33公顷，实际完成186.67公顷，占年计划的50%。橡胶更新定植计划为333.33公顷，实际完成更新定植151.07公顷，实际种植株数77044株，占计划的45.3%，成活76228株，保苗率98%。抓好橡胶中小苗管理。投入资金203万元，对1—3年苗采取除草控萌、单株松土后盖草或挖穴压青10公斤/株，施入有机肥40公斤/株，对4年以上苗木则强化管理，采取全面挖通沟压青修筑环山行的方法，以机械挖通沟，面宽0.6米，深0.4米，结合维修环山行面宽2.5米以上，反倾斜10度以上，压入青料40公斤/株，施优质有机肥10公斤/株。抓好防护林种植。种植50公顷，完成计划比例100%。

同年，30个终端接收站点已全部建设完毕，顺利通过验收并全面开通。其中，属电信模式17个，卫星模式13个。各个卫星模式均能正常使用。

二、海胶产业集团西达分公司

2010年，海胶产业集团西达分公司，实行橡胶收购经营与生产监管并重，完善家庭长期承包，加快企业战略转型。推行机构改革、干胶生产问责制和橡胶生产激励办法，激发广大员工橡胶生产、收购积极性和主动性。狠抓橡胶“管、养、割”，落实“即时结算”和“两胶”收购的“五个捆绑”模式，促进橡胶收购、生产监管的发展，实现机构改革平稳、“两胶”收购破纪录、“长包”工作完善、工资正常发放、员工队伍和海胶产业集团西达分公司大局稳定。

在重组合并部分生产队的基础上，对西达分公司机关部门、片区及生产队进行撤并，撤销物资供应站、4个片区，片区撤销后与现有的8个作业区一并整合为10个作业区。生产队由157个重组合并为143个，减少14个生产队。超编制人员按年龄划线，分流安排到橡胶收购站工作，共分流249人。其中分流到收购站的人员27人，内退222人，减员幅度达20.6%。

建立25项规章制度，做到有章可循、制度管人、科学管理。推出机构改革、橡胶原料收购、干胶生产问责制、橡胶生产激励、收购资金管理等制度方案，对人力、生产经营、财务、收购等方面作具体规定，使企业管理走上制度化、规范化和科学化的轨道。

同年，与海南晓尔科技开发有限公司合作开发橡胶采胶流程管理平台，第一时间了解胶工的出勤、割刀数、干含、重量等产胶进度情况，月底自动生成胶工产胶结算工资表。组建海胶产业集团西达分公司总部局域网络，实现文件材料、生产进度、收购进度资料共享。

成立橡胶更新领导小组和监管小组，加强对橡胶更新工作的组织领导和督查督办。完成橡胶更新定植面积333.73公顷，占计划任务的100.12%。

对临时用工，分公司不再与其发生劳动用工关系，改由大户承包或生产队干部承包的方式，由大户承包者或生产队干部与之签订劳务合同。动员被雇用者参加意外伤害保险，共有768人签订劳务合同和参加意外险。对违规违章员工进行处置，共抓获偷卖胶胶工、辅导员、收胶员56人，其中在册员工51人，临时工5人，收回75岗位。对抓干胶生产等工作不到位，措施不得力的单位及干部进行诫勉。因干胶生产问责而被免职的干部有4人，诫勉谈话10人次。

规范和完善员工的“五险一金”催缴和建档工作。把员工“五险一金”各项比率的计算列成表格，让员工知道自己全年应缴交的金额，增强透明度。建立和完善员工缴费台账，及时掌握每个员工缴交的情况，及时发现问题和及时催缴。对员工挂账款进行清理确认、建档和追缴，还款490万元，占当年任务的86.1%。

开割前组织区、队主管和业务员进行培训，做好开割胶园清点填报工作，掌握林段信息、林权证信息、林木资产信息，建立健全海胶产业集团西达分公司143个生产队的橡胶林木资产管理档案。编制海胶产业集团西达分公司、作业区和生产队的单位识别编码，编制林段流水号，编制胶工、抚管工的岗位客户化表，完成林木资产客户化信息管理工作任务。

同年，针对周边地区地方民营胶收购点近100个、民营胶加工厂有17家之多的情况，开展调查研究，在充分尊重承包户经营权基础上，提出“权力下放，落实责任，搞好服务，现金结算”十六字收购方针，推行“即时结算”收购方式对橡胶原料进行收购。

抓好橡胶“两病”防治，确保橡胶按时开割，防治总面积达 1.11 万公顷，耗用硫黄粉 180 吨。白粉病消除三级病株，最终发病率小于 0.1%，炭疽病 3—5 级病株率小于 0.001%，确保橡胶第一蓬叶的正常生长。

同年，抓好对 3171 名胶工技术培训工作，经树桩考核达到二级以上方能上岗。对违规行为按规定进行罚款，实行区、队管理人员和辅导员当月 50%效益工资与割胶技术等级挂钩的管理办法，规范生产单位的割胶技术管理。海胶产业集团西达分公司一、二级胶工为 88.3%，级内胶工达 100%。国有开割胶园职工家庭长期承包工作，强化干胶生产问责制、长包违约责任追究制，激发员工的生产积极性。加强与澄迈保安分公司沟通和联系，与其签订《护林保胶协议》，抓好护林保胶工作。

三、海胶产业集团昆仑分公司

2008 年，昆仑分公司推进国有开割胶园职工家庭长期承包工作，做大做强橡胶产业，促进农场实施社企分离后分公司的稳定和发展。

全面实行国有开割胶园长期承包改革工作，推行从定植到更新的周期性家庭农场承包管理模式，明确农场、分公司和家庭承包户的关系、责任、义务，实行承包、核算、盈亏、风险“四到户”的经营体制。44 个生产队全部完成国有开割胶园发包到职工家庭，与 871 户职工家庭签订责任书，按“完成上缴，剩余归己，统一收购，市价结算”的原则与职工进行结算。橡胶面积 3886.67 公顷共 138.2 万株，其中开割橡胶面积 2802.73 公顷 85.7 万株，未开割面积 1085.60 公顷 52.5 万株。截至 2008 年 12 月 25 日，全年完成干胶 1742 吨，比上年同期减产 511 吨，减幅为 22.7%。

罕见的寒流给橡胶树生理机能造成较大损害。各级领导对防治工作很重视，落实各项防治工作，取得较好防治效果。特重病年炭疽病防治面积 2168.65 公顷，防治率为 72%，白粉病防治总面积 3089.62 公顷，防治率为 78%，橡胶苗死亡面积 49.58 公顷，缺苗 3 万株。

同年，机关部门由原来的四部两室一站，变为四部一室一站。机关人员计划配备 41 人，实际配备 35 人，作业区计划配备 20 人，实际配备 20 人。生产队管理人员计划配备 96 人，辅助人员计划配备 178 人。分离后昆仑分公司配备各类人员共 1736 人，其中，机关人员（含供应站）36 人，作业区管理人 20 人，生产队管理人员 64 人，辅助人员 178 人，转运站 51 人，胶工 1077 人，中小胶抚管工 206 人，富余人员 104 人。

四、海胶集团和岭分公司

按照海南农垦总局《关于农场与基地分公司分离工作的实施意见》精神，和岭农场与基地分公司的分离工作从 2008 年 9 月上旬开始进行，至 10 月 20 日分离工作结束。分公司下属单位 41 个，其中生产队 38 个，胶水转运站 1 个，自营胶收购站 1 个，联防大队 1

个。2008 年，和岭分公司总员工 1171 人，其中管理人员 96 人，其他员工 962 人，富余人员 113 人。土地总面积 2592.07 公顷，其中橡胶林面积 2316.73 公顷，防风林面积 275.33 公顷。

2008 年，国有开割胶园职工家庭长期承包后，累计完成干胶 1262 吨，其中公司胶 1204 吨，自营胶 58 吨。5—11 月胶工平均每人收入 10006 元，与上年（4—11 月）8654 元对比，增加 1352 元。

同年，和岭农场橡胶普遍发生白病和炭疽病（简称“两病”），分公司对 8758.53 公顷开割的橡胶施用农药 16%咪鲜铜热雾剂 4100 公斤、硫黄粉 56.325 吨、克病威 13.8 吨、耗用油米 2.34 吨，投入劳动日 2677 个对橡胶进行防治。白病防治效果达 93.3%，炭疽病防治效果 92%。小蠹虫为害总株数达 347551 株，受害率达 44.6%。共投入 10 多万元购买小蠹虫防治农药，完成小蠹虫防治任务。

同年，受寒流的影响，开割树特别是 PK107 损失最严重。全场有 PK107 开割株数 184629 株，受害株数达 74422 株，受害率达 40.33%。经集团公司批准，林产公司对公司开割胶园寒害树进行择伐。同时抓好开割胶园施化肥工作和积施有机肥工作。加强产胶动态分析，查找影响生产的原因症结所在，使问题尽快得到解决，干胶生产得到大幅度提高。全公司共产干胶 76.256 吨，同比上周期增加产量 11.13 吨，增幅 17%。

同年，和岭分公司完成胶园更新定植 28.53 公顷，占当年计划任务 46.67 公顷的 61.14%。定植胶苗保苗率达 100%。

至 2008 年 6 月 15 日止，完成国有开割胶园职工家庭长期承包工作。制定《橡胶树割胶技术规程和违规处罚规定》《开割胶园管理的规定》《割胶质量考核项目与评分标准》，出台《关于做好“两头尖”承包户产量调整的指导意见》，对“两头尖”承包户产量进行调整。7 月和 8 月，对 11 个生产队的产量进行调整。

五、海胶集团红岗分公司

2008 年农垦改革，实施农场社区和基地分公司分离。2008 年 10 月，遵循“政企分开、社企分离”和“三不变”（人员不变、岗位不变、待遇不变），以及“只出不进”的原则，对农场社区和基地分公司的人员、资产等进行清理和界定，使农场社区和基地分公司实现整体分离。农场社区机关设置 11 个部门，配备管理干部 38 人，基层单位 17 个，配备管理干部 35 人。基地分公司机关设置部门 6 个，配备管理人员 37 人，基层单位 38 个，配备管理人员 104 人。公司有员工 1332 人，内退管理人员 1 人，离岗休养工人 22 人，富余人员 327 人。按照“定额上缴，剩余归已、自主经营、市价结算”的目标要求，将全场 2370 个树位全部长期承包给生产一线胶工。

实行严格的财务预算管理，机关各部门、各基层单位生产费用实行定额管理，严格控制企业业务接待标准，压缩非生产性费用支出。主业干胶生产直接成本1.267万元/吨、综合成本1.65万元/吨。全面清产核资，全场清理土地800公顷，收缴土地租金9.5万元。

同年，干胶完成1750吨（含杂胶折干胶），经营收入3511万元。全场职工自营橡胶633.33公顷、槟榔1333.33公顷，自营胶收购251.2吨，收入450万元，职工自营经济全年纯收入突破2500万元，主副业平均收入达到1.5万元，其中生产一线胶工人年均收入超万元，比上年增长50%以上。

第四节　澄迈林场

澄迈林场位于澄迈县东南部，距县城金江镇7千米，距省城海口市56千米，地处北纬19° 11′，东经111° 1′。林场地貌属于低丘陵和缓坡地区，境内大小山岭共138个，最高海拔为青达岭管护站的燕子窝，高120.1米。属热带季风气候类型，年平均温度23.7℃，年降雨量1749毫米。土壤种类有铁质砖红壤、质砖红壤和沙壤土。林场主要营造人工林，速生丰产林树种有桉树、松树、马占相思树等，乡土珍贵树种有沉香、花梨、檀香等树种。林木植被主要有桃金娘、油甘子、黄漆、洋利、蘼枝等10多种，地被物主要有忍冬科的金银花、蝶形花科的牛大力、金钱草等医学上的珍贵药材。全场林地跨澄迈县4个乡镇（含2个工作站）18个村委会56个自然村。林场经营的林地比较分散，共4个点，即4个互不相连的工区和设于古岭工区的场部。4个工区从北到南，遍布整个澄迈县。场部北至澄迈县城7千米，往东17千米为加时工区，场部往东南37千米为大发工区，往南20千米为青达岭工区。

1957年8月，澄迈林场建立，系全民所有制的事业单位，人员工资和经费由海南林业局统筹，1998年8月后隶属海南省林业局管理。随着体制改革，由事业单位改为事业单位企业化管理，资金也由过去计划拨付改为单位自筹。

林场定性为生态公益型林场，实行“营林为本、生态优先、合理利用，持续发展”方针，主要任务是保护和发展森林资源，改善生态环境；科学合理利用森林资源，增强发展活力；开展科学试验和技术创新，推广先进技术；加强林业生态文化建设，促进人与自然和谐发展。林场的森林资源属于国家所有，由林场依法经营，为社会提供生态公益产品，依靠全社会来保护。

1999年1月，林场干部职工共179人，其中在职职工84人，离退休人员95人，发展职工自营经济户数35户56人，主要是种植槟榔、胡椒等。

1999年8月，大力调整林业结构，种植台湾红阳桃2.93公顷，马来西来得蜜阳桃15.60公顷，虎皮珍珠石榴12.13公顷，百果园6.40公顷。

2000年，林场种植20公顷橡胶用材林基地。与澄迈县林业总公司联营种植阳桃44.87公顷（阳桃经济林29.33公顷、马来西亚香蜜阳桃15.60公顷）。2000—2005年，林场育苗988.5万株，造林808.53公顷，木材采伐694.13公顷，蓄积量38256立方米，中幼林抚育1625.47公顷（平均每年约抚育270.93公顷），采割松脂2163吨，每年病虫害防治1280公顷。2000—2005年，林场种植橡胶149.95公顷，藤18.20公顷，大枣3.33公顷，槟榔2.40公顷，胡椒1.67公顷，荔枝16.73公顷。林场划分林地给干部职工承包经营，增加干部职工收入，改善干部职工生活。2006—2010年，林场造林876.37公顷，育苗690.12万株，中幼林抚育3027.96公顷，木材采伐514.83公顷，松脂加工502.42吨。

2005年，在职职工88人，离退休人员117人。完成育苗200万株，造林207.27公顷，中幼林抚育333.33公顷，采伐木材186.67公顷，加工松脂240吨，森林病虫害防治666.67公顷。回收林地14.67公顷，清理农户占地41.33公顷。有自营经济72.22公顷，其中橡胶103.15公顷，槟榔2.40公顷，胡椒1.67公顷，荔枝13公顷。1998—2005年，附近农民占地546.29公顷，累计被占土地1306.17公顷，占宜林地面积的35%。

2006年，林场有林地面积3666.67公顷，总活木立蓄积量16万立方米，其中松树面积1733.33公顷（低产林、疏林地面积933.33公顷，占松树面积的54%，大部分都是20世纪70年代营造的湿地松、南亚松），桉树面积333,33公顷，马占相思面积200公顷，橡胶面积66.67公顷，水果基地66.67公顷。2006年，在古岭管护区人工松林中试验种藤1.33公顷。

2007年，在古岭管护站试种2.67公顷卡瓦胡椒，因管护技术和市场价格等因素影响，胡椒地基本上改种其他作物。

2008年，林场有5—10年生的加勒比松226.67公顷，分布在青达岭管护站和大发管护站，树平均高4—6米，胸径大于10厘米，郁闭度大于0.6。加时和古岭管护站有10—18年生的加勒比松和洪都拉斯松林地173.33公顷。树龄为4—8年的桉树用材林面积有1041.33公顷，其中133.33公顷桉树的立木蓄积14300立方米，平均胸径11厘米，平均树高8—10米，郁闭度0.7—0.8。加时管护站有在松树防护带种植的19.80公顷18年生的马占相思过熟林。林场有4—7年的生的橡胶林108.33公顷，主要是职工自营经济，由职工进行抚育和管理，另有15.33公顷的试验型橡胶（主要是取材），并在橡胶地种植1500株卡瓦胡椒，还有33.33公顷的10年橡胶、2.53公顷槟榔林。

生态公益林有375.93公顷10—15年生的松林，各管护站的松树有10—15米高，有些将近20米，这些松林中有15%面积的林地内生长着乔木，林中郁闭度很高，多为0.6—0.8。加时管护站有43公顷4年生的马占相思树，大约4—12米高，郁闭度较低（0.5—0.7）。大发管护站有21.33公顷3年生的马占相思林。林场有335.53公顷4—8年生的桉树，均为人工林，树高4—10米，其中加时管护站有261.73公顷水土保持林，大发管护站有73.80公顷水土保持林。林场有1291.80公顷橡胶林，其中大部分橡胶林20世纪80—90年代由毗邻附近农村，农民以祖宗地毁林侵占林地种植，大部分橡胶林已开割。

2008年，林场主要产业是商品林、公益林、经济林和林下经济。全年育苗60.12万株，造林48.09公顷，中幼林抚育621.36公顷，采伐松树12.03公顷，总蓄积1080.4立方米，松脂加工62.64吨、松香59.33吨。森林病虫害防治桉树113.33公顷，椰子等棕榈类植物800多株。清理非法占地8.67公顷，查处治安案件10起。林场有阳桃面积8.67公顷，橡胶面积124.58公顷，槟榔面积5.20公顷7800株，荔枝面积16.26公顷7320株。20世纪80年代中后期，种植南亚松、湿地松成熟林下种植纺织类用白藤46.67公顷。在人工桉树林下种植冬春季西瓜40公顷，在橡胶林里养鸡，年出栏活鸡12000只，在橡胶林里种植卡瓦胡椒13.33公顷，有苗圃地2.73公顷。

2009年，育苗76万株，造林200公顷，中幼林抚育569公顷，采伐松树29.47公顷、蓄积量139.21立方米，加工松香、松节水71吨，森林病虫害防治389.80公顷。

2010年，育苗30万株，完成造林面积67公顷，抚育中幼林600公顷，森林病虫防治37.33公顷，采伐松树51.47公顷，总蓄积2844.3立方米；松脂采脂80吨，加工松香、松节水65吨；林场可采伐面积1333.33公顷，可采伐树种大多数是桉树，林地承包主要是职工承包种植自营经济，其中橡胶124.58公顷，槟榔6.67公顷，荔枝4公顷。

澄迈林场商品林有2020.83公顷，其中一般用材林1753.33公顷，经济林（主要是橡胶、水果和槟榔）267.50公顷。

第五章　人　口

第一节　人口数量

1999年，全县户籍人口（含农垦）总人口461103人，其中男性249038人，女性212065人；农业人口374423人，非农业人口86680人。2002年，全县户籍人口（含农垦）总人口484910人，其中男性264048人，女性220862人；农业人口396817人，非农业人口88093人。2005年，全县户籍人口（含农垦）总人口508357人，其中男性276302人，女性232055人；农业人口339288人，非农业人口169069人。2010年，全县户籍人口（含农垦）总人口558682人，其中男性301878人，女性256804人；农业人口369852人，非农业人口188830人。

2010年第六次全国人口普查，全县常住人口558682人。

1999—2010年澄迈县户籍人口一览表（含农垦）

表1-5-1　　单位：人

年份		1999年	2000年	2001年	2002年	2003年	2004年	2005年	2006年	2007年	2008年	2009年	2010年
总人口		461103	482831	485546	484910	488338	500268	508357	511264	517024	528755	537470	558682
性别	男	249038	263562	264997	264048	265994	217083	276302	277665	280487	286902	290437	301878
	女	212065	219269	220549	220862	222344	229185	230255	233599	236537	241853	247033	256804
其中农业人口		374423	392212	394447	396817	399590	333384	339288	336704	340674	349327	355853	369852

2010年澄迈县常住人口分布情况表

表1-5-2　　单位：人

单　位	2010年总人口	单　位	2010年总人口
金江镇	149497	太平乡	并入金江镇
长安镇	并入金江镇	文儒镇	28447
加乐镇	22813	石浮乡	并入文儒镇
瑞溪镇	31087	美亭乡	并入金江镇
永发镇	42814	仁兴镇	9129
新吴镇	并入永发镇	红光农场	21060
白莲镇	并入老城镇	红岗农场	并入西达农场
老城镇	55324	西达农场	57380
马村镇	并入老城镇	昆仑农场	57380
中兴镇	21477	和岭农场	并入西达农场
福山镇	18773	金安农场	10276
桥头镇	22176	华侨农场（大丰镇）	13012

续表 1-5-2

单　位	2010 年总人口	单　位	2010 年总人口
山口乡	并入金江、中兴两镇	合　　计	503265

说明：金江镇数据含机关企事业单位等人口数

第二节　人口结构

一、民族结构

2010年，全县民族种类27个，其中汉族常住人口460439人，占总人口的98.56%，少数民族人口6722人，占总人口的1.44%，其中黎族人口为最多，有3696人。其他依次是壮族1608人，苗族947人，瑶族192人，布依族59人，土家族37人，彝族35人，畲族26人，蒙古族19人，回族17人，满族16人，侗族9人，毛南族和仡佬族各8人，土族和仫佬族各6人，傣族5人，哈尼族4人，高山族和水族各3人，藏族、京族、东乡族、朝鲜族、维吾尔族各2人，羌族1人。外人加入中国籍的2人。

二、性别结构

1999 年，全县男性人口为 231196 人，占总人口的 54.08%；女性人口为 196302 人，占总人口的 45.91%。性别比为 117.7，比海南岛的平均水平 108.92 高出 8.78。性别比最高的为山口乡，达 135.27；最低的是老城镇，为 103.65。

2005 年，全县总人口 508357 人，其中男性为 276302 人，女性为 232055 人，性别比为 119.1。

2010 年，全县总人口 558682 人，其中男性为 301878 人，女性为 256804 人，性别比为 117.6。

三、年龄结构

（一）基本情况

2010 年，全县 18 岁以下人口 138625 人，占总人口的 24.8%；18—60 岁人口 348156 人，占总人口的 62.3%；60 岁以上老年人口 71901 人，占总人口的 12.9%。全县人口平均预期寿命为 75.42 岁。

（二）高龄人口

2000 年，全县 43.4598 万人，80 岁以上老人 5483 人，占总人口比例是 1262/10 万，比 1990 年增长 43.5%。2000—2008 年的 8 年间，80 岁以上老人递增到 11298 人。2008 年，全县 52.8755 万人，80 岁以上老人占总人口比例是 2137/10 万，比 2000 年增长 106%。

2000 年，全县有百岁老人 39 人，2006 年增至 87 人，2008 年增至 118 人。2009 年，澄迈县被评为第十个“中国长寿之乡”。截至 2010 年 4 月增至 171 人，全县 80 岁老人达 14127 人。是年，全县百岁以上老人 117 人。

四、文化结构

2010 年，全县具有大专以上文化程度 22.3 万人，占总人口的 40%；高中以上文化程度 33.5 万人，占总人口的 60%；初中以上文化程度 44.7 万人，占总人口的 80%；小学以上文化程度 53 万人，占总人口的 95%；不识字或识字很少有 2.7 万人，占总人口的 5%。

五、从业结构

（一）按三大行业分

1999 年，全社会从业人员 157498 人，其中，第一产业 103769 人，第二产业 16772 人，第三产业 36957 人。2002 年，全社会从业人员 175946 人，其中，第一产业 111811 人，第二产业 21463 人，第三产业 42672 人。2005 年，全社会从业人员 202720 人，其中第一产业 121766 人，第二产业 23586 人，第三产业 57368 人。2010 年，全社会从业人员 264825 人，其中，第一产业 150704 人，第二产业 40707 人，第三产业 73414 人。

（二）按专业行业分

1999 年，从业人数 157498 人，其中农林牧渔业 103679 人，采矿业 376 人，制造业 8100 人，电力生产和供应业 3032 人，建筑业 5264 人，交通运输邮电通信业 5433 人，批发零售业 9611 人，金融业 866 人，房地产业 75 人，科学研究、技术服务和地质勘查业 80 人，社会服务业 1060 人，教育 4134 人，卫生社会保障和社会福利业 837 人，文化体育和娱乐业 244 人，公共管理和社会组织 4049 人，其他行业 10568 人。

2002 年，从业人数 175946 人，其中农林牧渔业 111811 人，采矿业 915 人，制造业 11039 人，电力生产和供应业 3697 人，建筑业 5812 人，交通运输邮电通信业 6737 人，批发零售业 11794 人，金融业 678 人，房地产业 90 人，科学研究、技术服务和地质勘查业 41 人，社会服务业 1275 人，教育 4646 人，卫生社会保障和社会福利业 925 人，文化体育和娱乐业 274 人，公共管理和社会组织 3234 人，其他行业 12978 人。

2005 年，从业人数 202720 人，其中农林牧渔业 121766 人，无采矿业从业者，制造业 14869 人，电力生产和供应业 2287 人，建筑业 6433 人，交通运输邮电通信业 9960 人，信息、传真、计算机服务和软件业 346 人，批发零售业 10760 人，住宿和餐饮业 6769 人，金融业 678 人，房地产业 143 人，租赁和商务服务业 475 人，科学研究、技术服务和地质勘查业 25 人，社会服务业 18401 人，教育 5033 人，卫生社会保障和社会福利业 933 人，文化体育和娱乐业 307 人，公共管理和社会组织 3535 人。

2010年，从业人数264825人，其中农林牧渔业150704人，采矿业32人，制造业23403人，电力生产和供应业2696人，建筑业13075人，交通运输邮电通信业6805人，信息、传真、计算机服务和软件1284人，批发零售业20933人，住宿和餐饮业15941人，金融业510人，房地产业626人，租赁和商务服务业87人，科学研究、技术服务和地质勘查业405人，教育5379人，卫生社会保障和社会福利业1287人，文化体育和娱乐业173人，公共管理和社会组织3972人，其他行业17513人。

（三）按经济类型分

1999年，全社会从业人员15.74万人，其中城镇国有单位2.02万人，城镇集体单位0.33万人，其他经济类型单位0.47万人，城镇私营单位0.13万人，城镇个体0.31万人，农村劳动者12.48万人。

2002年，全社会从业人员17.59万人，其中城镇国有单位2.08万人，城镇集体单位0.4万人，其他经济类型单位0.55万人，城镇私营单位0.18万人，城镇个体0.31万人，农村劳动者14.07万人。

2005年，全社会从业人员20.27万人，其中城镇国有单位2.08万人，城镇集体单位0.34万人，其他经济类型单位0.55万人，城镇私营单位0.24万人，城镇个体0.35万人，农村劳动者16.71万人。

2010年，全社会从业人员26.48万人，其中城镇国有单位1.57万人，城镇集体单位0.12万人，其他经济类型单位0.70万人，城镇私营单位0.26万人，城镇个体0.78万人，农村劳动者23.05万人。

第三节　人口变动与计划生育

一、人口变动

从1999年起，澄迈县对流动人口有步骤、有计划地进行摸底排查，登记造册，推行暂住人口在村（居）委会登记站、用工单位申报点、出租屋管理站（点）登记办证模式，加强对流动人口的管理。同时加强落脚点控制，强化以房管人的工作机制，会同房地产部门推行出租房屋登记备案制度，加强出租房屋治安检查，解决出租房屋漏管失控，重大安全隐患等突出问题，及时发现、打击各类违法犯罪活动。至2010年，全县登记表在册的暂住人口共有26299人，境外人员201人。

二、计划生育管理

1984年5月，成立澄迈县计划生育委员会。1996年7月，更名为澄迈县计划生育局。

2009年8月复名，内设办公室、发展规划岗、宣传教育岗、科学技术服务岗、流动人口岗、计财岗；下辖县计划生育协会、县计划生育服务站2个事业单位。至2010年，机构沿袭不变。

2010年，召开澄迈县第四届计划生育协会理事会，产生新一届协会领导机构。加强镇、村两级计生协会建设，调整充实协会机构领导成员136名，建立村级协会组织236个、会员27030人。

1999—2010年，全县实行一系列计划生育管理制度，包括育龄妇女迁入、迁出制度、奖励扶助制度、孕前孕情管理制度、流动人口管理和服务制度、利益导向制度、出生实名制登记制度、人口和计划生育统计制度、社会管理综合治理制度等。

（一）人口计生宣传教育

1999年，多形式多渠道开展宣传教育活动，在澄迈县广播电视台开设“人口与计划生育”栏目，每周二、五正常播出；印刷一批易识易懂的知识教材，发放到农村，使宣传品进村入户率达到65%；发动干部群众订阅计生报刊，刷新墙上标语3900多条，在县城增制50块标语牌，出版简报11期、宣传栏5期；开展“人口与计划生育宣传周”活动，组织宣传车到乡镇、农场巡回宣传，组织县机关、乡镇、农场有关单位悬挂宣传横幅110条，在农村张贴标语1500多张。开展婚育新风进万家活动，推动澄迈县宣传教育工作向广度和深度发展。制定《澄迈县开展婚育新风进万家活动实施方案》，组织计划生育“三下乡”；坚持每季度在人口学校组织育龄群众学习计划生育知识；逐户发放计划生育政策法规和有关优生优育、晚婚晚育科普知识等宣传品。

2005年，以婚育新风进万家为宣传载体，以“关爱女孩”为切入点，多形式、多层次地开展宣传教育，把婚育新风吹进千家万户。澄迈要务公开报、澄迈县广播电视台开设计划生育专栏，对计划生育工作进行报道；制作录音带，利用计划生育宣传车深入各镇、农场进行巡回宣传，将利益导向政策编印张贴到每个村（居）委会；县政府投资3.5万元在金江镇环城西路建起“关爱女孩”宣传公益广告牌，每个镇、农场在醒目的地方制作语气温馨的宣传公益广告，并配有大幅宣传标语；统一制作单页宣传品25万份，印制《澄迈县计生基础知识、艾滋病防治知识问答》小册子4万册和宣传日历5000个，免费发放到群众手中，使计划生育宣传品入户率达93%以上；举办育龄群众面对面的宣传教育430多场，平均每个村（居）委会2—3场；举办中学生计划生育知识专题讲座17场；开展计划生育重点对象面对面的宣传访谈工作，访谈率达80%以上；刊发简报55期，向省人口计生局报送政务信息120余条及新闻稿件，有5篇稿件被省级以上新闻媒体采用；全县每个村（居）委会都制作计划生育宣传栏，每个自然村都有两条以上新刷写的墙上标语，并在固定的地方张贴《计划生育墙报》；建立老城镇大亭村委会、仁兴镇岭仑村委会为宣传教育示范基地；制定《澄迈县开展“关爱女孩行动”实施方案》，组织开展以“关爱女孩行动”为主题的集中宣传活动；利用“世界人口日”“男性健康日”等纪念日开展计划生育宣传和举办对贫困女孩的关爱活动。

2010年，县镇两级共投入150多万元，创建婚育新风示范村68个、计划生育新农村36个；创建新家庭文化屋130个；制作“全家福”相片2350张；在各中学开展人口国情和青春期健康教育活动20场；印发各种宣传品20万册；开展征文活动，共征文150篇、人口计生乡土文艺作品20篇；开展人口计生文艺下乡活动15场；编演舞蹈《阳光独生女》，把婚育新风吹进千家万户。

（二）依法行政

1999年，加强计划生育的执法力度，依法管理计划生育，对各乡镇、农场下达考核指标，并签订目标管理责任书；做好持证生育工作，共核发非农业人口第一胎生育证413个，农业人口符合生育第一胎指标3690个，二胎指标1621个；做好信访工作，共收到有关计划生育问题信件33件，对检举揭发的信件进行分类、查处，结案率达88%。

2005年，打击非法进行胎儿性别鉴定、选择性人工终止妊娠及遗弃女婴行为。县联合整治小组、县卫生局检查小组对全县的医疗保健机构、个体诊所进行全面清查，共开展22次执法检查，检查医疗机构219家，取缔无证行医1家，吊销医疗执业许可证1个，罚款6000元。

2010年，健全计划生育执法制度，将便民维权十八条、计划生育信访制度等上墙张榜公布，加大对执法人员的培训力度，制定《澄迈县依法征收社会抚养费规范》，依法征收和管理社会抚养费；持证执法、文明执法步入正轨，树立诚信政府、法治政府、诚信计生、法治计生的良好形象。加大查处干部职工违法超生案件，及时解决群众来信来访，全年的来信来访19件次；成立文明执法专项行动领导小组，举办专门培训班3次，座谈交流会3场，明察暗访6次，召开群众座谈会4场，走访群众320人次，发放行风评议调查问卷500份。

（三）利益导向

1999年，扶持计划生育好的农户尽快走上致富之路，建立计划生育利益导向机制，为育龄群众转变婚育观念创造条件。

2005年，全县农村部分计划生育家庭符合条件的扶助对象280人，全部兑现奖励。落实《海南省人口与计划生育条例》规定的对领取“独生子女父母光荣证”夫妻的奖励，兑现403户城镇夫妻，奖励费14.5万元，33户农村居民领取“独生子女父母光荣证”的夫妻得到奖励，共计1.2万元。落实计划生育贫困家庭的扶持政策，扶持计生贫困户22.2万元，将农村建沼气池的300个指标安排给计划生育户免费建造。2010年，重新修订《澄迈县计划生育利益导向政策》，落实奖励政策。

（四）综合改革

1999年，完善瑞溪镇和白莲镇计生服务所建设，3月16日瑞溪镇计生服务所揭牌开展业务；白莲镇计生服务所建成后，为育龄人员提供优质服务。

2005年，把创建计划生育合格村与创建卫生村、文明生态村活动紧密结合，促进基层计生工作的整体推进。结合创建卫生村、文明生态村活动，把创建计划生育合格村作为提升全县整体水平来抓，制定《澄迈县2005年度创建计划生育合格村实施方案》，加大对村干部、计生员的培训力度，提高他们的业务水平，发挥村级组织在计划生育工作中的作用。全县共创建计划生育合格村393个，其中合格村（居）委会123个、合格连队270个，合格村总人口302711人，占全县总人口的62.8%。

2008年，投入50万元，对县计划生育服务站进行改造，创建全省一流的层流洁净手术室和健康教育示范点；探索计划生育目标责任制考核机制，促进工作平衡发展。

2010年，出台《关于切实加强村级计划生育工作的指导意见》《关于切实加强村级计划生育阵地建设的方案》等，共投入140多万元，创建70个标准化村级计划生育阵地；探索流动人口计划生育管理区域合作经验，与湖南省溆浦县在福山镇成立流动人口计划生育协会，增强流动人口自我管理、自我服务能力；全面推进重心下移，健全民主管理和民主监督各项制度，扎实推进计划生育村（居）民自治；全县86%的村（居）计划生育自治达到规范要求，14.6%的村（居）达到计划生育村（居）自治示范标准。

（五）出生人口性别比综合整治

2005年，成立澄迈县控制出生人口性别比升高加强医疗市场管理领导小组，与卫生、公安、工商、药监、人口计生等部门签订综合治理出生人口性别比升高问题责任书，明确责任。在澄迈县广播电视台播放有关综合治理出生人口性别比升高问题的法律、法规和规章；利用宣传车、张贴标语、挂宣传横额等开展宣传活动。建立和完善B超机管理、引产、终止妊娠药品管理、报告等制度。卫生系统制定各医院出生婴儿登记管理制度、统计报告制度，派出所制定新生婴儿户籍管理登记制度等。加大执法力度，严厉打击非法进行胎儿性别鉴定、选择性人工终止妊娠及遗弃女婴行为。澄迈县联合整治小组和卫生局检查小组对全县的医疗保健机构、个体诊所进行全面清查，全年共开展22次执法检查，检查医疗机构219家，取缔无证行医1家，吊销医疗执业许可证1个，罚款6000元。全县出生人口性别比比上年下降7个点。

2010年，对使用B超机管理不到位的县妇幼保健院院长、分管副院长给予通报批评，

B超机医生调离岗位处分，健全控制出生人口性别比有关制度。举办医疗单位妇产科医生、B超机管理员培训班2期、座谈会1期，加强对退休妇产科医生管理，杜绝非法胎儿性别鉴定和地下产院。实行孕妇一对一跟踪服务，建立动态监测，例行检查2次、突击检查2次。每季度联合开展打击“两非”专项治理，清查整顿市场。制定《澄迈县出生缺陷一级预防工作方案》，开展出生缺陷一级预防宣传，投入7000元，单设“优生咨询服务室”，营造温馨咨询服务环境。

（六）出生登记

2005年，定期进村入户对出生、节育等情况进行核对，减少育龄妇女信息漏统、漏报的现象，使信息化建设达到国家规定的甲级标准；各镇、农场的人口信息的准确率、完整率均达90%以上。

2008年，县委、县政府将出生实名登记制度工作作为人口计生工作的重中之重，下发《澄迈县出生实名登记管理工作制度》和《关于切实加强出生实名登记制度管理工作的通知》；出台《关于机关单位实行新婚孕情出生及出生死亡报告制度的通知》，杜绝机关单位统计漏洞问题；加大对助产机构的监督检查力度，指定专人负责，每月跟踪核对住院分娩情况。

2010年，推动出生人口管理信息平台和“月月清”管理平台工作，全县人口计生信息系统对出生实名登记采用率达95%，出生人口统计质量明显提高。抓好PIS系统全员人口信息清理工作，7岁以上人口身份证录入率91.8%、户籍地录入率93%。

（七）综合服务

1999年，举办2期计划生育公务员培训班，参加培训的计生专干和乡镇分管计生领导105人，提高基层计生队伍素质。

2005年，坚持 “孕前管理、优质服务”的管理理念，建立健全服务网络，强化优质服务，投入28万元改进县计生服务站设施，澄迈县计生服务站被评为全省甲级服务站；各镇计生服务所（室）发挥资源共享，服务功能和质量不断提升，做到了阵地、人员、设备“三到位”，开展经常性的查环查孕查病工作，加强孕前管理与服务。在巩固县乡两级药具发放服务网络建设的同时，利用村一级合作医疗作为药具发放点，保证药具发放渠道的畅通，配齐配强药具管理员，改变育龄妇女领取药具难、管理不到位的状况，全县共有免费药具发放点364个，药具发放员452人；加强对乡、村两级药管员、药具发放员进行培训，举办药具培训班2期，培训率达100%。关心新婚户、一孩户、孕产困难户等家庭的生育、生活问题，帮助解决生活中存在的实际问题。投入23万元购置电脑17部，包括省拨6部，农场自购6部，全县共有29部电脑设备。澄迈县人口计生局设有专用电脑作为数据库接收各镇、场的育龄妇女个案信息，在日常应用中，WIS系统都能打印信息指导单，指导基层工作，并将信息进行及时的反馈和变更，能生成统计报表和常用统计指标，服务于人口形势分析工作，全县县级信息化建设达到国家规定的甲级标准；各镇、场的人口信息的准确率、完整率均达90%以上。

2010年，建立三级计划生育技术服务网络体系，按国家标准配齐配强县镇两级技术服务人员，加大培训力度，全县共进行培训15次，培训对象600人次；组织全县开展春秋两季计划生育集中服务活动，全县历年（含同年）长效节育措施。开展生殖健康宣传教育下乡活动6场次，接受健康体检并建立健康档案1万人次，健康教育5万人次，健康咨询2万人次，免费施行妇科手术20多人次，转诊50多人次。推动村（居）为主工作机制的落实，建立孕情全程管理和服务制度，把孕情管理和服务责任到村干部、计生员，实行一对一跟踪服务，做到月见面、季度访查，提高孕情掌握率。加强避孕药具管理，拓宽药具发放渠道，保证药具供应，确保药具质量安全有效，使用有效率达100%，满意度达90%。

（八）推进惠民工程

1999年，县计生协会以新吴镇龙楼村委会、南昌村委会为工作重点，投放资金5.2万元，扶持120多户农户种植杧果16.67公顷，养鱼5.5万条，养鸭6万多只，农户年人均收入达1798元；开展救助贫困母亲宣传、义诊、募捐活动，在县城发放避孕药具400盒，散发宣传品1830份，为180多名全责看病治病，为救助贫困母亲募集1200元；澄迈县“幸福工程”捐款达6.05万元，县“幸福工程”领导小组投放太平乡六山村委会30户群众用于致富奔小康“幸福工程”款2.5万元。

2005年，县财政配套“维护妇女合法权益”项目资金5万元，拨给县计生协会活动经费5.2万元。选定中兴镇的好保村委会、瑞溪镇的山琼村委会作为自治试点单位，制定《自治章程》《计划生育村规民约》，与育龄对象签订计划生育承诺书。在金江镇的光明居委会成立流动人口计生协会，制订流动人口计生协会章程，定时召开流动人口计生协代表大会，开展流动人口的生产、生活、生育等服务活动，为流动人口排忧解难。抓好维护妇女合法权益项目工作，在9月召开的全国维护妇女合法权益项目评估暨经验交流会上，澄迈县作经验介绍。

2010澄迈县计生协会与澄迈县博爱医院联合举办“呵护女性健康，构建和谐澄迈”为主题的女性生殖健康检查活动，有13800位育龄妇女接受免费检查；实施计划生育爱心保险活动，为69名农村独生子女、98名农村纯女结扎户购买意外伤害保险，每人每年保险金300元，保额18万元。

三、流动人口计划生育管理

1999年，做好流动人口的证件发放和验证工作，全年共办理《流动人口计划生育证明》2534个，查验流入人口婚育状况560人次。

2005年，对流动人口计划生育实行制度化管理，出台《澄迈县开展流动人口计划生育清查验证活动实施方案》；成立澄迈县流动人口计划生育工作领导小组，把流动人口计划生育工作纳入责任目标管理；与金江镇、公安、工商、建设、人劳保、人口计生等单位签订流动人口管理目标责任书，建立“属地管理、单位负责、居民自治、社区服务”的管理体制，将流动人口纳入常住人口管理轨道，实行综合治理。定时召开流动人口治理协调会，组织开展多次的清查验证活动，其中6月底进行为期一个月的全县清理整顿活动取得成效。各镇、农场及时建立健全流动人口管理档案，流动人口的生育、节育等信息得到及时的录入，与常住人口一起实行管理，定时开展清查验证工作，查验证率达88%以上，持证率达50%以上。同时充分利用信息平台开展信息交流，及时反馈流动人口信息。

2010年，出台《澄迈县流动人口计划生育管理规定》；召开综合治理联席会议；与相关部门签订目标责任书；实行机关、企事业单位法定代表人计划生育责任制，开展流动人口计划生育集中服务活动2次，推进流动人口计划生育全省“一盘棋”工作，抓好流动人口计划生育网络化协作。流入已婚育龄妇女建档率达96%，查流出登记率达95%，办证率75.6%，流入人口详细户籍地录入率90%，流入流出已婚育龄妇女符合法定生育率90.9%。

1999—2010年澄迈县计划生育一览表

表1-5-3

年度	户籍总人口（人）	已婚育龄妇女（人）	出生总人数（人）	出生率（‰）	自然增长率（‰）	计划生育率（%）	计划外多胎率（%）	一胎率（%）
1999年	510115	75685	7111	1.39	1.23	53.7	21.6	44.2
2000年	516395	76905	7050	1.37	1.04	57.0	19.7	48.2
2001年	521752	77878	7239	1.39	1.03	60.7	16.9	50.2
2002年	527127	78472	7147	1.36	0.98	62.4	15.4	50.2
2003年	532269	79323	6492	1.22	0.68	67.6	13.1	54.2
2004年	535894	80201	6606	1.23	0.62	85.7	10.2	59.9
2005年	539201	81072	7483	1.39	0.40	89.9	7.8	54.7

续表 1-5-3

年度	户籍总人口（人）	已婚育龄妇女（人）	出生总人数（人）	出生率（‰）	自然增长率（‰）	计划生育率（%）	计划外多胎率（%）	一胎率（%）
2006 年	541377	81982	7845	1.45	0.25	89.4	7.9	54.0
2007 年	542705	82776	8121	1.50	0.22	89.3	8.6	51.6
2008 年	543921	83893	8440	1.55	0.50	88.4	9.7	50.7
2009 年	546665	85240	8471	1.55	0.06	88.0	9.6	51.3
2010 年	547013	86213	8261	1.51	0.06	90.8	8.0	52.2

1999—2010 年澄迈县独生子女证发放情况一览表

表 1-5-4

年度	一孩夫妇（对）	已领证（人）	年度	一孩夫妇（对）	已领证（人）
1999 年	7998	61	2005 年	10937	81
2000 年	8483	67	2006 年	11596	92
2001 年	8948	78	2007 年	12246	103
2002 年	9301	61	2008 年	13049	129
2003 年	9798	56	2009 年	13871	183
2004 年	10355	75	2010 年	15017	209

四、获誉授奖

2004 年，澄迈县计生协会被中国计生协评为“全国先进项目拓展点”；2005 年 11 月，被评为“全国婚育新风进万家活动先进单位”；2006 年 11 月，被评为“全国人口和计划生育系统先进集体”；2006 年，被中国计生协评为“全国计划生育协会先进单位”，获得 5 万元的项目经费奖励，被中国计生协确定为全国“生育关怀行动”项目点，成为全国 25 个项目点之一；2010 年 1 月，荣获全省《流动人口计划生育工作条例》知识竞赛三等奖；2010 年 12 月，被评为“全国计划生育协会先进单位”；2009—2010 年，连续两年被省委、省政府评为年度人口和计划生育工作先进单位。

第四节　居民生活

一、城镇非私营单位在岗职工工资总额和年平均工资

1999年，工资总额16578万元，其中国有单位10859万元，城镇集体单位1776万元，其他经济单位3943万元。年平均工资6925元，其中国有单位6379元，城镇集体单位5603元，其他经济单位10517元。2002年，工资总额26978万元，其中，国有单位15357万元，城镇集体单位2384万元，其他经济单位9237万元。年平均工资9731元，其中国有单位8332元，城镇集体单位9193元，其他经济单位16973元。2005年，工资总额30651万元，其中，国有单位18917万元，城镇集体单位2108万元，其他经济单位9626万元。年平均工资10657元，其中，国有单位9457元，城镇集体单位6404元，其他经济单位17611元。2010年，工资总额79366万元，其中国有单位60147万元，城镇集体单位2267万元，其他经济单位16952万元。年平均工资33127元，其中国有单位38233元，城镇集体单位18134元，其他经济单位16554元。

二、人民生活水平

1999年，农村居民家庭人均纯收入2261元，职工平均工资6925元。2002年，农村居民家庭人均纯收入2692元，职工平均工资9731元。2005年，农村居民家庭人均纯收入3368元，职工平均工资10657元。2010年，城镇居民人均可支配收入14808元，比1990年增长9.3倍，年均递增11.8%；农民人均纯收入5920元，增长8.9倍，年均递增 11.6%。城乡居民储蓄存款余额46.8亿元。居民的生活消费支出大幅度提高，生活质量明显改善。

2010年，农村居民人均生活消费支出4870元。人们在吃的方面追求的是营养、保健、高蛋白、低脂肪和无公害绿色食品；穿着方面追求个性化、呈现多样化，新潮、时尚和品牌成为消费者追求的目标。电话、手机、彩电、冰箱、洗衣机、空调器、影碟机、热水器等耐用消费品及家用电脑、轿车等高档消费品进入城乡居民家庭。

1999—2010年澄迈县城乡居民收入情况表

表1-5-5

项目年份	城镇职工工资		城镇职工年人均工资		农民人均纯收入	
	总额（万元）	比上年增加（%）	总额（元）	比上年增加（%）	总额（元）	比上年增加（%）
1999年	16578	-5.6	6925	1.6	2261	7.5
2000年	17820	7.5	7460	7.7	2451	8.4

续表 1-5-5

项目年份	城镇职工工资		城镇职工年人均工资		农民人均纯收入	
	总额（万元）	比上年增加（%）	总额（元）	比上年增加（%）	总额（元）	比上年增加（%）
2001 年	19709	10.6	8453	13.3	2564	4.6
2002 年	26978	36.9	9731	15.1	2692	5.0
2003 年	26958	-0.1	9735	0.04	2870	6.6
2004 年	28126	4.33	10113	3.9	3177	10.7
2005 年	30652	9.0	10657	5.4	3368	6.0
2006 年	37870	23.5	13489	26.6	3678	9.2
2007 年	44374	17.2	16384	21.5	4138	12.5
2008 年	46301	4.3	19621	19.8	4793	15.8
2009 年	49215	6.3	21265	8.4	5244	9.4
2010 年	79366	61.3	33127	55.8	5920	12.9

第六章　民俗 方言

第一节　婚姻习俗

一、定亲

俗称“出命”。男女恋爱成熟后，经双方父母同意，女方父母将其女儿的生辰八字写成庚帖，托媒人送交男方父母。三天内，男方家中没有不祥之兆头，就认为女命吉利，继由男方家长将男女生辰请择日先生合算，如无冲无克，表明两命相配，男女和合，可以百年偕老。此后，由男方选吉日，备彩礼送到女家，俗称“号命”“送槟榔”，女方称为“定命”，这就表明男方已有媳妇，女方已有丈夫，俗称“红纸合命，百年偕老”。

二、问亲

送“槟榔”后，双方准备结婚，由男方备糕饼、粿或猪肉等简单礼物，请媒人带到女方家庭，要求女方父母准予迎亲。女方父母同意，男方就择定吉日迎亲，若不同意，则延至次年再问亲，直到女方同意为止。

三、送彩礼

即报知迎亲的日期和送红线，以给新婚女方出嫁之日开脸。女方父母同意女儿出嫁后，由男方选择结婚日期，俗称“择日”。结婚日期择定后，男方便将日期、红线和彩礼送到女方家，俗称“送钱”，也称“报日”。彩礼多寡，视男方家境而定。富者多送，贫者少送。2000 年初，礼金一般四五千元或七八千元，至 2010 年礼金多者达两三万元。

四、迎亲

迎亲之日，女方送嫁妆，男方组织伴郎，有的还备“八音”队，又称鼓吹队，到女家迎亲。新娘由伴娘、媒婆陪送，随新郎到男家。及至男家门庭，鼓乐齐奏，鞭炮齐鸣，新郎新娘齐进厅堂跪拜祖先，然后进洞房。期间，男女家皆备筵席，宴请宾朋。1999 年至 2010 年结婚大摆酒席盛行，同夜，夫妻吃“和好饭”，亲友戏闹新娘，俗称闹洞房。

翌日晨，新娘出中堂扫地，进厨房往灶里加火，往缸里加水，到庭院里喊猪叫鸡，喂猪喂鸡，然后，向长辈行礼、认亲戚。第三天，新娘回路（即回嫁家），于同天或数天后，男方家备薄礼到女方家接回新娘，至此，婚礼完成。

第二节　殡葬习俗

澄迈民间丧葬习俗包括戴孝、入殓、出殡、掩埋、修墓、“迎七”、超亡斋等七个环节。

一、戴孝

戴孝是晚辈对长辈死亡后的一种缅怀，表示哀悼。行丧之日，头戴白麻帽，身穿白麻衣，脚着草鞋，腕带白纱带，拿着青竹竿，将亡者送到墓地埋葬。葬后，弃掉青竹竿，脱去衣帽和草鞋，仅腕上白纱带，待到“迎五七”（即人死后第五个七天）时全部烧掉为止。

二、入殓

先以白纸为亡者遮脸，表示阴阳之隔，为死者换上白色丧服，穿鞋袜，戴帽子，继将粗纸（福纸）铺进棺材里，成为纸窝，将尸体入卧。入殓一般请外人，自己的儿孙们做更好，表示尽孝道。但家人如出生时辰与死者生辰相忌者须避开。

三、出殡

按照卜定时辰，起棺出门，晚辈们穿麻戴孝啼啼哭哭送殡（长辈不能送晚辈，夫妻间，妻可以送夫），边走边放鞭炮，半途女人返家，男人随至墓地，直到掩埋好棺材后才归家。

四、掩埋

入棺穴中，家中送殓的男人，由大到小，跪在前面，每人拿一把泥土抛进墓穴中，丧葬的长者将硬币数枚置于墓穴四端角，以示儿孙们送终。然后，由挖穴的人添土成堆，将一株带刺的“荽丛”置于上面，有些地方还插上令符，送殓人在附近摘些秧苗或番薯藤条之类带回家中，掩埋结束。

五、修墓

道教认为墓穴就是死人的住屋，在掩埋殡棺时已堆土成墓，死者灵魂还不能出入，修墓则是开门通行。修墓要选坐向，择良辰吉日，择好日期，请道士写祭文，画“令符”，并备好鱼、肉、鸡（谓之“三牲”）、饭团、茶酒、金银元宝、香烛等祭品，由家人给坟墓培土铺草皮，最后举行祭祀仪式，道士念祭文，插“令符”，即告完竣。

六、迎七

人死之后，一般要迎“一七”和“五七”。迎“一七”就是第一个七日，这天备好金银元宝香烛，红、蓝、青、黄、白五色纸，剪裁衣服，并以饭团、肉块、茶酒祭奠死者，全家人啼啼哭哭，祭奠完毕，将金银元宝和纸衣纸帽烧焚。当天夜间，煮好两碗米糊，点上清香，放在厅堂偏角处。第二天早上家人去看，糨糊完整无缺，说明死者亡魂已回家看守，否则，认为亡魂没有回家。迎“五七”，即在死后35日那天，家人准备好竹片编绑纸糊的雕梁画栋的纸屋，纸制的金山银山，衣裤被褥，金银元宝等越多越好。除主人准备外，亲戚朋友还多买纸张剪裁衣服赠送。当天，请道士到家做“五七斋”，备齐酒、饭、鱼、肉祭品，在祭祀中，允许家人啼哭，祭奠完毕，将所有的纸屋等纸制祭品和送殓时的麻孝衣服、草鞋、麻帽和手腕上的白纱带等烧掉，祭品烧完化为灰烬后酌酒，迎“五七”完毕。从此，家人没有什么禁忌了，随便出外入内，外人也随便来往，恢复正常交往。

七、超亡斋

也称“超解斋”，有的百日举行，叫百日斋。过百日不超解亡者，以后就要择吉日才能举行。超亡斋要请道士多人到家，摆设斋场，竖立大神大圣的神位才能举行。小斋时间三天，道士四五人。大斋时间七天或九天，道士十多人或二三十人。除念斋外，还要演赦罪戏、九关引魂戏、送孙添福戏。在鼓乐齐奏中开斋，主人派专人应酬斋场，香烛燃烧不断，道士日夜念经拜神，白天三次、夜间两次，从始到终。对死亡者，用木制一个神牌，正面写上死者名字及封号，背面写上生卒时间及墓葬坐向。在斋场里当诸位大神大圣祭祀，用红笔点神牌上方，俗称“点主”，然后将这个新神主牌放上正厅神龛，同历代列祖列宗的神牌一起，表示死者已回到家里，同祖奉祀，保佑子孙。

至2010年，以上葬俗仪式基本尚存，过程多有简化。

第三节　节期习俗

一、春节

通常是指农历正月的初一、初二、初三，这三天，不管食的、穿的、用的，家家户户都要准备，叫备年货。正月初一前的上年农历十二月廿九或三十日，民间称为除夕日，这一天，家家户户除旧布新，张贴春联，杀鸡宰鹅，祭神祀祇，鸣放鞭炮。同夜，全家围炉吃饭，给小孩压岁钱、利是钱等。有的地方还聚众抬神游村，舞龙舞狮，武术表演；或举行文娱体育活动，以增加节日气氛。

实际上，民间的春节节期是自农历正月的初一延至正月十五日。正月十五日叫元宵节，称为小年。这天晚上叫“元宵”。宋代以来澄迈就有观灯的风俗，所以又叫灯节。“正月十五闹元宵”，就是指在这夜所举行的歌舞灯会娱乐活动。澄迈县各地农村，一般都宰鸡宰鸭等祭祀家中祖先和敬奉村中庙神，夜间抬神游村，家家户户烧香点烛，鸣放鞭炮，迎接“公祖”进屋，以保平安。有些地方还白天“装军”：舞龙舞狮、武术表演、举彩旗、扬横幅游街，举办各种游园晚会。至2010年，其俗尚在沿袭。

二、清明节

缅怀先人的节日。这一天，家家户户扫祭自家的坟墓，或聚集同族兄弟扫祭祖坟。表示悼念已故亲人，饮水思源，策励后人发奋创业。此风俗至今还盛行。

三、端阳节

也称“端午节”“重午节”，每年农历五月初五日举行。节前几天，家家户户包粽子。

五月初五这天，每家挂艾草叶、洒雄黄或带黄姜，人人吃粽子等。但如有家人去世，遇上第一个端午节不包粽子，怕粽子水烫着失去的亲人。

挂艾草叶。传说有一年五月初五日，玉帝派员下凡巡视民情，使臣打扮成一个卖油郎，边走边说：“一葫芦半斤，三葫芦一斤”。人们听了便争先恐后的去买。唯有一位老人不买，且直说：“一葫芦半斤，三葫芦怎么是一斤，你算错了”。在旁买油的人都责骂那位老人多管闲事，老人提着空葫芦就走了，卖油郎卖完油后，去找那位老人说：“你是个好心肠的人，五月初五的晚上，瘟神要降瘟疫，你在门边插上艾草叶，就可以躲过这场瘟疫。”卖油郎一走，老人就逐家挨户地告诉了人们。在五月初五那天，家家户户门口挂上艾草叶，就避免这场瘟疫。从此，端午节挂艾草叶便传了下来，成为习俗。艾草叶里有芳香油，具有杀虫、驱寒等作用。家里挂上艾草叶，有利于预防传染病。至2010年，其俗尚存。

洒雄黄。古人认为，雄黄可以祛邪杀虫。屋里旮旯处洒上雄黄，即可杀死病菌和害虫。

四、亡月

每年农历七月上半月（即初一至十五），称为亡月，也称“送鬼节”。传说无家可归的冤魂都关在地狱里，每逢亡月为冤魂放风日期。这天，所有冤魂到处自由流窜。因此，人们在七月初一前一天，须在自家门口挂上艾叶和涂上黄姜，小孩子身上带上黄姜，以便辟邪驱鬼。同时还用艾藤叶（俗称“鸡屎藤”）配白米磨粉制作粿吃，用来驱邪。是日，孩子忌出远路，忌办喜庆之事。到十五日夜，人们包饭团、鱼肉、元宝、香烛等供品到村外去布施冤魂，让它们吃饱饭，拾些钱银，带回地狱去，谓送鬼节。另有一种传说是农历七月初七至十五为烧纸衣节。人们按习俗在这几天中，选定一天，给自家的列祖列宗烧纸钱、纸衣、纸袍，以及金银元宝。让先祖考妣，穿上新衣裳，挑选好的子孙送给家人并保佑全家老幼平安，发展生产，让其家庭发丁发财，兴旺发达。至2010年，其俗在沿袭。

五、中秋节

每年农历八月十五日。民间有在中秋节吃月饼拜月亮的习惯。这天，家家户户都买中秋饼，吃饼赏月。离家的亲人也都返家和家人团聚，因此，中秋节也叫团圆节。有些人家在庭院里摆起桌凳，将月饼供于桌上，点起香烛，祭祀月亮，全家人围桌而坐，边吃饼边赏月，大人给小孩讲“嫦娥奔月”“吴刚伐桂树”等有关月亮的故事。除吃月饼外，还加点酒菜，供全家人饱“肚福”。青少年男女，喜欢在中秋节这夜放针，即中秋之夜十一二点钟月亮较大较圆的时刻，在室外有月光照射到的地方放一碗水，然后在水的上面平放一枚缝衣服用的银针，通过看月光照射银针产生的投影的形状来预测一生的前途。至2010年，其俗尚存，青年男女中秋放针一项多已淡化。

六、冬至节

每年农历十一月冬至日，系二十四节气之一。这天，澄迈县从城镇到农村，都有以甘薯、大薯配米磨粉，做甜薯粿的习俗，以示一年五谷丰登。有些姓族，约定在此天，扫祭远祖坟茔，如渡琼始祖、立宗始祖、定居始祖等，如同清明节。至2010年，此俗仍沿袭。

第四节　公期习俗

公期是各地群众为了纪念本村、本族的始祖（公或婆）的诞辰或纪念某个神圣的圣诞日而组织的集体活动。公期的历史悠久，源远流长，时间不一，内容多样，涉及面广，参与人多。20世纪50—70年代，大部分乡村曾一度中断过，后复盛行。

公期活动的形式多样。“装军”，即白天民间集合群众少则几十人，多则二三百人，排成两行长龙队伍，拿藤盾、握铁叉、持长棍、把红花、挂彩带、举帅旗、扬彩旗，扛着神像，敲锣打鼓，舞龙、舞狮、舞虎，还有武术队、秧歌队、腰鼓队、仪仗队随行等等，其秩序井然，十分威风。有的游村，有的游街，因地而定。晚上，演木偶戏或琼戏，热闹非凡。亲朋好友，都来凑热闹，喝酒观景。在澄迈县中兴、仁兴、文儒、坡尾等地方，则是以交易农民编织的竹器和各种生产生活用具为主要内容，很有特色。规模小者则是各家各户准备“三牲”（肉、鱼、三鸟）和糕粿祭祀神祇，保佑平安。

澄迈县各地主要公期一览表

表 1–5–6

乡镇	村庄	时间（农历）	乡镇	村庄	时间（农历）
金江镇	金江市	正月初二日	长安镇	北河村	五月十三日
	大坡村	二月十五日		南墩村	二月十五日
	北潭村	三月十三日	瑞溪镇	罗浮村	正月十五日
	塘口村	四月十三日		山口村	正月十五日
	洋田村	正月十二日		南山村	二月十二日
	高山村	九月初二日		大坡村	二月初二日
	山腰村	二月初二日		山内村	二月十六日
文儒镇	坡尾墟	二月初十日		下村村	三月初七
	石村村	二月初十日		瑞溪市	七月初七日
	珠宝岭村	六月十五日	永发镇	椰风厂	正月初八日
	桂根村	正月十五日		永发村	正月十八、十九日
	平坦村	三月十二日		永灵村	正月十八、十九日
	石浮墟	三月十五日		博罗村	二月十三日
加乐镇	加乐墟	二月十五日		南轩村	二月二十二日
	加茂村	二月二十四日		大吉村	正月十六、十七日
	加乐村	二月十五日		儒昂村	正月二十四日
	加朗峒	正月十五日		美才村	正月十四日
长安镇	长安墟	二月十三、十四、十五日		龙楼村	六月十二日
	福龙村	五月十三日		寨玉村	正月十二日
	新云村	二月十三、十四、十五		参军村	正月二十日
	内阁堂村	正月十四日		新吴墟	二月十二日

续表 1-5-6

乡镇	村庄	时间（农历）	乡镇	村庄	时间（农历）
长安镇	茂坡村	二月十五日	永发镇	南昌村	正月十二日
	下山村	二月十七日		—	—
美亭乡	美亭墟	二月十二日	桥头镇	桥头墟	正月十四日
	美亭村	二月初二日		才芳村	二月初二日
	黄竹村	六月十二、十三日		文旦村	正月初九日
	扬坤村	二月十二日		昌堂村	正月初九日
	万昌村	二月十九日		道寮村	二月二十三日
	雅新村	八月十五日		美田村	五月初三日
	文英村	二月初二日		桃材村	二月初九日
	大美村	正月二十七、二十八日	山口乡	旺商墟	正月十四日
老城镇	老城墟	五月十三日		大云墟	正月初八日
	玉堂村	五月初五日		横滩村	二月初九日
	大场村	五月初五日		山口村	二月初五日
	才吉村	五月十三日		军头山村	九月初九日
	大亭村	三月初三日	中兴镇	好保墟	正月初九日
	美儒村	四月十四日		福来墟	正月初十日
	马村村	二月十九日		中兴墟	正月十一日
	东水港村	三月二十三日		和安墟	正月十二日
	东水港	六月十一日	仁兴乡	三千墟	正月初九日
	文大村	三月十七日		美厚墟	正月初十日
福山镇	福山墟	正月十一日		仁兴墟	正月十二日
	博才村	正月初四日		岭仑墟	正月十三日
	花场墟	四月十五日		美合墟	正月十三日
	敦茶村	四月十五日		中南墟	十月初六日
	福山墟	二月二十三日			

第五节　其他习俗

一、开耕

也叫试耕，头日田，是澄迈县农村耕种的传统习俗，每年农历正月初一日（县南地区为初二日）举行。同日早晨，各家各户由家长牵牛扛犁或耙到地里耕作，全家成年人随后在水田里插秧，坡地上种豆，表示这年农耕有了好的开端，盼望全年有好收成。此俗至2010年仅有少数地区保存。

二、立春

一年二十四个节气之首。传说天府在立春日有惠牛免役之德。同日，龙事于地，动土伤龙，龙必涸泽而天旱，瘟必弥漫，痘必滋生，天灾必降。立春之日不驶牛，祈祷全年风调雨顺，五谷丰登，安居乐业。

三、女不坐船头

主要流行于沿海的老城、马村、大丰、福山、桥头等地方。当地人们认为船头顶风逆浪，破浪前进，女人经不起风吹浪打，坐在船头上意味着船战风斗浪不力，不吉利。此俗至2010年，民众思想上已淡化，但在实际生活中仍无意识地沿袭。

四、“二不养”

毛旋（旋斗）牛不养。俗称“家养破相牛，金山变成灰。”一般认为四个旋斗生端正位置的为吉利牛，但若牛角上的纹迹构成四方形或长方形的，谓之扛“棺材”；牛背及肚部有旋斗六个或八个，谓之送“棺材”；牛尾部的三骨板处有旋斗，谓之带“罗盘”；牛颈上有两行白毛，谓之带“铁钳”；牛的嘴上颚有白点，谓之“白石龟”；牛的头部有倒生的毛，谓之“戴孝”；牛嘴内的牙齿，有黑一点的，谓之“毒丸”；牛肩上生有倒竖毛，谓之“竖碑记”；牛蹄和生脚毛处有倒生的毛，谓之掌“龙杖”；牛颈上有旋斗，谓之带“尖刀”；牛肩臂骨处有旋斗，谓之抛“牌壳”，等等都属不吉利的牛，忌养。

“破相”猪不养。如有白毛者称“插花”，尾曲者称“卷圈”，耳破者称“通风”，缺趾者称“三足”，均属“破相”之列，饲养不吉利、不赚钱。此俗至2010年尚沿袭。

五、拆迁

民间拆迁建房等重大土建活动，都要选择良辰吉日，即选择一个“五行相生”的吉日，方予开工，甚至伐木盖房屋，做家具等，但伐木制棺材，则择空日。此俗至2010年早已淡薄。

六、建房

建房造屋的习俗包括择日、奠基、压脊带、升梁和入屋等五个方面，此俗至2010年尚沿袭。

（一）择日

建新屋前，将全家人的生辰八字送到择日师的手里，请日师挑择一个对全家人的命无犯无克，又添丁发财的良辰吉日。吉日择好后方能兴举土木。

（二）奠基

即挖好墙基后，按选定的时辰和东西南北四方位置，先请道士挖荒坟、除污土，燃烧香松乱撒全场，辟邪驱妖；再请吉利人（三代双全者）撒橘叶、柚叶、米谷和硬币，然后下石筑基，由四亲六戚送来粿糕、猪肉等物品庆贺，表示送福。如不择吉日建房，那必须写“鲁班公的神衔”竖在前面，一碗清水、一支橘叶、一个香炉，在每天开工前烧香，拜一拜，直到房屋竣工后才备好酒饭鱼肉、金银香烛祭祀而辞去。

（三）压脊带

即房屋的四周墙筑完，桁桷装订好后，开始砌装屋顶的瓦片，这就是压脊带。压脊带也要看个吉利日子。脊带是房屋挡风遮雨最高之处，要求牢固。因而，须用石灰或水泥、细沙、石灰三者混合做成糍糊状，砌在瓦片上加固。这一天，主人还得约个亲戚，送糯米粿，以示有粮有禄，房屋坚固。

（四）升梁

它象征从此兴旺发达，安居乐业，是兴建房屋最重要的仪式。升梁同样择吉日。即在盖好的新屋内，脊梁上挂红布，两梁头贴“天乙贵人”“太乙贵人”，中间贴“紫徽坐镇”。屋中六支柱，贴上红纸写的对联，四个角柱贴“东鲁孔夫子”“西岐周文王”“南山钟进士”“北海姜太公”的神衔。正厅桌上摆满食品及两支煤油灯，请一位吉利人家（即三代双全者）打紧梁签，读祝文、抛糯米饭团（俗称坡柱）、撒钱币及五谷。边撒口边念：一添福、二添禄、三添子孙、四添五谷和六畜。糯米饭团要从屋顶上抛过去，让小孩争抢着接抛过屋顶的饭团。这天，四亲六戚都来祝贺，有的做糯米粿，有的带红包。祝梁完毕，当场就将粿筐割成小片，分给在场人员尝试，然后入席喝酒庆贺。

（五）入室

筑房屋好后，第一次搬进新宅，叫入室。入室也要择吉日。举行入室仪式：全家人按辈次先大后小，先男后女排队，由家长拿着两支煤油灯领着进屋，同时扛一锅糯米糒以及猪肠等食品，带上饭碗、筷子、刀、砧、白米等。参加祝贺的人，每人带一个红封（钱多少不限），走进室里绕一周，把红封交给主人，以鸣鞭炮表示仪式结束。仪式结束后，将猪肠割成若干小段，拿碗装饭，分给在场的人吃，吃多少不限，但至少须吃一口。接着开席就餐，款待宾客。在三天内，不允许自家的钱财粮食等物品出门（包括欠债务也不能还）；

三天后，家长出行，带点食物归来，供全家人吃，表示入住新屋后得了福添了禄。

七、生育

（一）满十二日

男女婚后生育第一个孩子，不论男和女，从出生之日算起，到第十二日称“满十二日”。男方备酒罐，装满白酒或白米以红纸封口，再拿一只公鸡装在鸡笼，托人送到女方娘家，报告生男孩或女孩，此称“报喜”。男方家庭此日用白米磨粉做蒸筐粿，不能配料加盐，否则孩子会生疮疥，叫白水粿（百层粿），请邻居一起就餐。

（二）满月

孩子出生满 30 天，称“满月”（俗称“出月”）。婴母首先洗头发，可以出门串户，外人也可以进入家门。一般生男孩，则备点饭菜，请左邻右舍嫂婶和四亲六戚到家会聚，以示贺喜。婴母洗头后，往娘家出行，归时带点食物，以示孩子有了粮禄，日后好谋生计。

（三）周岁

婴儿长满一周年之生日，就准备摆酒席，请亲戚朋友会餐庆贺，俗称“做对岁”。一般是第一胎男孩做对岁。也有第一胎生女孩做对岁的，但很少。做周岁时，娘家出钱买一头猪，或娘家自养一头猪，送到男方家庭，屠猪请酒，四亲六戚都备礼来庆贺，酒醉饭饱后才分头返家。

八、押手丁

押手丁日，即每年农历二月上旬第一个丁日，是澄迈县中部和南部农村五岁孩子命名启蒙日。这天，凡是 5 虚岁男孩，家长都在家里设香案，题写“大成至圣先师孔夫子神位”的神衔挂在厅堂，请一名“教师”当圣命名，并教男孩握笔写字，谓之“押手”，教念三字经，谓之启蒙。点鲤鱼目，期望男孩长大后，跃龙门，四亲六戚都来拜贺。此习俗流传已久，至 2010 年仍沿之。

九、寿庆

人生活到 60 岁，岁次周复，甲子翻转。年满花甲，进入老年。所以，61 岁表示已满第一个甲子周进入第二个甲子周。儿孙们要为老人祝寿，61 岁大庆，62 岁、63 岁小庆。以后每逢 71 岁、81 岁、91 岁……则大祝寿，72 岁、73 岁、82 岁、83 岁、92 岁、93 岁……为小祝寿。在祝寿那天，大摆酒席，请亲戚朋友喝酒，宴酒大小多少，看儿孙们的生活水平而定，家境富裕者，除设寿宴外，还请剧团来演戏祝贺。女婿等至亲送寿字或送寿匾，儿孙们向老人拜寿。祝老人福体健康，长命百岁。

十、民居

澄迈人住宅多为土木结构的五支桁、七支桁、九支桁、十一支桁等瓦房。建筑布局一般分为正屋、厨房和厢房。正屋是主体三间，中间是厅堂，左右两侧为卧房，厨房和厢房在正屋的两侧。四周修建围墙，形成独院。

十一、禁忌

澄迈县民间流传的禁忌很多。但随着社会进步，科学发展，有些禁忌已自然淘汰。截至2010年尚存主要禁忌：

忌“立春”日用牛耕地。

忌同姓通婚。古书曰：“男女同姓，共生不蕃”“同姓不婚，恶不殖也”。

忌在屋内煮狗肉吃。如在屋内煮狗肉吃，灶神要责罚。

忌扛锄头入室。

忌戴笠入室。

忌正月初一早上做饭、用刀、用火钳和吹火筒吹火。

忌讲人家婴儿长“得壮”“漂亮”。

忌单日（初一、初九、十五）出门远行。

忌正月初一日骂人和说不吉利的话。

忌家中亲人亡故，不过“三七”串门。

忌妇女生孩子不满月入别人家。

忌早上向做生意人赊货。

忌妇女怀孕期间搬动家具和维修房屋。

忌蛇入屋。俗有“蛇入屋，必有哭”之谚。

忌出嫁姑娘在娘家过年。

忌女人拜神，拜公祖（县南境），但在县北境则可。

第六节　方言

2010年，澄迈方言有海南话、儋话、涯话，其中以使用海南话人数最多，计有45万人；儋话、涯话，主要分布在福山、桥头、白莲、老城、马村一带，计约10多万人。全县通用海南话，机关、学校、农场通行普通话。

第二编 国土管理 环境保护

第一章 土地管理

第一节 管理机构

1999年,澄迈县土地管理局归口县建设与环境资源局管理。内设办公室(人事秘书股)、地籍管理股、建设用地股、测绘股、监察保卫股和纪检组，下辖澄迈县土地交易所。

2001年5月，成立澄迈县国土环境资源局，属县政府工作部门，主管全县土地、矿产等自然资源的规划、管理及环境保护等工作。内设办公室、规划岗、耕地保护岗、地籍管理岗、土地利用管理岗、污染控制管理岗、自然生态保护岗、核与辐射安全岗、矿产资源管理岗；下辖老城分局、国土环境资源监察大队、土地确权与纠纷调处办公室、土地储备整理中心等4个直属副科级事业单位和土地估价与测绘事务所、土地交易所、环境保护监测站、矿务与自然保护站及11个镇国土环境资源管理所等15个股级事业单位。至2010年4月，机构保持不变。

2010年5月11日，县国土环境资源局加挂“澄迈县测绘局”牌子，主管全县测绘工作，主要从行业标准、法律法规、土地测绘服务保障、成果管理4个方面落实各项管理职责。内设测绘岗，主要负责开展全县范围内土地测绘生产工作。

第二节 土地使用管理

一、地籍管理

地籍管理是指对土地的位置、地界、数量、质量、权属和用途等基本情况的记载和管理，是国土资源管理的重要基础和保障，是维护社会主义土地公有制，保护土地使用者和所有者的合法权益，促进合理开发和利用土地资源。主要内容有5个方面：土地调查、土地评价、土地登记、土地统计和地籍档案资料。

1999—2000年，共发放土地证137宗，面积483.72公顷，其中国有土地使用权证3

宗，面积0.06公顷；集体土地使用权证134宗，面积483.66公顷。2001年，共发放集体土地使用权证4宗，面积187.86公顷。2002—2003年，共发放土地证47宗，面积58.81公顷，其中国有土地使用权证6宗，面积52.22公顷；集体土地使用权证41宗，面积6.59公顷。

2004—2005年，共发放土地证107宗，面积10856.64公顷，其中国有土地使用权证19宗，面积10673.23公顷；集体土地使用权证88宗，面积183.41公顷。2006—2007年，共发放集体土地使用权证88宗，面积168.71公顷。2008年，共发放土地证727宗，面积5227.86公顷，其中国有土地使用权证342宗，集体土地使用权证22宗，集体土地所有权341宗，抵押登记22宗；开展地籍测量55宗，面积147.44公顷。同时，对违法占用、使用土地者进行罚款，共罚12799.00元；收取土地出让金27531023.03元，征地管理费143722.00元，有偿使用费260096.00元，土地登记费535038.41元，土地交易费319709.60元。

2009年，海南省国土环境资源厅下达2009年农村宅基地确权登记发证工作任务为1634公顷，截至12月31日止，完成现状测量2114.44公顷，户籍调查18521户；完成地籍调查任务19643宗，调查宗地面积累加423.38公顷；完成确权发证8846户、8502宗，确权宗地面积累加185.06公顷，完成确权村庄面积累加1580.33公顷，完成调查村庄面积比率29%。

2010年，开展农村宅基地确权登记发证工作，完成确权村庄面积4016公顷，占总任务的73.7%，颁发证书32960户25990本，宗地面积574公顷，发证率71.1%，达到海南省国土环境资源厅规定的70%以上发证率的要求。办理日常土地登记发证业务276宗，面积1843.12公顷，其中国有土地使用权登记227宗，面积1225.02公顷；集体土地所有权登记1宗，面积19.73公顷；土地他项权利登记48宗，面积598.38公顷。

1999—2010年，全县农村宅基地发证38699宗，面积771.97公顷，其中白莲1689宗面积30.73公顷；老城3宗，面积0.05公顷；福山1174宗，面积31.81公顷；文儒4316宗，面积95.33公顷；中兴2678宗，面积62.99公顷；山口1204宗，面积26.91公顷；瑞溪4281宗，面积85.25公顷；太平2145宗，面积46.35公顷；美亭1709宗，面积37.13公顷；仁兴1391宗，面积30.47公顷；桥头3410宗，面积55.62公顷；金江2102宗，面积6.68公顷；长安3225宗，面积69.07公顷；加乐3614宗，面积83.75公顷；永发5758宗，面积109.83公顷。全县颁发国有土地使用证8859宗，面积22156.71公顷。

二、土地调查

1997年，澄迈县开展第一次土地调查。调查分为农村土地调查和城镇地籍调查两大块进行，1998年7月完成农村土地调查试点工作并通过海南省第一次土地调查领导小组办公室的检查验收，10月底完成全县外业调查工作，1999年10月底全面完成此项工作；城镇地籍调查从1998年5月开始，调查范围约10平方千米，包括县城金江、老城、瑞溪、永发、福山、加乐等镇建成区，至年底已完成县城金江镇外业地籍调查工作。

2007年10月，澄迈县开展第二次土地调查工作。调查分为农村土地调查和城镇地籍调查两大块进行，2008年6月2日完成农村土地调查试点工作并通过省第二次土地调查领导小组办公室的检查验收，8月底完成全县外业调查工作，2009年10月底全面完成此项工作；城镇地籍调查从2008年5月5日开始，调查范围约12平方千米，包括县城金江、瑞溪、永发、福山、加乐等镇建成区，至年底已完成县城8平方公里外业地籍调查工作。

2009年，澄迈县“二调”工作的内业统计及数据建库工作已顺利通过中华人民共和国国土资源部的核查、验收；城镇地籍调查已完成金江镇等5个镇建成区的城镇内外业地籍调查，面积约14平方千米；老城开发区等6个镇（站）建成区城镇地籍调查已全部完成地形、地籍测量，面积约50平方千米。

2010年，澄迈县城镇地籍调查工作全面完成，面积约65平方千米，已通过有关部门检查验收。

三、土地监察

1999—2001年，共发现违法用地15件，发出《责令停止土地违法行为通知书》15份，制止土地违法行为8起，办结土地违法案件8起。

2001—2004年，共发现违法用地25件，发出《责令停止土地违法行为通知书》25份，制止土地违法行为10起，办结土地违法案件10起。

2004—2007年,共发现违法用地25件，发出《责令停止土地违法行为通知书》25份，制止土地违法行为10起，办结土地违法案件10起。对全县的采砂场和砖厂进行全面巡查，发现并制止矿产资源违法行为10起，下达15份《责令停止矿产资源违法行为通知书》。环境监察方面，出动巡查人员共1600人次，检查污染源750次，查处环境违法企业20家。

2008年，执法监察共发现违法用地13起，发出《责令停止土地违法行为通知书》13份，制止土地违法行为8起，办结土地违法案件4起。10月31日，澄迈县国土环境资源局与瑞溪镇政府配合澄迈县法院组织执法人员到大洋村，对两户村民非法占有基本农田的建筑物进行强制拆除，打击该地区非法占用基本农田的违法行为。

2009年，加大土地执法监察工作力度。每月对全县11个镇进行至少一次以上巡查，共出动土地动态巡查330人次，发现和制止土地违法行为1起，涉及土地面积1.67公顷。共发现土地违法案件34件，涉及面积13.17公顷，下达《责令停止土地违法行为通知书》62份。立案实施行政处罚8宗，涉及面积1.27公顷。

2010年，出动动态巡查1113人次，打击国土环境资源违法行为。立案查处，实施行政处罚案件48宗，其中土地案件26宗，环境案件5宗，矿产资源案件17宗。同时，完成30个土地卫片图斑的内外业核查，总面积为178.48公顷；查处违法用地案件23宗，违法占用耕地面积占新增建设用地占用耕地总面积比例为5.43%。

四、土地纠纷调处

2001年，澄迈县土地纠纷调处办公室成立。

2002年，共处理土地纠纷案件296宗，涉及面积11487.56公顷，已处理132宗，面积6104.78公顷，其中调解成功93宗（县处理土地纠纷确权办公室调解终决28宗），面积2050.66公顷，报县人民政府作出处理13宗，面积428.65公顷。

2003年，受理土地纠纷案件413宗，面积6133.40公顷，已处理162宗，涉及面积3487.73公顷，其中调解137宗，面积2712.87公顷；县人民政府作出处理决定25宗，面积774.87公顷。

2004年，受理土地权属争议案件334宗，面积2215.25公顷，其中10个镇发生案件284宗，面积1668.45公顷；7个国有农（林）场、华侨农场发生案件50宗，面积546.80公顷。依法受理土地纠纷案件255宗，面积1071.94公顷。通过协商调解140宗，面积676.13公顷，县政府决定处理13宗，面积122.57公顷（不含土地确权工作中调解的土地纠纷）。

2005年，全县共发生土地纠纷528宗，土地总面积7758.65公顷（其中林地纠纷301宗，面积5329.19公顷，非林地纠纷227宗，面积2465.21公顷）。具体分布情况：金江镇170宗，瑞溪镇36宗，永发镇48宗，文儒镇55宗，加乐镇29宗，中兴镇55宗，桥头镇54宗，老城镇20宗，福山镇30宗，仁兴镇40宗。是年，全县依法受理土地纠纷案件327宗，面积4656公顷，已调处办结229宗，面积1528.83公顷（其中非林地145宗，林地84宗。调解结案199宗，面积1326.82公顷；县政府做出处理决定30宗，面积846.16公顷）；接待群众来访275人次，参与行政复议和行政诉讼案件22宗。

2006年，调查权属争议案件63宗，面积480.81公顷，其中跨县、市的土地权属纠纷8宗，面积6.41公顷；场社土地纠纷7宗，面积54.76公顷。接待群众来访99人次，参与行政复议和行政诉讼25件。

2007年，全县共有非林地纠纷案件53宗，截至12月15日，已调处41宗，面积455.04公顷。其中跨市县的土地权属纠纷5宗，面积15.95公顷；场社土地纠纷4宗，面积184.86公顷；处理侵权案件8宗；举办培训班5次；接待群众来访78次304人，参与行政复议和行政诉讼31件。

2008年，开展农村土地权属纠纷调处和打击土地侵权行为，全县成功调处土地纠纷案件 97 宗，其中跨市县案件 9 宗，面积 32.27 公顷；县内在编案件 39 宗，面积 454.60 公顷，完成海南省政府下达的在编案件调处任务。同年，调处成功未在编案件 49 宗，涉及面积 333.33 公顷（含信访案件 34 宗），处理土地侵权案件 9 宗，当场处理安全隐患事件 50 余宗，参与行政复议和行政诉讼 23 宗，接待群众来访 128 次 325 人，维护土地所有权人和使用者的合法权益。全年土地确权任务 3338.27 公顷，完成土地确权登记发证 41 宗，面积 1994.87 公顷；土地争议 56 宗，面积 1343.39 公顷。

2009 年，成功调处土地纠纷案件 83 宗，面积 334.73 公顷（含跨市、县土地权属纠纷案件 2 宗，面积 56.62 公顷）；调处县内在编土地权属纠纷案件 5 宗，面积 95.96 公顷，完成海南省政府下达的在编案件调处任务；调处未在编土地纠纷案件 21 宗，面积 111.01 公顷。此外，当场处理土地矛盾突发事件 36 宗，涉及土地面积约 186.67 公顷。参与行政复议案件 7 宗，行政诉讼案件 6 宗，接待群众来访 406 人次。

2010 年，调处土地矛盾案件 66 宗，面积 520 公顷，成功解决 29 宗，土地面积 132.33 公顷，完成农村土地处理 5066.67 公顷，参与调处省重点工作建设项目（海口综合保税区、海屯中线高速公路）土地纠纷 33.33 公顷，参与行政诉讼案件 3 宗，复议案件 3 宗，接待有关单位、群众来访 487 批 1704 人次，解决群众咨询土地矛盾问题 134 个，受理信访件共 92 件，处理率 100%。

五、基本农田保护

基本农田主要分布在桥头、福山、老城、大丰、金江、永发、瑞溪、文儒、仁兴等镇，总面积 60635.13 公顷。

1997 年，澄迈县基本农田划定面积为 62453.62 公顷，其中分布在白莲镇 4658.72 公顷、福山镇 5970.08 公顷、华侨农场 4262.91 公顷、加乐镇 2440.98 公顷、金江镇 1903.25 公顷、老城镇无基本农田、马村镇 60.66 公顷、美亭乡 5960.31 公顷、桥头镇 3586.09 公顷、仁兴镇 5298.72 公顷、瑞溪镇 5097.77 公顷、山口乡 3191.06 公顷、石浮乡 2013.26 公顷、太平乡 2031.9 公顷、文儒镇 1457.45 公顷、新吴镇 2676.76 公顷、永发镇 4714.15 公顷、长安镇 3455.88 公顷、中兴镇 3673.67 公顷。

2001 年，澄迈县基本农田划定面积为 43272.54 公顷，其中分布在白莲镇 4848.28 公顷、福山镇 2984.87 公顷、仁兴乡 1712.85 公顷、文儒乡 925.51 公顷、桥头镇 3253.09 公顷、山口乡 2862.92 公顷、加乐镇 1923.69 公顷、新吴镇 2621.53 公顷、美亭乡 5368.49 公顷、中兴镇 1665.08 公顷、长安镇 4708.63 公顷、永发镇 4708.63 公顷、石浮乡 1907.70 公顷、太平乡 1921.41 公顷、金江镇 1859.86 公顷。

2006—2020 年，澄迈县基本农田划定面积为 58779.00 公顷，其中分布在大丰镇 2503.25

公顷、福山镇4534.11公顷、加乐镇1833.99公顷、金江镇11906.51公顷、老城镇3800.36公顷、桥头镇3298.81公顷、仁兴镇10004.15公顷、瑞溪镇4059.83公顷、文儒镇2277.28公顷、永发镇5746.24公顷、中兴镇8814.47公顷。

为加强耕地保护工作，刹住乱占滥用耕地行为，2008年3月，澄迈县政府与海南省政府签订《海南省耕地保护责任状》，6月20日前完成县政府与各个乡镇农场签订耕地保护目标责任状工作任务，使全县基本农田得到保护。

2010年，落实2010年度《海南省耕地保护责任状》，加强耕地保护工作，刹住乱占滥用耕地行为。5月，澄迈县政府与各乡镇、农场签订《澄迈县耕地保护目标责任状》，层层落实耕地保护指标，确保基本农田得到保护。

2006—2010年澄迈县耕地面积变动情况表

表2-1-1　　单位：公顷

指标	2006年	2007年	2008年	2009年	2010年
年末实有面积	25596.20	—	25059.27	26617.67	26579.73
水（旱）田	11840.00	11387.00	12497.20	13477.67	13858.40
水田	9417.00	9172.60	10197.33	11175.53	11881.20
旱田	2423.07	2214.40	2299.80	2302.07	1977.20
旱地	13756.20	12964.00	12562.13	13140.00	12721.33
当年新增面积	179.67	632.93	304.53	1433.47	33.27
当年减产面积	13.00	576.13	162.87	215.40	140.73
其中基建占用	6.47	6.53	0.67	143.07	52.13

第三节　土地规划与使用

一、土地规划

1998—2010年间，澄迈县共开展两次土地利用总体规划。

为贯彻“十分珍惜土地、合理利用土地和切实保护耕地”的基本国策，提高政府宏观调控土地利用能力，从县域整体和长远利益出发，协调各产业、各部门、各地区用地关系，促进土地资源集约利用和优化配置，有效控制新增非农建设用地，实现耕地总量动态平衡和土地可持续利用，改善生态环境，保障县域经济持续、稳定、协调发展。1998年，澄迈县编制《澄迈县土地利用总体规划（1997—2010年）》。其编制依据是《中华人民共和国土地管理法》《中共中央国务院关于进一步加强土地管理切实保护耕地的通知》《关于认真做好土地利用总体规划编制修订和实施工作的通知》。在编制规划过程中，按照海南省人民政府统一布置，开展规划工作。

澄迈县土地利用总体规划的总目标是严格控制占用耕地，实现耕地总量动态平衡，使耕地质量逐步提高，数量略有提高；农业用地得到有效保护；在保证重点建设项目用地的前提下非农建设用地总量得到有效控制，城乡居民点用地向集约化转变，城镇用地适度发展，农村居民用地逐步缩小，城镇化水平逐步提高；后备土地资源适度开发；土地利用效率逐步提高；生态环境明显改善。

2005年，根据《中华人民共和国土地管理法》等法律法规及海南省国土资源厅《关于印发〈土地利用总体规划调整完善工作方案〉的通知》与省政府办公厅《关于开展土地利用总体规划调整完善工作的通知》精神，遵循理性发展、以人为本的观念，坚持节约资源和保护环境的基本国策，全面落实最严格的耕地保护制度和节约用地制度，澄迈县编制《澄迈县土地利用总体规划（2006—2020年）》。其目标为耕地和基本农田得到严格保护，实现耕地总量动态平衡；城乡建设用地格局不断优化、土地利用结构得到合理调整；土地节约和集约利用水平显著提高，经济社会发展、生态建设及生物多样性保护对土地的合理需求得到有效保障；县域土地利用主体功能不断凸显，土地利用效率与价值得到有效提升；土地资源得到合理开发利用与有效保护，并实现经济、社会、生态效益的统一。

二、土地利用

2010年，澄迈县土地总面积207635.51公顷，其中农用地总面积184912.93公顷，占土地总面积的89.06%；建设用地16892.42公顷，占土地总面积的8.14%；未利用地5830.16公顷，占土地总面积的2.80%。

（一）农用地

耕地面积67484.92公顷，占全县土地总面积的32.50%；园地面积66036.55公顷，占31.80%；林地面积48085.31公顷，占23.16%；其他农用地3306.15公顷，占1.60%。

（二）建设用地

城镇工矿用地面积6537.27公顷，占全县土地总面积的3.15%；农村居民点用地面积7049.86公顷，占全县土地总面积的3.40%；交通用地面积709.27公顷，占0.34%；水利设施用地面积1958.53公顷，占0.94%；其他建设用地面积637.10公顷，占0.31%。

（三）未利用地

水域用地面积2307.28公顷，占全县土地总面积的1.11%；滩涂沼泽面积2675.78公顷，占全县土地总面积的1.29%；自然保留地面积847.10公顷，占全县土地总面积的0.41%。

各类土地利用分布呈现以地形地貌为基础的格局，耕地集中分布在中北部台地、中部平原以及南部浅丘等适宜耕种的地区，包括金江、福山、瑞溪、仁兴、老城、大丰和永发等镇；林地集中分布在南部低山丘陵地区，包括文儒、加乐、中兴和仁兴等镇（以下简称“南部四镇”）；园地集中分布在中北部台地地区以及南部低山丘陵区，包括福山镇、大丰镇和南部四镇；城镇工矿用地主要分布在金江、永发、老城等镇；未利用土地以水域和滩涂为主，主要分布在仁兴、金江、老城、桥头等镇。

2006—2007年，共办理土地报批29宗，面积265.1084公顷。

2008年，做好海口保税区193公顷区位调整项目和42.50公顷配套用地、“三港合一”马村港区扩建一期用地50.20公顷、富力和信红树林度假区用地450公顷等10多个重点项目的征地及青苗补偿工作。全年共办理报批土地17宗，面积108.33公顷，其中上报省政府审批6宗，面积43.78公顷。

2009年，做好海口综合保税区区位调整项目征地拆迁和中线高速公路澄迈段征地工作，其中海口综合保税区及配套项目总面积约261.61公顷。完成该项目征地范围内261.61公顷征地任务。中线高速公路项目在全县境内共征地212.13公顷，有38个村民小组和国营西达农场等40个单位签订征地协议书，面积183.99公顷，占征地总面积86%以上。完成金江污水处理厂项目和县城金马片区基础设施及配套建设工程项目（一期）征地工作。做好建设用地供应管理工作和土地报批工作。共办理“招拍挂”出让国有土地17宗，土地使用权出让面积40.47公顷，总成交价7645.08万元，其中以挂牌方式出让12宗，面积48.21公顷；以拍卖方式出让5宗，面积0.35公顷。

2010年，共办理土地出让报批手续34宗，面积401.65公顷，其中“招拍挂”出让25宗，面积327.91公顷；划拨供地9宗，面积28.74公顷。在保障性住房用地的供应方面，澄迈县已报建4360套，超额完成海南省政府下达3340套的任务。

三、土地开发整理

2002年，澄迈县土地储备整理中心成立。

2004年，完成澄迈县土地整理复垦示范基地土地整理项目的先期准备工作，把该项目范围内的土地权属进行登记，分清地类，清点青苗。

2005年9月，澄迈县土地整理复垦示范基地土地整理项目正式进场开工，建设规模270.27公顷。

2006年，完成澄迈县土地整理复垦示范基地土地整理项目建设，是海南省第一个通过省级验收的国家级土地开发整理项目。

2007 年，实施老城镇罗亦田洋基本农田整理项目，建设规模 161 公顷。

2008 年，完成老城镇罗亦田洋基本农田整理项目，新增建设占用农用地指标 80 公顷，其中占用耕地 45 公顷，至年底已批准农用地转用指标 3.534 公顷，其中耕地 3.53 公顷。实施耕地占补平衡项目，2008 年度应补充耕地面积 58.08 公顷，至年底完成耕地补充面积 60.19 公顷，实现耕地占补略有盈余。

2008 年，落实澄迈县美朗土地整理项目 277.07 公顷和澄迈县金安农场土地整理项目（一期）690.80 公顷两个省级基本农田整理项目入库工作。澄迈县 2008 年度耕地占补平衡项目选择在金江镇和福山镇交界处金江大催村集体土地 63.51 公顷作为补充耕地，项目实施后新增耕地 60.19 公顷，新增耕地率 94.7%，完成海南省国土环境资源厅下达 2008 年度应补充的 58.08 公顷任务，实现耕地占补略有盈余。

2009 年，将县政府 2007 年无偿收回的约 326.67 公顷国有建设用地纳入政府土地储备库；完成 2008 年度耕地占补平衡项目的验收和审计工作。新增耕地面积 60.19 公顷，完成海南省国土环境资源厅下达澄迈县 2008 年度补充 58.08 公顷耕地任务。完成中线高速公路易地占补平衡项目澄迈县易地补充耕地开垦项目（北插段）踏勘、测量、可研、规划设计等前期工作。完成澄迈县金安农场土地整理项目（一期）及澄迈县美朗土地整理项目国家级基本农田整理项目及美朗省级基本农田整理项目的踏勘、规划设计、可研等前期各项准备工作。

四、闲置土地处置

1999 年，以无偿方式收回闲置土地 36 宗，面积共计 173.42 公顷。核发权益书 7 宗，权益价值量为 5511.8126 万元，收回土地权益面积 158.06 公顷。

2001—2003 年，以无偿方式收回闲置土地 98 宗，面积共计 749.16 公顷。核发权益书 26 宗，权益价值量为 21605.7439 万元，收回土地权益面积 338.46 公顷。

2004—2005 年，以无偿方式收回闲置土地 17 宗，面积共计 88.16 公顷。核发权益书 6 宗，权益价值量为 1443.9215 万元，收回土地权益面积 36.92 公顷。

2006—2007 年，以无偿方式收回闲置土地 12 宗，面积共计 405.62 公顷。核发权益书 19 宗，权益价值量为 11063.4189 万元，收回土地权益面积 328.84 公顷。

截至 2008 年 11 月底，以调整置换方式盘活 1 宗闲置土地，面积 6.67 公顷。核发权益书 3 宗，权益价值量为 2489.7417 万元，收回土地权益面积 27.88 公顷。办理权益书流转 8 宗，权益价值量为 5374.8426 万元。

2009 年，核发权益书 1 宗，收回土地权益面积 1.39 公顷，价值量为 114.2305 万元，回收 3 宗，权益价值量 1808.278 万元。

2010年，全年共核发换地权益书2宗，价值量为4054.62万元，收回土地面积61.04公顷；收回换地权益书3宗，价值量为2266.64万元。为完成全县换地权益书回收任务，制定《澄迈县2010年回收换地权益书实施方案》，上报县政府批准，有意向回收换地权益书价值量11406.913万元。

2010年，通过新增土地报批及换地权益书收回储备土地17宗，面积161.36公顷；实施澄迈县易地补充耕地项目、大拉土地开发整理项目，项目总规模1611.19公顷，新增耕地面积692.06公顷，扣除相挂钩的非农建设项目占用耕地项目及省级储备后，为澄迈县储备179.52公顷新增耕地指标，确保全县新增建设项目占用耕地实现先补后占。做好2010年土地整理项目申报工作，共申报整理项目4个。

五、土地交易

2002年7月，中华人民共和国国土资源部《招标拍卖挂牌出让国有土地使用权规定》颁布后，2003年澄迈县开始实施招标拍卖挂牌出让国有土地使用权。

2003年，土地交易所总共举行9宗国有土地“招拍挂”出让活动，土地使用权出让面积194.85公顷，总成交价5290.6129万元，9宗国有土地全部以挂牌方式出让。

2004年，土地交易所总共举行4宗国有土地“招拍挂”出让活动，土地使用权出让面积24.69公顷，总成交价2162.665万元，4宗国有土地全部以挂牌方式出让。

2005年，土地交易所总共举行3宗国有土地“招拍挂”出让活动，土地使用权出让面积17.81公顷，总成交价1696.72万元，3宗国有土地全部以挂牌方式出让。

2006年，土地交易所总共举行9宗国有土地“招拍挂”出让活动，土地使用权出让面积1212143.56公顷，总成交价18441万元，9宗国有土地全部以挂牌方式出让。

2007年，土地交易所总共举行9宗国有土地“招拍挂”出让活动，土地使用权出让面积125.53公顷，总成交价17803.2488万元，9宗国有土地全部以挂牌方式出让。

2008年，土地交易所总共举行19宗国有土地“招拍挂”出让活动，土地使用权出让面积97.31公顷，总成交价20722.7875万元，其中以挂牌方式出让12宗，面积30.40公顷；以拍卖方式出让4宗，面积21.1465公顷。

2009年，土地交易所总共举行17宗国有土地“招拍挂”出让活动，土地使用权出让面积48.56公顷，总成交价7645.08 万元，其中以挂牌方式出让12宗，面积48.21公顷，成交价7517.08万元。以拍卖方式出让5宗，面积0.35公顷，成交价128万元。

2010年，澄迈县土地交易所共举行27宗国有土地“招拍挂”出让活动，土地使用权出让面积382.76公顷，总成交118475.05万元，其中以招标方式出让3宗，面积36.53公顷；以挂牌方式出让24宗，面积346.23公顷。

第四节 矿产资源管理

一、资源种类

全县行政区域的探矿权21宗，面积约570平方千米，主要为铅锌、金和多金属矿。截至2010年底，全县已发现矿种14种，矿产地33处，其中大型2处，中型3处，小型25处，矿点3处。主要矿产有油气(福山油田1958年后多次勘探，1999年在花场地区取得突破）、医疗热矿水（西达农场九乐宫地热水2002年发现）、建筑用砂（主要是南渡江河沙，勘查时间为2002—2007年，2009年按南渡江河沙规划做13个矿点）、建筑用石料（主要分布在福山、加乐、永发等地，2008一2009年做过地质报告，当时做报告的储量很小，只为开采2—3年用）、黏土（主要是永发、白莲、大丰等地区的砖厂，2002年勘查并开采）、硅灰石（南蛇岭硅灰石2007年勘查，2008年提交地质报告，矿床规模大型）、大理岩（石浮大理岩矿2004年补充勘查，并提交大理岩补充勘查报告，矿床规模小型）、铅矿（1981年地质勘查时查明储量，规模很小）、金矿（文儒金岭金矿、发现时间不详，仁兴金矿2008年发现）、多金属矿（2007—2009年开展地质勘查）等。

二、开发利用

自1958年起，福山油气田历经多次勘探，1999年在福山花场地区取得突破，至2010年已建100多口油气勘探井，仅澄迈县境的花场、白莲—美鼎、中兴油气区已建油气开采井60多口。2000年花场油气区试生产原油1万吨，2001年突破3万吨，从2002年5月起向社会供气，相继建成包括油气处理站、天然气压缩站、天然气加气站、液化天然气站等项目的花场油气处理中心。

2002年，加强资源规划管理，编制《澄迈县河道采砂规划》《澄迈县矿产资源总体规划》，挂牌出让砂厂粘土矿采矿权26宗，规范矿业市场。

2003—2004年，受理采矿权申请15件，完成采矿权新办7件，延续登记8件，收取采矿权价款51.14万元，采矿使用费7500元，其中采取挂牌出让方式依法出让采矿权7宗，采矿权新办7宗，收取采矿权价款17.87万元。

2005年，受理采矿权申请8件，完成采矿权新办3件，延续登记3件，变更登记2件，收取采矿权价款9.44万元，采矿使用费9000元，其中采取挂牌出让方式依法出让采矿权3宗，采矿权新办3宗，收取采矿权价款3.43万元。

2006年，受理采矿权申请8件，完成采矿权新办2件，延续登记6件，收取采矿权价款21.44万元，采矿使用费10000元，其中采取挂牌出让方式依法出让采矿权2宗，采矿权新办2宗，收取采矿权价款3.12万元。

2007 年，受理采矿权申请 9 件，完成采矿权新办 1 件，延续登记 7 件，变更登记 1 件，收取采矿权价款 12.1 万元，采矿使用费 10500 元，其中采取挂牌出让方式依法出让采矿权 1 宗，采矿权新办 1 宗，收取采矿权价款 2.1 万元。

2008 年，受理采矿权申请 6 件，其中采矿权新办 2 件，延续登记 4 件，完成新办采矿权 2 件，采矿权延续登记 2 件，收取采矿权价款 18.74 万元，采矿使用费 2000 元，至 11 月止，征收矿产资源补偿费 67651.60 元，以挂牌出让方式依法出让采矿权 3 宗，其中采矿权新办 2 宗，延续采矿登记 1 宗，收取采矿权价款 1.8 万元。

2008 年，制定《澄迈县矿产资源开发整合实施方案》，对全县矿产资源进行清理整顿，完成 1 个建筑用砂石黏土矿区的资源整合工作，取缔 3 处无证非法采矿点，关停 2 个处在禁止开采规划区的采砂场。严厉打击和查处无证开采等违法违规行为，出动执法人员 86 人次，取缔无证开采点 5 处，捣毁无证采砂船 6 艘，拆除非法开采设施 8 套，查处无证开采的矿山、矿点 8 起，越界开采等违法行为 5 起。

2009 年，受理采矿权申请 20 件，收取采矿权价款 83.198 万元，采矿权使用费 10000 元。开展矿产资源动态巡查 336 人次，打击和查处无证开采等违法违规行为，发现和制止矿产资源违法行为 3 起，调处矿产资源开采纠纷 6 件。

2010 年，澄迈县有持证矿山 32 家，其中花岗岩矿 2 家，玄武岩矿 9 家，大理岩矿 1 家，砖瓦黏土矿 4 家，建筑用河沙矿 16 家。受理砂石黏土矿采矿权申请 6 件，收取采矿登记费 1200 元，采矿权使用费 3000 元，采矿权价款 133.2 万元。编制矿山生态环境保护与综合治理方案 4 份，托管矿山复垦保证金 39.48 万元。建立健全采矿权有偿出让机制，加强矿产资源有偿出让工作，新设采矿权一律以招标拍卖挂牌方式进行出让，严格执行采矿权招标拍卖挂牌程序，认真执行矿业权设置集体会审制度。2010 年共以拍卖挂牌方式出让采矿权 4 宗，总成交价款为 458.2 万元。

2010 年，澄迈县境内开发利用的矿产资源主要集中在砖瓦用黏土、建筑用玄武岩、花岗岩、建筑用河沙、医疗热矿水等矿种。截至 12 月 31 日止，全县境内共有发证矿山企业 28 家（主要为建筑用石料矿和建筑用河沙，所有制形式主要以股份制为主。开采规模均为小型，从业人员 344 人。2010 年，矿产采选业工业总产值 1326.9 万元。

2010 年，开展整顿矿产资源开发秩序执法行动情况 8 起，出动执法人员 156 人次，检查采矿点 32 处，共发现无证或证照不全从事建设、生产、经营的 15 起，关闭取缔后又擅自建设、生产、经营的 4 起。对非法采矿的，现场下达《责令停止矿产违法行为通知书》36 份，并依法立案及实施行政处罚，下达《行政处罚告知书》17 份，责令 17 家矿山企业停止开采，并按规定处以罚款。参与调处采矿权纠纷 15 起。配合澄迈县工信局做好全县

“禁实”（禁止使用实心黏土砖）工作，全县共关停实心黏土砖厂4家，转型18家。

第二章　海洋管理

澄迈县位于海南岛西北部，北濒琼州海峡，与雷州半岛灯楼角对峙，是海南省12个沿海县（市）之一。全县海岸线东起老城镇滨海林场（盈滨村），西至桥头镇道寮村，自东向西横贯老城、马村、福山、桥头4个乡镇，海岸线全长122.25千米。海域总面积为470.53平方千米，海域面积约占全县陆地面积的22.7%。海水平均深度为40米。海水表层平均温度为25.3℃，最高温度为33.7℃，最低温度为19.0℃。海水表层平均盐度为29.5‰，年最高盐度为32.8‰，年最低盐度为15.5‰。

第一节　海洋资源种类

澄迈县海岸线长，海域辽阔，海洋资源丰富，为发展海洋产业提供十分有利条件，为澄迈社会经济发展夯实基础。

一、海水资源

海水资源是指蕴藏于海洋中的水体，称之海水。海水属于咸水，不能直接利用，要经过淡化技术处理，才能转化成淡水供人们使用。可以从海水中提取大量化学物质，用于生产和生活。海水还能调节气候，改善人类自然环境。澄迈县海水资源丰富，海域的海水深度不大，但海岸线长，海域辽阔，海水储藏量很可观。

二、海水化学资源

澄迈海域海水化学资源十分丰富，溶解的化学物质一共有80多种。其中含量较多的元素有氧、钠、氮、镁、硫、碳、镍、硼、钙、钾、锰；微量元素有锌、铝、金、银、铜、钼、磷、碘等。

三、海洋生物资源

澄迈海域中的鱼类有200多种，头足类30多种，甲壳类60多种，贝类40多种，棘皮类20多种，藻类40多种。主要鱼类有石斑鱼、马鲛鱼、鲌鱼、鮸鱼、带鱼、黄花鱼、白浪鱼、青鳞鱼、鲳鱼、黑鲷鱼、金枪鱼等；头足类有乌贼（墨鱼）、章鱼（八爪鱼）、鱿鱼等；甲壳类有斑节对虾（角虾）、白虾、沙虾、毛虾、龙虾、青蟹、花蟹、梭子蟹等；

贝类有牡蛎、蛏、蚶、白蝶贝、文蛤（海白）、色哈等；棘皮类有海胆、海兔、黑狗参、黄肉参等；藻类有江蓠、石花菜、马尾藻、麒麟菜等；其他有沙虫（沙肠虫）。

四、海洋矿产资源

澄迈海域中，有关海底部分的矿产至今尚缺勘探资料，也未曾有过历史记载。2010年，查明的有溶解于海水中的矿物和滨海矿产。澄迈海域中溶解于海水中的矿物有钠、镁、镍、锌、铝、金、银、铜、钼、磷等。分布在滨海地区的矿产有石油和天然气。福山至马村一带沿海为琼西北一储油构造，属一中小型油气田。

五、沿海港湾资源

澄迈县海岸线长，大小港湾多，港湾资源十分丰富。据调查，澄迈海域中，大小港湾共有15个，能进出万吨以上巨轮的港湾有马村港。能进出万吨以下船只的港湾有东水港、玉包港。能进出小船的港湾有信作港、林诗港、理善港、花场湾等。东水港位于老城镇北，港门面临琼州海峡，湾长5000米，最宽处800米，港区面积7.4平方千米，水深3.2—23.5米，是一个天然避风良港。马村港位于马村镇西，港门面临琼州海峡，湾长4500米，最宽处750米，港区面积6.5平方千米，水深3.8—21.6米，航道水深10—13米，船只靠岸处水深9.5米，万吨以上巨轮可进出，港岸地势平坦宽阔，港底为泥沙质地，港面波平浪静，是一个天然深水良港。2010年，建成万吨级以上泊位码头6个，港口年吞吐量817万吨，是琼北重要港口之一。

六、滩涂和浅海资源

澄迈沿海可供海水养殖的滩涂面积为1986.67公顷，占全县陆地面积的2.4%。可供海水养殖的浅海面积有2920公顷，占等深线0—10米海域总面积的6.6%。其中，可供海水养殖的等深线0—5米浅海面积为1406.67公顷，等深线5—10米浅海面积为1513.33公顷。澄迈县的滩涂和浅海主要分布在老城、福山、桥头镇沿海。

七、滨海旅游资源

澄迈县滨海旅游资源十分丰富。地处老城镇北部的盈滨湾和桥头镇北部的沙土湾，海阔天蓝，阳光充足，空气清新，沙滩晶莹洁白，海水澄清澈碧，海面风平浪静，是天然的海上泳场。分布在马村的马岛、桥头镇的林诗岛和雷公岛，四面环海，形似海上明珠，海边风光秀丽，岛上景色迷人，有观赏价值和开发价值，是观光游览的胜地。

八、岛屿和半岛

澄迈县沿海大小岛屿3个、半岛1个。它们分别是马岛、林诗岛、雷公岛和盈滨半岛。

马岛位于马村镇西，离海岸0.15千米，面积2平方千米，海拔12米，由海砂堆积而成，形似一轮初月浮悬在水上。岛上长满野草杂木，无人居住，海边风光醉人，景色美妙，是一旅游观光胜地。

林诗岛位于桥头镇林诗港西北，离海岸0.2千米，面积9600平方米，海拔17.8米。由玄武岩风化石组成，从下而上分层次重叠排列，岩层为柱状解理结构，是岛屿地质结构变迁保持得最完好的岛屿，有观赏价值和科研价值。

雷公岛位于桥头镇西北角尖上，呈穹隆貌，弯长形，离海岸0.4千米，面积0.1平方千米，海拔14米。由玄武岩风化石组成，四周石壁长期被海风和海水侵蚀，峻峭嶙峋，风、水蚀地貌保持完整，是滨海块状玄武岩地质结构的处女岛屿。

盈滨半岛位于老城镇北，三面临海，一面连陆地，面积3.5平方千米，海拔13米。地面由洁白的细沙组成，地势平坦宽阔，气候宜人，空气中富含碘、氧和臭氧，是人们旅游度假的好去处。2010年，兴建有别墅群、酒店、泳池、高尔夫球场、永庆寺等旅游设施，被开发成盈滨旅游度假区。

第二节　海域开发利用

澄迈县海岸线长，海域辽阔，海水资源、海水化学资源、海洋生物资源、海洋矿产资源、浅海和滩涂资源、滨海旅游资源十分丰富。开发利用这些丰富的海洋资源，对澄迈海洋经济的发展十分重要。

一、海水开发利用

道僚盐场和新兴盐场都位于桥头镇，处于背风地带，降水量少，蒸发量大，海水盐度高，海水制盐条件较好。1965年，道僚盐场建设面积为10公顷，年产食盐400—500吨。1965年，新兴盐场建设面积为13.33公顷，年产食盐150—300吨。

二、港湾开发建设

东水渔港港阔水深，波浪较小，质地坚硬，建设渔港条件优越。1950年以前，已有渔民在东水渔港聚集从事捕捞生产。1950年海南解放后，政府逐年投入资金进行改造建设，1992年被中华人民共和国农业部确认为二级渔港。2001年，政府出资修建一条长150米、高4米的防潮堤坝。2005年，中央下拨1000万元专款，续建长1200米防潮堤坝。渔港建成后，可停泊大小渔船500多艘。

玉包渔港港阔水深，波浪平静，质地为岩石，筑港条件优越。1999年玉包渔港开始动工兴建，2001年7月6日竣工投入使用。工程总投资为35万元，建设项目有码头建筑、港池扩建、航道疏浚、防浪堤加固、航灯建设等。渔港建成后，可停泊大小渔船300艘。

新兴渔港港阔水深，波平浪静，质地坚固，筑港条件优越。1995年10月8日，新兴渔港建成，工程总投资达 1.3 亿元，主要建设项目有码头建筑、港池扩建、航道疏浚、防波堤加固、航灯建设等。渔港建成后，可停泊大小渔船 500 艘。

海口马村火电厂专用码头位于马村镇（现为老城镇）马村港，马村港港阔水深，波浪平静，质地坚固，建筑港口码头有着得天独厚的自然条件。1988 年，海口马村火电厂专用码头建成，可停泊万吨级轮船。马村港散货通用码头位于马村镇（现为老城镇）马村港。1994 年，马村港第一期 3.5 万吨级散货通用码头建成使用，工程总投资 1.6 亿元。该码头以煤炭装卸为主，是海南省船舶吨级最大的煤运码头。

美挡湾位于老城镇，港阔水深，波浪较小。1993 年，海南万吨级油气码头开始动工兴建，1994 年建成投入使用，项目总投资 1.3 亿元。

三、海岸带开发建设

1986 年 10 月，海口马村火电厂一期工程正式动工兴建。1988 年，火电厂二期工程动工兴建，1991 年两台 12.5 万千瓦发电机组竣工点火成功。

福山油气化工基地位于海南岛琼北地区，面积约 2920 平方千米，陆滩资源量达 1.6 亿吨。1999 年以来，基地不断加大科技投入，每年投资 3000 万—5000 万元开展地震采集及攻关，克服火成岩屏蔽等难题，创造复杂小盆地石油勘探开发的新水平，实现较高的勘探开发效益。1999 年基地实现工业性突破，2000 年试生产原油突破 1 万吨，2006 年生产原油 11 万吨、液化气 5 万吨、天然气 2 亿立方米，实现油气销售收入 7 亿元。2007 年，基地投资 5 亿元，完成三维地震 305 平方千米，钻井 20 口；生产原油 12 万吨、天然气 2.5 亿立方米；新建白莲—花场—老城油气管线以及油气集输、处理站。至 2010 年，海口天然气管道、花场油气处理中心、天然气压缩站、加气站（CNG）、液化天然气站（LNG）已经陆续建成投产。

第三节　海洋资源管理与保护

一、海域管理

澄迈县境内海岸线长 122.25 千米，全县海域面积 470.53 平方千米。为科学合理开发使用澄迈县的蓝色国土，保护海洋生态环境，促进海洋开发和海洋环境保护，澄迈县 1998 年设立海洋管理局机构，加强海域管理。实施海域使用许可证制度，颁布《澄迈县人民政府关于海域使用管理的规定》，改变过去“无序、无度、无偿”使用海域的状况。海洋管理人员经常深入沿海一带的渔区、渔村、渔港进行调查调研，掌握海域区内的基本情况，聘请律师当法律顾问，解决有偿使用海域管理制度过程中出现的问题，借助司法力量加强海域管理。在沿海村庄进行法制宣传，增强依法管海的法律威慑力。为国内外客商租用、使用海域及投资开发海洋项目办理公证，提供法律保证。

二、海洋资源保护

1991 年，澄迈县颁布《澄迈县海域管理办法》《澄迈县海域使用暂行规定》，使澄迈海域的各种海洋资源都得到保护。2010 年，澄迈沿海森林覆盖率达 63.5%，红树林面积达 433,33 公顷。

三、防止海洋环境污染

海洋环境污染主要是来自三个方面。一是沿海工业：沿海工厂把未经处理的工业废水、废渣直接或间接排入海洋。二是农业：农业施用的化肥、农药随水排入海洋。三是海上石油开发和海上运输造成石油溢漏：澄迈建立海洋监测监视网络，对沿海片区、片段海洋进行监测监视，有效遏制污染损海事件，保护海洋环境。至 2010 年，澄迈海域海水碧绿堪篮，沙滩晶莹洁白，海洋环境质量优良。

第三章　环境保护

第一节　管理机构

1999 年，澄迈县环境保护工作的统一监督管理单位为澄迈县建设与环境资源局。局下设事业单位澄迈县环境资源监理所、澄迈县环境保护监测站，负责全县环境保护方面的相关工作。2001 年 5 月，与县土地管理局合并成立澄迈县国土环境资源局。局内设污染控制管理岗、自然生态保护岗、核与辐射安全岗、矿产资源管理岗 4 个岗室和下属事业澄迈县国土环境资源监察大队，内设环境保护监察中队、环境保护监测站、矿务与自然保护站，负责环保口相关工作。至 2010 年，管理机构不变。

第二节　环境质量

1990—2010 年，落实海南省委、省政府“一控双达标”工作部署和《海南生态省建设规划纲要》，切实加强环境监管和节能减排工作，组织开展消除白色污染，淘汰实心黏土砖等落后产能，推广人工湿地处理技术，创建文明生态村等工作，强化环境保护，实现全县环境质量保持良好状态。

一、大气环境

据《1996—2000年海南省环境质量报告书》《2001—2005年海南省环境质量报告书》《2006—2010年海南省环境质量报告书》记载，1999—2010年澄迈县环境空气质量总体保持稳定，二氧化硫、二氧化氮保持稳定，颗粒物呈逐年下降趋势，2006年以后各项监测指标浓度均符合国家环境空气一级标准。

1999—2010年澄迈县大气污染物情况表

表2-3-1

年度	区域	二氧化硫（毫克/立方米）	二氧化氮（毫克/立方米）	可吸入颗粒物（毫克/立方米）	降尘（吨/平方千米）
1999年	北部地区	0.008	0.008	0.064	—
2000年	北部地区	0.005	0.006	0.060	—
2001年	北部地区	0.006	0.012	0.038	—
2002年	北部地区	0.006	0.012	0.051	—
2003年	北部地区	0.008	0.010	0.044	—
2004年	北部地区	0.008	0.010	0.043	—
2005年	金江镇	0.009	0.015	0.028	3.52
2006年	金江镇	0.007	0.007	0.031	3.1
2007年	金江镇	0.002	0.003	0.034	3.41
2008年	金江镇	0.004	0.003	0.032	3.59
2009年	金江镇	0.003	0.003	0.032	3.2
2010年	金江镇	0.003	0.004	0.033	3.3

二、水环境

（一）湖库水环境质量

1999—2010年，全县地表水环境质量总体良好，所有的检测湖、库水质均优于国家地表水Ⅲ类标准，近海域水质保持在Ⅰ或Ⅱ类标准。

1999—2010 年湖库主要污染物情况表

表 2-3-2

年度	湖库名称	水质类别
1999 年	福山水库	Ⅰ
2000 年	福山水库	Ⅰ
2001 年	福山水库	Ⅰ
2002 年	福山水库	Ⅱ
2003 年	福山水库	Ⅱ
2004 年	福山水库	Ⅲ
2005 年	福山水库	Ⅲ
2006 年	福山水库	Ⅱ
2007 年	福山水库	Ⅱ
2008 年	福山水库	Ⅲ
2009 年	福山水库	Ⅲ
2010 年	福山水库	Ⅲ

（二）南渡江金江段水环境质量

根据《1996—2000 年海南省环境质量报告书》《2001—2005 年海南省环境质量报告书》《2006—2010 年海南省环境质量报告书》记载，1999—2010 年，所有的检测南渡江金江段水质均优于国家地表水Ⅲ类标准。

1999—2010 年南渡江澄迈段主要污染物情况表

表 2-3-3

年度	流域	断面名称	水质类别/污染级别
1999 年	南渡江	山口	未污染
1999 年	南渡江	纺织厂	微污染
1999 年	南渡江	永发	微污染
2000 年	南渡江	山口	未污染
2000 年	南渡江	纺织厂	微污染
2000 年	南渡江	永发	微污染

续表 2-3-3

年度	流域	断面名称	水质类别/污染级别
2001 年	南渡江	山口	未污染
2001 年	南渡江	纺织厂	微污染
2001 年	南渡江	永发	微污染
2002 年	南渡江	山口	Ⅱ
2002 年	南渡江	纺织厂	Ⅲ
2002 年	南渡江	永发	Ⅲ
2003 年	南渡江	山口	Ⅱ
2003 年	南渡江	纺织厂	Ⅲ
2003 年	南渡江	永发	Ⅲ
2004 年	南渡江	山口	Ⅱ
2004 年	南渡江	纺织厂	Ⅲ
2004 年	南渡江	永发	Ⅲ
2005 年	南渡江	山口	Ⅱ
2005 年	南渡江	纺织厂	Ⅲ
2005 年	南渡江	永发	Ⅲ
2006 年	南渡江	山口	Ⅱ
2006 年	南渡江	纺织厂	Ⅱ
2006 年	南渡江	永发	Ⅲ
2007 年	南渡江	山口	Ⅲ
2007 年	南渡江	纺织厂	Ⅱ
2007 年	南渡江	永发	Ⅱ
2008 年	南渡江	山口	Ⅲ
2008 年	南渡江	纺织厂	Ⅲ
2008 年	南渡江	永发	Ⅱ
2009 年	南渡江	山口	Ⅱ
2009 年	南渡江	纺织厂	Ⅱ
2009 年	南渡江	永发	Ⅲ
2010 年	南渡江	山口	Ⅱ

续表 2-3-3

年度	流域	断面名称	水质类别/污染级别
2010 年	南渡江	纺织厂	Ⅱ
2010 年	南渡江	永发	Ⅱ

三、声环

根据《1996—2000 年海南省环境质量报告书》《2001—2005 年海南省环境质量报告书》《2006—2010 年海南省环境质量报告书》记载，1999—2010 年，监测结果表明澄迈县交通干线噪声污染较轻，低于国家标准。

1999—2010 年澄迈县环境噪声情况表

表 2-3-4　　单位：分贝

<table>
<tr><th rowspan="2">年度</th><th colspan="2">区域噪声</th><th colspan="2">交通噪声</th></tr>
<tr><th>昼间</th><th>夜间</th><th>昼间</th><th>夜间</th></tr>
<tr><td>1999 年</td><td>—</td><td>—</td><td>—</td><td>—</td></tr>
<tr><td>2000 年</td><td>—</td><td>—</td><td>63.8</td><td>60</td></tr>
<tr><td>2001 年</td><td>—</td><td>—</td><td>68.1</td><td>63.9</td></tr>
<tr><td>2002 年</td><td>—</td><td>—</td><td>69.1</td><td>—</td></tr>
<tr><td>2003 年</td><td>—</td><td>—</td><td>69.7</td><td>68.9</td></tr>
<tr><td>2004 年</td><td>—</td><td>—</td><td>69.7</td><td>66.3</td></tr>
<tr><td>2005 年</td><td>—</td><td>—</td><td>69.4</td><td>68.5</td></tr>
<tr><td>2006 年</td><td>—</td><td>—</td><td colspan="2">69.1</td></tr>
<tr><td>2007 年</td><td>—</td><td>—</td><td colspan="2">63.4</td></tr>
<tr><td>2008 年</td><td colspan="2">55.2</td><td colspan="2">—</td></tr>
<tr><td>2009 年</td><td colspan="2">55.6</td><td colspan="2">67.3</td></tr>
<tr><td>2010 年</td><td colspan="2">—</td><td colspan="2">—</td></tr>
</table>

第三节　环境监督管理

一、环境保护目标责任制

从 1999 年起，澄迈县率先与省政府签订环境保护目标责任书，将环境保护纳入国民经济和社会发展规划，实现经济与环境综合决策机制，建立以“县长统一领导，各部门分工负责，广大群众积极参与，环境部门统一监督管理”的管理体制和“制定计划、分解落实、监督检查、考核评比”的运行机制，有效促进全县环境保护工作顺利开展，较好地完成每年年度环境保护目标责任制各项工作任务。

2004年，澄迈县政府与海南省政府签订环境保护目标责任的第一个考核年。澄迈县大力开展环境保护工作，推进生态环境建设，全年人工造林面积1787公顷，更新造林232公顷，县城建成区绿化覆盖率达35.8%，全县大气环境质量达一级标准，90%的地表水达到或优于国家二级标准。

2004—2008年，环境质量指标中可吸入颗粒物、二氧化硫、二氧化氮浓度年均值平均分别为0.036毫克/立方米、0.006毫克/立方米、0.0076毫克/立方米；集中式饮用水源地水质达标率平均为100%；地表水功能区水质达标率平均为100%，近岸海域环境功能区水质达标率平均为100%。

2009年，全县万元GDP能耗0.8137吨标准煤，提前一年超额实现“十一五”节能目标。

2010年，全县完成各类造林面积897.13公顷，新建文明生态村80个； 开展淘汰不符合节能减排要求落后技术和装备工作，关闭或改造实心黏土砖生产厂4家。

2009—2010年，全县环境质量继续保持优良：大气中二氧化硫、二氧化氮和可吸入颗粒物3项指标均优于一级标准；监测段面地表水水质、集中饮用水水源地水质均符合《地表水环境质量标准》2—3类标准，近岸海域海水水质达国家一、二类标准。

二、监督执法

2005年，对污染源监察188人次，填写现场监察记录单105张。发现重油污染及时指导清污，清理油污175.46吨。

2008年，出动执法巡查人员396人次，检查污染源351个次，查处环境违法行为11家，其中责令停止生产5家，责令停止建设1家，限期治理1家，限期验收1家，责令整改3家，罚款额18万元，申请法院强制执行2家。

2009年，出动巡查人员573人次，检查污染源468个次，填写巡查记录单282份，成功处置突发性环境污染事件3件，调处污染纠纷26件，查处环境违法行为的企业和个人54家，征收排污费共46.5万元，获取环境监测有效数据3665个。

1999—2010年，澄迈县按照全省开展清理整顿不法排污企业保障群众健康环保专项行动等有关部署，切实加大环境执法力度，严厉打击环境违法行为，遏制污染破坏环境现象，县环保局先后出动3768人次，对98家单位进行检查，处罚58宗违法行为，申请法院强制执行8宗。

三、排污申报登记

2005年，对符合发放排污许可证条件的单位，污染物排放许可证5个。2008年，按照排污申报登记与核定工作要求，指导61家企事业单位和个体工商户完成排污申报登记工作。2009年，全县64家工业企业完成排污申报登记工作，换发放排污许可证9个，全部持证排污，排污许可证制度执行率100%。

1999—2010年，完成环评报告表184个、环评报告书26份、环评登记表35个，排污申报登记注册证938个，其中工业企业600个，第三产业138个。申报污染物类别中，废水排放820个，废气排放109个，噪声9个。

四、排污收费

排污费包括集体单位超标排污费、个体户超标排污费和建筑工地噪声超标排污费。1999—2010年共征收排污超标费1100万元，其中2004年全年征收55家排污单位，排污费77.9万元；2005年全年征收53家排污单位，排污费79.5万元；2006年全年征收48家排污单位，排污费91.9万元；2007年全年征收61家排污单位，排污费128.5万元；2008年，通过组织座谈、上门释法、发放资料、计算演示等方式，加大排污宣传力度，使广大排污单位遵守法定义务，自觉缴纳排污费，全年征收61家排污单位排污费80万元；2009年全年征收68家排污单位，排污费59.7万元；2010年全年征收排污费77.4万元。

五、环境监测

（一）环境质量监测

2008年，澄迈县环境保护监测站分别在枯、中、平3个水期分别对南渡江、福山水库、近岸海域海水以及省中心站布置的优化点位采样监测，共获取有效数据 280 个；每月对集中饮用水源地采样监测，共获取有效数据148个；县城金江大气环境质量监测共设2个监测点位，监测项目4个；酸雨监测为逢雨必测，共获取有效数据1108个；对县城主要道路路段开展交通噪声监测以及开展县城区域噪声测量共获取有效数据420个。监测工作做到定点准确、操作规范、数据可靠，上报及时。完成《澄迈县环境保护目标责任制工作考核监测点位布设技术报告》。全年对3起污染事故进行应急监测，快速反应、及时到位，为消除污染隐患，确定污染范围和程度提供准确有效的第一手监测数据。

2010年，开展空气、地表水、噪声环境质量和污染源等监测工作，获取有效数据4544个。

1999—2010年，全县设置环境监测站1个，对全县环境要素进行监测和评价。主要监测项目有地表水监测，分析项目有pH、氨氮、COD 等共 9 项污染物；空气监测，分析项目有 SO_2、NO_2、可吸入颗粒物等共 3 项污染物；环境噪声监测，分析项目有区域环境噪声（昼/夜）、交通干线噪声（昼/夜）等4项污染物。

（二）污染源监测

1999—2010 年，共监测 256 单位，取得有效数据 2618 个。

（三）污染事故监测

1999—2010 年，全县共发生污染事故 2 件，主要是水污染，其次是空气污染。

六、污染源普查

2008 年，经省普查办确认县污染源普查对象为重点工业源 81 家、一般工业源 14 家、生活源 208 家、集中式污染治理设施 1 家。

2009 年，全面完成调查表格填报、数据审核、录入、质量核查等工作，全县共调查工业源 32 家、农业源 41 家、集中式污染治理设施 2 家。完成澄迈县第一次全国污染源普查工作的技术报告及工作报告的编制工作。

第四节　污染控制

1999—2010 年，全县的污染源企业累计共有 41 家。至 2010 年，依法停产关闭 6 家，实现排放达标 35 家。

一、污染事件处理

2008 年上半年，恒生糖厂、海南中渔水产有限公司等企业发生生产污染和一氧化碳泄漏中毒事件，澄迈县国土环境资源局及时启动应急预案，及时科学合理地进行处置，确保企业、工人及周边群众生命财产安全。

二、饮用水源保护

2008 年，争取海南省国土环境资源厅拨款 25 万元，建设村头下村 45 户村民生活污水处理工程项目。县政府拨款 17 万元，在南渡江饮用水源保护区南岸建设一条长 1.5 千米铁丝水泥桩防护网，防止禽畜污染水源。

三、污水处理设施

截至 2010 年底，澄迈县污水处理设施有 4 个，其中金江污水处理厂，投资 5000 多万建设，2009 年 12 月投入使用，处理能力为 1.5 万吨/日。福山生活污水处理厂（福山人工湿地），2009 年投入使用，处理能力为 900 吨/日。瑞溪生活污水处理厂（瑞溪人工湿地），2009 年投入使用，处理能力为 1400 吨/日。老城开发区西区污水处理厂，2009 年开工建设，投资 17011 万元，处理能力 15 万吨/日。

第五节　规划管理与宣传教育

一、规划制定

1995年开始，澄迈县先后制定《澄迈县“九五”环境保护规划》《澄迈县“十五”环境保护规划》《澄迈县“十五”主要污染物总量控制规划》《澄迈县“十一五”环境保护规划》《澄迈县“十一五”主要污染物总量控制规划》《澄迈县“十二五”环境保护规划》《澄迈县“十二五”主要污染物总量控制规划》，每年还制定环境保护工作计划和主要污染物总量指标计划。

2009年，编制《澄迈县2009年度地质灾害防治方案》和《澄迈县突发性地质灾害应急预案》，并报县政府颁布实施；建立地质灾害群测群防监测点7个，对地质灾害隐患点进行治理。

2010年，开展永发镇、中兴镇和红光农场3个典型乡镇饮用水源调查与划分工作，编制《澄迈县永发镇等三个饮用水水源保护区规划技术报告》，并通过海南省国土环境资源厅的审核，报省政府审批。

二、项目管理

2008年，全年共审批新建项目23个，其中报告表16个，登记表7个，环评和审批率达到100%，实现建设项目审批管理规范化。

2009年，审批新扩改建项目156个，其中报告书13个，报告表96个，登记表47个，环评和审批率达到100%，实现建设项目审批和管理规范化。

2009年，督促华能海口电厂安装脱硫装置，先后投资2.4亿元安装脱硫装置，6台运行机组全部安装脱硫装置，脱硫效率达到95%以上，年可削减二氧化硫排放量约10000吨以上，顺利完成上级下达的二氧化硫削减任务；启动老城西部污水处理厂建设，该项目总投资1.7亿元，占地5.32公顷，日处理能力5万吨，2011年3月底投入运行，每年可削减COD排放量730吨，加强环境监测工作，督促重点污染源安装在线自动监测系统。

2010年，澄迈县国土环境资源局抓好两个农村环境综合整治项目：金江镇兴加朗村农村环境综合整治项目申请专项资金77万元，完工并投入试运行；金江镇大拉村农村环境综合整治项目申请专项资金75万元，计划2011年底完成整治任务。

1999—2010年，澄迈县共审批项目200宗，环境影响评价执行率和“三同时”（建设项目中环境保护设施与主体工程同步设计、同时施工、同时使用）执行率均达100%。

三、环保宣传教育

2008年，开展“保护绿色宝岛、爱我美好家园、向白色污染宣战”宣传活动，向市民散发“向白色污染宣战”倡议书、免费送调查问卷和环保购物袋各1000份（个），数千名群众参观宣传图片展。

1999—2010年，澄迈县环保局共举行大型环保、法律法规培训班、讲座10期，报告会8次，参加人员累计2500人次。此外，在每年的“6·5”世界环境日都结合当年主题开展各种形式的宣传活动。

第三编　城乡建设和管理

第一章　城镇规划

第一节　管理机构

1995 年 11 月，澄迈县建设委员会、澄迈县国土局和澄迈县环保局合并成澄迈县建设与环境资源局。2001 年 6 月，政府机构改革，澄迈县建设与环境资源局分设为澄迈县建设局和澄迈县国土与环境资源局。2009 年 7 月，澄迈县建设局更名为澄迈县住房和城乡建设局，下属单位澄迈县园林管理所、澄迈县市政管理所、澄迈县城监大队以及澄迈县环境卫生管理站等四个部门合并，组建成澄迈县城市管理局。2010 年，澄迈县住房和城乡建设局内设办公室、规划管理岗、建筑管理岗、招标投标岗、市政管理岗、住房保障与房地产管理岗等 6 个岗室。下属单位共 6 个，其中属于事业单位 4 个：澄迈县住房保障与房地产管理局、澄迈县建设工程质量安全监督站、澄迈县建筑设计院、澄迈县城市规划信息中心；属于企业单位共 2 个：澄迈县建筑工程公司、澄迈县物业管理中心。

第二节　县城片区与乡镇规划

一、县城与片区总体规划

2005 年，启动《澄迈县城总体规划》《老城片区总体规划》编制。2006 年，《澄迈县城总体规划》通过专家评审，《老城片区总体规划》通过省规委会审议。2007 年，完成《澄迈县城总体规划》《老城片区总体规划》的修改工作报省政府审批。2009 年，《澄迈县金山寺佛教文化公园总体规划》通过县规委会审议。2010 年，完成《海南马村港金马现代物流中心总体规划》。

二、县城与片区控制性规划

2007 年，启动《澄迈县城控制性详细规划》《老城片区控制性详细规划》《澄迈县金马片区控制性详细规划》修编工作，完成《海南盈滨旅游度假区控制性详细规划》报省住建厅。

2008年，完成《澄迈县金马片区控制性详细规划》《澄迈县城旧城区控制性详细规划》《海南省老城片区控制性详细规划》初步编制成果。同年《澄迈县金山寺佛教文化公园修建性详细规划》《澄迈县南渡江两岸修建性详细规划》通过县规委会审议。

2009年《澄迈县金马片区控制性详细规划》通过专家评审，《澄迈县城旧城区控制性详细规划》征求意见，《海南省老城片区控制性详细规划》征求意见待上规委会审议，《澄迈县南渡江两岸修建性详细规划》通过县规委会审议。

2010年，完成《雅居乐南渡江两岸控制性详细规划》《福山咖啡风情文化广场修建性详细规划》《雅居乐太阳湾地中海风情镇概念性规划》。

三、乡镇总体规划

2006年，完成瑞溪镇、中兴镇、文儒镇、加乐镇及桥头镇等5个镇的总体规划初步成果。

2007年，完成瑞溪镇、中兴镇、文儒镇、加乐镇及桥头镇等5个镇以及国营西达农场（含仁兴镇）的总体规划修改工作报各镇人大审批。加上已经报批的金江镇、老城镇、福山镇及永发镇等4个乡镇总体规划，全县10个镇的总体规划编制工作已经完成。

2008年，《金江镇总体规划》通过专家评审。

四、乡镇控制性规划

2008年，启动桥头镇、中兴镇、加乐镇、文儒镇、瑞溪镇、大丰镇、仁兴镇、福山镇及永发镇等9个镇的控制性详细规划编制。

2009年，完成桥头镇、中兴镇、加乐镇、文儒镇、瑞溪镇、大丰镇、仁兴镇、福山镇及永发镇9个镇的控制性详细规划编制并征求意见和通过专家评审。

第二章　县城建设

第一节　城区建设

1999年，县城房屋建筑总面积969.15万平方米，其中楼房124.04万平方米，人均建筑面积21.2平方米，人均居住面积13.43平方米。街道总长74.5千米，为1950年的18倍，其中水泥路16.5千米，沥青路21.4千米。至2010年，县城房屋建筑总面积2423万平方米，其中楼房310万平方米，人均建筑面积53平方米，人均居住面积33平方米。街道总长150千米，为1998年的2.5倍，其中水泥路42千米，沥青路53千米。

2001年，城区建设面积8.3万平方米，资金投入0.61亿元。

2002年，启动西线高速公路澄迈出口路（金马大道）建设，路段全长22.546千米，贯穿金江、大拉、红光、华侨、马村等农场及乡镇；金江镇公园路全面竣工，路段全长495米，宽26米，概算投资350万元；建成金江镇人民西路并通车，路段全长857米，宽22米，投资380万元；启动南渡江防洪堤工程，工程全长5.555千米，投资6299万元；完成金江绿地广场工程建设并投入使用，广场占地7.73公顷，计划投资1500万元。同年，全县建设面积24.8万平方米，资金投入1.22亿元。

2003年，城区建设面积13.3万平方米，资金投入8482.3万元。千秋文化体育广场建成并投入使用。

2004年，城区建设面积22.52万平方米，资金投入2.05亿元。

2005年，金江防洪大桥建成并通车，启动金岭文化多功能生态居住小区施工建设，启动金马大道配套工程建设。同年，全县建设面积33.09万平方米，资金投入3.3亿元。

2006年，金岭文化多功能生态居住小区基础设施建设基本完成；基本完成金马大道第一标段配套工程。是年，城区建设面积36.84万平方米，资金投入3.2亿元。

2007年，完成金马大道第一标段3.5千米的市政配套工程，启动图书馆、文化馆、博物馆等3馆的建设，基本完成金江镇144条小巷硬化改造工程。同年，城区建设面积113.59万平方米，资金投入14.2亿元。

2008年，全面完成县城环城西路和解放路的改造工程，完成立新路、人民路改造，县城“三纵三横”主干道改造工程全面完成；完成68个行政村、342个自然村的农村通畅工程项目建设任务；加快老城、福山等镇的道路硬化工程和老城经济开发区路灯安装工程建设；完成或基本完成广播电视塔、图书馆、文化馆、展览馆、金江影剧院、金江中心市场等项目建设；开工建设金江污水处理厂、老城污水处理厂、县城垃圾转运站等项目。

2009年，农村基础设施建设项目获得农发行2.35亿元贷款。完成马村港疏港公路的前期准备工作，启动文儒至仁兴公路设计工作，金永线长安至永发段公路改造工程项目完成投资3600万元。建设农村公路129千米，累计硬化465.5千米，覆盖全县85%的村委会。硬化改造金江城区62条小巷。完成金江影剧院建设，广播电视塔、图书馆、文化馆和展览馆投入使用。

2010年，完善建设县城一环路，规划建设县城二环、三环路；做好环城东路、金安至瑞溪公路、桥头至福山公路、中线高速美向出口路、云文公路、盈滨至东水港跨海大桥、马村至桥头沿海景观大道等前期工作；加快疏港公路、文儒至仁兴公路、富山油气出口路等公路建设，完成金永线长安至永发段公路改造工程；加快农村公路通畅工程建设，全部硬化行政村公路；利用农发行的融资贷款，加快老城经济开发区给水管网工程、北二环路等市政配套道路建设；加强马村港扩建工程建设协调服务，进一步完善港口基础配套设施；抓住举办海南岛欢乐节的契机，切实加强绿地广场改造、县城街道立面景观改造、润地酒店、瑞佳产权式酒店、金山寺、白莲立交桥路灯建设等15项市政配套基础设施建设，进一步完善城市市政功能，提升城市品位。强化城市管理。继续开展创建国家卫生县城活动，建立健全环境卫生综合管理机制，加大城乡环境卫生综合整治力度。

第二节　城区卫生管理

一、机构沿革

1999年前，澄迈县城镇环境卫生管理站属金江镇人民政府管理。1999年，澄迈县城镇环境卫生管理站更名为澄迈县县城环境卫生园林管理站，并转为县建设与环境资源管理局下属副科级财政全额拨款事业单位。站内设办公室、卫生清洁队、环卫监察队、园林绿化管理队、卫生费收缴队和清运车队，干部职工（含临时工）290人。2002年，撤销澄迈县县城环境卫生园林管理站，成立澄迈县环境卫生管理站和澄迈县园林管理所，均为建设局直属副科级事业单位，澄迈县环境卫生管理站共有干部职工（含临时工）303人。2009年转为澄迈县城管局下属副科级事业单位，下设办公室、垃圾清扫队、垃圾清运队、环卫监察队、垃圾收费队、垃圾转运站。至2010年底，机构保持不变，共有干部职工（含临时工）329人，各种车辆21辆，其中清运垃圾汽车19辆。

二、环卫管理

（一）街道卫生

1999年，县城街道卫生清扫管理实行定地段、定人员、定任务，全天五班倒上班工作制度，全站分8队，每队分15组，组又分到路段（班）。实行“日产日清”的清运垃圾制度，县城大中小垃圾桶车近40个。绿化园林绿化管理队发动人员在环城西路、解放路等路段种植椰子树和印度子裳360株，在文化中路商场路段种植花草1212株。全年在街道两旁共种植椰子树350株，印度子裳655株，花草382株。按照县委、县政府做好“门前三包”（包卫生、包绿化、包秩序）工作的规定，卫生监察队每家每户进行宣传工作，对小摊贩违章占道，不用袋装垃圾或乱丢乱摆垃圾的单位和个人，上门耐心说服教育，对屡教不改的按有关规定进行处罚，说服教育违章86人次，处罚21人次。

2001年，在文明路、文化北路、解放路等主要路段种植印度紫檀、大榕树、美国多彩、米兰球等花木共2570株，街道两旁的绿化率达到90%以上。

2004年起，县城清扫保洁工作实施路段包干责任制，县城区分为4个卫生区，由4各清扫队负责，实施“三定”（定地段、定人员、定任务），实行“三班制”（从早上5点至中午12点为第一班，中午12点至下午6点为第二班，下午6点至晚上11点为第三班），做到18小时路面保洁，并且每月由站长、副站长带队进行检查，奖罚分明，使得县城的环境卫生质量逐步提高。

2010年，县城金江镇共有街道32条，清扫保洁面积大约为63万平方米。县城街道按有关标准分为2级，配备人员与环卫设施，实行分级清扫制度，分成四个责任区，实行“三定二包”（定地段、定人员、定任务、包工作量、包安全）制度和“三班制”。一级街道清扫保洁每天18小时，二级街道清扫保洁每天18小时，并严格执行街道清扫保洁的规定和标准，要做到一日两扫、全天保洁和“六不”（不乱丢乱吐、不乱堆乱倒、不乱搭建乱张贴、不乱摆卖乱停放、不乱排污水、不损坏花草树木）、“六净”（路面净、人行道净、路牙净、雨水口净、树坑净、墙根净）的标准。

（二）公厕管理

1999年起，全县开始兴建街道公厕。2001年,县城共有公厕5座。至2010年，县城标准化公厕达8间，所有公厕实行收费管理。

（三）垃圾处理

1999—2002年,县城生活垃圾采用人力手推车和四轮车收集后运往地坡岭垃圾处理厂进行填埋处理，处理方式简单、效率不高。从2002年12月27日起，取消金江镇地坡岭垃圾处理厂，县城生活垃圾运到颜春岭垃圾处理厂和发电厂进行处理，同时取消所有的大型垃圾堆放桶，在每天6：00—8：00、18：00—20：00两个时间段对生活垃圾实行定时定点收集后运往垃圾中转站处理，做到生活垃圾日产日清。

2005年，垃圾（包括粪便）采用垃圾桶、垃圾车进行收集和清运，集中运往颜春岭垃圾填埋场填埋处理。实行路段包干责任制，将县城区街道划分4个卫生区，实行“三定”和“三班倒”上班管理制度，在18小时内保持路面清洁，使各道路常年整洁。全部垃圾清运到颜春岭垃圾处理场，街道取消摆放垃圾桶，实行街道流动收集垃圾运往中转地点进行压缩，做到日产日清。由3个组分别对单位、饭店、沿街商店等收缴纳有偿服务收费工作，从4月起，由9个组分别对居住在县城地区的居民户、单位住户、暂住户缴纳生活垃圾清运服务费。

2010年，县城街道设置垃圾桶88个，居民居住区垃圾收集点101个，县环卫站共有垃圾、粪便清运车19辆，垃圾日运量80吨。

（三）“门前三包”管理

1998年1月起，实施“门前三包”管理，即在责任单位、居民户门前划定地段，要求其承包环境卫生、绿化和秩序三项管理，后逐渐淡化。

1999年，按照县委、县政府做好“门前三包”工作的规定，卫生监察队每家每户进行宣传工作，对小摊贩违章占道，不用袋装垃圾或乱丢乱摆垃圾的单位和个人，多次上门耐心说服教育，对屡教不改的按有关规定进行处罚，说服教育违章86人次，处罚21人次。

2004年，站监察队实行分班、组分地段工作承包责任制。在各个地段对“门前三包”进行宣传、劝导和治理工作，全年共发放传单3035份。在工作中做到文明执法，按照规定进行环卫监察工作。

2005—2010年，加强落实门前市容环境卫生和“门前三包”管理，监察队每天对县城主要街道进行巡查，发现问题及时处理。加大宣传力度和增加宣传方法，使县城的市容环境卫生保持在较好的水平。

三、环卫设施

（一）环卫车辆

1999年，环卫作业车辆主要是手推车辆，后逐渐发展为以机动车辆为主。2003年，有垃圾压缩车2辆、摆臂式垃圾车2辆、挂桶式垃圾车1辆、抽粪车1辆、拖拉机5辆、手扶机1辆、人力手推车51辆。2010年，全县拥有机动环卫车辆21辆，其中垃圾压缩车12辆、扫地车1辆、抽粪车1辆、其他7辆。

（二）垃圾处理场

1999—2010年间，澄迈县境内有垃圾处理场1个，即颜春岭垃圾填埋场。该场位于老城镇境内颜春岭，为海口市兴建，海口、澄迈两地共享，总占地面积138666平方米，日处理垃圾1400吨。

第三节　城区交通设施

一、桥梁 街道

南渡江从县城金江横穿而过，将县城划分为南北两个片区。南渡江金江段建有金江防洪大桥和金江大桥，由两座大桥连接南北两岸。20世纪70年代初建金江防洪大桥，2005年1月重建，大桥全长约400米，双向两车道。金江大桥建于1990年，大桥全长约600米，双向两车道。

1999年，县城主要街道为解放路、人民路、文明路、文化路及环城西路。2010年，县城街道达到16条。全部实现街巷道路水泥化、柏油化，排水排污渠道化，其中多数已暗渠化。

2009年，根据“突出重点，兼顾一般”的原则，把文明路、文化路、环城西路、解放路、人民路、立新路等路段作为市容管理和交通管理的重中之重，实行严格交通管理。建立严管街路段管理中队，采取专项整治与长效管理、日常管理与集中行动相结合的办法，使上述路段的市容环境和交通秩序有明显好转。

二、城区交通

自1999年起，随着社会经济发展，县城区域每年都在向外扩展，交通基础设施建设得到快速发展。截至2010年底，县城主要街道如表3-2-1。

2010年澄迈县城主要街道一览表

表3-2-1　　　　单位：米

道路名称	起点	终点	走向	长度	红线宽	路幅宽	
						行车	人行
文化北路	地坡岭	金江大桥	南北	2500	30	21	9
文化南路	金江大桥	环城西	南北	1500	8	8	10
文明路	环城西	解放路	南北	1400	30	21	9
环城西路	地坡岭	新桥	南北	2800	36	18	18
立新路	文明路	文化北路	东西	400	15	12	3
人民路	环城西	文化北路	东西	900	20	12	8
解放路	环城西	文化北路	东西	2500	18	10	8
向阳路	文化北路	金江糖厂	东西	1500	12	8	4
长安路	文化南路	北潭桥	东西	1000	12	8	4
中山路	文化北路	—	东西	500	12	—	—
新民路	解放路	南渡江北	南北	400	12	—	—
胜利路	—	—	南北	300	10	—	—
建国路	胜利路	—	东西	200	8	—	—
华兴路	文化北路	文明北路	东西	400	20	—	—
华成路	文化北路	文明北	东西	380	20	—	—
金马大道	文化北路	接海榆西线	南北	—	—	—	—

第四节 亮化绿化管理

一、市政设施建设管理

1999年，加大动态巡查力度，维护城区市政路灯和排水设施，确保各路段路灯正常亮灯，市政道路设施完好。更换地下电缆250米，维修损坏路灯350盏，维修排水沟1200平方米。

2005年，随着城市的快速发展，城市基础设施不断完善，按照市政设施维修标准，加大路灯维修力度，做到随坏随修，确保路灯设施完好率达到95%以上，路灯亮灯率达到98%。维修市政路灯860盏，配电控制开关15套，修复损坏电缆300米，维修人行道600平方米，更换排水沟雨、污井盖80块。

2009年，建立市政设施维护管理机制，每天巡查，动态检查市政道路设施，做到随坏随修。维修县城区各路段损坏路灯1359盏，灯杆15支，电缆2650米，确保灯亮率和设施完好率达到98%。水泥硬化江南槐堂路3200平方米，硬化改造县公安局住宅区道路1880平方米，修复金华路面近100平方米，更换雨井盖50多个。对违反市政设施管理条例的人和事进行严肃处理，共查处和纠正违法事例12起；严格城区洗车场的管理，对不符合条件的洗车场进行整改，共查处和整改不规范洗车场2家；加强对临街占道、挖掘道路项目的源头控制，严格审批制度，并实行跟踪管理。

2010年，完成城区路灯维修3000盏次，安装配电箱3个，铺设电缆5600米，确保亮灯率在98%以上。完成文化广场雕塑工程，完成高杆灯维修8盏，建设景观荷花灯17盏等配套照明工程。完成城区实验小学育才巷排水管道维护、清淤工作，建设老城开发区、江南沿桥路排水工程。加强市政设施维护，人行道、广场等设施随坏随修。建设公厕16座，其中新建8座，重建2座，改建6座，总投资约632万元。投资150万元在文化路、文明路、金马路及解放路建设候车站点22个。

二、园林绿化养护管理

1999年，切实加强城区园林绿化养护，严格查处损绿、毁绿行为，共补植绿化行道树20多株，处理损绿、毁绿事件5起，清理制止乱牵乱挂违规行为30起，努力维护绿化成果。

2005年，抓好辖区主次干道行道树管理，美化、花化绿地广场等公共环境，本着“预防为主，综合防治”的方针，加强病虫害普查、防治工作，共补植乔木68株，灌木45株，花卉200平方米，草坪500平方米，巩固园林绿化成果。

2009年，对县城各街道的行道树进行全面的修剪整形、防治，完善绿地广场设施建设，补植行道树1000多棵。加大力度整治损毁树木、花草和占用绿地设置摊点经营、危害绿地设施行为10起。大丰立交桥绿化面积10.6万平方米，文化广场景观改造工程，2项预算投入资金600多万元。

2010年，投入3300万元完成文化广场园林景观绿化、大丰立交桥绿化、金江绿地广场绿化、福山出口匝道绿化及金马大道绿化改造，增加绿地面积约182000平方米，改造绿地面积约13900平方米。

第五节　供水

1999—2010年,澄迈县城镇居民及周边农村生产生活用水主要来自澄迈县供水公司和三级净化地面水厂。

1998年5月,县政府将县供水公司委托给澄迈宝信实业有限公司运营。2008年12月,根据县委、县政府关于国有企业改革的要求，县供水公司实行改制，但由于国有资产尚未处置，县供水公司仍由宝信公司运营。改制后，公司仍保留部分原供水公司人员，在职67人中，原供水公司人员为38人。公司内设机构有办公室、营业厅、化验室、水厂、加压站。

澄迈供水公司承担整个县城及周边农村的生产生活用水重任，实施城乡统一供水，主要业务范围包括自来水供给，水管网安装、维修及开户安装工程等。

1998年5月实施委托运营初期，澄迈宝信实业有限公司投入3200万元兴建生产能力为2万吨的三级净化地面水厂,改变县城落后的供水局面,实现24小时供水,用水户7400多户。2002年，投入资金对县城及周边农村供水管网进行改造与扩建，供水主管网达120千米，使县城及周边32个自然村居民用上卫生合格的自来水。供水范围东至长发坡，南至太平，西至山口，北至大拉。用水总户数达1万多户，服务人口近10万人，年供水量约620万吨，日均供水量约1.7吨。

三级净化地面水厂位于金江镇沟边村西南渡江北畔，整体设计生产能力为5万吨，分2期建设，第一期生产能力为2万吨，1999年11月竣工投产；第二期生产能力为3万吨，占地面积0.53公顷，主要有取水车间、制水车间、化验室、送水车间及厂区办公楼等，配套有完整的生产设备设施。其中取水车间主要机泵设备有4台，其中2台为功率45千瓦、扬程24米、流量480吨/时，另2台为功率75千瓦、扬程26米、流量720吨/时；制水车间含加药间、加氯间、反应池、沉淀池、过滤池及清水池；制水工艺：水源水（南渡江）→取水车间（取水）→反应池（凝絮反应）→沉淀池（沉淀）→过滤池（过滤）→消毒（二氧化氯）→清水池→送水车间（供水）→城市供水管网→用户。送水车间主要机泵设备为

4台及变频设备1套，其中2台为功率132千瓦、扬程43米、流量684吨/时。在变频设备配套运行下，科学合理调度，出厂水水压恒定为0.42兆帕，具有省级资质计量认证的化验室，严格把守着水质关口，水质检测项目达30项，对水厂生产进行24小时水质监控，及时将化验结果反馈制水车间，根据水质变化及时调整生产用药量及出厂水余氯，保证出厂水水质，让人民群众饮用上卫生、安全、合格的自来水。

第三章　镇村建设

第一节　镇墟建设

1999—2010年，各镇政府所在地墟市基本上实现街巷道路水泥化、柏油化，排水排污渠道化，其中很多已暗渠化。商场、集贸市场、公厕等基础设施和配套设施齐全。大部分墟镇街道立面改造装修完成，并实现亮化、绿化、美化。全县11个墟镇建设区面积均达到1.5平方千米以上，成为各镇政治、经济、文化、教育、交通、贸易等中心。每个镇均设有环卫站和城管中队，负责各镇的环境卫生和镇墟管理。

第二节　特色风情小镇建设

一、福山咖啡风情文化小镇

2010年初启动建设福山咖啡文化风情镇，至年末建成并投入使用。福山咖啡文化风情镇是国家AAA级旅游景区、“中国咖啡第一镇”、“海南十大最美小镇”。风情镇中心区位于福山镇侯臣村，距省会海口市49千米，离县城金江镇18千米，距离西线高速福山出入口500米，交通十分便利。风情镇总规划面积达76平方千米，是2010年第十一届海南岛欢乐节主会场，福山咖啡文化风情镇中心区占地15.20公顷（不含水面），建筑面积45000平方米。

2010年，福山咖啡文化风情镇不断提升文化氛围、文化内涵，成为海南省西线旅游和琼北旅游新热点。

同年，风情镇累计引进企业27家，项目9个。中心区建成的项目主要有福山咖啡文化馆、17家特色咖啡馆、海南省珍宝博物院、红陶岭陶艺馆、海南四宝专营店等，中心区商铺入驻率达到100%，福山风情镇内咖啡馆营业额达到3000万元。免费WiFi实现全覆盖。中心区内建设有2个美丽乡村，即向阳村和侯臣村。

二、欧洲风情小镇

海南欧洲文化风情小镇，地处澄迈华侨农场辖区内，是2010年海南省重点项目，是澄迈县“三县两地”发展战略重点之一，是澄迈县发展旅游战略支柱性产业的核心项目，由海南中东方实业股份有限公司开发建设。

海南欧洲文化风情小镇按照《海南国际旅游岛发展规划纲要》“北部组团”规划的精神，即以海口市为中心，包括文昌、定安、澄迈三市县，重点发展文化娱乐、会议展览、商业餐饮、高尔夫休闲、金融保险、教育培训、房地产等现代服务业和汽车制造、生物制药、食品加工、高新技术等产业。根据条件适度集中布局特色旅游项目，培育一批定时定址的节庆、会展活动和体育赛事。

“海南欧洲风情镇”项目自2009年8月开工，2010年西班牙小镇、意大利小镇一期和二期交付使用；英国小镇全部封顶，进入装修阶段；法国小镇一期已开工；碧桂园•美浪湾一期已完工，五星级旅游度假酒店已开业。

第三节　文明生态村与新农村建设

1999年起，以解决广大农村环境脏乱差、文化娱乐活动少、社会风气落后和群众生活质量为切入点，以建设生态环境、发展生态经济、建设生态文化为主要内容，以改善提高群众生活质量为目标，在全县广泛深入开展文明生态村创建活动。

2001年，县人大常委会审议通过，每年从地方财政拨款不少于100万元，支持50个文明生态村建设，用先进文化占领农村阵地。同年采取成立领导机构、组织外出学习取经、发动群众掀起创建热潮等做法，共集资400多万元，群众投工投劳12.5万个，建成文明生态村50个。

2002年，坚持“自己的家园自己建”和“政府扶持，群众为主，社会支持”的做法，投入资金423.76万元，投工投劳13.8万个，开展军警民共建文明生态村50个。

2003年，围绕县委提出的文明生态村建设“重在打基础”的要求，把保护生态环境，整治农村脏、乱、臭作为基础工作，重点抓好沼气的推广和普及，在农村开展“一池三改”（建沼气池，改厨房与灶台、改厕所、改猪圈）工作。全年共投入资金300多万元，群众投工投劳15万多个，建成沼气池1140个，文明生态村50个。2004年，把文明生态村当作“民心工程”来抓，按照连片创建和向“热点村”“问题村”延伸的要求，全年共投入创建资金446万元，群众投工投劳6.4万多个，建成文明生态村34个。

2005年，按照“连片创建、突出重点、整体推进”的工作思路，重点抓好“窗口辐射型”、“红色教育型”和“化解矛盾型”三种类型的文明生态村建设，共投入建设资金506万元，群众投工投劳12万多个，建成文明生态村42个。

2006年，投入资金1135多万元，群众投工投劳12万个，建成文明生态80个。

2007年，坚持“连片创建、分类指导、突出重点、示范带动、稳步推进”的思路，投入资金613万元，建成文明生态村80个。

2008年，投入751万元，建成文明生态村26个。

2009年，投入建设资金1045万元，建成文明生态村88个。

1999—2010年，共投入建设资金5105万元，群众投工投劳300万个，建设文明生态村600个。

第四章　城镇综合管理

第一节　管理机构

2001年3月，在原金江镇城建监察中队的基础上组建澄迈县城建监察大队，归澄迈县县建设与环境保护局管理，属副科级单位。

2009年7月，县园林管理所、县城建监察大队、县市政设施维护管理所和县环境卫生管理站4个单位合并组建澄迈县城市管理局（简称“县城管局”），为县政府正科级事业单位，主管全县的市政监督、环卫、园林绿化、城市综合管理。内设办公室、城镇园林管理股、市政设施维护管理股、综合执法股4个股级机构，下设澄迈县环境卫生管理站。

第二节　宣传教育

1999年，城建监察中队印发环境卫生宣传单600份，在城区主街道悬挂横幅50条，加大法律法规宣传力度，逐步提高市民守法意识。

2005年，出动宣传车巡回宣传城市管理法规48次，制作墙体公益宣传广告15块，悬挂横幅120条，引导广大市民理解及支持城管工作。

2010年，颁布《澄迈县环境卫生管理站安全生产管理制度》《澄迈县环境卫生管理站清扫保洁管理制度》《澄迈县环境卫生管理站垃圾清运管理制度》《澄迈县环境卫生管理站监察管理制度》，严格实行以制度管理人事，以制度约束人。同年共出动环卫监察队员400人次，对县城的小摊贩、夜餐点进行宣传教育。对个别不袋装垃圾或是乱弃垃圾的小摊贩、夜餐点进行耐心地讲解教育。共教育违规贩商13家，48人次。通过宣传教育，群众爱护环境卫生的观念明显提高。

第三节　行政执法

一、户外广告整治

1999年，拆除破损户外广告牌20多个，清洗乱张贴广告100多处，暂扣太阳伞25把，市容市貌初步改善。2005年，拆除老城、福山、永发等道路沿线破损广告牌40多块，拆除城区擅自设置户外广告30多块，清理乱张贴乱涂画城市“牛皮癣”50多处，规范户外广告管理。

2008年，全面清洗乱写乱贴乱画70处，暂扣流动广告灯箱10个及太阳伞12把，拆除户外广告牌20块。

2009年，按照“统一规划，规范管理，总量控制，有偿使用”的原则，根据《关于加强户外广告、霓虹灯设置管理的规定》《城市市容和环境卫生管理条例》等法律、法规，对城区主要街道的户外广告、店面招牌进行全面整治，共拆除和清理不规范广告30多处、破损和有碍市容的店面招牌13块、乱涂乱写60多处、乱张贴2000多张、遮阳棚30多个。对户外广告实行源头控制，严把广告审批关和质量关，坚决杜绝乱设置、乱张贴广告现象的发生，并对城区现有广告逐一进行登记，建立档案，规范管理。

2010年，对存在安全隐患的户外广告，要求立即整改，对存在问题较多的广告予以拆除。

二、市容环境卫生综合整治

1999年，加大执法力度，取缔占道经营，实行室内经营，清理城区道路两侧乱堆乱放杂物，整治车辆乱停放，暂扣茶摊桌椅200多张，清理杂物垃圾20余吨，处罚乱停放自行车、摩托车100多辆次。

2005年，结合环境卫生综合整治活动，执法人员劝阻市民乱倒、乱扔垃圾的行为，对绿化带、道路及城乡接合部周边的杂草、白色污染物、生活垃圾集中清扫清运，做到环境整治无遗漏、无死角，大力整治环境卫生“脏、乱、差”现象，有效改善城区环境卫生。全年共出动铲车35辆次，垃圾清运车100余辆，清理垃圾500余吨。

2008年，重点对县城文化路、文明路等7条主要道路进行全面清理。针对乱摆卖、乱堆放、乱悬挂、乱停放、乱搭建、乱张贴等“六乱”现象，做好监管工作。拆除破损户外广告。整治县城摩托车、人力三轮车、自行车乱停放问题。全年清理占道经营、店外经营20处，流动商贩35个，清理卫生死角垃圾15车，拆除简易乱搭建100余平方米，处罚乱停放摩托车、人力三轮车、自行车100余辆。

2009年，联合工商、公安等部门，加强对各类经营摊点的管理，督促摊点入室，规范经营。对占道经营、流动经营的各类摊点，坚持以宣传教育为先导，对不听劝告、屡教不改的采取强制措施；对下岗职工、城市无业居民摊点，采用“疏”“堵”结合的方法，在不影响市容的前提下，在部分背街小巷定点定位、规范经营；对夜餐排档占道进行打击，予以取缔。全年共取缔纠正各类违章占道经营500多起，取缔夜排档和流动摊点40多。对城区主要道路两侧空地建设围墙围挡，对破旧建筑进行外墙粉饰，对建筑墙体上的杂草清除，对乱搭乱建予以拆除。共硬化人行道2253平方米，粉饰旧墙1346平方米，建筑临街围墙680平方米。整治城区停车秩序。在县城区各主要道路施划机动车停放位600个，协助交警大队对乱停放车辆进行处罚，查扣乱停乱放车辆139辆。

2010年，在解放东路、文明路车站对面设置统一亭棚，合理安置摊点及便民服务点20多个。进一步加大车辆乱停乱放管理力度，采取宣传教育与处罚相结合的方式，联合公安、交警对屡教不改的严厉处罚。联合交通、交警、公路、卫生、工商等各职能部门开展为期1个月的集中整治活动，共出动人员100余人，车辆80余次，收缴各类违章物品70余件。组织各乡镇、机关事业单位，中小学校，宾馆酒店开展卫生环境大扫除活动，清扫人行道180000平方米，清理卫生死角200多处，参与人力30000人次。

三、违法建筑整治

1999年，加强对城区在建房屋管理，督促建设房屋户主办理报建手续，规范建筑工地材料堆放。下达整改通知书5份，拆除违法建筑2宗，面积1674平方米，拆除简易棚10间，面积300平方米。2005年，加大巡查力度，重点对澄迈二中周边、城区背街小巷等违法建筑进行整治，处罚未报先建房屋3户，督促补办报建手续15户，遏制违建的蔓延。

2008年，在城区范围内，对违法建设开展普查，分类纳入监控，加大巡查力度，及时采取强制措施。全年共立案查处违章房屋2户，处罚未报先建并督促补办报建手续10户。配合红光农场、和岭农场拆除违章房屋2间。

2009年，加大违章建设巡查力度，扩大巡查范围，开设举报电话，建立举报制度，发现一处查处一处，坚决杜绝新违法建筑的出现。全年共处罚违法建设27起。

2010年，对违法建设和乱搭乱建坚决予以停工、拆除，严查各类建设手续不齐全的工程，坚决予以停工处理。对全县30多处在建工程进行全面监察，尤其是加强对城区临街两侧主要建设工程的查处力度。

第四节　道路保洁和垃圾清运

1999年，坚持城市道路一日三扫，全天保洁，每日两次定时收集。清扫保洁人员实行“四定”，即定人员、定岗位、定路段、定工资。城区生活垃圾的拉运实行专人负责，统一处置，日清运垃圾80吨，保证垃圾的日产日清。

2005年，推行城区生活垃圾袋装化管理，定时定点投放，定时收集，并充分调动人力、车辆，对生活垃圾实行密闭化运输，确保不抛洒滴漏、污染道路、影响环境卫生。对早餐摊点白色垃圾多、垃圾不入箱及果皮箱周围乱堆放生活垃圾污染环境等问题，采取专人蹲点守候、发放宣传单、电视台曝光、督促整改以及强制处罚等措施，逐步改变市民的不良行为，优化市容环境。是年共查处乱倒生活垃圾案件5起，教育15人次，出动车辆200辆次，清理卫生死角100多处，清运道路污泥600余吨。

2008年，县城道路实行全天18小时的清扫保洁。县城生活垃圾清运和无害化处理率达到100%。全年动用小型装载机10台次，手扶拖拉机200车次，清理生活垃圾、建筑垃圾和各类废弃物1000吨，整治面积达1万多平方米，组织人力600多人次，清理卫生死角62处。在县城各路段安装500个垃圾果皮箱，方便游人投放垃圾。

2009年，对城区主次街道实行全天候、全方位保洁；落实环境卫生保洁责任制，实行“三定二包”；落实垃圾清运制度，确保日产日清；对城区解放路、人民路、环城西路、立新路等路段安装160个果皮箱。通过落实环境卫生长效管理，加强对路面的清扫，使清扫保洁工作达到城市容貌标准，在全城区实行全扫全保，切实做到清扫全方位，保洁全天候，责任全覆盖，管理无缝隙。

2010年9月，澄迈县生活垃圾压缩转运站正式运行，日压缩转运生活垃圾80吨。县城区生活垃圾全部使用小型压缩车收集，无污水滴漏现象，垃圾压缩转运过程实行室内作业，集中压缩后转运到垃圾处理场，经过机械推平、压实、再消杀处理。解决金江镇、永发镇、瑞溪镇、福山镇、老城开发区“四镇一区”各1辆垃圾压缩车，2辆小四轮运输车及建设1座垃圾转运屋，总投资294万元，加快各建制镇环卫基础设施建设。投资12万元在县城区各主要街道及福山镇安装密封式垃圾屋20间，有效地缓解垃圾裸露现象。

第五章　建筑业与住房建设

第一节　建筑业

一、管理机构

澄迈县原有建筑企业5家，分别为澄迈县建筑工程公司、澄迈县第二建筑工程公司、澄迈县老城建筑工程公司、澄迈县海深建筑工程公司、澄迈县石浮建筑工程公司，性质均为集体企业。经海南省人事劳动厅锅炉压力容器安全监察处特别批准澄迈县建筑公司为全省唯一一家锅炉专业砌筑公司。2004年1月，澄迈县建筑工程公司被海南省建设厅核定为房屋建筑工程施工总承包三级企业。2010年，资质审批后，只保留澄迈县建筑工程公司。

建筑工程招标管理工作由澄迈县住建局具体负责。县委、县政府规定要求凡政府、国有、集体企事业单位投资、控股、参股、合作开发的，2010年11月2日前工程造价50万元以上的工程项目实行公开招标；2010年11月2日后，工程造价200万元以上的项目实行招标，其中全部使用政府资金的必须实行公开招标。

二、建筑设计

1983年，澄迈县建筑工程设计室成立。 2009年更名为澄迈县建筑设计院，为澄迈县建设局下属副科级事业单位，独立核算，自负盈亏，实行企业化管理。设计资质：1996—2008年为丁级，2008年后为村镇设计级。主要负责澄迈县工业及民用建筑工程造价咨询、地质勘查、建筑设计以及图纸审查等工作。2010年，共有9人，其中工程技术人员4人，含工程师1人，助理工程师2人。全院拥有绘图电脑2台。

1999—2010年澄迈县设计院设计的单体报建图设计共有1200项，建筑面积240万平方米；单体施工设计图1100项，建筑面积为200万平方米。

三、工程监督

1986年6月，澄迈县建筑工程质量监督分站成立。2005年4月，更名为澄迈县建设工程质量监督站，简称“质监站”，属事业单位编制股级单位，为澄迈县建设局下属机构。2010年，全站共有20个人，其中各类专业技术人员10人，高级职称1人，分别占总人数的50%和5%。

主要职能是对澄迈县辖区里的建设工程质量进行监督管理，参与全县重大质量、安全事故的调查处理，承担全县辖区报建的工程项目的质量监督工作。

2003—2010年，澄迈县质监站共受理监督工程473项，总面积581.3万平方米，项目预算投资95.99亿元，共检验竣工工程473项，面积581.3万平方米，合格率100%。其中，有3项被评为“澄迈县优秀样板工程”。受监督工程无出现过任何重大质量安全事故。

2008年，澄迈县强化工程质量和安全管理，全年开展10次安全生产专项整治和15次安全生产大检查，整改率达85.3%，有效地遏制安全生产事故的发生。全面开展抗震隐患排查工作，其中排查卫生院45间，总面积22355平方米，其中需加固20幢，面积6250平方米，需拆除44幢，面积12364平方米；排查中小学校舍1088幢，总面积450178平方米；鉴定危房C级208幢，面积75445平方米，D级91间，危房面积21853平方米。2010年，优秀样板工程1项，即亚泰温泉酒店项目。

第二节　住房建设与管理

一、管理机构

澄迈县房地产管理机构为县住房保障与房产管理局，前身为县房地产开发建设总公司房产管理所，位于金江镇南渡江南岸。2008年8月，县住房改革办公室和县房产管理所合并成立澄迈县住房保障与房产管理局，为县住建局下属副科级参照公务员管理事业单位，内设综合办公室、住房建设管理股、房屋登记股和房屋交易抵押股。至2010年，机构设置未变。

二、住房开发建设

2008年，澄迈县第四季度新建廉租住房计划（第一批）任务是450套（22500平方米），计划总投资3375万元；2009年度新建廉租住房计划（第二批）任务是500套（25000平方米），计划总投资3750万元，2010年度新建廉租住房计划任务是500套（25000）平方米，计划总投资3750万元，累计总套数1450套（72500平方米），累计总投资1.08亿元，分4期实施。

自2008年开始，由县住房保障与房产管理局主导，主要开发澄迈县廉租住房，先后兴建江南小区9栋216套10800平方米，向阳小区11栋504套25200平方米，民安小区12栋540套26220平方米，民泰小区5栋222套8214平方米，共1482套70434平方米，解决3594人的住房困难问题。

（一）经济适用房建设

2008年，共投资约6000万元在金江镇金马大道金岭小区内开展锦绣新城经济适用房项目，项目共建设19幢多层及高层楼房，总建筑面积59913.19平方米458套，总用地面积 33333.33 平方米。

（二）廉租住房建设

项目一期位于金江镇江南长堤西堤，2008 年 12 月 10 日开工建设廉租房 216 套，截至 2009 年 12 月，已完成 5 栋（120 套）封顶，通过主体验收并进入涂料及内部装修阶段，1 栋（24 套）已完成基础工程，3 栋（72 套）进入主体工程；项目二期位于金江镇长向阳路县农机公司，2009 年 1 月 31 日开工建设 504 套，截至 2009 年 12 月，完成 5 栋（216 套）封顶，已通过主体验收并进入涂料及内部装修阶段。2 栋（96 套）已开挖基础，5 栋（192 套）开挖基础工作就绪；项目三期位于金江镇长安路北侧县卫生学校，2009 年 11 月 10 日开工建设 240 套，截至 2009 年 12 月，已完成项目招投标等前期工作，已开挖 3 栋（144 套）基础。

（三）廉租住房补贴

2008 年，向符合保障条件的县城镇最低收入家庭发放住房补贴约 92.12 万元，保障户数 1035 户，保障人数为 4094 人，保障面积约 6 万平方米。

2009 年，符合申请条件的 50 个单位 1211 户 4348 人，保障面积为 65220 平方米的租赁住房补贴工作，978300 元租赁住房补贴资金已发放到住房困难家庭。

2010 年上半年，完成符合申请条件的 1297 户 4784 人，保障面积为 62192 平方米的租赁住房补贴工作，1492608 元租赁住房补贴资金已发放到住房困难家庭。下半年租赁住房补贴工作经调查审核，12 月底已发放到位。租赁住房补贴累计发放 671.2 万元。

（四）保障性住房申请资格审核

根据《澄迈县“十一五”住房规划（2008—2012）》和《澄迈县解决机关事业单位人员住房问题的实施方案》的要求，2010 年在澄迈县监察局的监督下，已完成县物价局、妇幼保健院、检察院、县二中、白莲中心小学、中兴镇政府等 6 个单位的申购材料的审核工作，确认 233 户具备购房资格并发放准购证。

（五）房屋权属登记

2008 年，县房管局共为产权人办理各项房屋权属登记 555 宗，总建筑面积为 260336.07 平方米；房产测绘 175 宗，建筑面积 157119.05 平方米，比上年同期略有增长。

2009 年，共为产权人办理各项房屋权属登记 424 宗，建筑面积为 926601.87 平方米（其中初始登记 195 宗，建筑面积共计 360002.23 平方米；转移登记 121 宗，建筑面积共计 227189.92 平方米；他项权利登记 108 宗，建筑面积共计 339409.72 平方米。贷款金额合计 487633734 元）。商品房销售 746 套，比 2008 年同期增长 122.69%，销售面积合计 59990.85 平方米，比 2008 年同期增长 17.03%，销售金额合计 157821861 元，比 2008 年同期增长 28.8%。

2010年，共为产权人办理各项房屋权属登记543宗，总建筑面积为112.04万平方米（其中初始登记212宗，建筑面积共计37.47万平方米；转移登记187宗，建筑面积共计28.08万平方米；他项权利登记144宗，建筑面积共计46.48万平方米。贷款金额合计9.72亿元）。商品房合同备案3781套，比上年同期增长406.84%；面积27.99万平方米，比上年同期增长366.72%；销售金额合计12.58亿元，比上年同期增长697.03%。

三、住房制度改革

2007—2008年，澄迈县相继出台《澄迈县解决机关事业单位人员住房问题的实施方案》《澄迈县城镇最低收入家庭廉租住房保障实施办法（试行）》《澄迈县城镇最低收入家庭租赁住房补贴实施细则》《澄迈县城镇最低收入家庭廉租住房配租及租金核减实施细则》等保障制度和实施方案，制定《澄迈县“十一五”住房规划（2008—2012）》《澄迈县2007—2008年度廉租住房建设规划及工作方案》。省政府在2008年年初召开全省住房工作会议上给予表扬并肯定澄迈县的廉租住房工作，县政府有关领导在会上作经验介绍，各市县到澄迈学习工作经验，了解具体的操作方法和工作程序。

四、商品房开发与销售

2009年，澄迈县商品房销售746套，销售面积合计59990.85平方米，销售金额合计1.58亿元。

2010年，澄迈县商品房合同备案3781套，面积27.99万平方米，销售金额合计12.58亿元。

五、房产证办理

2004年，办理私有房屋产权登记发证113宗，总建筑面积39032.81平方米；公有房屋产权登记发证258宗，总建筑面积155056.48平方米；房改住房产权登记发证138宗，总建筑面积15439.01平方米；他项权利登记发证155宗。

2005年，办理各项房屋权属登记311宗，总建筑面积为77383.64平方米（其中公有房产;初始登记34宗,建筑面积共计43138.40平方米;转移登记5宗,建筑面积共计6124.11平方米，私有房产：初始登记43宗，建筑面积共计18105.27平方米；转移登记65宗，建筑面积共计10015.86平方米，他项权利登记86宗；注销登记78宗）；房产测绘112宗，建筑面积共计平方米；发放商品房预售许可证3宗，建筑面积共计73686平方米。

2006年，办理各项房屋权属登记344宗，总建筑面积为241173.84平方米（其中公有房产：初始登记69宗，建筑面积共计104896.93平方米;转移登记18宗，建筑面积共计24090.04平方米。私有房产：初始登记39宗，建筑面积共计17580.75平方米；转移登记58宗，建筑面积共计13276.38平方米；变更登记12宗，建筑面积共计17059.94平方米；

注销登记 30 宗，建筑面积共计 18640.85 平方米；他项权利登记 64 宗，建筑面积共计 45628.95 平方米），房产测绘 218 宗，建筑面积共计 256848.10 平方米。

2007 年，办理各项房屋权属登记 311 宗，总建筑面积为 274603.90 平方米（其中公有房产：初始登记 53 宗，建筑面积共计 27121.22 平方米；转移登记 27 宗，建筑面积共计 43084.09 平方米。私有房产：初始登记 52 宗,建筑面积共计 22554.99 平方米；转移登记 54 宗，建筑面积共计 28020.37 平方米；房改转移登记 61 宗,建筑面积共计 14945.77 平方米；变更登记 7 宗,建筑面积共计 7022.21 平方米;他项权利登记 57 宗,建筑面积共计 131855.24 平方米），房产测绘 238 宗，建筑面积共计 179246.46 平方米。

2008 年，办理各项房屋权属登记 555 宗，总建筑面积为 260336.07 平方米（其中公有房产：初始登记 75 宗,建筑面积共计 53231.91 平方米;转移登记 209 宗，建筑面积共计 70287.29 平方米。私有房产；初始登记 51 宗，建筑面积共计 25381.78 平方米；转移登记 56 宗，建筑面积共计 11518.58 平方米；房改转移登记 62 宗,建筑面积共计 5870.42 平方米；变更登记 47 宗，建筑面积共计 21652.22 平方米；他项权利登记 51 宗，建筑面积共计 72009.39 平方米；注销登记 4 宗，建筑面积共计 384.48 平方米），房产测绘 175 宗，建筑面积共计 157119.05 平方米。

2009 年，办理各项房屋权属登记 424 宗，总建筑面积为 926601.87 平方米(其中初始登记 195 宗，建筑面积共计 360002.23 平方米；转移登记 121 宗，建筑面积共计 227189.92 平方米，他项权利登记 108 宗，建筑面积共计 339409.72 平方米）。贷款金额合计 487633734 元。

2010 年，办理各项房屋权属登记 543 宗，总建筑面积为 112.04 万平方米（其中初始登记 212 宗，建筑面积共计 37.47 万平方米；转移登记 187 宗，建筑面积共计 28.08 万平方米；他项权利登记 144 宗，建筑面积共计 46.48 万平方米）。贷款金额合计 9.72 亿元。

第四编 农 业

第一章 种植业

第一节 管理机构

一、机构

1999年，澄迈县农业局为主管全县农业和农村工作的县一级行政机构，内设行政文秘股、农业生产技术股、农业规划股、农业科教股、农村经济管理股、农业会计辅导站、农业调研股、审计监察股、市场信息股；下辖县热带作物服务中心、澄迈县红山农场、澄迈县大拉农场、澄迈县热带作物种苗场、澄迈县热带水果示范场、澄迈县山口善井水果场。2009年12月，进行机构改革，内设办公室、生产技术管理岗、农业科技教育岗、农村经营管理岗、乡镇企业管理岗、市场信息岗、农业执法岗、农业调研岗。至2010年不变。

二、主要工作

（一）农资执法

1999年，出动车辆57车次，出动执法人员130余人次，对辖区内8个镇，13个农贸市场，201个农药经营单位进行执法检查，立案37件，办结13件，没收违规农药42公斤。

2005年，出动车辆60车次，出动执法人员140余人次，对辖区内的10个镇，16个农贸市场，216个农药经营单位进行执法检查，立案50件，办结25件，没收违规农药70公斤。

2008年，出动车辆67车次，出动执法人员150余人次，对辖区内的11个镇，19个农贸市场，226个农药经营单位进行执法检查，立案47件，办结15件，没收违规农药62公斤。

2010年，出动执法人员260人次，检查各类农资经营网点及门市部590家，在种子、肥料、农药三大类重点查处的农资产品中，立案查处的案件39 件，农药39件。抽检38个复合肥品种。

（二）冬季瓜菜质量监管

1999年，加强农产品质量安全宣传，张贴国家禁止使用的高剧毒农药公告1500份，印刷科学使用农药规程1000多份。

2005年，利用广播电视、琼戏、横幅等各种媒体，加强农产品质量安全宣传，张贴国家禁止使用的高剧毒农药公告2000份，印刷科学使用农药规程13000多份。

2010年2月，海南“豇豆事件”发生后，澄迈县反应迅速，组成工作队，深入指导，加强宣传，及时发布各种工作信息，利用广播电视、琼戏、横幅等各种媒体，加强农产品质量安全宣传，张贴国家禁止使用的高剧毒农药公告2500份，印刷科学使用农药规程15000多份。在全县开展“撒网式”清查，建立举报机制，加大对农药市场整治力度。加强豇豆收购监管，做好检测工作。

（三）农业污染源普查

2007年10月，开展农业污染源普查工作。2008年，建立农业污染源档案和污染源信息数据库，加强环境监督管理。截至6月1日，全县范围内共普查10个乡镇、8个农场（大拉农场、澄迈林场因规模小不纳入普查范围），普查面积2806.53公顷，占全县耕地总量的5.8%。普查点1783个，其中种植业727个，畜牧业171个，水产业885个，按时按质地完成污染源普查工作。

（四）香蕉产业体系预警预测

2010年，在福山、金江、大丰、桥头等镇建立香蕉产业体系预警预测站点，监测香蕉产业发展状况，评价香蕉产业的影响程度和趋势，及时采取救济措施，有效调整国内香蕉产业发展政策与农产品调控政策，为海南省香蕉产业的监测和损害数据的收集、分析、报送与评估工作，提供信息保障，以打造海南省香蕉无公害绿色和有机香蕉品牌，确保海南省香蕉产业的健康发展。

（五）无公害瓜菜生产基地

1999年，在山口洋、太平洋、龙坡洋等六大田洋建设无公害瓜菜生产基地6666.67公顷。

2005年，在刘家洋、国际洋等三大田洋建设无公害瓜菜生产基地3333.33公顷。

2008年，在山口洋、刘家洋、太平洋、龙坡洋、国际洋等十大田洋建设无公害瓜菜生产基地1万公顷，比上年增加1666.67公顷。对上市瓜菜严格检测，严把市场准入关。全县已有南瓜、香蕉、木瓜、荔枝、尖椒、洋葱等26个果菜产品被中华人民共和国农业部评为“无公害产品”，有金江小尖椒、永发黄皮尖椒、永发圆椒、美亭青皮冬瓜等35个果菜产品被评为“省级优质农产品”。

2010年，创建冬春瓜果菜、无核荔枝、澄迈福橙、桥头地瓜、香蕉、罗非鱼、加乐黑猪等26个农产品标准化生产基地。把供港澳瓜菜生产基地、无核荔枝基地、香蕉生产基地、罗非鱼等水产品加工基地、新吴鸭、白莲鹅等禽类加工基地和神坂牛饲养基地等具有澄迈特色生产基地，建设成国际化农业生产基地。

（六）农民专业合作组织

2009年，全县建立农业专业合作社79家，带动农户1.5万户。2010年，全县建立农业专业合作社165家，带动农户3.5万户。

（七）“三化四县”建设

2009年，发展特色农业，推进农业产业化、标准化、国际化。发展特色经济，形成“一村一品”“一镇一业”，打造一批“瓜菜村”“花梨树村”“白莲鹅村”等专业村。推进瓜果菜产业化、无核荔枝产业化、澄迈福橙产业化、橡胶产业化、香蕉产业化、海淡水养殖产业化和畜牧饲养产业化进程，提高农业标准化水平。制定和完善《农业标准化生产制度》和《农产品有标识可追溯制度》，对农业标准化生产基地实行建档登记管理。加快“四县”（农业生态现代化建设示范县、有标识可追溯农产品示范县、无公害农业科技示范县、富硒农产品示范县）创建工作。

（八）基础设施建设

1999年，投入270万元，修建道路13千米，硬化林道4千米，饮水工程打井2眼，建池2个，建小水坝1个，建水塔1座。

2005年，投入290万元，修建道路15千米，硬化林道5.3千米，饮水工程打井3眼，建池1个，建小水坝1个，建水塔2座。

2008年，道路、打井、建水塔等基础设施建设，共投入333万元，其中，中央财政扶贫资金213万元，地方财政配套资金120万元，修建道路19.18千米，硬化林道4.63千米，饮水工程打井4眼，建池1个，建小水坝1个，建水塔1座。实施“富民工程”，投入资金122万元，扶持种植橡胶48公顷、槟榔48公顷。

（九）农资展销会

2002年，在永发镇举办首届海南（永发）冬季优质农资展销会，推广优质农资、生产安全食品，参加单位168家。

2005年，举办第四届海南（永发）冬季优质农资展销会，参加单位186家。

2008年，在永发镇举办第七届海南（永发）冬季优质农资展销会，推广优质农资、生产安全食品。参展单位218家，比上届增加10家。其中种子类140家，农药类32家，肥料类26家，农机类20家，省外企业118家，省内企业100家。前来参展的人数达8.9万人次。共有展品4496个，比上届增加27个，其中，种子类2588个，比上届多21个，农药类1288个，肥料类364个，农机类256个。共签订购销合同2860份，成交量6004吨和222台，成交金额7800.2万元，比上届增长2%，现场销售额623.3万元，比上届增加

14.5 万元。现场销售东方红 754 拖拉机、东风 754 拖拉机、广联收割机等 8 大类农机产品，共 67 台，金额 137 万元，签订合同的农机产品 155 台，共 205 万元。

2010 年，第九届海南（永发）冬季优质农资展销会共有参展单位 185 家，其中种子类 120 家、农机 25 家、肥料 12 家、农药 28 家。购销合同金额 285 万元，其中种子类 110 万元，涉及种植面积 566.67 公顷，农机类 175 万元，购销量 250 台。

第二节　耕作制度与粮食作物

一、耕作制度

种植方式有一熟制、二熟制、多熟制。一熟制主要种植甘蔗、木薯等。甘蔗一般亩产 3—4 吨。木薯一般亩产 1.5—2 吨。主要分布桥头、老城、大丰、金江等镇。

双季水稻田一年三熟，分为以下两类种植方式：稻—稻—菜和稻—稻—薯。单季稻田种植方式为稻—瓜菜、稻一花生、稻—薯，即春夏作物和秋冬作物。一般水稻种植产量 300—400 公斤。

澄迈县被列为全国农业综合开发区和全国商品粮基地县之一。主要商品粮基地有金江、长安、太平、山口、美亭、瑞溪、永发、老城、白莲、福山、桥头和澄迈华侨农场。1999—2010 年，澄迈县的粮食作物以种植水稻（早、晚两造）为主，旱粮不多。稻米是澄迈县的主要食粮，以籼稻型稻米居多，也有少量粳稻型稻米，如糯米。1999 年，全县粮食作物种植面积 34198 公顷。2005 年，全县粮食作物种植面积 21515.67 公顷。2010 年，全县粮食作物种植面积 27700.20 公顷。

1999—2010 年澄迈县粮食作物面积产量一览表

表 4-1-1

年份	面积（公顷）	亩产（公斤）	水稻					旱粮				
			面积（公顷）	占总产比例（%）	亩产（公斤）	总产（公斤）	占总产比例（%）	面积（公顷）	占总产比例（%）	亩产（公斤）	总产（公斤）	占总产比例（%）
1999 年	—	—	—	—	—	—	—	—	—	—	—	—
2000 年	33192.0	282.7	25924.0	78.1	306	118855	84.4	—	—	—	496	0.35
2001 年	—	—	—	—	—	—	—	—	—	—	—	—
2002 年	—	—	—	—	—	—	—	—	—	—	—	—

续表 4-1-1

年份	面积（公顷）	亩产（公斤）	水稻					旱粮				
			面积（公顷）	占总产比例（%）	亩产（公斤）	总产（公斤）	占总产比例（%）	面积（公顷）	占总产比例（%）	亩产（公斤）	总产（公斤）	占总产比例（%）
2003年	—	—	—	—	—	—	—	—	—	—	—	—
2004年	—	—	—	—	—	—	—	—	—	—	—	—
2005年	21515.7	244.4	16633.9	77.3	239	59533	75.5	—	—	—	1029	1.30
2006年	—	—	—	—	—	—	—	—	—	—	—	—
2007年	—	—	—	—	—	—	—	—	—	—	—	—
2008年	—	—	—	—	—	—	—	—	—	—	—	—
2009年	—	—	—	—	—	—	—	—	—	—	—	—
2010年	27700.2	324.6	23017.6	83.1	322	111245	82.5	—	—	—	—	—

1999年，全县农业总产值完成137300万元，其中农业产值完成82729万元。

2005年，全县农业总产值完成204767万元，其中农业产值完成96440万元。

2010年，全县农业总产值完成456284.5万元，同比增长28.62%，其中农业产值完成199904.18万元，同比增长18.82%；农民人均纯收入6292元，同比增加1048元，增长20%。全县粮食播种面积2.69万公顷。

二、粮食作物

（一）水稻

水稻作为主要粮食作物，分早造、晚造稻，各乡镇都有种植。澄迈县委、县政府增加投入，对农田进行综合治理，完善配套设施，推广杂优水稻良种。

1999年，全县水稻种植面积26050公顷，其中早稻12355公顷，晚稻13695公顷。

2005年，水稻种植面积16633.87公顷，其中早稻6736.13公顷，晚稻9896.40公顷。

2010年，水稻播种面积2.22万公顷，推广“Ⅱ优128”、“博优”系列、“特优128、721、730”、“岗优177”等优良品种，全县水稻优良品种覆盖率98%以上。平均单产342公斤/亩，同比增加13公斤/亩，总产量13.79万吨，同比增产30170吨，同比增长28%。

1999—2010 年澄迈县水稻面积、产量一览表

表 4-1-2

年度	种植面积（公顷）	亩产（吨）	总产（吨）	年度	种植面积（公顷）	亩产（吨）	总产（吨）
1999 年	26050	0.36	142031	2005 年	—	—	—
2000 年	25924	0.31	118855	2006 年	—	—	—
2001 年	—	—	—	2007 年	—	—	—
2002 年	—	—	—	2008 年	—	—	—
2003 年	—	—	—	2009 年	22064	0.33	109393
2004 年	—	—	—	2010 年	23018	0.32	111245

（二）地瓜

地瓜也称“番薯”，是澄迈县粮食作物之一，一年四季均可栽培。1998 年，全县地瓜种植 6557 公顷，总产 1782.9 万公斤，平均亩产 181 公斤。

1999 年，地瓜种植面积 6609 公顷。2002 年，地瓜种植面积 5850 公顷。2005 年，地瓜种植面积 4183 公顷。

2008 年，桥头镇开始大面积种植“沙土地瓜”，且迅速发展成为地方特色农产品。当年，澄迈县地瓜种植面积 3727 公顷，产量 13698 吨，其中桥头“沙土地瓜”面积 373.33 公顷。2010 年，澄迈县地瓜种植面积 4075.87 公顷，产量 19088 吨，其中桥头“沙土地瓜”面积 804 公顷。

（三）大豆

大豆种植多分布在中部平原地区。1998 年，全县大豆种植 933 公顷，总产 156 万公斤，亩产 111.5 公斤。

1999 年，大豆种植面积 1204 公顷。2002 年，大豆种植面积 797 公顷。2005 年，大豆种植面积 419 公顷。

2008 年，大豆种植 108 公顷，总产 46.3 万公斤，亩产 285.5 公斤。2010 年，大豆种植 163 公顷，总产 71 万公斤，亩产 289.5 公斤。

（四）油料

1999 年，全县油料种植面积 2420 公顷，其中花生 1677 公顷，芝麻 743 公顷。2002 年，油料种植面积 2306 公顷，其中花生 1613 公顷，芝麻 693 公顷。2005 年，油料种植面

积 1564.27 公顷，其中花生 1177.60 公顷，芝麻 386.67 公顷。2007 年，油料种植面积 1204.33 公顷，其中花生 850.87 公顷，芝麻 353.46 公顷。2010 年，油料种植面积 1759.87 公顷，其中，花生 1453.07 公顷，芝麻 306.80 公顷。

第三节　热带作物及果蔬

一、热带作物种植

澄迈县地处亚热带，自然地理条件优越，属热带季风气候，气候温和，日照充足，雨量充沛，土地肥沃，适宜发展热带作物产业，主要热带经济作物有甘蔗、橡胶、咖啡、槟榔和各种瓜果菜。

1999 年，热带作物种植总面积 4760 公顷。2002 年，热带作物总面积 7466.67 公顷。2005 年，热带作物总面积 1 万公顷。2007 年，热带作物总面积 1.65 万公顷。

2008 年，热带作物及热带水果种植完成 2.55 万公顷，比 2007 年增长 9.6%，其中热带水果完成 6926.67 公顷，比 2007 年增长 13.6%；热带作物完成 1.86 万公顷，比上年增长 12.7%。热带水果及热带作物完成 157401 吨；比 2007 年增长 12.5%，其中热带水果完成 146679 吨，比 2007 年增长 12.9%；橡胶完成 10722 吨，比 2007 年增长 12.1%。落实橡胶补贴任务，至 2008 年 10 月底，完成补贴任务 13.2 万株 266.67 公顷。

2009 年，全县各类水果种植面积 7318.83 公顷，收获面积 6306.21 公顷，产量 154847.9 吨。其中，全县种植香蕉面积 4514.67 公顷，产量 136401.8 吨。香蕉价格坚挺，平均价格每公斤 2.7 元，比 2008 年增加 1 元。全县民营橡胶面积 2.08 万公顷，新增加面积 4034.40 公顷，橡胶收割面积 1.18 万公顷，干胶产量 15210.2 吨。

2010 年，全县热带、亚热带作物种植面积 2.45 万公顷，收获面积 1.51 万公顷，其中橡胶种植面积 2158.89 公顷，同比增长 4%；收获面积 1.37 万公顷，同比增长 17%；总产量 17763.2 吨，同比增长 15%。全县各类水果种植面积 9522.35 公顷，同比增长 25%；收获面积 7172.85 公顷，同比增长 14%；产量 201646.58 吨，同比增长 24%。其中，全县种植香蕉 5778.87 公顷，同比增长 28%；收获面积 5240.89 公顷，同比增长 24%；产量 183224.18 吨，同比增长 27%。2010 年香蕉价格坚挺，平均价格每公斤 2.6 元，与上年持平；种植福橙 4000 公顷，其中挂果面积 400 公顷。

二、果蔬生产

（一）甘蔗

甘蔗分为糖蔗和果蔗。糖蔗是澄迈县主要经济作物之一，糖蔗主要分布在白莲、美亭、福山、桥头、中兴、仁兴、老城、永发、新吴、大丰等乡镇。1999 年，全县种植 2706.67 公顷，总产量 253545 吨。2002 年，全县种植 3936 公顷，总产量 260525 吨。2005 年，全县种植 2228.13 公顷，总产量 110869 吨。2008 年，种植 2880.33 公顷，总产量 160062 吨。2010 年，种植 3163 公顷，总产量 212974 吨。

（二）橡胶

1999 年，全县橡胶种植面积 4100 公顷。2001 年，橡胶种植面积 5905 公顷，产量 4593 吨。2004 年，民营橡胶种植面积 7204 公顷，产量 6141 吨。2008 年，橡胶种植面积 1.54 万公顷，产量 10722 吨。2009 年，橡胶种植面积 2.08 万公顷，产量 15219 吨。2010 年，橡胶种植面积 2.17 万公顷，产量 17763 吨。

2008 年,海南省农业厅下达澄迈县 2666.67 公顷 13.2 万株天然橡胶良种良苗补贴任务。

2009 年，海南省农业厅下达澄迈县天然橡胶良种良苗补贴任务 133.33 公顷 6.6 万株，每亩定植 33 株。2010 年，争取 8666.67 公顷 42.9 万株的橡胶良种补贴任务，为澄迈县橡胶产业发展提供优质种苗。

（三）咖啡

1999 年，全县咖啡种植面积 97 公顷。2002 年，咖啡种植面积 53 公顷。2005 年，咖啡种植面积 26 公顷。2007 年，咖啡种植面积 24.67 公顷。

2008 年，中华人民共和国农业部下达澄迈县热作中心咖啡种植资源保护项目经费 10 万元，开展对全县咖啡种植进行调查统计，对已种植有 30 年树龄的咖啡树进行特别保护，并对咖啡树进行造册登记，分类编号归档。2009 年，咖啡面积 85.87 公顷。2010 年，福山咖啡获得原产地地域保护证书，被选定为全国桥牌比赛唯一指定咖啡饮品，咖啡产业进入到新的发展时期，全县咖啡种植面积 115.40 公顷，产量 62 吨。

（四）槟榔

槟榔产业是澄迈县南部地区新兴产业。1999 年，全县槟榔种植面积 166 公顷。2000 年，槟榔种植面积 220 公顷，产量 350 吨。2002 年，槟榔种植面积 396 公顷。2005 年，槟榔种植面积 614 公顷。2007 年，槟榔种植面积 1554.67 公顷。2009 年，通过政府扶持种苗，鼓励南部 4 个镇农民发展槟榔产业，全县槟榔种植槟榔 2266.67 公顷。2010 年，槟榔种植面积 2318.87 公顷,产量 4849 吨,槟榔产业成为澄迈县南部农民经济收入的重要来源。

1999—2010年澄迈县经济作物面积产量一览表

表4-1-3

年份	甘蔗		橡胶		咖啡		槟榔	
	面积（公顷）	总产（吨）	面积（公顷）	总产（吨）	面积（公顷）	总产（吨）	面积（公顷）	总产（吨）
1999年	2706.67	253545	4100.00	4786	97.00	54	166.00	305
2000年	3643.53	215243	5456.00	4556	59.00	17	220.00	350
2001年	4015.00	240095	5905.00	4593	53.00	45	275.00	364
2002年	3936.00	260525	6011.00	5640	53.00	131	396.00	571
2003年	3961.00	223968	6488.00	5756	43.00	17	587.00	797
2004年	3619.00	213315	7204.00	6141	46.00	41	624.00	940
2005年	2228.13	110869	8596.93	6325	26.00	59	614.00	505
2006年	1164.67	77085	10207.73	6813	26.00	140	884.20	762
2007年	2432.00	132647	14189.40	9567	54.67	300	1554.67	1565
2008年	2880.33	160062	15424.67	10722	54.32	270	1860.53	2249
2009年	3006.47	179764	20830.93	15219	85.87	117	2253.00	3990
2010年	3163.00	212974	21658.13	17763	115.40	62	2318.87	4849

（五）椰子

1999年，全县椰子种植面积159公顷，产量276万个。2002年，椰子种植面积483公顷，产量296万个。2005年，椰子种植面积375.13公顷，产量203万个。2007年，椰子种植面积316.33公顷，产量162万个。2010年，椰子种植面积240.27公顷，产量130万个。

（六）胡椒

1999年，全县胡椒种植面积220公顷，产量299吨。2002年，胡椒种植面积512公顷，产量590吨。2005年，胡椒种植面积394.93公顷，产量870吨。2007年，胡椒种植面积394.13公顷，产量870吨。2010年，胡椒种植面积205.60公顷，产量715吨。

（七）水果

果菜种植在澄迈县农业生产中占有很重要的地位，是农民收入的重要来源。1999年，全县蔬菜种植面积15478.60公顷，水果种植面积3859.80公顷。2001年，蔬菜种植面积16293.27公顷，水果种植面积4063公顷。2005年，蔬菜种植面积24439.87公顷，水果种植面积6094.47公顷。2010年，蔬菜种植面积14721.13公顷，水果种植面积9571.20公顷。

随着农业结构的调整，水果发展成为澄迈县一大经济支柱。1999—2010年，主要种植品种为阳桃、香蕉、菠萝、荔枝、西瓜、龙眼。2003年6月，福橙在福山镇试种成功，是具有典型地方特色的热带橙类作物。2007年11月，澄迈县被中国果品流通协会命名为“中国福橙之乡”。2008年1月，“澄迈福橙”被评为“中国国宴特供水果”和“全国最具特色产品”。“澄迈福橙”被正式定为国宴果品，成为进入人民大会堂招待国外元首和重要贵宾的唯一橙类产品。2009年，全县福橙种植面积1733.33公顷。2010年，海南省农业厅下达澄迈县热作中心项目资金15万元，高标准建设13.33公顷福橙示范园。全县福橙种植面积达4000公顷，其中挂果面积400公顷。

2008年，热带水果种植面积6926.67公顷，产量146679吨。2009年，热带水果种植面积7320公顷，产量154870吨。2010年，热带水果种植面积9520公顷，产量20.16万吨。

1999年，澄迈县热带水果示范场种植阳桃、黄皮、香蕉、荔枝、椰子等各类水果20公顷。

2010年，澄迈县热作中心对热带水果示范场种植的10公顷阳桃进行改良和标准化管理，发挥经济价值和示范作用，带动香蜜阳桃产业的发展。

（八）蔬菜

蔬菜在澄迈县各地均有种植，其中以沿南渡江一带种植最为普遍。1999—2010年，主要种植品种包括辣椒、冬瓜、南瓜、苦瓜、青瓜、豆角、萝卜、茄子、空心菜、韭菜等30多种。1999年，蔬菜种植面积8975公顷，2001年，蔬菜种植面积14093.27公顷，2010年，蔬菜种植面积14721.87公顷。

1999—2010年澄迈县果菜生产统计表

表4-1-4

年份	水果		蔬菜		年份	水果		蔬菜	
	面积（公顷）	产值（万元）	面积（公顷）	产值（万元）		面积（公顷）	产值（万元）	面积（公顷）	产值（万元）
1999年	3859.80	—	15478.60	42902	2005年	—	—	—	—
2000年	2982.00	—	10963.00	61613	2006年	—	—	—	—

续表 4-1-4

年份	水果		蔬菜	
	面积（公顷）	产值（万元）	面积（公顷）	产值（万元）
2001 年	—	—	—	—
2002 年	—	—	—	—
2003 年	—	—	—	—
2004 年	—	—	—	—
2007 年	—	—	—	—
2008 年	—	—	—	—
2009 年	7595.13	—	13216.00	81854
2010 年	9571.20	—	14721.13	96757

二、果蔬运销

1999 年，全县冬季瓜菜种植面积 9000 公顷，产值 42902 万元。2005 年，全县冬季瓜菜种植面积 1.03 万公顷，产值 49209 万元。2008 年，全县冬季瓜菜种植面积 1.12 万公顷，同比增加 200 公顷，产量 38.5 万吨，冬季瓜菜综合平均价每公斤 2.2 元，特别是椒类、豆类价格较好，每公斤平均价 2.5 元，产值 8.65 亿元，同比增加 0.5 亿元，仅冬季瓜菜一项，全县农民人均纯收入 1806 元，占全年农民人均纯收入的 43.6%。

2010 年，全县冬季瓜菜种植面积 1.13 万公顷，总产量 42 万吨，其中外销量 39 万吨，产值 10.39 亿元，仅冬季瓜菜一项全县农民人均纯收入达 2018 元，占全年农民人均纯收入的 38.4%。

1999 年 12 月，澄迈县成立果菜运销协会，拥有会员 138 名，会员足迹遍布北京、上海、广州、乌鲁木齐等 18 个省市的果菜批发市场。

1999—2010 年，每年组织运销瓜菜 20 多万吨，占全县出岛果菜总量的 77%。全县协会会员，连接着全国几百个瓜菜批发商。果菜运销“一手拉市场，一手拉农民”，大量内地批发商到澄迈县召开生产会，批发商既带来信息，还带来优良种子和订单。

2008 年，中国（海南）冬季农副产品交易会，共邀请省外客商 100 人，共签订果菜购销订单 12 宗，购销量 27 万吨，购销金额 6.9 亿元。推广“澄迈福橙”“无核荔枝”等品牌，扩大品牌知名度和影响力，把澄迈特色品牌推广至全国各地。

2010 年，中国（海南）冬季农副产品交易会，共邀请省客商 125 人，签订果菜购销订单 15 宗，购销量 11.7 万吨，购销金额 7.6 亿元。

第四节　农产品检测与病虫害防治

一、机构人员

澄迈县农业技术推广中心原为澄迈县农业局。1995 年，农业职能部门调整，原澄迈县农业局调整为澄迈县农业技术推广中心，为副科级事业单位。县农业技术中心内设办公室、植保站、土肥站、能源站、技术推广站和农业学校 6 个部门，下辖 18 个基层农技站。

县农业技术推广中心具体承担农村再生能源利用、环境生态保护、测土配方施肥技术指导、农产品检测、农作物病虫害预测预报、统防统治、水稻、瓜菜栽培技术指导、新品种、新技术引进及推广等工作。

二、检测工作

（一）农产品质量安全检测

1999 年，派出 10 名植检员、检测员及乡镇农技站人员，进行冬季瓜菜生产的技术指导，提供无公害瓜菜生产技术，免费提供技术指导资料 500 多份，免费检测农药残留，出动检测员 90 多人次，检测样品 3200 多份，检测合格率为 97.7%。

2005 年，派出 15 名植检员、检测员及乡镇农技站人员深入各瓜菜重点田洋，提供技术指导，免费提供技术指导资料 600 多份，免费检测农药残留，出动检测员 100 多人次，检测样品 3400 多份，检测合格率为 98.7%。

2008 年，派出 17 名植检员、检测员及乡镇农技站人员深入各瓜菜重点田洋，开展冬季瓜菜生产的技术指导，提供无公害瓜菜生产技术，免费提供技术指导资料 800 多份，免费检测农药残留，出动检测员 100 多人次，检测样品 3400 多份，检测合格率为 98.7%。

2010 年，派出 28 名植检员、检测员及乡镇农技站人员深入各瓜菜重点田洋，开展冬季瓜菜生产的技术指导，提供无公害瓜菜生产技术，免费提供技术指导资料 2 万多份，免费检测农药残留，出动检测员 1300 多人次，检测样品 3 万多份，检测合格率为 99.3%。

（二）测土配方

2008，成立海南省测土配方施土澄迈分中心，在全县逐步开展测土配方施肥工作。在瑞溪镇、加乐镇和桥头镇等 3 个镇进行 3414 小区对比实验，对土壤肥力进行综合分析，完成测土配方施肥土样取样 4000 份，检测土样样品 3000 多项。

2009 年，完成在澄迈县瑞溪镇、加乐镇、桥头镇和老城镇等 7 个镇进行的 3414 小区对比实验，山口洋、罗浮洋等的水稻校正试验，福橙、香蕉的大田试验，对土壤肥力进行综合分析，根据土壤特点配方施肥。检测土样样品 15000 项。

2010 年，实施测土配方施肥补贴项目，进行全县施肥水平调查，检测土样 1 万多项，田间 3414 小区、大田校正试验 20 个，发放宣传佳图及技术小册 1 万多份，配方肥料 230 吨，涉及耕地面积 8000 公顷。

三、病虫害防治工作

2008 年，全年实施田洋灭鼠 3333.33 公顷。开展稻飞虱、三叶草斑潜蝇、螺旋粉虱、香蕉枯萎病、柑橘小实蝇调查，并现场进行焚烧。县政府拨款 5 万元购买防治稻飞虱药剂，对全县约 200 公顷稻田进行药物防治。发动指导农民防治各种病虫鼠害 4.33 万公顷，挽回各种作物损失 7862 吨。开展美洲斑潜蝇监测、螺旋粉虱监测和防控工作，抵御外来有害生物入侵。编写短期病虫害测报 15 期共印发 3765 份。

2009 年，完善澄迈县农业有害生物预警与控制区域站项目建设工作。有害生物预警与控制区域站项目检测室仪器已安装并投入使用。在金江镇内阁堂村委会南洋村设立观测圃，并对该地区的病虫害进行跟踪监测，为农民提供准确的病虫害预测预报。

2010 年，派出专业队伍开展稻飞虱、螺旋粉虱、柑橘小实蝇调查提出防控措施，县政府拨款 10 万购买防治药剂对全县约 333.33 公顷水稻和瓜菜进行药物防治。共编写短期病虫害预测预报 12 期，共印发 1800 多份，让农民了解病虫害发生的情况，及时采取防治措施。

第二章　畜牧业

第一节　管理机构

1992 年 3 月，澄迈县畜牧局成立，为副科级事业单位，内设行政股和科教股，下设畜牧兽医站、动物检疫站、畜牧改良站、兽医疫苗供应站、兽医诊断室、兽药饲料监察室、兽医卫生监督检验所、畜牧良种繁殖场等事业单位。1995 年 11 月，因机构改革，县畜牧局更名为县畜牧业服务中心，单位名称虽变更，但机构设置不变。2007 年 8 月，澄迈县畜牧业服务中心再次更名为澄迈县畜牧兽医局，内设办公室、科教岗、畜牧岗、兽医岗。下属单位有澄迈县动物卫生监督所、澄迈县动物疫病预防控制中心、澄迈县兽药饲料监察所、澄迈县畜禽品种改良站、澄迈县畜牧良种繁殖场。2008 年 6 月，县畜牧兽医局为参照公务员管理事业单位。至 2010 年沿袭不变。

第二节 品种资源与产业结构

一、畜种资源

（一）猪

澄迈县境内饲养的猪，地方品种有“临高猪”“屯昌猪”“陆川猪”；外来品种有“杜洛克猪”“大白猪”“长白猪”；改良杂交猪有“加乐黑猪”“瑞今黑猪”“三元杂”。

（二）牛

主要品种有“海南高峰黄牛”、“海南兴隆水牛”、“海岛和牛”、“澄迈福牛”（杂交牛）。

（三）羊

主要品种为“海南黑山羊”（本地品种）和“努比亚杂交羊”等品种。

二、禽种资源

（一）鸡

主要品种为本地“文儒山寮鸡”、“文昌鸡”、“粤黄882鸡”、“山鸡”（海南品种）。

（二）鸭

主要品种为“嘉积鸭”、“麻花麻”（本地品种）、“北京鸭”，以及“樱桃谷鸭”（杂交品种）。

（三）鹅

主要品种为“白莲鹅”（本地品种），以及“阳春鹅”、“浙东鹅”、“豁鹅”（大陆品种）。

三、产业结构

澄迈县畜牧业产业结构长期来是猪多牛多羊少，鸡多鸭多鹅少，尤其是改革开放之前较为突出。改革开放后，随着农村改革的不断深入，畜牧业产业结构发生很大变化，畜牧业生产向区域化、规模化发展。

1999年，全县牧业总产值18523万元。2002年，全县牧业总产值27708万元。2005年，全县牧业总产值48176万元。2010年，全县牧业总产值94994万元。

1999年，猪全年饲养量38.94万头，年内出栏17.51万头，年末存栏21.22万头；牛年内出栏1.5万头，年末存栏7.04万头；羊年内出栏2.66万头，年末存栏5.31万头；家禽年内出栏216.23万只。

2002年，猪全年饲养量46.73万头，年内出栏19.36万头，年末存栏27.37万头；牛年内出栏 2.3 万头，年末存栏 8.77 万头；羊年内出栏 3.81 万头，年末存栏 4.25 万头；家禽年内出栏 374.35 万只。

2005 年，猪全年饲养量 45.75 万头，年内出栏 23.74 万头，年末存栏 22.01 万头；牛年内出栏 2.7 万头，年末存栏 8.62 万头；羊年内出栏 3.47 万头，年末存栏 3.1 万头；家禽年内出栏 474.89 万只。

2008 年，全县生猪饲养量 44.95 万头，出栏 22.62 万头，年末存栏 22.33 万头；牛饲养量 6.3 万头，牛出栏 2.9 万头；羊饲养量 7.5 万只，出栏 4.4 万只；家禽饲养量 1387 万只，出栏 928 万只；肉类总量达 5.31 吨，增长 8.9%；牧业产值 6.15 亿元，增长 9.4%。各类畜禽规模饲养场（户）共 3512 个。其中在生猪规模饲养方面，年出栏 10—50 头的场（户）有 2885 个，年出栏 50—100 头的有 136 个，出栏 100—1000 头的有 59 个，出栏 1000 头以上的有 12 个。在肉鸭饲养方面，年出栏 1000—2000 只的有 152 个，出栏 2000—5000 只的有 857 个，出栏 5000—10000 只的有 132 个，出栏 10000 只以上的有 9 个。

2010 年，全县畜禽出栏量达到 1538.96 万头（只），其中生猪出栏 30.49 万头，占畜禽出栏 1.98%；牛出栏 2.09 万头，占畜禽出栏 0.14%；羊出栏 2.89 万只，占畜禽出栏 0.19%；家禽出栏 1503.49 万只，占畜禽出栏 97.69%。肉类总产 5.79 万吨，其中猪肉 2.40 万吨，占总产 41.45%；牛肉总产 2000 吨，占总产 3.45%；羊肉总产 400 吨，占总产 0.69%；家禽总产 2.87 万吨，占总产的 49.57%。畜牧业总产值现行价达 9.50 亿元，占农业总产值 20.5%。

1999—2010 年澄迈县畜牧业生产情况表

表 4-2-1

年度	生猪（头）				牛（头）			禽类出栏（只）	总产值（万元）	占农业、总产值（%）
	饲养量	存栏量	繁殖母猪	出栏量	年末存栏量	其中				
						水牛	黄牛			
1999 年	389413	212217	25201	175106	70401	42112	28312	2162310	18523	13.5
2000 年	442210	285312	22510	156901	81801	50112	31604	2980713	21257	15.5
2001 年	471702	29460	22523	177123	84106	51301	32710	3526721	24733	16.3
2002 年	467311	273768	25809	193618	87702	54112	33605	3743501	27708	17.1
2003 年	414706	200410	28115	214311	91711	57410	34310	4110219	31377	17.9
2004 年	432103	201813	24510	230312	88901	53623	35212	4627721	43120	21.2
2005 年	457510	220115	22904	237412	86210	52510	33418	4748922	48176	23.5

续表 4-2-1

年度	生猪（头）				牛（头）			禽类出栏（只）	总产值（万元）	占农业、总产值（%）
	饲养量	存栏量	繁殖母猪	出栏量	年末存栏量	其中水牛	其中黄牛			
2006 年	394881	193612	24916	201235	37815	23617	14010	3442301	43111	20.2
2007 年	417902	200178	30018	217810	35823	21905	13772	3780223	53496	22.4
2008 年	449517	223316	36512	226201	38210	23010	15105	4429810	67558	22.9
2009 年	486511	226601	36108	259913	41903	24311	17612	10331415	82840	23.4
2010 年	661734	356813	34125	304921	39712	24106	15603	15034903	94994	20.5

第三节　经营方式

1999—2010 年，澄迈县推进现代畜牧业发展，实现由分散养殖向规模养殖、由粗放养殖向集约养殖、由土杂品种向优良品种转变。

一、区域性发展

全县初步形成永发、瑞溪、金江“新吴鸭”养殖产业带，金江、大丰等“澄迈福牛”养殖产业带，加乐、文儒等南部地区“山寮鸡”产业带，老城及南渡江沿岸“白莲鹅”产业带和仁兴、中兴蜜蜂产业带。

二、规模化养殖

2010 年底，全县有省级以上重点龙头企业 4 家，畜禽规模养殖场（户）1150 个，其中生猪规模养殖场（户）240 户，肉牛规模养殖场（户）37 户，养羊大户 39 户，肉禽养殖大户 827 户，蛋禽养殖大户 7 户，规模养殖产值占畜牧业总产值的 65%。

1999 年，各类畜禽规模饲养场（户）有 3602 个。其中在生猪规模饲养方面，年出栏 10—50 头的场（户）有 2336 个，年出栏 50—100 头的有 110 个，出栏 100—1000 头的有 45 个，出栏 1000 头以上的有 6 个。在肉鸭饲养方面，年出栏 1000—2000 只的有 130 个，出栏 2000—5000 只的有 830 个，出栏 5000—10000 只的有 138 个，出栏 10000 只以上的有 7 个。

2005 年，各类畜禽规模饲养场（户）有 3890 个。其中在生猪规模饲养方面，年出栏 10—50 头的场（户）有 2596 个，年出栏 50—100 头的有 130 个，出栏 100—1000 头的有 41 个，出栏 1000 头以上的有 19 个。在肉鸭饲养方面，年出栏 1000—2000 只的有 159 个，出栏2000—5000只的有798个，出栏5000—10000只的有139个,出栏10000只以上的有8个。

2008年，各类畜禽规模饲养场（户）有4242个，比上年增加64个。其中在生猪规模饲养方面，年出栏10—50头的场（户）有2885个，年出栏50—100头的有136个，出栏100—1000头的有59个，出栏1000头以上的有12个。在肉鸭饲养方面，年出栏1000—2000只的有152个，出栏2000—5000只的有857个，出栏5000—10000只的有132个，出栏10000只以上的有9个。

2009年，澄迈县采用召开现场会、推介会和新闻发布会等形式，推广“澄迈和牛”“澄迈白莲鹅”“文儒山寮鸡”和“永发鱼鸭混养”等地方特色品种。

三、独资经营

全县独资经营畜禽企业25个，其中生猪21个，牛1个，家禽3个。

四、合作社经营

2010年，全县畜禽专业合作社69个，社员2563人。

五、“公司＋合作社＋农户”经营

采用“公司＋农户＋市场”模式，通过龙头企业带动地方畜牧业发展，逐步形成集约化、规模化产业。2008年，澄迈海平达实业公司通过“公司＋合作社＋农户”方式，实行“五统一”（统一品种、统一用料、统一用药、统一防疫、统一销售）养殖，带动农户800多户，发展白莲鹅产业，年出栏白莲鹅100万只。

六、“龙头企业＋基地＋农户”产业化经营

2010年，海南茂源公司利用文儒和牛繁种基地，免费向农户提供和牛冻精，牛犊出生饲养6个月回收。海南茂源农牧业公司全年签订和牛回收订单户1000户，回收牛犊350头。澄迈新华达白莲种鹅场全年签订白莲鹅回收订单户650户，回收白莲鹅92万只。建设瑞金公司100万头屠宰项目基地。

第四节　疫病防治

一、主要疫病

（一）人畜共患病

即人类和脊椎动物之间相互传播的疾病。其病原包括病毒、细菌、支原体、螺旋体、立克次氏体、衣原体、真菌、寄生虫等。主要疾病种类有高致病性禽流感、口蹄疫、炭疽、狂犬病、布氏杆菌病、结核病、猪丹毒、李氏分枝杆菌病、链球菌病、钩端螺旋体病等。

（二）牛病

主要是口蹄疫，也称“五号病”，是偶蹄兽共患病，是一种急性、发热、高度接触性传染病，该病发生后对幼畜及孕畜影响大。其特征是口腔黏膜和蹄部皮肤发生水疱性疹，严重时蹄胛脱落，口腔严重溃疡，是一种病毒性传染病，传染性强。病毒有7个主型即O、A、C，南非1、2、3型，亚洲1型，另外还有60余种亚型，这给防治工作带来很大困难。发生该病时，应全部进行封锁，环境消毒，专人管理，将发病牛分离饲养或杀掉。消毒用烧碱2%水溶液，或2%福尔马林10%石灰乳等。无治疗价值，按国家规定处理。

（三）猪病

主要是猪瘟、伪狂犬、蓝耳病、口蹄疫等病毒性疾病和气喘病等呼吸系统疾病，传染性胃肠炎等消化系统疾病。

（四）禽病

主要是高致病性禽流感、鸡新城疫。常见病有禽曲霉菌病、黄曲霉毒素中毒、禽住白细胞虫病、球虫病、禽痘、前殖吸虫病等。

二、疫病防控

1999—2010年，澄迈县畜牧兽医部门按照“镇不漏村、村不漏户、户不漏畜、畜不漏针”的原则，逐村逐社逐户逐头（只）进行集中“拉网式”防疫，做到强制免疫、圈舍消毒与疫情普查“三个同时”。牲畜疫情普查面、应免密度、圈舍消毒面、生猪驱虫面达100%，口蹄疫、猪瘟、禽流感、鸡新城疫免疫抗体密度达农业部规定的标准。组建动物重大疫病防控专家组和应急预备队，对疑似动物重大疫病等及时采取措施，做到“有疫不流行，发病不成灾”，确保无动物重大疫病发生。产地检疫报检点设置合理，产地检疫报检程序规范，动物产地检疫率达100%；动物屠宰检疫率达100%，病害动物及其产品无害化处理率达100%，确保消费者食用安全肉食品。全县连续20年无重大动物疫病发生，无重大畜产品质量安全事件发生。

（一）动物疫病监控

1999年，澄迈县畜牧部门加强对畜禽疫病监控，对18个乡镇15家规模养殖场进行疫病调查和疫情监测，监测对象包括候鸟迁徙栖息地、水网地区、不明原因畜禽死亡地区、禽类养殖密集地区、种畜禽场、规模养殖场等六类地区，调查家畜56820头，其中猪44580头，水牛5710头，黄牛7725头，羊605头；调查禽类52690只，其中鸭35660只，鸡15215只，鹅1815只；抽血检验猪300头，进行酶联免疫吸附试验150份，S/P值增均小于0.5，抽血检验家禽600只，进行琼脂扩散试验300份，血凝抑制试验300份，均呈阴性反应。采集牛脑5个，猪鼻腔棉拭子10份，禽类喉、肛门棉拭子50份，经省实验室检测均为阴性。

2002年，全年对10个乡镇和18个规模养殖场进行疫病调查与疫情监测，抽检禽类1000只，猪500头，采集血清样品1455份，其中猪血清485份，禽类血清970份，牛脑5个，猪鼻腔棉拭子10个。经海南省动物检疫实验室红细胞凝集抑制试验和RT–PCR方法检测，结果均为阴性。

2005年，对全县10个镇和23个规模养殖场进行疫情调查与监测，调查家畜93758头，其中猪74872头，水牛8162头，黄牛10002头，羊722头；禽类87435只，其中鸭68653只，鸡16298只，鹅2484只；抽血检验猪450头，进行酶联免疫吸附试验200份，S/P值增均小于0.5，抽血检验家禽1000只，进行琼脂扩散试验500份，血凝抑制试验500份。采集牛脑10个，候鸟粪便20份，猪鼻腔棉拭子20份，禽类喉、肛门棉拭子100份，经海南省动物检疫实验室检测均为阴性。监测结果表明，澄迈县动物疫情比较稳定，尚未发现有重大动物疫情发生。

2008年，对全县11个镇和35个规模养殖场进行疫情调查与监测，并把候鸟迁徙栖息地、水网地区、曾发生禽类不明原因死亡地区、禽类养殖密集地区、种禽场、规模养殖场等六类地区作为重点监测对象。调查家畜97213头，禽类104531只，抽血检验猪500头，进行酶联免疫吸附试验200份，S/P值增均小于0.5，进行琼脂扩散试验200份，均呈阴性反应；抽血检验家禽1200只，进行琼脂扩散试验600份，血凝抑制试验600份，均呈阴性反应。采集牛脑5个，羊脑5个，候鸟粪便20份，猪鼻腔棉拭子40份，禽类喉、肛门棉拭子各500份，经海南省动物检疫实验室检测均为阴性。

2010年，澄迈县全年完成禽流感、新城疫、口蹄疫、猪瘟、猪蓝耳病等疫情监测1520份，完成免疫效果监测1200份，完成病原学监测采样送检 250份，完成专项病监测采样送检30份。监测结果全部合格，并4次通过中华人民共和国、海南省农业厅抽样检查。全县全年动物防疫工作使用消毒药品5吨，累计消毒面积125万平方米，消毒面100%，做到应消尽消。

（二）动物疫病防治

1999年，澄迈县畜牧部门对全县18个乡镇开展疫病防治工作。全年注射猪瘟疫苗38万头份，免疫率达92%；注射猪口蹄疫疫苗35万头份，免疫率92%；牛口蹄疫4.5万头份，免疫率90%；羊口蹄疫苗5.5头份，免疫率93%；注射禽流感疫苗980万只份，免疫率95%；禽出败疫苗900万只份，免疫率95%；鸡新城疫疫苗68万只份，免疫率96%。全年共查处病死畜禽肉案件5宗，没收销毁病死肉110公斤，全部进行无害化处理，结案率达100%。

2002年，全年免疫注射禽流感疫苗1060万只份，鸡新城疫疫苗68万只份，免疫率分别是95%和96%；注射猪瘟疫苗45万头份，免疫率93%；猪口蹄疫疫苗44万头份，免疫率93%；牛口蹄疫4.9万头份，免疫率90%；羊口蹄疫5.7万只份，免疫率93%。全年查处病死畜禽肉案件6宗，没收销毁病死肉140公斤，全部进行无害化处理，结案率达100%。维护肉食市场秩序，让人民吃上放心肉。

2005年，注射猪瘟疫苗58.88万头份，免疫率99%；注射猪口蹄疫疫苗58万头份，免疫率99%；牛口蹄疫5.98万头份，免疫率98%；羊口蹄疫苗7.0万头份，免疫率99%；注射禽流感疫苗1200万只份，免疫率100%；禽出败疫苗1180万只份，免疫率100%；鸡新城疫疫苗76万只份，免疫率100%。在挂标方面，猪、牛、羊挂标率分别为97%、95%和94%。全年查处病死畜禽肉案值件11宗，没收销毁病死肉490.25公斤，全部进行无害化处理。查处偷渡走私畜禽及其产品案件10宗，罚款4.9万元。结案率达100%。

2008年，全年注射禽流感疫苗1387万只，免疫率100%；注射猪口蹄疫疫苗63.95万头，免疫率99%；牛注射口蹄疫疫苗6.17万头，免疫率98%；羊注射口蹄疫疫苗7.43万只，免疫率99%；猪瘟注射64.6万头，免疫率100%；猪蓝耳病疫苗注射59.43万头，免疫率92%；注射鸡新城疫疫苗86万只，免疫率100%，牲畜免疫挂标率97%，免疫证发放率100%；有效地降低畜禽的发病率和死亡率。全年处病害肉案件15宗，销毁病害肉524.5公斤，处罚1900元，结案率100%，制止疫区或可疑疫区的畜禽进入澄迈县。

2010年，加强动物疫病防治工作，推行“政府保密度、业务部门保质量”，抓好畜禽常规免疫，推行免疫程序，对牲畜口蹄疫、高致病性禽流感、高致病性猪蓝耳病实施强制免疫，实施免疫标识和免疫卡管理。全县全年组织调运猪瘟疫苗77万头份，鸡新城疫疫苗436万只份；禽流感疫苗647万毫升；口蹄疫疫苗137.35万毫升；蓝耳病疫苗195万毫升。完成猪瘟疫苗免疫注射73.11万头次，免疫密度128%；完成牲畜口蹄疫免疫注射73.60万头只次，免疫密度115.3%；完成禽流感疫苗免疫注射2769万羽次，免疫密度147.67%；完成蓝耳病疫苗免疫注射71.82万头次，免疫密度126%；完成鸡新城疫疫苗免疫注射221万只次，免疫密度108%，确保全县全年无畜禽重大疫病的发生和流行。

2010年10月中旬，澄迈县遭遇特大洪灾，畜牧业损失惨重，被冲走或淹死的畜（禽）共1170238头（只），倒塌栏舍8726平方米，浸坏饲料183吨，经济损失5867.94万元。灾情发生后，澄迈县畜牧部门及时调运防疫药品280箱，发放动物疫苗120万头（只）份，发放消毒药品280箱，开展养殖场场地消毒101188平方米，紧急免疫注射畜禽116万头（只），无害化处理因灾致死畜（禽）累计38450头（只），确保全县灾后无重大动物疫情发生。

第五节 行政执法

一、机构设置和职责

2004年7月《中华人民共和国行政许可法》颁布实施后，澄迈县畜牧兽医局依据相关法律法规规定，保留的行政许可项目有动物及动物产品检疫合格证核发、兽药经营许可证核发、动物诊疗许可证核发、动物防疫条件合格证核发、种畜禽经营许可证核发、兽医执业注册核发等。澄迈县畜牧兽医局依法授权县动物卫生监督所、县兽药饲料监察所2个事业单位实施，其中县动物卫生监督所实施全县种畜禽监管、动物防检疫监督和行政处罚权；县兽药饲料监察所实施全县饲料、兽药监督和行政处罚权。

二、主要工作

（一）执法队伍建设

澄迈县畜牧兽医局把法制宣传教育和行政执法人员的培训，作为依法行政的基础性工作来抓，加大对行政执法人员行业法律法规和专业知识的培训，提高执法人员素质。健全各种规章制度，规范执法行为，实行持证上岗。

（二）行政执法岗位责任制

建立行政执法责任制、执法告知制和执法过错责任追究制等行政执法工作制度，将执法责任和权限落实到每个岗位和执法人员，不断改善执法条件，强化执法手段。

（三）执法监督管理

制定年度监督执法工作方案，确定工作重点，1999年后，每年对动物防检疫、饲料兽药经营等情况进行2次以上检查，做好有关专项检查、专项整治及材料上报。加强证照管理，审核发放动物防疫合格证、动物诊疗许可证、兽药经营许可证、动物及动物产品检疫证章标志等。在日常监管中，一经发现违反法规的案件，及时立案查处。

1999年，开展行政执法24次，出动执法人员68人次，出动车辆24车次，查处违法违规案件5宗，没收销毁病死畜禽肉110公斤，全部进行无害化处理，结案率100%。

2002年，开展行政执法29次，出动执法人员81人次，出动车辆29车次，查处违法违规经营案件6宗，没收销毁病死畜禽肉140公斤，并全部进行无害化处理，结案率100%。

2005年，开展行政执法35次，出动执法人员102人次，出动车辆42车次，查处违法案件11宗，没收销毁病死畜禽肉490.25公斤，罚款3000元，查处偷渡走私畜产品案件10宗，罚款4.9万元，并全部结案，结案率达100%。

2008年，开展行政执法45次，出动执法人员116人次，出动车辆51车次，查处违法案件12宗，没收销毁病死畜禽肉300公斤，罚款1600元，并全部结案，结案率达100%。

2010 年，开展行政执法 60 次，出动执法人员 152 人次，出动车辆 68 车次，查处违法案件 17 宗，没收销毁病死畜禽肉 980 公斤，罚款 5583 元，并全部结案，结案率达 100%。

第三章　渔　业

第一节　管理机构

1999 年 10 月，澄迈县水产服务中心更名为澄迈县水产局。2001 年 5 月，县水产局与县海洋管理局合并组成澄迈县海洋与渔业局，内设办公室、海域岗、捕捞岗、养殖岗、渔政岗、渔港监督岗、市场与信息岗等 7 个业务岗室。下属单位有澄迈县渔业技术推广站、澄迈县渔政管理站、澄迈港监督、中国海监澄迈县海监大队。

第二节　水产资源

一、淡水渔业资源

全县大小河道有 20 多条，内流程总长度达 250.1 千米，流域面积达 2564.1 平方千米，常年总流量达 35 亿立方米。

全县有山塘、水库 498 宗，其中蓄水量 100 万立方米以上的水库有 20 宗，小型水库 69 宗，山塘 265 宗。山塘、水库总蓄水量达 1.4 亿立方米。

二、海洋渔业资源

澄迈县海岸线长 127.34 千米，有内外港湾 15 处。管辖海域面积 470.53 平方千米，所辖海域平均水深 40 米，海水比重变幅为 1.006—1.020，海区平均水温 25℃，最高水温 31℃，最低水温 14.3℃，年平均表层盐度 29.6‰，pH 值 7—8.5，水质符合国家一、二类水质标准。浅海面积 1900 公顷，外湾面积 667 公顷，内湾面积 5000 公顷，滩涂面积 1949 公顷，滩涂可养面积 1467 公顷。

澄迈海区有近海渔场，是毛虾主要产地之一，汛期 5—9 月，6—7 月为旺汛。

全县主要的渔业港口有东水港、马村港和玉包港。其中东水港和马村港是极好的避风良港。渔港建设及其配套设施不断完善。

全县可供海水养殖的浅海总面积 2920 公顷，约占等深线 0—10 米海域总面积的 6.6%。

可供海水养殖的滩涂面积为1986.67公顷，约占全县陆地面积的2.4%。

第三节 水产养殖

一、淡水养殖

1999年，全县淡水养殖面积2120公顷。2002年，全县淡水养殖面积2300公顷。2005年，全县淡水养殖面积2358公顷。2010年，全县淡水养殖面积2665公顷。

澄迈县淡水养殖类型主要有池塘养殖、山塘水库养殖、河涌养殖、稻田养殖、网箱养殖。2010年，全县池塘养鱼面积2665公顷，总产量达20212吨；山塘水库养鱼面积达1698.33公顷，总产量达12119吨；稻田养鱼11.33公顷，总产量5246公斤；网箱养鱼面积16平方米，总产量1000吨。

澄迈县淡水养殖区分为北部台地塘库养鱼区、中部平原塘鱼精养区、南部丘陵草青鱼精养区。北部养鱼区主养“四大农鱼”（鲢、鳙、草、青鱼），适当混养鲤、鲮、罗非鱼，2010年，养殖总产量7822吨。中部养鱼区以养殖“四大农鱼”，罗非鱼、福寿鱼、鲤鱼、白鲳鱼、鲮鱼、鲢鱼为主，2010年养殖总产量12733吨。南部养鱼区主养草鱼、团头鲂、青鱼，适当混养鲢、鳙、鲤、罗非鱼等，2010年养殖总产量4245吨。

二、海水养殖

主要有鱼塭养殖、江牡蛎养殖，江篱养殖、对虾养殖、鲍鱼养殖，随后又发展养殖鱼、虾、蟹、文蛤、海参、珍珠贝、麒麟菜等。

1999年，全县海水养殖面积1027公顷。2002年，全县海水养殖面积1312公顷。2005年，全县海水养殖面积1159公顷。2010年，全县海水养殖面积706公顷。

至2010年，全县江篱养殖面积213.33公顷，年产量5000吨，年创产值3500元。

至2010年，全县青蟹养殖面积7.67公顷，总产量212公斤。同年，还建设大福、大吉、上吉3个虾场，开展对虾养殖。

至2010年，全县对虾养殖面积153.33公顷，总产量94300公斤，年创产值151万元（居全岛三首）。

2010年，澄迈县在近海和沿海港湾网箱养殖。网箱为浮绳式网箱，网箱规格有2×2米、3×3米、4×4米3种。网箱养殖主要鱼类有军曹鱼、石斑鱼、红友、白鲳等。2010年全县网箱养殖面积3.2平方千米，总产量1220000公斤，年创产值1076万元。

1999—2010年澄迈县水产养殖面积、产量一览表

表4-3-1

年份	淡水养殖面积（公顷）	产量（吨）	海水养殖面积（公顷）	产量（吨）
1999年	2120	4603	1027	4021
2000年	2124	4931	1223	7347
2001年	2290	5712	1292	8805
2002年	2300	6152	1312	9409
2003年	2358	6878	1390	10500
2004年	2358	8415	1390	11800
2005年	2358	9139	1159	11187
2006年	851	6582	193	6916
2007年	881	7653	502	7313
2008年	1246	7738	608	8245
2009年	2467	17848	657	11287
2010年	2665	20212	796	12498

第四节　水产捕捞

一、淡水捕捞

澄迈县淡水捕捞作业，主要在江河、溪沟等水域进行，捕捞的鱼类主要有草鱼、鲤鱼、鲶鱼、长鳗鱼等。

1999年，淡水捕捞1537吨。2002年，淡水捕捞2016吨。2005年，淡水捕捞1116吨。2010年，淡水捕捞1232吨。

二、海洋捕捞

澄迈县海洋捕捞作业的区域，主要在海口红山寮以西至临高角东海岸线一带。从事作业的渔场有灯楼角渔场、昌化内渔场和澄迈县近海渔场。海洋捕捞作业主要有三种方式：张网作业，刺网作业和钓业。此外，还有地引网、绞缯网、手抛网、灯光围网作业等。在灯楼角渔场捕捞的鱼类主要有马鲛鱼、马鲅鱼、大黄鱼、宝刀鱼、带鱼、鲷鱼等。在昌化内渔场捕捞的鱼类有马鲛鱼、马鱿鱼、大黄鱼、宝刀鱼、带鱼、鲷鱼等。在澄迈县近海渔场捕捞的鱼类主要有毛虾、水公鱼、西刀、青鳞鱼、小黄鱼、鮸鱼、鲳鱼、墨贼、鱿鱼等。

1999年，全县海洋捕捞产量12931吨，产值4479.74万元。2002年，海洋捕捞17240吨。

2005年，全县海洋捕捞产量25497吨，产值19250.24万元，组织38艘渔船到北部湾中深海区开展海洋捕捞作业，捕捞产量明显增加。全县更新改造渔船10艘，吨位992吨，功率2482.4千瓦，更新网具20张，投入资金1500万元。

2008年，澄迈乘昌渔业有限公司捕捞生产产量达13969 吨，产值10476万元。

2010年，组织澄迈乘昌渔业有限公司61艘渔船赴北部湾进行作业，开展捕捞生产产量25485吨，产值17839万元。全县更新改造渔船14艘，吨位112吨，功率298千瓦，更新网具42张，投入资金26万元。

2010年，全县从事海洋捕捞人员4945人，渔船786艘，总吨位6014吨，年捕捞产量49360吨，年创产值6674万元。海洋捕捞人数、渔船总吨位、海洋捕捞总产量分别是1949年的9.1倍、13.4倍和9.2倍。

1999—2010年澄迈县水产捕捞量一览表

表4-3-2　　　　单位：吨

年份	淡水捕捞量	海洋捕捞量	产量
1999年	1537	12931	14468
2000年	1696	14124	15820
2001年	1907	15557	17464
2002年	2016	17240	19256
2003年	2082	18422	20504
2004年	2300	20485	22785
2005年	1116	25497	26613
2006年	930	23735	24665
2007年	941	25110	26051
2008年	1052	28483	29535
2009年	1176	43197	44373
2010年	1232	49360	50542

第五节　渔政管理

一、渔政法规宣传

1999年，深入各渔业乡镇、各渔村渔港开展《中华人民共和国渔业法》及相关渔业法规宣传教育，张贴宣传标语200条，发放渔业法律、法规小册800本，利用广播、电视、录像等方式进行宣传，增强渔民群众的法制观念和保护资源的意识。全年签证、换证渔船597艘，占渔船总数97%，征收资源费69271元，查处违规渔船25艘，罚没款5560元。严厉打击电、炸、毒鱼等违法行为，查处2艘电鱼船，没收一批电鱼工具，罚款2000元。落实伏季休渔工作，1999年是实施南海海域伏季休渔的第一年，渔政渔港监督部门开展宣传，张贴宣传标语200多张，通告61张，播放南海海域伏季休渔专题录像片20多场次，使伏季休渔制度在渔区、渔村深入人心，确保休渔工作顺利完成。及时组织1300多艘渔船进港避风，避免台风天气对渔民、渔船造成损失。组织20多人次深入各种苗场，组织鱼苗生产，为养殖户提供种苗，恢复养殖生产。

2005年，渔政渔监和海监执法人员深入各渔区，宣传《中华人民共和国渔业法》《中华人民共和国海域使用管理法》《中华人民共和国海洋环境保护法》《中越北部湾渔业协定》等渔业法律法规，张贴各种通知、标语、横幅350张（条），办理渔业捕捞许可证和渔业船舶证书签证，办证率86%，收取渔业资源增殖费和港务费14.2万元。组织人员深入渔港村落实各项休渔工作措施，保证全县526艘休渔渔船，在休渔期做到“船进港、证集中、人上岸”，组织员打击电、炸、毒鱼等违法捕鱼行为，有效地保护渔业资源。

2010年，宣传《中华人民共和国渔业法》《中华人民共和国海域使用管理法》《中华人民共和国海洋环境保护法》《中越北部湾渔业协定》等，张贴各种通知、标语、横幅共375张（条）。贯彻捕捞许可制度，办理渔业捕捞许可证和渔业船舶证书签证，办证率90%，收取渔业资源增殖费和港务费62万元。抓好伏季休渔工作，全县698艘休渔渔船，在休渔期做到“船进港、证集中、人上岸”。打击电、炸、毒鱼等违法捕鱼行为，保护渔业资源。换发海域使用权证4宗，加强海域巡查，查处违规用海案件5宗，立案3宗。

1999—2010年，澄迈县渔政部门调解海上渔业纠纷27宗，查获渔船走私案件16宗，进行海难救助25起。

二、水产品质量安全监管

1999年，派出30人次深入各养殖场和利用渔业技术培训机会，举办宣传禁用渔药知识、遵守渔药使用规定等培训班60场次，确保渔产品质量安全，保障消费者权益。

2005年，深入各养殖场和利用渔业技术培训机会，开展宣传禁用渔药知识，遵守渔药使用规定120场次，确保渔产品质量安全，保障消费者权益。

2010年，贯彻《中华人民共和国农产品质量安全法》和海南省海洋与渔业厅有关文件精神，组织人员深入基层进行调查摸底，要求企业或合作社做好生产日记，杜绝使用禁用渔药，确保水产品质量安全、保障消费者的合法权益。

三、渔业生产

1999 年，组织 38 艘大中型渔船赴北部湾进行捕捞作业，取得良好的经济效益。2005 年，澄迈县沿海受溢油事故、旱情和 18 号台风“达维”影响，渔业生产受到一定的打击，渔业主管部门组织渔民进行生产自救，投资发展生产，做好产前、产中、产后跟踪服务工作，促进全县渔业经济发展。投资资金发展海水养殖面积 1394.67 公顷（其中新增 4.67 公顷），淡水养殖面积 2368 公顷（其中新增 10 公顷）。全县更新改造渔船 10 艘，吨位 992 吨，功率 2482.4 千瓦，更新网具 20 张，投入资金 1500 万元；澄迈县淡水鱼苗（鱼花）产量 3 亿尾，产值 360 万元，鲍苗 132 万粒，产值 61.5 万元；渔民投入 200 多万元，购进军曹鱼、鲈鱼、石斑鱼、白鲳等鱼苗进行海水网箱养殖，开展江蓠与鸭生态养殖 123.33 公顷。

2005 年，抓好养殖业发展，鼓励和引导企业和养殖户投入资金发展海水养殖面积 502 公顷，淡水养殖面积 881 公顷。投入 200 多万元购进军曹鱼、鲈鱼、石斑鱼、白鲳等鱼苗进行海水网箱养殖。鼓励企业、养殖户改造低位池，改造低位池 33.33 公顷，发展对虾养殖。新增高密度罗非鱼养殖面积 100 公顷，抓好种苗孵化，全县淡水鱼苗（花）产量达 2.5 亿尾，产值 250 万元。抓好江蓠与鸭生态养殖，2010 年有养殖面积 126.67 公顷。

2010 年，鼓励和引导企业和养殖户投入资金发展海水养殖面积 502 公顷，淡水养殖面积 881 公顷。投入 165 万元购进军曹鱼、鲈鱼、石斑鱼、白鲳等鱼苗进行海水网箱养殖。鼓励企业、养殖户改造低位池，改造低位池 60 公顷，发展对虾养殖，全县对虾产量 94300 公斤。抓好种苗孵化，淡水鱼苗（花）产量达 3.8 亿尾，产值 380 万元。抓好江蓠与鸭生态养殖,养殖面积 123.33 公顷，推广罗非鱼养殖，全县罗非鱼养殖产量 15177 吨。

第四章　林　业

第一节　管理机构

澄迈县林业局为林业主管部门，下设林业服务中心、森林公安局、森林防火指挥部办公室、绿化委员会办公室、木材检查站、森林植物检疫站、金江镇等 10 个镇林业站。内设办公室、林政股、营林股 3 个股室。

2009 年 6 月，成立中共澄迈县林业局党委，主要职能是贯彻落实党的方针、路线、政策，宣传党的思想理论，加强党建工作，加强党风廉政建设，组织党员开展政治理论学习，建设高素质、高标准的党员干部队伍。

第二节　林业资源与产值

1999年，全县总土地面积20.53万公顷，活立木蓄积量1722502立方米，橡胶林蓄积量1429586立方米、森林覆盖率38.7%，其中林业用地面积4.54万公顷，占37.8%；非林业用地面积7.48万公顷，占62.2%。

主要林木品种：窿缘桉、木麻黄、国外松、相思树、大叶相、苦楝、荔枝、木菠萝以及油茶、果树和竹类等。

1999年，全县林业总产值12600万元。2002年，全县林业总产值13097万元。2005年，全县林业总产值18667万元。2010年，全县林业总产值51416万元。

第三节　植树造林

1999年，全县人工造林11公顷，更新196.67公顷。

2000年，全县人工造林54.13公顷，更新1697.20公顷，其中浆纸林1336.69公顷，海防林200公顷，椰林258.20公顷；一般造林43.47公顷，义务植树46万株，四旁植树36万株。

2005年，全县人工造林2360.93公顷，更新601.47公顷，全县培育购买“桉树U6”等各类苗木850万株，完成浆纸林造林面积4330.89公顷，占年计划任务的162.4%。按树种分，校树3557.47公顷，木麻黄68.53公顷，马占相思547.47公顷，松树157.33公顷；按造林主体分，农户或个人造林3515.07公顷，金华公司造林437.20公顷，其他公司造林362.73公顷，行政事业单位造林15.80公顷。

2010年，全县完成各类造林面积897.13公顷，其中中央扩大内需新增项目防护林466.67公顷；四旁植树10万株，折合面积36公顷；路边植树18万株，折合面积100公顷；义务植树53万株，折合面积294.47公顷。中幼林抚育1000公顷，完成各类苗木培育370万株。

一、人工造林

人工造林包括国有、集体、联合体、个体、工程造林和义务植树。全县有人工造林面积29083.20公顷，保存率53.4%，保存下来的人工林主要是20世纪80年代新造林。

（一）国有造林

国有造林包括国有林场迹地更新和走出去与邻近乡镇联合造林以及机关、企事业单位办点造林。1999年，全县大小林场17个（其中包括金江公社林场、太平北芳林场、山口公社林场、长安合福林场、瑞溪公社林场、永发大队林场、新吴大队林场等），全县共36万元用于植树造林。2005年，全县大小林场投入53万元用于造林。2010年，全县大小林场投入56万元用于造林。

（二）集体造林

主要为集体营造的林木。至1999年，全县完成人工造林8084.07公顷。主要以松树、隆元桉、木麻黄为主，并大力推广刚果12号桉、巨尾桉、马占相思想等优良树种，在造林技术上，试验推广无性系造林新技术（木麻黄水培和桉树）。

1999年，由林业部投资与海南岛联营13.33万公顷速生丰产林，其中澄迈县规划设计面积1万公顷，即民营9000公顷，国有1000公顷。按规划和合同，林业部同意投资1.3亿元，其中澄迈县1602.6万元，即民营1444.1万元，国有158.5万元。在总投资额中是育苗、造林、幼林抚育管理等费用。民营造林每亩补助50元，国有造林补助100元，由商业部安排营造速生丰产林所需要粮食、化肥和油料等物资供应，造林7—10年林木采伐后，承包造林户每亩上缴0.8—1立方米给林业部，按产材定标准，国有70%，集体50%，由国家收购，其余部分由生产者自行处理，推动全县植树造林工作。县林业局根据上级下达的年造林计划，分解到加乐、石浮、山口、中兴等14个乡镇及林科所、红山农场，并与承包造林户及联合体签订造林合同书，到年终造林检查验收后，县林业局按实际完成造林合格面积（造林成活率95%以上），决算、拨款给造林者。1999年，全县完成造林面积8084.07公顷。同时，还实施2719工程林、农业综合开发防护林项目等造林工程项目。1999年，全县完成862.40公顷2719工程林；完成666.67公顷农业综合开发防护林，其中农田防护林133.33公顷、水土保持林400公顷、水源涵养林133.33公顷，资金计划53万元。

2005年，落实2666.67公顷浆纸林造林下达各镇和澄迈华侨农场，引进湛江造林大户投资建设海榆西线公路澄迈段35千米长，计133.33公顷。

2010年，完成省级重点公益林区划界定工作，落实1.65万公顷的省级重点公益林。所区划界定的24.7万亩公益林分布在全县10个镇和1个国有农场，72个村委会(其中2005年界定1872.13公顷，分布在54个村委会，2006年界定1.46万公顷，分布在18个村委会)，主要树种分别为天然林、以木麻黄为主的海防林和以橡胶为主的经济林等，分别属村委会集体和个人所有，各林业工作站与6个镇18个村委会签订18份省级重点公益林现场界定书和委托管护协议书，招聘录用多名护林员专门负责管护省级重点公益林。此外，还有个体造林，主要为农民个人营造的林木。

二、工程造林

工程造林主要指由国家、省财政投资的造林项目。1999—2010年，全县完成速生丰产林面积8084.07公顷、2719工程林862.40公顷、农业综合开发防护林666.67公顷。

1999年，由林业部投资与海南岛联营13.33万公顷速生丰产林，其中澄迈县规划设计面积1万公顷，即民营9000公顷，国有1000公顷。按规划和合同，林业部同意投资1.3亿元，其中澄迈县1602.6万元，即民营1444.1万元，国有158.5万元。在总投资额中是育苗、造林、幼林抚育管理等费用。民营造林每亩补助50元，国有造林补助100元，由商业部安排营造速生丰产林所需要粮食、化肥和油料等物资供应，造林7—10年林木采伐后，承包造林户每亩上缴0.8—1立方米给中央林业部，按产材定标准，国有70%，集体50%，由国家收购，其余部分由生产者自行处理，很快地推动全县植树造林工作。县林业局根据上级下达的年造林计划，层层分解到加乐、石浮、山口、中兴等14个乡镇及林科所、红山农场，并与承包造林户及联合体签订造林合同书，到年终造林检查验收后，县林业局按实际完成造林合格面积（造林成活率95%以上），决算、拨款给造林者。1999年，全县完成造林面积8084.07公顷。同时，还实施2719工程林、农业综合开发防护林项目等造林工程项目。1999年，全县完成862.40公顷2719工程林；完成666.67公顷农业综合开发防护林，其中农田防护林133.33公顷、水土保持林400公顷、水源涵养林133.33公顷，资金计划53万元。

三、封山育林

截至2010年，全县封育面积7433.33公顷，其中6102.60公顷国有林已全封闭起来，分片包干，实行个人承包，落实承包责任制。封育7年就恢复成林，为热带林的恢复树立榜样。国有林区森林面积6102.60公顷，森林覆盖率87.9%，林分蓄积量302006立方米，林分平均每亩蓄积量3.877立方米，最高亩蓄积量可达8立方米，7年多时间将残破的热带雨林恢复面貌。

2010年，加强封山育林区的监督管理，维护生态安全。全面强化对加笼坪等封山区的监督管理，成立公益林生态办，由专人负责，定期深入各封山区进行检查监督，防止毁林开垦等破坏森林资源行为的发生。

四、幼林抚育

1999—2010年，幼林抚育工作主要对生长3年内的林木进行除草、施肥、松土、喷药、浇灌等后期抚育管理。

1999—2010 年澄迈县造林情况表

表 4-4-1 单位：公顷

年份	1999 年	2000 年	2001 年	2002 年	2003 年	2004 年
造林面积	1035.80	1751.33	1752.00	2333.33	1757.33	1810.67
年份	2005 年	2006 年	2007 年	2008 年	2009 年	2010 年
造林面积	2980.33	2300.67	1755.27	152.53	1333.73	466.67

第四节 森林利用

一、林木产品

（一）木材生产和木材加工

20 世纪 90 年代，林业经营形式主要有国家经营、集体经营和私人经营。经营的范围有原木成品，原木加工半成品、成品、小规格材、竹林、木炭、木片、松香等产品。主要利用桉树进行木材加工，用于造纸，系澄迈县的拳头产品。

（二）林副产品生产

主要由澄迈县林产品供销公司负责，主要经营种子、育苗袋、家具、木材等。同时，澄迈林场主要经营自种的林木、松香、松节油、竹林等。至 1999 年底，采伐木材产量 58596 立方米，松香 39 吨、松节油 15 吨。

（三）竹林

截至 2010 年，全县有竹林面积 92.20 公顷，其中粉丹竹面积 22.80 公顷、玉兰竹面积 47.67 公顷、杂竹面积 21.73 公顷，主要分布在美亭、太平和长安等地。

二、林业产业建设

澄迈县在抓好林业生态建设的同时，注重林业产业建设，使林业成为带动全县经济社会发展和促进农民增收的支柱产业。

2008 年，全县完成林业生产总值 32334.3 万元，比上年增长 6.1 %。2009 年，林业产值完成 2.58 亿元，同比递减 7.1%。2010 年，林业产值完成 51562.9 万元，同比增长 70.1%。

第五节 林政管理

一、资源保护

（一）古树名木保护

1999年，全县调查到古树有156株，其中榕树79株，黄葛榕48株，海南苹婆25株，木棉2株，龙眼1株，紫檀1株。按国家古树标准分级：二级古树11株，三级古树145株。古树主要分布在各村庄（城镇）居民点的四旁。

（二）野生动物保护

全县森林资源丰富，野生动物物种较多，主要有水鹿、猴子、南蛇、野猪等70多种。对这些珍贵野生动物，澄迈县给予保护，严禁捕杀，捕杀者重罚。

二、森林防火及病虫害防治

澄迈县成立护林防火指挥部，指挥部总指挥由分管副县长担任，成员由林业、计划、政法、水电、气象、商业、粮食、卫生等部门主要领导担任。按照有关要求，各乡镇、国营农（林）场也相应成立森林防火领导小组。1990年，县编委同意设立澄迈县森林防火指挥部办公室，定编为县副局级事业单位（为常设机构）。澄迈县配套资金10万元，购置电台2部，对讲机8部、风力灭火机7部、火力抽水机2部、摩托车2部。建起1座防火瞭望台，营造防火林带20千米，开设防火隔离带50千米，森林火灾发生率及受害率得到明显控制。

（一）森林防火

1999年，全县发生森林火灾13起，过火面积16.93公顷。

2000年，投入防火宣传经费3万元，发生森林火警6起，一般森林火灾3起，过火面积60.30公顷，林木受害面积48.60公顷。

2002年，利用防火宣传车，深入各乡镇、农（林）场及农村，以广播形式反复宣传森林防火60多辆次，到重点林区村庄放映电影30多场次，印制10万多张传单向社会散发，在县城、乡镇及林区悬挂森林防火横幅70多条，对火灾重点区澄迈林场周围村庄，派出车辆并指定专人带队，深入反复进行宣传教育。

2005年，全县发生森林火灾18次，与上年同比减少2次。发生火灾17起、过火面积69.27公顷，受害面积69.27公顷，与上年同比减少7.09公顷。全县森林火灾经济损失约8万，比上年减少2万元。

2008年，森林防火戒严期，加强森林防火宣传教育，24小时值班巡逻、监测监控，强化野外火源管理。全县发生森林火灾6起，过火面积8.70公顷；受害面积7.12公顷。

森林火灾经济损失5万元。

2010年，全县发生森林火警8宗，过火面积20公顷，受害面积6公顷，协商调解森林火灾3宗。

（二）病虫害防治

1999年，全县投入21万元防治各类森林病虫害135.40公顷。

2002年，检疫木材33885立方米，水果2880吨，花卉苗木361.6万株。同时，对58家木材加工厂、16家花木苗圃及37 家果园基地进行产地检疫，并登记造册。对澄迈县棕榈科、松树进行普查，经普查没有发现BL虫、松材线病虫。全县森林病虫害发生面积1195.33公顷，成灾率为2.3‰，比海南省林业局下达指标低0.2个千分点，防治率85%，比海南省林业局下达的指标高3个百分点。同时对森林病虫害实施监测，监测面积3.07万公顷，监测覆盖率为87%，比海南省林业局下达指标高2个百分点，对15.68公顷种苗进行产地检疫，检疫率86%，比海南省林业局下达指标高1个百分点。

2005年，全县投入30.8万元防治59600株棕榈科植物的病虫害，其中挂药包40600株、喷药7000株、施放绿僵菌12000株。

2010年，开展森林植物检疫，加大对薇甘菊、松材线虫、香蕉穿孔线虫、椰心叶甲等森林植物病虫害监测和预防，对5家苗圃基地30万株苗木和8家木材加工厂30立方米木材进行产地检疫，消除虫害，确保森林资源安全。

三、森林管理与保护利用

（一）林权制度改革

2008年，澄迈县进行林权制度改革。全县有规划林业用地面积10.33万公顷，其中国有林地面积6.24万公顷、集体林地面积4.10万公顷。林改涉及10个镇、138个村委会、761个村民小组、23.9万农业人口。在全省林改试点工作中实现“六个率先”，即率先召开动员大会部署林改工作，率先制定破解用地不均和“三过”难题村民小组林改方案范本，率先发放全省林改第一批林权证书，率先开展林权证抵押贷款工作，率先完成地籍图地理坐标和操作系统转换工作，率先建立县级林业服务中心。全县林权主体改革顺利完成，完成集体规划林地外业勘界测量面积4.02万公顷，占全县集体林地面积的98.2%；共（换）发证面积3.77万公顷，林权证发证率为97.4%；全县家庭承包面积3.29万公顷，家庭承包率为80.1%。林地保障率、林权证准确率、档案合格率、群众满意率等四率均超过省规定的指标任务。

（二）森林资源保护

1999年，全县查处乱砍滥伐案件23宗，其中刑事立案4宗，行政立案19宗，行政处罚 149334 元。依法取缔无证经营单位 1 家，收缴木材 217 立方。查处非法收购、经营野生动物案件 2 宗，没收并放生野生动物 153 只，处罚金 9800 元。

2002 年，全年查处乱砍滥伐林木案件 21 宗,收回林木损失款 5.25 万元；处理违章运输木材 250 起,罚款 11.27 万元；处理违法收购木材款 2.8 万元,组织打击非法经营野生动物 26 次,没收并放生国家与省级保护野生动物 526 只（条），收取野生动物保护管理费 1.74 万元；专项打击捣毁提炼樟脑油窝点 7 个,收取资源费 6200 元。林业公安全年查处林业案件 50 宗,其中刑事案件 2 宗,打击处理各类违法犯罪分子 58 人次,刑事拘留 2 人,逮捕 1 人,行政拘留 3 人；查处乱砍滥伐案件 2 宗,处理金 8 万元,整顿清理木材加工经营单位 40 宗,收缴木材 90 立方米,处罚金 3.5 万元；处理违章非法运输木材车辆 85 辆次,处罚金 2.2 万元；查处野生动物案件 10 宗，收缴野生动物 180 只,处罚金 1.8 万元。

2005 年，全县查处乱砍滥伐等案件 40 宗，其中刑事立案 5 宗，破获 3 宗，刑事拘留 1 人，取保候审 2 人，行政罚款 10.53 万元，打击各类违法犯罪分子 40 人次。依法取缔无证违法经营单位 2 家，收缴木材 30 立方米。查处非法收购、经营野生动物案件 3 宗，没收并放生野生动物 160 只，处罚金 1.2 万元。

2010 年，全县依法查处乱砍滥伐林木、乱捕滥猎野生动物、违章运输木材等破坏生态环境案件 36 宗，其中刑事案件 9 宗，破案 2 宗，刑事拘留 3 人，治安案件 1 宗，行政拘留 1 人。清理整顿木材加工场所 55 家，收缴木材 17 立方米，对违法收购无证木材的 3 家木材加工企业给予 1.2 万元的行政罚款并责令其限期整改，对 2 家无证经营、加工的木材加工点依法给予取缔，行政罚款 6.5 万元。开展打击破坏海防林资源专项行动，对违法占用海防林地挖塘养殖苗头进行打击，依法填塘还林 5.71 公顷。

（三）采伐限额管理

1999 年，海南省下达澄迈县采伐限额 38900 立方米，审批采伐林木 32416 立方米，采伐面积 755 公顷，采伐量占年采伐限额的 83.3%。

2000 年，森林资源总消耗量 64204 立方米。其中商品材采伐量 34354 立方米，出材量 21926 立方米；自用材采伐量 13761 立方米，出材量 9908 立方米；烧材采伐量 16089 立方米。办理林木采伐许可证 336 宗，办理采伐许可证采伐量 23148 立方米，出材量 16576 立方米；实际采伐量 24305 立方米，出材量 17404 立方米。

2005 年，海南省下达澄迈县采伐限额 47400 立方米，审批采伐林木 34339 方米，采伐面积 883.13 公顷，采伐量占年采伐限额的 72.4%。

2010 年，海南省下达澄迈县地方森林采伐指标 6.2 万立方米（出材量）。按规定批准采伐桉树等各类林木 876.15 公顷，其中地方 690.19 公顷，金光公司 185.96 公顷；出材量

32624.2 立方米，其中地方 24004.3 立方米，金光公司 8619.9 立方米；蓄积量 46645.44 立方米，其中地方 35151.1 立方米，金光公司 11494 立方米。

（四）运输管理

澄迈县木材检查站对木材运输实行凭证运输并上路设卡进行途中检查，对无证运输木材行为给予查处和罚款。1999 年，查处无证运输木材行为 10 宗 16 人。2005 年，查处无证运输木材行为 12 宗 18 人。2010 年，查处无证运输木材行为 8 宗 13 人。

（五）山林纠纷调处

1999 年，全县成功调处林地纠纷案件 46 宗，调处率为 93.8%。2005 年，成功调处林地纠纷案件 32 宗，调处率为 95.5%。2008 年，全县成功调处林地纠纷案件 48 宗，调处率为 92.3%。2010 年，完成农村与农场土地权属争议案件 14 宗，面积 255.37 公顷。做好 3 宗林地纠纷案件的应诉工作，二审胜诉率 100%。

第五章　农业机械

第一节　管理机构

澄迈县农业机械化管理局，1995 年机构改革，更名为澄迈县农业机械服务中心，至 2010 年不变。基本职能为负责全县农机安全生产监管、农机牌证管理、先进适用农机新技术新机具推广应用、农机技术培训等工作。内设综合办公室、农机监理站、农机推广站、机务岗、企业岗等股室，在职人员 48 人。

第二节　农机应用

1999 年，全县农机总动力 21.58 万千瓦，农机拥有量 4355 台（辆），其中农用拖拉机 2698 台，水稻联合收割机 117 台。全县机耕和机收水平分别为 65%和 50%。

2005 年，全县农机总动力 27.26 万千瓦，农机拥有量 6153 台（辆），其中农用拖拉机 3263 台，水稻联合收割机 187 台。全县机耕和机收水平分别为 72%和 58%。

2008 年，全县农机总动力 32.98 万千瓦，同比增长 4.4%；农机拥有量 7661 台（辆），其中农用拖拉机 4307 台，水稻联合收割机 238 台。全县机耕和机收水平分别为 76%和 65%。

2009 年，全县农机总动力 37.91 万千瓦；拥有各种动力机械 8217 台，新增拖拉机 333 台。完成机耕面积 6466,67 公顷，机收面积 5666.67 公顷，跨区机耕机收面积 733.33 公顷。全县机耕和机收水平分别为 77%和 69%。

2010 年，全县农机总动力 41.3 万千瓦，比上年增长 8.9%，机耕、机收水平分别为 78.5%和 73.2%。拥有水稻收割机 252 台，拖拉机 8496 台，完成机耕面积 1.81 万公顷，机收面积 8933.33 公顷，跨区作业面积 2373.33 公顷。

一、耕作机械

1999 年，全县引进各类大中型拖拉机 63 台 3780 千瓦。2004 年起，在中央农机购置补贴政策的激励下，大中型拖拉机大幅增加，至 2010 年达到 230 台 13800 千瓦。引进“湘农–5 型”机耕船 38 台，主要在太平、加乐、瑞溪、中兴等乡镇使用，用于深田耕作作业。由于机具在使用过程中受诸多客观因素的限制，逐渐弃用。

2001 年增加到 2766 台 41490 千瓦，2010 年底达到 3250 台 48750 千瓦。

二、植保机械

植保机械有机动喷粉机、手动压力喷雾器、机动喷雾器以及化肥深施机等。1999 年，全县机动喷粉机有 327 台，手动压力喷雾器 21749 台，机动喷雾器 2300 台。至 2010 年，有机动喷雾器 32765 台，机动喷粉机 337 台，基本实现植保机械化和半机械化。

三、收割机械

主要有自走式收割机和背负式收割机两种。1999 年，引进推广“桂林 50 型”联合收割机 11 台。至 2010 年，全县有各种型号的水稻联合收割机 255 台，基本满足全县水稻机械收割需求。

20 世纪 90 年代初，机动、电动脱粒机相继使用，截至 2010 年底，全县计有机动脱粒机 1550 台 7750 千瓦。

四、排灌机械

主要有抽水机、电动机、汽油机等机具，20 世纪 90 年代初，全县排灌机械总动力为 16588 千瓦。至 2010 年底，全县抽水机、电动机、汽油机总量 5524 台，总动力 46328 千瓦，在农业生产抗旱抗涝等方面发挥重要作用。

五、加工运输机械

20 世纪 50 年代开始使用机械动力碾米。1999 年，全县拥有碾米机 932 台 10028 千瓦。至 2010 年底，全县有碾米机 2154 台 23047 千瓦。

1999 年，全县有畜力粉碎机计 381 台，畜力统糠机 38 部，榨油机 30 部 298 千瓦。2010 年，有榨油机 155 部 1540 千瓦。有米粉机、木薯切片机、压胶机等其他小型加工机械 425

台 2772 千瓦。

20 世纪 50 年代末，澄迈县开始使用农用汽车（3 吨以下），1999 年，全县有农用汽车 191 辆 23611 千瓦。2010 年底，全县计有农用汽车 227 辆/8061 千瓦。

1999 年，全县有机动运输船 11 艘 110 吨。2010 年，有机动运输船 35 艘 1350 吨。1999 年，全县有运输型拖拉机 1190 台 21420 千瓦。2010 年底，有 3648 台 65664 千瓦，主要从事农产品及货物运输。

第三节　农机服务

一、农机技术推广

澄迈县农机局推广应用一批多功能、高效率的机具和易掌握、使用性强的新技术，有效地促进农业增产和农民增收。

1999 年，澄迈县推广使用机械深耕技术。机械深耕翻转犁具有碎土能力强、耕后地表平坦等特点，耕深在 25 厘米以上。2002 年，秸秆还田技术在金江镇试验示范并推广。使用该技术可改善土壤结构，增加土壤有机质含量，提高作物产量。2005 年，全县推广应用机械挖穴技术及机械挖穴机。机械挖穴机能减轻劳动强度，提高工作效率，完成一个机械打穴工作时间需 5 秒钟。全县共推广机械挖穴机 63 台。

2007 年，澄迈县县农机局引进 4 台田园管理机在金江、永发、瑞溪等镇进行示范推广。

2008 年，全县推广新农机 381 台。2010 年，全县推广应用机械深耕翻转犁 580 台。推广秸秆还田机具 23 台，完成秸秆还田面积 386.67 公顷。2010 年，全县推广应用机械深耕翻转犁 580 台。2010 年，全县推广秸秆还田机具 23 台，完成秸秆还田面积 386.67 公顷。

二、农机培训

1999 年，澄迈县农机局通过举办培训班、送教下乡、现场指导等方式，加大对各类农机手和农机管理人员、维修人员的培训力度，培训农机操作手 250 人。

2005 年，开展科技下乡活动 5 次，召开机动插秧机、水稻联合收割机、反转灭茬机等各种先进适用农机具现场演示会 6 场，组织 800 多名农民群众到现场观摩。培训农机手 523 人，发放农机宣传资料 2000 份（册）。

2008 年，开展科技下乡活动 2 次，召开机动插秧机、水稻联合收割机、反转灭茬机等各种先进适用农机具现场演示会 4 场，组织 1000 多名农民群众到现场观摩。培训农机手 712 人，发放农机宣传资料 2400 份（册）。

2009 年，组织农机推广人员到金江、桥头、福山、永发、瑞溪等地区村庄和热作农庄开展科技下乡活动。组织召开农机现场演示会，300多名群众参加。

2010年，组织开展科技下乡活动3次，在金江、永发、瑞溪等乡镇召开机耕、机插、机收等各种先进适用农机具现场会5场，组织1000多名群众到现场观摩。培训农机手870人，发放农机宣传资料1万多份。

三、农机化服务

1999年，全县机耕面积9133.33公顷，机收面积3866.67公顷，完成跨区机耕、机收作业面积733.33公顷。

2005年，完成全县机耕面积1.13万公顷，机收面积4800公顷。组织大型拖拉机和水稻收割机跨到万宁市、临高县、定安县、儋州等地开展机耕、机收有偿作业，完成作业面积1000公顷。

2008年，全县机耕面积1.21万公顷，机收面积6000公顷。组织耕地机械68台、收获机械29台，到三亚市、琼海市、东方市、屯昌县、陵水黎族自治县等地开展机耕、机收有偿服务，机耕作业面积800公顷，机收作业面积400公顷；组建农机作业服务合作社2个。

2009年，组织30多台水稻联合收割机到三亚市、琼海市、乐东黎族自治县、东方市、琼中黎族苗族自治县、屯昌县等地开展水稻收割作业，完成收割面积733.33公顷，经济收入60多万元。组织调运200多台大中小型收割机，到全县11个镇田间地头帮助当地农民抢收受灾水稻2666.67公顷，降低热带风暴“芭玛”给农民经济造成的损失。

2010年，全县机耕面积1.81万公顷，机收面积8933.33公顷。组织耕地机械60多台、收获机械20多台，到三亚市、琼海市、东方市、屯昌县、定安县等地开展机耕、机收有偿服务，完成作业面积2373.33公顷，实现每台机车年均纯收入达3万元。

四、农机购置补贴

2004年，国家开始实施农机购置补贴政策。2004年，海南省安排澄迈县农机购置补贴中央资金20.7万元，共补贴各类新式农机具28台（套）。

2005年，海南省安排澄迈县农机购置补贴中央资金45万元，共补贴各类新式农机具24台（套），拉动农民投入购机资金130万元。

2006年，海南省安排澄迈县农机购置补贴中央、省级补贴资金合计81万元，共补贴各类新式农机具42台（套），拉动农民投入购机资金270万元。

2007年，海南省安排澄迈县农机购置补贴中央、省级补贴资金合计100万元，共补贴各类新式农机具59台（套），拉动农民投入购机资金330万元。

2008年，海南省安排澄迈县农机购置补贴中央、省级资金160万元，县政府配套10

万元，合计 170 万元，补贴各类新式农机具 143 台（套），拉动农民投入购机资金 500 多万元。

2009 年，海南省安排澄迈县农机购置补贴中央、省级资金 380 万元，县政府配套 27 万元，合计 407 万元，对 1900 多台（部）新式农机具进行补贴，补贴资金 406.665 万元，占年度任务的 99.9%，拉动农民投入购机资金 900 多万元。

2010 年，海南省安排澄迈县农机购置补贴资金 460 万元（其中中央资金 430 万元，省财政资金 30 万元），县政府配套 30 万元，合计 490 万元。符合补贴条件的农牧渔民、职工、农业生产经营组织、农民专业合作社和农业生产企业得到补贴，有 572 台（套）新农机、设施农业获得补贴，拉动农民投入购机资金 1000 多万元。

第四节　农机管理

一、农机安全监理

澄迈县农机监理站，其职责是对农机的安全操作、生产以及驾驶人员进行监督管理；对违章肇事车造成重大事故者，会同有关部门进行处理；对农用机车及驾驶员进行年度检审和核发牌、证等工作。农忙季节与公安交警、交通等部门联合在公路上设岗检查，纠正农机行驶违章行为，以防发生事故，并进行预测防范。

1999 年，组织执法人员到全县各镇、农场开展安全生产执法检查，查处拖拉机各类违法违规行为，消除事故隐患。开展田检路查 75 天，出动执法人员 368 人次，检验机车 1692 台，纠正违章驾驶 764 人次。核发驾驶证 117 本，行驶证 128 本。

2005 年，全年开展田检路查 83 天，出动执法人员 426 人次，检验机车 1756 台，纠正违章驾驶 813 人次。核发驾驶证 168 本，行驶证 185 本。

2009 年，抓好农机监理工作，确保农机安全生产。深入各镇农村宣传农机法律法规，查处农机违法违规行为。核发驾驶证 303 本，行驶证 333 本，换发驾驶证 295 本。开展田检路查 113 天，出动执法人员 628 人次，检验机车 2236 台，纠正违章驾驶 1360 人次。

2010 年，全年开展田检路查 102 天，农机专项整治行动 3 次，出动执法人员 986 人次，检验机车 3319 台，纠正违章驾驶 2672 人次。核发驾驶证 658 本，行驶证 550 本，换发驾驶证 310 本。

二、农机市场管理

2004 年，国家开始实施农机购置补贴政策。2004 年，中央安排澄迈县农机购置补贴资金 20.7 万元，补贴各类新式农机具 28 台（套）。

2005 年，中央安排澄迈县农机购置补贴资金 45 万元，补贴各类新式农机具 24 台(套)，拉动农民投入购机资金 100 多万元。

2008 年，中央安排澄迈县农机购置补贴资金 160 万元，县政府配套 10 万元，合计 170 万元，补贴各类新式农机具 143 台（套），拉动农民投入购机资金 500 多万元。

2010 年海南省安排澄迈县农机购置补贴资金 460 万元（其中中央资金 430 万元，省财政资金 30 万元），县政府配套 30 万元，共计 490 万元。项目实施范围为全县 11 个乡镇（含县农场），补贴机具种类有耕整地机械、收获机械、设施农业设备等 12 个大类 45 个小类 180 个品目机具。中央资金或地方资金补贴率原则上按 30%的补贴比例执行。补贴对象为全县（含县农场）符合补贴条件的农牧渔民、职工、农业生产经营组织、农民专业合作社和农业生产企业等。2010 年 10 月中旬，490 万元补贴资金使用完毕，572 台（套）新农机、122.87 公顷设施农业获得补贴，拉动澄迈县农村农民投入购机资金 1000 多万元。

2004—2010 年，澄迈县农机局每年都会同工商、质量技术监督等部门对全县农机市场进行集中清理整顿，检查对农业生产影响大的农业机械、农机配件经销点和农机维修点，查处无证经销、维修人员 4 人，假冒伪劣农机配件 157 件，取缔不合格销售点 3 个。

第六章　农业综合开发

第一节　管理机构

澄迈县农业综合开发办公室成立于 1989 年，属副科级事业单位。2009 年 5 月，中共澄迈县委十一届四十二次常委会议议定，升格为县财政局下属的正科级事业单位，并参照公务员法管理。

1999 年，澄迈县农综办内设办公室、综合、财务和工程 4 个股室。主要职责是围绕农业综合开发工作任务目标要求，加强农业基础设施建设和改善农业生产条件，提高农业综合生产能力，提高农业科技和农业机械化水平，为农业增产增收创造良好条件。至 2010 年，机构设置未变。

第二节　基础设施建设

1999 年，澄迈县农业综合开发办公室土地治理项目区涉金江镇太平乡，重点整治太平洋。项目区完成改造中低产田面积 600 公顷，按节水灌溉要求，高标准整治农田 333.3 公顷。项目建设完成硬化灌溉渠道 39 条 19.95 千米，排水渠道 17 条 18.45 千米，新建机耕路 11 条 7.9 千米，配套建筑物 1012 宗。项目计划总投资 613 万元。其中中央财政资金 428 万元，群众自筹资金 185 万元。

2000 年，澄迈县农业综合开发办公室土地治理项目建设金江镇军口洋、海仔洋和大塘洋，项目区完成改造中低产田面积 1466.7 公顷，按节水灌溉要求，高标准整治农田 500 公顷（其中军口洋 333.3 公顷，海仔洋 166.7 公顷）。项目建设完成硬化灌溉渠道 80 条 62.48 千米，排水渠道 66 条 29 千米，新建机耕路 23 条 19.52 千米，配套建筑物 3167 宗。

2001 年，澄迈县农业综合开发办公室土地治理项目以加潭水库灌区为建设范围，项目区涉及瑞溪镇、永发镇，重点整治大东洋田洋。项目区总面积 3286.7 公顷，其中改造中低产田面积 1666.7 公顷,建设节水农业示范面积 800 公顷，优质粮食基地 400 公顷。项目建设总投资 2800 万元，其中农田水利项目投资 1400 万元，农业措施投资 300 万元，林业措施投资 300 万元，购置仪器、农机、设备及科技培训投资 800 万元。

2002 年，澄迈县农业综合开发办公室土地治理项目涉及金江镇和瑞溪镇，项目区涉及瑞溪镇、永发镇，重点整治官田洋。改造中低产田 2000 公顷，节水农业示范基地 333.3 公顷；优质粮食基地 333.3 公顷，营造防护林 266.7 公顷，重点整治长安镇官田洋 666.7 公顷。项目总投资 1568 万元，其中中央及省级财政无偿资金 870 万元，中央及省级财政有偿资金 255 万元，县财政配套资金 215 万元，自筹资金 215 万元，前期工作经费 13 万元。项目建设完成硬化灌溉渠道 70 条 51.02 千米，排水渠道 58 条 41.34 千米，新建机耕路 22 条 26.66 千米，配套建筑物 2838 宗。

2005 年，澄迈县农业综合开发办公室土地治理项目区涉及金江镇大催村附近和桥头镇桥头至西岸一带农田，重点整治大催洋、头才洋。项目改造中低产田 1600 公顷，改良土壤 1600 公顷。重点整治大催洋 320 公顷，头才洋 333.3 公顷，科技措施培训农民 5000 人次，优质水稻示范基地 333.3 公顷，推广 800 公顷。农机措施补贴农民购置联合收割机 10 台，大中型拖拉机 20 台（含农机具），总动力 500 千瓦特。总投资 1378 万元。其中中央财政资金 600 万元，省级财政资金 286 万元，县财政配套资金 72 万元，自筹资金 420 万元。

2006 年，澄迈县农业综合开发办公室土地治理项目区重点整治金江镇的大云洋、善井洋和大丰镇的那秀洋，项目改造中低产田 800 公顷，总投资 1011 万元，其中大云洋 545

万元、善井洋 362 万元、那秀洋 104 万元。

2007 年，澄迈县农业综合开发办公室土地治理项目区重点整治金江镇的红墓岭洋、南墩洋和永发镇的后坡洋，项目改造中低产田 666.7 公顷，总投资 800 万元，其中红墓岭洋 270 万元，南墩洋 250 万元，后坡洋 280 万元。

2010 年，共完成改造中低产田 166.7 公顷，建设田间机耕路 26 千米，铺设 U 槽和其他排灌渠道 83.5 千米，顺利通过省级验收。将金江镇名山洋、好让洋，瑞溪镇下村洋列为 2010 年土地治理项目，争取国家、省、县三级财政资金 1354 万元投入建设。完成开挖硬化灌溉渠道 129 条 59.2 千米，开挖硬化排水渠道 78 条 33.9 千米，修建配套各类渠系建筑物 1214 座。改造中低产 1433.3 公顷，建成标准农田 673.3 公顷，新增灌溉面积 253.3 公顷。

2010 年，组织技术人员到灾情较严重的瑞溪、金江、老城、桥头、福山等镇农综项目区实地调查，组织群众开展生产自救。在这次特大洪涝灾害中，全县农综项目区农田受灾面积 2866.7 公顷，灌溉渠道损毁 139 条 6.93 千米，田间道路（含简易路、机耕路、手扶机路）损毁 67 条 14.95 千米，农田毁坏面积约 270 公顷，直接经济损失达 289.5 万元。及时将有关灾情向县政府和上级有关部门汇报，争取县级专项资金 50 万元，国家和省级资金 113 万元，投入水毁修复工作。桥头镇圣目洋、头才洋，金江镇大云洋、加巨坡洋，瑞溪镇国际洋、大东洋，永发镇侍郎洋等 4 个镇项目区水毁设施得到修复。

第三节　开发规划

1999 年，建设金江镇太平洋。项目区完成改造中低产田面积 600 公顷，按节水灌溉要求，高标准整治农田 333.3 公顷。项目总投资 613 万元，其中财政资金 428 万元，群众自筹资金 185 万元。

2000 年，建设金江镇军口洋、海仔洋和大塘洋，项目区完成改造中低产田面积 1466.7 公顷，按节水灌溉要求，高标准整治农田 500 公顷（其中军口洋 333.3 公顷，海仔洋 166.7 公顷）。

2002 年，建设金江镇军田洋，改造中低产田 2000 公顷，节水农业示范基地 333.3 公顷，优质粮食基地 333.3 公顷，营造防护林 266.7 公顷，重点整治长安镇官田洋 666.7 公顷。项目总投资 1568 万元，其中中央及省级财政无偿资金 870 万元，中央及省级财政有偿资金 255 万元，市县财政配套资金 215 万元，自筹资金 215 万元，前期工作经费 13 万元。

2005 年，建设金江镇大催洋和桥头镇桥东洋，改造中低产田 1600 公顷，改良土壤 1600 公顷。重点整治大催洋 320 公顷，头才洋 333.3 公顷，科技措施培训农民 5000 人次，优质水稻示范基地 333.3 公顷，推广 800 公顷。农机措施补贴农民购置联合收割机 10 台，大中型拖拉机 20 台。总投资 1378 万元，其中中央财政资金 600 万元，省级财政资金 286 万元，市县财政配套资金 72 万元，自筹资金 420 万元。整治面积为 980 公顷，其中善井洋 480 公顷，大云洋 366.7 公顷和那秀洋 133.3 公顷。总投资计划总投资 1011 万元，其中大云洋 545 万元，善井洋 362 万元，那秀洋 104 万元。

2008 年，对全县尚未整治过的 66.7 公顷以上的田洋进行全面详细调查摸底和对比，将福山镇儒堂洋、桥头镇桥东洋、金江镇名山洋、瑞溪镇下村洋、老城镇荣堂洋、大丰镇孝友洋、文儒镇壮岩洋、永发镇龙楼洋等 20 个田洋被列入全省 2009—2013 年农业综合开发五年规划，逐年实施整治。

2009 年，把桥头镇桥东、圣目洋，福山镇文流、儒堂洋，大丰镇孝友洋被定为重点整治田洋，全面完成 5 个田洋 867 公顷重点整治面积的规划设计申报工作任务。共申请三级财政资金 1685 万元，其中水利措施 1348 万元，共开挖疏浚灌溉渠道 150 条，总长 70 千米，开挖排水渠道 66 条，总长 38 千米，其中 U 形糟灌溉渠道防渗 112 条，总长 63 千米，土渠 28 条；总长 7.4 千米；排水渠道衬砌 8 条，总长 7 千米；田间排水渠道 U 型槽硬化 58 条，总长 25 千米；标准土渠 6 条，总长 5.6 千米。主要工程量：土方 49 万立方米，石方 5080 立方米，混凝土 5600 立方米，铺设草皮 11.83 万平方米，批档 22000 平方米，建设机耕道路 30 条，长 27 千米，配套建筑物 1300 座。

第四节　农业产业化

1999 年，澄迈县农业综合开发多种经营贷款项目有 2 个，澄迈县福山咖啡联合公司的福山咖啡基地扩建项目，贷款为 60 万元。澄迈海洋养殖有限公司的 380 立高位池养虾项目，贷款金额 150 万元。

2000 年，澄迈县农业综合开发多种经营贷款项目有“海南长升集团有限公司”的沉箱养鲍孵化鲍苗项目，货款金额为 400 万元。

2004 年，“海南福山农副产品批发市场”选址在福山镇海南西线高速公路进入福山出入口处的团结队地段（新规划建设的福桥路中心地段），占地面积 13.4 公顷。总投资 1920 万元，其中中央财政资金 600 万元（有偿资金 480 万元，无偿资金 120 万元），地方财政配套资金 360 万元，企业自筹资金 960 万元，主要建设内容为冷库、交易大棚和商铺。

2009 年，争取国家农综资金 660 万元扶持海南茂源农牧业有限公司优质肉牛纯繁基地工程项目建设。为海红实业有限公司争取农综无偿资金 119 万元支持白莲鹅种鹅场扩建项目。

2010年，将“海南省澄迈县新华达年产1万头种猪养殖扩建项目”“海南优质肉牛纯繁基地‘澄迈和牛’纯繁育种项目”“海南省澄迈县2000吨罗非鱼片加工厂改扩建项目”作为2011年农业综合开发产业化经营项目向省农综办申报，争取国家和省立项审批。争取国家和省级从2010年农业综合开发存量资金中解决140万元，修建加固永发镇永跃村委会大畦、那黑和后冲等3个山塘，缓解生产用水困难。

第五编 工业 交通 电信 邮政

第一章 工 业

第一节 工业管理

一、管理机构

2009年12月30日，澄迈县工业和信息化局成立，内设办公室、节能与资源利用岗、统计与安全生产岗、投资与项目服务岗、中小企业管理岗、信息产业与技术岗、信息化推进岗。下辖澄迈县地震局（正科级事业单位）和澄迈县党政信息中心（副科级事业单位）。

二、工业体制改革

（一）委托运营

1996年8月，经澄迈县人民政府批准，江南、老城两家糖厂委托海南千秋置业有限公司运营。2004年，3家糖厂因设备陈旧、甘蔗产量降低、债务繁重、劳动人员过剩等原因造成企业经济效益差，长期负增长收益，全部改制。

1998年5月，经澄迈县人民政府批准，澄迈县自来水公司委托海南宝信实业有限公司运营。公司投入1393万元，兴建一座日供5万吨水的三级净化水厂，改造县城供水管道，供给金江居民生活用水。

（二）国企改革

2006年，澄迈县人民政府出资收购74家企业拖欠工行整体债权40230万元（其中本金12941万元，利息27289万元），成功处置四批国有企业资产共39个标的，取得资金4718.31万元，其中粮食系统2250万元。在处置资产过程中，腾出土地用于建设经济适用房和廉租住房，留出房地产总公司等几处国有土地用于南渡江两岸规划建设，未处置资产评估价3787.77万元，职工生活区住户约312户（未含粮食系统）。对所有的国有资产进行造册登记，成立专门的资产管理公司进行统筹管理，把国有资产掌握在政府手中，确保国有资产不流失，为综合利用和开发保存大量土地。解决大部分城镇退伍兵老有所养、病有所医、住有所居的问题。

2008—2010年，澄迈县国有企业改革工作领导小组办公室成立。全县列入改革的国有企业86家，涉及人员7216人（其中在岗职工4029人，“三三制”下岗失业人员1299人，退休人员1888人）。所有列入改革的国企都是停产多年的企业，单位负债累累。此次国企改革主要解决职工老有所养、病有所医的问题。共为4029名在岗职工，1299名“三三制”下岗职工补缴单位拖欠的养老保险费和医疗保险费；返还退休人员在办理退休时替单位垫付的养老保险费，允许在改革后没有就业的人员可按个人身份继续参加养老保险和医疗保险；解决职工的失业保险金问题。为职工补缴失业保险费，让改革企业的职工享受失业保险待遇，经测算需要资金2694万元，除去职工个人补缴120万和全县失业保险基金滚存的900万元，缺口1673万元，县政府把之列入全县年度财政预算予以解决；解决原“三三制”制人员的历史遗留问题。在改革中，为86家国企的1299名“三三制”人员补发在下岗时单位拖欠的生活费279.51万元，并补缴原单位在与他们解除劳动关系前单位拖欠的养老保险费和医疗保险费及补发在解除劳动时尚未发放的经济补偿金。解决死亡职工抚恤金问题，由于列入改革的企业都是停产停业多年的企业，许多职工去世后企业都没有能力给其家属发放抚恤金，在这次改革中，澄迈县人民政府拨款85万元，给予每一位去世的职工亲属补发5000元的抚恤金。解决企业及职工身份整体转换的问题，这次国企改革，实行企业退出国有所有制和职工全员退出国有身份，企业与所有职工解除劳动关系，按有关文件规定标准给职工发放经济补偿金，共发放经济补偿金约3861万元。解决企业资产处置的历史问题，在改革过程中，完成对所有列入改革的国企的清产核资、专项审计、资产评估工作，86家企业资产评估总值约8852.08万元。

三、扶持企业发展

2010年，澄迈县贯彻落实《海南经济特区促进中小企业发展条例》和《海南省人民政府〈关于印发海南省2010年进一步鼓励和支持中小企业发展政策措施的通知〉》等文件精神，共扶持18家企业申报中小企业发展专项资金，总申报资金13675万元，其中贷款资金8125万元，贴息80.85万元，无偿资助资金5550万元。

第二节　工业所有制结构与门类

一、所有制结构

1999—2010年，全县国有工业企业有2家，分别为海口电厂和澄迈供电局，股份制企业有38家，外商及港澳台商投资企业有5家，分别为永安正大、福山油气、珠江管桩、华润水泥、艺历皮革，个体私营工业企业有3家。

二、工业门类

主要工业门类有建材产业，全县建材业主要以水泥及环保砖制造为主，以澄迈华盛天涯水泥有限公司、华润水泥（海南）有限公司金江粉磨站为龙头。

（一）能源

能源产业有落户老城开发区内的华能海口电厂、汉能集团太阳能光伏电池项目（在海口综合保税区内）、海口市垃圾焚烧发电厂、神州车用沼气、颜春岭垃圾沼气发电项目等。

油气化工业主要以石油、天然气开采加工为主，以福山油田勘探开发有限公司为龙头，福山油气化工基地以福山凹陷油田丰富的油气资源，重点发展石油勘探开发、加工和天然气开采产业。经海南省发改委批准的海南福山油田勘探开发有限公司建设福山油田20万吨产能骨架工程，总投资额2.1亿元，项目完成后年产原油达到20×104吨以上。

（二）农副产品深加工

主要企业有海南翔泰渔业、海南中渔水产、海南远生渔业、通威（海南）水产食品等。企业依托丰富的海、淡水产品进行水、海产品加工，产品销往日、韩、东南亚、欧美等地。

（三）新材料

新材料产业有中航特玻新型玻璃材料、欣龙无纺集团非织造材料等。中航特玻材料生产基地一期项目总投资32亿元，可实现年产值40亿元，重点发展电子玻璃、太阳能TCO玻璃、在线Low-E玻璃、航空和太阳能特种玻璃、防火防爆玻璃深加工、钢化中空Low-E节能玻璃等特种玻璃。建设4条特种玻璃生产线和太阳能深加工线，余热发电、氧气站等。其中1号电子玻璃生产线改造升级于2010年5月建成投产。

（四）信息

信息产业主要集中在老城经济开发区的海南生态软件园内，为海南省“一岛一区两园”发展战略的组成部分。软件园占地200公顷（其中一期66.67公顷，二期133.33公顷），园区根据“三生态”（自然生态、人文生态、产业生态）“四平台”（人力资源解决平台、孵化融资平台、公共技术平台、联合营销平台）构建软件企业生态社区，朝着生态软件城的远期目标努力。园区由中国电子信息产业集团公司、中国电子商会、迪信通集团、上海协亨四家按照现代企业制度成立海南生态软件园投资发展有限公司，负责整个园区的规划、开发建设、营运与管理，并根据海南的自身优势、股东的资源和市场趋势，重点建设国家应急管理产业基地、旅游信息化示范基地、手机产业链整合基地和软件服务外包基地。

（五）建材

澄迈县委、县政府多次召开节能工作领导小组会议，深入开展淘汰落后产能工作。2010年，淘汰拆除23家实心黏土砖生产企业。

（六）电力

华能海口电厂是海南最大火力发电厂，隶属于中国华能集团旗下的华能海南发电股份有限公司，位于海口市西北郊老城开发区马村湾，距市区30多千米。自1988年以来，先后建成投产四期工程，其中1988年、1989年投产第一期工程2台5万千瓦机组，同期建有一个2.5万吨级专用煤码头；1990年投产第二期工程2台12.5万千瓦燃煤发电机组；1999年、2000年分别投产第三期工程2台12.5万千瓦燃煤发电机组；2006年、2007年分别投产第四期工程2台33万千瓦机组，同期建有1个3.5万吨级专用煤码头。2008年，2台高能耗、高污染的5万千瓦机组退役，4台12.5万千瓦机组通过节能技术改造后，单机容量提升到13.8万千瓦，是海南最大的主力发电厂，被誉为海南电力能源心脏。

华能海口电厂先后被国家及海南省政府有关部门授予“全国节能先进企业”“全国设备管理先进企业”“全国环境保护先进单位”“全国职工体育先进单位”“全国安全文明生产达标企业”“双拥模范单位”“守合同重信用企业”“海南省工业行业排头兵企业”“海南省电力系统模范职工之家”“海南省防风救灾先进单位”“海南省安全生产先进企业”“海南省先进基层党组织”“海南省廉洁文化进企业示范单位”称号。

海口市垃圾焚烧发电厂，由海口市中电新能源环保电力有限公司投资4.66亿元，日处理垃圾1200吨，年处理40万吨，年可发电1.23亿千瓦时。

第三节　工业产值

1999年，全县工业增加值66841万元，其中规模以上工业企业完成增加值61223万元。2002年，全县工业增加值95933万元，其中规模以上工业企业完成增加值91212万元。

2005年，全县工业增加值142799万元，其中规模以上工业企业完成增加值136975万元。

2007年，全县工业增加值248167万元，其中规模以上工业企业完成增加值241389万元。

2008年，澄迈县完成工业总产值90.20亿元，同比增长16%，增幅继续保持强劲的增长势头，全县实现工业增加值29.9亿元，同比增长16.2%，其中规模以上工业总产值89亿元，增长16.1%。

2009年，全县工业增加值307539万元，其中规模以上工业企业完成增加值298333万元。

2010年，全县实现规模以上工业增加值32.96亿元，同比增长15.7%。完成规模以上工业总产值104.66亿元，同比增长20.5%，增速比1—10月提高2.2个百分点，其中轻工业完成产值30.82亿元，增长1.3%；重工业完成产值73.85亿元，增长30.8%。

截至2010年底，全县规模以上工业企业57家，规模以下工业企业60家。产值超亿元以上工业企业21家。

2010年，重点推进中航特玻、海南生态软件园、东软集团南方基地、海口综合保税区、中海石油湛江分公司海上平台制作基地和后勤支持基地、年产5万吨钛白粉、椰树集团饮料生产基地、年产1万吨厚型水刺非织造布生产线项目等一大批新型工业项目建设，其中中航特玻1号电子玻璃生产线于5月31日正式投产。海南生态软件园有139家企业签约入园。

第四节　节能降耗减排

2008年，全县投入320万元，对工业企业进行节能技术改造，其中海口火电厂完成4号机组配套工程技改和6号、7号机组脱硫技改；组织海南中海油气有限公司30万吨/年溶制油技术改造项目；华盛天涯水泥有限公司扩建130万吨普通硅酸盐水泥粉磨生产线；武钢集团海南股份有限公司在工艺流程中进行技术改造，使各机器部件间更加密封，减少蒸汽挥发量和异物泄露；企业在循环用水方面也进行技术改造。

2010年，根据《海南省固定资产投资项目节能评价和审查管理暂行办法》文件要求，开展固定资产投资项目节能审查工作，制定固定资产投资项目节能审查备案管理制度。完成对108个固定资产投资项目进行立项前的项目节能审查（总投资约为120亿元），配合海南省有关职能部门做好评估项目工作，严把高耗能、高污染项目进入。

2010年，澄迈县政府开展淘汰落后产能工作，关停23家实心黏土砖企业。拆除华能电厂6号机组，7号机组转为备用。举办2期全县性节能管理培训班。通过海南省节能目标考核组对澄迈县2009年节能目标考核，2009年完成“十一五”节能降耗目标的128.80%，在海南省考核组对各市县的考核中得分92分，排名全省第二。

第二章 交通运输

第一节 管理机构

一、澄迈县交通运输局

1999年，澄迈县交通运输管理中心内设办公室、驾驶培训办公室、人秘股，在职干部职工46人。2001年5月，澄迈县工业交通局更名为澄迈县经济贸易交通局。2004年4月，将交通行政管理职能析出，成立澄迈县交通局，内设办公室、运政管理股、教育培训股、规划统计股、稽查监督股、纪检监察审计股、铁路口岸水运管理股，内挂交通战备办公室牌子，核定行政编制14名；下辖澄迈县交通运输管理所、县地方公路管理站，全系统干部职工87人。2008年5月，澄迈县港航管理所成立，为县交通局下属事业单位。2009年，澄迈县交通局更名为澄迈县交通运输局。2010年，县交通局内设办公室、规划统计岗、建设管理岗、运输管理岗、安全监督岗、科技教育岗、交通战备岗；下辖县交通运输管理所、县地方公路管理站、县港航管理所。

二、澄迈公路分局

1999年，澄迈县公路局内设办公室、技术股、机料股、计财股、路政股、工会，下辖修理厂及34个道班，职工总人数346人，承担县内国道、省道、县道的养护、改造、投资计划的编报和实施及路政管理。2003年增设预制厂，至2008年取消。2009年，县道管理事项划归县交通主管部门；2月，更名为海南省公路管理局澄迈公路分局，属事业单位；6月，增设老城治超站。2010年，澄迈县公路分局设办公室、技术股、机料股、计财股、路政股、工会，下辖机修厂、老城治超站及26个道班，职工总人数398人（含临时工）。

第二节 路桥建设

一、公路建设

1999—2005年，澄迈县乡村公路以砂土路为主。

2006—2010年，澄迈县建设公路项目163个，建设里程660.128千米，通畅行政村127个，受益自然村453个。5年期间公路建设通畅行政村占71.7%；867个自然村，通畅自然村占52.2%。

2006年，澄迈县加大公路建设投入，推进农村公路通畅工程和县道砂土路建设，确保2013年底全省行政村全部实现“村村通”。建设项目26个，建设里程178.863千米，总投资13513.5468万元，通畅行政村36个，受益自然村83个。

2007年，公路建设项目18个，建设里程100.114千米，总投资3928.3269万元，通畅行政村14个，受益自然村48个。

2008年，完成2006年农村公路通畅工程25个项目，总长168.402千米；2007年通畅工程19个项目，总长80千米。截至2008年底，全县农村公路通畅工程23个项目通过招投标工作，依法确定10个施工单位和2个监理单位，9月，各施工、监理单位进场。完成金永线长安至永发段公路改造工程15.5千米的勘察设计和招投标工作,项目9月进场开工建设。金马大道立交至马村段疏港公路进入勘察设计阶段，文儒至仁兴公路完成设计、许可和环评工作。

2009年，开工实施项目48个，建设里程128.69千米，总投资5160万元。截至12月，全县农村公路硬化465.46千米，覆盖全县行政村85%以上。马村港疏港公路建设项目总长5.338千米，总投资1.3亿元，2010年初动工建设。规划文儒至仁兴公路，路段全长23.98千米，地方财政投入资金200万元，作为项目设计费用，于12月通过招标方式确定项目的设计单位，2010年1月开工建设。推进金永线长安至永发段公路改造工程建设，2008年10月开工建设，完成14.276千米的建设，瑞溪镇段1.3千米，因征地问题尚未完成，2010年4月全县贯通。实施建设2009年新增中央投资项目5个，总长34.2千米，总投资1368万元，12月开工建设，2010年5月完工。

2009年，完成农村公路通畅工程建设项目44个，建设里程129.58千米，总投资4882万元，其中5个项目32.6千米已经竣工。全县农村公路实现硬化595.58千米，实现全县行政村村道路硬化100%的目标，按质按量完成通畅工程建设“十一五”任务。

2010年，建设项目40个，建设里程102.438千米，总投资19136.3889万元，通畅行政村13个，受益自然村69个。

（一）国道

西环高速（G98）　白莲至福山，里程32.36千米。

海榆西线（G225）　始建于1950年,是连接海口至三亚的主要干线公路,总里程425.736千米。澄迈县境内起止桩号：K24＋000—K75＋800，途经澄迈县老城镇、白莲镇、大拉农场、金江镇、福山镇等；路面类型为沥青路面，全长51.8千米。其中：K24＋000—K25＋506路基宽29米，路面宽28米，K28＋156—K30＋686路基宽29米，路面宽28米，其他路段路基平均宽度12米，路面平均宽度7米；一级公路4.036千米，三级公路42.964

千米，四级公路4.8千米；线路最小平曲线半径83米，最大纵坡为7.3%；桥梁5座200米（中桥2座106.4米，小桥3座93.6米）。

2010年3月，改建G225海榆西线K31＋000—K75＋800，全线采用二级公路技术标准。全长44.8千米，路基宽12米，路面宽9米，设计速度为60千米/时，桥涵设计荷载等级公路—二级，沥青混凝土路面。

海榆中线（G224） 始建于1954年，海口至三亚的主要干线公路，总里程294.3千米。澄迈县境内起止桩号：K30＋000—K49＋000，全长19千米。途经永发镇儒林村、卜厚村、卜岸村、参军村等；路面类型为沥青路面，其中K34＋233—K36＋464路基宽20.2米，路面宽18.2米，其他路段路基平均宽度9米，路面平均宽度7米，三级公路14千米，四级公路5千米，线路最小平曲线半径172米，最大纵坡为6.5%，桥梁2座394.6米（大桥1座389.1米，小桥1座5.5米）。2010年，对该线10千米路面进行改造。

（二）省道

快速干道（S100） 始建于1997年，澄迈县境内起止桩号：南海大道K18+600—K21＋770，全长3.17千米，与G225国道相接；路面类型为沥青路面，路基宽30米，路面宽29米；一级公路3.17千米，线路最小平曲线半径172米，最大纵坡为1.7%，小桥1座33.6米。

云文线（S202） 始建于1956年，总里程73.359千米。是连接澄迈县文儒镇与定安县云龙镇的重要干线公路，原粒料加固土路面。澄迈县境内起止桩号：K60—K73＋359，全长13.359千米，与G224海榆中线及S303屯大线相连接；K60＋000—K67＋346路基宽5.7米，路面宽5.2米，为粒料加固土；K67＋346—K73＋359路基宽7米，路面宽6.6米，路面类型为沥青表处，等外公路13.359千米，路最小平曲线半径40米，最大纵坡为10.3%，小桥梁1座12米。

1999年改建S202云文线K66＋166—K67＋346路段，为水泥路面，路基宽9.2米，路面宽9.2米，2000年改造完成。

老马线（S208） 始建于1957年，是连接老城镇与马村港码头的重要干线公路。澄迈县境内起止桩号：快速干道交界处路口K0—K10＋766马村港，全长10.766千米，与S100快速干道相接；K0＋000—K5＋000路基宽23米，路面宽22米，路面类型为水泥路面，K5＋000—K10＋766路基宽11米，路面宽7米，路面类型为沥青表面处治，二级公路10.766千米，路最小平曲线半径174米，最大纵坡为3.8%，桥梁2座43.1米（中桥1座35.1米，小桥1座8米）。

屯大线（S303） 始建于1956年，是连接澄迈县金江镇大拉村与屯昌县屯城镇的重要干线公路。澄迈县境内起止桩号：K14＋000—K57＋217金江镇大拉村，全长43.217

千米，与 G225 海榆西线及 S202 云文线相连接，途经过文儒镇、红岗农场、加乐镇、金江镇，是海南公路建设发展规划中的三纵四横之一；K14＋000—K24＋400 路基宽 6.3 米，路面宽 5.4 米，路面类型为粒料加固土，K24＋400—K49＋700 路基平均宽 7，路面平均宽 6.5 米，路面类型为沥青表面处治，K49＋700—54＋060 路基宽 12 米，路面宽 12 米，路面类型为水泥路面；K54＋060—K57＋217 路基宽 10.8 米，路面宽 7 米，路面类型为沥青表面处治；等外公路 35.7，四级公路 7.517，线路最小平曲线半径 60 米，最大纵坡为 10.5%；桥梁 2 座 447.2 米（大桥 1 座 440.8 米，小桥 1 座 6.4 米）。

2003 年 11 月，S303 屯大线进行改建，从 K14＋000—K50＋000 由原粒料加固土、沥青表面处治路面的等外公路改建为四级公路沥青混凝土路面，路基宽 7 米，路面宽 6.5 米，2006 年 6 月改建完工。

金马线（S317） 始建于 2006 年，是连接县城与老城镇马村港的重要物流干线公路，与 G225 海榆西线及 G98 西线高速大丰互通相连接。澄迈县境内起止桩号 K0+000—K19+066，全长 19.066 千米。第一标段：城镇段全长 4.5 千米，其中 K0＋000—K1＋050 段，采用双向四车道城市次干路标准建设，设计速度 40 千米/时，路基路面宽 16 米；K1＋050—K4＋500 段，采用双向六车道城市主干路标准建设，设计速度 60 千米/时，路基宽 40.5 米，路面宽 24.6 米。第二标段：2006 年 7 月 4 日开工新建 K4＋500—K19＋066，全长 14.554 千米，全线采用一级公路技术标准建设，双向四车道，路基宽 24.5 米，路面宽 21.5 米，设计速度为 80 千米/时；桥涵设计荷载等级公路一二级，水泥混凝土路面，桥梁 5 座 170.9 米（中桥 2 座 87.22 米，小桥 3 座 83.68 米）。2007 年 10 月交付使用，全线正式通车。

T303 澄迈县境内起止桩号：K49＋700—K52＋515，全长 2.815 千米。路面宽 15 米，路面类型为水泥路面，四级公路 2.815 千米，大桥 1 座，全长 454.5 米。

（三）县道

福花线 是连接福山镇与花场村委会之间的公路，途径澄迈县福山油田开发勘探点，全长 10.22 千米，路基宽 6.5 米，路面宽 4.5 米，1999—2009 年，为砂土路面。2009 年 10 月，由海南省交通运输厅与地方政府共同投资改建为水泥混凝土四级公路，总投资 441.7184 万元。

桥玉线 是连接澄迈县桥头镇与玉包村委会之间的公路，途径元隆村委会、玉包港登陆作战纪念碑，全长 3.43 千米，路基宽 6.5 米，路面宽 3.5 米，于 2009 年之前为砂土路面。2009 年 10 月，由海南省交通运输厅与地方政府共同投资，改建砂土路面为水泥混凝土四级公路，总投资 175.2657 万元。

红桥线 是连接澄迈县桥头镇红山农场与桥头镇之间的公路，途径荣兴、善丰两个村委会，是连接桥头镇主要干道福山至桥头的路线，全长 9.41 千米，路基宽 6.5 米，路面宽 4.5 米，于 2009 年之前为砂土路面。2009 年 10 月，由海南省交通运输厅与地方政府共同投资，改建砂土路面为水泥混凝土四级公路，总投资 524.7391 万元。

大东线　是连接澄迈县老城镇大亭村委会与东水港村委会之间的公路，途经文大村委会，全长 3.74 千米，路基宽 6.5 米，路面宽 3.5 米，2009 年之前为砂土路面。2009 年 10 月，由海南省交通运输厅与地方政府共同投资，改建砂土路面为水泥混凝土四级公路，总投资 97.9003 万元。

黄才线　是连接海榆西线与黄竹村委会与才存村之间的公路，途经海南西环铁路，全长 4.22 千米，路基宽 6.5 米，路面宽 3.5 米，2009 年之前为砂土路面。2009 年 10 月，由海南省交通运输厅与地方政府共同投资，改建砂土路面为水泥混凝土四级公路，总投资 218.1573 万元。

海黄线（X260）　始建于 1957 年，澄迈县境内起止桩号：K0＋000—K20＋000，全长 20 千米，是 G224 海榆中线（K33＋200）至黄竹，途经美亭乡。路基宽 7 米，路面宽 6 米，路面类型为粒料加固土，等外公路 20 千米，线路最小平曲线半径 40 米，最大纵坡为 7.2%。小桥 3 座 71.1 米。

2006 年 12 月 29 日，对 X260 海黄线 K0＋000—K20＋000 进行改建，建设全长 20 千米,由原粒料加固土路面改建为四级公路水泥混凝土路面，路面宽 4.5 米。项目总投资为 714.6000 万元，2008 年 8 月 5 日竣工。

基永线（X262）　始建于 1954 年，澄迈县境内起止桩号：K0＋000—K21＋400，全长 21.4 千米，从基地至永发镇，是 G225 海榆西线连接 G224 海榆中线的重要公路，途经金安农场，与 G224 海榆中线相连接。路基宽 6.7 米，路面宽 5.7 米，路面类型为粒料加固土，等外公路 21.4 千米，路最小平曲线半径 45 米，最大纵坡为 11.3%，小桥 1 座 42 米。

2003 年 9 月进行全线改建，由原粒料加固土路面改建为四级公路沥青混凝土路面，路基宽 6.5，路面宽 6 米，完工时间为 2006 年 1 月。

长石线（X263）　始建于 1972 年，澄迈境内 17.4 千米，起止桩号：长安 K0＋000 至 K17＋400 云文线（K60＋973），从长安至石浮，与 S202 云文线相连接。路基宽 7 米，路面宽 6 米，路面类型为粒料加固土，等外公路 17.4 千米；线路最小平曲线半径 85 米，最大纵坡为 7.5%；中桥 1 座 37.7 米。

2006 年 12 月 30 日，对 X263 长石线 K0＋000—K17＋276，进行改建，改建全长 17.276 千米，由原粒料加固土路面改建为四级公路水泥混凝土路面，路面宽 4.5 米。项目总投资为 662.6033 万元，交工验收时间为 2008 年 7 月。

金永线（X264）　始建于1954年建设，澄迈境内23千米，起止桩号：金江K0+000—K23+000（永发），是金江连接G224海榆中线的重要公路，途经长安、瑞溪、长福、永发镇。K0+000—K23+000路基平均宽度7.3米，路面平均宽度7米，路面类型为沥青表面处治，等外公路14千米，四级公路9，线路最小平曲线半径60米，最大纵坡为8.5%，桥梁7座327.04米（中桥4座270.44米，小桥3座56.6米）。

2008年10月，对金永线K6+532—K23+000进行改建，原沥青表面处治等外公路改建为三级公路水泥路面，路基宽7.5米，路面宽6.5米，完工时间为2011年4月，交工验收时间2011年5月，工程项目总投资6144.4851万元。

金和线（X266）　始建于1934年，澄迈县境内起止桩号：金江K0+000—K42+000（和岭），全长42千米，从金江至和岭农场，途经山口乡、中兴镇、和岭农场。K0+000—K28+200路基宽7米，路面宽6.5米，路面类型为沥青表面处治，K28+200—K42+000路基宽6.5米，路面宽6.5米，路面类型为粒料加固土，四级公路18千米，等外公路24千米。线路最小平曲线半径20米，最大纵坡为11.8%，桥梁5座212.85米（大桥1座115米，中桥1座67.7米，小桥3座30.15米）。

2006年，对X266金和线K28+156—K41+596进行改建，改建全长13.44千米，由原粒料加固土路面改建为四级公路水泥混凝土路面，路面宽3.5米，工程项目总投资495.1万元，完工时间为2007年。

福桥线（X267）　始建于1956年，澄迈县境内起止桩号：福山K0+000—K17+000（桥头），全长17千米，是G225海榆西线（福山）连接G98西线高速墩茶互通及澄迈县桥头镇干线公路。路基宽7米，路面宽7米，路面类型为沥青灌入式，四级公路17千米，线路最小平曲线半径110米，最大纵坡为8%，小桥1座28米。

黄大线（X268）　始建于1961年，澄迈县境内起止桩号：黄竹K0+000—K7+100（大丰），全长7.1千米，从G225海榆西线（黄竹）至大丰。路基宽7米，路面宽6米，路面类型为粒料加固土，等外公路7.1千米，线路最小平曲线半径65米，最大纵坡为6.5%。

2006年，对X268黄大线K0+000—K7+100，进行改建，改建全长7.1千米,由原粒料加固土路面改建为四级公路沥青混凝土路面，路基宽7米，路面宽6米。

中美线（X269）　始建于1934年，澄迈县境内起止桩号：中兴K0+000—K18+800（美合），全长18.8千米，K0+000—K10+230路基宽6.2米，路面宽5.7米，路面类型为沥青表面处治。K10+230—K11+800路基宽9米，路面宽8米，路面类型为粒料加固土，K11+800—K13+000路基宽9米，路面宽8米，路面类型为沥青表面处治；K13+000—K18+800路基宽6.5米，路面宽5.5米，路面类型为粒料加固土，等外公路 18.8 千米，线路最小平曲线半径 30 米，最大纵坡为 11.5%。桥梁 2 座 105.8 米（中桥 1 座 80 米，小桥 1 座 25.8 米）。

中昆线（X271） 始建于 1934 年，澄迈县境内起止桩号：中兴 K0＋000—K11＋000（昆仑），全长 11 千米，路基宽 6.2 米，路面宽 5.2 米，路面类型为粒料加固土，等外公路 11 千米，线路最小平曲线半径 36 米，最大纵坡为 11%，小桥 3 座 65 米。

花文线（X383） 始建于 1934 年，总里程 21.858 千米，澄迈县境内起止桩号：K16＋000—K22＋400（文儒），全长 6.4 千米，从花料至文儒。路基宽 7 米，路面宽 6 米，路面类型为粒料加固土，四级公路 6.4 千米，线路最小平曲线半径 60 米，最大纵坡为 8.8%。桥梁 2 座 57.2 米（中桥 1 座 33.6 米，小桥 23.6 米）。

2006 年，对 X383 花文线 K16＋000—K19＋700 进行改建，改建全长 3.7 千米,由原粒料加固土路面改建为四级公路水泥混凝土路面，路面宽 3.5 米，工程项目总投资 135.21 万元，完工时间为 2007 年。

（四）乡道

南兴至文玉 是连接澄迈县老城镇东兴村委会与文玉村委会之间的公路，途径澄迈县老城镇永丰村委会，全长 5.5 千米，路基宽 6.5 米，路面宽 3.5 米。1999—2005 年，为砂土路面。2006 年 8 月，海南省交通运输厅与地方政府共同投资 275.165 万元，改建为水泥混凝土四级公路。

金和线 K8＋800 至大云村 是连接县道金和线（金江至和岭）与中兴镇大云村委会之间的公路，途径澄迈县中兴镇善井、仁丁、道南等村委会，全长 11.09 千米，路基宽 6.5 米，路面宽 3.5 米，2006 年之前为砂土路面。2006 年 8 月，海南省交通运输厅与地方政府共同投资，改建砂土路面为水泥混凝土四级公路，总投资 554.5 万元。

仁兴镇至岭仑 是连接仁兴镇岭仑村委会与仁兴镇吴案村委会之间的公路，连接澄迈县县道中昆线（中兴至昆仑），全长 7.9 千米，路基宽 6.5 米，路面宽 3.5 米，2006 年之前为砂土路面。2006 年 8 月，由海南省交通运输厅与地方政府共同投资，改建砂土路面为水泥混凝土四级公路，总投资 394.856 万元。

海榆中线 K35＋400 至东山 是连接永发镇海榆西线与永发镇东山村委会之间的公路，连接澄迈县县道基永线（基地至永发），全长 3.96 千米，路基宽 6.5 米，路面宽 4.5 米，2006 年之前为砂土路面。2006 年 8 月，由海南省交通运输厅与地方政府共同投资，改建砂土路面为水泥混凝土四级公路，总投资 197.655 万元。

文儒镇至槟榔根村 是连接文儒镇与文儒镇槟榔根村委会之间的公路，全长 2.0 千米，路基宽 6.5 米，路面宽 3.5 米，2007 年之前为砂土路面。2007 年 5 月，由海南省交通运输厅与地方政府共同投资，改建砂土路面为水泥混凝土四级公路，总投资 98.165 万元。

福桥线 K16＋100 至沙土　是连接桥头镇与桥头镇沙土村委会之间的公路，途径桥头镇沙土地瓜种植基地，全长 6.0 千米，路基宽 6.5 米，路面宽 3.5 米，2007 年之前为砂土路面。2007 年 5 月，由海南省交通运输厅与地方政府共同投资，改建砂土路面为水泥混凝土四级公路，总投资 98.165 万元。

南墩至军口　是连接金江镇长安社区南墩村委会与军口村委会之间的公路，全长 5.2 千米，路基宽 6.5 米，路面宽 3.5 米，2007 年之前为砂土路面。2007 年 5 月，由海南省交通运输厅与地方政府共同投资，改建砂土路面为水泥混凝土四级公路，总投资 248.56 万元。

文儒镇至村头　是连接省道屯大线与文儒镇村头村委会之间的公路，全长 1.3 千米，路基宽 6.5 米，路面宽 3.5 米，2008 年之前为砂土路面。2008 年 9 月，由海南省交通运输厅与地方政府共同投资，改建砂土路面为水泥混凝土四级公路，总投资 63.754 万元。

金和线 K18＋000 至福安村　是连接县道金和线（金江至和岭）与中兴镇福安村委会之间的公路，全长 6.0 千米，路基宽 6.5 米，路面宽 3.5 米，2008 年之前为砂土路面。2008 年 9 月，由海南省交通运输厅与地方政府共同投资，改建砂土路面为水泥混凝土四级公路，总投资 296.874 万元。

长安至茂坡　是连接金江镇长安社区与茂坡村委会之间的公路，全长 5.13 千米，路基宽 6.5 米，路面宽 3.5 米，2008 年之前为砂土路面。2008 年 9 月，由海南省交通运输厅与地方政府共同投资，改建砂土路面为水泥混凝土四级公路，总投资 240.656 万元。

长安至下坡　是连接金江镇长安社区六角塘村委会与番村村委会之间的公路，全长 5.18 千米，路基宽 6.5 米，路面宽 3.5 米，2008 年之前为砂土路面。2008 年 9 月，由海南省交通运输厅与地方政府共同投资，改建砂土路面为水泥混凝土四级公路，总投资 237.255 万元。

屯大线 50＋200 至大茂（屯大线 K50＋100 至夏富村小学）　是连接屯大线与金江镇夏富村委会之间的公路，途径金江镇兴加村委会，全长 5.52 千米，路基宽 6.5 米，路面宽 3.5 米，2008 年之前为砂土路面。2008 年 9 月，由海南省交通运输厅与地方政府共同投资，改建砂土路面为水泥混凝土四级公路，总投资 269.376 万元。

金江至大坡　是连接基永线（基地至永发）与金江镇大坡村委会之间的公路，全长 3.3 千米，路基宽 6.5 米，路面宽 3.5 米，2008 年前为砂土路面。2008 年 9 月，由海南省交通运输厅与地方政府共同投资，改建砂土路面为水泥混凝土四级公路，总投资 160.055 万元。

加乐至加朗　是连接加乐镇与加朗村委会之间的公路，全长 5.56 千米，路基宽 6.5 米，路面宽3.5米，2008年之前为砂土路面。2008年9月，由海南省交通运输厅共同投资，改建砂土路面为水泥混凝土四级公路，总投资270.216万元。

新吴镇至赛玉　是连接永发镇新吴村委会与赛玉委会之间的公路，途径海榆中线，全长5.08千米，路基宽6.5米，路面宽3.5米，2008年之前为砂土路面。2008年9月，由海南省交通运输厅与地方政府共同投资，改建砂土路面为水泥混凝土四级公路，总投资246.388万元。

金永线K13＋900至下坡　是连接金永线（金江至永发）与瑞溪镇下坡村之间的公路，途径瑞溪镇番丁村委会，全长3.14千米，路基宽6.5米，路面宽3.5米，2008年之前为砂土路面。2008年9月，由海南省交通运输厅与地方政府共同投资，改建砂土路面为水泥混凝土四级公路，总投资155.492万元。

2010年澄迈县部分乡村公路一览表

表5–2–1

编号	起止	里程（千米）	等级	路基宽（米）	路面宽（米）	路面等级	养护方式
X272469023	福花线	10.218	四级	6.5	4.5	四级	常养
X273469023	桥玉线	3.427	四级	5.5	3.5	四级	常养
X274469023	红桥线	9.408	四级	6.5	4.5	四级	常养
X275469023	大东线	3.742	四级	5.5	3.5	四级	常养
X276469023	黄才线	4.223	四级	5.5	3.5	四级	常养
X383469023	花文线	6.132	四级	5.5	3.5	四级	常养
Y109469023	白罗线K0＋670—罗驿村	1.923	四级	6.5	4.5	四级	季度
Y112469023	云文线K71＋000—红岗农场	1.758	四级	5.5	3.5	四级	季度
Y118469023	福桥线K16＋100—沙土村	5.409	四级	5.5	3.5	四级	季度
Y133469023	山心村—村头村	1.122	四级	5.5	3.5	四级	季度
Y134469023	云文线K66＋400—槟榔根小学	0.922	四级	5.5	3.5	四级	季度
Y141469023	金和线K18＋000—福安	4.562	四级	5.5	3.5	四级	季度
Y154469023	屯大线K32＋900—岭脚村	3.542	四级	5.5	3.5	四级	季度

续表 5-2-1

编号	起止	里程（千米）	等级	路基宽（米）	路面宽（米）	路面等级	养护方式
Y156469023	屯大线 K33+300—乐溪	5.158	四级	5.5	3.5	四级	季度
Y182469023	海榆中线 K34+300—东山镇	4.020	四级	5.5	3.5	四级	季度
Y183469023	金番线 K3+600—金永线 K14+180	5.158	四级	5.5	3.5	四级	季度
Y189469023	新吴工作站—赛玉村	5.093	四级	5.5	3.5	四级	季度
Y194469023	基永线 K5+700—金江三中	6.718	四级	5.5	3.5	四级	季度
Y200469023	金和线 K8+800—美万村	15.228	四级	5.5	3.5	四级	季度
Y214469023	金永线 K6+400—潘村村委会	3.256	四级	5.5	3.5	四级	季度
Y217469023	长石线 K0+730—长合线 K0+819	6.285	四级	5.5	3.5	四级	季度
Y218469023	屯大线 K50+100—夏富村小学	3.253	四级	5.5	3.5	四级	季度
Y219469023	屯大线 K51+500—塘口小学	0.749	四级	5.5	3.5	四级	季度
Y224469023	金永线 K5+800—茂坡小学	3.061	四级	5.5	3.5	四级	季度
Y300469023	屯大线 K3+500—云文线 K67+500	12.120	四级	5.5	3.5	四级	季度
YA10469023	红岗农场小学—红岗五队	2.232	四级	5.5	3.5	四级	季度
YA16469023	加茂—红岗九队交叉路口	16.799	四级	5.5	3.5	四级	季度
YA20469023	金和线 K20+700—西达第四管理区	13.177	四级	5.5	3.5	四级	季度
YA24469023	中美线 K11+100—勇进队	6.414	四级	5.5	3.5	四级	季度
YA27469023	昆仑邮政储蓄—国营和岭农场场部	12.916	四级	5.5	3.5	四级	季度
YA33469023	昆仑邮政储蓄—道电小学	4.524	四级	5.5	3.5	四级	季度
YA34469023	道电小学—昆仑二十六队区	5.447	四级	5.5	3.5	四级	季度
YC06469023	华侨农场场部—大丰村路口	3.541	四级	5.5	3.5	四级	季度
YR01469023	仁兴镇—岭仑村	6.432	四级	5.5	3.5	四级	季度
C002469023	沙土小学路口—沙土小学	0.341	四级	5.5	3.5	四级	季度
C005469023	新兴港路口—扶脉村	0.495	四级	5.5	3.5	四级	季度
C009469023	交叉路口—博才村	0.450	四级	5.5	3.5	四级	季度
C012469023	尧础路口—尧础村	0.323	四级	5.5	3.5	四级	季度
C013469023	金山路	0.550	四级	5.5	3.5	四级	季度
C014469023	大崔路口—大崔村	0.668	四级	5.5	3.5	四级	季度

续表 5-2-1

编号	起止	里程（千米）	等级	路基宽（米）	路面宽（米）	路面等级	养护方式
C015469023	云山村路口—云山村	0.846	四级	5.5	3.5	四级	季度
C017469023	黄龙村—军山坡	3.062	四级	5.5	3.5	四级	季度
C018469023	大云村路口—大云村委会	0.622	四级	5.5	3.5	四级	季度
C021469023	好操村路口—好操村	0.866	四级	5.5	3.5	四级	季度
C026469023	拾村—道坦村	1.382	四级	5.5	3.5	四级	季度
C028469023	拾村路口—中昆线	1.273	四级	5.5	3.5	四级	季度
C031469023	仁兴街道	0.478	四级	5.5	3.5	四级	季度
C035469023	美厚村路口—美厚村出口	0.344	四级	5.5	3.5	四级	季度
C036469023	中美线—美厚村	3.116	四级	5.5	3.5	四级	季度
C041469023	海榆中线 K3+350—永发村	0.291	四级	5.5	3.5	四级	季度
C051469023	新田二队路口—新田二队	0.733	四级	5.5	3.5	四级	季度
C081469023	斗进村路口—斗进村	0.915	四级	5.5	3.5	四级	季度
C082469023	金和线 K24+300—加富村	1.639	四级	5.5	3.5	四级	季度
C084469023	仁洞小学—仁洞村	0.578	四级	5.5	3.5	四级	季度
C085469023	福安村—福安小学	0.376	四级	5.5	3.5	四级	季度
C086469023	福安桥—高田上村	0.230	四级	5.5	3.5	四级	季度
C090469023	孔水路口—孔水村	0.798	四级	5.5	3.5	四级	季度
C091469023	水仟村路口—水仟村	0.212	四级	5.5	3.5	四级	季度
C094469023	里万路口—里万	1.260	四级	5.5	3.5	四级	季度
C097469023	山口工作站—交叉路口	8.930	四级	5.5	3.5	四级	季度
C099469023	高江路口—高江村	1.198	四级	5.5	3.5	四级	季度
C100469023	林娥村路口—林娥村	0.404	四级	5.5	3.5	四级	季度
C101469023	中美线 K17+700—吴案村	8.375	四级	5.5	3.5	四级	季度
C102469023	中昆线 K8+000—拾村	1.210	四级	5.5	3.5	四级	季度
C103469023	中昆线 K6+200—上杨村	3.643	四级	5.5	3.5	四级	季度

二、桥梁

1999—2010 年，澄迈境内共有各类桥梁 111 座，新建桥梁共计 30 座 743.24 千米（含农垦建设），其中地方建设桥梁 25 座 649.32 千米，农垦建设桥梁 5 座 93.92 千米。

1999—2010 年澄迈县桥梁情况表

表 5-2-2

名称	所在地		跨径	桥长	桥宽（米）		承载重	类别
	线路	桩号	（米）	（米）	车道	人道	（吨）	
军山坡桥	黄龙村—军山坡	2.713	10.00	14.00	3.50	1	公路Ⅱ级	整体现浇板
福安桥	福安桥—高田上村	0.000	8.00	14.60	6.50	1	公路Ⅱ级	空心板梁
高山朗桥	山口工作站—交叉路口	2.244	20.00	33.90	4.50	1	公路Ⅱ级	斜拉桥
群仙桥	中美线 K17+700—吴案村	4.574	5.00	8.00	4.50	1	汽车-13 级	整体现浇板
新兴桥	中美线 K17+700—吴案村	5.745	6.00	12.96	6.00	1	汽车-10 级	空心板梁
四联桥	中昆线 K6+200—上杨村	1.157	16.00	20.00	5.00	1	汽车-20 级	板拱
加运桥	中昆线 K4+100—松运村	0.420	26.00	40.60	4.50	1.5	汽车-20 级	板拱
道海桥	老城—大场	0.763	12.00	18.00	3.50	0.5	汽车-20 级	板拱
潭池桥	海榆西线 K4+100—潭池村	0.765	6.00	8.00	5.00	0	汽车-20 级	T 梁
美甲桥	福桥线 K12+900—文加	1.432	8.00	15.00	5.50	0.5	汽车-20 级	其他桥
吴池桥	海榆西线 K72+100—马敦线 K9+500	8.926	22.50	26.00	4.00	0.5	汽车-20 级	整体现浇板
官族桥	福花线 K7+600—福博线 K1+530	1.553	5.00	7.50	4.50	0	公路Ⅱ级	整体现浇板
丰行桥	福花线 K7+600—福博线 K1+530	5.999	5.00	10.00	4.50	0	汽车-20 级	T 梁
土南火车道桥	海榆西线 K78+400—仁里村	3.776	36.00	71.00	4.50	1	公路Ⅱ级	其他桥
铁路桥	海榆西线 K43+800—美玉村	0.480	16.00	45.00	9.00	1	公路Ⅱ级	空心板梁
石坑桥	屯大线 K42+500—石坑村	0.569	40.00	40.00	6.00	0	公路Ⅱ级	板拱
九龙桥	屯大线 K37+500—九龙电站	3.549	15.00	50.00	4.10	0	公路Ⅱ级	T 梁
群庄桥	瑞溪—村内	1.001	39.00	44.00	6.50	0.5	公路Ⅱ级	空心板梁

续表 5-2-2

名称	所在地		跨径（米）	桥长（米）	桥宽（米）		承载重（吨）	类别
	线路	桩号			车道	人道		
西冲桥	瑞溪—村内	3.309	13.00	18.00	7.00	0.5	公路Ⅱ级	空心板梁
北桥桥	金永线 K17+000—北桥村	0.000	30.00	50.00	4.00	0.6	公路Ⅱ级	空心板梁
侍郎桥	海榆中线 K39+800—侍朗村	2.149	5.00	9.00	4.00	0	公路Ⅱ级	T 梁
东兴桥	海黄线 K4+100—永丰村	0.372	6.00	13.00	6.00	1	公路Ⅱ级	T 梁
永丰桥	海黄线 K4+100—永丰村	2.093	12.00	14.00	6.00	1	汽车-20 级	T 梁
南尖小桥	金永线 K13+100—朝文村	2.180	13.00	15.00	6.00	1	汽车-10 级	空心板梁
大山桥	海榆中线 K46+500—大山村委会	2.145	19.96	26.04	6.50	1	汽车-20 级	空心板梁
扬坤桥	海黄线 K8+900—万昌村	0.480	8.00	13.00	4.00	1	公路Ⅱ级	T 梁
美亭桥	海榆西线 K44+000—美亭圩	0.466	14.00	16.00	4.00	0	汽车-20 级	T 梁
山朝桥	海黄线 K16+800—山朝村	2.885	6.00	10.00	5.50	0.5	公路Ⅱ级	T 梁
仁格桥	长石线 K3+000—合福村	0.470	20.00	22.00	3.60	0.4	公路Ⅱ级	T 梁
春芳桥	金永线 K1+100—春芳小学	0.605	12.96	18.00	6.50	1	公路Ⅱ级	T 梁
六角塘桥	金番线 K0+610—六角塘小学	0.062	7.50	12.50	4.50	1	汽车-20 级	T 梁
丘家桥	金永线 K5+850—福隆村委会	0.890	8.00	9.50	4.50	1	汽车-20 级	T 梁
博河桥	金永线 K7+200—北河小学	0.050	8.00	14.00	5.50	0.5	公路Ⅱ级	T 梁
新田桥	新田路口—新田村	0.112	12.00	12.00	5.50	0.5	公路Ⅱ级	T 梁
新兴桥	元隆—新兴	2.826	6.00	12.92	6.00	1	汽车-10 级	整体现浇板
墩风桥	金和线 K20+700—吊菜	1.884	11.00	13.60	4.10	0.7	公路Ⅱ级	T 梁
东岭桥	金和线 K25+500—红星	3.153	5.00	8.00	4.50	0	公路Ⅱ级	整体现浇板
南浙桥	金永线 K17+300——南浙小学	1.592	11.00	18.00	5.00	0	公路Ⅱ级	整体现浇板
排坡一桥	海榆中线 K37+800—黄家村路口	1.399	10.60	18.00	4.10	0	公路Ⅱ级	T 梁
排坡二桥	海榆中线 K37+800—黄家村路口	1.869	12.00	15.00	4.00	0.5	公路Ⅱ级	整体现浇板
凤脚桥	仁洞村—凤脚村	1.166	8.00	12.92	6.50	1	汽车-20 级	空心板梁

续表 5-2-2

名称	所在地		跨径	桥长	桥宽（米）		承载重	类别
	线路	桩号	（米）	（米）	车道	人道	（吨）	
连心桥	美万下村路口—美万下村	0.108	5.00	6.00	3.70	0.3	汽车-20 级	其他桥
洋坡桥	博德洋路口	0.045	5.00	6.00	5.00	0.5	汽车-15 级	其他桥
博德洋桥	博德洋路口	0.544	80.00	81.00	7.00	0.5	公路Ⅱ级	空心板梁
龙兴桥	洋坡村路口—洋坡村	2.715	104.00	124.00	5.00	1	汽车-10 级	空心板梁
加莱桥	山口墟—加莱上村	1.525	5.00	6.00	4.00	0.5	汽车-20 级	整体现浇板
反修桥	看守路—反修村	1.229	5.00	6.50	3.60	0.4	汽车-15 级	其他桥
军口桥	军口—春芳路	0.291	26.00	30.24	6.50	1	公路Ⅱ级	空心板梁
加时曾桥	长石线 K4+000—加时曾岭	3.205	5.00	6.00	3.50	0.5	汽车-13 级	其他桥
江弯桥	仙儒小学—江弯村	1.377	8.00	12.00	4.50	0.5	汽车-15 级	整体现浇板
美玉一号桥	美玉村路口—文化坛	0.698	15.96	21.00	6.50	1	公路Ⅱ级	空心板梁
吾录电站桥	基永线 K15+000—吾录作业区办公室	1.082	18.00	20.00	4.50	0	汽车-10 级	板拱
潭烈桥	基永线 K15+000—吾录作业区办公室	4.283	26.00	30.00	6.00	1	汽车-10 级	其他桥
幸福一队桥	红光六分场与红光三分场交叉口—红光六分场	4.593	6.00	10.00	4.50	0	汽车-10 级	其他桥
东海桥	红光二分场小学—东海队	0.363	6.00	10.00	4.50	0	汽车-10 级	其他桥
十一队桥	屯大线 K26+100—红岗二十六队	7.510	18.00	20.00	4.50	0	汽车-20 级	整体现浇板
西达油库桥	仁兴-西达第二管理区	0.680	7.50	15.00	4.50	1	汽车-20 级	整体现浇板
红门桥	中美线 K17+700—红峰队	2.848	14.00	25.00	4.40	0.5	汽车-15 级	其他桥
红峰桥	中美线 K17+700—红峰队	3.573	12.00	12.00	4.50	0	汽车-15 级	整体现浇板
金凤水中桥	中美线 K12+100—K2+400	2.561	12.00	40.00	4.30	0.7	公路Ⅱ级	空心板梁
昆仑十一队桥	昆仑十二队—昆仑九队区	0.000	7.00	17.00	4.70	0.5	公路Ⅱ级	整体现浇板
大塘桥	昆仑场—昆仑田墩队区	0.000	8.00	17.00	4.50	1	汽车-15 级	其他桥
十七队桥	昆仑场—昆仑田墩队区	0.000	5.00	5.60	6.10	0.5	公路Ⅱ级	整体现浇板

续表 5-2-2

名称	所在地		跨径	桥长	桥宽（米）		承载重	类别
	线路	桩号	（米）	（米）	车道	人道	（吨）	
道电村桥	道电路口—昆仑二十二区	0.554	6.00	12.00	6.00	1	汽车-15 级	其他桥
昆仑五队桥	道电路口—昆仑二十二区	2.986	20.00	30.00	4.50	0.5	汽车-20 级	整体现浇板
荔枝头桥	道电路口—昆仑二十二区	4.162	8.00	18.00	4.50	0.5	汽车-15 级	其他桥
美郎桥	群茂队—荣拨小学	0.789	16.00	30.00	4.50	0.5	公路Ⅱ级	空心板梁
六角塘桥	肖阳队—五村作业区办公室	0.710	12.00	16.00	5.00	0	汽车-20 级	T 梁
肖阳桥	肖阳队—五村作业区办公室	1.262	16.00	30.00	4.50	0.5	公路Ⅱ级	空心板梁
五村桥	肖阳队—五村作业区办公室	4.986	8.00	10.00	4.00	0.5	公路Ⅱ级	T 梁
山里坡桥	山里坡—北畔村口对面	1.286	10.00	12.00	4.50	0.5	公路Ⅱ级	T 梁
新云桥	屯山口—新云村	0.720	10.00	20.00	4.50	0.5	公路Ⅱ级	其他桥
加板桥	加板路口—加板队	0.306	14.00	38.00	4.70	0.3	公路Ⅱ级	T 梁
三林桥	三林出口—福山油田	0.776	20.00	30.00	5.00	1.5	汽车-20 级	空心板梁
盈滨桥	盈滨—植树基地	1.091	101.50	120.00	14.00	1	公路Ⅱ级	空心板梁
南方水库桥	和牛场口—茂源牧场	0.553	37.10	43.50	4.50	0.5	公路Ⅱ级	整体现浇板
坡养桥	坡养路口—坡养队	2.082	7.50	21.00	4.50	0.5	公路Ⅱ级	T 梁
下塘桥	名山—山里坡	1.236	12.00	22.00	4.50	0.5	公路Ⅱ级	T 梁
加潭二桥	屯大线 k45＋000—加潭水库	2.478	19.50	24.40	3.80	0.2	公路Ⅱ级	整体现浇板
加潭一桥	屯大线 k45＋000—加潭水库	5.598	10.00	12.00	4.00	0.5	公路Ⅱ级	空心板梁
加运二桥	松运村—坡林村	1.080	12.00	20.00	4.50	0.5	公路Ⅱ级	空心板梁
加运三桥	松运村—坡林村	2.681	8.00	18.68	6.00	1	公路Ⅱ级	空心板梁
乐溪奉水桥	屯大线 K33＋300—乐溪	2.845	20.00	50.00	6.80	1	公路Ⅱ级	T 梁
永灵桥（1）	海榆中线 K34＋300—东山镇	2.661	12.00	16.00	5.80	0.9	汽车-20 级	其他桥
永灵桥（2）	海榆中线 K34＋300—东山镇	3.272	20.00	23.00	5.00	0	汽车-20 级	其他桥
番丁桥	金番线 K3＋600—金永线 K14＋180	2.634	20.00	25.04	6.50	1	公路Ⅱ级	空心板梁
大坡桥	基永线 K5＋700—金江三中	3.925	9.00	10.00	3.90	0.6	汽车-超 20 级	整体现浇板
天山桥	基永线 K5＋700—金江三中	4.378	15.00	18.00	4.00	0.5	汽车-15 级	整体现浇板

续表 5-2-2

名称	所在地		跨径	桥长	桥宽（米）		承载重	类别
	线路	桩号	（米）	（米）	车道	人道	（吨）	
下田桥	金和线 K8＋800—美万村	4.388	16.00	25.20	6.00	1	汽车-20 级	空心板梁
文户桥	金和线 K8＋800—美万村	5.719	13.00	20.50	6.00	1	汽车-20 级	空心板梁
道南桥	金和线 K8＋800—美万村	6.736	24.00	36.00	6.50	1	汽车-20 级	空心板梁
番村桥	金永线 K6＋400—潘村村委会	1.679	10.00	12.00	4.50	0.5	汽车-20 级	整体现浇板
南墩桥	长石线 K0＋730—长合线 K0＋819	0.232	20.00	28.40	6.50	1	公路Ⅱ级	空心板梁
加朗桥	屯大线 K3＋500—云文线 K67＋500	5.562	32.00	42.00	6.50	1	公路Ⅱ级	空心板梁
红岗二队小桥	红岗农场小学—红岗五队	0.053	6.00	8.00	4.00	0.5	汽车-15 级	I 形梁
红岗红达桥	加茂—红岗九队交叉路口	18.469	20.00	50.00	6.80	1	汽车-20 级	其他桥
加命桥	中美线 K11＋100—勇进队	1.947	13.00	15.00	4.70	0	汽车-10 级	空心板梁
昆仑十二队桥	昆仑邮政储蓄—国营和岭农场场部	5.505	6.50	7.30	9.80	0.6	公路Ⅱ级	空心板梁
北高坡桥	昆仑邮政储蓄—国营和岭农场场部	6.621	13.00	24.00	6.50	1	汽车-20 级	空心板梁
和岭二队桥	昆仑邮政储蓄—国营和岭农场场部	7.845	12.00	16.00	4.00	0	汽车-10 级	其他桥
廻塘桥	昆仑邮政储蓄—国营和岭农场场部	12.381	30.00	30.00	6.00	0.5	汽车-20 级	空心板梁
道电桥	昆仑邮政储蓄—道电小学	4.160	18.40	22.00	4.50	0.5	汽车-10 级	其他桥
昆仑二十六队区一桥	道电小学—昆仑二十六队区	3.214	6.00	7.00	4.50	0.5	汽车-15 级	其他桥
昆仑二十六队区二桥	道电小学—昆仑二十六队区	3.697	6.00	8.00	4.50	0.5	公路Ⅱ级	整体现浇板
昆仑二十六队区三桥	道电小学—昆仑二十六队区	4.070	6.00	14.10	4.50	0.5	公路Ⅱ级	整体现浇板

续表 5-2-2

名称	所在地		跨径	桥长	桥宽（米）		承载重	类别
	线路	桩号	（米）	（米）	车道	人道	（吨）	
昆仑二十六队区四桥	道电小学—昆仑二十六队区	4.501	6.00	14.10	4.50	0.5	公路Ⅱ级	整体现浇板
昆仑二十六队区五桥	道电小学—昆仑二十六队区	4.554	6.00	14.10	4.50	0.5	公路Ⅱ级	整体现浇板
昆仑二十六队区六桥	道电小学—昆仑二十六队区	4.627	6.00	14.10	4.50	0.5	公路Ⅱ级	整体现浇板
昆仑二十六队区七桥	道电小学—昆仑二十六队区	4.722	6.00	14.10	4.50	0.5	公路Ⅱ级	整体现浇板
昆仑二十六队区八桥	道电小学—昆仑二十六队区	5.018	6.00	14.10	4.50	0.5	公路Ⅱ级	整体现浇板
下水桥	仁兴镇—岭仑村	2.594	18.00	20.00	4.00	0	公路Ⅱ级	其他桥

第三节　交通运输

一、公路运输

1999—2010年，为维护道路运输市场秩序，保障道路运输安全，保护道路运输有关各方当事人的合法权益，促进道路运输企业健康发展，澄迈县交通运输部门本着“公平、公正、公开和便民”的原则，行政许可客运经营、货运经营和道路运输相关业务。

（一）客运

1999—2010年，澄迈县从县城金江始发的公共汽车线路有19条，县际班次有的从无到有，从少到多，如金江至三亚市、琼中黎族苗族自治县，1999年日班次为0，2010年开通日班次为2次，金江至琼海市则从1999年日班次为1次，至2010年，日班次上升为3次。金江到海口的日班次则发展迅速，从1999年日班次为45次，至2010年日班次上升至160次。县内各线路的发车班次发展均较迅速。

1999—2010年澄迈县城金江始发的公共汽车长途线路表

表5-2-3

年份	项目＼线路	至海口	至东山	至东方	至儋州	至琼海	至文昌	至三亚	至琼中	至昌江
1999年	里程(千米)	60	34	195	89	122	142	308	106	161
	日班次(次)	45	0	1	3	1	2	0	0	1
2000年	里程(千米)	60	34	195	89	122	142	308	106	161
	日班次(次)	50	0	1	5	1	2	0	0	1
2001年	里程(千米)	60	34	195	89	122	142	308	106	161
	日班次(次)	52	0	1	5	1	2	0	0	1
2002年	里程(千米)	60	34	195	89	122	142	308	106	161
	日班次(次)	55	0	1	6	1	2	0	0	1
2003年	里程(千米)	60	34	195	89	122	142	308	106	161
	日班次(次)	60	0	1	10	1	2	0	0	1
2004年	里程(千米)	60	34	195	89	122	142	308	106	161
	日班次(次)	65	0	1	10	1	2	0	0	1
2005年	里程(千米)	60	34	195	89	122	142	308	106	161
	日班次(次)	72	20	1	12	2	2	0	2	1
2006年	里程(千米)	60	34	195	89	122	142	308	106	161
	日班次(次)	75	22	1	12	2	2	0	2	1
2007年	里程(千米)	60	34	195	89	122	142	308	106	161
	日班次(次)	75	24	1	15	2	2	0	2	1
2008年	里程(千米)	60	34	195	89	122	142	308	106	161
	日班次(次)	80	24	1	16	3	2	0	2	1
2009年	里程(千米)	60	34	195	89	122	142	308	106	161
	日班次(次)	150	24	1	16	3	2	2	2	1
2010年	里程(千米)	60	34	195	89	122	142	308	106	161
	日班次(次)	160	24	1	16	3	2	2	2	1

1999—2010年澄迈县城金江始发的汽车长途县内线路表

表5-2-4

年份	项目＼线路	至桥头	至福山	至老城	至昆仑	至西达	至和岭	至文儒	至永发	至大丰	至花场
1999年	里程（千米）	36	21	32	37	39	42	30	28	17	20
	日班次（次）	40	15	15	20	15	10	40	35	5	5
2000年	里程（千米）	36	21	32	37	39	42	30	28	17	20
	日班次（次）	45	20	15	25	20	15	48	45	5	5
2001年	里程（千米）	36	21	32	37	39	42	30	28	17	20
	日班次（次）	60	25	20	30	25	20	60	60	10	10
2002年	里程（千米）	36	21	32	37	39	42	30	28	17	20
	日班次（次）	65	28	25	30	25	20	60	65	15	10
2003年	里程（千米）	36	21	32	37	39	42	30	28	17	20
	日班次（次）	70	30	30	32	30	20	70	70	15	10
2004年	里程（千米）	36	21	32	37	39	42	30	28	17	20
	日班次（次）	75	30	32	35	30	25	70	76	15	10
2005年	里程（千米）	36	21	32	37	39	42	30	28	17	20
	日班次（次）	80	25	40	37	35	25	80	82	15	10
2006年	里程（千米）	36	21	32	37	39	42	30	28	17	20
	日班次（次）	90	30	40	40	35	30	90	90	15	10
2007年	里程（千米）	36	21	32	37	39	42	30	28	17	20
	日班次（次）	95	35	40	45	36	32	96	92	20	15
2008年	里程（千米）	36	21	32	37	39	42	30	28	17	20
	日班次（次）	105	40	45	50	40	35	105	100	20	15
2009年	里程（千米）	36	21	32	37	39	42	30	28	17	20
	日班次（次）	120	45	50	55	47	40	110	120	25	20
2010年	里程（千米）	36	21	32	37	39	42	30	28	17	20
	日班次（次）	125	60	64	65	65	50	120	150	36	30

1999—2010 年澄迈县汽车站客运情况表

表 5-2-5

年份	职工人数（人）	车辆（辆）	客运量（万人）	周转量（万千米）	营业收入（万元）	利润（万元）
1999 年	48	281	372	10962	2194	1050
2000 年	56	292	411	15651	2425	1259
2001 年	78	231	340	10610	2006	1155
2002 年	105	214	335	10221	1977	1120
2003 年	117	214	349	11072	2059	1180
2004 年	118	214	351	10087	2071	1195
2005 年	122	202	377	19630	2224	1229
2006 年	135	202	393	19710	2319	1399
2007 年	156	202	449	20640	2649	1567
2008 年	161	202	586	21490	3457	2092
2009 年	176	202	722	21660	4260	2568
2010 年	180	214	993	21870	5859	3107

（二）货运

1999 年，澄迈县拥有货运车辆 152 辆，货运量 547288.12 吨，货物周转量 25722541.64 吨千米。随着道路运输的发展，2010 年澄迈县拥有货运车辆 1650 辆，货运量 5940945.57 吨，货物周转量 279224958.58 吨千米。

二、水路运输

自 20 世纪 80 年代始，水路运输日趋萎缩，水路运输业逐渐停顿。2006 年 8 月，全县设置金安、前溪、猛进、红峰、马村、虎头、敦大等 7 道渡口。其中 3 道为公益性非营利渡口，各保留 1 艘钢质渡船，供人民群众生产生活，往来渡用。其中，日过渡人数较多的是金安渡口，平均日过渡 108 人次。2008 年，撤销前溪渡口。2010 年，3 道渡口公益性渡口，日流量 180 人次，无货运。

三、运输管理

（一）运政执法

1999 年，组织出动交通运政执法人员 265 人次，查处“黑车”19 辆次，查处农用车非法载客 11 辆次，依法罚款 2.9 万元；安全运送旅客 126482 万人，旅客周转量为 3826751

万人/千米，为国家上缴各种税费43万元；完成货车年审办证235辆，客车年审办证67辆，农用货车年审办证509辆，出租车年审办证10辆，县城三轮风采车年审办证888辆；报送汽车驾驶员261人、摩托车驾驶员359人参加考试，合格率98%；完成手扶拖拉机（燃油附加费）征收任务40万元。

2000年，组织出动交通运政执法人员366人次，查处“黑车”28辆次，查处农用车非法载客21辆次，依法罚款6.7万元；安全运送旅客136485万人，旅客周转量为3927620万人/千米，为国家上缴各种税费62万元；完成货车年审办证409辆，客车年审办证80辆，农用货车年审办证610辆，出租车年审办证10辆，县城三轮风采车年审办证888辆；报送汽车驾驶员390人、摩托车驾驶员449人参加考试，合格率96%；完成手扶拖拉机（燃油附加费）征收任务59万元。

2002年，组织出动交通运政执法人员518人次，查处“黑车”46辆次，查处农用车非法载客41辆次，依法罚款10.2万元；安全运送旅客157461万人，旅客周转量为63826751万人/千米，为国家上缴各种税费81万元；完成货车年审办证610辆，客车年审办证102辆，农用货车年审办证950辆，出租车年审办证10辆，县城三轮风采车年审办证888辆；报送汽车驾驶员510人、摩托车驾驶员490人参加考试，合格率95%；完成手扶拖拉机（燃油附加费）征收任务65万元。

2005年，组织出动交通运政执法人员751人次，查处“黑车”76辆次，查处农用车非法载客42辆次，依法罚款10.6万元；安全运送旅客186926万人，旅客周转量为42563178万人/千米，为国家上缴各种税费125万元；共完成货车年审办证720辆，客车年审办证115辆，农用货车年审办证1220辆，出租车年审办证20辆，县城三轮风采车年审办证888辆，危险品运输车年审办证45辆。报送汽车驾驶员918人、摩托车驾驶员1035人参加考试，合格率96%；完成手扶拖拉机（燃油附加费）征收任务90万元。

2008年，组织出动交通运政执法人员1392人次，查处“黑车”163辆次，查处农用车非法载客49辆次，依法罚款11.5万元；安全运送旅客2126482万人次，旅客周转量为63826751人/千米，为国家上缴各种税费309万元；完成货车年审办证901辆，客车年审办证181辆，农用货车年审办证2300辆，出租车年审办证10辆，县城三轮风采车年审办证888辆，危险品运输车年审办证136辆。报送汽车驾驶员921人、摩托车驾驶员803人参加考试，合格率97%；完成手扶拖拉机（燃油附加费）征收任务110万元。

2010年，全县客货运输市场、机动车维修市场、驾培市场、出租车客运市场推进质量信誉考核机制，加大客运市场稽查行动和打击“黑车”力度。开通县城公交车。完成节假日旅客安全运输工作。加强货物运输管理力度，加大货运市场源头管理，对危险品运输车辆进行专项治理整顿。完成运输业户审批事项 363 件，核发年度审验合格牌证 1293 辆，路检各种营运车辆 2150 辆次，处理违规车辆 70 辆次，核实审批 21 家机动车维修厂（店），发放绿色通道放行证 150 辆次。完成客运量 1392.86 万人次，旅客周转量为 65044.63 万人/千米。

（二）安全生产

2008 年，全年共组织出动检查员 1780 人次，检查货车（含危险品运输车）1320 辆次，客车 960 辆次，渡口安全检查 36 次，检查铁路平交道口 4 次，公路建设工地 210 次。

2009 年，制定下发《澄迈县交通行业 2009 年“安全生产月”活动实施方案》，组织开展安全隐患排查治理专项检查和安全生产宣传月活动。对运管所、地道站、港航所、运输企业、车站、驾校等安全责任制建设情况和安全隐患排查治理情况，查阅客运运输车辆技术档案 72 份，现场查看水毁造成的危险路段 3 处、危桥 2 处，检查发现不合格渡船 3 艘。港航所每季度坚持对马村港区 6 家码头企业进行安全检查，并坚持经常性及台风暴雨时节对渡口的监管力度。

五、营运公司

（一）小汽车出租公司

1999—2010 年澄迈县拥有出租车客运公司 2 家，分别为澄迈金星汽车运输服务有限公司和海南元亨投资有限公司澄迈分公司等两家公司，1999—2010 年的出租车运营情况详见表 5-2-6。

1999—2010 年澄迈县小汽车出租运一览表

表 5-2-6

年份	营运车（辆）	年客量（人次）	总产值（万元）	上缴利税（万元）
1999 年	87	1046120	584	25
2000 年	87	1174526	601	26.5
2001 年	65	723433	399	18.1
2002 年	65	732469	410	19.2
2003 年	65	731069	400	18.9
2004 年	65	733471	420	20
2005 年	22	254854	186	19
2006 年	22	267455	198	21
2007 年	22	288910	212	22.5

续表 5-2-6

年份	营运车（辆）	年客量（人次）	总产值（万元）	上缴利税（万元）
2008 年	22	329466	235	25.4
2009 年	22	467429	289	29.5
2010 年	22	538975	306	31.4

（二）道路旅客运输公司

1999—2010 年，澄迈县拥有道路旅客运输公司 7 家，分别为海南海汽运输集团股份有限公司、海口市秀英旅游开发总公司澄迈分公司、海口琼旺客运有限公司澄迈分公司、海南澄兴实业开发有限公司金江运输服务分公司、澄迈桥发客运服务有限公司、澄迈福宏汽车客运有限公司、澄迈金星汽车运输服务有限公司等 7 家公司，其道路旅游客运输公司经营情况详见表 5-2-7。

1999—2010 年澄迈县道路旅客运输公司营运一览表

表 5-2-7

年份	营运车（辆）	年客量（万人）	总产值（万元）	上缴利税（万元）
1999 年	193	3971	1460	20.2
2000 年	193	4045	1569	22.8
2001 年	202	4569	1727	25.1
2002 年	202	4679	1963	27.4
2003 年	202	4771	2059	30.1
2004 年	202	4786	2177	32.9
2005 年	202	4789	2206	35.4
2006 年	202	4781	2231	36.4
2007 年	202	4759	2240	37.8
2008 年	202	4787	2365	39.2
2009 年	202	4789	2464	41.5
2010 年	206	4860	2549	42.1

（三）公共汽车运输公司

截至2010年，澄迈县拥有公共汽车运输公司9家，其公共汽车运营情况详见5–2–8。

1999—2010年澄迈县公共汽车运输公司营运一览表

表5–2–8

年份	营运车（辆）	年客量（人次）	总产值（万元）	上缴利税（万元）
1999年	28	87546	152	8.5
2000年	28	91659	166	9.4
2001年	28	102590	188	12.2
2002年	28	119574	192	13.6
2003年	28	129158	201	15.4
2004年	28	134756	215	18.1
2005年	28	156924	226	20.7
2006年	28	169541	234	22.5
2007年	28	178746	251	23.4
2008年	28	189571	264	25.7
2009年	28	206590	277	27.2
2010年	12	1296000	371	36.5

第四节 交通管理

一、证照管理

1999—2010年,澄迈县交通局证照管理工作主要内容包括对辖区内公路客货运输及运输服务业的开业、停业进行审评，及对运输业进行年度审验及征收税费。2000年进行“费改税”工作,“费改税”项目包括车购费、公路运输管理费等2个。

1999—2010年澄迈县公路客货运输证照年审换发情况表

表5-2-9

年份	营运证年审（辆）	合格营运证（辆）	办理营运证（辆）	其中		公路运输管理费（万元）
				客车（辆）	货车（辆）	
1999年	1196	1196	1196	281	915	30.9
2000年	1222	1222	1222	292	930	31.1
2001年	1186	1186	1186	231	955	30
2002年	1235	1235	1235	214	1021	32.4
2003年	1440	1440	1440	214	1226	36.9
2004年	1443	1443	1443	214	1229	37.5
2005年	1441	1441	1441	202	1239	36.8
2006年	1557	1557	1557	202	1355	38.4
2007年	1591	1591	1591	202	1389	39.1
2008年	1644	1644	1644	202	1442	42.4
2009年	1650	1650	1650	202	1448	43
2010年	1774	1774	1774	214	1560	44.2

二、客、货运输市场整治

1999—2010年，澄迈县交通局稽查部门每年对辖区的道路运输行业、运输服务业、汽车、摩托车维修业运营情况和服务质量进行稽查，其中整治道路运载散体物料车辆行动，查获超载车辆8751辆，处理违章“黑车”。稽查客运情况，查获违规大客车1298辆、小客车3946辆，查处出租车914辆，扣证4853辆。

1999—2010年澄迈县客、货运输市场整治情况表

表5-2-10

年份	整治出动人次（次）	抽查车辆（辆）	查处违章车辆（辆）	教育人次（人）	罚款（万元）
1999年	1782	3129	1097	2033	25.6
2000年	1790	3232	1104	2149	26.7
2001年	1620	3069	912	2205	28.5
2002年	1548	3145	899	2307	29.0

续表 5-2-10

年份	整治出动人次（次）	抽查车辆（辆）	查处违章车辆（辆）	教育人次（人）	罚款（万元）
2003 年	1441	3233	823	2509	31.5
2004 年	1599	3387	1072	2688	35.9
2005 年	1671	3599	1129	2890	36.0
2006 年	1529	3447	1061	2779	32.0
2007 年	1559	3482	921	1997	30.2
2008 年	1664	3375	1069	2071	32.5
2009 年	1721	3440	1120	2129	30.7
2010 年	1779	3558	1096	2233	31.5

三、维修行业年审和检查

1999—2010 年，澄迈县交通局稽查部门依法对辖区的汽车、摩托车维修业进行执法管理以及对申请开业、停业、歇业、变更地址、法人单位或业主进行审验和核发有关证照。年审、检查项目为安全生产、经营行为、服务质量、社会投诉等。

年审管理、工作方式：1999—2003 年每年一审，2004—2010 年一、二类汽车维修、一类摩托车维修 6 年一审，三类汽车维修、二类摩托车维修 3 年一审。

1999—2010 年澄迈县车辆维修行业情况表

表 5-2-11　　单位：户

年份	汽车维修户	摩托车维护户	新开或升级	停业或歇业	变更地址
1999 年	48	161	1	2	5
2000 年	48	163	2	0	2
2001 年	49	165	3	1	1
2002 年	49	171	6	2	3
2003 年	51	176	7	1	2
2004 年	51	177	1	0	0
2005 年	54	180	6	1	2
2006 年	54	182	2	0	1
2007 年	56	186	6	1	2

续表 5-2-11

年份	汽车维修户	摩托车维护户	新开或升级	停业或歇业	变更地址
2008 年	56	186	0	1	1
2009 年	58	199	5	0	1
2010 年	60	190	3	2	1

四、港航管理建设

2008 年 5 月，澄迈县港航管理所挂牌成立，主要负责澄迈县水路运输行业行政审批和行政处罚、港口岸线（包括水域、陆域）行政管理、港口经营管理、在建水运项目建设管理、各乡镇渡口管理等工作。2009 年初，澄迈县港航管理所开始接管澄迈县辖区水路运输行业管理工作，当年完成海口马村港区 6 家港口码头企业港口经营许可年审办证工作，完成 4 家危险货物港口经营企业港口作业认可年审办证工作。

澄迈县港口主要由马村港区组成，马村港区位于澄迈（花场）湾顶，东邻东水港，西连玉包角，是海口港的三大港区之一，规划为海口港的综合性中心港区。2008 年马村港区建有码头泊位 6 个，其中，3.5 万吨级泊位 2 个、2 万吨级泊位 1 个、5000 吨级泊位 3 个，设计总吞吐量 670 万吨。从事港口经营企业有华能海南发电股份有限公司海口电厂、海南新兴港务有限公司、中国石化海南石油分公司马村油库、海南国盛石油有限公司马村油库、海南溢岛燃气有限公司马村油库（海南新兴港务有限公司驻港企业）、中油海南石油有限公司等 6 家。

2009 年，实现对马村港区货物吞吐量 545 万吨港口码头的接管工作。完成马村港区 6 家码头企业经营资质的检查和年审工作。办理 7 家港口经营许可年审办证，4 家危险货物港口作业认可年审办证。加强渡口渡船安全生产管理力度，投入 70 万元建设金安渡口和红峰渡口、马村渡口、候船室等码头设备，并为红峰渡口新购一艘渡船。

2010 年，海口港马村港区外贸货物吞吐量 121.76424 万吨，内贸货物吞吐量 549.8969 万吨，货物总吞吐量 671.6593 万吨，其中危险货物吞吐量 170.6231 万吨。

第五节　机动车驾驶培训

1999 年，澄迈县机动车驾驶员培训中心有 1 家。截至 2010 年，机动车驾驶培训中心有澄迈县畅达驾校、澄迈县亨达驾校、澄迈县金达驾校等 3 家。

1999—2010年澄迈县机动车驾驶员培训情况表

表5-2-12

年份	培训人数（人）	合格率（%）	上缴利税（万元）
1999年	4233	90	6.8
2000年	4309	91	7
2001年	4357	90	7.2
2002年	4256	87	6.9
2003年	4390	86	7.3
2004年	4576	85	7.8
2005年	4695	85	8.1
2006年	5239	83	9.3
2007年	6154	82	10.7
2008年	7651	72	12.3
2009年	7952	68	13.7
2010年	8050	57	15.2

第三章　邮　政

第一节　管理机构

1999年，澄迈县邮政局设有福山、白莲、老城、马村、仁兴、昆仑、和岭、永发、瑞溪9个邮政支局；下辖桥头、基地、美亭、山口、中兴、太平、加乐、文儒、石浮、长安、新吴、大丰、红岗、金安、文明路邮政所等15个自办所和仁兴代办邮政所。其中提供邮政全功能服务的局所有17个，电子化局所有解放路支局、福山支局、老城支局等3个，储蓄全国联网网点8个，全国联网实现通存通兑。2000年，将15个自办所改为代办所。新增全国储蓄联网网点3个，总计11个。2001年，增设解放路邮政支局，将所有代办所收回自办。2002年，文明路邮政所升级为邮政支局，瑞溪支局改为瑞溪自办所，取消仁兴代办所。设置10个邮政支局、15个邮政代办所。2007年，实行政企分离改革，2月8日，海南省邮政公司成立，澄迈县邮政局隶属于海南省邮政公司。2008年5月，成立中国邮政储蓄银行澄迈县支行。2009 年，将划给县邮储银行的 3 个邮政支局收回自营，仅经营传统邮政业务。县邮政自营支局所数量增加为 16 个，单设邮政储蓄所 1 个。同时将美亭、山口、太平、加乐、文儒、石浮、长安、新吴、大丰、红岗等 10 个自办邮政所改为代办邮政所，以社会人员代办的形式经营，提供传统邮政服务。2010 年，撤销解放路邮政支局。

第二节　体制改革

1997 年 9 月，澄迈县邮政局从原澄迈县邮电局中剥离，为全民所有制国有企业，隶属于海南省邮电管理局，局址迁至金江镇环城西路。1999 年，县邮政局将基地邮政支局改为邮政自办所。全县设有福山、白莲、老城、马村、仁兴、昆仑、和岭、永发、瑞溪 9 个邮政支局；下辖桥头、基地、美亭、山口、中兴、太平、加乐、文儒、石浮、长安、新吴、大丰、红岗、金安、文明路邮政所等 15 个自办所和仁兴代办邮政所。其中提供邮政全功能服务的局所有 17 个，电子化局所有解放路支局、福山支局、老城支局等 3 个，储蓄全国联网网点 8 个，全国联网实现通存通兑。2000 年，将 15 个自办所改为代办所。新增全国储蓄联网网点 3 个，总计 11 个。2001 年，增设解放路邮政支局，将所有代办所收回自办。2002 年，文明路邮政所升级为邮政支局，瑞溪支局改为瑞溪自办所，取消仁兴代办所。设置 10 个邮政支局、15 个邮政代办所。2004 年，除山口自办所，其他 24 个局所均能提供邮政全功能服务。2005 年，永发支局升级为电子化局所。桥头、基地、中兴邮政自办所升级为邮政支局，从而，全县邮政支局数量提升为 13 个。县城报刊亭 14 个，乡镇报刊亭 10 个，邮政信筒信箱 28 个。2006 年，投入 30 多万完成基地支局的装修改造和监控系统以及“110”报警系统安装工程，提高网点达标率和服务形象。电子化局所增加 12 个，分别为文明路支局、桥头支局、基地支局、白莲支局、马村支局、中兴支局、仁兴支局、昆仑支局、和岭支局、永发支局、瑞溪邮政所、金安邮政所，并全部实现联网。2007 年 2 月 8 日，海南省邮政公司成立，澄迈县邮政局隶属于海南省邮政公司。3 月 20 日，中国邮政储蓄银行正式挂牌成立。2008 年 5 月，成立中国邮政储蓄银行澄迈县支行，中国邮政储蓄银行澄迈县支行承继中国邮政储蓄银行海南省分行经营的邮政金融业务及资产和负债，并将继续从事原经营范围和业务许可文件批准、核准的业务，是在改革邮政储蓄管理体制的基础上组建的商业银行。县邮政局将原 3 个自有网点暨解放路支局、福山支局、老城支局划给新成立的中国邮政储蓄银行澄迈县支行（3 台 ATM 机随同划拨），另增设环城西路支局、立新路储蓄所。支局所减少为 14 个。县邮政局与中国邮政储蓄银行澄迈县支行在金融业务上遵循“代理＋自营”的邮政金融管理模式，14 个邮政支局所同时经营传统邮政业务和代理金融业务。2009年，将划给县邮储银行的3个邮政支局收回自营，仅经营传统邮政业务。县邮政自营支局所数量增加为16个，单设邮政储蓄所1个。同时将美亭、山口、太平、加乐、文儒、石浮、长安、新吴、大丰、红岗等10个自办邮政所改为代办邮政所，以社会人员代办的形式经营，提供传统邮政服务。2010年，撤销解放路邮政支局，将立新路储蓄所迁址至文化北路租赁民房营业，完成环城西支局的装修改造和达标建设工程。

第三节 邮政设施

进入20世纪90年代末澄迈县邮政局逐步使用先进的邮政设备，报刊发行实现电脑管理，实现邮政储蓄电脑全国联网、通存通兑，减轻劳动强度，提高工作效率。1999年，添置包裹邮件处理服务器1台。2004年，海南省邮政局下拨邮政汽车1辆，邮政摩托车1辆，总计有邮政汽车11辆，摩托车4辆。

为分流部分柜面业务，减少客户等待时间，2005—2007年分别在福山支局、金江镇解放路支局、老城支局、和岭等邮政储蓄网点陆续新增ATM自动柜员机，投入75.62万元。

2006年，添置邮政车3辆，其中1辆邮运车、1辆储蓄专用车、1辆速递专用车，邮车总量为13辆。全局拥有微机21台，网络交换机3台，网络路由器20台。

2006—2009年，为订阅全年海南日报用户免费安装用户信箱266个。

2009年，环城西支局增设1台邮资机，增加摩托车9辆，累计投放投递摩托车13辆。

随着邮政业务量的提高，邮政设施不断增加，至2010年，全局邮政汽车14辆，邮政摩托车8辆，生产用微机2台8台，综合管理用微机42台。

第四节 邮 路

1999年，自办汽车邮路总长373千米，邮路总长930千米。2000年，减少福山至桥头段邮路1条，长37千米。2004年，开辟金江至太平，长145千米，金江至和岭，长163千米自办汽车邮路。在原有委办机动车邮路白莲至马村，长17千米的基础上，增加委办机动车邮路金江至桥头，长36千米。农村投递路线总长度增加22千米，为1804千米。

2006年，全县邮路4条，其中2条自办，2条委办，邮路总长361千米。城乡投递路线共51条，其中农村46条，城市5条，总长2023千米，城乡投递实现摩托化。

2009年，新增市内转趟邮路1条。2010年，县邮政局自办城乡邮路2条，委办城乡邮路1条，邮路总长380千米。投递段道37条，总长2146千米，其中县城投递部共有6

条市投段道和1条乡邮段道，1条商务（特快专递、电商小包、物流）投递段道；农村支局（所）共有29条投递段道。投递段全部实现机动车辆投递，其中汽车段道3条，摩托车段道34条。

第五节　主营业务

主营邮政基础业务、邮政增值业务、代理金融业务、代理速递物流业务、邮政附属业务、邮购种子代销业务、代办代理代收业务等。1999年，完成邮电业务总量2684万元。2002年，完成邮电业务总量3555万元，比1999年增长0.32倍。2005年，完成邮电业务总量4397万元。2007年，完成邮电业务总量5164万元，比1999年增长0.92倍，比2005年增长0.17倍。

至2010年，全县邮政代理金融、代理速递物流、邮政营业、报刊发行、分发、封发、集邮等业务全部实现微机系统操作。储汇前台微机系统与邮政综合网实现两网互通。量收系统、财务管理系统、业务会计系统、速递查询系统实现全国联网。邮政服务网点服务面积2072平方千米，服务人口54万人，全年完成邮电业务总量7180万元，比1999年增长1.67倍。

一、函件

函件业务有信函、账单、明信片、贺卡、邮资封片、印刷品、普通邮票和盲人读物等。在巩固信函、账单业务的基础上，重点打击违规销售普通邮票行为，净化用邮环境。重点完善名址库的建设，更好地支撑业务发展；重点发展贺卡、明信片和邮资封片业务，增加函件收入。1999年，函件70.9万件。2002年，函件36.1件。2005年，销售贺卡2000枚，明信片5000枚。2006年，实现贺卡营销26户，创收14.4万元。2009年，邮政贺卡销售29.27万元。2010年，邮政贺卡销售52.59万元，全局函件收入56.95万元。

二、包件

在提供优质窗口收寄服务的同时，主动上门驻地部队和企业收寄包裹。后因交通运输发展及邮政服务能力增强和邮政业务种类增多，普包业务逐步被特快专递业务分流，普包业务量逐年减少。1999年，包件收寄10890件。2002年，包件收寄8800件。2005年，包件收寄7700件。2006年，收寄6616件。2008年，收寄5600件。2010年，收寄2554件。

三、报刊发行

1999年，发行各种报刊累计388.5万份。2002年，报刊发行量累计429.9万份。

2005年，全县报亭有24个，邮政信筒信箱28个，报刊发行量累计448万份。

2006年，澄迈县邮政局开通直运邮路，缩短报刊传递的时限，并招聘6名报刊零售员，实行流动销售报刊。全年报刊发行量累计 471.5 万份，比 1999 年增加 1.21%。

2007 年，澄迈县委县政府联向各单位下达年度征订计划，县邮政局重点抓好党报党刊和新华社系列报刊征订业务。

2008 年，全县报刊发行量累计 580.8 万份，比 1999 年增加 1.49%。

2008—2010 年，全省党报党刊统一采取“财政划拨、集订分送”的发行方式，澄迈县邮政局设立报刊收订专席，延长收订时间，提高窗口订阅服务质量，确保年度报刊大收订任务的完成。2010 年，报刊发行量累计 658 万份，比 1999 年增加 1.69%。

四、汇兑

1999—2001 年，邮政传统汇兑业务采取手工收汇和实物传递方式，分为普通汇款、电报汇款、快件汇款、礼仪汇款、高额汇款。1999 年汇票 6.57 万张。

2000 年，汇票 5.79 万张。2001 年，汇票 5.41 万张。

2002 年，汇票 4.18 万张。2002 年 12 月，全国范围内停止普通汇款和电报汇款业务，汇兑业务全部实现电子化，一律通过全国联网的邮政电子汇兑系统进行。

2003 年，汇票 3.85 万笔。2003 年起，澄迈县内开办电子汇款业务，实现当天汇当天达。2005 年，增加商务汇款、入账汇款。

2005 年，因工行、农行在乡镇撤点影响，乡镇邮政内部的营业款全部改为通过商务汇款归集上缴，同时，邮政局拓展业务范围，通过商务汇兑代收代缴烟草、中石油、中石化营业款，当年汇票 3.31 万笔，同比增长 7.82%，依托代收代缴营业款业务。

2006—2009 年，汇兑业务平稳增长，2009 年汇票 8.38 万笔。2010 年，商务汇兑代收烟草、中石油、中石化营业款业务终止。2008 年邮政局改革分出邮政储蓄银行后，划给邮政储蓄的福山、老城、县城解放路 3 个自营网点的汇兑业务量不再纳入统计，汇票业务量 3.98 万笔。

五、特快专递

澄迈邮政开办特快专递业务，以迅速安全为特点，受到群众青睐，开办后业务发展迅速。特快业务实行直封，专人投递，以“EMS 专递”的品牌，“全心、全速、全球”为客户服务。在发展代理速递物流业务上，积极放大与社会发展关联度，主动融入社会发展实体中，紧抓重点地区、重点业务、重点时段，开展多次专项业务营销活动。履行社会责任，每年完成高考录取通知书的投递工作，同时调整发展结构、转变发展观念、激活发展动力，实现无积压延误、丢失案件及无用户有理由投诉和无不良媒体曝光事件的发生，塑造邮政 EMS 良好品牌形象。1999 年，邮特快专递业务量 3234 件。2003 年，特快专递业务量 6366 件。2005 年，特快专递业务量 14000 件。2006 年，特快专递业务量 14874 件。2008 年，特快专递业务量28000件。2010年，特快业务量31829件。

六、集邮

澄迈县集邮协会会员有200多人，主要爱好者是县城机关工作人员和中小学生，邮商对活跃集邮市场起到一定的作用。1999年，集邮票品销售521078枚。2000年，集邮票品销售669747枚。2001年，畅销邮品票源不足，集邮票品销售301386枚，集邮收入43万元。2002年，集邮市场低迷，集邮票品销售95755枚，收入16万元。2004年，集邮票品销售40504枚。2005年，集邮商品销售以企业形象年册销售为主，培养集邮爱好者渠道单一，集邮文化氛围不浓，集邮邮票销售53798枚，集邮品1009册。2006年，集邮邮票销售32689枚，集邮品2138册。2007年，加大对企业形象年册开发增加集邮收入，集邮邮票销售49805枚，集邮品1551册。2008年，集邮邮票销售20289枚，集邮品3950册，开发老城龙水节纪念邮册，创收18.75万元。2009年，集邮邮票销售57094枚，集邮品1441册。2010年，集邮邮票销售105458枚，集邮品2258册，收入48.57万元，开发老城龙水节纪念邮品、邮资封收入28.74万元。

2010年澄迈县邮政服务点简表

表5-3-1

名称	地址	名称	地址
环城西路邮政支局	金江镇环城西路	仁兴邮政支局	西达农场
文明路邮政支局	金江镇文明路	中兴邮政支局	中兴镇
立新路邮政所	金江镇文化北路	福山邮政支局	福山镇
基地邮政支局	大拉农场	大丰邮政代办所	大丰镇
金安邮政所	金安农场	美亭邮政代办所	金江镇美亭墟
瑞溪邮政所	瑞溪镇	山口邮政代办所	金江镇山口墟
白莲邮政支局	老城镇白莲墟	长安邮政代办所	金江镇长安墟
老城邮政支局	老城镇	太平邮政代办所	金江镇太平墟
马村邮政支局	老城镇马村墟	加乐邮政代办所	加乐镇
永发邮政支局	永发镇	红岗邮政代办所	西达农场红岗分场
桥头邮政支局	桥头镇	石浮邮政代办所	文儒镇石浮墟
和岭邮政支局	西达农场和岭分场	新吴邮政代办所	永发镇新吴墟
昆仑邮政支局	西达农场昆仑分场	文儒邮政代办所	文儒镇

第四章 电信业

第一节 电信通信

一、机构

澄迈电信公司是中国电信股份有限公司海南分公司下辖市（县）分公司，能够提供固定电话、移动通信及宽带接入等通信业务。其前身为澄迈县邮电局，1961 年 5 月设立，隶属广东省邮电局海南分局。1988 年 4 月，海南省邮电管理局成立，设立澄迈县邮电局。1997 年 10 月，邮政、电信分营，设立澄迈县电信局。1999 年 7 月，移动业务剥离，形成电信、移动、联通、铁通等通信企业的竞争格局。2000 年 8 月，电信政企分开，中国电信集团海南省电信公司注册成立，澄迈县电信局成为新组建的中国电信集团海南省电信公司的下属单位。2000 年 9 月，设立澄迈电信营销公司，将 55 位人员划归营销公司，与澄迈县电信局并行运作。

2001 年初，全局有在职职工 140 人，设置 3 个职能部室，1 个营销公司。2002 年 4 月，撤销电信营销公司，将 55 位人员重新划归电信局管理，同年，进行机构兼并和全员竞争上岗改革，办理员工退养 12 人，协议解除合同 38 人，清退 16 人。改革前，有员工 140 人，改革后有 74 人，机构和人员进一步精简。2004 年 1 月，根据中国电信集团的统一布置，对中国电信集团海南省电信公司的电信业务资产进行重组改制，在保留原有公司的基础上，新设立海南省电信有限公司，2004 年 6 月，设立海南省电信有限公司澄迈县分公司，在职员工 74 人。2006 年 6 月，电信管理体制实施改革，建立海口区域中心管理体制，澄迈电信划归海口区域中心管理，公司内部精减管控和后端部门人员，充实营销力量。2008 年 2 月，海南省电信有限公司注销，新设立中国电信股份有限公司海南分公司，原下属单位海南省电信有限公司澄迈县分公司变更为中国电信股份有限公司澄迈分公司。2009 年 12 月，建立纵向管理体制，海口区域中心撤销，澄迈电信重新归口省电信公司管理。2010 年，中国电信股份有限公司澄迈分公司成立。截至 2010 年底，有在职员工 74 人，设有 3 个部室和 5 个生产单位。

二、电讯业务

至 2010 年，城镇机关干部及常住户几乎都拥有电话，在农村有不少家庭也安装电话。金江镇黄竹村是全县第一个电话村，全村安装 30 多部电话，成为电话示范村。全县城乡拥有电话3.86万部。

无线寻呼机（又称“BP机”），有数字机、中文机，主要类别为127台、129台等。1998年全县设有寻呼台6家，寻呼网络覆盖全县各地，拥有4万多用户。2002年后，寻呼机逐渐淘汰，至2004年底，澄迈县辖区内无线寻呼台全部撤销。

至2010年，移动电话全县基本普及。是年，全县拥有各类移动电话用户17.2万户，其中电信用户3.2万户，移动网用户10.5万户，联通网用户3.5万户。

三、重点促销活动

2010年，完成全县152个行政村宽带覆盖，推进城乡通信服务均等化。加强与地方政府信息化合作，主动营销“琼州百景”投票创收47万元。开展ICT、代建工程及号百新媒体等业务营销。签约海峡南岸二期、美玉湖、绿生房地产、金马花园等代建工程项目；签约海南金手指盈滨四季花城共三期ICT项目；签约尖峰置业、盈海置业、海南泽航地产等号百新媒体项目，项目签约总额346万元。“我的e家”净增1967户，完成时序进度175%；e家融合渗透率由年初的45%上升到67%，全省排名第八。商务领航两版套餐净增193户，完成时序进度115.8%；商务领航融合套餐净增125户，完成时序进度243.7%，全省排名第二。天翼对讲发展100户。

以未组建虚拟网域与其他运营商合同即将到期的客户为目标市场，加强企业集团、专业协会等重点客户移动业务渗透，大力推广总机服务，分流对手话务量。

对全县的小区和行政村进行市场调查，对有宽带需求的农村，采用先集团受理e9套餐，再立项建设的模式，高质量规模化发展农村宽带，保证投资收益。截至5月，共提交21个宽带项目建设需求单。

对宽带包年到期用户进行派单式、多波次营销，及时告知引导用户续包或加入融合套餐。e家有约完成进度23.6%，全省排名第九。

增加189邮箱和电话本备份（PIM）业务为补充。增值业务嵌入渠道考核，有效用户发展捆绑来显和彩铃。增值业务的积分奖励及时发放到营业员，激励营业员。利用短信和10000号外呼渠道，提取目标用户开展增值业务的外呼营销。利用手机维修渠道和政企直销渠道，对政府公务员主推电话本备份业务。

建成手机卖场一家，e家客户俱乐部建成投入使用。加大客服经理配置，将e家客户和宽带高端客户纳入VIP服务范围；客户支撑中心嵌入客服，增加客户满意度和认知度考核指标，服务全程跟踪回访。坚持营业厅和服务质量的周检周报，持续改进服务短板。电信澄迈分公司主营业厅在一季度神秘客户测评中排名全省第三，属地排名第一。

抓好欠费预防，落实欠费催缴。通过自动语音、人工外呼等方式提醒用户，减少欠费发生；对欠费1000元以上的高额欠费客户，实行挂牌督办责任到人的催缴机制，委托法律事务所对欠费周期较长的用户进行上门、发信函等方式催缴。

四、网络建设与运行维护

2010年强化投资管控，加强建设管理，提升网络能力。按时按质完成50个无线党建站点、32个光纤党建站点、10个配线党建站点的建设开通工作，全省第一个实现所有行政村通宽带。加强维护用料及终端设备送修的管控力度，加强三级库存终端清理工作，减少库存量。配合省公司加快C网建站。县城完成四座交接箱更换和两处主干电缆整治。调整及优化老城宽带接入汇聚设备上联路由，以粗波保护各节点上联路由，提高网络服务质量，提升老城地区宽带用户感知度。强化网络资源管理，提升经营管理效率。加强新建工程项目资料数据录入工作，严格按照先录入后验收使用的原则，确保资源数据准确可用。

第二节　移动通信

一、机构

1999年9月，海南省移动通信公司澄迈分公司在澄迈县工商行政管理局注册登记，位于金江镇解放东路150号的电信局，内设负责人、行政事务员、业务主管、稽核清欠员、客户业务代表、营业组长、营业员。2000年2月，成立海南移动通信有限责任公司澄迈分公司。2001年初，澄迈分公司进行机构调整，内设综合管理员、业务管理员、催缴员、稽核员、营销员、业务员。2003年，对部分岗位进行调整、压缩或合并，新设市场部、客户部。2005年9月，增设澄迈分公司电话营销组，配备两名电话营销员，主要负责大客户服务、数据业务营销等工作。2006年10月，更名为中国移动通信集团海南有限公司澄迈分公司，简称“澄迈分公司”。2008年1月，澄迈分公司综合办公楼落成，总建筑面积1557平方米。同年，中国移动澄迈分公司内设“两部四中心”，即综合部、市场经营部，老城区域营销中心、重点客户中心、合作渠道管理中心、营业中心。至2010年，机构设置未变。

二、客户服务

1999年，中国移动澄迈分公司成立之初，客户服务不规范，业务水平低，无法满足客户需求。2000年，举办第一次澄迈分公司大客户座谈会，加强和大客户的沟通。

2003年，对集团客户实行一对一客户经理责任制，提供电话咨询和上门办理业务的服务，快速解决客户反馈的问题。同年，营业厅以“为客户提供优质服务”为宗旨，提出创建“青年文明号”优秀服务窗口的目标，塑造“四个一流”（服务一流、管理一流、人才一流、业绩一流）营业厅，并获得“县级青年文明号”营业厅称号。2005年，获“省级青年文明号”称号。

2006年，开展“优秀营业值班长”“服务明星”“满意100服务心得”和“创造营业厅温馨环境”等评选活动，全年服务质量由上年的全省第十六名上升至第五名。同年，在全县制作服务信息牌上墙，完成服务挂牌282块，覆盖全县10个乡镇162个村委会。

2008年，获“国家级青年文明号”称号。2009年，开展“便捷服务 满意100”服务活动，围绕“缴费办理优、资费套餐优、积分兑换优”三大优化政策，业务涉及资费、3G业务使用、服务渠道、社会焦点等，以便捷为诉求，提供专家级满意服务。全年服务综合满意度得分排名全省第四。

2010年5月，中国移动澄迈分公司推出人性化服务，以调查问卷方式收集客户的意见和建议，以便提高营业厅服务质量。加强窗口服务，提升服务质量，降低客户投诉率。在各营业厅开展自助缴费终端建设，分流实体渠道的业务量，减少业务办理等候时长。执行“五条禁令”规定，规范业务办理流程，为保障客户权益，不断加大对垃圾短信和手机色情网站的治理力度。

第三节 联通通信

一、机构

中国联通澄迈县分公司成立于2003年，是县内唯一一家经营全业务的电信运营企业，主要经营范围包括移动通信、数据固定、互联网务、增值电信业务等。公司立足澄迈，致力发展通信业务，建立起覆盖全县的高质量通信、营销、服务网络，成为澄迈电信市场的重要力量。

在联通总部的领导下，在澄迈县各级政府和社会各界的支持下，全体员工艰苦奋斗、开拓创新，各项工作取得进展，资产、网络、客户、组织规模不断扩大，分公司设有（综合部、市场部、集团客户部、网络部、客户服务部等）5个部门，员工31名。

二、通信业务

澄迈联通是县内唯一能够提供综合电信业务服务的运营商，将GSM、CDMA、数据专线、互联网、长途、寻呼等各项业务进行捆绑打包，实行整合营销，发展各运营商（网通）以及其他行业等数十个重要客户。澄迈联通有2家自办营业厅、1家特许营业斤、乡镇客服中心18家，服务网络覆盖全省每个乡镇、农场、厂矿。客户可到邮政、农行、中行等营业网点交费，也可通过手机交费，实现随时随地交费。

澄迈联通开通全国统一的客户服务电话号码“10010”，向客户提供各项电信基本服务和短信、互动视界、神奇宝典、中宽带、定位之星、彩E、视讯新干线等增值业务和宝视通、世界风双模手机等独有的新业务、新服务，同时为CDMA用户提供通信外的俱乐部服务，凡是CDMA用户都可在200多家签约的机场、宾馆、酒店、商场、服务企业享受到便利、优质、优惠、超值的服务。截至2010年底，澄迈县联通公司业务经营得到长足发展，全县联通移动用户达27000多户，宽带用户达531多户，固话用户达2610户。

澄返联通大胆创新，推动电信行业的改革，为广大客户带来优质的服务、更多实惠和方便，赢得客户、社会的信赖和认可，企业形象、品牌、地位不断提高。

三、网络发展

澄迈联通移动网络覆盖的深度和广度与竞争对手，旗鼓相当，覆盖全省各个县城乡镇及97%以上的行政村。2008年，中国联通和中国网通正式合并，全县完成通信工程项目52个，总投资250万元，二期固网扩建工程建设，新建移动基站22个，网络覆盖率达到99%，资产近1亿元，移动交换容量9.2万门。

2009年，实现全业务融合，中国联通澄迈县分公司成为 集移动、固话、宽带、互联网等全业务运营商，同时3G正式商用2010年，全县共建GSM基站30个(2G+3G)，基站总数189个，完成通信工程项目64个，总投资3500万。金江县城、老城、福山、永发等地，实现全县无线宽带的扩容与3G网站的建设。联通公司为县内多家企事业单位提供一揽子通信解决方案，建设起“近海覆盖网”，实现南海海域网络深度覆盖，为渔业生产、海洋管理、抢险救灾提供先进可靠的通信保障，“十一五”期间，还参与行政村通信工程建设，完成全县48.5%的行政村电话村村通工程建设，展现高品质的通信保障技术和服务水准。

四、企业理念

按照联通总部移动为主，综合发展；两网协调，差异经营；效益领先，做大做强的指导方针，澄迈联通以加快实现从规模主导型向规模效益型模式的“一个转变”，全面进行“二次创业”，逐步提高市场开拓能力，创新能力和盈利能力的“三大能力”，实现网络赶超、业务赶超服务赶超、管理赶超的“四大赶超”，为率先成为“旗鼓相当、各具特色”的市场竞争主体夯实基础的工作思路。具体措施是市场营销做“细”，即精耕细作，抢占先机，争创优势；强化竞合，实现共赢；网络建设做“精”，即建成“精品网络”，强化技术与业务创新，提高对市场需求和争态势反应能力；企业管理做“实”，即完善运行机制，提高协调力和执行力，挖掘资源潜力，向管理要效益；企业文化做“特”，即以人为本，以提高员工综合素质为核心，建立有特色的公司企业文化。

第四节　互联网与信息服务

2004年起，宽带真正走进澄迈百姓的生活。2010年，互联网得到广泛应用，全县宽带用户2.23万户，全县基本实现办公信息化。2009年，加强基础宽带设施和无限宽带数字城市建设。基础宽带设施建设有大的发展，截至2009年11月底，澄迈电信宽带DSLAM设备总容量为13272线，实用7275线，实占率54.81%。投资98万元，新增宽带端口容量3232线，全县宽带设备节点数由39个提升到86个，覆盖173个村庄，其中500人以上的自然村有40个。加强“数字城市”建设，中国电信天翼3G网络已覆盖全县117个行政村，覆盖率66.47%。

一、农村信息服务

2009年，与澄迈县农村信用合作联社配合，开展农村金融“一卡通”业务。在金安农场、大丰财政所、长安镇二横街008号、美亭墟金美路28号、金江镇山口墟、澄迈县城郊北潭村、加乐财政所、澄迈县加乐安常坡村、澄迈县仁兴镇等安装12部信付通，5部POS机（自助转账终端）。

2010年，推进农村金融均等化服务，信用社网点安装自动取款机27台，完成402多部POS机的安装。率先在全省实现互联网宽带第一个“村村通”。11个乡镇、13个居委会和152个行政村全部实现通宽带互联网，成为全省第一个实现全部行政村通宽带的市县。

二、医疗健康服务信息化项目

2008年，澄迈县与东软集团签约“健康海南，澄迈先行”为主题的医疗健康服务信息化项目，建立覆盖全县城乡居民健康档案信息化网络和区域远程医疗会诊平台。完成澄迈县人民医院、澄迈县中医院、澄迈县妇幼保健院安装医疗信息化管理系统，176个医疗一体机、相关的硬件设施采购。

第六编　水务 电力

第一章　水　务

第一节　管理机构

1999年，澄迈县水利电力局（简称“县水电局”）内设置行政股、计财股、工管股、农电股、水政股、纪检股、设计股，下设县三防办公室。2000年，澄迈县冬修工作指挥部下设办公室（设在县水电局），由水电局局长兼任办公室主任，具体负责冬修日常工作。2001年，将澄迈县水利电力局更名为澄迈县水利局（简称“县水利局”），内设办公室、计划财务股、水资源水土保持股、建设与管理股和农村水利股，行政编制16名，其中局长1名，副局长2名。2002年6月，澄迈县水利局更名为澄迈县水务局（简称“县水务局”）。2005年6月，成立澄迈县水务局党委。2007年，县水务局负责下辖10个水利工程管理单位。2009年，县水务局内设办公室、计划财务岗、水资源水土保持岗、建设与管理股、农村水利岗和城镇水务岗，行政编制16名，其中，局长1名，副局长3名。2010年，内设办公室、计财股、农村水利股、建设管理股、水资源水土保持股，下设县三防办公室。

第二节　水利建设

1999年，全县投入水利建设资金1324万元。新建污水处理厂2个，加固病险水库8宗，新建山塘和滚水坝2座，渠道防渗21.8千米，实施农村饮水安全工程16宗，解决37个自然村2.3万人农村饮水安全问题。全县新增灌溉面积106.67公顷，改善灌溉面积220公顷，新增节水能力800万立方米，治理水土流失面积22平方千米。

2000年，全县多渠道筹集和配套资金2252万元。全县共整治田洋16个，总面积5000公顷，其中重点整治田洋5个，面积2133.33公顷。全县冬修新增灌溉面积312公顷，改善灌溉面积5800公顷，恢复灌溉面积294公顷，新增节水灌溉面积1733.33公顷，除涝面积255.47公顷，年节水量520万立方米。全县修复水毁工程570处，重点修复的水毁工程有外桥引水、促进渠道及涵洞、龙州河、加潭渠道等。抗旱打井 86 口，维修水井 28 口和引水 32 处，解决 1.6 万人的饮水困难。建设山塘引水等小水源工程 6 宗。重点田洋整治面积 2133.33 公顷。除险加固 6 宗中小型水库病险工程，加固小塘坝 32 座。治理水土流失面积 2.1 平方千米。

2002 年，全县多方投资和配套资金 1752 万元。全县整治田洋 27 个，总面积 5933.33 公顷，其中重点整治田洋 1 个，面积 733.33 公顷，新增灌溉面积 177 公顷，改善面积 5693.33 公顷，新增节水灌溉面积 1580 公顷，除涝面积 66.67 公顷，新增蓄水量 45 万立方米，节水 20 万立方米，解决人畜饮水困难 7500 人。全县修复水毁工程 327 处，重点修复的水毁工程有加潭水库东干渠、美亭水库干渠等。建设加固江海堤防 1.5 千米，其中重点的工程有南渡江金江段北堤防洪工程一期、木桩防潮堤等；维修蓄水山塘 7 口，引提水 6 处、大口径井 26 口和手摇机井 78 口，解决 0.75 万人口饮水困难；水土保持方面维修谷坊 24 座，新挖维修截流沟 10.3 千米，治理水土流失是面积 5 平方千米。

2005 年，全年冬修工作总投资 2294 万元。全县修复水毁工程有 358 处，重点修复和加固水毁工程有永良水库干渠、大美水库干渠、美亭水库三尾支渠、南浙水库干渠等。完成 18 千米的防渗硬化渠道，整治田洋 27 个，总面积 5933,33 公顷，其中重点整治田洋 2 个，面积 666.67 公顷。修建提灌工程 2 个。加固南方水库、群星水库、排坡山塘、大云水坝、白沙村水坝、桥坡山塘等病险水利工程。蓄引提工程的库区和灌溉、江海堤围、水土保持等工程设施全面，维修养护。修复水毁工程 82 处，加高加固江海堤防 0.46 千米。全县维修蓄水山塘 7 口，引提水 6 处，全县打机井 57 宗，人口井 184 宗，新建供水工程 25 处，解决 241 个村庄 11.722 万人的饮水困难问题；水土保持方面维修谷坊 24 座，新挖维修截流沟 10.3 千米，治理水土流失面积 5 平方千米。新建水源工程塘坝 2 处，增加蓄水能力 61 万立方。新增灌溉面积 123.33 公顷，改善面积 6573.33 公顷，新增节水灌溉面积 1400 公顷，新增蓄水量 61 万立方米；节水量 208 万立方米。

2008 年，全县投入水利建设资金 9404 万元，其中省以上投资 8558 万元，县投资 846 万元。新建污水处理厂 2 个，加固病险水库 8 宗，新建山塘和滚水坝 2 座，渠道防渗 21.8 千米，实施农村饮水安全工程 16 宗，解决 37 个自然村 2.3 万人农村饮水安全问题。全县新增灌溉面积 1140 公顷，改善灌溉面积 413.33 公顷，新增节水能力 800 万立方米，治理水土流失面积 22 平方千米。

2010 年，全县投入水利建设资金 13428 万元，其中中央投资 4582 万元，省投资 2640 万元，县配套资金 6206 万元。加固病险水库 7 宗，新建山塘 2 座，渠道防渗 42.2 千米，修复水毁工程 1027 处，实施农村饮水安全工程 146 宗，解决 245 个自然村 13.53 万人农村饮水问题。全县新增灌溉面积 80 公顷，恢复灌溉面积 300 公顷。改善灌溉面积 1066.67 公顷，新增节水能力 873 万立方米。

第三节　水利工程

一、蓄水工程

1999—2010 年，全县拥有建成或加固蓄水工程小（一）型水库 1 宗，小（二）型水库 26 宗，山塘 32 宗，总库容 967 万立方米，有效灌溉面积 1653.40 公顷。其中，2000—2001 年建成有小型水库 4 宗。

（一）促进水库

促进水库位于中兴镇福安村南部，是一宗以灌溉为主，结合防洪、养殖等综合效益的中型水利枢纽工程。始建于 1970 年 1 月，1973 年竣工蓄水运行。坝址以上集雨面积 19.11 平方千米，水库总库容 1401 万立方米，设计灌溉面积 1100 公顷。1999 年，有效灌溉面积 466.67 公顷，保护下游人口 6 万人，农田 666.67 公顷。2006 年 4 月，确认为三类病险水库，8 月，完成促进水库除险加固工程初步设计报告，并报海南省水务局审批，批复工程初步设计概算为 1055.62 万元，其中主体工程投资 810.65 万元。2008 年 4 月，海南省发改厅下达促进水库除险加固工程投资计划 670 万元，其中中央投资资金 520 万元，省级投资 105 万元，县财政配套资金 45 万元。2008 年 10 月，对坝体进行除险加固，共开挖土石方 3.86 万立方米，浇注混凝土 0.32 万立方米，钢筋 35 吨，铺设草皮 1.02 万平方米。至 2009 年 5 月 10 日，促进水库除险加固工程完成工程投资 520 万元，完成投资计划 71%，同年 6 月，完成工程建设任务。

（二）南方水库

南方水库位于澄迈县南部的文儒镇境内，是一宗以灌溉为主，结合防洪、养殖等综合效益的中型水利枢纽工程。1958 年 8 月开工建设，1965 年建成并蓄水运行。库区集雨面积 8.715 平方千米，总库容 1450 万立方米，设计灌溉面积 1100 公顷。2005 年 11 月至 2006 年 11 月，进行除险加固，工程总投资 60 万元。完成工程量为填土石方 4582.2 立方米，灌浆 351.4 立方米，浇筑混凝土 845.2 立方米，砂浆批挡 872 平方米。2009 年 11 月，大坝渗漏，威胁库区下游安全，澄迈县水务局再次对水库进行除险加固。工程总投资 1155 万元。开挖土方 22830.2 立方米，回填土方 33818 立方米，铺设草皮 9522 平方米，拆除浆砌石 927 立方米，浇筑混凝土 1848 立方米，浇筑护坡 C20 混凝土 247 立方米，灌浆 242 立方米。2010 年，完成投资计划 73%，有效灌溉面积 1333.33 公顷，保护下游 1.2 万人口。

（三）美亭水库

南方水库位于金江镇美亭工作站境内，是一宗以灌溉为主，结合防洪、发电、养殖等综合效益的中型水利枢纽工程。1958年8月动工建设，1964年建成并蓄水运行。水库坝址以上集雨面积30.88平方千米，坝址以上河长12.15千米，总库容1690万立方米。设计灌溉面积1100公顷，实际灌溉面积800公顷。2008年12月，工程除险加固工程开工建设，国家投资1938万元。完成工程量土方77529立方米，浇筑混凝土及钢筋混凝土6889立方米，草皮护坡20375平方米。2010年12月竣工运行，有效灌溉面积1105.33公顷，保护库区下游1.2万人口。

（四）加潭水库

加潭水库位于金江镇太平工作站东南方，以灌溉为主，兼作防洪、发电，结合养鱼多种经营等综合利用的中型水库工程。1957年动工兴建，1960年竣工运行。水库集雨面积57.81平方千米，总库容4605万立方米，正常库容3735万立方米，设计灌溉面积3200公顷。2004—2005年，对加潭水库进行除险加固，工程总投资概算为1303.4万元，其中中央国债资金650万元，地方配套资金为653.4万元。开挖土石方13180立方米，主坝坡浇筑C20混凝土护面1660立方米，铺设M7.5浆砌石566.5立方米，干砌石护坡1222立方米。至2010年，有效灌溉面积2133.33公顷。

（五）文儒水库

文儒水库位于澄迈县文儒镇境内，是一宗以灌溉为主，结合防洪养殖等综合效益的小（一）型水利工程。1958年11月开工建设，1959年12月竣工运行。坝址以上集雨面积2.77平方千米，水库总库容160万立方米。设计灌溉面积153.33公顷，受益人口700人，耕地100公顷。2001年，该水库进行除险加固，工程总投资62万元，有效灌溉面积75.33公顷，改善灌溉面积106,67公顷，增加灌溉面积24公顷。2007年，该水库被鉴定为三类病险水库，至2010年，完成除险加固工程初步设计报告，工程概算390.03万元。

（六）玛露水库

玛露水库位于澄迈县中兴镇母圣溪上游，是一宗以灌溉为主，结合防洪养殖的小（一）型水利工程。坝址以上集雨面积1.65平方千米，水库总库容206万立方米。设计灌溉面积73.33公顷，受益人口2200人，耕地52公顷。1975年5月开工建设，1976年1月竣工。2001年，该水库除险加固工程开工建设，工程总投资62万元，增加灌溉面积24公顷。2007年，海南省水务厅审定玛露水库为三类病险水库。2010年，完成除险加固工程初步设计报告，工程概算405.11万元。

（七）常树水库

常树水库位于澄迈县加乐镇境内，为属小（二）型水库。2000 年，开工建设，坝址以上集雨面积 1.1 平方千米，大坝为均质土坝，最大坝高 10 米，坝顶长 122 米，坝顶宽 3.5 米，水库正常蓄水位 103.5 米，相应库容 43.3 万立方米，设计洪水位 104.26 米，相应库容 52.19 万立方米，校核洪水位 104.58 米，相应库容 56.07 万立方米。2010 年，有效灌溉面积 66.67 公顷。

（八）桥坡山塘

桥坡山塘位于澄迈县永发镇桥坡村，建于 20 世纪 70 年代中期，坝全长 90 米，最高 4.2 米。2005 年，进行除险加固，总投资 15 万元。完成工程量为开挖土方 2750 立方米，回填土方 4510 立方米，铺浆砌石 45 立方米，浇筑混凝土 77 立方米，铺草皮 830 平方米。改善灌溉面积 23.33 公顷，巩固养殖水面 1.20 公顷。2010 年，蓄水量 8.5 万立方米，灌溉面积 23.33 公顷，受益人口 600 多人。

二、引水工程

（一）山塘引水渠道工程

位于金江镇大塘村，渠道总长 12 千米，硬化倒流溪下段 3.5 千米。2001 年，因雨水冲刷较多，渠道淤积，坝体损坏严重，不能正常运行，澄迈县水利局对山塘引水渠道工程进行修复。完成工程量为土方 3.75 万立方米，改善灌溉面积 123.33 公顷，恢复灌溉面积 216.67 公顷，增加灌溉面积 7 公顷，投资 118 万元，硬化防渗长 5.9 千米，渠道建筑物 47 宗。2008 年，维修渠道 2.5 千米，土方 0.18 万立方米，改善灌溉面积 433.33 公顷，总投资 5 万元。

（二）新吴镇冲尾山塘引水工程

位于海榆中线 44 千米右侧，20 世纪 60 年代初兴建，原渠道为土渠，长约 300 米。2001 年，因渠道渗漏较大，灌溉面积不足 13.33 公顷，群众自筹资金 10 万元，投劳 3000 多个工日，新开挖引水渠道 1500 米，土方 4800 多立方米，铺设草皮 5000 平方米，并全程硬化。改善农田灌溉面积 13.33 公顷，增加灌溉 20 公顷。至 2010 年，运行正常，灌溉面积保持不变。

三、提水工程

（一）新吴电灌站

位于永发镇新吴墟。2003 年开工建设，总投资 750 万元，其中中央资金 300 万元，县配套资金 3000 元，群众自筹资金 1500 元，工程为两级电灌站钢管，总长 1500 米，总净扬程 44.5 米。新建小山塘 2 宗，扩建小山塘 2 宗。完成工程量为土方 21.99 万立方米，石方4150立方米，混凝土2152立方米，铺设草皮59506平方米，劳动积累工13.54万工日。有效灌溉面积266.67公顷，改善灌溉面积107.93公顷，增加灌溉面积153.93公顷。至2010年，运行正常。

（二）长坡仔洋电灌站

1972年兴建，灌溉京岭村委会4个自然村25.80公顷农田。1999年，由于管理不善，电灌站失灌。2003年，澄迈县县水务局、金江镇政府通过多方集资，筹款、拨款30000元对电灌站进行修复，恢复灌溉农田13.33公顷。2004—2010年以来，运行正常。

（三）群典电灌站

位于老城镇白莲区南兴村，是松涛东干渠的提灌站。1973年，澄迈县水电局拨款40万元兴建，电灌站设置75千瓦抽水机二组，扬程配套140米，每小时抽水1500立方米，可灌3个村委会11个自然村的233.33公顷农田。1999年，抽水机因年久损坏而抽水量减少，且耗电过多，运作不正常，农田灌溉用水不保证。2003年，澄迈县水务局投资5万元，新增1台75千瓦机组，每小时抽水1250立方米，保证农田用水每小时节约用电75千瓦，养活电灌站经济压力。2004年，澄迈县水务局投资20万元，对抽水泵机组及站房维修，渠道现浇混凝土防渗600米，保证南兴村委会93.33公顷农田的灌溉用水。2005—2010年以来，运行正常。

（四）瑞溪加巨电灌站

位于瑞溪镇加巨村加巨溪右岸。2003年兴建完工，投资7万元，为电泵提灌工程，渠道土方开挖1千米，设计抽水流量0.04立方米/秒，有效灌溉农田面积33.33公顷。2004～2010年以来，运行正常。

四、灌区工程

（一）松涛灌区白莲西干渠防渗工程

位于澄迈县大丰华侨农场。1999年，渠道运行良好。2002年，渠道硬化防渗及通车道长6千米，渠道配套建筑物工程66宗，工程总投资145万元，完成工程量为土方52670立方米，石方595立方米，浇筑混凝土1368立方米，铺设草皮41300平方米。2003—2010年，改善灌溉面积216.67公顷，增加灌溉面积186.67公顷。

（二）松涛灌区福山美玉支渠防渗工程

位于老城镇白莲水管所，始建于20世纪70年代初。1999年，渠道运行良好，灌溉重要的主产粮区和瓜菜种植基地。2003—2004年，建设松涛灌区白莲西干渠防渗工程，渠道长12千米，总投资137万元，渠道全程硬化防渗及渠堤通车，有效灌溉面积1533.33公顷，受益人口8万多人。2009年，建设渠道防渗工程，工程投入430万元，完成工程量为土方开挖 1.22 万立方米，填筑土方 1.27 万立方米，浆砌石 0.025 万立方米，混凝土和钢筋混凝土 0.36 万立方米，建筑物 36 宗，完成渠道现浇 C20 混凝土衬砌长度 8.33 千米。2010 年，按计划完成施工任务，有效灌溉面积 1200 公顷，恢复灌溉面积 280 公顷，改善灌溉面积 186.67 公顷，增加节水能力 501 万立方米。

（三）松涛灌溉区白莲西干渠

位于澄迈县金江镇美亭工作站北让村委会，20 世纪 80 年代初开挖建设,渠道总长 13 千米，受益人口约 2500 多人，灌溉农田 200 公顷，其中水田 146.67 公顷，坡地 53.33 公顷。1999 年，渠道正常运行。2002 年，渠道硬化防渗渠首段 5 千米。2003 年，渠道硬化防渗透 3.8 千米，工程投资 40 万元。2007 年，对美亭 6 号斗 5+000—13+000 段渠道进行衬砌防渗节水改造，工程投资 95 万元。2008—2010 年，发挥灌区作用，运行正常，每年可节水约 40 万立方米，改善灌溉面积 100 公顷，恢复灌溉面积 60 公顷，增加灌溉面积 40 公顷。

（四）松涛灌区吴池渠道修复工程

位于永发镇永丰村至南轩村，该灌区建于 20 世纪 50 年代。1999 年，该渠道正常运行。2008 年，该渠道硬化防渗渠道长 6.2 千米，工程总投资 230 万元，其中国债资金 200 万元，县配套 30 万元。完成工程量砼防渗 5.3 千米，明渠防崩 0.3 千米，渡槽 2 宗 0.6 千米，公路桥 6 宗，机耕桥 10 宗，人行桥 15 宗，放水斗 35 宗。2009—2010 年，发挥灌区作用，运行正常，增加灌溉面积 433.33 公顷，改善灌溉面积 300 公顷，增加冬季瓜菜种植面积 166.67 公顷。

（五）松涛灌区黄竹分干渠二分支渠工程

位于永发镇永丰村至南轩村，渠道长 6.2 千米，2008 年建设，工程总投资 230 万元，其中国债资金 200 万元，县配套 30 万元。完成工程量，砼防渗 5.3 千米，明渠防崩 0.3 千米，渡槽 2 宗 0.6 千米，公路桥 6 宗，机耕桥 10 宗，人行桥 15 宗，放水斗 35 宗。工程效益：增加灌溉面积 433.33 公顷，改善灌溉面积 300 公顷，增加冬季瓜菜种植面积 166.67 公顷。

第四节 防汛抗旱

一、防堤工程

（一）木春防潮堤

位于桥头镇与福山镇交界处的花场湾内，工程以防潮防洪为主，主堤为木春防潮堤，副堤为昌大河左、右堤、花场河左堤。2001—2002年，防潮堤开工建设。堤长8.26千米。工程总投资100万元，完成工程量为土方2.47万立方，浆砌石2500立方米，混凝土340立方米，批挡160平方米。2004—2010年，防潮堤运行良好，保护堤内圣眼、福留、钦帝、木春、昌大、玉堂、花场等12个自然村3700人，农田166.67公顷。

（二）南渡江金江段北堤防洪

位于澄迈县金江镇南渡江金江段北岸。2001年兴建，总投资5400万元，堤总长4.8千米，堤高4.7米，堤宽6米。2002—2010年，该防洪工程运行良好，保护堤内3.86万人安全。

（三）山口护岸

位于原山口乡政府南侧南渡江左岸，2007年开工建设，投资60万元，坝长25米，坝高5.5米，完成工程量为抛石碾压3008立方米，干砌块石坡602立方米。2008—2010年，保护山口村委会6个自然村7000余人，农田133.33公顷。

（四）大塘河河口段左岸护岸

位于金江镇大塘村西侧，2007年，该工程开工建设，护岸长260米，投资135.8万元。完成工程量为土方8990立方米，石方5240立方米，混凝土338立方米，铺设草皮3050平方米。至2010年，保障大塘村2320人安全和房屋近500幢的安全。

（五）东水港防潮堤

位于老城镇东水港，2005—2009年，工程总投资910万元，完成工程量为土方61726立方米，石方15978立方米，浇筑混凝土及钢筋混凝土3143立方米，挡墙勾缝2736立方米，制作安装钢筋41.06吨。至2010年，该防潮堤运行良好，保护渔民1100多户4000人安全，渔船300艘。

（六）南渡江山口防洪堤段砌石护岸

位于金江镇南渡江原山口乡政府岸边处，2008年动工建设，投资60万元，完成工程量为干砌石1800立方米，混凝土200立方米，浆砌石1600立方米，土方52000立方米。设计防洪标准为10年一遇，保护山口村委会6个自然村7000余人安全，农田13.33公顷。

二、抗旱打井工程

1999—2001年，完成抗旱打井218口，维修水井47口，灌溉面积189公顷，解决3.01万人饮水。

2002年，打大口径井26口和手摇机井78口，解决7500人饮水困难。2003年，完成打井76口，解决2.85万人的饮水困难。2004年，完成打井69口，解决2.71万人的饮水困难。2005年，全县打机井57宗，人口井184宗，新建供水工程25处，解决241个村庄

11.722 万人的饮水困难问题。

2006 年，兴建农村供水工程 9 处，解决供水受益人口 1.98 万人。2007 年，兴建文儒镇九帮岭抗旱大口井、加乐镇常树抗旱大口井、永发镇参军村抗旱机井、老城镇美宁村抗旱机井、后坡电灌站、卜罗电灌站、大茂电灌站等 7 座抗旱打井工程，总投资 80 万元，供水受益人口 1.729 万人，完成工程量：土方 0.138 万立方米，石方 112 立方米，混凝土 30 立方米，维修渠道 3 条 1.5 千米，工程效益：新增灌溉面积 104.67 公顷，改善灌溉面积 40 公顷。

2008 年，兴建大丰镇五村队机井、永发镇美傲村机井、金江镇长发坡村机井、仁兴镇仁坡大口井、仁兴镇美悟大口井等 5 座抗旱打井工程，总投资 50 万元，供水受益人口 1.67 万人，改善灌溉面积 40 公顷。

2009 年，兴建长安福龙洋抗旱机井管网、山口电灌站、金江镇长发坡村机井等 3 座抗旱打井工程，总投资 50 万元，供水受益人口 700 人，改善灌溉面积 106.67 公顷。

2010 年，兴建加乐五教机井、文儒桂根机井、文儒北岸肚机井、文儒良田机井等 4 座抗旱打井工程，总投资 40 万元，工程量完成钻井深 615 米，低压电线路长 1470 米，深水泵 4 个。井挖灌溉面积 57.33 公顷农田。供水受益人口 1.68 万人，新增灌溉面积 26.67 公顷。

三、高效节水工程

（一）澄迈县热带水果示范基地节水灌溉工程

位于澄迈县桥头镇，2001 年动工兴建，工程总投资 100 万元，2001 年完工。2002—2010 年，实施节水灌溉面积 52.07 公顷，其中果树滴灌 51.53 公顷，微喷灌 0.54 公顷，为澄迈建设热带水果示范基地节水灌溉示范工程。

（二）现代农业示范园高效节水工程

位于金江镇地坡岭种植基地，2008 年动工兴建，总投资 132 万元，2008 年完工。其中中央资金 60 万元，省级资金 40 万元，县配套资金 32 万元。主要建设项目有机井 3 眼，铺设供电线路、供水管网、喷灌工程。2010 年，灌溉面积 55 公顷。

（三）长发坡瓜菜基地节水工程

位于金江镇京岭村委会长发坡村，2008 年动工兴建，总投资 207 万元，2008 年完工，其中中央资金 110 万元，省级资金 65 万元，县配套资金 32 万元。主要建设项目有大口井 6 眼，铺设供电线路、泵房抽水设备供水管网。2010 年，灌溉长发坡村、反修村面积 75.93 公顷。

（四）新大地良种苗基地高效节水工程

位于金江美亭大美水库边，2008年动工兴建，总投资177万元，2008年完工，其中中央资金90万元，省级资金55万元，节水工程配套资金32万元。主要建设项目有抽水站及设备，供电线路、供水管网及喷灌工程。2010年，为新大地基地灌溉面积73.13公顷。

（五）永发镇小型灌区农田水利节水改造工程

位于永发镇，2010年动工兴建，工程总投资807.28万元，2010年完工。完成节水改造工程防渗渠道16.963千米，配套建筑物92宗，挖土方2.67万立方米，回填土方3.92万立方米，草皮5.37万平方米，浆砌石70540立方米，混凝土3935立方米，钢筋130.5吨。新增节水能力219万立方米，新增恢复灌溉面积336公顷，改善灌溉面积293.33公顷。

（六）中兴镇小型灌区农田水利节水改造工程

位于中兴镇，2010年动工兴建，工程总投资188.93万元，2010年完工。完成节水改造工程防渗渠道4.144千米，配套建筑物35宗，挖土方0.525万立方米，回填土方1.149立方米，草皮1.638万平方米，浆砌石423立方米，混凝土1055立方米，钢筋10.9吨。新增节水能力86万立方米，新增恢复灌溉面积86公顷，改善灌溉面积58.67公顷。

（七）永发镇龙楼高效节水基地工程

位于永发镇龙楼村，2010年，动工兴建，投资103.38万元，2010年完工。完成新建提水泵站1座，安装提水泵3台及相关配套调控设备，铺设灌溉管道5.57千米，挖土方0.34万立方米，回填土方0.33立方米，浆砌石708立方米，混凝土61立方米，钢筋4.59吨。恢复农田灌溉面积45.33公顷。

（八）大茂瓜菜基地高效节水工程

位于金江镇江南，2008年动工建设，总投资93.1万元，2008年完工，其中中央资金40万元，省级资金20万元，节水工程配套资金33.1万元。完成建设项目有抽水站及设备，供电线路、供水管网及喷灌工程。2010年，为大茂瓜菜基地新增节水灌溉面积26.67公顷。

（九）小农水京岭瓜菜高效节水基地工程

位于金江京岭村，2009年动工建设，总投资148万元，2009年完工，其中中央资金60.3万元，省级资73.8万元，群众资金13.9万元。完成建设项目有抽水站及设备，供电线路、供水管网及喷灌工程。2009—2010年，为小农水京岭瓜菜基地新增灌溉面积13.33公顷，改善灌溉面积6.67公顷。

（十）老城镇文礼村瓜菜基地高效节水工程

位于老城镇文礼村，2009年兴建，总投资200万元，2009年完工，其中中央资金100万元，省级资金100万元。完成建设项目有抽水站及设备，供电线路、供水管网及喷灌工程。2009—2010年，为老城镇文礼村瓜菜基地新增灌溉面积33.33公顷，改善灌溉面积6.67公顷。

四、饮水工程

（一）城镇居民饮水工程

1998年5月，澄迈县供水公司委托澄迈县宝信有限公司经营。2000年，澄迈县金江镇地面水厂建成，集资3180万元，水厂日供水量2万吨，基本满足县城金江居民的生活用水需求，结束昔日县城金江定时定量供水历史。

2006年，澄迈县政府批准建设老城供水厂，2007年7月建成运行，水厂日供水量10万吨，总投资3.6亿元，保障41家企业和近10万人口的安全饮水。至2010年，不断完善配套管网建设，使供水辐射到县城金江周边31个自然村，让21000人饮用安全自来水。共计投入资金4113万元，其中澄迈县水务局投资400万元。

（二）农村饮水工程

1999—2010年，全县投入建设资金18700万元，其中各级财政投入16600万元，群众自筹（含镇政府统筹资金）2100万元。建设机井、人工井、蓄水池与水塔等饮水工程937宗，解决815个自然村413991人的饮水及家畜家禽饮水。

1999—2007年，农村饮水工程运行正常。2008年，县委、县政府提出“用两年时间全部解决农村人口不安全饮水问题”。2009年，全县投入资金1161.2万元，其中中央专项资金547.7万元，省级资金197.1万元，县政府配套及群众自筹资金416.4万元，实施农村饮水安全工程15宗，解决全县38个自然村2.6万人安全饮水。

2010年，全县投入资金11462万元，其中中央专项资金1626万元，省级资金486万元，县政府配套资金3000万元，贷款5500万元，群众自筹及投工投劳折款850万元。全年建设农村饮水安全工程93宗，解决全县268个自然村140847万人安全饮水问题。

建设农村饮水工程中型供水厂5宗，即县域周边农村饮水工程、永发镇水厂、永发镇新吴水厂、长安镇水厂、瑞溪镇水厂。

县城周边农村饮水安全工程　位于县城金江。2006年，开工建设，工程总投资352万元，其中国债资金176万元，县配套资金176万元。2007—2010年，该水厂运行良好，解决县城周边农村大塘、塘口、博潭、钟赛、京岭等5个行政村22个自然村13430人的饮水安全问题，其中解决不安全饮水人口6170人。

永发水厂　位于永发镇永发墟。2007年，工程开工建设，工程总投资247万元，其中国债资金161万元，县配套及群众自筹86万元。2008—2010年，该水厂运行良好，解决5个村庄1200多人的安全饮水问题。

新吴水厂　位于永发镇新吴墟。2008年，兴建新吴水厂，工程总投资314万元，其中国债资金208万元，省配套资金79万元，县配套资金27万元，建设农村供水小型工程65宗。2009年，完成该水厂建设，同年12月投入使用。2010年，该水厂运行良好，解决新吴、永跃、赛玉、大山4个村委会26个自然村12350人供应安全饮水，其中解决不安全饮水人口6651人。

长安水厂　位于金江镇新村仔下村。2010年，工程开工建设，总投资1168万元，其中国债资金464万元，省配套资金116万元，县配套资金462万元。水厂解决7个行政村37个村庄11723人的饮水问题，其中不安全饮水人口11582人。

瑞溪水厂　位于瑞溪镇瑞溪墟。2010年，工程开工建设，总投资450万元，其中国债资金200万元，省配套资金50万元，县配套资金200万元。水厂解决饮水安全受益人口15092人，其中解决不安全饮水村庄23个，不安全饮水人口4991人。

2006—2010年澄迈县农村供水工程建设情况表

表6-1-1

建设年度	所在乡镇	供水工程名称	投入资金（万元）	受益人口（人）
2006年	文儒镇	文儒中心小学	16.00	500
	永发镇	龙楼村	18.00	1843
		卜岸村	30.00	923
	老城镇	国社村	13.00	183
	桥头镇	沙土村委会	89.22	3602
2007年	金江镇	周北坡村	20.00	440
		高山朗村	12.90	1227
		扬昆村	16.00	490
		大拉村	45.00	1550
		南洋村	30.00	380
		加时王村	25.00	348
	加乐镇	德润村	50.00	1500
		岭门村	18.24	420
		安常坡村	21.00	348
	永发镇	儒良村	12.00	340

续表 6-1-1

建设年度	所在乡镇	供水工程名称	投入资金（万元）	受益人口（人）
2007 年	桥头镇	沙土村	8.00	3162
	仁兴镇	加运村	27.00	670
	瑞溪镇	北畔仔村	20.00	587
	福山镇	卜才村	12.00	255
2008 年	金江镇	坡尾园村	16.00	394
		兴加朗村	26.00	965
	瑞溪镇	仙儒村	23.00	1220
		三多村	43.00	2650
	永发镇	博罗村	63.00	2448
		龙楼村委会	33.00	3000
	加乐镇	平高岭村	12.00	200
		常树村	43.00	1113
	文儒镇	文儒墟新园村	33.00	1450
	仁兴镇	法美村	9.00	250
	老城镇	龙吉村	57.00	1600
	大丰镇	五村作业区	40.00	1711
2009 年	金江镇	长安宋岭村	25.00	675
		美亭下塘村	20.15	285
		美亭桥头村	37.00	1356
		福星村	42.00	791
		黄竹、北排山村	3600.00	4400
	永发镇	黄家村	12.25	430
		上排坡村	32.30	781
	中兴镇	横滩村	78.00	2400
		孔水村	48.00	1125
	加乐镇	桂村园村	49.00	44
	瑞溪镇	山尾村	48.10	822
	桥头镇	博明村	39.20	600

续表 6-1-1

建设年度	所在乡镇	供水工程名称	投入资金（万元）	受益人口（人）
2009 年	中兴镇	好保墟	163.27	2291
		仁洞村委会	160.03	2400
		里万村	45.42	900
		福来村委会	69.49	1051
	仁兴镇	美厚村委会	75.91	1300
		岭仑村委会	75.51	1000
	文儒镇	南林村委会	83.27	1100
		石浮墟	69.34	1520
		坡尾墟	149.55	2355
2010 年	永发镇	长福、番丁村	191.60	2920
	桥头镇	元隆、文昌、包岸、林诗、中兴村	190.00	3317
		丰行、昌球、儒林、美若村	80.00	1360
	金江镇	金江水厂管网延伸工程	4600.00	7508
		山内坡村	70.00	1200
		军口、加潭、大茂村	120.00	2750
		六山、海仔、木棉、里好村	147.00	3098
	老城镇	东水港	109.00	1700
		白莲富豪村	78.20	1862
	瑞溪镇	罗浮村	98.40	4520
	永发镇	新吴水厂管网延伸工程	181.00	24826

第五节　工程维修

一、水库除险加固

（一）中型水库

1999—2010 年，加强中型水库除险加固工程建设，目的在于完善库区配套设施，保证库区大坝安全蓄水运行，正常发挥灌溉效益作用。具体包括加潭、南方、美亭、促进 4 宗中型水库。

加潭水库除险加固工程　位于澄迈县金江镇太平工作站东南方约 5 千米处的海仔河上。1999 年，该水库没有除险加固。2004 年，加潭水库除险加固工程，国家投资 650 万元。完成工程量：土石方 13180 立方米，主坝坡 C20 砼护面 1660 立方米，M7.5 浆砌石 566.5 立方米，干砌石护坡 1222 立方米，C15 砼预制路绿石 31 立方米，C15 预制砼 U 形槽 35 立方米，草皮坡 4230 平方米，坝体充填灌浆钻孔 220 米并灌浆。安装 300KN 螺杆启闭设备（杆长 5 米、杆长 15 米）1 台，50KN 浆油发电机 1 台。修建进库防洪公路 2 千米。工程效益：发挥灌溉、防洪和发电综合效益作用。有效灌溉面积 2133.33 公顷。2010 年，该水库没有除险加固。

南方水库除险加固工程　位于澄迈县文儒镇东南方 5 千米处，水库集雨面积 8.715 平方千米，总库容 1450 万立方米。2005 年，工程总投资 60 万元，建设项目为 C20 砼护坡，完成工程量为土石方 4660 立方米，砂浆批挡 1450 平方米，按照混凝土预制圆管 24 米，大坝加固。工程效益：大坝渗漏根治，水库安全蓄水，有效灌溉面积 1333.33 公顷，库区下游 1.2 万人口安全得以保障。2009 年，工程总投资 1165 万元。完成工程量：土方 6.145 万立方米，石方 2227 立方米，混凝土 2107.3 万立方米。工程效益：大坝渗漏根治，水库安全蓄水，新增灌溉面积 66.67 公顷，改善灌溉面积 466.67 公顷，库区下游 1.2 万人安全得以保障。2010 年，该水库没有除险加固。

美亭水库除险加固工程　位于南渡江一级支流——汶安河上游。2008 年，修建美亭水库除险加固工程，国家投资 1938 万元，完成工程量：土方 77529 立方米,浇筑混凝土及钢筋混凝土 6889 立方米，草皮护坡 20375 平方米。工程效益：大坝安全蓄水，有效灌溉面积 1105.33 公顷，库区下游 1.2 万人安全得以保障。2010 年，该水库没有除险加固。

促进水库除险加固工程　位于南渡江流域大塘河支流布潭溪上游。2008 年修建促进水库除险加固工程，国家投资 670 万元。完成工程量：土方 64500 立方米，干砌石 315 立方米，浆砌石 428 立方米，混凝土 4992 立方米，塑性混凝土防渗墙 5272 平方米，草皮护坡 10200 平方米。工程效益：大坝安全蓄水，有效灌溉面积 1100 公顷，库区下游 6 万人安全得以保障。2010 年，该水库没有除险加固。

（二）小型水库 山塘

2000 年，加固小塘坝 32 座。

2001 年，文儒水库除险加固工程，工程总投资 60 万元，灌溉面积 10 公顷，改善灌溉面积 106.67 公顷。玛露水库除险加固工程，工程总投资 62 万元，有效灌溉面积 75.33 公顷，其中增加灌溉面积 24 公顷。

2002 年，修建高山朗水库除险加固工程，总投资 60 万元，设计灌溉面积 113.33 公顷，灌区主渠全长18.5千米。修建下邦水库加固工程，投资74.84万元，设计灌溉面积50公顷，发挥灌溉效益46.67公顷。

2003年，群星水库、村内水库、孝友山塘和水库病险水利工程等4座除险加固工程。其中村内水库总投资42万元，工程量：大坝培土加厚，迎水坡现浇砼护坡，以及修建放水涵启闭机室及配套设备等。有效库容159.5万立方米，设计灌溉面积200公顷。

2004年，墩雅水库、法美水库、效古水库和大唐滚水坝等4座除险加固工程，其中墩雅水库总投资60万元，完成工程量：土方1.1万立方米，石方1906立方米，浇筑混凝土638立方米，铺设草皮5400平方米。

2005年，全县修建群星水库、排坡山塘、大云水坝、白沙村水坝、桥坡山塘等5座除险加固工程，工程总投资81万元，建设项目有C20砼护坡、M7.5浆砌石、C20砼滚水坝、坝身加高、加厚。完成工程量：坝顶充填灌浆1100米，前坡平台防渗墙灌浆780米，土方14630立方米，石方535立方米，混凝土415立方米，铺设草皮400平方米。根治大坝渗漏，水库安全蓄水，改善灌溉面积363.33公顷。

2006年，全县修建永良水库、老城国社山塘、白莲军腔山塘、永发冲尾山塘、加乐常数山塘、永发后坡拦水坝、美本水库、芬华水库等8座除险加固工程，工程总投资263.4万元，完成工程量：土方5.25万立方米，石方2347立方米，混凝土1586立方米。新增灌溉面积40,67公顷，恢复灌溉面积34.67公顷，改善灌溉面积106.67公顷。

2007年，全县修建加乐镇常数水库、仁兴群星水库、文儒九帮岭山塘、老城用潭山塘、永发后坡拦水坝、桥头镇正好山塘、瑞溪镇干岭山塘、永发镇参军山塘、永发镇排坑岭拦水坝、国社山塘等10座除险加固工程，工程总投资344.9万元，完成工程量：土方5.306万立方米，石方4625立方米，混凝土2106立方米。新增灌溉面积60公顷，恢复灌溉面积57.33公顷，改善灌溉面积324.67公顷。

2008年，全县修建美玉水库、群星水库、道兴水库、大美水库、尖岭水库、侍郎水库、太平美墩山塘、加笼塘水坝等8座除险加固工程，工程总投资1786万元，完成工程量：土方10.8488万立方米，石方18519立方米，混凝土7192立方米。新增灌溉面积273.33公顷，改善灌溉面积586.67公顷。

2009年，全县修建黑冲水库、大洞水库、老城美儒山塘、长安新田滚水坝、瑞溪石琼山塘、文儒山心村、中兴镇梅花山塘、金江镇长安南香水库等8座除险加固工程，工程总投资255万元，完成工程量：土方3.589万立方米，石方1662立方米，混凝土1177立方米。新增灌溉面积20公顷，改善灌溉面积243.33公顷。

2010年，全县修建合堀朗水库、中间村山塘、龙风水库、长岭山塘等15座除险加固工程，工程总投资 845 万元，完成工程量：土方 9.221 万立方米，石方 25095 立方米，混凝土 3490 立方米。新增灌溉面积 90.67 公顷，改善灌溉面积 436.67 公顷。

二、渠道维修

松涛水库澄迈灌区和全县中小型水库山塘大小渠道，经多年的放水运行，特别是遭台风暴雨的袭击，普遍出现不同程度的淤积、塌损、渗漏等现象，影响灌溉效益。澄迈县水务部门围绕县政府每年的冬修水利工作中心，有计划地对水库除险加固工程，进行维修建设,对各类水库、山塘及灌区大小渠道进行维修建设。

1999 年，全县维修大小渠道 1044 千米，修复水毁工程 7 座。

2000 年，新增主要渠道防渗 48 条，总长 62.6 千米。完成土方 137.8 万立方米，石方 16176 立方米，混凝土 17631 立方米，铺植草皮 66.8 万平方米，新辟通车渠道 41.2 千米。维修大小渠道 586 条，总长 606 千米，维修配套建筑物 3096 座。维修谷坊 4 千米，新挖维修截流沟 3.7 千米。

2001 年，全县累计投劳 135 万个工日，新增主要渠道防渗 36 条，总长 52 千米。其中，重点新渠道防渗项目有大塘引水干渠，各乡镇还自筹资金共完成 6.37 千米的防渗渠道。

2002 年，投劳 98.5 万个工日，完成土方 116.6 万立方米，石方 1.24 万立方米，混凝土 1.18 万立方米，维修渠道 1492 条，长 232 千米，其中防渗硬化 51 条，长 42 千米，配套建设物 3867 座。新增渠道防渗 51 条，总长 42 千米，其中重点新建防渗的项目有大丰渠道、南方渠道加乐地段、岭蒙渠道等，此外，各乡镇还自筹资金完成 15 千米的防渗硬化渠道。

2003 年，全县渠道防渗建设 160 条，总长 107.65 千米，其中主渠道防渗 15 条，长 37.65 千米，田间渠道 145 条，长 70 千米。全县冬修共出动机械 1986 台，投劳 70.3 万个工日，完成土方 84.9 万立方米，石方 6361 立方米，混凝土 8220 立方米，维修渠道 1322 条，长 1639 千米，其中防渗硬化 160 条，长 107.65 千米，配套建设物 901 座。

2004 年，全县冬修共出动机械 1.93 万台，投入劳动工日 53.8 万个，完成土方 58.94 万立方米，石方 40794 立方米，混凝土 33674 立方米，维修渠道 1298 条，长 1250.1 千米，其中防渗硬化 86 条，长 125.2 千米，配套建筑物 2982 座。

2005 年，全县渠道维修建设工程 1278 条，长 1154 千米，总投资 536 万元，其中节水配套工程大小维修渠道 8 条，长 17 千米，配套建筑物 108 座；水毁工程大小维修渠道 58 条，长 12 千米；乡镇水利工程大小维修渠道 1212 条，长 1125 千米。完成工程量：土方 16.3 万立方米，石方 4427 立方米，混凝土 5205 立方米。改善灌溉面积 480 公顷。

2006 年，全县渠道维修建设工程 1260 条，长 1250.85 千米，总投资 473.6 万元，其中节水配套工程大小维修渠道 8 条，长 20.85 千米，配套建筑物 38 座；乡镇水利工程大小维修渠道 1252 条，长 1230 千米。完成工程量：土方 16.51 万立方米，石方 1170 立方米，混凝土 5429 立方米。改善灌溉面积 9308.67 公顷。

2007 年，全县渠道维修建设工程 176 条，长 182.6 千米，总投资 430.3 万元，其中节水配套工程大小维修渠道 7 条，长 18 千米，配套建筑物 51 座；渠道维修项目大小维修渠道 5 条，长 4.6 千米，乡镇水利工程大小维修渠道 164 条，长 160 千米。完成工程量：土方 12.39 万立方米，石方 2680 立方米，混凝土 3373 立方米。改善灌溉面积 4012.67 公顷。

2008 年，全县渠道维修建设工程 175 条，长 184.52 千米，总投资 804.93 万元，其中节水配套工程大小维修渠道 6 条，长 21.82 千米，配套建筑物 111 座；渠道维修项目大小维修渠道 5 条，长 2.7 千米，乡立方米，混凝土 3503 立方米。改善灌溉面积 1366.67 公顷。

2009 年，全县渠道维修建设工程 216 条长 259.57 千米，总投资 1183.4 万元，其中节水配套工程大小维修渠道 30 条，长 59.57 千米，配套建筑物 331 座；渠道维修项目大小维修渠道 22 条长 40 千米，小（一）型、小（二）型水库大小维修渠道 164 条，长 160 千米。完成工程量：土方 20.985 万立方米，石方 4550 立方米，混凝土 16790 立方米。改善灌溉面积 2306.67 公顷。

2010 年，全县渠道维修建设工程 212 条，长 238.85 千米，总投资 2271.06 万元，其中节水配套工程大小维修渠道 35 条，长 69.2 千米，配套建筑物 302 座；水毁工程大小维修渠道 4 条，长 4.9 千米；渠道维修项目大小维修渠道 9 条，长 4.75 千米；小（一）型、小（二）型水库大小维修渠道 164 条，长 160 千米。完成工程量：土方 26.154 万立方米，石方 1468 立方米，混凝土 14164 立方米。改善灌溉面积 1445.33 公顷。

三、灌区维修

1999—2010 年，为提高水库排放技能和效益，全县水库配套建筑物 15004 宗。

1999—2004 年，灌区渠道全面维修，全县完成维修大小渠道 1542 条，总长 1895 千米，维修配套建筑物 6502 座。

2005 年，全县灌区建筑物维修建设 44 条，长 106.1 千米，总投资 30 万元，其中松涛福山、白莲灌区大小维修渠道 4 条，长 1.1 千米，配套建筑物 13 座；松涛水库澄迈灌区大小维修渠道 40 条，长 105 千米。完成工程量：土方 9000 立方米，石方 200 立方米，混凝土 275 立方米。改善灌溉面积 2433.33 公顷。

2006 年，松涛水库澄迈灌区建筑物维修建设 40 条，长 105 千米，总投资 10 万元。完成工程量：土方 0.5 万立方米，混凝土 50 立方米。改善灌溉面积 2433.33 公顷。

2007年，全县灌区建筑物维修建设968条，长897千米，总投资97万元，其中加潭水库灌区大小维修渠道455条，长478千米；美亭水库灌区大小维修渠道345条，长224千米；促进水库灌区大小维修渠道53条，长77千米；南方水库灌区大小维修渠道115条，长118千米。完成工程量：土方6.02万立方米，改善灌溉面积7300公顷。

2008年，全县灌区建筑物维修建设795条，长761.5千米，总投资95万元，其中加潭水库灌区大小维修渠道360条，长348.2千米；美亭水库灌区大小维修渠道275条，长178.6千米；促进水库灌区大小维修渠道40条，长50.8千米；南方水库灌区大小维修渠道75条，长78.9千米；松涛澄迈灌区大小维修渠道45条，长105千米。完成工程量：土方6.91万立方米。

2009年，全县灌区建筑物维修建设535条，长538.7千米，总投资95万元，其中加潭水库灌区大小维修渠道260条，长248.2千米；美亭水库灌区大小维修渠道170条，长98.6千米；促进水库灌区大小维修渠道20条，长38千米；南方水库灌区大小维修渠道40条，长48.9千米；松涛澄迈灌区大小维修渠道45条，长105千米。完成工程量：土方6.91万立方米。

2010年，全县灌区建筑物维修建设535条，长538.7千米，总投资95万元，其中加潭水库灌区大小维修渠道260条，长248.2千米；美亭水库灌区大小维修渠道170条，长98.6千米；促进水库灌区大小维修渠道20条，长38千米；南方水库灌区大小维修渠道40条，长48.9千米；松涛澄迈灌区大小维修渠道45条，长105千米。完成工程量：土方6.91万立方米。

四、洋田整治

每年冬修农田水利基本建设，农田整治是工程重点。农田整治的标准是：建设田成方、渠相连、路相通,旱能灌、涝能排，高产稳产农田。1999—2010年，全县累计农田整治投入资金11997.9万元，农田整治总面积3733.33公顷，其中增加灌溉面积746.67公顷，恢复和改善灌溉3733.33公顷。2000年，累计投入资金26662万元，整治田洋229个，农田整治总面积1.09万公顷，其中增加灌溉面积3270公顷，恢复和改善灌溉面积7630公顷。重点田洋整治，投入资金14727.99万元，整治32个大洋田，实现有效灌溉总面积8900公顷。

1999—2000年，重点整治的田洋有罗浮洋、太平洋、海仔洋、军口洋、龙楼洋等，重点田洋整治面积2133.33公顷。

2001年，大塘洋等农田整治工程，工程总投资623万元，其中国家投资296万元，县配套162万元，群众自筹165万元。大东洋农田整治工程，工程总投资1201万元，其中国家投资735万元，县配套130万元，群众自筹186万元，奖励项目150万元。罗驿洋农田整治工程，工程总投资470万元，奖励项目150万元。改善灌溉面积5900公顷。

2002年，官田洋农田整治工程，总投资1400万元，其中中央及省投资900万元，县配套资金185万元，群众自筹资金195万元，奖励项目资金120万元。该田洋总的灌溉面积733.33公顷。完成劳动工日34.46万个，其中投劳8.04万个。

2003年，排坡洋农田整治工程，总投资302万元，其中国家投资168.4万元，县配套资金43万元，群众自筹资金90.6万元，田洋水田总面积166.67公顷，劳动工日4.4万个。国际洋农田整治工程，总投资1012.5万元，其中国家投资623.1万元，县配套资金110万元，群众自筹资金279.4万元，田洋水田总面积633.33公顷，劳动工日30.22万个。

2004年，仁心洋、龙吉洋等2个重点农田整治工程，总投资1317万元，其中国家投资644万元，县配套资金256万元，群众自筹资金417万元。投劳3.34万个工日。

2005年，大催洋、头才洋、龙坡洋等27个项目5933.33公顷农田整治工程，总投资1220万元，其中国家投资738万元，县配套资金62万元，群众自筹资金400万元。完成劳动工日28.8万个，保证灌溉面积，其中增加灌溉面积030公顷，恢复灌溉面积101.33公顷，改善灌溉面积535.33公顷。

2006年，那秀洋、大云洋、罗亦洋等11个项目3933.33公顷农田整治工程，总投资1171万元，其中国家投资644万元，县配套资金236万元，群众自筹资金291万元。新增旱涝保收面积900公顷，增加灌溉面积166.67公顷，恢复灌溉面积133.33公顷，改善灌溉面积699公顷。

2007年，善井洋、坡尾洋等11个项目4933.33公顷农田整治工程，总投资1091万元，其中国家投资764万元，县配套资金67万元，群众自筹资金260万元。新增旱涝保收面积710公顷，增加灌溉面积40公顷，恢复灌溉面积100公顷，改善灌溉面积570公顷。

2008年，大坡洋、加巨坡洋、侍郎洋等3个项目1566.67公顷农田整治工程，总投资1467万元，其中国家投资757万元，县配套资金363万元，群众自筹资金347万元。新增旱涝保收面积200公顷，增加灌溉面积166.67公顷，恢复灌溉面积333.33公顷，改善灌溉面积1066.67公顷。

2009年，孝友洋、文流洋、桥东洋、圣目洋、儒堂洋等5个项目173.33公顷农田整治工程，总投资2660万元，其中国家投资1849.9万元，县配套资金363.9万元，群众自筹资金446.7万元。新增旱涝保收面积333.33公顷，增加灌溉面积620公顷，恢复灌溉面积1500公顷，改善灌溉面积366.67公顷。

2010年，好让洋、名山洋、下村洋等3个项目农田整治工程，总投资1690万元，其中国家投资 955 万元，县配套资金 382 万元，群众自筹资金 353 万元。新增旱涝保收面积 466.67 公顷，增加灌溉面积 253.33 公顷，恢复灌溉面积 220 公顷，改善灌溉面积 666.67 公顷。

1999—2010 年澄迈县重点田洋整治情况表

表 6-1-2

年度	序号	田洋名称	投入整治资金（万元）	有效灌溉面积（公顷）
2000 年	1	罗浮洋	280.00	733.33
	2	太平洋	275.00	633.33
	3	海仔洋	130.00	300.00
	4	军口洋	180.00	400.00
2001 年	5	龙楼洋	300.00	200.00
	6	大塘洋	503.00	433.33
	7	大东洋	1201.00	800.00
	8	罗驿洋	470.00	286.67
2002 年	9	官田洋	1300.00	733.33
2003 年	10	排坡洋	302.00	166.67
	11	国际洋	1012.50	633.33
2004 年	12	仁心洋	682.20	333.33
	13	龙吉洋	624.79	333.33
2005 年	14	大催洋	567.70	320.00
	15	龙坡洋	20.00	66.67
	16	头才洋	632.30	272.00
2006 年	17	那秀洋	136.00	167.33
	18	大云洋	689.36	333.33
	19	罗亦洋	430.00	161.00
2007 年	20	善井洋	476.44	233.33
	21	坡尾洋	360.00	154.33
2008 年	22	大坡洋	705.45	393.33

续表 6-1-2

年度	序号	田洋名称	投入整治资金（万元）	有效灌溉面积（公顷）
2008 年	23	侍朗洋	311.85	153.33
	24	加巨坡洋	449.70	253.33
2009 年	25	孝友洋	279.10	146.67

第六节　水政管理

一、法规教育

1999—2010 年间，组织水库管护人员及水利技术员，举办法规学习培训班，学习《中华人民共和国水法》《中华人民共和国水土保持法》《中华人民共和国防洪法》《水库大坝安全管理条例》《取水许可和水资源费征收管理条例》《水利工程建设项目招投标管理规定》《全面推进依法行政实施纲要》《海南经济特区水条例》《海南省水工程管理办法》等法律法规，举办培训班 50 期，受训人员 4000 人次。

二、行政执法

1999 年，全县登记发证采砂点 11 个，水政监察人员联合公、检、法、环保等部门加强检查，打击非法经营者，取缔 2 个非法采砂取土点，全年水资源费征收 2.4 万元。

2000 年，全县登记发证采砂点 15 个，水政监察人员联合公、检、法、环保等部门加强检查，打击非法经营者，取缔 3 个非法采砂取土点，全年水资源费征收 3.2 万元，水土流失补偿和采砂收费等各种水规费征收 2000 元。

2001 年，全县登记发证采砂点 6 个，水政监察人员联合公、检、法、环保等部门加强检查，打击非法经营者，取缔 5 个非法采砂取土点，全年水资源费征收 3.2 万元，其中采砂规费征收 3200 元。

2002 年，全县登记发证采砂点 8 个，水政监察人员联合公、检、法、环保等部门加强检查，保护合法者权益，取缔 2 个非法采砂取土点，打击非法经营者，全年水资源费征收 7.07 万元，其中采砂规费征收 1200 元。

2003 年，全县登记发证采砂点 16 个，水政监察人员联合公、检、法、环保等部门加强检查，打击非法经营者，取缔 7 个非法采砂取土点，全年水资源费征收 2.4 万元，其中采砂规费征收 1.02 万元。

2004 年，联合公、检法、环保等有关部门加强执法力度，取缔非法经营点 3 个。

2005 年，全县登记发证采砂点 8 个，发放取水许可证 6 套，征收水资源费 19615 元；

发放河道采砂证许可证 1 套，征收河道采砂管理费 1500 元。

2006 年，对取水、取土和采砂等建立申报、审批、发证、收费等一套制度，禁止乱采乱挖。2007 年，全县查处水事案件 5 起，完成水利建设基金和收水资源费 24.77 万元。

2008 年，全县查处水事案件 4 起，完成水利建设基金 20 万元和征收水资源费 7 万元。

2009 年，在“世界水日”“中国水周”等活动中，澄迈县水务局利用悬挂横幅，张贴标语，出动宣传车等形式，深入各镇、水库、厂矿企业等宣传《中华人民共和国水法》《中华人民共和国防洪法》《中华人民共和国水土保持法》等法律法规，提高人民群众的水法观念。建立健全水务行政执法工作制度等规章制度，规范水务执法人员的执法行为，提高依法行政意识。加大执法力度，维护正常的水事秩序，加强河道采砂管理，取缔非法采砂场 2 个，收水资源费 6 万元。

2010 年，悬挂横额，张贴标语，出动宣传车等，宣传《中华人民共和国水法》《中华人民共和国防洪法》《中华人民共和国水土保持法》等法律法规；加强河道采砂管理，打击水事违法行为，取缔非法采砂场 7 个，征收水资源费 5 万元。

三、水资源管理

（一）水库管理

1999—2010 年，澄迈县水务局实行“五定”（定地段 、定人员，定维修、定水费，定责任）管理方式，对水资源实行统一管理，各类水库管理逐趋规范化、制度化管理。其中，南方、促进、加潭、美亭水库等中型水库由澄迈县水务局直接管理，小（一）型水库由所在乡镇政府管理。小（二）型水库及山塘由所在村委会或自然村管理。松涛澄迈灌区、南方水库、促进水库、加潭水库、美亭水库年收均水费 100 万元，金额上缴县财政，后返拨县水务局，用于水利建设项目。小（一）、小（二）型水库按亩用水量收费，其收费用于水库维修项目和管理人员生活补贴。

（二）取水、采砂许可证管理

中华人民共和国水利部要求，统一规划、统一调配、统一发放取水许可证、统一征收水资源费、统一管理水量水质，对取水、取土、采砂建立起申报、审批、发证、收费等制度，禁止乱采乱挖。1999—2000 年，登记发放取砂证 31 本，取缔非法采砂点 8 处；累计征收水资源费 8.6 万元、采砂管理费 1 万元。

2001 年，登记发放取水证 4 本、取砂证 6 本，取缔非法采砂点 5 处；累计征收水资源费 3.2 万元、采砂管理费 3200 元。2002 年，登记发放取砂证 8 本，取缔非法采砂点 2 处；累计征收水资源费 7.07 万元、采砂管理费 1200 元。

2003 年，累计发放取砂证 16 本，取缔非法采砂点 7 处；累计征收水资源费 2.4 万元、采砂管理费 1.02 万元。2004 年，登记发放取砂证 1 本,取缔非法采砂点 1 处。累计征收水资源费 3.4 万元、采砂管理费 6000 元。

2005—2006 年，登记发放取砂证 8 本，累计收取水资源费 3.897 万元。

2007—2010 年，查处水事违法 15 件，调解水事纠纷 35 起，累计征收水资源费 1.937 万元、采砂管理费 45.77 万元。

第七节　水土保持

1999—2010 年，共计维修谷坊 158 座，新挖维修截流沟 73.3 千米，治理水土流失面积 28.97 平方千米，保护 36 个自然村 17647 人的安全。

一、黄龙岭水保工程

位于金江镇西边 6 千米处的黄龙岭，面积 13.6 平方千米。2002 年，黄龙岭水土流失面积 5 平方千米，总投资 141.35 万元，其中国债资金 100 万元，省配套资金 10 万元，县配套资金 20 万元，群众投劳折款 11.35 万元。完成谷坊坝 24 座、沟头防护 3 座，沟边埂 4290 米，截水沟 595 米，水保林面积 86.67 公顷，封育治理面积 146.67 公顷。

至 2010 年，保护黄龙、云山、高山、龙山、山腰、堆山、塘内、大塘和塘东 9 个自然村 3379 人口,减轻泥沙对大塘洋农田的威胁,农田正常生产得到保证,减少泥沙入大塘河,减轻对河道的污染。

二、山口岭水保工程

位于瑞溪镇西边 2 千米处，面积 10.7 平方千米，水土流失面积 4.6 平方千米。1999—2004 年，山口岭土壤入渗量减少，地表水流失，沟头、沟堤、沟岸在不同程度上的损坏，大东洋和产坡洋的 20 公顷农田受到泥沙威胁。2005 年，澄迈县水务局投资 96.835 万元，其中，国债资金 50 万元，其他配套资金 46.835 万元，完成土谷坊坝 21 宗，水保林面积 66.67 公顷，封育治理面积 166.67 公顷，种草籽 2.33 公顷。至 2010 年，确保山口、加连、坡尾仔、南方、大坡、加巨 6 个自然村 3650 人口得到安全。

三、山口岭水土保持工程

位于瑞溪镇西南部 4 千米处，1999—2006 年，水土流失面积 9.7 平方千米。2005—2006 年，国家投入 116.5 万元，治理面积 9.7 平方千米，建成谷坊 39 座，种植水保林面积 113.33 公顷，种植草皮面积 4.06 公顷，封育治理面积 300 公顷。至 2010 年，保护地域内 4 个自然村 3850 人的安全。

四、同鼓岭水土保持工程

位于金江镇黄龙岭至中兴镇旺商村范围内。1999年，水土没有流失。2006年，严重水土流失面积2.2平方千米，综合治理面积4.8平方千米，工程总投资63.5万元，主要工程量：挖土方4200立方米，干砌石2350立方米。2008年，流域面积22.6平方千米，流失面积10.6平方千米，投资258.36万元，其中国债资金190万元，其他配套及群众投劳折款68.36万元。完成工程量：完成干砌石谷坊41座，沟头防护36座，截水沟6234米，沟边埂6096米，沟洫工程1708米，道路11780米，桥梁1座，溢流坝1座，水土保持林面积100公顷，封育治理面积110.67公顷。2009—2010年，水土流失得到控制,减轻泥沙对下游农田威胁，农田正常生产得到保证,保护地域内16个自然村6750人的安全。

第二章 电 力

第一节 电力设施

1999—2001年，澄迈电网主要有5座35千伏变电站（江南站、永发站、文儒站、仁兴站、桥头站）和1座10千伏开闭所，主变总容量15.75兆伏安。35千伏线路8条，总长度85.68千米。10千伏线路52条，总长度660.38千米。公用变压器588台，总容量为53829千伏安，专变用户688台，总容量为128656千伏安。

2002—2010年，通过项目建设、扩建及接收资产等途径，澄迈电网的变电站数量增加至3座110千伏变电站供电（老城站、澄迈站、永边站，主变总容量为160兆伏安）。8座35千伏变电站（主变共18台，总容量为219.40兆伏安）和4座10千伏开闭所。35千伏线路15条，总长度142.8千米。10千伏线路74条，总长度1650.95千米。公用变压器1235台，总容量为134573千伏安，专变用户1721台，总容量为321641千伏安。全县用电总户数138563户，辖区内有海南中油深南石油开发公司，海南中航特玻 材料有限公司，海南福山油田勘探有限公司，欣龙无纺和海南翔泰渔业等20多家省重要用户。

截至2010年，澄迈投运的电网主要有5座110千伏变电站供电（老城站、澄迈站、永边站、迈岭站、美儒站），主变总容量为240兆伏安。8座35千伏变电站（主变共14台，总容量为65.70兆伏安）和4座10千伏开闭所。35千伏线路15条，总长度142.8千米。10千伏线路74条，总长度1650.95千米。公用变压器1235台，总容量为134573千伏安，专变用户 1721 台，总容量为 321641 千伏安。

1999—2010 年澄迈县变电站情况表

表 6-2-1

变电站名称	电压等级（千伏）	现装容量（千伏安）	35 千伏间隔（个）	10 千伏间隔（个）	投运日期	服务区域
永边站	110	40000	5	8	2006 年	桥头
仁兴站	35	6300	1	4	2001 年	西达、昆仑、和岭、中兴
桥头站	35	11300	2	6	2001 年	桥头
瑞溪站	35	6300	1	4	2010 年	瑞溪

第二节　电网建设与改造

一、电网建设与技改

1999 年，电网项目总投资 1256.31 万元，其中新建及改造 10 千伏架空线路 11.548 千米；0.4 千伏线路 27.674 千米，安装配电变压器 40 台，总容量为 8000 千伏安，无功补偿 2060 千伏。

1999—2004 年，电网建设总投资计划为 28135 万元。完成永边至大丰双 T 马枭站 110 千伏线路工程，新建 10 千伏配电变压器调拨，更换 35 千伏线路电杆，新增调度电力通信系统，10 千伏配电线路隔离开关改造，10 千伏昆仑开闭所断路器更换，改造长安玉环村线路、金马线路、坡立队支线、35 千伏金永线拉线、红旗坡配变及线路、才坡三队线路、10 千伏配变台区、文儒卫生院台区、10 千伏仁兴线地网改造、10 千伏昌球支线、线路防雷系统，加装 10 千伏配变台区护栏，整改 10 千伏配电线路及台区，迁移 10 千伏福山线，美亭儒娥村改造，更换 35 千伏江南站高频开关，马村开闭所防雷系统改造，塘口外村配变台区改造，西达所群仙队改造，红枣基地线路改造，桥头墟 5 号公变线路改造，塘口村口更换电杆，长安内街线路改造，白塘村线路改造，文儒镇派出所公变改造，卜孝园支线改造，加装低压无功补偿装置，10 千伏线路拉线改造，10 千伏文安村低压线路改造，10 千伏家才支线改造，10 千伏新朗队支线改造，10 千伏胶厂支线改造，10 千伏按照分段开关，10 千伏粮油总公司支线改造，10 千伏坡养队支线改造，10 千伏荣儒支线电缆改造等项目。

2005 年，电网建设总投资计划为 14252 万元。其中完成澄迈大丰 220 千伏输变电工程，项目计划投资 10590 万元，主变规模 2×12 万千伏安，新建 220 千伏马洛线、马玉线、洛玉线改接到澄迈站等线路，共计 15 千米，该变电站是澄迈县第一个 220 千伏变电站；完成澄迈老城 110 千伏变动工程，计划投资 948 万元，该项目主要扩建 110 千伏老城变电站 2 号主变 4 万千伏安及配套设备与母线；完成澄迈永边 110 千伏输变电工程，计划总投资 1600 万元，该项目主要新建 110 千伏老城变电站 1 号主变 2 万千伏安，新建大丰至福山线 11 千米（双回）；完成澄迈大丰配套 110 千伏线路工程，计划总投资 143 万元，马金线 π 接大丰站，新建及改造线路 3 千米；完成澄迈国投水泥送电线路工程，计划总投资 184 万元，T 接金苍 110 千伏线路 6.2 千米；完成澄迈桥头至 35 千伏线路工程，计划总投资 400 万元，新建及改建线路 19.5 千米，该线路为 35 千伏桥头变电站电源线，提高桥头地区供电可靠性。完成澄迈红光 35 千伏变电工程，计划总投资 387 万元，新增一台主变容量 6300 千伏安及相关一次、二次、开关无油化、综合自动化改造的，该项目满足福山地区发展用电需求。

2008 年，县城电网改造工程 94 个项目通过省级验收，全部竣工投产使用，完成投资额 2260.49 万元。第二批农网完善化工程 115 项目，包括澄迈县金安农场、和岭农场 10 千伏项目新建与改造线路工程、低压项目新建与改造线路工程，改造居民户数 5710 户，完成工程总投资 1296.83 万元。无电村工程全面竣工，改造无电村用户 40 户，完成投资 15.36 万元。第三批农网完善化工程计划投资 792.29 万元，改造澄迈县红岗农场、太平林场 10 千伏项目 35 个和 0.4 千伏低压线路项目 54 个，工程低压台区电杆组立完毕，改造居民户数 1000 户，完成工程总进度的 45%。另外，实施大修技改计划，完成 35 千伏金南线、金永线技改工程和 10 千伏京岭箱式开闭所技改工程等，完成投资额 320 万元。完成供电“卡脖子”专项整治资金 183.2 万元，项目 65 个。其中扩容供电台区 25 个，总容量 4980 千伏安，新装供电台区 2 个，总容量 120 千伏安；改造 10 千伏线路 1.2 千米，低压线路 15.35 千米。

2010 年，编制《澄迈电网“十二五”规划》，加强工程项目管控能力，推进重点项目建设。完成 35 千伏文儒变电站扩建工程、2009 年第三批扩大内需中央投资农网完善工程（10 千伏及以下项目）、2010 年中央预算内第一批农网完善工程（10 千伏及低压项目）。10 千伏海胶集团外接电源工程、海口垃圾焚烧发电厂 35 千伏并网线路工程、2010 年中央预算内第二批农网完善工程（10 千伏及低压项目）。全年完成电网建设投资 5895.68 万元，完成投资计划 8136.74 万元的 72.46%，其中续建项目完成投资 3827.1 万元，完成率为 63.65%，新开工项目完成投资 2068.58 万元，完成率为 97.35%。

二、计量

1999—2004 年期间，计量改造项目投资 135 万元，对全县城区进行计量改造，累计改造电表 36504 块。

2005—2008 年期间，计量改造项目投资 567 万元，对金江、老城、福山、桥头镇辖区内的村庄进行计量改造，累计改造电表 66508 块。

2009—2010 年期间，逐步对澄迈县全县村庄进行改造，2010 年，出台《2010 年计量改造实施方案》，开展计量改造工作，累计完成第一批电力基建电能计量改造电表 98640 块。

第三节　电力供应

1999 年，澄迈供电最高负荷为 1.1131 万千瓦时，同比增长 16.6%。2000 年，澄迈供电最高负荷为 1.369 万千瓦时，同比增长 23%。2001 年，澄迈供电最高负荷为 1.547 万千瓦时，同比增长 13%。2002 年，澄迈供电最高负荷为 1.797 万千瓦时，同比增长 16.2%。

2003 年，澄迈供电最高负荷为 1.982 万千瓦时，同比增长 10.3%。2004 年，澄迈供电最高负荷为 2.438 万千瓦时，同比增长 23%。2005 年，澄迈供电最高负荷为 3.291 万千瓦时，同比增长 35%。2006 年，澄迈供电最高负荷为 4.068 万千瓦时，同比增长 23.6%。

2007 年，澄迈供电最高负荷为 4.43 万千瓦时，同比增长 9%。

2008 年，澄迈供电公司全年售电量完成 39953.2 万千瓦时，澄迈供电最高负荷为 7.03 万千瓦时，同比增长 16.6%，最高日电量 139.5 万千瓦时，同比增长 30.6%，平均日电量 111.8 万千瓦时，同比增长 33%。售电单价完成 0.6703 元/千瓦时，比上年计划增加 0.0328 元/千瓦时，比 2007 年增长 5.1%；全年完成售电收入（含税）26780 万元，比 2007 年增加 6009 万元，增长 28%；全年实际完成 4182 万元；目标利润全年完成 17614.7 万元，比 2007 年增加 3305 万元，增长 23%。其中工业用电 28587.9 万千瓦时，同比增长 22.72%；乡村用电 10455.8 万千瓦时，同比增长 8.1%；农业用电 930.6 万千瓦时，同比减少 5.3%；居民生活用电 7585.4 万千瓦时，同比增长 24.46%。

2010 年，海南电网发供用电基本平衡，电力略有盈余。全县最高负荷 93000 千瓦时，12 月 6 日为全县用电最高峰。全年供电量 53533 万千瓦时，售电量 49049 万千瓦时，其中，大宗工业用电 24685 万千瓦时，普通工业用电量 5109 万千瓦时，农业用电量 3334 万千瓦时，居民生活用电量 8908 万千瓦时。全年综合线损率 8.38%，供电可靠率 99.63%，其中城市达 99.88%、农村达到 99.58%，全县居民通电率达到 100%。

1999—2010年澄迈县供电指标一览表

表6-2-2

年份	最高负荷（万千瓦）	供电量（万千瓦）	售电量（万千瓦）	线损率（%）	供电可靠率（%）
1999年	2.36	—	—	—	—
2000年	2.65	—	—	—	—
2001年	2.91	—	—	—	—
2002年	3.15	—	—	—	—
2003年	3.56	—	—	—	—
2004年	4.10	22486	19591	12.88	—
2005年	4.71	25813	22547	12.65	—
2006年	5.39	28984	25594	11.69	—
2007年	6.03	35941	32544	9.45	99.5689
2008年	7.02	43367	39953	7.87	99.6125
2009年	7.78	42027	38329	8.80	99.6187
2010年	9.33	53533	49049	8.38	99.6339

第四节　电力管理

一、承包管理

1999—2007年，未开展承保管理。

2008—2010年，开展台区承包工作，实现按线（41条）、按台区（1003个）责任唯一的承包管理考核，276人签订台区承包责任书，24个高损台区（线损率在20%以上）的线损降到10%以下。加强计量装置改造力度，按计划对已运行8年及以上的计量装置进行改造，完成78户专变计量装置、公变台区337户三相计量装置和8727户单相计量装置的改造任务。完成84套分时计量装置的改造，按照就地平衡原则，完成低压无功补偿装置和高压无功补偿装置的安装工作，提高线路功率因数，降低电能消耗。

二、安全用电

2010年，落实安全生产责任制，严格执行《确保人身安全十条禁令》，做到安全责任层层传递。通过分级控制和把关的分级责任制，杜绝事故的发生，确保安全目标的实现。

实现澄迈电网安全稳定运行，电网连续安全运行1762天，全年实现3个安全百日周期。综合线损率 8.376%，比考核指标 8.38%低 0.004 个百分点，同比 8.47%下降 0.094 个百分点。

加强电网设备的消缺和整改，组织安全生产大检查和专项安全监督安全工作，发现缺陷 186 处，其中紧急缺陷 8 处，消缺 8 处,紧急消缺率 100%；重大缺陷 39 处，消缺 39 处，重大消缺率 100%；一般缺陷 139 处，消缺 114 处，一般消缺率 82%。

开展输配电线路的整治。完成 35 千伏桥头线安装全避雷线、接地极改造，使改造后的桥头线实现零跳闸记录。对影响比较严重的几条 10 千伏线路安装 20 组快熔跌落式开关，使线路跳闸率明显下降。加强线路走廊的清理力度，砍伐各类杂树 53363 棵，经济林 12949 棵，橡胶 288 棵，矮化橡胶 157 棵，消除安全隐患，确保电网的安全稳定运行。

加强安全教育培训及安规考试工作。开展安全规程、触电急救等安全培训，安规知识培训考试合格率 100%，组织生产管理人和生产人员 235 人观看安全警示教育影片。

做好保供电及防风防汛工作。实施安全生产风险管理，对事故隐患进行超前控制，完成春节、两会、第九届国际老人文化博览暨第八届海南盈滨龙水节、海南生态软件园开园典礼、“五一”国际劳动节、高考、国庆、第十一届中国海南岛欢乐节等重要保供电工作。取得抗击台风“康森”“灿都”“蒲公英”，以及“9·30”强降雨期间抗灾复电全面胜利。

三、电费管理

1999—2009 年，出台《澄迈供电局“电费管理年”活动方案》《澄迈供电局电费回收管理工作考核办法》，加强电费回收工作，为全年完成 100%目标奠定基础。2010 年，制定《抄核收营业差错考核管理办法（试行）》，严格执行海南省电网公司《电费营销账与财务账对账管理标准》，完善财务系统账务设置和记账方法，率先在海南电网公司系统内实现电费营销账与财务账两项相符。

2010 年，出台《澄迈供电局“电费管理年”活动方案》《澄迈供电局电费回收管理工作考核办法》，加强电费回收工作。制定《抄核收营业差错考核管理办法（试行）》，严格执行海南省电网公司《电费营销账与财务账对账管理标准》，完善财务系统账务设置和记账方法，在海南电网公司系统内实现电费营销账与财务账两项相符。

四、监督考核

1999—2009 年，执行两票 18220 张，其中变电站第一种工作票 2260 张，变电站第二种工作票 293 张，变电站第三种工作票 42 张，线路第一种工作票 3590 张，线路第二种工作票 335 张，变电操作票 4520 张，线路操作票 7180 张，合格率均为 100%。加大对外包工程和外来施工队伍的违章行为查处，开展现场安全督查 5466 次，共纠正违章 1095 起，处罚金额 28400 元。

2010 年，加强对两票执行的监督和考核。执行两票 2283 张，其中变电站第一种工作票 141 张，变电站第二种工作票 45 张，变电站第三种工作票 5 张，线路第一种工作票 590 张，线路第二种工作票 2 张，变电操作票 904 张，线路操作票 596 张，合格率均为 100%。加大对外包工程和外来施工队伍的违章行为查处，开展督查 28 次，下达《安全监督安全通知书》12 份，查处违章 3 起，处罚金额 4500 元。

五、增供扩销

1999—2010 年，执行《澄迈供电局增供扩销方案》《增供扩销工作考核细则》，把增供扩销作为营销工作的重点，执行《澄迈供电局业扩报装管理办法》及《客户停电管理实施细则》。2010 年，累计完成增供扩销电量 1996 万千瓦时，完成年计划的 138%。营销稽查整顿堵漏，按照《澄迈供电局开展专项营销稽查活动方案》规定，累计稽查高损台区 12 个，检查用电户 2148 户，查处窃电 12 户，违约用电 7 户，电价执行不正确 6 户，抄表不到位 31 户，未及时更换的故障表计 21 块，安全隐患 48 处。对存在安全隐患的用户下达整改通知书，并进行处罚。

第五节　电力企业选介

一、火力发电厂

（一）华能海口火电厂（海口火电厂）

位于澄迈县马村镇马村港，是海南最大的火力发电厂，属于国家大型Ⅱ类企业。华能海口火电厂规划装机容量 1200 兆瓦（含燃机），工程分四期进行。一期工程和建设规模为 2×50 兆瓦机组，总投资 21874 万元，征地面积 65.67 公顷，1986 年 11 月动工兴建，1988 年 9 月第一台机组并网发电，第二台机组 1989 年 1 月并网发电。

1990 年 5 月，燃气轮机发电厂并入海口电厂，改设燃机分场，由海口电厂统一管理。二期工程建设规模为 2×125 兆瓦机组，总投资 8400 万美元和 3000 万元人民币，征地面积 95.43 公顷，1988 年 4 月动工兴建，1990 年 2 月第一台机组并网发电，1990 年 3 月第二台机组并网发电。

三期工程建设规模为 2×125 兆瓦机组，工程总投资 119260 万元，1994 年 6 月动工兴建，1999 年 6 月第一台机组并网发电。经过节能减排，关停高耗能煤电机组，现役机组 5 台，总装机容量 1080 兆瓦（3×138＋2×330），占海南电网统调装机容量 40%。

（二）海口市生活垃圾焚烧发电厂

位于澄迈县老城经济开发区颜春岭，总投资4.66亿元，日处理生活垃圾1200吨，年处理垃圾40万吨，建设2台日处理垃圾600吨/天的垃圾焚烧炉，配2台52吨/时余热锅炉和2×12兆瓦的发电机组，以及与之相配套的辅助设施。项目于2009年4月经海南省发改委核准。2011年5月投入生产，年发电量14065.15万千瓦时。

（三）康达沼气发电厂

位于澄迈县老城经济开发区颜春岭，于2007年11月由海口市环卫局与东莞康达机电工程有限公司签订联建协议，2007年11月获海口市政府批准，2008年4月被海南省政府列为试点项目，2009年4月项目完成建设。项目总设计：3台美国瓦克夏1000千瓦燃气发电机组，一期上2台1000千瓦发电机组，二期增加1台发电机组。2009年8月，一期2台机组正式并网发电。2010年，全年发电量为1227.93万千瓦时。

二、水力发电厂

2010年，全县有11座小水电站，分别是美肥、仁洞、一号、九龙、加潭、胜利、响水、美丰、永边、红岭、谷石滩。

（一）美肥电站

位于金江镇仁丁村委会美肥村，2005年投建，2006年投产，安装发电机组3台，总容量为540千瓦，工程总投资280万元，2006年并网发电。2010年，发电机组3台，年发电量166.03万千瓦时。

（二）仁洞电站

位于中兴镇仁洞村，1978年投建，1980年投产，安装发电机组3台，总容量480千瓦，工程总投资450万元，1980年并网发电，2006年并入海南电网。2010年，发电机组3台，年发电量71.90万千瓦时。

（三）一号电站

位于大拉农场，1968年投建，1971年投产，安装发电机组4台，总容量1000千瓦，工程总投资78万元，1971年并网发电，2006年并入海南电网。2010年，发电机组4台，年发电量120.02万千瓦时。

（四）九龙电站

位于加乐镇九龙溪，1971年投建，1976年投产，东站安装发电机组4台，总容量4000千瓦。西站安装发电机组2台，总容量1600千瓦，工程总投资828万元，1986并网发电。2010年发电机组6台，东站年发电量1121.28万千瓦时，西站年发电量541.69万千瓦时。

（五）加潭电站

位于澄迈县太平乡加潭水库，1984年投建，1986年投产，安装发电机组2台，总容量400千瓦，工程总投资80万元，1986年并网发电。2010年发电机组2台，年发电量28.22万千瓦时。

（六）胜利电站

位于澄迈县西达农场，1983年投建，2001年投产，安装发电机组2台，总容量250千瓦，工程总投资25万元，2001年并网发电。2010年发电机组2台，年发电量44.33万千瓦时。

（七）响水电站

位于澄迈县金江镇美亭乡，2001年投建，2002年投产，安装发电机组2台，总容量260千瓦，工程总投资80万元，2002年并网发电。2010年发电机组2台，年发电量37.28万千瓦时。

（八）美丰电站

位于澄迈县桥头镇美丰东村，2000年投建，2001年投产，安装发电机组1台，容量125千瓦，工程总投资246万元，2001年并网发电。2010年发电机组1台，年发电量14.79万千瓦时。

（九）永边电站

位于澄迈县桥头镇永边村，2001年投建，2003年投产，安装发电机组1台，容量100千瓦，工程总投资168万元，2003年并网发电。2010年发电机组1台，年发电量3.8万千瓦时。

（十）红岭电站

位于国营金安农场红岭队，1975年投建，2008年恢复发电。安装发电机组1台，容量100千瓦，工程总投资29万元，2008年并入海南电网。2010年，发电机组1台，年发电量10.40万千瓦时。

（十一）谷石滩电站

位于加乐镇红岗农场十二队，2005年投建，2009年投产，安装发电机组2台，总容量6400千瓦，工程总投资780万元，2009年并入海南电网。2010年，发电机组2台，年发电量1186.67万千瓦时。

第七编　商贸 服务业 旅游

第一章　商　贸

第一节　管理机构

1999年，澄迈县经济合作局内设办公室、企业股、招商股、旅游股。2001年5月，在县工业交通局、县经济合作局、县贸易局的基础上组建澄迈县经济贸易交通局，内设办公室、招商管理股、经济贸易股、经济运行信息股、旅游开发股、交通管理股、口岸办公室和妇委会。2004年4月，澄迈县商务局成立，内设办公室、经济信息运行、经济贸易合作、纪检监察、市场体系建设和妇委会，承担全县工业、国内商品流通、对外贸易、经济合作、整顿和规范市场经济秩序等职能。4月，将交通管理、口岸管理等职责析出。2005年11月，县商务局进行机构职能调整，将旅游管理职责析出，设办公室、经济合作贸易股、工业管理股、纪检监察审计股、经济运行信息股、市场体系建设股和妇委会。2009年12月，将县工业管理和招商管理职责析出，县外资企业批准证书年检、市县农贸市场规划建设审批、中小企业国际市场开拓资金市县项目资金计划的筛选和申报、酒类流通的备案登记、生猪（家禽）定点屠宰厂（点）的设置审批、加工贸易审批、再生资源回收监督管理等职能并入县商务局，设办公室、经济运行信息岗、经济合作贸易岗、市场体系建设岗。至2010年，机构设置不变。

第二节　商业综述

一、商业体制改革

2004年，海南省人民政府下发《关于印发〈海南省改制关闭破产国有企业职工安置办法〉》，海南省商务厅下发《关于国有企业职改制关闭破产规范操作的若干意见》等文件，对澄迈县江南、老城、永灵糖厂3家糖厂进行改制。4月，澄迈县商务局会同县劳动人事局、国资办制定职工安置方案，解决企业历史遗留的债务。成立江南、老城、永灵糖厂劳动保障工作站，对糖厂下岗职工实行社区服务化管理，解决改制后职工无人管、组织关系无法落实的问题。有1659名职工与企业解除劳动关系，发放经济补偿金2000万元，1400多名职工领取失业保险金。

2005年6月，全县69家国有企业进行改制。2006年，澄迈县通过“两个置换”（国有资产的置换和国有企业职工身份的置换），解除“两个责任”（政府对企业的无限责任和企业对职工的无限责任），使政府与企业脱钩，使企业与职工脱钩。

2007年，澄迈县政府发放企业拖欠504名“三三制”下岗职工的生活费，每人每月60元，计108.86万元。10月底，全民所有制的商业系统（包括商业集团公司和下属10个分公司及各国有农场的国有商店）改制工作完成。改制后，全部商业系统单位自行注销，人员归所在地社区管理，其余人员下岗自谋职业，少数领取低保金。

2008年，商贸系统30家国有企业，干部职工2284人，全部解除劳动关系，落实职工领取经济补偿金，拨付养老、医疗保险等。

二、经营秩序管理

1999年，在生猪屠宰管理方面，根据《海南省整顿和规范生猪屠宰秩序工作方案》和《澄迈县整顿和规范市场经济秩序工作方案》文件精神，澄迈县经济贸易交通局成立整顿和规范生猪屠宰秩序工作领导小组，制定《澄迈县整顿和规范生猪屠宰秩序工作方案》。在整顿和规范生猪屠宰秩序工作中，开展一次生猪屠宰及肉食市场整顿的宣传活动，利用10天时间，用宣传车在全县乡镇、农场巡回宣传《生猪屠宰管理条例》，采用张贴标语、悬挂横额等方式，营造社会舆论，使经营者和消费者知法，懂法、守法、依法经营。针对生猪屠宰户认为生猪屠宰收费不合理而上访、摆市和拖欠税费，采取规范生猪屠宰税费项目的统一征收标准，同工商、公安、税务、畜牧部门和乡镇政府耐心作经营者的思想工作，从邻近乡镇调剂猪肉，保证市民的生活需求，配合公安部门打击拖欠税费等措施，收回生猪屠宰户拖欠580头生猪税费4.5万元。出动执法检查982人次，取缔7个私宰窝点，没收私宰肉品2134.5公斤，销毁病死猪肉201公斤，罚款1900元。

在交通运输管理方面，根据《国务院办公厅转发交通部门关于清理整顿道路客货运输秩序意见的通知》精神，澄迈县经济贸易交通局制定《澄迈县整顿道路客货运输市场秩序实施方案》，报县政府批准实施。整治县城客运市场秩序，做到“车进站、人归点”，金江至海口线客运班车实行“滚动发班、营收共享”管理模式；整顿客运车辆，规范经营行为，对侧三轮客运摩托车办理道路运输证，全县95%的侧三轮摩托车纳入交通行业正规管理，取缔76辆到期报废车经营资格，对39辆符合开业技术条件的车辆核发道路运输证。对全县道路客运输市场的监督检查，打击无牌无证“黑车”非法违章运输经营和超速超载运输。出动稽查车和稽查人员2600人次，查获乱拉客等非法违章经营车辆294辆次，罚款9.8万元。配合交警部门查处客运“黑车”56辆，货运“黑车”159辆，查扣行驶证160本，驾驶证164本。加大执法，对汽车、摩托车维修行业进行专项治，取缔无证占道经营维修业户5家。组织18人的交通规费稽查队，对拖拉机、三轮机动车征收交通规费，全年征收机动车交通规费60万元。

在文化市场管理方面，根据《澄迈县人民政府办公室关于印发澄迈县整顿文化市场秩序工作方案的通知》文件精神，澄迈县经济贸易交通局从电子游戏娱乐场所8个方面，歌舞娱乐场所10个方面进行整顿治理，会同县文化广播电视局、公安局、工商局等执法部门，出动检查人员324人次，检查歌舞娱乐场所28家，取缔2家，停业教顿12家；检查网吧22家，取缔无证经营9家；检查电子游戏场所26家，取缔7家，收缴电子游戏机137台，电脑板154块，计算机显示器33台，主机1台，当众烧毁26台；收缴非法音像制品5363盒，非法出版物64册。

2002年，在生猪屠宰管理方面，根据海南省加快生猪屠宰市场实施达标有关文件要求，开展对定点屠宰场清理和整顿，投入30万元改造长安、永发、老城、白莲、瑞溪等食品站的屠宰场及设施，澄迈县食品公司自筹6万元购进生猪屠宰脱毛机1台，实现屠宰半机械化，深入各基层屠宰场进行检查监督，杜绝不合格肉品从屠宰场流入市场，确保群众吃上“放心肉”；配合公安、工商、畜牧、税务等部门，打击私屠滥宰行为，执法检查900多人次，没收私宰肉2070公斤，销毁病死猪肉210公斤，罚款9865元；对全县各委托定点的管理，调整各委托定点的屠宰量，使各乡镇、农化委托定点管理走上规范化；取缔非法肉贩组织，保护群众的利益，对福山镇30多位生猪肉贩子为个人的利益，成立非法肉贩组织，控制生猪肉品市场，抬高价格，坑害人民群众的情况，同有关职能部门联合组成工作组，深入了解调查，向肉贩子宣传党的有关法律、法规和政策，使其认识错误，做到合法经营，保护消费者的合法权益。

在客运市场管理方面，组织稽查人员150人次，查处客运“黑车”106辆次，查乱停、乱放、乱揽客甩客、倒客等违章客车89辆次，通过整治，打击“黑车”非法经营客运行为，非法经营客运现象杜绝，经营行为琢步规范。在货运市场管理方面，出动稽查车辆600车次，组织稽查人员2500人次，检查货运汽车1642辆次，查处货车“黑车”57辆，各类违章运输车78辆次。金江至海口线路客运实行“滚动发班、营收共享”管理模式，制定金江至海口线路滚动发班自治管理条例，做到“车进站、人归点”。对滚动发班违规《自治公约》行为的9辆车给予2000—3000元的处罚，对永发、大丰、桥头、福山的客运车辆停放点重新调整，加强对城北、江北、环城西停车场管理，确保客运车辆有站点停放，按时按序发班经营，秩序稳定。在汽车、摩托车维修行业管理方面，配合公安、工商等部门对无证和占道非法经营业户进行整顿，出动交通执法人员128人次，查处无证非法经营汽车、摩托车维修业户57家，暂扣非法违章经营户维修设备43件，取缔文明路、立新路、人民路非法设点维修业户11家，对合格的汽车、摩托车维修业户分别换发经营许可证23家和55家，规范全县汽车、摩托车维修业管理。

在重点行业和重点商品市场的管理方面，配合澄迈县质量技术监督局和县工商行政管理局对摩托车配件、汽车配件、钢筋、五金交电、食品、生产资料等进行专项打假活动，组织专卖打假53次，出动执法人员632人次，查获假冒伪劣产(商)品货值87万元，没收摩托车配件、食品日用百货等商品1251件，价值21万元。

2005年，在生猪屠宰管理方面，成立生猪屠宰整顿工作领导小组，做到责任到人，各司其职，确保生猪屠率整顿工作作顺利开展。堵源截流，打击私屠，召开全县生猪屠宰集中整治工作会议，进行布置，从澄迈县商务局等单位抽调人员，组成联合检查小组，对全县各农贸市场和私屠滥宰窝点进行执法检查，对全县的宾馆、酒店、学校等场所的猪产品来源和定点屠宰场的生猪及生猪产品进行检查，出动执法检查人员946人次，出动执法车辆121车次，取缔私宰窝点12个，没收私宰肉品1306公斤，销毁病死猪肉370公斤，处理肉品和罚款收入1105元。执行检疫、检验制度，场地卫生制度和屠宰操作规程，按照《屠宰场卫生管理规定》《屠宰场各项工作管理制度》《屠宰场区辖区的管理若干规定》等有关制度规定，专人登记生猪进出栏情况，专人管理场地卫生，全县每个定点屠宰厂(场)配备持有肉品检疫员证书的肉检员，做到对屠宰后的生猪进行肉检查，并加盖肉品合格章后方能出场上市，把好肉品质量关，保证生猪肉品的安全卫生。

在成品油专项整治工作方面，通过电视、广播、悬挂横幅等形式宣传国家有关法律、法规，在县城及各镇公众场所张贴澄迈县人民政府《关于加油站专项整治工作的通告》，让人民群众了解违法经营成品油的危险性和危害性，提高防范意识。会同工商、税务、消防等部门联合进行整治，对无营业执照和对有营业执照但未取得《成品油零售经营批准证书》的加治站（点）进行打击，对58家违规业主发出停止营业通知书，没收成品油100公升，查封汽油2350公升，查封龙腾加油站等2家加油站。做好29家加油站年审换证工作，把各加油站纳入制度化、规范化管理，会同县安监局深入各加油站进行安全生产检查，对存在的安全事故隐患问题，责令整改，消除安全隐患。

2008年，在全县范围内宣传《酒类流通管理办法》，将宣传单发放到全县400多家酒类经营者手中，对全县360家酒类经营者进行酒类备案登记。联合工商、质监、药监等部门开展酒类市场专项整治行动，打击制售假冒伪劣酒违法行为。全年出动执法车辆32车次，出动人员152人次，检查市场21个，检查经营户400多户次，没收散装米酒60公斤及一批来路不明的白酒，总价值15000多元，罚款5500元。扩大市场监测品种与监测范围，把肉、蛋、米、油等29种重要生活必需品及水泥、成品油、钢材等5种重要生产资料的市场流通纳入日常监测。将全县规模大、具有代表性的农贸市场重要生活必需品价格及供给情况，实行周报海南省商务厅。

打击私屠滥宰行为，确保肉品质量安全，执行检疫、检验“两票两证”制度，指定专人登记生猪进出栏情况，专人管理场地卫生，全县各定点屠宰厂（场）配备持有肉品检疫员证书的肉检员，做到对屠宰后的生猪肉进行检查，并加盖肉品合格章后方能出场上市。联合工商、畜牧、公安等有关部门，对各农贸市场和私屠滥宰窝点进行执法检查，对宾馆、酒店、学校等场所猪产品来源和定点屠宰场生猪及生猪产品进行检查，出动执法检查人员877人次，出动执法车辆112车次，取缔私宰窝点2个，没收私宰肉品208公斤，处理肉品和罚款收入800元。

加强对食用碘盐市场的监管，向各镇、农场发放调查表1.2万份，宣传册6万份，全县调查总户数92101户，总人口数389807人，全县食用碘盐率90%以上，食用碘盐人口占总人口数的93.82%。取缔非法制盐窝点1个，查获假盐0.45吨，罚款500元。

2010年，加强猪肉质量安全专项整治，出动执法车辆87车次，执法人员590人次，没收私宰肉品208公斤，处理肉品和罚款收入1120元。将酒类流通管理工作列入食品放心工程工作的重点，对422家酒类经营者办理酒类备案登记，备案登记率98%。对酒类市场进行专项整治，打击制售假冒伪劣违法行为，出动执法车辆52车次，出动人员312人次，检查经营户158户，立案查处企业（个体户）10家，涉案酒52瓶，罚款5200元。

三、农贸市场建设与升级改造

2004年，根据县委、县政府主要领导批示精神，征用农机二厂生活区0.13公顷土地，建设放心菜市场（华兴路市场）。

2006年，根据澄迈县人民政府第六十五次常务会议和县委十届六十二次会议精神，由澄迈县市场开发建设服务中心与澄迈县工程建筑公司福山工程建筑分公司共同合作投资改造建设福山农贸市场。

2007年，原金江中心市场存在重大安全隐患，被消防、安监等部门责令停产停业，县政府决定对该市场进行改造建设，为广大市民创造一个良好的购物环境。通过招商引资，与海南河源实业有限公司合作，投入2000万元。金江中心市场拆除后，重建一栋五层楼综合市场，市场建筑面积每层3600 平方米，市场合计建筑面积18000平方米。一楼经营农副产品，二、三楼为铺面，四楼为超市，五楼为办公区。市场人民路、立新路旁边建设商业铺面 26 格，每格建筑面积 52 平方米，合计建筑面积 1352 平方米。市场东侧设置 23 个停车位，市场西侧设置单车、摩托车、三轮车停车场面积 860 平方米。

2008 年，投入建设资金 2000 万元改建金江中心市场，于 9 月 27 日完工并正式投入使用。金江中心市场有五层楼，其中一至三层经营农贸产品、成衣，摊位有 778 个，四、五层为超市。该市场是澄迈县最大集农贸、超市、办公于一体的综合性商场，也是县城最大物流中心。

2010 年，海南省商务厅将金江农贸市场、长安农贸市场和金江中心市场列入度农贸市场升级改造计划。同时，对马村农贸市场、石浮农贸市场、白莲农贸市场和江南三禽批发市场（新建）进行整改和维修。全年市场升级改造和维修投入资金 240 万元。

第三节 商品批发零售

1999 年，社会消费品零售总额为 4.21 亿元，其中城镇消费品零售额 2.19 亿元，农村消费品零售额 2.02 亿元。从不同行业看，批发零售贸易业零售额 2.28 亿元，其他行业零售额 1.93 亿元。

2002 年，社会消费品零售总额为 5.26 亿元，其中城镇消费品零售额 2.89 亿元，农村消费品零售额 2.37 亿元。从不同行业看，批发零售贸易业零售额 2.82 亿元，其他行业零售额 2.44 亿元。

2005 年，社会消费品零售总额为 6.66 亿元，其中城镇消费品零售额 3.69 亿元，农村消费品零售额 2.97 亿元。从不同行业看，批发零售贸易业零售额 5.15 亿元，其他行业零售额 1.51 亿元。

2007 年，社会消费品零售总额为 8.76 亿元，其中城镇消费品零售额 4.92 亿元，农村消费品零售额 3.84 亿元。从不同行业看，批发零售贸易业零售额 6.83 亿元，其他行业零售额 1.93 亿元。

2008 年，社会消费品零售总额为 10.52 亿元，同比增长 21.8%，其中城镇消费品零售额 6.1 亿元，同比增长 23.7%，农村消费品零售额 4.42 亿元，同比增长 18.9%。从不同行业看，批发零售贸易业零售额 8.22 亿元，同比增长 22.3%；住宿餐饮业零售额 1.46 亿元，同比增长 22.2%；其他行业零售额 0.84 亿元，同比增长 16%。完成出口交货值 6.76 亿元，同比增长 58.2%。

2009 年，全县社会消费品零售总额为 12.61 亿元，同比增长 20.1%，其中城镇消费品零售额 7.30 亿元，同比增长 20.3%；农村消费品零售额 5.31 亿元，同比增长 18.5%，从不同行业看，批发零售贸易业零售额10.06亿元，同比增长20.0%，餐饮业零售额1.72亿元，同比增长22.1%；其他行业零售额0.83亿元，同比增长1.8%。全县完成出口交货值7.54亿元，同比增长21.1%。

2010年，全县社会消费品零售总额为14.3亿元，同比增长17.7%，其中城镇消费品零售额11.4亿元，同比增长18.1%；农村消费品零售额2.9亿元，同比增长13.6%。全县外贸进出口额为1.41亿美元，其中外贸出口额为1.33美元，外贸进口额为0.08亿美元。

第四节 商业网点

一、家电下乡

2009年，全县有家电下乡备案销售网点88家，其中家电类25家、手机类60家、电脑类3家。全县销售7582台家电下乡产品，金额831.66万元，农村居民购买3800台，补贴金额85.45万元。

2010年，全县有家电下乡备案销售网点58家，其中家电类28家、手机类27家、电脑类3家，备案网点全面覆盖各镇农场，实现全面无盲点覆盖，使农民能够方便地选购家电下乡产品，实现现买现补。全县销售26347台家电下乡产品，销售金额4816.2万元，农民领取补贴21223台，补贴金额561.75万元。

二、“万村千乡”工程

2005—2006年，澄迈县完成16家“农资店”的改造和建设，海南绿生农资有限公司和海南海森泉农业开发有限公司在金江、大丰、白莲、永发、长安、瑞溪、金安、美亭、福山等地设立16家加盟店。

2009年，全县有31个店面申报“万村千乡”市场工程申请验收，其中海南绿生农资有限公司3个，海南海森原农业开发有限公司3个，澄迈县土产日杂公司10个，海南骏群贸易有限公司15个。

2010年，全县有31个“农资农家店”申报“万村千乡”市场工程申请验收。在县里初审后，报海南省商务厅验收检查。

第五节 供销商业

一、机构

1999年，澄迈县供销合作联社（简称“县供销联社”）内设办公室、工会、人事股、行政股、业务股、基层股、统计股、财务股，下辖澄迈县土产日杂公司、澄迈县生产资料公司、澄迈县果菜副食公司、澄迈县供销贸易公司等4家公司和澄城、金江、长安、瑞溪、永发、新吴、太平、加乐、文儒、石浮、山口、中兴、仁兴、美亭、白莲、老城、马村、福山、桥头等19个基层供销社。2001年5月，县供销联社调整组织机构，内设办公室、工会、社务管理部和经营发展部。至2010年，机构设置未变。

二、企业改革

1996年，县供销联社从单纯的管理型向管理、经营并举的机关转变。组建澄迈县供销总公司，实行一套人员、两块牌子模式。1998年，瓜菜产地供销社联合成立澄迈县农副产品运销协会，参与农产品经营。

1999年，县供销联社被海南省评为“瓜菜运销先进单位”。至2002年，县供销社所属企业亏损严重，濒临崩溃边缘。基层企业继续以完善承包经营为主要模式的责任制，抓好企业扭亏增盈工作。

2000—2005年，通过资产合组、联营合作、职工集资等多种形式筹集500多万元新建和改造升级经营门店2万平方米，盘活大量企业沉淀资产。

2003—2007年，县供销系统23个核算单位亏损逐年减少，全县供销系统各企业实现扭亏为盈。2009年，县供销社发挥组织体系完整、经营网络健全、服务功能完备的优势，坚持为农服务意识，开展“新网工程”建设，新增经营服务点10个。

至2010年，县供销社建起老城供销社骏群超市、中兴供销社兴旺超市及与省社日超公司联合建的瑞溪供销社新生活超市等一批日用品超市和新建、改造一批日用品、农资便民店、农产品购销、废旧物资回收店等四大网络的55个经营点，被海南省供销社评为“2010年海南省供销系统综合业绩考核优胜单位一等奖”。

三、购销管理

（一）供销服务网点

1999—2000年，全县供销系统有农业生产资料、日用品销售、农产品购销、废品回收站、饮食店、宾馆、旅店367家。

2000—2010年，通过各基层单位调整门店设置，全县供销系统有农业生产资料、日用品销售、农产品购销、废品回收站、饮食店275家。

（二）“新网工程”

2008年，筹集资金192万元改造白莲、老城、桥头、福山、中兴、石浮等供销社旧门店3350平方米。恢复老城、福山、永发、加乐、文儒等基层社经营网点。创办老城供销社日用消费品连锁超市。

2009年，筹集资金192万元，改造旧门店3550平方米，新增10个经营网点。2010年，日用消费品连锁超市建设4个。改造升级旧门店15个。新建（改造）农业生产资料连锁直销放心店10个，发展农资加盟店12个。新建（扩建）有影响力的农副产品购销点8个。新建（含改造）再生资源收购点5个。

（三）购销状况

1999年，全年供销商品总购进5178万元，供销商品总销售5478万元。

2002年之前，全县供销社的门市部，是以“三定承包”方式经营，即县供销社出资金、提供商品、指定人员经营。因监管不到位，这种经营方式产生很多弊端，如经营人员不用心营销，导致经营亏损、承包金延迟上交或不上交等。

2002年后，经过县供销社集体讨论后，改成租赁承包的方式，即单位职工投标，价高者得，3—5年投标一轮。县供销社不再承担经营亏损、经营人员延迟上交或不交承包金的风险，每年有稳定的收入，可用于投资发展。转变承包方式后，全县供销系统门店经营好转。

2010年，商品购进总额8721万元，商品销售总额为9881万元。

1999—2010年澄迈县供销合作社购销情况表

表7-1-1　　单位：万元

年度	总购进	其中农资购进	总销售	其中农资销售
1999年	5178	1768	5478	1920
2000年	5601	1702	5994	1934
2001年	5657	1678	6427	1902
2002年	6007	1795	6899	1923
2003年	6425	1854	7324	1999
2004年	6899	1882	7656	2035
2005年	7342	1902	7847	2058
2006年	7758	1934	8012	2072
2007年	8129	2057	8471	2214
2008年	8347	2174	8947	2447
2009年	8621	2245	9454	2640
2010年	8721	2451	9881	2879

1999—2010年澄迈县供销合作社部分生活用品销售情况表

表 7–1–2

年度	食糖（吨）	食盐（吨）	卷烟（万元）	酒（万元）	肥皂（万元）	棉布（万元）	洗衣粉（万元）	手表（万个）	洗衣机（万台）	电视机（万台）	收录机（万台）	电风扇（万台）	电冰箱（万台）
1999年	3726	3604	301	189	37	23	77	16	251	1791	1997	2297	204
2000年	3814	3657	277	204	41	22	82	14	243	1905	1845	2145	195
2001年	3710	3547	265	221	44	23	86	13	225	1821	1722	2022	179
2002年	3655	3421	250	246	47	21	91	12	207	1768	1602	1902	157
2003年	3402	3372	239	267	51	21	97	11	188	1701	1456	1756	145
2004年	3421	3307	224	254	53	20	101	10	167	1655	1278	1578	132
2005年	3375	3216	204	229	57	20	106	8	154	1578	1120	1420	121
2006年	3364	3125	191	217	60	19	113	9	133	1278	987	1287	115
2007年	3241	3019	183	203	63	18	117	10	118	1047	824	1124	107
2008年	3147	3012	168	197	59	16	102	9	102	788	756	1056	95
2009年	3089	2985	171	178	54	14	98	8	95	521	702	1002	74
2010年	2997	2785	184	165	48	13	81	8	85	457	678	978	57

1999—2010年澄迈县供销合作社主要商品销售情况表

表 7–1–3

年度	化肥（吨）	农药（吨）	尼龙薄膜（吨）	农具（万件）	煤油（吨）	柴油（吨）	汽油（吨）	润滑油（吨）	自行车（万辆）	电视机（万台）
1999年	9321	105	52	3.9	521	587	234	32	1190	1791
2000年	10954	124	47	3.7	523	543	204	28	1005	1905
2001年	12385	148	44	3.8	517	541	187	25	964	1821
2002年	14056	169	42	3.7	505	537	175	21	932	1768
2003年	15578	185	38	3.6	512	521	154	17	875	1701
2004年	17365	204	37	3.6	499	507	132	14	832	1655
2005年	18922	222	35	3.5	485	497	120	12	751	1578
2006年	19045	228	38	3.6	446	453	107	11	657	1278

续表 7-1-3

年度	化肥（吨）	农药（吨）	尼龙薄膜（吨）	农具（万件）	煤油（吨）	柴油（吨）	汽油（吨）	润滑油（吨）	自行车（万辆）	电视机（万台）
2007 年	20187	241	41	3.6	409	402	88	11	578	1047
2008 年	21541	259	46	3.7	345	367	57	10	405	788
2009 年	22866	271	50	3.7	278	303	35	9	355	521
2010 年	24497	294	56	3.8	215	247	5	8	245	457

四、服务“三农”

（一）农资供应

1999 年，农资购进 1768 万元，销售 1920 万元。2000 年，农资购进 1702 万元，销售 1934 万元。2001 年，农资购进 1678 万元，销售 1902 万元。2002 年，农资购进 1795 万元，销售 1923 万元。2003 年，农资购进 1854 万元，销售 1999 万元。2004 年，农资购进 1882 万元，销售 2035 万元。2005 年，农资购进 1902 万元，销售 2058 万元。2006 年，农资购进 1934 万元，销售 2072 万元。2007 年，农资购进 2057 万元，销售 2214 万元。

2008 年，筹措资金 107 万元，做好化肥、农药、农用柴油等农业生资料的组织供应工作。组织回化肥 11758 吨，农药 3029 公斤，各种中小农具 8671 件，柴油 520 吨。

2009 年，筹措资金 98 万元，组织供应化肥 1630 吨，农药 2893 公斤，各种中小农具 6540 件。

2010 年，筹措资金 156 万元，组织回化肥 21998 吨，农药 8932 公斤，各种中小农具 8326 件。

（二）瓜菜运销

1999 年，组织 5300 吨瓜果菜销往全国市场。2000 年，组织 6100 吨瓜果菜销往全国市场。2001 年，组织 6800 吨瓜果菜销往全国市场。2002 年，组织 5500 吨瓜果菜销往全国市场。2003 年，组织 6400 吨瓜果菜销往全国市场。

2004 年，组织 7100 吨瓜果菜销往全国市场。2005 年，组织 7700 吨瓜果菜销往全国市场。2006 年，组织 8400 吨瓜果菜销往全国市场。2007 年，组织 7200 吨瓜果菜销往全国市场。

2008 年，收购果菜 7500 吨组织运销全国市场。2009 年，收购果菜 2.1 万吨组织运销全国市场。2010 年，组织果菜运销 1.863 万吨，运销果菜量达 2.513 万吨。

（三）领办专业合作社

2009年，供销系统各单位创办或领办专业合作社13个，即澄迈绿色瓜菜运销专业合作社（由美亭供销社领办）、澄迈文山瓜果专业合作社（由白莲供销社创办）、澄迈福安种养专业合作社（由福山供销社创办）、澄迈永深槟榔专业合作社（由文儒供销社领办）、澄迈潭池养鸡专业合作社（由马村供销社创办）、澄迈福林皇帝蕉专业合作社（由福山供销社领办）、澄迈瑞联种养专业合作社（由瑞溪供销社领办）、澄迈潮发产销专业合作社（由美亭供销社领办）、澄迈城发养殖专业合作社（由老城供销社领办）、澄迈长保康果菜产销专业合作社（由长安供销社领办）、澄迈仁兴富兴橡胶槟榔专业合作社（由仁兴供销社领办）、澄迈天友山茶油专业合作社（由加乐供销社领办）、澄迈诚兴橡胶专业合作社（由中兴供销社领办）。2010年，领办农民专业合作社25个。

第六节 粮油贸易

一、机构

1999年，澄迈县粮食局（简称“县粮食局”）内设办公室、财会股、收储股、粮食监察大队和附营股，下辖18个粮所和县粮油贸易公司，增设4个附营业务管理所。2003年9月，成立澄迈县粮食储备公司。2007年，内设办公室、调运储备股、调控股和行业管理股，11月，关闭32家国有粮食企业。改制后，县粮食局内设办公室、储运股、财会股、附营股、工会、监督检查股，保留澄迈县粮食储备公司、海南老城粮食储备库、澄迈县粮油总公司，澄迈县国有粮食企业资产管理中心，隶属县粮食局。至2010年，沿袭不变。

二、粮油征购

（一）粮食征购

海南解放后，澄迈县按照国家农业税法征收公粮，以户为单位按1至14个等级对农业总收入（稻谷）进行3%—50%税率的征收。1991—1995年，澄迈县粮食购销遵循价值规律进行改革，按照现行市价，实行城乡同价，购销同价。1998年，仍执行国家定购政策，征购粮8904吨。1999—2010年，粮食市场放开，粮食购销由市场调节。1999年，全县有粮食专售店86家，兼卖店8家，从业人员200多人，全年收购粮食24100吨，销售粮食19413吨。2002年，海南省全面推行粮食购销改革，放开粮食收购、价格、市场（即三放开），粮食流通实现市场化。“三放开”后，澄迈县粮油贸易公司等粮食企业应变能力不强，粮食销售量逐年下降，逐渐失去市场竞争力。国家鼓励非国有粮食经营者进入市场参与竞争，全县经营粮食销售的商铺和个体商贩300多家，占全县粮食销售额的80%以上，国有粮食企业主要承担退耕还林、补助粮供应等粮食政策性供应任务。2005 年 1 月 1 日起，国家免征农业税，延续数千年的“皇粮”宣告终结。同年，全县全年收购粮食 6000 吨，销售粮食 6000 吨。2006 年，根据《海南省粮食收购许可管理若干规定》，年收购粮食高于 50 吨的收购者必须申请办理粮食收购许可证，方可从事粮食收购活动，年收购量低于 50 吨的个体工商户从事粮食收购活动，无须申请粮食收购许可的文件精神，澄迈县粮食局对符合申请条件的商户发放粮食收购许可证，全县发放粮食收购许可证 12 个，其中国有粮食企业 4 家，私营粮食企业 8 家。2010 年，全县有粮食专售店 450 多家，从业人员 900 多人，全年收购粮食 6000 吨，销售粮食 6000 吨。

（二）油料征购

改革开放前，国家对油料实行统购统销政策，油料由政府统购统销，1984 年停止油料统购，实行市场放开。1999 年，全县有食用油专售店 92 家，从业人员 120 人。榨油厂 25 家，从业人员 95 人，生产的花生油价格每公斤 22—26 元。2005 年，全县有食用油专售店 103 家，从业人员 150 多人，生产的花生油价格每公斤 22—26 元。2010 年，全县有食用油专售店 120 家，从业人员 180 人，生产的花生油价格每公斤 24—30 元。

1999—2010 年澄迈县粮食购销一览表

表 7-1-4　　单位：万吨

年度	收购			销售		
	合计	平价	议价	合计	平价	议价
1999 年	2.4100	0.4000	2.0100	1.9143	0.3264	1.5879
2000 年	2.2000	0.6000	1.6000	0.8770	0.553	0.3240
2001 年	2.0150	0.5000	1.5150	1.6422	0.415	1.2272
2002 年	1.7320	0.2520	1.4800	1.3787	0.2243	1.1544
2003 年	1.4650	0.2220	1.2430	1.2115	0.1798	1.0317
2004 年	0.6525	0.4195	0.2330	0.5010	0.3146	0.1864
2005 年	0.6000	—	0.6000	0.6000	—	0.6000
2006 年	0.6000	—	0.6000	0.6000	—	0.6000
2007 年	0.6000	—	0.6000	0.6000	—	0.6000
2008 年	0.6000	—	0.6000	0.6000	—	0.6000
2009 年	0.6000	—	0.6000	0.6000	—	0.6000

续表 7-1-4

年度	收购			销售		
	合计	平价	议价	合计	平价	议价
2010 年	0.6000	—	0.6000	0.6000	—	0.6000

三、粮食体制改革

1992 年，澄迈县在保证国家定购任务完成的情况下，实行粮食购销同价改革，对粮食经营实行放开政策。1993 年，在购销同价的引导下，全县粮食实行保量放价、购销同价政策，取消食用油收购计划和定量供应政策，放开粮食价格和经营，取消城镇居民粮食供应制度（即统销制度），结束 40 多年粮食统购统销政策。

1998 年，落实“三项政策、一项改革”（以保护价格敞开收购农民余粮、实行粮食顺价销售、粮食收购资金封闭运行，加快国有粮食企业自身改革）。依据海南省政府《印发关于进一步深化粮食流通体制改革方案的通知》精神，制定《澄迈县进一步深化粮食流通体制改革实施方案》，对全县粮食企业进行调整，撤销 32 家国有粮食企业。

2001 年，根据海南省人民政府办公厅《关于全省早籼稻退出保护价收购范围的通知》精神，全县早籼稻 全部退出保护价收购。取消全县城镇居民粮油供应转移证明。2002 年，落实海南省政府《关于加快推进我省粮食购销市场化改革的意见》，推进全县粮食购销市场化改革，落实粮食政府负责制，在政府宏观调控下构建地方粮食储备体系和粮食市场体系。

2004 年，《粮食流通管理条例》颁布，明确粮食管理部门对粮食流通的管理和市场主体准入资格的审查。按照《海南省人民政府关于进一步深化我省粮食购销市场化改革的意见》，澄迈县全面放开粮食收购市场，建立直接补贴机制，改革收购资金供应办法，加强粮食市场管理和宏观调控。2006 年，对全县国有粮食企业进行全面改革，制定《澄迈县国有粮食企业改革实施方案》《澄迈县国有粮食企业改革职工安置方案》，稳妥推进改革。

2010 年，按照《海南省人民政府办公厅关于进一步做好粮油供应和价格稳定工作的通知》《海南省粮食经营者最低和最高库存量标准规定》的要求，组织人员对粮食经营者的库存情况进行调研，把 5 家粮食加工和粮食批发零售的商家列入最低和最高库存范围进行监督管理。

四、设施建设

（一）粮仓建设

1999—2001 年，全县建成标准仓库 54 幢，仓容 28800 吨。2008 年建设福山粮食储备库二幢仓库，仓容 3000 吨。2010 年，仓容 1 万吨。

1999—2010 年澄迈县粮食年度平均库存一览表

表 7-1-5　　　　单位：万吨

年度	数量	年度	数量
1999 年	1.1338	2005 年	0.8124
2000 年	1.5514	2006 年	0.8124
2001 年	1.6015	2007 年	0.8124
2002 年	0.9961	2008 年	0.8124
2003 年	1.0244	2009 年	0.8124
2004 年	0.9012	2010 年	0.8124

（二）粮油加工厂

1999—2010 年，全县有日加工能力 30—50 吨大米的粮食加工厂 8 间，私营有 5 间。

出品率：主要粮油每 50 公斤原料成品率为标二米一般生产 35 公斤左右，精米一般生产 34.3 公斤左右，花生仁、芝麻仁一般生产油 22 公斤左右。

五、集贸市场交易

2010 年，全县各乡镇农贸市场日成交大米 1000—1500 公斤。全县有 450 间个体粮店，每间粮店每月出售大米 1.3 万—1.5 万公斤。80%是大陆米（海米），20%是本地米。一级大米 1 公斤 6 元，二级大米 1 公斤 4.8 元。

六、粮食管理

（一）储粮管理

2008 年，对中央代管储备粮和县级储备粮进行质量抽样检查，检查 5 家企业，14 个库点 64892 吨粮食，稻谷的质量合格率 100%。在县级储备粮库存中 2008 年稻谷占 100%。

2009 年，全县检查企业 5 家、14 个库区、54 栋仓库，依时完成县粮食清仓查库工作任务。完成省、县级储备粮轮换 5429 吨计划。

2010 年，在全省库存粮油进行抽样检验工作中，澄迈县被抽样 5 个样品，经检验，稻谷质量合格率 100%，宜存率 100%。

（二）流通管理

2008 年，组织国有粮食储备企业有效投放粮食调控、稳定市场，完成 2008 年收购的稻谷轮换工作。受理粮食收购申请、审查、核实、审批办理粮食收购许可证有12家。

2010年，全县粮食需求总量19万吨，县内粮食生产10万吨，供求缺口9万吨。加强市场调控，搞活粮食流通，充实粮食储备，促进粮食供求平衡，确保全县粮食市场供应和价格稳定。全县发放许可证12家，其中国有粮食购销企业4家，其他经济组织和个体工商户8家。

第七节 烟草专卖

一、机构人员

2000年1月，澄迈县烟草专卖局（公司）下设金江、福山、昆仑烟草专卖管理所。2002年8月，澄迈县烟草专卖局（公司）内设行政办公室、业务股、专卖办公室、计财股。2004年，因机构改革，更名为澄迈县烟草专卖局（营销部），隶属于海口市烟草专卖局，内设综合办公室、专卖办公室、稽查中队、金江管理所、访销部、配送部。2007年11月，内设综合办公室、专卖监督管理办公室（内部专卖管理办公室、专卖稽查大队）、客户服务部。至2010年，该机构设置未变。

二、卷烟营销

1999年，全年完成卷烟销售总收入3301.2万元，比全年同期增加14.2万元，增加0.43%，销售毛利84.7万元，比同期减少26.3万元，减少24%，毛利率2.6%，比上年同期减少0.8%。

2004年，全年完成卷烟销售总收入1.15亿元，同比增长56.7%；实现毛利1093万元，同比增长49%；实现利润589万元，同比增长261%。

2005年，全年完成卷烟销售总收入1.47亿元，同比增长约16.8%，实现毛利1470万元，同比增长22.68%；实现利润723万元，同比增长11.2%。

2007年，全年完成卷烟销售总收入18943万元；实现毛利1940万元，同比增长19.31%；实现利润1372万元，同比增长36.79%。

2008年，全年完成卷烟销售92441万元，比上年增长3.7%；实现毛利额2520万元，同比增长19.43%；实现卷烟销售额24038万元，同比增长16.89%。

2010年，完成卷烟销售101837.4万元，比上年增长5.02%，完成年卷烟销售计划的100.63%，销售毛利约4109万元，销售额（不含税）3.51亿元，比上年增长23.42%，卷烟单箱销售额（不含税）为17243.59元，卷烟单条销售价（不含税）为68.97元，单条同比增加10.34元/条。

三、经营网点建设

1999年，澄迈县烟草专卖局设立金江、福山、昆仑烟草专卖管理所。出台《经营网点考核与职工考勤考核办法》。

2000年，设立金江、福山、昆仑专卖管理所。2000年12月，出台《经营网点考核与职工考勤考核办法》。

2001年，领导班子成员分别联系金江批发部、白莲批发部、福山批发部、永发批发部的网点销售工作。做到网点录入电脑规范化，网点人员职责分明，对零售户进行监管，处理客户投诉，落实各项制度。

2002年，金江网点有10人，永发、白莲、福山网点各有5人。

2003年，海南省烟草专卖局成立海口子公司等4个子公司，海口公司管辖澄迈、文昌、定安、临高4个片区。

2003年4月，撤销白莲网点。2004年6月前，撤销所有的经营网点。

四、行业管理

（一）打击假冒卷烟

1999年以后，开展卷烟打假打私活动，破获制售假烟网络，卷烟打假工作取得成效。

2008年，全年出动稽查人员8000人次，专卖车辆1000辆次，查处案件60宗，查处违法卷烟11.21件，案值2.74万元。

2010年，破获“4·13”售假卷烟网络案件，抓捕涉案人员22人，刑拘17人；捣毁窝藏假烟仓库7个，其中5个仓库位于海口市内，2个仓库在澄迈县内，查获卷烟115.018万支，案值599387元。扣押用于犯罪活动的接送货汽车3辆、电动车9辆，现金38万元，另外查获27张银行卡，冻结当事人的银行卡（内存18万元），涉案总金额超过100万元。2010年9月，经澄迈县人民检察院批准，9名犯罪嫌疑人被正式逮捕，1名犯罪嫌疑人在海口市被批捕。

（二）专卖管理

1999年，因对市场管理重视不够，假冒商标卷烟、违章卷烟、走私烟挤占澄迈县的卷烟市场，冲击国家的烟草专卖制度，给澄迈县卷烟经营造成很大影响。针对澄迈县卷烟市场混乱和管理上存在的问题，澄迈烟草局（公司）争取地方政府和公安、边防、工商等执法部门的支持，对卷烟市场进行综合治理，采取“海上抓、窝里端、路上堵、市上查”的措施。

2000年，加强对卷烟市场管理，在全县范围内开展打击贩卖假冒烟、违章烟、走私烟行动，取缔卷烟自由批发市场，切断假冒烟、违章烟的流通渠道，逐步减少、消灭假冒烟和各非法卷烟的生存空间，实现烟草市场“由我管理，归我控制。”

澄迈县“三烟”（假冒烟、违章烟、走私烟）泛滥集散地，大力打击后，“三烟”泛滥的势头得到遏制，但不法烟贩的违法行为由明转暗，“运、存、销”的方法更加多样化、更为隐蔽，只要打击力度一松懈，就反扑而来。2001年，根据全县卷烟市场实际，专卖稽查人员在春节前后，两次联合临高局稽查队开展市场检查活动，计查扣“三烟”1070条。在日常打击“三烟”工作中，专卖稽查人员24小时待命随时准备出动，5月于金江镇利民巷端掉一地下批发私烟窝点，查获各类卷烟435条，标值1万多元；8月于永发镇永发村查扣82件非渠道卷烟，标值约7万多元，同月，联合海口市稽查队、琼山市稽查队、定安县稽查队在澄迈县展联合检查行动，端掉文儒乡一私烟窝点，查扣非渠道卷烟485条；在国庆前的专项治理活动中，配合公安部门，端掉福山镇一地下窝点，查扣非渠道卷烟1077条，标值53645元。

2002年，澄迈县烟草局（公司）向澄迈县委县政府汇报，与县公安局建立长期联合打假机制，建立划片管理、责任到人的专卖管理机制，对每个零售户实行“一号、一卡、一图、一表”的管理模式，分类归档，分片包干到人。3月，会同工商局、技术监督局开展联合打假活动，于车站查获非法卷烟2513.1条标值16873.5元，端掉两处地下销售非法卷烟窝点。

2003年，建立烟草、公安、工商长效打假机制，成立联合打假办公室，定期召开联席会议，开展联合打假行动。把零售户的守法程度和经营情况划分诚信等级，对不同诚信等级的卷烟零售户采取不同的管理措施，对于抗拒专卖人员执法检查、多次违规、经营非法卷烟数量较大的和那些不具备申请许可证条件的以及“三无”（无卷烟出样、无明码标价、未亮证经营）零售户，予以取消或不予批准从事烟草专卖零售业务资格。3月5日，稽查人员在省局直属支队及公安人员的配合下，于不法烟贩陈某南处查获大量非渠道购进卷烟共计15个品牌2775条，总案值4.5万元，查获伪造澄迈防伪标识56张，共6720枚。8月，澄迈县人民法院判决陈某非法经营罪，判处有期徒刑6个月，处罚金1万元。

2004年是烟草专卖宣传年，投入资金2万元，作为电视宣传费用，利用县有线电视台于黄金时间播放烟草专卖管理各项管理政策。3月，对符合条件的825户经营户进行换证。8月，同县人民检察院、县公安局联合发布《关于加强工作联系的意见》，对专卖管理人员的工资收入与市场管理绩效进行挂钩，实行量化管理。11月，同澄迈工商行政管理局联合发布《关于加强烟草专卖品市场整顿和规范工作的意见》，制定《澄迈县烟草专卖局诚信管理实施方案》，对全县经营户实行诚信等级管理。

2007年，开展“法律进乡村”活动，解决无卷烟零售许可证的空白行政村问题。对每月进货1000条以上的零售户进行统计，加强监管，消除二次批发行为。解决大户控制小户的问题，加强对中小零售户的培育。

2010年，澄迈县烟草专卖局针对客户间存在的代访代订问题，加大检查监督力度，按时上报内部专卖管理监督工作报表。坚持“四特三拼”（特殊办法、特殊手段、特殊技术、特殊措施，拼耐力、拼实力、拼智力）打假思路和“堵源头、抓主犯、破网络”的打假方向，深入开展卷烟打假打私活动，破获制售假烟网络。

明确《烟草专卖零售许可证管理办法》办证工作的原则、标准、程序、时间以及实施步骤和具体要求，严格审核新许可证的办理发放，提高许可证的使用效率。截至2010年底，全县有卷烟零售持证户1848户。调查分析全县卷烟市场状况，实行分解计划指标，落实考核制度，培育新的卷烟品牌（主要是一、二类烟）。做好每月零售户卷烟需求预测，组织销路好、毛利率高的卷烟品牌补充市场。扩大访销配送服务面，拓宽农村市场销量比例，提高城镇客户的销售结构；协同专卖管理卷烟市场，削弱大户对市场的控制力，核实客户的经营业态、店面、固定电话等情况，落实好货源分配计划，明确服务标准，确保市场管理和卷烟供应，每月度检查，确保卷烟价格稳定。

第八节　进出口贸易

一、机构人员

澄迈县对外贸易总公司的前身为澄迈县对外贸易局，于1984年5月改为对外贸易总公司，总公司下设办公室，财务室、工会，属事业单位，人员编制13人。澄迈县对外贸易总公司是澄迈县唯一有进出口权的公司，一直担负对外贸易进出口业务，主要从事农副产品、畜产品、矿产品、粮油产品、茶叶、水产品、工艺品、瓜菜、活牛、乳猪、农业种植等产品的收购、批发调拨、代购代销进出口业务。下属分公司7家企业，属全民所有制企业，有干部职工115人。1995年起，因省级外贸系统解体，业务停止，出口的外贸业务客户中断，澄迈县的外贸各类产品受到严重影响，农副产品销售受阻。从1995年起至2007年6月，外贸下属7家分公司参加县国有企业改制完毕，改制后7家分公司自行注销，大部分人自行谋生，主要是靠开展南菜北调及热带水果的运销获得利润维持生活 ，少数职工自谋职业生存。

二、进出口商品

总公司主要负责组织服务澄迈县及省内外的农副产品、机电产品出口业务、代理报关、报检、指导引导进出口业务、提供进出口业务信息平台。

出口零散报关商品为石雕、婴孩车、项链、饰品、钥匙、皮鞋、防盗门、树脂工艺品、金属架、电池、控制器、服装、亚克力板、粘胶片等产品。货物出口国为俄罗斯、保加利亚、罗马尼亚、希腊、德国、澳大利亚等国家。

2004年，出口额为13203美元。

2005年，结汇148517美元，出口额为172400美元。

2006年，结汇37459美元，出口额为92624美元。

2007年，结汇246674美元。

1999年，全县利用外资2100万美元，超额完成海南省商贸厅下达的计划，完成率140%，审批“三资”企业6个，计划投资6547万美元，审批内联企业60个，计划投资18.25亿元，签订意向和协议15个，计划投资10亿元，“三资”企业出口创汇1000万美元，完成省厅下达任务250%，外引内联企业的总产值9.7亿元，为澄迈县提供税收5695亿元（含国税）。

2000年，全县外资审批项目3个，计划投资1.16亿美元，实际利用外资额500万美元，审批内联企业67家，计划投入9.8亿元，实际投入1.78亿元，签订意向和协议15个，计划投资9亿元，“三资”企业创汇650万美元，完成海南省商贸厅下达任务的130%。

2004年，全县交货值7876万元，同比增长20.4%，其中工业7152万元，农业724万元。

2005年，全县外贸出口额为243万美元，同比下降67.1%。

2008年，澄迈县外贸总公司进口商品有控制器、服装、划艇、亚克力板、拉胶片、汽车零件等计6440万元。出口产品有石雕、婴孩车、项链、饰品、皮鞋、造粒机、树脂工艺品、人造革皮鞋、金属架、登山杖和电池。出口国家为英国、俄罗斯、罗马尼亚、意大利、希腊、德国、澳大利亚等国家，出口收汇317244美元。

2009年，全县工业完成出口交货值7.80亿元，同比增长26.9%。

2010年，全县外贸进出口额为1.76亿美元（其中外贸出口额为1.33美元，外贸进口额为0.43亿美元），同比增长72.5%。

第二章　服务业

第一节　住宿餐饮业

1999年，全县有宾馆酒店64家，客房1624间，床位2168张。2002年，全县有宾馆酒店70家，客房1704间，床位2256张。2008年，澄迈县拥有宾馆酒店76家，其中相当于五星级1家，相当于四星级1家，相当于三星级2家，二星级以下72家。其中客房2045间，拥有床位3090张。2010年，全县有宾馆酒店143家，客房4859间，床位7673张。

1999—2010年澄迈县宾馆、酒店基本情况表

表7-2-1

序号	单位名称	地址	房间总数（间）	床位数（个）	功能配套
1	西海岸酒店	老城盈滨半岛	304	478	住宿、餐饮、商务会议、温泉游泳池、休闲会所
2	港德大酒店	老城开发区	32	64	住宿、餐饮
3	旭东宾馆	老城开发区	72	136	住宿、餐饮
4	九龙温泉度假酒店	老城开发区	668	1100	住宿、餐饮
5	润锦宾馆	老城	18	30	住宿
6	亚泰温泉酒店	老城盈滨半岛	213	370	住宿、餐饮、商务会议、温泉游泳池、沙滩排球、沙滩篮球
7	腾飞宾馆	老城	18	28	住宿
8	宝景宾馆	老城	24	31	住宿
9	新发源宾馆	老城	36	46	住宿
10	祖庆旅店	老城镇马村人民路	12	21	住宿
11	宝瑞旅馆	老城澄江南路51号	15	20	住宿
12	天佑旅馆	老城潭才新村	12	17	住宿
13	好又来旅馆	马村人民路	10	5	住宿

续表 7-2-1

序号	单位名称	地址	房间总数（间）	床位数（个）	功能配套
14	飞阳旅馆	老城镇澄江北路	15	23	住宿
15	海口禧龙商务酒店	老城镇白莲海榆西线30千米处	24	38	住宿
16	侯臣咖啡文化村	福山镇	18	30	住宿、餐饮、休闲娱乐
17	西华楼2部	福山镇	10	12	住宿
18	敦隆山	福兴西路	25	30	住宿
19	金辉宾馆	福桥路	8	10	住宿
20	一峰宾馆	福桥路	14	24	住宿
21	泰彬宾馆	福桥路	8	16	住宿
22	新鸿运宾馆	福桥路	12	20	住宿
23	福祥宾馆	福桥路	9	15	住宿
24	福泽宾馆	福桥路	8	15	住宿
25	益群宾馆	福桥路	10	20	住宿
26	云峰宾馆	开发区	14	40	住宿
27	福山大酒店	开发区	18	30	住宿、餐饮
28	晶豪宾馆	开发区	20	30	住宿
29	热点宾馆	开发区	19	32	住宿
30	平睿宾馆	开发区	10	16	住宿
31	梨园春	开发区	20	38	住宿
32	满天福	开发区	31	50	住宿
33	茂香楼	开发区	12	18	住宿
34	森谷	福山镇	13	25	住宿、餐饮、休闲娱乐
35	山仙旅馆	福山镇福桥路	8	12	住宿
36	福发宾馆	福山镇福兴西路	10	15	住宿
37	明发旅店	福山镇油铺坊205号	19	29	住宿
38	亿都宾馆	金江镇华成路	24	36	住宿、餐饮、商务会议

续表 7-2-1

序号	单位名称	地址	房间总数（间）	床位数（个）	功能配套
39	祥兴宾馆	金江镇华成路	11	17	住宿
40	金缘宾馆	金江镇华成路	19	27	住宿
41	金田宾馆	金江镇华成路	9	14	住宿
42	万长园宾馆	金江镇华成路	17	28	住宿
43	金莱阁	金江镇华成路	18	26	住宿
44	金桃园酒店	金江镇华兴路	12	24	住宿、餐饮、茶艺
45	金大威宾馆	金江镇华兴路	20	36	住宿
46	振兴宾馆	金江镇华兴路	25	41	住宿
47	华昌宾馆	金江镇华兴路	12	16	住宿
48	兴达宾馆	金江镇华兴路	28	41	住宿
49	金鸿星宾馆	金江镇华兴路	26	46	住宿
50	金大拉乡村酒店	金江镇大拉村	105	201	住宿、餐饮、茶艺、商务会议、游泳池、休闲娱乐
51	日祥宾馆	金江镇华兴路	28	48	住宿、KTV
52	兴发宾馆	金江镇华兴路	21	39	住宿
53	长鹏宾馆	金江镇华兴路	21	37	住宿
54	富丽华宾馆	金江镇华兴路	15	23	住宿
55	凯莉城	金江镇华兴路	19	34	住宿、餐饮、茶艺、KTV
56	金大庄酒店	金江镇华兴路	13	25	住宿、餐饮
57	金华宾馆	金江镇金华路	7	11	住宿
58	西环宾馆	金江镇环城西路	21	34	住宿
59	福天宾馆	金江镇环城西路	15	23	住宿
60	润德宾馆	金江镇环城西路	14	26	住宿
61	金顺发宾馆	金江镇环城西路	26	47	住宿
63	金辉宾馆	金江镇环金永路	15	24	住宿
64	小福丹宾馆	金江镇环金永路	11	20	住宿

续表 7-2-1

序号	单位名称	地址	房间总数（间）	床位数（个）	功能配套
65	皇马宾馆	金江镇文明路	19	36	住宿
66	佳佳宾馆	金江镇文明路	16	23	住宿
67	西华楼一部	金江镇文明路	38	71	住宿
68	金西庄宾馆	金江镇文明路	9	18	住宿
69	世纪宾馆	金江镇文明路	20	30	住宿
70	茗都宾馆	金江镇文明路	18	27	住宿
71	信昌园酒店	金江镇文明路	95	169	住宿、餐饮、茶艺、商务会议、KTV
72	金长城宾馆	金江镇文明路	63	96	住宿、餐饮、茶艺、商务会议
73	平利宾馆	金江镇文明路	12	16	住宿
75	皇华假日宾馆	金江镇文明路	40	64	住宿、餐饮
76	发阳泰宾馆	金江镇文化北路	30	53	住宿
77	金海宾馆	金江镇文化北路	18	30	住宿
78	金大地宾馆	金江镇文化北路	16	24	住宿
79	新金长城宾馆	金江镇文化北路	24	38	住宿、餐椅、茶艺
80	金丰宾馆	金江镇文化北路	12	20	住宿
81	西华楼三部	金江镇文化北路	20	35	住宿
82	长升花园酒店	金江镇文化北路	63	96	住宿、餐饮、茶艺、商务会议、KTV
83	金竹宾馆	金江镇华成路	15	25	住宿
84	时代客栈	金江镇	18	31	住宿
85	乔峰花园	金马大道	8	16	农家乐
86	金源花园	金马大道	3	6	农家乐
87	棕王园	金马大道	5	10	农家乐
88	西华楼 5 部	金江镇文明路	28	44	住宿、餐饮、茶艺、康体
89	皇琪宾馆	金江镇环城西路	18	27	住宿
90	博盈宾馆	光明巷	14	22	住宿

续表 7-2-1

序号	单位名称	地址	房间总数（间）	床位数（个）	功能配套
91	金鼎春	金江镇文化路	16	22	住宿、茶艺
92	金坡园大酒店	金江镇文化路	42	74	住宿、餐饮、茶艺、商务会议、KTV
93	爱睿宾馆	金江镇华城路 29 号	23	36	住宿
94	新朗旅馆	金江镇文明路 172 号	21	33	住宿
95	福泰旅馆	金江镇人民西路	12	18	住宿
96	兴朗旅馆	金江镇人民西路68号	8	18	住宿
97	恒明圆宾馆	金江镇文明路富朗东门	10	20	住宿
98	益兴旅馆	金江镇文化路 96 号	12	20	住宿
99	金果园大酒店	金江镇文明路	32	44	住宿、餐饮、茶艺、商务会议、KTV
100	永吉宾馆	永发镇	20	34	住宿
101	琼发宾馆	永发镇	20	35	住宿
102	永和旅店	永发镇江北路	8	16	住宿
103	鸿华旅馆	永发镇江北路	15	25	住宿
104	锦绣旅馆	永发镇江北路	11	16	住宿
105	黄山宾馆	永发镇江北路	12	16	住宿
106	贵发旅馆	永发镇江北路	10	20	住宿
107	辉煌旅馆	永发镇江北路	11	13	住宿
108	金泽园	永发镇江北路	12	18	住宿
109	琼达宾馆	永发镇江北路	15	25	住宿
110	金泽园	永发镇江北路	12	17	住宿

第二节　物流服务业

1999—2010 年，全县有 20 多家物流公司，从事物流服务业的人数 1000 多人。在各镇，建设一批农产品冷链物流公司，从事农产品的收购、冷藏和运输。比较大型的有瑞溪华联公司、金江惠民公司、美亭鲁青公司、永发公司、福山公司等。

2010年，成立海南金马现代物流中心，利用国家枢纽港——马村港便利的海上运输条件和近靠海口、四通八达的公路运输及依托海南美兰国际机场的航运优势，引进振邦物流、京东物流等一批大型物流企业，加快发展物流业。

第三节　中介服务业

1999—2010年，随着市场经济的发展和政府职能的转变，中介服务业得到快速发展。在澄迈县从事中介服务的行业主要有审计、造价咨询、会计、法律、设计、工程监理、规划、房地产销售、资产评估等各种代理公司、职业介绍等。在澄迈境内从事各种中介服务的有50多家，从事人员有3000多人。

第四节　居民服务业

1999—2010年，随着社会保障制度的改革和发展及居民生活水平的提高，居民服务业得到较快发展。在澄迈从事家政、清洁、修理和维修、婚庆、养老、殡葬、照料和护理、美容美发、按摩、桑拿、氧吧、足疗、沐浴、洗染、摄影扩印等服务的企业，有20多家，从业人员近万人。

大多数乡镇都建起养老院和老人日照中心，规模较大的是建设在中兴镇山口村的澄迈县养老服务中心。2008年，投资2000多万元，在老城镇白莲风门岭建设全县第一家经营性公墓——澄迈海福（中心）陵园。截至12月底，公墓完成基础设施和配套建设，2009年初开始营业销售。

2009年，加强经营性公墓澄迈海福（中心）陵园的年检监督工作，加强殡葬执法，规范殡葬市场管理，推进澄迈县殡葬服务工作的开展。至2010年，澄迈县还有老城颜春岭公墓、山口岭公墓、福星岭公墓等多处服务性公墓。

第三章 旅 游

第一节 管理机构

一、澄迈县旅游发展委员会

1998年7月，在澄迈县经济合作局挂澄迈县旅游局的牌子，实行两块牌子、一套人员办公。2001年8月，县里撤销县工业交通局、贸易局、经济合作局，设置澄迈县经济贸易交通局（挂澄迈县旅游局、澄迈县交通战备办公室牌子）。2005年11月10日，成立澄迈县旅游局，为县政府直属部门。2009年12月，更名为澄迈县旅游发展委员会，级别为正科级，行政编制6人，事业编制1人，其中主任1人，副主任2人；内设办公室、执法岗、业务岗等3个科室。2010年设置未变。

二、澄迈县旅游协会

2010年，澄迈县旅游协会成立，是澄迈县旅游行业及相关行业的社会组织，按照自愿平等的原则组成的全县联合性、综合性旅游产业协会，是具有独立法人资格的社会团体。澄迈县旅游协会接受行业主管部门澄迈县旅游发展委员会、社团登记管理机关澄迈县民政局的业务指导和监督管理。

第二节 旅游资源

一、自然资源

（一）滨海旅游资源

滨海旅游资源十分丰富，有盈滨湾、沙土湾、马岛、林诗岛和雷公岛等，海边风光秀丽，岛上景色迷人，是观光游览的胜地。

（二）岛屿和半岛

有大小岛屿3个、半岛1个。它们分别是马岛、林诗岛、雷公岛和盈滨半岛。盈滨半岛位于老城镇北，三面临海，一面连陆地，沙白水蓝，地势平坦宽阔，气候宜人，空气中富含碘、氧和臭氧，兴建有别墅群、酒店、泳池、高尔夫球场、永庆寺等旅游设施。

（三）吴虎石

古称奇石岗，由数尊天然巨石组成，其中一巨石酷似猛虎仰天长啸，高约百米，气势雄伟，故称虎石。清乾隆十二年（1747 年）于虎口内修建冼太夫人庙，供人朝拜，历代香火不绝。清道光十年（1830 年）海南探花张岳崧曾游此地，题留“巾帼英雄”4 个大字。

（四）白石洞

古澄迈仙游胜地之一，位于国营昆仑农场田敦村西白石岭一巨石中，洞石高耸，洞内可容数人宴会。南宋道家南宗五世祖白玉蟾曾在此炼丹养生，并赋诗《游白石洞》1 首。

（五）白石岭

又名白茶山，为澄迈廉贞发祖之山，山有天池，久旱不竭。

（六）济公山

原名石栏岭、山猪岭，位于澄迈县文儒镇，因山上有一天然巨石，高 2.5 米，宽 1 米，因其石状酷似早期电视剧《济公》中的济公貌，故名济公山。

二、人文资源

（一）美榔姐妹塔

古称“买榔二塔”、美榔双塔，为国家一级重点文物保护单位，位于金江镇美榔村。始建于南宋末期，迄今有 800 多年的历史。因历经年久，部分塔身损坏，1997 年 4 月修复。建筑布局，姐塔坐向东南面西北，妹塔坐南朝北，相距 10 多米。姐塔六角五层、高 13.6 米，妹塔四角七层、高 12.55 米。最大特色是，双塔为楼阁式空筒式仿木结构石料建筑，采用石榫连接、条石干叠不黏合方式，塔身雕刻艺术精巧。1985 年 7 月，美榔双塔，被澄迈县人民政府定为县级文物保护单位，保护范围 5.33 公顷。1994 年 11 月，被海南省政府定为“海南省级文物保护单位”。1996 年 11 月，被国务院定为“全国重点文物保护单位”。1997 年 4 月，中央、省、县政府有关部门拨专款予以修复。

（二）大成殿

为“大成至圣先师孔夫子殿”简称，古澄迈县文庙（孔庙）仅存的重要建筑，位于旧县治老城西门（今墟集市区），县级重点文物保护单位。始建于南宋咸淳元年（1265 年），历经宋、元、明、清数代修葺，至清光绪三十三年（1907 年）而成。坐北朝南，建筑特色为重檐歇山式、穿斗抬梁式廊屋结构，梁枋、檐板、门窗等雕刻彩绘，殿前月台正面石雕干砌，石阶中间浮雕双龙戏珠图案，角立狮子石雕，边阴刻八仙图案等，占地面积 5100 平方米。

（三）罗驿村

罗驿村位于老城镇白莲墟西 1 千米处，宋代文化古村，曾有 3 人科第中举，250 多人出仕，享有澄迈“科举仕宦第一村”美称。是远革命老区，有 70 多位烈士为国捐躯。千百年来，优越的自然环境，良好的气候条件，特别是和睦、孝顺、感恩、诚信的伦理道德和淳朴感情，使罗驿村拥有“健康与长寿”的基因。罗驿村保存民房古石屋120多间，村中道路，均为石铺，为村中古时官员李恒谦带头捐资所建。村中自元朝以来建有各支祖祠13间，其中清雍正元年（1723年）所建李氏宗祠规模最大，共有三进，每进均为五贴屋，配有雨廊和厢房，建筑面积1900平方米。民国8年（1919年）澄江书院迁办于宗祠内。清嘉庆十七年（1812年），海南唯一探花张岳崧告养回定安县高林村故乡期间，受罗驿村友人李莹亭的邀请，来访罗驿村，并在李氏宗祠里为当地学子讲课授业。当听到村中孝子李朝钦的故事后，在他主编的《琼州府志》中，收录他所写的《李孝子歌》。张岳崧为罗驿村撰写《李氏合族谱序》《澄迈罗驿李氏祠堂记》《茂春李翁八秩大庆》《元哲太翁李老先生大人像赞》，并专门为这座李氏始祖祠题写“万叶枝柯”匾额和对联：

祥自宋开，膺岁荐，登贡书，有创有垂于今为烈；

族从元茂，守边陲，任民社，乃文乃武振古如兹。

（四）李氏宗祠

位于澄迈县老城镇罗驿村，为省级重点文物保护单位，保存较为完整的乡村古祠。始建于清雍正元年（1723年），2010年修复。建筑布局坐北朝南，三进四合院式。占地面积6933.8平方米，建筑面积约1920平方米。最大特色是建筑造型艺术为歇山式木石结构，两旁厢房前壁均有人物故事彩绘，头两旁立有两座巨大石狮，雕工精巧，栩栩如生。

（五）永庆寺

为古代“澄迈八景”之一，是海南史上有名的禅林胜地，现为琼北地区规模最大的佛教寺院，位于海南老城经济开发区盈滨半岛西侧。始建于北宋时期，据史料记载，曾有李纲、李光、胡铨等众多历史名人贤士慕名游历该寺，使之名播四方，法音宣流于琼州各地。北宋大文豪苏东坡曾数度前往礼佛参学，并写下感人肺腑的诗句。北宋绍圣四年(1097年)六月十一日，苏东坡渡海到琼，夜宿老城驿通潮阁，次日游永庆寺，为此处美景所陶醉，欣然作诗云：“幽怀忽破散，咏啸来天风”。北宋元符三年（1100年）六月，他获赦北归，再游该寺又咏出“九死南荒吾不恨，兹游奇绝冠平生”的千古佳句，流传至今。明代名贤曾沂曾以《永庆丛林》为题赋诗：“梵宫森植有丛林，苑翳虬盘院宇深。四际不闻钟鼓响，在中只见影阴阴”。“文化大革命”期间毁坏，2005—2009年重建，2009年4月，永庆寺举行落成庆典暨首日封揭牌开光仪式。永庆寺占地5.33公顷，建筑面积约9200平方米，仿宋“伽蓝七殿”风格，布局和谐，庄严瑰丽。寺内主要建有大雄宝殿，在大雄宝殿四周建有歇山式天王殿、观音殿、文殊殿、普贤殿、地藏殿、藏经阁、方丈室、禅堂，各殿主尊佛像重约17—19吨。全堂42尊玉佛均采用整块缅甸白玉精雕细琢而成，乃世所罕见，为全国首创。2009年9月21日，永庆寺荣获上海大世界基尼斯之最“供奉缅甸白玉佛像最多的寺院”证书。

（六）金山寺

原名慈善庵，又称金寺，海南较大的佛教寺院之一。位于金江镇钟寨村西。始建于明洪武年间，具体时间不详，民国末年毁于兵乱，1993 年迁址金山重建，得今名。金山寺傍山而建，为低、中、高三层建筑群，共 104 基级台阶，气势非凡，蔚为壮观。

（七）封平约亭

位于老城镇以西 10 千米的大丰村境内。始建于清康熙六十一年（1722 年），清同治二年（1863 年）重新修葺。据县志载：封平都所曰多峰铺，亦称多峰市（在今大丰村境）。“封平约亭，原设多峰市上”。相传：几百年前，多峰官道上行旅、客商、学子、官吏络绎不绝，铺舍快马即超过 30 匹。至 2010 年，古驿道、古街市早已沉寂，但其街巷、商铺、石板路尚存，约亭即坐落街市东头。

2010 年，封平约亭尚存两进四合院式格局，坐北朝南，占地约 200 平方米。木石结构，硬山顶，穿斗式梁架，筒板瓦，正脊有龙、鱼及流云等雕饰。正屋面阔 10 米三开间，进深近 8 米。明间正堂悬挂古匾一块，楷书鎏金“觐光扬烈”，意即入亭觐见，聆听圣训而思效法先哲乡贤。正屋前连建雨廊，进深 2.2 米，已无天盖，山墙为滚龙垛造型，廊下叠砌 5 级台阶。院子东南侧有书亭，石结构，六角，塔状，高 1.6 米，宽 1.8 米。门厅面阔 4 米、进深 5 米。大门内额砌浑水墙，饰浅浮雕，内容有人物、书亭、花卉等。门外额正楷竖镌“圣谕”，自右至左行楷刻“封平约亭”。联曰：圣治揽乾纲封建平均披丹扆纶音三章法约。谕条重巽命多士峰列听黄堂梆鼓廿里长亭。

联语嵌“封平约亭”、“多峰”及距县治里程、约亭功用等。约亭门厅内两侧、雨廊置碑刻八通，有清康熙六十一年（1722 年）“封平都士民同立”、清同治二年（1863 年）“约亭焕新落成后重镌”的《封平多峰市碑》；清乾隆四十九年（1784 年）关于大米买卖启用椰筒及规范操作平息争端的《当官牌禁》碑；清嘉庆十五年（1810 年）资助贫寒学子所立《封平合都宾兴序并例》碑；清道光四年（1824 年）捐赠约亭的《万古流芳》、清咸丰二年（1852 年）为约亭《置田据》及《民国元年粮税征收办法》等。

（八）老城老街

隋大业三年（607 年），澄迈县治建于老城墟，古街位于古县城的东南边，现称老街，也称下街。老街长有百余米，均由各种石条铺设而成，距今已有 1000 多年的历史，现已被摧毁，建成水泥路面。老街的两旁居住着老城居委会的居民，有的房屋依旧。从散落墙角的石礅石刻、残碑断简，可以想象当时各路商贾纷至沓来、一派繁荣之盛况。

（九）广德桥

即里桥，亦称塔脚桥，位于老城墟西300米处，因建在澄江出口内滩地段和北岸旧塔的塔脚下而得名，明嘉靖三十八年（1559年），知县唐启宾所建。桥为石拱桥，南北向，横跨澄江，六墩五孔，长30米，宽2.95米，高5米。北宋文学家苏东坡曾在此留下足迹。明万历三十三年（1605年）地震，塔毁而桥存，现桥已荒废，结构依然牢固，足见其当年雄姿。

（十）石石矍村

石石矍村位于老城镇，距离马村港1千米处，为中国传统村落，省级文物保护单位，海南历史文化古村，是冼太夫人渡琼驻扎大本营，又是冯氏先祖最早定居海南之村，至今建村有1400多年的历史，据《海南冯氏族谱》记载，海南省不少市县冯姓宗支从石石矍村迁出，故享有“冯氏海南第一村”的誉称。据明正德《琼台志》载：梁大同间，冯冼氏族运用力量和影响，降服诸越，统一岭南，并在汉废海南儋耳郡“归附者千余峒”的基础上，“请命于朝”，在海南岛设置崖州。朝廷委派冼太夫人巡视诸州，招抚逃亡的俚民，最后到海南岛，于仁寿二年（602年）仙逝，于石石石矍村西南富昌坡地葬于衣冠墓。石矍村的文化遗存，是海南民居建筑的典范，也是社会主义精神文明教育的基地，主要有冼夫人及其后裔墓群、冯进勇家庭墓、海南冯氏大宗祠及阳夏侯庙、冯公祠等。

第三节　主要景区

澄迈县清代曾有名噪一时的独珠迴峰、双滩赴海、永庆丛林、大胜参天、西峰牧笛、通潮飞阁、伏波灵祠等山水名胜八景。吸引文人墨客，吟诗作赋，赞叹不已，如今尚留有名作多篇，其中有宋朝大文豪苏东坡《移廉州由澄迈渡海元符三年六月二十日》《通潮阁寓澄迈》诗三首。而双滩赴海中的内海，曾被时人誉为“天下奇绝”。

澄迈县在改革开放前没有旅游产业，直到1988年海南建省后才开始发展旅游业。1993年，澄迈县建成开业旅游度假的有亚珠庄园、九乐宫温泉度假山庄、美亭钓鱼台、济公山旅游区等。1996年，红湖欢乐园、太阳湾旅游度假区、盈滨度假村等景区相继建成，其中红湖欢乐园于1996年6月开张迎宾。

1998年9月，南泰鳄鱼湖动物园在老城开建，1999年9月23日开张营业。

2000年以后，澄迈县旅游业迅速发展。首先是福山咖啡休闲文化带动福山咖啡文化乡村游，另有永庆寺及西海岸度假酒店带动盈滨半岛海边游及太阳湾海边休闲，以美榔双塔为重点的古文化乡村游、富硒水果及热带高效水果带动乡村低碳游，以及长寿之乡为主题的长寿之旅等。

2005年，金色海湾度假村（二期扩建）动工建设，海南澄迈金鑫鸟语林有限公司投资兴建的鸟语林公园、永庆寺重建等项目动工。2009年4月，永庆寺落成并举行庆典暨首日封揭牌开光仪式。2010年建成福山咖啡文化风情镇，为第十一届中国海南岛欢乐节主会场。

澄迈县境内风景名胜区有盈滨半岛休闲旅游度假区、福山咖啡文化旅游区、加笼坪热带季雨林生态旅游区、红岗济公山风景旅游区。有省级历史文化名镇1个，省级历史文化名村一个。有全国重点文物保护单位1处，省级重点文物保护单位1处，县级重点文物保护单位65处。科普教育基地28个，爱国主义教育基地32个。组成北以历史文化为特色、南以红色文化为特色的两大景点，成为琼北休闲度假旅游新热点。

（一）盈滨半岛旅游度假区

位于海南老城经济开发区境内，北临琼州海峡，处于澄迈与海口接壤处。主要特点：半岛形似弯月，海水碧蓝纯净，岸滩平缓宽广、沙白细软无泥，温泉丰富，旅游设施较为完善。盈滨半岛主要景点有永庆寺、盈滨半岛沙滩、温泉等，盈滨半岛旅游配套设施完善，拥有西海岸温泉度假酒店、金鑫足球训练基地、旭华月亮湾高尔夫球场、梦幻岛海上竞技等设施，成为琼北度假旅游新亮点。

（二）福山咖啡文化旅游区

又称“福山咖啡文化风情镇”，位于澄迈县福山镇境内，面积75平方千米，由一个中心区和九个咖啡文化风情村组成。集咖啡种植、观赏、制作、品尝、交易及休闲娱乐度假于一体，建筑风格为古朴的地中海模式和浓郁的咖啡风情特色。主要景点为中心区，地处环岛高速公路南侧，为2010年第十一届中国海南岛欢乐节主会场，设咖啡文化广场、咖啡交易中心、咖啡文化馆等六个功能小区。

（三）加笼坪热带季雨林旅游区

为原始热带雨林区，位于澄迈县西南端，景区面积2187.76万平方米。生态完美，气温凉爽。拥有胭脂、坡垒、青梅、厚皮搞、榴果等珍稀植物及水鹿、猴子、藤狸、穿山甲、蟒蛇、原鸡、山鹧鸪、金钱龟等珍稀野生动物。其间山花烂漫，蜂飞蝶舞，鸟兽和鸣，随处可见。主要景点有莽莽林海、山上池塘、溪流瀑布、琼崖特委美合革命根据地旧址，为生态旅游、休闲度假和进行革命传统教育的好去处。

（四）九乐宫温泉度假山庄

为温泉浴场，位于国营西达农场境内，九乐山北侧，由露天浴池、浴室和客房等部分组成，热泉日喷量5460立方米，水温57℃，有含多种对人体有益元素，对皮肤疾病、风湿关节病等有明显疗效，被当地群众誉为“洁身龙水”。温泉热带风光，周边遍布果园，富有乡村特色，服务设施齐备，是理想的健身、休闲、旅游度假胜地。

（五）济公山风景旅游区

济公山位于澄迈县文儒镇，国营红岗农场部门1.5千米处。距省会海口85千米，离县城金江32千米。1993年，发现“济公石”，济公石像位于山顶巨石群中。石像与传说中的济公头像酷似无异，约有5米多高，面向西北，全是自然生成。石像旁长出一株小叶榕树杈枝繁叶茂，酷似济公手中所拿之蒲扇，风吹树动，犹如济公拿着蒲扇在扇风。小叶榕树的树根盘缠在济公石像的脖子上，正似一条围巾披着济公脖子，构成一个自然自在的济公石像，活灵活现。济公石像东边有个石娃，西边有个石龟，也酷似母体所生。此外，还有72处形似“济公脚印”“八卦扇”“龟伏金畦”“鲤跃龙门”“百变猴王”“乌猴云影”“石猴观天”“天外来宾”“案台”“座椅”等石头、石像，所有石头石像都是自然形成，是一处很有观赏价值的自然景观。

第四节　行业管理

一、景区管理

1999—2001年，澄迈县制定旅游景点景区管理规定，加强对景点景区的管理，培训旅游从业人员，提高服务素质。全县旅游接待人数30.2万人次，旅游业收入1726万元。

2002—2004年，澄迈县加大旅游制度化管理力度，打击违法经营，杜绝旅游企业“三乱”现象。加大旅游企业从业人员的服务水平及素质培训。全县的旅游接待人数42.6万人次，旅游收入2656万元，同比增长10.7%和28%。

2008年，对全县景点景区、宾馆酒店等旅游设施进行规范管理，重要景点景区接待人数实行月报制度，房间数20间以上的宾馆酒店，每月接待人数要统计上报。

2010年，与各景区管理、旅游企业签订安全目标责任书，明确安全责任，制定旅游安全应急预案。下发《关于做好“五一”期间旅游安全工作的通知》《关于做好“十一”期间旅游安全工作的通知》《关于开展“安全生产月活动”的通知》《关于开展旅游安全生产“三项行动”的实施方案》等文件，组织旅游执法人员深入景区及旅游企业检查，加强安全宣传，确保没有旅游安全事故发生。

二、宣传促销

1999年9月23日，新加坡“狮子星号”7.6吨级游轮首航澄迈马村港。

2000年3月，澄迈县热带水果示范农场被省旅游局指定为旅游定点单位。

2001年，海南盈滨第一届龙水节举办。

2002年农历五月初五，澄迈县委、县政府在盈滨半岛举办第二届海南盈滨半岛龙水节，此次节庆活动规模大、档次高、人数多，提高澄迈县旅游的整体形象。承办第三届海南欢乐节澄迈活动，在盈滨广场举行狂欢活动，达到打造澄迈县旅游品牌的目的。参与由海口市人民政府牵头主编的《海口旅游圈最新指南》编辑活动，宣传澄迈县的旅游环境和资源，参加海口旅游圈在湘、桂、粤的宣传促销会，让省外人士对澄迈旅游有进一步了解。对全县旅游资源进行科学开发，发展盈滨半岛旅游度假区、热带作物资源开发农业观光休闲游、九乐宫温泉度假山庄与加笼坪森林保护区结合的生态游。

2003年，参加由海口市人民政府牵头主编的《海口旅游圈最新指南》编辑活动，宣传澄迈县的旅游环境和资源，开发农业旅游项目，万嘉果农庄2003年被海南省政府授予“优秀专项旅游产品”荣誉称号。对全县旅游资源进行科学开发，发展盈滨半岛旅游度假区、热带作物资源开发农业观光休闲游、九乐宫温泉度假山庄与加笼坪森林保护区结合的生态游。10月，世界首尊金玉大佛奉安仪式在盈滨半岛举行。

2004年，组团参与第二届海口旅游商品展销会，组织万昌苦丁茶场、海南农垦万嘉果农庄、澄迈福山咖啡馆等7家企业六大类16种产品参展。开展首届中国青年欢乐节暨第五届中国海南岛欢乐节澄迈分会场活动，举办“青春对对碰”欢乐游园、世界首尊金玉大佛文化、“盈滨杯”足球对抗赛、青春舞会与游园、“魅力排球”邀请赛、万嘉果绿色田园欢乐游等活动。4月，万嘉果农庄被评为“全国农业旅游示范点”称号。同月，福山侯臣咖啡文化村开业。

2005年，由海南银时旅业有限公司投资6958万元兴建的五星级酒店——金色海湾度假村（二期扩建）建成营业，海南澄迈金鑫鸟语林有限公司投资3615万元兴建鸟语林公园，4月，开工建设永庆寺、盈滨足球训练基地、亚泰花园度假村、济公山风景区等项目。开展第六届海南欢乐节澄迈分会场活动，组织世界首尊金玉大佛文化活动、“盈滨杯”足球表演赛、“激情排球”邀请赛、欢乐象棋大奖赛和广场乒乓球大奖赛等活动。配套完善海南农垦万嘉果农庄的基础设施，使其成为澄迈县抓农业生态旅游及特色旅游的新亮点，形成观光、采摘、度假一体的旅游景点。

2008年1月，澄迈福橙在人民大会堂成功推介。6月，首届澄迈咖啡文化节暨澄迈旅游资源推介会在福山镇侯臣咖啡文化村举行。同月，永庆寺金堂玉佛安座暨海南第六届盈滨岛“龙水节祈福法会”举行。12月，海南省首个农村旅游专业合作社在老城镇石石矍村成立，省旅游发展研究会和石石矍村签订《合作共建海南国际旅游岛乡村旅游开发研究与示范基地协议书》。

2008年，制定澄迈旅游宣传促销计划，制定提升澄迈旅游整体形象行动方案。借助大型节庆活动，利用媒体进行专题宣传，制作《澄迈旅游》宣传画册和《澄迈一日游》《澄迈旅游招商手册》，邀请旅行社和旅游开发商到澄迈县考察等方式，推介澄迈旅游。参加国际国内旅游交易会，组织县有关旅游企业参加“中国（海口）旅游产品交易会”，赴香港、北京、深圳等大中城市进行推介。与“7+1”琼北湛江旅游合作，根据2008年琼北湛江区域旅游合作组织工作计划，派专人负责该项工作，制定工作计划，参与“7+1”旅游组织的各种交易会，派员参加在郑州举办的“2008年中国国内旅游产品交易会”，澄迈县旅游局向与会人员推介澄迈县的人文古迹、自然美景、滨海休闲度假、福山咖啡文化休闲旅游、陶艺文化园等丰富的旅游资源。打造“休闲澄迈”，向世人递交“中国最佳休闲旅游县”“中国绿色名县”“中国无核荔枝之乡”“中国福橙之乡”等品牌。举办盈滨龙水节、福山咖啡文化节等旅游活动。

2010年1月，中华人民共和国质检总局批准澄迈福山咖啡为国家地理标志保护产品，这是海南第五个获得此项标志的产品。6月，第九届国际老人文化博览暨中国海南第八届盈滨龙水节晚会在金江举行。7月，第一届低碳旅游建设峰会暨首批中国低碳旅游荣誉榜单发布会在北京举行，会议授予澄迈县“中国低碳旅游示范区”荣誉称号。10月，海南梦幻岛海上竞技运动项目团组青年营、盈滨半岛景区游客服务中心、澄迈天文台奠基仪式暨海南盈滨半岛景区服务管理有限公司成立庆典活动在盈滨半岛举行。

2010年，在北京人民大会堂举行福山咖啡专题推介会，申请“全国桥牌比赛唯一指定咖啡饮品”名称，举行“福山咖啡杯•首都各界桥牌邀请赛”、授牌仪式和系列推介活动。澄迈福山咖啡被授予“全国桥牌比赛唯一指定咖啡饮品”。

第五节　旅游市场

2008年，澄迈县获“中国最佳休闲旅游县”“中国绿色名县”“中国无核荔枝之乡”“中国福橙之乡”荣誉称号。举办“盈滨龙水节、福山咖啡文化节”等旅游活动。旅游定点饭店接待人数39.5万人次，同比增长15.8%，全年旅游收入1.57亿元，同比增长16.3%。

2009年，澄迈县完善《福山咖啡休闲风情总体规划》，整合旅游资源，打造咖啡风情休闲度假和生态旅游等“休闲澄迈”旅游品牌，加快旅游业发展。全年实现旅游业总收入2.02亿元，同比增长29.07%；接待国内外游客50.36万人次，同比增长27.53%。

2010年，澄迈县以建设国际旅游岛为契机，大力发展旅游业。全县旅游接待人数76.03万人次，增长50%，累计旅游收入3.1亿元，增长51.7%。其中星级饭店接待人数19.46万人次，增长23.9%，累计旅游收入6191万元，增长58.3%。

第四章　乡土特产

第一节　种植类

一、澄迈福山咖啡

澄迈县福山镇是海南最早种植咖啡的地方之一，福山地区的红土壤十分肥沃，适宜咖啡生长，所种出的咖啡豆含咖啡因高15%以上，加工成的咖啡粉芳香浓郁。福山咖啡以巴西咖啡的中粒种为主，每年10月开第一批花，次年5—12月开始采摘。5年以上树龄的咖啡树，每年可采摘100公斤鲜果。鲜果经过晒干、脱皮、清炒、粉碎、包装等一系列传统工艺加工后，便制成咖啡粉。福山咖啡分为咖啡豆和咖啡粉两种产品，咖啡豆结实、粒大、均匀、饱满。真正的100%纯福山咖啡，是不加糖和香料焙炒的，具有浓郁、香醇、滑口的品质，饮用后有提神醒脑等功能，富有海南福山地区特有的地方咖啡味，又具有印尼苏门答腊岛的黄金曼特宁咖啡品质特性。当地农民有种植咖啡的习惯，自己种植，自己加工，并有各自的一套加工方法，其中以福山农民徐秀义生产制作的福山咖啡最为出名。1986年，徐秀义制作的“福山咖啡”获得全国37类咖啡粉的国家法定注册商标，并在福山，海口、三亚等地设有福山咖啡馆。长期以来，福山咖啡享誉海内外。2007年，全县咖啡种植面积26公顷，总产量140吨。2008年，全县咖啡种植面积28公顷，总产量150吨。

二、澄迈美亭香蕉

产于澄迈县金江镇美亭地区。美亭地区土地肥沃，水源充足，以盛产香蕉驰名，是澄迈县最大的香蕉生产基地，美亭香蕉属于芭蕉科、芭蕉属、真蕉亚属。香蕉其实是食用蕉（甘蕉）的俗称。香蕉的水分低、热量高，含有蛋白质、脂肪、淀粉、胶质及丰富的碳水化合物（高达20%以上），维生素A、B、B6、C、E、P，以及矿物质钙、磷、铁、镁、钾等。其中钾的成分为百果之冠，镁的成分亦高，并被证实有防癌之功效。2000年，全县种植面积400公顷，总产量12500吨。2001年，全县种植面积减少到334公顷，产量增加到14500吨。2008年，总产量17500多吨，其中90%销往上海、南京、武汉、杭州等地。

三、澄迈无核荔枝

无核荔枝，就是荔枝果中无核。1992年，由澄迈县桥头镇荔枝研究会专家王廷标培育成功。1997年，经海南省专家评审为低温敏型无核荔枝，具有先进的科学性和应用价值，同年荣获海南省科技进步三等奖。同年5月，海南陆桥集团有限公司下属农牧开发有限公司与澄迈县桥头荔枝研究会合作，在桥头镇创办陆桥花果山庄，种植无核荔枝面积200公顷，2000年开花结果。2000年4月，澄迈无核荔枝荣获中华人民共和国科学技术部颁发的国家级火炬计划项目证书，项目名称无核荔枝A4号 。同年12月，澄迈无核荔枝荣获海南省科学技术厅颁发的高新技术项目认定证书，无核荔枝A4荣誉。2006年8月，澄迈无核荔枝被北京中国果品流通协会专家评审为“中华名果”。

无核荔枝具有色、香、味皆美的特点，是荔枝果中精品。无核荔枝亩产约2000千克，无核率99%；每株结果15—108千克不等，单株平均重43.6千克。无核荔枝皮薄肉多、水分充足、果皮鲜红、龟裂平滑、果肉凝脂、晶莹清脆、肉甜无渣，可溶性固形物含量16.8%，口感好，吃不上火，没有普通荔枝食用后味涩之感。

四、澄迈万昌苦丁茶

1994年7月，开发种植于澄迈县金江镇美亭地区万昌村的万昌苦丁茶园。苦丁茶是采用先进育苗技术，利用海南五指山区野生千年古茶对树枝条进行人工繁殖和推广种植，含有人体必需的各种维生素、氨基酸及微量元素，其味大苦、性寒凉，具有清热解毒、减肥、化痰、除湿、止咳、润肠导便等功效，常饮用可强身健体、延年益寿，被誉为“长寿茶”“美容茶”，是一种纯天然多功能保健珍品。万昌苦丁茶结合中国传统中医养生理念，纯手工精制，经过萎凋、杀青、揉捻、烘干等16道工序完成，保持苦丁茶的原汁原味和药用成分，风味独特，苦尽甘来。其品质优于普通苦丁茶，是独具特色的海南名特产。2000年，通过绿色食品认证，被博鳌亚洲论坛会议指定为专用茶礼品，供各国宾客饮用。2001年，被农业部和海南省政府评定为“全国农业名牌产品和海南省名牌产品”。2006年5月，“椰仙”牌澄迈县火山岩苦丁茶通过中华人民共和国技术监督总局“国家地理标志保护产品”审查，成为海南省仅有的三个受国家严格保护的地理标志保护产品之一，在消费者中享有盛誉，远销全国50多个大中城市和十几个国家和地区。

2010年，万昌苦丁茶园拥有高产茶园200多公顷，茶叶加工厂两座，年产优质茶叶100多吨，制药用大叶片300多吨，年产值1500多万元，是全国规模最大、唯一获得国家绿色食品证书的有机苦丁茶、高品质绿茶专业生产企业，是经海南省人民政府批准立项的“两高一优”（高产量、高效率，优质产品）农业综合开发基地和科技示范园，海南省农业产业化优秀龙头企业。拥有下属生产企业海南椰仙生物科技公司、海南椰仙热带植物高新技术有限公司、五指山市椰仙科技公司等多家公司。

五、澄迈福山福橙

澄迈福橙是澄迈县从广东引进的红江橙品种，2003年6月在福山镇试种成功，是具有典型地方特色的热带橙类作物。澄迈福橙主产在澄迈县福山镇的红壤地，故取名“澄迈福橙”。特定的地理位置，是澄迈福橙特有的优良品质。果实大，表色金黄、鲜亮，皮薄汁多，肉红可口，味清香蜜，甜度适中，化渣率高，口感爽津，含有人体必需的铁、锌、钙、镁、硒等多种微量元素和维生素 C，其中硒的含量为 0.02 毫克/千克，为“富硒”产品。澄迈福橙适应性强、生长良好、品质优良，是鲜果中唯一可在春节前后上市的、效益好的橙类优良品种，具有很强的市场竞争力。2007 年 11 月，“澄迈福橙”被评为“中国最具特色产品奖”，被定为“国宴果品”，是海南省第二个国宴产品。同时，澄迈县被中国果品流通协会命名为“中国福橙之乡”。

六、澄迈加乐山茶油

山茶油俗称“山柚油”，是以油茶树的果实为原料制作而成。油茶树是一种野生灌木，生长较缓慢，30 年树龄的油茶树主干只有碗口般大。油茶每年有几次花期，春季开第一次花，花瓣为白色，花蕊黄色，果实为球状的硬壳坚果，果实里包着种子，种子的种仁可以榨油供食用。每年农历十月左右油茶果实成熟，鲜果采摘后，经日晒两天，砸开种子外壳，取出种仁，再将种仁晒干，然后将种仁捣碎、炒熟，最后放入榨油机榨出油汁。山柚油呈金黄色、味微苦、性寒、气味芳香、可口细滑、营养丰富，是上好的调料品，有滋润、活血、消肿等功效。加乐、文儒、中兴等镇均有生产，加乐山茶油以其独特传统加工工艺而扬名。加乐山茶油口感甘和，气味香醇，为澄迈县各地居民家中必备品，是送礼佳品。

七、澄迈太平果蔗

澄迈县金江镇太平地区种植果蔗较早，在 20 世纪 60 年代就有大面积种植，其中以春芳、塘北、海仔、夏富、六山、太平、博芳、兴加朗、周北坡等村庄种植较多。果蔗，又称“黑甘蔗”，是甘蔗中的一个品牌。每年 11 月、12 月开始种植，每亩种植 6000 株，翌年 9 月收获，亩产 6 吨以上。其皮黑色，汁液甘甜松脆，有止渴生津、滋润身体、帮助消化的作用。果蔗极少榨糖，多为零食用品。太平果蔗以其肉质松脆，液汁清甜而闻名，深受人们喜爱。其产品远销广东、湛江、广西、海口、石碌、三亚等地。

八、澄迈桥头地瓜

桥头镇土地资源丰富、肥沃，土壤含硒元素较高。1976 年，台湾商人引进地瓜品种在桥头镇沙土地种植，因种植产量少，1979 年停止种植。2006 年，日本商人投资的企业东洋水产公司在桥头镇沙土村种植日本品种地瓜，时称“日本地瓜”，带动农民种植，面积 13.33 公顷。2009 年 4 月，澄迈县实施“商标富农”工程，桥头镇成立沙土地瓜种植专业合作社，注册“桥沙”“澄沙”商标，打造品牌，形成产业，称为“桥头地瓜”。桥头地瓜富含硒元素，经检测，达到 72 微克/千克，品质好，明显优于其他品种的地瓜。2010 年，桥头镇与海南省农科院合作，建立脱毒种苗培育基地，成功研制出新一代脱毒种苗，有效缓解制约桥头地瓜产业发展的瓶颈，同年种植面积350公顷，参与种植的农户有800多户，平均亩产1750公斤，产值1200万元，户均收入近2万元，产品销售到省内外。

九、澄迈无籽蜜柚

从马来西亚引进的水晶蜜柚，经本地化改良后，形成具有浓郁地方特色的名优农产品，果期主要集中在7—10月，能实现反季节全年供应。澄迈无籽蜜柚果型美观，果皮呈绿色，果大皮薄、天然无籽，色晶如玉，果粒饱满，甜蜜爆汁，质地嫩滑，风味浓郁。果肉汁胞中特有的高级醇、醛、酮、挥发性有机酸与烯等，清香盈口。

十、澄迈凤梨

澄迈种植凤梨（菠萝）历史悠久，至少可追溯到16世纪、17世纪。早在20世纪60年代中期，海南和澄迈就开始引种新品种菠萝，20世纪80年代大规模引入。澄迈凤梨素以早熟、柔软细腻、多汁化渣、酸甜适度、风味香浓、无眼、外观鲜艳、果型端正而著称。3月即可上市，有“开春第一果”之称。澄迈县委、县政府把澄迈凤梨产业作为主要的农业支柱产业来推广和发展。

十一、澄迈沉香

澄迈县南部半山区，是野生沉香大量生长的地方。澄迈沉香主要分布在加乐、文儒、美亭、福山、大丰等地，为典型的热带乔木植物白木香树所产。澄迈县是海南沉香人工种植最多的县域。截至2010年，澄迈县种植沉香5685公顷，形成颇具规模的沉香种植、加工基地，开发生产沉香线香、佛珠、手链、沉香粉、沉香油、沉香茶、供佛香、沉香扇、沉香车载炉、沉香打火机、沉香木雕工艺品等30多个产品。

第二节　饲养类

一、澄迈加乐黑猪苗

产于澄迈县加乐镇。从1979年开始，加乐镇畜牧站引进原产于英国的良种盘克公猪，采取人工授精的方法，对本地母猪进行杂交改良。其杂交后代属于兼肉型品种，全身黑色，俗称“黑猪仔”，具有抗病力强、生长快、适应性强、耐粗料、肉质好、味道鲜美等特点。一般出生60日龄可断奶上市，体重25公斤左右，较适合农村粗放饲养。20世纪80年代末至90年代初，加乐黑猪苗在市场尤为畅销，除县内各乡镇农村争购饲养外，还远销琼山、定安、屯昌、琼中黎族苗族自治县等市县，其销售量以1995—1996年为高峰，年销售累计8万头。

二、澄迈新吴小黄牛

产于澄迈县新吴地区。新吴地区属于山区丘陵地带，常年气候暖和，雨水充沛，山林中牧草茂盛，放牧条件得天独厚。新吴小黄牛，体型瘦小，成群野放于山林之中，体重100—150公斤，肉质细嫩、味道独特，香、色兼具，让人回味无穷。饲养小黄牛成为当地农民增加经济收入的重要途径。2010年，全县饲养量15766头，销售2293头。

三、澄迈永发乳羊

永发乳羊是指1.75—3.75公斤的还在哺乳期而未开吃草料的永发本地小羔羊，主要产于永发镇东兴地区。永发地区属丘陵地带，气候温和，雨水充足，一年四季灌木丛生，百草丰茂，适合山羊生长。母羊吃百草，乳汁中含有多种养分，羔羊吮奶后，身体的肉质得到改变，比其他地方同类山羊的肉质好。澄迈永发乳羊肉质柔嫩，味道鲜美，无腥膻味，营养价值高。有红烧、打火锅、白切、焖等多种吃法，深受大众喜爱，是澄迈县婚宴酒席必不可少的一道富有地方特色的佳肴。2010年，全县饲养量70823只，销售28920只。

四、澄迈文儒山僚鸡

属海南省地方优良品种之一。因个小，皮薄，肉嫩，骨酥，味道鲜美而闻名。山僚鸡主要在山岭上放牧，啄食树籽、青草、野虫，辅以喂食谷子。因此肉质滑嫩，肥而不腻，芳香可口，可与文昌鸡媲美。2010年，全县饲养量2119860只，销售1504920只。

五、澄迈白莲鹅

澄迈白莲鹅产于澄迈县老城镇白莲地区。白莲鹅是野外散养鹅，具有营养丰富，肥而不腻，清淡原味，香醇可口的特点。食法大多以白切为主，白莲白切鹅香气诱人，肉嫩味美，肉感饱满，甘酥可口，久食不腻。食用时适当加些杂锦酱、辣椒酱、蒜蓉、生抽等佐料，味道特佳。鹅血含丰富的蛋白质及铁、钙、锌、铜等10余种微量元素。白莲鹅是澄迈县地方特色名菜之一，2010年，全县饲养量1158670只，销售982390只。

六、澄迈新吴鸭

澄迈新吴鸭是通过引进外来优良种鸭繁育而形成的一个新品种。2010年，新吴养鸭已形成规模化、产业化，成为海南最大的肉鸭、种鸭生产基地，享誉全岛。2010年，全县饲养量12492200只，销售11068500只。

七、澄迈福牛

澄迈福牛主产在澄迈县文儒镇等丘陵地区。澄迈福牛是和牛和本地黄牛改良出来的杂交品种，具有适应性强、体型大、增重快、产肉率高、脂肪酸含量较低等特点，深受国内外市场欢迎。2010年，全县饲养量1820头，销售118头。

八、澄迈黑山羊

澄迈黑山羊是本地优质的肉类品种，主产区在澄迈县火山岩地区，该区域灌木丛生，水草丰美，蚊虫害少，得天独厚的自然环境使澄迈黑山羊有着肌纤体细、硬度小、肉质细嫩、味道鲜美、膻味极小的特点，广受消费者喜爱。

九、澄迈金鲳鱼

澄迈金鱼鲳鱼主要产在澄迈县桥头镇北部湾玉包港附近海域，该区域水流量大，盐度适中，且底部为泥沙质地，水深平均19.4米。澄迈金鲳鱼主要采取深海网箱的养殖方式，养出的金鲳鱼有别于其他海域，有着肉质弹性好，体形美观，肉细嫩，味鲜美的独特品质。广销中国香港地区，以及日本、韩国、欧美等国家。

十、澄迈毛虾

澄迈毛虾主产在澄迈县玉包港附近海域。澄迈玉包港三面环海，北临琼州海峡，与雷州半岛隔海相望，自古以来就有捕捞养殖的记载，港区海域生产优质毛虾，毛虾质量名冠全琼。澄迈毛虾个体较大，体表光洁半透明，体色为青蓝色并伴有棕绿色斑纹，有别于其他海域，有着肉嫩、个大、味美、鲜活的特点。

第三节　食品类

一、澄迈福山烤乳猪

澄迈福山烤乳猪产于澄迈县福山镇，始于清代，至2010年有100多年的历史。福山烤乳猪皮脆肉酥，香浓不腻，老幼皆宜。福山烤乳猪制作一般选用福山当地10公斤以下的健壮猪仔，这样的小猪不但瘦肉多，而且肉质幼嫩容易烧烤。先用热水脱毛并切开肚皮，取出内脏，并在小猪身上涂上调料，继而将猪仔挺开铺平固定在铁叉架上，置于炭火上面烘烤，边烤边上调料，直至烤熟为止。福山烤乳猪色泽金黄，皮脆肉酥，香味诱人，食而不腻，食后余香盈口，为地方宴席上独特的一道佳肴。产品远销广州、香港等地。

二、澄迈瑞溪牛肉干

澄迈瑞溪牛肉干产于澄迈县瑞溪墟。产品以色泽鲜红、酥香可口、回味长久而闻名省内外。瑞溪牛肉干有悠久的加工制作历史，早在20世纪60年代，瑞溪墟就有居民以家庭作坊式加工牛肉干为业，口味香甜独特，倍受青睐，品尝者日益增多，而后开始大量生产。在制作上，瑞溪牛肉干选用上等牛腿瘦肉，经过切片，用胡椒、生姜、白糖、黄酒等原料腌制晾干，再用花生油炒榨等工序加工而成，色呈桃红，香味四溢，香而不腻，甜辣适中，清爽可口，是海南著名的地方传统食品之一，享誉海南岛。

三、澄迈瑞溪海南粉

瑞溪海南粉是澄迈最具特色的风味小吃，流传历史久远，在澄迈是节日喜庆必备的象征吉祥长寿的珍品。粉白如雪，细如丝，制作好的米粉加上油炸花生米、炒芝麻、豆芽、肉丝、香油、酸菜、萝卜干、香菜、葱花、瑞溪牛肉干等，再配上特殊的酌料和芡汁加以搅拌，便可吃食。海南人称“腌粉”，类似“凉拌”，醇香扑鼻，爽滑可口。吃末还有少量粉条时，如加进一小碗热腾腾的海螺清汤或是澄迈小酸菜汤，更是满口喷香，回味无穷。

四、澄迈瑞溪粽子

澄迈瑞溪粽子，与儋州洛基粽、定安粽子齐名，被称为海南三大名粽之一。瑞溪粽子，因产于澄迈县瑞溪镇而得名。以糯米、上好的五花肉、猪蹄和猪后腿肉等原料制作而成。备料和制作要花很长时间，为了消毒和增加叶子的韧性，便于包裹，粽叶要用沸水煮三四个小时；肉切成小块后用浓酒、芝麻油、八角、胡椒、桂皮、酱油、盐、味精以及姜汁、蒜汁腌制 1 个小时左右；糯米要泡上两三个小时。以猪肉做馅，可加入咸蛋黄、叉烧腊肉、红烧鸡翅等。然后用艾叶包成方锥形，放在锅里以猛火煮熟。熟后的粽子一剥开，先闻有艾叶的清香，继而肉、蛋浓香扑鼻，色、香、味，一应俱全。粽子软绵绵、味透、馅多，浓香四溢，食而不厌，令人回味无穷。瑞溪粽子不但在澄迈地方小吃中占有一席之地，而且在海口一些大中餐馆也备受青睐。

五、澄迈金江小酸菜

金江镇太平地区的夏富、大茂两村农民，早在 20 世纪 70 年代就开始种植菜仔腌制小酸菜出卖。金江小酸菜采用播种 40 天左右的小萝卜菜叶，晴天早上露水干后收割、晒干，再撒盐柔软、加压去汁、腌制而成，其味甘酸利口，香气诱人，有开胃生津、帮助消化的作用，是餐馆、食店、家庭常用的小菜。在全省各地很受人们喜爱，海口、三亚等地均有金江小酸菜的食店。

六、澄迈黑豆腐

采用纯手工制作而成的澄迈黑豆腐是一道澄迈县最原始的绿色健康美食。至 2010 年，有 800 多年的历史，深受海南本土群众的喜爱。澄迈县黑豆产地富硒，生产的黑豆是制作手工黑豆腐的最佳原料，制作出来的澄迈黑豆腐香味浓、嚼劲好、耐存放。澄迈黑豆腐独特的做法避免机器带入的重金属、石膏豆腐的不足，保证豆腐原始浓郁的香味，色泽油光透亮，口感好。可荤可素，适合炒、煎、烤、焖、炸、凉拌、生吃、汤食等做法，清香爽口，别有风味，深受省内各地百姓的喜爱。

第八编　财税 金融

第一章　财　政

第一节　管理机构

一、澄迈县财政局

澄迈县财政管理机构为澄迈县财政局（简称“县财政局”）。1998年3月，财政、税务分设，财政税务局复名财政局。2001年9月，县财政局内设办公室、综合股、行财股、预算股、国库股、农业股、监督股、会计股、企业股和社会保障股。2003年10月，设立各镇村财镇管服务站。2009年12月，内设机构进行调整，设有办公室、国库岗、企业岗、社会保障岗、行财岗、预算岗、国有资产管理办公室、会计岗、基层岗、监督岗、农业岗、政府采购管理岗、综合岗、信息岗。2010年3月，撤销财政局内设机构国有资产管理办公室，成立澄迈县国有资产管理局（副科级事业单位）。4月，成立县财政局党委。同年，全省社保费征管及地税农税体制调整改革（简称“三项体制调整”），乡镇农税所人员编制划归财政所，为参照公务员管理事业单位。

二、澄迈县会计管理中心

2001年5月，澄迈县会计管理中心成立，为副科级事业单位，归财政局管理。2009年5月，升格为正科级事业单位。2002年5月，中心内设综合股、业务管理股、电算管理股和工资社保管理股4个股及16个会计核算站（县城8个，乡镇8个）。2003年9月，撤销8个乡镇会计站，设综合股、业务管理股、电算管理股、工资社保股4个股级机构，第一会计核算站、第二会计核算站、第三会计核算站、第四会计核算站、第五核算站、第六会计核算站、第七会计核算站、第八会计核算站和第九核算站等9个会计核算站。通过会计委派，对全县行政事业单位集中办理会计核算业务，澄迈县会计管理中心是融会计核算、监督、管理、服务于一体的事业单位。

第二节 体制改革

一、政府非税管理改革

2002年，印发《澄迈县政府非税收入收缴管理制度改革工作方案》，实施非税收入收缴管理制度改革。从2003年起，实行政府非税收入征缴管理方式的改革，推行“单位开票、银行代收、财政统管”的政府非税收入管理体制，执收执罚单位全部统一使用《海南省政府非税收入一般缴款书》，资金缴入政府非税收入财政专户或单位基本账户。通过改革，进一步规范政府非税收入“征缴分离”和“收支分离”的“收支两条线”管理，确保非税收入的及时足额入户，有效地集中和增加财政收入。

2005年，印发《澄迈县政府非税收入支出改革工作方案》，深化收支两条线改革，从根本上规范政府非税收入收支管理，取消“按比例留用”“按照比例返还”等各种收支挂钩的办法，实行彻底的收支脱钩。

2006年，印发《澄迈县政府非税收入管理暂行办法》，规范政府非税收入管理，巩固2003年政府非税收入征缴改革取得的成果，完善政府非税收入征缴工作各项制度，深化收支两条线改革，进一步明确非税收入范围、项目管理、征收管理、预算管理、票据管理、监督检查等工作。

二、镇级财政管理体制改革

2002年，在全县范围内推行“村财镇（站）管”工作制，在坚持村级集体资金和财产的所有权、使用权、收益权、审批权不变的前提下，改革现行农村财务管理机制，变分散管理为集中管理。

2007年，印发《关于重新确定财政管理体制的通知》，规范县与镇政府间财政分配关系。对县与镇财政收入范围进行划分，除划分的收入外，县与镇共享部分收入，其中各站（站及华侨农场）社会抚养费县本级分享20%，镇级分享80%；对各镇征管范围的营业税地方所得部分，县与镇按比例分享，其中老城镇、福山镇县本级分享50%，镇级分享50%；金江镇县本级分享40%，镇级分享60%；其他镇县本级分享30%，镇级分享70%。除上述陈列的县级财政和镇级财政共享收入外，各镇征管范围内的其他各项财政收入为镇级财政固定收入。对完成年税收固定收入的镇，镇级财政上划营业税返还增量部分，镇财政作为机动财力，其机动财力的使用由各镇财政所统一向县财政局上报用款计划，县财政局审核并报县政府审批通过后使用。

2010年，根据《海南省人民政府关于调整完善分税制财政管理体制的通知》要求，同时，大丰（华侨农场）设镇后引起财政管理体制考核区域的变化，以及政策性增资、绩效工资的实施、公务员津贴补贴标准提高等引起的变化，从2010年1月起重新确定县镇财政管理体制。新的县镇财政管理体制在保证既得利益原则、优化分配机制、保证镇中心工作支出需要原则、留有余地、超支不补、超收比例分成和奖励原则、保持财政管理体制基本稳定4个原则的基础上，确定县与镇财政收入范围和基数、县与镇财政支出的范围和基数、镇财政超税收收入上解比例确定、各镇财政超收留用财力分配比例安排。

三、农村税费改革

澄迈县农村税务改革从2003年开始，按照县委、县政府的要求，各镇成立税改办，由镇党委1名副职领导担任办公室主任，抽调3—5名工作人员，县税改办驻村2名，负责全镇的税改工作。税改的面积确认以第二轮承包土地面积为基础，对新增耕地或因政府征地、自然灾害等原因造成耕地面积减少的，根据实际情况进行调整以便确定农业税计税面积。

澄迈县农村税费改革试点工作从2003年的5月1日开始，历时3个月，分4个阶段进行，第一阶段主要是宣传培训摸底阶段；第二阶段是确定计税土地和常年产量阶段，常年产量以1998年前5年农作物平均产量为基础核定；第三阶段是制订方案报批阶段，在保证改革后既保证农民负担减轻，又保证各镇机构和村级正常运转的情况下合理确定农税税率，制定《澄迈县农村税费改革试点方案》上报省税改办审批后执行；第四阶段是完善措施阶段。通过农村税费改革，规范农村收费管理，取消不合法不合理收费项目；转变镇政府职能，精简机构，压缩人员，调整支出结构，减少不合理开支；加强农村基层组织建设和民主法治建设，建立健全农民负责监督机制，改革和完善县、镇财政体制，规范县、镇、村之间的财政分配关系。

四、部门预算改革

2000年，澄迈县财政预算编制进行大幅度改革，进一步细化预算项目，力求比往年更科学、合理。县和乡镇按一般预算、基金预算和预算外三部分编制，县级先由各业务口编报，预算股审核汇总。编制预算时，每项支出都列出明细科目，并说明预算安排依据。

2003年，财政改革进一步深入，财政管理得到加强和规范。按照县委规范“三权”的要求，积极稳步推进财政改革，制定《澄迈县部门预算编制试点工作实施意见》，建立合理的部门预算编制和审核机制。

2006年，财政各项改革向纵深推进。部门预算改革横向扩面、纵向推进，年初预算到位率不断提高。部门（单位）理财行为逐步规范，预算管理的计划性、科学性和透明度不断增强；政府收支分类改革迈出实质性步伐，完成数据转换，启用新科目。财政预算编制、执行、监督各环节更加注重整体配合、协同推进。

2010年，推行预算编制改革，完善部门预算编制方法，启用更先进部门预算编审软件，促进县级财政预算内容更精细化、更科学化。围绕“学有所教、住有所居、劳有所得、老有所养、病有所医”等社会事业全面发展为中心的原则安排支出，构建和谐财政。

五、国库集中支付改革

自2007年10月开始，对10家预算单位实施国库集中支付改革试点，摸索经验和做法。2008年，全面铺开国库集中支付改革工作。从2008年7月起，在县本级全面实施国库集中支付改革。县本级所有单位通过GFMIS下达预算指标21644万元，批复用款计划20327万元，办理支付业务20433万元，减少财政资金沉淀7822万元。

2009年，扩大国库集中支付预算单位范围，完善和规范单一账户体系，加强行政事业单位会计核算和银行账户监管。监测财政运行态势，足额安排资金并及时偿债，降低财政风险；创新政府采购机制，加快政府采购进度；推进公务员规范津贴补贴，提高公务员收入水平；创新人才管理机制，为财政改革与发展提供组织保障。在全省范围内率先试点财政惠民补贴资金“一卡通”改革，实行“一人一折一号”和“一个漏斗向下”管理模式，确保资金管理和发放规范、高效、透明。总计发放补贴资金2021万元，将粮食直补、良种补贴、农机购置补贴、农资综合直补等6种对农民补贴资金通过银行卡集中发放，让6.4万名农民受益。

六、其他改革

2004年，印发《澄迈县人民政府关于印发澄迈县2004—2006年镇财政包干方案的通知》，实行财政包干体制、收支基本一基一定的方案。

2007年，实施政府收支分类改革，提高财政监管的科学化、现代化和法制化水平。按照新的政府收支科目编制预算。推行政府收支分类改革工作，使政府预算真正做到反映全面、公开透明、便于监督。

2008年，开展农业保险试点改革工作。在2007年实行香蕉保险、能繁母猪保险基础上，新增水稻保险、尖椒保险、橡胶保险、公猪和育肥猪保险、渔船全损保险、渔民海上人身意外伤害保险和船东雇主责任保险等7个险种。完成2007—2008年能繁母猪保险和2008年香蕉保险计划任务。做好支农资金整合试点改革工作。编制《澄迈县瓜果菜出口示范基地建设总体规划》和《澄迈县瓜果菜出口示范基地建设总体规划实施方案》，及时上报省财政厅，争取到上级财政支持澄迈县2008年支农整合项目试点资金1000万元。推进政府采购工作，深化和完善政府采购制度改革，加大财政直接支付力度，确保政府采购“公开、公正、公平”。

2010年，推行预算编制改革，做到预算公开透明。深化国库集中支付改革，推进公务卡改革，规范预算单位财务管理，加强财政监督。实施“镇财县管”，规范县乡财政管理。推行财政惠民补贴资金“一卡通”改革，确保资金管理和发放规范、高效、透明。实施全县农村综合改革，完成镇党政机构编制“三定”和各镇事业单位“六定”改革任务。实施三项体制改革，调整机构设置，理顺职能关系，优化整合资源，提高工作效率。推行行政事业单位资产配置改革，实现资产管理与预算管理相结合，加强资产处置收入和出租出借收入管理。开展党政机关私设“小金库”治理、会计信息质量检查和强农惠农资金检查，严肃财经纪律。

第三节　财政收支

一、财政收入

从 20 世纪 90 年代起，澄迈县地方财政收入开始逐渐增加。1994 年 10386 万元，首次突破亿元大关。1999 年 13886 万元。2002 年 26111 万元。2005 年 49070 万元。2008 年 106339 万元，突破 10 亿元大关。2010 年 281699 万元，突破 20 亿元大关。

1999 年，全县财政总收入 13886 万元，同比增长 24.4%，其中地方一般公共预算收入 10296 万元，同比增长 30.2%。地方工商税收入 7954 万元，同比增长 30.2%，其中企业所得税增收 976 万元，主要由效益企业马村电厂提供；个人所得税增收 810 万元，主要由个体文化娱乐行业提供。

2000 年，全县财政总收入 17103 万元，同比增长 23.2%，其中地方一般公共预算收入 11810 万元，同比增长 14.7%。在 1999 年高速增长之后，2000 年增幅有所减缓。稳定税源大户较少，非正常税收入占财政收入的比重较大，澄迈县财政收入存在很多不确定因素。

2001 年，全县加强行政事业性收费、罚没收入和国有资产收益等非税收入的收缴管理，执行收支两条线的管理规定，确保财政收入稳定增长。全县财政总收入 22731 万元，同比增长 32.9%，其中地方一般公共预算收入 14552 万元，同比增长 23.2%。

2002 年，全县财政总收入 26111 万元，同比增长 14.9%，其中地方一般公共预算收入 12411 万元，同比下降 14.7%。在收入预算中，企业所得税、个人所得税、土地增值税和耕地占用税等未能完成年度预算。企业所得税完成 63.8%，主要是由于 2001 年收入中有不可比的一次性收入省电力有限公司 1200 万元。个人所得税完成 57%，主要是由于文化娱乐行业收入下降，税源减少所至。土地增值税完成 2%，耕地占用税没有收入，主要是由于没有这方面的业务发生，税源缺乏。

2003 年，全县财政总收入 33927 万元，同比增长 29.9%，其中地方一般公共预算收入 14692 万元，同比增长 18.4%。增长的主要原因是地方工商税收入同比增长 18%，由海口火电股份有限公司、中海能源股份公司、马村电厂提供，非税收入同比增长 69.9%。

2004 年，完善非税收入收缴制度，深化收支两条线改革。全县财政总收入 40591 万元，同比增长 19.6%，其中地方一般公共预算收入 16330 万元，同比增长 11.1%，增长的主要原因是地方工商税收入同比增长 23.6%，非税收入同比增长 19.1%。

2005 年，加强对组织财政收入工作的领导，强化征管，加大稽查力度，打击各种偷逃税行为，做到应收尽收。全县财政总收入 49070 万元，同比增长 20.89%，其中地方一般公共预算收入 16659 万元，同比增长 2%，增长的主要原因是增值税同比增长 25.6%，营业所得税同比增长 32.5%。

2006 年，按照早计划、早安排、早动手的思路，年初将全年收入任务分解，落实到征收单位和征管责任人。全县财政总收入 62139 万元，同比增长 26.6%，其中地方一般公共预算收入 20555 万元，同比增长 23.4%，增长的主要原因是增值税同比增长 19.7%，营业税同比增长 19.9%。

2007 年，宣传税收政策，加大依法征管力度，加强对重点税源、重点企业、重点税种的挖潜，创新征管模式和征收方法，做到应收尽收，确保收入目标完成。全县财政总收入 78139 万元，同比增长 25.7%，其中地方一般公共预算收入 26538 万元，同比增长 29.1%，增长的主要原因是增值税同比增长 17.5%，营业税同比增长 3536%，企业所得税同比增长 93.4%。

2008 年，受地区经济快速发展、投资项目不断增多以及财税部门工作力度加大等因素影响，全县财政收入呈现持续快速增长态势。全县全口径财政总收入首次突破 10 亿元大关，完成 106339 万元，同比增长 36.1%，其中地方一般预算收入完成 36656 万元，同比增长 38.1%，增长的主要原因是增值税同比增长 15.1%，企业所得税同比增长 94.3%，城镇土地使用税同比增长 524.4%。

2009 年，全县财政总收入 137010 万元，同比增长 28.8%，其中地方一般预算收入 53339 万元，同比增长 45.5 %，增长的主要原因是营业税同比增长 56.8%，耕地占用税同比增长 294.1%。

2010 年是海南国际旅游岛开局之年，受各种利好因素影响，财政收入亮点频现。全县财政总收入 281699 万元，同比增长 105.6%，其中地方一般预算收入完成 100583 万元，同比增长 88.6%，增长的主要原因是营业税同比增长 142.8%，企业所得税同比增长 95.3%，城镇土地使用税同比增长 56.5%，土地增值税同比增长 153.8%，契税同比增长 116.4%。

1999—2010 年澄迈县财政收入一览表

表 8-1-1 单位：万元

年份	财政总收入	县级各项收入	地方一般预算收入	其中				基金收入
				税务部门组织收入	工商税收	农税收入	财政部门组织收入	
1999 年	13886	10296	10296	9181	6417	2764	1115	—
2000 年	17103	11819	11810	10299	7774	2525	1511	9
2001 年	22731	14809	14552	13002	10935	2067	1550	257
2002 年	26111	12731	12411	10360	8050	2311	2050	320
2003 年	33927	14950	14692	11210	8850	2360	3482	258
2004 年	40591	17042	16330	12184	10941	1243	4146	712
2005 年	49070	19309	16659	14345	13730	615	2314	2650
2006 年	62139	27285	20555	17708	16394	1314	2847	6730
2007 年	78139	35648	26538	23696	22174	1522	2842	9110
2008 年	106339	53237	36656	31640	30142	1497	5017	16581
2009 年	137010	83348	53339	36581	33254	3327	16758	30009
2010 年	281699	214717	100583	58298	54438	3860	42285	114134

二、财政支出

1999—2010 年，澄迈县在财政收入稳步增长的情况下，财政支出也逐年攀升，有力支持全县经济建设、民生等各项社会事业的发展。

1999 年，全县财政支出完成 16762 万元，同比增长 24.4%，其中地方一般预算支出 16762 万元，同比增长 24.4%。主要支出：农业支出 1758 万元、教育支出 3779 万元、行政管理费支出 3102 万元。加大教育事业支持力度，努力强化增收节支，实现财政收支平衡。

2000 年，全县财政支出完成 18492 万元，同比增长 10.3%，其中地方一般预算支出 18249 万元，同比增长 8.9%。主要支出：农业支出 1893 万元、教育支出 4070 万元、行政管理费支出 3087 万元。进一步加强财政支出预算管理，采取零基预算法和因素法编制财政支出计划，资金优先保证工资，从 7 月和 10 月起，分别对全县行政人员和教师工资实行银行统一发放，确保按时发放。

2001年，全县财政支出完成26149万元，同比增长41.4%，其中地方一般预算支出25907万元，同比增长41.9%。主要支出：农业支出2248万元、教育支出4803万元、行政管理费支出5338万元。采取零基预算法和因素法相结合编制财政支出，以收定支，收支平衡，并加大对农业和教育的投入力度。

2002年,全县财政支出完成28260万元,同比增长8.1%,其中地方一般预算支出28186万元，同比增长8.8%。主要支出：农业支出1855元、教育支出6501万元、行政管理费支出5217万元。坚持先有预算，后有支出，量入为出的原则，严格财政支出管理。

2003年，全县财政支出完成33670万元，同比增长19.1%，其中地方一般预算支出33220万元，同比增长17.9%。主要支出：农业支出3275万元，改善农村生产生活条件和推进农村税费改革，减轻农民负担。教育支出6895万元，支持教育改革和加快教育事业发展。行政管理费支出5184万元。

2004年,全县财政支出完成36471万元,同比增长8.3%,其中地方一般预算支出35743万元，同比增长7.6%。主要支出：农业支出2905万元，加大对“三农”工作的支持力度，促进农村经济发展，为农村社会事业发展提供保障。教育支出8338万元，支持教育改革和加快教育事业发展。行政管理费支出5915万元。

2005年，全县财政支出完成50382万元，同比增长38.1%，其中地方一般预算支出47887万元，同比增长34%。按照“一要吃饭、二要建设”原则，优先保证工资发放和机关政策运转的同时，重点向农业和教育支出倾斜。主要支出：农业支出3656万元，主要用于抗旱资金投入及解决农村生活条件投入等。教育支出11207万元，主要是大力支持农村义务教育，缩小城乡教育差距。行政管理费支出5090万元。

2006年，全县财政支出完成63512万元，同比增长26.1%，其中地方一般预算支出56417万元，同比增长17.8%。财政支持“三农”力度不断加大，教育、科技、社会保障、医疗卫生、文化事业不断发展。主要支出：农业支出4101万元，主要用于加大农村基础设施投入力度，改善农村环境，加快“新农村”建设步伐。教育支出13292万元。行政管理费支出5820万元。

2007年，全县财政支出完成81821万元，同比增长28.8%，其中地方一般预算支出72433万元，同比增长28.4%。在组织收入的同时，筹措和调度资金，保障人员工资正常发放和机关正常运转前提下，支出向农业、科技、教育、社保、医疗卫生等社会发展的重点领域倾斜，维护人民群众的利益。主要支出：农林水务支出5433万元；教育支出15554万元，主要用于中小学校舍维修和改造、全县27所薄弱中小学建设；一般公共服务支出

13448 万元。

2008 年，全县财政支出完成 122845 万元，同比增长 50.1%，其中地方一般预算支出 104440 万元，同比增长 44.4%。主要支出：农林水务支出 11617 万元，支持新农村建设，为促进城乡协调发展提供财力支撑。教育支出 21213 万元，主要用于提高补助标准，调整完善义务教育经费保障机制，发展职业教育，扩大规模。一般公共服务支出 16257 万元。

2009 年，全县财政支出完成 215047 万元，同比增长 75.1%，其中地方一般预算支出 180688 万元，同比增长 73%。主要支出：农林水务支出 27970 万元，主要是落实各项支农惠农政策，用于支农补贴，支持水利基础设施建设，实施农村安全饮水工程，重点支持水库防险加固、小型农田水利重点建设，加大农业综合开发，土地治理及产业化经营，加大扶贫投入力度，保障新农村建设资金需求。教育支出 31146 万元，加大教育投入，加快教育现代化建设。一般公共服务支出 19759 万元，为各项社会事业发展提供资金保障。医疗卫生支出 11982 万元，主要用于新型农村合作医疗保险补助、城镇居民基本医疗保险补助、城乡医疗救助、特殊群体医疗救助、艾滋病结核病禽流感等疾病预防控制、婚前医学免费检查、农村改水改厕和卫生事件应急处理经费等。

2010 年，全县财政支出完成 312161 万元，同比增长 45.2%，其中地方一般预算支出 199821 万元，同比增长 10.7%。主要支出：教育支出 39051 万元，主要用于落实教育 “三免四补”政策；支持思源学校、孤儿学校、特殊教育学校、实施中小学校舍安全工程建设及配套基础设施建设等，改善教学环境。农林水务支出 30433 万元，重点倾向新农村建设，支持农田水利建设，加快农村道路、生态文明村建设，改善农村环境。文化体育与传媒事务支出 8879 万元，主要用于金江影院、广播电视演播中心、灯光球场“三馆”的建设和开展欢乐节、龙水节、春节元旦等节日文化体育活动。医疗卫生支出 12196 万元，主要用于 20 乡镇卫生院的建设，新型农村合作医疗项目的相关建设。

1999—2010 年澄迈县财政支出统计表

表 8-1-2　　　　单位：万元

年份	地方财政支出	地方一般预算支出	其中				基金支出
			农业支出 农林水务	教育支出	行政管理费 一般公共服务	其他支出	
1999 年	16762	16762	1758	3779	3102	1298	0
2000 年	18492	18249	1893	4070	3087	1511	243

续表 8-1-2

年份	地方财政支出	地方一般预算支出	其中				基金支出
			农业支出 农林水务	教育支出	行政管理费 一般公共服务	其他支出	
2001 年	26149	25907	2248	4803	5338	1172	242
2002 年	28260	28186	1855	6501	5217	2237	74
2003 年	33670	33220	3275	6895	5184	5532	450
2004 年	36471	35743	2905	8338	5915	5138	728
2005 年	50382	47887	3656	11207	5090	6635	2495
2006 年	63512	56417	4101	13292	5820	8198	7095
2007 年	81821	72433	5433	15554	13448	7140	9389
2008 年	122845	104440	11617	21213	16257	3547	18405
2009 年	215047	180688	27970	31146	19759	5626	34359
2010 年	312161	199821	30433	39051	22497	6014	112340

第四节 财政管理

一、预算及预算外资金管理

预算资金管理。县财政局抓好财源建设的同时，管好财政支出，在预算管理方面主要是抓好预算指标控制和追加管理，加强预算拨款跟踪监督，执行《财政总预算会计工作制度》，抓好年度预决算编审工作，做好国库资金管理的对账、结算及监管，建立健全预算法规、制度，抓好检查监督和落实，不断完善和改进预算编制方法，增强编制的科学性、准确性及规范性。澄迈县政府及财政部门贯彻《中华人民共和国预算法》，制定一系列规范预算管理的办法和制度，主要集中在收入管理、预算支出和资金拨付管理、专项资金管理、内审制度等方面。同时，县财政局自觉接受人大监督，使《中华人民共和国预算法》得到顺利贯彻实施，促进全县社会稳定和经济建设的健康发展。

20 世纪 90 年代初，澄迈县预算外资金管理实行财政部门“专户储存、计划管理、财政审批、银行监督”方式，在所有权、支配权不变的前提下，财政部门负责资金代管，不改变收费金额性质。1996 年，国务院公布《国务院关于加强预算外资金管理的规定》，将乡镇政府的乡自筹和乡统筹资金纳入预算外资金管理。当年，对全县行政事业单位开展预算外资金清查活动，督促建立健全预算外资金管理制度，实行多家开票，一家收款的方法，遏制预算外资金管理混乱、失控的现象。1998年，财政部下发《预算外资金专户会计核算制度》，规定各单位只能在银行设立一个支出账户后，清理各单位预算外资金账户，规范预算外资金缴拨制度，严格收费票据的管理，缓解预算外资金不足矛盾。2002年后，全县实行政府非税收入征缴管理方式的改革，推行行政事业性收费和罚款由“单位开票、银行代收、收费分离、财政统管”收支的新规定，按要求设立非税收入财政专户，使收罚款及时进入财政专户，杜绝“小金库”和坐支、乱支现象。

二、政府采购管理

2005年，政府采购岗成立，根据中华人民共和国财政部《政府采购货物和服务招标投标管理办法》《政府采购信息公告管理办法》开展政府采购工作，规范政府采购工作。

2006年，政府采购岗在完成本县采购工作的同时，贯彻落实《关于环境标志产品政府采购实施的意见》文件精神，对全县预算单位在采购环保产品的时候提供文件依据。全县在采购货物类的产品时候都优先选择节能型产品，采购48.4万元。

2007年，国务院办公厅发布《关于建立政府强制采购节能产品制度的通知》，要求各级国家机关、事业单位和团体组织在政府采购活动中，采购、使用节能产品，降低能耗水平。县财政局对采购过程中未按强制采购规定采购节能产品的单位进行监督管理，确保文件规定落实到位。采购单位在采购相关产品时，县财政局强制要求采购单位选择节能型产品，共计采购179.4万元。

2008年，贯彻落实《海南省人民政府关于集中规范开展招标投标活动的意见》文件精神，通过招标进行货物采购。澄迈县公安消防大队采购消防车及器材的采购招标，澄迈县人事劳动保障局采购电梯设备的采购招标，其他货物采购由于没有达到招标采购标准，通过询价采购的方式进行采购，金额共计267.3万元。

2009年，海南省财政厅、海南省监察厅、海南省审计厅联合印发《关于实施单一来源政府采购方式的管理规定》文件，进一步规范政府采购行为，提高政府采购效率。当年全县未发生单一来源的采购。

2010年，根据海南省财政厅下发的《海南省政府集中采购目录及标准》，制定《澄迈县政府集中采购目录及标准》并上报县政府，经县政府审批同意后印发给各有关单位。明确政府采购范围，优化政府采购管理程序。

三、专项资金管理

2004年，制定《澄迈县财政预算内专项资金管理暂行规定》《澄迈县镇级财政资金管理办法》《澄迈县预算内专项资金管理规定》《澄迈县国债专项资金管理细则》《澄迈县项目资金及上级财政专款管理办法》，加强专项资金管理。

2006年，制定《澄迈县工业发展资金管理办法》，对工业发展资金的使用加强监管。同年，为规范政府非税收入管理，加强政府宏观调控，促进经济和社会发展，根据国家有关法律、法规和规章，制定《澄迈县政府非税收入管理暂行办法》。

2007年，为配合县城主要道路建设改造工程，美化金江市容市貌，县政府专门下发《关于加强金江镇城区巷专项资金管理的通知》，将金江镇城区144条小巷列入硬化改造计划，采取“县政府配套（每平方米补助20元）一点、牵头单位及配合单位支持一点、企业赞助和项目区群众出一点”的办法落实改造资金，为各单位启动小巷硬化改造，县财政局将县政府配套（每平方米补助20元）资金下拨各牵头单位。同年，制定《澄迈县专项资金拨付使用管理暂行办法》。

2009年7月，制定《澄迈县2009年农业保险试点方案》，开展的保险险种共9个，分别为橡胶树风灾保险、香蕉风灾保险、水稻保险、能繁母猪保险、育肥猪和公猪保险、渔船全损保险、渔民海上人身意外伤害保险、船东雇主责任保险、尖椒保险，其中尖椒保险纳入互助保险险种。2009年，财政预算安排农业保险资金100万元，追加预算171.25万元，共安排271.25万元。健全城乡低保制度，按照《海南省城乡居民最低生活保障规范化管理工作评估意见》规范城乡低保工作，加大资金投入，协助民政部门深入乡镇居委会和农场，对申请享受低保的居民进行调查审核，加强低保核查和管理。2009年安排城乡低保工作经费50万元，县预算安排城乡居民低保生活补助400万元。

2010年，根据《中华人民共和国预算法》《中华人民共和国预算法实施条例》《中华人民共和国会计法》《财政违法行为处罚处分条例》等有关法律法规的规定，结合澄迈县实际，制定《澄迈县财政专项资金拨付使用管理办法》。

四、财务会计管理

（一）会计委派

2001年4月，澄迈县人民政府决定在人事编制不变，办公地点不变的基础上，确定县城全部预算单位原有会计人员转为政府委派。同年，澄迈县政府批复同意《澄迈县行政事业单位推行会计委派试点工作方案》，坚持单位在资金所有权、资金使用权和财务自主权“三权不变”的前提下，争取县城“集中核算分账管理”和乡镇“集中核算，零户管理”集中核算管理模式，取消单位会计岗，设立报账岗。

2002年1月，县会计管理中心成立8个会计核算站，对164个行政事业单位实施会计委派，并于同月接收核算单位的会计业务。

2003年，完成县城85个行政事业单位的会计委派工作，对已实施会计委派的8个镇政府所在地38个行政事业单位集中县城报账，86个农村小学集中村财镇管服务站报账，对尚未实施会计委派的10个镇政府所在地40个行政事业单位集中县城报账和92个农村小学集中村财镇管报账准备工作就绪。

2004年，集中委派县城统一报账单位有179个，单独委派1个（老城开发区）。

2005年，对全县180家单位实施会计委派。

2006年，制定会计委派轮岗制度，深化和完善委派会计制度。

2007年，纳入会计集中核算的单位有151个，规范设置账套177个。

2008年，对全县158家单位实施会计委派，规范设置161个账套。

2009年，对全县168家单位实施会计委派，规范设置180个账套。

2010年，对全县174家单位实施会计委派，规范设置200个账套。

（二）清理历年欠款

2003年4月，澄迈县会计管理中心对镇一级行政事业单位实行分户管理。11月，根据《澄迈县清理历年欠款工作方案》，成立4个清理小组对全县各单位历年欠款进行清理。截至12月31日，全县清理个人欠款4080188元（其中，现金262908元，冲账3817280元），单位欠款4331234元，完税基建工程款18808996元，合计27220607，上缴税金1060703元。其中，针对财政局、建设局、国土局、公安局等27家单位申报的呆账4949896.69元进行核销；针对农技中心的私人欠款，由纪检部门介入调查，该追回的予以追回；针对粮食局的单位欠款，由清欠小组敦督粮食局准备材料向法院起诉；基建工程欠款，进行分类汇总，并移交税务局追缴税款等。

（三）国库集中支付

2005年6月，澄迈县会计管理中心制定《澄迈县财政国库集中实施方案》，在全县实施国库集中支付制度。

2006年7月，澄迈县会计管理中心确定将县委办、县政府办、县公安局、教育局、国土局、交通局等20个收支数额大、来往账务较多的单位作为重点加强监督管理。

2007年10月开始，对10家预算单位实施国库集中支付改革试点工作。

2008年，通过国库集中支付的方式支付资金约2.1亿元，其中，受理直接支付业务1775笔，支付金额约1.2亿元，受理授权支付业务5530笔，支付金额约0.9亿元。

2009年，通过国库集中支付的方式支付资金约6亿元，其中受理直接支付业务2401笔，支付金额约3.8亿元，受理授权支付业务14287笔，支付金额约2.2亿元。

2010年，通过国库集中支付的方式支付资金约10.3亿元，其中受理直接支付业务2697笔，支付金额约5.5亿元，受理授权支付业务19494笔，支付金额约4.8亿元。

（四）工资网络统发

2007年3月，澄迈县财政全额拨款单位的人员工资，开始由澄迈县会计管理中心统一发放。4月，澄迈县行政事业单位会计网络核算工作全面铺开。

2008年6月，全部完成离退休公务员人员工资信息录入及核对工作，从7月起实现工资网络统发。7月，把教育系统和行政事业单位人员工资纳入工资网络统发系统工作，截至12月底，完成131个单位7481人工资信息和人员信息录入、核对工作，完成录入工资网络统发人员信息7481多条。

2009年10月，纳入工资网络统发的单位有131个，统发人数8542人。

2010年5月，澄迈县镇级工资统发业务移交至澄迈县会计管理中心，至此，全县财政工资网络统发单位共计205个，工资统发9697人，完善工资统发短信通知机制。

（五）"两书三制"机制

2008年6月，澄迈县会计管理中心印发《澄迈县会计管理中心首问责任制》《澄迈县会计管理中心走访制度》《澄迈县会计管理中心限时服务制度》《账务处理通知书》《财务管理建议书》，开始实行"两书三制"联系协调机制。"两书"要求会计人员对单位财务处理办法提出合理化建议，以提高单位财务管理水平。"三制"明确会计人员工作职责、规范核算行为、构建良好业务关系。规定会计站长每季度组织一次走访活动，分管领导每半年组织一次走访活动，全年走访核算单位60多个，全年发出"两书"200多份，提出建议80多条。

（六）监督检查和指导

2002年，组织开展对全县11个会计核算站36名会计人员的会计基础工作检查，共抽查会计委派单位117个，占会计委派单位的91%。检查会计人员27人，占委派会计人员的75%。通过检查，提高会计工作质量和会计信息质量，促进和加强各会计核算站的会计基础工作。

2003年，综合采取随机抽样法、查询法、审阅法、核对法、循环交叉抽查法等方法，有计划有步骤地对9个会计核算站43名委派会计人员会计基础工作进行检查，主要检查会计凭证所记载的经济业务的真实性、正确性、合法性和合规性及记账凭证、账簿、报表中的各项相关数字是否相符，进一步提高会计基础工作规范化水平。

2004年，会计中心组织检查小组对各会计人员会计核算工作进行检查。总体检查情况良好，主要表现在按规定设置完整的会计账簿；按规定及时处理账务，做到证证、账证、账实、账账相符，按时编制财务报表；拒支不合理开支；严格审核各项开支，做到专款专用。

2005年，每月按有关制度规定，要求财务人员按时按质按量完成各项会计基础工作，及时记账，编制会计报表，报送给报账单位，便于领导及时了解和掌握各单位的财务收支情况，确保单位经费的正常使用，克服挤占专款的行为。

2006年，有计划有步骤地对所有委派会计人员的会计基础工作进行考核检查。考核结果：及格率100%，得80分以上占90%，对检查暴露出存在的漏记固定资产、以销售发票冲销工程款偷税漏税、专项资金开支与日常开支混淆等问题一一整改。通过考核检查，使委派会计按会计法律、法规和国家统一会计制度的规定进行会计核算工作，促进会计基础工作的提高。

2007年，从各股站抽调5名业务骨干组成检查小组，对42名会计人员的财务处理情况进行重点检查和抽查，通过查阅会计凭证、账簿、报表，发现9个共性问题。针对问题，进一步规范会计把关，做到早检查、早发现、早纠正，规避会计风险。

2008年，每季度组织一次业务检查和业务指导工作，通过检查会计凭证、会计报表，掌握会计核算工作薄弱环节及会计人员在账务处理等方面存在问题，为规范会计核算工作，提高会计业务水平和服务质量提供第一手材料。开展对"两书三制"执行情况和会计账簿及会计报表打印格式内容进行检查，纠正单证账表打印格式内容和装订问题，提高会计基础工作质量。

2009年，印发《业务工作量化考核标准》，每个季度对业务股和会计站实行一次考核。对会计站的量化考核按前台会计、后台会计和管理岗位进行考核，对各业务股按工作分管内容进行量化考核。把考核结果作为年度评优依据，从而促使工作人员提高纪律观念、优化服务意识。

2010年，以审计检查为契机，夯实集中核算基础，提高会计信息质量和水平。2009年底，澄迈县审计局在对会计核算情况和专项资金分账核算情况进行检查，形成《关于澄迈县会计中心2009年会计核算情况的检查报告》和《关于澄迈县专项资金台账设立情况的检查报告》，客观的指出会计集中核算及专项资金管理中的问题和薄弱环节。2010年，县会计中心在审计报告的基础上，成立检查整改小组，对会计中心会计核算业务进行自查，针对问题制定整改方案进行整改。完成分账核算项目19个、调整收入支出128笔、重新装订凭证6本。

（七）业务培训

2002年，按照新的《行政单位会计制度》和《事业单位会计制度》的规定，组织开展学习培训，加深会计人员对会计准则及具体账务处理的掌握。

2003年，对新录用的委派会计进行培训，提高对委派会计的重要性、必要性和重要意义的认识。

2004年，加强对会计人员的后续教育和培养。

2005年，为适应会计核算电算化的需要，从3月开始，各站全体职工参加县财政局举办的电脑基础培训班和有关会计知识培训班学习，每人都进行培训，通过学习，全体人员掌握电脑的初级知识，为各项会计财务管理工作奠定基础。

2006年，参加县财政局和技校举办的电脑培训班和会计业务知识的培训班，选派业务骨干到海南省国库支付局、省外、县外学习，邀请省国库支付局的指导老师到县会计管理中心集中培训，提高会计人员业务素质。

2007年，组织集中业务培训3次，中层干部和业务骨干外出学习2次，组织会计人员参加专题讲座2次、参加GFMIS系统培训2次，到海南省财政国库支付局跟班实习1人，组织报账员培训1次。投入培训经费14万元，参训人数350人次。

2008年，举办两期培训班，邀请海南省财政国库支付局监督处有关领导到澄迈举办业务培训，对会计人员及教育系统、镇政府和财政所等核算单位报账员进行培训，参加培训人数50多人。选派业务骨干参加省财政国库支付局组织的培训5次，培训内容涉及财务初始化、工资统发、国库集中支付及支农、交通、基本建设项目资金核算等，参培人数30多人次。参加县财政局组织的国库集中支付培训1次，参培人数50多人。

2009年，转变传统培训模式，采取实地参观学习形式，组织中层干部及业务骨干16人到海南省财政国库支付局及其各会计站开展会计专业化模式学习，汲取工作经验。

2010年，举办3期会计人员基本建设财务会计和网络信息系统应用知识培训班，邀请海南省财政国库支付局业务骨干到场培训，参加培训人员70人。

（八）规范基础信息

2002年，通过审核发现不真实、不合法、不准确、不完整的原始凭证537张，涉及金额162.9万元。退回不合格凭证122张，金额38.3万元，纠正不合规范的原始凭证338张，金额87.7万元，保证会计信息的真实性和准确性。

2003年，在报账过程中审核发现不真实、不完整的原始凭证454张，涉及金额25.8万元，纠正不合规范的原始凭证213张，金额8.3万元。对原始凭证内容、手续不齐全、大小写金额不相等、记载不准确的要求补充完善凭证234张，金额10.5万元。

2004年，为使会计信息更好地服务于决策，设置专人管理会计资料，把会计档案分门别类，按年、季装订成册，入库保管。

2005年，严格执行收支两条线管理，确保政府“非税收入”的资金入库，保证收支信息准确。各会计核算站所管辖的58个行政单位中，37个单位有罚没款或行政性收费收入，主管会计分类做好会计记录，及时上缴财政专户。全年上缴的“应缴预算款”272万元，上缴财政的“应缴财政”专户款3951万元。

2006年，严格把关并及时遏制各种不符合手续和制度规定的财务行为。全年，县会计管理中心9个核算站进行经济核算时，通过纠正、补充、拒付的原始凭证有225张，金额25.9万元，追缴税款1.9万元。

2007年，开始推行电算化管理，克服手工记账操作方法不规范、重复劳动、易出错、效率低下等弊端，解放人力，提高效率，提高会计信息质量。2007年，为保证会计核算质量，纠正和退回不合理、不合法的会计资料10多笔，涉及金额5.2万元。

2008年，从账务初始化工作入手，抓好会计核算基础工作。根据全省财政会计工作会议部署，按照“稳妥、全面、协调、早做安排”的要求，制定账务初始化方案，明确实施时间、步骤、措施、培训指导等，保障2008年初始化工作完成，保证核算口径的一致。

2009年，规范会计信息，加强会计信息运用。实施统一重点单位管理，对资金流量较大、项目较多的预算单位进行重点管理，为预算单位提供统一的财务信息服务，包括5个会计报表、财务分析等服务。

2010年初，县会计管理中心根据海南省支付局《财政财务基础信息规范管理手册》2010年版要求，制定账务初始化工作方案，按时按质完成168个账套账务初始化设置工作，确保单位账套财政财务基础信息核算口径统一和规范。

第五节　国有资产管理

一、管理机构

1998年，成立澄迈县国有资产管理局，编制人员6人。2002年，改组成立澄迈县国有资产管理委员会办公室，为正科级单位，挂靠县财政局，内设国有资产统计评价股、国有资产产权管理股。2004年4月，撤销县国有资产管理委员会办公室，成立澄迈县国有资产管理办公室，正股级，属财政局内设机构。2010年，澄迈县国有资产管理局成立，为县财政局直属副科级事业单位，核定财政预算管理事业编制5名，其中局长1名（由县财政局1名副局长兼任），其他人员从县财政局内部财政供养人员中调剂解决。

二、清产核资

1999年，对75家国有企业进行清产核资工作，清查总额32276万元，其中流动资产23496万元，占资产总额72.8%；固定资产7279万元，占资产总额22.55%；长期投资347万元，占资产总额的1.08%，无形、延递及其他资产1154万元，占资产总额3.58%。负债总额 31648 万元，其中流动负债 28837 万元，占负债总额 91%，长期负债 2811 万元，占负债总额 8.88%，资产负债率为 98.05%。所有者权益占资产总额 1.95%。全部资产净损失 662 万元，占资产总额 2.05%，占所有者权益 105.41%，其中固定资产损失净额一 662 万元，主要是固定资产清查增加数，固定资产查增 1086 万元，查损失 424 万元，相抵后查增资产 662 万元。流动资产净损失 1324 万元，其中呆（坏）账损失 702 万元，其他损失 212 万元。全部资金挂账 17092 万元，占资产总额 52.96%，占所有者权益 2721.66%，其中经营性亏损账 4806 万元，潜亏挂账 1516 万元，未弥补亏损账 10770 万元。

2007 年，对 53 家国有企业进行清产核资，资产总额 801.51 万元，其中流动资产 350.62 万元，长期负债 495.03 万元，固定资产 108.12 万元。负债总额 794.92 万元，所有者权益 12.13 万元，未分配利润–8554.2 万元。

2008 年，对 86 家国有企业进行清产核资，清查总额为 36705.7 万元，其中流动资产 16460.7 万元，占资产总额 44.84%；固定资产 14664 万元，约占资产总额 39.95%；长期债权投资 2527.9 万元，占资产总额 6.9%；无形、递延及其他资产 1763.1 万元，占资产总额 4.8 %。负债总额 28986.3 万元，其中流动负债 21068.9 万元，占负债总额 72.7%；长期负债 7805.2 万元，占负债总额 26.9%，资产负债率为 79%。所有者权益 7719.4 万元，其中实收资本 13304.5 万元，资本公积 2579.7 万元，盈余公积 389.4 万元，未分配利润–8554.2 万元，所有者权益占资产总额 21%。

三、产权登记、年检

1999—2010 年，每年开展对行政事业单位和国有企业进行产权登记、年检。回收转让国有资产产权收益金 58.2 万元。

2005—2009 年澄迈县行政事业单位产权一览表

表 8–1–3

年度	登记年检户数（户）	资产总额（万元）	负债总额（万元）
2005 年	362	23723.04	37134.49
2006 年	356	23049.93	37116.81
2007 年	366	28677.26	69783.77
2008 年	353	16810.35	70080.06
2009 年	371	28854.43	68312.46

2003—2010 年澄迈县国有企业产权登记年检一览表

表 8-1-4

年份	登记年检户数（户）	资产总额（万元）	负债总额（万元）	所有者权益（万元）
2003 年	3	31773059.60	18848962.69	19207084.47
2004 年	4	29051555.39	12522520.38	16529035.01
2005 年	4	54166786.58	25013038.07	29153748.52
2006 年	4	83470316.06	54174100.53	29296215.53
2007 年	4	108486528.56	67389751.91	41096776.65
2008 年	6	100756483.67	54287364.87	46469118.79
2009 年	6	144914019.55	97224954.97	47689064.59
2010 年	6	278068666.99	188569413.62	89499253.38

第二章 税 务

第一节 管理机构

一、澄迈县国税局

1999 年，澄迈县国家税务局设有办公室、税政管理股、计财股、办税大厅、监察室、人事股、稽查局、征收管理分局等 8 个内设机构，派出机构有征收分局、老城分局、永发分局、福山分局、加乐税务所、昆仑税务所 6 个，有在职工作人员 113 人。2008 年，澄迈县国税局设有办公室、计统股、监察室、人事教育股、机关党办、征管股、稽政股、清规股、信息中心、办税服务中心；下辖永发分局、老城分局、福山分局、城郊分局，有在职工作人员 115 人。2010 年，澄迈县国家税务局设有办公室、政策法规科、收入核算科、纳税服务中心、人事教育科、监察室等 6 个内设机构，派出机构有第一税务分局、第二税务分局、第三税务分局、第四税务分局、第五税务分局、第六税务分局 6 个，有在职工作人员 122 人。

二、澄迈县地方税务局

1999 年，澄迈县地方税务局内设机构有办公室、组织人事室、收入核算室、监察内审室、征管和科技发展室、税政法规室、电子税务管理中心、纳税服务管理局、纳税评估管理局。下设机构有直属分局、社会规费管理局。还下设第一、二、三、四税务分局。

2003年，澄迈地方税务局机关内设办公室、计划财务室、人事教育室（与机关党委、机关工会合署办公）、监察室（与纪检组合署办公）、征收管理室、法规税政室等6个职能机构，下设稽查局1个副科级机构，下设办税服务大厅、金江企业管理所、金江税务所、澄城税务所、美亭税务所、老城税务所、永发税务所、文儒税务所、中兴税务所、仁兴税务所、瑞溪税务所、加乐税务所、福山税务所、桥头税务所、白莲税务所、昆仑税务所、长安税务所、和岭税务所等18个正股级机构，设立信息中心1个事业单位。

2010年，澄迈县地方税务局设有办公室、计统室、财务装备室、组织人事室（挂老干部管理室牌子，与机关党委、机关工会、团委合署办公）、监察内审室（与纪检组合署办公）、征收管理室、税政法规室（加挂行政审批办公室牌子）等7个内设机构，直属机构有社保费征管局、直属分局2个，派出机构有纳税服务管理局、纳税评估管理局、第一税务分局、第二税务分局、第三税务分局、第四税务分局6个，附属机构电子税务管理中心1个。

第二节　税务体制改革

一、国税管理制度改革

（一）征管制度改革

2001年，澄迈县国税局按照国家税务总局和海南省国税局关于“科技兴税”的工作部署，筹备“金税工程”网络的建设工作，组建标准计算机机房，选拔专业人员任职，确保网络畅通，推进税收信息化建设。以计算机网络为依托的征管模式和内部管理机制初步形成。

2002年，澄迈县国税局开展“金税工程”网络第二期建设工作，逐步建成县级税务系统金税网络，全县601户增值税一般纳税人的档案信息全部纳入网络管理。

2003年，澄迈县国税局对局内职能配置、内设机构和人员编制进行调整。县城区域实行一级征管，全县范围纳税人可以在县城办理所有涉税业务，县局统一开展稽查工作，乡镇税务所开始办理增值税小规模纳税人所有涉税业务，提高办税效率和服务质量。

2004年，澄迈县国税局加强金税岗位建设，确保金税网络的畅通和各个金税工程子系统的正常运行。为9户纳税户安装防伪税控开票子系统，把税务管理的中心环节发票管理全过程纳入计算机管理。

2005 年，澄迈县国税局加强宣传贯彻新《中华人民共和国税收征收管理法》及其实施细则，加强对大宗税源的管理和个体税收的征管力度，规范税收秩序。3 月，开始实行税收管理员制度，为税源的科学化、精细化管理提供制度支持。

2008 年 10 月，澄迈县国税局落实税库银横向联网电子缴税系统上线工作。截至年底，签订 2235 户，其中验证通过 2175 户，验证通过率 97.31%。做好网上申报系统的推广工作。通过举办培训班方式对税管员和纳税人进行培训，增值税一般纳税人，均享受报税卡自行清零的服务，使纳税人足不出户就可以完成网上认证、网上申报、网上扣税和报税卡清零等涉税事宜。抓好普通发票验旧稽核系统推行，并与网上申报系统结合起来，在县局及各分局办税服务大厅全面运行普通发票验旧稽查核系统，加强对增值税普通发票的双向管理。

（二）税种税率改革

2001 年 1 月起，全县范围内开征车辆购置税，该税种是在原交通部门收取的车辆购置附加费基础上，通过“费改税”方式演变而来，征收环节为使用环节（最终消费环节），税率为 10%。

2006 年 4 月起，消费税政策进行调整，对消费税的应税项目进行有增有减的调整，对原有的税目的税率进行有高有低的调整。

2008 年 1 月起，《中华人民共和国企业所得税法》开始施行，内外资企业施行统一的企业所得税政策。取消原来设置的国有企业所得税、国有企业调节税、集体企业所得税和私营企业所得税。

2009 年 1 月起，全县范围内实施增值税转型改革，考虑到因机器设备进项税抵扣增加，导致一般纳税人的增值税负担总体降低，为平衡小规模纳税人和一般纳税人的负担水平，促进中小企业的发展，把 6%和 4%两档征收率统一调整为 3%一档。

2009 年起新增企业所得税纳税人中，应缴纳增值税的企业，其企业所得税由县国税局管理。

二、地税管理制度改革

（一）征管制度改革

2002 年，澄迈县地税局抓紧抓实“堵漏、挖潜、清欠”三项重点工作。监控税源，重点对老城开发区重点税源进行监控。由县党政领导牵头，组织国土局、水务局、住建局、房管局、工商局、国税局等协税护税单位做好涉税信息交换、共享和比对工作，形成信息交换机制，实现征管信息共享。

2004 年，澄迈县地税局坚持重点税源与零星税源、大税种与小税种并重，最大限度地防止“跑、冒、滴、漏”现象的发生。对年纳税额在10万元以上的企业，进行分类定责，专人专责跟踪管理，做到对重点税源心中有数，对小额零星税源根据实际情况，及时合理调整部分纳税“双定户”税收定额。重点对辖区的饮食业、娱乐业、旅馆业以及个体诊所的税收负担进行调整，实行“以票控税”的管理制度。结合全县货物销售行业税收监控不到位的情况，加强与县国税局的联合协作，对该行业业户“双定”最低限额进行调整。

2005年，澄迈县地税局按照“向征管、向政策、向法制、向科技”要税收的工作思路，克服政策性税源萎缩、征管难度大、经费减少等困难，严征细管，挖潜堵漏。对税源实施分片包干责任制，把税收任务分解落实到所到组到人，扩大重点税源监控范围，把年缴纳税额10万元以上的企业列入重点税源监控范围，强化税源管理力度。对集市固定摊点和临商税收等零星税源、易漏难管的税种，据实核定征收，做到应收尽收。

2010年，地税系统的征管数据通过信息系统集中到省局存储、处理，统一数据接口的使用权，上收澄迈地税征管数据库的修改、删除的权限，杜绝市县局对数据再加工情况的发生。数据大集中提升征管质量和信息管税效率。

（二）税种税率改革

1999年11月，对居民储蓄存款利息所得征收个人所得税，施行20%比例税率，以结付利息的储蓄机构为扣缴义务人，实行代扣代缴。同年，个人购买自用普通住宅，暂减半征收契税。

2000年开始在农村开展税费改革，明确在5年内逐步取消农业税。

2004年1月起，对建制镇和开发区等地区恢复征收城镇土地使用税，年税额按每平方米0.5元计征，征收方式为按年计征，分季预缴。

2006年2月，停止征收屠宰税。3月，全县范围内彻底取消农业税。

2008年1月起，取消个人收入调节税和城乡个体工商户所得税，实行统一的个人所得税。2007年8月15日至2008年10月8日产生的利息，按照5%的税率征收储蓄存款利息所得个人所得税。同年1月起，《中华人民共和国企业所得税法》开始施行，内外资企业施行统一的企业所得税政策。取消原来设置的国有企业所得税、国有企业调节税、集体企业所得税和私营企业所得税。同年起，澄迈县耕地占用税适用税额每平方米为25元。同年，土地使用税征收标准和等级划分为四个等级：一等级土地每年土地使用税5元/平方米，二等级土地每年土地使用税4元/平方米，三等级土地每年土地使用税2元/平方米，四等级土地每年土地使用税1.5元/平方米。同年，个人首次购买90平方米及以下普通住房的，契税税率暂统一下调到1%。2008年10月起，暂免征收储蓄存款利息所得个人所得税。

2009 年起，新增企业所得税纳税人中，应缴纳营业税的企业，其企业所得税由县地税局管理。

2010 年，对个人购买普通住房，且该住房属于家庭（成员范围包括购房人、配偶以及未成年子女）唯一住房的，减半征收契税。对个人购买 90 平方米及以下普通住房，且该住房属于家庭唯一住房的，按 1%税率征收契税。

三、税务机构改革

（一）国税机构改革

2003 年，根据《国家税务总局关于印发〈国家税务总局关于进一步规范国家税务局系统机构设置的意见〉的通知》和《海南省国家税务局关于印发〈加速税收信息化建设推进征管改革实施方案〉的通知》精神，对澄迈县国家税务局主要职责、内设机构和人员编制进行规范和调整。根据职责，澄迈县国家税务局设置内设机构 8 个，直属机构 1 个，事业机构 1 个，税务分局 4 个。内设机构：办公室、法规股、税政股、征管股、计征股、国际税务管理股、人事教育股、监察室。直属机构：稽查局。事业机构：信息中心。税务分局：城郊、老城、永发、福山 4 个税务分局。澄迈县国家税务局行政编制数为 104 人，事业编制控制数为 6 人。领导职数为局长 1 名，副局长 2 名，纪检组长、总经济师各 1 名。2010 年，根据《国家税务总局关于海南省税务局系统机构改革方案的批复》精神，对澄迈县国家税务局进行机构改革。机构改革主要遵循机构实行扁平化设置、强化部门间综合协调、加大执法专业化力度、增强税收管理规范高效四个原则。旨在促进省局、市县局、分局一体化、职能部门综合化、执法部门专业化以及简化工作流程，提高整体效率。澄迈县国家税务局为正科级全职能局。具体改革情况为：1. 内设机构。内设机构 6 个，级别为正股级。内设机构对外称“科”，分别为办公室、政策法规科（税政科）、收入核算科（征收管理科）、纳税服务中心（信息中心）、人事教育科（机关党委办公室）、监察室。2. 派出机构。派出机构 6 个，级别为副科级，分别为第一税务分局、第二税务分局、第三税务分局、第四税务分局、第五税务分局、第六税务分局。此次机构改革人员编制未进行调整。

（二）地税局机构改革

2003 年，按照海南省人民政府《关于印发海南省地方税务系统机构改革方案的通知》、海南省地方税务局《关于调整各直属地方税务局机构设置的紧急通知》等文件要求，海南省澄迈地方税务局进行机构设置调整，实行省地方税务局与县政府双重管理，以县政府管理为主的体制。具体机构设置情况：1. 行政机构。县局机关（配备 21 人）内设 6 个室，分别为办公室、计划财务室、人事教育室（工会）、监察室（纪检组）、征收管理室、法规税政室（合并所得税管理股）。2. 执法机构。下设稽查局（配备 16 人），内设第一、第二、第三，三个稽查中队，执行队和综合室、审理室等6个职能队（室）。3. 派出机构。设置16个派出机构（配备120人），分别为澄迈地方税务局办税服务厅、澄迈地方税务局金江企业管理所、澄迈地方税务局金江个体管理所、澄迈地方税务局金江税务所、澄迈地方税务局美亭税务所、澄迈地方税务局老城税务所、澄迈地方税务局永发税务所、澄迈地方税务局文儒税务所、澄迈地方税务局中兴税务所、澄迈地方税务局仁兴税务所、澄迈地方税务局瑞溪税务所、澄迈地方税务局加乐税务所、澄迈地方税务局福山税务所、澄迈地方税务局桥头税务所、澄迈地方税务局白莲税务所、澄迈地方税务局昆仑税务所。4. 附属机构。下设信息中心（配备12人），为所属事业单位。2010年，根据省编办《关于市县地方税务局机构编制调整的通知》和《关于市县地税局机构编制调整的通知》文件精神，澄迈县地方税务局进行机构编制调整，由海南省澄迈税务局更名为海南省澄迈县税务局，实行省以下垂直管理，为正科级机构，具体调整：1. 核定内设机构（未定级）7个，分别为办公室（挂信访办公室牌子）、收入核算室、财务装备室、组织人事室（挂老干部管理室牌子，与机关党委、机关工会、团委合署办公）、监察内审室（与纪检组合署办公）、征管和科技发展室、税政法规室（加挂行政审批办公室牌子）。2. 直属机构（正科级事业机构）2个，分别为社会保险费征管局、直属分局。3. 派出机构（副科级）6个，分别为纳税服务管理局、纳税评估管理局、第一税务分局、第二税务分局、第三税务分局、第四税务分局。4. 附属机构（不定级财政预算管理事业单位）1个，为电子税务管理中心。

第三节　国家税务

一、税种

1999—2010年，国家税务局负责征收的税种有增值税、消费税、进口产品消费税、直接对台贸易调节税（委托海关代征）、营业税、所得税、城市建设维护税、中央企业所得税、地方和外资银行及非银行金融企业所得税、海洋石油企业所得税、资源税、证券交易税（未开征前先征收在上海、深圳市证券交易证券的印花税）、对境内外商投资企业和外国企业的各项税收以及外籍人员（华侨、港澳台同胞）缴纳的个人所得税、出口产品退税的管理、集贸市场和个体户的各项税收、按中央税、共享税附征的教育费附加（属于铁道、银行总行、保险总公司缴纳的入中央库，其他入地方库）、国家能源交通重点建设基金、国家预算调节基金、车辆购置税（交通部门代征）、储蓄存款利息所得征收的个人所得税、企业所得税。

截至2010年，国家税务局负责征收的税种主要是增值税、消费税、部分企业所得税、车辆购置税、对储蓄存款利息所得征收的个人所得税。

（一）增值税

1994 年 1 月，实行新税制后，澄迈县开始征收增值税。在澄迈县境内销售货物或者提供加工、修理修配劳务以及进口货物的单位和个人为增值税纳税人，缴纳增值税。增值税纳税人区分一般纳税人和小规模纳税人。1999—2010 年，澄迈县增值税一般纳税人适用的税率有 3 个档次，即基本税率 17%，低税率 13%和零税率；增值税小规模纳税人适用征收率 3%。1999—2008 年期间，全县的增值税收入呈大幅递增态势。1999 年入库 2714 万元，2000 年入库 3555 万元，2001 年入库 6043 万元，2002 年入库 7329 万元，2003 年入库 19495 万元，2004 年入库 23910 万元，2005 年入库 30023 万元，2006 年入库 35935 万元，2007 年入库 42228 万元，2008 年入库 48606 万元，2008 年的增值税收入比 1999 年增长 17.9 倍。2009 年，增值税转型改革在全国全面实施，澄迈县增值税纳税人由原先的生产型转为消费型，即扩大增值税纳税人进项税的抵扣范围，如购进机器设备、小汽车等货物可以计提进项税额进行抵扣。增值税转型改革新政策出台后，2009—2010 年期间，澄迈县增值税纳税人总体税负明显下降，政策效应明显突现，2009 年增值税入库 43935 万元，较 2008 年 48606 万元减少 4671 万元，2010 增值税入库 41422 万元，较 2008 年减少 7184 万元。

（二）消费税

澄迈县从 1994 年起，开始开征消费税。1999—2008 年，消费税计税依据分别采用从价定率和从量定额 2 种计税方法，设置 11 个税目。1999 年入库 22 万元，2000 年入库 108 万元，2001 年入库 347 万元，2002 年入库 2340 万元，2003 年入库 261 万元，2004 年入库 298 万元，2005 年入库 833 万元，2006 年入库 543 万元，2007 年入库 821 万元，2008 年入库 1566 万元。从 2009 年 1 月起，《中华人民共和国消费税暂行条例》经修订公布后，消费税计税依据调整为采用从价定率、从量定额，或者从价定率和从量定额复合计税 3 种计税方法，设置 14 个税目。消费税新的计税方法和税目设置调整后，税收调节功能的政策效应突显，2009—2010 年期间，澄迈县消费税收入较往年有大幅增长，2009 年消费税入库 3526 万元，比 2008 年 1566 万元增长 1960 万元，2010 年入库 3344 万元，比 2008 年增长 1778 万元。

（三）企业所得税

澄迈县内企业取得生产经营收入、财产转让收入、利息收入、租赁收入、特许权使用费收入、股息收入及其他收入都需征收企业所得税。1999—2008 年，澄迈县实行内资企业所得税和外资企业所得税两种制度并行，内资企业和外资企业分别适用 33%和 30%的税率。1999—2001 年，澄迈县国家税务部门负责企业所得税征收范围为中央企业、金融保险企业、外商投资企业和外国企业、海洋石油企业。1999 年，全县企业所得税入库 2808 万元，2000 年入库 2561 万元，2001 年入库 2240 万元。2002—2008 年，按国家工商行政管理总局的有关规定，在各级工商行政管理部门新办理设立（开业）登记的企业，其企业所得税全部由县国家税务局负责征收管理。2002 年，全县企业所得税入库 543 万元，2003 年入库 497 万元，2004 年入库 651 万元，2005 年入库 285 万元，2006 年入库 2402 万元，2007 年入库 4348 万元，2008 年入库 11098 万元。《中华人民共和国企业所得税法》自 2008 年 1 月颁布实施后，澄迈县取消原先实行的内资企业所得税和外资企业所得税两种制度并行，统一实行企业所得税税率 25%。以 2008 年为基年，2008 年底之前国家税务局、地方税务局各自管理的企业所得税纳税人不作调整。2009 年起新增企业所得税纳税人中，应缴纳增值税的企业，其企业所得税由国家税务局管理。2009 年，全县企业所得税入库 8652 万元，2010 年入库 20377 万元。1999—2010 年，全县企业所得税收入共计 56462 万元，为澄迈县财政收入和促进地方社会经济发展做出较大贡献。

（四）个人所得税

1994 年 1 月开征。个人所得税、个人收入调节税和城乡个体工商户所得税统一为个人所得税。征税范围为工资、薪金所得。采取九级超额累进税率，税率为 5%—45%，按月计征。对个体工商户的生产、经营所得和对企事业单位的承包经营、承租经营所得，适用五级超额累进税率，税率为 5%—35%，按年计算，分月预交，年终汇算清缴；对稿酬所得减征 30%；对劳务报酬所得采用 20%比例税率，按次征收，一次收入畸高的，可以加成征收，税率分别为 20%、30%、40%；对特许权使用费所得、利息、股息、红利所得、财产租赁所得、财产转让所得、偶然所得和其他所得采取 20%比例税率，按次征收；对外籍人员根据其平均收入水平、生活水平以及汇率变化情况确定加减除费用。

（五）车辆购置税

《中华人民共和国车辆购置税暂行条例》颁布实施后，从 2001 年 1 月起开征车辆购置税，同时取消原车辆管理部门征收的车辆购置费。征收范围包括汽车、摩托车、电车、挂车、农用运输车等。征收环节为使用环节（即最终消费环节），税率为 10%。2001—2004 年，澄迈县车辆购置税由县车辆管理部门代征，自 2005 年 1 月起，移交县国税部门征收管理。2005 年，县国税部门全年征收车辆购置税入库 137 万元，2006 年入库 56 万元，2007 年入库 47 万元，2008 年入库 39 万元，2009 年入库 66 万元，2010 年入库 216 万元。

（六）储蓄存款利息所得个人所得税

自 1999 年 11 月起，从澄迈县内的储蓄机构取得人民币、外币储蓄存款利息所得的个人，缴纳个人所得税，适用 20%税率，由县国税部门负责征收管理。1999—2007 年，全县储蓄存款利息所得个人所得税税款入库分别为1万元、278万元、441万元、438万元、399万元、417万元、476万元、569万元、610万元。为配合国家宏观调控政策需要，澄迈县自2008年10月起，对储蓄存款利息所得暂免征收个人所得税。即储蓄存款在1999年10月31日前滋生的利息所得，不征收个人所得税；储蓄存款在1999年11月1日至2007年8月14日滋生的利息所得，按照20%的比例税率征收个人所得税；储蓄存款在2007年8月15日至2008年10月8日滋生的利息所得，按照5%的比例税率征收个人所得税；储蓄存款在2008年10月9日后（含10月9日）滋生的利息所得，暂免征收个人所得税。2008—2010年，全县储蓄存款利息所得个人所得税税款入库分别为355万元、143万元、41万元。

二、税源

澄迈县下辖金江、老城、瑞溪、永发、加乐、文儒、福山、桥头、中兴、仁兴、大丰等11个镇、5个国有农场（红光、红岗、金安、昆仑、和岭）。其中老城经济开发区自1988年成立后，成为海南省综合工业区的重要组成部分，多家大型工业企业进驻老城生态软件园技术开发区。老城经济开发区税收收入占据澄迈县总税收60%以上。福山咖啡风情文化镇作为新兴旅游风情镇，依托咖啡种植产业，衍生出一系列旅游景点；台湾风情小镇、欧洲风情镇均吸引大批游客，税收收入逐渐增加，比重占总税收20%以上。

1999—2010年，澄迈县国税税收高速增长，国税收入主要来源于增值税、营业税、消费税、个人所得税、企业所得税、城建税和车辆购置税等税种。其中绝大部分税源来源于增值税和企业所得，两大主体税种占税收总额比重平均高达90%以上。

2001年，县国税局加大对企业所得税征管工作力度，使税收收入取得大幅度增长。企业所得税汇算清缴工作是检验税务机关企业所得税征管质量的重要标志。该项工作由税政审理股牵头，各股室抽调业务骨干成立汇算清缴检查工作组。把检查组分成邮政、电信、农村信用社和金融、保险、农场2个小组，对澄迈县35户企业进行汇算清缴，检查面91%，其中国有金融5户，国有农场6户，农村信用社18户，电信企业2户，保险、邮政、海南新兴港务公司、海南中石化各1户。通过检查，查出违规违纪企业11户，补税罚款17.3万元。

2002年，澄迈县国税局投入人力、物力筹备“金税工程”网络的第二期建设工作，建成县级税务系统金税网络，601户纳税人的档案信息全部纳入网络管理，进入交叉稽核系统，形成以“一个平台、一个网络、四个子系统”为核心的纵向主干信息网络。各部门的工作重心，向搞好内部网络建设，拓宽办公自动化领域，实现计算机从单机运行向网络运行，网络建设、机构设置、岗责体系等各个方面均符合税收信息化建设的要求，防伪税控工作进一步加强，实现对纳税行为和税收执法行为的双向监控，形成全程循环，链式的监督体制，为依法治税提供科技支持。国税部门发挥“金税工程”技术支持岗位作用，加强税收工作的科技含量。

2005年，国税部门坚持“六个加强”，即加强税风税纪建设，推进机关工作效能，推行“一窗式”管理服务方式，为纳税人提供方便、快捷、高效、舒适的办税环境；加强贯彻宣传《中华人民共和国税收征收管理法》及中华人民共和国税收征收管理实施细则，推进依法治税；加强金税工程建设，做好金税岗位中的数据传输岗和技术支持岗的工作，确保金税网络的畅通和各个金税工程子系统的正常运行；加强对大宗税源的管理和个体税收的征管力度，规范税收秩序；加强贯彻实行税收管理员制度，促进征管工作效率；加强稽查工作力度，整顿税收秩序。

2010年，县国税局坚持“依法征税、应收尽收、坚决不收过头税、坚决防止和制止越权减免税”的组织收入原则，采取有力措施，组织税收收入。加大执法力度，规范税收执法，推进依法治税工作。开展房地产税收专项检查，加强与地方政府的沟通协调，同工商、国土、建设等部门定期交换资料，建立房地产开发企业专门档案、监控房地产企业土地来源、转让等涉税信息，监控房地产企业的预售账款是否及时预缴税款。房地产企业全年共评估入库税款25.7万元。以总局检查督导为契机，加强户籍管理，对全县5743户纳税人开展户籍检查，掌握各类型纳税户的底数，对户籍进行动态管理。做好企业所得税汇算清缴，全县546户企业2009年度汇算清缴补企业所得税200万元。加强发票管理，对2008年和2009年度111家企业票表比对不符，以及发票开具金额大于销售收入的233户个体双定户进行补税，共计补税114.8万元。

三、税收收入

1999年，澄迈县国家税务局完成税收收入2953万元。2002年，突破亿元大关，完成10848万元，比1999年增长92.8%。2006年完成39237万元，比2002年增长260%。2010年完成65184万元，比2006年增长65.4%。

1999—2010年澄迈县国税局税收收入一览表

表 8-2-1　　　　单位：万元

年度	总计	增值税	营业税	消费税	个人所得税	企业所得税	教育费附加	车辆购置税
1999年	2953	2714	151	22	1	24	41	—

续表 8-2-1

年度	总计	增值税	营业税	消费税	个人所得税	企业所得税	教育费附加	车辆购置税
2000 年	4261	3554	88	108	279	23	209	—
2001 年	7252	6043	50	347	441	245	126	—
2002 年	10848	7329	38	2340	438	543	160	—
2003 年	21049	19495	—	261	399	478	416	—
2004 年	25273	23910	—	298	417	648	—	—
2005 年	31541	30023	—	833	476	196	13	137
2006 年	39237	35934	—	543	569	2173	18	56
2007 年	47971	42228	—	821	610	4312	—	47
2008 年	61625	48606	—	1566	355	11098	—	39
2009 年	56256	43935	—	3526	143	8652	—	66
2010 年	65184	41423	—	3345	41	20375	—	216

四、税收管理

（一）发票管理

1999—2010 年，全县使用的增值税专用发票由国家税务总局统一印刷，其他发票是由省级税务机关指定的企业印刷。2010 年 12 月，国务院常务会议通过《国务院关于修改〈中华人民共和国发票管理办法〉的决定》，规定自 2011 年 2 月起，全县启用由国务院税务主管部门统一负责管理的新版普通发票。

（二）征管措施

1999 年起，澄迈县国家税务局坚持从税务登记、纳税申报、发票管理、会计账簿凭证管理等方面进行摸底、排查，做好税收征管基础工作。对纳税人户籍信息和纳税情况进行动态化管理，在发票管理上形成常态化专项检查工作机制，加强日常征管巡查，开展发票数据与申报数据比对工作和企业所得税汇算清缴检查工作。

2001 年，澄迈县国家税务局采取日常检查、重点检查、专项检查和协助检查相结合的方法开展稽查工作，对偷骗税业户集中力量重点稽查，仅一家公司就查补企业所得税 967.8 万元，滞纳金 1026.92 万元。对商贸企业增值税一般纳税人和外资企业进行专项检查，查补增值税、城建税、教育附加费及滞纳金 19.18 万元。采取冻结纳税人银行账户、停止供应增值税专用发票等手段打击嫌疑虚开或者接受虚开专用发票的违法企业。

2005年，澄迈县国家税务局加强对大宗税源的管理和个体户税收的征管力度，规范税收秩序；加强贯彻实行税收管理员制度，促进征管工作效率；加强稽查工作，整顿税收秩序。

2008年，澄迈县国家税务局以信息化工程建设为抓手做好各项征管工作，主要体现在：开展税务登记行业信息补录和核查工作；组织纳税人签订“三方协议”；落实纳税人自主网上申报、网上认证、网上扣税和报税卡清零等一系列涉税事宜；推行普通发票验旧稽核系统，并与网上申报系统结合起来，排查防控风险纳税人。

2010年，澄迈县国家税务局开展房地产税收专项检查。通过与县政府沟通协调，同工商、国土、建设等部门定期交换资料等方式，监控房地产企业土地来源、转让等涉税信息。建立房地产开发企业档案，监控房地产企业的预售账款是否及时预缴，全年评估入库税款26万元。

1999—2000年，县国税局通过制作税收宣传车、悬挂横幅、标语、设置税法咨询点、召开座谈会、发放宣传资料等方式进行城乡巡回流动宣传，提高纳税人对税收法律法规的知晓度。

2002年，以悬挂横幅、张贴标语、制作宣传栏、出动宣传车、设立税法咨询点、举办青少年“国税杯”税收知识竞赛、举行税法进军营活动等形式开展税收宣传活动，使依法纳税、诚信纳税意识深入人心，营造良好的纳税环境。

2005年，设立税法宣传一条街宣传税法，利用税收宣传车到各乡镇进行税收宣传。在金江镇的主要街道，各乡镇挂税宣横额206条，发放税收宣传资料3000多份。

2010年，以创先争优活动为契机，推出延时服务、限时服务、办税友情提醒服务以及办税绿色通道等举措，使办税程序更加公开、简便、规范、高效。

五、税收信息化建设

1999年，电子公文系统上线，机关推行无纸化办公，公文拟稿、流转、审发实现局域网线上办理。

2005年，建成澄迈县国家税务局门户网站，税收政策宣传及政务公开网络化。

2008年，推行税银横向联网电子缴税系统，签订业户2235户，验证通过2175户，通过率97.31%。办理网上申报635户，补录细类行业代码432户，核查税务登记行业信息2179户，推行普通发票验旧稽查系统。

2010年，全县有5743多户纳税人纳入CTAIS系统进行信息化管理，其中网上纳税申报户数1226户，推广面保持在95%以上，网上申报缴纳税款60000多万元。税库银横向联网电子缴税户数5735户，电子缴税率保持在99%以上，确保税额的及时入库以及纳税信息的完整归集。税务审批管理信息系统顺利运行，依照新岗责体系和审批环节、程序，审批文书3326条，实现纳税人信息共享。电子档案管理系统顺利运行，有22273份档案进入电子档案系统，实现涉税业务无纸化办理。

第四节　地方税务

一、税种

1994年，国税、地税部门分设，国家实行新的工商税制，建立以增值税为核心的流转税制。1999—2010年，澄迈县地税部门主要征收营业税、企业所得税、个人所得税、房产税、车船税、印花税、资源税、城镇土地使用税、土地增值税、城市维护建设税、屠宰税等11个税种。

营业税　1994年分设国地税后，在澄迈县进行劳务、转让无形资产或者销售不动产的单位和个人均缴纳营业税，税率按不同品目从3%—20%不等。从2001年5月起，夜总会、歌舞厅、射击、狩猎、跑马、游戏、高尔夫球、保龄球、台球等娱乐业的营业税统一按20%的税率执行。全年营业税收入2498万元，比2000年增收717万元，增长40.3%。随着澄迈县地方经济的发展和政府招商引资力度加大，营业税税收收入也逐年上涨，至2009年，受国际旅游岛影响，澄迈县房地产业快速发展，营业税收入比2008年增收4423万元，增长56.2%，2010年营业税收入比2009年增收17509万元，增长142.4%。

企业所得税　自2002年1月起，澄迈县企业有以下几种情形的，其企业所得税由地税部门征收：1. 两个以上企业合并设立一个新的企业，合并各方解散，但合并各方原均为地方税务局征收管理的；2. 因分立而新设立的企业，原企业由地方税务局负责征收管理的；3. 原缴纳企业所得税的事业单位改制为企业办理设立登记，原事业单位由地方税务局负责征收管理的。2003年，海南岛内产品销售恢复征收增值税（及城建税、教育费附加），受这一政策影响，企业利润相应减少，企业所得税税源大幅萎缩，全年企业所得税收入1699万元，减收3757万元，下降68.9%。2008年1月起，新设立的企业缴纳营业税的，其企业所得税由澄迈县地税局负责征收管理。

个人所得税　1999年8月至2008年2月，澄迈县征收工资、薪金所得个人所得税适用超额累进税率，税率为5%—45%。2008年3月起，工资、薪金所得税率改为3%—45%。

房产税　1999—2010年，澄迈县对县城、建制镇和工矿区的房产征收房产税，计税依据为房屋的计税余值或出租房屋的租金收入，依照房产原值一次减除30%的余值为计税依据，税率为1.2%；对房产出租的，依照房产租金收入为计税依据，税率为12%。

车船税　2008 年 7 月开始，澄迈县车船税征收实行保险机构代收代缴制，委托保险公司在办理“交强险”时一并代收车船税。全年车船税收入 29 万元，比 2007 年增收 13 万元，增长 81.3%。2009 年，车船税收入 50 万元，比 2008 年增收 21 万元，增长 72.4%。

印花税　2008—2010 年，受房地产业快速发展影响，澄迈县房地产企业签订销售合同数量大增，印花税收入涨幅明显，2008 年收入 656 万元，比 2007 年增收 285 万元，增长 76.8%。2010 年收入 1040 万元，比 2009 年增收 366 万元，增长 54.3%。

城镇土地使用税　2004 年 1 月起，澄迈县对建制镇和开发区等地区恢复征收城镇土地使用税，年税额按每平方米 0.5 元计征，征收方式为按年计征，分季预缴。全年城镇土地使用税收入 185 万元，比 2003 年增收 171 万元，增长 1221.4%。2008 年，澄迈县土地使用税征收标准和等级划分为 4 个等级：一等级土地每年土地使用税 5 元/平方米，二等级土地每年土地使用税 4 元/平方米，三等级土地每年土地使用税 2 元/平方米，四等级土地每年土地使用税 1.5 元/平方米。全年城镇土地使用税收入 2524 万元，比 2003 年增收 2314 万元。

土地增值税　根据国家规定，澄迈县对境内转让国有土地使用权、地上的建筑物及其附着物（简称“转让房地产”）并取得收入的单位和个人征收土地增值税。土地增值税实行四级超率累进税率：增值额未超过扣除项目金额 50%的部分，税率为 30%。增值额超过扣除项目金额 50%、未超过扣除项目金额 100%的部分，税率为 40%。增值额超过扣除项目金额 100%、未超过扣除项目金额 200%的部分，税率为 50%。增值额超过扣除项目金额 200%的部分，税率为 60%。受地方政府土地交易及土地交易价格上涨的影响，澄迈县 2001 年土地增值税收入 500 万元，比 2000 年增收 499 万元。2006—2010 年，土地增值税收入逐年高速上涨，2006 年收入 160 万元，比 2005 年增收 95 万元；2007 年收入 404 万元，增收 244 万元，2008 年收入 1199 万元，增收 795 万元；2009 年收入 1957 万元，增长 758 万元；2010 年收入 4967 万元，增收 3010 万元。

城市维护建设税　城市维护建设税以纳税人实际缴纳的增值税、消费税、营业税税额为计税依据，分别与增值税、消费税、营业税同时缴纳。澄迈县城市维护建设税税率为 5%。2001 年，受夜总会、歌舞厅、射击、狩猎、跑马、游戏、高尔夫球、保龄球、台球等娱乐业的营业税税率调到 20%的影响，澄迈县营业税收入小幅上涨，随营业税附征的城市维护建设税收入 110 万元，增收 43 万元，增长 64.2%。

屠宰税　澄迈县对县内屠宰猪、羊、牛等牲畜的纳税人征收屠宰税，屠宰税实行从价计征，计税依据为牲畜屠宰后的实际重量，税率为 10%。根据国务院令第 459 号，屠宰税自 2006 年 2 月 17 日起停止征收。

农业特产税　1999 年 1 月，对红毛丹、香草兰，木薯开始征收生产环节农业特产税，税率为红毛丹 10%，香草兰 5%，木薯 5%。暂停征收猪皮收购环节农业特产税，对牛皮收购环节暂按 5%的税率征收农业特产税。2000 年 1 月，对龙眼、阳桃、番石榴等其他水果收入一律按“其他水果”品目依 10%生产率在生产环节征收农业特产税。2001 年 9 月，木瓜暂按农业特产税中的果用瓜税目依 8%税率征税，圣女果暂按农业特产税中的瓜菜税目依 5%税率征税。2003 年 5 月 1 日至 6 月 30 日期间，对瓜菜、荔枝、杧果、虾及虾苗免征农业特产税。2003 年 5 月，海南省政府议定：从北部湾渔场转移到西沙、中沙、南沙渔场生产的渔船，免征农业特产税。北部湾沿海从事捕捞的渔民转产从事养殖业的，由当地政府安排养殖用海，每人使用浅海海域 2 公顷以内者，3 年内免征农业特产税。2004 年 3 月，对原农业特产税应税产品一律停止征收农业特产税。农业特产税自 2006 年 2 月 17 日起，停止征收。

农业税　2004 年 1 月，澄迈县农业税税率降至 3.5%（原 4.5%），农业税附加仍为征税的 20%，农业税计税价格不变。2006 年 1 月 1 日起停止征收农业税。

契税　1999 年 8 月，个人购买自用普通住宅，暂减半征收契税。2008 年 11 月，个人首次购买 90 平方米及以下普通住房的，契税税率暂统一下调到 1%。2010 年 10 月，对个人购买普通住房，且该住房属于家庭（成员范围包括购房人、配偶以及未成年子女）唯一住房的，减半征收契税。对个人购买 90 平方米及以下普通住房，且该住房属于家庭唯一住房的，减按 1%税率征收契税。

耕地占用税　2008 年 11 月起，澄迈县耕地占用税适用税额为每平方米 25 元。

教育费附加　1986 年 4 月起，《征收教育费附加的暂行规定》正式发布，教育费附加统一按增值税、消费税、营业税实际缴纳税额的 3%征收。

文化事业建设费　1996 年 9 月起，《国务院关于进一步完善文化经济政策的若干规定》正式发布。自 1997 年 1 月起，文化事业建设费由澄迈县地方税务局在征收娱乐业、广告业增值税时一并按计费销售额 3%征收。

二、税源

1999—2010 年，澄迈县经济发展迅猛，税源分布随之不断产生变化，老城经济开发区成为澄迈县税源分布的重点地区。2010 年，老城经济开发区税收收入 34292 万元，占澄迈县全年地方税收收入 58173 万元的 58.9%。

1999—2010 年，税收收入主要来源于营业税、企业所得税、个人所得税、房产税、车船税、印花税、资源税、城镇土地使用税、土地增值税、城建税等税种。其中绝大部分税源来源于营业税、企业所得税、个人所得税和土地增值税，四大主体税种占税收总额比重平均高达60%以上。

2002年，老城开发区土地销售转让、县城地区建筑安装工程上马开工呈旺，橡胶销售价格得益于国际橡胶市场价格上扬利好因素，为农业四税提供坚实的农业特产税和契税税源基础。

2003年，岛内产品销售恢复征收增值税（及城建税、教育费附加），受这一政策的影响，企业利润相应减少，企业所得税税源大幅萎缩，全县企业所得税因此减收近4000万元。2003年，上网电价每度比上年下调0.02元，受这一价格因素的影响，海口火电股份有限公司和中海能源股份有限公司减少利润合计3456万元，造成企业所得税减收519万元。

2004年，树立全方位税收观，抓大不放小，对重点税源与零星税源、大税种与小税种一视同仁，最大限度地限制“跑、冒、滴、漏”现象发生。对年纳税额在10万元以上的企业，进行分类定责，专人专责跟踪管理，做到对重点税源心中有数。对小额零星税源根据实际情况，及时合理调整部分纳税“双定户”税收定额。重点对辖区的饮食业、娱乐业、旅馆业以及个体诊所的税收负担进行调整，此项促进全局月增加税收9.6万元。根据全县货物销售行业税收监控不到位的实情，加强与县国税局的联合协作，对该行业业户“双定”最低限额进行调整，此项实现月增税收3.5万元。

2005年，地税部门通过执行税收执法责任制，加强税收专项检查，强化税收征管，促进地方工商税收收入稳步增长。农税部门受国家农业税收政策调整、变动影响，全县农税税源仅有耕地占用税和契税二项，税源基础加剧萎缩，导致收入大幅减收。社保费征稽局通过加强与相关部门的协作，激活企业改制资金周转和财政支付等不可预测因素向良性发展，扭转上半年总体收入形势与上年同比略微下降的不利局面。

2006年，澄迈地税局由计财、税政、征管等部门共同参与，定期开展税收分析、调查。在加强调研的基础上，侧重从加强正常税源征管和注重挖潜、查补、清欠、监控新增税源等方面进行预测分析，及时掌握经济形势波动和税收政策变动影响税收收入的变化情况，为税收工作决策提供真实、准确的税源依据。2006年8月，由县政协牵头组织县人大财经委和财政、地税、发改、审计等部门的政协委员组成的联合调查组，对全县的采沙场进行调查摸底，掌握每个采沙场的采沙规模，据实核定税额，跟踪做好采沙场的日常税收征管工作。组织专门力量对橡胶和木材加工这两大行业的生产经营情况做调研，据实调整税负，营造诚信纳税、税负公平的税收环境。

2007年，以贯彻实施税收管理员制度为契机，地税部门加大不同类型、不同区域经济税源的税收管理力度。受老城经济开发区新一轮开发建设热潮拉动，为农业税（重点是契税）提供厚实的税源基础，促进农业税收入同比呈大幅度增长的势头。

2008年，以开展税收执法责任制检查考核为契机，严格组织收入工作考核机制。加强对不同类型、不同区域经济税源的分析与调研，增强做好组织收入工作的责任感和紧迫感。强化税种管理，依法治税。在加强营业税、企业所得税和个人所得税等重点税种征管的同时，对房产税、土地使用税、资源税等小额难管的税种紧抓不放。抓好地方税收专项检查，开展所得税汇算清缴专项检查，落实年收入12万元以上高收入群体个人所得税的申报纳税事项。

2009年，针对全球金融危机蔓延导致税源缩减、税基不稳这一严峻的收入形势，澄迈地税局对抓好全年税收工作进行深入动员、周密部署、详细安排，化危机为机遇。进一步加强重点项目跟踪服务和税收征管，2009年澄迈县境内省重点项目和县重点项目49个，地税部门采取措施加大对重点建设项目的跟踪服务和税收征管力度，努力实现从重点工程项目要税收。加强征管，堵塞漏洞，围绕重点税源企业、纳税异常企业和个体工商业户以及发票管理，针对税源实际和征管特点进行深入分析，采取措施防范和堵塞税收流失漏洞。发挥稽查作用，加大税收专项检查、汇算清缴和清理欠税工作力度，做到管查互动、应收尽收。全年纳税人按规定自查自纠申报286万元，入库217万元，入库率76%。

2010年，在海南省建设国际旅游岛，促进经济持续稳步发展的利好因素下，地税部门对组织收入形势保持清醒认识，重视税收征管工作，召开专项税收工作会议，部署调整组织收入工作。重点加强和检察、国土、建设、发改、房管等有关协税护税部门的协作配合，齐抓共管，对房地产业加大税收征管力度。专门成立房地产税收工作小组，深入老城、金江等地开展房地产税收清查工作，完善健全房地产税收征管档案，对房地产企业建账建册，及时跟进项目进度，全过程跟踪控管重点房地产项目，促进房地产税收及时、足额入库。

三、税收收入

澄迈县地方税务局1999年完成税收收入7381万元。2001年突破亿元大关，完成10665万元，比1999年增长44.5%。2006年完成13138万元，比2001年增长23.2%。2010年完成55568万元，比2006年增长323%。

1999—2010年澄迈县地税收入一览表

表8-2-2

年度 / 项目	1999年	2000年	2001年	2002年	2003年	2004年	2005年	2006年	2007年	2008年	2009年	2010年
营业税	1264	1781	2559	3084	2649	3350	4358	5188	7072	7873	12296	29805

续表 8-2-2

项目＼年度	1999年	2000年	2001年	2002年	2003年	2004年	2005年	2006年	2007年	2008年	2009年	2010年
企业所得税	3014	3995	5147	5456	1699	2285	2636	1161	2671	2548	4043	4429
个人所得税	2523	2005	1336	1179	1354	1667	2034	2842	2205	2477	3658	6130
房产税	163	560	504	646	471	660	672	690	652	965	1372	1272
车船税	38	46	48	47	41	36	35	206	16	29	50	49
印花税	27	44	144	209	146	181	238	27	371	656	674	1040
资源税	180	245	325	376	378	288	415	477	517	498	471	510
城镇土地使用税	16	18	11	17	14	185	257	403	441	2755	2524	3949
土地增值税	1	1	500	1	—	69	65	160	404	1199	1957	4967
城市维护建设税	64	67	112	146	362	1290	1737	1916	2458	2910	2839	3417
教育费附加	72	72	71	—	210	792	1035	1140	1474	1734	1705	2052
文化事业建设费收入	4	—	—	—	—	—	5	174	189	155	195	255
地方教育附加	—	—	—	—	—	—	—	—	—	—	—	—
耕地占用税	—	—	—	—	—	—	—	—	—	—	—	—
契税	—	—	—	—	—	—	—	—	—	—	—	—
税务部门其他罚没收入	—	—	—	—	—	—	9	1	4	2	1	1
基本养老保险基金收入	—	—	—	—	—	—	—	—	—	—	—	—
失业保险基金收入	—	—	—	—	—	—	—	—	—	—	—	—
基本医疗保险基金收入	—	—	—	—	—	—	—	—	—	—	—	—
工伤保险基金收入	—	—	—	—	—	—	—	—	—	—	—	—
生育保险基金收入	—	—	—	—	—	—	—	—	—	—	—	—
其他社会保险基金收入	—	—	—	—	—	—	—	—	—	—	—	—
残疾人就业保障金	—	—	—	—	—	—	—	—	—	—	—	—
工会经费	—	—	—	—	—	—	—	—	—	56	146	297
屠宰税	91	102	99	109	85	1	—	—	—	—	—	—

四、税收管理

（一）税务登记

1999年，县地税局通过加强和工商部门的，清理工商登记后不办理税务登记的漏征漏管户39户，其中企业7户，个体工商户32户。

2000—2001年，县地税局加强部门配合，规范车辆税收登记管理，形成以地税为主，交警、交管部门密切合作的车辆税收管理新局面。

2005年，地税局组织各税务所的税收管理员深入到纳税户进行面对面的上门宣传辅导，发挥电视、广播、报刊等宣传媒介作用，开设宣传专栏，对换发税务登记证工作进行宣传。全年实现换证4379户，换证率100%。

2008年，县地税局为做好税务登记审批工作，选派责任心强、业务素质高的专职工作人员进驻县行政审批中心，专门负责税务登记的审批事项。按照“简化程序、统一受理、限时办结”的工作要求，实行限期承诺服务制度，简化审批程序，方便纳税人。

2010年，通过清理重复登记户和补充登记信息等工作，共补充搜集纸质资料2135份，清除虚假纳税户2522户，清除重复纳税户66户，注销非正常户816户，补充录入登记信息218项次；补充录入税种登记信息218项次，更正录入登记信息1614项次，更正录入税源管理信息1409项次。截至2010年底，全县登记纳税人共4887户，其中企业纳税人2564户，个体工商户纳税人2323户。

（二）纳税申报

1999年，地税局按照以纳税人自觉纳税申报为基点，采取办税厅集中收税的征管模式，在基层所设立办税服务厅为纳税人提供全方位的纳税服务。办税服务厅受理纳税人的各项申报业务，审核申报资料并按要求归档管理。

2002年，地税局在办税服务厅、驻县行政审批中心服务窗口开展文明执法、诚信办税服务活动的重点窗口，推行准时服务、限时服务和延时服务的办税工作制度，推行服务用语、杜绝服务忌语，设置税收咨询台和热线服务电话，及时周到地答复纳税人的税收咨询。

2005年，地税局通过规范运行“税收征管系统”的各项操作规程，直接查询、监控每一个征收单位和每一户上机企业（纳税人）的税款申报情况，重点监控新增欠税和在途税款。在此基础上，从缓缴审批、加收滞纳金、处以罚款、清查漏征漏管户和规范征管资料档案管理等方面入手，从机制和源头上减少征收单位和税管员隐瞒收入、有税不收和收“人情税”“关系税”的可能性。

2010年，推进三方协议、网上申报工作，通过宣传发动和举办针对性的培训辅导班，促使纳税人认识到推行网报及电子签约扣税工作的重要性和必要性，有效推进三方协议、网上申报工作的开展。截至2010年底，举办6期培训班，有661家企业的财务人员参加培训，签订三方协议户数1335户，实现网上申报纳税户数668户，三方协议签约扣税率63%。

（三）发票管理

发票管理是税务机关对生产经营单位和个人在经营活动中所开具的商品销售和营业收入凭证进行的管理。发票分为税控收款机（卷式）打印发票、普通机打（平推）发票、手工发票、定额发票四种。

1999—2010年，澄迈县使用的增值税专用发票由国家税务总局统一印刷，其他发票是由省级税务机关指定的企业印刷。2010年12月，国务院常务会议通过《国务院关于修改〈中华人民共和国发票管理办法〉的决定》，规定自2011年2月起，全县启用由国务院税务主管部门统一负责管理的新版普通发票。

（四）纳税服务

1999—2001年，以县广播电台、有线电视台等媒体为载体，播放、刊登税收宣传信息资料，扩大税收宣传的影响面。制作税收宣传车、悬挂横幅等方式，深入全县城镇和乡村向广大群众散发税收宣传资料，开展税收宣传。

2002年推行准时服务、限时服务和延时服务的办税工作制度，推行服务用语、杜绝服务忌语，设置税收咨询台和热线服务电话，及时周到地答复纳税人的税收咨询。

2005年，围绕“依法诚信纳税，共建小康社会”主题，集中开展“税法宣传咨询日”活动，在金江镇商住区设置税法咨询一条街，在县有线电视台播出《再就业税收优惠政策简介》，让纳税人了解税收优惠政策，举办税收宣传文艺晚会、举办“税收杯”乒乓球、羽毛球、象棋比赛，扩大税收宣传的社会影响和覆盖面。

2008年，落实限时服务、准时服务、延时服务，首问责任、窗口服务、直接办理、政务公开和文明办税等纳税服务措施，增强税收政策和税收执法透明度。派员进驻县行政审批中心专门办理税务登记证等涉税行政审批事项，简化征管程序，简化办税流程，为纳税人新办税务登记717户、变更登记115户、注销登记22户。落实国家利民惠民税收优惠政策，全年共为59户从事个体经营下岗再就业人员依法减免税款16.9万元，为9户符合政策规定个人销售普通住房减免税款3.2万元，为4家符合政策规定企业减免税款13.7万元，为33户符合政策规定业主土地出租减免税款17.6万元。做好网络升级、技术支持等信息化建设工作，提升纳税服务质量。

2010年，推进三方协议和网上申报工作，优化纳税服务，签订三方协议户数1335户，三方协议签约扣税率63%；实现网上申报纳税户数668户，网上申报率100%。

五、税务稽查

税务稽查包括日常稽查、专项稽查和专案稽查。1999 年起，税务稽查工作由海南省地方税务局稽查部门负责，澄迈县地方税务局予以配合。

2002 年，县地税局以规范稽查操作规程为突破口，执行《稽查岗位考核目标管理责任制》，开展各类税务稽查活动。截至年底，累计检查 50 件涉税案件，全部审理结案执行，查补入库税款（含滞纳金和罚款）364.8 万元。建立健全重大税务案件审理制度，根据年初检查 50 家企业的稽查安排，把澄迈县金江实业有限公司转让土地使用权给海南万国商城股份有限公司涉税案件等 6 起典型涉税案件确定为重大税务案件。成立重大税务案件审理委员会，专门负责审理这 6 起涉税案件，对这些涉税案件进行严格审核并依法做出处理决定。以上涉税案件应查补入库税款 266 万元，入库税款 266 万元，入库率 100%。

2004 年，县地税局把“以查促管，夯实基础”作为开展税务稽查工作的切入点。与县公安局、国税局联合制定《关于开展打击虚开货物运输发票和制售假发票等涉税违法犯罪专项治理行动方案》，整顿和规范税收秩序，营造良好的社会税收环境。与县国税局联合建立税务稽查情况协作通报制度，互相通报税务检查计划制定和实施情况，共同分析税收违法行为的动态，协调和部署专项税收检查行动，交流税务稽查执法办案的工作经验。成立专项检查小组，专门对涉税事项进行检查，加大税务重大案件查处力度。稽查局会同重大税务案件审理委员会通过对一系列涉税重大案件的检查，促进稽查工作向力度、广度、深度发展。全年累计查补入库税款、罚款及滞纳金合计 272.08 万元，入库率 89.80%。

2008 年，对上年税收执法情况进行量化检查考核，开展日常税务稽查和税收专项检查，打击制售假发票行为，整顿和规范税收秩序。全年检查 10 户，做出结论 8 户，查补税款 35 万元，加收滞纳金 8 万元，罚款 20 万元，三项合计 63 万元，实际检查入库税款 63 万元，入库率 100%。

2010 年，对全局各税务所征管户数进行全面、详细核查和清理。补充搜集纸质资料 2135 份，清除虚假纳税户 2522 户，清除重复纳税户 66 户，注销非正常户 816 户，清除虚假欠税户 454 户，清除虚假欠税 702.8 万元，补充录入登记信息 218 项次，补充录入税种登记信息 218 项次，更正录入登记信息 1614 项次，更正录入税源管理信息 1409 项次。清理后，县地税局有正常户 4275 户，临时户 2171 户（包含车船税纳税户、建安行业纳税户及各所临时户模板）。组织成立有检察、国土、住建、公安、国税、地税、工商、房管等 8 个职能部门“一把手”为成员的协税护税领导小组，从规划、建设、税务、土地利用等方面加强对税收的控管。

第三章　金融 保险

第一节　金融机构

一、中国人民银行澄迈县支行

1999年，中国人民银行澄迈县支行（简称“县人行”）内设人事秘书股、会计股、发行股、计划股、金融稽核股、保卫股和外汇管理股等7个股。后随业务发展需要和职能转变，2003年，人民银行进行机构改革，澄迈县支行部分人员划转到新成立的澄迈县银监办事处。2010年，县人行内设机构有办公室、货币信贷与统计股、营业室、货币金银股、保卫股等5个股（室），无外设机构网点，有在职员工28人。

二、中国工商银行澄迈县支行

1999年，中国工商银行澄迈县支行（简称“县工行”）内设人事、稽核、计划、信托、工交信贷、商业信贷、会计、出纳、保卫、储蓄等12个股（室），营业网点机构7个，在职人员137人。2000年，县工行仅设办公室，撤销4个营业网点，组建支行营业部、文化北路储蓄所、解放西路储蓄所，营业网点3个，在职人员37人。2010年，县工行内设综合管理部，下设营业网点3个，分别是澄迈支行营业部、澄迈金江支行、澄迈老城支行。

2010年工行澄迈支行网点机构情况表

表8-3-1

名　称	创建时间	地　址
澄迈支行营业部	1989年1月	澄迈县金江镇文化北路145号
澄迈金江支行	2004年12月	澄迈县金江镇文明路124号
澄迈老城支行	2006年12月	澄迈县老城工业大道1号

三、中国银行澄迈县支行

1999年，中国银行澄迈支行设立办公室、营业部、信贷计划股、财会出纳股、监察保卫股。2003年，中国银行澄迈支行内设监察保卫股、办公室、会计出纳股、营业部、信贷计划股、电脑股，下辖城中分理处、金江分理处、金城分理处、老城分理处。2004年8月，中国银行名称变更为中国银行股份有限公司，简称“中国银行”。2004年11月，中国银行澄迈支行更名为中国银行股份有限公司澄迈支行。2005 年 10 月，澄迈支行设立综合管理部、业务发展部、营业部 3 个部门。2007 年 12 月，老城分理处升格为支行。2008 年 5 月，撤并澄迈支行金江分理处。2009 年 6 月，澄迈金城分理处迁址并更名为文明路分理处。2010 年，文明路分理处升格为支行。2010 年，中行下设营业网点 3 个。

2010 年中行澄迈支行网点机构情况表

表 8–3–2

名　称	创建时间	地　址
中行澄迈支行本部	1989 年 2 月 18 日	金江镇文化北路 104 号
中行澄迈老城支行	1992 年 11 月 11 日	老城镇澄江路 94 号
中行澄迈文明路支行	1992 年 1 月 24 日	金江镇文明路钟赛居委会办公楼

四、中国建设银行澄迈县支行

1999 年，中国建设银行澄迈支行（简称“县建行”）内设综合管理部、营业部和储蓄专柜、文明办事处 4 个部门，在岗人员 26 人。2002 年内设办公室、市场营销部和营业部 3 个内设部门，在岗人员 20 人。2005 年内设客户部和营业部 2 个内设部门，在岗人员 22 人。2007 年内设办公室、客户部和营业部 3 个内设部门，在岗人员 22 人。2010 年内设办公室、营业部和客户部 3 个内设部门，在岗人员 23 人。

1999 年，县建行设有两个营业网点，即建行澄迈支行营业部和文明办事处。2002—2010 年，县建行只设营业部 1 个营业网点。

1999—2010 年建行澄迈支行网点机构情况表

表 8–3–3

名　称	创建时间	地　址
建行澄迈支行营业部	1979 年 11 月	金江镇解放路
文明办事处	1988 年 8 月	金江镇文化北路

五、中国农业银行澄迈县支行

1999 年，中国农业银行澄迈县支行（简称“县农行”）内设秘书股、人事股、教育股、政工、工会、资金组织股、稽核审计股、工商信贷股、农业信贷股、信用合作股、会计出纳股、计划股、保卫股、集约化经营办公室、监察室等 15 个股室，后随业务发展和经营转型的需要，陆续将15个股室进行撤并。2010年，县农行内设机构有4个，分别为综合管理部、客户部、运营财会部、信贷管理部。2010年，县农行下设营业网点11个。

2010年农行澄迈支行网点机构情况表

表8-3-4

名　称	地　址
支行营业部	金江镇人民中路3号
文化中路分理处	金江镇文化中路
解放路分理处	金江镇解放路78号
福山分理处	福山镇红光农场场部
瑞溪分理处	瑞溪镇解放路44号
永发分理处	永发镇永新路67号
文儒分理处	文儒乡文明路252号
西达分理处	西达农场场部
昆仑分理处	昆仑农场场部花园路93号
马村分理处	马村人民路23号
老城支行	老城镇澄江北路15号

六、中国农业发展银行澄迈县支行

1996年12月，中国农业发展银行澄迈县支行（简称“县农发行”）成立，1997年1月正式营业。县农发行内设办公室、信贷部、会计出纳部。2000年12月，撤销办公室，由办公室、会计出纳部合并成立综合会计部。后随业务发展需要，2002年3月，撤销支行原综合会计部，增设办公室、会计出纳部。2010年，县农发行内设办公室、信贷部、会计出纳部等3个部门。2010年，县农发行下设营业网点1个。

2010年农发行澄迈支行网点机构情况表

表8-3-5

名　称	创建时间	地　址
中国农业发展银行澄迈县支行会计出纳部	1997年1月22日	金江镇人民中路3号

七、澄迈县农村信用合作联社

1996年11月，县联社与农业银行澄迈县支行脱钩后，增设人事股、综合股、会计股、保卫股、稽核股、信贷股等6个股室。2007年，澄迈县农村信用合作联社正式改制成立。2010年，县联社内设机构有13个，分别为综合部、人力资源部、法律合规部、党委办公室、计划财务部、信贷管理部、电脑科技部、电子银行部、资产风险管理部、清算中心、小额信贷部、稽核部、保卫部，下设营业网点27个，是唯一遍布全县各乡镇的地方性金融机构。

1999—2010年澄迈县联社网点机构情况表

表8-3-6

名　称	创建时间	地　址
营业部	1984年12月	金江镇文明路95号
人民路分社	1954年12月	人民路金江镇商贸路
金江分社	1954年12月	金江镇文化南路16路
金江信用社	1954年12月	金江镇文明路94号
解放路分社	1954年12月	金江镇文化南路157号
文化路分社	1954年12月	金江镇解放路120号
长安信用社	1954年12月	长安镇长兴路90号
瑞溪信用社	1954年12月	瑞溪镇新华西路1号
瑞溪分社	1954年12月	瑞溪镇解放路60号
金安分社	1954年12月	金安农场金瑞路
永发信用社	1954年12月	永发镇江北路77号
新吴信用社	1954年12月	新吴墟
加乐信用社	1954年12月	加乐镇新华路46号
文儒信用社	1954年12月	文儒乡文明路267号
中兴信用社	1954年12月	中兴镇新兴路328号
仁兴信用社	1954年12月	仁兴镇
昆仑分社	1954年12月	昆仑农场场部
福山信用社	1954年12月	福山镇福兴西路5号
福山分社	1954年12月	福山镇福兴西路157号
桥头信用社	1954年12月	桥头镇新华路

续表 8-3-6

名 称	创建时间	地 址
美亭信用社	1954 年 12 月	美亭乡金美路 25 号
美亭分社	1954 年 12 月	美亭乡老墟
白莲信用社	1954 年 12 月	白莲墟文明南路 9 号
老城信用社	1954 年 12 月	老城镇澄江广场
老城分社	1954 年 12 月	老城镇澄江北路 17 号
马村信用社	1954 年 12 月	马村墟文明路 25 号
大丰信用社	2010 年 11 月	大丰镇华中路 4 号

八、邮政储蓄澄迈支行

2008 年 5 月，中国邮政储蓄银行澄迈县支行成立，内部机构有综合管理部、综合业务部 2 个部门。在岗职工 28 人，劳务派遣 20 人。全县网点 17 个，支行营业部、福山镇支行、老城镇支行等自营网点 3 个，邮政代理网点 14 个。2009 年，内设综合管理部、综合业务部和会计核算部，12 月，增设信贷部，负责全行信贷业务专业化经营管理。2010 年，机构设置未变。

第二节 存款贷款

1999 年，全县金融机构本外币各项存款余额为 136887 万元，比年初增加 8325 万元，增长 6.47%；本外币各项贷款余额 158886 万元，比年初增加 5032 万元，增长 3.27%。

2000 年，全县金融机构本外币各项存款余额为 137782 万元，比年初增加 895 万元，增长 0.65%；本外币各项贷款余额为 122138 万元，比年初减少 36748 万元，下降 23.13%。

2001 年，全县金融机构本外币各项存款余额为 151615 万元，比年初增加 13833 万元；增长 10.3%;本外币各项贷款余款为 117935 万元，比年初减少 4203 万元，下降 3.44%。

2002 年，全县金融机构本外币各项存款余额为 169989 万元，比年初增加 18374 万元，增长 12.12%；本外币各项贷款余额为 120152 万元，比年初增加 2217 万元，增长 1.88%。

2003 年，全县金融机构本外币各项存款余额为 187617 万元，比年初增加 17628 万元，增长 10.37%；本外币各项贷款余额为 126115 万元，比年初增加 5963 万元，增长 4.96%。

2004 年，全县金融机构本外币各项存款余额为 202032 万元，比年初增加 14415 万元，增长 7.68%；本外币各项贷款余额为 120831 万元，比年初减少 5284 万元，下降 4.18%。

2005 年，全县金融机构本外币各项存款余额为 230460 万元，比年初增加 28428 万元，增长 14.07%；本外币各项贷款余额为 109474 万元，比年初减少 11357 万元，下降 9.01%。

2006 年，全县金融机构本外币各项存款余额为 278303 万元，比年初增加 47843 万元，增长 20.76%；本外币各项贷款余额为 90174 万元，比年初减少 19300 万元，下降 17.62%。

2007 年，全县金融机构本外币各项存款余额为 329193 万元，比年初增加 50891 万元，增长 18.28%；本外币各项贷款余额为 96126 万元，比年初增加 5953 万元，增长 6.60%。

2008 年，全县金融机构各项存款余额 388423 万元，比年初增加 59228 万元，增长 17.99%；各项贷款余额 100334 万元，比年初上升 4206 万元，增长 4.38%。全县累计发放贷款 15686 万元，累计收回贷款 11614 万元，新增贷款 4072 万元。完成贷款卡年审工作，办理企业贷款卡年审 43 个，办理新贷款卡 12 个。

2009 年，全县金融机构人民币各项存款余额为 58.62 亿元，比年初增加 18.32 亿元，同比多增 10.95 亿元；各项贷款余款为 14.51 亿元，比年初增加 8.69 亿元，同比多增 8.53 亿元。全县实际累计发放贷款 107592 万元，实际累计收回贷款 19651 万元。新增贷款 87224 万元。

2010 年，全县金融机构本外币各项存款余额为 101.38 亿元，同比增长 83.69%；本外币各项贷款余额为 29.74 亿元，同比增长 149.08%。同年，本外币各项存款、贷款分别增加 42.69 亿元和 15.22 亿元，比上年同期分别多增加 27.83 亿元和 9.1 亿元。

一、中国工商银行澄迈县支行

（一）存贷款情况

1999—2010 年，工商银行澄迈县支行各项存款余额基本呈逐年递增的状态。

1999 年，工商银行澄迈县支行各项贷款余额 3.3 亿元，其中个人贷款 0.03 亿元，公司贷款 3.27 亿元。2000 年，各项贷款余额 3.6 亿元，其中个人贷款 0.04 亿元，公司贷款 3.56 亿元。

2001—2008 年，市场竞争激烈，国有企业技术更新慢，管理落后导致亏损，无法归还贷款，银行贷款形成不良，其中有澄迈医药公司、海南澄迈咖啡厂、江南糖厂、永灵糖厂、老城糖厂等。为减少企业经营困境，全部将各项贷款资产剥离给中国华融资产管理公司。2009 年，工商银行澄迈县支行贷款权限复牌，新增个人贷款余额 0.07 亿元。2010 年，工商银行澄迈县支行各项贷款余额 0.8944 亿元，其中个人贷款 0.51 亿元，公司贷款 0.38 亿元。同年，存款余额突破 20 亿元大关，达 20.65 亿元，较上年增幅达 57%；机构存款突破 10 亿元大关，达 11.27 亿元，较上年增幅达 55%。

1999—2010 年工行澄迈支行存贷款情况表

表 8-3-7　　单位：亿元

年度	储蓄存款	各项存款	各项贷款	年度	储蓄存款	各项存款	各项贷款
1999	2.10	2.50	3.30	2005	3.20	8.50	0.00
2000	2.30	2.60	3.60	2006	3.50	9.00	0.00
2001	2.50	3.75	0.00	2007	3.87	10.80	0.00
2002	2.70	4.00	0.00	2008	4.00	12.00	0.00
2003	2.88	4.40	0.00	2009	4.40	13.00	0.07
2004	3.00	6.00	0.00	2010	6.20	21.00	0.89

说明：2001 年资产剥离，故 2001—2008 年无贷款余额

（二）现金投放回笼

1999—2000 年，工商银行澄迈县支行现金的投放与回笼均呈逐年递增的态势，且投放资金与回笼资金成正比。1999 年，现金投放 4.8 亿元，现金回笼 2.7 亿元。至 2010 年，现金 51.3 亿元，现金回笼 33 亿元。

1999—2010 年工行澄迈支行现金投放回笼情况表

表 8-3-8　　单位：亿元

年度	投放	回笼	年度	投放	回笼
1999 年	4.80	2.70	2005 年	16.80	11.00
2000 年	5.50	3.50	2006 年	20.40	14.30
2001 年	6.70	4.20	2007 年	28.90	17.00
2002 年	8.60	6.20	2008 年	35.20	19.00
2003 年	11.60	8.10	2009 年	43.00	24.00
2004 年	13.70	9.30	2010 年	51.30	33.00

二、中国银行澄迈支行

（一）存贷款情况

1999 年，各项存款 21380 万元，其中储蓄存款 17831 万元，对公存款 3549 万元；各项贷款 12180 万元。

2002年，各项存款23902万元，其中储蓄存款18709万元，对公存款5193万元；各项贷款2291万元。

2005年，各项存款26963万元，其中储蓄存款20758万元，对公存款6205万元；各项贷款1441万元。

2008年，各项存款46356万元，其中储蓄存款27852万元，对公存款18504万元；各项贷款2452万元。

2010年，各项存款106405万元，其中储蓄存款40028万元，对公存款66377万元；各项贷款5532万元。

1999—2010年中行澄迈支行存贷款情况表

表8-3-9 单位：万元

年度	各项存款	储蓄存款	对公存款	各项贷款	年度	各项存款	储蓄存款	对公存款	各项贷款
1999年	21380	17831	3549	12180	2005年	26963	20758	6205	1441
2000年	19442	17066	2376	4954	2006年	32131	23499	8632	2440
2001年	22176	17791	4385	2677	2007年	40613	24766	15847	2711
2002年	23902	18709	5193	2291	2008年	46356	27852	18504	2452
2003年	22513	17113	5400	2167	2009年	58737	33318	25419	4656
2004年	21836	17947	3889	1555	2010年	106405	40028	66377	5532

（二）现金投放回笼

1999年，投放资金34784万元，回笼资金32001万元。2000年，投放资金3756万元，回笼资金35687万元。2001年，投放资金39483万元，回笼资金39254万元。2002年，投放资金41663万元，回笼资金42053万元。2003年，投放资金43532万元，回笼资金43549万元。2004年，投放资金44939万元，回笼资金43854万元。2005年，投放资金56247万元，回笼资金56398万元。2006年，投放资金62537万元，回笼资金62448万元。2007年，投放资金71162万元，回笼资金70991万元。2008年，投放资金79793万元，回笼资金81022万元。2009年，投放资金82243万元，回笼资金82281万元。2010年，投放资金86532万元，回笼资金86549万元。

1999—2010年中行澄迈支行现金投放回笼情况表

表8-3-10 单位：万元

年度	投放	回笼	年度	投放	回笼
1999年	34784	32001	2005年	56247	56398
2000年	37566	35687	2006年	62537	62448
2001年	39483	39254	2007年	71162	70991
2002年	41663	42053	2008年	79793	81022
2003年	43532	43549	2009年	82243	82281
2004年	44939	43854	2010年	86532	86549

三、中国建设银行澄迈县支行

（一）存贷款情况

1999年，支行各项存款6201万元，其中储蓄存款4931万元，对公存款1270万元。各项贷款3503万元，全部为不良贷款，不良率100%。

2002年，支行各项存款8784万元，其中储蓄存款3714万元，对公存款6070万元。各项贷款余额899万元，其中不良贷款889万元，不良率98.8%。当年只新发放一笔10万元的个人质押贷款。

2005年，支行各项存款111503万元，其中储蓄存款4705万元，对公存款6798万元。各项贷款余额14万元，当年无发放贷款，全部贷款余额均为正常的短期个人贷款，无公司类贷款。

2008年，支行各项存款18952万元，其中储蓄存款6967万元，对公存款11985万元，首次突破亿元大关。各项贷款余额39万元，全部贷款余额均为正常的短期个人贷款，无公司类贷款。

2010年，支行各项存款54275万元，受益于房地产开发热潮，支行存款再次迈上新台阶，储蓄存款和对公存款双双大幅增长。其中储蓄存款13924万元，对公存款40351万元。各项贷款余额1862万元，贷款业务在沉寂多年后，在房地产开发热潮影响下重现生机。

1999—2010年建行澄迈支行存贷款情况表

表 8-3-11　　单位：万元

年度	储蓄存款	各项存款	各项贷款	年度	储蓄存款	各项存款	各项贷款
1999 年	4931	6201	3503	2005 年	4705	11503	14
2000 年	3992	5533	1026	2006 年	5036	10539	7
2001 年	3972	7044	952	2007 年	5695	11668	20
2002 年	3714	8784	899	2008 年	6967	18952	39
2003 年	3868	13953	26	2009 年	8979	25488	944
2004 年	4069	10508	40	2010 年	13924	54275	1862

（二）资金投放回笼

1999 年，投放资金 22476 万元，回笼资金 22672 万元。2000 年，投放资金 22785 万元，回笼资金 22882 万元。2001 年，投放资金 23659 万元，回笼资金 24129 万元。2002 年，投放资金 25668 万元，回笼资金 26889 万元。2003 年，投放资金 28675 万元，回笼资金 28966 万元。2004 年，投放资金 31262 万元，回笼资金 33768 万元。2005 年，投放资金 36569 万元，回笼资金 36246 万元。2006 年，投放资金 38997 万元，回笼资金 42667 万元。2007 年，投放资金 43339 万元，回笼资金 43364 万元；2009 年，投放资金 56157 万元，回笼资金 56203 万元。2010 年，投放资金 75312 万元，回笼资金 75438 万元。

1999—2010年建行澄迈支行现金投放回笼情况表

表 8-3-12　　单位：万元

年度	投 放	回 笼
1999 年	22476	22672
2000 年	22785	22882
2001 年	23659	24129
2002 年	25668	26889
2003 年	28675	28966
2004 年	31262	33768
2005 年	36569	36246

续表 8-3-12

年度	投 放	回 笼
2006 年	38997	42667
2007 年	43339	43364
2008 年	40084	40125
2009 年	56157	56203
2010 年	75312	75438

四、中国农业银行澄迈县支行

（一）存贷款情况

1999 年，储蓄存款 40632 万元，各项存款 43260 万元，各项贷款 42204 万元。2005 年，储蓄存款 63363 万元，各项存款 72108 万元，各项贷款 63758 万元。2010 年，储蓄存款 12574 万元，各项存款 201436 万元，各项贷款 42038 万元。

1999—2010 年农行澄迈支行存贷款情况表

表 8-3-13　　单位：万元

年度	储蓄存款	各项存款	各项贷款	年度	储蓄存款	各项存款	各项贷款
1999 年	40632	43260	42204	2005 年	63363	72108	63758
2000 年	43552	46729	34323	2006 年	72955	84502	40556
2001 年	53842	53985	35592	2007 年	76927	95523	40203
2002 年	57322	56911	65756	2008 年	87131	106171	169
2003 年	49965	55910	62029	2009 年	95864	119207	22592
2004 年	57216	63828	64125	2010 年	12574	201436	42038

（二）资金投放回笼

1999 年，投放资金 9898 万元，回笼资金 8201 万元。2005 年，投放资金 126120 万元，回笼资金 129780 万元。2010 年，投放资金 42067 万元，回笼资金 22621 万元。

1999—2010年农行澄迈支行现金投放回笼情况表

表8-3-14　　单位：万元

年度	投放	回笼	年度	投放	回笼
1999年	9898	8201	2005年	126120	129780
2000年	12011	19892	2006年	—	23202
2001年	11265	9996	2007年	—	353
2002年	9694	9664	2008年	—	92
2003年	12324	13051	2009年	22423	—
2004年	71590	77653	2010年	42067	22621

五、中国农业发展银行澄迈县支行

（一）存贷款情况

1999年，各项存款543万元，各项贷款16855万元。2005年，各项存款640万元，各项贷款14406万元。2010年，各项存款104123万元，各项贷款122735万元。

1999—2010年澄迈县农发行存贷款情况表

表8-3-15　　单位：万元

年度	储蓄存款	各项存款	各项贷款	年度	储蓄存款	各项存款	各项贷款
1999年	—	543	16855	2000年	—	481	16188
2001年	—	117	14570	2002年	—	125	14220
2003年	—	280	14494	2004年	—	213	14298
2005年	—	640	14406	2006年	—	808	17125
2007年	—	2051	23120	2008年	—	1204	25793
2009年	—	26577	51714	2010年	—	104123	122735

（二）现金投放回笼

1999年，投放资金3823万元，回笼资金3879万元。2005年，投放资金2619万元，回笼资金2619万元。2010年，投放资金6774万元，回笼资金6774万元。

1999—2010年澄迈县农发行现金投放回笼情况表

表8-3-16　　单位：万元

年度	投放	回笼	年度	投放	回笼
1999年	3823	3879	2000年	3537	3454
2001年	—	—	2002年	113	113
2003年	1300	1300	2004年	2494	2494
2005年	2619	2619	2006年	21758	21758
2007年	244757	244757	2008年	18061	18061
2009年	7957	7957	2010年	6774	6774

六、澄迈县农村信用合作社联合社

（一）存款　贷款

1999年，储蓄存款29274万元，各项存款29955万元，各项贷款15791万元。2005年，储蓄存款40456万元，各项存款42516万元，各项贷款27345万元。2010年，储蓄存款113590万元，各项存款210492万元，各项贷款128404万元。

1999—2010年澄迈县信用联社存贷款情况表

表8-3-17　　单位：万元

年度	储蓄存款	各项存款	各项贷款	年度	储蓄存款	各项存款	各项贷款
1999年	29274	29955	15791	2005年	40456	42516	27345
2000年	30327	31313	16490	2006年	45681	47920	27988
2001年	29771	30619	16619	2007年	48745	50700	28356
2002年	33667	35092	19056	2008年	56448	64579	28270
2003年	38473	40300	28719	2009年	75796	122604	62821
2004年	39549	41843	26528	2010年	113590	210492	128404

（二）现金投放回笼

1999年，投放资金122758万元，回笼资金122677万元。2005年，投放资金143045万元，回笼资金142947万元。2010年，投放资金478790万元，回笼资金478241万元。

1999—2010年澄迈县信用联社现金投放回笼情况表

表8-3-18　　单位：万元

年度	投放	回笼	年度	投放	回笼
1999年	122758	122677	2005年	143045	142947
2000年	112363	112330	2006年	159402	159418
2001年	113943	114150	2007年	157603	157951
2002年	127418	127438	2008年	183434	183028
2003年	165525	165333	2009年	281542	280389
2004年	149231	148884	2010年	478790	478241

七、邮政储蓄澄迈支行

（一）存款 贷款

1999年，全县有9个邮政支局、15个自办所、1个代办所、3个电子化支局，其中17个邮政支局（所）提供邮政全功能服务，8个储蓄网点实现全国联网，实现通存通兑，储蓄业务得到长足发展，年底邮政储蓄余额1.14亿元。

2000年，将15个自办所改为代办所，全国联网储蓄网点有11个。2002年，储蓄余额1.71亿元。2005年，永发支局升级为电子化局（所）。桥头、基地、中兴邮政自办所升格为邮政支局，全县邮政支局有13个。全年累计代发金额2705万元，实现余额净增6688万元，达到3.89亿元，市场占有率20.18%。

2006年，县邮政储蓄余额净增突破1亿元，实现余额净增1.01亿元，达到4.86亿元，市场占有率22%，其中福山支局突破余额8000万元，解放路、和岭两支局余额突破4000万元，瑞溪所突破1000万元。

2007年，实现邮储余额净增8608万元，达到5.7265亿元，市场占有率23.59%。其中福山支局余额突破8000万元，白莲和和岭支局余额突破5000万元，解放路支局余额突破4500万元，桥头和永发支局余额突破3000万元。

2008年5月，剥离邮政局的企业职能、资产和人员，实行政企分开，成立中国邮政储蓄银行澄迈县支行。8月，邮政储蓄澄迈支行获得海南省分行信贷业务授权，单笔最高10万元。至12月底，累计发放72笔贷款，贷款结余483万元，个人储蓄余额71337.45万元，对公余额316万元，业务收入627万元，利润257万元，劳动生产率12.94万元。

2009年初，随着加大对个人储蓄业务和贷款业务活动的推动，在开办小额贷款业务的基础上，完善信贷产品增加以抵押为主的个人商务贷款，提高单笔最高贷款额度，个人商务贷款最高可达500万元。2009年，贷款余额1702万元，比2008年增长228%；支行个人储蓄余额81694万元，比2008年增长14.5%；对公余额1216万元，比2008年增长284%；业务收入818.50万元，利润383万元，劳动生产率17.05万元。累计净增0.79亿元，邮政储蓄余额5.7亿元。全年储蓄收入实现1346万元，占总收入的73.36%。

2010年，累计净增1.88亿元，邮政储蓄余额7.59亿元，储蓄收入1472万元，占总收入的70.4%。通过开展储蓄存款竞赛和对公存款竞赛活动以及信贷短程赛的活动，支行的业务得到较大的发展，个人储蓄业务余额112659.7万元，年度累计净增30966万元，市场占有率24.07%，新增余额市场占有率13.06%。随着信贷部的成立，工作效率得到很大的提高，累计放贷4092.3万元，贷款余额3765万元，比2008年增长680%；公司业务净增13042万元，累计余额14259万元，同比增长1073.6%；对公余额突破1亿元；业务收入1116.72万元，较2009年增长36%；利润448.96万元，劳动生产率22.33万元，劳动生产率能不断在增加。

2008—2010年邮政储蓄澄迈县支行存贷款情况表

表8-3-19 单位：万元

年份	2008年	2009年	2010年
贷款余额	515.00	1691	2526.0
个人储蓄余额	71337.45	81694	112659.7
公司余额	316.00	1216	14259.0

（二）现金投放回笼

2008年，现金投放为32亿元，现金回笼为23亿元。

2009年，投放现金35亿元，比2008年度增加9%，现金回笼26亿元，比2008年度增加11.53%。

2010年，现金投放41亿元，比2008年增长28%，比2009年增长17%，现金回笼34.37亿元，比2008年增长47.82%，比2009年增长30%。由于2008年经济危机后，大部分的现金开始向银行回笼，储蓄存款不断增加，大部分客户开始走向理财业务，使得理财产品收入较2008年增长182.9%。

2008—2010 年间邮政储蓄银行澄迈县支行现金投放回笼情况表

表 8-3-20

年份	交易种类	现金投放	现金回笼
2008 年	交易笔数（笔）	1105527.00	682217.00
	本年增幅（%）	20.78	10.17
	交易金额（万元）	329955.40	234732.72
	本年增幅（%）	0.14	0.23
2009 年	交易笔数（笔）	1016378.00	443722.00
	本年增幅（%）	−8.06	34.96
	交易金额（万元）	351148.06	262500.44
	本年增幅（%）	6.42	11.83
2010 年	交易笔数（笔）	1022803	506404
	本年增幅（%）	0.63	14.13
	交易金额（万元）	414149.26	343709.01
	本年增幅（%）	17.94	30.94

第三节　中间业务

一、中国工商银行澄迈县支行

1999—2002 年，中国工商银行澄迈支行中间业务收入分别为 42539.41 元、60298.56 元、71354.03 元、89298.67 元，主要中间业务收入均来源于结算业务收入。

2003—2005 年，中国工商银行澄迈支行中间业务收入主要来源于结算业务收入、个人账户管理业务、灵通卡业务收入。中间业务收入分别为 274984.52 元、416412.79 元、584547.00 元、1070297 元。

2007 年，中国工商银行澄迈支行中间业务收入为 2553927.99 元，主要中间业务收入来源于结算业务收入、代理个人基金业务收入、个人账户管理业务、灵通卡业务收入、电子银行个人结算业务收入。

2008 年，中国工商银行澄迈支行中间业务收入为 2375751.35 元，主要中间业务收入来源于结算业务收入、代理个人基金业务收入、个人账户管理业务、灵通卡业务收入、电子银行个人结算业务收入、银行卡特约单位手续费收入。

2009年，中国工商银行澄迈支行中间业务收入为2734244.42元，主要中间业务收入来源于结算业务收入、代理个人基金、寿险、国债和理财业务收入、个人、对公账户管理业务、灵通卡业务收入、电子银行个人结算业务收入、银行卡特约单位手续费收入及个人其他中间业务收入。

2010年，中国工商银行澄迈支行中间业务收入为7320867.49元，主要中间业务收入来源于结算业务收入、代理个人基金、寿险、国债和理财业务收入、个人及对公账户管理业务、灵通卡业务收入、电子银行个人结算业务收入、银行卡特约单位手续费收入、投融资顾问业务收入、代理财政业务、个人贷款业务、个人住房公积金贷款业务收入、个人及企业信息服务收入。

二、中国银行澄迈县支行

1999—2010年，中国银行澄迈支行主要开展国内国际支付结算业务、对公对私代客资金业务、银行卡、代销保险、基金、贵金属、个人信贷收入、个人金融收入等业务。

1999年实现中间业务收入4.8万元，2000年实现中间业务收入5万元，2001年实现中间业务收入5.2万元，2002年实现中间业务收入11.6万元，2003年实现中间业务收入22万元，2004年实现中间业务收入15.2万元，2005年实现中间业务收入26万元，2006年实现中间业务收入36万元，2007年实现中间业务收入75万元，2008年实现中间业务收入103.78万元。2009年，与67家单位签约办理财政公务卡，发卡200多张，实现中间业务收入214万元，同比增加45万元，2010年实现中间业务收入194.69万元。

三、中国建设银行澄迈县支行

1999—2002年，分别实现中间业务收入2.2万元、2.8万元、3.2万元和3.6万元，主要收入来源于结算业务收入、银行卡收入。

2003—2006年，分别实现中间业务净收入4.2万元、9万元和15万元、16万元，主要收入来源于结算业务收入、银行卡收入和代扣代缴收入。

2007年，得益于股市火爆，中间业务增长较快，光代理基金手续费收入一项就达62万元，全年实现中间业务净收入86.9万元。比上年同期增加70.9万元，增长225%，完成省行下达全年任务的310%。2008实现中间业务净收入40万元。

2009年，实现中间业务净收入54万元，同比增加14万元，增长率35%，完成综合经营计划81.8%。

2010年，实现中间业务收入78万元，同比增加22万元，增长率39%，完成综合经营计划94%。

四、澄迈县农村信用合作联社

1999年，中间业务收入1787.14元，其中结算手续费收入1787.14元，比上年度减少30.46元。

2000年，中间业务收入2841.95元，其中结算手续费收入2841.95元，比上年度增加1054.81元。

2002年，中间业务收入13511.40元，其中结算手续费收入13511.40元，比上年度增加4588.36元。

2004年，中间业务收入2969.50元，其中结算手续费收入2969.50元，比上年度减少7501.20元。

2006年，中间业务收入37638.63元，其中结算手续费收入37051.32元，代理业务手续费收入587.31元，比上年度增加29725.13元。

2008年，中间业务收入85300.43元，其中结算手续费收入50581.05元，代理业务手续费收入34719.38元，比上年度增加31072.98元。

2010年，中间业务收入673462.39元，其中结算手续费收入532537.96元，代理业务手续费收入140924.43元，比上年度增加443829.56元。

五、邮政储蓄澄迈支行

2008年，县域内17个网点均开办保险，理财，基金，代收联通、电信、移动等手机费和有线电视费用、汇兑业务、国际业务等中间业务。中间业务创收18.55万元，占全部收入的2.8%，其中代收业务收入11.41万元，占全部中间业务的61.50%；基金、保险、理财等收入为7.14万元，占比38.5%。

2009年，网点业务转型发展，加大基金、保险、理财等中间业务的创收活动，中间业务收入28.27万元，比2008年增长52.39%，其中基金、保险和理财合计收入10.37万元，比2008年增长45%。邮政储蓄利用网点优势，开展代收业务，代收电话费和电视费用17.9万元，增长56.8%。

2010年，代收业务收入14.32万元，比上年减少20%，理财产品收入20.2万元，比上年增长182.9%。中间业务创收34.52万元。

第四节　金融管理

一、金融动态监测和评估

1999年，金融运行总体情况平稳，各项存贷款均上升，货币投放大幅度上升。截至

12 月末，全县金融机构各项存款余额为 136887 万元，各项贷款余额为 158886 万元，金融机构现金收入 32057 万元，支出 35412 万元，现金净投放为 3355 万元。

2000 年，各项存款略有回升，贷款攀升。截至年末，全县金融机构各项存款余额为 137782 万元，各项贷款余额 122138 万元，现金收入为 32582 万元，支出为 35604 万元，净投放为 3022 万元。

2001 年，全县金融运行总体平稳，各项存款余额继续上扬，贷款余额减少，现金出现净投放。截至年末，各项存款余额 150349 万元，各项贷款余额 117935 万元，现金收入为 40490 万元，现金支出为 43905 万元，现金净投放 3415 万元，同比增长 13%。

2002 年，全县金融运行总体平稳，各项存款余额持续增长，贷款余额略有攀升，全县现金净投放同比增加。截至年末，各项存款余额 169989 万元，各项贷款余额 120152 万元，现金收入为 60703 万元，现金支出为 64660 万元，现金净投放 3957 万元，同比增长 16%。

2003 年，全县金融运行总体平稳，各项存款余额增长强劲，贷款余额略为下降，全县现金继续呈现净投放。截至年末，各项存款余额 187617 万元，各项贷款余额 153161 万元，现金收入为 48554 万元，现金支出为 52627 万元，现金净投放 4073 万元。

2005 年，在澄迈县老城工业开发区建立金融生态示范区。有利于政府利用市场机制，引导信贷资金以及其他生产要素的优化配置，吸引资金集聚，发挥“洼地”效应，降低金融交易成本、促进区域资金流动，实现经济金融协调发展。

2006 年，银行业资产质量不断改善，整体盈利能力增强，法人银行机构的资本实力提高。在辖内各类金融机构的参与下，金融市场功能发挥较为充分，金融监管的效能提高，监管协调机制建设进一步完善，监管机构合作加强，监管水平提升，在防范和化解金融风险中发挥重要作用。

2007 年，在其他国有商业银行分支机构逐步完成改革后，中国农业银行澄迈县支行也按照股份制改革方向稳步推进各项工作，澄迈县农村信用社在成立海南省农村信用社管理机构后也采取措施完善内部管理机制，取得成效。金融生态建设成绩突出体现在信用环境进一步好转及征信系统建设取得较大进展。

2009 年，成立澄迈县金融稳定协调工作领导小组，8 月召开首次联席会议，讨论通过《澄迈县处置金融突发公共事件应急预案》，为完善澄迈县金融稳定协调机制奠定基础。加强金融危机背景下区域经济、金融发展状况监测，对可能影响经济金融平稳运行的经济事件及社会现象在第一时间上报并采取措施处理。对农信社的资金风险进行监测，及时发放有关风险提示函。

2010 年，完成《2009 年澄迈县金融稳定报告》，做好融资中心及自办经济实体清理收尾工作。开展稳定评估，对农村合作金融机构流动性状况进行监测，及时发放有关风险提示函。关注辖区金融改革，对澄迈县农行三农金融事业部改革进展和成效情况进行调查分析，完善金融稳定工作机制，提高处置突发事件能力。

二、反洗钱活动

2003年，澄迈县金融机构开始反洗钱工作，主要宣传和培训中国人民银行制定的《金融机构反洗钱规定》《人民币大额和可疑支付交易管理办法》《金融机构大额和可疑外汇资金交易报告管理办法》《个人存款账户实名制》等规定，并按照上述规定开展反洗钱工作。

2004年，加强对中国人民银行制定的《金融机构反洗钱规定》《人民币大额和可疑支付交易管理办法》《金融机构大额和可疑外汇资金交易报告管理办法》《个人存款账户实名制》等规定的培训，提高公众对反洗钱法的认知度和责任意识。

2005年，组织澄迈县金融机构开展反洗钱宣传工作，对辖区商业银行的反洗钱业务开展执法检查，确保辖区金融环境的稳定，把检查结果反馈给商业银行和上报海口中心支行。

2006年，组织澄迈县金融机构开展反洗钱集中宣传活动，提高县内人民群众反洗钱意识，维护辖内金融环境稳定。建立反洗钱协调机制，定期通报反洗钱工作动态，推进反洗钱工作。根据上级的反洗钱工作要求，组织辖内金融机构开展反洗钱自查工作，要求各金融机构定期报告进展情况，深入商业银行现场检查，掌握第一手资料，加大辖区反洗钱工作力度。

2007年，制定反洗钱宣传月活动方案，组织辖内金融机构参与宣传，以营业网点为宣传阵地，在热闹街道设点开展活动，全方位开展宣传。对县内工行和建行反洗钱工作进行检查和评价。

2008年，组织金融机构开展反洗钱宣传活动，在金融机构网点、闹市设点进行宣传。组织人员对县农发行反洗钱工作进行现场检查，检查内容包括组织机构建设、内控制度建立、大额和可疑交易等7个方面。对发现问题进行反馈并要求整改。完善《澄迈县反洗钱工作联席会议制度》，加强反洗钱部门合作，提高反洗钱工作效率。

2009年4月，人民银行澄迈县支行组织金融机构开展反洗钱宣传活动，在金融机构网点、闹市设点进行宣传。6月，组织人员对县建设银行的反洗钱工作现场检查，检查内容包括组织机构、内控制度等7个方面，对发现的问题进行通报并要求整改。开展整治银行卡违法犯罪宣传活动，11月，人民银行澄迈县支行与县公安局合作，组织各金融机构开展整治银行卡违法犯罪宣传活动，全县悬挂横幅35条，张贴海报256份，散发折贴近3000份。

2010年，宣传普及反洗钱知识，抓好反洗钱监管工作，做好反洗钱监管交互平台系统上线准备工作，组织辖内各金融单位进行系统测试，把系统存在问题上报海口中心支行反洗钱处。

三、支付结算管理

2002 年，中国银行澄迈县支行由于联行工作内控严格、核算质量高、无事故案件而获得中国人民银行总行表彰。

2003 年，加入中国现代化大额支付系统，实现资金实时清算，加速辖区资金周转，提高资金使用效率。

2003 年，人民银行会计集中核算系统及大额支付系统上线运行，改变人民银行传统的会计核算方式，大额支付系统在加速社会资金周转、畅通货币政策传导、密切各金融市场有机联系、促进金融市场发展、防范支付风险、维护金融稳定等方面发挥重要作用。

2004 年，加强银行账户管理，严格开户手续，明确责任，保证账户管理制度化，全年办理开户证 183 个。要求各金融机构办理结算业务执行结算制度，不准压票无理拒付、退票以及截留客户资金，执行会计结算“三不准”的规定，不准乱收结算业务费用。抓好同城票据交换工作，加快资金周转速度，提高资金使用效益，票据交换业务 24766 笔，金额 104053 万元。

2005 年，加强银行账户管理，根据《人民币银行账户管理办法》规定，审核开户申请的所有资料，符合银行账户管理办法所要求的条件及资料，给予审批。严格结算纪律，要求各金融机构执行结算制，抓好同城票据交换工作，加快资金周转速度，提高资金使用效益，票据交换业 30238 笔，金额 147054 万元。

2008 年，成立由县人行、县公安局和辖内各金融单位参与的“澄迈县整治银行卡违法犯罪专项办公室”，整治和打击利用银行卡违法犯罪活动。严把新开立账户审核关，全县开立账户 2421 户，对辖内中行营业部、农行澄迈支行人民币银行结算账户开立和使用情况进行现场检查。督促各金融机构执行结算制度，不准压票、无理拒付退票以及截留客户资金，禁止乱收结算业务费用。

2009 年，制定《改善澄迈县农村地区支付服务环境的方案》，提升农村金融服务水平。做好中央银行会计核算电子对账系统上线和同城票据交换工作。从 5 月起，海南省停止所有同城票据交换所的资金清算业务，同城跨行资金清算全部通过大、小额支付系统处理，实行“定时定点、集中交换、直接传递、当场签收”的交换过渡模式。11 月，对县农信社营业部人民币银行结算账户开立和使用情况现场检查。

2010 年，加强支付体系建设，做好大小额支付系统、账户管理系统、支票影像等系统管理维护。澄迈县涉农金融机构累计发卡量 225538 张，自助转账终端安装 96 台、信付通

12 台、ATM 机 21 台、POS 机 38 台、商易通 20 部，改善农村支付环境设备，覆盖全县 92 个村委会，覆盖率 52.27%。

四、国库管理与服务

1999 年，加强国库会计核算基础工作，对代理支库的辅导检查，做好国债发行兑付工作，办理预算收入 14181 万元（其中地方级收入 10296 万元、中央级收入 2229 万元、省级收入 1656 万元）。

2000 年，强化内控制度，加强国库会计核算基础工作，加强对预算资金收纳、报解、入库的监督，加大库款支出和退库资金的监管，做好国债的发行兑付工作，办理预算收入 14985 万元（其中地方级收入 9723 万元、中央级收入 3174 万元、省级收入 2088 万元）。

2002 年，做好国库会计基础和国债发行兑付工作，加强国库监管，办理预算收入 27096 万元（其中地方级收入 12411 万元、中央级收入 11746 万元、省级收入 2939 万元）。

2005 年，办理预算收入 49472 万元（其中地方级收入 19309 万元、中央级收入 26412 万元、省级收入 3751 万元）。对国库业务进行检查，确保各级预算资金及时、足额入库，保证财政预算资金的安全，把 18 个乡镇国库撤并为 10 个。

2008 年，全年办理预算收入 79848 笔，金额 53330 万元（其中地方级收入 39904 万元、中央级收入 32880 万元、省级收入 7064 万元）。对各乡镇税款入库情况进行检查，确保各级预算资金及时、足额入库，坚持每月与财政部门对帐，保证财政预算资金的安全，国库会计数据集中 TCBS 系统于 12 月顺利上线。

2010 年，配合澄迈县做好“镇财县管”工作，做好国库会计日常核算工作，组织税款入库情况检查，遵守预算收入对账制度，加强国库资金拨付和退库监管。

五、现金管理和反假货币

1999 年，按照人行海口中支的部署，加强发行基金管理，净化人民币流通渠道，做好现金投放和回笼工作，全年投放 5.45 亿元，回笼 6.42 亿元，净回笼现金 0.97 亿元。结合“国庆 50 周年”主题，做好人民币宣传工作，组织辖区银行机构开展爱护人民币、反假人民币的宣传活动，通过悬挂宣传横幅、散发宣传资料等开展宣传，增强辖区公众反假币意识。组织银行机构业务人员开展反假货币业务培训，举办集中培训 2 次，提升银行机构业务人员反假货币水平。

2000 年，加强发行基金管理，净化人民币流通渠道，做好现金投放和回笼工作，全年投放 7.5 亿元，回笼 6.32 亿元，净投放现金 1.17 亿元。做好人民币宣传工作和反假货币培训，组织辖区银行机构开展爱护人民币、反假人民币的宣传活动，通过悬挂宣传横幅、散发宣传资料等开展宣传，增强辖区公众反假币意识和银行机构业务人员反假货币水平。

2002年，加强发行基金管理，净化人民币流通渠道，做好人民币宣传工作，组织各金融单位开展爱护人民币、反假人民币的宣传活动，通过悬挂宣传横幅、散发宣传资料等开展宣传，增强辖区公众反假币意识；大力保障现金供应，全年净投放现金1.01亿元。

2005年，加强现金管理，净化人民币流通渠道，对各金融机构大额现金管理情况进行检查、对各金融单位专用存款账户进行专项检查、对各金融机构反假人民币情况进行检查。根据中心支行的部署，澄迈支行发行库于4月撤销合并至中心支库。组织各金融单位开展《人民币管理条例》宣传工作，开展爱护人民币、反假人民币的宣传月活动，在全县各乡镇、农场设11个宣传点，悬挂宣传横额100余条，散发宣传资料6000份，利用县有线电视台进行宣传，增强公众反假币意识。做好第五套人民币2005改版宣传发行工作，做到培训、宣传、发行三到位，保证2005年版第五套人民币在辖区顺利发行。

2008年，检查辖内工行、农行、中行、建行、农信社、邮政储蓄等6家金融机构6个营业网点的各类账户300户，大额现金收支笔数412笔，针对被查单位在现金管理过程中存在问题及时反馈。抽调9名业务骨干组成3个检查小组，对辖区6家金融机构的25个营业网点的人民币收付业务及反假货币业务进行检查。组织各金融机构临柜人员分6批次13人参加反假货币上岗资格培训班，收缴假币606张，面额53305元。

2010年，组织辖内金融机构开展“人民币优质服务活动日”活动，组成有100人参加的6个小分队，设立6个咨询点，散发宣传资料1000余份，辖内共收缴假币665张，面额53835元。

六、征信工作

1999年，在海口中心支行部署下，各县支行征信系统上线运行，上线的是单机版，为充实数据库，澄迈支行把辖区各金融机构有贷款余额的企业数据全部录入系统。

2000年，系统正式运行，为发挥系统的作用，规定所有需要贷款的企业必须办理贷款卡，并以此收录企业的信息，全年办理114张贷款卡。

2002年，银行信贷登记咨询系统建成地、省、总行三级数据库，实现全国联网，全年办理贷款卡5个，年审的企业有30家。

2005年，收集非银行个人信用信息，收集2356条个人信用信息，上报670条，对在开展个人征信工作方面遇到的问题展开调研，对县域开展个人征信业务的可行性及可操作性进行探讨。做好年度银行信贷登记咨询系统企业个人贷款卡年审工作，根据相关的法规及文件精神对各金融机构的银行信贷登记咨询管理系统进行检查，对存在的问题提出整改意见及上报中支管理处，全年办理企业贷款卡年审44个，办理新贷款卡25个，贷款卡年审率比上年增加2个百分点。

2008年，提高服务水平，提高服务个人及企业信息查询质量，做好个人信用报告和异议处理工作，有效处理个人信用报告受理量激增。实现对金融机构征信业务检查的制度化和标准化。

2010年，开展征信宣传活，完善征信系统建设和提供征信服务，全年为个人查询信用报告32次。做好贷款卡发放和年审工作，全年发放贷款卡28张，办理年审76户，年审率为32.86%。

七、残损币清分

2008年，全县金融机构清分残损小额币33160万元，其中五版1元券7600捆760万元，五版5元券17600捆8800万元，五版10元券14800捆14800万元，五版20元券4400捆8800万元。查出各类错款570笔，金额为4560.5元，其中长款74笔，金额为517元；短款496笔，金额为4043.5元。

2009年，全县金融机构复点残损小额人民币11车次，共1647箱，比2008年同期增加39.3%，计27796万元，其中五版1元券939箱，3756万元；五版5元券348箱，7960万元；五版10元券302箱，12080万元；五版20元券50箱，4000万元。查出各类错款756笔，比2008年增加33%，金额为3227.5元。其中长款175笔，金额688元；短款400笔，金额1929.5元。

2010年，全县金融机构复点残损币2005袋，计39387.5万元。查出各类错款1333笔，金额为7651元。

第五节　保　险

一、中国人民财产保险公司澄迈县支公司

（一）机构

1996年7月，中国人民保险公司改组为中国人民保险（集团）公司，下设中保财产保险有限公司、中保人寿保险有限公司、中保再保险公司。1998年10月，国务院发文，撤销中保集团，3家子公司分别更名为中国人民保险公司、中国人寿保险公司、中国再保险公司。1999年1月，中保财产保险有限公司继承人保品牌，更名为中国人民保险公司。2003年7月，经国务院批准，中国人民保险公司重组后更名为中国人保控股公司，设立中国人民财产保险股份有限公司和中国人保资产管理有限公司。澄迈支公司于2003年更名为中国人民财产保险股份有限公司澄迈支公司。中国人民财产保险股份有限公司澄迈支公司设有经理室、综合部、业务部、老城三农营销服务部、福山三农营销服务部、永发三农营销

服务部、白莲三农营销业务部。至 2010 年，机构设置未变。

（二）监督管理

中国人民财产保险股份有限公司为国家企业，澄迈支公司为旗下经营单位之一，受中国人民银行及中国保监会海南监管局的监督管理，此外，澄迈支公司为党支部，受人保财险海南省分公司党委的直接领导监督。

（三）保险业务

1999 年，中国人民财产保险澄迈支公司开展保险类目有 14 种，包含企业财产保险、家庭财产保险、商业性机动车辆保险、交强险、工程保险、责任保险、信用保险、保证保险、船舶保险、货物运输保险、特殊风险保险、农业保险、健康险专项保险业务、其他意外健康保险业务，加之其他险种后各险类总子项目共计 211 种。

1999 年起，中国人民财产保险澄迈支公司开始承保县域水稻、蔬菜、瓜果等各类农业保险，共计承保水稻 2666.67 公顷，因农户保险意识薄弱，有大量农户不愿投保。

2004—2005 年，澄迈支公司按要求承保县域能繁母猪养殖保险。澄迈县大范围地区受猪瘟影响，养殖猪发生大量死亡，为稳定地方农业经济发展，撑起县域农业经济发展“安全网”，澄迈支公司按要求对损失农户进行理赔，累计赔偿金额约 500 万元，有效减少农户自身损失，保障农户自身发展环境。

2006 年起，中国人民财产保险澄迈支公司受交通运输管理所委托，协助代为办理全县大、小型拖拉机保险 294 台，保费 6.9 万元，经县糖厂同意，承保甘蔗运输冲锋车 267 台，保费 27.5 万元。至 2010 年，承保水稻面积增至 7333.33 公顷。

1999—2010 年澄迈县承保情况表

表 8-3-21

年份	全险种保费收入（万元）	赔付情况（万元）	同比增速（%）	净利润（万元）
1999 年	394.6	248.8	—	145.8
2000 年	333.3	253.3	-15.53	80.0
2001 年	251.5	177.3	-24.54	74.2
2002 年	222.9	119.2	-11.37	103.7
2003 年	323.8	346.2	45.27	-22.4
2004 年	379.5	161.5	17.20	218.0

续表 8-3-21

年份	全险种保费收入（万元）	赔付情况（万元）	同比增速（%）	净利润（万元）
2005 年	416.7	161.5	9.80	255.2
2006 年	389.6	152.0	–6.50	237.6
2007 年	514.1	230.3	31.96	283.8
2008 年	653.9	358.7	27.19	295.2
2009 年	575.1	326.5	–12.05	248.6
2010 年	860.5	215.4	49.63	645.1

二、中国人寿保险公司澄迈县支公司

（一）机构

1999 年 1 月，中国人寿保险公司澄迈县支公司设经理室、综合部、个险销售部、团险销售部、银保销售部、客服中心及 7 个农村营销服务部，即长安营销服务部、永发营销服务部、文儒营销服务部、昆仑营销服务部、西达营销服务部、红光营销服务部、老城营销服务部，员工人数 15 人，业务员 85 人。2003 年 6 月，中保人寿澄迈县支公司保险公司正式更名为中国人寿保险股份有限公司澄迈县支公司（简称“澄迈国寿公司”）。内设总经理室，下设个险业务部、团险业务部、银行保险部、综合管理部。至 2010 年该机构设置未变。

（二）监督管理

中国人寿保险澄迈支公司是海南省分公司下属的 1 个分支机构，支公司设有总经理室以及 3 个业务部门和 1 个客户服务中心，在日常经营活动由支公司经理室直接领导，除由省公司相应部门的监督管理外，同时还接受海南保监局的监督管理，在保监局规定的范围内开展各种保险业务经营。

（三）保险业务

澄迈县国寿公司向澄迈全县个人及团体提供人寿、年金、健康和意外伤害保险产品，涵盖生存、养老、疾病、医疗、身故、残疾等多种保障范围。经营保险种类主要有少儿险、健康险、养老险、各类意外险、保障险、两全险、附加险、投资分红险、团体（企业）年金等。有专业的“95519”客户服务专线、保险营销员、团险销售人员、银行保险渠道销售代理网点及银行保险渠道销售人员。

1999—2010 年，业务由 450 万元增加到 3300 万元。1999—2010 年，理赔额度由 26 万元增长到 103 万元。

第九编 综合经济管理

第一章 计 划

第一节 管理机构

1999年，澄迈县计划统计局内设文秘岗、综合岗、工业岗、农业岗、社会岗、固定资产岗、物资财贸岗和劳动服务岗，下属单位为县物价局、县物资总公司，办公地点位于县政府大院内。2001年，在澄迈县计划统计局的基础上组建澄迈县发展计划局，为县政府工作部门，负责研究提出全县国民经济和社会发展战略、规划、总量平衡、结构调整；内设办公室、综合股、固定资产投资股、公交农业股和社会信息发展信息股，下辖县物价局、县粮食局。2004年，澄迈县发展计划局更名为澄迈县发展和改革局（简称“县发改局”），内设办公室、规划综合股、固定资产投资股、基础产业股，办公地点迁至县财政大楼。2009年12月，更名为澄迈县发展和改革委员会，主管全县国民经济、社会发展和经济体制改革工作，下辖县物价局。2010年，内设办公室、基础产业岗、固定资产投资岗、规划综合岗。

第二节 计划体制改革

1999—2000年，贯彻国家计划体制改革和宏观调控政策精神，改革长期高度集中，以直接控制和行政手段为主，僵化而缺乏活力的计划体制，建立计划与市场相结合，统一性与灵活性相结合，间接调控和直接控制相结合，富有生机和活力的计划体制。计划工作的重点，由年度计划为主，逐步转向以中长期计划为主。计划的编制和执行，由直接管理为主转向直接管理与间接管理相结合。计划的范围，由比较单一的经济计划改变为国民经济、社会发展和科技进步结合为一体的计划体系。计划管理方法，由主要靠行政手段和指令性计划，改变为注重运用经济手段和指导性计划。社会主义市场经济体制初步建立，以建立和完善社会主义市场经济体制为目标，实施财政、金融、住房、劳动人事、社会保障和粮食流通体制等方面改革。

2001—2005年，构筑老城开发区管理新体制，推行行政机关机构改革，在全省率先成立行政审批中心，减少审批环节，简化办事程序。通过老城开发区管理体制创新，给予开发区审批和决策自主权，实行“一条红地毯铺路，一个窗口对外，一条龙服务，一支笔审批”的投资服务体制。深化社会保障体制改革，建立和完善养老、医疗、失业和城市居民最低生活保障制度，全县养老金社会化发放率100%。实行住房制度改革，解决833名干部职工住房问题，使职工居住条件明显改善。推进规范“三权”工作，完善行政审批制度，打造诚信品牌，荣获“中国50家投资环境诚信安全区”称号，推进农村税费改革，全县农民人均负担比改革前减少58.1元。

2006—2010年，投入1.04亿元完成国有企业改制39家，其中投入160万元购回企业不良债务4.07亿元；投入资金5500万元，把退出国企身份职工4587人纳入养老、医疗保障体系。搭建融资平台，帮助涉农中小企业贷款1560万元。加强与国家开发银行合作，成立澄迈县村镇银行，为农村经济发展拓宽融资渠道；开展林权制度改革试点工作，取得初步成效；推进华侨农场改革，设置大丰镇。投入近3亿元完成国有企业改革86家， 安置职工7216人。投入854万元支持中小企业发展。农业保险试点改革取得新进展，新增水稻保险等7个险种。完成集体林业产权制度主体改革，完成确权发证面积4.07万公顷。加强政府职能改革，成立招商局和住房保障与房产管理局。加大财政管理制度改革力度，国库集中支付全面铺开。成立城市建设有限公司、城乡建设有限公司、澄迈老城开发区发展有限公司，拓宽经济发展融资渠道。

第三节　计划编制

一、五年国民经济和社会发展计划编制

“九五”计划　澄迈县国民经济和社会发展“十五”规划纲要（1996—2000年）的指导思想是按照以开放促进开发的方针，走科教兴县的道路，坚持可持续发展战略，优化产业结构，以农业为基础，大力发展新兴工业和旅游业，坚持物质文明和精神文明共同进步的思想，力求社会经济协调、持续发展。发展目标是到2000年，实现国民生产总值、人均国内生产总值、财政收入、人均收入在1995年基础上翻番，国内生产总值达49亿元，年均增长27.5%。

“十五”计划　澄迈县国民经济和社会发展“十五”规划纲要（2001—2005年）的发展目标是2005年国内生产总值达到（含农垦）47.3亿元，年均增长13.9%，人均国内生

产总值力争达到 1 万元；工业增加值为 19.2 亿元，年均增长 19.8%；农业增加值为 18.09 亿元，年均增长 9%；全社会固定资产投资累计 65 亿元；财政总收入为 29302 万元，年均增长 12%；外贸出口总值为 2500 万美元，年均增长 22.6%；社会消费品零售总额 8.12 亿元，年均增长 11.6%，城镇化水平为 35%，森林覆盖率为 44.6%；人口自然增长率控制在 10.2%以下；农民人均纯收入为 4202 元，年均增长 6%。

“十一五”计划　澄迈县国民经济和社会发展“十一五”规划纲要（2006—2010 年）的指导思想是以邓小平理论和“三个代表”重要思想为指导，全面落实科学发展观，认真贯彻中共十六届五中全会精神，以构建和谐社会理念统领经济社会发展全局，立足澄迈实际，坚持发展第一要务，坚持改革开放，坚持以人为本，转变发展观念，创新发展模式，改善投资环境，主攻“三低一小”（工业化、城市化、城乡居民收入水平偏低和经济总量偏小），保持经济平稳较快增长，促进城乡区域协调发展，改变乡镇农村北强南弱格局，提升人民生活质量水平，大力发展科技文卫等各项社会事业，加快和谐社会建设，把澄迈经济社会发展纳入全面协调可持续发展轨道，全面推进小康社会建设。发展目标是至 2010 年，全县生产总值接近 69 亿元，年均增长 13%左右，人均 GDP 超过 16600 元，财政总收入达到 12 亿元左右，年均增长 20%，其中地方财政收入 3.11 亿元，年均增长 10%，实施转变增长方式、调整经济结构、促进协调发展三大战略，三次产业调整为 25∶55∶20，城镇居民人均可支配收入达到 9538 元，农民人均纯收入达到 4507 元。

二、年度国民经济和社会发展计划编制

1999 年，编制全县 1999 年国民经济和社会发展计划。1999 年，主要计划指标：全县国内生产总值 20.78 亿元，同比增长 11.7%。全县全口径财政收入 1.39 亿元，负增长 0.24%；固定资产投资 8.68 亿元，增长 9.16%。

2002 年，编制全县 2002 年国民经济和社会发展计划。2002 年，主要计划指标：全县国内生产总值 26.75 亿元，同比增长 10.9%。全县全口径财政收入 2.61 亿元，增长 14.87%；固定资产投资 7.58 亿元，负增长 17.88%。接待旅游 42.64 万人次，增长 10.8%；旅游总收入 0.26 亿元，增长 28.2%；农民人均纯收入 2692 元，增长 4.99%；城镇居民人均可支配收入 6043 元，增长 6.2%。

2005 年，编制全县 2005 年国民经济和社会发展计划。2005 年，主要计划指标：全县国内生产总值 37.68 亿元，同比增长 10.2%。全县全口径财政收入 4.91 亿元，增长 20.89%；固定资产投资 16.54 亿元，增长 89.67%。

2008 年，编制全县 2008 年国民经济和社会发展计划。2008 年，主要计划指标：全县国内生产总值 66.26 亿元；同比增长 13.9%。全县全口径财政收入 10.63 亿元，增长 36.1%，固定资产投资 31.33 亿元，增长 16.8%。接待旅游过夜人次 39.5 万人次，增长 33%；旅游总收入 1.57 亿元，增长 28%；农民人均纯收入 4834 元，增长 9.2%；城镇居民人均可支配收入 10621 元，增长 8.5%。

2010 年，编制全县 2010 年国民经济和社会发展计划。2010 年，主要计划指标：全县国内生产总值 106 亿元，同比增长 25.6%。全县全口径财政收入 28.17 亿元，增长 105.6%；固定资产投资 83.73 亿元，增长 100.2%。农民人均纯收入 5885 元，增长 12.2%，城镇居民人均可支配收入 14808 元，增长 23.4%。

三、年度项目投资计划编制

1999 年，全县完成固定资产投资 8.68 亿元，比上年增长 9.16%。

2001 年，全县全年全社会固定资产投资完成 9.33 亿元，比上年增长 8.3%，超额完成预期目标，其中基础建设投资 6.25 亿元，增长 3.2%，更新改造投资 0.8 亿元，增长 1.5 倍；城乡私人及其其他投资 2.27 亿元，增长 7.2%，新上项目 15 个，续建项目 11 个。

2005 年，全县完成固定资产投资 15.6 亿，增长 78.9%。重点项目 25 个，竣工 6 个，在建项目 15 个，老城开发区供水工程、华能海口火电厂“大代小”工程、新兴港改造工程、金岭基础设施配套项目、金江—东兴等道路改造项目以及县委县政府为民办好事等关系民生基础设施项目的建设，促进全县固定资产投资的较快增长。

2008 年，全年重点项目计划完成投资 30.85 亿元，占全社会固定资产投资 98%。计划安排政府投资项目 14 个，总投资 1.64 亿元，其中中央专项资金 6985 万元，省级配套 3545 万元，县级配套 2343 万元，14 个项目累计完成投资 14203 万元，完成工程量的 90% 以上。完成青少年活动中心等三馆建设，学校危房、廉租住房、乡镇卫生院、计生站等项目建设，污水、垃圾处理项目以及道路等基础设施建设，完善全县社会公共设施。

2010 年，全年重点项目计划完成投资 78.1 亿元，占全社会固定资产投资 93.3%。

第四节　计划执行

一、“九五”计划（1996—2000 年）执行情况

1999 年，全县国内生产总值 20.78 亿元，同比增长 11.7%。全县全口径财政收入 1.39 亿元，负增长 0.24%；固定资产投资 8.68 亿元，增长 9.16%。完成固定资产投资 8.68 亿元，增长 9.16%。

2000 年，国内生产总值（含农垦）24.67 亿元，年均增长 12.1%；农业总产值 7.76 亿元，年均增长 7.8%；工业总产值 15.64 亿元，年均增长 17.5%；乡镇企业总产值 21.1 亿元，年均增长 15.5%；财政总收入 16579 万元，年均增长 16.2%；固定资产投资 5 年累计 40.54 亿元，全县累计投入基础设施建设资金 15 亿元，占固定资产投资总额的 36.6%，兴建金江地面水厂、盈滨大桥等一批基础设施，交通、通讯、供电条件进一步改善；社会治安综合治理成果显著，城乡面貌焕然一新。随着投资环境的不断完善，利用外资 1.79 亿美元，内资 26.3 亿元，分别比“八五”增长 11.5%和 4.9 倍。2000 年全县农民人均纯收入 3140 元，年均增长 13.2%。

二、“十五”计划（2001—2005 年）执行情况

2001 年，全县国内生产总值 24.02 亿元，同比增长 10.7。全县全口径财政收入 2.27 亿元，增长 32.91%；固定资产投资 9.23 亿元，增长 7.04%。接待旅游过夜人次 33.8 万人次，增长 4%；旅游总收入 0.126 亿元，增长 8%；农民人均纯收入 2564 元，增长 4.61%；城镇居民人均可支配收入 5692 元，增长 6%。全县全年全社会固定资产投资完成 9.33 亿元，比上年增长 8.3%，超额完成预期目标，其中基础建设投资 6.25 亿元，增长 3.2%；更新改造投资 0.8 亿元，增长 1.5 倍，城乡私人及其其他投资 2.27 亿元，增长 7.2%，新上项目 15 个，续建项目 11 个。

2002 年，全县国内生产总值 26.75 亿元，同比增长 10.9%。全县全口径财政收入 2.61 亿元，增长 14.87%；固定资产投资 7.58 亿元，负增长 17.88%。接待旅游 42.64 万人次，增长 10.8%；旅游总收入 0.26 亿元，增长 28.2%；农民人均纯收入 2692 元，增长 4.99%；城镇居民人均可支配收入 6043 元，增长 6.2%。

2003 年，全县国内生产总值 28.43 亿元，同比增长 6.5%。全县全口径财政收入 3.39 亿元，增长 29.93%；固定资产投资 7.22 亿元，负增长 4.74%。农民人均纯收入 2870 元，增长 6.61%；城镇居民人均可支配收入 6345 元，增长 5%。

2004 年，全县国内生产总值 33.13 亿元，同比增长 10.3%。全县全口径财政收入 4.06 亿元，增长 19.64%；固定资产投资 8.72 亿元，增长 20.84%。

2005 年，全县生产总值 37.22 亿元，比 2000 年增长 58.8%，年均增长 9.7%。全县财政收入 4.91 亿元(超过计划目标 1.98 亿元)，年均增长 23.5%，比全省平均数高 12.3 个百分点，占 GDP 的 13.2%，其中地方财政收入 1.93 亿元，年均增长 10.3%。全县固定资产投资 15.6 亿元，比 2000 年增长 80.9%，年均增长 12.6%。5 年累计投资达 48.3 亿元，三次产业结构从 44：37：19 调整到 2005 年的 35：44：21，工业为主的第二产业已成为推动澄迈经济发展的重要支柱，澄迈开始朝着工业县的方向稳步迈进。农民人均纯收入 3368 元，比 2000 年增长 37.4%，年均增长 6.4%，城镇居民人均可支配收入 7128 元，比 2000 年增长 36.4%年均增长 6.4%。全县完成固定资产投资 15.6 亿，增长 78.9%。2005 年重点项目共计25个，已竣工6个，在建项目15个，老城开发区供水工程、华能海口火电厂“大代小”工程、新兴港改造工程、金岭基础设施配套项目、金江—东兴等道路改造项目以及县委县政府为民办好事等关系民生基础设施项目的建设，促进全县固定资产投资的较快增长。

三、“十一五”计划（2006—2010年）执行情况

2006年，全县国内生产总值46.50亿元，同比增长19.6%。全县全口径财政收入6.21亿元，增长26.63%；固定资产投资20.71亿元，增长25.22%。农民人均纯收入3678元，增长9.2%；城镇居民人均可支配收入7692元，增长9.8%。

2007年，全县国内生产总值55.22亿元，同比增长15.2。全县全口径财政收入7.81亿元，增长25.74%，固定资产投资26.82亿元，增长29.51%，农民人均纯收入4138元，增长12.5%，城镇居民人均可支配收入9148元，增长18.7%。

2007年，编制全县2007年国民经济和社会发展计划。2007年主要计划指标：全县国内生产总值55.22亿元；同比增长15.2。全县全口径财政收入7.81亿元，增长25.74%；固定资产投资26.82亿元，增长29.51%；农民人均纯收入4138元，增长12.5%；城镇居民人均可支配收入9148元，增长18.7%。

2008年，全县国内生产总值66.26亿元，同比增长13.9%。全县全口径财政收入10.63亿元，增长36.1%；固定资产投资31.33亿元，增长16.8%。接待旅游过夜人次39.5万人次，增长33%；旅游总收入1.57亿元，增长28%。农民人均纯收入4834元，增长9.2%；城镇居民人均可支配收入10621元，增长8.5%。全年重点项目计划完成投资30.85亿元，占全社会固定资产投资98%。计划安排政府投资项目14个，总投资1.64亿元，其中中央专项资金6985万元，省级配套3545万元，县级配套2343万元，14个项目累计完成投资14203万元，完成工程量的90%以上。完成青少年活动中心等三馆建设，学校危房、廉租住房、乡镇卫生院、计生站等项目建设，污水、垃圾处理项目以及道路等基础设施建设，完善全县社会公共设施。

2009年，全县国内生产总值77.81亿元，同比增长16.2%。全县全口径财政收入13.7亿元，增长28.2%；固定资产投资43.48亿元，增长38.8%。农民人均纯收入5244元，增长9.4%；城镇居民人均可支配收入11741元，增长10.5%。全年重点项目计划完成投资34.55亿元，占全社会固定资产投资79.47%。根据全县经济和社会发展的总体布局需要，做好一批项目前期工作，配合国家扩大内需政策的实施，计划储备交通、基础、农业、林业项目160多个，争取国家专项资金8981万元，省配套资金4103万元。

2010年，全县国内生产总值106亿元，“十一五”期间年均增长18.1%，人均生产总值23785元，按照汇率计算折合3591美元。全县财政总收入28.17亿元，相当于“十一五”

规划目标的 2.31 倍，其中地方一般预算收入 10.06 亿元，相当于“十一五”规划目标的 3.23 倍。农民人均纯收入 5885 元，年均增长 11.8%；城镇居民人均可支配收入 14808 元，年均增长 16.1%。全社会固定资产投资 83.73 亿元，5 年累计投资 204.25 亿元，是“十五”期间累计投资额的 4.1 倍。生产总值中三次产业比重结构从 2005 年的 35∶44∶21 调整为 2010 年的 28.3∶46.5∶25.2，产业结构进一步优化。“十一五”期间，全县公路建设共完成投资 1.87 亿元，修建公路 504.58 千米，实现所有自然村通公路，所有行政村通硬化公路，投资 250 万元建设金江新客运站，建成西线高速公路澄迈出口路和福山出口路。县城三纵三横主干道改造工程全面完成，230 多条城中泥路全部硬化，金江影剧院、广播电视塔图书馆、文化馆和展览馆等诸多文化设施投入使用，日供水 10 万吨自来水厂、金江中心市场、县人民医院、金江污水处理厂、县城垃圾转运站、老城经济开发区已完成天然气供气管网 26.5 千米、金江大桥、金马大道等一系列基础设施竣工。

四、经济运行

1999—2010 年，每年均对经济运行情况及重点项目进行跟踪调查，形成季度、半年及全年经济运行情况报告。

1999—2010 年澄迈县生产总值完成情况表

表 9-1-1　　单位：万元

年度	1999 年	2000 年	2001 年	2002 年	2003 年	2004 年	2005 年	2006 年	2007 年	2008 年	2009 年	2010 年
生产总值	207797	217046	240145	267464	284309	331337	376831	464985	552166	698913	773257	1060008

第二章　统　计

第一节　管理机构

1995 年机构改革，统计局和计委合并，设立澄迈县计划统计局。2001 年，统计和计划再次分开，成立澄迈县统计局，为政府组成机构。2004 年，内设县城市经济调查队。2009 年 4 月，内设县统计普查办公室，隶属统计局下属副科级事业单位，撤销澄迈县城市经济调查队，人员归入普查办公室。2010 年，内设办公室、核算投资岗、农业岗、工业交通岗、贸易岗、劳动工资岗、能源岗。

第二节　统计调查

普查属于重大的国情国力调查，包括人口普查、工业普查、基本单位普查、第三产业普查、农业普查和经济普查等。为规范普查制度，国家统计局于1994年正式建立周期性的普查制度，制度规定的普查项目有人口普查、农业普查、经济普查。

一、人口普查

澄迈县根据全国统一部署，每10年开展一次人口普查，逢“0”年份开展。2000年和2010年分别开展第五次和第六次全国人口普查。两次人口普查的人口数：2000年434598人，2010年467161人。

二、农业普查

根据普查制度规定，每10年开展一次，逢“6”的年份开展。澄迈县第一次农业普查于1996年开展，历时一年半。普查结果显示，全县耕地面积25677公顷，其中水田13734公顷，旱地11942公顷。全县行政村154个，农村住户总数51165户，人员总数246814人，其中在校学生65237人，非农业乡镇企业从业人员3069人。

第二次农业普查时点为2006年12月31日24时，普查时期为2006年1月1日至12月31日。整个普查分准备工作、普查登记、资料开发利用3个阶段，历时3年。2008年为资料开发利用阶段，县普查领导小组办公室和县统计局于6月9日发布农业普查主要数据第一、第二、第三、第四、第五号公报。普查结果显示2006年末，全县有10个镇，1个华侨农场，165个村（居）委会，12个村级作业区，住户68818户，其中农村常住户68523户。农业生产经营户63496户，农业生产经营单位215个。农业从业人员159429人，男性占54.05%，女性占45.95%。全县耕地面积20691.67公顷，其中水田10731公顷，水浇地2128.47公顷，旱地7825.20公顷。在这次普查工作中，县农业普查办被评为“国家级先进单位”，曾海燕、陈月平、王兰花、吕世业、吴钟强5人被评为“国家级先进工作者”。

三、经济普查

根据普查制度规定，把之前开展的工业普查、基本单位普查和第三产业普查合并，称为经济普查。澄迈县2004年开始开展第一次经济普查，2008年开展第二次经济普查，从2008年开始，每5年开展一次，逢“3”和“8”的年份开展。至2010年止，共开展过3次工业普查，2次基本单位普查，1次第三产业普查，2次经济普查。

基本单位普查　第二次基本单位普查于2001年进行，普查结果显示，全县法人单位

770个，其中单产业法人663个，多产业法人107个，从业人数34137人。产业活动单位1620个，其中多产业法人所属的产业活动单位957个。

经济普查　第一次经济普查标准时点为2004年12月31日，时期资料为2004年度，普查对象为全县境内从事第二产业和第三产业的全部法人单位、产业活动单位和个体经营户。普查结果显示，全县从事二、三产业法人单位757个，其中单产业法人单位651个，多产业法人单位106个。产业活动单位1355个，其中多产业法人所属的产业活动单位704个，个体经营户11280个。全县第二、第三产业的从业人员42765人，其中，第二产业从业人员为13208人，第三产业从业人员为29557人。2004年末，法人单位资产总计717491万元，全年营业收入452384万元。第二次经济普查时点为2008年12月31日，时期资料为2008年度，普查对象为全县境内从事第二、第三产业的法人单位、产业活动单位和个体经营户。普查结果显示，全县从事二、三产业法人单位975个，其中单产业法人单位910个，多产业法人单位65个。产业活动单位1571个，其中，多产业法人所属的产业活动单位661个，个体经营户14913个。全县二、三产业单位年末从业人员33249人，个体经营户从业人数26605人。

四、常规统计调查

根据国家和海南省制定的统计调查制度要求及统一部署，澄迈县开展的常规统计调查的项目有国民经济核算、农业、工业、建筑业、能源、贸易外经、固定资产投资、房地产开发投资、劳动工资、社会科技、重点服务业、城乡住户、价格等，调查的范围有全面调查和抽样调查，调查周期为月报、季报、年报；调查内容涵盖经济、社会、人口、环境与资源等各个方面，为县委县政府指导生产，制定政策措施提供服务。

第三节　统计管理

一、统计监测与服务

1999—2010年，县统计部门根据各级党政领导、政府各部门、社会各界和广大人民群众的要求，主动做好数据资料提供服务。

2004年，开始发表年度《统计公报》，并向各有关部门赠阅，在县委主办的《要务公开报》定期刊发《统计公报》和月度统计数据、季度统计分析，增强统计的社会透明度；为政府部门提供统计信息，接受社会公众上门或电话咨询统计信息80多次，满足多层次对统计信息的需要，统计服务面得到进一步扩大。

2005年，创办《统计报告》，围绕县委县政府中心工作和社会公众关心的热点问题进行分析，做好关键时期经济分析和经济预测，及时为领导提供决策和管理的科学依据，满足社会多层次对统计的需求。

2008年，围绕县委、县政府确定的经济发展目标、围绕全面建设小康社会进程和重点投资项目、重点企业节能降耗情况进行统计监测。配合县委对镇经济和社会发展指标实施考核并结合重大历史时期和领导的需求实行即时统计监测。编印《透过数字看澄迈》和《澄迈：沧桑巨变20年》两本资料，以图文并茂方式反映中共十六大和20年以来，澄迈县经济和社会发展的轨道，满足领导和社会各界对统计信息的需求。

2010年，围绕科学决策和发展需求提供优质服务，结合全县经济社会发展形势，加强对国家宏观调控政策和宏观经济形势的研究和分析，及时提供有价值的咨询建议；关注全县经济社会发展形势，加强经济运行监测，重点加强对工业经济运行、固定资产投资、房地产投资、第三产业等方面的监测，及时提供监测报告。完善月度和季度经济形势分析会议制度，每月18日前、每季度25日前向县四套班子报告全县经济运行情况；定时组织召开乡镇、企业、部门经济形势分析座谈会，参与人大、政协组织的各种调研活动，在调研后形成综合、农业、工业、投资、消费、节能降耗等方面的分析报告。围绕全县中心工作需求提供优质服务，紧紧围绕县委县政府的中心工作和各级领导关注的热点、难点、重点问题，深入开展调查研究，切实搞好专题统计分析，开展全面小康社会建设进程、加快经济发展方式转变、农业产业结构调整、新型工业等课题的研究，撰写《转变经济发展方式：澄迈跨出新步伐》《产业结构优化升级　澄迈经济迎来扩张机遇期》《澄迈农业结构调整及特色农业研究》等报告。围绕社会公众需求提供优质服务，做好统计咨询服务工作，接待社会各界的来电、来访咨询，答复社会各界信息咨询1000人次；为“两会”提供统计服务，组织编写“十一五”时期经济社会发展成果系列报道，参与制作“十一五”时期发展成果图片展。

二、市县和镇级经济社会发展考核

2006年9月起，开始对各镇领导班子及成员进行届末考核和民主评议。按照县委县政府的指示，配合县委组织部制定澄迈县乡镇领导班子综合考核指标表，并组织人员提供反映各镇经济发展方面的2003—2005年有关数据和资料，如各镇农业总产值及增长速度，各镇种植业、林业、牧业、渔业产值及增长速度，各镇农民人均收入及增长率速度，各镇城镇工矿区、农村私人建房及增长速度，各镇乡镇企业总产值及增长速度，各镇地方财政收入及增长速度等，为乡镇领导班子换届工作提供考核依据。

2009年，在市县经济和社会发展考核中以综合得分70.8分，获二等奖，连续5年获得海南省委、省政府的表彰奖励。按照县委绩效考核办的要求，组织实施2009年度镇级经济和社会发展考核工作，科学引导镇级经济发展。

2010 年，根据《海南省市县经济社会发展考核办法》文件精神，制定《市县和镇级经济社会发展的考核办法》，抓好考核组织工作。召开涉及考核指标部门主要领导和统计人员会议，对考核相关知识进行培训，把考核指标任务分解落实到具体工作部门和单位。

三、统计方法制度改革

2005 年，配合海南省统计局做好统计制度方法和统计管理体制的改革，按照省统计局的要求配合做好市县 GDP 核算有关基础资料提供工作。

2009 年，加强国民经济综合核算，建立各专业间的协调和联审机制，提高 GDP 的综合核算数据与专业统计调查数据的匹配性，强化三次产业基础数据统计调查规范工作，为 GDP 数据的统计计算奠定基础。

2010 年，配合海南省统计局做好旅游统计、批发零售和住宿餐饮业统计改革，开展住宅小区的接待游客调查，将达到限额以上标准的企业和个体户全面纳入统计调查，加强批发零售和住宿餐饮业限额以下单位的抽样调查工作，使澄迈县社会消费品零售总额统计更符合客观实际；加强对固定资产投资大项目实施跟踪调查，对省、县重点建设项目、保障性住房项目和亿元以上投资项目，实施月报监测，严密跟踪项目建设进展情况；建立文化产业统计调查制度，并对 2009 年全县文化产业增加值进行首次测算。

四、统计资料提供和编印

1999—2010 年，县统计部门根据各级党政领导、政府各部门、社会各界和广大人民群众的要求，提供所需要的统计资料，无偿提供服务。

2002 年，整理汇总第五次人口普查数据。7 月，编印《澄迈县 2000 年第五次人口普查资料》。

从 2003 年开始，每月编印《澄迈县统计报告》，每季度编印《澄迈统计季报》，每年编印《澄迈统计公报》报送县领导，印发政府工作部门、各镇政府等。内容包括地区生产总值、工业生产情况、农业生产情况、财政收支、固定资产投资、房地产开发投资、社会消费品零售市场、旅游、城乡居民收支等。

2007 年，整理汇总澄迈县第一次全国经济普查数据，编印《澄迈县经济普查年鉴——2004》，为社会经济发展决策提供参考。

2008 年，整理汇总澄迈县第二次全国农业普查数据，编印《澄迈县第二次全国农业普查主要数据公报》。编印内容主要包括农村基本情况、农业基本情况和生产条件、农村基础设施建设和基本社会服务、农村居民生活条件、农村劳动力资源与就业等。

2005—2010 年，整理编印《澄迈历年统计资料》《澄迈统计年鉴》，每年编印送县领导，印发政府工作部门、各镇政府等。编印内容包括统计、财政、金融、人口、计生、教育、卫生、民政、农业、海洋、农机、交通、公路、邮政等部门的统计数据，涵盖经济、社会、人口、资料环境等各个方面。

第三章　物　价

第一节　管理机构

1999—2010年，澄迈县物价局为县发展与改革局（委）下属机构，副科级单位，内设收费管理股、价格管理股两个股，下设价格监督检查所、价格认证中心2个单位，其中价格监督检查所为行政单位，价格认证中心为事业单位。

第二节　价格管理

1999—2010年，主要接受国家执法机关和行政执法机关的委托，对价格不明或价值不清的各类涉案扣压物、赃物、追缴物、纠纷物、抵债物等进行价格评估认证2649宗，金额3935万元。

1999年，受理价格评估案件305宗，涉案金额105万元，开展明码标价宣传活动3次，发放宣传资料400余，悬挂横幅4条，对多家单位进行明码标价专项检查。

2005年，受理价格评估案件488宗，涉案金额378万元，开展明码标价宣传活动2次，发放宣传资料500份，悬挂横幅4条。对多家单位进行明码标价专项检查，其中对4家经营单位发放整改通知，限期整改。

2008年，发放宣传资料600份，悬挂宣传横额4条，对商场、商店、饮食店、药店、专卖店等以及电信、移动、联通等单位进行明码标价专项检查，对7家价格标价执行较差的经营单位发整改通知，限期整改。加强对全县价格的监管工作，整顿和规范市场价格秩序，审批价格2宗，审价报批1宗，立案查处3宗，换发或变更收费许可证360份，完成120家单位的年审验证。

2010年，根据海南省物价要求，开展规范物价评估和明码标价宣传工作，受理公安系统刑事治安案件涉案财物价格鉴证432宗，涉案财物价格鉴证金额755万元。

1999—2010 年澄迈县物价评估情况表

表 9-3-1

年份	赃物评估		法院涉案评估		其他评估	
	评估（宗）	金额（万元）	评估（宗）	金额（万元）	评估（宗）	金额（万元）
1999 年	—	—	—	—	—	—
2000 年	—	—	—	—	—	—
2001 年	82	44	—	—	12	34
2002 年	83	86	—	—	18	23
2003 年	78	81	—	—	8	10
2004 年	48	31	—	—	3	2
2005 年	262	113	—	—	6	3
2006 年	194	120	76	54	24	196
2007 年	284	299	4	21	14	114
2008 年	574	327	3	10	28	412
2009 年	364	398	3	19	49	783
2010 年	407	183	4	7	21	565

第三节　收费管理

一、行政事业收费

1999 年，县物价局负责全县行政事业性收费年审工作，重点检查已公布取消和降低项目的落实情况，以及收费单位的情况。全县行政事业性收费年审 81 个，公布取消和降低项目 600 项。

二、经营性服务收费

1996 年，澄迈县开始对经营性服务收费实行亮证收费，至 2010 年停止。

1999 年，召开各类价格协调座谈会 4 次，加强监管涉农收费、医疗收费等惠民项目。

2009 年，抓好涉农收费检查工作，对教育、医疗、畜牧、农机服务、公安、城监等涉农收费进行检查，对价格违法行为进行查处。加强收费管理，严格依法收费，全年为收费单位换发和变更收费许可证 38 个，审批收费项目 9 个，保障和维护收费单位的经济秩序。

2010 年，开展收费清理整顿和收费年审工作，落实好国家和省政府出台的各项清费减负措施和政策，着手降低集贸市场摊位费收费标准。规范停车场、物业小区收费行为，暂缓出台供水调价项目，防止价格连锁反应。强化收费管理，简化办事程序，减少审批环节，全年换发收费许可证123个，备案物业管理收费8个，对160个收费单位进行年审。

同年，对教育、医疗、畜牧、农机服务、公安、城监等收费单位和化肥农药等销售单位进行检查，对价格违法行为，依法核定其违法所得依法进行处理，将违法金额全部没收上缴国库。顺利办结省移办的价格违法案件1宗，将其多收款项3万元没收上缴县财政。

第四节　物价检查

物价检查以“清理、治乱、减负”为中心，由县物价局对行政事业性收费、建设项目收费、政府越权收费等进行重点检查。1999—2010年，全县查处违价单位153个，违纪单位153个，没有重大案件。

一、价格干预

1999年，召开各类价格协调座谈会4次，加强监管涉农收费、医疗收费等惠民项目。

2005年，加强对粮食、食用油、蔬菜等主要农副产品的价格监测预警，密切跟踪居民生活必需品的价格，建立价格应急监测、应急预警机制。

2008年，召开各类价格协调座谈会6场次，协调整顿金江至文儒客运市场票价秩序，加强监管成品油价格和液化气市场。加强对重要商品实行临时价格干预措施，对成品粮、挂面、方便面、食用植物、猪肉、牛肉、羊肉、鸡蛋、牛奶、水泥、化肥、液化石油气及其他重要商品严格执行提价备案申报制度，制约和规范经营者的价格行为。

2010年，加强对粮食、食用油、蔬菜等重要主副食品价格监测预警工作，准确及时上报有关价格监测情况，跟踪粮、油、肉、菜等居民生活必需品，石油液化气、化肥等重要生产资料，水泥、河沙等重要建材的市场供应和价格变化，发现价格异动或苗头性、倾向性、突发性的问题，启动价格应急监测预警机制，在第一时间把有关情况报送县政府和省物价局。

二、举报查处

1999年，收到群众价格举报来信来电来访17件，投诉的内容有涉农收费、医疗收费、车辆收费等，物价部门及时组织力量进行查处。

2005年，收到群众价格举报来信来电来访20件，物价部门及时组织力量进行查处。

2008年，接到各类价格举报来信来电19件，对举报的来信来电及时派员查处，对2家违规收费单位责令清退处理。

2010年，收到群众价格举报来信来电15件，及时组织力量进行查处。3月20日，接到群众投诉，反映某家房地产开发公司违规收取经济适用房购房费用，立即组织检查组，联合县住房保障与房地产管理局，深入进行检查，依法责令该公司停止收取费用，把收取的房产证工本费65200元退还户主。

三、价格检查

1999年，抓好治乱减负工作，加强对与人民群众密切相关的商品价格、服务价格和各种收费的检查，查处各种价格违法行为。

2005年，根据海南省价格监督检查与反垄断局的部署，对涉企收费以及教育、医疗、旅游、液化气等价格（收费）进行专项检查，进一步规范辖区收费行为。

2008年，开展惠农价格和收费专项检查单位20家，查出价格违法行为单位6家，违规金额21000元，责令违价单位清退，行政处罚3家，罚款金额13000元。

2010年，组织2个物价检查组，开展市场价格检查。检查的重点是主要食品副食品价格、供水供电价格、液化气价格、化肥农药价格、客运票价和水泥、河沙、红砖、碎石子等建筑材料的价格。重点查处恶意囤积、哄抬价格行为，以及其他变相涨价、串通涨价、牟取暴利行为。开展旅游市场价格专项检查工作，会同县旅游委等部门加强对宾馆酒店客房的调控监管，确保宾馆酒店客房价格稳定；加强对主要景区价格监管，维护旅游市场价格秩序，打击价格欺诈行为；贯彻实施商品和服务收费明码标价制度，规范旅游餐饮价格行为。

第五节　农产品成本调查

1999年，完成全县稻谷、甘蔗、散养生猪等生产成本调查业务，开展成本预测调查，及时撰写资料分析上报。

2005年，按时完成省农调队下达的水稻、生猪等5个直报调查品种工作，撰写农户种植意向、农户存粮、农户农资购买、农户家庭收入、农户生产生活支出等7个专题调查报告。

2008年，完成全县水稻、糖蔗、散养生猪的生产成本调查业务，开展农资价格专项调查和成本预测调查，及时撰写资料分析并汇总上报。

2009年，加强农产品生产成本调查工作，做好专题调查和直报品种调查。开展有农户种植意向、农户存粮、农户农资购买、农户家庭收入、农户生产生活支出等6个专题和生猪产销环节成本收益测算调查，及时提供有针对性、有数据的文字分析材料，并提出建议。做好成本应急监测的月报工作，及时了解监测生猪生产成本、销售价格和粮油价格、生产资料价格，为领导决策提供可靠的依据。抓好直报品种的调查任务，对早灿稻、晚灿稻、糖蔗、散养生猪，及时给农户分析稻谷销售的价格走势，坚定农户种水稻的信心。开展糖蔗生产成本调查，及时帮助蔗农分析国际糖价走势，坚定农户种蔗的信心。开展散养生猪的成本调查，提高科学饲养。注意收集积累资料进行汇总，写好资料综合分析，及时上报，为领导决策提供参考依据。

2010 年，争取县委、县政府在人力、物力上给予支持，保证调查经费及时到位和专款专用。调查人员深入农村基层一线收集第一手资料，做好成本应急监测月报工作，及时了解监测生猪生产成本、销售价格和粮油价格、生产资料价格。

第四章　工商行政

第一节　管理机构

一、县工商行政管理局

澄迈县工商行政管理局原为澄迈县人民政府机构，1998 年 7 月，工商系统实行垂直管理，直隶海南省工商行政管理局。

至 2010 年，局内设机构有办公室、企业监管室、商标广告监管室、政策法规室、市场规范管理室、公平交易与消费者权益保护室、组织人事室。

二、澄迈县个体劳动者协会

澄迈县个体劳动者协会是澄迈县个体工商户的群众组织，是个体私营经营的管理者。1983 年开始成立，协会领导班子为协会理事会，由澄迈县个体劳动者代表大会民主选举产生。1999 年，全县个体工商户有 4201 户，私营企业 56 户，从业人员 5357 人，个体劳动者协会 1 个，会员 1560 人。2010 年，全县个体工商户 8689 户，私营企业 1393 户，从业人员 13193 人，个体劳动者协会 1 个，会员 7206 人。

第二节　企业登记注册管理

1999 年，全县市场主体 7413 户，注册资金 19.02 亿元，从业人员 14997 人（其中内资企业 1410 家，个体户 5838 家，私营企业 165 家）。

2000年，全县市场主体7660户，注册资金21.27亿元，从业人员13981人（其中内资企业1436家，个体户5986家，私营企业238家）。

2003年，全县市场主体8755户，注册资金18.3亿元，从业人员15596人（其中内资企业1215家，个体户7207家，私营企业333家）。

2005年，全县市场主体7663户，注册资金17.96亿元，从业人员16394人（其中内资企业1044家，个体户6158家，私营企业461家）。

2008年，全县市场主体7593户，注册资金32.77亿元，从业人员17692人（其中内资企业763家，个体户5941家，私营企业889家）。

2009年，全县各类企业续存1961户，其中内资企业811户，私营企业1060户，外资2户，农业专业合作社88户。个体工商户7909户。新开业企业243户，其中内资35户，私营企业208户，个体户1703户。全县登记各类专业农民合作社88户，拥有社员223户。

2010年，共办理各类企业登记452家，其中外资企业12家，注册资金24930.66万元；内资企业114家，注册资金128507万元；私营企业326家，注册资金140387万元，办理个体工商户登记1190户。引导、扶助个私经济健康发展，全县登记私营企业326户（新增户），注册资金140387万元，个体工商户1190户（新增户），个私经济从业人员4207人。全县登记各类专业的农民合作社160户，拥有社员1171户。

截至2010年，全县在册工商户10995户，从业人员25999人，其中全民企业298户，县办集体企业185户，私营企业1393户，公司351户，股份54户，其他16户，个体户8698户。

第三节　合同与商标广告管理

一、合同管理

1999—2010年，县工商行政管理局鉴证各种经济合同抵押38份，合同总金额6604700万元。合同抵押注销23份，金额49032万元。2010年，动产抵押合同登记7份，金额20039万元。动产抵押合同注销8份，金额19243万元。

二、商标管理

1999年，引导商标注册3个，推荐著名商标1个。2005年，引导商标注册9个，推荐著名商标3个。2008年全年立案3宗，罚款7000元，引导商标注册6个，推荐著名商标2个。2009年4月，澄迈县政府与海南省工商局签署合作协议，在全省率先实施“商标富农”示范县工程。县政府出台《共建商标富农工程示范县实施方案》。全年申请商标注册 110 件，注册商标 64 件，17 件农产品商标。2010 年 5 月，澄迈县被中华人民共和国工商总局授予“国家商标战略实施示范县”称号。

（一）商标培育

1999 年，新申请注册商标 24 件，核准注册 19 件，累计有效注册商标 125 件。2002 年，新申请注册商标 24 件，核准注册 9 件，累计有效注册商标 190 件。2005 年，新申请注册商标 31 件，核准注册 23 件，累计有效注册商标 291 件。2007 年，新申请注册商标 24 件，核准注册 18 件，累计有效注册商标 311 件。2009 年，澄迈县实施“商标富农”工程，工商部门引导和扶持农产品商标注册，商标注册量和核准量得到大幅增长，2010 年新申请注册商标 144 件，其中涉农商标 45 件，核准注册 148 件，累计有效注册商标 487 件，增长 40%；新获核准认定著名商标 3 件，累计有效著名商标 8 件，驰名商标 1 件，商标国际注册 2 件。

（二）商标推进工作

1999 年，开展元旦、春节“两节”市场检查等打击假冒伪劣专项整治，查处假冒香烟等违法案件，对欣龙集团和椰风集团的商标品牌建设开展指导，分别引导注册“欣龙”“洁之梦”“黑山草”等商标。2005 年，重点开展商标注册引导和商标专用权保护，派专人到国家商标局协调，指导帮助澄迈三家糖厂妥善办理商标专用权的续展和转让手续，推荐“椰仙牌”申报驰名商标，推荐“万嘉果”“三石”“金岛”申报省著名商标。2010 年，确保“一所一标”，力争“一所多标”，全县工商系统引导申请注册商标 70 件，全县 17 个工商所全部实现“一所二标”。开展“商标富农”工程示范镇（村）、示范企业（基地）工作，确定示范镇 2 个、示范村 6 个、示范企业 9 家、示范基地 14 个。打造澄迈农业发展新模式，以商标为核心、为纽带，提出“政府＋公司＋商标＋基地（农户）＋金融＋强势媒体”的澄迈农业发展新模式，打造澄迈农业品牌化、产业化、现代化。

1999 年，查处各类商标违法案件 3 宗，收缴标识 440 张，罚没款 1700 元。2004 年，查处假冒化肥、服装等商标侵权案件 3 宗，没收侵权假冒商品 125 件，包装物 200 件，罚没款 2000 元。2005 年，开展地理标志专项整治行动和地理标志摸底调查工作，推进地理标志保护工作。2008 年，查处各类商标违法案件 3 宗，罚款 7000 元。2010 年，查处各类商标违法案件 10 件，罚没款 10000 元。

三、特色农产品商标品牌

（一）澄迈百香果

澄迈县引种百香果最早可追溯到明清时期。因气候适宜，土壤松软肥沃，非常适合西番莲科草质藤本植物生长，澄迈地区的百香果浆果卵球形，无毛，熟时紫色，成熟的澄迈百香果色泽光亮，品质优异，广受各地百姓喜爱。澄迈百香果可制作餐食佐料、甜点。澄迈百香果色泽金黄、香气馥郁、果瓤多汁液、酸甜适中，甜度超过18度，除了可被用于制作饮料外，还能供消费者直接食用。

（二）澄迈龙吉贡米

老城镇龙吉村建村八百年，村落整体坐落在一座石山上，民居依山而建，后山前水，村前有约34公顷田洋，土壤含硒量为0.97毫米/千克，比国家标准0.4毫克/千克高出2倍多，土地疏松软，黑土层厚，田软土肥，加上农民种田习惯使用农家肥，水源未污染，生产的龙吉米洁白细嫩，清爽可口，稻米品质和口感明显优于其他地方种植的品种。据传说，龙吉米自明代弘治年间一直作为皇室贡品进贡京城，为朝廷“贡米”，成为澄迈农业一个传奇品牌，享誉天下。因龙吉贡米产自澄迈，澄迈设县以后，常称“澄迈龙吉贡米”。

（三）澄迈白莲鹅

澄迈白莲鹅因产于澄迈县白莲镇（现属老城镇管辖）一带而得名，经过多年的培育提纯扶壮，渐渐形成今天的白莲鹅。澄迈白莲鹅以食草为主。澄迈白莲鹅肉质上佳，营养丰富，肥而不腻，清淡原味，香醇爽口，属肉用型鹅，富含硒、铁、锌等元素，具有觅食力和抗病力强、耐热、耐粗饲、性早熟、合群性强的特性。成年鹅全身羽毛为白色，羽毛贴身且富有光泽，鹅胫呈黄色，喙呈黄色，肤色呈浅黄白，肉色呈浅灰白。截至2010年，白莲鹅的年产量200万只。

（四）澄迈新吴鸭

澄迈新吴鸭是永发镇新吴地区引入“中国八大名鸭”之一的临武鸭，在当地经过十余年育种筛选而成为新的特色品种，且因出自新吴地区，得名新吴鸭。澄迈新吴鸭少油皮薄，瘦肉多，口感纯，肉清味美，多吃不腻，每只澄迈新吴鸭都要经过150天的五谷喂养，绿色健康、口感鲜香，深受广大食客喜爱。

（五）澄迈山猪

澄迈山猪是采用纯种野猪与特种野猪杂交的方法培育出来的新品种。主要繁育区位于文儒镇南石山岭，该地区山清水秀、草木茂盛、土地肥沃，气候适宜，可利用饲养资源十分丰富，具有发展饲养野猪业的良好基础。澄迈山猪饲养在天然的山谷里，饲料来源广，以稻草、麦秆、甘蔗叶、木瓜、南瓜、地瓜、地瓜藤、西瓜藤、水浮莲、杂草、蚯蚓、鱼类等饲料为主。具有脂肪少、胆固醇含量低、营养价值高、野味浓郁等特点。

（六）澄迈瑞溪腊肠

澄迈县瑞溪腊肠的生产有上百年历史，以酥香可口，回味甘久而闻名，风味鲜美，醇厚浓郁，回味绵长，是瑞溪三宝之一。以瑞溪家庭式制作的手工腊肠最为出名，瑞溪手工腊肠不加淀粉，从择精肉、切肉、拌料、调味、配色、晒烤成产品，熟制后食用，各项工序都十分讲究，制成的腊肠味美、色鲜、可口，广受群众喜爱。

（七）澄迈瑞溪牛肉干

瑞溪的牛肉肉质优良，尤其是“瑞溪牛肉干”闻名遐迩。澄迈瑞溪牛肉干肉脆味美，香甜适口，细啃慢嚼，津津有味。澄迈瑞溪牛肉干由选肉、切片、配料、腌肉、熬煎、晒、烘烤等工序制作而成，质好量大，色味俱佳，肉脆香甜，久不变味，是瑞溪三宝之一。

（八）澄迈瑞溪粽子

瑞溪三宝之一，是海南省传统的汉族小吃。瑞溪粽历史悠久，可追溯至清康熙年间，至2010年已近350年。澄迈瑞溪粽子主要用八角、桂皮、胡椒、秕谷等制成香料，将香料、白酒、生油、姜汁、蒜头等拌入猪肉，以猪肉做馅，以糯米猪肉为主要原料制作而成，具有口感酥松，味道清香，食而不腻的特点，是海南名粽。

四、广告管理

澄迈工商局成立商标广告管理股，对全县广告公司的各类经济广告广播稿进行审查，防止广告公司弄虚作假，蒙骗消费者。加强广告管理工作，开展医疗广告、食品广告、农药广告等专项整治，实行广告审查登记，进行广告巡查和监测。1999—2010年，累计查处各类广告违法案件21宗，拆除清理广告3643张（条），收缴印刷品广告1849张。

第四节　经济检查

一、打击走私贩私活动

1999—2010年，县工商局先后开展打击走私贩私活动16次，查处走私贩私案件16宗，其中重大案件1宗。

二、查处违法违章经营活动

1999—2010年，县工商局先后开展查处违法经营活动1025次，查处违法违章经营行为852宗，影响较大的有3宗。2008年，查处无照经营案件187件，罚没款38.8万元。

三、打击假伪劣商品

1999—2010年，县工商局先后开展打击假劣商品动1517次，查处假劣商品行为1136宗。

2008年，全年查处无照经营和假冒伪劣商品案件92宗，罚款14万元。在澄迈县农垦地区开展打假治劣活动，查获一批假冒伪劣食品和农资，立案15宗，其中农资案3宗。

第五节　消费者权益保护

1994年，成立澄迈县消费者委员会，由县各方面消费者代表依法组成，属县政府领导，归澄迈县工商局管理。至2010年，县消费者委员会下设分会14个，投诉站10个。1999—2010年，县消费者委员会先后接受投诉1008件，受理解决1008件，挽回经济损失500.87万元。

一、执法体系建设

2008年，把“12315”执法体系建设作为一项实践执法为民的民心工程来抓，推行24小时值班制，形成“12315”工作快速受理、快速分流、快速处理、快速反馈的工作机制。开展“12315”进社区、农村、市场、商店活动，在各社区、农村、市场、商店建立投诉举报公示牌，扩大“12315”投诉举报网络的覆盖率，处理消费者投诉案件，维护消费者的合法权益，树立“12315”的社会公信度。

二、“3·15”消费者权益日活动

2008年，澄迈县工商管理局在金江镇设主会场，各工商所在各乡镇设17个分会场，举办法律咨询、现场受理投诉、假冒伪劣商品曝光、名优产品展览、义务服务等内容的“3·15”国际消费者权益日活动，张挂宣传横幅83条，散发法律资料6500册，宣传单14800份，受理投诉25件，现场销毁各类假冒伪劣商品4.7吨，给予8家企业和个体工商户授予“产品质量和食品安全示范店”牌匾。在全县范围内开展打假行动，查获假冒伪劣商品有烟、酒、饮料、烟花爆竹、化肥等一大批，案值56万元，立案12宗，把这些假冒伪劣商品集中销毁。

2009年，发挥“12315”投诉举报网络作用，受理消费者申诉举报203件，为消费者挽回经济损失约56万元。

2010年，全年受理消费者申诉举报266件，为消费者挽回经济损失约4.135万余元。

第六节　市场监管

1999—2010年，澄迈县工商行政管理局对旅游市场、食品市场、农资市场、成品油市场、集贸市场、药品市场监督管理，建立市场巡查制度，做好市场监管工作。清理有照无证、有证无照经营630户，在520家旅游餐饮店张贴12315温馨提示，督促2个集贸市场整改卫生环境；查处各类旅游违法违规案件60件，罚款128898元；依法取缔旅游业无照无证经营46户、流动摊点85个、“黑网吧”5户，没收电脑主机66台、显示器57台；

查扣假冒伪劣食品 529 公斤；受理旅游消费者投诉举报 20 宗，为消费者挽回经济损失 29870 元。

1999 年，国家推行市场巡查制。在巡查中查处无照经营 60 余户，罚款 8000 元；依法查扣伪劣食品 36 公斤，查处非法销售野生案件 1 宗。

2000 年，澄迈县工商局开展“两整顿”和“打假”联合活动，在做好日常监管的同时，加大对市场假冒伪劣产品查处，全年查处制假售假案件 17 宗，没收假冒伪劣商品一批，价值 3 万多元，打击和震慑非法走私、生产贩卖假冒伪劣等违法犯罪行为，规范全县市场秩序。

2002 年，结合食品市场专项整治活动，对全县学校周边餐饮店开展随机检查，立案查处无证经营户 1 家，罚没款 200 元。

2004 年，规范网吧管理，对全县网吧开展底数排查，办理无照经营网吧案件 1 宗，罚款 800 元。对市场监管乱象进行整治，查处无照经营农资产品销售店 1 家，无照经营销售食品案件 6 宗，非法销售野生动物案件 1 宗，销售无标识标名大米案件 1 宗，罚没款 2400 元，对野生动物、无标识大米进行没收处罚。

2005—2007 年，对全县的手机经营户开展逐户检查，要求经营者提供营业执照、进网许可证等合法手续。全年查处销售不合格产品、使用仿冒标识、无进网许可证、投机倒把行为等案件 11 宗，罚没款 10000 余元；查处无照经营网吧案件 53 宗，允许未成年人上网案件 1 宗，罚没款 67800 元；查处无照经营销售食品案件 14 宗，销售不合格食品案件 22 宗，非法销售野生动物案件 4 宗，罚没款 14790 元；查处无照经营农资产品销售点 5 家，销售不合格农资产品案件 15 宗，罚没款 23350 元；查处学校与服装厂商业贿赂案件 1 宗，没收违法金额 8700 元。

2008 年，对全县网吧进行规范管理，对“黑网吧”进行查处、取缔，对网吧准入进行把关、核实，对网吧管理工作进行监督、检查，无证无照、有证无照、有照无证、证照过期的网吧予以取缔。经审查、核实，符合规定的网吧统一重新颁发营业执照，报公安、文化、电信部门备案。未通过核准获颁发营业执照的网吧，予以取缔并通知电信部门，切断网络信号。全年办理网吧案件 25 宗，罚款 13 万元，取缔“黑网吧”12 家，查扣电脑主机 76 台。查扣盗版光碟 3500 张。对全县的手机经营户进行检查并逐户登记造册，定时或不定时的对各手机经营户进行逐户检查，对新手机经营者业户要求提供合法手续，对没有进网许可证或是假冒进网许可证的手机进行查扣，并立案查处，全年查获不合格手机 42 部，立案 4 宗，罚款 2000 元。对全县经营钢材的企业和个体工商户进行登记，对经营钢材市场进行抽检，抽检钢筋 5 个品种，不合格 3 个，立案 3 宗，罚款 5500 元。抽检化肥 15 个品种，不合格 12 个品种，立案 12 宗，罚款 14800 元。查扣食品 3500 公斤，立案 17 宗，罚款 12900 元。清查问题奶粉，出动人员 1632 人次，清查下架奶粉 8607.7 公斤，液态奶 15556 公斤。创建食品安全示范街 1 条，示范店 21 家，示范村 50 个。

2009 年，开展“扫黄打非”“黑网吧”专项执法检查，对全县电子游戏厅、网吧、娱乐场所、音像图书经营店等进行清查，检查印刷厂 6 家，网吧 60 家，音像店 6 家，游戏厅 5 家，查处案件 14 件，罚没款 3.05 万元，取缔“黑网吧”14 家；与电信部门签订《澄迈县取缔黑网吧责任状》，从源头上开展“黑网吧”治理工作。开展食品安全监管，全年查处违法案件 833 宗，罚没款 70.5 万元。开展校园周边流动食品、餐饮摊点的专项整治，净化校园周边市场经营环境，保护学生身体健康和消费安全；加大市场巡查力度，组织执法人员对全县范围内印有“64”字样的运动服进行清查，查扣 46 件运动服。查没不合格塑料购物袋 205100 个，办理相关案件 62 宗，罚款 1.96 万元，其中一般案件 21 宗，罚款 1.65 万元，简易案件 23 宗，罚款 3100 元。出动执法人员 500 多人次，车辆 100 多台次，发现 55 人参与传销活动，立案查处 11 人，遏制传销蔓延势头。

2010 年，加大农资市场监管力度，加强对肥料、农药、种子、农机具等农资市场的监管。查处农资案件 27 宗，不合格化肥 900 公斤，罚没款 5.51 万元。清查下架奶粉 5823.5 公斤，液态奶 8715 公斤。全面清理不合格塑料袋，查没不合格塑料购物袋 22 万个，办案 547 宗，其中一般案件 40 宗，简易案件 507 宗，罚款 4.765 万元。

第五章　质量技术监督

第一节　机构

1999 年，澄迈县技术监督局（正科级），负责计量、标准化、产品质量等的监督管理工作。2001 年 3 月底，其体制实行省垂直管理，澄迈县技术监督局更名为澄迈质量技术监督局，原县经济贸易委员会质量管理职能和县人事劳动局特种设备安全监察、检验职能划转至澄迈质量技术监督局，内设特种设备安全监察、质量管理、计量、标准化等岗位，并加挂质量技术监督稽查队牌子。直属事业单位有澄迈质量技术监督技术所，负责全县的计量检定工作。至 2010 年，机构设置未变。

第二节　计量管理

一、商贸计量法制管理

1990 年市制改革，执行统一国家法定计量单位制度工作，对县农贸市场个体工商户发放计量器具强制检定卡。1999—2010 年，先后 8 次开展海鲜排档计量监督检查专项行动，整治全县旅游市场的计量不规范行为。

2010 年，全县集贸市场在用计量器具受检合格率 96%，餐饮业受检合格率 97%。

二、定量包装商品计量管理

1998 年，根据国家技术监督局《定量包装商品监督规定》授权，澄迈县计量测试所对全县定量包装商品生产和流通企业开展监督检查，当年抽检生产企业定量包装商品净含量合格率 83.3%，流通企业合格率 81%。2002 年起，国家质检总局在全国开展定量包装生产企业计量保证能力评价，推行计量“C”标志，经验收合格的企业享受商品净含量免检待遇。

2003 年，加强对食品、化妆品、洗涤用品等定量包装商品的计量监督检查，对辖区内定量包装商品生产企业进行调查摸底。

2006 年，开展定量包装商品净含量监督专项抽查工作，主要抽查辖区范围内大米、食用油、酒类、茶叶等 4 种定量包装商品的生产企业。

至 2010 年底，全县生产和流通企业定量包装商品净含量监督检查合格率分别为 97% 和 96.1%。

三、计量器具检定

1999 年，开展重点计量监督检查，全面实施计量放心工程和计量安全工程。检定地磅 57 台、各种台案秤 61 台（包括电子包装秤 9 台、电子台秤 30 台、台秤 12 台、配料秤 9 台、案秤 1 台）、集贸市场 37 个 1916 台秤（模拟指示秤 1592 台、非自行指示秤 321 台、数字批示秤 3 台）、集贸市场在用计量器具受检率 99 %，合格率 99%。27 家加油站检定加油枪 246 支次，压力表 606 个次，受检率 100%，合格率 100 %。

2000—2005 年，通过对全县医疗卫生系统的计量管理，开展医用计量器具的普查登记和经常性强制检定计量器具抽查、检测人员培训发证等工作，确保计量器具的准确性。

2007 年，根据国家质量监督检验检疫总局《关于“五一”节期间集中开展计量专项监督检查工作的通知》要求，开展“五查五放心”工作：查餐饮计量，让老百姓吃放心饭；查油站计量，让老百姓加放心油；查出租车里程计价，让老百姓坐放心车；查集贸市场称，让老百姓买放心菜；查眼镜制配，让老百姓戴放心镜。从 4 月 15 日至 5 月 22 日，分 3 个阶段在全县范围内开展计量专项监督检查工作。

2009年，实施《中华人民共和国计量法》，组织开展“5·20”第九个世界计量日活动。组织开展医疗卫生机构和农贸市场计量器具检定工作和开展“关注民生，计量惠民”的以涉及民生计量器具为重点的专项整治行动，对全县医疗卫生机构使用的血压计112台和农贸市场计量器具2842台件进行强制检定。加强计量器具强检工作，全年检定电子汽车衡55台，各种台案秤、电子秤111台，加油机、压力表、流量计等计量器具830台次，受检率98%，合格率100%。立案查处1家超期未检加油站，罚款1000元，遏制克扣斤两、欺骗消费者的行为发生，开展能源计量工作，推动企业节能降耗。

2010年，集中抓好集贸市场、海鲜排档、医疗卫生、燃油加油机、液化石油气等在用计量器具的强制检定工作和专项监督检查工作。监督检查老城、金江等10家经营海鲜酒店餐馆使用的12台弹簧秤，强制检定集贸市场小型计量器具3039台、地磅55台、加油机384支、压力表951、流量计86个、血压计80个，免费检定的强检计量器具受检率100%，定量包装生产企业强检计量器具受检率98%，定量包装商品净含量合格率90%。采取定期和不定期计量监督检查，建立健全加油机长效计量监管机制。对全县21家商场（店）经营能源效率标识的9项产品进行监督检查。建立覆盖集贸市场、医疗、民用四表、加油站、液化气充装站等五大民生计量领域的监管网络，集贸市场在用衡器、医用强制检定计量器具、验光配镜用强制检定计量器具等受检率100%。

截至2010年，累计检定各类计量器具43948件次，合格率89%；其中强检31784件次，合格率95.8%。开展商品量检测246批次，合格率95%。

四、能源监测及避雷针安装和检测

1999年，加油机检定项目，建立二等金属器标准，对全县加油机进行法定计量检定，全年检定加油机7台，受澄迈县自来水公司委托，开展水表委检，检定水表1200个。2005年，周期检定加油机120台，组织开展供水计量执法检查，检定水表100个。

澄迈质量技术监督局技术机构是全县具有避雷装置安装检测资质的组织，负责全县避雷针安装、检测。1999—2003年，累计安装、检测避雷针2215支，避雷装置合格率从1986年的76%提升至2002年的99.3%。2003年起，避雷装置安装检测工作划转至县气象局负责。

第三节 质量管理

一、工业产品生产许可证管理

1999—2006年，全县有58家企业获取生产许可证，其中37家食品生产企业获得食品生产许可证，21家工业产品生产企业获得工业产品生产许可证。2010年，全县有83家企业获取生产许可证，其中47家食品生产企业获得食品生产许可证，36家工业产品生产企业获得工业产品生产许可证。

二、培育名牌产品

澄迈质量技术监督局立足于企业、市场及社会的实际需要，培育全县名牌产品，支持企业通过名牌产品抢占市场。2001年11月，海南省首批名牌产品申报工作正式开始。2002年，澄迈万昌苦丁茶场的苦丁茶被认定为首批海南省名牌产品。2005年，武钢集团海南有限责任公司的内磁屏蔽钢和澄迈万昌苦丁茶场的苦丁茶被认定为海南省名牌产品。2007年，澄迈金岛不锈钢制品厂的装饰用焊接不锈钢管被认定为海南省名牌产品。2008年，澄迈质量技术监督局帮扶福山咖啡联合公司、万昌苦丁茶场、欣龙无纺等5家企业成功申报6个省级名牌产品。

2008年，根据《澄迈县名牌产品培育计划》要求，重点对澄迈华盛天涯水泥厂生产的普通硅酸盐水泥、海南中海油气有限公司生产的戊烷产品和澄迈福橙、福山咖啡等农产品，分别把其作为中国名牌、海南省名牌产品进行重点培育，以名牌产品促进企业发展，带动产业升级。引导特色产业提高产业水平和层次，把特色优势转化为行业品牌优势，逐步做大做强。

三、产品质量检验及管理

1999年，澄迈质量技术监督局在全县检查抽检119个样品，产品合格率为93%。

2000年，组织对化肥、农药、白砂糖、酒精、天然橡胶、瓦楞纸箱的监督抽查，其中白砂糖、酒精、水泥的合格率100%。

2002年，在生产领域定期开展监督检验工作，主要抽检产品有饲料、儿童食品、白砂糖、酒精、油漆、天然橡胶、泡沫塑料制品、红砖、水泥、混凝土电杆。

2005年，海南省政府开始为全省产品质量监督抽查下拨专门的监督抽查经费。在新的产品质量监督体制下，澄迈县不仅完成包括天然橡胶、水泥、钢材、白砂糖、月饼等10多大类产品的质量监督抽查，还完成蜂蜜、方便面、大桶水、建筑用钢材等7个专项的国家专项监督抽查。根据省政府的部署，完成旅游产品打“四黑”（黑车、黑导、黑店、黑旅行社）等质量专项整治工作。

2007年，根据国家总局和省局的工作部署，澄迈质监局开展燃气灶具专项执法活动。针对澄迈县没有生产企业的情况，以嵌入式家用燃气灶具为重点产品，从检查大型超市、销售商店入手，集中开展家用燃气灶具生产、销售企业专项执法检查。

2008年，建立委托检验协议36家，抽样检验58个，全年抽查食品类、钢材、橡胶、浓缩胶乳等152批次产品，检验合格率69.07%，其中经销企业合格率85.36%。

2010年，制定《2010年澄迈县产品质量监督抽查工作计划》，日常监督抽查样品134个，省统一监督抽查样品51个，委托抽样162个，合格率94.8%。严格监督抽查后处理，做到不合格产品企业整改率100%，立案查处率100%。

截至2010年，累计监督抽检、委托检验产品1531个样品，产品合格率95%。

四、食品安全监督管理

2002年起，国家质检总局先后启动大米等老五类、肉制品等新10类、糖果制品等后13类共计28类食品安全市场准入制度，实行QS认证。2005年，澄迈质量技术监督局在全县开展食品生产加工企业普查，遍及11个乡镇，普查登记食品生产（加工）企业质量档案（包括家庭小作坊）40家，其中规模以上企业4家，小企业7家，小作坊29家。通过建立档案、拍摄图片，完善企业质量档案的建立，实施动态管理，解决对全县食品生产加工企业（小作坊）底数不清问题。

2002—2010年，开展食用油生产环节、肉制品、酒类生产等专项整治行动；打击食品添加三聚氰胺、苏丹红等违法添加非食用物质和滥用食品添加剂专项整治行动；打击食品生产使用工业明胶、使用地沟油、涉盐违法等多次专项行动；开展中秋，国庆、春节等重要节日食品专项检查。

1999—2005年，在集中检查与日常巡查相结合的检查活动中，全局开展执法检查843次，出动执法人员1931人次，检查生产食品生产企业（小作坊）926家次，查处立案案件27起。

2005—2010年，全县建立生产加工企业（包括家庭小作坊）企业质量档案241家。

2008年，在实施食品质量安全市场准入制度的白砂糖、大米、花生油等28类食品生产企业中，有15家获得食品生产许可证。全年出动执法人员1469人次，立案办理34宗，查获假冒伪劣产品货值24.92万元，罚款25.21万元。全县查明食品生产加工企业包括食品加工小作坊有107家，其中食品加工小作坊90家。取得食品生产许可证的有15家，其中大米生产厂6家，糖厂3家，咖啡加工2家，速冻制品2家，茶制品加工1家，饮料制品1家。开展以打击使用禁用原料加工食品违法活动为重点的食品专项打假行动，确保从源头把好食品质量关。

2009年，全面开展“质量和安全年”活动。通过制定文件、下发资料、开展“3·15”国际消费者权益日活动、“安全生产月”主题咨询日等形式动员各企业、全社会参与“质量和安全年”活动；通过引导企业建立ISO 9000质量认证体系和采标、创建名牌、打假扶优等，落实“质量和安全年”活动，把“质量和安全年”贯穿于质量、安全、标准、计量、依法行政、“质量兴县”等各项服务中，把“质量和安全年”打造成质量宣传年、质量提升年、质量服务年、质量整治年、质量建设年。做好“国家级食品安全示范县”创建活动，开展食品质量安全专项整治行动，加大对无证生产加工行为的查处力度，打击黑窝点和在食品生产加工中使用非食品原料、滥用食品添加剂行为。建立全县10家食品生产企业档案，完善食品添加剂备案制，28类食品产品标准建标率100%，食品企业产品抽检合格率95%以上，规模以上食品生产企业获证率100%，食品生产加工企业建立生产原料、添加剂使用、产品检验、产品销售纪录制度，可追溯率100%。

2009年，以监督检查食品生产企业为重点，以提高质量安全水平为目标，抓好“四查、四建、四落实”，消除生产加工环节食品质量安全隐患。开展五大专项行动：宣传贯彻《中华人民共和国食品安全法》；监督检查食品生产加工企业进货台账与销售台账、生产加工质量安全关键点控制记录、原料进厂与产品出厂检验记录及检验报告、产品留样、问题食品处理、产品召回记录及消费者投诉处理记录等，督促企业建立全过程质量安全制度，落实企业主体责任；开展打击违法添加剂非食用物质和滥用食品添加剂专项整治行动。对全县76家食品生产企业和小作坊开展食品添加剂普查摸底和专项整治行动。出动执法人员189人次，车辆67辆次，重点对金江和永发散装花生油、椰纤果和瑞溪的牛肉干等食品加工企业进行监督检查，监督抽查59个食品样品。查处无证生产食品的违法行为，重点整治制假售假和用非食用原料加工食品的违法行为，提高食品市场准入的有效性。

2010年，结合建立质量技术监督行政执法信息统计系统工作，更新辖区内123家生产企业和产品数据信息，实行动态管理。落实企业主体责任，确保食品安全，7月底，组织召开全县39家食品生产加工企业及小作坊负责人参加的培训会议，讲解《食品生产加工企业落实质量安全主体责任监督检查规定》。加强对食品生产加工企业的监管，监督企业落实法定义务，提高质量安全责任意识，健全食品安全管理制度，加强原料管理、生产过程安全管理、储存管理、设备管理、不合格产品管理。实施原料采购、验收、投料控制，生产工序、设备、储存、包装等生产关键环节控制，原料检验、半成品检验、成品出厂检验等检验控制，以及运输、交付控制。对不符合食品安全法等规范性要求的企业要求限期整改，在限定期限内完不成整改的，责令停产整顿。以海南省13类高风险产品为重点，监督企业按照标准组织生产、加强产品出厂检验；监督建立企业原料、添加剂购进台账和食品生产企业生产记录，完善食品生产管理制度，打击滥用添加剂，使用非食品原料生产加工食品，在食品中掺杂使假、以假充真，以次充好或者以不合格食品冒充合格食品等违法行为。

第四节 标准化管理

一、标准化工作

1999年，县属工业主导产品消灭无标生产，工业产品标准覆盖率95.4%。2001年，国家质检总局出台《无公害农产品标志管理规定》。2002年2月，海南省质量技术局出台《海南省〈无公害农产品标志管理规定〉实施细则》，先后为全县企业备案企业标准化84个。2001—2010年，先后建立福山咖啡等5个国家农业标准化示范区。

2004年，受国家标准化管理委员会委托，由海南省质量技术监督局牵头的考核验收工作组对澄迈县人民政府组织实施的“澄迈县国家级无公害蔬菜标准化示范区”项目进行考核验收。验收意见：2001—2003年该项目在瑞溪镇罗浮洋和大东洋累计完成无公害蔬菜示范面积1266公顷，总产量57221.67吨，总产值97077万元，平均每公顷45.15吨，比非示范区每公顷增长6.9吨，增长18%，其中青皮冬瓜增长20.1%，葫芦瓜增长15.2%，节瓜增长17.2%，黄皮尖椒增长16.8%，紫长茄增长18.2%，长豆角增长15.7%，人均增收1437元。

2005年3月，澄迈县向国家质量监督总局提交澄迈火山岩苦丁茶有关申报材料。同年10月，国家标准化管理委员会表彰澄迈县质量技术监督局在内的全国农业标准化示范区建设先进单位。

2006年5月，国家质量监督检验检疫总局经组织专家评审后，批准澄迈县政府的申请，对“澄迈苦丁茶”实施地理标志产品保护。10月，经海南省质量技术监督局核查，确认海南省澄迈万昌苦丁茶茶场生产的“椰仙牌澄迈苦丁茶”产品，确为澄迈苦丁茶地理标志产品保护所划定的种植区域范围内产出，产品经法定检验部门检验符合标准规定。

2008年，加强无公害蔬菜标准化示范区建设，制定农业技术标准，完善示范农产品的标准体系，扶持和推广“公司+基地+标准+农户”的示范区建设模式。澄迈福橙农业标准化示范区、福山咖啡标准化示范区、青皮蜜枣标准化示范区3个项目被列入第6批全国农业标准化示范项目计划。制定《鲜福橙》、《福橙种苗》和《福橙生产技术规程》3项澄迈县地方农业地方标准于2008年8月颁布实施；推动澄迈福橙、福山咖啡等一批特色农产品、特色食品申报地理标志产品保护。

2009 年，实施《中华人民共和国标准化法》，落实做好福橙、福山咖啡和青皮蜜枣 3 个第 6 批国家级农业标准化示范区的建设。

2010 年，抓好澄迈福橙、福山咖啡和青皮蜜枣等 3 个第 6 批国家级农业标准化示范区建设，促进福橙、青皮蜜枣、福山咖啡走产业化经营、品牌化经营道路。

二、组织机构代码

1998 年起，办理组织机构代码电子信息卡（IC 卡），全年办理 151 张。2009 年，标准备案 25 个，新办组织机构代码证 350 件，到期换证 420 件，变更换证 112 件，迁入办证 15 件，年检 390 件。2010 年，标准新备案 35 个，新办组织机构代码证 551 件，到期换证 583 件，变更换证 154 件，年审 368 件。至 2010 年底，办组织机构代码 6240 家。

第五节　特种设备管理

1999—2005 年，累计检查重点监控单位 874 家次、重点监控设备 2876 台次，发出安全监察指令书 92 份，消除安全隐患 81 条，立案查处 18 件，涉及各类特种设备 128 台。

1999 年 6 月，全县开展“土锅炉”专项整治，拆除“土锅炉” 2 台，更换合格锅炉 1 台。2000 年 3 月机构改革时，将原县劳动局劳动保护监察股的职能划转质监局，成立特种设备安全监察内设机构，负责全县特种设备质量监督、安全监察和设备检验。

2003 年 9 月，开展气瓶普查，启动产权转移工作。至 2005 年底，实现石油液化气瓶产权转移 2 万多只，氩气、氧气等工业气瓶产权转移、托管 568 只。

2008 年，全县对在用锅炉 84 台、压力容器 443 台、电梯 18 台（含货梯）、起重机械 140 台、厂内机动车辆 42 辆依法办理安全监察登记注册。对 87 家特种设备使用单位进行抽、复查锅炉 26 台、压力容器 136 台，电梯 18 台、起重机械 53 台，查出各类不安全因素 57 项，发出安全监察指令书 12 份。对 8 家特种设备使用单位 19 台设备列为重点监控对象，制定对重大危险源的监控措施，落实监管责任。

2009 年，开展电梯、起重机械和压力管道等特种设备专项整治，督促特种设备使用单位安全主体责任的落实；对全县 85 台锅炉、21 部电梯、295 个压力容器和 140 台起重机械等实行动态监管，建立健全特种设备隐患治理长效机制，加强事故预警、预防和应急救援工作。开展特种设备使用单位专项整治行动，发放监察意见书 12 份，责令整改 66 项，立案查罚 2 件，行政处罚 6000 元。

截至 2010 年，开展特种设备普查，全县特种设备使用单位计 181 家，有电梯 579 部，起重机械 227 台，厂车 101 辆，压力容器 903 台，锅炉 125 台，压力管道（工业管道 55247

米，长输管道 39.68 千米），厂车 147 辆。所有特种设备资料全部录入数据库，实行网络化动态监管。与 101 家特种设备使用单位签订特种设备安全责任书，出动安全监察执法人员 235 人次，检查使用单位 121 家次，排查隐患单位 46 家，排查一般以上违规项数 46 项，整改项数 46 项，整改率 100 %。

第六节　行政执法

一、打假行动

自 1999 年起，严厉打击制售假冒伪劣商品的违法行为，保护广大消费者的合法权益，维护市场经济秩序。坚持打治结合、点面结合、日常查处与专项治理结合的方针，抓大案、端窝点、把厂门、查市场、打假劣、保名牌。开展“双打”（打击侵犯知识产权和制售假冒伪劣商品）、“质检利剑”专项执法打假活动，集中组织开展食品、农资、建材、“家电（汽车摩托车）下乡”等产品的专项打假行动。

1999 年，开展农资产品集中统一打假，查获假冒伪劣化肥货值 12.32 万元。

2005 年，全年出动执法 600 多人次，检查生产经销企业 165 户次，查办案件 27 件，涉案货值 60 多万元，查办万元以上案件 3 起，罚没款 26.7 万元，无复议、无诉讼案件，打击制假售假违法行为。

2010 年，突出日常监管，重点以关注人民切身利益的食品、建材、农资等领域为重点，开展重点产品重点领域专项整治工作。立案查处 28 件，行政罚款 20.17 万元。受理消费者申投诉 5 起，为消费者挽回经济损失 8 万余元。围绕农资、建材、标准件、食品类等行业，围绕强制性标准、3C 认证、生产许可证，开展执法检查和监督抽查。

至 2010 年底，累计查处各类假冒伪劣产、商品案件 139 件，货值 219 万元，捣毁制假售假窝点 16 个。

二、典型案例

1999 年，查获不合格化肥 27 吨，货值 6.80 万元，罚没产品及金额 2200 元；捣毁地下卷烟厂 1 个，货值 6 万元。2001 年，查获不合格轻柴油 16 吨，货值 13 万元；立案各类案件 18 起，货值 25.2 万元；查封黑心棉小作坊 2 家。2002 年，查获劣质钢材 140 吨、复混肥 2.1 吨，病死猪肉 326 斤等，货值 21.50 万元。2003 年，查获化肥、防护口罩等不合格产品货值共 24.80 万元；捣毁 1 个不符合规范医用防护口罩窝点。2004 年，查获大米质量不合格、黑心棉枕头、复混合肥不合格等案件，货值 1.20 万元。2006 年，查获橡胶、花生油、肥料等不合格案件，货值 4.20 万元。2007 年，查获超市销售酒类不合格产品货值 1200 元。2010 年，查获一批不合格有机肥料和钢材，涉案货值达 4 多万元，并对 5 家违法生产企业、小作坊和建筑工地进行立案查处。

第六章　审　计

第一节　管理机构

1999 年，澄迈县审计局内设行政文秘岗、第一审计岗、第二审计岗、第三审计岗、第四审计岗。2001 年 9 月，内设办公室、经济责任审计管理股、财政金融审计股、经贸审计股和行政事业审计股。2009 年 12 月，内设办公室、财政金融审计岗、经济责任审计岗、政府投资审计岗、企业审计岗、行政事业审计岗 6 个岗室。截至 2010 年，机构设置未变。

第二节　国家审计

1999—2010 年，澄迈县审计局完成审计项目 452 个，查出违纪违规资金 48601 万元，应上缴财政金额 2100 万元，应减少财政拨款或补贴 6091 万元，应追还侵占挪用资金 4013 万元，挽回损失浪费资金 485 万元。其中移送司法机关处理案件 5 件，移送纪检监察部门处理案件 11 件，提交审计工作报告、信息 70 篇，被批示和采用 42 篇。

一、财政审计

1999 年，对 1998 年度县本级财政预算执行、地税部门税收征管、县法院和县检察院 1997—1998 年财政财务收支情况进行审计。揭露财政部门少列预算收入 94.28 万元、无预算拨款 23 万元、企业挪用财政资金、预算往来款项挂账数额大和未及时清理等问题；揭露税务部门应征未征税收及附加费 150.25 万元；揭露县检察院少列固定资产 158 万元、账外举债 125.49 万元和县法院违规使用诉讼费 4.17 万元。

2000 年，对 1999 年度县本级财政预算执行情况、地税部门税收征管情况、县民政局和县物价局部门预算执行情况、县国库办理预算资金收纳拨付情况、老城和金江财政决算等进行审计。在审计 1999 年度本级财政预算中，查出违纪违规资金 2159.8 万元；税收征管审计中揭露税务部门有税不征、违规提退税款、滞留延压税款等；部门预算执行审计中揭露县民政局及下属单位挤占救灾款、物价局截留罚没收入等；在审计国库中揭露国库部门违规占压财政预算拨付资金长达 5 天以上等；对老城、金江等 2 个乡镇财政决算审计查出违规资金 67.87 万元等。

2001 年，对 2000 年度县本级财政预算执行情况、地税部门税收征管情况、县土地管理局和县政府办部门预算执行情况、县国库办理预算资金收纳拨付情况等进行审计。揭露财政部门在具体组织预算执行中存在不真实、不合法和不规范问题；税务部门对农业四税征管未完成年初预算收入任务、应征未征当年税款 138.1 万元等；对土地管理局、政府办的财务收支审计中查出违规资金 2111.34 万元。

2002 年，开展 5 个财政预算执行审计项目，查出违规金额 2677 万元，应上缴财政 203 万元，调账处理金额 8 万元。对 2 个项目开展财政决算审计，查出违规金额 14 万元。

2003 年，对 2002 年度县本级财政预算执行、金江镇财政决算、地税部门税收征管、国库部门管理，以及县国土环境资源局、卫生局等 2 个部门预算执行情况进行审计。揭露财政资金运行的宏观层面上和资金使用情况上存在的主要问题。1. 财政部门在预算管理中存在未按规定期限批复部门预算、未按规定办理镇级财政结算、未按规定设置预算周转金、政府采购管理制度实施不到位、不及时拨付省下拨基本建设资金和国债资金 1819 万元、占用专项资金用于平衡年度预算 568 万元、超预算支出 533 万元、少列一般预算支出 10 万元、未按规定用途使用财政周转金 55 万元、预算往来账项长期挂账不清理等。2. 地税部门在税收征管方面不及时征收税款 432 万元、截留屠宰税 5 万元、对部分“双定户”核定税负偏低造成税款流失。3. 县国库部门履行监管不到位，不按规定办理财政部门向非预算单位拨款 197 万元。4. 部门预算执行中，县国土环保资源局以不合规票据冲销劳务费 26 万元、事业性收费未纳税 2 万元、固定资产管理不规范、往来账项不及时清理，县卫生局挤占专项资金 7 万元、漏记固定资产 23 万元。5. 金江镇财政决算存在多列补助收入 86 万元和支出 50 万元、超预算拨款 7 万元、截留上级定补专款 3 万元和城市维护建设资金 23 万元、未按规定设立预算周转金、未及时清理往来账款、人为调剂税款、违规支付代征手续费等。

2004 年，对 2003 年度县本级财政预算执行、文儒镇财政决算、地税部门税收征管、国库部门管理，以及县农业局、计生局等 2 个部门预算执行情况进行审计。揭露财政资金运行的宏观层面上和资金使用情况上存在的主要问题。1. 财政部门在预算管理中存在超预算安排一般预算支出 651 万元，财政决算报表编制不完整、不规范，年终镇级国库存款 1483 万元未反映，没有预算返还企业国资收益 284 万元，部分财政所擅自动用国库资金 27 万元，农业综合开发有偿资金 378 万元未及时回收，预算收支不实 651 万元，将基金预算支出 39 万元列作一般预算支出，预算往来账项长期挂账不清理等。2. 地税部门在税收征管方面不及时征收税款 120 万元、少纳教育费附加 46 万元，未及时拨付税收代扣手续费 23 万元，税收会计核算不规范、不全面。3. 县国库部门履行监管不到位，不按规定办理财政部门向非预算单位拨款 300 万元。4. 部门预算执行中，县农业局挤占专款 26 万元，以不合规票据冲销费用 11 万元、收入 13 万元未纳入非税专户管理等，县计生局漏记固定资产 3 万元和会计核算不规范。5. 文儒镇财政决算存在预算资金收支不实 67 万元，擅自动用国库资金 8 万元用于发放奖金及补助，重复列记补助收入和支出 14 万元，未按规定设立预算周转金，文儒地税所违规代开发票不征税 2 万元等。

2005 年，审计县本级 2004 年度财政预算执行情况、县民政局和县文体广电出版局等 2 个预算执行部门、桥头镇财政决算等。揭露财政运行中因机制引发的倾向性、普遍性，以及财政管理体制与公共财政框架还不适应的问题，披露税收征管、部门预算执行、镇级财政决算、县级国库管理中存在的突出问题，查处挤占挪用专项资金等违规行为。

2006 年，审计县本级 2005 年度财政预算执行情况、县人劳局、卫生局等 2 个预算执行部门、瑞溪镇财政决算等。揭露财政运行中因机制引发的倾向性、普遍性，以及财政管理体制与公共财政框架还不适应的问题，披露管理中存在的突出问题，查处挤占挪用专项资金等违规行为。

2007 年，完成对县地税部门税收征管情况的审计、中兴镇政府 2006 年度财政决算审计、2006 年度县本级财政预算执行情况和其他财务收支情况的审计、县国土环境资源局部门预算执行情况的审计、县科技与信息产业局部门预算执行情况的审计、县交通局部门预算执行情况等 6 个单位的审计。主要披露：1. 财政部门具体组织预算执行中存在县财政国库年终未及时结算多列当年财政支出 999 万元、各镇级国库截留教育附加费 47 万元未纳入县级财政统一管理、借出有偿农综资金到期未回收 1327 万元、未按规定增设预算周转金等。2. 中兴镇财政部门存在未将非税收入 3.8 万元纳入预算管理、未按规定设置预算周转金、历年代发放支农周转金未进行清理 18.6 万元等问题。3. 县地税部门在税收征管中存在核定应纳税营业额偏低、不及时拨付代征代扣手续费 29.21 万元、少征教育费附加和城市维护建设税 109 万元、税收会计费用减免与入库查补税金数字不实等问题。4. 部门单位的预算执行中县国土环境资源局相关款项在下属单位核算、以不合规票据列支费用 5.61 万元、未及时清理历年往来挂账等，县交通局违规收取工会费 51.16 万元、提高标准发放工资 24.95 万元、1 个下属单位违规发放工作经费 36.99 万元、2 个下属单位以不合规票据列支费用 5.26 万元等，县科技与信息产业局未严格按规定使用科技三项费用 12.97 万元、投资荔枝生产基地实验失败损失 11 万元等。

2008 年审计县本级财政、税收征管、2 个重点预算执行部门，主要披露：1. 22 个政府组成部门和4个事业单位的部门专项工作经费及项目经费的预算编制存在不细化、不具体、不科学，不利于部门预算执行考核和发挥财政资金的整体效益。2. 执行政府采购制度不到位，未编制政府采购年初预算，政府集中采购规模小、范围窄，影响政府集中采购功能的发挥，参与政府集中采购金额仅占当年财政总支出的0.23%，一些重要项目均未实行政府采购。3. 年终未与各专户清理结算调整，造成多列当年财政支出1664.64万元，影响当年财政支出和年终结余的完整性及真实性。4. 有4个部门仍存在挤占专项资金用于自筹人员工资、弥补行政工作经费不足或其他非专项支出等，会计核算普遍存在基础薄弱，会计信息质量低。5. 征管不到位，当年税款入库不及时127.46万元。6. 缺乏有效的协管征收机制，车船税征管漏洞大，实际征收车船税车辆数远远少于有关部门登记在册的应征车辆数。7. 确定个人建安营业税、经营性店铺房产税和土地使用权交易各种税金等应税依据明显偏低，与实际应课税额相差甚远。8. 发票管理不严格、不规范等问题。

2009年，完成对2008年度县本级预算执行情况、2008年度县地税部门税收征收情况两项的审计。审计揭露县本级财政预算执行情况反映不完整、不真实，项目支付预算编制不细化、不规范，税收部门在税收征管中存在未及时跟踪查征税款，私人土地使用权交易计税依据偏低，资源税征管有待加强等问题。

2010年，完成对2009年度县本级预算执行情况、2009年度县地税部门税收征收情况两项的审计。审计揭露县本级财政预算执行情况反映不完整、不真实，项目支付预算编制不细化、不规范，税收部门在税收征管中存在未及时跟踪查征税款174.07万元，私人土地使用权交易计税依据偏低，资源税征管有待加强等问题。

二、专项资金审计

1999年，主要审计燃油附加费、公路建设基金、1997—1998年县社会保障基金和电力发展资金的管理使用情况。审计披露县公路局违规侵占公路建设基金86.3万元建道班宿舍和支付养路事业费；燃油附加费审计中存在会计核算不规范问题；社会保障资金中发现行政事业养老金挤占企业养老金30万元、出租房屋收入未纳营业税及附加和会计核算不规范；电力发展资金管理使用中存在应缴未缴省电贴费21.03万元、应缴未缴本县地方小水电发展资金3.6万元、用户拖欠电贴费17.3万元、不设专户进行专项管理等问题，并依法作出处理，提出改进建议。

2000年，对全县132家企业参保情况进行审计调查，抽查14家，揭露县企业存在拖欠养老金676万元、社会化参保、发放覆盖面窄等问题，提出建议4条；对美榔双塔国家一级重点保护文物修复专项资金进行审计调查，促进专项资金合理使用。

2001年，按照《全省普教经费审计工作方案》要求，审计县教育局、澄迈县第二中学和澄迈县实验小学，延伸审计调查10个单位，查出违纪违规资金190.48万元；以保障灾民生活、维护社会稳定为目标，对县人民政府1999—2000年救灾资金进行审计，延伸调查7个乡镇的救灾款物管理使用情况，查出挤占挪用救灾款、虚列救灾款支出、财政拨款不及时、救灾款物资监管不规范等；对县农综办、财政局、农行等县第4期农综资金的管理使用情况进行审计和审计调查，揭露挤占、配套资金不到位、欠交代扣税款等违规资金27万元，针对管理中存在的问题提出3条改进建议。

2002年，开展专项资金审计项目1个，审计专项资金金额100万元，促进专项资金规范使用。

2003年，对畜牧中心组织实施的国家无规定动物疫病区建设项目、政府外债管理体制、防"非典"专项资金和县社会抚养费等4项工作进行审计和审计调查。从审计情况看，社会抚养费、无规定动物疫病区建设项目资金和防"非典"专项资金管理使用较好，审计没有发现问题，但是在政府外债资金管理使用中仍存在财政部门滞留回补资金12.44万元，配套资金不到位31.05万元、挤占配套资金22.69万元、工程进度缓慢资金使用不高等问题。

2004年，对农业综合资金第5期和失业保障资金等二项工作进行审计和审计调查。揭露县农综办挤占专项资金378万元、县级财政配套不到位1013万元、部分项目实施滞后、回收有偿资金率低和未代扣税金7万元等；县就业局少计失业保障资金收入11万元、违规发放失业保障费2.4万元、超标准计发保险金3100元等问题。

2005年，根据省审计厅的安排，对澄迈县投资软环境和乡镇财政状况进行审计调查。揭露政府投资软环境管理体制建设不健全、基础设施配套不完善，部门人员服务不高、办事效率低，依法行政和执行文化不到位，未能为市场主体营造良好的公平竞争投资环境等问题；农村税费改革后，澄迈县乡镇财政存在自给不足，体制改革滞后等问题。围绕政府、教育部门、群众和社会关注的教育收费、政府教育投入、教育负债及教育经费的管理使用等方面进行专项审计调查。揭露县级财政、部分镇政府和学校截留、挤占教育专项资金和教育收费822.99万元，部分学校违规收费147.19万元，基础教育负债重、历史情况复杂等突出问题。对产生问题进行综合原因分析，提出审计建议和意见。对澄迈县扶贫专项资金进行审计调查，揭露扶贫专项资金管理中存在不按规定拨付资金、随意调整项目资金等问题。

2006年，根据省审计厅的安排，对澄迈县文明生态村建设情况和医药收费情况进行专项审计和审计调查。揭露由于历史遗留问题等原因，在创建文明生态村中规划、建设管理和资金管理方面仍存在一些突出问题；揭露医疗服务机构在落实有关政策、医药收费和财务管理上仍存在一些“看病贵看病难”问题。

2007年，以规范专项资金管理，提高资金使用效益为目标，主要对县农村税费改革转移支付资金及减轻农民负担情况、义务教育“两免一补”（国家向农村义务教育阶段贫困家庭学生免费提供教科书、免除杂费，给寄宿生补助生活费）专项资金、中小学校危房改造专项资金、农村三项社会保障资金、农业“三补贴”资金和第6期农业综合开发资金等6个方面的管理使用情况进行审计和审计调查。揭露义务教育“两免一补”部分专项资金拨付不及、部分学校违规收费和收费不执行“收支两条线”管理规定，危房改造虚增工程结算造价18.2万元、建设管理及拨款程序不够规范，农村三项社会保障资金中农村低保经费剩余较多，澄迈县未及时发放水稻良种推广补贴资金60万元，2个乡镇挤占税改转移支付7.2万元，农综专项资金核算管理不够规范、科技培训投入率低等问题。

2008年，主要审计和调查上级教育专项资金及教育费附加、生态补偿林资金等专项资金的管理使用情况。披露教育附加费年初未细化预算编制、挤占教育附加费20万元用、拨付手续不严格、管理不规范。公益林护林队伍配置不到位、生态公益林抚育补植更新操作不规范严格、执行资金管理规定不严格、资金使用报账手续不完整等。

2009年，以促进涉农、教育和民生事项政策的落实，关注民生发展规划执行情况，保障民生事项顺利实现为目标，探索效益审计新路子，突出专项资金效益审计。查出的专项资金年度预算编制不规范、拨付不及时合理、配套资金不到位等问题。

2010年，以促进涉农、教育和民生事项政策的落实，关注民生发展规划执行情况，保障民生事项顺利实现为目标，探索效益审计新路子，突出专项资金效益审计。审计和审计调查2009年度澄迈县专项转移支付资金、全县2008年7月至2009年12月城镇居民基本医疗保险基金、第7期农业综合开发资金、2009年新型农村合作医疗基金管理使用情况4个项目的审计。这些审计项目审计专项资金总额73315万元，审计促进拨付资金到位3676万元，查出的专项资金年度预算编制不规范、拨付不及时合理、配套资金不到位等问题。

三、经济责任审计

1999年，完成领导干部离任审计项目23个，其中乡镇领导离任审计11个，企业法人代表3个，学校领导5个，其他行政事业单位领导4个。审计查处乱收费、截留罚没收入和行政事业性收费、擅自处置国有资产、弄虚作假、挥霍浪费、公款请客、盲目决策造成损失等违纪违规行为。依法作出审计处理处罚单位23个，占被审计单位的100%，提出审计建议83条，通过审计关不适用的干部3名，从乡镇调往县有关部门任职5名，审计处罚的领导干部2名，移送纪检监察部门处理2名。

2000年，根据县委县政府领导的指示，对10名领导干部任期经济责任进行审计，其中党政领导 5 名，国有企业法定代表人 5 名。查出违纪违规资金 580 万元，其中主管经济责任 307 万元，直接经济责任 273 万元。免职 5 人，降职 4 人，平调 1 人。移送纪检监察部门查处 3 人。

2001 年，配合县机构改革调整，开展对 42 名领导干部任期经济责任进行审计，查出违纪违规资金 1790 万元，其中主管责任 1668 万元，直接责任 122 万元。审计处理处罚资金 964 万元，指明纠正资金 826 万元。免职 1 人，晋升 3 名，平调或连任 36 名。

2002 年，对 23 名党政领导干部任期经济责任进行审计。查出违规资金 2359 万元，其中：主管责任 1597 万元，直接责任 762 万元。审计指明纠正资金 13 万元，平调 21 人，晋升 2 人，建议给予党政纪处分 2 人。

2003 年，对 18 名党政领导干部和国有企业法定代表人进行经济责任审计，其中乡镇书记、镇长 3 名，党政机关领导 6 名，事业单位领导 3 名，国有企业法定代表人 6 名。查出违纪违规行为资金 847 万元，其中主管责任 810 万元，直接责任 37 万元。有 12 名平调、3 名晋升、2 名免职、1 名撤职。

2004 年，对 18 名党政领导干部和国有企业法定代表人进行经济责任审计，其中党政领导干部 16 名，国有企业法定代表人 2 名。查出违规行为资金 1775 万元，其中主管责任 1202 万元，直接责任 573 万元。有 11 名平调、6 名免职、1 名降职。

2005 年，完成对老城、加乐镇等 6 名镇领导干部进行任期经济责任审计，查出违规资金 262 万元，其中主管责任 247 万元，直接责任 15 万元。

2006 年，受县组织部的委托，县审计局对 25 名领导干部任期经济责任进行审计，查出违规行为金额 3840.85 万元，其中主管责任 2389.24 万元，直接责任 1451.61 万元。

2007 年，完成对农业局、白莲中学、加乐镇等 9 名领导干部的离任经济责任审计，查出违规资金 57 万元（其中主管责任 20 万元，直接责任 37 万元），管理不规范 357 万元（其中主管责任 48 万元，直接责任 309 万元），查出的问题主要有多占财政资金、挤占专项资金、非税收入未纳入财政管理、违规使用现金支付费用、以不合规票据列支费用等。

2008 年，主要完成对县总工会、科协等 15 名党政部门和企事业领导干部任期经济责任进行审计，其中任中审计 4 名，离任审计 11 名。审计查出违规金额 53 万元，其中主管责任 5 万元，直接责任 48 万元；管理不规范 389 万元，其中主管责任 373 万元，直接责任 16 万元。

2009 年，完成 11 个领导干部经济责任审计项目。审计披露多占财政资金、挤占专项资金、非税收入未纳入财政管理、违规使用现金支付费用、以不合规票据列支费用等问题。

2010 年，完成对司法局、计生局、安监局、人事劳动保障局、金江镇、加乐镇等 18 个领导干部经济责任审计项目，查出违规金额 19 万元（主管责任 16 万元，直接责任 3 万元），管理不规范资金 416 万元（主管责任 302 万元，直接责任 114 万元）。审计披露多占财政资金、挤占专项资金、非税收入未纳入财政管理、违规使用现金支付费用、以不合规票据列支费用等问题。

四、政府投资审计

1999年，因审计署和省审计厅下达14个项目和党政办交办其他工作任务，使得审计任务繁重，加之审计力量薄弱，1999年未开展政府投资审计工作。

2000年，根据省审计厅安排，开展对全县建设项目进行摸底跟踪审计调查。填表调查20个项目，重点抽查3个项目。揭露县建设项目管理中普遍存在未按规定编制基建财务报表、建设资金不到位致使工程进度缓慢或拖延、挤占挪用建设资金、未按规定办理工程竣工验收和竣工决算、非法变相承包工程项目等问题。

2003年，对金江镇金永路（k0+000—k0+428）段工程竣工结算情况进行审计，揭露工程项目预决算管理不规范、各种相关资料手续不齐全。经审计核减工程造价16万元，占县建设局报审总造价的6%，为县财政节省投入资金16万元。

2004年，对县政府大院及汽车总站（含冯平、符节纪念园）环境综合整治工程、金马路第三标段中间结算、槐堂路、国债水利建设项目（4个小项目）等5个重点工程项目竣工结算情况进行审计，揭露工程项目预决算管理不规范、各种相关资料手续不齐全，挤占建设资金18万元，虚结算工程款6万元，建设资金配套不到位137万元等问题，经审计核减工程造价116万元，占县建设局报审总造价的10%，为县财政节省投入资金116万元，处理处罚应上缴财政4万元。

2005年，对县二中教学大楼工程结算进行审计，查处多计工程造价21.37万元、未实行招投标、无资质转包、超预算建设等违规行为。

2006年，完成老城开发区的博士产业园一期基础工程、老城开发区工业大道绿化工程、老城开发区巴士站工程和武亭路工程等4个建设项目审计，审计结算造价总金额2692万元。审计查出因多计工程量、多套定额等而核减造价金额106万元，平均核减率为4%，查补工程税金74万元。

2007年，完成水利国债南渡江金江防洪桥工程、全县中小学危房改造攻坚项目工程等6个工程结算审计项目，审计涉及结算总造价9121万元，查处多计工程结算造价657万元、概算外投资164.52万元、挤占主体工程国债资金325.94万元等问题。

2008年，加大对投资决策失误造成重大损失、建设管理混乱、高估冒算工程价款等问题查处力度，完成文化北路等8个项目审计，审计涉及总造价金额21244万元，审计核减3026万元，核减率为14.2%。

2010年，完成广播电视发射塔工程竣工结算、海南乳胶连接路道路排水工程竣工决算，海南老城经济开发区南二环路（中段）道路工程竣工决算，县“三馆”工程竣工决算，2008年新增水土保持工程决算，县文化广场景观改造工程结算，东水港防潮堤第三、四期工程竣工决算，永发水厂管网工程竣工结算审核等12个项目的审计，披露投资建设市场管理和运作中存在多计工程价款961万元、超计划超标准超规模金额1102万元等多种问题和不规范行为，有效地核减投资额（工程款）963万元。

第三节 内部审计与社会审计

一、内部审计工作

1999—2010年，澄迈县审计局开展对相关部门内部审计工作的指导、监督和管理。期间，全县内部审计单位（主要为国有企业和机关部门）452个，查出违纪违规金额48601万元，查出100万元以上违纪单位13个，查出贪污案件1件，受党政纪处分11人，移交司法机关处理5人，提交内部审计报告、信息70篇。

1999—2010年澄迈县内部审计情况表

表9-6-1

项目 \ 年度	合计	1999年	2000年	2001年	2002年	2003年	2004年	2005年	2006年	2007年	2008年	2009年	2010年
受审计单位（个）	452	36	22	54	37	37	37	23	54	37	40	33	42
查出违纪违规金额（万元）	48601	4860	3560	5384	5163	4609	6909	5578	6550	747	1015	3093	1133
应上缴财政金额（万元）	2100	236	42	138	245	151	234	117	127	139	180	295	196
已上缴财政金额（万元）	466	—	2	21	87	15	120	—	20	9	149	27	16
其中补缴上年度欠缴款（万元）	53	—	2	10	8	9	6	8	7	3	—	—	—
应减少财政拨款或补贴	6091	46	—	—	752	7	110	41	54	607	766	2782	926
应追还侵占挪用资金（万元）	4013	377	197	393	60	58	692	1801	283	65	71	5	11
查出损失浪费金额（万元）	485	—	—	—	—	—	—	32	334	63	45	11	—

续表 9-6-1

项目＼年度	合计	1999年	2000年	2001年	2002年	2003年	2004年	2005年	2006年	2007年	2008年	2009年	2010年
查出百万元以上违纪单位（个）	13	—	—	8	5	—	—	—	—	—	—	—	—
查出贪污贿赂案件（件）	1	—	—	—	—	—	—	—	—	—	—	1	—
受党政纪处分人（人）	11	2	—	2	3	1	—	2	—	—	—	1	—
移送司法机关处理（人）	5	—	—	—	—	2	1	1	—	—	—	1	—
提交审计工作报告、信息（篇）	70	11	7	10	10	1	1	15	1	—	2	6	6
审计工作报告信息被批示采用（篇）	42	6	5	3	7	1	1	12	—	—	1	1	5

二、社会审计工作

1999—2010 年，县审计局依法对县审计师事务所进行指导、监督、管理完成财务收支审计项目（单位）14 个，离任审计 9 个，国有企业审计查证 45 个，经济案件鉴定 4 个，验资年检 418 个，咨询建账清债 19 个，其他有关业务 42 个。

1999—2010 年，澄迈县审计局委托社会审计机构参与完成基本建设审计项目 28 个，减基建预决算金额 3351 万元。其中 1999—2007 年间，未委托社会机构参与审计。

2008 年，完成委托基建建设审计项目 4 个，分别是对澄迈县 2017 年度耕地占补平衡项目、金马一标段路基、水利国债山口岭土保持、南渡江山口防洪堤段砌石护岸加固工程结算项目审计，核减投资额 766 万元。

2009 年，完成委托基建建设审计项目 12 个，开展对澄迈县人民医院迁建一期、县农村饮水安全、西线高速出口路福桥路灯、县工商行政管理局办公楼、县青少年活动中心工程结算等项目审计，核减投资额 1622 万元。

2010 年，完成委托基建建设审计项目 12 个，开展对县广播电视发射塔、老城南二环路、2008 年新增水土保持工程、东水港防潮堤、新吴水厂等工程结算项目审计，核减投资额 963 万元。

第七章　安全生产

第一节　管理机构

1999—2001 年 3 月，由澄迈县人事劳动保障局行使安全生产监督管理职能。2001 年，澄迈县经济贸易交通局内设安全生产监督管理局（股级），承担安全生产监督管理职能。2004 年 5 月，政府机构改革，成立澄迈县安全生产监督管理局，副科级行政管理单位，挂靠澄迈县人事劳动保障局，内设县安全生产委员会办公室。2008 年 9 月，升格为正科级单位，为政府工作部门，内设办公室、监管一岗、监管二岗、监管三岗、监管四岗、执法大队。至 2010 年，机构设置未变。

第二节　安全生产宣传教育

1999 年，澄迈县安全生产监督管理局采取多种形式，开展安全生产宣传教育培训活动。加强领导干部安全生产教育培训，定期开展安全生产知识培训。开展企业主要负责人、安全管理人员培训，组织烟花爆竹、危险化学品和非煤矿山企业进行安全知识培训，促进企业主要负责人、安全管理人员和特种作业人员的安全意识。在县电视台进行安全生产警示宣传，开设安全生产宣传专栏，用典型案例教育群众重视安全。印发安全知识小册子以及道路交通、用电、消防、燃气等宣传资料发放、张贴到各家各户。在台风、大雾天气、节假日等时期向手机用户发送安全警示信息。在“安全生产月”和“百日安全生产活动”期间，组织宣传车、安全宣传员深入学校、农村、企事业单位、居民社区实开展安全生产法律法规和安全常识宣讲。开展安全文化建设，在全县主要路段和干道制作安全生产公益广告牌，营造安全文化氛围。规范生产经营单位职工的“三级教育”，完善企业教育培训制度，建立教育培训档案。

2002 年开始，国家定每年的 6 月为“全国安全生产月”，2002 年第一个全国安全生产月主题为“安全责任重于泰山”，2003 年第二个全国安全生产月主题为“实施安全法，人人事事得安全”，2004 年第三个全国安全生产月主题为“以人为本、安全第一”。澄迈县根据每年的主题采取多种形式，开展安全生产宣传教育培训活动。加强领导干部安全生产教育培训，每年定期组织各镇（农场）主要领导、分管领导和县安委会成员单位一把手进行安全生产知识培训，学习党中央、国务院关于安全发展方面的理念及安全生产政策、法规。

2005年，对全县200余名烟花爆竹经营户主进行烟花爆竹安全管理方面的培训。召开各种会议3次，制作宣传展板100多块，悬挂宣传横幅180条，张贴标语2000多条，播放各种宣传片30多个小时，县领导发表电视讲话1次（县电视台连续播放20天），县电视台播放安全生产新闻10条，出动一辆宣传车在镇、场等地进行巡回宣传30次；向群众发放安全生产宣传资料2万多册，有1000多人接受各种咨询教育，全县各镇、农场开展各种晚会、演讲等宣传活动10多场次。活动月期间，直接接受安全生产宣传教育活动人员约计有2万多人次。

2009年，全县悬挂安全生产宣传横幅200多条，展出各种安全知识宣传展板100余块，印发12种各行业安全知识宣传单20000余份，发放宣传材料8000多册，发放安全宣传布袋2000个、安全宣传厨衣提2000条，出动宣传车1辆，接受群众咨询150多人次，为群众解答安全疑难问题80个。活动月期间，直接接受安全生产宣传教育活动人员约计有2万多人次。组织安监部门执法人员参加省局举办的培训班，抓好高危行业人员培训，培训高危行业人员100多人，提高非煤矿山企业监管人员的水平。举办烟花爆竹经营业主培训班，培训业主200多人，举办各职能部门、镇政府和农场安全监管人员培训班，邀请国家化学事故应急救援中心王铁民教授和国家安全生产监督管理总局研究中心主任汪卫国到澄迈县授课。

2010年，春节前举办一期烟花爆竹培训班，对全县215名烟花爆竹经营户进行烟花爆竹安全管理方面的培训。组织人员参加省安监局举办或者组织的各类安全生产监管人员培训班，派业务骨干到全国各地参加各种业务培训。利用《澄迈要务报》、县电视台等新闻媒体，开展安全生产方针政策、法律法规和安全知识的宣传，报道安全生产信息，对事故隐患进行曝光，组织开展“全国安全生产月”宣传教育活动。6月，是全国第九个“安全生产月”，印发《2010年澄迈县“安全生产月”活动方案》，召开安委会成员单位和相关部门负责人参加的联席会议。开展以“安全发展，预防为主”为主题的社会化宣传教育活动。全县制作宣传展板100多块，悬挂宣传横幅380条，张贴标语2000多条，播放宣传片30多小时，县电台播放安全生产新闻10条，出动一辆宣传车在县城、镇、场进行巡回宣传30辆次，向群众发放安全生产宣传资料2万多册，接受群众咨询120多人次，为群众解答安全疑难问题50个。活动月期间，直接接受安全生产宣传教育活动人员约计有1万多人次。

第三节　安全生产监督管理

一、安全生产形势

1999—2003年，澄迈县贯彻《中华人民共和国劳动法》，每年组织企业开展企业劳动保护情况专项检查，落实职工安全防护措施，未发生重大安全事故。

2004年，全县发生各类事故382起，死亡15人，受伤153人，造成直接经济损失103.7万元。工矿商贸企业事故4起，死亡2人，受伤3人，经济损失18.5万元；城乡火灾事故20起，死亡1人，受伤5人，造成经济损失30.2万元；道路交通事故358起，死亡12人，受伤145人，造成经济损失55万元。全年没有发生铁路交通事故、水上交通事故和渔业生产事故。

2005年，全县发生各类事故48起，死亡10人，受伤41人，直接经济损失75.2万元，其中道路交通事故发生40起，死亡8人，受伤35人，经济损失42.4万元；火灾事故发生6起，死亡1人，受伤2人，直接经济损失14.8万元；工矿企业没有发生伤亡事故；其他事故发生2起，死亡1人，伤4人，经济损失18万元。

2008年，澄迈县安全生产监管体系、生产安全事故应急救援体系、安全生产宣传教育培训体系格局形成，建立和完善县、镇（场）、村（作业区）三级安全生产监管网络，全县配备安全生产专（兼）职监管人员2850人；制定《澄迈县突发性事件应急救援总体预案》和56个专项应急预案以及32个重大危险源单位的事故应急救援预案。全县发生各类生产安全事故748起，与上年同期相比减少86 起；死亡26人，同比增加7人；受伤64人，同比减少198人；经济损失414.2万元，与上年同比增加289.2万元，其中道路交通事故711起（包含轻微交通事故），死亡16人，受伤52人，直接经济损失25万元；工矿商贸企业事故8起，死亡9人，受伤12人，直接经济损失230万元；农机事故1起，死亡1人，直接经济损失13万元；火灾事故28起，经济损失146.2万元，没有人员伤亡。铁路事故、水上交通事故和火灾事故均没有伤亡。

2010年，全县安全生产形势总体稳定，全县未发生重特大事故。发生各类安全生产事故1683起，死亡23人，占省政府下达全年控制指标26人的88.5 %，其中道路交通事故1679起，死亡19人，占全年控制指标18 人的105.6 %；工矿商贸企业事故3起，死亡3人，占全年控制指标6人的50%；铁路路外事故1起，死亡1人，占全年控制指标1人的100%；渔业船舶、火灾事故均没有伤亡事故发生；农业机械、水上交通、危化品、烟花爆竹等高危领域实现全年零事故的目标。

二、完善安全生产责任体系

（一）建立“党政同责、一岗双责、齐抓共管”的安全生产责任体系

1999—2010年，根据中央和省的有关要求，明确各镇党委、政府和县有关部门在安全生产工作中的具体职责。完善落实安全生产行政首长负责制和班子成员“一岗双责”制度，按照“谁主管、谁负责”“谁审批、谁负责”的要求，坚持管行业必须管安全、管业务必须管安全、管生产经营必须管安全的原则，落实行业直接监管责任，实行行业主管部门“一把手”负责制和部门班子成员“一岗双责”制度。

1999—2003年，加大执法检查力度，打击职业卫生违法行为，形成“执法必严、违法必究”的高压态势，使企业形成不敢违法、不想违法的法治氛围。

2004—2008年，根据《中华人民共和国安全生产法》和国务院《关于进一步安全生产工作决定》，县政府每年与全县各镇（场）、3个主管部门及22个承担安全生产监督管理职责的政府职能部门签订《安全生产责任书》，各镇和行业主管部门分别与下属村居委会、企业签订相应的安全生产责任书。

2008年，县政府与全县各镇（场）、3个主管部门及22个承担安全生产监督管理职责的政府职能部门签订《安全生产责任书》，各镇和行业主管部门分别与下属村居委会、企业签订相应的安全生产责任书。

2010年，召开全县安全生产工作会议，传达全省安全生产工作会议精神，对安全生产工作全面部署。县政府与全县各镇（场）、3个主管部门及20个承担全县安全生产监督管理职责的政府职能部门签订安全生产责任书，把全年的安全生产控制指标全部分解落实到各镇（场）及县政府各职能部门，各镇和有关部门又把安全生产责任逐一分解，与所辖村、企业签订责任状，把安全生产责任落实到基层和生产经营单位，做到一级抓一级，逐级抓落实的安全生产监管体系。

（二）强化企业主体责任

1999—2003年，加大对企业人员宣传普及力度，加强对农民工重点人群的教育培训，强化他们对职业病危害性的认识，提高职业卫生知识水平和防护意识。

2004—2010年，根据海南省安全生产监督管理局《关于印发海南省非公有制企业安全监管经验推广工作实施方案的通知》精神和部署，为抓好澄迈县非公有制企业安全监管的试点工作，澄迈县首先对全县非公有制企业进行调查摸底，建立名录档案，摸清全县非公有制企业基本情况，全县有非公有制企业512家。督促企业主要负责人（实际控制人）保证安全生产投入，建立健全安全生产管理机构和制度，加强日常管理，每年签订责任书，把责任分解到每一个岗位。要求：1. 建立企业安全生产目标管理责任制，健全安全生产责

任制和各项规章制度，依法保障必需的安全投入，加强安全管理，形成自我约束、完善安全生产工作机制。2. 通过落实责任制，建立起职责明确、分工协作、齐抓共管的安全生产责任体系。3. 各企业加强安全措施费用的投入和加大安责险购买力度，加大设备更新、安全设施维护、劳动者个体防护的资金投入，为生产中的关键安全设施配备安全保障系统，改变安全工作的被动局面。4. 在新建工程项目中执行安全生产“三同时”（同时设计、同时施工、同时投产使用），在项目实施过程中贯彻安全工作“五同时”（同时计划、同时布置、同时检查、同时总结、同时评比）等安全政策，企业要有相应安全设计、安全设施、安全装备的投入。

1999—2010 年，督促企业主要负责人（实际控制人）保证安全生产投入，建立健全安全生产管理机构和制度，加强日常管理，落实安全生产责任，把责任分解到每一个岗位，推行安全生产重点单位监管制度。

（三）推进安全生产责任目标考核体系改革

1999—2003 年，将安全生产工作作为干部考核的重要依据。

2004—2007 年，根据《澄迈县安全生产工作责任目标考核办法》的有关规定和《澄迈县安全生产工作责任目标考核方案》的要求，组织 5 个考核组，对全县各镇政府（农场）、各职能部门、老城开发区管委会等 36 个单位完成安全生产工作责任目标情况进行考核。推动安全生产纳入全县社会经济发展考核体系，加大安全生产考核权重，制定安全生产“一票否决”实施办法。完善安全生产责任目标考核办法，建立以事故下降幅度、较大以上事故和相对指标为主的安全生产控制指标体系，实行安全生产考核点评制度。

2008 年，根据《澄迈县人民政府办公室关于印发〈澄迈县安全生产工作责任目标考核办法〉的通知》有关规定和《2007 年度安全生产工作责任目标考核实施方案》要求，1 月，组织 5 个考核组对全县 11 个镇政府、6 个农场、17 个职能部门、老城开发区管委会和 2 个事业单位等 37 个单位 2007 年度完成安全生产工作责任目标情况进行考核，按照优秀、良好、达标、不达标分四个等级进行评定，评定出安全生产工作优秀单位 23 个，安全生产工作良好单位 9 个，安全生产工作达标单位 5 个。

2008—2010 年，每年都组织考核组，对全县 11 个镇政府、6 个农场、17 个职能部门、老城开发区管委会和 2 个事业单位等 37 个单位完成安全生产工作责任目标情况进行考核，按照优秀、良好、达标、不达标分 4 个等级进行评定。

（四）严格事故查处和责任追究

1999—2010 年，按照“四不放过”（事故原因未查清不放过、事故责任人未受到处理不放过、事故责任人和广大群众没有受到教育不放过、事故没有制订切实可行的整改措施不放过）和“科学严谨、依法依规、实事求是、注重实效”的原则，依法从严从紧从快对事故进行调查，严肃查处瞒报、迟报事故行为。

三、深化隐患排查治理和打非治违

（一）建立健全隐患排查治理体制机制

1999—2010 年，完善群众举报、专家排查、政府督办、企业整改等隐患排查治理制度。建立重点行业（领域）安全生产安暗查抽查工作制度，规范安全生产暗查抽查工作。加强隐患整改，对重大隐患挂牌督办。抓好隐患排查治理的信息报送和统计分析，防范事故发生。

1. 安全生产督查

1999—2003 年，对 230 家次用人企业进行职业卫生工作督查。

2004 年 5—7 月，开展安全生产百日督查专项行动。对 11 个镇、6 个农场、20 个部门督查。8 月 20—25 日，组织人员对 60 多家企业督查。

2005 年 6—8 月，开展安全生产百日督查专项行动。对 11 个镇、6 个农场、20 个部门和 80 多家企业督查。

2006 年 5—7 月，开展安全生产百日督查专项行动。共对 11 个镇、6 个农场、20 个部门和 70 多家企业督查。

2007 年 6—8 月，开展安全生产百日督查专项行动。对 11 个镇、6 个农场、20 个部门、90 多家企业督查。

2008 年，根据省政府办公厅《关于开展安全生产百日督查专项行动方案的通知》要求，2008 年 5—7 月，开展安全生产百日督查专项行动。5 月 20—25 日，县安全生产百日督查专项行动综合督查组对 11 个镇、6 个农场、20 个部门督查。7 月 20—25 日，组织对 70 多家企业督查。

2004—2010 年，根据全国、省、县安全生产工作会议要求，加大综合监管和监督检查力度，按照各个季节的不同特点，早部署、早检查、严落实，强化安全管理，排查存在的安全隐患，抓好各项安全生产专项整治，对重点行业、重点领域、重点部位、薄弱环节以及在亚洲博鳌论坛、奥运会、海南建省庆典活动、“五一”国际劳动节、“十一”国庆节等重大活动和节假日期间，县安委办组织安全生产专项或联合检查组，从 6 月—8 月，开展安全生产督查行动。对 11 个镇、6 个农场、20 个部门、630 多家次企业督查。

2. 隐患排查治理

1999—2003 年，检查职业健康企业 236 家次，重点检查防中暑、防中毒、防火灾情况，多措并举降低高温季节职业病多发现象。

2004年，全县查出事故隐患128处，当场责令整改59处，发放《复查限期整改通知书》45份，《复查意见书》45份，整改消除事故隐患124处，重大事故隐患4处，隐患整改率97%，依法关闭不具备基本安全生产条件的生产经营单位69个。

2005年，组织全县性安全生产大检查4次，各部门进行安全生产检查300多人次，查处整改各种事故隐患126处，整改率96%。

2006年，全县出动车辆96辆次，派出人员300多人次，进行安全生产专项整治和大检查工作，查出各类事故隐患171处，当场责令整改61处，发放《责令限期整改通知书》78份，整改消除事故隐患162处，重特大事故隐患2处，隐患整改率95%，依法关闭不具备基本安全生产条件的生产经营单位4家。

2007年，组织全县性的安全生产大检查4次，检查生产经营单位150户，排查各类事故隐患100个，下发整改通知80多份，隐患整改率90%。

2008年，对辖区内1425家生产经营单位进行安全生产隐患排查治理，查出安全生产事故隐患641处，整改626处，整改率98%。开展烟花爆竹经营企业排查治理，排查215个经营点，查出安全隐患90处，整改隐患88处，整改率98%。取缔非法销售点6个，查扣烟花爆竹200箱，下达整改指令书22份，消除安全隐患62处，捣毁1个较大的非法储存点，收缴一批通过非法渠道采购价值2万余元的烟花爆竹。开展危险化学品企业安全生产隐患排查治理，查出安全隐患126处，整改隐患124处，整改率99%。依法取缔2处非法加油点，1家非法经营废油厂和关闭1家化工企业。开展非煤矿山事故隐患排查治理，查出隐患36处，下达隐患整改通知书23份，整改35处，取缔2家采石场和3家采沙场。开展建筑施工安全隐患治理，查出建筑施工安全隐患29处，下发安全隐患整改通知书29份，责令停工整改1处，整改28处，整改率97%。道路安全隐患排查查出隐患路段9处，整改隐患9处，整改率100%。对商场、学校、网吧等公共密集场所进行检查，下发《责令限期改正通知书》161份，查处火灾隐患270处，下发《复查意见书》161份，到期消除火灾隐患236处。

2010年，按照省安委会部署，县政府制定《澄迈县2010年安全生产专项整治工作总体方案》《澄迈县深入开展“安全生产年”活动实施方案》，落实工作责任，组织开展重点行业领域隐患排查治理和专项整治工作。县公安、建设、交通、国土、水务、工信、农业、海洋渔业、教育、文化、质监、安监、消防、电力等相关部门都制定各自的工作方案，组织开展本行业、本部门的隐患排查治理和专项整治工作。建立起高危行业和重点领域企业台账，摸清高危行业和重点领域企业数，督促企业开展隐患排查治理。在隐患排除治理中发现的安全隐患，都建立台账，落实整改措施、整改单位，做到“一患一卡”，实行分级管理，对重大隐患进行公示和挂牌督办。

3. 危险源监控

1999—2003 年，强化职业病防治法律法规的宣传、抓好重点行业职业病危害专项整治工作。对用人单位存在粉尘、噪音、高温、油气、甲醛、氨等危害要求限期整改。

2004 年，经过调查摸底，全县查出重大危险源 39 个，重大事故隐患 10 个。重大事故隐患分别是海南西线高速公路老城、白莲出入口处，永发演艺广场，金江镇中石化龙腾加油站，金江镇环城西路临时停车场，和岭农场徐应权采石场，和岭农场王业太采石场，颜春岭垃圾处理场，黄竹铁路平交道口（非法设置），新文华歌舞厅，福山明山加油站等。对重大危险源，进行安全评估、评价和发放许可证工作，根据评估、评价查出的事故隐患情况，发出 32 份限期整改法律文书、限期整改，采取定期检查，跟踪监控，落实整改。对 10 处重大事故隐患，给予关闭、停业整顿，责令限期整改，依法关闭 4 处重大事故隐患，整改消除重大隐患 2 处，采取防范措施 4 处。

2005—2009 年，加大对重大危险源的监控力度，建立起县政府、行业部门、重点企业三个层次重大事故隐患分级督办治理机制。对重大危险源进行排摸和登记。经核定，全县有重大危险源企业 17 家，重大危险源 28 处，其中构成重大危险源的贮罐区类 9 处，生产场所类 5 处，压力管道类 7 处，锅炉类 4 处，压力容器类 3 处，一级重大危险源 5 个、二级重大危险源 7 个、三级重大危险源 5 个、四级重大危险源 11 个。落实重大危险源安全监控责任。制定澄迈县重大危险源安全监控责任表，把全县各个重大危险源的监控工作落实到有关单位、有关责任人员。实行安全检查制度，加强对重大危险源单位排查工作督导，加大排查工作力度并限期治理，对问题较多、隐患严重、危险较大的企业，依法采取停产、停业整顿和停止使用等措施，消除隐患。

2010 年，加大对重大危险源监控力度，建立起县政府、行业部门、重点企业三个层次重大事故隐患分级督办治理机制，对重大危险源进行排摸和登记，排查重大危险源企业 17 家，重大危险源 28 处。落实重大危险源的安全监控责任。制定澄迈县重大危险源安全监控责任表，落实重大危险源的安全监控责任，重大危险源的监控工作落实到有关单位和人员。

4. 汛期安全监管

1999—2003 年，针对汛期易发生安全生产事故的重点区域、重点企业、重点部位，加强监督检查、隐患排查。组织对非煤矿山、危险化学品、烟花爆竹、民爆物品、石油天然气长输管道等行业 86 家企业进行排查，发现存在事故隐患和问题 74 处，对事故隐患，要求企业指定专人负责，限期整改。

2004—2009年，针对汛期易发生安全生产事故的区域和企业进行检查、隐患排查。组织对非煤矿山、危险化学品、烟花爆竹、民爆物品、石油天然气长输管道等行业456家次企业进行排查，发现存在事故隐患和问题368处，对事故隐患，要求企业限期整改。

2010年，根据省安委办《转发国务院安委会办公室关于切实做好汛期安全生产工作的通知》要求，落实防汛安全责任和防范措施，对汛期易发生安全生产事故的区域和企业进行检查、隐患排查。10月，针对全县遭遇60年以来最大强降雨，组织人员对非煤矿山、危险化学品、烟花爆竹、民爆物品、石油天然气长输管道等行业103家企业进行排查，发现存在事故隐患和问题59处，对事故隐患，要求企业限期整改。

（二）安全生产大检查

1999—2003年，开展职业健康大检查，对企业进行职业健康专项执法13次，检查发现隐患86项，下发整改通知86份。

2004年，开展安全生产大检查，确保重大活动、节日期间的生产安全。组织全县性安全生产大检查5次，检查生产经营单位340户，排查各类事故隐患72个，下发整改通知88份，隐患整改率98%。

2005年，开展安全生产大检查，确保重大活动、节日期间的生产安全。组织全县性安全生产大检查6次，检查生产经营单位453户，排查各类事故隐患106个，下发整改通知98份，隐患整改率98%。

2006年，开展安全生产大检查，确保重大活动、节日期间的生产安全。组织全县性安全生产大检查3次，检查生产经营单位125户，排查各类事故隐患59个，下发整改通知50份，隐患整改率99%。

2007年，开展安全生产大检查，确保重大活动、节日期间的生产安全。组织全县性安全生产大检查6次，检查生产经营单位257余，排查各类事故隐患158个，下发整改通知145份，隐患整改率97%。

2008年，根据全国、省、县安全生产工作会议要求，对重点行业、重点领域、重点部位、薄弱环节进行整治。在亚洲博鳌论坛、奥运会、海南建省20周年庆典活动、“五一”国际劳动节、“十一”国庆节等重大活动和节假日期间，组织专项或联合检查组，对易燃易爆物品、危险化学品、烟花爆竹、道路交通、公众聚集场所、非煤矿山、建筑施工现场等开展安全大检查，对检查发现的安全隐患跟踪督促整改。组织全县性的安全生产大检查7次，检查生产经营单位250户，排查各类事故隐患102个，下发整改通知81份，隐患整改率97%。

2009年，开展安全生产大检查，确保重大活动、节日期间的生产安全。组织全县性安全生产大检查6次，检查生产经营单位230户，排查各类事故隐患98个，下发整改通知78份，隐患整改率97%。

2010年，开展安全生产大检查，确保重大活动、节日期间的生产安全。组织全县性安全生产大检查8次，检查生产经营单位320户，排查各类事故隐患132个，下发整改通知122份，隐患整改率99%。

1999—2010年，规范完善安全生产集中检查、专项督查等制度，把“四不两直”（不发通知、不打招呼、不听汇报、不用陪同和接待，直奔基层、直插现场）制度化、常态化，开展安全生产大检查。建立安全生产检查工作责任制，企业隐患排查实行谁检查、谁签字、谁负责。建立安全生产巡视制度，依靠专家对重点地区、重点企业安全生产工作进行检查指导。

（三）“打非治违”专项行动

1999—2010年，建立健全打非治违长效机制，运用集中执法、联合执法、专项督查等办法，督促落实停产整顿、关闭取缔、从重处罚和严肃追究法律责任等“四个一律”措施，打击非法违法生产经营建设行为，发挥“12350”举报电话作用，鼓励群众举报安全事故隐患和各类非法违法生产建设行为。

1999—2003年，按照“四不放过”和“科学严谨、依法依规、实事求是、注重实效”的原则，依法从严从紧从快对事故进行调查，严肃查处瞒报、迟报事故行为。

2004年，全县发生各类生产安全事故67起，调查处理结案61起，其中道路交通事故49起，调查处理结案45起；发生火灾事故16起，调查处理结案16起。9月，发生2起工矿生产安全事故，县安监局成立事故调查组，对这2起事故进行调查处理。对事故责任人，按规定追究责任。如福山万亿顺采石场“9·4”机械造成伤亡事故，对负有领导责任的石场经理邓某进行行政记过处分和罚款处理。

2005年，对忽视安全生产的企业和个人，依法加大行政执法和处罚力度。如中石化澄迈龙腾加油站，存在严重的安全隐患，安监部门下发限期整改通知书，但该加油站没有按要求认真落实整改排除隐患，继续进行违法经营，2月对该加油站进行查封。金江镇华兴宾馆发生一氧化碳中毒事故，造成1人死亡，2人受伤，对该旅馆给予停业整改的行政处罚，按照“四不放过”的原则，对该事故进行调查处理。

2006年，全县发生伤亡事故15起，立案15宗、调查处理结案14宗，移送司法部门追究刑事责任5宗，对4个责任单位和10名责任人分别给予经济罚款、记过、撤职、开除的行政处罚，罚款15.3万元。

2007年，查处3起安全生产死亡事故案件，对这3起生产安全事故，会同有关部门及时调查取证，按照“四不放过”的原则，对事故发生负有责任的责任单位及责任人，给予经济处罚和行政处罚。对3名事故责任人和3个事故责任单位进行处罚，罚款9.5万元。按照事故调查处理程序，提高事故查处效率，加快事故批复结案，事故按时结案率100%。

2008年，加大安全生产执法力度，依法查处生产安全事故。抓好生产安全事故调查处理，依法对澄迈华盛天涯水泥粉磨厂机械伤害事故、金江镇“10·11”正源电器商行火灾事故、老城“10·22”槽罐车缺氧窒息闪燃事故等9起事故进行调查处理和案件移交、报送等工作。接待群众举报上访，了解安全隐患存在的行业、单位、部位，组织协调有关单位消除事故隐患。

2009年，开展安全生产“三项行动”和“三项建设”，规范安全生产法治秩序。全县取缔非法生产烟花爆竹经营点3处、采石场2家、采沙场2处、非法加油点3处、非法炼油点1处（老城非法炼油点），关闭化工厂1家（广海化工厂），打击非法营运车辆12台，其中重大安全隐患3处（金江地坡岭滑坡隐患、中兴礼卡水电站隐患和瑞溪镇北云危桥），检查发现安全隐患320处，整改288 处，整改率90%。加大安全生产事故处理、处罚力度。对383个生产经营单位实施监管监察484次，其中非煤矿山31次，危险化学品52次，烟花爆竹195次，其他40次。使用安全生产行政执法文书448份，其中现场检查记录93份，下发责令整改指令书122份，整改复查意见书72份。全县工矿商贸发生 3起生产安全事故，造成2人死亡。

2010年，依法取缔8个非法烟花爆竹经营点、7家采石场、12个采石点、1家采沙场、9处非法加油点。文丰采石场、梁建国采石场等7个非法采石场均未依法执行国家有关安全生产法律法规的规定，未取得安全生产许可证，擅自生产经营，依法对这两个采石场予以取缔。开展全县性私藏私营成品油的打非行动，对桥头镇、瑞溪镇9个私人非法经营成品油销售点，依法查处取缔。对77家危化品生产经营单位进行检查，查出安全隐患33处，下发限期整改通知书30份，整改隐患32处，整改率97%。对56家非煤矿山进行安全生产专项整治，查出安全隐患13处，下发限期整改通知书13份，整改隐患13处，整改率100%。对30个施工场所进行检查，查出安全隐患97处，下发限期整改通知书78份，整改隐患85处，整改率87%。对商场、酒吧、网吧等68家公共密集场所进行安全生产专项整治，发现火灾隐患125处，下发《责令限期改正通知书》76份，《复查意见书》73份，整改火灾隐患120处。开展特种作业设备安全生产专项整治，检查特种设备使用相关单位35家，查出隐患32处，整改28处，整改率88%。对客运站点、营运车辆及农机车辆安全生产专项整治，检查客运车辆92辆次，纠正道路交通违法行为231起，出动警力121人次，出动警车23辆次。开展防汛防风设备工程安全生产专项整治，检查22个水库等防汛工程，发现安全隐患26处，整改13处。对全县防雷减灾安全生产专项整治，查出安全隐患67处，落实整改65处。教育、卫生、食品药品、海洋渔业和民爆物品等方面安全生产专项整治工作同步推进。

四、强化重点行业领域安全监管

2004—2009年，开展油气输送管线、城乡燃气管网和大型油库、危险化学品运输车辆安全专项检查，抓好危险化学品、烟花爆竹的安全管理。督促企业落实化工企业和烟花爆竹企业安全保障“双十条”规定，深化氯气、液氨等重点监管危险化学品安全专项督查。

2004—2009年，开展非煤矿山安全生产标准化建设工作，提高企业安全管理水平，加强露天矿山高陡边坡治理，落实台阶式开采或自上而下分层顺序开采和深孔爆破，严格非煤矿山特种作业人员培训及设施设备检测检验，完善安全避险“六大系统”建设，开展尾矿库综合治理行动。

2004—2009年，联合卫生、劳动保障部门开展职业健康培训。摸清职业卫生工作底数，夯实基础，确保用人单位职业病危害申报率达到95%以上。加强职业卫生“三同时”及职业危害病因素检测，督促用人单位开展职业卫生基础建设，推动职业病危害因素监测点工作，开展各重点行业职业病危害治理工作。

2010年，全县存在职业危害企业95家，其中非煤矿山7家，水泥企业3家，化工企业8家，加油站36家，其他企业41家，接触职业危害岗位职工3000人。开展粉尘与高毒物品危害专项治理，组织安监局、卫生局、人劳局和总工会等部门，在全县范围内开展粉尘与高毒物品危害治理专项行动，对重点行业、重点企业和重点人群进行专项监督检查治理，对发现的问题，依法进行处理，确保粉尘与高毒物品企业生产安全。

五、强化安全生产“科技兴安”

1999—2003年，采用有利于保护劳动者健康的新技术、新工艺、新材料，改善职业卫生条件。

2004—2005年，学习安全技能，提高各级安全监察人员和生产经营单位各类从业人员的安全理论水平和安全生产素质，增强安全生产意识。

2006年，县安监和公安消防等部门加大监管力度，引起中石化海南石油分公司的重视，投入20多万元，使用国家安监总局要求推广应用的HAN阻隔防爆技术，使加油站符合国家安全生产行业标准，消除加油站的重大事故隐患，取得安全生产经营许可证后合法经营。

2007—2008年，建立和完善安全管理体系和各项安全生产规章制度，指导企业完善安全生产技术规范和质量安全工作标准，使企业安全生产工作走向经常化、规范化、标准化。

2009—2010 年，完善县级安全生产专家队伍和专业服务机构，为安全生产提供智力和技术支撑。

六、夯实安全生产基层基础建设

1999—2003 年，各职能部门开展用人单位职业基础建设活动，狠抓企业主体责任的落实，促进用人单位加强职业卫生管理，保障劳动者职业健康权益。

2004 年，实施安全规划，监督落实建设项目“三同时”制度，把符合安全生产标准作为高危行业企业准入的前置条件，实行严格的安全标准核准制度，严把安全生产准入关。

2005 年，实施安全规划，监督落实建设项目“三同时”制度，开展安全生产标准化创建活动，推进冶金、机械、轻工、电力、建筑施工、交通运输等行业领域安全标准化建设。

在各镇（场）成立安全生产监管所和各管委会成立安全管理局，配备专职安全监管人员。在村（居）委会建立安全生产协管制度，落实专兼职安全管理人员。建立健全安全生产执法监察机构，建立和完善安全生产行政执法责任制。

2006 年，全县各镇政府和农场成立安全生产委员会和安委办，配备专（兼）职安全生产监督管理人员 38 名，村（居）委会、农场作业区成立 3—5 人的安全生产领导小组，配备兼职安全生产监管人员 202 人，形成县、镇（场）、村（作业区）三级安全生产监督管理机构和监管队伍网络。

2007—2010 年，各镇（场）和有关部门把安全生产责任逐一分解到企业、村居委会，形成一级抓一级，逐级抓落实的安全生产监管体系。

2008 年，澄迈县安委会选取海南中海油气有限公司海湾精细化工厂、海南福山油田勘探开发有限公司、澄迈三友能源有限公司等 3 家危化生产单位作为开展安全生产标准化试点工作。6 月，与海南福山油田勘探开发有限公司联合在福山油田举行试油井井喷控制及环境保护应急救援演练。

七、加强安全生产应急管理

1999—2003 年，强化事故灾难的预警机制、应急联动机制建设。

2004 年，根据《中华人民共和国安全生产法》和《国务院关于进一步加强安全生产工作的决定》要求，派出政府有关职能部门和重大危险源单位的领导和人员 30 多人次参加国家安监局培训中心组织的应急救援预案培训班学习，要求各职能部门和重点企业完成应急救援预案编制工作，确保预案的科学性、有效性和操作性。

2005 年 6 月，县政府常务会议审议通过《澄迈县突发公共事件总体应急预案》和《澄迈县危险化学品事故应急救援预案》。组织各职能部门、各专业队伍开展应急演练，开展安全生产月应急演练周活动。

2006 年，在上年预案制定的基础上，县政府组织专业人员重新修改，不断完善，提高预案的实用性和可操作性。

2007—2009 年，完善监管体系和应急预案，完善隐患排查治理各项制度，防患未然，标本兼治，建立健全安全隐患排查治理的长效机制。

2010 年，加强应急救援队伍建设，完善应对事故设备装置，建立澄迈县应急救援大队，以县公安消防队伍为依托，交通、卫生、林业等其他专业应急救援力量积极参与的安全生产应急机构和队伍。与中石油天然气运输公司海南分公司联合在老城开发区举行原油泄漏事故应急救援演练，检验政府在履行应急救援职责过程中的反应能力、组织能力和处置事故能力。县教育局组织县一小、山口中学、长安中心学校等 20 多所中小学、幼儿园举行防地震、防火灾应急疏散演练，让师生掌握逃生自救方法。华能海口发电股份有限公司海口电厂等县重点企业组织开展各种应急救援演练，增强企业自身事故应急救援能力。做好汛期应急救援工作，在持续强降雨洪涝灾害中，成功处置中石化江南加油站、澄迈福兴采石场等地被洪水袭击的险情，确保汛期安全生产。安排 65 万元安全生产专项资金，用于监督检查、信息化建设、事故应急救援和处理、重大事故隐患整改，安排 40 万元用于事故应急救援贮备金，安排 747 万元用于购置各种消防设备。

第八章　开发区建设

第一节　管理机构

海南老城经济开发区（原名澄迈县老城工业开发区）创建于 1988 年 5 月。同月澄迈县老城工业开发区管理委员会成立。经《关于老城工业开发区管理委员会管理职权问题的通知》文件规定，老城工业开发区管理委员会为澄迈县人民政府派出机关，代表县政府对老城工业开发区行使统一领导和管理职能。开发区除设有纪工委、工会、共青团、妇联等党群组织外，还内设党政办公室、企业经济发展部、项目投资服务中心、劳动就业保障部、安全生产管理部、城市规划管理局、土地管理部、招商局、财务部、城建监察中队、“马上办”办公室、流动党员服务中心等 12 个副科级机构。成立海南老城经济开发区发展有限公司，负责区内基础设施建设和运营管理等工作。

1999 年，为建立适应可操作的开发区发展新体制，把开发区建设成为海南省西部工业走廊龙头，在保留原老城工业开发区管委会的基础上，成立开发区开发有限公司，实现两块牌子、一套人员的开发构思。开发区管委会机构下设办公室、招商部、规划建设部、企业信息部、土地部、财务室等，并将管委会办公室、规划建设部、招商部为副科级单位。

2001 年，澄迈县政府印发《关于老城开发区改革和发展的意见》（简称“意见”），明确开发区是县政府派出机构，依法行使开发区范围内的招商引资、基础设施建设、行政事务管理等职能，开发区管委会独立办理区内引进项目的立项、选址、注册、环境评估、报建等手续，根据意见规定，老城开发区管委会重新设置内部办事机构为“一室四部一中心”，分别为办公室，土地管理部、规划发展部、计统信息合作部、财务部项目投资服务中心。4 月，开发区率先全省成立第一个服务窗口，实行“一条红地毯铺路，一个窗口对外，一支笔审批，一条龙服务”办事制度，投资者只要进入开发区大门，即可承诺时间办完手续，无须为多个审批“公章”奔跑。同年，澄迈县老城工业开发区管理委员会正式更名为澄迈县老城开发区管理委员会。县政府同意成立老城开发区城建监察中队，在管委会领导下及县建设局业务指导下开展城建监察工作，负责 38 平方公里规划区建设监察工作。

2002 年 7 月，澄迈机构编制委员会下发《关于同意各有关单位设立纪工委或纪检组的批复》，同意成立中共澄迈县老城开发区纪律检查工作委员会。

2003 年，澄迈县委、县政府决定，建立一套“快速反应、马上就办、跟踪服务、责任到底”的服务机制，为意向投资企业和落户发展企业提供最好最优和更为高水准的服务，在老城开发区项目投资服务中心的基础上，设立一个专门为区内企业和项目服务的机构“马上办”办公室。同年，共青团澄迈县老城开发区支部成立。

2004 年，澄迈机构编制委员会印发《关于同意成立澄迈县老城开发区管理委员会招商局的批复》，同意澄迈县老城开发区管理委员会设立招商局，为副科级内设机构。

2005 年，澄迈机构编制委员会印发《关于核定老城开发区城建监察中队事业编制等事宜的批复》，确定开发区城建监察中队为副科级事业单位，核定事业编制 13 名。

2006 年，海南省人民政府《设立海南老城经济开发区的批复》批准同意将马岛经济开发区整体并入老城开发区，设立海南老城经济开发区，将开发区升格为省级开发区。

2007 年 3 月，国家发改委、国土资源部和建设部联合发布公告，同意升格并正式更名为海南老城经济开发区。4 月，澄迈机构编制委员会下发《关于印发澄迈县老城开发区管理委员会等六家事业单位六定方案的通知》，确定开发区管委会为县政府派出机构，为正科级事业单位，内设招商局、办公室、规划发展部、土地管理部、计统信息合作部、财务部、项目投资服务中心和“马上办”办公室 8 个副科级机构。

2009 年，澄迈县印发《关于加快海南老城经济开发区改革发展的意见》(简称“意见”),

根据意见精神，澄迈机构编制委员会下发《关于同意海南老城经济开发区管理委员会调整内设机构的批复》文件，开发区管委会增设劳动就业保障部、安全生产管理部2个内设副科级机构，同时将计统信息合作部更名为企业经济发展部、规划发展部更名为城市规划管理局。

2010年7月，海南省机构编制委员会下发《关于全省工业园区和开发区机构级别问题的通知》文件，确定海南老城经济开发区管委会的机构规格为正处级。9月，澄迈机构编制委员会下发《关于同意海南老城经济开发区管理委员会增设内设机构的批复》文件，开发区管委会增设海南生态软件园协调服务办公室和城市管理局2个副科级内设机构。

第二节　区位条件

海南老城经济开发区成立于1988年5月，属海口市城市总体规划三大组团之一的马村工业组团，是《海南省城镇体系规划》确定的琼岛北部综合工业区的重要组成部分，其远景规划范围约300平方千米，近期规划建设用地面积56.72平方千米，开发区北依琼州海峡，西临北部湾；与海口相邻，距市中心20千米，离机场32千米。开发区分为一、二类工业区，设有六大功能区，即港口及港口加工区、工业大项目区、高新技术产业区、老城新城区、铁路与港口物流区和盈滨半岛旅游度假区。

1999年，盈滨大桥竣工通车，海口工业大道西延线（老城地段）、三角池公园、盈滨度假村的绿化和亮化工程建成，开发区招商引资环境得到改善，世界十大、亚洲第一大新加坡丽星邮轮“狮子星号”首航新兴港，海南南泰鳄鱼湖动物园同年开园迎客。

2000年，开发区综合基础设施建设配套日趋完备。建成110千伏变电站一座，高压供电线路70千米。建设电信大厦1座，装机容量10000门，电讯线路60千米，建设码头6个，最大泊位3.5万吨，年吞吐量800万吨。开发区人口5万人，其中城市人口约2万人。港口、铁路、电力等日臻完善的基础条件以及毗邻省会的地理位置使老城工业开发区在同行中具有独特优势，对依托城市、加快小城镇建设发展大进大出的港口型工业奠定坚实基础。

2002年，《海南省人民政府关于同意调整澄迈县乡镇行政区划的批复》将原有的18个乡镇撤并为10个乡镇。将老城镇、马村镇、白莲镇合并，设立老城镇，镇政府驻原老城镇。区划调整后，老城镇的行政区域面积为259.99平方千米，人口6.2556万人，辖18个村(居)委会。区内马村港是海南省唯一可以停泊10万吨级船舶的天然深水良港，建成6个港群，年吞吐量达800万吨，开通航线达日本、韩国、新加坡等10多个国家和地区。

2003 年，粤海铁路海口南站开始办理出岛货物运输，开发区内的企业迎来新的发展良机。从海口南站至湛江塘口车站，货运需 12 个小时，货运价格比汽车运输要便宜三分之一。开发区被评为“中国 50 家投资环境诚信安全区”。

2004 年，海口西海岸滨海大道工程已建至跨粤海铁路桥，海南省政府办公会议确定对秀英港、海口港、马村港进行“三港合一”的整合。海南省政府决定将盈滨旅游度假区并入老城开发区。开发区形成以港口为依托，以电力、石油、化工、建材、制药、食品、纺织为重点的多门类新兴工业、商贸、旅游综合发展区。海南永庆生态文化旅游区进入快速建设阶段，项目建成后将成为琼北旅游热点和海口西海岸风景旅游带的一大亮点，将在海南省形成北有永庆寺、南有南山寺的佛教文化旅游格局，改变大海口区域“旅游通道”状况，改变琼北地区缺乏大型强吸引力旅游景区的局面。

2005 年，交通部宣布马村港列为国家一类对外开放口岸，外籍船舶由马村港进入海口港口岸不需到北京相关部门申请，只需当地口岸部门批准即可。

2006 年，海南省人民政府批准同意将马岛经济开发区整体并入老城开发区，开发区通过国家发改委审核公告升格为省级开发区。确定开发区的产业定位和今后方向为：石油化工业、建材工业、制药业、港口加工业等。

2007 年，澄迈县政府根据海关总署以及海南省政府决定，海口综合保税区西迁，范围为东至富音南路，南至南二环路，西至孟乐村以西约 1 千米的开发区西二环路，北至南一环路，总面积 1.93 平方千米。总投资 9.1 亿元的海南省“十一五”重点建设项目——海口港马村中心港区一期工程开工，拉开海口港中心港区建设的序幕。

2008 年，国务院正式批复海口保税区区位调整至海南老城经济开发区内，设立海口综合保税区，规划面积 1.93 平方千米，这是中国继苏州工业园综合保税区、天津滨海新区综合保税区、北京天竺综合保税区之后的第四个综合保税区。由中海石油管道输气有限公司投资 3.60 亿元建设的澄迈—海口—文昌输气管道工程项目开工。

2009 年，开发区建成道路 70 多千米，铺设污水管道 80 多千米，天然气管道 50 多千米；建成 220 千伏变电站 1 座，110 千伏变电站 4 座，供电线路总长 220 千米；铺设通信光缆 120 千米。开发区基础设施基本实现国际标准的“七通一平”（道路通、给水通、电通、排水通、热力通、电信通、燃气通和土地平整），具备良好的开发条件。

2010 年，开发区开发建设面积约 20 平方千米，人口约 10 万人，区内有粤海铁路海口南站、铁路物流配送中心。区内公路四通八达、纵横交错，海南环岛西线高速公路、海口南海大道、海口西海岸景观大道西延线以及海口绕城高速公路均在区内交汇。

第三节　基础设施建设

开发区基础设施日臻完善。实现国际标准的“七通一平”，区内商贸、银行、文化、教育、娱乐、医院、酒店等配套设施日渐齐全。此外，软环境全面优化升级。2001—2010年，开发区在全省首创六项为企业服务的形式和内容，其中有四项为全国首创。因良好的投资环境，开发区分别被授予“中国50家投资环境诚信安全区”和“中国最具投资价值20强开发区”等称号。

1999年，开发区盈滨大桥建成通车，海口工业大道西延线（老城地段）、三角池公园、盈滨度假村的绿化和亮化项目建成。兴建邮电大厦，开通装机容量2000门程控电话，配套电讯线路56千米，完成老城电信大楼移动通信接取设施架设，盈滨半岛点心大楼动工建设，极大增强开发区通讯接取能力，改善招商引资环境。

2000年，开发区综合基础设施建设配套日趋完备，已建成110千伏变电站1座，高压供电线路70千米；建设电信大厦1座，装机容量10000门，电讯线路60千米，建设码头6个，最大泊位达3.5万吨，年吞吐量800万吨。开发区兴建从工业大道入口至欣龙无纺布厂段、工业大道欣龙无纺布厂至商业食品厂段共计5千米，完成65%工程量。针对开发区用电需求量不断加大，经联系省工业厅、省电业公司，于6月争取到省“两改一同价”电网改造资金，完成对开发区工业主线路改造。

2001年，开发区加大绿化、亮化、美化建设力度，完成快速连接干道至盈滨广场3.1千米景观道路建设，完成三角公园、盈滨路等绿化、亮化、美化工程建设。南一环桥及连接路、疏港南路开工建设，日供水10万吨项目完成立项、选址、管网设计等前期工作，污水处理厂正在招商引资。

2002年，开发区加大基础设施建设力度，投资1.15亿元用于老开发区污水处理厂、供水厂、老城镇旧街改造工程、海南环岛西线高速公路快速连接干道老城路段6.2千米、工业大道西段5.7千米扩建工程等13项基础设施工程建设。截至2002年，开发区有污水处理设施21套，年处理废水319.4万吨，重点污染企业废水处理量305万吨/年，污水处理率和处理达标率100%。

2003年，开发区及盈滨岛旅游区列入海南省第二批重要规划控制区，按《海南省加强城市规划管理的若干规定》实施规划管理。3月，开发区供水厂实现日供水10万吨。4月，投资额为0.37亿元、长36千米的宽带网络接入老城开发区。11月，中海石油管道输气有限公司铺设的开发区内天然气管道干线，开始向区内企业供气。12月，海南第一物流中心项目道路工程竣工。

2004年，老城开发极推进城镇化及做好基础设施建设，完善园区基础设施配套，推进博士院士产业园土地平整、道路建设、污水管网建设；加紧建设区内路网，推进工业大道西段5.7千米道路扩建工程、艾森奶业出口路工程等道路工程建设；开展区内绿化、亮化、美化工程建设，推进工业大道1.21千米景观大道两侧绿化工程、三角池平整绿化工程、粤海铁路出口路路灯工程等项目建设。开发区10万立方米/天净水厂工程动工，老城商住新区基础设施配套工程完成规划工作，澄江防洪堤工程已完成勘察、可行性研究工作。

2005年，交通部宣布马村港列为国家一类对外开放口岸，外籍船舶由马村港进入海口港口岸不需到北京相关部门申请，只需当地口岸部门批准即可。8月，粤海铁路海南华盛专用线铺轨，铁路全长1400米，投入资金500万元。12月，《澄迈老城片区城市总体规划（2005—2020）》由中国城市规划设计研究院编制完成，通过专家评审会和省规划委员会的审定，范围包含盈滨旅游度假区。

2006年，开发区按照“量力而行、适度超前”的原则，加大基础设施建设和生活配套设施建设力度，全年投入1.34亿元，其中供水项目完成投入9710万元，完成港口基础设施、设备技术改造等投入428万元，完成通信线路改造投入853万元，完成武亭路工程及道路亮化工程投入150万元，完成居住等配套设施建设投入1731万元，完成教育配套建设投入540万元。

2007年，区内路网完成道路总长65千米，污水管道覆盖工业大道、南一环路海滨二路、富音、武亭路、盈滨路、美伦路，设有老城站和盈滨站两处通讯交换点，敷设干线光缆120千米，基站17个。有中石化供气站和中石油两处供气站，铺设完成老城站—中海油气段和老城站—中石油福山气田段两段输气管道。净水厂设备安装调试完成，于7月初投入运营，福山水库于6月30日开闸放水，配水管网工程工业大道两侧及南一环路主干道基本完成，到福耀的支管安装完成。路灯1141杆，总长30.93千米。

2008年，开发区在完善城市道路、配套供水管网、启动污水处理项目等基础设施方面投入约3000万元。推进南二环路（940米）、南一环路西延线、玉堂南路、欣龙路、武亭北路、北二环路西段、富山油气出口路、工业大道绿化工程等道路项目建设；完成南一环路、盈滨路、美伦路、博院路、睿丰路、盈滨二东路、盈滨二西路、疏港南至南一环路等路灯工程，新增路灯约300杆，亮化道路总长约8千米；完善供水配水管网工程，供水工程净水厂建成运营，原水管道敷设完毕，具备局部供水能力；启动日处理能力为5万吨的老城污水处理厂项目建设。加大“大港口”建设力度，完善“大港口”功能，加快推进马村港扩建一期工程和物流园区工程建设。截至年底，开发区基础设施建设累计投入20多亿元，建成道路70多千米，铺设污水管道80多千米，天然气管道50多千米。建成220

千伏变电站 1 座，110 千伏变电站 2 座，供电线路总长 220 千米，铺设通信光缆 120 千米，建成 10 万立方米/天供水厂 1 座。

2009 年，投入约 9712 万元完善区内基础设施建设。完成南二环路中段的主体工程、盈滨路改造工程和武亭北路的建设工程；完成盈滨大道、盈滨二东路、盈滨二西路、工业大道、南站出口路、富音路、澄江路等道路 150 余杆路灯的维修工作，亮化道路总长约 8 千米；计划投资 2 亿元，日处理能力 5 万吨的老城污水处理厂项目有条不紊地推进，2010 年竣工投入使用；新增 110 千伏变电站两座，为开发区的电力供应提供保障。

2009 年，海口综合保税区作为中国批准设立的第四个综合保税区，也是继洋浦保税港区后，海南再获国家批准设立的开放层次最高、政策最优惠、功能最齐全、手续最简便的特殊开放区域之一。综保区占地面积约 1.93 平方千米，涉及搬迁村庄为孟乐村。作为澄迈县第一个整体搬迁的村庄，孟乐全村 139 户共 536 人。为确保在 2009 年 6 月底结束搬迁工作，澄迈县委、县政府从全县各职能部门抽调 100 多名精干工作队员，由县领导带队，组成 12 支搬迁工作队。在县拆迁领导小组的领导下，由老城经济开发区管委会牵头协调，专门负责孟乐村搬迁工作。搬迁工作坚持“以人为本、和谐搬迁”原则，拆迁工作创造“海南速度”，至 6 月底，孟乐村搬迁工作完成。

2010 年，通过老城开发区发展有限公司融资等方式筹措资金 10.48 亿元，投入老城开发区的市政路网建设。启动北一、北二、南二环路和南一环路改造等市政路网建设；完善盈滨半岛滨海二横路、电瓶车道等基础设施建设；规划建设一批星级酒店，如海航五星级酒店、泽航房地产的荣誉新城、亚泰二期、京杭花园等酒店逐步开工建设；加大“大港口”建设力度，马村中心港区扩建一期主体工程完成，做大做强老城开发区港口经济；海南海汽运输集团有限公司根据签订的《交通运输战略合作协议》，启动营运区内 2 条公交线路以及兴建 1 个国家二级客运站和 1 个大型货运站（物流中心）等交通服务基础设施，满足近期老城经济开发区道路运输需求；中电新能源、污水处理等一批城市基础配套项目完成主体工程；加大对开发区工业大道、南海大道两旁的绿化投入，提升城市品位。

第四节 招商项目及成果

一、招商引资

1999 年，盈滨大桥竣工通车，带动盈滨半岛经济发展，对推进开发区招商引资有积极意义。老城工业开发区组织参加厦门招商会、“1999 年中国开发区招商洽谈会”等 4 次招商活动，在盈滨半岛成功举办“11·8”招商会，引进新项目 38 个，总投资 15.498 亿元（包括外资项目 3 个）。其中海南南泰鳄鱼湖动物园开园，项目总投资 1.8 亿元，面积 133.27 公顷，首期工程开发面积 26.60 公顷，投资 1.2 亿元，吸引众多游人前来参观。

2000 年，开发区新招引项目 9 个，计划投资 3.06 亿元。海南椰岛酒厂、中国南方石油老城输配站、海南森通木业加工厂、海南新顺昌木业制品厂等 8 家项目开工建设。

2001 年，开发区主动走出去，县委主要领导牵头先后赴广州、厦门、三亚等地参加招商活动，吸引客商到开发区投资置业。2001 年，海南第一届盈滨龙水节举办，吸引人民日报、海南日报等 8 家媒体报道，拉动盈滨半岛旅游休闲度假区开发区建设，掀起老城开发区新一轮开发热潮。有 43 个项目落户开发区，计划投资 47.71 亿元，其中投资亿元以上的有睿丰光纤光缆厂、海南南泰鳄鱼湖动物公园、海南欣龙无纺二期工程等 7 个项目。

2002 年，开发区引进 60 个项目，计划投资 84.82 亿元，全年实际投资 5.83 亿元。开发区主动走出去开展招商引资活动，先后派出 4 批工作人员赴北京、长春、大连等地参加招商活动，大力招商引资，10 月，老城开发区在中国第四届深圳高交会上签约 7 个项目，总成交额 8.98 亿元，签订项目和成交额分别占全省的 53.8%和 52.8%，获组委会颁发优秀组织奖。

2003 年，开发区引进项目 63 个，计划总投资 39.88 亿元，实际投入资金 5.03 亿元，开发区成为全省开发最早、产值最高、产业体系最齐全的开发区，开发区被评为“中国 50 家投资环境诚信安全区”。12 月，中共海南省委副书记、代省长卫留成在老城经济开发区调研及现场办公时指出要着力引进国内外大型企业，走大企业、大项目带动的路子。要依靠大企业、大项目的资金优势、技术优势、管理优势、品牌优势和市场优势，延伸产业链，培植产业群，塑造优势产业。要加大招商力度，切实搞好建设规划，加强招商引资队伍建设，把优惠政策集中起来，加大宣传力度。

2004 年，开发区全年引进项目 45 个，计划投资 72.06 亿元，实际投资 7.04 亿元。开发区在引进大公司、大项目方面取得重大突破，先后引进福建福耀玻璃工业集团、华能集团等中国 500 强企业投资建设浮法玻璃生产线项目（总投资 32 亿元）、电厂技术改造项目（总投资约 26 亿元）。

2005 年，开发区大力推进招商引资工作，建立招商网站，不断充实内容，实现网上招商。由主要领导牵头，参加各类招商引资洽谈会、推介会，引进国内外高新技术企业和高科技项目。海南华利食品有限公司华利食品加工厂、海南翔泰渔业食品冷冻加工厂、海南禾杰饲料预混饲料生产配套项目、海南绿宝龙肥料有限公司生物型有机-无机肥料厂项目等项目签约入驻。

2006 年，开发区立足“抓大不放小”的原则，加快招商引资步伐，全年引进 80 家企业 111 个项目，计划投资 206.06 亿元，实际投资 19.45 亿元。其中澄迈县与山东鲁能集团签订《盈滨半岛及周边土地开发框架协议书》，项目规划把盈滨半岛建设成影视会展、佛教文化、旅游度假、康健娱乐、游艇运动、商务休闲、生活居住等具有国际水准的综合性滨海休闲旅游度假区，使盈滨半岛成为融佛教文化、影视综合、旅游度假于一体的“星光半岛”，同期合作开发海南永庆生态文化旅游区项目。

2007 年，全年开发区引进 89 个项目，计划投资 172.75 亿元，实际投入资金 24.27 亿元，同比增长 24.82%。其中重点项目引进取得较大突破，引进 16 个省县重点建设项目。6 月，举行中国海南第五届盈滨龙水节招商活动，签约项目 25 个，计划总投资额 61.95 亿元，不仅签约项目和签约金额创历届新高，而且涉及的领域更广泛。开发区通过调整海南博士院士产业园暨海南省高新技术产业示范区招商引资方向，明确项目准入条件，使得园区招商工作走上理性化轨道，招商取得新突破。引进海南绿生农资有限公司、海南汇锦高新农业开发有限公司瓜尔豆胶生产项目、中国石油集团测井有限公司海南生产科研基地项目、湖南宫廷置业有限公司美伦假日山庄项目等，使园区开发跨出实质性步伐，园区产业聚集效应初步凸显。

2008 年，开发区实施“大企业进入、大项目带动、高科技支撑”发展战略，按照“竣工投产一批、开工建设一批、谋划储备一批”的工作思路，坚持把招商引资作为开发区发展的生命线，招商引资的规模、效益和深度均取得较大突破。在香港、深圳、海口等地举办“澄迈投资项目推介会”，利用“龙水节”等节庆抓好招商引资工作，与一大批有实力的香港、国内大企业进行投资洽谈，洽谈项目 150 多个，引进项目 90 个，协议投资额 140 亿元，实际投资资金 28.09 亿元。全年引进项目 90 个，计划投资 209.62 亿元，实际投入资金 28.09 亿元，同比增长 15.70%。在中国海南第六届盈滨龙水节上，开发区对招商项目进行精心包装和招商活动的成功运作，签约项目 14 个，计划投资额 77.45 亿元。全国第四个综合保税区——海口综合保税区和中国海南生态软件园等项目落户开发区，计划投资 20 亿元的中海油马村海上平台支持基地等项目前期工作也加紧推进。

2009 年，开发区全年引进项目 88 个，计划投资 316.61 亿元，实际投入资金 33.75 亿元，同比增长 20.2%。新引进的项目中，第二产业项目 49 个，计划投资 90.87 亿元；第三产业项目 39 个，计划投资 225.74 亿元。此外，作为海南“一岛一区两园”省级发展战略重要组成部分的海南生态软件园开始动工并启动招商工作，有 19 家客户完成工商注册手续。

2010 年，开发区实施大企业进入、大项目带动战略，引进一批能够突出投资规模、产出强度、财力贡献力、就业机会和产业带动效应的大型特大型项目。在中国海南第八届盈滨龙水节上，老城开发区通过对招商项目进行精心包装和招商活动的成功运作，招商会上推出51个招商项目，涉及工业、基础设施、旅游三大类。其中签约项目8个，计划投资额27.70亿元；在第十一届欢乐节期间，签约项目16个，计划投资额400亿元；全年洽谈有意向94个项目，计划投资185.66亿元，实际投入资金55.48亿元。

二、项目建设

1999年，开发区累计落户项目91个，总投资68.21亿元。海南南泰鳄鱼湖动物园、海南昆仑水泥实业有限公司水泥厂等项目投产，海南欣龙无纺股份有限公司薄型涤给纺粘无纺布生产线等项目动工兴建，海南欣龙无纺实业有限公司股票在深圳证券交易所挂牌上市，成为中国无纺行业首家上市公众企业。

2000年，有80个企业91个项目落户开发区，区内实现年产值22亿元，国内生产总值7.36亿元。开工建设项目有欣龙无纺三期工程、海南南泰鳄鱼湖动物园二期工程、海南椰壳活性炭厂、纸箱板厂、酒精厂、海南森通木业加工厂、海南新顺昌木业制品厂、泰昌加油站8家，计划投资总额5.7247亿元，其中酒粘厂、泰昌加油站、海南森通木业加工厂建成投产或营业。

2001年，有43个项目落户老城开发区，计划总投资47.41亿元，已投资5.396亿元，其中建成投产或开业的项目有10个，计划投资额37872万元，已投资22208万元；在建项目15个，计划投资额168785万元，已投资28141万元；基础设施工程建设项目7个，计划投资额4775.87万元，已投资1963万元；正在筹建的项目有11个，计划投资额262667万元，已投资1650万元。其中投资亿元以上的有睿丰光纤光缆厂、海南南泰鳄鱼湖动物公园、海南欣龙无纺二期工程等7个项目。南欣龙无纺实业公司被海南省知识产权局授予“2001—2002年度海南省专利工作试点单位”称号。

2002年，有60个项目落户开发区，计划投资84.82亿元，实际投资5.83亿元，其中基础设施项目15个，计划投资6.46亿元；工业项目29个，计划投资70.47亿元；旅游项目12个，计划投资7.51亿元；文教卫生项目4个，计划投资0.38亿元，原有的5家企业，如欣龙无纺二、三期工程、中海油气一期技改、南泰鳄鱼湖公园二期工程、新兴港二期工程等投入资金进行扩建，总投资近10亿元，中海油气海湾化工厂二期工程建成后，整个产值将150亿元，可增加财政收入23亿元。海南省博士·院士产业园于2002年9月挂牌成立，凭借老城开发区卓越的区位优势及优良的投资环境，吸引来自清华、北大、中科院等单位及美国、日本、德国、英国等国家的160位博士、12位院士加入产业园的开发建设，中国的第一位无纺博士后入园工作。产业园区内的欣龙无纺股份公司投资4.6亿元，是海南省的上市龙头企业，2002年产值2.1亿元，人事部、全国博士后管理委员会授权欣龙无纺国家非织造行业博士后研究工作站挂牌办公，为同行业第一家。

2003年，开发区引进项目63个，计划总投资39.88亿元，实际投入资金5.03亿元，全区总产值41.35亿元，实现国内生产总值（GDP）13.24亿元，占全县GDP的47.079%；上缴税金2.39亿元，占全县财政收入的70.54，成为全省开发最早、产值最高、产业体系最齐全的开发区，被评为“全国最具投资价值20强开发区”之一。

2004年，开发区全年引进项目45个，计划投资72.06亿元，实际投资7.04亿元。海南博士院士产业园(海南高新产业示范区）开园，国家非织造材料工程技术研究中心在老城开发区挂牌。海南诺尼生物工程精品有限公司年产66吨的中国西沙诺尼天然生物制剂系列产品项目、美国美思达生物资源公司微生物基因工程和发酵技术生产生物杀蚊剂和安全饲料添加剂项目、营口渤海天然食品有限公司年处理6000吨豆粕生产大豆功能活性因子系列产品项目签约入园。3个项目占地约70公顷，投资约5亿元，投产后可实现年销售收入约6.2亿元，年总利税约2.7亿元。当年澄迈县有大中型企业28家，开发区占15家。海南省企业管理协会《海南经贸》杂志发布公告，2004年海南工业50强名次排定，开发区6家企业榜上有名。

2005年，开发区累计入驻企业数229家，引进项目数371个。海南华利食品有限公司华利食品加工厂、海南翔泰渔业食品冷冻加工厂、海南禾杰饲料预混饲料生产配套项目、海南绿宝龙肥料有限公司生物型有机–无机肥料厂项目等项目签约入驻，海南大海水产饲料有限公司被评为“全国农业产业化龙头企业”。

2006年，开发区累计引进309家企业481个项目，累计投资134.88亿元。引进80家企业、110个项目，其中工业类项目90个、旅游类项目16个、文教类及其他5个；引进项目计划投资206.06亿元，实际投入资金19.45亿元，同比增长27.16%，产值20.13亿元。海南省科学技术厅表彰全省十佳节约型高新技术企业标兵，区内海南欣龙控股(集团)股份公司、海南中海油气有限公司、武钢集团海南分公司榜上有名。

2007年，开发区有75个项目（含改造和扩建项目）开工，18个续建项目按计划推进，29个项目按期竣工，全年完成固定资产投资22.46亿元，占全县固定资产投资的82.79%，同比增长31.98%。其中计划投资26.41亿元的华能海口电厂“大代小”技改工程项目、计划投资7亿元的福耀海南浮法玻璃项目、计划投资1亿元的高钛特种合金项目等省县重点项目相继建成投产。“三港合一”一二期扩建工程、海南第一物流中心、盈滨岛置业首期项目、海南绿生农资有限公司物流仓库及配套办公楼、“海峡南岸”、新理益·半岛壹号等重点建设项目，在开发区工委的协调下开工建设。海口保税区整体西移项目、计划投资2.5亿元的永庆生态文化旅游区项目、计划投资8亿元钛白粉生产项目、盈滨半岛整体开发项目、20万吨/年精细化工项目、华能海口电厂“上大压小”技改工程项目等在推进中。总投资9.1亿元的海南省“十一五”重点建设项目——海口港马村中心港区一期工程开工。

2008年，开发区有22个项目顺利开工，有62个项目正按计划推进（其中有28个项目按期竣工）。其中20万吨精细化工厂、马村港扩建工程、中油马村油库改造、老城污水处理厂等重点项目正加快推进，海口综合保税区、中国海南生态软件园和金红石型钛白粉厂等重点项目前期工作正加紧进行。凭借良好的投资环境和所取得的显著成就，2008年开发区被评为“海南省工业经济发展突出贡献单位”。

2009年，全年引进项目88个，计划投资316.61亿元，实际投入资金33.75亿元，同比增长20.2%。新引进的项目中，第二产业项目49个，计划投资90.87亿元；第三产业项目39个，计划投资225.74亿元。作为海南“一岛一区两园”省级发展战略重要组成部分的海南生态软件园，项目开始动工，并启动招商工作，有19家客户完成工商注册手续。全年开发区有22个项目开工，28个项目按期竣工，有34个项目按计划推进。20万吨精细化工厂、马村港扩建工程、中油马村油库改造、老城污水处理厂等重点项目正加快推进，海口综合保税区、中国海南生态软件园和金红石型钛白粉厂等重点项目前期工作正加紧进行。

2010年，老城开发区有县重点项目22个，在续建10个，筹建12个，年度投资13.21亿元，累计投资22.66亿元，完成总计划投资额的43.2%。海南生态软件园于9月开园，全年有139家企业完成或正在注册，有40多家企业已入园办公，全年实现产值15亿元；海口综合保税区经国家验收封关；马村港扩建一期主体工程完工；海南中航特玻一号线完成技改并投产；海南橡胶集团深加工项目完成设备安装；海南日报印刷基地、椰树集团饮料基地和赣丰肥业等一大批省县重点项目有条不紊推进。

三、经济发展

1999年，区内企业总产值16.01亿元，其中工业总产值13.1亿元，同比增长4.1%。生产总值（GDP）5.21亿元，占全县GDP的25.5%。税收收入6800万元，其中国税4800万元，地税2000万元。固定资产投资3.96亿元，占全县固定资产投资额的45.6%。截至1999年，累计入驻企业数65家，引进项目数77个。

2000年，开发区内企业总产值18.70亿元，同比增长16.8%，其中工业总产值14.01亿元，同比增长6.95%。全区国内生产总值5.37亿元，同比增长3.07%，占全县国内生产总值的25.6%，其中工业增加值4.4亿元。税收收入7557万元，同比增长11.14%，其中国税 4321.8 万元，地税 3235.2 万元。固定资产投资 2775 万元，累计企业数 75 家，累计项目数 87 个。

2001 年，开发区全年实现总产值 28.953 亿元，同比增长 16.78%。国内生产总值 9.68 亿元，增长 27.89%，占全县 GDP 的 38%，其中工业产值 21.272 亿元，同比增长 15.33%；销售企业产值 7.76 亿元，同比增长 21.31%。全年上缴国地税 1.53 亿元，比上年增长 75.86%，占全县财政收入的 67.4%，其中投资亿元以上的有睿丰光纤光缆厂、海南南泰鳄鱼湖动物公园、海南欣龙无纺二期工程等 7 个项目。

2002 年，开发区内企业总产值 36.06 亿元，同比增长 24.56%，其中工业总产值 25.02 亿元，同比增长 18.41%；商业企业产值 6.84 亿元，同比下降 11.51%；建筑安装企业总产值 4.2 亿元。全区实现国内生产总值（GDP）11.86 亿元，同比增长 22.52%，占全县国内生产总值（GDP）的 45.62%，其中工业增加值为 8.55 亿元，同比增长 34.01%。上缴国地税 1.733 亿元，同比增长 13.27%，占全县财政收入的 66.54%。

2003 年，开发区内企业总产值 41.34 亿元，同比增长 14.6%，其中工业总产值 29.17 亿元，同比增长 16.19%。全区国内生产总值 13.24 亿元，同比增长 13.15%，占全县 GDP 的 46.5%，其中工业增加值 9.59 亿元。税收收入 23892 万元，同比增长 37.86%，其中国税 17924 万元，同比增长 145.88%；地税 5967 万元，同比下降 27.47%。固定资产投资 4.62 亿元，同比下降 13.06%，累计企业数 163 家，累计项目数 253 个。

2004 年，区内企业总产值突破 50 亿元，达 52.16 亿元，比上年同期增长 26.13%。其中工业总产值 33.94 亿元，比上年同期增长 16.57%，占全县工业总产值的 87.49%（规模以上工业企业总产值 33.21 亿元，比上年同期增长 15.69%，规模以下工业企业总产值 7299 万元，比上年同期增长 78.20%）；建筑安装企业总产值 4.48 亿元，比上年同期增长 31.73%；旅游、商业及其他企业总产值 13.75 亿元，比上年同期增长 55.43%。区内企业累计生产总值 15.76 亿元，比上年同期增长 26.05%，其中工业增加值 10.29 亿元，比上年同期增长 16.56%；建筑安装企业增加值 1.34 亿元，比上年同期增长 31.73%；旅游、商业及其他企业增加值 4.12 亿元，比上年同期增长 55.43%。区内企业国地税总收入首次突破 3 亿元大关，达 3.01 亿元，占全县财政收入的 74.14%，比上年同期增长 25.86%。

2005 年，开发区企业总产值 62.58 亿元，同比增长 19.9%，其中工业总产值 38.66 亿元，同比增长 13.9%。生产总值（GDP）19.33 亿元，占全县 GDP 的 51.8%。税收收入 3.32 亿元，同比增长 10.4%，其中国税 2.29 亿元，同比增长 9.3%；地税 1.03 亿元，同比增长 12.9%。固定资产投资 13.41 亿元，占全县固定资产投资额的 81.1%。截至 2005 年，累计入驻企业数 229 家，引进项目数 371 个。

2006年，区内企业累计总产值78.13亿元，同比增长24.83%，其中工业总产值44.77亿元，同比增长15.81%，占全县工业总产值的75.4%，对全区的经济增长贡献率为39.32%；规模以上的工业总产值44.15亿元，同比增长16.23%；规模以下的工业总产值0.62亿元，同比下降7.97%。建筑、安装业产值11.41亿元，同比增长34.24%；旅游、商业及其他行业产值21.95亿元，同比增长42.26%。区内企业累计生产总值（GDP）24.76亿元，同比增长28.08%。固定资产投资17.02亿元，比上年同期增长26.84%，占全县固定资产总投资的85.74%。开发区按照“做强二产、做精三产、反哺一产”的思路，调整优化产业结构，使开发区二产、三产结构从上年的75.35∶24.65调整为71.91∶28.09。全区企业实现税收3.65亿元，同比增长9.88%，占全县财政收入的58.71%，占全县国地税收入的69.61%，其中国税2.61亿元，同比增长13.58%：地税1.04亿元，同比增长1.56%。出口交货值为3.24亿元，同比增长161.72%。高新技术企业产值11.62亿元，占规模以上工业总产值的26.32%，有6家企业进入海南省企业100强行列。

2007年，开发区内企业总产值95.32亿元，同比增长22.00%，其中工业总产值59.33亿元，同比增长28.75%；建筑安装企业产值11.55亿元，同比增长15.67%；旅游、商业及其他企业产值24.44亿元，同比增长10.77%。生产总值（GDP）突破30亿元大关，达30.18亿元，同比增长18.74%，其中工业增加值19.39亿元，同比增长22.67%；建筑安装企业增加值3.46亿元，同比增长15.67%。旅游、商业及其他企业增加值7.33亿元，同比增长10.77%。国税、地税收入4.62亿元，同比增长26.61%，占全县国地税收入的69.79%，其中国税3.42亿元，占全县国税的73.41%，同比增长30.95%；地税1.20亿元，占全县地税的66.36%，同比增长15.70%。出口交货值4.48亿元，同比增长38.46%。固定资产投资22.46亿元，占全县固定资产投资的83.31%，同比增长31.98%，其中工业类投资12.19亿元，占固定资产投资的54.28%；旅游业投资4.98亿元，占固定资产投资的22.17%；基础设施及文教类投资5.29亿元，占固定资产投资的23.55%。

2008年，区内企业总产值117.32亿元，同比增长23.08%，其中工业总产值73.04亿元，同比增长23.10%；旅游、商业及其他企业产值32.08亿元，同比增长31.24%；建筑安装企业产值12.20亿元，同比增长5.66%。生产总值（GDP）36.97亿元，同比增长22.48%，其中工业增加值23.68亿元，同比增长22.17%；旅游、商业及其他企业增加值9.62亿元，同比增长31.24%；建筑安装企业增加值3.66亿元，同比增长5.66%。同口径财政收入7.02亿元，同比增长29.13%，占全县财政收入的66.06%，其中国税、地税、农税收入5.65亿元，同比增长22.32%，占全县国税、地税、农税收入的66.67%。出口交货值6.70亿元，同比增长49.50%。固定资产投资26亿元，同比增长15.79%，占全县固定资产投资的

82.96%，其中工业类投资 5.85 亿元，占固定资产投资的 22.50%；旅游业投资 13.87 亿元，占固定资产投资的 53.35%；基础设施及文教类投资 6.28 亿元，占固定资产投资的 24.15%。实际投入资金 28.09 亿元，同比增长 15.70%。

2009 年，区内企业总产值 138.56 亿元，同比增长 18.1%，其中工业总产值 78.92 亿元，同比增长 8.1%；建筑安装企业总产值 24.14 亿元，同比增长 97.9%；旅游商业及其他企业总产值 35.50 亿元，同比增长 10.7%。生产总值 44.43 亿元，同比增长 20.2%，其中工业增加值 26.53 亿元，同比增长 12.0%；建筑安装企业增加值 7.24 亿元，同比增长 97.9%；旅游商业及其他企业增加值 10.65 亿元，同比增长 10.7%。同口径财政收入 9.68 亿元，同比增长 37.9%，占全县财政收入的 70.7%。国税、地税总收入 5.68 亿元，同比增长 0.5%，占全县国地税收入的 63.0%，其中国税 3.89 亿元，同比下降 5.3%；地税 1.79 亿元，同比增长 15.6%。全区工业出口交货值 8.29 亿元，同比增长 23.7%。全区固定资产投资 31.22 亿元，同比增长 20.1%，占全县固定资产投资的 74.9%，其中工业类投资 6.45 亿元，占固定资产投资的 20.7%；旅游业投资 12.65 亿元，占固定资产投资的 40.5%；基础设施及文教类投资 12.12 亿元，占固定资产投资的 38.8%。

2010 年，区内企业总产值 211.78 亿元，同比增长 52.8%，其中工业总产值 100.16 亿元，同比增长 26.9%；旅游、商业及其他企业产值 69.32 亿元，同比增长 95.3%；建筑安装企业产值 42.3 亿元，同比增长 75.3%。生产总值（GDP）64.69 亿元，同比增长 45.7%，其中工业增加值 31.21 亿元，同比增长 17.7%；旅游、商业及其他企业增加值 20.79 亿元，同比增长 95.3%；建筑安装企业增加值 12.69 亿元，同比增长 75.3%。全口径财政收入 18.32 亿元，占全县（28.17 亿元）的 65.0%，同比增长 89.3%，其中国税、地税、农税收入 8.67 亿元，同比增长 52.8%，占全县国地农税收入的 51.7%。出口交货值 8.99 亿元，同比增长 8.6%。固定资产投资 54.36 亿元，同比增长 74.1%。

第五节　园区建设

一、海南博士院士产业园（海南省高新技术产业示范区）

2002 年，海南博士院士产业园设立，位于海南西北部的老城经济开发区内，规划面积 533.33 公顷。园区位于西线快速干道、开发区工业大道、西线高速公路交会处，距海口市中心 20 千米，距海口美兰国际机场 35 千米，距粤海铁路海口北站（客运站）4.4 千米，距粤海铁路海口南站（货运编组站、铁路物流配送中心）2 千米。

园区西北面为琼州海峡，拥有 0.5 万—10 万吨天然深水码头 6 个，年吞吐能力 800 万吨，属国家一类口岸。全区建有60万千瓦火力发电厂1座、日供10万吨自来水厂1个、程控电话装机容量1万门、宽带网络36千米、电力线路230千米、道路网络约120千米、排污管网71千米、天然气管网39千米，基础设施已达到“七通一平”。

园区规划为“六园一地”，即新型材料产业园、生物制药产业园、电子信息产业园、高效农业产业园、海洋资源产业园、生态商住园，高新技术研发基地。

产业园依托海南省博士·院士产业促进会人才资源，至2005年，有来自清华、北大、中科院等单位以及来自美国、日本、德国、英国等国家的160位博士、12位院士融汇园区开发建设。园区有欣龙控股（集团）股份有限公司、海南睿丰光纤光缆有限公司、海南欣安生物制药工程有限公司等企业建成投产，建有博士后科研工作站1个。

2008年11月6日，中国电子信息产业集团有限公司旗下专业科技园区开发管理公司海南生态软件园投资发展有限公司进入产业园，建立海南生态软件园。

二、海南生态软件园

2007年,海南省政府与中国电子信息产业集团公司在海口举行信息产业与信息化战略合作协议签约仪式。双方共同组织修编“信息智能岛”总体规划，共同规划建设海南软件园。中电集团从资金投入、信息产业转移、技术转让等方面参与和支持海南软件园建设。海南省以建设省级软件园为契机，走软件园区的产业聚集模式，按照“园区＋大项目带动”模式，以面向中电集团等国内外重大信息产业企业招商为主，以引导省内IT企业向园区汇聚为辅，通过总体规划，分期建设，滚动发展，打造以软件外包、IT教育培训、软件研发、呼叫中心和互联网媒体等为重点的软件生态基地。

2009年5月20日，海南生态软件园开工建设，园区规划面积200公顷。根据三生态、四平台、特色产业布局的发展思路，打造以互联网、文化创意、健康服务三大产业为主导的产业群，打造颇具特色的生态微城市。

2010年，海南生态软件园于9月开园，有139家企业完成或正在注册，有40多家企业已入园办公，全年实现产值15亿元。海南生态软件园成为海南“一岛一区两园”省级发展战略重要组成部分，也是海南“十二五”期间把高新技术产业培育成支柱产业的重要平台。

第六节　节能减排和安全生产

一、节能减排

1999年，为控制水污染，实现工业污染源达标排放，促进开发区可持续发展，海南省国土海洋环境资源厅批复同意建设老城工业开发区污水处理厂，集中处理开发区工业废水和生活污水，项目总投资 17000 万元，建设规模为日处理污水 10 万吨/日，县政府研究同意为该项目建设提供财政担保。

2000 年，老城工业开发区污水处理项目加紧筹备中，当年编制完成项目可行性研究报告，与海南永成物业发展总公司签订项目合作协议，由该司注入资金启动项目筹建工作。

2001 年，老城开发区加强区内环保设施招商引资，委托中国环保产业协会水污染防治委员会办理老城开发区污水处理厂、供水厂项目招商引资，招商引资采用 BOT 形式，污水处理厂项目投资 2.6 亿元，供水工程项目投资约 2.8 亿元，道路桥涵建设项目投资 3.1 亿元。

2002 年，开发区抓好区内企业污染治理工作，抓好污染集中处理设施的招商引资工作，引进珠海市一家公司投入 5500 万元建设 52.6 千米排污管网；执行"三同时"及环境污染评价制度，防止新的环境污染源发生；加大对老污染企业的治理力度，解决金椰林酒业有限公司废水及臭味污染问题；抓好区内重点污染源的环境监测及治理设施建立工作，确保治理设施的正常运转和污染治理达标排放。开发区污水处理率和处理达标率均为 100%，有污水处理设施 21 套，年处理废水 319.4 万吨，重点污染企业废水处理量 305 万吨/年。

2003 年，开发区从招商引资思路上逐渐向引进低耗能服务类产业倾斜。加大对 533.33 公顷博士·院士产业园运作力度，引进海南永庆生态文化旅游区项目、南广节能环保门窗生产加工厂等低耗能项目，对助推开发区经济结构转型有积极意义。海南省科技厅认定海南博士·院士产业园为"海南省高新技术产业示范区"。

2004 年，华能集团海口电厂"大代小"技改工程通过可行性研究报告。此项目为海口火电四期，工程建设 2 台 30 万千瓦燃煤脱硫机组，代替 2 台 5 万千瓦的机组，海口火电及中海能源股份有限公司（马村）电厂的总装机容量可达到 120 万千瓦的规划装机容量。项目引进世界上最先进的脱硫机组，能够在为海南提供廉价电力的同时，减少大气污染。

2005 年，华能海口电厂在海口（马村）电厂（老厂）的基础上进行"大代小"技改扩建，对第三期机组进行脱硫改造、新建煤码头和灰场，大幅消减电厂二氧化硫排放总量，改善区域环境空气质量。

2006 年，开发区推进区内节能改造工作，助推企业转型升级。区内海南欣龙控股(集团)股份公司、海南中海油气有限公司、武钢集团海南分公司被海南省科学技术厅表彰为全省十佳节约型高新技术企业标兵。

2007 年，开发区配合县环保部门做好区内企业排污巡查，查处违法排污企业 5 家，遏制区内企业偷排漏排现象。建成投产的福耀海南浮法玻璃项目利用风能和太阳能发电，满足厂区内亮化设施用电需求，采取清洁生产工艺，避免产生工业“三废”物质。属于高污染行业的华盛天涯水泥制品厂通过对生产工艺的技术改造，生产用水回收利用率超过95%以上，1年回收粉尘1800多吨，成为环境保护的先锋。华能海口电厂通过老机组烟气脱硫改造工程，每年可以减少二氧化碳排放量约19000吨，脱硫效益95%以上，机组除尘效率可达到99.9%。区内海南中海油气有限公司、武钢集团海南有限责任公司、海南中琼水解有限公司等企业新上的项目均建立废水处理设施、有机废气焚化设施及各类污染防治设施，确保达到节能减排要求。2007年，海南省科学技术厅出版的《创新·节约·降耗——海南省争创节约型高新技术企业标兵典型材料汇编》中，开发区武钢集团海南有限责任公司、欣龙（控股）集团股份有限公司和海南中海油气有限公司等3家高新技术企业节能降耗经验被该书收录推广。

2008年，开发区把节能降耗作为经济结构调整的主线，坚持“发展与节能同步、开发与节约并举”的方针，以节能、减排、节水和环境保护为重点，以科技进步为支撑，以加强考核评价为手段，做好区内节能降耗和污染减排工作。开发区配合县环保部门做好区内企业的污染源巡查工作和第一次全国工业污染源普查工作，把上规模的企业作为节能减排的重点，要求新建、在建的项目落实好节能减排措施，督促区内企业进行节能减排技术改造。其中华能海口电厂通过四台125兆瓦脱硫改造，采用技术成熟、脱硫效率高的石灰石—石膏湿法进行脱硫，设计脱硫效率达到95%。4号、5号机组脱硫装置于2008年3月投入运行，6号、7号机组改造于11月投入商业运行，实现二氧化硫的达标排放。海南中海油气有限公司精细化工厂通过对30万吨/年溶剂油装置技术改造，实现污水重复利用，年可回用处理水1.5万立方米。

2009年，开发区区域环评工作通过专家审查，向海南省国土环境资源厅报审。配合县环保部门做好区内污染源巡查工作，查处违规外排污染物的企业5家，从源头上遏制企业偷排、漏排现象。配合县节能减排工作领导小组对区内重点耗能企业进行定期督查，指导企业建立节能管理制度和激励机制，推动企业结构调整和技术改造，提高节能管理水平，如华能海口火电厂通过机组燃油锅炉优化改造和8号、9号机组凝结水泵改造，降低生产耗电量，完成全厂机组优化运行工作；海南中海油气精细化工厂通过优化和改造污水处理装置，提高污水处理量及减少淀粉的投加量。

2010年，开发区把节能减排作为调整经济结构、转变经济增长方式为突破口和重要抓手，引进和控制新建高能耗、高污染行业项目。开展创建循环经济示范园区、示范企业试点工作，加快节能减排技术的推广和应用，其中海南中航特玻一号线完成技改并投产。

二、安全生产

1999年，昆仑水泥实业有限公司水泥厂、欣龙无纺股份有限公司薄型涤给纺粘无纺布生产线、武钢等重点项目动工投产，开发区按照安全生产工作要求，强化危险化学品、人员密集型场所及易燃易爆物品管理，排查隐患现场，加强安全生产宣传教育，督促企业按照操作规程进行作业。

2003年，老城开发区明确安全生产工作重点，围绕石油化工、度假酒店、木材加工等行业企业，如华能海口火电厂、度假村酒店、南泰鳄鱼湖动物园及武钢集团等企业，配合省消防总队、县消防大队和县安全生产监督局开展隐患排查治理工作。对存在的安全隐患逾期未进行整改，县消防大队对海南森通木业有限公司和海南新顺昌有限公司进行处罚。

2004年，成立老城开发区安全生产领导工作小组，明确工作职责，制定《老城开发区特重大事故安全应急救援预案》，明确开发区组织机构和职责，开展重大危险源辨识和风险评价，制定事故应急处置的程序和报警系统，对应急物资进行储备和开展演练，提高开发区安全生产事故应急救援能力。开展人员密集型场所消防安全专项治理，检查区内服装、玩具、皮具、木材、家具、纺织等劳动密集型生产企业的车间、员工集体宿舍的消防安全问题，检查包括森通木材厂、新顺昌木材厂在内的15家大中型企业，发现隐患5个，现场限期要求整改，整改完成率100%。

2005年，深入企事业单位宣传《中华人民共和国安全生产法》，组织开发区驻区各企业参加安全生产知识竞赛。要求区内加油站、油库等企事业单位主要负责人参加县组织的安全生产管理人员的安全生产培训班。坚持“安全第一，预防为主”的方针，依据有关法律、法规，对危险化学品生产、储存、经营、运输、使用和废弃物处置各个环节，进行整顿治理，规范开发区危险化学品安全管理，健全安全防范措施。成立老城开发区安全生产领导工作小组，打击在安全生产工作中“马大哈现象”，杜绝“做一天和尚敲一天钟”的现象。加大宣传教育，依法强化监督监察。

2009年，建立健全安全生产管理机构，经县编委会批准，专门增设安全生产管理部，配备专职人员，加强队伍建设。开展安全生产专项整治，排查存在安全隐患的企业36家，排查隐患125项，整改115项，整改率92%。加强安全生产宣传教育，在“安全生产月”活动期间，张贴和悬挂1000多条宣传标语和横幅，向企业下发2000多册宣传资料，组织区内企业参加安全生产知识竞赛，开发区管理委员会被授予“消防工作先进单位”称号。

2010年，开发区加强对安全生产工作的领导，及时调整开发区安全生产领导工作小组，配备业务骨干，明确工作责任，向企业提出合理化建议，做到参与不干预，配合不迁就，引导企业的安全生产管理走向规范化，完善危化品企业的基本情况数据库。开展安全生产专项整治，联合安监、建设、消防等职能部门对区内危险化学品和劳动密集型企业进行检查60多次，排除安全隐患200多处。补充和加强老城消防中队的力量，部分企业通过技术改造，使安全生条件得到改善，开发区安全生产体系逐渐形成。加强安全生产宣传教育，在“安全生产月”活动期间，悬挂2000多条宣传标语和横幅，向企业下发1000多册宣传画册。配合县安监局举办中海油气公司油罐车着火事故应急响应救援演练，提高部门对应急响应救援能力。

第十编　中共地方组织

第一章　全县党员代表大会

第一节　代表选举

1999—2010年，历经中共澄迈县第十次代表大会、第十一次代表大会。

一、中共澄迈县第十次代表大会

（一）党代表的选举产生

2003年，根据《中共海南省委关于做好2003年市县领导班子换届工作的意见》文件精神，中共澄迈县委制定《中共澄迈县委2003年换届选举工作方案》，对代表选举以及县委换届工作进行安排，决定3月11—13日在金江镇召开中国共产党澄迈县第十次代表大会。全县按16个党委工委的党组织设置为16个选举单位，根据各地所辖党组织的数量、党员人数和工作需要确定代表名额，出席第十次党代表大会的代表，由各选举单位召开党代表大会或党代表会议或党员大会选举，解放军、武警部队等单位，按照县委分配的代表名额，单独召开党员大会选举产生出席代表。选举采取自下而上的方式提名，经过充分酝酿协商，根据多数党组织或多数党员意见提出代表候选人初步人选；选举单位对候选人初步人选逐个进行全面考察，尤其是考察他们在关键时刻、重大原则问题上的政治立场和政治倾向，并征求所在单位和有关方面的意见后向县委组织部汇报。由选举单位召开党的委员会全体会议，按不少于应选代表20%的差额确定代表候选人预备人选，由选举单位召开党代表大会或党代表会议或党员大会进行选举。各选举单位进行选举前，对代表候选人预备人选进行充分酝酿，根据多数选举人的意见确定候选人，然后直接采用候选人数多于应选人数的差额选举办法进行正式选举；也可以采用差额选举办法进行预选产生候选人名单，再进行正式选举。

（二）党代表的构成

全县选举产生澄迈县第十次党代会代表225名，其中各级领导干部代表占60%左右；各类专业技术人员代表占20%左右；各条战线先进模范人物代表占18%左右；解放军、武警部队代表占2%左右；妇女代表不少于15%；少数民族代表不少于2%，50岁以下（含

50岁）的代表占50%以上。

二、中共澄迈县第十一次代表大会

（一）党代表的选举产生

经中共澄迈县第十届委员会第九次全体会议决议、中共海南省委批准，中国共产党澄迈县第十一次代表大会于2007年1月16—18日在金江镇召开。全县分21个选举单位（各镇、华侨农场党委、县武装部党委、县直机关工委、老城开发区工委及有关驻澄部队党组织），代表大会代表由各选举单位实行差额选举产生，候选人的差额比例为25%左右。采取自下而上的方式提名，经过充分酝酿协商，根据多数党组织或多数党员意见提出代表候选人初步人选；选举单位对候选人初步人选逐个进行全面考察，尤其是考察他们在关键时刻、重大原则问题上的政治立场和政治倾向，并征求所在单位和有关方面的意见，由选举单位召开党的委员会全体会议，按差额确定代表候选人预备人员，经县委组织部同意后，由选举单位召开党代表大会或党代表会议或党员大会选举。

（二）党代表的构成

澄迈县第十一次党代表大会代表名额共238名，其中各级领导干部代表占59%左右；各类专业技术人员代表占21%左右；各条战线先进模范人物代表占18%左右；解放军、武警部队代表占2%左右；妇女代表不少于15%；45岁以下的代表占50%以上。

第二节　中共澄迈县第十次代表大会

2003年3月21—23日，中共澄迈县第十次代表大会在金江镇召开。大会代表225名，出席代表222名，列席代表108名。

会上，县委书记代表中共澄迈县第九届委员会作题为《坚持发展作为第一要务，为全面推进澄迈小康社会建设而奋斗》的工作报告。主要内容：全面总结第九届县委过去5年的工作，提出新一届县委未来5年澄迈小康社会建设的奋斗目标、总体要求和主要任务。报告指出过去5年经济增速年均9.7%，2002年第二产业比重首次超过第一产业，财政收入比1997年翻一番多，在全省市县经济发展综合考核中，澄迈县排名由2000年第九位上升到20015的第四位。之后5年任务是认真贯彻“三个代表”重要思想，不断提高党的执政水平和领导水平，坚持和深化产业结构调整，进一步丰富和完善“一县一点一地”产业发展战略，依托海口，拓展城郊优势，提升一产，做强二产，搞活三产，逐步形成以二产为主导，三次产业协调发展的格局，壮大县域经济，实现现代农业大县、新型工业强县的目标。会议提出“五抓六看”的工作思路，作出人、财、事“三权”方面改革的重大决策。

大会通过《关于中共澄迈县第九届委员会工作报告的决议》和《关于中共澄迈县第九届纪律检查委员会工作报告的决议》。选举产生中共澄迈县第十届委员会和纪律检查委员会。

新一届县委委员25名，候补委员5名。县委十届一次全会选举常委9名：王勇、吴九丰、庄光炎、符永、杨思涛、王永和、王启强、洪光华、徐菊芬。其中王勇为书记，吴九丰、庄光炎、符永、杨思涛为副书记。

第三节 中共澄迈县第十一次代表大会

2007年1月16—18日，中共澄迈县第十一次代表大会在金江镇召开。大会代表238名，列席代表102名。

会上，县委书记张作荣代表中共澄迈县第十届委员会作题为《开启新征程，实现新跨越，为推进澄迈在西部工业走廊新崛起而努力奋斗》的工作报告。主要内容：贯彻“一县一点一地”产业发展方针，按照“依托中心城市，加快发展澄迈；服务中心城市，不断提高澄迈；融入中心城市，缩小发展落差”的努力方向，全面实施“突出龙头、提升中心、拓展两翼、带动腹地、科学发展”的县域总体发展战略，加快发展新型工业，实现工业经济新崛起；实施品牌战略，实现特色农业新崛起；努力拉长三产“短腿”，实现旅游服务业新崛起；加强基础设施建设，实现城镇建设新崛起。县纪委书记郑芳平作题为《深入推进党风廉政建设和反腐败工作，为澄迈县在西部工业走廊新崛起提供有力保障——县纪委向县第十一次党代表大会的工作报告》，报告总结近4年来全县党风廉政建设和反腐败工作情况，提出之后5年工作的建议。

大会通过《关于中共澄迈县第十届委员会工作报告的决议》和《关于中共澄迈县第十届纪律检查委员会工作报告的决议》，选举产生中共澄迈县第十一届委员会和纪律检查委员会。

大会选举县委委员37名，候补委员7名。县委十一届一次全会选举常委10名，张作荣为书记，杨思涛、徐菊芬为副书记。选举产生县纪委常委7名，郑芳平当选为县纪律检查委员会书记，何宗华、罗诗范当选县纪律检查委员会副书记。

第二章　县委全体（扩大）会议

第一节　县委第九届全体（扩大）会议

1999年1月15日，县委九届二次全体（扩大）会议在金江镇召开。会上，县委书记陆志远作题为《鼓实劲，干实事、创实绩，把澄迈现代化建设事业全面推向新世纪》的报告。会议审议通过《中共澄迈县委九届二次全体（扩大）会议决议》。会议号召，全县党员一定要高举邓小平理论伟大旗帜，紧密团结在以江泽民同志为核心的党中央周围，在省委的正确领导下，团结和依靠全县人民，鼓实劲，干实事，创实绩，同心协力，开拓前进，把澄迈现代化建设事业全面推向新世纪。

2000年1月20日，县委九届三次全体（扩大）会议在金江镇召开。会上，县委书记陆志远作题为《夯实基础，再创辉煌，以优异成绩迎接新世纪》的报告。会议审议通过《中共澄迈县委九届三次全体（扩大）会议决议》。会议号召，全县党员一定要团结和依靠全县人民，深入贯彻中共十五大精神，抓住机遇，夯实基础，奋发进取，共同努力，创造辉煌业绩，迎接新世纪的到来。

2000年4月26日，县委九届四次全体（扩大）会议在金江镇召开。会上，县委书记作题为《切实加强“三讲”教育，努力提高领导班子思想政治素质》的报告。报告对2000年1月开展的以“讲学习、讲政治、讲正气”为主要内容的“三讲”教育活动进行总结。会议听取省委“三讲”教育巡视组组长许忠南的讲话。会议号召，全县各级党组织要充分认识开展“三讲”教育的重要意义，切实把“三讲”教育继续引向深入。认真吸取“3·19”事件的教训，继续解决好领导班子和领导干部在党性党风方面存在的影响全县改革、发展和稳定大局的突出问题，努力把整改工作落到实处，把各级领导建设成为政治坚定、团结实干、开拓创新、廉洁为民的坚强集体，团结和带领全县各族人民，齐心协力，艰苦奋斗，为实现澄迈跨世纪发展的宏伟目标而努力奋斗。

2001年1月16日，县委九届五次全体（扩大）会议在金江镇召开。会上，县委书记作题为《迎接挑战，乘势前进，开创“十五”时期工作新局面》的报告。会议审议通过《中共澄迈县委关于制定澄迈县国民经济和社会发展“十五”计划的建议》和《中共澄迈县委九届五次全体（扩大）会议决议》，提出“五四三二一”的工作思路和“一县一点一地”产业发展战略。会议号召，全县党员和广大人民群众要动员起来，坚持“三个代表”重要思想不动摇，解放思想，迎接挑战，团结拼搏，乘势前进，加速澄迈现代化建设进程，为开创澄迈“十五”时期工作新局面而共同奋斗。

2002 年 3 月 4 日，县委九届六次全体（扩大）会议在金江镇召开。会上，县委书记作题为《与时俱进，乘势而上，把澄迈现代化建设事业推上新台阶》的报告。会议深入贯彻中共十五大和十五届六中全会的精神，总结过去一年工作，明确新一年发展目标和任务，审议通过《中共澄迈县委九届六次全体（扩大）会议决议》，进一步完善县委的“五四三二一”工作思路。会议号召，全县党员和广大人民群众要行动起来，坚持以江泽民总书记“三个代表”重要思想为指导，深入贯彻党的路线、方针、政策，解放思想，抓住机遇，与时俱进，乘势而上，把澄迈的现代化建设事业推上一个新的台阶，以优异的成绩迎接中共十六大的胜利召开。

第二节　县委第十届全体（扩大）会议

2003 年 7 月 11 日，县委第十届二次全体（扩大）会议在金江镇召开。会上，县委书记作题为《认真贯彻省委四届三次全会精神，在创新中加快澄迈发展》的报告。主要内容：深刻领会省委四届三次全会精神实质，充分认识在创新中加快发展的必要性和紧迫性。正确把握澄迈县经济社会发展形势，进一步增强搞好澄迈事业建设的信心，在创新中加快澄迈发展。要主动融入海口经济圈，争创澄迈发展新优势；要科学规范人权、事权、财权管理，不断创新发展机制；要以人为本，夯实加快澄迈发展的社会基础。会议号召，全县人民要认真学习和实践“三个代表”重要思想，全面贯彻胡锦涛总书记“七一”重要讲话精神，与时俱进，开拓进取，创新思路，真抓实干，为澄迈人民的生活更加富裕，更加美好而奋斗。

2004 年 3 月 9 日，县委十届三次全体（扩大）会议在金江镇召开。会上，县委副书记、县长吴九丰受县委书记的委托，作题为《务实创新，开拓进取，加快澄迈全面建设小康社会进程》的报告，总结过去一年工作，明确新一年的发展目标和任务。主要内容：继续实施“一县一点一地”产业发展战略，按照“五抓六看”的工作思路，坚持“五个统筹”“五个坚持”，围绕增加财政收入和增加农民收入目标，依托中心城市辐射，依托交通物流优势，依托项目带动，营造强劲经济发展态势，加强社会主义政治文明和精神文明建设，狠抓落实，加快全面建设小康社会进程。县委书记作《2003 年个人述职述廉工作报告》及大会总结讲话。老城开发区作题为《与时俱进，开拓创新，实现老城开发区质与量的突破，推动澄迈经济跨越式发展》的发言。会议号召，全县上下要进一步增强加快发展的责任感和紧迫感，认真实践“三个代表”重要思想，解放思想，开拓进取，真抓实干，乘势而上，为实现澄迈全面建设小康社会目标而努力奋斗。

2004年8月9日，县委十届四次全体（扩大）会议在金江镇召开。会上，县委副书记、县长吴九丰受县委书记的委托，作题为《落实科学发展观，促进澄迈经济社会协调发展》的报告。总结过去上半年的工作，明确后半年的工作任务。会议指出“五抓六看”符合澄迈的发展实际，加快澄迈事业发展，落实“五抓”要有新的突破。即抓农业结构调整，大力发展热带高效农业；抓老城开发区建设，突出发展现代新兴工业；抓城镇建设，要以产业发展为支撑；抓非公有制经济，要以优化发展环境为重点；抓作风建设，要着力强化求真务实精神。坚持“五抓六看”，必须把握好的几个问题，即突出“两个增加”（增加财政收入和增加城乡居民收入）；立足“三个依托”（依托中心城市辐射，依托交通物流条件，依托大项目带动作用）；强化“三种观念”（改革创新、诚实守信、艰苦奋斗的观念）。会议号召，全县广大人民群众要同心同德，团结奋斗，确保年初提出的各项奋斗目标全面实现。

2004年10月29日，县委十届五次全体（扩大）会议在金江镇召开。会上，县委副书记、县长吴九丰受县委书记的委托，作题为《在县委十届五次全会上的讲话》。主要内容：深入学习贯彻中共十六届四中全会精神和省委四届五次全会精神，报告县委十届四次全会以来的工作情况，部署全县第四季度工作。以学习贯彻中共十六届四中全会和省委四届五次全会为动力，围绕加强党的执政能力建设，继续坚持“五抓六看”的工作思路，落实全面、协调、可持续的科学发展观，抢抓机遇，求真务实，扎实工作，促进全县经济和社会各项事业健康发展，全面完成年初确定的各项奋斗目标。会议号召，全县各级党组织要深入学习贯彻中共十六届四中全会和省委四届五次全会精神，牢固树立科学的发展观和政绩观，大力加强党的执政能力建设，解放思想，开拓创新，真抓实干，顽强拼搏，全面推进澄迈县的小康社会建设，争取更大的成绩。

2005年3月8日，县委十届六次全体（扩大）会议在金江镇召开。会上，县委书记张作荣作题为《以开展保持共产党员先进性教育活动为动力，努力开创澄迈全面建设小康社会新局面》的报告，总结过去一年的工作，研究部署之后一年的主要工作。会议提出，要树立和落实科学发展观，以富民强县为目标，继续坚持“一县一点一地”产业发展战略，坚持“五抓六看”，发挥区位优势，按照“依托中心城市，加快发展澄迈；服务中心城市，不断提高澄迈；融入中心城市，缩小发展落差”的努力方向，实施“突出龙头、提升中心、拓展两翼、带动腹地、科学发展”的县域总体发展战略，进一步优化经济结构，切实转变增长方式，在创新中加快澄迈的经济发展，在和谐中促进澄迈的社会全面进步，确保财政收入保持两位数增长速度，确保人民生活水平和质量有较大提高，迈开澄迈全面建设小康社会的新步伐。会议号召，全县各级党组织和广大党员干部要以开展保持共产党员先进性教育活动为动力，解放思想，开拓创新，团结一致，真抓实干，为实现宏伟目标而努力奋斗。

2005年7月12日，县委十届七次全体（扩大）会议在金江镇召开。会上，县委书记张作荣作《在县委十届七次全会上的工作报告》，全面总结2005年1月开展的全县第一批保持共产党员先进性教育活动工作情况。会议审议通过《中共澄迈县委贯彻落实〈中共海南省委关于加强投资环境建设若干问题的决定〉的实施意见》《中共澄迈县委关于贯彻落实〈建立健全教育、制度、监督并重的惩治和预防腐败体系实施纲要〉的实施意见》。大会闭幕县委书记张作荣作题为《以先进性建设为动力，全面推进澄迈在创新中加快发展》的总结讲话，强调要把围绕发展这个第一要务，落实科学发展观作为先进性建设的根本任务；把强化维稳这个第一责任，构建和谐社会作为先进性建设的重要举措；把加强党建这个第一工程，提高执政能力作为先进性建设的根本要求；把实现好、维护好、发展好群众的根本利益这个第一大事，密切党群关系作为先进性建设的根本目的。会议号召，要坚决执行中央和省委关于搞好先进性教育活动的各项部署，巩固先进性教育活动成果，以先进性建设为动力，全面推进澄迈在创新中加快发展。

2005年12月7日，县委十届八次全体（扩大）会议在金江镇召开。会上，县委书记张作荣作《在县委十届八次全会上的工作报告》，全面总结近一年来县委的各项工作，包括全县开展的第一批、第二批保持共产党员先进性教育活动情况。 会议强调，实现澄迈“十一五”时期又快又好发展，必须继续贯彻“一县一点一地”产业发展方针，按照“依托中心城市，加快发展澄迈；服务中心城市，不断提高澄迈；融入中心城市，缩小发展落差”的努力方向，继续实施“突出龙头、提升中心、拓展两翼、带动腹地、科学发展”的县域总体发展战略。会议审议通过《中共澄迈县委关于制定国民经济和社会发展第十一个五年规划的建议》。会议号召，带领全县人民群众，解放思想，开拓创新，振奋精神，真抓实干，团结拼搏，为实现“十一五”发展目标，全面推进澄迈小康社会建设而努力奋斗。

第三节　县委第十一届全体（扩大）会议

2007年7月20日，县委十一届二次全体（扩大）会议在金江镇召开。会上，县委书记张作荣作题为《深入贯彻省第五次党代会精神，加快推进澄迈新崛起》的报告，总结上半年工作，研究部署下半年工作。会议号召，全县广大党员干部要在胡锦涛总书记在中央党校重要讲话和省第五次党代会、县第十一次党代会精神指引下，落实科学发展观，振奋精神，抢抓机遇，开拓创新，加快发展，努力完成全年各项目标任务、加快推进澄迈新崛起，以出色的成绩，迎接中共十七大的胜利召开。

2007年10月30日，县委十一届三次全会在金江镇召开。会上，县委书记张作荣作《在县委十一届三次全会上的报告》，闭幕时还作题为《用十七大精神统一思想行动，奋力夺取全面建设小康社会新胜利》的讲话。会议主要任务：用中共十七大和省委五届二次全会精神统一全县人民的思想和行动，客观总结县第十一次党代会特别是省第五次党代会以来半年多的工作，认清形势，鼓足干劲，深入贯彻落实科学发展观，为夺取全面建设澄迈小康社会新胜利而不懈奋斗。会议传达中共十七大精神和省委五届二次全会精神，审议通过《中共澄迈县委贯彻落实〈中共海南省委关于学习宣传贯彻党的十七大精神的意见〉的实施意见》。

2008年7月22日，县委十一届四次全体（扩大）会议在金江镇召开。会上，县委书记作《在县委十一届四次全体（扩大）会议上的讲话》，还作总结讲话。全会认真学习胡锦涛总书记考察海南时的重要讲话精神和省委五届三次全会精神，研究部署澄迈县改革开放和经济社会发展的重点工作。会议审议通过《中共澄迈县委关于衔接省委完善省直管市县管理体制工作的意见》《中共澄迈县委关于大力改善民生推进基本公共服务均等化和社会主义新农村建设的意见》《中共澄迈县委关于贯彻落实〈建立健全惩治和预防腐败体系2008—2012年工作规划〉的具体措施》等文件。全会号召，全县各级党组织要以贯彻落实胡锦涛总书记视察重要讲话和省委五届三次全会精神为动力，调动一切积极因素，大胆解放思想，大胆开拓创新，抢抓机遇，深化改革，扎实工作，共同开创澄迈科学发展、和谐发展的新局面。

2009年2月13日，县委十一届五次全体（扩大）会议在金江镇召开。会上，县委书记作题为《解放思想，坚定信心，强力推动澄迈经济社会平稳较快发展》的报告及大会总结讲话。会议总结过去一年全县各项工作所取得的成绩，明确之后一年工作目标和任务。会议提出，要应对国际金融危机，认真实施“三县一地”经济社会发展战略，落实中央和省一系列宏观经济政策措施，坚定信心，解放思想，开拓创新，把保增长作为首要任务，把扩大投资上项目作为关键抓手，把扩大消费抓促销作为重要手段，把深化改革开放作为根本动力，把改善民生作为出发点和落脚点，把攻坚克难抓落实作为重要保障，在逆境中突围，实现澄迈平稳较快发展。会议还听取县委常委会2008年度干部选拔任用工作报告并进行民主评议，审议通过《中共澄迈县委关于贯彻落实党的十七届三中全会精神，推进澄迈农村改革发展的具体意见》。会议号召，全县党员和广大人民群众要团结拼搏，迎难而上，真抓实干，为全面完成全年各项工作任务，以优异成绩迎接中华人民共和国成立60周年而努力奋斗。

2009年9月30日，县委十一届六次全体（扩大）会议在金江镇召开。会上，县委书记作《在中共澄迈县委第十一届第六次全体（扩大）会议上的讲话》。会议主要任务是贯彻十七届四中全会和省委五届五次全会精神，进一步推进新时期党的建设，为澄迈县科学发展提供强有力的组织保障。会议审议通过《中共澄迈县委关于实施新时期农村党的建设"强核心工程"的意见》《澄迈县廉政维稳保证金制度实施办法》《澄迈县进一步完善村（社区）党支部书记职业化管理办法》《澄迈县党风廉政建设责任制责任追究实施办法》《澄迈县机关作风和工作效能问责暂行规定》和《中共澄迈县委员会全体会议任用重要干部投票表决办法（试行）》等一系列加强和改进党的建设的文件。全会号召，全县各级党组织和广大党员干部要坚定信心，真抓实干，尽心竭力，尽职尽责，努力推动各项工作迈上新台阶，圆满完成全年工作任务，以经济社会平稳较快发展的优异成绩，迎接和庆祝中华人民共和国成立60周年。

2010年3月7—8日，县委第十一届七次全体（扩大）会议在金江镇召开。会上，县委书记作《在县委十一届七次全体（扩大）会议上的工作报告》，总结2009年的工作，对2010年的工作作出全面具体的部署。会议还听取《澄迈县2009年度干部选拔任用工作情况报告》，审议通过《中共澄迈县委、澄迈县人民政府贯彻落实〈省委、省政府贯彻实施国务院关于推进海南国际旅游岛建设发展的若干意见的决定〉的实施意见》《中共澄迈县委贯彻落实〈中共海南省委关于加快海南西部地区开发建设的若干意见〉的实施意见》《中共澄迈县委关于进一步推进生态现代化建设的意见》。全会还递补一名县委委员。全会号召，全县各级党组织和广大党员干部要深入贯彻落实科学发展观，抢抓机遇，鼓足干劲，团结拼搏，奋勇开拓，为开创澄迈经济社会发展新局面而努力奋斗。

2010年9月1日，县委第十一届八次全体（扩大）会议在金江镇召开。会上，县委书记作《在县委十一届八次全体（扩大）会议上的讲话》。会议的主要任务是认真学习贯彻省委五届八次全会和省委2010年度理论研讨会精神，提高认识，思想解放，动员全县上下抢抓机遇，真抓实干，构建具有澄迈特色的产业结构，用产业支撑国际旅游岛建设，促进澄迈经济社会跨越式发展。会议听取"十二五"规划编制情况的报告，审议通过县委县政府《关于进一步关注民生，加快推进城乡基本公共服务均等化的决定》和《关于真抓实干用产业支撑国际旅游岛建设的决定》。会议号召，全县各级党组织和广大党员干部要以更加昂扬的斗志、更加务实的作风，以只争朝夕的紧迫感，以思想解放为动力，开拓创新，真抓实干，为扎实推进国际旅游岛建设和海南西部地区开发建设，完成全年各项工作任务而努力奋斗。

第三章　组织机构

第一节　领导机构

中国共产党澄迈县党员代表大会是澄迈县中共地方组织的最高权力机构，党员代表大会通过选举产生的中共澄迈县委员会是中共澄迈县地方组织的领导机构。中共澄迈县委常委会系中国共产党澄迈县常务委员会的简称，是中共澄迈县委员会全体会议闭会期间，行使中共澄迈县委员会职权的常设机构。班子成员设置一般为7—9名，或11名，其中书记1名，副书记2—3名。

1999—2010年中共澄迈县委书记、副书记及常务委员一览表

表10-3-1

届别	职务	姓名	籍贯	任职时间
中共澄迈县第九届委员会（1998年3月至2003年3月）	书记	陆志远	云南省	1998年2月至2000年3月
	副书记	李贤忠	海南东方	1998年3月至2000年8月
		文丁开	海南琼山	1997年3月至2003年3月
		吴九丰	江苏省	2000年3月至2004年12月
		符　永	海南文昌	2001年5月至2005年7月
		庄光炎	海南琼海	2001年11月至2006年11月1月
	常务委员	王　晓	海南临高	1998年3月至1999年11月
		符史夫	海南定安	1998年8月至1999年2月
		杨凤柱	山东无棣	1998年3月至1998年8月
		陈平辉	海南澄迈	1998年3月至2003年3月
		韩精华	海南文昌	1998年3月至1999年11月

续表 10-3-1

届别	职务	姓名	籍贯	任职时间
中共澄迈县第九届委员会（1998年3月至2003年3月）	常务委员	王永和	海南澄迈	1998 年 3 月至-2007 年
		黄良志	—	1998 年 3 月至 2000 年 9 月
		王启强	海南琼海	1998 年 10 月至 2007 年 1 月
		龚秉之	海南万宁	1999 年 2 月至-2003 年 3 月
		符　永	海南文昌	1999 年 9 月至 2003 年 3 月
		李光兴	海南海口	1999 年 11 月至 2003 年 3 月
		李孙焕	海南澄迈	1999 年 11 月至 2000 年 9 月
		符福来	海南儋州	2000 年 9 月至 2001 年 6 月
		杨思涛	广东省	2001 年 4 月至 2003 年 3 月
		唐善伟	湖南省	2001 年 6 月至 2003 年 3 月
中共澄迈县第十届委员会（2003年3月至2007年1月）	书记	王　勇	山东省	2000.年 3 月至 2005 年 1 月
	副书记	符　永	海南文昌	2001 年 5 月至 2005 年 7 月
		庄光炎	海南琼海	2001 年 11 月至 2006 年 11 月
		杨思涛	广东省	2003 年 3 月至 2008 年 5 月
	常务委员	王永和	海南澄迈	1998 年 3 月至 2007 年 1 月
		王启强	海南琼海	1998 年 10 月至 2007 年 1 月
		洪光华	海南澄迈	2003 年 3 月
		徐菊芬（女）	海南澄迈	2003 年 3 月至 2007 年 1 月
		宋云国	—	2003 年 5 月至 2005 年 5 月
		麦吉松	海南东方	2004 年 6 月至 2009 年 10 月
		于俊卿	四川省	2005 年 5 月至 2009 年 4 月
		谭灯耀（黎族）	海南陵水	2005 年 11 月至 2009 年 9 月
		蒋敬旗	河北石家庄	2005 年 11 月至 2007 年 1 月
中共澄迈县第十一届委员会（2007 年 1 月起）	书记	张作荣	山东省	2005 年 1 月至 2008 年 5 月
		杨思涛	广东省	2008.年 5 月起

续表 10-3-1

届别	职务	姓名	籍贯	任职时间
中共澄迈县第十一届委员会（2007 年 1 月起）	副书记	徐菊芬（女）	海南澄迈	2007 年 1 月至 2009 年 10 月
		霍巨燃	吉林省	2008 年 5 月起
		陈笑波	江西省	2009 年 8 月起
		卢　勇	海南儋州	2009 年 11 月起
	常务委员	洪光华	海南澄迈	2003 年 3 月起
		麦吉松	海南东方	2004 年 6 月至 2009 年 10 月
		于俊卿	河南省	2005 年 5 月至 2009 年 4 月
		郑芳平	海南东方	2006 年 12 月起
		卢　勇	海南儋州	2006 年 12 月起
		林成彦	海南东方	2006 年 12 月起
		欧东顺	海南万宁	2006 年 12 月起
		易正超	湖南华容	2009 年 4 月起
		吴国爱	浙江省	2009 年 10 月起
		王　雷	河北省	2009 年 10 月起
		符兰平（女）	海南陵水	2009 年 4 月起

第二节　工作机构

1999 年，县委工作部门设 7 个：县委办公室、县纪律检查委员会机关（县监察局与县纪律检查委员会机关合署办公）、县委组织部、县委宣传部、县委统战部、县委政法委、县委直属机关与企事业工委。

2000 年，机构改革后，县委直属机关与企事业工委更名为县委直属工委，县委工作部门设 8 个：县委办公室、县纪律检查委员会机关（县监察局与县纪律检查委员会机关合署办公）、县委组织部、县委宣传部、县委统战部、县委政法委、县机构编制委员会办公室（列入县委机构序列，挂靠县人事劳动保障局，不计县委机构个数）、县委直属工委。

2001—2008 年，机构设置保持不变。

2009 年，县机构编制委员会办公室由原挂靠县人事劳动保障局改为单独设置，列入县委机构序列。

截至2010年，县委工作部门设8个：县委办公室、县纪律检查委员会机关（县监察局与县纪律检查委员会机关合署办公）、县委组织部、县委宣传部、县委政法委、县委统战部、县机构编制委员会办公室、县委直属工委。

第三节　基层党组织

1999年，全县有党委24个，党组9个，党总支35个，党支部603个，其中工业支部46个，交通运输业18个，农业187个，金融保险业12个，文化教育事业44个，机关138个，其他158个。全县乡镇有16个党委、4个总支部、324个支部，其中建制镇有11个党委、2个党总支、232个党支部；乡有5个党委、2个党总支、92个支部。

2000年，全县有党委24个，党组9个，党总支35个，党支部603个，其中工业支部46个，交通运输业18个，农业187个，金融保险业12个，文化教育事业44个，机关138个，其他158个。全县乡镇有16个党委、4个总支部、324个支部，其中建制镇有11个党委、2个党总支、232个党支部；乡有5个党委、2个党总支、92个支部。

2001年，全县有党委24个，党组21个，党总支33个，党支部589个，其中工业支部48个，交通运输业18个，农业185个，金融保险业12个，文化教育事业44个，机关224个，其他58个。全县乡镇有16个党委、2个总支部、416个支部，其中建制镇有11个党委、2个党总支、324个党支部；乡有5个党委、2个党总支，92个支部。

2002年，全县有党委17个，党组21个，党总支33个，党支部600个，其中工业支部48个，交通运输业18个，农业185个，金融保险业2个，文化教育事业44个，机关224个，其他79个。2002年，全县乡镇合并，有8个镇党委、2个党总支、416个支部。

2003年，全县有党委17个，党组19个，党总支33个，党支部616个，其中企业169个，事业91个，机关182个，其他174个。全县建制镇有8个党委、1个党总支、321个党支部。

2004年，全县有党委15个，党组19个，党总支27个，党支部600个，其中企业155个，事业153个，机关113个，其他179个。全县建制镇有8个党委、1个党总支、321个党支部。

2005年，全县有党委15个，党组19个，党总支28个，党支部599个，其中企业155个，事业153个，机关112个，其他179个。全县建制镇有8个党委、1个党总支、321个党支部。

2006年，全县有党委15个，党组19个，党总支29个，党支部635个，其中企业168

个，事业157个，机关117个，其他193个。2006年，全县建制镇有10个党委、1个党总支、355个党支部。

2007年，全县有党委21个，党组19个，党总支29个，党支部615个，其中企业144个，事业156个，机关112个，其他203个。2007年，全县建制镇有10个党委、1个党总支、349个党支部。

2008年，全县有党委21个，党组19个，党总支30个，党支部596个，其中企业133个，事业145个，机关151个，其他167个。2008年，全县建制镇有11个党委、2个党总支、321个党支部。

2009年，全县有党委25个，党组20个，党总支26个，党支部602个，其中企业140个，事业118个，机关154个，其他190个。2009年，全县建制镇有11个党委、2个党总支、360个党支部。

2010年，全县有党委26个，党组20个，党总支24个，党支部599个，其中企业120个，事业135个，机关154个，其他190个。2010年，全县建制镇有11个党委、2个党总支、357个党支部。

第四章　决策决定

第一节　重大决策

一、“两县一点一地”工作思路

1998年3月，中共澄迈县委第九次代表大会提出建设“新兴工业强县、科技兴农示范县、琼北旅游新热点和热带高效农业示范基地”的工作思路。加速发展外向型现代型新兴工业，重点抓好老城开发区的开发建设。贯彻“找准思路，调整结构，区域布局，优质高效，强化服务”二十字方针，突出抓好水果、瓜菜、香蕉等生产和水产养殖业。加强成片开发，推进基地化建设，发展区域性生产，使热带高效农业上规模、上档次，真正成为农民增收的重要来源。发挥南泰鳄鱼湖动物园的龙头作用，启动盈滨半岛旅游度假区，加快老城高尔夫球场建设，构建全县旅游业全面开发态势，提高旅游业发展水平。加大在农村推广应用农业新技术、新产品的力度，大力强化农业科学技术培训，抓好县热带名优示范场建设，以样板和典型带动全县农业建设和发展。

二、“五四三二一”工作思路

2001 年 1 月，中共澄迈县委九届五次全会提出“五四三二一”工作思路，2002 年 3 月县委九届七次全会进一步完善，形成“五四三二一”工作思路，即围绕“提高人民生活收入、拓宽社会就业门路、完善社会保障体系、改善人居环境和推进党风廉政建设”五个工作目标，突出“老城开发区建设、农业产业结构调整、推进小城镇建设、发展非公有经济”四项重点工作，落实“坚持以改善党委领导方式确立核心，以发展经济为中心，以转变作风凝聚民心”三项根本措施，实施“兴农增收、文明家园建设”两大工程，每年上一个新台阶。通过加快发展各项社会事业，实现物质文明、政治文明和精神文明共同进步，让全县人民得到更多的实惠。

三、“一县一点一地”产业发展战略

2001 年 1 月，中共澄迈县委九届五次全会提出建设新型工业强县、琼北旅游新热点、热带高效农业基地的“一县一点一地”产业发展战略。老城工业开发区作为澄迈县重要的工业基地，撑起澄迈县经济的半壁江山，县委、县政府印发《关于加快老城开发区改革与发展的意见》文件，对开发区的管理体制、管理机制等进行改革，建立和完善开发区各项管理制度和服务体系。建设 5 个生态产业带，科技农业、订单农业、绿色农业取得进展，实施品牌战略有新的突破，运销科技信息网络体系建设得到加强。在海南冬交会上，澄迈县同全国各地客商签订 16 份购销合同，农产品成交量 12.88 万吨，成交金额 2.073 亿元。

四、“五抓六看”工作思路

2003 年 3 月，中共澄迈县委第十次代表大会提出“五抓六看”工作思路。“五抓”即一抓农业产业结构调整，增加农民收入；二抓老城开发区建设，增加财政收入；三抓城镇建设，促进二、三产业发展；四抓非公有经济，拉动投资和消费，扩大就业门路；五抓党风建设，促进政风，带动民风，优化发展软环境。“六看”即一看财政收入和群众收入是否明显增加；二看群众吃、住、用（生活用品和生产用具）条件是否明显改善；三看人居环境（治安、文明、生态）是否明显改善；四看计划生育和义务教育入学率是否巩固提高；五看扶持弱势群体（老、弱、病、残、贫）效果如何；六看党群、干群关系是否明显改善。

五、县域总体发展战略

2005 年 3 月，县委十届六次全会按照“依托中心城市，加快发展澄迈；服务中心城市，不断提高澄迈；融入中心城市，缩小发展落差”的目标方向提出县域总体发展战略：突出龙头，加快老城开发区新型工业化进程；提升中心，强化金江镇城镇功能；拓展两翼（澄迈县东西两翼、南渡江沿岸两线），着力提升农村城镇建设水平；带动腹地（农村广阔腹地），切实解决“三农”问题；科学发展，坚持全面协调可持续相统一；坚持项目活县，实施大企业进入、大项目带动战略。

六、“两县一地”经济社会发展思路

2008年5月，中共澄迈县委第十一届县委常委会提出建设新型工业县、休闲旅游县和热带高效农业示范基地“两县一地”经济社会发展思路。在工业方面，紧抓老城经济开发区第三次开发热潮机遇，加快新型工业县建设步伐，加强基础设施建设，制定和落实招商优惠政策，优化投资环境，完善客商投资审批工作一条龙服务，把老城经济开发区建设成为海南西部工业走廊龙头。在旅游业方面，深挖历史文化、红色文化、自然景观等旅游资源，加大澄迈县旅游宣传促销力度。建设盈滨半岛永庆生态文化旅游区项目，完善盈滨半岛的旅游休闲度假区配套设施，打造福山咖啡村、万嘉果农庄、侯臣咖啡文化村等休闲项目，抓好金山寺、济公山、茂源神坂牛等观光旅游区的基础设施建设，展郊区农业观光游活动。在热带高效农业方面，大力发展无公害、生态型农业，实施橡胶、槟榔富民工程，发展现代特色农业，抓好瓜菜、水果、畜牧、水产等优势产业，培育壮大澄迈福橙、茂源神坂牛、加乐黑猪、文儒山寮鸡、福山咖啡、无核荔枝、无籽蜜柚、白莲鹅、优质稻、苦丁茶等特色农产品，打造澄迈特色品牌，提高农产品增加值。

七、“三县一地”经济社会发展思路

2009年2月，中共澄迈县委第十一届五次全会上提出建设生态现代化建设县、新型工业县、休闲旅游县和热带高效农业示范基地“三县一地”经济社会发展思路。在生态建设方面，坚持生态立县，强化环境监管，落实环境保护目标责任制，推广公共机构节能管理，出台《澄迈县重点用能单位节能管理办法》，对年耗标准煤2000吨以上，5000吨以下的生产企业实行动态跟踪管理，对南渡江澄迈段、福山水库饮用水源地加强保护。建设“林业生态县”，加强公益林保护和“三边”防护林建设，全县森林覆盖率达50%。在工业方面，推进海口综合保税区、海南生态软件园、“三港合一”马村港区、中航特玻、20万吨精细化工、海胶集团乳胶丝、海南永凯包装材料等重点项目建设。作为海南“一岛一区两园”项目的海南生态软件园破土动工，至12月底止，有58家知名IT企业入园，实现产值3亿元。在休闲旅游方面，立足得天独厚的自然优势和区位交通优势，凸显“中国最佳休闲旅游县”和“中国长寿之乡”的品牌特色，做活做强旅游房地产业。开展“假日休闲游”、“农业观光游”和“生态养生游”，全县旅游接待50.88万人次，旅游收入2.04亿元，增长30.4%。在热带高效农业方面，围绕农业“三化”“四县”目标，抓投入、调结构、打基础，率先全省创建“商标富农工程示范县”，打造福山咖啡、澄迈福橙、桥头地瓜、无籽蜜柚、无核荔枝、苦丁茶、白莲鹅、文儒山寮鸡、澄迈和牛、新吴鸭等特色品牌。

第二节　重要决定

一、建立密切联系群众的制度

2000年，在开展“三讲”教育活动中，为把深入基层、密切联系群众作为解决党性党风方面存在的突出问题、转变工作作风的突破口，澄迈县委制定《中共澄迈县委关于县、乡（镇）党政领导干部密切联系群众的规定》，实行领导干部挂钩包点制度，要求县党政班子成员做到“五个一”，即包一个乡镇、一个村庄、一间学校、扶助一名特困生、住进一家农户，转变干部作风，密切党群干群关系。

二、给老城开发区松绑放权

2001年2月，为优化投资软环境，加快老城开发区的开发建设步伐，县委出台《关于加快老城开发区改革与发展意见》，简政放权，将政府一些职能部门的审批权力下放给老城开发区管委会，授予管委会独立处理区内项目立项、选址、环评、规划、报建等审批权，变“管理开发区”为“经营开发区”，在开发区掀起新一轮开发热潮。

三、成立行政审批中心

2001年12月，为改革行政审批制度，减少审批环节，简化办事程序，提高办事效率，优化经济发展软环境，切实为投资者和广大人民群众提供各种优质服务，澄迈县在全省率先成立行政审批中心和投资服务中心，将25个有行政审批权的职能单位统一集中到中心办公，对审批项目提供一条龙服务。

四、实行副科级领导干部全员竞争上岗

2001年，县委以党政机构改革为契机，改革和创新干部人事制度，把全县66个党政机关、事业单位和人民团体所设置的128个副职领导职位和563个干部职位实行全员竞争上岗，实现选任干部由少数人选人向多数人选人、由在少数人中选人向在多数人中选人、由伯乐相马向赛场选马“三个转变”，营造一个公开、公平、公正的用人环境。通过全员竞岗，有93名正副科级领导干部走下领导岗位，152人通过竞争走上副职领导岗位，其中提拔使用59人。

五、实行村财镇管

2002年，县委针对农村财务管理混乱的问题，创新农村集体财务管理机制，在全县村级组织推行村财委托镇管工作，既规范农村财务管理，提高村财的使用效益，又解决农民反映强烈的农村财务问题，密切党群干群关系。全县10个镇实行村财镇管的村级组织有1043个，占总数的97.8%。

六、实施“三权”规范

2003年3月，为优化发展环境，在澄迈县第十次党代会上，针对全县在人权、事权、财权管理方面存在的问题，县委制定有关选拔任用领导干部、加强财政资金管理、行政审批等九个制度文件，把人权、事权、财权管理纳入规范化的管理轨道，营造一个规范有序、公正透明、高效廉洁的社会环境。

七、实行公务用车制度改革

2004年，澄迈县被列为海南省公务用车制度改革唯一试点单位。按照省委、省政府的部署和省纪委的要求，自8月开始，澄迈县在实施国家公务员制度管理（含依参照或拟依参照国家公务员制度管理）的单位（不含双管垂直单位）中推行“限额包干、超支不补、节余归己”以货币化定额包干为主要形式的公务用车制度改革，取消涉改单位的全部公务用车，发给交通补贴，并鼓励领导干部购买私车。公车改革有利于节约财政开支，提高行政效能，并从源头杜绝公车使用的不正之风，赢得广大干部群众的支持和拥护。

八、推行网上信访

2006年11月，在县政府网站开设网上信访平台，开通网上信访渠道。通过推行网上信访，及时透明地解决一大批事关群众切身利益的问题，实实在在地拉近党委、政府与广大群众之间的距离，受到群众的好评。

九、实行集体林权改革

2007年11月，澄迈县启动集体林业产权制度主体改革，并于2008年率先全省完成改革，确权发证面积4.07万公顷。还林还利于林农，既增强林业经济的发展活力，又促进农村社会的发展稳定。

十、实行华侨农场体制改革

2008年4月，澄迈县开全省华侨农场体制改革先河，在保留华侨农场的基础上成立大丰镇，采取一套人员、两块牌子管理模式，理顺华侨农场管理体制，使华侨政策与“三农”政策同时惠及农场侨民，增强华侨农场的发展活力，促进农村经济发展。

十一、实行国有企业改制

2007年，澄迈县启动国有企业改制工作，先后用时2年时间、投入近3亿元，对全县86家国有企业进行改制，妥善做好资产处置和职工安置工作，为7216名下岗职工解决“四保一金”问题，让他们住有所居、病有所医、老有所养。既解决国有资产流失问题，又较好地保障职工的权益。

十二、推行生态现代化建设

2008年7月，澄迈县创新生态工作机构设置，成立以县委书记为主任的县生态现代化建设委员会，推进生态现代化建设。制定《澄迈县生态现代化建设规划指标》，编制《澄迈生态县建设规划》《现代农业发展规划》《发展富硒农产品规划》《澄迈县旅游发展总体规划》等规划，加强生态建设和环境保护。

十三、实施“8+2”工程

2008年7月开始，澄迈县将年度新增财力全部用于改善民生，实施改善民生、推进基本公共服务均等化“8+2”工程，即实施教育、医疗卫生、社会保障、就业、住房、文体、电信、金融等8个方面公共服务均等化和富民增收、以文明生态村建设及“美丽乡村”建设为载体的社会主义新农村建设2项工程，把教育、医疗、社会保障等公共设施延伸到农村，促进城乡一体化发展，让改革发展成果更多地惠及人民群众。2007年，率先全省实现全县177个行政村村村有卫生室的目标。2010年3月。率先全省实现互联网宽带“村村通”。

十四、推行村支书职业化管理

2008年6月，澄迈县探索建立“责、权、利”相结合，“绩、奖、惩”相统一的激励约束机制，推行村（社区）党支部书记职业化管理工作模式，实现村党支部书记岗位专职化、报酬工薪化、管理科学化、成长持续化。12月，县委出台《关于进一步加强农村基层党组织建设，推行村（社区）党支部书记职业化管理的意见》，在部分村委会（社区）试点推行村（社区）党支部书记职业化，对年龄不超过45周岁、持有高中或中专以上文凭，且是农村致富带头人的党支部书记，择优纳入职业化管理对象范围。2009年11月，县委出台《澄迈县进一步完善村（社区）党支部书记职业化管理办法》，完善岗位责任、报酬待遇、监督管理、教育培训、异地交流任职、考核奖惩等制度，进一步规范对村（社区）党支部书记的管理，调动村（社区）党支部书记的工作积极性和主动性，增强基层组织的战斗力。

十五、推行考任分离制度

2007年，澄迈县创新干部人事制度改革，在全省首创推行考任分离制度，实行公开选拔、差额选拔，设立后备干部人才库，在干部任用之前增加一个培养锻炼的过程，在通过“考”把住干部素质关的基础上，对其进行有计划、有组织、有目的地培养锻炼，成熟一个，提拔使用一个。

十六、推行廉政维稳保证金制度

2009年1月，澄迈县在全国率先建立廉政维稳保证金制度。根据保证金制度，县直机关单位党政主要负责人和镇党委、人大、政府主要领导每月缴纳300元，镇其他领导班子成员和工会主席每月缴纳200元，由县财政局从其个人“阳光补贴”中扣缴；村（居）委会支部书记、主任每月缴纳150元，村（居）委会其他干部每月缴纳100元，由县财政局从其个人岗位津贴中扣缴，作为保证金，并制定相应的奖惩措施，年终兑现奖罚。制度的推行，通过经济杠杆增强各级干部的廉政维稳责任意识，促进全县廉政建设和维稳工作。

第五章　纪检监察

第一节　工作机构

1950 年 5 月，成立中共澄迈县委纪律检查委员会。1987 年 12 月，成立澄迈县监察局。1993 年，县纪委和监察局合署办公，实行一个机构、两块牌子。下设办公室、纪律检查室、案件审理室、信访室、调研室、执法监察室、党风廉政建设室等 7 个办事机构。1998 年按照省纪委监察厅的指示，县纠风办公室成立，挂牌在县监察局，负责全县纠正行业不正之风工作。2001 年，县纪委机关、县监察局内设办公室、信访室（县监察局举报中心）、案件审理室、纪检监察室、执法监察室（澄迈县纠正行业不正之风办公室）、党风廉政建设室和调查研究教育室。2003 年，撤销纪检监察室，增设纪检监察一室、纪检监察二室和纪检监察三室。2004 年，经县委同意撤销各镇纪委，成立中共澄迈县纪委、澄迈县监察局第一派驻纪检监察组、第二派驻纪检监察组。至 2010 年未变。

第二节　党风党纪教育

中共澄迈县纪律检查委员会始终坚持针对党员干部在思想、纪律、作风等方面存在的问题开展各种教育活动。

1999 年，县纪委结合戚某贵案件的典型事例，制订方案，对全县党员干部进行以“三讲”为主要内容的党性、党风、党纪教育活动。

2003 年，组织“三个代表”重要思想和“两个务必”教育活动宣讲团，深入基层开展巡回教育活动；组织开展以“艰苦奋斗、廉洁从政、树立正确的权力观”为主题的党性教育。开展正反典型教育，组织全县副科级以上领导干部观看《胡长清蜕变警示录》《一心为民的好书记郑培民》等电教片，组织县四套班子领导成员观看《扭曲的人生——李真腐化蜕变录》电教片，通过警示教育，增强广大党员干部遵纪守法、拒腐防变的能力。另外，还组织召开“当好廉内助、树反腐家风”教育大会，对全县各镇党委书记、镇长及县直机关单位主要负责人的家属，进行党风廉政建设教育。

2004年，结合学习宣传贯彻《中国共产党纪律处分条例》《中国共产党党内监督条例（试行）》，开展党纪政纪和思想道德教育，提高广大党员干部拒腐防变能力。组织观看正反典型电教片，开展示范教育和警示教育，增强广大党员干部遵纪守法和廉洁从政的自觉性。

2005年，结合保持共产党员先进性教育活动，开展党风廉政宣传教育，增强广大党员干部遵纪守法和廉洁从政的自觉性。组织51个单位3000多名党员干部观看《中国共产党纪律处分条例》《中国共产党党内监督条例（试行）》《建立健全教育、制度、监督并重的惩治和预防腐败体系实施纲要》等VCD电教片。组织32个县直单位96人开展党的知识竞赛活动。组织县四套班子成员及2000多名党员干部参加《中国共产党纪律处分条例》《中国共产党党内监督条例（试行）》《建立健全教育、制度、监督并重的惩治和预防腐败体系实施纲要》知识竞答活动。邀请省领导给澄迈县400多名领导干部作反腐倡廉形势专题报告，深入各镇举办11期农村基层党员干部党风廉政建设培训班，对全县165个村委会1675名党员干部进行集中培训。开辟户外廉政公益广告牌、举办廉政文艺晚会、组织廉政短信创作等形式，推动廉政文化建设，营造浓厚的廉政文化氛围。

2006年，结合保持共产党员先进性教育活动和学习贯彻党章，以树立社会主义荣辱观为重点，开展党风廉政宣传教育。组织全县2000多名党员干部开展“红船杯”学习贯彻党章知识竞答活动、“学习贯彻党章、推进反腐倡廉工作”征文活动和以“学党章、知荣辱、讲廉洁、为人民”为主题的演讲比赛活动。邀请省纪委领导给全县400多名领导干部作反腐倡廉形势专题报告，县委、县政府主要领导给全县900多名领导干部上党纪课。举办基层纪检干部业务培训班，对全县200多名镇、村纪检委员进行集中培训。通过在县电视台开设《每周一歌》栏目，举办学习林建智先进事迹座谈会等形式，推动廉政文化建设，促进反腐倡廉良好氛围的形成，提高领导干部廉洁从政意识。

2007年，结合学习贯彻中共十七大和海南省第五次党代会精神，有针对性地加强党员干部的理想信念、党风党纪、廉洁自律、思想道德教育和警示教育。组织全县近2000名党员干部观看中央电视台《时代先锋》栏目播出的林建智先进事迹节目。县委主要领导结合原县科协主席、热作中心主任王某案例，给全县400多名领导干部上党纪、政纪教育课。通过在县电视台开设“每周一歌”节目，定期播放廉政歌曲，以金江镇大拉村和澄迈中学等县城中小学为试点，开展廉政文化进农村、进校园活动；全县纪检监察机关开展“做党的忠诚卫士、当群众的贴心人”主题实践活动，以林建智为榜样，内强素质、外树形象，加强干部教育培训工作。

2008年，有针对性地加强对党员干部特别是领导干部的理想信念、党风党纪、廉洁从政和艰苦奋斗教育，增强领导干部廉洁从政意识。组织全县400多名领导干部参观省纪委举办的反腐倡廉警示教育大型展览。在县电视台开设《每周一课题》《每日一警句》栏目，定期宣传反腐倡廉新形势、新要求。深入推进廉政文化进机关、进农村、进校园活动，营造以廉为荣、以贪为耻的社会氛围。

2009年，县委、县政府主要领导带头讲廉政党课，教育引导党员领导干部树立正确的权力观、政绩观、用人观。通过在县电视台开设“廉政在线”，组织观看“扬正气，促和谐”全国优秀廉政公益广告展播，宣传王瑛先进典型事迹，向领导干部赠阅廉政教材《人生核算》，加强对广大党员干部的正面示范教育和反面警示教育。协调资金创建“马白山将军纪念园”党风廉政教育示范基地和金江镇大拉村廉政文化示范点，通过示范引导，深入推进廉政文化建设。

2010年，开展勤政廉政示范教育和反腐倡廉警示教育，组织开展《中国共产党廉政准则》知识测试和党的知识竞赛活动，播放《永不凋零的巴山红叶——记四川省南江县原县委常委、纪委书记王瑛》《插翅难逃》等系列电教片100多场次。深入推进廉政文化建设，组织创作廉政公益广告。澄迈县国税局和金江镇大拉村委会被省纪委确定为省级廉政文化“六进”（进机关、进学校、进家庭、进农村、进社区、进企业）示范点。

第三节　廉政建设

1999年，县委县政府推行村务、校务公开制度。6月底，派出200多名机关干部组成工作队，赴全县18个乡镇帮助各村委会搞好村务公开工作。全县95所中小学校实行校务公开。

2000年，县纪委结合农村基层组织建设三级联创活动，督促实行《乡镇党委、政府、纪委领导班子轮流接待来访日制度》，指导建立党风廉政建设制度，组织基层党员干部观看警示电视教育片。对各单位贯彻执行《关于用公款接待用餐的暂行规定》《关于接待工作有关问题的通知》的监督和检查。清理党政机关借用小汽车，责令2个单位的干部将所借小汽车退还。按规定配备通信工具，要求各级领导干部执行住宅电话费用实行对个人限额，超额自负的制度。

2001年，县纪委开展对全县党政机关企事业单位副科级以上领导干部接受现金有价证券等问题的清理工作，依规依纪收缴一批违规收取的现金和贵重物品。

2002年，县纪委制定《关于纠正乡镇干部“走读”现象的有关规定》，对镇干部上下班时间、在镇住宿时间、夜间值班时间、到农村蹲点时间等作出规定，组织检查组定期或不定期地抽查，纠正各镇干部的“走读”现象。

2003 年，县纪委下发《关于坚决刹住用公款大吃大喝歪风的紧急通知》，组织人员对各单位公款招待情况及赊账还款情况进行监督检查，清还历年赊账吃喝欠款 86.62 万元，占欠款总数的 92%。清理党政机关、人民团体和财政拨款事业单位党员干部历年拖欠公款工作，清理出历年欠款 8135.2 万元，追回欠款 2722.1 万元，占欠款总额的 33.5%。加强公务用车管理工作，对全县配置和使用小汽车情况进行调查摸底，督促车辆主管部门重新制定车辆编制。控制压缩公务人员出国（境），控制出国（境）人数 3 人，节约资金 7.8 万元。推行村级会计代理服务制度，各镇设立村级会计代理服务站，经授权后依法代理村（组）账目，管理村（组）资产，全县有 217 个村委会、827 个村民小组 1044 个村级组织实行村财委托镇管制度，覆盖面 98.7%。抓好“三公开”（党务公开、政务公开、财务公开）工作，全县党政机关单位、镇所站实行政务公开，153 个村委会实行村务公开，227 所中小学校实行校务公开，公开率 100%，112 家单位实行厂务公开，占应公开单位总数的 98%。

2004 年，县纪委开展清理机关干部住房、公务用车、从非正规渠道筹资发放补贴、机关及其工作人员占用企业和下属单位财物工作情况，及时清理纠正干部占用政策性住房和违规兼职领取补贴问题。开展清理党政干部拖欠公款和信用社贷款工作，清收 230 名国家公职人员拖欠农村信用社贷款本息 497.48 万元，占欠款总额的 81.29%；清收 1038 名党政干部（职工）借欠公款 796 万元。针对公务用车管理制度中存在的超标准配车、公车私用等问题，澄迈县率先对 68 个单位实行公务用车改革，严格界定车改范围，合理确定补贴标准，妥善分流安置司机，公开处置公务车辆 191 辆。

2005 年，县纪委制定下发《关于严禁共产党员、国家工作人员利用婚丧嫁娶等事宜收钱敛财的规定》，规定党员干部婚丧嫁娶摆宴席实行申报审批制度，所办宴席不超过 10 桌，宴请人员限于近亲属。出台《澄迈县政务、镇务、村务公开考核标准》，规范政务、村务公开工作。推行党务公开试点工作，在金江镇、华侨农场、县卫生局等 21 个单位推行党务公开试点工作。开展禁赌工作，会同县政法部门制定下发《澄迈县开展集中打击取缔“私彩”赌博活动专项行动实施方案》《关于严禁党政干部、国家公职人员参与买卖“私彩”的通知》，查处涉赌副科级干部 1 人和公职人员 2 人，因禁赌不力受到责任追究的公安干警 5 人。开展清欠工作，督促国家公职人员归还农村信用社贷款本息 143.5 万元。推行公务用车制度改革，对公检法系统实施警务用车改革，处置公车 28 辆。

2006 年，协助开展治理商业贿赂专项工作，接待群众来电来信来访 18 件次，立案查处4宗，行政罚款92000元，没收金额8700元，上缴廉政专户8370元。针对镇级财务财政管理混乱情况，开展清理规范镇财工作，对全县62个基层全额财政拨款预算单位进行清理，盘增固定资产3698.5万元，盘减固定资产108万元，核增债务205.1万元，核减债权15万元。

2007年，县纪委将农村基层党风廉政工作细分为六大项二十三小项内容，建立澄迈县农村基层党风廉政建设工作联席会议制度，抓好全县165个村（居）委会农村基层干部述职述廉工作，把领导干部述职述廉制度延伸到村级组织。

2008年，县纪委督促18名领导干部按市场价补交超面积享受政策性住房款18.71万元，清还党政机关历年赊账吃喝欠款15.1万元，清理纠正个人“小灵通”捆绑单位办公电话144部。

2009年，澄迈县在全国率先推行廉政维稳保证金制度，出台《澄迈县廉政维稳保证金制度实施办法》，将各级领导干部个人工作绩效、廉政管理效能与经济利益挂钩。此项工作受到社会各界的广泛关注和积极评价，新华社、中央电视台等主流媒体对此进行专题报道。抓好党政机关及公职人员拖欠农村信用联社贷款和党政机关及其工作人员承包租赁农村土地的清理工作，收回党政机关及公职人员、县农信社内部职工欠款57笔、本息95万元，带动清收社会各种不良贷款258万元；清退土地10宗466.81公顷，每年为农民增收租金8.45万元。对党委、人大、政协和法院、检察院系统的评比达标表彰活动进行清理，撤销项目19项，节约资金15.2万元。会同县财政、审计等部门深入开展“小金库”治理，及时纠正“小金库”2个，涉及金额15.58万元。

2010年，县纪委会同县督查部门加强对全县机关单位上下班纪律执行情况和会风进行检查，对考勤制度执行不力的3个单位和缺会、代会的16名领导干部进行通报批评。开展“小金库”专项治理，清理“小金库”1个，纠正违规资金124.13万元。推进农村干部拖欠农村信用社贷款和领导干部违规违纪收受款物等专项治理，收回农村干部拖欠的贷款本息109万元。制定下发《关于进一步深化全县党务公开工作的意见》等文件，在全县651个基层党组织实行党务公开。

第四节　纠正不正之风

1999年，县纪委监察局按照省纪委工作部署，会同有关部门开展纠风与专项治理工作。抓好减负工作，开展项目清理，对中央和省出台的98个项目进行清理，取消11个不合理的收费项目，减轻农民负担37万元；整顿农村电价，减轻农民用电不合理负担400万元；

纠正乱摊派，减少农村订阅的报刊1种，156份，减轻农民负担0.25万元。加强对粮食流通体制改革执法监察，查出违法违纪金额91.5376万元，挽回经济损失80.09万元，提出建议13条，协助建章立制6项，发现案件线索3条，立案查处2件。整治医药购销中的不正之风，取缔无证或证照不全的药品生产企业1个，查处18家无证行医诊所、行政拘留3人，没收折合人民币5000元的违规药品和医疗器械一批，罚款2.3万元。治理中小学乱收费，取消中小学乱收费项目10个，查出乱收费金额20多万元，减轻中小学生负担27.8292万元，查处乱收费案件3件，责令县教育局将不合理收取的高考录取招生赞助费1.95万元退还学生。

2005年，开展治理教育乱收费工作，责令澄迈县第二中学退还违规收费21.78万元，实行“两免一补”政策，减轻学生家长经济负担1578.4万元；开展清理建设领域拖欠工程款工作，制定下发《澄迈县清理建设领域拖欠工程款工作方案》，组织审计、财政、监察等职能部门对建设领域拖欠工程款问题进行清理，清理出拖欠工程款单位174个，拖欠工程项目404个，拖欠总金额8478.7万元，占工程项目总造价的34.89%。县政府成立政府投资项目工程招标投标、工程资金拨付管理、工程质量监督3个领导小组，明确工作职责，制定完善有关工作制度，规范政府投资建设项目用地和招投标管理。开展清理规范镇财务试点工作，制定《澄迈县开展清理规范镇财务试点工作方案》，组织县财政、审计等职能部门成立两个清理核查小组，用4个月的时间，对瑞溪镇、老城镇2003—2005年6月镇级财政预算内和预算外资金收支情况，镇政府及其部门财务收支、债权债务、资产管理情况进行清理。抓好减轻农民负担工作，通过减免农业税，减轻农民负担总金额1625万元，专项治理减轻农民负担45万元，对一起销售伪劣辣椒种子，导致种植农户遭受重大经济损失的涉农恶性案件进行查处。纠正医药购销和医疗服务中的不正之风，全县网上集中招标采购药品金额977万元，占用药总金额52.5%，减轻群众药品费用负担169万元。将监督机制引入县规范“三权”改革之中，查处一批违纪案件，促进依法行政，查处行政效能违纪案件3宗，给予党纪政纪处分3人。

2008年，组织和督促有关部门对教育收费情况进行监督检查，清退5所学校违规收费1.37万元。落实“两免一补”等优惠政策，减轻学生家长经济负担3608.72万元。纠正医药购销和医疗服务中的不正之风，县级两家医院网上集中采购药品、医药耗材1485.5万元，减轻群众药品费用负担143.1万元。开展清理党政机关及公职人员拖欠农村信用社贷款工作，清收贷款本息849万元，占总还款额的91.5%。开展党政机关及其工作人员承包、租赁农村（农场、林场）土地清理工作，清理土地18宗，面积651.02公顷。开展对强农惠农政策落实情况专项检查，查处和纠正损害农民土地权益问题2件，查处制售假劣农资坑农害农问题86件。

2009年，组织和督促有关部门对全县42所学校2009年春季教育收费情况进行检查，查出个别学校收取义务教育阶段作业本费、补课费和单车保管费、寄宿生住宿费、班会费，征订各类读本等违规收费问题，清退各类违规收费68785元，建议处分5人。纠正医药购销和医疗服务中的不正之风，推行网上药品集中采购工作，综合治理药价虚高问题，2家县级医院采购金额为1305.43万元，通过网上集中招标采购金额为1290.3万元，占实际采购药品金额的98.8%；招标采购药品品种669种，网上集中招标采购药品619种，占实际采购药品品种的92.5%，通过网上集中招标采购药品，让利于患者154万元。开展打击违法添加非食用物质和滥用食品添加剂专项整治，联合县卫生局、县药监局等部门对县内520家餐饮单位进行突击检查，针对检查中发现的产品质量，生产、卫生条件不符合标准等问题，下达200多份意见书，督促整改。由县纠风办、县委宣传部、县监察局和县文体局四部门联合主办政风行风热线，于10月15日开播，开播8场，受理群众投诉73件，及时处理66件，妥善解决一些影响经济发展环境和损害群众利益等不正之风问题。

2010年，纠正医药购销和医疗服务中的不正之风，推行网上药品集中采购工作，综合治理药价虚高问题。1—5月，2家县级医院采购药品金额952.42万元，通过网上集中招标采购金额为938.45万元，占实际采购药品金额的98.5%；采购药品品种495种，网上集中招标采购药品473种，占实际采购药品品种的95.6%，通过网上集中招标采购药品，让利于患者9.95万元。强化对政府采购执行情况监督检查，政府采购预算147万元，实际支出140万元，节约7万元，节约率为4.8%。开播“政风行风热线”18期，受理群众咨询投诉123件，办结109件，解决一批群众反映突出的问题。

第五节　执纪监察

一、案件查处

1999年，县纪委监察局加大执法力度，查处违法违纪行为，把查处违法违纪案件作为首要任务来抓。与有关部门配合，发挥办案工作效能，集中力量突破一批有影响的重大违纪案件。全年受理来信来访102件次，其中来信91件，来访11次；办结93件次，办结率92%；立案11宗，办结6宗；给予党纪处分15人（开除党籍2人，留党察看4人，严重警告2人，通报批评7人），政纪处分5人，科局级干部5人。

2000年，收到群众来信来访161件次，办结146件次，办结率90.7%；立案22宗，办结28宗；给予党纪处分28人（开除党籍6人，留党察看3人，严重警告11人，警告4

人，免予处分 2 人，撤销入党预备期 1 人，延期入党 1 人），政纪处分 19 人（开除公职 1 人，撤职 2 人，降级 8 人，行政记过 3 人，科局级干部 5 人），收缴违纪款 4.78 万元。

2001 年，收到群众来信来访来电 100 件次，办结 98 件，办结率 98%；共立案 8 宗，受理案件 24 宗；给予党纪政纪处分 26 人，科级干部 10 人。挽回经济损失 33 万元，清退违规收费 42 万元。

2002 年，立案 18 宗，办结 17 宗；给予党纪处分 17 人（开除党籍 5 人，留党察看 4 人，党内严重警告 4 人，党内警告 3 人，党内除名 1 人），政纪处分 7 人（开除公职 1 人，建议开除公职 1 人，清退出公务员队伍 1 人，记大过 1 人，记过 1 人，降级 2 人），科局级干部 7 人，追回赃款 2.3 万元，挽回经济损失 237.5 万元。

2003 年，立案 19 宗，办结 19 宗；给予党纪处分 18 人（其中开除党籍 7 人，留党察看 2 人），政纪处分 13 人，移送司法机关追究法律责任 3 人，科级干部 4 人，追回违纪资金 20.1 万元，挽回经济损失近 100 万元。

2004 年，立案 22 宗，办结 19 宗，给予党纪处分 15 人（其中开除党籍 7 人，留党察看 3 人），政纪处分 9 人，涉及科级干部 7 人，移交司法机关追究法律责任 5 人，追回违纪资金 62 万元，挽回经济损失近 200 万元。

截至 2005 年 11 月底，收到群众来信、来访、来电 164 件次，办结 156 件，办结率 95.1%；立案 19 宗，办结 16 宗，给予党纪处分 16 人（其中留党察看 4 人，开除党籍 2 人），政纪处分 4 人，科级干部 7 人，移送司法机关 1 人，收缴违纪金 9.8 万元，挽回经济损失 100 万元。

截至 2006 年 11 月底，收到群众来电来信来访 107 件次，办结 102 件，办结率 95.3%；领导干部任前廉政谈话 118 人次，诫勉谈话 2 人次；领导下访 28 人次，接访群众 38 人次，为群众解决信访问题 29 件；共立案 14 宗，办结 12 宗，给予党纪处分 11 人，政纪处分 2 人，科级干部 5 人，追回违纪资金和挽回经济损失 50 万元。

截至 2007 年 11 月底，受理群众来信来访 73 件次，立案 23 件（其中法院移交 5 件），查结 16 件；给予党纪处分 16 人（其中开除党籍 5 人），政纪处分 5 人，受到党纪政务处分的科级干部 6 人，追回违纪资金和挽回经济损失 110 万元。开展治理商业贿赂专项工作，与公安、检察、审计、工商、税务等执法执纪部门沟通协调，查处商业贿赂行为，推进诚信社会建设，把商业贿赂“黑名单”制度纳入市场准入和退出管理机制。

2008 年，受理群众信访举报 124 件次，办结 108 件，其中办结县委主要领导网上批示信访件 24 件；立案 8 件，结案 3 件，给予党纪政纪处分 10 人，其中科级干部 5 人，追回违纪资金和挽回经济损失 85 万元。

2009年，受理群众信访举报158件次，办结151件，办结率95.6%。立案10件，结案7件，给予党纪处分15人，乡科级干部9人，追回违纪资金和挽回经济损失98万元。规范信访举报、案件审理和申诉复查工作，建立健全信访举报工作制度，制定《澄迈县纪委书记定期接待群众来访工作制度》，修订完善10项信访工作制度。

2010年，受理群众信访举报37件次，办结34件，办结率91.9%。立案5件，结案3件，给予党纪处分3人，政纪处分2人，追回违纪资金和挽回经济损失78万元。

1999—2010年澄迈县查处干部违纪情况表

表10-5-1　　单位：人

年份	涉及人数	查处结果						
		开除	撤职	降级	记大过	记过	警告	其他
1999年	3	0	2	1	0	0	0	0
2000年	8	4	2	0	2	0	0	0
2001年	26	6	6	1	2	2	0	9
2002年	3	0	0	1	0	2	0	0
2003年	8	0	0	2	0	1	5	0
2004年	9	1	2	0	1	1	2	2
2005年	6	1	1	0	0	0	3	1
2006年	1	0	0	0	0	0	1	0
2007年	6	2	0	0	2	1	1	0
2008年	3	0	0	0	0	0	2	1
2009年	10	2	0	2	0	3	3	0
2010年	14	3	1	2	3	1	2	2

二、监督检查

2000年，对全县各单位落实党风廉政建设责任制情况进行检查，督促各单位落实好党风廉政“两个责任”，加强对各单位贯彻执行《关于用公款接待用餐的暂行规定》《关于接待工作有关问题的通知》的监督检查，确保上级有关工作要求落到实处。

2001年，开展的财政资金专项检查，清理票据11种，清理账号177个，撤销违规账户33个，取消收入过渡户33个。有预算内资金账户144个，预算外资金账户20个，预算外资金支出20个，应实行票款分离项目15个，已实行票款分离项目15个，票款分离率100%。1—10月，全县上缴县财政局行政事业性收费1390万元，罚没款340万元。

2002年，开展财政资金专项检查，清理票据7种，清理账户143个，撤销违规账户98个，取消收入过渡户41个，实行罚缴分离项目2个，实行票款分离项目2个。1—10月，全县纳入“收支两条线”管理单位上缴县财政行政事业性收费1081万元，罚没款上缴282万元。

2003年，全县全年政府非税收入实行“单位开票、银行代收、财政统管”征缴管理改革。截至10月底，全县清理票据9种，清理账户80个，实行罚款分离与票款分离项目116项。协同县三公开办从有关单位抽调人员组成5个检查组，检查全县38个单位厂（校）务公开工作。检查组通过听取汇报、开座谈会、查阅公开档案材料和群众测评等方式进行检查，根据《澄迈县厂务（校务）公开工作量比管理百分制考核标准》考核验收。县三公开办对公开工作较好的29个单位颁发公开年度合格证，对公开工作表现较差的9个单位进行全县通报批评，给予黄牌警告，限期整改。截至10月31日，全县党政机关单位、乡镇、所站均实行政务公开，实行村务公开的村委会153个，实行校务公开的中小学校（不包括教学点）227所，公开率100%，实行厂务公开的单位112家，占应公开单位总数的98%。

2004年，澄迈县委、县政府成立清理历年欠款工作领导小组，制定清理历年欠款工作方案和有关事项的具体操作办法，县纪委、监察局下发《关于严肃纪律促进清理历年欠款工作的通知》，明确欠款违纪责任和法律责任，督促制定还款计划和落实措施，对在清理工作中不认真负责，不主动配合又不及时还款的单位和个人实行责任追究。全县有1038名党政干部归还拖欠公款796万元。清理国家公职人员拖欠农村信用社贷款，县纪委专门召开全县清理国家公职人员拖欠农村信用社贷款工作部署和动员大会，成立县农村信用社与县纪委、监察局联合清收欠贷小组，制定清收欠贷方案，建立清收欠贷情况通报制度、督查督办制度和目标管理制度。清收欠贷小组通过即期偿还、协议偿还、代扣清收等方式，采取行政和法律相结合的办法进行清收欠贷工作。截至11月30日，有230名国家公职人员（其中贷款已结清人数149人）归还拖欠信用社贷款447.38万元（其中办完计划还款手续136.5万元），占任务的73.1%，落实房产抵押措施4户106.8万元。

2005年，县纪委对政府建设工程项目管理、国有资产处置、财政财务管理、专项资金管理、干部选拔任用、农村集体土地管理等重点环节、重点部位权力运行进行监督，注重从中发现领导干部利用职权为配偶子女谋取非法利益的问题线索，及时查处和纠正。8月，对政府建设工程项目进行监督检查和开展清房工作，检查中发现少数领导干部存在利用职权为家属多占住房、低价出售住房等违规违纪问题，及时进行查处和纠正。开展人事纪律检查工作，重点针对违规进人、乱发放工资问题，对全县65个党政机关、事业单位违规套改718名财政供养人员职级工资的问题进行清理和纠正。

2006年，对中小学校收费进行监督检查，查处和纠正5所学校乱收费行为，查出违规收费1.3万元。实行“两免一补”政策减轻学生家长经济负担1787万元，纠正医药购销和医疗服务不正之风，以打击非法行医为工作重点，加大专项治理整顿的力度，取缔无证诊所19家，罚款1.2万元。全县网上药品集中招标采购的品种337种，涉及金额585万元，占药品采购总金额的82%，减轻群众用药费用负担130万元。纠正涉及农民、企业利益的乱摊派、乱集资、乱罚款行为，解决有关农民征地费补偿及安置等问题。全县降低收费项目1个，减轻农民农业税负担523万元，“三补贴”政策减轻农民负担165万元，通过各种专项治理减轻农民负担1230万元。

2007年，按照省纪委《关于对领导干部廉洁从政五个突出问题开展专项清理工作的通知》《关于严格禁止利用职务上的便利谋取不正当利益的若干规定》的工作部署，制定工作方案，加强督促检查抓好专项清理。印发《关于禁止中秋国庆期间发放补贴的通知》《关于重申禁止用公款旅游的通知》，设立举报电话，对节日期间各单位以节假日名义发放补贴问题及借助各种名义组织公款旅游或变相旅游的情况加强监督检查。抓好党内监督制度的落实，执行“三谈两述”（对新任领导干部进行任前谈话、对下级领导干部进行专题谈话、对工作不力的领导干部进行诫勉谈话；让领导干部认真结合自身工作、学习、生活和思想实际作出述廉、述职报告）制度，全年县纪委负责人同下级党政主要负责人谈话12人次，领导干部任前廉政谈话27人次，诫勉谈话10人次，全年因违反党风廉政建设责任制受到责任追究的领导干部1名。执行《关于严禁共产党员、国家工作人员利用婚丧嫁娶等事宜收钱敛财的规定》，全年有19名副科级以上领导干部按规定向县纪委申报，2名科级领导干部因违反规定受到党纪处分。

2008年，县纪委监察局重点加强对中央和省委、县委转变经济发展方式、保护生态环境、节能减排等重大决策部署贯彻落实情况进行监督检查，保障澄迈县改善民生、推进基本公共服务均等化等政策措施落到实处。对23家企业进行环保检查，查处环境违法企业5家，查处安全生产责任事故案件1件，给予政纪处分4人。加强对扶贫资金、保险资金、能繁母猪补贴等涉及民生专项资金管理、使用情况进行监督检查，查处违规案件2起，追回违规资金3.13万元。加强对援川抗震救灾募捐款物进行监督管理，检查募捐资金432.19万元、募捐物资折合人民币12.53万元、特殊党费60.31万元。

2009年，加强对中央进一步扩大内需促进经济增长重大决策部署落实情况进行监督检查，重点对 2008 年新增中央投资项目的规划、立项、建设和资金管理使用等情况进行监督检查。全县第一批新增中央投资项目 15 个，计划投资 14131 万元。第二批新增中央投资项目 7 个，计划投资 12631 万元。对全县 30 个单位评比达标表彰活动项目进行清理。清理出 14 个单位评比达标表彰活动项目 44 项，使用经费 56.5 万元，其中县财政拨款 34 万元，自筹 22.5 万元，经审核提出拟撤销 19 个项目，节约资金 15.2 万元。加强对国有建设用地使用权招拍挂和工程建设招投标活动进行监督检查。对 28 宗建设工程招标开标会实行监督，工程总预算 62237.6 万元，实际中标价 62118.3 万元，节约资金 119.4 万元。会同县安监等部门开展安全生产工作督查专项行动，检查企业 1406 家，排查出安全隐患 615 项，整改 565 项，整改率 92%，参与调查安全生产责任事故 4 起，移送司法机关处理 3 人，建议给予政纪处分 2 人。开展对政府采购执行情况进行监督检查，政府采购金额 665.3 万元，实际支出 621.2 万元，节约资金 44.1 万元，发现纠正采购监督机构和代理机构不分离，编制预算等方面存在问题。抓好“小金库”专项治理工作，对 203 家单位进行检查，查处县农业执法大队、县市场服务中心账外收支问题。对县农垦系统中小学移交地方管理进行监督检查，完成固定资产移交 5232.4 万元，土地移交 53 万平方米，助经费移交 5933.9 万元，教职工人员移交 1282 人。

2010 年，会同有关部门对全县 34 个中央新增项目进行检查，发现问题及时督促整改，确保投资项目的顺利实施。2010 年上半年，全县新增项目总投资额 37945 万元，完成投资额 32537 万元，占总投资额的 86%。开展工程建设领域突出问题专项治理工作，对 11 个建设单位 20 个工程建设项目进行重点抽查，排查出 2008 年以来规模以上工程建设项目 170 个，总投资额 505.64 亿元，发现存在问题 106 个，责成相关单位进行整改。加强对保障性住房建设的监督检查，2008—2010 年省下达澄迈县廉租房建设任务 1450 套，建成 336 套。加强对国有建设用地使用权招拍挂和工程建设招投标活动进行监督检查。1—5 月，监督建设工程招投标开标活动 22 宗，涉及工程预算投资资金 95963.8 万元，实际中标价 94554.4 万元，节约资金 1409.4 万元。

三、党内监督

1999 年，按照省纪委、省委组织部文件规定，县纪委、县委组织部联合下发《关于召开 1999 年上半年党员领导干部专题民主生活会的通知》，对会议的指导思想、内容和要求、做法以及时间安排做出具体规定。成立由县委、县政府领导参加的会议指导小组，亲临各单位进行指导，保证民主生活会的质量，推动领导班子思想作风建设。

2005 年，澄迈县纪委围绕中纪委全会强调的追究重点，运用纪律、组织等手段，对不履行或不正确履行职责的领导干部实行责任追究。截至 12 月底，县纪委负责人同下级党政主要负责人谈话 10 人次，领导干部任前廉政谈话 4 人次，诫勉谈话 6 人次，领导干部述职述廉 86 人次，党风廉政建设责任制追究 3 人，纪律处分 3 人，组织处理 1 人。

2008 年，落实“三谈两述”制度和提拔干部等事项征求纪委意见制度，组织领导干部任前廉政谈话 25 人次、诫勉谈话 12 人次，县纪委负责人同下级党政主要负责人谈话 11 人次，党政主要领导述职述廉 52 人次，领导干部提拔任用征求纪委意见 34 人次。落实党风廉政建设责任制，实行责任追究 4 人。审计部门对 19 名党政领导干部进行经济责任审计，查出违规违纪资金 128 万元。开展反腐倡廉“制度执行检查年”活动，促进民主集中制、领导干部廉洁自律等党内监督制度的贯彻执行。推行“阳光党务”，有促进党内民主和党内监督。

2009 年，组织领导干部任前廉政谈话 35 人次、诫勉谈话 20 人次，县纪委负责人同下级党政主要负责人谈话 15 人次，领导干部提拔任用征求纪委意见 75 人次。

2010 年，30 名县领导干部报告登记个人有关事项，提拔、表彰干部征求纪委意见 74 人次；县纪委负责人同下级党政主要负责人谈话 5 人次、任前廉政谈话 33 人次、诫勉谈话 2 人次。落实反腐倡廉制度，开展“制度执行巩固年”活动，执行《澄迈县党风廉政建设责任制责任追究实施办法》，对 7 名领导干部进行责任追究。

四、廉洁自律

1999 年，县纪委监察局按有关规定对全县科级以上领导干部设立廉政档案，对建档的对象、内容、管理等做出具体规定，以便从组织和纪律上对领导干部进行规范化的管理，遏制部分领导干部利用职权损公济私等违法行为。

2005 年，制定《关于严禁共产党员、国家工作人员利用婚丧嫁娶等事宜收钱敛财的规定》，实行举办酒宴申报制度，有 25 名科级干部按规定就婚丧嫁娶等事项进行申报，对 2 名科级干部顶风违纪行为进行立案查处，分别给予党内严重警告和党内警告处分，收缴违纪资金 5 万元。会同县政法部门制定《澄迈县开展集中打击取缔“私彩”赌博活动专项行动实施方案》《关于严禁党政干部、国家公职人员参与买卖“私彩”的通知》，打击党员干部参加赌博和购买“私彩”活动，对 1 名副科级干部和 2 名公职人员涉赌案件进行查处。成立清理小组，下发《关于进一步做好清理国家公职人员拖欠农村信用社贷款工作的紧急通知》，对不及时还清农村信用社贷款的国家公职人员采取停职、停薪等强制措施进行清欠。截至 12 月底，拖欠贷款的 90 名国家公职人员中有 66 人结清贷款本息 143.5 万元。推行公务用车制度改革，从 7 月 1 日开始实施公检法系统公车改革。遏制用公款赊账吃喝歪风，督促部分单位清还历年赊账吃喝欠款，绝大多数单位停止在社会经营性饭店进行赊账招待。

2009年，执行《关于严禁共产党员、国家工作人员利用婚丧嫁娶等事宜收钱敛财的规定》，有20名党员领导干部按规定向县纪委报告婚嫁事宜。清理检查公务用车配备使用情况，制定《关于对全县机关事业单位公务用车配备使用情况进行检查清理的通知》，组织人员对全县未进行车改的机关事业单位和保留有公务用车的103家单位进行清理检查，规范公务用车管理使用。抓好土地清理工作，清退土地9宗，面积455.57公顷，其中清退党政机关4宗，面积76.71公顷；清退党政机关工作人员5宗，面积378.86公顷。落实厉行节约八项要求工作，6月，组织有关单位对全县2006—2008年各项费用支出情况进行调查摸底，提出各项经费支出压缩指标，各单位按照指标要求控制各项经费支出，全县各项经费支出在2008年的基础上降低10%，计有685万元。

2010年，执行《关于严禁共产党员、国家工作人员利用婚丧嫁娶等事宜收钱敛财的规定》，有6名党员领导干部按规定向县纪委报告婚嫁事宜。开展全县党政机关办公楼等楼堂馆所清理登记工作，全县党政机关办公楼39个，党政机关食堂、宾馆、招待所、培训中心11个。执行廉政维稳保证金制度，对7个镇2个县直单位，34名责任人进行责任追究，依规扣落廉政维稳保证金89715元。

五、党风廉政建设责任制

1999年，县纪委贯彻落实《中共海南省委 海南省人民政府关于执行〈中共中央 国务院关于实行党风廉政建设责任制的规定〉的实施办法》等文件精神，订购150张《中共中央 国务院关于实行党风廉政建设责任制的规定》下发到各单位，落实责任制，做到一级抓一级，一环扣一环，层层落实责任。

2005年，制定下发《澄迈县2005年党风廉政建设和反腐败工作实施意见》《澄迈县党政领导班子成员2005年党风廉政建设和反腐败工作任务分工的通知》，在操作程序上建立四个配套制度，即县委和县纪委每年要负责领导和组织对各级党政领导班子和领导干部落实责任制情况进行一次民主测评和考核的考核测评制度；各级党政“一把手”半年将党风廉政建设责任制执行情况向县委和县纪委书面报告，年终将述职述廉及民主评议情况向县委和县纪委专题报告，列入年度总结或工作报告的重要内容，遇有重要情况随时报告的定期报告制度；县委和县纪检监察机关每年至少对各镇及县直机关单位执行党风廉政建设责任制情况进行一次检查的监督检查制度；各级党委、政府要把执行党风廉政建设责任制情况作为考核领导班子和领导干部的重要内容，考核结果作为领导干部业绩评定、奖励惩处、选拔任用和责任追究的重要依据的责任奖惩制度。对各镇和县直机关单位领导班子及领导干部落实党风廉政建设责任制情况开展年度考核，老城镇、县计生局、县商务局等3个不合格单位被通报批评。

2009—2010年，按照中共中央和省委的要求，澄迈县制定《澄迈县党风廉政建设和反腐败工作实施意见》《澄迈县实行廉政维稳保证金制度的暂行办法》《关于进一步做好全县农村基层党风廉政建设工作的意见》《澄迈县党风廉政建设责任制责任追究实施办法》《党风廉政建设目标管理责任书》《澄迈县反腐败案件协调小组联席会议制度》《澄迈县纪委监察局派驻纪检监察组日常工作意见》《关于对基层党风廉政建设责任制考核的意见》等制度，加强以完善惩治和预防腐败体系建设为重点的反腐倡廉建设，坚持改革创新，突出重点，狠抓任务落实，党风廉政建设和反腐败工作取得新进展。

第六章　组织工作

第一节　工作机构与党员队伍

一、中共澄迈县委组织部

1999年，澄迈县委组织部内设机构有文秘岗、干部调配岗、组织岗、党建调研岗、干部审查监督岗、干部培训岗、党员电教岗，内设老干部局。2000年，内设机构有文秘岗、干部调配岗、组织岗、党建调研岗、干部审查监督岗、干部培训岗、党员电教岗，内设老干部局。2001年，内设机构有办公室、干部调配组、组织组、党建调研组、干部审查监督组、干部培训组和党员电教组，内设老干部局。2002年，内设机构有办公室、干部组、组织组、干训组、干审组、调研组、电教组，内设老干部局。2003年，电教组改称电教中心，为县委组织部直属事业单位。2008年，老干部局由副科级升格为正科级，隶属县委组织部管理。2009年，成立澄迈县干部信息管理办公室，为县委组织部下属副科级事业单位。2010年内设副科级机构为办公室、研究室、组织科、干部科、干部监督科、干部培训科、人才工作科；设立中共澄迈县委党建工作巡回检查办公室，为挂靠中共澄迈县委组织部的正科级行政单位；电化中心更名为中共澄迈县委组织部党员电化教育中心，升格为县委组织部下属副科级事业单位；澄迈县干部信息管理办公室更名为中共澄迈县委组织部干部信息管理办公室。

二、党员队伍

1999年，全县有党员12453人，其中乡镇党员8060人；正式党员12101人，预备党员352人。女性党员1541人，男性党员10912人。在职职工5170人，占41.52%；乡镇企业劳动者104人，占0.84%；从事农牧渔业5324人，占42.75%；民办教师、乡村医生29人，占0.23%；学生2人，占0.02%；城镇个体劳动者36人，占0.29%；离休干部（工人）347人，占2.79%；退休职工1204人，占9.67%；其他237人，占1.90%。同年，发展党员325人，女性50人，男性275人，分布在农林牧渔、水利业153人，工业、建筑业9人，交通运输、仓储和邮电通信业7人，商业、餐饮和服务业18人，国家机关、政党机关、社会团体90人，其他行业48人。

2000年，全县有党员12751人，其中乡镇党员8255人；正式党员12330人，预备党员421人。女性党员1595人，男性党员11156人。在职职工5223人，占40.96%；乡镇企业劳动者127人，占1.00%；从事农牧渔业5422人，占42.52%；民办教师、乡村医生33人，占0.26%；学生2人，占0.02%；城镇个体劳动者57人，占0.45%；离休干部（工人）263人，占2.06%；退休职工1236人，占9.69%；其他388人，占3.04%。同年，发展党员363人，女性73人，男性290人，分布在农林牧渔、水利业151人，交通运输、仓储和邮电通信业4人，国家机关、政党机关、社会团体141人，其他行业67人。

2001年，全县有党员12938人，其中乡镇党员8372人；正式党员12546人，预备党员392人。女性党员894人，男性党员12044人。在职职工5984人，占46.25%；乡镇企业劳动者127人，占0.98%；从事农牧渔业5243人，占40.52%；学生2人，占0.02%；城镇个体劳动者57人，占0.44%；离休干部（工人）246人，占1.90%；退休职工1238人，占9.57%；其他41人，占0.32%。同年，发展党员392人，女性109人，男性283人，其中在岗职工222人，乡镇企业劳动者8人，农林牧副渔业162人；按学历分，大学本科21人，大学专科65人，中专51人，高中193人，初中及以下62人。

2002年，全县有党员13583人，其中乡镇党员83574人；正式党员13237人，预备党员346人。女性党员1753人，男性党员11830人。在职职工6305人，占46.42%；乡镇企业劳动者129人，占0.95%；从事农牧渔业5415人，占39.87%；城镇个体劳动者57人，占0.42%；离休干部（工人）244人，占1.80%；退休职工1387人，占10.21%；其他46人，占0.34%。同年，发展党员346人，女性67人，男性279人，其中在岗职工150人，乡镇企业劳动者4人，农林牧副渔业192人；按学历分，大学本科26人，大学专科68人，中专35人，高中144人，初中及以下73人。

2003年，全县有党员13860人，正式党员13421人，预备党员439人。女性党员1746人，男性党员12114人。在职职工4661人，占33.63%；从事农牧渔业6110人，占44.08%；学生89人，占0.06%；离、退休（退职）人员2154人，占15.54%；其他922人，占6.65%。同年，发展党员448人，女性82人，男性366人，其中在岗职工199人，农林牧副渔业

216人，学生4人，其他29人；按学历分，大学本科36人，大学专科101人，中专63人，高中174人，初中及以下74人。

2004年，全县有党员13873人，正式党员13504人，预备党员369人。女性党员1839人，男性党员12034人。在职职工4806人，占34.64%；从事农牧渔业6017人，占43.37%；离、退休（退职）人员2179人，占15.71%；其他871人，占6.28%。同年，发展党员392人，女性69人，男性323人；其中在岗职工159人，农林牧副渔业200人，学生15人，其他18人；按学历分，大学本科29人，大学专科88个，中专49个，高中86个，初中及以下140个。

2005年，全县有党员14091人，正式党员13706人，预备党员385人；女性党员1884人，男性党员12207人；在职职工4905人，占34.81%；从事农牧渔业6023人，占42.74%；学生1人，占0.01%；离、退休（退职）人员2237人，占15.88%；其他925人，占6.56%。同年，发展党员369人，女性66人，男性303人；其中在岗职工130人，农林牧副渔业230人，学生1人，其他8人；按学历分，大学本科34人，大学专科71人，中专39人，高中103人，初中及以下122人。

2006年，全县有党员15362人，正式党员14777人，预备党员585人；女性党员1976人，男性党员13386人；在职职工5120人，占33.33%；从事农牧渔业6708人，占43.67%；学生8人，占0.05%；军人、武警1人，占0.01%；离、退休（退职）人员2246人，占14.62%；其他1279人，占8.33%。同年，发展党员509人，女性111人，男性398人；其中在岗职工183人，农林牧副渔业263人，学生19人，其他44人；按学历分，大学本科34人，大学专科98人，中专48人，高中128人，初中及以下201人。

2007年，全县有党员15624人，正式党员15126人，预备党员498人；女性党员2118人，男性党员13506人；在职职工4932人，占31.57%；从事农牧渔业7449人，占47.68%；学生76人，占0.49%；离、退休（退职）人员2434人，占15.58%；其他733人，占4.69%。同年，发展党员478人，女性104人，男性374人；其中在岗职工156人，农林牧副渔业226人，学生79人，其他17人；按学历分，大学本科68人，大学专科83人，中专41人，高中163人，初中及以下123人。

2008年，全县有党员15767人，正式党员14878人，预备党员889人；女性党员2188人，男性党员13579人；在职职工4844人，占30.72%；从事农牧渔业7636人，占48.43%；学生7人，占0.04%；离、退休（退职）人员2526人，占16.02%；其他754人，占4.78%。同年，发展党员425人，女性121人，男性304人；其中在岗职工127人，农林牧副渔业237人，学生26人，其他35人；按学历分，大学本科52人，大学专科61人，中专39

人，高中 125 人，初中及以下 148 人。

2009 年，全县有党员 16044 人，正式党员 15514 人，预备党员 530 人；女性党员 2202 人，男性党员 13842 人；在职职工 4755 人，占 29.64%；从事农牧渔业 7648 人，占 47.67%；学生 39 人，占 0.24%；离、退休（退职）人员 2680 人，占 16.70%；其他 922 人，占 5.75%。同年，发展党员 512 人，女性 90 人，男性 422 人；其中在岗职工 147 人，农林牧副渔业 315 人，学生 35 人，其他 15 人；按学历分，大学本科 62 人，大学专科 83 人，中专 44 人，高中中技 160 人，初中及以下 163 人。

2010 年，全县有党员 16809 人，正式党员 16285 人，预备党员 524 人；女性党员 2451 人，男性党员 14358 人；在职职工 5146 人，占 30.61%；从事农牧渔业 7639 人，占 45.45%；学生 26 人，占 0.15%；离、退休（退职）人员 3069 人，占 18.26%；其他 929 人，占 5.53%。同年，发展党员 485 人，女性 123 人，男性 362 人；其中在岗职工 178 人，农林牧副渔业 242 人，学生 45 人，其他 20 人；按学历分，研究生 1 人，大学本科 69 人，大学专科 116 人，中专 38 人，高中中技 138 人，初中及以下 123 人。

1996—2010 年，增加党员 11094 人，其中发展党员 5969 人，恢复党籍 9 人，转入组织关系 5116 人；减少党员 6005 人，其中出党 152 人，死亡 2230 人，转出组织关系 3623 人。女性入党的所占比例渐渐提高，由 1999 年 1541 名，所占比例为 12.37%，增加至 2010 年的 2451 名，占 14.58%，提高 2.21 个百分点。党员队伍趋于高学历，由 1999 年大专以上 1749 人，占总党员的 14.05%。至 2010 年，大专以上 4004 人，占当时总党员的 23.82%，增加 9.77 个百分点。乡镇党员队伍数量增加，1993 年，总党员为 11553 人，其中乡镇党员 7584 人，占总数的 65.65%。至 2010 年，乡镇党员 12502 人，占总党员 16809 人的 74.38%，17 年提高 8.73 个百分点。

1999—2003 年澄迈县中共党员基本情况表

表 10-6-1　　单位：人

年份	党员总数			性别		民族		年龄			文化程度					
	总计	正式党员	预备党员	男	女	汉族	少数民族	25 岁以下	26 至 60 岁	61 岁以上	大专以上	中专	高中	初中	小学	文盲
1999 年	12453	12101	352	10912	1541	12419	34	317	8538	3598	1749	1242	3254	3267	2627	314
2000 年	12751	12330	421	11156	1595	12723	28	342	8690	3719	1897	1318	3364	3308	2567	297
2001 年	12938	12546	392	12044	894	12914	24	252	8759	3927	1938	1379	3450	3321	265	285

续表 10-6-1

年份	党员总数			性别		民族		年龄			文化程度					
	总计	正式党员	预备党员	男	女	汉族	少数民族	25岁以下	26至60岁	61岁以上	大专以上	中专	高中	初中	小学	文盲
2002年	13583	13237	346	11830	1753	13559	24	385	9245	3953	2078	1459	3710	3461	2584	291
2003年	13860	13421	439	12114	1746	13825	35	2109	7354	4397	2444	1438	3729	6249	—	—

2004—2010年澄迈县中共党员基本情况表

表 10-6-2　　　　单位：人

年份	党员总数			性别		民族		年龄			文化程度					
	总计	正式党员	预备党员	男	女	汉族	少数民族	35岁以下	36至59岁	60岁以上	研究生	大学本科	大学专科	中专	高中	初中及以下
2004年	13873	13504	369	12034	1839	13834	39	2205	7255	4413	28	613	1973	1447	3717	6095
2005年	14091	13706	385	12207	1884	14053	38	2285	7238	4568	25	730	2060	1453	3732	6091
2006年	15362	14777	585	13386	1976	15320	42	2614	10545	4817	28	813	2225	1538	4212	6546
2007年	15624	15126	498	13506	2118	15582	42	2777	7919	4928	22	882	2390	1516	4249	6565
2008年	15767	14878	889	13579	2188	15721	46	2706	8009	5052	20	970	2382	1632	4233	6530
2009年	16044	15514	530	13842	2202	15997	47	2797	7996	5251	16	1210	2502	1695	4231	6390
2010年	16809	16285	524	14358	2451	16762	47	3098	8325	5386	19	1384	2601	1687	4638	6480

第二节　干部队伍建设

一、干部人事任免

1999年，做好乡镇换届干部配备工作，县委任免科级干部198名，其中提拔（重用）45名，调整交流115名，免职38名。

2000年，县委任免科级干部68名，其中提拔（重用）15名，平级调整交流47名，免职6名。

2001年，县委任免科级干部86名，其中提拔（重用）29名，平级调整交流41名，免职16名。

2002年，县委任免科级干部156名，其中提拔（重用）34名，平级调整交流95名，免职 27 名。

2003 年，县委任免科级干部 204 名，其中提拔（重用）69 名（其中待遇 42 人），妇女干部 6 名，非中共党员干部 3 名，35 岁以下年轻干部 35 名，调整交流 49 名。

2004 年，结合机构改革工作需要，县委任免科级干部 117 名，其中提拔（重用）30 名，平级调整交流 73 名，免职 14 名。

2005 年，县委任免科级干部 67 名，其中提拔（重用）13 名，平级调整交流 46 名，免职 8 名。

2006 年，县委任免科级干部 152 名，其中提拔(重用)67 名，平级调整交流 67 名，因工作需要免职 6 名，因年龄原因改为非领导职务 11 名，因身体原因自愿辞去领导职务 1 名。

2007 年，县委任免科级干部 133 名，其中提拔（重用）31 名，平级调整交流 58 名，因工作需要免职 16 名，因年龄原因改为非领导职务 28 名。

2008 年，全县考察任免科级领导干部 91 名，其中提拔任用 38 名（含待遇 7 名，35 岁以下年轻干部 14 名，女干部 6 名），调整交流 29 名（女干部 4 人），免去领导职务 24 名。38 名提拔任用干部均进行任前公示。加强对后备干部和年轻干部的管理，规范民主推荐、测试、差额考察、征求县纪委和计生部门意见、常委会票决、任前公示等制度；公开选拔副科级领导干部 9 名。探索干部管理工作机制，采取建立年度绩效考核制度、推行“考任分离”管理、改革补贴发放办法、实施任职激励机制等方式，分级分类管理科级领导干部、科级后备干部、一般干部以及村“两委”干部。

2009 年，按照程序办事，深化干部人事制度改革，探索推行民主推荐、测试、差额考察、常委会票决制、全委会票决制等制度。首次采取全委会票决方式，表决通过大丰镇党委书记、瑞溪镇党委书记等 13 名重要干部拟任人选，提高干部任用工作的透明度和开放性。全县考察任免科级干部 168 名，其中提拔使用 70 名（其中 35 岁以下的年轻干部 29 名、女干部 16 名），调整交流 74 名，因工作需要免职 13 名，因年龄原因改任非领导职务 11 名。

2010 年，全县考察任免科级领导干部 78 人次，其中提拔使用 51 人次（含非领导职务 19 人次，35 岁以下年轻干部 19 人次，女干部 12 人次）；平级调整交流 16 人次；因工作需要免职 11 人次。建立健全规章制度，研究制定出台 16 个关于干部培养选拔、管理和监督的配套文件，规范和完善选人用人机制。完善考任分离机制，公开选拔 100 名县副科级后备干部（2007 年度 17 名），加强后备干部培养锻炼，优先考虑提拔为科级领导干部。加大竞争性选拔力度，公开选拔 4 名乡镇副职领导干部工作，面向全国进行公开选聘县旅游委副主任等4名科级领导干部，拓宽选人视野。加大干部交流力度，优化各部门领导班子结构，激发干部队伍活力。

二、干部培训

1999年，加大干部培训教育力度，做好全县党务工作者、国家公务员计算机培训工作，举办电脑培训班6期，培训270名党员干部；举办农村党员、基层干部培训班50期，培训18000人次；选派两批11名乡镇主要领导参加省级培训，选送8名县级领导干部和乡镇领导干部到省级部门挂职锻炼。

2000年，加大干部培训教育力度，做好全县党务工作者、国家公务员计算机培训工作，举办电脑培训班8期，培训350名党员干部；举办基层领导干部培训班，培训乡镇领导干部、村“两委”干部376人；举办全县妇女骨干技术培训班，培训人员286人；协同县科协举办各类农村实用技术培训24期，参加培训农村党员干部2500人；联合县委宣传部举办“三个代表”重要思想学习培训班，培训500人；选派10名乡镇主要领导参加省级培训，选送10名县级领导干部和乡镇领导干部到省外挂职学习。

2001年，制定《2001—2005年澄迈县干部教育培训规划》，加大对干部教育培训投入，全年投入培训经费18万元，邀请专家授课2场，受训人数230人次；举办1期组织人事干部培训班，培训100多名组织人事干部；举办8期各类企业干部培训班，培训企业经营管理人员480人次；举办各类农村实用技术培训56期，受训人数1万多人；抓好干部学历培训，开办法律和行政管理专业本科学历班，224名干部参加函授；选派7名乡镇主要领导参加省委党校培训，选送120多名领导干部到浙江等发达地区参观学习，选派46人到美国、德国等国家考察学习。

2002年，举办5期江泽民《论有中国特色社会主义》专题辅导班，培训副科级以上领导干部376人次，举办中共十六大精神培训班，培训副科级以上人员612人次；邀请专家授课4场，受训人数2350人次；举办党政领导干部学习《干部任用条例》培训班，培训人员95人；举办公务员计算机技能培训班2期，培训147人；举办各类企业干部培训班10期，参加学习人员600人次；举办4期农村党员干部实用技术培训班，受训人数275人次；开办法律和行政管理专业本科学历班，525名干部参加函授；举办妇女干部培训班5期，培训200多人次，组织妇女干部2批54名到华东五省市参观学习，选送7名妇女干部到新加坡、马来西亚、泰国等国家和中国香港、中国澳门地区考察学习。

2003年，邀请专家授课6场，受训人数2100人次；举办党政领导干部学习《干部任用条例》培训班，培训70人；举办4期领导干部“三权”工作学习班，受训人数205人次；举办各类企业干部业务培训班8期，参加学习人员420人次；举办村（居）党支部书记农村基层党建工作培训班，对 163 名村党支部书记进行理论培训；举办 5 期提高型农村党员干部实用技术培训班，受训人数 375 人次；选派 4 名乡镇主要领导参加省委党校培训，选派 21 名党政领导干部参加省委组织部的培训班，选派四批 65 名领导干部到上海浦东、深圳等地区参观学习，选派 32 名领导干部到德国以及中国香港、中国台湾地区考察学习。

2004 年，邀请专家授课 7 场，受训人数 2420 人次；举办 3 期党政领导干部学习《中国共产党党内监督条例（试行）》和《中国共产党纪律处分条例》培训班，310 人参加学习；举办各类企业干部业务培训班 4 期，参加学习 320 人次；举办 9 期农村党员干部培训班，受训农村党员干部、专业户 500 多人次；选派 2 名领导干部到清华大学参加规划建设培训班。

2005 年，按照中央关于大规模集中培训干部的指示精神，加大干部培训工作力度，全年举办培训班 20 期，培训 1680 人次。其中举办 2 期科级干部研讨班、1 期科级干部进修班、1 期后备干部培训班，以及“加强党的执政能力”和“坚持和完善民主集中制”专题研讨班和基层党组织书记轮训班。

2006 年，贯彻中共十六大和十六届五中全会精神，在县委党校及各镇举办 3 期党章理论学习培训班，培训学员 1700 名左右；举办 1 期科级以上领导干部理论进修班，时间 3 天，培训学员 200 人；举办《中华人民共和国公务员法》培训班 1 期，培训学员 523 人；举办 1 期科级中青年后备干部培训班，培训学员 60 人左右。

2007 年，按照中央提出的“大规模培训干部，大幅度提高干部队伍素质”的精神要求，注重干训工作“六个结合”（素质能力培训与党性教育相结合，传统教学方式与现代教学方式相结合，专职教师与兼职教师授课相结合，坚持请进来与走出去相结合，课堂教学与现场教学相结合，研讨式教学与参与式教学相结合）的实践，举办各类培训班 23 期次，培训 1800 余人次。其中举办 2 期科级领导干部培训班，培训学员 80 多名；选派两批优秀领导干部采取进校门到高校充电，走出去，到发达地区参观考察等多种培训举措，打开干部培训工作的新局面。

2008 年，全县投入 300 多万元用于干部培训工作，举办 2 期科级正职领导干部培训班，培训正职领导干部 97 人；选派 50 名优秀科级领导干部赴清华大学参加领导干部公共管理高级研修班学习；选调 16 名县直机关业务骨干到省直机关进行为期 3 个月对口“上挂”锻炼；举办农村基层干部培训班 4 期，培训农村“两委”干部 240 人；举办公务员信息化培训班 10 期，培训公务员 1283 人。创新干部培训机制，研究出台《澄迈县领导干部教育培训学分制管理暂行规定》，实施领导干部教育培训学分登记制度。

2009 年，全年举办各类培训班 22 期，培训人员 2150 多人次，其中妇女干部 106 人次，后备干部57人次，科级领导干部325人次，农村干部1370多人次。精心组织272名农村“两委”干部参加江西理工大学行政管理专业大专班学历教育培训；在老城西海岸酒店举办一期妇女干部创新力培训班。

2010年，全县干部教育培训工作投入800万元，优化培训内容，改进培训方式，拓宽培训渠道，开展多层次、多渠道和富有针对性、实效性的干部培训工作。在盈滨半岛西海岸酒店和海南大学举办两期妇女干部素质培训班；与省发改委培训中心举办两期科级领导干部“海南国际旅游岛建设专题培训与领导干部能力提升研修班”；举办两期“清华大学（海南）政府投资项目管理高级研训班”；选送400多名村干部到县职校参加为期两年的“农村实用技术专业班”学习；与省农业学校联合举办农村基层党员干部中专学历班，参加学员1100名。全年举办各类培训班27期，培训人员2600多人次，其中后备干部83人次，妇女干部159人次，科级领导干部386人次，农村干部1600多人次，其他人员400多人次。选派151名优秀领导干部赴日本、复旦大学、国家发改委培训中心进行培训考察，完成大规模培训干部任务。

三、干部监督

1999年，加强对领导干部的监督管理，开展经常性监督，受理群众举报、检举、申诉36人次；处理好干部的历史遗留问题，受理干部历史遗留问题案件68宗，接受来信72件，来访128人次。

2000年，做好受理群众举报、检举、申诉，按政策规定处理好干部的历史遗留问题，做好因公出港干部审查工作，办理因公赴港人员30批45人。

2001年，强化干部监督管理，对“一把手”及管人、财物等重点岗位人员进行监督，加强对干部选拔任用工作的监督，建立干部选拔任用工作责任制，做好因公出港干部审查工作，按规定办理因公赴港人员25批54人。

2002—2003年，健全干部监督制度体系，把干部监督工作贯穿于公开选拔、竞争上岗、集体决策等过程，完善组织部与纪检监察机关联席会议制，完成组织系统举报制度。对群众举报7宗案件进行调查核实，按政策落实8人历史遗留问题。

2004年，加强对科级领导干部进行监督管理，注意利用反面典型案件开展警示教育，实行任前谈话制度，对12名领导干部进行诫勉谈话，对8名离任的领导干部进行任期经济责任审计，建立起与纪委、政法委等部门联系机制，增强干部监督合力。

2005年，发挥审计监督作用，推动经济责任审计工作深入开展，强化对党政领导干部特别是“一把手”的经济责任审计监督，把经济责任审计的“关口”前移，变离任审计为任内审计。

2006年，探索干部监督新途径，扩大干部考察监督范围，对干部的考核监督由工作时间向业余时间延伸，由工作行为向业务行为延伸，由工作圈向生活圈、社交圈、娱乐圈延伸，逐步实现干部考核监督进社区的目标。拓宽干部监督渠道，实现由党内监督向党外监督、组织监督向群众监督延伸，向社会聘请干部监督信息员和开通网上监督渠道。

2007年，做好群众来信来访接访工作，接访来人90多人次，来信16封。把好领导干部出国（境）审查关，加强出国（境）人员审批管理工作，办理因公出国、出境政审备案手续23人次。配合纪委做好干部监督审查工作，办理查处2起案件。

2008年，组织对全县股级干部任免工作进行检查，规范股级干部的管理，确保《干部任用条例》贯彻执行。对7名科级领导干部进行组织处理，其中因违法违纪被免去领导职务2名，受党纪政纪处分5名。

2009年，落实干部选拔任用"一报告两评议"（即专题报告年度干部选拔任用工作情况；评议干部选拔任用工作，评议选拔出来的干部）制度，加强干部任用工作民主监督。加大对各单位干部选拔任用特别是股级干部任用的监督检查力度，集中对法院、卫生局等单位干部选拔任用工作进行专项检查。全年对9名科级领导干部进行组织处理，受党纪政纪处分9名。

2010年，实施干部选拔任用工作中行贿受贿行为专项整治工作，营造风清气正的选人用人环境；研究出台《县政府工作部门党政正职职责分工的若干意见》，加强对县政府工作部门领导进行监督和管理；组织2008年以来新提拔的150多名科级干部进行集中廉政谈话。全年对10名科级领导干部进行组织处理，受党纪政纪处分干部7名。

四、基层党组织建设

1999年，抓好农村基层党组织建设，从乡镇机关选派29名年轻干部到29个村任党支部副书记、村委会副主任，对7个不稳定的支部班子进行调整，配强书记，健全制度，增强基层党组织的凝聚力和战斗力。成立澄迈县党员互助资金会，筹措资金24294元，举行爱心献孤寡老党员活动。召开纪念"七一"表彰大会，表彰先进基层党委（工委）5个、党支部16个、优秀共产党员100名，为37名五十年党龄老党员颁发证章和荣誉证书。金江镇党委、白莲镇党委、畜牧服务中心党总支被评为省先进党组织，王文积、符怀贵、王延标、王国升被评为全省优秀共产党员，吴毓安、吴梅凤被评为全省优秀党务工作者。

2000年，根据中央《关于在县级以上党政领导班子、领导干部中深入开展以"讲学习、讲政治、讲正义"为主要内容的党性党风教育的意见》和省委要求，以整风精神抓好"三讲"和"三个代表"教育。完成村级组织换届工作，村党支部书记和班子成员平均年龄40.1岁和42.1岁，高中学历以上占100%和90%，有115个村党支部书记兼任村委会主任。

按照省委的部署，开展创建农村基层党组织先进县，创建“六个好乡镇党委”（党支部领导班子好、党员干部队伍好、党支部建设好、机关作风形象好、单位履职业绩好、工作机制运行好），创建“五个好”（支部班子好、党员管理好、组织生活好、制度落实好、作用发挥好）村党支部活动，金江镇党委、白莲镇党委、新吴镇党委被推荐评为全省“六个好”乡镇党委，大拉村党支部、好保村党支部、黄竹村党支部、大道村党支部、富豪村党支部、龙楼村党支部被推荐评为全省“五个好”村党支部。加大村级办公阵地建设，采取“政府拨一点，乡镇出一点，村委会筹一点，外出乡亲捐一点”的办法，筹集资金 1025 万元，投入党员活动阵地和村党支部办公室建设，全县 157 个村党支部全部实现办公室钢筋水泥化。召开纪念“七一”表彰大会，表彰先进基层党委（工委）9 个、党支部（总支）19 个、先进党务工作者 9 名，优秀共产党员 98 名。

2001 年，从 2 月开始，按照中央、省委的要求和部署，组织干部采取自学和相对集中一段时间学习研讨等方式，抓好澄迈县第一批、第二批农村“三个代表”学教活动，改变领导班子和干部队伍的思想和工作作风。开展“三级联创”活动，把发展壮大村级集体经济作为农村党建工作的重要内容常抓不懈，实现村村有集体经济；下发《关于进一步加强对村党支部办公阵地管理的通知》，对村党支部办公室管理、使用作明确规定。组织纪念中国共产党建党 80 周年系列活动，举行中国共产党建党 80 周年党的知识竞赛活动，召开纪念“七一”表彰大会，表彰先进基层党委（工委）10 个、党支部 20 个、优秀共产党员 100 名。抓好政府工作部门党组织的设置工作，在政府工作部门中设置 20 个党组。

2002 年，以发展农村经济、增加农民收入、改进村干部作风为重点，抓好澄迈县第三批农村“三个代表”学教活动，广大村干部思想与作风发生明显的转变，农民群众反应比较强烈的问题得到解决，农村基层党组织的凝聚力、战斗力进一步增强，农村经济得到长足的发展，学教活动取得较好成绩。7 月，在全国学教活动总结暨表彰大会上，澄迈县是全省唯一被评为全国学教活动先进市县。开展“三级联创”活动，出台《澄迈县农村党支部和村委会“一制三化”的规范管理办法》，抓好村务公开、民主管理和镇务公开检查指导，抓好农村基层党组织建设。加强党对企业组织的领导，探索管理非公有制企业党组织开展活动的方法和发挥作用的途径。组织纪念中国共产党建党 81 周年系列活动，举行“七一”文艺晚会，表彰先进党委（工委）10 个、党支部 30 个、优秀共产党员 101 名。

2003 年，开展“三级联创”活动，制定《澄迈县开展农村基层党的建设“三级联创”活动实施方案》《关于加强镇党委建设的意见》《关于规范党徽党旗有关问题的工作方案》等文件，组织召开澄迈县农村基层党建工作推动会，为全县基层党支部全部订购配备党旗，培养农村致富带头人，采取“支部＋农民”“支部＋公司”等形式发展村集体经济，发挥基层党组织和广大党员在防治非典型肺炎工作中的战斗堡垒作用和先锋模范作用，确保“三级联创”取得实效。开展学习谷文昌、郑培民英模人物先进事迹活动，组织开展纪念中国共产党建党82周年活动，表彰先进党委（工委）7个、党支部（总支）32个、优秀党务工作者24名、优秀共产党员110名。做好农村孤寡老党员和中华人民共和国成立前入党的农村老党员慰问、生活补贴发放，完成好党内统计工作。拍摄党员电教专题片《村官吴乾发》，组织播放电教片《十六大党章电视教材》《东方之光》《胡长清蜕变警示录》《人民的好书记——郑培民》，发挥党员电化教育作用。

2004年，贯彻《中国共产党农村基层组织工作条例》《中华人民共和国村民委员组织法》，制订方案，做好澄迈县第四届村级组织换届选举工作，全县98.8%的村（居）委会通过村民直选，94.5%的村（社区）党支部完成选举，83.7%的村实现书记、主任“一肩挑”，优化班子的结构，增强村级组织的向心力、凝聚力和战斗力。加强基层党组织建设，出台《关于加强村级基层组织建设工作的意见》，对全县各镇及华侨农场2003年度党建工作进行考核，采取激励机制，将党建工作和生活待遇相挂钩，调动工作积极性，使基层党建工作迈上新台阶；印发2004年澄迈县农村基层党建“三级联创”工作任务分解表，县四套班子党员领导和县直机关单位与各镇、华侨农场及部分农村（社区）党支部进行挂钩包点，选派15名优秀青年干部（包括2名优秀大学生）到14个落后村担任村支书和指导员，对全县8个镇党委和机关单位党委、工委、总支（支部）2002年以来的党费缴交和管理工作情况进行检查，制定《澄迈县2004—2008年发展党员工作规划》，抓好发展党员工作和2004年度党内统计，做好《中国共产党澄迈县组织史》编纂出版工作。

2005年，按照省委、县委的部署，开展第一、第二批“保持共产党员先进性”教育活动，参加第一批先进性教育活动51个单位，查摆出存在问题752件，整改398件，限期整改192件；第二批先进性教育活动单位查摆出存在问题732件，整改396件，限期整改192件，需逐步整改88件，需部门、单位间协调整改56件，走访、慰问、救助困难户3793户，为群众办好事实事420件。以创新“五个好”村党支部和乡镇党委为载体，结合创新文明生态村活动，开展“三级联创”活动，加强党员队伍建设，提高基层党组织的凝聚力和战斗力。组织召开澄迈县庆祝中国共产党成立84周年暨“七一”表彰大会，表彰一批先进党委（工委）、支部（总支）及一批优秀共产党员。组织开展党的知识竞赛、“党在我心中”演讲比赛和“先进的旗帜”歌咏比赛等活动，丰富党员党的知识，坚定奉献信念，增强宗旨意识。

2006年，贯彻贺国强视察海南省农村先进性教育活动时的讲话精神，围绕推进文明生态村建设创建载体，把学习贯彻党章作为确保农村先进性教育活动的一项重要任务来抓，深化“党员先进性见行动”主题实践活动，组织开展“千名党员干部下基层”活动，确保第三批保持共产党员先进性教育活动取得实效。推进“三级联创”活动，组织力量对农村基层党组织力量进行排查，整顿软弱涣散基层党组织，调整和健全村级组织领导班子，选好配强村党支部书记，持续加强村级组织配套建设，完善村民自治制度；发挥农村优秀党员致富基金作用，培养致富带头人。召开“七一”表彰大会，表彰一批“五个好”村党组织、“六个好”镇党委、优秀党务工作者和优秀共产党员。创新党代表视察制方式方法和党代会闭会期间党代表发挥作用的途径，推行党建工作分析会制和基层组织建设联席会议制，推动基层党建。

2007年，根据省委的部署，完成村级组织换届试点工作，全县选出“两委”干部1028人，其中女干部159人，“两委”干部平均年龄43.6岁；支部书记、村委主任“一肩挑”122名，占74.4%；“两委”成员交叉任职215名，占20.9%。制定出台《中共澄迈县委关于加强村级基层组织建设工作的意见》《澄迈县2007—2011年农村党的建设“三级联创”活动规划》《澄迈县村级组织活动场所建设实施方案》等文件，投入141.36万元，增建20个村级组织活动场所，加强和改进农村基层组织建设，解决部分村（社区）无活动场所问题，改善村级组织活动条件，促进农村各项工作开展。围绕服务非公有制经济发展大局、建设“五个好”党组织的目标要求，建立非公企业党组织26家，其中单独支部22家，联合支部4家，在产业链、经济实体上组建党支部11个，全县22家规模以上非公企业全部完成党组织组建任务，组建率100%。拍摄制作《澄江迈岭党旗红》《让党旗在村组织阵地上高高飘扬》《求活、求真、求实》《党旗在我心中》4部电视专题片，开展“党旗在我心中”农村党组织电影公益放映活动，播出电视专题片24部次，播出党建问题1200个次，宣传澄迈县基层党组织和党员队伍中的先进典型。

2008年，全省基层党务公开工作现场会在澄迈县召开，澄迈县在会上作经验发言。研究出台《关于提高镇领导和村（社区）干部待遇的暂行规定》《关于推行村（社区）支部书记职业化管理的意见》，通过提高村“两委”干部生活补贴标准、实行村干部生活补贴与工作实绩挂钩机制、建立村“两委”干部养老保险制度以及推行村干部职业化管理等措施，加强对农村“两委”干部的管理。出台《澄迈县离任农村“两委”干部生活补贴暂行规定》，解决村干部“老无所养、退无所享”问题。开展“保村平安尽我责”活动，发挥村“两委”干部的先锋模范作用，带领群众开展农村平安建设。加强流动党员管理，流出党员持流动党员活动证达到78%。组织8522名党员交纳“特殊党费”603590.16元支援抗震救灾活动。开展党员电教工作和农村党员干部现代远程教育工作，开设《党建课堂 每日一答》《干部培训课堂 每日一问》和《永恒的风采》电视专栏节目。组织拍摄电视专题片《求新 求活 求效 提高素质能力》（澄迈县大规模培训干部纪实上、中、下三集）和《党旗下的阳光工程》。创新思路，推进农村党员干部现代远程教育终端接收站点建设，提高党员干部群众整体素质。

2009年，推进全县农村党员干部现代远程教育网络建设，开展学习实践科学发展观活动。在县电视台开设电视专栏，宣传全县开展学习实践科学发展观活动的相关理论、动态和先进典型。抓好电视专题片制作，制作3部电视专题片，其中《乐在远乡哺芳华》获得海南省第四届党员教育电视片观摩评比二等奖。县委组织部开展学习实践科学发展观活动，创新载体，推行乡镇干部"驻村联心"工作制度，下沉乡镇干部办公地点到农村，驻村干部每月累计驻村工作不少于8个工作日，服务好农村。开展"三联"活动，出台《澄迈县"联村、联户、联企"活动方案》，各级领导干部进驻全县185个村、134个困难户和81个企业开展帮扶活动。率先全国推行领导干部廉政维稳保证金制度，探索建立"责、权、处"相结合，"绩、奖、惩"相统一的激励约束机制。推行村支部书记职业化管理，制定《澄迈县进一步完善村（社区）党支部书记职业化管理办法》。实行村干部坐班办公制度。全县有656个党组织、16044名党员参加学习实践活动。参加学习实践活动的单位班子撰写调研报告362篇；累计征求到群众意见和建议1384条，各级领导班子查找出突出的问题1649个；组织群众评议228场次，参与群众3420人次，群众对县党政领导班子分析检查报告满意率98.5%。

2010年，以贯彻农村基层党建"强核心工程"为抓手，推进澄迈县基层组织建设工作，推行村党支部书记职业化管理，探索完善选拔培养、激励保障、教育培训、监督管理等四个机制。抓好换届选举工作，选准配齐村"两委"干部，截至10月30日，全县165个村级组织完成换届选举，选出"两委"干部1194人。开展创先争优活动，根据基层单位的行业情况和党员岗位特点，成立卫生、教育、工青妇等9个不同行业指导协调组。实行《创先争优活动县四套班子党员领导成员联系农村基层党组织工作制度》，全县四套班子党员领导成员在各农村基层党组织建立联系点27个，建立党员帮扶机制，解决困难党员生产生活问题。

第三节 人才强县战略

2005年6月，印发《关于设立澄迈县人才工作协调小组办公室的通知》，设立澄迈县人才工作协调小组办公室（挂在县委组织部），启动"人才强县"战略。

2006年，贯彻县委"人才强县"战略，研究制定澄迈县"十一五"人才发展规划，开展人才队伍建设专题调研，抓好党政人才队伍、专业技术人才队伍和企事业经营管理人才队伍“三支队伍”建设，完善人才管理和使用，引进竞争机制，推动人才合理流动，形成“选拔与培养并举、管理与服务并重”的人才工作局面。

2007年，完善人才管理机制，研究制定推进人才柔性流动政策，摸清全县人才数量，分类建立人才信息库，加大人才引进力度，公开招考24名职业技术学校教师和80名中小学教师，招录16名全日制大学生，充实到政法队伍。

2008年，全县录用20名全日制大学本科毕业生为公务员，选聘5名大学生到村委会任职，在全县范围公开招考38名医务人员；采取竞争上岗方式，录用104名大中专师范类毕业生到各级学校任教，充实教师人才队伍。为625名专业技能人才办理技能鉴定，引进国家级短跑运动员、国家级歌唱家、诗人等3名紧缺人才。

2009年，做好澄迈县海外高层次人才需求的调查，上报澄迈县高层次人才需求信息，协调海南软件生态园发展有限公司引进海外高层次人才工作；出台《澄迈县引进高层次人才暂行办法》，做好高层次人才的引进工作。面向大学高校公开招录引进8名紧缺专业优秀应届硕士研究生充实澄迈县公务员队伍；做好科级领导挂职工作，选派14名科级副职领导到省直机关挂职锻炼，选拔12名科级领导干部到国外学习、考察；协调有关单位做好引进各类人才的安置工作，做好2008年底在全县范围通过公开招考39名医务人员和150名师范类大中专毕业生的安置工作。

2010年，根据各单位专业人才紧缺情况，加大招录各类人才力度。协调老城开发区海南软件生态园引进1名留美博士研究生。通过公开选拔（选聘）的方式，在资本运作、项目管理、经济管理等领域引进一批专业人才，充实到澄迈城市建设投资有限公司副总经理、老城开发区发展有限公司副总经理、县建筑设计院院长等6个单位的领导岗位。建立副科后备人才库，通过笔试、面试、考察等方式录用100人进入县副科级后备人才库，及时调整充实澄迈县的后备人才的储备工作。

第四节　机关党建

一、机构人员

1995年11月，成立中共澄迈县直属机关与企事业工作委员会。2001年8月，更名为中共澄迈县委直属单位工作委员会（简称“县直机关工委”），系县委领导县直单位党的工作职能部门，正科级单位。2001年，工委内设办公室、组织部2个股级职能岗位，县委机关工会（二级局副科）和县直属机关人民武装部（股级）在县直机关工委挂牌。县直单位工委管辖机关党委 10 个，党总支 26 个（其中工委直属党总支 16 个），党支部 215 个（其中直属党支部 87 个），党员人数共 4296 名。截至 2010 年，机构设置未变。

二、教育培训

1999—2001 年，结合“三讲”教育活动，订购《十五大报告》《邓小平、江泽民理论思想政治工作》等学习资料 1000 本，帮助机关党支部和党员干部原原本本学习邓小平理论和中共十五大精神等建设中国特色社会主义理论。

2002—2004 年，结合“三个代表”重要思想学习教育活动，通过座谈讨论等方式学习中共十六大精神，组织 1500 名党员观看《党旗在抗非一线高高飘扬》《弘扬科学精神 实践“三个代表”》等电教片，掀起学习优秀党员汪洋湖、张荣锁、王国雄的热潮，对机关党员干部世界观、人生观、价值观进行再教育。

2005—2007 年，以保持共产党员先进性教育活动为载体，开展“三个代表”重要思想教育和构建和谐社会以及以社会主义荣辱观为主要内容的教育活动，举行“知荣辱、讲廉洁、勤为民”演讲比赛，用身边人身边事激励机关党员干部做社会主义荣辱观的实践者。注重加强党性党风党纪教育，做好新修订的《中国共产党党内监督条例（试行）》和《中国共产党纪律处分条例》的学习贯彻工作。

2008 年，学习中共十七大精神、科学发展观、“三个代表”重要思想、《中华人民共和国公务员法》、《信访条例》等有关方针政策和法律法规知识。拨出专款购买党章 3500 册，发到各党支部学习。举行 2 期党务干部培训班，培训干部累计 90 名。

2009 年，举办为期 3 天的入党积极分子培训班，邀请专家在党章、党史、党的廉政建设、提高党的执政能力和先进性等方面进行专题辅导。200 名先进分子参加培训，180 人取得结业证书。组织新党员到临高角渡海作战纪念碑举行入党宣誓仪式。发挥省、县直机关党校教育培训主阵地作用，加强对党务干部培训。举办 2 期党务干部培训班，培训工作采取专题讲座、现场教学、案例分析、互动研讨等方式进行。

2010 年，全年参加培训和考试的入党积极分子有 273 人，合格率 99.8%，吸收预备党员 169 名，其中妇女党员 73 名，占发展党员数 43.2%，预备党员转为正式党员 82 名。组织县直机关 62 名党务工作者赴省委党校培训和湖南省长沙、韶山等地考察学习，提高党务干部的业务素质和拓宽视野。

三、党建工作

1999—2001 年，每年结合“七一”开展党建活动，中国共产党建党 80 周年开展党的知识读书竞赛活动，评选表彰 6 个先进党总支，14 个先进党支部，50 名优秀党务工作者和 130 名优秀党员，在机关单位开展“双评”（评比最佳单位和末位诫勉单位），转变机关作风，优化投资环境。

2002—2004年，做好机构改革中机关党建工作，深入75个单位开展调研，研究制定《关于调整县直机关企事业单位党组织的设置的决定》方案。选好配强党组织班子，全县31个党总支和200个党支部按期换届选举。规范党费收缴工作，对不按时缴纳党费党支部进行通报批评，县直机关平均每月上缴党费从1万元增加到近2万元。持续正风肃纪，纯洁党员队伍，有21名党员因违法违纪受到处分。坚持党群共建工作，机关武装部被评为“2001—2002年度民兵预备役工作先进单位”，县委机关工会被评为“2002—2003年度先进基层工会”。

2005—2007年，开展创先争优活动，激发基层组织活力，表彰85个先进党组织，145名优秀党员，83名优秀党务工作者，营造比学赶超良好氛围。做好流动党员的登记管理工作，对68名长期县外务工的党员登记造册，发放流动党员证书。加强作风建设，出台机关纪律作风相关规定，对违反纪律的26名党员干部给予党纪处分。配合完成县委县政府布置的各项工作，在“龙水节”“迎奥运万人长跑”“海防林植树”等活动中，组织机关党员参加。

2008年，健全基层党组织，合理调整县直单位党组织设置，科学理顺领导关系。新建县委新闻办党支部，撤销商业贸易公司、外经贸发展总公司、工业开发贸易公司、拖拉机站、物资总公司等5个党支部，对9个因人员调整造成领导班子不健全、支部管理不科学的党支部班子成员进行调整充实。抓好新形势下新党员的发展工作，吸收23名预备党员，批准转为中共正式党员27名。召开机关党的建设工作会议，研究制定党建工作目标管理措施，探索新形势下党建工作的新路子，颁布实施《机关党建工作目标考核方案》，完善流动党员的管理制度，做好流动党员登记管理和改制企业党员的分流工作。抓好党费收缴工作，查处违纪案件，配合县纪委对县公安局、县妇联会等单位违纪案件的查处工作，配合县纪委等有关单位对党员的赌博问题进行专项整治和对机关党员干部拖欠信用社贷款进行专项治理。

2009年，以机关党组织规范化建设为切入点，抓好基层党支部建设，增强机关基层党组织的创造力、凝聚力和战斗力。完善基层党组织机构设置，抓好党建工作目标考核工作，开展创先争优活动，严格培养，慎重发展党员。规范党费收缴工作，抓好党组织和党员信息建库工作，开展学习型党组织活动，落实《关于进一步加强和改进党委（党组）中心组学习的意见》，抓理论中心组学习制度的完善和落实，学习宣传贯彻中共十七届四中全会精神。抓好机关党建理论调研，抓好邓小平理论、“三个代表”重要思想和科学发展观的学习。

2010年，合理调整县直单位党组织的设置，科学理顺领导关系。3个党总支改设党委，撤销党总支1个，党支部1个。调整充实或改选机构不健全和任期届满的党委1个，党总支1个，党支部13个。会同县委绩效考核组对县直机关14个党委、11个工委直属党总支、34个工委直属党支部进行考核，评选出先进党委3个，先进党总支3个，先进党支部7个，优秀党务工作者20名，优秀共产党员50名。召开县直机关各党委、工委直属各党总支（支部）组织委员会议，学习中组部《关于中国共产党党费收缴、使用和管理的规定》和《海南省党费收缴、使用管理的实施细则》，按照新标准交纳党费。

第五节　党校教育

一、机构

1959年9月，中共澄迈县委党校成立，为县委正科级工作部门，通常由县委书记、副书记或县委组织部部长兼任校长，设常务副校长一名负责日常管理工作。1999年，中共澄迈县委党校内设办公室、培训中心、教务室和函授站4个股级机构，核定财政预算管理事业编制18名，1999—2010年机构设置未变，编制未变。

二、干部培训

1999—2000年，举办全县副科级以上干部、基层党员和村干部、入党对象等培训班9期，学员1260人，主要学习内容有中共十五大精神、《中共中央关于在全党深入学习邓小平理论的决定》、“三个代表”重要思想，以及党的路线方针政策等有关知识。

2001—2004年，举办全县副科级以上党员干部、乡镇基层干部、村干部政治理论培训班，组织党校的教师下乡宣讲“三个代表”理论知识，受训人员8230人次，学习主要内容有江泽民总书记“七一”讲话、中共十五届六中全会精神、中共十六大精神、“三个代表”重要思想等。

2005年，与县卫生局共同举办卫生业务知识培训班1期，培训人数78人；与县公安局合作举办安全防卫知识培训班1期，培训人数65人；与县信访局合作举办信访干部学习《信访条例》培训班1期，培训人数50人；与县民族宗教局合作举办宗教事务培训班1期，培训人数54人：与县消防大队联合举办消防安全知识讲座1期，培训人数82人：与县委组织部、县财政局、县纪检、县民政局、县土地纠纷办联合举办关于加强党的执政能力建设的专题讲座1期，农村“两委”干部200多人参加。与县委宣传部联合举办一次全县范围的第二批先进性教育理论宣传巡回演讲，深入金江镇、加乐镇、文儒镇、瑞溪镇、永发镇、中兴镇、桥头镇、老城镇和华侨农场等单位进行宣讲，使党员深受教育，党性和党的意识得到提高。

2008 年，举办 4 期农村“两委”干部培训班，每期 2 天，受训人数 360 人次。配合县委组织部和县妇联举办培训班 2 期，培训党员和妇女干部 228 人次。党校教师深入乡镇、机关部门上党课 9 次，听课人数 1021 人次。在培训中设置新型农村经济合作组织法、新农村建设、冬季瓜菜栽培及病虫防治、水稻栽培及病虫防治、橡胶栽培及管理、农村工作存在的问题及其对策、计生、党风廉政建设等课程。

2009 年，配合县直机关工委举办党务工作者培训班，参加培训的有县直各机关的副书记和组织委员 45 人。

2010 年上半年，举办两期农村“两委”干部参加的村级组织换届选举工作骨干培训班，有 228 人参加。下半年，举办科级后备干部培训班 1 期，培训 160 多人次；举办新任农村党支部书记、村委会主任培训班 3 期，培训 300 人次。

三、继续教育

1999—2007 年，配合中央党校、省委党校、海南广播电视大学办好函授教育工作，开设中央党校、海南省委党校党员干部本科、大专函授班法律、经济管理专业，其中本科班 9 个，招收学员 640 人，专科班 9 个，招收学员 698 人，全部发放毕业证书。

2008 年，开办公共管理、农村经济管理 2 个专业学历班，在籍学员 100 人，其中 2008 级公共管理本科班 48 人，2008 级农村经济管理大专班 52 人，学历毕业证书由中央党校函授学院颁发。

2009 年，招收农村“两委”干部行政管理学历班 3 个 272 人。

2010 年，有 277 名农村“两委”干部参加江西理工大学和中南民族大学函授学习，有 30 名农村“两委”干部通过辽宁大学和江西理工大学的预录。

四、素质教育

1999 年，组织全体党员干部进行以“讲学习、讲政治、讲正气”为主要内容的党性党风教育。

2003 年，学习邓小平关于社会主义民主与法制建设理论和本职工作相关的法律知识，提高领导干部的理论素质，运用理论指导实践，增强依法办事、依法管理的自觉性。

2005 年，重温和学习规章制度，学习中共十六届四中、五中全会精神，学习《中共中央关于加强党的执政能力建设的决定》《江泽民论加强和改进执政党建设》《保持共产党员先进性教育读本》，以及先进性教育活动的有关文件及必读篇目。各科室每人完成 1 篇 2000 字以上的读书笔记，心得体会 2 篇。在学习先进人物和先进事迹的过程中认真查摆问题、查找差距、剖析问题的原因，提出整改措施，对以后工作努力方向有明确认识。

2008 年，组织党员学习《中国共产党章程》、社会主义荣辱观，组织全体教职工学习中共十七大精神，学习贯彻科学发展观，学习哲学、政治经济学、中共党史、党风廉政建设政策法规和党的基本路线、基本理论、基本经验。通过抓学习，抓学风，教职工的思想政治素质和理论素质有明显提高，树立正确的世界观、人生观、价值观及全心全意为人民服务的思想，为搞好党校工作奠定思想理论基础，坚定正确的思想政治方向。

2010 年，组织党员学习《中国共产党章程》、社会主义荣辱观，组织全体教职工学习中共十七大精神，学习贯彻科学发展观，开展自学活动，学习哲学、政治经济学、中共党史、党风廉政建设政策法规和党的基本路线、基本理论、基本经验。

五、教学科研

1999—2010 年，县委党校在加强党员干部培训教学和学历教育工作之外，重视理论研究和科研成果，党校教师撰写论文 41 篇，参加省市各类评比，有部分论文在《海南党建》上发表。

第六节　老干部管理服务

一、机构人员

1999—2010 年，澄迈县老干部管理机构为中共澄迈县委老干部局，归口县委组织部管理。1999 年，县委老干部局内部不设立股室，设局长 1 人，副局长 1 人，人员编制 3 人。2005 年，县委老干部局内设综合办公室，人员编制不变，领导职数不变。2009 年，县委老干部局增加 1 个行政编制（负责关工委工作），人员编制 4 人，领导职数为一正一副，2010 年未变。

二、老干部人数

1999 年，全县有离休干部 273 人，其中享受地专级待遇 1 人，享受县级待遇 60 人，科级待遇 23 人，一般干部 189 人；属行政单位 92 人，事业单位 43 人，企业单位 138 人。2010 年，全县有离休干部 135 人，其中行政机关 46 人，事业单位 22 人，企业单位 67 人。抗日战争时期参加革命工作 46 人，解放战争时期参加革命工作 89 人，享受县处级待遇 28 人，科级待遇 12 人，一般干部 95 人。

1999—2010年澄迈县老干部人数一览表

表10-6-3　　单位：人

年度	离休干部人数			
	行政机关	事业单位	企业单位	合计
1999年	92	43	138	273
2000年	91	36	133	260
2001年	88	44	112	244
2002年	81	43	107	231
2003年	73	34	100	207
2004年	69	33	95	197
2005年	63	27	89	179
2006年	59	26	84	169
2007年	57	25	77	159
2008年	55	23	76	154
2009年	46	21	67	134
2010年	46	22	67	135

三、情况通报

1999年1月，由县委副书记文丁开主持，县委书记陆志远向居住县城的80多位享受科（局）级以上待遇的离休干部通报澄迈县1998年各项工作情况。参加通报会的领导还有县政协主席莫美清，县委常委、组织部部长王启强、县人大常委会副主任冼德富等。

2000年1月，县委常委、组织部部长王启强向65名科级以上待遇的离休干部通报澄迈县1999年各项工作情况。县四套班子主要领导参加通报会。

2001年1月，县委书记向澄迈县享受科级以上待遇的离休干部和县级待遇的退休干部50多人通报澄迈县2000年各项工作情况。参加通报会的领导还有县委副书记、县长吴九丰，县委副书记文丁开，县委常委、组织部长王启强。

2002年1月，吴九丰县长向澄迈县享受科级以上待遇的离休干部和县级待遇的退休干部40多人通报澄迈县2001年各项工作情况，县委书记就县经济发展发表讲话。县四套班子主要领导参加通报会。

2003年1月，吴九丰县长向澄迈县享受科级以上待遇的离休干部和县级待遇的退休干部通报澄迈县2002年各项工作情况，县委书记就县经济发展发表讲话。县四套班子主要领导参加通报会。

2004年1月，县委副书记、吴九丰县长向澄迈县享受科级以上待遇的离休干部和县级待遇的退休干部通报澄迈县2003年各项工作情况。9月中旬，县委副书记、吴九丰县长在县老干部活动中心向老干部通报澄迈县各项工作情况。10月下旬，县委副书记、常务副县长符永在县常委会议室向老干部代表通报澄迈县公务用车改革工作情况。

2005年，县委老干部局组织召开工作通报会4次。1月下旬，邀请县长向享受科级以上待遇的澄迈县离休干部，通报澄迈县2004年各项工作情况及2005年的工作设想。县委书记张作荣参加通报会并作讲话。4月下旬，邀请县委常委、组织部部长王启强向老干部通报澄迈县第一批保持共产党员先进性教育活动及抗旱工作情况。8月上旬，县委常委、组织部部长王启强向老干部通报澄迈县2005年上半年经济运行情况和澄迈县公、检、法系统的车改工作情况。9月中旬，县委常委、组织部部长王启强向老干部通报澄迈县9个多月来各项工作情况。

2008年2月，县长向老干部通报澄迈县各项工作情况及2008年的工作设想。

2009年1月，县委副书记、县长霍巨燃向老干部通报全县2008年的经济情况及2009年的工作设想。

2010年2月，县委副书记、县长陈笑波向老干部通报全县2009年的经济社会发展情况及2010年的工作设想。

四、重要会议活动

1999年1月，澄迈县委、县政府召开副科级以上干部参加的经济工作会议，邀请老干部代表林生、马家万、吴以明、李玉英、曾德金、王善昌等参加。5月8日，以美国为首的北约悍然袭击中国驻南联盟使馆，5月10日，县委老干部局立即组织居住县城的离休干部召开通报会，由县委常委王启强向老干部传达中央及省有关指示精神。5月12日，省委组织部派员到澄迈县了解群众对省领导工作的评议情况，县委组织部组织召开老干部代表座谈会，让老干部对省领导的工作进行评议。7月1日，县委召开纪念中国共产党诞生78周年老干部代表座谈会，县领导陆志远、王川信、文丁开、王启强和老干部代表马家万、吴以明、李玉英等18人参加。

2000年4月，在县委常委会议室召开“澄迈县纪念海南解放50周年老干部座谈会”，会议邀请10多名离退休干部参加。6月，在县委常委会议室召开老干部纪念中国共产党诞生79周年代表座谈会。12月，在县委老干部局办公室召开老干部代表座谈会，讨论澄迈县关于制订“十五”计划第三稿。

2001年6月27日，邀请10多名老干部代表参加县委组织部、县老干部局共同召开的纪念“七一”老干部代表座谈会。6月29日和30日，邀请离退休干部党支部支委以上老干部和5名离休干部代表，分别参加县直属机关工委和县委召开的中国共产党建党80周年纪念大会。

2002年，为纪念中国共产党成立81周年、中国人民解放军建军75周年和纪念马白山将军逝世10周年，县委组织部、老干部局分别于7月1日、7月31日、8月2日召开老干部代表座谈会。8月8日，组织老干部代表参加省“老有所为”先进事迹巡回报告会澄迈专场。

2003年10月，邀请县委宣传部理论骨干给居住县城的老干部举行“三个代表”学习辅导报告会。

2004年元宵节，在县老干部活动中心举行游园会。“三八”国际妇女节、“五一”国际劳动节和重阳节期间，组织老干部开展文体活动。11月5日，组织30多名离休干部到洋浦经济开发区和松涛水库参观考察。

2005年元宵节，组织居住县城的离休干部在县老干部活动中心举行游园活动。2月，县保持共产党先进性教育活动工作领导小组邀请4名离退休干部代表成立巡视组，对各单位开展先进性教育活动进行督促检查。“九九”重阳节，县委老干部局同县老人体育协会联合组织县城各个小区、街道的老年人舞蹈队，在县灯光球场举行健身舞蹈会演晚会。县委书记张作荣，县人大常委会主任王川信，县委副书记、纪委书记庄光炎，县委常委、组织部长王启强，副县长王汉民等四套班子领导和有关单位领导参加晚会。县委、县政府多次召开老干部代表座谈会，征求老干部对澄迈县各项工作的意见。县委、县人大、县政府、县政协召开重要会议及开展重大活动也邀请老干部代表参加。

2008年元宵节，组织居住县城的离休干部和部分退休干部200多人，开展“迎新春、庆元宵”游园活动。10月上旬，组织60多位离休干部到万宁兴隆移民安置工程等地进行为期2天的健康疗养和参观考察活动。组织老干部参加重要会议和召开老干部代表座谈会4次130人。组织87名离休干部听取理论辅导报告并开展献爱心活动，组织老干部们向汶川地震灾区捐款12048元，支援灾区重建。

2009年，组织老干部参加县党代、人大、政协会议和中国海南第七届盈滨龙水节暨永庆寺开光活动、澄迈县庆祝中华人民共和国成立60周年老干部代表座谈会，听取形势报告。组织离休干部进行健康休养和参观考察活动。组织50多位离休干部到儋州洋浦经济开发区、热带作物学院、海南老城开发区以及永庆寺等地进行为期2天的参观考察。

2010年，组织老干部参加年初召开的党代、人大和政协年会。4月下旬，澄迈县举办第九届国际老人博览暨中国海南第八届盈滨龙水节，组织部分老干部参加开幕式活动。5

月中旬，组织 80 多名老干部及离退休干部党支部书记参加主题为“发挥革命传统为海南发展贡献余热”的理论讲座。组织 60 多名离休干部参观解放海南渡海作战登陆点——临高角革命历史公园。开展向青海玉树灾区捐献爱心活动，向灾区捐款 4500 元。6 月下旬，县委、县政府在县委礼堂召开省委巡视组见面会，部分老干部应邀参加会议。11 月上旬，组织琼纵老战士赴上海等地进行参观。

五、生活待遇

1999 年，县委老干部局联合县社会保障局向委县政府申请，经县政府同意，从 1999 年 1 月份起，为企业单位离休干部落实待遇，即增加一个职务档次工资，给企业单位离休干部每人每月增加 30 元。5 月，县委老干部局向县委县政府申请，经县政府研究决定，从 6 月份起给离休干部按规定进行增资。

2000 年，澄迈县离休费由社会保障局采取社会化发放的方式，防止单位挪用，发放标准按照与在职干部平行或高于在职干部，大多数离休干部的医疗费得到保障。

2001 年，澄迈县离休费优先发放，发放标准高于在职干部。离休干部公费医疗由社保局实行单列管理。全年，县政府拨款 200 多万元支持解决离休干部的“两费”问题。

2002 年，澄迈县离休费优先发放，行政、事业单位离休干部发放标准高于在职干部，离休干部公费医疗保障机制进一步完善。

2003 年 3 月，县政府出台《关于进一步完善和规范澄迈县离休干部“三个机制”问题的通知》，离休干部的“两费”得到较好落实。

2004 年，老干部离休费及时足额发放，执行海南统一加 0.7 浮动标准，县政府预算安排 152 万元离休干部医药费，由县社会保险事业局按规定进行管理。

2005 年，离休干部的离休费按高于在职人员和退休人员的比例发放，执行省统一加 0.7 浮动标准。县委、县政府决定，从 1 月起给澄迈县离休干部适当提高交通费标准，将厅(局)级离休干部交通费从每人每月 50 元提高到 150 元，县（处）级从每人每月 30 元提高到 90 元，一般待遇人员从每人每月 25 元提高到 75 元。10 月，经县委、县政府同意，出台澄迈县人民政府《转发省委组织部省财政厅省人事劳动保障厅〈关于调整我省离休干部护理费标准的通知〉》，对澄迈县离休干部的护理费进行调整。县社保局及时向县政府报告申请追加离休干部医药费，保障离休干部的看病就医。10 月，县委老干部局组织全县离休干部到县人民医院进行健康检查。

2008 年，贯彻执行县政府《关于进一步完善和规范澄迈县离休干部“三个机制”问题的通知》等有关文件精神，落实好离休干部的生活待遇，足额发放离休费，医药费按规定实报实销、为生活不能自理的离休干部增发护理费。做好离休干部离休费拖欠的补发工作，根据省委老干部局下发《关于对离休干部离休费、医药费落实情况进行自查的通知》文件，对落实情况进行自查和核实，补发拖欠离休干部的94万元离休费，使拖欠离休干部的离休费问题得到妥善解决。

2009年，落实好离休干部有关离休费的调整发放工作，全县安排350万元离休干部预算资金，比上年增加150万元。

2010年，做好离休干部阳光补贴第三期调整发放工作，使离休干部阳光补贴得到及时发放，为12名因瘫痪等原因生活不能自理的老干部发放护理费。

六、送温暖活动

1999年春节前夕，组织居住县城的享受科（局）级以上待遇的离休干部，在老干部活动中心召开春节慰问会，县委书记陆志远、副书记文丁开、县政协主席莫美清，县委常委、组织部部长王启强、县人大常委会副主任冼德富等领导参加慰问活动。春节期间，县委书记陆志远登门看望县委原书记林生、县政协原主席马家万、县政府原副县长李玉英等老干部。2月和3月，县(处)级待遇的离休干部王明章和陈谟尤相继去世，县老干部局人员前往医院及其家庭慰问他们的遗属。5月，林生患重病到广州动手术，县委书记陆志远、县委常委王启强前往探望。9月22日，组织居住县城的130多位离休干部，在活动中心举行“贺中秋、迎国庆”慰问老干部活动，向老干部敬送中秋月饼。全年老干部局人员到海口、琼山、文昌、儋州、屯昌、县内各乡镇看望离休干部80多人次。

2000年春节前夕，组织召开居住县城享受科级以上待遇的离休干部春节慰问会，县四套班子领导参加慰问会。春节期间，县委老干部局人员代表县委、县政府登门慰问在省内各市县享受科级以上的离休干部。4月2日，新任县委书记走访看望部分离休干部代表，中秋节期间，组织开展向离休干部敬送中秋月饼活动。

2001年春节前夕，组织召开居住县城享受科级以上待遇的离休干部春节慰问会，县委主要领导参加慰问会。春节期间，县委主要领导走访看望部分离休干部代表，县委老干部局人员代表县委、县政府登门慰问在省内各市县享受科级以上的离休干部。

2002年春节前夕，组织召开居住县城享受科级以上待遇的离休干部春节慰问会，县四套班子领导参加慰问会。春节期间，县委领导走访看望部分离休干部代表，县委老干部局人员代表县委、县政府登门慰问在省内各市县享受科级以上的离休干部。

2003年春节前夕，组织召开居住县城享受科级以上待遇的离休干部春节慰问会，县四套班子领导参加慰问会。春节期间，县委领导走访看望部分离休干部代表，县委老干部局人员代表县委、县政府登门慰问在省内各市县享受科级以上的离休干部。中秋节期间，组织开展向离休干部敬送中秋月饼活动。

2004年春节前夕，组织召开居住县城享受科级以上待遇的离休干部春节慰问会，在家的县四套班子领导参加慰问会。春节期间，县委领导分4个小组走访看望部分离休干部代表，县委老干部局人员代表县委、县政府登门慰问在省内各市县享受科级以上的离休干部。

2005年春节前夕，在县老干部活动中心组织召开居住县城享受科级以上待遇的离休干部春节慰问会，县四套班子领导参加慰问会。春节期间，县委书记张作荣、县委常委、组织部长王启强分别走访看望部分离休干部代表。8月30日至9月2日期间，澄迈县开展慰问离休抗战老战士、老干部活动，举行颁发中国人民抗日战争胜利60周年纪念章仪式，给抗战离休老战士、老干部颁发纪念章。走访慰问离休抗战老战士、老干部和易地安置在外省的离休干部。

2008年春节前夕，召开离休干部春节慰问会，县四套班子领导参加慰问会；春节期间，县四套班子领导分别登门慰问16名离退休老干部代表；对安置在省内各市县的离休干部，县老干部局人员登门慰问，送上慰问金及慰问品。

2009年，召开老干部春节慰问会，县四套班子领导参加慰问会，向老干部发放慰问金。春节期间，陈平辉、霍巨燃、王永和、欧东顺等县领导分别登门慰问14名离退休老干部代表。县财政拨款8万元给县老干局，用于开展向离休干部送温暖活动。

2010年，召开老干部春节慰问会，向老干部发放慰问金和慰问品。春节期间县领导分别登门慰问12名离退休老干部代表。5月下旬，县四套班子领导分别登门慰问8位离退休干部代表，送上慰问金及慰问品，对居住在省内各市县及外省的离休干部、1949年10月1日至1950年4月30日期间参加革命工作的退休干部，想老干部局人员登门走访慰问，送上慰问金及慰问品。县委出台《关于建立特殊困难离休干部帮扶机制的意见》，按照经济上保障、政治上关心、生活上照顾、精神上慰藉的原则，对离休干部开展经济帮扶、政策帮扶、医疗帮扶、精神帮扶。

七、离退休党支部建设

1999年，澄迈县建立离退休干部党支部15个，党员300多人。各个支部制定学习和民主生活制度，每月至少集中一次学习和过组织生活。每年为离休干部较多和集中的县城溪南和溪北两个支部订购《海南日报》《中华老年报》，为各个支部提供《海南党建》《澄迈党建》，以及反映老干部生活作风和先进事迹的书刊，帮助老干部学习。

2000年，澄迈县离退休党支部每月至少集中一次进行学习和过组织生活。老干局每年为溪南、溪北两支部免费订购《海南日报》《中华老年报》《海南党建》《澄迈党建》等报纸杂志，供于老干部学习。

2001年1月，组织老干部参观澄迈县大拉、大坡等先进党支部建设和瑞溪洋冬修水利建设取得的成绩。11 月，组织老干部到琼海市周士第纪念馆、红色娘子军等地旅游参观。

2002 年，澄迈县离退休党支部每月至少集中一次进行学习和过组织生活。老干局每年为溪南、溪北两支部免费订购《海南日报》《中华老年报》《海南党建》《澄迈党建》等报纸杂志，供于老干部学习。

2003 年，澄迈县离退休党支部每月至少集中一次进行学习和过组织生活。老干局每年为溪南、溪北两支部免费订购《海南日报》《中华老年报》《海南党建》《澄迈党建》等报纸杂志，供于老干部学习。

2004 年，澄迈县离退休党支部每月至少集中一次进行学习和过组织生活。开展评选“双先一康”活动，评定离休干部李玉英、李大科为先进个人，溪南离退休干部党支部为先进支部。

2005 年 4 月下旬，组织 50 多名离休干部到老城开发区进行参观考察，让老干部开阔视野，了解澄迈县经济发展的形势。

2008 年，对全县 31 个离休干部党支部的建设情况进行调研，撰写《进一步加强和改进澄迈县离退休干部党支部建设的调研报告》，向县委提出加强和改进离退休干部党支部建设的意见和建议。

2009 年，召开离退休干部党支部建设暨支部书记培训工作会议。把离退休党支部建设经费列入县财政年度预算，拨给县老干局 25 万元，用于解决离退休干部党支部办公设备和支部活动经费。为 10 个有单独办公及活动场所的支部购置办公桌椅、资料柜等设备，帮助制度上墙，购置电视、EVD 机等学习教育设备。按支部人数给 32 个支部拨给 2000—6000 元不等的活动经费。县委印发《关于进一步加强和改进澄迈县离退休干部党支部建设工作的意见》。

2010 年，贯彻落实中组部文件精神，拨付 25 万元作为退休干部党支部建设工作经费。完善离退休干部党支部的阵地建设，按照“支部班子好、党员队伍好、组织设置好、活动开展好、群众反映好”的目标要求，开展创建“五好”党支部活动。6 月 30 日，召开澄迈县离退休干部党支部纪念中国共产党成立 89 周年暨“七一”表彰大会。对县人大办第一党支部等 10 个先进离退休干部党支部、溪南离退休干部党支部书记吴多儒等 11 名优秀支部书记予以表彰。

第七节　关心下一代工作

一、机构人员

1999—2010 年，县关心下一代工作委员会以离退休老同志为主、党政有关单位和群众团体组织负责人参加，是以关心、教育、培养青少年健康成长为目的的群众性工作组织，是党和政府教育青少年的参谋和助手、联系青少年的桥梁和纽带。机构设有主任 1 名，顾问、常务副主任、副主任、秘书长和成员若干名，实行主任负责制，顾问、常务副主任一般由离退休县级领导担任，主任由县委任免。

县关工委内设“五团一组”，即爱国主义教育团、法制教育团、科技教育团、家庭教育辅导团、关爱工作团和理论学习研究小组。外延机构有乡镇关工委，发展县直属单位、企业、学校成立关工委、村（居）委会成立关工小组，完善基层关工委（小组）组织网络建设。2008 年，有成员 26 人，其中离退休的“五老”（老干部、老战士、老专家、老教师、老模范）成员 16 人。至 2010 年，人员已调整 4 次。

二、爱国主义教育

1999 年，以庆祝中华人民共和国成立 50 周年和澳门回归为契机，县关工委联合县委宣传部在全县中小学生举行“庆祝中华人民共和国成立 50 周年征文活动”，评选一等奖 3 篇，二等奖 10 篇，三等奖 15 篇，通过开展征文活动，促进青少年学生爱党爱国情怀。在澳门回归之际，县关工委爱国主义教育团深入各中小学校作迎接澳门回归祖国专题报告 50 多场，使 7000 多名师生受到教育。组织爱国主义教育巡回报告团深入各中小学校宣传新时期英雄战士李向群活动，做“李向群英雄战士事迹”报告一百多场，16000 多名师生受到爱国主义教育。

1999—2000 年，县关工委以纪念中华人民共和国成立 50 周年和海南解放 50 周年为契机，向县委、县政府建议修建美合抗日根据地纪念碑，得到县政府拨出专款 6 万元和干部群众捐款 14 万元，建成“美合抗日根据地纪念碑”。2000 年，为弘扬爱国主义精神暨庆祝“五一”国际劳动节，纪念海南解放 50 周年以及五四运动 81 周年，举行美合抗日根据地爱国主义教育基地揭幕仪式，组织青年团员学习美合革命斗争精神，组织中兴镇 5 所小学三年级以上学生与教师 1550 人到美合抗日根据地纪念碑前举行缅怀革命先烈活动。在桥头镇善丰小学举行纪念海南解放 50 周年报告会，316 名师生聆听报告会。

2001 年，县关工委结合纪念中国共产党成立 80 周年，组织“五老”深入各中小学，同中小学生一起学习党的光辉历程，邀请省关工委常务副主任何如伟到澄迈中学作“党的光辉历程”专题报告。成立“爱国主义”教育报告团，深入各中小学，作专题报告 65 场，聆听报告的中小学生25000多人次。通过老少共学，增强广大青少年热爱党、热爱社会主义的情感。以纪念中国共产党成立80周年为契机，争取县政府拨款5000元，于“七一”前夕，修复“邓仲支部”旧址。

2002年，县关工委联合县教育局在清明节期间，组织全县73所中小学27000多名师生到马白山将军纪念园、美合抗日根据地等7个革命传统教育基地举行悼念革命烈士活动。在全县中小学校中开展学习《公民道德建设实施纲要》的活动，组成“公民道德教育”宣讲组，深入学校作“公民道德教育讲座”90场，受教育的中小学生近30000人次。指导永发学区举行小学生学习公民道德演讲比赛活动。

2003年，举行“纪念毛泽东同志110周年诞辰”报告会和“纪念冯白驹同志100周年诞辰”报告会，组织“五老”和青少年学生共同缅怀毛泽东，学习毛泽东全心全意为人民服务的崇高精神；缅怀冯白驹，发扬琼崖革命二十三年红旗不倒的精神。县关工委联合团县委组织县直学校500多名学生聆听《缅怀毛泽东，永当革命人》专题报告。各基层关工委根据实际情况举行形式多样的纪念活动。

2004年清明节期间，县关工委组织县直属学校1000名学生在冯平、符节纪念碑前举行悼念革命先烈活动，全县各基层关工委组织学生到就近的爱国主义教育基地接受教育，参加人数约2万人。编写《洪志功的故事》，深入全县中小学校广泛宣传身残志坚的洪志功模范事迹50多场，对学生进行自立自强的民族精神教育，受教育的师生20000多人。

2005年，县关工委以纪念抗日战争胜利60周年为契机，对全县青少年学生开展以弘扬伟大民族精神，进行“毋忘国耻，振兴中华”为主要内容的爱国主义教育，作报告66场，受教育的师生25000多人。在抗日战争胜利60周年之际，在县机关部门和集团公司的支持下，集资4万元，在桥头镇建立“沙土惨案史证碑”爱国主义教育基地。

2006年，以纪念中国工农红军长征胜利70周年为契机，县关工委联合县教育局组织巡回报告团，在全县中学、中心小学和县城直属学校做“弘扬伟大长征精神，树立社会主义荣辱观”的教育报告47场，受教育的师生22000人次。发动干部群众集资筹建加乐革命烈士纪念碑。

2007年，以纪念中国人民解放军建军80周年、琼崖纵队诞生80周年为契机，县关工委联合县教育局在全县中小学校开展爱国主义教育和革命传统教育，宣传人民军队的光荣传统，丰功伟绩和琼崖革命“二十三年红旗不倒”精神。作报告95场，爱教育师生33000人。

2008年，县关工委以《心系奥运，健康成长》为主题举办教育报告44场，纪念改革开放30周年报告33场。组织全县中小学生开展《心系奥运，健康成长》征文和演讲比赛，收到稿件500多篇，经过审阅和筛选，选出88篇具有代表性的作品，汇集成《情寄奥运》一书，编印成1100本册，发到全县中小学图书室和学生。

2009年清明节期间，县关工委会同共青团县委组织澄迈中学、县二中的共青团员500多人在冯平符节烈士碑前举行悼念活动。纪念抗日战争胜利64周年，县关工委会同桥头镇党委，组织桥头部分中小学生，农村青年、村、镇二级干部在“沙土渗案”史证碑前举行纪念活动。开展庆祝中华人民共和国成立60周年大型教育活动，县关工委和县教育局联合组织巡回报告团，深入全县中小学校做爱国主义教育报告57场。国庆期间，为推动全县各学校进一步掀起庆祝中华人民共和国成立60周年活动的高潮，举行庆祝中华人民共和国成立60周年演讲和征文比赛，筛选85篇优秀征文、演讲稿汇集成《我与祖国》一书，编印成500本册，发到全县中小学图书室和学生。

2010年，以海南解放60周年为契机，进行“琼崖革命武装斗争二十三年红旗不倒”的革命传统教育。4月2日，县关工委会同共青团澄迈县委组织1000多名师生到冯平、符节烈士纪念园举行悼念活动。通过由参加抗日战争和解放海南战役的离休老战士李大科、潘宗林向同学们讲述渡海作战解放海南的故事，同学们受到革命传统教育。整个教育活动主要抓几方面工作：编写好“教材”，王善昌等老干部多方面搜集海南革命斗争珍贵资料，重点是澄迈革命斗争史料，精心整理，结集成书，书名《功业丰碑》，4月底出版。选好“教员”，县关工委聘请亲身参加过解放海南渡海作战的老战士潘宗林参加巡回报告团。潘宗林在解放战争中，参加过三大战役中的辽沈、平津两大战役，从东北打到海南岛，多次光荣负伤、多次立功受奖，他以参加渡海作战的亲身经历，给中小学生以生动的教育。选好“课堂”，县关工委侧重把中小学生带上社会“大课堂”，到英雄们战斗过的地方，进行教育，例如：玉包港渡海作战登陆点、美亭决战纪念碑前、王文儒家乡等。老城中学带学生参观省博物馆“热血铸丰碑”图片展。2010年，举行爱国主义巡回报告团作报告13场，12000名师生受到教育。

三、法制教育活动

1999年，县关工委配合宣传、司法等部门作题为“珍惜生命，拒绝毒品”报告10场，联合发出致全县中小学生家长的一封公开信，动员广大家长配合学校和社会共同教育好涉毒青少年。配合宣传、司法等部门购买《远离毒品》录像带，复制分发到全县各中学及乡镇教办，组织学生观看。

2000年，为贯彻落实中央颁发的《中华人民共和国预防未成年人犯罪法》，县关工委会同宣传、司法、教育等部门组成宣讲团深入县城、18个乡镇及国有农场28所中学，53所小学，向24800名学生作题为《学习〈预防未成年人犯罪法〉保证少年儿童健康成长》

的专题报告81场次。

2003年，县关工委邀请省关工委符致光副主任到澄迈县为青少年学生作题为《珍惜生命 远离毒品》报告6场，聆听报告的中小学生、社会青年和部分涉毒人员9000多人次。

2004年，县关工委联合县文体局等职能单位制定《关于开展全县网吧等互联网上网服务营业场所专项整治方案》，对学校周边环境进行整治，出动165人次，对全县43家网吧进行检查，对10家违规经营网吧作警告处分，取缔一家无证经营的黑网吧，将靠近澄迈中学200米内的3家网吧迁到长堤西段，对24家网吧作出停业整顿，净化未成年人健康成长的社会环境。开展"6·26"国际禁毒日宣传活动，教育青少年珍惜生命，远离毒品。在《中华人民共和国预防未成年人犯罪法》发布5周年，组织"五老"做法制教育报告5场，聆听报告的学生2000多人。

2009年，县关工委配合文化、公安、工商、教育、电信等部门，开展查处取缔黑网吧专项活动。进行8次突击检查，出动人员160人次，出动车辆48辆次，对全县72家网吧进行检查，对违规接纳未成年人上网的4家网吧罚款2.7万元。配合县政协开展"法律进学校"活动。6月，先后在20所中小学校进行图片和影视宣传，12338名学生受到法律教育。县关工委指导和协助永发镇关工委在全镇中小学校中开展禁毒宣传教育活动，做禁毒教育报告18场，受教育学生3600人。

2010年春节期间，配合县工商局、文化、公安等部门，开展春季打击黑网吧"护蕾"行动，对全县网吧进行排查，摸清"黑网吧"底数，制定网吧整治工作时间表和路线图，邀请县检察院有关人员全程监督，行动中有4家黑网吧被取缔，查扣电脑主机和显示器18部。

配合县司法局开展"法律进校园"活动，全县29个派出所所长，负责担任辖区内一所中小学校法制副校长，承担法制教育工作，县教育局要求全县中小学要主动配合公安部门，把配备法制副校长工作落实好。县关工委法制教育团配合有关部举办各种法制宣传、禁毒宣传7场次，2000多名师生受到教育。

四、关爱活动

1999年"六一"国际儿童节期间，县关工委组织"五老"深入加乐中心小学开展慰问活动，对失依困难儿童送去关爱。

2003年，通过抓家长学校试点工作，推动全县家长学校工作，在金江镇中心小学抓试点，在老城镇石联小学召开家长学校工作现场会，县关工委副主任王廷生给家长们讲《重视家庭教育，当好合格家长》辅导课。

2006年，县关工委和县教育局邀请省关工委和家教专家举办家长学校骨干培训班，全县中小学校近 200 名骨干参加培训，讲师团成员郑传庆在培训班上作题为《更新观念，使家庭教育走向成功》专题报告。

2007 年，邀请省关工委副主任许明光及省家教讲师团为永发镇家长学校代表和学校骨干教师 100 多人授课，教育家长用平常的心态去看待孩子，用平等的态度去对待孩子，用科学的方法去教育孩子。

2009 年，县关工委主动配合县妇联、县教育局帮助基地小学创办“流动留守儿童之家”，于 5 月 31 日举行“流动留守儿童之家”揭牌仪式。县关工委资助 1000 元作活动经费，县关工委常务副主任王善昌担任流动、留守儿童之家名誉主任，指导学校制定制度，组织教师开展关爱活动，保证流动、留守儿童健康愉快成长。

2010 年，资助家庭困难大学生 6 名，其中给予 5 名学生各资助 1000 元，给 1 名学生资助 500 元。11 月 12 日，省关工委关爱团领导和省直有关单位组成的“五老”书画家到澄迈县第二中学举办老少牵手书画笔会“书画进校园”活动，全校 4000 多名师生参加活动。

五、“五老”队伍建设

1999—2010 年，发挥老干部特殊优势和余热，开展“老少共建”精神文明建设活动，推进爱国主义教育基地和青少年活动阵地的建设。针对全县关心下一代工作中带有普遍性，倾向性的问题开展调查研究，向省关工委、县委县政府提出加强和改进工作的意见和建议。至 2010 年，县关工委先后组织 “五老”1 万多人次参与开展活动，作爱国主义教育报告约 800 多场，法制教育报告约 500 多场，科技教育培训约 650 多场，家庭教育辅导报告 1000 余场，受教育的师生 90 多万人次。2002 年和 2007 年，县关工委两次被授予“全省关心下一代工作先进集体”荣誉称号。

澄迈县委重视关工委工作，将其列入党委、政府重要议事日程，在经费上给予保障，在工作上给予支持。2010 年，全县关工委（关工小组）组织有 230 个，成员 1490 人，全县 11 个镇都建立关工委组织，全部由镇一级现职领导兼任关工委主任。县关工委除发挥本身作用外，在其周围还团结一支有 2800 多人的“五老”队伍，形成一支强有力的教育力量，先后协助县委、县政府建立起美合抗日根据地纪念碑、加乐革命烈士纪念碑、尖石岭红军洞、中共邓仲支部旧址、沙土惨案史证碑等 5 处爱国主义教育基地，使全县爱国主义教育基地增加到 12 处。

第七章　宣传工作

第一节　机构与思想教育

一、县委宣传部

1998年，中共澄迈县委宣传部配备部长1人，副部长4人，文明办主任1人，副主任1人，干部8人，内设“一办三岗”（文明办，行政文秘岗、理论教育岗、宣传文化岗）。1999年，机构延续不变。2010年，配备部长1人，副部长3人，文明办副主任1人，干部10人，内设“三办二股”（办公室、文明办、社会主义新农村建设办公室，理论教育股、宣传文化股）。

二、政治思想教育

1999年，中共中央制定颁发关于加强和改进思想政治工作的若干意见后，县委宣传部及时组织宣传战线的干部职工进行学习。组织开展“三讲”教育活动，学习毛泽东、邓小平、江泽民关于“讲学习、讲政治、讲正气”的论述。

2000年组织召开全县思想政治工作会议，贯彻落实全国和全省思想政治工作会议精神。县委书记在会议上强调，要依靠强思想政治工作，推动澄迈改革发展和社会稳定，通过开展思想政治工作，解决好影响和制约澄迈经济和社会发展的问题。以金江镇大拉村为试点，在全县广大农村开展“双思”（致富思源、富而思进）教育活动。在教育活动中，以“三级联创”为切入点，采取上辅导课，办理论学习班，外出参观考察等形式，有声有色开展“双思”教育活动。

2001年，在全县开展“三观”（世界观、人生观、价值观）、“四信”（马克思主义的信仰、中国特色社会主义的信念、改革开放和现代化建设的信心、党和政府的信任）教育，弘扬江泽民总书记提倡的为实现社会主义现代化而不懈奋斗的“五种精神”（解放思想、实事求是的精神，紧跟时代、勇于创新的精神，知难而进、一往无前的精神，艰苦奋斗、务求实效的精神，淡泊名利、无私奉献的精神）。

2002年，组织开展以理论信念为核心的教育活动，加强爱国主义、集体主义、社会主义教育，激发人们的爱国热情，深入各镇村开展普法教育，增强公民的法律意识和法制观念。

2003年，学习江泽民总书记关于“加强国防教育，增强全民国防观念”的指示精神，在县电视台开设《军事天地》《双拥新曲》《军民情》等栏目。组织全县干部群众和青少年学生开展学习《中华人民共和国国防法》《中华人民共和国兵役法》《中华人民共和国国防教育法》为主要内容的教育活动。

2004 年,《中共中央国务院关于进一步加强和改进未成年人思想道德建设的若干意见》下发后，制定实施方案、成立领导小组、召开座谈会、举办报告会，加以贯彻落实。

2005年，开展“王国雄先进事迹暨澄迈风采巡回报告”教育活动，6000多党员干部受到教育，树立坚定信念、一心为民、关心群众、感情深厚、舍家忘我、廉洁从政的理念。

2006 年，结合开展党的先进性活动，推出一批践行“三个代表”重要思想的先进典范，组织县委宣讲团进基层开展宣讲活动。邀请理论专家到澄迈县开展科学发展观和构建和谐社会等方面进行理论辅导，营造有利于新农村建设的思想环境。

2007年，深入宣传胡锦涛总书记“6・25”重要讲话精神，学习“解放思想、实事求是、与时俱进”的精髓，把全县干部群众的思想和行动统一到讲话精神上来。

2008—2010 年，深入开展以社会主义荣辱观为核心内容的思想道德建设，倡导爱国、敬业、诚信、友善的道德规范，开展“知荣辱、讲正气、促和谐”的道德实践活动。

第二节　理论教育

1999 年，印发中心组学习计划，专题学习金融知识，防范和化解金融风险，推动澄迈经济健康发展。以县委理论学习中心组为龙头，组织学习邓小平理论和中央十五大报告及新党章，中心组成员在《海南日报》等省内报刊上发表学习体会文章 20 多篇，澄迈县委新闻办在《海南日报》上发表有关澄迈情况的文章 3180 多篇，在《人民日报》等报刊上发表 10 多篇。举办县直副科（局）级以上领导干部培训班 2 期，参加人数 810 人。以各乡镇、各部委办局为单位，采取自学、集中辅导和理论考试的方式，组织干部和群众学习。全县参加中共十五大精神开卷考试的干部 6500 人，考试及格率 100%。

2001 年，组织干部群众重点学习以德治国方略和“五种精神”——解放思想、实事求是的精神，紧跟时代、勇于创新的精神，知难而进、一往无前的精神，艰苦奋斗、务求实效的精神，淡泊名利、无私奉献的精神。结合全县开展的两批农村“三个代表”重要思想学习教育活动，与县委组织部共同组织 2 期为期 7 天的理论培训，参加人数 150 多人，撰写学习体会文章 60 多篇。派出理论骨干深入各单位举办理论辅导 70 多场次，参加人数 5000 人次。以江泽民总书记考察海南发表重要讲话、江泽民总书记“七一”重要讲话和中共十五届六中全会召开的契机，邀请省有关理论专家上辅导课 2 次。

2002年，组织县委理论学习中心组集中学习25次，举办理论研讨会4次，中心组成员撰写论文50多篇。举办学习江泽民“5·31”重要讲话专题学习会，对江泽民总书记提出的一系列新思想、新观点、新理论进行学习，提高对党执政兴国的新任务加深理解。围绕十六大主题，组织干部群众对六个专题进行学习。就《公民道德建设实施纲要》和十六大精神，选派理论骨干深入基层进行理论辅导教育100多场次，直接听众5万多人次。

2003年，组织县四套班子领导成员学习胡锦涛同志“七一”重要讲话，贯彻落实《中共中央关于全党兴起学习贯彻“三个代表”重要思想新高潮的通知》文件精神，10月27—28日在盈滨半岛举办领导干部学习“三个代表”重要思想理论研讨会，收到78篇学习心得体会文章。全年，县委中心组集中学习12次，中心组成员撰写理论文章30多篇。组织县委宣讲团深入10个镇进行宣讲“三个代表”重要思想，直接听众2500多人次。

2004年，围绕科学发展观和胡锦涛总书记在邓小平100周年诞辰纪念大会上的重要讲话精神，组织干部群众进行专题学习，按照省委提出“为民、务实、清廉”的总体要求，要求全县干部群众增强学习发展意识、改革创新意识、大局稳定意识、执政为民意识等“四种意识”。全年进行理论辅导70多场次，受教育的党员干部5000多人次。针对农村的热点问题有针对性地开展理论下乡活动，与县教育局、县关工委深入中小学校开展学习洪志功先进事迹报告会50场次，宣讲中央一号文件精神和“三农”问题专题50场次，同县司法局组成“澄迈县土地纠纷警示教育报告团”深入各乡镇开展土地纠纷有关问题的宣讲活动11场，直接听众1万多人次，这次巡回宣讲活动采取观看专题片、对土地纠纷问题进行讲解，观看有关挂图等多种形式进行，做到手段和方式创新。

2005年，完善县委理论学习中心组学习制度，县委中心组实行中心组成员轮流主讲制度，创新学习方式，提高中心组成员的学习积极性和自觉性。全年县委理论学习中心组集中学习14次，学习专题8个。把理论下乡工作和文明村（镇）创建工作相结合，重点抓好20个县级理论下乡教学示范点干部群众的理论学习，派出理论工作者就先进性教育专题、构建和谐社会专题、“三农”工作专题深入基层做辅导报告20多场，受教育的干部群众2000多人次。

2006年，以第三批保持共产党员先进性教育活动为契机，抓好党员干部的理论学习，配合省委宣传部做好“海南新农村理论之星”读书活动，以摘抄《江泽民文选》100句、谈心得体会、笔试竞赛、演讲比赛等形式推动理论学习的开展。

2007年，以各级党委学习中心组为阵地，通过开展主题教育活动、专题研讨、辅导讲座、党课教育和知识竞赛等形式，在全县党员干部中大兴学习之风。邀请专家学者做省五届党代会、中共十七大精神等专题辅导报告6次，受教育的党员干部和群众30万人次。

2008年，以县委理论学习中心组为龙头，采取专题研讨、集中学习、个人自学等多种形式进行学习，使全县理论学习的风气逐渐浓厚。县委中心组创新学习方式，采取专题报告、深入一线调研学习和赴省内外参加高层论坛等多种方式开展学习活动。全年集中学习16次，举行理论研讨会2次，中心组成员撰写理论文章35篇。组织全县党员干部学习“三个代表”重要思想、科学发展观、胡锦涛总书记视察海南时的重要讲话精神。

2009年，以开展学习实践科学发展观活动为切入点，以县委理论学习中心组为龙头，推进理论学习。县委中心组集中学习15次，专题研讨4次。组织科学发展观专题宣讲30多场次，组织各类理论培训班50多场次，培训干部2000多人次。

2010年，以在党员干部中开展读书实践活动为抓手，重点开展中共十七届五中全会精神，《“七个怎么看”——理论热点面对面》《划清“四个重大界限”学习读本》等内容的学习，邀请“琼州学堂”巡讲团开展专题讲座，直接听众2000多人。

第三节　宣传教育

一、中心任务宣传

1999年，对邓小平理论和中共十五大报告及新党章的宣传学习教育，举办县直副科（局）级以上干部培训班2期，参加人数810人。组织参加中共十五大精神开卷考试干部6500人次。各乡镇、部委办局采取自学、集中辅导和理论考试的方式，组织干部和群众学习。2000年，围绕贯彻中共十五大精神，迎接新世纪，组织对党的基本理论、基本路线、基本纲领的宣传教育，坚定干部群众对马克思主义的信仰和对社会主义的信念。2001年，加大对江泽民总书记“七一”讲话、中共十五届六中全会精神进行宣传，按照“八个坚持、八个反对”的标准，查找领导干部在作风方面存在的问题。2002年，组织干部群众学习江泽民“5·31”重要讲话和《江泽民论有中国特色社会主义》（专题摘编）。进行中共十六大精神理论辅导100场次，直接听众5万多人次。2003年，制定《澄迈县党员干部学习贯彻“三个代表”重要思想学习计划》，在学习内容，学习形式和学习要求方面作出具体规定，邀请省委常委、宣传部长周文彰作专题辅导。在县电视台，澄迈要务报开设《学习贯彻“三个代表”重要思想》专栏进行宣传。2004年，宣传科学发展观的科学内涵和精神实质，贯彻到加快澄迈发展的实际行动中，结合邓小平100周年诞辰纪念活动，采取图片展、征文比赛等形式缅怀邓小平光辉的一生。

2005年，以树立科学发展观，加强执政能力建设为重点，宣传中共十六届四中全会精神，以开展保持共产党员先进性教育活动为契机，通过理论研讨、举办培训班等形式，确保理论宣传实效。2006 年，结合中国共产党建党 85 周年、中国工农红军长征胜利 70 周年纪念活动，组织开展爱党、爱国、爱社会主义宣传教育，在广大干部群众和青少年学生中开展社会主义荣辱观教育。2007 年，做好迎接、宣传、贯彻中共十七大宣传工作，在全县兴起宣传贯彻中共十七大精神的热潮，做好社会主义核心价值体系宣传。

2008 年，抓好纪念改革开放 30 周年活动和建省办经济特区 20 周年活动的宣传。2009 年，围绕县委中心工作，宣传中共十七届三中全会精神和开展庆祝中华人民共和国成立 60 周年活动。

2010 年，围绕创建学习型党组织活动，宣传中共十七届四中全会精神，以开展学习实践科学发展观活动为载体，深入农村和社区，宣传中国特色社会主义理论体系、科学发展观和构建和谐社会等重大战略思想。

二、典型事件宣传

1999 年，宣传学习 1998 年抗洪精神（万众一心，众志成城，不怕困难，顽强拼搏，坚韧不拔，敢于胜利），举行报告会 80 多场，直接听众 2 万多人。根据省委宣传部安排和县委部署，开展宣传学习党的好干部孔繁森和新时期英雄战士李向群的先进事迹。购买《学习新时期英雄战士李向群》一书 3 万多册，宣传图片 60 多套，举行李向群先进事迹报告会 45 场，学习座谈会 200 多次，张贴宣传标语 120 多条，受教育人数 20 多万人，向抗洪灾区捐物 60 多万元。宣传湖北沙市、上海张家港、广东三明等全国精神文明建设先进典型经验，开展创建文明村镇、文明单位和“五好文明家庭”活动，全县涌现出省级文明单位 7 个，省精神文明建设先进工作者 2 名，省精神文明建设积极分子 2 名，县级文明单位 32 个，县精神文明建设先进工作者 32 名，县精神文明建设积极分子 56 名，“五好文明家庭”5560 户。

2001年，会同县委政法委、县司法局等部门举办《反对邪教、崇尚文明》图片展览，接待群众6000多人次，深入揭批邪教残害生命，“反科学、反人类、反社会”的本质，让群众认识到邪教的危害。

2002 年，针对全县农村在公民道德、精神文明建设、社会风气以及贩毒、吸毒等方面存在的问题，采用群众喜闻乐见的方式，深入开展理论下乡活动。实施《公民道德建设实施纲要》活动，在县电视台开设《道德之光》和《道德多棱镜》等栏目，用身边的正反典型教育群众。组织 600 多人参加公民道德建设知识竞赛，全县各单位、中小学进行道德知识辅导 60 多场次。

2003 年，开展“三讲一树”（讲文明、讲卫生、讲科学，树新风）活动，制作“告别八大陋习，提倡五不行为”宣传画 5000 份在全县张贴。创办《澄迈要务报》，及时反映县委的决策部署，推进依法治县、依法行政进程。

2004 年，同县司法局、县电视台共同拍摄专题片，组织“痛定思痛，警钟长鸣”土地纠纷警示教育报告团开展土地纠纷巡回报告会，直接听众 1 万人次。

2005 年，结合开展保持共产党员先进性教育活动，开展“党员先进性在基层”先进人物先进事迹宣传活动，宣传澄迈县涌现出的抗旱先进典型王仕武、邱琼彬的先进事迹。

2006 年，开展集体林权制度改革，“五五”普法等宣传活动，为县委中心工作提供良好的舆论环境。

2007 年，组织中共十七大精神宣讲团进行宣讲 63 场次，受教育的党员干部和群众 30 万人次。

2008 年，以迎接北京奥运会、纪念海南建省 20 周年和中国改革开放 30 周年为契机，宣传澄迈县社会经济发展，新农村建设取得的成效。

2009 年，利用福山咖啡文化节、盈滨龙水节等重大节庆活动，借助澄迈被评为“中国长寿之乡”的时机，制作《古县老人——澄迈百岁老人集》《腾飞的开发区》等画册，宣传澄迈县的长寿文化和社会经济发展情况。

2010 年，围绕中共十七届五中全会精神等内容的学习，邀请“琼州学堂”巡讲团开展专题讲座，营造全民学习热潮。开展“知荣辱、讲正气、促和谐”的道德实践活动，加大社会主义荣辱观为核心内容的思想道德建设宣传。

三、宣传资料编发

1999 年，编印《发展中的澄迈》3000 册。2001 年，购买“三个代表”重要思想学习读本、《公民道德建设实施纲要》读本等资料 5000 册。2002 年，订购海南省第四次党代会精神学习资料 1500 册，中共十六大精神学习资料 2 万多册。2003 年，订购《“三个代表”重要思想学习纲要》5000 册，中共十六届三中全会学习材料 1000 册。

2004 年，征订《中共中央十六届四中全会文件》800 多册，《加强党的执政能力建设学习问答》6000 多册，《十六届四中全会新思想、新论断、新举措学习读本》500 多册，编印土地纠纷警告专题片和宣讲材料，供各单位和各镇进行宣传教育用。2007 年，订购《党委（党组）中心学习资料》500 册，中共十七大精神辅导学习资料 5000 多册，翻印省委卫留成书记的《文章选编》2000 册。

2008 年，订购《党委（党组）中心组学习参考资料》700 多册，《理论热点面对面.2008》550 多册，《科学发展观学习读本》1500 册，《贯彻科学发展观海南干部读本》2000 册。

2009 年，征订《中共中央关于加强和改进新形势下党的建设若干重大问题的决定》500 多册，订购《科学发展观学习读本》2000 余册。

2010年，进行中国特色社会主义理论体系和社会主义核心价值体系教育，征订《社会主义核心价值体系读本》《中国特色社会主义理论体系读本》《2010年理论热点面对面》等资料6000册。

县委宣传部发挥职能作用，抓好各年度的党报党刊发行工作，为理论学习提供丰富的学习资料，从2004年开始，连续6年被评为“全省党报党刊发行工作先进单位”，得到省委宣传部的表扬和奖励。

四、新闻宣传

1999—2010年，县新闻办以邓小平理论和“三个代表”重要思想为指导，以“围绕主题干实事、服务大局构和谐”为主题，围绕中心，服务大局，求真务实，与时俱进，坚持以正确舆论为导向，以正面宣传为主旋律，以县委、县政府的中心工作为重点，全方位深层次地把澄迈经济建设和社会各项事业发展及时对外宣传报道，消除一切不利于团结，不利于发展的噪音、邪音和杂音，营造加快澄迈发展，建设和谐澄迈的良好氛围。

每年县新闻办组织在中央及省级新闻媒体上发稿近500篇，至2010年，已累计在中央及省级新闻媒体发稿5000多篇，投稿量和发稿量均居全省市县前茅，取得较好成效。

五、对外宣传

1999—2010年，在县委、县政府的指导下，县委宣传部紧扣中央、省委和县委中心宣传任务，结合年度工作目标，开展好对外宣传工作。

1999年，以举行报告会形式，对外宣传1998年“万众一心，众志成城，不怕困难，顽强拼搏，坚韧不拔，敢于胜利”的抗洪精神，凝心聚力共渡难关。根据省委宣传部安排和县委部署，开展宣传学习党的好干部孔繁森和新时期英雄战士李向群的先进事迹。

2000年，宣传澄迈县创建文明村镇、文明单位和“五好文明家庭”活动成果，全县涌现出省级文明单位7个，省精神文明建设先进工作者2名，省精神文明建设积极分子2名，县级文明单位32个，县精神文明建设先进工作者32名，县精神文明建设积极分子56名，“五好文明家庭”5560户，提升澄迈知名度。

2002年，开展理论下乡活动，采用群众喜闻乐见的琼剧、八音演出形式，针对全县农村在公民道德、精神文明建设、社会风气以及贩毒、吸毒等方面存在的问题，深入乡镇开展宣传。在县电视台开设《道德之光》和《道德多棱镜》等栏目，用身边的正反典型教育群众。

2003年，创办《澄迈要务报》，增加澄迈对外宣传又一重要窗口，及时反映县委的决策部署，推进依法治县、依法行政进程。宣传澄迈县开展“三讲一树”活动成果，提倡群众“告别八大陋习，提倡五不行为”。

2004年，针对土地纠纷严重问题，组织“痛定思痛，警钟长鸣”土地纠纷警示教育，同县司法局、县电视台共同拍摄专题片，加强宣传教育。

2005年，宣传澄迈县涌现出的抗旱先进典型王仕武、邱琼彬的先进事迹，号召广大干部群众向榜样学习，开展“党员先进性在基层”先进人物先进事迹宣传活动。

2006年，宣传报道澄迈县开展集体林权制度改革工作进程和成果，营造积极向上群众氛围，为县委中心工作提供良好的舆论基础。

2007年，组织中共十七大精神宣讲团进行宣讲新闻报道，在全县掀起学习热潮。

2008年，以迎接北京奥运会、纪念海南建省20周年和中国改革开放30周年为契机，宣传澄迈县社会经济发展，新农村建设取得的成效，提升澄迈形象。

2009年，制作《古县老人——澄迈百岁老人集》《腾飞的开发区》等画册，利用福山咖啡文化节、盈滨龙水节等重大节庆活动，借助澄迈被评为“中国长寿之乡”的时机，宣传澄迈县的长寿文化和社会经济发展情况，向世界打出澄迈名片。

2010年，开展“知荣辱、讲正气、促和谐”的道德实践活动，加大社会主义荣辱观为核心内容的思想道德建设的宣传，宣传报道倡导爱国、敬业、诚信、友善的道德规范事迹。邀请“琼州学堂”巡讲团开展专题讲座，围绕中共十七届五中全会精神等内容的学习，加强报道在党员干部中开展读书实践活动成果，营造全民学习热潮。举办中国海南第八届盈滨龙水节暨第九届国际老人博览会，挖掘澄迈厚重的长寿文化和资源优势。

第四节　精神文明建设

一、机构

澄迈县精神文明办公室为澄迈县精神文明指导委员会内设办公室，负责处理精神文明指导委员会一切日常工作业务。

1999年，澄迈县文明办为县委宣传部内设机构，设有兼职主任和专职副主任各1名。

2003年，县委宣传部内部设置精神文明办，由县委宣传部副部长兼任澄迈县文明办主任，宣传部精神文明岗负责人协助文明办主任处理文明办日常工作事务。

2007年，县委、县政府成立以县委常委、文明委主任为组长的澄迈县文明生态村建设工作领导小组，成员由县文明办、县财政局、县委农委、县委督查室、县爱卫办等相关单位和各镇分管领导组成，主要负责对全县文明生态村建设的统一指挥、宣传发动、组织协调和检查督导等工作。

二、文明建设活动

（一）文明村镇社区建设

2001年，澄迈县开始建设文明生态村。根据精神文明建设和社会主义新农村建设“生产发展、生活宽裕、乡风文明、村容整洁、管理民主”二十字方针，澄迈县结合农村实际情况，打造特色文明生态村，践行二十字方针。根据中央文明委、海南省文明办有关文件精神，在11个乡镇打造50个各有特色的文明生态村，发展农村产业经济，协助农业部门着力解决“三农问题”。

2002年，县文明办在全县打造48个文明生态村，启动“优化生态环境，发展生态经济，提高乡村文明”为主要内容的文明生态村创建活动。澄迈县九个文明生态村当选为县级重点打造的文明生态示范村，通过对文明生态示范村打造，发展农村特色产业经济。

从2003年起，澄迈县每年从县、镇财政安排200万—300万元用于文明生态村建设，截至2005年，累计完成创建文明生态村435个。每年投入资金100多万元，打造“一镇一演”农民广场文艺会演、文化下乡、电影下乡等活动，实现每村每年平均看3场以上文艺演出、每月看1场以上电影。举办文化下乡“广场健身操舞”培训、全民健身操舞培训（澄迈站）、合唱指挥培训、送文化下乡书法培训等培训班。

2006年，制定并印发文明生态村建设实施方案，按照“四个一”（一个建设规划、一个平面规划图、一个创建方案、一个工作班子）的标准，明确任务目标和工作责任，确保创建活动取得实效。

2007年，成立以县委常委、文明委主任为组长的澄迈县文明生态村建设工作领导小组，成员由县文明办、县财政局、县委农委、县委督查室、县爱卫办等相关单位和各镇分管领导组成，主要负责对全县文明生态村建设的统一指挥、宣传发动、组织协调和检查督导等工作。澄迈县文明办和县妇联、县委共青团、县科协、文体局部门开展送科技、送文化、送卫生等“三下乡”活动，通过宣传文明礼仪、志愿服务等活动形式宣传新农村建设，在全社会形成关注农业、关心农村、关爱农民的氛围。

2001—2010年，澄迈县打造518个文明生态村，投入资金3568万元，其中，县级文明生态示范村168个。2007—2010年，海南省举办精神文明建设表彰，大丰镇那小村、才存村荣获省级文明生态示范村，福山镇荣获省级文明生态镇。

（二）文明单位建设

1999年，围绕中央文明委和海南省文明办下发的《中央精神文明建设指导委员会1998年精神文明建设工作》等重要文件，澄迈县文明办作为牵头单位印发《澄迈县文明创建实施方案》，开展文明单位创建活动，全县33个机关单位踊跃参与。获得澄迈县文明单位表彰的有 8 个单位，其中乡镇政府 2 个，省级直属部门 2 个，县级机关单位 4 个。

2000 年，根据中央文明委全国农村精神文明建设工作座谈会和全国创建文明社区工作座谈会精神，澄迈县文明办印发《关于创建文明村镇工作实施方案》，提出目标任务、方法步骤和具体措施。11 月，召开全县文明创建表彰大会，对获得全县文明单位的 10 个单位和 5 个文明家庭进行表彰。

2002 年，以创建文明机关、文明窗口、文明行业为主要载体，会同文化、司法、质监、药监、工商等部门开展治理文明行业、文明城市等创建工作。澄迈县文明办、工商局联合开展“打击假冒伪劣产品、百城万店无假货”活动，创建诚信体系一条街。

2004 年，根据海南省有关文件精神，澄迈县在全县开展“文明诚信，创诚信窗口、建文明单位”的精神文明创建活动，向民众展示文明澄迈等精神面貌。澄迈县文明办与县妇联、县共青团、县科协等部门开展送科技、送文化、送卫生等“三下乡”活动，展示文明单位的风貌风采，为新农村建设添砖添瓦。

2006 年，组织荣获县级文明单位的单位负责人在精神文明建设部署会上进行经验介绍。12 月，召开 2006 年文明创建表彰大会，对获得文明单位、文明村镇、文明社区、文明家庭，精神文明建设先进工作者进行表彰。

2008 年，抓好“三下乡”“四进社区”等活动，开展文明单位、文明窗口、文明行业创建等活动。

2010 年，联合县共青团开展“百万空巢老人关爱志愿服务行动”，开展送温暖、献爱心、希望工程、“迎文明树新风”、“五好”家庭、巾帼建功等文明创建活动。

2007—2010 年，澄迈县公安局、澄迈县气象局、澄迈县检察院、澄迈县国家税务局、澄迈县老城经济开发区等单位获得海南省文明单位，黄星、张议文、徐敏等人荣获海南省精神文明建设先进工作者。

（三）文明家庭建设

1999 年 7 月，由县委宣传部、县妇联、广播电视台等 15 家单位派员组成澄迈县“五好文明家庭”活动协调小组，制定《澄迈县 1999 年“五好文明家庭”创评、表彰活动工作意见》，开展“尊老爱幼、男女平等、夫妻和睦、勤俭持家、邻里团结”活动。澄迈县美亭乡雅新村委会妇代会主任王德凤一家被评为海南省“五好文明家庭”标兵。县建环局吴坤茂等 3 户评为“海南省五好文明家庭”户。

2000 年，结合“五好文明家庭”创建活动，把文明家庭创建纳入精神文明建设范畴，在文明创建表彰大会上对荣获“五好文明家庭”获得者进行表彰。

2002 年，会同县妇联组织机关单位、中学、小学校和幼儿园家长 600 多人在县委礼堂听取专家所做的公民道德报告。与教育、妇联、共青团等部门开展“澄迈县小公民”道德建设活动，邀请“五好文明家庭”获得者进乡镇、进社区、进学校作报告会。

2004年，黄大雄、吕家珍、王翠莲、李开德等4户家庭被省妇联评为“海南省五好文明家庭”，黄大雄家庭被全国妇联评为“全国五好文明家庭”，并获澄迈县文明创建表彰大会的表彰。

2006年，以精神文明创建为契机，把开展“五好文明家庭”活动作为文明家庭建设的主要手段，通过评选方式，以家庭文明培育城市文明，在评选五好家庭的基础上，推进文明家庭建设。

2008年，抓住“五好文明家庭”“绿色环保家庭”创评活动的契机，开展文明家庭建设创建活动，提高家庭成员素质、提高家庭文明程度，促进文明城市、文明城镇和文明行业的创建。

2010年，以提倡“好家风、好家训、好家教”为主题，会同县妇联、县共青团等单位组织文明家庭、“五好文明家庭”获得者进社区、进学校开展宣讲会，运用故事化、生活化形式将家庭幸福生活、家庭和谐故事、家庭文明风采、家庭未来梦想与向居民群众分享，宣传中华传统美德，弘扬社会主义核心价值观。

三、思想道德教育

1999年，在中小学生中开展“学法律、讲道德”“热爱我们共有的家园”等读书活动，受教育人数12万多人。

2001年，组织纪念中国共产党建党80周年活动，在小学生中开展读书演讲比赛，在中小学生中开展读书征文比赛，在党员干部中开展党史知识竞赛活动，唱响共产党好、社会主义好、改革开放好的主旋律。

2002年开始，连续开展五届爱国主义读书教育活动，使青少年受到爱国主义思想教育。

2003年开始，结合“公民道德宣传日”连续6年开展各种宣传教育活动，使公民道德建设“20字”方针深入人心。

2004年，以全国第二个公民道德宣传日为契机，在全县开展系列活动，组织开展大规模的道德宣传、实践活动，各级文明单位及行业代表1000多人参加“我文明、我诚信”签字活动，强化公民的道德意识。

2005年，在教育系统宣传周琦先进事迹，号召广大教师以周琦为榜样，学习他执着追求、默默奉献的高尚品德和精神风范，学习他干一行爱一行，以高度的责任感、使命感，教书育人、为人师表。

2006—2008年，利用法定节日，传统节日，历史人物的诞辰和逝世纪念日，中国共产党建党纪念日，红军长征、海南解放和海南建省办经济特区等重大历史事件纪念日，以及未成年人的入学、入队、入团、成人宣誓等有特殊意义的日子，集中开展思想道德主题宣传教育活动。组织夏令营、冬令营、革命圣地游等道德实践活动。

2010年，加强和改进未成年人思想道德建设，在全县召开未成年人思想道德教育工作会议，开展德育目标“进课堂、进教材、进教案”等活动，强化育人工程。

四、移风易俗

（一）破除陋习

2000年，利用道德讲堂等阵地开展移风易俗专题教育活动，在街区、集市、文化广场等人流密集地点设置宣传栏、文化墙等阵地，发放各类宣传材料，宣传倡导移风易俗理念。

2001年，开展清明节文明祭扫宣传活动，营造新风气。在全县范围内张贴《澄迈县文明祭祀通告》，引导市民文明祭扫，出动执法人员400人，加强巡查，劝导不文明祭祀行为。

2003年，召开全县党员干部带头移风易俗工作部署会，要求党员干部响应建设“美丽澄迈·幸福家园”号召，带头树立廉洁自律意识，争当婚事新办、丧事简办的表率，提升精神文明建设水平。

2005年，针对农村婚丧嫁娶讲排场、铺张浪费、薄养厚葬等陈规陋习，推动移风易俗，以各级党员干部、公职人员为重点，出台规范办理婚丧嫁娶事宜文件，建立申报制度。

2006—2008年，强化和规范精神文明阵地建设，加强村规民约建设，要求每个村必须在村委会或村民集中区域张贴和宣传村规民约，引导群众革除婚丧事务中讲排场、摆阔气、搞攀比、封建迷信等旧俗，倡导婚事新办、丧事俭办、厚养薄葬、勤俭节约、文明理事的社会新风尚，端正社风、民风。

2010年，建立“陋习劝导队”。在城镇建立由社区干部、志愿者等组成的社区“陋习劝导队”；在乡村建立由村两委干部、老党员等组成的乡村“陋习劝导队”。依托“陋习劝导队”开展“拒绝大操大办、拒绝铺张浪费、倡导厚养薄葬、倡导文明祭祀”活动，推动形成俭朴节约、文明殡葬的社会风气。

（二）树立新风美德

2000—2002年，开展“讲科学、改陋习、树新风”“干干净净迎节日”等活动，弘扬科学精神和社会新风。

2004年，在全县开展“争作文明公民、文明标兵”活动，全年评出县级文明标兵16人，文明公民226人，争作文明公民蔚然成风。

2006年，组织举办“迎国庆、讲文明、树新风”礼仪知识竞赛活动，在广大干部群众中普及文明知识，倡导文明言行，引导全县人民做到知礼仪，重礼节。

2008年，组织万人签名发出弘扬勤俭节约、孝老爱老的传统美德倡议书，树立“婚事新办、丧事简办，破除封建迷信，反对铺张浪费”文明新风。

2009年，组织各地区、各单位把党员干部、各类先进典型作为树立新风的倡导者、践行者和传播者，在县内公共场所设置宣传栏、文化墙等阵地2600多个，引领群众共同营造文明新风。

2010年，通过广泛组织开展“澄迈故事大家讲”、广场舞比赛、“送戏下乡”“送电影下乡”、演讲歌咏比赛等活动，引导群众参与健康文明的文化活动，树立文明新风。

第八章　统战工作

第一节　机　构

1999年，中共澄迈县委统战部内设有行政秘书组、党政组、民族宗教组、对外联络组和对台工作办公室。

2001年4月，澄迈县编委办经报省编委办批准，同意设立澄迈县民族宗教事务局，挂牌在县委统战部，实行一套人员、两块牌子的管理体制。9月，根据澄迈县委、县政府《关于澄迈县党政机构设置的通知》要求，调整机构设置，内设办公室、党政股、台湾事务办公室，挂澄迈县人民政府台湾事务办公室牌子。

2005年3月，澄迈县编委办调整统战部人员编制，部长由县政协副主席兼任。2007年1月，县委调整统战部领导班子，部长由县委常委兼任。2009年2月起，县委配设统战部常务副部长。2009年7月，县委调整统战部领导班子，部长由县政协副主席兼任，至2010年不变。

第二节　民主党派与无党派人士工作

1999年，举办各民主党派支部主任委员培训班、各民主党派负责人座谈会，协助民主党派加强自身建设。协助中共澄迈县委建立县领导与民主党派主任委员联系交友制度，做好推荐民主党派成员和党外人士担任特约“四员”（特约监察员、检察员、审计员、教育督导员）工作，会同县委召开各民主党派与县有关单位对口联系情况交流会，推动对口联系工作。按照德才兼备原则和干部“四化”（干部队伍的革命化、年轻化、知识化、专业化）方针，建立党外后备干部花名册，提高党外后备干部的数量和质量，推荐5名民主党派成员为县委科级干部培养对象。

2000年，贯彻落实全国、全省民主党派工作会议精神，加强民主党派的领导班子建设、思想建设、组织建设和机关建设。完善健全县委领导与民主党派主任委员联系交友制度。

2001年7月，召开以“坚持以邓小平理论为指导，深入学习江泽民‘三个代表’重要思想和江泽民‘七一’重要讲话，切实做好2002年换届准备工作，实现在新世纪之初澄迈县各民主党派的组织交替和政治交接”会议。协助县委召开协商会、情况通报会和座谈会6次。

2002年，协助县委、县政府召开协商会、情况通报会和座谈会5次。协助县委召开2002年各民主党派负责人座谈会。结合乡镇换届，向组织部门推荐一批优秀党外干部人选，由组织部门安排任用4名党外科级干部，实现党外干部在司法部门实职安排。

2003年，协助县委、县政府组织召开各种类型的情况通报会、座谈会、学习报告会9次，拓宽各民主党派知情参政、民主监督渠道。协助县政府调整各民主党派对口联系政府职能部门，由原来对口联系两个调整为对口联系一个，提升联系工作内涵。协助省委统战部开展“留学归国人员统战工作”调研，开展“党外干部培养、选拔、任用和管理”调研；协助县委筹备安排党外人士的人选。

2004年，受县委委托，年内召开5次民主协商会、座谈会和情况汇报会；开展各种谈心活动，听取并转达、采纳各民主党派、工商联和无党派人士的意见；支持民主党派参与求真务实教育活动，于3月召开全县统一战线“求真务实”教育活动大会；引导开展“三热爱”“四增强”活动，加强民主党派的自身建设。协助民进澄迈县总支部委员会成立澄迈县委会；致公党成立澄迈县支部。

2005年，组织各民主党派学习《中共中央关于进一步加强中国共产党领导的多党合作和政治协商制度建设的意见》。协助县委、县政府召开通报会、“十一五”规划意见征询会及教育、检察、社会保障、党风廉政建设等8次情况通报会。加强对党外干部的培养、锻炼和使用，建立党外后备干部人才库，组织30多名党外干部到中央社会主义学院学习2周。增补政协澄迈县第七届委员会常委7名，指导成立民革澄迈县支部。

2006年，举办统战干部培训班，以“树统战干部形象，建党外人士之家”为契机，学习“三个代表”重要思想、《中国共产党章程》、《中共中央关于进一步加强中国共产党领导的多党合作和政治协商制度建设的意见》和《中共中央关于加强人民政协工作的意见》，以及社会主义荣辱观。把各民主党派组织经费列入行政预算，指导成立民盟澄迈县支部和民建澄迈县支部。

2007 年，制定《关于进一步加强县政府部门与各民主党派县委会对口联系工作的意见》，协助县委、县政府调整与各民主党派对口联系部门，协助监察局、检察院、审计局、教育局聘任新一届特约“四员”35 人，首次聘任 4 名无党派人士和 2 名非公经济代表人士为特约“四员”。完善县领导与党外人士联系交友制度，坚持民主协商会、座谈会、通报会制度，保证政治协商参政议政和民主监督渠道畅通。协助县政协换届，完成县政协第七届委员会全部委员提名人选推荐工作。

2008 年，各民主党派骨干到省委党校等地参加各种培训学习。召开各民主党派座谈会和情况通报会 12 次，为各民主党派履行参政议政职能，推进澄迈县民主政治建设夯实基础。此抓好人才的物色、培养、举荐工作，加强党外干部队伍建设。引导和组织统一战线广大成员参加澄迈县经济建设和社会公益活动，为有关国计民生等问题献计献策。组织统一战线成员为“5·12”汶川大地震灾区捐款 502090.6 元，为困难群众送温暖，捐赠图书和资助贫困学生上学、就医，支持文明生态村建设，积极建言献策，为县委、县政府决策提出 56 条意见和建议。

2009 年，召开各民主党派座谈会和情况通报会 12 次，推荐提拔民主党派干部 7 名，为各民主党派履行参政议政职能，推进澄迈民主政治建设夯实基础。

2010 年，为澄迈县经济发展和社会进步建言献策，形成《关于南渡江澄迈段水体污染情况的调研报告》《关于加快澄迈县咖啡产业发展的调研报告》《如何发挥民主党派在西部开发建设中的作用》等 10 篇调研报告。加强民主党派骨干力量培训，增强民主党派参政议政的意识。截至 2010 年，培养县党外副科以上干部 20 人（民主党派 7 人、无党派 13 人）。

第三节　非公有制经济人士工作

1999 年，澄迈县个体工商户、私营企业不断发展壮大，成为澄迈县社会主义市场经济的重要组成部分和一支不可缺少的力量。县委统战部开展非公有制经济人士摸底调查，探索开展新的社会阶层统战工作。通过召开新春座谈会、组织非公有制人士县人大代表和政协委员培训、开展学习教育等形式，加强非公有制经济代表人士的思想政治教育。组织学习全国人大九届二次会议通过的《中华人民共和国宪法修正案》，帮助非公有制经济人士理解领会“在法律规定范围内的个体经济、私营经济等非公有制经济，是社会主义市场的重要组成部分”的规定，鼓励和支持他们发展经济，为澄迈发展做贡献。

2000 年，建立和完善民间商会相关制度，推动民间商会工作走向制度化、规范化。以思想政治建设为重点，组织学习宣传邓小平理论，总结非公有制经济代表人士的典型经验材料，树立一批可信可比可学的典型。开展宣传活动，用身边人身边事感染人、教育人、激励人，引导非公有制经济人士爱国、敬业、守法，依法经营、按时纳税。

2001 年，指导澄迈县工商联（总商会）换届工作，考察确定商会班子候选人名单，推选正副会长 11 名。按照省委统战部工作部署，开展“致富思源、富而思进”教育实践活动，引导非公有制经济人士致富不忘本，回报社会，回报桑梓。调整产业结构，推动产业发展升级，促进非公有制经济健康发展和非公有制经济人士健康成长。

2002 年，贯彻《中共中央批转中央统战部〈关于工商联若干问题的请示〉的通知》精神，以非公有制经济代表人士思想政治工作为重点，探索和推进非公有制经济领域统战工作，推动澄迈县工商联（总商会）发挥党和政府联系非公有制经济人士的桥梁和纽带作用，发挥其统战性、经济性和民间性特点，拓宽工作领域，加大光彩事业工作力度。对非公有制经济代表人士做出政治安排，推荐第十二届县人大代表 2 名、第七届县政协委员 21 名。

2003 年，贯彻落实县委对非公有制经济的优惠政策，抓非公有制经济人士“三个代表”重要思想学习教育活动，鼓励支持他们投身光彩事业。开展信誉宣言宣传教育活动和信誉建设，学习宣传中共十六大精神，引领非公有制经济人士贯彻“三个代表”重要思想，把自身企业的发展与国家的发展结合起来、把个人富裕与全体人民的共同富裕结合起来，遵循市场法则，发扬社会公德，做到爱国、敬业、诚信、守法经商、依法纳税，为全面建设小康社会，加快推进社会主义现代化，开创中国特色社会主义事业新局面贡献力量。2 名非公有制代表人士当选第十二届县人大代表，21 名非公有制经济代表人士当选第七届县政协委员，其中县政协常委 3 名。

2004 年，结合开展光彩事业行动和信誉宣言宣传教育活动，学习贯彻中共十六大和中共十六届三中、四中全会精神，教育和引导非公有制经济人士做合格的中国特色社会主义事业建设者，投身光彩事业，弘扬中华民族“守信用、讲信誉、重信义”的传统美德，维护社会主义市场经济的正常秩序，为澄迈发展营造社会环境。

2005 年，以思想政治建设为重点，围绕“爱国、敬业、诚信、守法、贡献”主题，开展“致富思源、富而思进”教育实践活动，学习宣传中共十六届四中、五中全会精神，组织普法宣传教育进企业、进商会，增强非公有制企业守法诚信的自觉性、责任感和紧迫感，推动非公有制经济人士理想信念教育。

2006 年，县委设立澄迈县工商联（总商会）党组，配党组书记，加强党对工商联（总商会）组织的领导。以组织学习宣传贯彻国务院《关于鼓励支持和引导个体私营等非公有制经济发展的若干意见》、中共十六届六中全会精神进企业、进商会为契机，加强对非公有制经济人士思想政治教育，帮助非公有制经济人士理解领会党和国家的方针政策、中共十六届六中全会精神，增强投资信心，为澄迈经济发展增值新亮点。

2007年，贯彻中央关于做好经济领域及新的社会阶层统战工作的新要求，坚持“团结、帮助、引导、教育”方针，结合开展“致富思源、富而思进”学习教育实践活动，学习宣传贯彻中共十七大精神，帮助引导非公有制经济人士深刻理解领会中共十七大精神实质，树立科学发展观，解放思想，推动非公有制经济科学发展，促进社会和谐。引导非公有制经济人士“致富思源、富而思进”，回报社会，弘扬中华民族“守信用、讲信誉、重信义”的传统美德，广大非公有制经济人士捐款捐物700000多元扶贫帮困、兴办教育和再就业。对非公有制经济代表人士做出政治安排，推荐省人大代表2名、省政协委员1名，推荐第十三届县人大代表5名、第八届县政协委员36名。

2008年，开展学习宣传贯彻海南省人民政府出台的《关于鼓励支持和引导中小企业和非公有制经济发展的若干规定》《关于加强中小企业信用担保建设的意见》《海南省中小企业成长性奖励资金暂行办法》，学习宣传中共十七大和十七届二中、三中全会精神。成立澄迈县委统战部非公有制经济代表人士综合评价领导小组，制定综合评介标准，对12名非公有制经济代表人士进行综合评价。对依法照章纳税的8家非公有制企业、41名非公有制经济人士进行表彰奖励，奖励资金127万元。广大商会会员为汶川地震灾区捐款40多万元、赠送瓜菜100吨。非公有制经济代表人士当选省人大代表2名、省政协委员1名，当选第十三届县人大代表5名，当选第八届县政协委员36名，其中县政协副主席1名、县政协常委10名。

2009年，按照“尊重劳动、尊重知识、尊重人才、尊重创造”的方针，做好非公有制经济人士统战工作，学习宣传贯彻中共十七大和十七届四中全会精神，引导非公有制经济人士致“富思源、富而思进”，做到“爱国、敬业、诚信、守法、贡献”，投身光彩事业、温暖工程和其他社会公益事业。

2010年，贯彻“充分尊重、广泛联系、加强团结、热情帮助、积极引导”的工作方针，加强非公有制经济人士统战工作，以在老城经济开发区非公有制企业党组织和党员中开展创建先进基层党组织、争做优秀共产党员的创先争优活动为契机，学习宣传贯彻中共十七大和十七届四中、五中全会精神及省委五届六次、七次全会精神，激发非公有制经济组织加快经济发展方式转变，调动和激发非公有制经济组织人士的积极性、创造性，构建和谐劳动关系，推动非公有制经济发展。28家非公有制企业捐款55000元，支持美合革命老区的老党员、老模范和困难户改善生活、发展生产。至2010年，全县有私营企业1150家、个体工商户7909户。非公有制经济人士中当选省人大代表2人、当选省政协委员2人，当选县人大代表11人、县政协委员51人，其中当选县政协副主席1人、县政协常委13人。

第四节　民族、宗教

1999年，澄迈县有少数民族户籍人口6046人，少数民族自然村2个，其中黎族人口4222人、苗族人口599人、壮族人口1012人、回族人口13人、其他少数民族人口200人。

2010年，澄迈县有少数民族27个，自然村2个，总人口6720人，其中黎族人口3696人、苗族人口947人、蒙古族19人、回族17人、藏族2人、维吾尔族2人、彝族35人、壮族1608人、布依族59人、朝鲜族2人、满族16人、侗族9人、瑶族192人、土家族37人、哈尼族4人、傣族5人、畲族26人、高山族3人、水族3人、东乡族2人、土族6人、仫佬族6人、羌族1人、毛南族8人、仡佬族8人、京族2人，还有未识别民族5人。

一、民族工作

1999年，协助新兴村30多户苗族同胞改造民房（茅草房），帮助修复受损进村公路，无偿供给橡胶苗支持发展生产，开展建电视接收站和安装无线电话机。

2002年，与各民族宗教部门联系和交往，接待省民族宗教事务委员会等有关部门9批50人次。

2003年，配合县公安局清查来自西藏、新疆无业人员在市内经营假虎骨、藏药等物品的诈骗违法活动。12月11—12日，组织政府机关、学校、金融、企业等单位30多位少数民族干部前往五指山市开展联谊活动。

2004年，为少数民族群众排忧解难，帮助解决饮水、用电、修路、建房和发展生产。协同县委、县政府主要领导到黎苗村庄调研考察，组织拨款10多万元修建学校危房和新建山塘水库1宗，动员全县各界出资出力修通公路3条，长18千米，打水井2口，用电线路长4千米，送广播、电视设备各1件，手扶拖拉机1部，新建电视接收站1个，建农村合作医疗所1间。争取民族发展资金15万元，帮助少数民族群众发展种植业和畜牧业。

2005年，组织少数民族干部代表赴桂林考察学习，举办全县少数民族干部学习中央民族工作会议暨国务院第四次全国民族团结进步表彰大会精神座谈会。与少数民族群众代表保持联络，做好民族成分认证工作，全年为10人更改民族成分。

2006年，宣传党的民族政策法规，为少数民族群众排忧解难，促进“双向适应”，为10人更改民族成分和认证，落实少数民族学生参加高考的优惠政策。组织少数民族人士参加“三月三”活动演出，展现民族风情。

2007年，以“共同团结奋斗、共同繁荣发展”为主题，促进有关各项工作，加快少数民族和民族地区经济发展情况调研规划，协调沟通，政策扶持，扶贫项目和资金向民族地区倾斜，支持5000元帮助新兴苗村建设1条长9米的拦水坝，改善该生产条件。举办2期农村技术培训班，受训人数93人次，提高少数民族群众种养技术。

2008年，做好奥运期间维稳工作，杜绝涉及少数民族的突发事件，实行零报告制度，确保社会稳定。做好“少数民族发展资金”项目申报工作，向县政府、省民宗厅申报扶持苗胞种植橡胶、槟榔，民房改造，大邱庄饮水工程，新兴环村公路建设，热带作物技术培训等五个项目。为提高新兴苗胞农业实用新技术，专门请县热作中心、县农技中心的专家、技术人员为新兴苗村苗胞举办3期农业技术培训。

2009年，针对民族工作热点、难点问题进行调研，形成《澄迈县少数民族群众权益保障的问题和思考》呈报县委、县政府，为领导决策提供参考和资料依据。争取发展资金，为少数民族地区生产生活提供帮助，争取省民宗委支持发展资金35万元，其中新兴苗村自来水工程30万元，农民实用技术培训5万元，同县政府及有关部门协调，争取县政府及有关部门拨款151.5万元建设苗村公路和文明村建设，其中文明村建设102.5万元，苗村公路维修49万元。

2010年，开展创建民族团结进步活动，确定仁兴镇新兴村、西达农场荔枝头村为民族团结进步创建点。尊重少数民族文化，开展丰富多彩的庆祝活动。4月12日，在仁兴镇新兴苗村举办“澄迈县黎族苗族‘三月三’”文艺联欢会、排球比赛、拔河比赛和游园活动，受到少数民族群众的欢迎。

二、宗教工作

1999—2000年，按照中华人民共和国宗教事务局《宗教活动场所年度检查办法》的要求，对全县13间宗教活动场所进行年审，及时处理和解决发现的问题。通过检查，13间活动场所全部合格，并发放登记证书。

2001年3月，召开全县宗教工作会议，依法加强宗教事务管理，引导宗教与社会主义相适应，加强宗教工作队伍建设，并强调不能以乱建庙宇、乱竖佛像作为发展经济的手段。

2002年，贯彻落实全省宗教工作会议精神，依法管理宗教事务，团结宗教界人士，帮助宗教团体解决实际困难。加强与各民族宗教部门联系和交往，接待省民族宗教事务委员会等有关部门9批50人次。开展创建“五好”（独立自办好、遵纪守法好、民主管理好、团结和谐好、安全环境好）宗教活动场所的评比活动。建立全县各宗教团体主要负责人联席会议制度，每2个月举行一次，密切与宗教界上层人士的联系，听取宗教人士的意见和建议。加大对爱国爱教人士培养力度，密切与宗教团体的沟通和联系，12月组织宗教团体、宗教活动场所的负责人进行为期5天的学习考察，增强与各宗教团体之间以及宗教团体与宗教团体之间的沟通与交流。

2003年，以中共十六大精神为指导，实践“三个代表”重要思想，落实全省宗教工作会议精神，贯彻党和国家的民族宗教法规政策和县委县政府的工作部署，依法管理宗教事务，10月，接受省民宗委检查宗教法规执法情况。

2004年，完善宗教场所的审批、登记、年审、民主管理制度。全县基督教有6堂5点，基督教徒2000多人，抓好县“三自会”换届工作，新一届“三自会”领导班子遵纪守法，爱国、爱教、敬业，基督教“三乱”问题得到整治。11月，开工建设永庆寺。

2005年3月，组织实施《宗教事务条例》，建立和完善宗教工作联席会议制度、协调处理宗教工作中存在的问题。建立县、乡、村三级基层宗教工作管理网络，落实乡、村两级责任。同意永庆寺礼请根通大和尚担任方丈。

2006年，解决宗教工作中的突出问题，按照属地管理的原则，依法对宗教活动场所的审核登记。

2008年，做好宗教团体和宗教场所的基础建设工作，各宗教团体、场所都建立堂（寺）务管理制度，财务管理制度，民主管理制度，传道员制度等规章制度，把基础工作制度化、程序化。9月，邀请省民宗厅领导对澄迈县宗教团体成员、神职人员进行党的宗教理论政策和《宗教事务条例》及其实施细则的培训。指导协调海南永庆寺的重建工作，永庆寺重建工作主体工程如期全部完成。争取省民宗厅批准，于龙水节期间举行永庆寺全堂佛像安座庆典活动。帮助金安农场协调调查7月3日不法分子毁坏施工中的潭烈作业区基督教后山教堂造成4000多元经济损失的事件。

2009年，做好宗教团体和宗教场所的基础建设工作，各宗教团体、场所都建立堂（寺）务管理制度，财务管理制度，民主管理制度，传道员制度等规章制度，把基础工作制度化、程序化。指导协调永庆寺重建落成开光盛典工作。

2010年，宣传和贯彻落实《宗教事务条例》，维护信教公民的合法权益；本着“保护合法，制止非法，抵制渗透，打击犯罪”的原则，依法加强对宗教事务管理，建立健全各宗教团体、场所的管理制度、财务制度和传道员制度，使宗教工作制度化、程序化。加强指导协调工作，在永庆寺开光1周年之际，协同县史志部门编写《永庆寺》一书，并树“重建永庆寺记碑”1座。做好金山寺佛教文化公园建设的前期准备工作，筹措建设资金6000多万元。

三、主要宗教场所

1999年，全县有金山寺佛教寺观1处，有基督教金江堂、基督教瑞溪堂、基督教音书堂、基督教白莲堂、基督教中兴堂、基督教昆仑堂、基督教福山堂、基督教南尖固定处所、基督教后山固定处所等已登记基督教活动处所9处。

至2010年，全县登记的宗教活动场所13处，其中佛教活动场所2处，分别为澄迈县金山寺、澄迈县永庆寺；基督教活动场所11处，分别为澄迈县基督教金江堂、澄迈县基督教瑞溪堂、澄迈县基督教音书堂、澄迈县基督教白莲堂、澄迈县基督教中兴堂、澄迈县基督教南尖固定活动处所、澄迈县基督教后山固定活动处所、澄迈县基督教昆仑堂、澄迈县基督教福山堂、澄迈县基督教西达固定活动处所和澄迈县基督教长安固定活动处所。

第五节　涉台工作

1999—2001年，做好台资企业的管理、协调、服务工作。协调处理台资企业中较大的涉台事务10宗，帮助台商解决实际问题40件，处理台商投诉13宗。推动“以台引台”，为澄迈引进台资穿针引线、搭桥铺路。至2001年底，引进台商投资企业60多家。

2002年，以对台经贸和交往交流为重点，全年引进台资企业5家。做好对侵害台商合法权益行为的防范、监督和处理工作，及时疏导台商投诉，化解矛盾，公平处理，作出回复。全年对台商投诉案件协调解决率达85%以上。加大对涉台事件，特别是突发事件的预防工作。

2003年，深化争取台湾民心工作，拓展两地经贸合作和交流交往，配合县政府举办招商洽谈会，动员和邀请70多名岛内台商与会；洽谈会期间与台商签约投资项目7个。帮助台商解决日常生活和生产经营中的各类实际问题。全年为台商解决小孩入学、特事特办、换领台胞证等问题10多宗。

2004年，密切与台商的沟通，加强台商、台胞的联系，促进民间往来。推动入岛交流考察，全年办理赴台团组包括赴台培训学习2批47人次。做好到澄迈县的岛内对台交流考察团组和人士的接待工作，全年接待台湾交流考察团组10批120人次。

2005年，引导台商正确认识中国制定的反分裂国家法以及连战、宋楚瑜、郁慕明等人访问祖国大陆等重大事件，营造宽松的投资环境。推动入岛交流考察，全年办理赴台经贸考察团组3批15人次。贯彻落实《中华人民共和国台湾同胞投资保护法》，与有关部门协调处理台商较大的投诉案件 5 宗。针对有关政策的调整变化，及时向台商解疑释惑，邀请台资企业代表座谈，沟通情况，开展对台引资选资工作，重点引介无污染、低耗能、高产出项目。

2006 年，宣传贯彻《中华人民共和国台湾同胞投资保护法》《澄迈县投资优惠政策及服务承诺》，建立健全情况交流、通报、重点挂牌保护联系等服务制度，推进澄迈对台经济工作上新台阶，帮助台商和台资企业解决生产经营中遇到的问题，为台资企业排忧解难，为台商解决生产中的纠纷 6 宗。

2007 年，宣传贯彻《中华人民共和国台湾同胞投资保护法》《澄迈县投资优惠及服务承诺》，为澄迈县招商引资树立形象。6 月中旬，接待台湾省台南县左镇乡民代表团一行 20 人到澄迈县考察，促其与金江镇签订民间交流合作协议。11 月，接待由国台办组织的两岸媒体记者到澄迈县采访工作，为台资企业排忧解难，解决台资企业在生产中遇到的纠纷矛盾 7 宗。

2008 年，建立健全情况交流、通报、重点挂牌保护联系等服务制度，推进澄迈县对台经济工作上新台阶。1 月，经县委统战部通过多方协调，引进台商在桥头镇投资 1000 万元养殖淡水石斑鱼项目。4 月，争取县政府投入 60 万元，为台商古色农庄硬化道路 1.1 千米。选择 8 家重点台商企业作为“警民共建点”，优化投资环境。建立与台胞投资企业的定期联系走访制度，搭建台胞投资合法权益的保护平台，为台商排忧解难。处理好台胞在金江镇大拉村投资种植咖啡，面积 6.67 公顷土地纠纷问题，全年为台商解决在生产中遇到的纠纷矛盾 7 宗。

2009 年，协助做好第二届两岸媒体海南行的工作，向两岸媒体记者介绍澄迈县社会经济发展取得的成绩和投资环境。建立台胞投资企业的定期联系走访长效机制，为台胞投资企业发展创造良好的环境。

2010 年，贯彻实施《中华人民共和国台湾同胞投资保护法》，采取分散学习、挂宣传标语等形式，宣传《中华人民共和国台湾同胞投资保护法》，营造全社会关心、支持对台工作的良好氛围。做好台资企业服务工作，搭建台胞投资合法权益的保护平台，规范投诉工作。

1999—2010 年台商在澄迈县投资情况表

表 10-8-1

企业名称	地　址	项目规模（公顷）	总投资额（万元）	项目内容	成立时间	投资类型
福记农副产品加工场	福山镇洋道村旁	12.67	1000	农副产品加工、种植	1999 年	独资
好天地种植场	福山镇博才村	10.00	25	香蕉、凤梨种植	1999 年	独资
震旦农场	长安大坡山村	26.67	60	发财树种植	1999 年	独资
海南新金煌农业开发有限公司	福山镇美玉村旁	43.33	800	杧果种植	1999 年	独资
个体户	白莲农科所二队、金安农场	7.47	31	番茄、圣女果种植	1999 年	独资
海南华广农业开发有限公司	山口促进水库	113.33	100	石斑鱼、虱目鱼养殖	2000 年	独资
富嘉木材加工有限公司	大拉基地	2.00	200	木制品加工	2000 年	独资
大森农场	福山镇敦茶路旁	2.80	60	种植业	2000 年	独资
个体户	大拉基地	6.00	30	种植业	2000 年	独资
个体户	大拉金安路旁	5.90	40	种植业	2000 年	独资
个体户	老城开发区旁	20.00	100	种植业	2000 年	独资
海南立宝食品化工公司	老城糖厂旁	8.00	30	种植业	2000 年	独资
海南燕欣农业开发有限公司	福山镇美玉村旁	12.00	150	种植业	2000 年	独资
海南再生高科公司	长安镇	6.67	300	芦笋、圣女果种植	2000 年	合资
海南通城农牧开发公司	福山公路70 千米处	6.67	40	水果种植	2001 年	独资
个体户	福山镇美玉村旁	13.33	80	水果种植	2001 年	独资

续表 10-8-1

企业名称	地　址	项目规模（公顷）	总投资额（万元）	项目内容	成立时间	投资类型
琼园公司	桥头镇	10.00	28	番石榴种植	2001 年	独资
海南金永旅游开发有限公司	永发镇儒林村	3.33	125	旅游度假	2002 年	独资
海南古色农业有限公司	大丰镇娥村	28.33	200	咖啡、菠萝樱花种植	2002 年	独资
个体户	永发镇	2.67	16	房地产开发	2002 年	独资
个体户	金江镇	6.67	40	凤梨种植	2003 年	独资
个体户	金安农场新田洋	5.33	30	种植业	2003 年	独资
个体户	福山镇文社村	13.33	40	种植业	2003 年	独资
个体户	桥头镇文家村	8.00	30	凤梨种植	2004 年	独资
个体户	老城镇玉楼村旁	6.67	80	咖啡种植	2004 年	独资
海南耕得宸农业科技有限公司	金江镇大拉毛拉岭	82.00	300	芦笋种植	2004 年	独资
个体户	大丰农场	2.33	56	种植业	2004 年	独资
个体户	美亭那利村旁	6.67	40	咖啡、红柚种植	2004 年	独资
个体户	金江镇金外滩西侧	66.67	400	风景树、发财树种植	2004 年	独资
个体户	大拉基地旁	2.00	10	种植业	2005 年	独资
个体户	大拉原民源公司内	3.33	40	木制品加工	2005 年	独资
个体户	福山镇高速公路出口旁	0.67	50	木制品加工	2005 年	独资
绿山食品有限公司	福山镇白塘村	0.67	20	加工业	2005 年	独资
个体户	金江镇江南澄迈大桥旁	0.67	5	木材加工	2005 年	独资

续表 10-8-1

企业名称	地址	项目规模（公顷）	总投资额（万元）	项目内容	成立时间	投资类型
个体户	桥头镇昌甲地营区	53.33	50	发财树、平安树种植	2005 年	合资
个体户	澄迈县二轻厂	0.11	15	服装加工	2005 年	独资
红土香农业种植场	美亭村福山洋道村	63.33	290	咖啡、沉香、香蕉种植	2006 年	独资
海南杰运冷冻有限公司	西线高速公路老城出口旁	4.67	7000	水产品冷冻	2008 年	独资
个体户	红光农场第二分场卫东队	6.67	40	金菠萝凤梨种植	2008 年	独资
海南绿阳农业开发有限公司	海榆西线公路美亭 45 千米处	13.33	80	凤梨种植	2008 年	独资
个体户	澄迈职业学校东侧	8.67	100	发财树、香樟树、日本樱花种植	2009 年	合资
简味食品加工店	福山咖啡文化风情镇	0.11	5	加工经营糕饼	2010 年	独资

第九章　政　法

第一节　工作机构

一、中共澄迈县委政法委员会

中共澄迈县委政法委员会是县委领导和管理政法工作的职能部门。其主要任务是宏观指导、协调、监督、检查人民法院、人民检察院、公安机关、司法行政机关等部门开展工作，维护社会稳定。

1999 年，中共澄迈县委政法委员会内设办公室、调研股和基层指导股。

2002—2010 年，县委政法委机构设置、人员配备、职能等情况均未变动，政法委内设办公室、调研股和基层指导股。综治办、维稳办挂靠县委政法委。

二、澄迈县社会治安综合治理委员会

1992年4月，成立澄迈县社会治安综合治理委员会（简称“县综治委”）。县综治委下设办公室，挂靠县委政法委，具体负责日常工作。6月，全县乡镇、国营农（林）场相继成立社会治安综合治理委员会。县综治委成员单位总23个，各单位主要负责人均为成员。2005年，县综治委成员单位增加到31个。2009年，县机构编委同意县综合治理委员会办公室主任由政法委副书记兼任，增设专职副主任一名，各镇社会治安综合治理委员会办公室主任由各镇党委副书记兼任，增设专职副主任一名。

第二节　“严打”专项斗争

1999年，澄迈县严厉打击严重形式犯罪活动，按照省委关于开展“严打”的精神，澄迈县运用集中打击、专项斗争、重点治理等形式，开展打击严重暴力犯罪、团伙犯罪、追捕逃犯、涉枪、涉毒和多发性犯罪、带有黑社会性质的团伙犯罪等专项斗争，做到“破案快速、从快批捕、从快起诉、从快判决”，惩处各类严重刑事犯罪，保持“严打”的声威。

2000年，澄迈县深化“严打”斗争，维护社会政治稳定，年初政法各部门组织力量，在全县范围内开展社会治安状况调查，制定工作方案，采取集中打击、专项斗争和重点治理等形式，开展打击“两抢”犯罪、严重暴力犯罪、“打拐”专项斗争以及社会治安整治行动。

2001年，澄迈县加强“严打”斗争的针对性，按照省委政法委的部署和澄迈县的实际情况，把开展“严打”作为综治工作的重要一环，加强“严打”的针对性，什么犯罪猖獗就重点打击什么犯罪，基本做到“稳、准、狠”打击各种刑事犯罪，成功破获大案要案。

2002年，澄迈县政法机关总结和巩固前两年“严打”整治斗争经验，将“严打”整治斗争引向深入，公安机关开展“迎春治安战役”“百日创安大会战”等专项斗争，取得成效。

2003年，澄迈县围绕“严打”整治四条战线，打击盗抢、抢劫机动车辆和街头“两抢”，治爆缉枪斗争，打击涉毒犯罪，打击经济犯罪，整顿和规范市场经济秩序。

2004年，加大“严打”工作力度，破获一批现行案件和积案，依法从重从快打击处理一批违法犯罪分子，抓获批捕一批在逃犯。

2005年，保持“严打”高压态势，开展“抓捕在逃人员”“打击‘两抢一盗’和毒品犯罪”等专项行动，严厉打击各类违法犯罪活动。

2006年，开展“严打”专项整治行动，建立和完善严打整治工作经常性机制，开展各项专项打击整治行动，开展“百日会战打黑除恶”“打击两抢一盗”等严打战役。

2007年，开展集中统一清查行动、打击盗窃破坏通信电力设施、“打黑除恶”、打击“两抢一盗”和毒品犯罪、“深挖犯罪”整治等专项行动，遏制刑事案件的高发势头，实现“命案必破”的目标。

2008年，县政法各部门坚持“主动进攻、打防结合”的严打方针，提高“严打”整治的针对性，在全县范围内组织开展“打黑除恶”“一打双整”“打盗抢抓逃犯”等严打专项行动，遏制刑事犯罪高发势头。

2009年，开展“打黑除恶”、打击“两抢一盗”、打击“毒品犯罪”“网上追逃”等专项整治行动。

2010年，为切实维护澄迈县社会大局稳定，为“两节”“两会”营造良好的社会治安环境，提高人民群众的安全感和提高社会治安满意度，开展为期3个月的严打整治专项行动，对各类涉黑涉恶势力团伙违法犯罪活动，“两抢一盗”犯罪活动，各类毒品犯罪活动和吸贩毒分子，各类为害乡里的“村霸”、欺行霸市的“市霸”及多次组织煽动人员上访或无理取闹扰乱政府机关、企事业正常办公秩序和生产秩序的为首分子进行严打整治。

第三节　社会治安综合治理

1999年，以抓好人大代表评议公安整改工作为契机，以执法、司法活动中的突出问题为切入点，抓好政法系统法官队伍和公安干警的法制教育，加强政法系统干部队伍的作风建设，推进社会治安综合治理工作的开展。

2000年，县委县政府从抓政法队伍的思想作风整顿入手，狠抓政法干警政治教育、素质教育和业务培训，促进政法综治各项工作发展。2001—2002年，澄迈县的社会治安综合治理工作在全省考核评比中被评为先进市县。

2004年，加强矛盾纠纷排查调处工作，制定《澄迈县矛盾纠纷排查调处工作及责任追究实施办法》，成功调解一批重点难点问题以及历史遗留问题。

2005年，建立健全各类应急处置工作机制，出台《澄迈县群体性事件处置演练实施方案》《澄迈县公安局妥善处置群体性事件工作预案》《关于进一步加强维稳信息搜集的工作机制》等方案，强化应急演练，提升全县处置突发事件能力。

2006年，澄迈县强化重大节点维稳措施，做好元旦、春节、“五一”国际劳动节等重大节假日、重要会议以及重大事件期间的安全保卫工作。加强社会矛盾纠纷排查化解，对排查出来的重大矛盾纠纷，实行县领导包案制。完善严打整治工作机制，开展“百日会战打黑除恶”“打击两抢一盗”等严打战役，遏制刑事案件的高发势头。政法各部门围绕创建“无毒市县”工作目标，加强禁毒宣传教育工作，建立缉毒协作机制，打击毒品犯罪，遏制毒品蔓延。开展争创“平安镇”“平安村”“平安校园”等活动，全年创建平安示范镇 4 个，平安示范村 51 个，平安校园 9 个。

2007 年，澄迈县强化重大节点安全保卫工作，完成重要安全警卫、大型文体活动安全保卫、重要会议安全保卫等任务。开展矛盾纠纷年活动，预防和化解各种不稳定因素，保障社会稳定。健全应急预案管理体系，提高应对突发公共事件的能力，编制《澄迈县突发公共事件总体应急预案》。开展集中统一清查行动、打击盗窃破坏通信电力设施、“打黑除恶”、打击“两抢一盗”和毒品犯罪、“深挖犯罪”整治等专项行动，遏制刑事案件高发势头。两次集中警力对老城镇、永发镇、金江镇、瑞溪镇等重点地区和容易滋生黑恶势力的重点行业、部位、场所等地方进行整治，遏制黑恶势力的滋生。

2008 年，完善县、镇、村三级矛盾纠纷协调处理机制，执行情报信息报送制度，抓好处置群体事件预案和力量装备建设，完善应急预案措施，形成统一高效的指挥协调机制和处置机制。推广平安农村建设与文明生态村建设统一于社会主义新农村建设的经验，探索平安创建模式，结合文明生态村“联片创建”工作，把平安农村建设向问题村、难点村和贫困村延伸。推进禁毒工作，把禁毒工作作为防范和打击犯罪的重要举措，强化县戒毒所的规模化、科学化、规范化建设，开展“无毒学校”、“无毒连队”、“无毒村庄”和“无毒家庭”建设，促进澄迈县“无毒社区”创建工作向纵深发展。加强执法管理体系建设，建立政法干警执法档案，把干警的执法质量和执法效率作为提拔任用的重要依据。

2009 年，把全县分为五大综治维稳责任区，实行综治维稳工作责任制，把责任层层分解到各责任单位，形成齐抓共管、上下联动的综治维稳工作局面。推进“基层基础建设年”活动，重点加强法庭、检察室、派出所、司法所等政法综治基础建设。加强基层综治办和群防群治队伍建设，印发《关于加强基层社会治安综合治理组织建设有关问题的通知》，把各镇、农场的综治机构设置、人员配备以及群防群治队伍建设等落到实处，确保基层综治工作有机构、有专人抓，发挥基层综治组织在平安建设中的作用。探索建立涉稳风评机制，出台《重大事项社会稳定风险评估制度（试行）》，对重大事项是否可能引发集体上访或群体性事件进行先期预测、先期研判、先期介入。

2010 年，推进社会治安重点地区和突出治安问题“两个排查整治”工作，把金江镇、老城镇、福山镇、大丰镇、瑞溪镇等列为治安重点整治地区，实行“四套班子挂点包干、政法综治部门统筹协调、责任单位负责实施”的整治工作机制。把毒品列为突出治安问题深入开展专项整治，开展“禁毒亮剑 1-4 号”系列禁毒行动，新设立金江镇站、东水港、玉包港等缉毒点，打击各种毒品犯罪行为，推进美沙酮维持治疗工作，创建一批“无毒社区”，开展“6 · 26”禁毒宣传活动。

第十一编　政权 政协

第一章　人民代表大会

第一节　人大代表选举

1999—2010年，澄迈县人民代表大会历经第十一、十二、十三共三届。澄迈县第十一至十三届人民代表大会代表由选民直接选举产生。代表选举分为准备阶段，选民登记阶段，提名推荐、酝酿协商和确定代表候选人阶段，投票选举阶段，召开新一届人民代表大会第一次会议阶段，总结阶段等6个阶段。

一、第十一届人大代表的选举和构成

根据《中华人民共和国全国人民代表大会和地方各级人民代表大会选举法》和《海南省县乡两级人民代表大会选举实施细则》的规定，澄迈县156个选区，1998年 3月10日依法进行投票选举产生澄迈县第十一届人民代表大会代表218人，其中中共党员163人，占74.8%；非中共党员（党外人士）55人，占25.2%；妇女44人，占20.2 %。代表年龄结构趋向年轻化，其中35岁以下34人，占15.6%；36—55岁166人，占76.1%；56—60岁13人，占6%；60岁以上5人，占2.3%。代表文化素质大幅提高，大专以上学历86人，占39.5%；中专、高中91人，占41.7%；初中38人，占17.4%；小学3人，占1.4%。

二、第十二届人大代表的选举和构成

根据《中华人民共和国全国人民代表大会和地方各级人民代表大会选举法》和《海南省县乡两级人民代表大会选举实施细则》的规定，澄迈县130个选区，2003年3月20日依法进行投票选举产生澄迈县第十二届人民代表大会代表213人。其中中共党员代表156人，占代表总数的73.2%；非党代表57人，占代表总数的26.8%；妇女代表55人，占代表总数的25.8%。代表整体素质较高，结构合理，代表的性别结构、年龄结构、文化结构及代表组成均达到上级的要求。

三、第十三届人大代表的选举和构成

根据《中华人民共和国全国人民代表大会和地方各级人民代表大会选举法》和《海南

省县乡两级人民代表大会选举实施细则》的规定，澄迈县133个选区，2006年12月6日依法进行投票选举产生澄迈县第十三届人民代表大会代表205人，其中中共党员代表139人，占代表总数的67.8%；非党代表66名，占代表总数的32.2%；妇女代表46人，占代表总数的22.4%。

第二节 历届人民代表大会

1999—2010年，历经澄迈县第十一届、第十二届、第十三届人民代表大会。

一、澄迈县第十一届人民代表大会

1999年3月24—26日，县人大十一届二次会议在金江镇举行。出席代表217人，列席人员107人。会议听取和审议县人大常委会、县政府、县法院和县检察院的工作报告，审查批准1998年县国民经济和社会发展计划执行情况和1999年计划安排草案报告、1998年县财政预算执行情况和1999年县财政预算草案报告，并通过相应的决议。会议收到代表建议47件。会后县人大常委会召开主任会议，对代表所提建议和意见进行研究，确定重点督办建议和意见，并将代表所提建议和意见转交县政府有关部门办理。

2000年3月21—23日，县人大十一届三次会议在金江镇举行。出席代表216人，列席人员102人。会议听取和审议县人大常委会、县政府、县法院和县检察院的工作报告，审查批准1999年县国民经济和社会发展计划执行情况和2000年计划安排草案报告、1999年县财政预算执行情况和2000年县财政预算草案报告，并通过相应的决议。会议收到代表议案及建议65件。会后县人大常委会召开主任会议，对代表所提建议和意见进行研究，确定重点督办建议和意见，并将代表所提建议和意见转交县政府有关部门办理。

2001年2月20—22日，县人大十一届四次会议在金江镇举行。出席代表217人，列席人员80人。会议听取和审议县人大常委会、县政府、县法院和县检察院的工作报告，审查批准2000年县国民经济和社会发展计划执行情况和2001年计划安排草案报告、2000年县财政预算执行情况和2001年县财政预算草案报告，听取和审议澄迈县人大常委会关于筹建南渡江金江段防洪工程的议案及其说明，听取和审议澄迈县人大常委会关于金江广场、金江公园项目建设的议案及其说明，听取和审议澄迈县人大常委会关于建设文明家园工程的议案及通过相应的决议。会议选举人民政府县长1名、县人大常委会副主任1名。会议收到代表议案12件，收到建议42件。会后县人大常委会召开主任会议，对代表所提建议和意见进行研究，确定重点督办建议和意见，并将代表所提建议和意见转交县政府有关部门办理。

2002 年 3 月 5—8 日，县人大十一届五次会议在金江镇举行。出席代表 215 人，列席人员 79 人。会议听取和审议县人大常委会、县政府、县法院和县检察院的工作报告，审查批准 2001 年县国民经济和社会发展计划执行情况和 2002 年计划安排草案报告、2001 年县财政预算执行情况和 2002 年县财政预算草案报告，听取和审议《澄迈县人大常委会关于提请审议澄迈县人民代表大会议事规则（草案）的议案》及其说明，听取和审议《澄迈县人大常委会关于对〈澄迈县人民政府关于将 2002 年确定为澄迈县“改善投资环境年”的议案〉的审查报告》，听取和审议《澄迈县人大常委会关于对〈澄迈县人民政府关于提请审议金江镇新城区建设的议案〉的审查报告》，并通过相应的决议。会议补选澄迈县人民法院院长 1 名。会议收到代表议案 20 件，收到建议 60 件。会后县人大常委会召开主任会议，对代表所提建议和意见进行研究，确定重点督办建议和意见，并将代表所提建议和意见转交县政府有关部门办理。

2002 年 11 月 29 日至 12 月 1 日，县人大十一届六次会议在金江镇举行。出席代表 213 人，列席人员 79 人。会议选举出席海南省第三届人民代表大会代表 19 名。会议期间，代表参观考察老城镇基础设施建设情况，到瑞溪镇三多、罗浮村及金江镇大拉村、袁宅村参观文明生态村建设情况，参观金江大道建设情况及南渡江金江段北岸防洪堤工程建设情况。

二、澄迈县第十二届人民代表大会

2003年3月至2006年2月，县第十二届人民代表大会召开6次，代表名额220名，实有代表213名。

2003年3月26—29日，县人大十二届一次会议在金江镇举行，出席代表213人，列席人员72人。会议听取和审议县人大常委会、县政府、县法院、县检察院的工作报告等，审查批准2002年县国民经济和社会发展计划执行情况和2003年计划安排草案报告、2002年县财政预算执行情况和2003年县财政预算草案报告，听取澄迈县人民代表大会常务委员会关于提请审议《澄迈县人民政府关于提请审议澄迈县2003年为民办十件好事实事的议案》的说明，审议《澄迈县人民政府关于提请审议澄迈县2003年为民办十件好事实事的议案》。会议选举产生县人大常委会主任1名，副主任4名，委员19名；选出县长1名，副县长5名；选出县法院院长、县检察院检察长各1名。会议收到代表议案17件，收到建议64件。会后县人大常委会召开主任会议，对代表所提建议和意见进行研究，确定重点督办建议和意见，并将代表所提建议和意见转交县政府有关部门办理。

2004 年 3 月 13—16 日，县人大十二届二次会议在金江镇举行，出席代表 212 人，列席人员 73 人。会议听取和审议县人大常委会、县政府、县法院和县检察院的工作报告，审查批准 2003 年县国民经济和社会发展计划执行情况和 2004 年计划安排草案报告、2003 年县财政预算执行情况和 2004 年县财政预算草案报告，听取澄迈县人民代表大会常务委员会关于提请审议《澄迈县人民政府关于提请审议澄迈县城总体规划的议案》的说明，审议《澄迈县人民政府关于提请审议澄迈县城总体规划的议案》，听取澄迈县人民代表大会常务委员会关于提请审议《澄迈县人民政府关于提请审议 2004 年为民办好事实事的议案》的说明，审议《澄迈县人民政府关于提请审议 2004 年为民办好事实事的议案》。会议收到代表建议和意见 82 件。会后县人大常委会召开主任会议，对代表所提建议和意见进行研究，确定重点督办建议和意见，并将代表所提建议和意见转交县政府有关部门办理。

2004 年 10 月 20 日，县人大十二届三次会议在金江镇举行，出席代表 213 人，列席人员 74 人。会议听取澄迈县人民政府关于澄迈县城总体规划修编情况的报告，听取澄迈县人民代表大会常务委员会关于提请审议《澄迈县人民政府关于提请审议澄迈县城总体规划的议案》的审查报告，审议《澄迈县人民政府关于提请审议澄迈县城总体规划的议案》。

2005 年 3 月 9—11 日，县人大十二届四次会议在金江镇举行，出席代表 209 人，列席人员 75 人。会议听取和审议县人大常委会、县政府、县法院和县检察院的工作报告，审查批准 2004 年县国民经济和社会发展计划执行情况和 2005 年计划安排草案报告、2004 年县财政预算执行情况和 2005 年县财政预算草案报告，并通过相应的决议。会议补选县人民政府县长 1 人。会议收到代表建议、意见 77 件。会后县人大常委会召开主任会议，对代表所提建议和意见进行研究，确定重点督办建议和意见，并将代表所提建议和意见转交县政府有关部门办理。

2005 年 11 月 25 日，县人大十二届五次会议在金江镇举行，出席代表 213 人，列席人员 78 人。会议补选举海南省第三届人民代表大会代表 1 名。

2006 年 2 月 22—24 日，县人大十二届六次会议在金江镇举行，出席代表 209 人，列席人员 77 人。会议听取和审议县人大常委会、县政府、县法院和县检察院的工作报告，审查批准 2005 年县国民经济和社会发展计划执行情况和 2006 年计划安排草案报告、2005 年县财政预算执行情况和 2006 年县财政预算草案报告，并通过相应的决议。会议收到代表建议、意见 75 件。会后，县人大常委会召开主任会议，对代表所提建议和意见进行研究，确定重点督办建议和意见，并将代表所提建议和意见转交县政府有关部门办理。

三、澄迈县第十三届人民代表大会

2007 年 1 月至 2010 年 10 月，县第十三届人民代表大会召开 7 次，代表名额 220 名，实有代表 215 名。

2007 年 1 月 23—26 日，县人大十三届一次会议在金江镇举行，出席代表 215 人，列席人员 80 人。会议听取和审议县人大常委会、县政府、县法院、县检察院的工作报告，审查批准 2006 年县国民经济和社会发展计划执行情况和 2007 年计划安排草案报告、2006 年县财政预算执行情况和 2007 年县财政预算草案报告，并通过相应的决议。会议选举产生县人大常委会主任 1 名，副主任 4 名，委员 14 名；选出县政府县长 1 名，副县长 6 名；选出县法院院长、县检察院检察长各 1 名。会议收到代表建议、意见 46 件。会后县人大常委会召开主任会议，对代表所提建议和意见进行研究，确定重点督办建议和意见，并将代表所提建议和意见转交县政府有关部门办理。

2007 年 11 月 29—30 日，县人大十三届二次会议在金江镇举行，出席代表 214 人，列席人员 75 人。会议选举出席海南省第四届人民代表大会代表 19 名。

2008 年 3 月 21—23 日，县人大十三届三次会议在金江镇举行，出席代表 214 人，列席人员 87 人。会议听取和审议县人大常委会、县政府、县法院和县检察院的工作报告，审查批准 2007 年县国民经济和社会发展计划执行情况和 2008 年计划安排草案报告、2007 年县财政预算执行情况和 2008 年县财政预算草案报告，听取和审议澄迈县人民政府关于提请审议编制《澄迈县金马片区控制性详细规划》的议案，听取和审议澄迈县人民政府关于提请审议编制《澄迈县南渡江两岸改造控制性详细规划》的议案，听取和审议澄迈县人民政府关于提请审议编制《澄迈县金山佛教文化公园总体规划》的议案，并通过相应的决议。会议收到代表建议、意见 34 件。会后县人大常委会召开主任会议，对代表所提建议和意见进行研究，确定重点督办建议和意见，并将代表所提建议和意见转交县政府有关部门办理。

2008 年 7 月 22—23 日，县人大十三届四次会议在金江镇举行，出席代表 213 人，列席人员 85 人。会议听取澄迈县人民政府关于澄迈县 2008 年上半年经济社会发展情况通报，听取和审议澄迈县人民政府关于提请审议《大力改善民生推进基本公共服务均等化和社会主义新农村建设的实施方案》的议案及其说明。会议补选县人民政府县长 1 名。

2009 年 2 月 16—18 日，县人大十三届五次会议在金江镇举行，出席代表 212 人，列席人员 92 人。会议听取和审议县人大常委会、县政府、县法院和县检察院的工作报告，审查批准 2008 年县国民经济和社会发展计划执行情况和 2009 年计划安排草案报告、2008 年县财政预算执行情况和 2009 年县财政预算草案报告，并通过相应的决议。会议补选省四届人大代表 1 名；补选县十三届人大常委会委员 3 名。会议收到代表建议、意见 45 件。会后县人大常委会召开主任会议，对代表所提建议和意见进行研究，确定重点督办建议和意见，并将代表所提建议和意见转交县政府有关部门办理。

2009 年 11 月 29—30 日，县人大十三届六次会议在金江镇举行，出席代表 215 人，列席人员 89 人。会议选举县人民政府县长 1 名，县人民检察院检察长 1 名，县十三届人大常委会委员 1 名。

2010 年 3 月 9—11 日，县人大十三届七次会议在金江镇举行，出席代表 213 人，列席人员 94 人。会议听取和审议县人大常委会、县政府、县法院和县检察院的工作报告，审查批准 2009 年县国民经济和社会发展计划执行情况和 2010 年计划安排草案报告、2009 年县财政预算执行情况和 2010 年县财政预算草案报告，听取和审议澄迈县人大常委会关于提请审议《澄迈县人民代表大会关于推进澄迈生态现代化建设的决议（草案）》的议案 ；听取和审议《澄迈县人民政府关于提请审议开通县城公交车线路的议案》，并通过相应的决议。会议收到代表建议、意见 51 件。会后县人大常委会召开主任会议，对代表所提建议和意见进行研究，确定重点督办建议和意见，并将代表所提建议和意见转交县政府有关部门办理。

第三节　澄迈县人大常委会

一、机构人员

县人大常委会是人民代表大会的常设机构，由主任 1 人、副主任和委员若干人组成，主要对本级人民代表大会负责和报告工作，行使对本行政区域重大事项的决定权和对县政府、县人民法院、县人民检察院工作的监督权以及人事任免权。

1999年，人大常委会下设人大常委会办公室、法制工作委员会、财政经济工作委员会、教科文卫工作委员会等4个工作机构。2001年，根据《中共海南省委关于全省各级人大机关、政协机关机构改革的意见》《中共澄迈县委、澄迈县人民政府关于印发澄迈县党政机构改革实施方案》文件精神，调整县人大机关职能、内设机构和人员编制。县人大常委会下设人大常委会办公室、法制工作委员会、财政经济工作委员会、教科文卫工作委员会、选举任免联络室5个职能机构。澄迈县人大常委会机关核定行政编制19名，财政预算全额拨款工勤人员事业编制1名。职位设置：办公室设主任1名，副主任2名；法制工作委员会设主任1名，副主任2名；财政经济委员会设主任 1名，副主任1名；教科文卫工作委员会设主任1名，副主任1名；选举任免联络室设主任1名，副主任1名。至2010年，内设机构设置未变。

澄迈县第十一届至第十三届人大常委会正、副主任一览表

表 11-1-1

届　别	姓　名	籍　贯	职　务	任职时间
第十一届	王川信	澄迈	主任	1998 年 3 月至 2003 年 3 月
	冼德富	澄迈	副主任	1998 年 3 月至 2003 年 3 月
	李育谋	澄迈	副主任	1998 年 3 月至 2003 年 3 月
	潘在明	澄迈	副主任	1998 年 3 月至 2003 年 3 月
	陈明卿	澄迈	副主任	1998 年 3 月至 2003 年 3 月
	王川吉	澄迈	副主任	2000 年 3 月至 2003 年 3 月
第十二届	王川信	澄迈	主任	2003 年 3 月至 2007 年 1 月
	符启祥	澄迈	副主任	2003 年 3 月至 2007 年 1 月
	冼德富	澄迈	副主任	2003 年 3 月至 2007 年 1 月
	王川吉	澄迈	副主任	2003 年 3 月至 2007 年 1 月
	邱德伦	澄迈	副主任	2003 年 3 月至 2007 年 1 月
第十三届	陈平辉	澄迈	主任	2007 年 1 月起
	王启强	琼海	副主任	2007 年 1 月起
	王川吉	澄迈	副主任	2007 年 1 月起
	符启祥	澄迈	副主任	2007 年 1 月起
	彭元菊	湖南	副主任	2007 年 1 月起

二、澄迈县人大常委会议

1999 年 3 月至 2010 年 12 月，澄迈县人大常务委员会召开会议 85 次，其中 1999 年 3 月 22 日，在金江镇召开县十一届人大常委会第五次会议。会议听取和审议《澄迈县人民代表大会常务委员会关于召开澄迈县第十一届人民代表大会第二次会议的决定（草案）》；听取关于《澄迈县第十一届人民代表大会第二次会议主席团和秘书长名单（草案）》的说明，审议名单（草案），提交县十一届人大二次会议预备会议选举；听取和审议《关于澄迈县第十一届人民代表大会第二次会议列席人员范围（草案）》；审议《澄迈县人大常委会工作报告（稿）》（书面）；审议《关于在县十一届人大二次会议上通报有关吸毒、教育和腐化等问题的意见》；研究通过澄迈县乡镇人大换届选举工作有关问题；审议通过人事任免案。

2002 年 2 月 27 日，在金江镇召开县十一届人大常委会第二十七次会议。会议听取和

审议澄迈县人民政府关于提请审议金江镇新城区建设的议案，提请县十一届人大五次会议审议；听取和审议澄迈县人民政府关于将 2002 年确定为澄迈县“改善投资环境年”的议案，提请县十一届人大五次会议审议；听取和审议澄迈县人民代表大会议事规则（草案），提请县十一届人大五次会议审议；听取和审议《澄迈县人民代表大会常务委员会关于召开澄迈县第十一届人民代表大会第五次会议的决定（草案）》；听取和审议澄迈县第十一届人民代表大会常务委员会代表资格审查委员会关于代表资格审查情况报告；听取和审议计划、预算初审意见报告；听取关于《澄迈县第十一届人民代表大会第五次会议主席团和秘书长名单（草案）》的说明，审议名单（草案），提交县十一届人大五次会议预备会议选举；听取关于《澄迈县第十一届人民代表大会第五次会议国民经济、社会发展计划和财政预算审查委员会主任、副主任和委员名单（草案）》的说明，审议名单（草案），提交县十一届人大五次会议预备会议选举；听取和审议《关于澄迈县第十一届人民代表大会第五次会议列席人员范围（草案）》；审议《澄迈县人大常委会工作报告（稿）》（书面）；审议通过人事任免案。

2005 年 3 月 3 日，在金江镇召开县十二届人大常委会第十三次会议。会议听取和审议《澄迈县人民代表大会常务委员会关于召开澄迈县第十二届人民代表大会第四次会议的决定（草案）》；听取关于《澄迈县第十二届人民代表大会第四次会议主席团和秘书长名单（草案）》的说明，审议名单（草案），提交县十二届人大四次会议预备会议选举；听取关于《澄迈县第十二届人民代表大会第四次会议国民经济、社会发展计划和财政预算审查委员会主任、副主任和委员名单（草案）》的说明，审议名单（草案），提交澄迈县第十二届人民代表大会第四次会议预备会议选举；听取关于《澄迈县第十二届人民代表大会第四次会议议案审查委员会主任、副主任和委员名单（草案）》的说明，审议名单（草案），提交澄迈县第十二届人民代表大会第四次会议预备会议选举；听取和审议关于补选代表的代表资格审查情况的报告；听取和审议关于澄迈县第十二届人民代表大会第三次会议以来代表出缺及代表资格审查情况的报告；听取和审议《关于澄迈县第十二届人民代表大会第四次会议列席人员范围（草案）》；听取关于《澄迈县第十二届人民代表大会第四次会议选举办法（草案）》的说明，审议《选举办法（草案）》；审议县人大财经工委关于 2005 年澄迈县及县本级财政预算（草案）的初审报告；审议《澄迈县第十二届人民代表大会第四次会议表决议案和决议办法（草案）》；审议《澄迈县人大常委会工作报告（稿）》（书面）。

2005 年 11 月 21 日，在金江镇召开澄迈县十二届人大常委会第十八次会议。会议听取和审议《澄迈县人民代表大会常务委员会关于召开澄迈县第十二届人民代表大会第五次会议的决定（草案）》；听取关于《澄迈县第十二届人民代表大会第五次会议主席团和秘书长名单（草案）》的说明，审议名单（草案），提交县十二届人大五次会议预备会议选举；听取和审议关于澄迈县第十二届人民代表大会第四次会议以来代表出缺情况的报告；听取关于《澄迈县第十二届人民代表大会第五次会议选举办法（草案）》的说明，审议《选举办法（草案）》；听取和审议《澄迈县第十二届人民代表大会常务委员会关于增补澄迈县第十二届人民代表大会代表的决定（草案）》；审议《澄迈县人大常委会工作报告（稿）》（书面）。

2008年3月5日，在金江镇召开县十三届人大常委会第五次会议。会议听取和审议《澄迈县人民代表大会常务委员会关于召开澄迈县第十三届人民代表大会第三次会议的决定（草案）》；听取和审议澄迈县第十三届人民代表大会常务委员会代表资格审查委员会关于代表资格审查情况报告；审议《澄迈县第十三届人民代表大会第三次会议主席团和秘书长名单（草案）》及其说明，提交县十三届人大三次会议预备会议选举；审议《澄迈县人民代表大会常务委员会工作报告（稿）》；听取和审议计划、财政报告初步审查情况的报告；审议《澄迈县第十三届人民代表大会第三次会议列席人员范围（草案）》；听取和审议澄迈县人民政府关于提请审议技术援助贷款项目的议案；听取和审议澄迈县人民政府关于提请审议《澄迈县南渡江和福山水库饮用水源环境保护管理规定》的议案；审议通过人事任免案。

2008年7月21日，在金江镇召开县十三届人大常委会第八次会议。会议听取和审议《澄迈县人大常委会关于召开澄迈县第十三届人民代表大会第四次会议的决定（草案）》；听取和审议《澄迈县第十三届人民代表大会第四次会议主席团和秘书长名单（草案）》及其说明，将名单（草案）提交县十三届人大四次会议预备会议选举；听取县人大常委会代表资格审查委员会《关于县第十三届人大三次会议以来代表出缺及补选代表的代表资格审查情况的报告》；听取关于《澄迈县第十三届人民代表大会第四次会议〈选举办法（草案）〉的说明》，审议《选举办法（草案）》；审议《关于澄迈县第十三届人民代表大会第四次会议列席人员范围（草案）》；听取和审议县政府关于澄迈县地方道路建设专项工作报告；审议通过人事任免案。

2009年2月12日，县十三届人大常委会十三次会议在金江镇召开。会议听取和审议《澄迈县人大常委会关于召开澄迈县第十三届人民代表大会第五次会议的决定（草案）》；听取和审议《澄迈县第十三届人民代表大会第五次会议主席团和秘书长名单（草案）》及其说明，将名单（草案）提交县十三届人大五次会议预备会议选举；听取县人大常委会代表资格审查委员会《关于县第十三届人大四次会议以来代表出缺及选举、补选代表的代表资格审查情况的报告》，听取关于《澄迈县第十三届人民代表大会第五次会议〈选举办法

（草案）〉的说明》，审议《选举办法（草案）》《澄迈县人民代表大会常务委员会工作报告（稿）》《关于澄迈县第十三届人民代表大会第五次会议列席人员范围（草案）》；听取和审议县政府关于提请审议澄迈县乡镇学校改扩建工程项目特许建设及回购协议等协议的议案；审议通过人事任免案。

2009年11月24日，县十三届人大常委会十八次会议在金江镇召开。会议听取和审议县政府关于提请审议2009年财政预算调整方案的议案；听取和审议《澄迈县人大常委会关于召开澄迈县第十三届人民代表大会第六次会议的决定（草案）》；听取县人大常委会代表资格审查委员会《关于县十三届人大常委会第十三次会议以来代表出缺及选举、补选代表的代表资格审查情况的报告》；听取和审议《关于澄迈县第十三届人民代表大会第六次会议列席人员范围（草案）》；审议通过人事任免案。

2010年3月3日，在金江镇召开县十三届人大常委会二十次会议。会议听取和审议《澄迈县人民政府关于提请审议开通县城公交线路的议案》，提请县十三届人大七次会议审议；听取和审议县政府关于澄迈县第十三届人民代表大会第五次会议代表建议办理情况的报告；听取和审议《澄迈县人大常委会关于召开澄迈县第十三届人民代表大会第七次会议的决定（草案）》；听取县人大常委会代表资格审查委员会《关于县十三届人大六次会议以来代表出缺及选举、补选代表的代表资格审查情况的报告》；听取和审议计划、预算初审意见报告；听取和审议澄迈县人大常委会关于提请审议《澄迈县人民代表大会关于推进澄迈生态现代化建设的决议（草案）》的议案，提请县十三届人大七次会议审议；听取关于《澄迈县第十三届人民代表大会第七次会议主席团和秘书长名单（草案）》的说明，审议名单（草案），提交县十三届人大七次会议预备会议选举；听取关于《澄迈县第十三届人民代表大会第七次会议国民经济、社会发展计划和财政预算审查委员会主任、副主任和委员名单（草案）》的说明，审议名单（草案），提交县十三届人大七次会议预备会议选举；听取关于《澄迈县第十三届人民代表大会第七次会议议案审查委员会主任、副主任和委员名单（草案）》的说明，审议名单（草案），提交县十三届人大七次会议预备会议选举；听取和审议《关于澄迈县第十三届人民代表大会第七次会议列席人员范围（草案）》；审议《澄迈县人大常委会工作报告（稿）》（书面）。

第四节　主要工作

一、重大事项决定决策

澄迈县人民代表大会常务委员会依照地方组织法赋予的职权，把讨论决定重大事项摆放在重要位置，认真行使决定权，对所作决议决定贯彻实施监督检查，体现党的领导、人民当家做主和依法治国的有机统一，为推动决策的民主化、科学化和法制化进程发挥作用。1999—2010年间，作出有关重大事项的决议、决定29项，督促和支持“一府两院”做好工作，推进全县政治文明、物质文明和精神文明建设。

（一）县十一届人大常委会

1999年9月22日，第八次会议作出《 关于设立“澄迈环境卫生日”的决定》。2001年10月17日，第二十五次会议作出《关于提请审议金江镇新城区（金马片区）规划的议案的审议决定》《关于提请审议金江绿地广场项目建设的议案的审议决定》《关于“四五”法制宣传教育的决议》。2001年12月28日，第二十六次会议作出《关于对澄迈县人民政府关于提请审议县城金江镇四路一区规划建设的议案的审议决定》。 2003年1月13日，第三十三次会议作出《关于澄迈县县级人民代表大会换届选举问题的决定》。

（二）县十二届人大常委会

2003年6月12日，第二次会议作出《关于澄迈县人民政府关于澄迈县机关事业单位退休人员养老金问题整改意见的决议》《关于澄迈县防治非典和环境卫生工作的决议》。2003年8月29日，第三次会议作出关于《澄迈县人民政府关于提请审议金江绿地广场一期工程竣工决算的议案的审查决定》《关于澄迈县人民政府关于提请审议澄迈中学修建改造总体规划的议案的决议》《关于加强人大代表工作的决定》。2005年1月21日，第十二次会议作出《关于金马大道第三标段工程项目结算的议案的审查决定》、《关于县政府大院环境综合整治工程项目结算的议案的审查决定》。2005年6月2日，第十五次会议作出《关于澄迈县人民政府关于提请审议开发建设澄迈县金江镇金岭文化多功能区项目的议案的决议》。2005年11月9日，第十七次会议作出《关于澄迈县人民政府关于提请审议利用国家开发银行应急贷款资金救灾的议案的决议》。2006年9月14日，第二十四次会议作出《关于澄迈县和乡镇人民代表大会换届选举有关问题的决定》。

（三）县十三届人大常委会

2007年7月3日，第二次会议作出《关于澄迈县人民政府关于提请审议〈澄迈县老城片区总体规划〉（2005—2020）的议案的决议》《关于〈澄迈县开展全民法制宣传教育的第五个五年规划〉的决议》。2007年9月7日，第三次会议作出《关于听取县人民政府关于城镇建设管理专题报告的决定》。2007年11月22日，第四次会议作出《关于澄迈县人民政府关于澄迈县城镇建设与管理工作报告的决议》《关于澄迈县人民政府关于提请审议澄迈县城城市总体规划（2006—2020）的议案的决议》。2008年3月5日，第五次会议作出《关于澄迈县人民政府关于提请审议技术援助贷款项目的议案的决议》。2008年10月

31 日，第十一次会议作出《关于澄迈县人民政府关于提请审议回购澄迈县金江镇污水处理厂及管网工程项目并将回购资金列入年度财政预算的议案的决议》。2009 年 2 月 12 日，第十三次会议作出《关于澄迈县人民政府关于提请审议澄迈县乡镇学校改扩建工程项目特许建设及回购协议等协议的议案的决议》。2009 年 8 月 27 日，第十六次会议作出《关于同意将偿还澄迈县老城开发区县政路网工程项目建设资金列入财政专项预算的决议》。2010 年 4 月 30 日，第二十一次会议作出《关于提请审议海南老城经济开发区县政路网工程项目建设资金问题的议案的决议》《关于提请审议老城经济开发区市政路网项目和海南欢乐节配套设施等项目建设资金问题的议案的决议》《关于提请审议将原澄迈县城市建设总公司的债权债务移交澄迈县城乡建设投资有限公司承担的议案的决议》。

二、依法监督

1999—2010 年，县人大常委会在省人大常委会的指导和县委的领导下，以邓小平理论、“三个代表”重要思想、科学发展观和党的基本路线、方针、政策为指导，贯彻执行《海南省各级人民代表大会常务委员会监督条例》，坚持抓重点、议大事、求实效的原则，围绕经济建设这一中心，行使好宪法和法律赋予的监督职权，依法加大对“一府两院”工作的监督力度以及对由人大及其常委会选举和任命干部的监督力度，促进“一府两院”依法行政、公正司法，推进依法治县进程和社会主义民主法制建设。

1999 年，县人大常委会出台 3 个村试点工作方案，要求各乡村用 1—2 个村庄开展依法治村试点。新一届县人大常委会举行第一次会议，确定建环局、工商局、教科局、水电局、卫生局、文体局、人劳局、公安局、福山镇、美亭乡等 10 个科级单位和财政局预算岗、金江粮所、永发派出所、加乐工商所、老城小学、中兴中学、新吴财政所、县直属税务所、电信局装备组、公安戒毒所等 10 个股级单位为县人大工作联系点，把政府职能部门及基层所站的工作纳入法治轨道。

2004 年，对县人大及其常委会通过文明生态村建设、财政预算、县城建设管理等的决定、决议执行情况的跟踪监督，确保各项决定、决议落到实处，增强人大监督的实效。对信用建设的监督，以县政府落实承诺为民办好事实事为切入点，加强信用建设执法调研，督促政府制定加强信用建设的实施方案及配套规章，推进包括政府、企事业单位和公民个人在内的信用体系建设，形成以道德为支撑、产权为基础、法律为保障的社会信用制度。对行政效能的监督，督促政府倡导执行文化，组织人大调研组开展调研和组织人大代表开展视察、评议等活动，检查政府执行县委加强和规范“三权”决定情况，促进政令畅通，确保县委意图的实现。对经济工作的监督，督促政府财政部门尽快编报本级各部门、单位部门预算和部分专项资金二次分配方案；开展对预算执行情况的监督，督促政府及其财政部门，督促各部门、单位严格执行部门预算，实现收支预算目标；加强对专项资金拨付使用情况的监督，提高专项资金使用效益。对老城开发区开发建设工作的监督，促进开发区优化发展环境，加大招商引资力度，加快开发区的发展。对政府投资项目决算的审查监督，按照《澄迈县人大常委会关于对政府投资项目决算依法监督的决定》的规定，对政府投资50万元以上的项目，严格工程决算审查确认，规范政府投资项目资金管理，逐步实现工程项目“概算管预算、预算管决算”，增加政府投资行为透明度，增强政府投资实效。对公检法司工作的监督，重点加强对公安机关有案不立、立而未查、查而未破、破而未结的重大刑事案件和村民械斗致伤致死以及久拖未破的人命案件的监督；以《检察建议书》提出8家行政单位违法问题为突破口，加强对检察院查处经济犯罪和预防职务犯罪的监督；加强对法院落实执行案件力度，以被执行人无执行财产或受行政干预，作出终止执行的涉政府单位为被执行人的案件的监督；加强对司法局开展普法教育工作的监督。对教科文卫工作的监督，督促政府全面清查教育乱收费及学校欠债问题，督促政府建立和完善以农民大病统筹为主的新型农村合作医疗制度，解决农民“看病难”和“因病返穷”问题。发挥环境保护监督管理委员会的作用，加强对金江、老城两地的环保工作监督，开展“环保世纪行”活动。对“三农”工作的监督，督促政府及有关部门执行国家有关土地政策及法律法规和县委文件精神，依法做好全县土地、山林、水库、矿产、海域、河滩等的承包管理工作，制止认“祖宗地”等违法行为和因土地纠纷引发的农村聚众械斗及集体上访事件发生，维护农村社会稳定。抓好对政府组成人员的述职评议。

2005年，围绕对建设“创新澄迈”“平安澄迈”“文明澄迈”等工作开展全方位的监督工作。加强对建设“创新澄迈”工作的监督，着重加快推进落实科学发展观，加快推进政府转型，建设公共服务型政府。加强对建设“平安澄迈”工作的监督，着重加快推进构建和谐社会，确保社会稳定，人民安居乐业。加强对建设“文明澄迈”工作的监督，着重加快推进信用建设，树立诚实守信的良好社会风气。

2006年9月，组织对文明生态村建设工作进行督查调研。通过加强监督，推进农业产业结构调整，加强农村文化建设，建立健全改善农村环境的长效机制，推进村镇规划工作，加强农村基层组织建设和民主政治建设。

2007年，县人大常委会学习泛宣传贯彻实施《中华人民共和国各级人民代表大会常务委员会监督法》，健全完善监督机制，围绕加快“和谐澄迈”建设的总体目标，加强监督工作，强化监督实效。加强对水污染防治法执法检查整改工作跟踪监督。3月，召开整改工作布置会，要求政府相关职能部门按照省人大要求的重点跟踪检查事项认真做好整改工作。抓好森林法执法检查暨2007年天然林环保世纪行活动。组织对划定天然林保护区、天然林保护、天然林毁林行为查处等情况的执法调研；针对执法调研中发现的存在问题开展跟踪监督，同时结合2006年沿海防护林执法检查活动，加强对海防林、基干林保护工作的监督，督促政府加快启动基干林建设步伐，推进森林法有效贯彻实施。抓好依法治县工作，研究制定《澄迈县2007年依法治县工作要点》，加大依法治县工作宣传力度，对依法治县工作进行集中检查，为实现又好又快发展营造良好的法治环境。

在加强对经济工作的监督，加强对城镇规划、建设和管理工作的监督，加强对全县工业发展的监督与支持，加强对公检法司工作的监督及加强对文明生态村建设工作的监督等方面的工作中，县人大做大量卓有成效的监督工作。

2008年，县人大组织听取和审议县政府关于城乡环境综合整治、地方道路建设、国企改革、教育等专项工作报告；召开人大常委会议听取和审议县政府关于城乡环境综合整治、地方道路建设专项工作报告及人大常委会议听取和审议县政府关于国企改革、教育专项工作报告，支持和推动政府的相关工作；对2007年开展的网吧经营管理、城镇建设管理监督的整改工作落实情况进行“回头看”，以巩固和提高整改的成效，推动网吧的规范管理和提升全县城镇建设的档次。在配合省人大常委会抓好各项执法调研、执法检查及2008年环保世纪行活动的基础上，自行组织开展对劳动法、妇女儿童发展“两纲两规”等的调研和检查，推动有关法律法规有效贯彻实施。加强对建设、水务、民政、交通、卫生等部门落实年度工作计划和集体林权制度改革、海防林保护等工作的调查和检查，支持和促进“一府两院”的各项工作。抓好依法治县工作，为实现又好又快发展营造良好的法治环境。

2010年，开展节能减排污水垃圾处理项目建设工作监督检查和2010年海南环保世纪行活动，关闭全县23家黏土实心砖厂，加快污水垃圾处理设施建设和营运进程，推动全县“十一五”期间节能减排目标的顺利实施。开展妇女权益保障法执法检查，重点检查妇女政治权利、劳动权益和农村妇女土地权益的保障情况，保障妇女的合法权益。开展食品安全法执法检查，规范全县食品生产经营活动，防范食品安全事故发生，推动食品安全示范县的创建工作。开展农业技术推广法执法检查，加强农业技术推广法的普及和应用，加快农业科技成果转化，促进种子产业的健康发展。开展道路交通安全法执法检查，促使政府职能部门开展道路交通安全违法行为的专项整治，加大道路交通设施的财政投入，提高道路交通安全管理水平，为海南欢乐节营造有序、安全、畅通的道路交通环境。

三、人事任免

县第十一届人大常委会，依法任命县政府组成人员56名，人大机关领导成员9名，法院副院长2名，副检察长2名；免去法院副院长2名；任命法院、检察院工作人员33名，免职15名。

县第十二届人大常委会，依法任免干部143名。其中任命县人民政府副县长8名；任命县政府组成人员46名，免职12名；任命人大机关领导干部12名，免职3名；任命法院副院长2名，副检察长5名；任命法、检干部38名，免职17名。

县第十三届人大常委会，依法任免干部192名。其中任命县人民政府副县长11名；任命县政府组成人员66名，免职23名；任命人大机关领导干部18名，免职9名；任命检察院代检察长1名，副检察长5名，法院副院长2名；任命法、检干部46名，免职11名。

四、办理代表议案及建议

澄迈县人大常委会收到大会代表议案后，由议案审查委员会立案审查，送交县人民政府及有关部门办理，要求承办单位对代表的议案及时处理，并将处理结果书面答复本人和抄报县人大常委会。人大常委会负责督促催办。对某些重大问题，县人大常委会领导还亲自组织办理。每年召开人代例会，县人大常委会都向人民代表报告上次会议提案（议案）的办理情况。在第十一至第十三届人民代表大会期间，县人大常委会收到代表议案、意见和建议711件，其中办理落实509件。

2001年，对县十一届人大四次会议上代表提出的“建议改善学校设备，兴建教师宿舍楼的问题”，经县政府第三十八次常务会讨论，同意从2001年度教育费附加中拨给中兴镇好保小学3万元。对于代表提出的“建议县政府兑现拨给三个贫困乡镇‘三级联创’办公室建设经费问题”，县政府认为，农村“三级联创”是县委、县政府加强农村基层政权组织建设的重大举措，在实施过程中，对于太平、山口、石浮三个较贫困的乡镇，县政府给予倾斜扶持，每个乡镇增发3万元办公室建设经费。

2002年，县十一届人大五次会议上，代表提出的“建议搬迁县城垃圾场的问题”，县政府经与海口市有关部门协商，将金江的生活垃圾运往颜春岭垃圾处理场处理。

2003年，县十二届人大一次会议上，代表提出“重视和加快老城开发区基础设施建设的问题”。县政府确定老城开发区基础设施的10项内容并将之列入2003年度为民办10件好事实事加以实施，宽带网络接入和开通海口到马村的公交线路项目完成，落实10万吨/日供水项目资金4200万元，其他项目进展顺利。代表提出“完善老城开发区社区配套工程，为老城开发区进行大规模开发提供前提条件的问题”。县委、县政府将之列入重要的议事日程，多渠道，多形式筹集专项资金，逐步完善开发区的文教、卫生、交通、居住等社区配套工程。代表提出“从地财中拨出民心工程专项资金的问题”，县政府在财政比较困难的情况下，安排100万元作为文明生态村建设整改资金，不定期安排268万元作为为民办好事实事的专项资金，用于民心工程建设。

2006年，县十二届人大六次会议上代表建议“要求拨款建设九乐宫温泉道路”问题。

县交通局将该路段列入 2007 年澄迈县农村公路“通畅工程”建设项目计划上报省交通厅，争取省交通厅批准将该路段安排在 2007 年的“通畅工程”项目中给予解决。

2007 年，县十三届人大一次会议代表们提到“尽快制订规章制度，加强对网吧的审批、管理和打击的建议”，县政府常务会议专题研究，成立由县政府主要领导为组长，县委、县政府分管领导为副组长，文化、公安、工商、教育、电信等部门为成员的专项整治领导小组。制定专项整治工作方案，由县领导亲自带队多次组织有关职能部门对全县网吧进行明察暗访，对违规经营的网吧进行严厉打击和处罚。代表们提出“关于将村委会村民小组长的工作津贴纳入财政预算的建议”，由于农村实行费改税后，财政转移支付资金成为村级收入的主要来源，为保证村级组织的正常运转，澄迈县在安排新的澄迈县农村税费改革转移支付补助资金时，将村民小组长工作津贴分配到各镇政府，由于没有明确细化，此项经费混为他用。在 2008 年的预算编制工作中，县财政局细化农村税费改革转移支付补助资金，以确保村民小组长按时足额领取工作津贴。

2008 年，县十三届人大三次会议“关于要求继续硬化改造县城小巷的建议”，县政府将县城部分未进行硬化改造的小巷列入 2008 年为民办好事实事计划中，县建设局制定《澄迈县 2008 年各镇墟小巷硬化工程实施方案》以及工程设计与概算报县委县政府审定，方案计划硬化改造小巷 148 条，其中金江镇城区 62 条，各镇墟及工作站 86 条，计划在 2009 年上半年全部完成硬化改造。代表们提出关于架设加乐墟街道路灯的建议，2008 年年初，在拆移县城环城西路及解放路的旧路灯时，县建设局为该镇解决 24 杆路灯。“关于征拨土地建设金江镇政府办公场地的问题”，县政府第十三届 17 次常务会议研究同意选址建设。“关于加大仁兴镇小城镇建设力度的建议”，原西达农场与仁兴镇委托海南农垦设计院编制完成《海南省国营西达农场——仁兴镇总体规划》。

2010 年，县十三届人大七次会议代表们提出“关于开通县城公共汽车”的建议，2010 年 9 月 1 日，澄迈县正式开通文化路、文明路两条主要交通干线，投放 16 辆公交车，改善县城一直以来交通混乱的面貌，方便百姓的出行；代表们提出“改造整治金江公路”问题，县交通局在省交通厅的指导下，于 2010 年 7 月配合省公路设计院进行实地调查、做出工可报告，并将其列入全省砂土路县道和毁坏的县道沥青公路改造计划；代表们提出“加大澄迈县农民橡胶管理技术培训工作力度”问题，县农业局和县热作中心对全县橡胶种植面积较多的乡镇开展民营橡胶生产技术培训、“阳光工程”橡胶割胶工培训和橡胶技术推广、科技示范户培训等各类培训，胶农的割胶水平有提高，单株增产 0.6—0.8 公斤，亩增值 200 多元。

五、信访工作

1999 年，接待人大代表、人民群众来访 150 人次，受理信件 90 件。2000 年，接待人大代表、人民群众来访253人次，受理信件107件。2001年，接待人大代表、人民群众来访216人次，受理信访件88件。2002年，接待人大代表、人民群众来访218人次，受理信访件52件。2005年，接待来访群众110人次，受理信访件61件。2008年，接待群众个别来访22批156人次，集体来访1批23人次，受理群众来信67宗，其中省人大转来26宗。2009年，接待群众个别来访63批183人次，集体来访3批87人次；受理群众来信106件，其中省人大转来37件。2010年，接待群众个别来访59批176人次，集体来访2批67人次；受理群众来信97件，其中省人大转来31件。

六、代表视察与调研

代表视察活动是人民代表集体开展工作，行使职权的有效形式。县人大常委会结合实际，针对不同时期群众反映强烈的热点难点问题，组织人民代表进行视察，促进政府部门工作。

1999年12月23日，组织部分驻澄迈县的省人大代表和县人大代表视察江南糖厂、地面水厂的委托运营情况。

2000年11月中旬，组织部分省、县人大代表就抗洪救灾、农村集体土地管理、农综资金管理使用及项目建设、税收征管等内容开展视察活动。

2001年11月8日，澄迈县人大常委会组织部分县十一届人大代表进行视察，内容主要有文明家园建设工程、南渡江金江段防洪工程、金江镇新城区（金马片区）规划、金江绿地广场项目建设等的实施情况。

2002年6月25—26日，澄迈县人大常委会组织70多名县十一届人大代表对县城金江镇项目建设情况、老城工业开发区基础设施建设情况开展视察活动。

2003年5月30日，澄迈县人大常委会组织30名县十二届人大代表视察“非典”防治和环境卫生工作。这次视察活动的主题是按照党中央、国务院以及省委、省政府提出的“一手抓防非、一手抓经济”的要求，围绕县委防治“非典”工作大局，通过组织县人大代表对有关单位防治“非典”工作和金江地区公共环境卫生整治工作情况的视察，督促政府采取措施，抓好“非典”防治工作，宣传和发动人民群众，增强“防非”和环境卫生意识，掀起全县爱国卫生活动的热潮，确保全县防治“非典”工作的各项措施落到实处，杜绝“非典”疫情在澄迈的发生，促进澄迈经济和社会各项事业发展。县领导王川信、符永、符启祥、冼德富、王川吉、邱德伦、陈海平等以普通人大代表的身份参加视察。

2004年6月1日，4名县人大代表持代表证，到县公证处进行视察，就群众反映的公证收费等有关问题询问公证处负责人、公证员，了解办理公证的文件规定和法律依据，查看办理证件的操作规程、收费标准及使用的票据等。

2005年4月29日，县人大常委会组织部分人大代表对澄迈县涉毒犯罪打击情况、土地纠纷处理情况和文明生态村建设情况进行视察。2005年12月6—7日，澄迈县人大常委会主任会议组织部分驻澄迈县省三届人大代表、县十二届人大代表和部分镇人大代表，对澄迈县农村工作进行视察和调研。这次视察以“加快澄迈农村发展，建设社会主义新农村”为主题，主要开展对关于农村发展、稳定、和谐三个方面问题进行视察和调研。这次视察活动，分三个组进行，代表60多人，考察永发镇、瑞溪镇、老城镇、白莲工作站、加乐镇、中兴镇等6个镇站。

2006年6月15至16日，县人大常委会组织部分来自基层、年纪较轻的县第十二届人大代表举办1期代表知识培训班，并对澄迈县文明生态村建设和学校危房改造工作情况进行视察。

2007年10月19日，县人大常委会组织县十三届人大代表对澄迈县道路建设、公路林保护和老城开发重大项目建设等进行视察。

2008年6月3日，组织部分省、县两级大代表，对澄迈县加乐镇林改办公室及加桐村委会林改情况、福山镇福橙种植管理情况、桥头镇无核荔枝种植管理情况、老城镇白莲鹅养殖情况开展视察活动。2008年10月24日，组织部分县十三届人大代表集中视察福山油田勘探开发有限责任公司工业项目、老城开发区工业项目。

2009年6月4日，县人大常委会组织部分驻澄迈县省、县两级人大代表116人对澄迈县旅游资源进行视察活动，县人大常委会主任陈平辉，副主任王启强、王川吉、符启祥、彭元菊参加视察活动，县政府副县长莫仲敏及政府相关部门主要负责人陪同视察。2009年7月9日开展代表小组视察县城环境卫生整治工作活动。

2010年10月，组织部分驻澄迈县省、县两级人大代表对澄迈县基础设施配套改造及重点项目建设开展集中视察。

七、联系代表

1999—2010年，澄迈县人大实行县人大常委会代表联系制度，即县人大常委会与代表联系、代表与选民联系的制度。人大常委会加强与代表的联系，每年派员下基层1—3次，召集代表小组组长会议或代表座谈会。参加基层小组活动，收集人民代表和群众意见，作为审议重大事项和作出重大决定的依据。每月定期向代表寄送《中国人大》《海南人大》，坚持和完善代表列席人大常委会议和其他重要会议制度，拓宽代表知情知政渠道，为代表参与社会事务管理创造有利条件。在开展县人大常委会组成人员联系代表，代表联系原选区选民的“两联系”工作机制、“代表建议督办”等活动中，在常委会与代表、选民之间建立起更宽阔的联系平台和更通畅的联系渠道，使人民群众的意见和问题能通过代表渠道得到及时的反映和解决。1999年，县人大常委会发出通知，把澄迈县第十一届人大代表分成2个活动小组，每个乡镇各成立1个代表活动小组，全县成立20个人大代表活动小组。

常委会领导经常深入乡镇召开代表座谈会，发函征询代表意见，如开展禁毒、教育工作调查时，给代表发函100封。2003年8月，县人大常委会结合全县代表工作的实际情况，把澄迈县第十二届人大代表分成11个活动小组，在乡镇农场成立30个人大代表活动小组，使全县形成完整的代表活动网络。建立县人大常委会组成人员联系代表制度，每一位常委会组成人员联系3—5名代表，定期向代表汇报工作，听取代表反映社情民意，组织代表开展活动，为代表行使职权提供服务。2003年8月，县人大常委会研究制定《澄迈县人大常委会关于加强人大代表工作的决定》，对如何联系代表、如何办理代表议案、如何开展闭会期间的工作、如何保障代表履行职责等，作出专门规定。2007年，本着方便代表履行职责的原则，把澄迈县第十三届人大代表分成14个代表活动小组，明确小组负责人和活动内容要求，加强对代表活动小组工作的指导，确保代表在闭会期间有组织、有秩序地开展活动。

第二章　人民政府

第一节　县政府机构

一、县政府组成人员

县人民政府组成人员由县长、副县长及政府各组成部门主要负责人组成，实行县长负责制，县长主持政府全面工作。其成员由县人民代表大会选举产生。

1999—2010年澄迈县人民政府历任县长一览表

表11-2-1

姓　名	籍　贯	任　期
李贤忠	东方市	1998年2月至2000年9月
吴九丰	江苏省	2001年2月至2005年1月
杨思涛	广东省	2005年1月至2008年5月
霍巨燃	吉林省	2008年7月至2009年9月
陈笑波	江西省	2009年9月起

1999—2010年澄迈县人民政府历任副县长一览表

表11-2-2

姓　名	籍　贯	任　期
王汉民	澄迈县	1997年8月至2006年12月
王　晓	临高县	1998年3月至1999年12月
黄俊旋	澄迈县	1998年3月至2002年10月
李蛟进	澄迈县	1998年3月至2004年5月
曾日进	澄迈县	1998年3月至2003年3月
王德强	定安县	1998年9月至2000年11月
陈海平（挂职）	海口市	1999年6月至2006年8月
吴九丰	江苏省	2000年4月至2001年2月
杨思涛	广东省	2000年11月至2003年3月
符　永	文昌市	2001年5月至2005年8月
陈平辉	澄迈县	2003年3月至2007年1月
霍沛军（挂职）	河南省	2004年1月至2005年8月
叶和萍	屯昌县	2004年8月至2009年11月
谭灯耀	陵水县	2005年12月至2006年10月
潘文雄（挂职）	琼海市	2006年3月至2006年12月
冷志雄（挂职）	湖北省	2006年3月至2006年12月
梁誉腾（挂职）	广东省	2006年3月至2006年12月
王　胜	澄迈县	2007年1月起
卢　勇	儋州市	2006年12月至2009年11月
邱德伦	澄迈县	2007年1月至2009年11月
黄富锦	澄迈县	2007年1月起
黄照良	五指山市	2006年12月起
符兰平（挂职）	陵水县	2009年5月至2010年8月
莫仲敏	定安县	2009年5月起
陈　文（挂职）	海口市	2009年5月至2010年8月
吴国爱	浙江省	2009年11月起
王　晴	琼海市	2010年2月起

续表 11-2-2

姓　名	籍　贯	任　期
刘天竹	黑龙江省	2010 年 8 起

二、政府机构改革

1999—2010 年，澄迈县开展 3 次政府机构改革。

（一）2001 年政府机构改革

2001 年，澄迈县进行机构改革，精简机构。县政府工作机构调整情况：撤销县工业交通局、县贸易局、县经济合作局，组建县经济贸易交通局；撤销县教育与科学技术局，其教育管理行政职能划归县教育局，科学技术管理行政职能划归县科技与信息产业局；县国有资产管理局更名为县国有资产管理委员会办公室，挂靠县财政局；县人事劳动局更名为县人事劳动保障局；撤销县建设与环境资源局，其土地和环境资源管理行政职能划归县国土环境资源局，建设管理行政职能划归县建设局；县水利电力局更名为县水利局；县林业局由事业单位改为行政单位。

改革后，政府工作部门设置 20 个（含公安局、司法局），挂靠机构 1 个。县政府工作机构（20 个）。县政府办公室、县发展计划局、县经济贸易交通局、县教育局、县科技与信息产业局、县公安局、县监察局（与县纪律检查委员会机关合署办公，不计机构个数）、县民政局、县司法局、县财政局、县人事劳动保障局、县国土环境资源局、县建设局、县农业局、县文化广电体育局、县卫生局、县审计局、县统计局、县水利局、县林业局、县计划生育局。

（二）2004 年政府机构改革

2004 年，政府机构改革，县发展计划局更名为县发展和改革局；县计划生育局更名为县人口和计划生育局；撤销县经济贸易交通局，其工业和经济贸易职能划归县商务局、交通职能划归县交通局，安全生产管理监督职能划归县安全生产监督管理局（副科级行政机构，挂靠县人事劳动保障局）；撤销县国有资产管理委员会办公室。

改革后，县政府工作部门 21 个（含公安局、司法局）。县政府办公室、县发展和改革局、县商务局、县交通局、县教育局、县科技与信息产业局、县公安局、县监察局（与县纪律检查委员会机关合署办公，不计机构个数）、县民政局、县司法局、县财政局、县人事劳动保障局、县国土环境资源局、县建设局、县农业局、县文化广电体育局、县卫生局、县审计局、县统计局、县水利局、县林业局、县人口和计划生育局。

（三）2009 年政府机构改革

2009 年，政府机构改革，原教育局的职责和原县科学技术与信息产业局的科学技术管理职责划入组建成立的县教育和科学技术局；原县商务局的工业管理职责和原县科学技术与信息产业局的信息产业管理职责划入组建成立的县工业和信息化局；县发展和改革局更名为县发展和改革委员会；县人事劳动保障局更名为县人力资源和社会保障局；原挂靠县人事劳动保障局的县机构编制委员会办公室单独设置，列入县委工作机构序列；原挂靠县人事劳动保障局的县安全生产监督管理局单独设置，为县政府工作部门；县文化广电体育局更名为县文化广电出版体育局；县建设局更名为县住房和城乡建设局；县交通局更名为县交通运输局；县人口和计划生育局更名为县人口和计划委员会；省澄迈食品药品监督管理局更名为县食品药品监督管理局，由省垂直管理机构调整为县政府工作部门，挂靠县卫生局；县旅游局更名为县旅游发展委员会，由县政府直属事业单位调整为县政府工作部门；县海洋与渔业局由县政府直属事业单位调整为县政府工作部门。

改革后，县政府工作部门 24 个（含公安局、司法局）。县政府办公室、县发展和改革委员会、县旅游发展委员会、县农业局、县工业和信息化局、县财政局、县人力资源和社会保障局、县教育和科学技术局、县文化广电出版体育局、县卫生局、县公安局、县司法局、县监察局（与县纪律检查委员会机关合署办公，不计机构个数）、县民政局、县国土环境资源局、县住房和城乡建设局、县交通运输局、县商务局、县海洋与渔业局、县审计局、县水务局、县人口和计划生育委员会、县统计局、县林业局、县安全生产监督管理局。

2010 年，按照《海南省机构编制委员会关于市县食品药品监管机构设置有关问题的通知》要求，原挂靠县卫生局的县食品药品监督管理局改设为政府工作部门，加挂县食品药品监督稽查队牌子。

第二节　主要政务会议

1999 年，召开县政府常务会议 11 次，审议道路建设优惠政策、山口墟建设、金江糖厂实行破产投资优惠政策及破产人员安置、工资改革遗留问题处理事宜、县农机二厂集资兴建职工住宿办公综合大楼、老城开发区盈滨半岛近期开发建设等问题；召开县长办公会议 10 期，研究退伍兵安排、勤工俭学用地、土地权属处理、私宅拆迁、规划管理、财政包干、委托运营、防洪工作、旧市场改造、工资套改、小区管理等问题。

2000 年，召开县政府常务会议 18 次，审议社会保障、医疗改革、工资改革、红华农场糖厂进入澄迈县福山等蔗区运蔗、防洪工程、人口普查、录用教师工资、“十五”规划等问题；召开县长办公会议 15 期，研究南渡江金江镇河段防洪堤建设、土地执法检查、社会保障、小区建设、老城开发区建设、2000 年财政预算调整、解决九龙水电站逾期贷款等问题。

2001 年，召开县政府常务会议 13 次，审议财政预算、计划指标调整、经费安排、人事调动、土地征用、教育工作、编制以及讨论第二批领导干部竞岗人员任职，县机关、事业单位工作人员增资和增加离退休人员离退休费，离休干部医疗费等问题；召开县长办公会议 18 期，研究建设项目银行贷款、金江镇江南客运停车场管理、老城镇大场村土地征用、县行政审批中心和县投资服务中心筹备工作、民转公教师工资待遇、66 级劳大生遗留问题处理事宜、福山凹陷油气田开发等问题。

2002 年，召开县政府常务会议 12 次，审议澄迈华侨农场体制改革的意见和海南省城镇从业人员失业保险条例实施细则、政府工作报告、财政预算、计划执行情况（草案）报告及改善投资环境议案，国有资产出售、违纪处分、人事任职、土地管理等问题，以及贯彻落实省"两个十条"及县委九届七次会议和县"两会"精神；召开县长办公会议 14 期，研究森林防火工作，金江镇金永路多功能区和体育广场建设，南方石油公司基地平整工程，金江镇黄龙村与红光农场东朝村土地纠纷，国营红岗农场、西达农场、昆仑农场、永发镇办农场等四家农场土地权属争议界限等问题。

2003 年，召开县政府常务会议 8 次，审议财政预算编制、为民办实事、核减国有资产、金江糖厂下岗职工参加失业保险、补充中小学教师、县市场服务中心部分职工提前退休、核发换地权益证书、九龙水电站转让事宜、成立信息服务中心、聘请县政府法律顾问事宜、开展行政优质服务日活动等问题；召开县长办公会议 7 期，研究太平林场与周边农村有关土地纠纷，文儒至济公山、文儒至红岗农场、红岗农场部至石浮等路段修建、支持粤海铁路通道西环线铺轨工程建设，快速干道老城路段绿化工程规划建设等问题。

2004 年，召开县政府常务会议 11 次，审议《澄迈县政府系统承办人大代表建议和政协提案考核评比办法》《澄迈县人民政府工作规则（讨论稿）》，以及消防工作、国有资产处置、减免政府收费、项目建设用地、行政许可事项清理、老城开发区基础设施项目建设、再就业岗位开发、国企改制、财政包干和奖励等问题；召开县长办公会议 24 期，研究禽流感防治工作、物资总公司职工社会保障、国家开发银行在澄迈县推行信用协会试点工作、花场村文明生态村建设、澄迈林场土地被占用、海南军区后勤部马村避风港征地等问题。

2005 年，召开县政府常务会议 16 次，审议金马大道第一标段工程款拨付、政府投资项目工程拖欠农民工资、县土地纠纷确权办公室机构设立、老城开发区基础设施项目建设拨款清偿历年拖欠农民征地补偿及公司土地款等问题；召开县长办公会议35期，研究老城裕生糖厂与蔗农纠纷问题，3家糖厂改制后遗留问题处理事宜，县物资公司改制工作，瑞溪镇里加村与曾姓群众位于大墓岭澄迈林场土地上的西瓜苗、坟墓、树林补偿，人民西路商住区项目建设，县城自备井封闭工作、国投海南水泥有限公司金江粉磨站工程110千伏供电线路建设等问题。

2006年，召开县政府常务会议23次，审议《澄迈县行政审批中心和投资服务中心考勤奖惩办法》、2006年澄迈县国民经济主要指标计划、城镇基础设施建设、农综项目申报、机关事务管理、3家糖厂改制遗留等问题；召开县长办公会议54期，研究老城镇谭昌小学搬迁建设、“大代小”马村至永庄线路澄迈段宅基地补偿、华侨农场土地纠纷、加快盈滨半岛及周边土地征用整合开发、瑞溪镇罗浮村和农垦国营金安农场金安作业区第三队“5·25”事件处理、县人民医院新建项目、福耀海南浮法玻璃厂项目建设等问题。

2007年，召开县政府常务会议18次，审议发改计划报告、城建、土地、交通、国企改革、为民办实事、教育等问题，以及讨论《澄迈县人民政府关于重新确定财政管理体制的通知》《澄迈县县本级财政收入考核办法》《澄迈县专项资金使用管理暂行办法》等文件；召开县长办公会议55期，研究西线高速公路澄迈出口路和福山出口路征地拆迁、澄迈中学建设有关事宜、无偿收回中科生物药业有限公司闲置土地一案、南渡江金安农场大城坡和瑞溪镇山内村段河道处理等问题。

2008年，召开县政府常务会议20次，审议安全生产、财政资金安排、交通、文体项目建设、土地、企业享受优惠政策、老城开发区体制改革方案、项目用地、卫生整治、劳动人事等问题；召开县长办公会议70次，研究澄迈县2007年通达通畅工程施工进度、推进富民工程、农村三级医疗卫生网络和林权制度改革、特殊群体医疗救助、老城开发区2008年重点项目配套道路建设以及2007年年终一次性奖金发放等问题。

2009年，召开县政府常务会议11次，审议妇儿发展规划、财政拨款、政府债务、项目建设、劳动人事、社会保障、旅游规划、土地管理、城镇建设、安全生产、国企改革等问题；召开县长办公会议47期，研究老城美儒110千伏输变电工程实施、海南瑞今100万头肉猪屠宰加工项目建设、协调推进老城经济开发区污水处理厂项目、澄迈县橡胶槟榔富民工程兑现政策、海口至屯昌申线高速公路澄迈段原征地再补偿等问题。

2010年，召开县政府常务会议17次，传达省委五届六次全会精神，审议《政府工作报告（讨论稿）》《2009年澄迈县和县本级财政预算执行情况及2010年澄迈县和县本级财政预算（草案）报告（讨论稿）》《澄迈县2009年国民经济和社会发展计划执行情况及2010年国民经济和社会发展计划（草案）报告（讨论稿）》《关于扩大内需新增项目存在问题整改情况的报告》，以及重点项目跟踪服务责任分解、保障性住房建设、投资协议、财政拨款、2010年财政预算、项目招投标、机构编制等问题；召开县长办公会议117期，研究2009年财税工作、中海石油管道输气有限公司申请燃气管网投资建设及特许经营权、老城经济开发区征地费用拨付、部署澄迈县冬季瓜菜生产和福橙产业发展、海口综合保税区项目用地落实、推进马村港疏港公路项目建设等问题。

第三节　施政纪要

一、施政综述

1999年，在全国（海口）冬交会上签订瓜菜产销合同28.8万吨，合同资金总额5.4亿元，荣膺全省第一；双拥工作被命名为省和全国的"双拥模范县"。

2000年，调整农业产业结构，发展瓜菜生产，加大外销力度，使瓜菜产销创历史新高。农田水利基本建设和农业综合开发农田整治均获得全省一等奖；开展"三讲"集中教育和"回头看"活动。

2001年12月19日，成立"行政审批和投资服务中心"，在农村51个示范点实施文明家园建设工程。

2002年8月22—24日，在永发镇举办2002年海南（永发）冬季优良瓜菜种子展销会，这是海南首次举办冬季瓜菜种子展销会，在全县实行"村财镇管"模式，即村级财务由镇进行管理。

2003年，荣获全国双拥模范县、中国果菜十强县、中国50家投资环境诚信安全区等三项全国性奖项；开展"告别陋习，珍爱健康，保护环境，保护家园"精神文明创建活动和爱国卫生运动；建设50个文明村庄；省委副书记、省长卫留成到澄迈县老城开发区考察调研；在全省率先提出推进"三权"管理体制改革创新工作。

2004年11月，在全省率先启动公务用车改革。

2005年，实行"镇财县管"改革试点、城乡卫生体制改革；率先全国实施公检法系统公车改革；澄迈县被评为"全省基础教育课程改革先进单位""全国实施妇女儿童发展纲要示范县"。省委书记、省人大常委会主任汪啸风三次到澄迈县考察、调研。10月，成立澄迈县口岸协调管理委员会办公室。

2006年10月31日，举行农村中小学现代远程教育工程建设暨培训仪式，启动农村中小学现代远程教育工程建设。

2008年，率先全省实施生态现代化建设，成立生态现代化建设办公室；澄迈县获评全国科普示范县、“中国无核荔枝之乡”、“两基”工作获全省先进；建成县、镇、村三级卫生网络，经验做法在全国推广；构建城乡社保、医保、低保、社会救助等四大保障体系；成立招商局、城市规划管理局、住房保障与房产管理局。10月1日起，实施离任村（社区）干部生活补助制度。11月6日，签署中国海南生态软件园建设合同；2008年圆梦海南春节联欢晚会在澄迈县金江绿地广场举行，省委书记、省人大常委会主任卫留成，航天英雄杨利伟等出席。

2010年12月30日，在澄迈老城举办中国低碳生态城市发展（澄迈）论坛，澄迈县获“中国低碳生态城市特别贡献奖”“中国低碳生态先进县”称号。开工建设福山咖啡文化风情镇。

二、经济发展

1999年，全县生产总值完成20.78亿元，其中第一产业完成9.15亿元，第二产业完成7.86亿元，第三产业完成3.77亿元。

2002年，全县生产总值完成26.75亿元，其中第一产业完成10.5亿元，第二产业完成10.6亿元，第三产业完成5.65亿元。

2005年，全县生产总值完成37.68亿元，其中第一产业完成12.98亿元，第二产业完成16.45亿元，第三产业完成8.25亿元。

2007年，全县生产总值完成55.22亿元，其中第一产业完成15.44亿元，第二产业完成28.39亿元，第三产业完成11.39亿元。

2008年，全县生产总值完成66.53亿元，同比增长13.9%。其中一产完成19.50亿元，同比增长9.3%；二产完成34.45亿元，同比增长14.1%；三产完成12.58亿元，同比增长20.1%。三次产业结构为29.3：51.8：18.9，其中三产比重比上年提高0.3个百分点。财政总收入突破10亿元大关，继海口、三亚之后，进入10亿元市县行列，达10.63亿元，增长36.1%，其中地方财政收入5.32亿元，增长49.3%。固定资产投资完成31.33亿元，增长16.8%。社会消费品零售总额10.67亿元，增长21.7%。城镇居民人均可支配收入10621元，同比增长8.5%。农民人均纯收入4834元，同比增长9.2%。

2009年，全县生产总值77.81亿元，按可比价计算，比上年增长16.2%。其中一产22.88亿元，增长10.9%；二产37.06亿元，增长17.3%；三产17.87亿元，增长20.4%。产业结构调整进一步优化，三次产业结构为29.4：47.6：23.0，第三产业比重上升4.1个百分点。全县工业总产值94.80亿元，增长10.3%；工业增加值31.26亿元，增长12.3%。全县农业总产值34.69亿元，增长10.9%；农业增加值22.88亿元，增长10.9%。全口径财政收入13.70亿元，增长28.8%，其中地方财政一般预算收入5.33亿元，增长45.5%。固定资产投资 43.48 亿元，增长 38.8%。社会消费品零售总额 12.73 亿元，增长 19.4%。城镇居民人均可支配收入 11741 元，增长 11.3%。农民人均纯收入 5244 元，增长 10.2%。主要经济指标提前完成或超额完成“十一五”规划。

2010 年，全县生产总值突破百亿元大关，达 106.00 亿元，比上年增长 25.6%。全口径财政收入 28.17 亿元，比上年增长 105.6%，其中县级各项收入突破 20 亿元，达 21.47 亿元，比上年增长 157.6%；地方财政一般预算收入突破 10 亿元，达 10.06 亿元，比上年增长 88.6%。全社会固定资产投资突破 80 亿元，达 83.73 亿元，比上年增长 100.2%。城镇居民人均可支配收入 14808 元，比上年增长 23.4%。农村居民人均纯收入 5987 元，比上年增长 14.2%。

三、农业特色产业发展

2008 年，全县农业总产值完成 30.13 亿元，同比增长 9.3%。农业内部结构更加优化，种植业、林业、牧业、渔业产值同比分别增长 6.9%、6.2%、16.9%和 6.2%。2007 年跨 2008 年种植面积 1.12 万公顷，产量 38 万吨。建设供港澳蔬菜生产基地 6666.67 公顷，实现澄迈县瓜菜产品直销港澳市场。落实各项农业补贴 2772 万元。培育绿色产品，发展和保护有标识可追溯特色农业，福山咖啡、澄迈福橙、无籽蜜柚、无核荔枝、苦丁茶、白莲鹅、茂源神坂牛、新吴鸭等产品形成澄迈县富有特色的农产品品牌，并成为全省乃至全国的精品。

2008 年跨 2009 年冬春瓜菜种植面积 1.13 万公顷，产量 42 万吨。建设供港澳蔬菜生产基地 3333.33 公顷，瓜菜和水产品加工出口总量 23 万吨，其中瓜菜供港澳和出口中亚 5 国 13 万吨，水产品加工出口美国、欧盟等 10 万吨。福山咖啡、澄迈福橙、桥头地瓜、无籽蜜柚、无核荔枝、苦丁茶、白莲鹅、文儒山寮鸡、澄迈和牛、新吴鸭等产品特色更加明显。其中新吴鸭已经形成规模化、产业化，成为海南最大的肉鸭、种鸭生产基地。

2010 年，调整发展热带特色现代农业的规划和措施，以发展“两进两出”优质肉猪、肉鸭、水产品、瓜果菜为重点，提高畜牧业、水产业、精致农业的比重。发挥区位和热带资源优势，打造一批特色品牌，拓展农业农村经济发展空间，加快农民增收。推进农业标准化、产业化和国际化进程。完善《农业标准化生产制度》和《农产品有标识可追溯制度》，对农业标准化生产基地实行建档登记管理。做好农产品安全检测工作，创建冬春瓜果菜、无核荔枝、澄迈福橙、桥头地瓜、香蕉、白莲鹅、加乐黑猪、罗非鱼等 15 个农产品标准化生产基地，实施“商标富农”工程，加快产业化发展步伐。扩大农产品出口中亚、欧盟、俄罗斯等国际市场，把供港澳瓜菜生产基地和澄迈和牛饲养基地等建设成国际化农业生产基地。加快“有标识可追溯农产品示范县”“无公害农业科技示范县”“农业生态现代化示范县”“富硒农产品示范县”创建进程。发展农产品加工，发挥澄迈县“国家级食品安全示范县”“无疫区”“中国长寿之乡”等品牌优势，抓好瑞今100万头生猪屠宰等产业关联度大、技术含量高、带动能力强的农产品加工项目，提升农产品加工附加值和综合效益。

四、建设项目

1999年，全县完成固定资产投资8.68亿元，增长9.16%。

2002年，全县完成固定资产投资7.58亿元，负增长18%。南渡江金江段北岸防洪堤一期工程、金马大道金江至大拉路段、老城国家粮食储备库、南一环路、盈滨足球训练基地投入使用，老城开发区港口群从国家二类港口升格为一类港口，福山油气基地建成，粤海铁路南站及物流中心，粤海铁路沿线工程、天然气管道工程、中海油二期工程、农村饮水工程及沼气建设工程等抓紧建设。

2005年，全县完成固定资产投资15.6亿元，增长78.9%。老城开发区供水工程、华能海口火电厂“大代小”工程、华盛天涯水泥、海南索菲特前沿酒店项目，永庆生态文化旅游项目、新兴港改造工程、海燃高新能源LNG项目、金岭基础设施配套项目、金江—东兴等道路改造项目以及县委县政府为民办好事等项目的建设，促进澄迈县固定资产投资的较快增长。

2008年，全县引进项目90个，实际投入资金28.09亿元。其中完成华能海口电厂6号、7号机组脱硫改造，通威水产食品加工厂投产等。20万吨精细化工厂、华盛水泥二期工程、海南电网跨海联网工程、中海油马村油库改造、中海油测井生产科研基地等重点项目开工建设。海口综合保税区、中国海南（澄迈）生态软件园、省实训基地等重点项目进行开工准备工作。全县工业总产值完成92.01亿元，同比增长17.2%。老城经济开发区区内企业总产值突破100亿元大关，达117.32亿元，增长23.1%；生产总值36.94亿元，增长22.4%；财政收入7.02亿元，占全县财政总收入的66.0%。

2009年，中央新增建设项目进展顺利，推进4批34个新增项目建设。项目总投资3.79亿元，其中中央1.59亿元，省配套7688万元，县配套8147万元，银行贷款450万元，其他5789万元，完成投资2.51亿元。在34个项目中，完工或基本完工项目19个。把全县65个在建或筹建的省县重点项目进行责任分解，实行24小时保姆式跟踪服务，全年征地1146.67公顷，实现孟乐村和谐搬迁，推进海口综合保税区、海南生态软件园、“三港合一”马村港区、中航特玻、20万吨精细化工、海胶集团乳胶丝、海南永凯包装材料等重点项目建设。千年古刹永庆寺重建开光，作为海南“一岛一区两园”项目的海南生态软件园于5月破土动工，至12月底止，有58家知名IT企业入园，实现产值3亿元；海南电网跨海联网工程投入运营，结束海南电网孤岛运行的状态。

2010年，全县安排省县重点项目68个，完成投资85亿元。推进海口综合保税区，海南生态软件园，马村港区一、二期工程，中航特玻，20万吨精细化工，海胶集团乳胶丝，中海油两基地，颜春岭垃圾焚烧发电，5万吨钛白粉，椰树集团饮料生产基地等重点项目建设。

五、改善民生

2003年，澄迈县启动新型农村合作医疗试点工作，农民参合率为30.47%。

2004年，澄迈县合作医疗管理逐步走上有章可循，有章必依，依章必严的科学规范管理轨道，农民参合率为65.57%，参合农民报销住院医药费用占住院实际发生医药费用平均水平达到40%以上。

2005年，澄迈县简化新农合报销补偿手续，把参合农民的报销审批权下放到定点医疗机构合管站，农民参合率为71%。

2006年，澄迈县农村合作医疗参合率71.58%，推行以大病统筹为主的新型农村合作医疗制度，构筑起较为完善的农民健康保障体系。在县医院、县中医院和白莲、桥头卫生院试行单病种限价收费，为群众提供价格较为低廉的医疗服务。

2006年，通过实行动态管理核查，对脱困超过低保线的进行调整，全年累计出保2209人，全县有4393户9589人和7059户8646人分别纳入城镇低保和农村低保，发放低保金6839571元。开展城乡医疗救助工作，保障城乡困难群众重病救助。全年城市医疗救助76人，发放救助资金11.35万元；农村医疗救助30人，发放救助资金5.34万元。收录符合五保供养条件的对象2626人，确定五保供养标准为每人每月120元，供养资金列入地方财政预算，从2007年1月1日起发放。

2007年，澄迈县农民参合率为90.73%，全年有46405人次获得合作医疗补偿，补偿金额1052.51万元，农村农民得到医疗服务实惠。澄迈县被海南省政府评为农村新型合作医疗工作一等奖。

2007年，推进“分类施保”，对重病、重残和无经济收入等低保家庭给予重点救助。全县纳入城镇低保的对象有4417户9825人，发放低保金672万元；纳入农村低保的对象有7026户8588人，发放低保金334.08万元。规范五保供养工作，五保供养经费纳入县财政预算，使全县2626名五保户的供养得到保障，五保供养标准为每人每月120元，发放五保供养金378.14万元。城乡医疗救助工作进一步规范，城乡大病、重病医疗困难群体得到救助。全年城市医疗救助45人，发放救助资金10.3万元；农村医疗救助207人，发放救助资金37万元。资助全县农村低保对象和五保户共11214人参加新型农村合作医疗，资助资金 11.22 万元。

2008 年，出台改善民生、推进公共服务均等化五年规划，将新增财力的主要部分用于改善民生，办成一批改善民生的好事实事。提出为民兴办的 22 件好事实事完成 8 件，有 14 件跨年度实施。投入 1100 多万元推进华侨农场危房改造，推行“阳光培训工程”，培训待业人员 9870 人，新增就业岗位 4565 个，实现再就业 1695 人，劳务输出 10663 人。投入 750 万元，建设 29 个文明生态村。解决城镇住房难问题，建设 820 套廉租住房。以城镇职工基本医疗保险、城镇居民基本医疗保险、新型农村合作医疗制度为主体，城乡贫困人口及特殊群体医疗救助制度为补充的城乡基本医疗保障体系基本建立，覆盖全县 51 万人口，其中农民参合率为 98.8%，居民参保率 98.6%。做好社保工作，全县有 4602 户 10381 人和 7118 户 9701 人分别纳入城镇低保和农村低保，发放低保金 2035 万元，提供医疗救助 625 人，为 3698 名五保对象发放供养金 573 万元。完成中兴、老城等镇敬老院建设，解决 113 户特困残疾人住房困难。社会救助、医保、社保和城乡低保制度等四大保障体系基本建立。投入农业设施资金 1.64 亿元，加快水、电、路等基础设施建设。农村安全饮水投入 895 万元，完成工程 16 宗，解决 42 个自然村 2.4 万人的饮水困难问题。

2009 年，全年投入民生项目资金 7.13 亿元，增长 65.5%。实施富民工程，南部四镇人均橡胶、槟榔种植面积达 0.19 公顷，超额完成目标任务。推行“阳光培训工程”，培训待业人员 2886 人，新增就业岗位 2920 个，实现再就业 1149 人，劳务输出 6522 人，确保零就业家庭至少有一人就业。推进保障性住房建设，建成经济适用房 2515 套，在建经济适用房 653 套、廉租住房 960 套。以城镇职工基本医疗保险、城镇居民基本医疗保险、新型农村合作医疗制度为主体、城乡贫困人口与特殊群体的医疗大病救助及二次救助制度为补充的城乡基本医疗保障体系覆盖全县 53 万人口，其中，农民参合率 97.2%，城镇居民参保率 97.1%。全县有 4975 户 11032 人和 7200 户 10238 人分别纳入城市低保和农村低保，发放低保金 2474 万元。提供医疗救助 1225 人，为 4074 名五保对象发放供养金 617 万元。出台《关于进一步加强老龄工作的意见》，对 80 岁以上老年人发放长寿补贴。完成中兴、老城等镇敬老院建设，改造残疾人危房 438 间、大丰镇茅草房 75 间。农村安全饮水投入 940 万元，解决 46 个自然村 2.4 万人的饮水困难问题。处理土地纠纷案件 83 宗，面积 733.33 公顷。建设文明生态村 80 个，实施“电信宽带到村”项目，113 个行政村通宽带。开展“家电下乡”活动，农民领取家电下乡补贴 5051 台，补贴金额 113 万元。支持农垦国有农场剥离教育、社保等社会职能改革，接收教职工 1282 人，参保 32045 人。

2010 年，实施保障性住房建设，建成 5000 套保障性住房，其中经济适用房 3500 套、廉租房、农村危房改造、棚户区住房改造各 500 套。实施积极就业政策，加大职业技能培训力度，开发就业岗位，组织劳务输出，解决大中专毕业生、农村富余劳动力、城镇下岗职工和失地农民就业再就业问题，实现就业再就业 2000 人以上，劳务输出 8000 人以上。抓好社保和弱势群体的扶持工作，完善养老、医疗、工伤、住房公积金等社会保障制度，扩大保障覆盖面，提高社会保障能力；建立健全城乡低保制度，根据低收入群体动态补贴与物价上涨联动机制，适时发放物价补贴，保障低收入群体的基本生活；实施特殊弱势群体大病救助及二次救助，实施“霞光计划”，抓好大丰养老中心建设，加强基层残疾人组织机构建设，加大残疾人扶持力度，帮助 115 户特困残疾人解决住房困难。加快医疗卫生事业建设，健全覆盖城乡居民的基本医疗保障体系，居民参保率 98%以上，争取农民参合率 100%。实施农村卫生医务人员素质提升工程，推进农村饮水安全项目建设，投入 8500 万元，解决 10.78 万名农村人口的饮水安全问题，加大水库除险加固及防渗配套建设和基本农田综合整治力度，改善农业生产条件。

六、社会事业发展

2001 年，澄迈县率先全省推行乡镇计划免疫接种门诊规范化建设。

2003 年，澄迈县乡镇计划免疫接种门诊规范化建设得到省有关部门的充分肯定，省卫生厅简梁盛厅长带领各市县卫生系统领导到澄迈县参观学习，以澄迈县规范化门诊为样板，在全省推广。

2004 年，全省卫生工作会议将澄迈县定为全省农村卫生体制改革试点县。澄迈县采取试点先行，取得经验后逐步推开的改革思路，在美亭村委会建起一间具有现代化规模的村级卫生所，该卫生所和美亭卫生院实行人员统一调配、业务统一管理、财务统一核算、药品统一供应、防保业务统一管理等“六统一”管理模式。选送 50 名乡村医生到儋州卫校进修，提高乡村医疗水平，抓好农村预防保健工作，农民不出村就可以享受到较好的医疗服务。筹措资金开展县人民医院传染病科改造、县防疫站检测中心大楼建设、大丰华侨农场医院门诊楼建设、福山卫生院门诊综合楼建设等项目建设，提升医疗卫生服务能力。争取到全国艾滋病综合防治示范区项目，是全国 127 个艾滋病示范区之一；计划免疫工作通过全国审评，在全省年度评比中获得第一名，皮肤性病实验工作在全省年度评比中获得第一名，被授予“性病实验室管理合格单位”称号。

2005 年，铺开农村卫生体制改革工作，整合疾病预防控制机构和县城卫生院，将县卫生防疫站、县结核病防治所、县皮肤性病防治所、县健康教育所合并，组建成澄迈县疾病预防控制中心；将金江卫生院、澄城卫生院和县卫生学校 3 个县城医疗单位的 11 个门诊，整合为 5 个单位管理的综合门诊，优化卫生资源配置。

2006 年，全省农村卫生工作现场会在澄迈县召开，向全省推广澄迈农村卫生改革经验。

《人民日报》、《海南日报》、《海南党建》、海南电视台分别进行报道。推进卫生监督体制改革工作，完善卫生执法监督体制机制，成立县卫生监督所。推进基层卫生院财务管理体制创新，在坚持卫生院集体资金和财产所有权、使用权、审批权、受益权“四权不变”的前提下，取消卫生院的会计职能，成立基层卫生院会计核算站。

2007年，选址新建县人民医院留医部，改善澄迈县人民群众的就医环境。山口卫生院爱婴医院创建工作通过省级评审，澄迈县被海南省卫生厅评为“妇幼卫生先进县”。抓好农村卫生室建设，实现行政村“村村有卫生室”的目标，覆盖面100%。澄迈县被省评为“免疫规划先进单位”“实施妇幼儿童发展纲要规划先进集体”。

2008年，“两基”工作不断巩固提高，减免就读县职教、高中澄迈籍在校生学杂费，高中在校生4818人，职业学校在校生2157人，高中、职业教育实现新突破；加强教师队伍建设，在全省率先实行省、县级骨干教师岗位津贴，全年发放补贴60万元，妥善解决2002年前“统招统分”待岗的110名师范毕业生就业，竞岗择优录用高中教师21名，职校教师2名；深化课程改革，教育教学质量明显提高，高考进入第一批录取分数线人数比上年有大幅度提高，中考综合评价名列同等市县前列。

推进“文化澄迈”建设，组织文艺团体演出、文艺作品出版，开展广场文化和文艺下乡活动，举办海南省春节联欢晚会、第六届盈滨龙水节暨老城开发区创建20周年庆典活动、“家家乐”农民文化节、环岛自行车赛等文体活动，丰富城乡文化生活；建设30个农家书屋和18个标准篮球场，引进3位人才到文体部门工作。

医疗卫生实现“三个率先”，即率先全省实施城乡卫生体制一体化改革、率先全省斥巨资实施县人民医院迁建工程、率先全省实现所有行政村有卫生室目标。招录医疗卫生人员39名、助理卫生监督员36名和卫生监督协管员100名，全县“三级卫生网络建设”完成。

创建国家级食品安全示范县，实施农村集体用餐备案制度，未发生群体性食物中毒事件和没有发生霍乱疫情。

2009年，成立教育科技发展基金会，开展助学助教活动；深化基础教育课程改革，提高教育教学水平；实施“十二年义务教育三免两补”政策，巩固提高“两基”工作成果；加强教师队伍建设，投入7493万元，实现教师平均工资水平不低于公务员平均工资水平；实施中小学校舍安全工程，安排3062万元解决农村义务教育债务历史遗留问题。

新编《澄迈县志》出版发行，开展广场文化和文艺下乡活动，成功举办第七届盈滨龙水节暨永庆寺开光活动、庆祝中华人民共和国成立60周年全省东西南北中广场文化会演、“家家乐”农民文化节和协助组织2009年环海南岛国际自行车赛等文体活动；实施广播进村电视入户工程，建立全国文化资源共享工程县级分站，完成11个镇文化站、50家农家书屋等建设；完成澄迈县第三次全国文物普查工作。医疗卫生发展取得新突破，深化县乡村卫生体制一体化改革，县人民医院完成迁建并投入使用，实施乡镇卫生院、村卫生室改扩建工程，率先全省实现村村有卫生室目标，打造“3千米半径便民就医条件”；有效防控甲型H1N1流感、手足口病等重点传染病。人口和计划生育工作荣获全省先进单位。

2010年，开展教育质量年活动，深化基础教育课程改革，创建规范化学校；实施校长、教师素质提高工程，建立健全校长、教师绩效考核评价机制；加强学校基础设施建设，实施中小学校舍安全工程，改善办学条件；整合农村教育资源，推进义务教育均衡发展；发展职业教育，建设海南省高级技工学校和县职业技工学校；建设思源学校、爱心学校、特殊学校，解决贫困家庭儿童、残疾儿童和孤儿上学难问题；推进海南中学国际学校建设，增加澄迈县优质教学资源，提高中小学校教育水平。

推进卫生监督体制改革，健全县镇村三级疾病控制报告体系，增强公共卫生管理服务能力，提高公共卫生突发事件的应急反应和处置水平；加强乡镇医院建设，改造村卫生室，与东软集团合作，实施“健康海南，澄迈先行”医疗健康服务信息化示范县建设，与澄迈县公共卫生服务资源共享，信息化诊疗服务覆盖全县176个行政村，提高农村医疗技术水平。加强通信基础设施建设，完善通信网络，实现500人以上的自然村都通上宽带，提高农村电话普及率。扩大POS机覆盖面，开展农村金融“一卡通”和“农信通”示范村、镇建设。实施“阳光培训”等系列工程，推广“超级水稻”、鱼鸭生态养殖等新技术新品种；建设生物预警监测站和县、镇、基地三级测土配方网络，实施科技示范村、示范户工程。加快良种良苗基地建设，提高农产品科技含量。促进文化事业发展，办好海南岛欢乐节，组织好国际老人文化节、龙水节、“家家乐”农民文化节、福山咖啡文化节等文化节庆、体育赛事活动；制定农村文化事业发展规划，广泛开展全民健身活动，完成34个农家书屋建设，实施“广播电视村村通”工程；组织文化下乡活动，鼓励支持民办文化产业，发展特色文化；加强农村公共文化设施建设，建设农村公共文化服务体系；加强文物和非物质文化遗产保护，推进文化体制改革，促进澄迈文化繁荣发展。

加强计划生育服务网络建设，完善人口和计划生育工作机制，稳定低生育水平，综合治理出生人口性别比，加强流动人口管理，提高人口和计划生育工作水平；抓好第六次人口普查工作，抓好老龄、妇女儿童工作，实现“两纲两规”目标；做好老年人长寿补贴发放工作，维护老年人、妇女儿童的合法权益。

第四节　政府法制

一、机构

澄迈县政府法制工作机构为澄迈县人民政府法制办公室，1999—2008年为政府办挂牌机构，2009年机构调整后变更为政府办内设机构，归口县政府办公室管理，为政府办内设副科级机构，至2010年机构设置未变。

二、主要工作

（一）文件法规审查

1999年，澄迈县结合实际，起草拟定，通过征求意见，领导集体讨论后，依法制定规范性文件9件。

2000—2004年，依法制定规范性文件37件。

2005年，澄迈县依法制定规范性文件15件。《海南省规范性文件制定与备案登记规定》实施后，依法将以县政府名义印发的规范性文件报省政府进行备案登记后印发实施，并及时向社会公布。2006年，制发规范性文件8件，报省政府进行备案登记后印发实施，并及时向社会公布。

2007年，澄迈县制发规范性文件32件，报省政府进行备案登记后印发实施，并向社会公布。出台《澄迈县规范性文件制定与备案登记规定》，加强对规范性文件的监督，规范县政府工作部门、派出机构和镇政府等部门起草、审查、决定、备案登记、公布等程序。

2008年，澄迈县制发10件县级规范性文件，通过征求意见、提出拟定意见、县政府法制机构合法性审查、县政府常务会议或行政首长办公会议集体审议决定、报备等程序后公布实施。根据法律、法规、规章和政策的调整情况以及实际情况的变化，对2004—2008年间制发的县级规范性文件进行清理，废止7件县级规范性文件，与继续生效的县级规范性文件一并进行公布，确保规范性文件制定程序和内容合法，保持连续性。

2009年，依法制定、报备规范性文件12件，废止《关于印发澄迈县利用国家开发银行贷款资金暂行管理办法的通知》等10件规范性文件，出台《澄迈县规范性文件廉洁性审查备案规定（试行）》，加强对规范性文件的廉洁性审查备案，维护规范性文件的严肃性、规范性和科学性。

2010年，根据《海南省规范性文件制定与备案登记规定》的规定，制定《澄迈县规范性文件制定与备案登记规定》，完善县政府与各部门制发规范性文件的程序、备案及定期清理等配套制度，并强化法制机构的审查及建议。制发25件县级规范性文件，经征求意见、县政府法制机构合法性审查、县政府常务会议或行政首长办公会议集体审议决定、报备等程序后公布实施。进行规范性文件廉洁性审查试点工作，制定《澄迈县规范性文件廉洁性审查备案规定（试行）》，对规范性文件进行廉洁性审查。对2010年10月1日前的县级规范性文件进行清理，据法律、法规、规章、政策的调整情况以及经济社会发展情况和制度廉洁性审查的要求，废止规范性文件115件，确认继续有效的规范性文件123件，保障规范性文件内容的合法性和适时性。对清理结果通过政务公开栏、县政府门户网站、《澄迈要务报》等多种形式进行公示，确保行政管理相对人及时了解相关情况。

1999–2010年县法制办公室审查文件情况表

表11–2–3　　　　单位：件

年度	1999年	2000年	2001年	2002年	2003年	2004年	2005年	2006年	2007年	2008年	2009年	2010年
县法规性文件	9	5	9	3	10	10	15	8	32	10	12	25
合同书	4	8	10	9	11	13	12	13	16	32	39	43

（二）法制服务

1999年，起草、审核县政府各类重大合同4件。

2000年，审核县政府重大招商引资合同8件。

2001年，为招商引资项目提供法律政策支持，全年起草、审查县政府各类重大合同9件。

2002年，审核县政府重大合同3件，加大对政府招商引资项目合同文书审查力度。

2003年，审查县政府相关合同文书11件，推进政府法律事务工作。

2004—2008年，起草、审核县政府各类重大合同86件。

2009年，修拟、审核县政府和各部门各类重大合同43件，使县政府和各部门的合法利益和社会公共利益得到保障。

2010年，修拟50件各类重大合同，为经济与社会的发展提供法律保障。

（三）行政复议

1999年10月1日，《中华人民共和国行政复议法》开始施行，县政府1999年、2000年、2001年均无受理行政复议案件。

2002—2006年，依法受理行政复议案件23宗。

2007年，依法受理行政复议案件2宗，办理省政府转来行政复议案件12宗，其中9宗维持，1宗中止，2宗当年未结案。

2008 年，依法立案受理 1 宗复议案件（维持被申请人的处理决定），依法代表县政府办理行政复议案件和履行行政诉讼案件 34 宗，其中行政复议案件 15 宗，省政府维持的 14 宗，撤销的 1 宗，维护率 93.3%；诉讼案件 19 宗，败诉 9 宗，败诉率 47.4%。法院判决和裁定生效后，县政府均依法履行法定的义务。

2009 年，受理行政复议案件 2 宗，代表县政府办理复议、诉讼案件 56 宗。

2010 年，依法立案受理 1 宗复议案件，依法代表县政府办理行政复议案件 5 宗和履行行政诉讼应诉 24 宗（除未结案件外，案件维持率、胜诉率 100%），通过制定《澄迈县政府债务管理暂行办法》等文件，使法定义务得以履行。

（四）法制宣传教育

1999 年，《中华人民共和国行政复议法》1999 年 10 月 1 日开始施行，澄迈县通过悬挂宣传横幅、发放宣传资料、宣传车等多种方式进行宣传。

2000 年，配合县司法局的法制宣传活动，组织相关工作人员上街发放宣传资料，摆放展板、宣传车巡回宣传等方式对行政复议法进行宣传。

2001 年 12 月 4 日是第一个法制宣传日，澄迈县通过召开专题讲座培训、悬挂宣传横幅、新闻媒体、政府网站等方式，掀起全民法制学习的热潮。

2002 年，制定法制宣传活动方案，围绕宣传行政复议法主题，有针对性地开展法制宣传活动，制作发放宣传资料、法制宣传展板现场集中展示，设置咨询台，接受群众咨询，营造良好的社会氛围和法制环境。

2003 年，宣传与行政复议相关法律法规，引导公民依照宪法和法律行使权力、履行义务，通过法律途径解决矛盾纠纷，维护合法权益，促进社会和谐。

2004 年，组织各行政执法部门举办行政执法培训讲座，提升执法工作水平，营造执法环境，加大以案释法典型案件宣传力度。

2005 年，在各乡镇集中举办村干法律法规知识培训，提升村民遵纪守法意识、依法办事观念，引导群众依法依规表达利益诉求。

2006 年，开展法律“六进”活动，在全县掀起学法、遵法、守法、用法活动高潮。

2007 年，《中华人民共和国行政复议法实施条例》开始施行，澄迈县通过悬挂横幅、发放宣传资料、出动宣传车宣传、政府网站设立专栏等方式进行宣传。

2008 年，通过专题讲座培训、悬挂横幅、政府网站设立专栏等形式，学习宣传“五五”普法活动，增强全民法制观念，提高全民学法用法守法水平。制定《澄迈县政府常务会议学法制度》《澄迈县人民政府部门领导干部专题法制讲座制度》《澄迈县人民政府行政执法培训制度》《澄迈县公务员岗前法律知识考试制度》等制度，从制度层面明确具体学法人员、方式、内容等。

2009 年，开展第三期行政执法培训发证工作，为近 288 名行政执法人员颁发执法证件，使执法人员依法持证上岗。举办 1 期全县行政执法人员关于规范行政执法程序法制讲座，开展法制宣传和法律咨询工作，接受 100 人次咨询。

2010 年，加强对行政执法人员的培训，明确未取得海南省行政执法证的人员及合同工、临时工不得上岗执法。组织行政执法培训班，执法人员依法持证上岗。

（五）行政执法监督

1999 年，出台《关于印发澄迈县投资优惠政策和服务承诺的通知》《关于做好乡镇企业管理费收取工作的通知》《关于清理非法转让、炒卖土地工作的通知》等文件，就相关执法工作进行进度管理。

2000 年，出台《关于加强河沙运输管理问题的通告》《关于征收柴油型拖拉机三轮车交通规费的通告》等规范性文件，规范行政执法程序。

2001 年，出台《澄迈县房改房上市交易暂行办法的通知》《关于加强城镇建设管理问题的通知》等规范性文件，规范行政执法程序。

2002 年，出台《澄迈县开展农业行政综合执法试点工作方案》，改革澄迈县农业行政执法体制，整合执法力量 ，开展农业行政综合执法。

2003 年，开展案卷评查工作，对部分执法单位行政执法案件卷宗进行抽查。

2004 年，出台《澄迈县矛盾纠纷排查调处工作及责任追究实施办法》，将矛盾纠纷排查调处纳入社会治安综合治理领导责任制，做到重心下移，关口前移，便民利民。

2005 年，县政府印发《澄迈县行政首长问责暂行规定》《关于全面推行行政执法责任制实施意见》，推进建立权责明确、行为规范、监督有效、保障有力的行政执法体系。

2006 年，建立健全行政执法评议机制、强化行政执法考核机制，加强民生领域执法监督。

2007 年，县政府印发《澄迈县行政执法过错责任追究办法》《澄迈县党政领导干部问责暂行规定》，切实加强行政执法监督，促进依法行政，预防和减少违法行政行为的发生，维护公民、法人和其他社会组织的合法权益。

2008 年，成立以县政府主要领导为组长的澄迈县行政执法责任制领导小组、澄迈县贯彻落实《中华人民共和国行政许可法》和《全面推进依法行政实施纲要》工作领导小组、澄迈县贯彻落实全面推进依法行政实施纲要工作领导小组等，各领导小组均设有专门的工作室，具体负责协调全县的贯彻实施工作。制发《澄迈县推行行政执法责任制工作实施意见》《关于全面推行行政执法责任制工作实施意见》《澄迈县行政执法责任制实施办法》

《澄迈县行政执法过错责任追究办法》等文件，明确工作要求与责任。

同年，制发《澄迈县人民政府工作规则》《澄迈县人民政府科学民主决策制度》《澄迈县人民政府公众参与重大行政决策的规则和程序》《澄迈县人民政府重大行政决策实施后评价制度》等制度，对重大行政决策的范围进行界定、完善决策的规则与程序、建立公众参与重大行政决策及征求意见的程序、确定重大行政决策须经县政府法制机构合法性审查、专家论证、县政府常务会议等集体决定的程序、确定重大行政决策的实施要求和实施后评价及相关处理方式，确定重大行政决策的跟踪反馈、风险评估和督促落实制度，确定县政府每年向本级人大及上一级政府报告推进依法行政工作情况的制度。成立澄迈县突发公共事件应急委员会，制定《澄迈县重大事项社会稳定风险评估制度》《澄迈县应急信息报送管理工作制度》《澄迈县应急值班和应急管理工作制度》，对各类突发事件制定应急预案，确保影响社会稳定的重大事项得以事先掌握及进行风险评估和防范。制定《澄迈县人民政府行政决策责任追究制度》《澄迈县行政首长问责暂行规定》《澄迈县机关作风和工作效能问责暂行规定》《澄迈县党风廉政建设责任制追究实施办法（试行）》等文件，对决策错误、决策责任、追究方式等进行具体的规定，依法追究责任人因决策错误、机关作风、工作效能、党风廉政建设等应承担的责任。建立县、镇、村委三级党风廉政保证金制度，在经济层面对县、镇、村委领导进行制约，使各单位自觉在法律范围内活动，按照法定权限和程序行使权力，履行职责。

制定《澄迈县人民政府行政执法案卷评查制度》，对行政处罚、行政许可、行政强制、行政征收等案卷规定具体的评查内容及方式，要求各部门制定相关的卷宗管理制度。组织评查小组对各部门执法案卷进行评查，对其执法过错及时进行指正，避免部门违法违规执法的现象，维护行政管理相对人的合法权益。

加强县政府法制机构建设，发挥参谋、助手、法律顾问作用。制定《澄迈县政府法律顾问工作制度》，主要有复议诉讼案件处理、规范性文件修订报备、行政执法监督检查、政府及各部门重大合同修订、重大事件及遗留问题处理和依法行政考核等内容，并列席县政府常务会议，主动介入政府各项涉法工作，提供法律意见。

2009年，开展执法检查工作，受理执法投诉7宗，力促执法行为的公平、合法、合理性。出台《澄迈县重大事项社会稳定风险评估制度》，对可能引发群众大规模集体上访或群体性时间进行先期预测、先期研判、先期介入，从源头上预防、减少和消除影响社会稳定的隐患。出台《澄迈县人民政府行政执法案卷评查制度》《澄迈县人民政府行政执法举报投诉制度》《澄迈县人民政府行政执法培训制度》《澄迈县公务员岗前法律知识考试制度》《澄迈县人民政府部门领导干部专题法制讲座制度》，防止和纠正违法或不当的行政执法行为。出台《澄迈县政府常务会议学法制度》《澄迈县人民政府行政决策追究制度》《澄迈县人民政府科学民主决策制度》《澄迈县政府法律顾问工作制度》，健全行政决策制度，完善行政决策机制。

2010年，加强行政执法监督，定期或不定期开展执法监督，办理各类执法投诉，全年受理执法投诉6宗，推进行政执法责任制，建立健全监督机制、依法行政考核机制和依法进行责任追究。出台《澄迈县人民政府重大行政决策实施后评价制度》，调整和完善有关决策，提高决策的科学性和民主性。

第五节 信访工作

一、机构

1992年，信访办公室（正科级）改称信访室（副科级），设正副主任各1名，科员3名，工人1名。1996年，信访室（副科级）为政府办公室内设机构，设主任1名，工作人员3名。2001年，信访局为政府办内设机构，设局长1名，副局长1名，工作人员2名。2004年，信访局为政府办公室内设机构，设局长1名，副局长1名，工作人员2名。至2010年机构设置未变。

二、接访工作

（一）受理群众来信来访

1999年，受理群众来信来访783件（人次），其中来信195件，来访588人次。集体来访17批，518人次。初信、初访677件次，重信、重访106件次，省立案2宗，县立案32宗，归口处理和就地解决749宗。

2000年，受理群众来信来访427件（人次），其中来信177件（初信133件、重信44件）；来访250人次（初访219人次、重访39人次），集体上访7批70人。省立案10宗（旧压案5宗），县立案10宗，结案率100%，上访省政府2批。

2001年，受理群众来信来访446件（人次），比上年增加4.3%，来信191件（初信160件，重信31件），来访255人次（初访246人次，重访9人次），到县政府集体上访8批，175人。金江镇大坡村和大园村、崩岸村到省政府集体上访2批。

2002年，受理群众来信来访458件（人次），其中来信265件（初信216件，重信49件），比上年增加27.9%；来访193人次（初访153人次，重访40人次）；到县政府集体上访10批180人，比上年增加2批5人。到省政府上访3批。

2003年，受理群众来信来访425件（人次）。其中来信199件，来访226人次。

2004 年，受理群众来信来访 462 件（人次）。其中来信 163 件（重信 38 件），比上年减少 22%，来访 299 人次，其中重访 44 人次。集体到省上访 16 批 492 人，到县上访 8 批 436 人。省立案 10 宗（含省联席办 5 宗），办结 8 宗，县立案 26 宗，办结 23 宗，归口处理 428 件。

2005 年，受理群众来信来访 729 件（人次），比上年增加 44.4%。其中来信 200 件（重信 115 件），比上年同期增加 39.7%；来访 529 件（重访 241 件）3712 人，件数及人数分别增加 46.1%和 105.7%。其中集体访 67 批 3174 人次，其中到省集体上访 9 批。在 729 件信访件中，立案交办 306 件，办结 250 件，办结率 81.7%。其中省信访局交办 6 件，办结 5 件，办结率 83.3%；省联席办交办 4 件，办结 4 件，办结率 100%。

2006 年，全县受理群众来信来访 446 件（人次），比上年同期下降 39%。其中来信 217 件（其中重信 83 件），比上年同期增加 8.5%；来访 229 批 3419 人次，其中重访 96 批 2168 人次，其中到县政府集体上访 90 批。到省集体上访 13 批。在 446 件信访件中，立案交办 29 件，办结 22 件，正在调处 7 件；省信访局交办信访案件 11 件，办结 8 件，正在调处 3 件，其余归口办理 227 件。

2007 年，受理群众来信来访 186 件，与上年同期相比减少 32.4%，其中来信 18 件，比上年同期减少 60.8%；来访 168 件 1754 人次。到县集体上访 75 批 1562 人次，同比减少 18.5%和 38.5%；到省集体上访 13 批 776 人次，批数同比持平，人数增加 13.6%。

2008 年，受理群众来信来访 391 件，其中来信 5 件，比上年同期减少 72%；来访 386 件 2757 人次。到县集体上访 66 批 1218 人次，到省集体上访 11 批。

2009 年，受理群众来信来访 338 件。其中来信 6 件，来访 332 件。赴京上访 4 件，到省集体上访 36 件，到县集体上访 86 件。

2010 年，受理群众来信来访 313 件，其中来信 9 件，来访 304 批 1000 人次。到省进京集体访 15 批 296 人次，到县集体访 59 批 620 人次，县领导定期接待群众来访 244 批 570 人次，其中 5 月 4—20 日开展联合大接访活动，县领导（包括四套班子）、政法系统领导接待群众来访 146 批 438 人次，办结 235 件，办结率 75%。

（二）领导接访制度

1999 年，澄迈县坚持县领导接访日制度。县委、县政府每周星期一下午设领导接访日，通过领导接访，群众来访反映的问题得到及时的解决，密切党群、政群关系。

2000 年，改革县领导接访日制度。根据县委主要领导的指示，发挥各职能部门的作用，将县领导接访日改为分类接访（每月第一周星期一下午为反映土地纠纷方面的接访日；第二周星期一下午为反映社会治安方面的接访日；第三周星期一下午为反映单位方面的接访日；第四周星期一下午为反映个人方面的接访日），县委要求分类接访日由分管的县领导和具体职能部门领导参加，共同研究就地解决群众来访反映的问题。

2001年，坚持县领导接访日制度，实施分类接访，由分管该县领导和有关职能单位领导参与，对上访群众反映的问题，能解决的当场拍板解决，一时不能解决的，交代有关单位限期调查处理。

2002年，坚持领导接访日制度，为民办好事实事，解决实际困难。

2003年，坚持县领导接访日制度，通过领导接访，群众来访反映的问题得到及时的解决，密切党群、政群关系。

2004年，坚持县领导接访日制度，由县四套班子领导成员轮流对重大信访事项现场进行接访，能当场解决或答复的当场解决或答复，不能当场解决和答复的，做出处理意见，由县信访局集中交办并跟踪督办，限期报告结果。

2005年，印发《关于实行县党政班子领导信访接待日制度的通知》《关于实行职能部门及镇党委政府负责人信访接待日制度的通知》《关于实行县职能部门及镇党委政府负责人信访接待日报告制度的通知》等3个文件，规定每周星期三为县党政班子领导信访接待日，由县委书记、县长亲自带头执行，自5月18日执行县党政领导班子接访接待日制度以来，每到星期三，很多群众到信访局反映情况，除周三县领导信访接待日外，每天都有一名职能部门主要领导到信访局接待室接访群众。

2006年，制定《接访下沉工作方案》，将处理信访问题责任下移，责任下沉，把矛盾化解在萌芽状态，做到“小事不出村，中事不出镇，大事不出县，矛盾不上交”。县领导主动下访约访及召开座谈会20多次。

2007年，实行领导信访接待日制度。规定每周一至周五安排县领导进行信访接待，县四套班子成员轮流对重大信访事项现场进行接访，能当场解决或答复的当场解决或答复，不能当场解决和答复的，做出处理意见，由县信访局集中交办并跟踪督办，限期报告结果。

2008年，澄迈县全面开展县委书记大接访活动，全县参与大接访活动的县领导有148人次，其中县委书记参与35人次，县长参与8人次，其他县领导参与105人次，接待来访群众381批1732人次，其中县委书记接待311批1094人次，大接访活动解决各类信访问题322件，占来访总数84.5%，接访活动投入经费1889万元。

2009年，制定澄迈县领导干部定期接待群众来访活动方案，规定县领导干部接访日安排：县委书记接访日：每月第一个星期三；县政府县长接访日：每月第三个星期三；县党政其他领导接访日：每月第二、第四、第五个星期三；各部门、各镇每个工作日安排一名领导干部接待群众来访。县领导定期接待群众来访195批572人次。其中5月18日至22

日开展联合大接访活动，县领导（包括四套班子）和政法系统领导接待群众来访 37 批 93 人次。

2010 年，根据《中共海南省委办公厅、海南省人民政府办公厅印发的〈关于深入开展市县（区）委书记大接访和政法系统领导干部联合大接访活动的实施方案〉的通知》精神，澄迈县制订《澄迈县深入开展县委书记大接访和政法系统领导干部联合大接访活动实施方案》，开展联合大接访活动。县委、县政府主要领导、县公、检、法单位主要领导，各镇委镇政府主要领导和各镇法庭、检察室、派出所、司法所负责人及其他职能部门主要领导 146 人次参加联合大接访活动。全县接待来访群众 104 批 313 人次，反映信访问题 104 件，当场解决 42 件，群众来访反映的问题主要涉及劳资社保、涉法涉诉、农村农业、纪检监察、民政等方面问题。

（三）网上信访

2006 年 11 月，在县政府网站开设《县长信访》栏目，《县长信访》降低信访成本，能了解平时难以掌握的情况和信息，促进信访问题的有效解决。自 2006 年 11 月开设《县长信访》栏目以来，广大网民和群众踊跃留言，至 2017 年底，收集到 1000 多条访谈话题，反映的问题主要有城乡建设、政法、劳动社保、交通能源环保和国土资源水利林业等五个方面。

2008 年，县信访局加强网上信访建设，使其成为传统信访工作方式的重要补充。7 月 2 日，在县政府网站增设《书记信访》栏目，实行 24 小时接访，为群众反映诉求和呼声搭建方便快捷平台。大接访活动半年期间，《书记信访》《县长信访》栏目收到群众网上反映信访问题及访问件 1482 件（其中信访问题 580 件），书记、县长直接在网上答复网民问题 390 次，批示处理群众网上信访案件 316 件。

2009 年，重新修订出台《〈澄迈县人民政府网上信访平台〉管理办法》。从 1 月 1 日起，《书记信访》《县长信访》栏目正式合并更名为“澄迈县人民政府网上信访平台”。全年网上信访 1185 件，答复 948 件，答复率 80%。通过网上信访解决一大批社会矛盾问题，受到广大群众的普遍好评。

2010 年，县委、县政府投入 15 万元进行网络设置，支持网上信访平台建设，要求各职能部门及时办理网上信访事项，县纪委、县委督查室等单位对各单位办理情况进行长期常态监督。要求各单位领导、信息员每天至少登录网上信访平台一次，县信访局指定一名副局长及一名科员负责网上信访平台的观察及管理工作。当发现网民在网上信访平台发表信访问题，县信访局根据发表论题的内容当天（含双休日）第一时间转交相关职能部门单位办理，并注“未办理”及承办单位名称。承办单位答复的内容注上“已办理”或“已回复”或“正在办理”。2010 年，网上信访平台发表信访问题 1154 件，回复率 100%。

三、信访办理

（一）信访案件的督查督办

1999 年，每月定期深入基层，加强对乡（镇）信访工作的检查指导，督查督办，总结交流经验，布置工作任务，对好的工作方法加以推广，不足之处加以指正。

2000 年，抓好信件的承办、催办工作，做到件件有着落，事事有回声。坚持群众来访来信登记、呈报、复信、归档、月报制度。全年受理群众来访 427 件，省立案 5 宗，1997、1998 年两年度积压案 5 宗，县信访室都一一催办落实，将情况上报省信访局．县立案 10 宗都一一催办落实，结案率 100%，就地解决问题和转有关部门处理 407 宗。

2001 年，抓好信件的承办，催办及信访网络工作。对群众来信来访 446 件次，都进行登记、呈报、转办、催办、月报统计等，省批立案 8 件，全部结案，县领导批示 102 件，转归口办理 344 件，并抓好重点进行催办、督办工作。

2002 年，抓好信件的承办、催办、跟踪处理及信访网络工作。对群众来访来信 458 件次，都进行登记，呈报，转办，催办，跟踪办理，月报统计，省立案 3 件，结案 2 件，结案率 66.7%。县领导批示 21 件，结案 14 件，结案率 66.7%，其余的 434 件，按归口办理原则受理，并抓好案件的催办，督办工作。

2003 年，县信访局对群众反映的信访情况进行登记呈报、转办，并分类每月向省信访局汇报，每周将来访情况向县委、县政府主要领导汇报，抓好信访案件的催办、督办工作。

2004 年，按照信访工作“分级负责，归口办理”的原则，对信访件，虽多以转办的形式，但在工作中，对每个信访案件，都有进行跟踪督办，甚至亲自到场协办。5 月，九龙电站 30 名下岗职工上访反映社保及档案托管费问题，有关职能部门拖着不办、群众再次到县信访局反映，县信访局领导亲自抓，群众反映的问题得到解决。

2005 年，做好信访案件的查办和督办工作，按照信访工作“谁主管，谁负责”的原则，对信访件，虽多以转办的形式，但在工作中，对每个信访案件，县信访局都进行跟踪督办。

2006 年，加强重大矛盾纠纷挂牌督办制度，促进突出信访问题的及时处理。年初，县委、县政府发出文件，把全县 19 宗重大矛盾纠纷问题列为第一批挂牌督办案件，对每宗案件建立督办卡，有 18 宗得到妥善解决。

2007 年，加强信访案件的督查督办工作，对每件转送、交办到有权处理的职能部门调处的信访案件，制作信访案件督办表进行跟踪督查督办，并指定专人具体负责督查督办工作。对在《信访条例》规定的办结期限内未将信访案件办理情况反馈信访人及上报的承办单位及时进行书面催办。

2010 年，建立信访案件督查督办制度，对省领导批示、省有关部门转办和县主要领导批办的重要信访案件，由县委督查室专门督办，对一般信访案件由县信访局负责督办。定期对信访案件办理情况进行通报，对承办单位领导不重视、处理不力、造成信访问题不及时处理解决的，进行通报批评，限期解决，或按有关规定进行责任追究。全年督查督办案件 105 件，办理回复 84 件，回复率 80%。

（二）矛盾纠纷排查与化解

1999 年，对群众上访较多的乡镇村庄，县委、县政府派出工作组，进行宣传教育，根据群众来访反映的实际问题，进行帮助解决。

2001 年,县信访局在元旦前到各乡镇了解调查群众上访苗头问题,把问题解决在基层,化解在基层。

2004 年，做好社会矛盾纠纷的排查工作。9 月，县信访局派员到各乡镇、农（林）场及重点单位进行矛盾纠纷排查，排查出容易引发群体性事件的矛盾纠纷突出问题 21 宗。

2005 年，县信访局实行每季度一次对社会矛盾纠纷进行大排查。从县委办、政府办、维稳办、信访局等部门抽调人员组成工作组两次深入各镇、华侨农场、重点企业等单位，对全县社会矛盾纠纷进行大排查。排查信访突出问题及容易引发群体性事件 25 宗，并对每宗事件进行列表分析，指定调处责任单位和责任人，集中时间实行挂牌督办。

2007 年，开展矛盾纠纷排查并实行领导包案，促进信访突出问题及群体性事件的有效解决。按照《省联席会议转发中央联席会议关于全面深入开展矛盾纠纷化解工作的意见的通知》要求，贯彻落实《中央联席会议关于全面深入开展矛盾纠纷化解工作的意见》精神，把开展矛盾纠纷化解工作作为一项重要工作来抓，于 3 月和 9 月组织人员深入各镇、农场及企业等部门进行纠纷大排查，排查重大矛盾纠纷问题 79 宗，以两办文件实行领导包案处理。实行包案后，包案领导各负其责，及时组织协调处理。

2008 年，贯彻全国排查化解矛盾纠纷工作电视电话会议精神，组织人员深入各镇、农场、企业等单位进行矛盾纠纷大排查，排查重大矛盾纠纷问题 31 宗，并将排查情况向县委县政府报告，召开专门会议部署案件调处工作，年底成功调处 23 宗。

2009 年，全县排查出 76 宗矛盾纠纷问题。对排查出的重大矛盾纠纷问题，每宗案件都由县领导实行包案制，解决 57 宗，完成率 75%。

2010 年，全县排查出 40 宗矛盾纠纷问题，实行县领导包案处理，化解 28 宗，化解率 70%。

第六节 电子政务

一、澄迈县政府网

2001年9月，建设澄迈县政府网。2004年6月，建成澄迈县行政审批协同办公系统，运用计算机与网络技术将县行政审批中心的各项审批项目的审批事项、审批流程、办理方式、承诺时限、收费依据、收费标准等固定下来并进行全程电脑化处理，在县政府网站上设立办件查询数据库，方便办事客户随时上网查询。

2006年11月，开设“县长信访”网络信访平台，通过实施运转，这个栏目成为群众反映诉求和呼声的直接快捷平台，成为澄迈县各部门及时有效解决老百姓热点难点问题的重要渠道。2008年7月，增设“书记信访”栏目，实行24小时网络接访。

2008年底，对政府网站进行改版，更名为澄迈政务网，由澄迈县科学技术与信息产业局承担建设和维护。政府网站有澄迈新闻、政务公开、澄迈概况、市民服务、企业服务、投资澄迈、澄迈旅游、“三农”服务、公众参与、媒体看澄迈等栏目，党政机关、人民团体、学校、医院、镇、场等都在县政府网站上建立有政务公开、职能介绍、办事指南等主页。

2008年，收到群众网上反映的信访问题及访问件1482件（其中信访问题580件），县委书记、县长在网上答复网民问题390次，批示处理群众网上信访案件316件，提高信访效率，受到《人民日报》、《海南日报》、南海网等媒体的好评。

2009年，澄迈县注重强化政府网站管理，做好信息发布工作，全年发布信息2100多条；加强网上交互功能的完善，强化对领导信箱、澄迈论坛和网上信访平台维护管理工作。

2010年，注重抓好网站安全管理工作，保证网站无间断正常运行。加强信息发布管理，把各项信息发布管理权限下放给各单位，增强部门的主动性和主体责任，各单位可以将部门工作动态发布到“部门工作”栏目，乡镇可把工作动态发布到“乡镇动态”。抓好信息公开，及时发布应公开的公众政务信息。开设第九届国际老人文化博览暨中国海南第八届盈滨龙水节宣传专栏、澄迈县2010年村级组织换届选举工作宣传专栏、节能减排宣传专栏、人口普查、争先创优、抗灾救难等专题栏目，对专项工作进行重点宣传。

二、推行无纸化办公系统

2008年底，建设“澄迈县党政机关电子公文交换及办公系统”。2009年1月1日试运行，2009年5月1日正式运行。该系统覆盖全县党政机关、事业单位、乡镇、农场106个单位，网内办公用户1983户。2009年4月建设“澄迈县手机办公系统”，6月正式投入使用。该系统作为澄迈县党政办公信息系统的延伸，开发与办公系统同步模块；并将县政府网站的“今日澄迈”“信访平台”“澄迈论坛”“政府文件”“领导讲话”“人事任免”6个栏目列入手机网以方便手机访问。

2010年，推行澄迈县党政办公自动化系统，完善部分单位电子公章，截至12月底，制作单位电子公章160枚。各单位能够正常使用县党政办公网，提高公文处理效率，降低办公成本。于2009年6月正式投入使用的“澄迈县手机办公系统”摆脱时间和场所的限制，随时随地方便用户处理工作，解决澄迈县各级领导下乡出差带来的工作延误问题，并在“向建国60年献礼——中国电子政务发展优秀应用成果推选活动”公开投票推选中，荣获全国“十佳电子政务效能管理优秀应用案例（区县级）”称号。作为县党政办公网延伸的手机办公系统，在副科级以上领导干部当中推广使用。

三、信息化建设

2008年，县党政办公网中心机房通过千兆光纤连接县委办公楼、县政府办公楼、行政审批中心大楼和老县委办公楼、财政大楼等5幢大楼，安装信息点500多个，连接电脑近400多部。办公网外各机关事业单位、镇、农场都能通过VPN拨号访问县党政办公网。

第七节　档案工作

一、管理机构

1999年，中共澄迈县委、澄迈县人民政府为加强档案工作，恢复设置澄迈县档案局，与澄迈县档案馆合并办公，局（馆）一套人员、两块牌子，是政府直属正科级事业单位，负责全县档案管理工作。内设有行政秘书股、业务指导股、档案管理股3个股室。干部职工人数10人，其中局（馆）长1名，副局（馆）长1名；专业职称的副研究馆员1人，馆员2人，助理馆员4人。2000年，人员编制，领导职位及内设机构沿袭不变。2001年，内设机构沿袭不变，干部职工人数13人，其中局（馆）长1名，副局（馆）长2名；专业职称的副研究馆员1人，馆员2人、助理馆员7人。2002—2007年，人员编制，领导职位及内设机构沿袭不变。2008年，澄迈县档案局（馆）被海南省人事劳动保障厅批准为参照国家公务员制度过渡管理单位。12月，干部参加过渡考试，局（馆）参照国家公务员管理。2009—2010年，人员编制，领导职位及内设机构沿袭不变。

二、档案设施

1999年，县档案馆设立档案库房2间，面积227平方米，安装防盗铁网、铝合金窗、防盗铁门、防有害生物门；安装密集架214.5立方米存放档案，配备4个相片防霉箱存放相片档案；安装空调机7部、温湿度仪。

2002年，扩建澄迈县档案馆楼第三层，扩建面积272米，同时进行装修，总装修面积1088平方米。

2006年，安装密集架214.5立方米，配备档案文件电子消毒柜2个，结束用铁皮柜存放档案的历史，档案保管条件得到改善。

2009年，澄迈县综合档案馆项目列入2010年中央预算内投资计划，中央预算内投资资金535万元，地方投资资金230万元。安排建设规模3060平方米。

2010年，澄迈县人民政府划拨档案馆新馆项目建设用地0.47公顷，被列入2010年县重点建设项目，配套建设资金200万元。澄迈县档案局购置电脑7台、扫描仪3台、不间断电源箱1个，开展档案全文数字化建设。

三、档案收集

1999年，馆藏档案资料21350卷，其中文书档案10563卷、专门档案6028卷、科技档案1355卷、其他档案236卷、声像16盒、相片2097张、资料3169册。为丰富馆藏，改善馆藏结构，澄迈县档案馆开展指导工作，截至2010年，馆藏档案增至25354卷，资料3169册。录像4盒，光盘5张，相片2097张，书画233幅，荣誉匾牌27个、奖杯1个、证书16本，海南省高考理科状元王智清华大学录取通知书1张。其中，文书档案25354卷，科技档案2672卷，会计档案23卷，专业档案21363卷（婚姻8449卷、亡故干部224卷、土地700卷、人口普查2181卷、工业普查47卷、阶级成分2055卷、诉讼6596卷）。

四、档案编研

1999—2010年，在档案信息资源开发利用中，澄迈县档案馆开展档案史料编研工作，通过自编、合编等形式，编纂出版档案史料14种220万字。编研成果主要有《澄迈县大事记》《澄迈县党史大事记》《澄迈县文史资料》《澄迈县财政志》《澄迈县财税史料汇编》《革命烈士王文儒革命活动片段》《美厚、坡尾革命根据地革命斗争史回忆》《澄迈县土地》《澄迈县国民经济统计资料汇编》《澄迈县一、二、三、四次人口普查报告》等。

五、档案管理

1999—2010年，澄迈县档案馆加强档案管理，根据县档案馆制定的《澄迈县档案馆全宗排列一览表》《澄迈县档案馆档案保管期限表》《澄迈县档案馆库房管理制度》《澄迈县档案馆档案鉴定制度》等10多种档案管理制度，定期对库房里的档案进行消毒，依章搞好防盗、防水、防火、防潮、防尘、防鼠、防虫、防高温、防强光、防泄密等“十防”工作，采取措施防止虫咬、鼠咬、霉变等，对破损档案进行抢救，截至2010年，抢救破损档案4432卷。

2004年，开始利用“琼兰档案管理系统电脑软件”，开展馆藏档案条目及文件目录改造及录入工作。

六、档案宣传

1999—2010年，县档案馆加强档案法制建设，深入全县各单位、乡镇开展档案法制宣传教育，逐步普及档案知识，宣传档案文化，提升社会各界对档案工作的关注度，扩大档案工作影响力。

七、档案利用

1999—2010年，县档案馆加强档案服务利用，以来人、来访、来函、电话咨询等多种查询利用途径，接待档案查阅。截至2010年，接待查阅档案9702人次，利用档案9101卷（件），复印资料28503张。为利用者认定工龄、平息土地纠纷、落实政策、维护经济权益、工程项目建设等提供档案凭证。

1999—2010年，县档案馆编写档案利用效果汇编，包括《档案为凭　平息土地纠纷》（1999年）、《利用档案续建楼房　为国家节省八万元》（2001年）、《档案为编史修志服务》（2001年）、《利用档案　帮助纪检办案》（2001年）、《档案帮陈某某落实养老保障》（2007年）、《离婚办理受阻 档案帮助解决》（2008年）、《档案为凭　土地收回》（2009年）等。

第八节　外事侨务工作

一、管理机构

1999年，澄迈县人民政府外事侨务办公室，挂靠县政府办，人员编制并入县政府办公室，为县人民政府主管外事侨务工作部门，又是全县外事侨务工作的综合管理部门。2008年7月15日，澄迈县召开第一次归侨侨眷代表大会，大会选举产生澄迈县第一届侨联领导班子，澄迈县归国华侨联合会（简称“县侨联”）正式成立。澄迈县归国华侨联合会同县外事侨务办公室合署办公，实行两块牌子、一套人员的办公模式。至2010年，机构设置不变。

二、侨务工作

（一）基本情况

1999年，全县拥有华侨、华人和华裔34576人。2005年，全县华侨、华人和华裔发展到35389人。

截至2010年，全县拥有华侨、华人和华裔36467人，主要分布在泰国、新加坡、马来西亚、印度尼西亚、澳大利亚、菲律宾、越南、老挝、柬埔寨、日本、美国、加拿大、法国、英国、俄罗斯等30个国家；归侨侨眷16000人，主要分布在澄迈华侨农场、西达农场、红岗农场、昆仑农场、金江、太平、长安、瑞溪、永发、加乐、老城等地。澄迈县人民政府对1950—1965年自愿回国定居的华侨、1960年印度尼西亚排华难侨和1978—1980年越南、柬埔寨、老挝等归难侨进行安置，安排他们的生产。在条件十分困难的情况下，绝大部分归难侨都安排落户到国有农场。

（二）服务公益事业

2000年起，在省外事侨务办的关心支持和协调下，解决澄迈县华侨农场归难侨退休职工养老、工伤保险纳入省级社会养老保险统筹问题。

2001—2004年，在省外事侨务办的支持下，投入91万元解决县华侨农场归难侨生活困难，生产技术培训问题，保证困难归难侨的正常生活，稳定归难侨思想，掌握生产技术，安心农场工作生活。

2001年，启动澄迈县华侨农场危房改造工程，采取国家、农场、职工改造户共同出资改造危房，其中归难侨出资总造价的23%，国家及农场出资77%。至2007年止，投资572万元，改造归难侨危房10504平方米，受益176户685人。其中那小队49户196人，大丰队65户171人，红岭队30户127人，五村队24户150人，乒乓队8户41人。改善归难侨居住条件。2001年解决归难侨生活困难问题投入20780元。

2003年起，每年对丧失劳动能力、无经济来源的28名归侨侨眷给予生活救济。至2006年，累计救济资金7.85万元。

2006年，省外事侨务办支持35万元给澄迈县华侨农场归难侨医疗福利、教育、归难侨生活补贴和节日慰问等，解决归难侨各种困难问题。

2007年，省外事侨务办支持50万元给澄迈县华侨农场归难侨医疗福利、教育、归难侨生活补贴和节日慰问等，解决归难侨各种困难问题。

2008年，县侨联、侨务办坚持“以侨为本、为侨服务”的宗旨，以凝聚侨心，汇集侨智，发挥侨力为目标，引导海外侨胞支持社会经济各项事业建设，加大人力、物力、财力的投入，推进华侨农场的改革发展，实现“三个率先”（在全省各华侨农场中率先开展土地确权、率先完成归难侨危房改造、率先推行行政体制改革）。

自2009年起，每年通过新加坡海外侨团引进国际著名唇腭裂医疗专家到澄迈开展免费唇腭裂义诊活动（简称“海南微笑工程”），义诊活动既救助海南广大贫困唇腭裂患者，又在长期合作中指导和带动澄迈县人民医院发展唇腭裂医疗技术。截至2010年，新加坡唇腭裂义诊团累计为澄迈、海口、三亚、文昌、万宁、保亭、东方等市县的贫困唇腭裂患者实施唇腭整形手术人次42例，义诊人数130人次。

2009—2010年，县侨联每年坚持在澄迈华侨农场等地举办“送科技、送文化、送法律、送健康”四下乡活动。通过举办归侨侨眷农业技术培训、赠送涉农涉林、种植养殖的科技书籍，为群众免费看病和赠送药品，提供法律咨询、发放侨法资料，放映科教电影，提高侨界群众的生产和就业技能，扩大侨法社会知晓率，关爱着人民群众的身体健康，凝聚侨心，维护侨益，成为党和政府联系广大归侨侨眷和海外侨胞的桥梁和纽带。

（三）落实侨务政策

1998—2002年，全县落实侨房使用权人38户，面积6749平方米。

2003年，美国利信贸易公司董事长、全美华裔妇女会董事长陈女士，要求落实其原旅居印度尼西亚的父亲陈显彰于1935年创办的海南省澄迈县福山镇“福民农场”产权问题，经有关部门调查核实，长达50年之久的问题得到解决。按省人事劳动保障厅、省外事侨务办公室、省财政厅联合下发的《关于发放归侨退休职工生活补贴的通知》的规定，截至2010年底，澄迈办理归侨生活补贴465人。

2005年，依省外事侨务办公室下发的《关于认真做好“三侨”考生身份确认工作的通知》的规定，按认真审核，规范操作程序，从严把关，杜绝假冒行为，确保“三侨”（华人、华侨、归侨）考生身份确认的准确性要求，做好“三侨”考生身份确认工作，截至2010年底，确认272名“三侨”子女为“三侨”考生，其中26名“三侨”考生给予中考加分，246名“三侨”考生给予高考加分。

根据2008年省发展与改革厅、省外事侨务办公室《关于印发海南省集中安置归难侨危房改造工作实施意见的通知》的精神，澄迈县用3年时间完成集中安置归难侨危房改造任务，消除安全隐患。截至2010年，澄迈华侨农场危房改造受益人数539户2146人，其中归难侨320户1169人。归难侨人均住房面积从原来的8.5平方米增加至13.95平方米。

2009年，澄迈县华侨农场有贫困归侨56户，给予扶助56户，扶持金额47万元。

2010年，扶持归侨侨眷发展生产103户，扶持生产资金116.7万元。

三、友好往来

1999—2010年，澄迈县对外交往日趋频繁。县外事侨务办、侨联先后接待华侨、华人和外国友好人士235批1650人次。最高峰为2010年，同年接待13批134人次。澄迈县组织因公对外考察和培训交流。1999—2010年，澄迈自组、参团因公出国（境）团组385批452人次。

1999年11月，由县委书记带队，一行5人参加在马来西亚召开的第六届世界海南乡团联谊会。

2001年11月20—30日，澄迈派出5名领导赴泰国曼谷参加第七届世界海南乡团联谊会暨经济招商会。

2005年11月26日，澄迈县5名领导赴美国洛杉矶参加第九届世界海南乡团联谊会及海南乡团联谊会和经济招商会。

2008年，接待马来西亚考察团。2009年，接待新加坡海南琼剧团一行80多人的访问团，接待新加坡义诊团。

2010年，接待意大利中意商会主席，接待新加坡海南会馆义诊团一行。2010年10月28—31日，县委书记等一行5人赴新加坡参加第11届世界海南乡团联谊会。

四、侨务经济

1999年，全县侨资企业12家。2003年全县侨资企业10家，2010年全县侨资企业36家。

侨资企业每年向澄迈纳税1000万元，解决就业1000多人。海南大富琼脂厂年上缴税金260万元以上，解决地方就业200多人；海南艺历皮革有限公司，年上缴税金250万元，解决就业人员350多人。

截至2010年，全县华侨独资企业26家，华侨合资企业10家，注册资金39.1亿元，吸收就业人数1327人，向澄迈县纳税10474.6万元。

2000—2002年，海南艺历皮革有限公司、海南正大畜牧饲料有限公司被县委政府推荐为全国100名明星侨资企业。

第三章　人民政治协商会议

第一节　政协全体会议

一、政协澄迈县第六届委员会会议

1999年3月至2000年1月，政协澄迈县第六届委员会召开3次全体会议。

第二次全体会议　1999年3月29—31日，政协澄迈县第六届委员会第二次全体会议在金江镇召开。应到会政协委员150人，出席会议146人。县委、县人大、县政府领导出席会议。会议听取与审议莫美清主席作题为《政协澄迈县第六届委员会第一次常务委员会工作报告》（简称“报告”）。回顾1998年的工作：把握大局围绕中心抓住社会热点问题，深入调查研究，开展政治协商民主监督和参政议政促进决策民主化、科学化。配合好县委、县政府的中心工作，争取多做好事实事。加强班子自身建设，和县委保持一致，树立起良好的形象。曾碧云副主席作题为《政协澄迈县委员会提案委员会关于第六届一次会议政协提案工作情况的报告》。

第三次全体会议　2000年1月27—28日，政协澄迈县第六届委员会第三次全体会议在金江镇召开。会议听取和审议《政协澄迈县第六届二次常委会工作报告》，听取和审议《政协澄迈县委员会提案委员会关于六届二次会议以来的提案工作报告》。列席澄迈县第十一届人民代表大会第三次会议。听取和审议其他报告。通过政协常委会工作报告，提案委员会工作报告，此次会议提案审查报告。

第四次全体会议　2000年1月17—18日，政协澄迈县第六届委员会第四次全体会议在金江镇召开。会议听取和审议《政协澄迈县第六届三次常委会工作报告》和其他报告。列席澄迈县第十一届人民代表大会第四次会议。听取和讨论《政府工作报告及其他报告》。

二、政协澄迈县第七届委员会会议

2003 年 3 月至 2006 年 2 月，政协澄迈县第七届委员会召开 4 次全体会议。

第一次全体会议　2003 年 3 月 25—28 日，政协澄迈县第七届委员会第一次全体会议在金江镇召开。应到会政协委员 176 人，出席会议 176 人。县四套班子领导参加会议。莫美清主席代表第六届常务委员会作题为《政协澄迈县第六届委员会常务委员会工作报告》，曾碧云副主席作题为《政协澄迈县第六届委员会常务委员会关于提案工作情况的报告》。会议通过《政协澄迈县委员会第七届第一次会议政治决议》《关于常委会工作报告的决议》和《关于提案审查的决议》。会议选举产生政协澄迈县第七届委员会，选出常务委员 23 人。会议选举文丁开为第七届政协主席，曾日进（2003 年 11 月辞职）、王尧为副主席。

第七届委员会设置界别 22 个，其中中共 10 人，民主党派 17 人（民革 6 人，民进 9 人，致公党 1 人，台盟 1 人），无党派人士 5 人，共青团 2 人，妇联 2 人，工商界 8 人，科技界 7 人，台胞台属 6 人，侨联 3 人，文化艺术界 3 人，工会界 3 人，少数民族界 5 人，宗教界 3 人，教育界 18 人，体育界 2 人，新闻出版界 3 人，无党派人士 5 人，非公有制界 12 人，经济金融界 11 人，社会福利界 4 人，农林水电界 12 人，医药卫生界 12 人，特邀界 28 人。在委员中，民主党派人士 19 人，占 10.7%；妇女 30 人，占 17%。

第二次全体会议　2004 年 3 月 13 日，政协澄迈县第七届委员会第二次全体会议在金江镇召开。应到会委员 176 人，实到 170 人。县委、县人大、县政府领导应邀出席开幕式和闭幕式。王尧副主席主持会议。会议听取与审议七届政协主席文丁开作题为《用“三个代表”统领政协工作 为全面建设小康社会献计出力》的工作报告。会议提出：县政协委员会坚持以邓小平理论和“三个代表”重要思想统领政协工作，贯彻落实政协章程，把握团结和民主两大主题，履行政治协商、民主监督、参政议政职能，完成七届二次会议确定的各项工作任务，为推进澄迈县经济社会发展做出应有的贡献。 会议表彰优秀提案、承办优秀提案先进单位、优秀大会建言、优秀调研报告。

第三次全体会议　2005年3月9日，政协澄迈县第七届委员会第三次全体会议在金江镇召开。应到会政协委员176人，出席会议176人，县委、县人大、县政府领导应邀出席开幕式和闭幕式，王尧主持会议。会议听取与审议七届政协主席文丁开作题为《中国人民政治协商会议澄迈县第七届委员会常务委员会工作报告》。会议增选曾能、彭元菊为副主席。

第四次全体会议　2006年2月22日，政协澄迈县第七届委员会第四次全体会议在金江镇召开。应到会政协委员176人，出席会议176人，县委、县人大、县政府领导应邀出席开幕式和闭幕式，王尧主持会议。会议听取与审议七届县政协常委会《工作报告》。审议《县政协七届三次会议以来提案工作情况报告》。列席县人大会议。会议表彰政协工作先进积极分子、优秀提案、承办优秀提案先进单位、优秀大会建言、优秀调研报告。

三、政协澄迈县第八届委员会会议

2007年1月至2010年底，政协澄迈县第八届委员会召开4次全体会议。

第一次全体会议　2007年1月24—26日，政协澄迈县第八届委员会第一次全体会议在金江镇召开。应到会委员208人，实到会委员201人。文丁开主席代表第七届常务委员会作题为《政协澄迈县第七届委员会常务委员会工作报告》，王尧副主席作题为《政协澄迈县第七届委员会常务委员会关于提案工作情况的报告》。会议通过《政协澄迈县委员会第八届第一次会议政治决议》《关于常委会工作报告的决议》《关于提案审查的决议》。会议选举产生政协澄迈县第八届委员会，选出常务委员28人。会议选举王永和为第八届政协主席，曾能、周忠华、王汉昌为副主席。

第八届委员会设置界别20个，有委员208人，其中中共界31名，民主党派32人，无党派8人，共青团2人，妇联2人，总工会2人，台胞台属2人，侨联2人，文化艺术界2人，工商界20人，新闻出版界4人，经济金融界12人、非公有制界13人，社会福利保障界4人、农林水电界21人、科技界8人，教育界19人，医药卫生界13人，少数民族界4，宗教界3人。

第二次全体会议　2008年3月21—23日，政协澄迈县第八届二次会议在金江镇召开，应到会委员219人，实到会委员219人，会议增补委员9人，八届政协委员人数达至228人。第八届委员会第二次常委会增补1名常委，常委人数增至29名。会议期间，对县“十一五”规划、建设社会主义新农村、构建和谐社会、建设和谐澄迈、文化澄迈、老城开发区第三次创业、县城控制总体规划实施、实施“三县一地”经济社会发展战略、保增长、保就业、保稳定以及学习实践科学发展观活动等重大问题进行协商讨论。

第三次全体会议 2009年2月16—18日，政协澄迈县第八届三次会议在金江镇召开，应到会委员219人，实到会委员219人。会议就非公有制企业发展、发展休闲旅游业、城镇卫生整治、发展福橙产业、保护生态环境、毒品危害、耕牛被盗以及学习实践科学发展观活动等重大问题进行协商讨论。印发6期简报，使委员的意见和建议得到表达，各界群众的诉求得到反映。

第四次全体会议 2010年3月9—11日，政协澄迈县第八届四次会议在金江镇召开，应到会委员219人，实到会委员219人。听取县政协常委会工作报告和县政府工作报告，就澄迈县经济社会发展的重大问题进行讨论和协商，通过提交提案、分组讨论等形式对澄迈县经济社会发展中的问题，提出建议意见。8个民主党派、工商联和县政协科教文卫专委、法制经济民宗外事专委的代表作大会发言，就办好第十一届欢乐节、加快南渡江两岸改造、发展澄迈县品牌旅游休闲农业等10个专题提出50多条意见和建议。会议表彰《关于解决私营个体企业融资贷款困难的建议》等10件优秀提案、《关于加强封山育林保护区管理的建议》等3篇优秀社情民意、《关于非公有制企业情况的调研报告》等3篇优秀调研报告、县水务局等5个提案承办委员提案先进单位、李远清等8名调研工作先进个人，通报表扬关于维修老城大成殿等文物，发展澄迈县旅游业的建议等11件提案和县财政局等5个承办委员提案单位。会议选举叶和萍为八届县政协副主席。会议期间，出版会议简报7期。县四套班子领导出席会议，听取委员的大会发言，参加委员的分组讨论。

第二节 政协常委会议

一、政协澄迈县第六届委员会常委会议

政协澄迈县第六届委员会期间，在中共澄迈县委及省委、省政府的领导下，以邓小平理论和“三个代表”重要思想为指导，围绕发展澄迈县经济这个主题，切实履行政治协商民主监督参政议政。召开常委会议学习领会《澄迈县人民政府工作报告》及其他报告。审议同意莫美清主席代表第五届常务委员会作《关于政协澄迈县第五届常务委员会五年来的工作报告》。曾碧云副主席作《关于政协澄迈县第五届委员会五年以来的提案工作报告》。讨论通过政协澄迈县第六届二次、三次、四次全体会议常委会委员会工作报告，以及提案工作报告。

二、政协澄迈县第七届委员会常委会议

政协澄迈县第七届委员会期间召开常委会议14次，就澄迈县经济社会发展，理论学

习和制度建设等问题，进行深入学习和研讨。学习胡锦涛总书记在庆祝人民政协成立55周年大会上的讲话精神、《中共中央关于加强政协工作的意见》、新修订《政协章程》、社会主义荣辱观等内容，增强政协常委做好新形势下人民政协工作的使命感和责任感。向县委县政府报送《关于澄迈县医保定点购药存在的问题及改进意见和建议》等8件政协常委会会议建议。讨论和制定《县政协常委会会议请假制度》《专委会向常委会会议汇报半年和全年工作制度》《重点督办委员提案制度》等20个制度，推动澄迈县各项工作开展。

三、政协澄迈县第八届委员会常委会议

政协澄迈县第八届委员会期间召开19次常委会议。学习总理温家宝《在十届全国人大五次会议上的政府工作报告》精神；贾庆林《在全国政协十届五次会议上的工作报告》精神；省政协关于加强委员巡视的专题文件；中共澄迈县委《关于贯彻落实〈中共中央关于加强人民政协工作意见〉的实施意见》；中共十七大报告内容；省政协主席钟文在省政协五届一次会议上传达的《全国政协十一届一次会议精神提纲》；全国政协十届四次会议精神；贾庆林在看望省政协统战部机关干部及各民主党派，工商联负责人和各党派人士的讲话精神；《中共海南省委关于加强人民政协政治协商制度建设的意见》精神。

听取与讨论县政协各专委会汇报2007年工作计划；县政协2007年调研考察等工作；提案委员会《关于八届一次会议委员提案办理的情况通报》；县公安局、县林业局负责人汇报落实县政协4个调研报告、社情民意情况；各专委会领导汇报2009年工作总结及2010年工作计划；《关于保障性住房的调研情况》的报告；叶和萍副主席传达县委十一届八次全体会议精神以及《澄迈县“十二五”规划编制工作》情况；《中共海南省委关于加强人民政协政治协商制度建设的意见》；《政协澄迈县八届四次会议以来提案工作报告》；增补委员事项。

审议通过《关于建立县政协常委会成员联系界别委员的安排》《澄迈政协2007年工作计划》《县政协八届七次常委会会议议程》《政协澄迈县委会2008年工作要点》《县政协八届七次常委会会议议程》《政协澄迈县委会2008年工作要点》《常委会工作报告》《提案工作报告》《政协澄迈县八届五次会议议程》《政协澄迈县八届四次以来工作报告》《政协澄迈县八届四次会议以来提案工作报告》。

第三节 组织机构

一、常务委员会

澄迈县政协委员会设主席1人，副主席若干人，设立常务委员会、主持委员会。常务委员会由政协主席、副主席、秘书长和常务委员组成。其候选人由中共澄迈县委提名，各党派、团体和各界人士协商后，经全体会议无记名投票等额选举产生。常务委员会由中共与非中共各界人士组成。政协全体会议闭会期间由政协常委会主持工作。

1998—2010 年第六届至第八届县政协正、副主席一览表

表 11-3-1

届　别	姓　名	籍　贯	职　务	任职时间
第六届	莫美清	澄迈	主　席	1998 年 3 月至 2003 年 3 月
	曾碧云	广东省	副主席	1998 年 3 月至 2003 年 3 月
	王光满	澄迈	副主席	1998 年 3 月至 2003 年 3 月
	林尤权	澄迈	副主席	1998 年 3 月至 2003 年 3 月
第七届	文丁开	海口	主　席	2003 年 3 月至 2007 年 1 月
	曾日进	澄迈	副主席	2003 年 3 月至 2003 年 11 月
	王　尧	澄迈	副主席	2003 年 3 月至 2007 年 1 月
	曾　能	澄迈	副主席	2005 年 3 月至 2007 年 1 月
	彭元菊	湖南	副主席	2005 年 3 月至 2007 年 1 月
第八届	王永和	澄迈	主　席	2007 年 1 月起
	曾　能	澄迈	副主席	2007 年 1 月起
	周忠华	澄迈	副主席	2007 年 1 月起
	王汉昌	澄迈	副主席	2007 年 1 月起
	叶和萍	屯昌	副主席	2010 年 3 月起

二、工作机构

1999—2000 年，政协澄迈县委员会内设办公室和提案与学习委员会、科教文卫青工妇委员会、法制经济民族宗教外事委员会 3 个专门委员会。2001 年，将科教文卫青工妇委员会分为科教文卫委员会和工青妇文史委员会。职数设置为政协澄迈县委员会主席 1 人，副主席 3 人。2003 年起，增选副主席 1 人，副主席增加到 4 人；办公室主任 1 人，副主任 2 人，各专委设主任 1 人，副主任 1 人。至 2010 年，其机构设置及领导职数未变。

第四节 主要工作

一、政治协商

1999—2010 年，县政协政治协商的主要内容有历年的县政府工作报告、县国民经济和社会发展计划及重大项目的拟定和实施、县和县本级预算执行情况的报告、县和县本级预算草案、县人民法院工作报告、县人民检察院工作报告。

2007 年 1 月，县政协围绕全县改革发展稳定大局，就推进“十五”规划、制定“十一五”规划进行认真的协商讨论。2007—2010 年，各民主党派和政协委员提交提案 41 件。县政协召开政协常委会议 14 次，主席会议 20 多次，向县委县政府提交《关于澄迈县医保定点购药存在的问题及改进的意见和建议》等 8 件建议案。就澄迈县老城开发区建设、城镇建设、文明生态村建设、教育发展、环境保护等一系列问题开展视察调研，形成调研报告 20 多篇。《加快发展农村文化事业 促进社会主义新农村建设》的调研报告，被选定为省政协四届四次大会发言，省委书记汪啸风对报告做出重要批示，省文体厅采纳相关建议，并将发展海南文化事业列入全省“十一五”规划，为发展全省农村文化做出贡献。

在 2008 年的八届二次会议上，有 12 名政协委员或民主党派成员就澄迈县社会主义新农村建设、加强青少年思想道德教育、下岗职工再就业、发展旅游等第三产业、保障失地农民切身利益、加强网吧管理、加大打击毒品危害力度、完善社会保障体系、提升老城开发第三次创业水平、应对国际金融危机、加强安全生产监督、促进农民持续增收、加强教师队伍建设、健全社会保障体系、弘扬民间传统文化以及加强城市建设和交通管理等诸方面做大会专题发言，提出的意见建议 40 多条，为全县经济社会把脉献计，体现人民政协参政议政的积极作用。向县委、县政府报送关于加强科学引导，增强消费者对海南香蕉消费信心的建议、狂犬病危及人民生命财产安全、农村沼气池配件供应不足、关于立即行动起来，尽快恢复与发展冬季瓜菜生产的建议和关于在文化北路地坡岭路段对载重机动车实行限制的建议等大量社情民意，为县委、县政府了解民情、掌握民意、实现民愿，以及解决民生问题提供参考。

在 2009 年八届三次会议上，8 个民主党派、团体就促进农民增收、农村干部管理、安全生产管理、党外干部培养提拔和使用、学校食品卫生管理、预防减少未成年人犯罪、发展县城公交、促进全县经济平稳较快发展等方面做专题发言，提出的意见建议 40 多条。向县委、县政府报送有关保护生态环境、恢复与发展冬季瓜菜、县城交通安全等社情民意，为县委、县政府了解民意、掌握民情、实现民望提供参考。

2010 年，县政协贯彻中共十七大精神，抓住海南国际旅游岛建设和海南西部大开发的历史机遇，围绕中共澄迈县委、县政府“三县一地”经济社会发展战略，履行职能。完成《关于澄迈县学前教育》和《澄迈县中小学教育问题调研报告》，得到县委的肯定，县委县政府专门召开全县教育工作会议，出台《中共澄迈县委、澄迈县人民政府关于进一步加强教育教学管理工作的若干意见》《澄迈县学前教育三年计划》。县政协配合省政协完成海防林建设、林权改革、农村环境卫生、农民合作社、流动人口等20多个调研。开展“边远村庄委员行”活动，深入文儒镇夏云村、永发镇弄水岭村、桥头镇博明村等18个边远村庄调研，帮助边远村庄解决实际困难。

2007—2010年，受理提案412件，立案387件，撰写视察报告12篇，调研报告40余篇，组织大会建言52篇，反映社情民意20余篇，其中《关于加强科学引导，增强消费者对海南香蕉消费信心的建议意见》《关于县城南渡江两岸改造的调查报告》《关于澄迈县福橙种植情况的调研报告》《关于澄迈县休闲旅游农业发展情况的视察报告》等经有关部门落实，产生良好的社会效益。

二、民主监督

1999年，县政协以邓小平理论和中共十四大精神为指导，围绕“一个中心，两个基本点”，对由于改革开放发生的中西交融，多种经济成分、管理方式、生活方式冲突碰撞等诸多重大问题进行民主监督。开展“五个一”活动，即做一次调查、献一点良策、发一封信、联系一方人士、办一件实事，向县委、县政府有关部门提出意见和建议74条，就群众关心的突出问题提出意见202条。

2003年，县政协坚持以邓小平理论和“三个代表”重要思想为指导，围绕教育工作、社会治安治理、农村工作、生态环境保护等开展民主监督，提出建议110多条。从各民主党派、工商联、无党派人士，各人民团体中推选出行风评议员、特约监督员，参与监察、检察、法院、税务等有关部门的行风评议和检查，促进全县行风政风的转变，加强软环境建设。

2007年，县政协围绕全县改革发展大局，建立健全提案交办、重点提案联合督办、主席会议督办等制度，使委员提案得到落实。关于推广沼气池、加强新型农村合作医疗工作、制止中小学校乱收费、开展禁毒工作、修复华侨农场水利渠道等提案得到办理落实。

2008年，建立推荐民主监督员、督导员制度和工作机制，向县教育局、县审计局等14个党政部门推荐45名以民主党派成员为主的政协委员担任特约民主监督员、督导员，通过调研视察、委员提案听证会和论证会等形式，开展对党政部门依法行政、实施县委、县政府重大决策和重要部署，以及国有资产拍卖、建设拆迁、赔偿、供水价格调整、综合评议以及提名推荐澄迈县科级以上领导干部等方面的民主监督，推动民主政治的发展及社会政治文明的进程。

2009年，通过调研视察、委员提案、征求意见会、论证会、听证会等形式，开展对党政部门依法行政、实施县委、县政府重大决策和重要部署以及国有资产拍卖、老城开发区供水定价等方面进行民主监督。

2010年，形成主席会议督办、常委会议督办、专委会督办以及与县委、县政府督查室联合督办为一体的督办机制，使《关于在瑞溪镇兴建万吨水厂的建议》《关于加强封山育林保护区管理的建议》《关于澄迈县“三电”设备被盗情况的调查及建议》等提案得到落实。5次组织委员对澄迈县休闲旅游业、现代农业、文明生态村、重点项目建设情况开展视察监督，提出建议和意见。向公安局、教科局、检察院、法院、工商局等14个部门推荐45名政协委员担任民主监督员，对促进党风廉政建设，转变机关作风，改善行风政风发挥作用。

三、参政议政

第七、八届委员会期间，开展“三个一”活动，即每年每位委员提一件提案，反映一条社情民意，为人民群众办一件实事，激发委员参政议政的热情。县政协通过选择社会关注，县委、县政府重视的“普九”教育、职业教育、发展非公有制、促进农村农民增收、减轻农民负担、农村新型合作医疗、禁毒、小城镇建设、2003年上半年抗击非典型肺炎等问题为课题，组织各民主党派、界别、人民团体、无党派人士和委员深入基层，深入实际了解民情、掌握民愿、反映民意，向县委、县政府报送专题调研报告、反映社情民意，提出意见和建议，为县委、县政府提供来自基层、来自群众的意愿和诉求，为“三农”、教育等工作献计献策。在2003—2006年4次政协例会上，有41位委员作有事实、有分析，切中时弊的发言，提出500多条意见和建议。

1999—2010年，政协澄迈县委员会根据澄迈县实际，不定期地组织政协委员深入边远老区和少数民族地区开展生产、科研和咨询等活动，就全县经济建设和社会发展问题，向县委、县政府提出意见与建议，为县委、县政府提供决策参考。

四、提案工作

政协澄迈县第六届委员会期间，政协委员提案319件，经检查督办、催办、全部提案着落，有书面办复。

政协澄迈县第七届委员会期间，收到提案438件，立案392件。提案转交129个次单位办理。提案办复率100%，委员满意率97%。

2008年八届县政协二次会议期间，收到委员提案113件，涉及全县经济、政治社会、文化、生态、环保等领域，也有反映人民群众的切身利益问题和社会热点难点问题。县政协提案与学习委员会及时审查整理并编印委员提案汇编。会同县人大、县政府联合召开代表议案和委员提案交办会，县政府专门发出办理代表议案和委员提案的指导性文件，提高委员提案的档次。县政协建立起主席会议成员、县政协常委和提案人联合督办委员提案的工作机制，加强督办力度。2008年评出优秀提案10件，通报表扬提案10件，优秀大会发言3篇，优秀社情民意2篇，先进承办单位澄迈县文化广电出版体育局等5个，通报表扬承办单位澄迈县财政局等5个。

2009年八届三次会议期间，收到委员提案98件，平时提案2件，立案90件。其中民主党派、工商联、人民团体提案28件，内容涉及经济建设、交通、三农、教育、卫生环境保护等领域。会同县人大、县政府联合召开代表议案、委员提案交办会，县政府发出办理代表议案、委员提案的指导性文件，提高委员提案的档次。县政协建立起主席会议成员、县政协常委和提案人联合督办委员提案的工作机制。2009年，评出优秀提案10件、优秀社情民意3件、优秀调研报告3件，先进承办单位5个，调研工作先进个人8位，通报表扬提案11件和承办单位5个。

2010年八届四次会议期间，收到提案95件，立案91件，撤案2件，不予立案转为委员来信处理2件。内容涉及经济建设、城建交通、“三农”、科教文卫、法制、社会保障等。

县政协组织人员对所征集到的提案进行整理、汇编，与县人大、县政府联合召开高规格的交办会，将立案的91件委员提案转交给县委县政府36个部门办理，县长陈笑波、县政协主席王永和出席并对办理提案提出要求。

五、视察调研

1998—2002年，县政协结合县情，以经济建设和群众关注的重点、热点、难点问题，每年列出议题，开展对农业产业结构调查，农村如何致富、重视发展山塘水库修建、发展优质水果，个别学校出现学生严重辍学现象，县城幼儿园办学情况，生态环境和文物保护等课题的调研，向有关部门提出意见和建议。县政协办组织2个调查组走访15个乡镇45个村庄，对富裕村与贫穷村进行对比调查，撰写出有情况、有分析、有建议、可操作的调研报告。县政协配合省政协在澄迈县专题调查日本侵略军侵华、迫害“慰安妇”和解放初土改情况，协助寻找到全县当年受日军迫害的5名“慰安妇”，为省政协和有关部门做2件有政治意义的事情。

2003年，县政协组织政协委员、各民主党派、团体、各界人士就全县实施改善投资环境、实施九年制义务教育等全县改革发展稳定大局和群众生活的重点、热点、难点问题，开展专题调研，向县委、县政府提出调研报告，得到采纳并付诸实施，县政协组织委员视察、专题调研等活动10多次，参加的县政协委员达300多人次，撰写调研报告6篇、针对秋季开学全县中小学乱收费问题，县政协组织50多名委员对全县教育工进行视察，向县委、县政府报送《关于澄迈县教育工作的调查告》。

2004年，受县委、县政府和县政协党委会委托，组织有关专委会和教育、卫生等界别的政协委员，对澄迈县推进的新型农村合作医疗和全县中小学食堂供餐卫生与住宿问题进行专题调研，撰写《关于澄迈县新型农村合作医疗试点的调研报告》和《关于澄迈县中小学校食堂卫生与住宿问题的调研报告》。根据县委、县政府整合澄迈县华侨农场土地资源的意图，组织党政、农口等界别委员30多人，由政协主席、副主席带队，到华侨农场开展视察，现场调研，形成《县政协关于视察澄迈县华侨农场的报告》。对全县橡胶厂污水处理、社会保障、未成年人思想道德教育、群体性上访、农业施肥情况、中小学基础设施建设、台资企业状况等7个问题进行专题视察调研，形成《浅析澄迈县群体性矛盾成因及其对策》等7个调研视察报告，以及反映社情民意20多条。这些调研报告，得到县委、县政府的肯定，县委、县政府领导做出示，要求有关部门落实。县合管办采纳政协调研成果，合理调整参合农民住院医药费报销起付线，增加可报销的48个用药品种，使参合农民医药费补偿提高。

2005年，县政协常委会从文明生态村建设、农村社会稳定、资源环境保护等县委、县政府关注的经济社会发展重大问题为切入点，织委员进行视察、开展专题调研，为迈县经济社会发展献计献策。10月，组织政协常委和各界别政协委员40多人，到太平工作站的龙江村、县城金岭多功能生态文化区、老城大成殿、广德桥等地，就强文化建设，促农村“三个文明”建设提出意见和建议，形成《加快发展农村文化事业，促进社会主义新农村建设》调研报告，被选定为政协海南省四届四次大会发言材料，省委书记汪啸风对发言材料作出批示，要求省有关部门认真研究，加以实施。协助省政协为完成省编制“十一五”规划建言献策而开展的计划生育、琼台农业合作、社会保障和贯彻落实科学发展观等4个专题调研课题，得到省政协的表扬。

2006年，织政协常委和委员考察团、专题调研组以及配合省政协开展专题调研，形成调研报告或专项建议。县政协关于市政建设管理、财税工作两个调研成果，得到县委的肯定，并批示有关部门要解决工作中存在的问题，县长主持召开专门会议听取政协意见和研究改进工作的措施。

2007年，县政协围绕县委、县政府高度重视、社会反映强烈、事关民生的问题，以及一些倾向性、苗头性的社会问题，利用委员视察、专项调研的方式，就全县经济、社会发展中的深层次问题进行调查研究，提出意见和建议。对澄迈县农田水利基础设施建设、文明生态村建设、老城开发区发展，以及农村通畅工程建设等方面进行考察和开展专题调研

15次。县政协还协助省政协完成在澄迈县开展林权改革等4个专题调研，参加的委员300多人次，形成调研报告有《关于澄迈县农田水利基础设施建设的调研报告》等13篇，为县委、县政府乃至省委、省政府形成决策，提供重要的参考与依据。县政协《关于加快农村通畅工程的建议》的调研报告，被省政协五届一次会议选为大会发言材料。县委在县政协报送《关于加强科学引导，增强消费者对海南香蕉消费信心的建议意见》等3个调研报告上做出批示，要求县有关部门采纳落实。

2008年，县政协第八委员会就事关全县经济社会发展的重大问题，组织政协委员、民主党派成员和无党派人士进行专题调研、考察，提出意见和建议，为县委、县政府的科学决策、民主决策提供重要参考与依据。形成的调研成果有《关于推进农业产业化的视察调研报告》《关于澄迈县城南渡江两岸改造建设工作的调研报告》《关于澄迈县行政审批中心和投资服务中心运行情况的调查报告》《关于民营橡胶被毁情况的调查报告》《关于澄迈县“三电”设备被盗情况的调查报告》《关于加乐地区社会治安问题的调查报告》《关于非公有制企业情况的调研报告》《关于澄迈县休闲旅游业发展情况的视察报告》等8个。县委对《关于澄迈县“三电”被盗问题的调查报告》作出批示，要求有关部门认真采纳，解决问题。

2009年，就事关全县经济社会发展的重大问题，组织政协委员、民主党派和无党派人士进行专题调研、考察，全年形成的调研报告有9个，反映社情民意信息3条。

2010年，围绕县委县政府的中心工作和群众关注的热点问题，组织委员进行专题视察。7月，针对澄迈县重点项目建设情况，县政协组织全体委员对生态软件园、中航特玻、海口保税区、三港合一、乳胶丝厂、垃圾发电厂及中海油海上钻进平台维修基地等澄迈县境内的省、县重点项目进行视察调研。8月，组织政协委员到屯昌、琼中、万宁、文昌等地参观考察，学习兄弟市县在保障性住房、城中村改造等方面的经验做法。9月中旬，组织45名界别委员赴广州增城等地参观考察，学习和借鉴增城人“任尔东西南北风，咬定发展不放松”“只干不争论，时间做结论”“鼓励改革者、宽容失误者、鞭挞保守者、追究诬告者、惩罚腐败者”的理念。

根据澄迈县经济社会发展存在的问题，对6个专题进行调研，完成《关于澄迈县学前教育的调研报告》《关于澄迈县镇保障性住房建设情况的调研报告》《关于金江镇城中村改造建设的调研报告》《澄迈县中小学教育问题调研报告》《澄迈县基本公共服务均等化落实情况的调查报告》《澄迈县病险水库情况的调研报告》等调研报告6个。协助县委完成全县土坯房现状的调研。10—11月，根据县委主要领导的指示，联合县委办、县人大办、县政府办、县教科局组成专题调研组，对全县中小学教育存在的问题，开展调研。调研组深入11个镇82所学校，通过明察暗访，发放调查问卷等形式，完成《澄迈县中小学教育问题调研报告》。

六、“三胞”联谊

1999—2010年，举行台胞、台属座谈会30次，促成台属人员赴台探亲25人次，赴台定居20人，接待到澄迈探亲、旅游观光的“三胞”4000人次。通过海外联谊活动的宣传和影响，侨胞、台胞、港澳同胞回来投资和技术合作。

2002年，政协澄迈委员会协同有关部门为富堂农庄、正一农庄等6家台商企业挂社会治安重点保护单位的牌子。

2004年，政协委员对澄迈县华侨农场进行考察调研，形成《关于对澄迈华侨农场的视察调查报告》。政协澄迈县委员会的领导对澄迈县去台人员陈显栋进行爱国主义思想教育。

2006年，政协澄迈县委员会主席文丁开将日本友人牧野长生捐赠的2400元生活援助金交到澄迈县幸存“慰安妇”手中，并转交牧野长生的一封信。

2008年，八届县政协对在澄迈县开发建设的台资农业企业较为重视，会同县统战部召开台资企业业主座谈会，了解他们在经营过程中的情况，鼓励他们推动琼台农业合作，促进两岸人民相互交流和加强沟通，促进祖国统一大业早日实现。

2010年中秋节前夕，县政协主席王永和、副主席周忠华陪同省政协港澳委领导慰问台胞林文定，视察古色咖啡农庄，询问咖啡种植情况，帮助其土地延期承租问题。

七、文史资料工作

1999—2010年，文史工作委员会出版《澄迈文史》4辑，时间涵盖解放前和中华人民共和国成立后的各个时期，内容涉及人民群众在中国共产党的领导下的革命斗争史、革命英烈事迹、日本军国主义侵略者在澄迈县的血腥暴行，各国有农场发展史、农田水利建、工业生产、医疗卫生事业、人民武装建设和民兵建设、县政协委员的先进事迹等。

2002年12月，出版澄迈文史第十一辑《政协委员风采》。

2004年3月，出版澄迈文史第十二辑《澄迈民俗风情》。

2005年9月，出版澄迈文史第十三辑《澄迈古今揽胜》。

2008年12月，组织30多人参加文史资料挖掘、整理、编写，编辑出版20多万字的澄迈文史第十四辑《澄迈人文春秋》，弘扬传统文化。

2009年，组织文化等界别委员，撰写省政协布置的有关《亲历海南建省》等4个专题2万字的文史资料。参与县长寿之乡材料撰写，完成文字资料1万多字，收集图片105幅。

第十二编　民主党派 群众团体

第一章　民主党派

第一节　中国国民党革命委员会澄迈县支部

一、组织建设

中国国民党革命委员会澄迈县支部委员会，前身为2002年5月成立的民革澄迈县小组，2005年4月，成立支部委员会。自2005年4月至2010年底，民革澄迈县支部委员会召开2次支部大会。2008年，民革澄迈县支部委员会有党员人数为27名，有高级农艺师、高级教师、律师、会计师等中高级知识分子，党员覆盖到人大、政府法制办、教育、卫生、农业、建设、工会、非公经济等部门。至2010年，情况基本不变。

二、理论学习

2002—2008年，集中学习民革党章、统战理论，派员参加民革海南省委举办的新党员培训班，集中学习《反分裂国家法》，集中学习《中国的政党制度》白皮书。

2009年，吴清宝、梁恒、李博赈、符叶、李承招、黄生参加县委统战部在中央社会主义学院举办的培训班。

2010年3月，集中学习《中共中央关于进一步加强中国共产党领导的多党合作和政治协商制度的意见》和《中国的政党白皮书》，巩固多党合作的政治基础和思想基础。4月，主委彭元菊参加民革海南省委组织的外出考察活动，把从湖北、四川、重庆三省市学到的经验在民革澄迈县支部中进行介绍。8月，民革澄迈县支部委员会10名政协委员参加县政协组织的考察团到老城开发区考察；民革澄迈县支部委员会委员冯奇、李日照、李畅军、陈小红、王雪明、邱祖义赴上海复旦大学参加中共澄迈县委组织的民主党派专题培训。11月，民革澄迈县支部委员会主委彭元菊，副主委吴清宝、李博赈赴台考察学习；全体党员参加县统战部举办的“社会主义核心价值体系”学习培训；有8名新党员及骨干参加省委组织为期2天的“社会主义核心价值体系”学习。

三、参政议政

2002—2007 年，民革澄迈县支部党员以支部或个人名义撰写提案 100 多篇，调研报告 17 篇，为澄迈的社会、政治、经济、文化建设做出贡献。2002—2009 年，以支部名义撰写的 10 篇提案获得优秀提案奖，其中，民革澄迈县支部调研报告《加强施肥新技术的培训和推广，提高澄迈县农民施肥技术的水平》得到省农业厅和县委县政府的重视，作出立项规划，经农业部批准将“建设澄迈县耕地质量区域站”列入 2007 年计划，该项目由国家投资 250 万元，地方财政配套资金 70 万元。

2008 年，提交各类提案 16 篇，以支部名义提交 3 篇，以政协委员个人名义提交 11 篇，其中 2 篇获优秀奖，2 篇获通报表扬，这些提案涉及澄迈县经济、政治、文化等各个领域，反映人民群众关心的社会热点、难点和存在的问题。参加澄迈县委、县委组织部、县委统战部、县政协的协商会，就澄迈县经济社会发展中的重大改革事项、重点项目建设，重要人事安排等进行协商；还多次参加民革海南省委的座谈会、县政协的政协常委会，以及县委统战部组织的茶话会、团拜会和情况通报会，开展形式多样的协商活动。针对新农村建设、农场土地纠纷、农民施肥、沼气池建设等展开调研，提出意见和建议。民革澄迈县支部被民革海南省委评为 2008 年度“参政议政先进集体”和“完成宣传发行责任目标单位”。

2010 年，提交各类提案 16 件。以支部名义提交 4 件，以政协委员个人名义提交 12 件，其中大会发言材料 1 篇。在提案表彰中，民革澄迈县支部委员会有 2 件获得优秀提案奖，1 件获得通报表扬。民革澄迈县支部委员会被县政协评为“优秀提案单位”，受到民革海南省委表彰。

四、服务社会

2002—2007 年，走访在澄迈的台商，到王毅、王俊故居调研，到澄迈县永发镇、金安农场进行瓜菜种植调研，发挥党员在各自岗位的优势，助力救灾，全体党员到兴隆、三亚、琼海等地考察调研。

2008 年，民革澄迈县支部利用自身优势，开展农民技术培训、法律援助、为台商送温暖融资、为学校赠书、为灾区捐款、为“微笑工程”捐款、助学行动等各种慈善捐助活动。

2010 年，李博赈等具有农业技术特长的党员，配合县职能部门举办生产技术培训，提高群众的种植水平，利用节假日时间以民革澄迈县支部的名义深入农村，走进田间地头，给农民提供免费技术服务。3 月，海南省发生豇豆事件，民革澄迈县支部委员会第一时间派出党员黄生、李良会、陈小红奔赴澄迈县各瓜菜收购点和农贸市场参加检测工作，党员龙仕球、李畅军参加工作队到各乡镇进行宣传。3—6 月，党员王哲周、黄生、李良会、陈小红、龙仕球、李畅军、曾德伟参加全国科技示范县科技示范户指导活动工作，对水稻、瓜菜、良种引进、测土配方等进行技术指导，使农民掌握科学种植知识。7月，民革澄迈县支部与县侨联到澄迈县华侨农场对难侨进行法律和农业技术培训，参加人员200多人；玉树赈灾、圆梦行动，民革澄迈县支部委员会委员都慷慨解囊，为灾区群众、贫困学子送去爱心；主委彭元菊从自己的工作经费中安排5万元给县一小维修门窗桌椅。10月，澄迈县连续两次遭受历史罕见强降雨袭击，全县11个镇受灾，民革澄迈县支部委员会号召党员立足本职岗位，投入到防汛救灾中去。彭元菊主委到挂点的金江镇美亭工作站连续奋战，指挥灾民转移安置，从个人工作经费拿出8万元资助金江镇开展防汛救灾和灾后重建工作，捐助1.5万元帮助2户房屋倒塌家庭贫困低保户修建房子。县农技中心等部门的党员发挥技术特长，到田间地头指导灾民恢复生产，并捐款捐物，帮助灾民渡过难关。民革澄迈县支部委员会拿出6000元，捐助两户因灾损失严重的残疾贫困和五保户修建房子。融资为“同心基地”——龙江乌什村硬化一条约300米的道路。县政协举办的“圆梦大学”活动中，民革澄迈县支部及党员积极参与，2008年捐款1900元，2009年捐款1300元，2010年捐款1600元。民革澄迈县支部被民革中央评为“全国先进基层组织”。

第二节　中国民主同盟澄迈县支部

一、组织建设

2006年11月，中国民主同盟澄迈县支部在澄迈县长昇花园酒店会议室召开成立大会，有11名盟员出席大会。会议选举曾令庄为民盟澄迈县支部第一届委员会主任委员，何光旻、潘孝智为民盟澄迈县支部第一届委员会副主任委员。

2007年，民盟澄迈县支部发展杨珠、曾干、周群青、周占良、周晓等5名知识分子入盟，为“人才强盟”提供人才储备。

2008年，民盟澄迈县支部对何泽伟、王思雄、徐日向、唐丽萍、周群青等5名优秀盟员进行表彰，激发盟员工作热情，增强组织凝聚力。

2009年，民盟澄迈县支部发展徐牧、蔡笃亮、王柳娜、王雪云4名盟员，壮大民盟澄迈县支部参政议政力量。

2010年，民盟澄迈县支部发展陈长新、廖丽卿、冯维平、李春草、陈德坤、曾祥传、李实聪等7位盟员。截至2010年底，民盟澄迈县支部有盟员27人，其中女盟员8人，男盟员19人，全部具有大学以上学历，有民盟海南省委常委1人，省政协委员1人，县政协委员7人，副科级以上干部2人，高级技术职称人员2人，省级骨干教师1人。

二、理论学习

民盟澄迈县支部坚持把思想建设摆在首位，在盟员中开展学习教育活动，提高盟员的政治思想素质，做到政治方向不变，优良传统不变，优点和特点不变。

2007 年，民盟澄迈县支部组织全体盟员学习中共关于新时期统战工作的理论、“三个代表”重要思想、中共十七大会议精神、民盟中央和民盟海南省委文件精神及新盟章等，提升盟员思想政治素质，巩固多党合作的政治基础。10 月，主任委员曾令庄参加县委统战部组织赴北京、天津、青岛、山东等地考察学习。

2008 年，组织盟员学习贯彻中共十七大、民盟十大精神和全国“两会”精神，与政治交接学习教育结合起来，把握中国特色社会主义理论体系的科学内涵，认识走中国特色社会主义道路的必然性。结合中共中央发布“五一”口号 60 周年纪念活动，组织全体盟员学习回顾多党合作历史，继承和发扬民盟前辈长期与中国共产党团结合作形成的政治信念、优良传统和高尚风范，提高盟员的思想素质。组织全体盟员参加民盟海南省委 12 月份组织的新盟员培训学习，集中学习《中国的政党制度》的基本理论和《中国民主同盟章程》，使盟员理解“长期共存，互相监督，肝胆相照，荣辱与共”十六字方针的内涵，提升盟员素质，为多党合作奠定政治基础。

2009 年，组织盟员学习邓小平理论和“三个代表”重要思想，学习胡锦涛“6·25” 讲话和中共十七大精神，了解中国特色社会主义的基本理论、基本路线、基本纲领和基本经验，把握中共中央提出的科学发展观、和谐社会等治国理政的新思想、新观念、新论断。选派曾令庄主任委员和副主任委员何光旻、潘孝智参加县委统战部 3 月在中央社会主义学院民主党派基层骨干培训班学习。

2010 年，民盟澄迈县支部在盟员中开展一系列学习活动，包括“两会”精神的学习，中共十七届四中、五中全会精神的学习，社会主义核心价值体系的主题学习，《海南国际旅游岛建设发展规划纲要》的学习等。选派蔡笃亮、陈祥新等 5 位新盟员到省里参加新盟员培训学习，选派曾令庄、潘孝智、王思雄等 6 位盟员到上海复旦大学参加澄迈县民主党派、无党派骨干专题培训班学习，提升盟员参政议政水平。

三、参政议政

2006—2010 年，民盟澄迈县支部围绕澄迈县的战略目标和县委县政府的中心工作，履行参政党职能，参加中共澄迈县委、县政府召开的各类座谈会，开展调研，就澄迈县经济建设、社会发展、政治稳定等重大问题建言献策。

2007 年，在澄迈县“两会”上，曾令庄主任委员代表做题为《关于建设澄迈高水平的教师队伍的建议》的大会发言，民盟澄迈县支部提交的集体提案《关于整合教育资源，构建和谐澄迈的建议》、盟员何泽伟提交的个人提案《澄迈县县城电子娱乐场所亟待规范》和盟员唐丽萍提交的个人提案《政府要加大对医院的投入》等，反响非常强烈。

2008年，在澄迈县“两会”上，民盟澄迈县支部提交提案4件，其中盟支委提交的《关于做好国企下岗职工再就业工作的建议》在政协会议上作大会发言，民盟澄迈县支部提交的集体提案《关于解决澄迈中学高中扩招所遇问题的提案》《关于设置停车场，解决停车难问题的建议》、何泽伟和唐丽萍合作提交联名提案《关爱少女身心健康》等，均获好评。民盟澄迈县支部被民盟海南省委评为“2007年度参政议政先进单位”。

2009年，在澄迈县“两会”上，民盟澄迈县支部提交的《关于加强澄迈县农村干部管理的建议》在政协会议上作大会发言，曾令庄主任委员提交的个人提案《关于加快澄迈县新农村建设的几点建议 》、何光旻副主任委员与何泽伟提交的联名提案《关于加强澄中校门路段交通管理的建议》、唐丽萍提交个人提案《关于提高妇女健康保障的建议》等，均获好评。

2010年，在澄迈县“两会”上，民盟澄迈县支部提交《关于加强澄迈县教研队伍建设的几点建议》在政协澄迈县八届四次会议上作大会发言，民盟澄迈县支部提交的集体提案《关于加强澄迈县城乡环境综合整治，助推我省国际旅游岛建设的提案》、盟员周小莉个人提案《关于加强对落后村庄的扶持力度为构建和谐社会而努力》、盟员何泽伟个人提案《关于优先硬化澄迈县老区村庄道路的建议》、盟员唐丽萍个人提案《关于提高医生待遇，留住人才的几点建议》和盟员何光旻个人提案《关于加强对澄迈县中学生中差生管理的一些建议》等，均获好评。

四、服务社会

2006—2010年，民盟澄迈县支部贯彻民盟中央关于“把好事做实，把实事做好”的指示，发挥党派及盟员优势，开展社会服务工作，扩大民盟的影响力。

2007年4月，民盟澄迈县支部向全体盟员发出向因重病住院治疗的澄迈中学初一（8）班王苏苏同学捐款的倡议，得到全体盟员的响应，捐款1350元。5月，民盟澄迈县支部部分盟员在曾令庄主任委员的带领下送教下乡，盟员王思雄、王潘分别为瑞溪中学的学生上语文课和数学课，得到瑞溪中学师生的好评。7月，民盟澄迈县支部和省直第五支委到长安北河村开展救助孤儿活动，资助曾垂清、曾美乐2位孤儿。8月，曾令庄主任委员和唐丽萍参加由县政协组织的送医下仁兴苗村活动。9月，民盟澄迈县支部和省支第四支委、省书画家协会、省边防总队在桥头镇红山小学开展助学活动。11月，民盟澄迈县支部又和县教育局举办澄迈县首届“民盟杯”中小学师生书画大奖赛暨邀请展。

2008年3月，响应民盟中央、民盟海南省委开展“农村教育烛光行动”号召，民盟澄迈县支部全体盟员到瑞溪中学开展送教下乡活动。盟员王思雄为瑞溪中学初三（2）班学生上“古诗词赏析”课，受到瑞溪中学师生的好评。4月，民盟澄迈县支部配合民盟海南省委在县委礼堂举办主题为“点燃希望烛光，城乡携手同行”的“农村教育烛光行动”巡回讲座启动仪式暨澄迈县首场专题报告会，省人大常委、民盟海南省委副主任委员刘艳玲，省政协常委、民盟海南省委副主任委员张克坚，省政协委员、民盟海南省委秘书长黄霞，省委统战部党派处处长陈琼鹏，省教育厅基础教育处处长王贤，副县长王胜，澄迈县教育局局长黄大雄，民盟澄迈县支部委员会主任委员曾令庄等领导和民盟海南省委机关工作人员、民盟澄迈县支部全体盟员、县教育局相关负责人以及全县各中小学校主管教学的领导和骨干教师500多人出席活动。“5·12”汶川地震后，民盟澄迈县支部全体盟员响应民盟中央的号召，踊跃的为灾区捐款救灾。10月，民盟澄迈县支部在曾令庄主任委员的带领下，到澄迈县桥头中学开展送教下乡活动，省级骨干教师、盟员王思雄和县级骨干教师、盟员王潘为桥头中学初一学生上语文和数学课。

2009年，民盟澄迈县支部与海南省工业和信息化厅举办“后危机时期中小企业战略管理培训班”，培训班特邀请草根经济学者、实战派企管专家，IBC工商管理硕士朱易教授上辅导课。

2010年，民盟澄迈县支部曾令庄主任委员率领5名盟员教师赴文儒中学，开展“农村教育烛光行动”送教活动，民盟澄迈县支部副主任委员王思雄给初三（2）班上“诗歌赏析及写作”课。春节前夕，民盟澄迈县支部曾令庄主任委员带领4名骨干盟员来到金江镇北河村开展“暖冬行动”，慰问北河村2名孤儿。

第三节　中国民主建国会澄迈县支部

一、组织建设

2006年2月，成立中国民主建国会澄迈县支部委员会筹备组。11月10日，成立中国民建澄迈县支部委员会。11月22日，在金江镇举行中国民主建国会澄迈县支部委员会成立大会，选举产生第一届班子领导，主任委员：陈周典，副主任委员：周序文、王小燕（女），有9名会员。2007年会员增加到15人、2008年会员增加到22人、2009年会员增加到25人、2010年会员增加28人。

二、理论学习

2006年，组织全体会员进行理论学习，参加由民建海南省委员会在省社会主义学院组织的学习中共十六大精神，学习民建章程及民建会史。通过学习，提高会员理论素养，增强会员的荣誉感和使命感。

2007年,民建澄迈县支部委员会班子成员参加民建海南省委员会在海南省社会主义学院组织的学习中共十七大精神培训班。

2008年,民建澄迈县支部委员会班子成员参加由民建海南省委员会在中央社会主义学院举办的学习中共十七大精神培训班。民建澄迈县支部委员会班子成员及业务骨干参加民建海南省委员会在井冈山及延安举办的培训班学习。

2009年,民建澄迈县支部委员会班子成员及业务骨干参加由民建海南省委员会在复旦大学举办的培训班学习。

2010年,民建澄迈县支部委员会班子成员及业务骨干参加由民建海南省委员会在中央社会主义学院举办的培训班学习。

三、参政议政

2006年，在县政协会议上，民建澄迈县支部委员会提交的《关于澄迈县教育系统工程规范管理的建议》获优秀提案。

2007年，在县政协会议上，民建澄迈县支部委员会提交的《关于解决下岗人员及失业人员和大中专毕业生就业再就业的建议》获优秀提案。

2008年,在县政协会议上,民建澄迈县支部委员会《加强思想道德建设构建和谐澄迈》获优秀发言奖。

2009年，在县政协会议上，民建澄迈县支部委员会提交的《关于进一步落实首长问责制的建议》获优秀提案奖，《加强安全生产监督管理促社会和谐稳定》获优秀发言奖。

2010年，在县政协会议上，民建澄迈县支部委员会提交的《关于消除环城西路红泥污染问题的建议意见》获优秀提案奖，《关于加快发展澄迈农业旅游的建议》获优秀社情民意奖。

四、服务社会

2009年，开展社会服务和扶贫帮困工作。2月，陈周典主任委员带领全体会员慰问金江镇太平工作站海仔村委会五保户黄时德老人和特困户罗世太老人。“五一”国际劳动节期间，民建澄迈县支部委员会资助2500元，支持县三棋协会在金大拉酒店举行“金大拉杯”海南省象棋锦标赛。6月，响应民建中央“智力扶贫”号召，落实民建“思源工程”，民建澄迈县支部委员会捐助给澄迈中学1000元，奖励初三年级学生参加省级比赛获奖者。民建澄迈县支部委员会支部荣获“澄迈县十佳扶持农村薄弱小学先进单位”称号。

第四节 中国民主促进会澄迈县委员会

一、组织建设

1995年7月15日，成立中国民主促进会澄迈县小组，会员3人，杨少雄任组长。1996年12月11日，成立民进澄迈县支部委员会，叶荣华当选为主任委员，杨少雄为副主任委员。

2001年11月16日，成立民进澄迈县总支委员会，李达成当选为主任委员，王琼海、符才发、蒙梅昌为副主任委员，2003年，增补王汉昌、钟导为副主任委员。

总支下设澄中支部、二中支部、综合支部 3个支部，会员40人。

2004年3月4日，民进澄迈县委员会成立，大会选举产生民进澄迈县第一届委员会领导班子，王汉昌当选为主任委员，钟导、蒙梅昌、王琼海、符才发等4人为副主任委员，会员53人。下设澄中支部、二中支部、三中支部、综合支部、企业支部5个支部。

2006年10月29日，民进澄迈县委员会召开第一次代表大会进行换届选举，大会选举产生民进澄迈县第二届委员会领导班子。王汉昌当选为主任委员，蒙梅昌为专职副主任委员，钟导、王琼海、符才发为副主任委员。下设澄中支部、二中支部、三中支部、幼小支部、企业支部、综合支部6个支部，会员80人。

2007—2010年，民进澄迈县委员会会员由原来的80名增加至89名。下设澄中支部、二中支部、三中支部、幼小支部、企业支部、综合支部6个支部。

二、理论学习

1999—2002年，民进澄迈县总支开展定期和不定期的学习活动，每个季度至少集中一次学习，学习的主要内容是《民进章程》、《统一战线》、民进海南省委员会及澄迈县统战部下发文件等学习资料。

2002年7月，民进澄迈县总支组织会员学习中共中央总书记江泽民“七一”和“五三一”讲话精神、探讨“三个代表”重要思想对民主党派工作的指导意义。

2003年，在抗击“非典”斗争中，民进澄迈县总支开展增强对“三个代表”重要思想认识，落实县委县政府关于防治“非典”的部署，围绕抗击“非典”建言献策。

2004年4月，制定理论学习制度，每个月至少集中一次开展学习活动，参加活动的人员主要是民进澄迈县委员会委员，根据实际情况邀请理论专家授课，组织全体会员集中学习。学习内容涵盖民进中央委员会各项会议精神，民进海南省委员会及县委统战部下发文件等学习资料。民进澄迈县委员会订阅《民主》《统一战线》《求是》《海南民进》等刊物，分发给各支部进行政治理论学习。8月，民进澄迈县委员会在金江镇召开第一届三次委员扩大会议，学习和研讨“科学发展观” ，学习胡锦涛总书记在中共十六届四中全会上所作的工作报告和《中共中央关于加强党的执政能力建设的决定》。12 月，民进澄迈县委员会主任委员王汉昌，副主任委员蒙梅昌、钟导、王琼海赴海口听取民进海南省委副主任委员黄国强作关于科学发展观的专题讲座。

2005 年，民进澄迈县委员会在金江镇召开一届五次委员扩大会议，传达学习《中共中央关于进一步加强中国共产党领导的多党合作和政治协商制度建设的意见》精神。

2006 年，民进澄迈县委员会传达学习中共海南省委统战部《关于全省统战一战线学习贯彻党的十六届五中全会精神的通知》。

2007 年 5 月，王汉昌主任委员赴中央社会主义学院参加民主党派干部培训班。

2008 年，民进澄迈县委员会组织全体会员学习科学发展观、中共十七大精神、中共中央总书记胡锦涛在海南考察和出席博鳌亚洲论坛的重要讲话、民进中央关于改革开放 30 周年纪念活动文件。

2009 年，派骨干会员参加 2009 年民进中南六省（区）片会，就如何发挥民主监督作用进行研讨。参加县委统战部组织的赴中央社会主义学院培训学习活动，参加县委举办的女领导干部培训班学习。

2010 年，派出专职副主任委员蒙梅昌，会员陈如禄、莫海波、符才发、王卫东、钟导等人赴广东、上海复旦大学、湖南、河南郑州等地参加统战理论、社会服务交流、参政议政交流学习。

三、参政议政

1999—2001 年，民进澄迈县总支向县政协提交提案 13 篇。

2002—2004 年，民进澄迈县委员会向县政协提交提案 48 篇，其中《关于地坡岭生态资源的保护与利用的建议案》《关于在全县范围里组织灭鼠行动的建议案》《关于尽快在县城城区内建立噪音达标区的建议》《关于加强土地纠纷调处工作的建议案》《关于大力促进澄迈县民营企业发展的建议案》为获奖提案；《关于请求政府协助学校解决陈年旧账的提案》《关于加强三中治安治理，维护良好的教学秩序的建议案》《关于金江镇大桥的引桥两侧要安装保护栏的提案》得到有关职能部门落实；《关于加大澄城环境整治的议案》《人大议案的办理和答复应分等次》被列为人大十大督办案。

2005—2007 年，民进澄迈县委员会向县政协提交提案 47 篇，其中《建议政府着手制定坡岭生态保护与利用条例》获优秀提案奖并列为人大十大督办案；《县城建设乡镇汽车客运站刻不容缓》被职能部门采纳落实；《关于在全县范围内加大预防艾滋病知识宣传力度的建议案》《关于完善江南长堤居民住区道路硬化、排污设施的建议》《关于加强家犬管理、整治“狗患”的建议》《大力支持第三产业、促进澄迈县经济又好又快发展》获优秀提案奖。

2008 年，针对澄迈教育、城建、环保、交通、医疗等方面存在的问题，撰写提案 18 件，其中民进澄迈县委员会集体提案 14 件，所提的建议被政府相关部门、单位受理。如《关于扶持帮助经营者发展壮大》的提案，县政府制定《政府扶持政策》和《行政事业性收费政策》，出台《关于鼓励支持和引导个体私营等非公有制经济的若干规定》《澄迈县非公有制企业扶持发展基金管理办法》等文件加以落实；《辟通澄迈县南部地区公路干线》提案已被县政府采纳；被县政府受理或采纳的提案还有《关于修建长安至永发道路的建议》《加强澄迈县城镇管理》等。7 月，配合民进海南省委开展《学校领导体制改革刻不容缓》和《海南省各市县经济适用房、廉租住房的规划与建设》等课题的调研工作。参加县政协组织的南渡江两岸改造调研、民营橡胶被毁、通讯供电线路被盗、加乐地区治安情况等专题调研。

2009 年，提交集体提案 11 件，大会发言材料 1 件，其中集体提案《关于辟通澄迈县南部地区公路干线的建议》《关于扶持和帮助经营者发展壮大的建议》和曾令发会员撰写的《关于在市场管理中增设食品监测功能的建议》提案荣获优秀奖，徐日龙会员撰写的《拓宽就业门路 打造旅游景观》提案获表扬。参加县政协赴定安、琼海、陵水、三亚等市县考察调研，协助县政协完成《实施农产品商标战略 做好农产品促销工作 确保农业增效农民增收》《增强服务意识促进农民增收》《整合资源打造强势教育》《关于扩大澄迈县高中学位意见》《加大体育设施投入 打造全民健身长寿品牌》等调研报告。

2010 年，提交提案 13 件，其中《关于解决私营个体企业融资贷款的建议》《关于开通县城公交车的建议》获优秀提案，《关于加强封山育林保护区管理的建议》被评为优秀社情民意，《关于开通解放西路路灯的建议》被通报表扬。参与澄迈县政协组织的南渡江河沙治理及两岸改造考察活动，赴屯昌县、琼中黎族苗族自治县、万宁市、文昌市等 4 个市县，学习考察生态建设、小城镇建设、旅游和房地产项目等经验和做法，到老城开发区的生态软件园、通威水产、中航特波、三港合一、金手指房产、怡康置业、鲁能 405 项目等重点项目进行视察，为澄迈经济社会发展建言献策。组织全体会员赴加笼坪保护区进行实地考察，为挖掘澄迈县旅游资源积累素材。

1999—2010 年，民进澄迈县委员会围绕教育、交通、环保、社会治安、经济建设等社会热点难点问题，进行调研，撰写提案 155 件，其中大会发言材料 14 件，被落实和获奖提案 22 件，部分意见和建议得到县委、县政府重视，老百姓关心的民生问题得到解决。

四、服务社会

1999—2010 年，民进澄迈县组织把马村东水港小学、桥头镇荣兴小学、美亭黄竹小学作为长期教育服务点，捐助篮球架、体育器材等，帮其完善教学设施。组织骨干教师会员开展送优质课、送书籍、结对子的帮扶活动。2007年7月暑假期间，在澄迈县金江镇第二小学为一小、二小、实验小学、城东小学60名小学生举办英语、数学、作文兴趣班，义务辅导学生20天。

2003—2010年，南亚集团公司累计捐款160.5万元，用于教育、抗旱抗震救灾、戒毒、扶持贫困生和困难教师、文艺活动、文明生态村建设、改善农村交通等。2008年，南亚集团公司董事长王汉昌为盈滨龙水节活动捐资10万元，为金秋助学活动捐款10万元，在“5·12”汶川特大地震发生后，王汉昌以各种身份捐款20多万元和价值100万元的救灾物资。2010年4月，王汉昌为玉树地震捐款7万元。

在王汉昌带动下，企业界的会员陈智为仁兴镇政府赞助8万元，为改造修建仁兴墟街道捐助6万多元，抗旱救灾中捐款5万多元购买抽水机及相关设备。慰问贫困户、孤寡老人、五保户，给昆仑革命老区老党员送温暖捐款4万多元，赞助仁兴镇政府教育基金3.5万元，捐助王澄谦等6名贫困大学生2万元。从2002年起，陈智每年捐款地方传统文化节5万元。民进澄迈县委员会副主任委员钟导、会员王大魁、徐日龙、曾维招等人在各自的领域发挥作用，捐款用于支教、抗台风救灾、戒毒、扶持贫困生和困难教师、文明生态村建设、改善农村交通等活动，为社会贡献爱心和力量。

王汉昌及企业支部会员以企业为平台，安排下岗职工就业，创造3000多个就业岗位，年上缴利税5000多万元。

2004年，民进澄迈县委员会被澄迈县委县政府评为“澄迈县十佳尊师重教先进单位”。

2004年，民进澄迈县委员会被民进中央授予“民进全国先进地方组织”称号。

2005年，民进澄迈县委员会被民进海南省委员会评为“先进单位”。

2008年，民进澄迈县委员会参加澄迈县税收宣传月税收知识竞赛活动，荣获二等奖。

2009年，民进澄迈县委员会被民进海南省委员会评为“民进海南省先进基层组织”。

2010年，民进澄迈县委员会参加澄迈县举行的“建功国际旅游岛，我与祖国共奋进”演讲比赛，荣获一等奖。民进澄迈县委员会被民进中央授予“民进全国先进地方组织”称号。

第五节　中国农工民主党澄迈县小组

一、组织建设

2007年11月，中国农工民主党澄迈县小组成立，党员有4人。至2010年，农工民主党澄迈县小组共发展新党员 2 人，均为中青年业务骨干。坚决抓好自身建设，制定并完善学习、工作、汇报、财务、民主决策等制度，科学规范党内工作，定期召开组织生活会，执行民主共商制度，做到重大议题共同研究，集体讨论。

二、理论学习

2007—2010 年，农工民主党澄迈县小组按照农工党省委和澄迈县委统战部的部署，组织学习中国特色社会主义理论体系、中共十七大、中共海南省第五次代表大会等理论知识和会议精神；组织学习邓小平新时期统战理论、中国农工民主党第十四次全国代表大会报告、农工党党史和章程等统一战线和多党合作理论知识和报告要求。通过学习，增强党员的荣誉感和使命感，拥护中国共产党、拥护统一战线、多党合作事业的初心，引导党员树立正确的价值观，形成良好的行为规范。

农工党澄迈县小组的各位党员参加省委统战部、县委统战部和县政协举办的各种学习培训班，提高理论水平，为参政议政工作打下基础。使中国农工民主党澄迈县小组不但党员数量得到发展，而且党员素质明显提高、小组的战斗力得到增强。

三、参政议政

2007—2010 年，农工民主党澄迈县小组履行民主党派参政议政、民主监督职责，参加县人大、政协的各种会议和调研活动，深入群众，反映群众关心的热点问题，表达小组声音，提交提案、课题调研报告、社情民意稿件等。

2007 年，农工民主党澄迈县小组提交的《确保送电线路安全运行 促进澄迈经济发展》提案，被县委、县政府列入督办项目，完成课题调研报告 3 篇，即《如何加强后进生的转化》《澄迈县生活垃圾处理问题》《农田用水的几点建议》，这些调研课题针对澄迈县卫生、教育、经济建设等工作中存在的问题进行分析，提出具有可操作的意见和建议。

2008 年，农工民主党澄迈县小组提交《合理利用现有资源，加强基层医疗队伍》《建设社会主义新农村，必须加强农村精神文明建设》的提案，被县委、县政府列入督办项目；完成调研课题报告 6 篇，涉及卫生、旅游、教育、经济建设等领域；报送《澄迈农工》信息资料 7 期，为有关部门提供有价值的信息；开展民主监督工作，到山口、大丰镇监督检查农综水利工程、农村路路通工程；到福山、老城、永发镇监督检查环境卫生情况；到加乐镇监督检查民营橡胶病虫害问题。到县电力公司、县电信部门监督检查电力电缆、通信电缆被盗问题，促进这些民心工程完成。

2009 年“两会”期间，农工党澄迈县小组各位政协委员履行职责，围绕澄迈县的经济发展，建设小康社会与和谐社会的可持续发展等大事，针对人民群众切身利益关注的热点、焦点问题，就农村生活垃圾整治、农村普法教育工作、电网改造建设、学校食品卫生管理等问题，提出《建议澄迈县大力应用推广商砼》《关于对农村生活垃圾进行整治的建议》《关于做好澄迈县农村普法教育工作的建议》《关于加快落实电网改造建设工作确保澄迈县经济建设继续快速发展的建议》《加强学校食品卫生管理保障学生身心健康安全》等6篇政协提案，得到县政府相关部门的采纳和落实。

2010年，农工民主党澄迈县小组发挥医务界人才的优势，在加强医疗设备的使用管理、预防青少年犯罪、重视青少年性健康教育、长效治理网吧等群众关心的医疗保健、身心健康方面提出具体建议，《关于保障澄迈县线状工程建设工作的建议》《建设国际旅游岛餐饮食品安全要引起重视》等提案得到政协提案委的好评；安排相关专业党员参与县政协、县统战部组织的调研视察活动，抽调精干人员组成调研组，对卫生院是否配备专人进行学习和使用国家下拨和由民主人士赠送的各种医疗器材进行调研并撰写调研报告。

四、服务社会

2007年4月，农工民主党澄迈县小组组织医务人员到加乐镇加桐村委会开展义诊活动，为百余余名病例免费看病，赠送药物价值8000多元。5月，农工民主党澄迈县小组把温暖送到加乐镇乐溪村委会高升园村，慰问农户李明养，送睡床1张，大米1包，食用油1桶，人民币100元，向乐溪村委会陈村2位特困户赠送大米1包，食用油1桶。

2008年8月，组织医务人员到永发镇敬老院开展义诊活动并免费发放药物8000余元。向福山镇美玉村李玉苹捐款1000元，用以在春季寒灾后发展种植业，生产自救。“5·12”汶川特大地震发生后，发动党员向四川地震灾区捐款和交缴特殊党费1600元。

2009年5月，协调省中医院支部的党员同长安镇卫生院的业务技术交流和指导，解决乡镇卫生院医疗条件和业务水平不高的问题，建立对口联系制度，为农村病人就近看病治病创造良好条件。

2010年8月，与琼山医院联合，组成医疗队到中兴镇好保村开展“为边远山区送温暖”活动，为偏远农村群众解决“看病难、看病贵”的问题。

从2007年至2010年6月的“中国环境与健康宣传周”，农工民主党澄迈县小组都组织省妇幼保健院的医生到澄迈县各中学校对在校学生进行性健康知识讲座，到澄迈中学、二中、三中、西达、昆仑、白莲、老城、永发、新吴等学校进行专题讲座，弥补学校的生理卫生、性健康知识普及的空白，受到师生称赞。

第六节 致公党澄迈县支部

一、组织建设

2003年4月，澄迈县第一批中国致公党党员有9人，隶属于致公党海口市第五支部。

2004年3月，筹建致公党澄迈县支部。2005年10月30日，在县委常委会议室正式成立致公党澄迈县支部委员会。致公党海南省委任郑川为主任委员，沈寂为副主任委员。

2006年，致公党澄迈县支部选举王大科为副主任委员，发展李钊为致公党党员。11月，致公党澄迈县支部委员会在澄迈县解放路（原财政局办公大楼）举行挂牌仪式并在二楼办公，选举唐海全为委员。

2007年，沈寂调到政协海南省委员会，党组织关系转到致公党海南省委。同年8月，增选李钊为副主任委员，徐奇亮、邱俊为委员。

2008年，根据致公党海南省委发展规划，致公党澄迈县支部发展23名新党员。

2009年，党内推选郑川，王强，黄秀萍，李日波为澄迈县政协委员。郑川时任澄迈县政协常委。

2010年，王大科连续5年获得政协优秀提案的表彰及奖励。

二、理论学习

2005年，全体党员集中学习《反分裂国家法》，坚持和拥护国家统一。

2006年，组织党员学习《中国人民政治协商会议章程》。

2007年1月，集中学习《中国的政党制度》白皮书。

2008年，组织党员学习致公党党章，参加致公党海南省委举办的年会活动。

2009年，郑川、李钊、黄秀萍参加县委统战部在中央社会主义学院举办的培训班。

2010年，组织党员学习《中共中央关于进一步加强中国共产党领导的多党合作和政治协商制度的意见》《中国的政党白皮书》的内容，巩固多党合作的政治基础。组织党员参加县委统战部举办的“社会主义核心价值体系”学习培训，组织参加致公党海南省委关于社会主义核心价值观的学习。

三、参政议政

2005年，郑川的《关于发展澄迈苦丁茶产业的建议》得到县委、县政府的重视。

2006年，王大科在“两会”期间提出的《关于加强农田水利设施建设管理的问题》的提案，得到有关职能部门的重视及落实。

2007年，致公党澄迈县支部在政协会议上提交的《关于保障开发与城市化建设进程中失地农民的切身利益的建议》，得到县有关职能部门的采纳和落实。

2008 年，郑川在政协会议上提交的《关于农产品品牌发展规划的建议》，得到县有关部门的重视及落实。

2009 年，邱俊代表致公党支部在政协会议上作《关于加强未成年人合法权益的维护工作，预防减少未成年人犯罪的建议》的报告。

2010 年，黄秀萍撰写的《关于解决拖欠农民工工资的意见和建议》的提案获得县政协优秀提案奖及奖金。

四、服务社会

2006 年，致公党澄迈县支部党员与金山寺的居士开展下乡送嘘暖慰问活动。

2007 年，组织全体党员到五指山市参观考察学习。

2008 年，致公党澄迈县支部党员为汶川大地震灾区捐款 3580 元，郑川主任委员代表椰仙生物科技有限公司捐出价值 5 万元的饮料。党员为“微笑工程”捐款、参加助学行动。慈善捐助活动，慰问贫困户 15 户，送去大米 750 公斤，花生油 30 桶，凉茶价值 1500 元，慰问金 3000 元。

2009 年，王大科代表致公党澄迈县支部给金江地区的困难群众送去大米及食用油。与李钊一起到太平慰问孤寡老人。

2010 年，致公党澄迈县支部与县侨联、民革澄迈县支部到澄迈县华侨农场对难侨进行法律和农业技术培训，参加人员 200 多人。在县委统战部的组织下，致公党澄迈县支部全体党员参加为玉树赈灾，为圆梦行动，为灾区群众、贫困学子捐款捐物。由县委统战部组织的“同心基地”建设中，致公党澄迈县支部在龙江乌什村开展植树美化村庄、硬化道路等活动中出钱出力出智。

第七节　台湾民主自治同盟澄迈县支部

一、组织建设

1995 年 12 月，经台盟海南省委批准，成立台盟澄迈县支部第一届委员会，主任委员吕春成，副主任委员王义俊。1999 年 10 月，经盟员大会选举产生台盟澄迈县支部第二届委员会，主任委员王义俊，副主任委员符文松，委员陈东吉，有盟员 6 人。2001 年 11 月，经盟员大会选举产生台盟澄迈县支部第三届委员会，主任委员王义俊，副主任委员符文松，委员陈东吉。2006 年 11 月，经盟员大会选举产生台盟澄迈县支部第四届委员会，主任委员王义俊，副主任委员符文松，委员陈东吉。台湾民主自治同盟是由居住在祖国大陆的台湾省籍同胞组成与中国共产党通力合作参政党，2010 年，台盟澄迈县支部有盟员 6 人。

二、理论学习

1999—2002年，台盟澄迈县支部组织全体盟员学习中共十五大精神、邓小平理论、社会主义初级阶段理论、台盟中央关于组织建设的若干意见。

2003—2007年，学习中共十六大精神，以“三个代表”重要思想为指导，为全面建设小康社会目标做贡献。

2008年，台盟澄迈县支部组织全体盟员学习中共十七大精神，结合新时期台盟工作要点，进行政治交接教育活动。参加纪念“五一”口号60周年征文活动，自觉接受中国共产党的领导，坚定不移地走中国特色社会主义道路。

2009年，台盟澄迈县支部组织盟员学习中共十七大精神，学习胡锦涛总书记在纪念中共十一届三中全会召开30周年大会上的讲话，学习胡锦涛考察海南时重要讲话精神。台盟澄迈县支部负责人参加县委统战部组织在中央社会主义学院举行的统一战线“骨干成员培训班”学习，提升理论水平。台盟澄迈县支部的3位班子成员参加县委统战部、台盟海南省委学习培训班，提高自身素质。

2010年，学习毛泽东思想、邓小平理论、“三个代表”重要思想和科学发展观，重点学习胡锦涛关于学习实践科学发展观的重要讲话。学习中共十七大和十七届三中全会、全国“两会”精神，学习中共中央总书记胡锦涛在庆祝人民政协成立60周年大会上的讲话精神。学习国务院关于海南国际旅游岛建设和海南省委关于海南西部地区开发建设的文件精神。学习省委、省政府关于建设生态省的文件精神。台盟澄迈县支部3位班子成员参加9月台盟海南省委在儋州市举办的各市县台盟支部领导班子培训班学习，参加省统战部、台盟省委、县统战部举办的学习培训班，提高理论水平。

三、参政议政

1999年，向县政协提交《关于推广台湾珍珠石榴种植，提高农民收入的建议》，得到有关职能部门采纳。

2000年县政协会议期间，提交《关于科学推广种植台湾毛叶枣促进农业升级》，得到有关部门重视。王义俊主任委员被县检察院聘为特邀检察员。

2001年，向县政协提交《关于科学推广台湾莲雾品种种植，促进澄迈县精致农业的发展》，得到有关部门重视。

2002年，政协年会上提出的为台资企业挂牌“社会治安重点保护单位”的提案，得到县政协领导、县委统战部、县台办及承办单位公安局的采纳，确定6家台资企业为“社会治安重点保护单位”，于11月举行挂牌仪式。《关于保护好澄迈县仅有的国家级文物姐妹塔》的提案得到重视，县财政拨出100万元专款进行修复和保护。

2003 年，提出《关于加快推进澄迈县沼气池建设》的提案，被县政协提案办公室肯定，提交县农业局办理落实。

2004 年，《关于对困难台胞家庭实行低保补助》的提案得到支持。县民政部门通过调查核实，同意对定居澄迈的困难台胞家庭实行低保补助。该案的落实属全省首例，得到省台联会的肯定。

2005 年，台盟澄迈县支部在县政协召开的专题座谈会上，应台资企业海南亿达制衣有限公司请求，向会议反映该公司为培训澄迈县富余劳力的培训费较长时间未落实的情况，得到省政协、县政协领导的关心，要求台盟澄迈县支部协调落实。台盟澄迈县支部跟踪协调，短时间得到解决。

2006 年，台盟澄迈县支部向县政协提交的《关于尽快做好生态村庄示范点建设工作的建议》《关于尽快完善金江防洪桥头尾两侧人行道工程的建议》，得到县政协及相关部门的重视和采纳。

2007 年，台盟澄迈县支部通过调研，向县政协提交的《关于县城金江自来水厂取水口移至南渡江与大塘河交汇处上游 500 米的建议》得到县政协及相关部门的重视。

2008 年，提交《如何做好金马大道沿路土地的储备和规划》《关于加大建设社会主义新农村建设资金投入的建议》《关于在澄迈县因地制宜地推广种植咖啡的建议》《关于尽快完善解放海南战役决战胜利纪念碑有关设施的建议》等提案，得到县委、县政府的重视。

2009 年，撰写《加强县城交通管理逐步发展城市公交》《关于配套绿地广场卫生设施的建议》《关于在瑞溪镇兴建万吨地面水厂的建议》《人民公安工作必须大力加强的建议》等议案。其中《加强县城交通管理逐步发展城市公交》在县政协八届三次会议上作为大会发言，受到县领导的好评。

2010 年，撰写《坚持和谐搬迁理念 加快县城两岸改造进程》《要妥善解决好村级换届选举存在的突出问题》《发挥地方资源优势 发展沙土甘茨产业》《关于建立瓜菜安全生产基地的建议》《关于将台商种植咖啡的庄园列入休闲旅游规划的建议》等议案。其中《坚持和谐搬迁理念 加快县城两岸改造进程》在政协澄迈县委员会八届四次会议上作大会发言，受到县领导的好评。台盟澄迈县支部提出的《关于在瑞溪镇兴建万吨地面水厂的建议》被县政协列为主席会议督办提案，受到承办单位县水务局的高度重视，瑞溪镇自来水厂供水工程启动，一期投入 400 万元，可以解决瑞溪地区 1.7 万人的安全饮用水问题。台盟澄迈县支部被县政协评为“优秀提案单位”。

四、涉台工作

1999年，对台资企业及台商经营的农场进行遍访，对重点企业进行专访，宣传《中华人民共和国台湾同胞投资保护法》。在专访中，在福山敦茶村种植台湾珍珠石榴的施某希望帮助解决电信线路入场，方便生产经营的问题，经台盟澄迈县支部协调电信部门，得到解决。

2000年，根据台资企业海南长源水产养殖公司负责人的请求，台盟支部协调县法院，对该公司60公顷土地的30多个附着物，依法实施执法，保护台资企业权益。

2001年，开展“以台引台”工作，通过优质服务和座谈会的形式，使台商感受到澄迈的吸引力，引进台商廖某到金安农场投资种植6.67公顷台湾七彩椒，产品销往香港。

2002年，通过走访了解到社会治安对台胞生产经营的重要性，“以台引台”工作需要社会治安做保障。在县政协会议上，提交为台资企业挂牌“社会治安重点保护单位”建议，得到县政协的肯定，为6家台资企业挂“社会治安重点保护单位”牌子，对吸引台资有很大的帮助，吸引3家台资企业到澄迈投资。

2003年，向常住台胞宣传海南海峡两岸农业合作实验区，加大对台招商力度，配合县政府举办招商洽谈会，动员台商20人参加。为台商林某协调解决在福山镇文社村委会承包20公顷土地依法开发事宜。

2004年，为定居台胞服务，在县政协会议期间，提交关于对困难台胞家庭实行低保补助的建议被采纳。在专访重点企业时，在华侨农场投资种植咖啡的台湾台南县原副县长林某说他急需1名小车司机，台盟澄迈县支部及时推荐一位有经验的司机给林某。在抗击“非典”期间，台盟澄迈县支部将《非典防治手册》送到每位台胞手上，体现祖国对台胞的关心关怀。

2005年，正确引导常住台胞认识祖国大陆颁布《反分裂国家法》及连战、宋楚瑜访问祖国大陆等重大事件，通过召开中秋（国庆）、春节座谈会，推介澄迈投资环境，协调有关部门处理台商投诉案件5宗。台盟澄迈县支部主任委员王义俊是省台联理事，由省台联推荐，经全国台联批准同意，被授予“常住大陆台胞服务先进个人”荣誉称号。

2006年，联合县台办开展走访和专访台资企业，在专访中，台胞叶某请求帮助完善其投资福山镇虎岭13.33公顷土地承包手续问题，台盟澄迈县支部和县台办协调福山镇政府，帮叶某完善土地承包相关手续。王义俊主任委员被中共中央统战部、各民主党派中央、全国工商联授予“各民主党派工商联无党派人士为全面建设小康社会做贡献先进个人”称号。

2007年，开展走访和专访，宣传贯彻祖国对台政策，为台资企业提供优质高效服务。6月，配合县台办接待台湾台南县左营镇乡民代表团一行20人到澄迈考察，并与金江镇签订民间交流协议。为台资企业、常住大陆台胞排忧解难，解决生产、生活及经营上的问题及纠纷7宗。

2008年，走访台资企业，宣传祖国统一和“一国两制”政策以及中共中央提出的八项主张；宣传“世界上只有一个中国，大陆和台湾同属一个中国，中国的主权和领土完整不容分割”；宣传中共中央总书记胡锦涛在海南“博鳌亚洲论坛”上对台工作的讲话精神。

2009年，台盟澄迈县支部和县台办对重点台资企业开展专访。台盟支部在莫拉克台风到来之前，到每个台商农场要求做好防控台风的措施，应对50年一遇台风对台胞生产生活的影响。根据一位承包金江镇大拉村土地台商的请求，协调金江镇政府以及大拉村委会化解土地纠纷。中秋前夕，县台盟支部与省台联驻澄迈理事，配合省台联举办澄迈台胞联谊活动。省台联会、县统战部、县台办的领导及县台胞40多人参加联谊活动。

2010年，与县民政局协调，帮助解决60岁以上台湾同胞高龄补助问题。对全县困难台胞进行摸底调查，造册登记，为居住在城镇的困难台胞争取公益性岗位，全县有8名困难台胞符合安排公益性岗位，为困难台胞争取公益性岗位3个。

第二章　群众团体

第一节　县总工会

一、工会组织

1999年，总工会内设机构为“三部、一室”，即组织宣教部、民主管理部、女职工工作部和行政办公室，有在职干部职工19人。下设工人文化宫和职工学校，2个部门有职工8人 。2001年11月，县党政机关机构改革后，“三定方案”核定县总工会各部门机构为组织与宣教部、经济与民管部、女工与法律保障部、政研与行政办公室、经审委办公室，确定人员编制13人，实有23人。下设机构保留工人文化宫和职工教育学校。2008年11月，内设机构增设困难职工帮扶中心。至2010年，机构设置和人员编制不变。

1999年前，县总工会下设县委机关、县政府机关、政法委、宣传部、财政局、人劳局、发改委、商务局、教科局、卫生局、交通局、水务局、农业局、建设局、粮食局、林业局、民政局、热作服务中心、供销联社、旅游委、计生委、海南老城经济开发区等22个系统工会工作委员会。2006年底，增设金江、老城、福山、桥头、中兴、仁兴、加乐、文儒、瑞溪、永发等10个镇工会联合会。从此，全县工会组织形成县总工会—乡镇系统工会—基层工会三级组织管理网络。

1999—2010年，县总工会召开第九、第十届2次会员代表大会，选举产生两届工会委员会。

1999—2010年是澄迈县总工会组织建设和工会工作进入快速发展时期。1999年初，全县工会组织173家，会员总数18861人。截至2010年12月，全县基层工会组织总数409家，其中党政机关、事业单位工会组织208家，"三资"企业工会组织7家，内联、股份制企业工会组织50家，非公有制企业工会组织143家；覆盖职工总数32215人，会员总数29057人，其中女职工12307人，女会员10862人，农民工会员2153人。

二、主要工作

（一）组织建设

1999年，全县新建工会组织71家，其中县党政机关、事业单位48家，乡镇政府工会15家，"三资"企业5家，内联企业3家。

2000年3月，全国总工会提出全面推进非公有制企业工会组织建设，实现最大限度地把各类非公有制企业职工组织到工会中来，最大限度地维护好广大职工的合法权益的工作要求，澄迈县切实加大工会组建工作力度，全面开展非公企业组建调查摸底工作，制定具体组建工作方案。

2001年，新建工会组织23家，其中股份制公司5家，非公有制企业18家。

2002年，新建工会组织21家，其中股份制公司3家，非公有制企业18家。

2003年，新建工会组织13家，其中私立幼儿园5家，非公有制企业8家。

2004年，主要抓好江南、老城、永灵三家糖厂的改制工作。

2005年，新建工会组织17家，其中外资企业2家，非公有制企业15家。

2006年，主要抓好10个乡镇工会联合会的筹建工作和卫生系统各镇卫生院工会换届选举工作。

2007年，新建工会组织24家，其中私立幼儿园16家，非公有制企业8家。

2008年，新建工会组织72家，其中机关、事业单位21家，集体企业3家，非公有制企业48家。

2004—2008年，全县江南、老城、永灵三家糖厂和工交、商业、粮食系统等87家国有企业相继实行改制（覆盖职工7216人），各单位工会组织自然撤销。

2009年，新建工会组织40家，其中机关、事业单位8家，非公有制企业32家。

2010年，新建工会组织41家，其中机关事业单位14家，集体企业1家，非公有制企业26家。

（二）民主管理

1999—2010年，县总工会加强各级工会组织参与企事业民主管理工作，抓好全县企业集体合同签订和劳动工资集体协商工作，在维护企业利益的同时，维护好广大职工的合法权益，至2010年底，全县企业签订集体合同78份，开展工资集体协商试点工作4家；健全企业职工代表大会制，发挥职代会的“五权”（知情建议权、协商审议权、监督评议权、选举罢免权、否决权）作用，提高职工代表参与企业民主管理和民主决策能力，全县教育、卫生系统各单位建立职工代表大会制度；推行“厂（校）务公开”制度，促进企业民主管理工作规范化、制度化建设。截至2010年底，全县国有企业事业单位102家，厂务公开率100%。2000年，县邮政局被评为“全国厂务公开工作先进单位”；2003年，澄迈县被评为“海南省推行厂务公开工作先进单位”；2007年，澄迈县被评为“全国厂务公开民主管理工作先进单位”。

（三）困难帮扶

1998年5月，全国总工会颁发《关于解决部分职工生活困难问题的通知》，海南省总工会要求各市县工会成立送温暖基金会。6月，澄迈县委、县政府下发《关于为澄迈县下岗特困职工捐一天工资的通知》，截至12月底，全县有87个单位干部职工参与捐一天工资活动，筹集资金33389元，建立全县送温暖基金会，为开展送温暖活动提供经济基础。

1999年，春节慰问困难职工和各级劳动模范2200人，发放慰问金26.8万元。

2000年，春节慰问困难职工和各级劳动模范420人，发放慰问金3.5万元。

2001年，慰问困难职工和劳动模范360人，发放慰问金4万元。

2002年，慰问困难企业96家，慰问困难职工2810人，发放慰问金75.8万元。

2003年，慰问困难职工483人，劳动模范14人，发放慰问金5万余元。

2004年，慰问困难企业127家，困难职工412人，发放慰问金97.6万元。

2005年，慰问困难职工795人，发放慰问金16.05万元；“金秋助学”110人，金额4.41万元。

2006年，慰问困难企业113家，困难职工830人，发放慰问金10.12万元；“金秋助学”52人，金额15.6万元。

2007年，慰问困难企业113家，困难职工595人，劳动模范3人，发放慰问金11万元；“金秋助学”223人，金额36.1万元。

2008年11月，成立澄迈县困难职工帮扶中心，中心工作职能由原单一的经济救助拓展为困难帮扶、就业培训、“金秋助学”、法律援助等四位一体。开展慰问特困职工615

户，各级劳模 21 名，救助困难职工和农民工子女上大学 20 名，发放各项资金 16 万多元，为 121 名下岗困难职工提供再就业培训。

2009 年，县总工会筹集帮扶资金 47 万多元。在国庆、中秋两节慰问全国和省（部）级劳模 35 名，特困职工 20 名，发放慰问金 4 万元；元旦、春节期间，陪同省总工会领导走访慰问特困职工 3 户、全国和省级劳动模范 2 名，县总工会走访慰问困难企业 9 家，覆盖困难职工、农民工、劳动模范 2341 户，发放款物 32.6 万元；资助困难职工和农民工子女上大学 38 人，发放助学资金 10.9 万元；职工技能培训 3 场次，280 多人。

2010 年，慰问困难职工、农民工和劳动模范 2172 户，发放款物 23 万元，救助 55 名困难职工和农民工子女解决上大学，发放助学金 20.35 万元，开展日常救助活动，包括困难生活救助、大病救助 61 人次 ，发放资金 7 万多元；培训下岗职工、农民工实现就业 72 人。

（四）职工维权

1999—2000 年，加强企事业职工代表大会制度和厂务公开制度建设，发挥职工代表参与企业民主管理和民主监督作用，维护好广大职工的政治、民主权利。

2001 年，配合县人大、县人劳局等单位，开展对企业贯彻实施《中华人民共和国工会法》《中华人民共和国劳动法》等法律法规情况进行执法大检查，指导职工与企业依法签订劳动合同，维护好职工的劳动权利。检查海南正大水产饲料有限公司、海南珠江管桩有限公司等 18 家企业，督促企业补签劳动合同 320 多份，责令整改项目 7 件。

2002 年，指导 50 名职工以上企业建立劳动争议调解组织，深入基层工会开展对职工思想状况调研及劳动关系矛盾排查，主持调解海南珠江管桩有限公司与职工符某某的劳动关系矛盾，促成双方依法解除劳动关系，公司依法补发职工当月工资和经济补偿金。

2003 年，协助四川省的甘某、周某等 50 名农民工向澄迈县海韵管理有限公司讨回工程拖欠款 11.5 万元。处理其他职工信访件 5 宗。

2004 年，协调县劳动部门解决原县氮肥厂撤并入江南糖厂后 80 多名职工的养老保险费缴交问题和原县织造厂关闭停产后 160 多名合同制职工以个人名义参加养老保险缴交问题。

2005 年，开展全县工会系统“四五”普法教育工作考核验收工作，经上级工会考核评比，澄迈县获得“全国工会系统‘四五’普法教育工会先进单位”称号。

2006 年，协助解决海南金岛无锈钢环保科技有限公司拖欠 10 名农民工工资问题。该公司一次性补发所拖欠 10 名农民工工资 12551 元。指导基层工会处理劳动争议案件 4 宗。

2007 年 8 月，澄迈乡村道路建设工程大丰肖阳段，因承建方拖欠孙某某等 15 名农民工工资，当农民工到海口公司讨薪时，孙某某被打伤到海南医院缝100多针，8月24日，海南日报报道后，引起省总工会领导的重视，指示澄迈县工会和海口市工会查清实情，补发农民工工资。经澄迈县工会和县交通局并与省交通厅协调，8月30日，从县交通局拨出20万元先补发农民工工资，后结算工程款。

2008年6月，原金江糖厂1998年破产处置后遗留的问题引发200多名职工到省政府上访。根据县主要领导指示，县总工会对该事件开展调查，形成报告报县委县政府。经县政府常务会议研究，决定补发357名职工在该厂破产清算期间的生活费814482.31元，补交1999年破产清算期间的1年养老保险费270多万元以及解决职工的医疗保险问题，彻底解决职工上访近10年的历史问题。

2009年，协同省总工会和县劳动监察大队，解决海南珠江管桩有限公司职工长期超时加班，公司不发加班费并扣任务押金等问题，县劳动监察大队责令该厂依法进行整改，补发被扣的20%任务押金；县总工会指导召开职工代表大会，审议通过有关劳动制度及分配方案，完善管理制度建设。

2010年，开展全县工会系统“五五”普法教育工作考核验收工作，经上级工会考核评比，澄迈县获得“全国工会系统‘五五’普法教育工会先进单位”称号。深入澄迈嘉兴学校做好教师因劳动争议引发罢课事件，恢复教学秩序。

三、重大活动

1999年4月，举办全县“妇女权益知识竞赛活动”，县教育局工会队获全县第一名，代表澄迈县参加省总工会举办的全省“妇女权益知识竞赛”荣获二等奖。

1999年、2004年、2008年、2009年、2010年，县总工会与省总工会联合在澄迈县举办5期工会干部“上岗资格”和劳动关系调解员培训班，参加培训人员452人次。

2005年7月、2007年8月、2008年4月，邀请有关专家在老城开发区的通威集团（海南）有限公司、海南福耀玻璃有限公司和大海水产饲料有限公司举办3期职工技能培训，参加培训人员1320多人次。

2005年，根据全国总工会工作要求，在全县开展职工职业道德建设“双十佳”创建活动和创建学习型组织，争做知识型职工活动。澄迈县皮肤防治站的罗大清荣获“第九届全国职工职业道德建设先进个人”荣誉称号。

2008年9月和2010年12月，联合县技工学校举办2期待业人员、农民工“家政服务”“创业技能”培训班，参加培训人数160人次。

2009年，全县各工会开展创建职工之家和创先争优活动。澄迈中学被评为“全国模范职工之家”。

2010 年，澄迈二中被评为“全国模范职工小家”，县医院“120”急救中心被评为“全国巾帼文明岗”，县农业局被评为“全国城乡妇女岗位建功先进集体”。陈玉珍（财政局）、李玉波（永发镇）被评为“全国城乡妇女巾帼建功标兵”。

2010 年，邀请中国劳动关系学院教授姜颖在老城开发区举办工会骨干培训班，授课科目为《中华人民共和国劳动法》《中华人民共和国劳动争议调解仲裁法》《劳动合同法对企业用工的规范与影响》《新形势下的工会维权工作》等，参加培训的工会干部和企业管理人员 128 人次。海南省首届职工运动会排球比赛在澄迈县举行，全省各市、县和省直产业系统工会 20 支体育代表队 320 多名运动员参加比赛活动。

四、劳动模范

1999—2010 年，全县获得省部级以上劳模称号的有 6 人，其中全国劳模 2 人，省部级劳模 4 人（含“五一劳动奖章”获得者 1 人）。

1999—2010 年澄迈县全国劳动模范表

表 12-2-1

姓　名	工作单位	荣获称号	时　间	表彰单位
吴乾发	金江镇大拉村委会	全国劳动模范	2000 年	国务院
王文积	中兴镇农技中心	全国劳动模范	2005 年	国务院

1999—2010 年澄迈县省（部）级劳动模范表

表 12-2-2

姓　名	工作单位	荣获称号	时　间	表彰单位
黄大雄	澄迈县教育局	劳动模范	2000 年	海南省人民政府
李述发	澄迈县金江镇司法所	“五一劳动奖章”	2003 年	全国总工会
许　泉	农民	劳动模范	2009 年	海南省人民政府
陈小敏	澄迈县总工会	先进工作者	2009 年	海南省人民政府

第二节　共青团澄迈县委员会

一、组织机构

1999 年，共青团澄迈县委员会配备干部 6 人，其中书记 1 人，副书记 1 人，办公室主任 1 人，内设办公室、组织部（直属机关团委）、宣传部、学校部、少年部，下辖 29 个基层团委，374 个县团总支，396 个团支部，团员 56202 人。2007 年，团县委增配干部 1 名，其中书记 1 人，副书记 2 人，办公室主任 1 人，学校部和少年部合并为学少部。2010 年，团县委内设办公室、组织部（直属机关团委）、宣传部、学少部，人员编制未变，下辖 30 个基层团委、407 个县团总支、437 个团支部，团员 57076 人。

1999—2010 年，县少工委以换届工作为契机，全面加强各级少先队组织体系建设、活动体系建设、工作队伍体系建设、阵地体系建设和理论研究体系建设。至 2010 年，县少工委配齐配强全县少先队总辅导员，确保专职专用。少先队总辅导员一般任期 3 年，可连任。

二、团员代表大会

1999—2010 年，团县委召开 3 次代表大会。

1999 年 10 月，共青团澄迈县第十二次代表大会在县委礼堂召开，出席代表 146 人，大会听取并审议共青团澄迈县第十一届委员会所作题为《开创澄迈共青团思想工作新局面，推动澄迈共青团工作实现新发展》的工作报告，选举产生共青团澄迈县委第十二届委员会委员 25 名，常委 8 名，候补委员 8 名。

2002 年 6 月，共青团澄迈县第十三次代表大会在县委礼堂召开，出席代表 152 人，大会听取并审议共青团澄迈县委第十二届委员会所作题为《凝聚力量开拓创新 再展新时期共青团风采》的工作报告，选举产生共青团澄迈县委第十三届委员会委员 25 名，常委 7 名，候补委员 6 名。

2007 年 6 月，共青团澄迈县第十四次代表大会在县委礼堂召开，出席代表 155 人，大会听取并审议共青团澄迈县第十三届委员会所作题为《牢固树立科学发展观 服务党政中心工作 团结带领全县团员青年为建设和谐澄迈贡献力量》的工作报告，选举产生共青团澄迈县委第十四届委员会委员 25 名，常委 8 名，候补委员 10 名。

三、组织建设

团县委通过“建立健全组织领导、细化实施方案、积极搭建平台”等 3 项举措，在全县范围内团结党员、团员青年，推进团建工作，以实际行动做好团的组织建设，按照团章规定履行入团程序和入团手续，做到程序完备、手续齐全、档案完整，并建立优秀团员、团干部、团组织表彰制度。

1999 年起，落实党建带团建、“三会两课一制”、推优入党、团费收缴等制度，对全县各级团组织建设、团干部队伍建设、团员队伍建设等情况进行调查摸底，做好全县团情统计工作，培育和推出示范性基层服务型团组织，召开澄迈县团员发展和管理座谈会。

2002 年，团县委将全县中学团员发展名额分配从县一级进行统筹，控制团员发展数量，确保总量调控任务落实到位，针对个别学校团学比较高的，在防止“关门主义”的基础上大幅度降低年度团员发展名额，将团学比控制在要求范围内。

2005 年，团县委制定并报送年度团员发展计划，开展团干部联系服务基层工作，制定团县委班子成员联系点工作方案。

2008 年，团县委顺利完成村级团组织换届选举工作，选出 186 个团支部书记。

截至 2010 年，团县委机关全体干部、领导班子和书记配备率三项指标均达到 100%，全县有基层团委 30 个，团总支 407 个，团支部 437 个，团员 57076 人。

四、主要工作及活动

（一）主题文化活动

1999—2010 年，团县委在每年“植树节”期间组织团员青年开展全民义务植树节活动。通过植树活动，团员青年体验劳动的乐趣，意识到爱护树木、保护森林，维护生态平衡的重要性，提高绿色环保意识，美化心灵，发扬前人栽树、后人乘凉的精神，为创建生态文明家乡贡献青春力量。

2000 年 3 月，在植树节来临之际，团县委组织 30 余名团员学生参加澄迈县植树月活动暨澄迈县全民义务植树节启动仪式。4—5 月，团县委联合县教育局开展“母爱无疆”主题征文活动。

2003 年 3 月 5 日，团县委联合县交警大队开展文明交通劝导志愿服务活动；4 月，组织中小学校团员青年举办“我劳动 我快乐”公益健走活动，向青年学生发放禁毒、自护教育等宣传资料，组织志愿者开展环卫生境整治。11 月，团县委组织全体干部职工在金江镇主要道路开展环境卫生整治。

2004 年 3 月 5 日，团县委开展“3・5”学雷锋志愿服务活动，推动志愿服务工作常态化，弘扬雷锋精神。3 月 10 日，团县委组织 20 名志愿者组成学雷锋环保志愿服务队，对街道及周边的环境卫生进行打扫清理，清除“白色污染”。5 月，团县委组织团干部、青年志愿者开展纪念“五四”青年节交流和实地参观考察活动。11 月，团县委承办首届中国青年欢乐节暨第五届中国海南欢乐节澄迈县分会场“青春对对碰”欢乐游园活动。

2005 年 1 月，在金江绿地广场举行“永远跟党走”广场文艺晚会。8 月，举办“青春献给信用海南——青年文明号信用示范行动暨首届澄迈青年文明号文化节”。11 月，举行澄迈县“遏制艾滋 履行承诺”预防艾滋病广场文艺晚会。

2006 年 4 月 20 日，与县国税局、地税局组织开展主题为“依法诚信纳税 共建小康社会”为主题的演讲比赛活动，全县有 9 名团员参加决赛，500 多名团员青年观看比赛。4 月 22 日晚，在金江绿地广场举行以“依法诚信纳税 共建小康社会”为主题的游园活动，吸引2万多学生、市民踊跃参与，营造“依法诚信纳税”的社会氛围。5月31日，团县委联合县教育局、县委政法委、县妇联在县一小组织开展“同在蓝天下 快乐共成长”澄迈县庆“六一”关爱困难未成年人主题活动。

2006年5—7月，与县委宣传部、县教育局开展“红色之旅”读书、演讲比赛活动。7月1日，团县委在县委常委会议室召开社会主义荣辱观教育动员大会。澄迈中学、白莲中学团委也举行践行社会主义荣辱观教育活动，取得良好效果。

2007年2月，团县委联合金江镇委、镇政府和中国移动海南公司澄迈分公司在金江镇太平塘北村举办“青春暖流　共享和谐”春节慰问革命老区文艺晚会。12月，在澄迈中学启动第三届全省少年儿童书信文化活动。

2008年4月，团县委联合海南大学团委、永发镇委、镇政府举办“心系奥运盛会 放飞青春梦想”文艺晚会，展现当代青年开拓创新、奋发进取的精神风貌

2010年4月，举办“弘扬五四精神　传承创业梦想”——澄迈县2010年企业青年文艺会演。

（二）捐赠活动

1999年12月，团县委举行“冬日阳光温暖你我”捐赠活动，为澄迈县200名贫困少年儿童带去特殊关爱。

2000年8月，团县委发动爱心企业家为农村小学捐赠桌椅等设备。

2001年6月，由团县委、县少工委、县教育局联合举行的“弘扬雷锋精神 共筑精神家园”图书捐赠仪式，在县一小举行。

2003年，为帮助澄迈县30多名考取大学却因家境困难而无力上学的高考优秀特困生顺利完成大学学业，团县委联合县教育局、县委统战部、县总商会于7月25日印发《爱心济困助学倡议书》，设立澄迈县爱心济困助学基金，深入到各机关单位、工厂、企业等进行动员，呼吁社会各界为贫困生捐资助学，架起济困助学的桥梁。机关干部、各界人士慷慨解囊，捐款11万多元。

2006年，举办《直播海南》爱心助学阳光行动“用我双手挣学费巡回募捐”（澄迈站）活动。

2007年2月，团县委在金江镇太平塘北村开展“青春系百姓 春联送农家”为困难村民现场赠送春联活动。8月，团县委开展“喜迎奥运 播撒文明 捐一本书 建爱心图书室”捐书活动。

2008年“5·12”汶川特大地震发生后，开展“青春携手援灾区”活动。5月16日，召开全县缴交一次特殊团费动员大会，发动团员缴交一次特殊团费。5月17日，组织澄迈

中学、县二中、县三中、县职业技术学校等青年志愿者走上街头开展“抗震救灾 奉献爱心”募捐活动，授权金江金丽时尚服装店设立“抗震救灾募捐箱”固定点。活动收集善款68000多元，各基层团委组织开展志愿者街头募捐、缴交特殊团费活动，筹措善款大约15万元。

2009年，开展建立志愿者爱心图书室活动。来自志愿海南爱心社、南国都市报和澄迈县的志愿者捐赠各类图书12000册，建成爱心图书室4间。举行“为挽救垂危花季少女”爱心捐助活动，为13岁患系统性红斑狼疮病名山小学学生林菲献爱心募捐，向全县团员青年发出为林菲同学献爱心的倡议，为林菲筹集资金33000余元，解决其家庭困难，使林菲得到治疗和康复出院。

2009年3月，西南重大旱情牵动着澄迈青少年的心，团县委向全县团员青年、少先队员发出倡议，联合各中小学校、各基层团组织发起爱心捐赠活动，为灾区人民提供力所能及的帮助，借机宣传节水意识，号召大家从自身做起，珍惜点滴之水。截至4月20日，团县委收到爱心捐款约70000元。6月，团县委在三楼会议室举行支持基层团委赠送电脑仪式，向澄迈县各镇团委赠送电脑各1台，推进基层团委无纸化办公工作，提高工作效率。

2010年4月22日，团县委举行爱心捐款仪式，向灾区人民奉献爱心。4月27日，澄迈信昌园酒店团委在会议室举行“情系玉树 爱心募捐”爱心捐款活动，员工代表向玉树灾区捐款10028.3元。

（三）青年文明号活动

澄迈县公安消防大队金江中队始建于1991年，为发挥警民共建这个载体优势，每逢“六一”国际儿童节、“119”、“学校安全教育周”，以及其他节假日，都深入到学校、企业、社区、乡镇传授基本的防火、灭火常识。2000年，在抗洪救灾中被评为抗洪抢险先进单位，2010年，5名官兵在抗击“10·17”特大洪涝灾害中荣立三等功。

海南省公安消防总队澄迈大队特勤中队始建于2003年，自建队以来，中队官兵在党支部和团支部的领导下，以争创“省级青年文明号”为载体，以灭火救援工作为中心，发挥团员青年的先锋模范作用，完成澄迈县所有灭火救援和灾害事故抢险救援工作。

2004年，团县委深入到金江镇3个村委会慰问困难老党员、五保户等困难家庭8户，送去春节的问候和祝福。

2005年8月，澄迈县行政审批中心青年文明号集体一行19人下乡看望和帮助澄迈三中的贫困学生。12月，和城监大队组织“献爱心支援薄弱群体”捐款活动，募捐10000余元。

2008年，在全县各行业开展青年文明号活动。春节期间，组织“青年文明号”单位县移动公司深入特困户、特困大学生家中走访慰问，建立长期结对帮扶关系；深化“青年文明号”创建活动，有1人（县公安局禁毒大队队长刘吟）获得“海南省青年岗位能手”称号；10家单位（澄迈边防支队特勤分队、海汽运输集团有限公司澄迈分公司快车乘务班、澄迈县公安局交警大队、澄迈县老城公安消防中队、澄迈县国税局办税服务厅、澄迈县永发人民法庭、澄迈县邮政解放路支局、澄迈县邮政局福山支局、中石化海南石油分公司澄迈老城加油站、澄迈县行政审批中心和投资服务中心）新命名或重新命名为“海南省青年文明号”集体，2家单位（中国移动海南公司澄迈分公司解放路营业厅、澄迈县老城人民法庭）被新命名或重新命名为国家级“青年文明号”集体。

2009年2月，中国移动海南公司澄迈分公司举行国家级“青年文明号”揭牌仪式，中国移动海南公司团委副书记耿川代表公司宣读工业和信息产业部、共青团中央的表彰决定。9月21—22日，为期2天的海南省各级青年文明号集体负责人培训班在博鳌金芙蓉度假村举行，提高对青年文明号创建工作重要性的认识，明确新形势下创建工作的内容和重点。6月底至7月初，团县委成立检查组对澄迈县各省、县级青年文明号集体进行检查，督促参与国际旅游岛建设、服务群众生活、促进青年成长的积极性，加强团员意识教育。

2010年，海汽澄迈县旅游咨询服务中心开展“青年文明号”便民活动，在旅游咨询服务中心设置便民服务措施，开展营销宣传进社区活动，以为群众出行提供服务使“青年文明号活动”从岗位走向社区。

（四）青年就业创业活动

1999年，团县委组织召开澄迈县大学生返乡创业座谈会，鼓励与扶持返乡大学生创业，引导社会关注创业青年的实际困难。

2005年，团县委组织返乡大学生、农村青年参加返乡创业培训、农村青年电商培训，加强各领域创业青年的交流学习，调动农村创业青年的积极性。

2008年，团县委组织召开返乡创业青年面对面座谈会，返乡创业青年代表踊跃发言，结合自身工作和创业经历，围绕返乡创业初心、创业中存在的问题进行交流，返乡创业青年介绍自己的创业经验，传授自己的技术，帮助青年投身家乡振兴。

2009年，出台《2009年澄迈共青团促进青年就业创业行动实施方案》，以单位工作经费的20%用于保障青年就业创业工作的开展。4月20日，澄迈县首批青年就业创业见习基地授牌及签约仪式举行，团省委学少部副部长欧海敏、团县委书记王小燕、县就业局局长郑光伟出席仪式，发放国家级“青年就业创业见习基地”1个、省级“青年就业创业见习基地”8个，为青年提供就业创业见习岗位135个，岗位涉及农技师、保安、美容师等领域。有30名青年与各青年就业创业见习基地签订《青年就业见习协议书》。同年4

月 29 日，举行澄迈县纪念五四运动 90 周年表彰大会暨青年就业创业志愿辅导团开班仪式，成立由海南大学教授、海南大学就业指导服务中心主任周孝怀、海南大学学生部部长、学生处处长王大群，县农技中心副主任、高级农技师王泰吉等 8 名有专业知识和施教经验的高校、社会各界人士组成的澄迈县青年就业创业志愿辅导团。县四套班子领导出席指导并为辅导团成员颁发聘书。仪式结束后，周孝怀教授以主题为“利用各种资源尽快实现青年就业创业”进行专题辅导，来自基层团委的书记、县职校学生代表、优秀青年岗位能手、农村青年创业致富带头人、城镇待业青年、返乡青年农民工、农村“两后生”400 多人参加培训。

2010 年，搭建融资平台，发放贷款 400 余万元。巩固“青年就业创业见习基地”，有 10 家见习基地，为青年提供就业创业见习岗位 62 个，岗位涉及农技师、保安、美容师等领域，有 35 名青年和各青年就业创业见习基地签订《青年就业见习协议书》。开展青年就业创业技能培训，举办青年就业创业培训班 4 期，培训农村青年 530 人。吴一凡返乡创业从事海南黑山羊养殖，通过学习、摸索、尝试、从理论到实施，反复研究总结出一套行之有效的海南黑山羊养殖技术。

（五）青少年德育教育

1999 年，团县委、县教育局等 7 家单位联合开展“净化网吧”专项治理工作，对县城 10 余家网吧进行突击检查，加大打击“黑网吧”，查处违规网吧的力度。

2000 年，团县委、县公安局联合组成检查组，对学校周边的“卡通”彩票进行打击，净化学校周边环境。

2004 年，团县委联合县教育局、关工委在冯平、符节英雄纪念碑前开展“清明节 祭先烈”活动，700 多名师生参加活动。

2005 年，6 月 30 日，团县委在澄迈二中操场开展“民族精神代代传”主题教育活动启动仪式。7 月 1 日，组织全县各镇团干部、团员青年开展“红树岭 红色之旅”活动，青年团员亲身经历和真实体验革命先烈矢志不渝、艰苦奋斗的崇高精神，激发青少年热爱党、热爱祖国的壮志豪情，增强共青团活动的吸引力和感染力。

2006 年 4 月，团县委组织县城近万名团员到冯平、符节革命烈士墓开展“缅怀革命烈士万人扫墓”活动，在烈士墓前进行入队、入团宣誓仪式，倾听革命故事等活动。6 月，组织青年文明号集体的团员、党员干部 70 多人到王文儒烈士墓前开展“接过党旗跟党走”红色教育活动。

2008 年，全县各级团组织以建党、建团、五四运动、纪念改革开放 30 周年等纪念日和入团、入队、18 岁成人宣誓等时刻为契机，以“我与祖国共奋进”“民族精神代代传”

王“追忆英雄事迹　缅怀先烈伟绩”等主题教育活动为载体，以召开纪念大会、爱国主义报告会、“知荣辱　促和谐”社会主义荣辱观宣讲等形式，对青年进行爱党、爱国、爱社会主义教育。

2009年，在全县中小学校、基层团组织中开展“向国旗敬礼　做一个有道德的人”网上签名寄语活动，激发青少年的爱国主义热情，引导做一个有道德的人。

2010年4月，团县委下发通知要求各级共青团、少先队组织开展“追忆英雄事迹　缅怀先烈伟绩”主题活动，全县参加活动人数18600人。

（六）青年志愿者活动

1999年，团县委联合澄迈中学各年级班主任开展关于《中华人民共和国未成年人保护法》的普法宣传活动，加强学生的法律意识，提高学生依法维权的能力和法律素质。

2000年，团县委组织志愿者到福山中学、老城中学开展以“知路爱路护路”为主题的宣传教育活动。团县委联合县教育局组织全县中小学校开展网络文明传播志愿服务活动。团县委组织澄迈中学团员青年志愿者20余人对学校周边环境进行清理。

2002年，团县委组织澄迈中学、澄迈二中、澄迈三中及各县城小学开展“美化金江　从我做起”环保志愿活动，5000多人参与活动。开展“阳光助残”志愿服务活动。

2003年，团县委组织青年志愿者开展“你我同心　抗击非典”活动，通过走村入户，宣传预防和控制非典型肝炎。暑假期间团县委动员组织青年志愿者参与“新型农村合作医疗自行车宣传服务”活动，深入全县各镇、各村与农民群众进行面对面的宣传，发放、张贴宣传材料6000多份，动员8000多名农民参加新型农村合作医疗。团县委联合海南大学、海南经济技术职业学院等高校，开展“你我同心　抗击非典”活动。

2004年，团县委组织各级青年文明号集体、各机关及企业青年志愿者服务队在金江镇黄龙村开展以“弘扬志愿精神　服务千家万户　建设美丽家园”为主题的青年志愿者服务活动。

2005年，在团县委的部署下，各基层团组织开展“弘扬雷锋精神　参与志愿服务”活动。

2006年，团县委在永发镇后坡村委会开展“青年志愿者到咱村来——澄迈县青年志愿者真情助困进万家春节慰问”活动，活动主要有慰问、义修、义剪、义诊、交通知识和预防艾滋病知识宣传、农业知识咨询等，送春联1000多幅，义务理发80多人，发放农业技术咨询资料1400多份，接受群众咨询2000多人次，义诊500人次，发放药品价值1000多元，义务修理电器63件，召开座谈会，慰问贫困学生、贫困村民和老党员10人，发放慰问金和慰问品约2000元。组织青年志愿者配合县消防大队做好“119消防日”的宣传，宣传“四进”（消防宣传进企业、进学校、进农村、进社区）活动。组织青年志愿者在澄迈县长安工作站、白莲工作站的居委会进行新型农村合作医疗的宣传工作。

2007 年，团县委、县青年志愿者协会联合澄迈中学、澄迈县人民医院开展高考志愿服务活动。

2008 年，组织澄迈中学、澄迈二中、澄迈三中、澄迈移动公司、澄迈消防大队志愿者 1200 多人，在金江镇各条街道、卫生死角开展大扫除活动，发放宣传单 1000 多份，出动志愿宣传车辆 1 辆，参与人数 3 万人次。澄迈县青年志愿者参与红塔杯 2008 年环岛国际公路自行车赛金江赛段的赛事服务工作。

2009 年 3 月 5 日，在县委礼堂举行“弘扬志愿精神”报告会，邀请 2008 年奥运志愿者杨利、志愿海南爱心社社长郑兴杰，讲述他们参与志愿服务活动的故事、讲解做好一名志愿者和在志愿服务中应该注意的事项，邀请县奔赴四川抗震救灾的县疾病预防控制中心陈元良和杨冬明讲述自己在救灾防疫过程中的亲身体会和所见所闻。会后有 316 名学生申请加入志愿者行列。志愿服务第七届盈滨龙水节及第二届福山咖啡文化节活动，组织 200 名青年志愿者在各会场设立志愿服务点，为参加龙水节、文化节的嘉宾、群众提供志愿服务。7 月 20 日，团县委环卫监督志愿者活动启动仪式在金江镇举行，为盈滨龙水节服务，组织 120 名青年志愿者在各会场设立便民服务点，为参加龙水节嘉宾、群众提供便民服务。10 月，在澄迈县“创建绿色家园 推进生态文明示范省建设”启动仪式上，来自澄迈中学、澄迈二中 60 名教师志愿者共栽种树 900 余株。志愿服务红塔杯环岛国际公路自行车赛金江赛段的赛事活动。澄迈县有 1 个单位（澄迈第二中学志愿者服务队）获得 2007—2008 年度“海南省优秀青年志愿者服务集体”称号，1 人（澄迈地税局团总支书记陈小松）获得 2007—2008 年度“海南省杰出青年志愿者”称号；1 人（澄迈中学团委副书记姜童）获得 2007—2008 年度“海南省优秀青年志愿者”称号。

2010 年，志愿服务第十一届海南岛欢乐节活动，组织 350 名青年志愿者在福山咖啡主会场设立志愿服务点，为参加欢乐节嘉宾、群众提供礼仪、接待、导向服务。在全县青少年中深化“志愿海南 青春飞扬”国际旅游岛志愿服务行动，成立国际旅游岛志愿服务分队，开展文明劝导、宣传景区、服务游客等旅游景区结对志愿服务，组织国际旅游岛宣传、环境整治、便民服务、扶贫助困等志愿服务。组织爱心志愿青年赴农村于春节前后联合关工委对澄迈县的特困家庭大学生、留守少年儿童、孤儿以及敬老院进行走访慰问。

（七）希望工程

1999 年，团县委成立帮助贫困大学生专项小组，开展入户走访核查，启动“希望工程圆梦行动”，经过学校组织的发动响应，全县 80 余名学生提交申请资助。

2000 年，团县委举行募捐活动，呼吁爱心企业和社会人士参与到捐资助学、扶危济困的行动中来，帮助考上大学家庭困难学生上学，收到捐款 100000 余元。

2002 年，在团县委的发动下，各爱心企业大力支持，澄迈县高考贫困生通过希望工程获得资助，减轻家庭负担。

2004 年，团县委以服务广大优秀贫困学生为己任，以筹集高考特困生助学金为载体，发挥共青团组织优势，筹资 160 多万元，资助 400 多名特困生。

2005 年 8 月，举办澄迈县 2005 年希望工程“圆梦大学”助学金发放仪式。

2006 年，为帮助困难优秀大学生筹措学费，团县委开展“用我双手挣学费”巡回募捐活动，收到捐款 103800 元。

2006 年，“爱心助学圆梦行动”收到 10 万多元捐助款，资助 20 多名贫困大学生，每人约 4000 元。

2008 年，举行 2008“爱心助学•阳光行动”澄迈县启动仪式，7 月 29 日，“爱心助学•阳光行动”澄迈县启动仪式在老城西海岸酒店举行，县各机关、企事业单位、社会各界人士献出爱心，募得善款 264 万元。对申请资助的学生进行审核把关，经报县委同意，对陈虹等 51 名准贫困大学生进行 3000 元或 4000 元学费资助，发放资金 196000 元。9 月，COSL 援建海南希望小学启动仪式暨澄迈“中国海油 COLS 希望小学”奠基仪式在福山镇博才小学举行，由中海油公司资助该校危旧校舍及硬件设施的改造，将该小学命名为“澄迈县中国海油 COSL 希望小学”。

2010 年 7 月，省希望工程助医计划第一所“希望卫生室”在永发镇龙楼村落成。

（八）少先队活动

1999年2月，团县委、县少工委到县一小，给该校外来工、残疾人、特困户子女送去大批食品、礼物和慰问金，登门了解情况，在新年到来之际，给他们送去温暖和鼓励。 10 月，团县委、县少工委联合开展“争做四好少年”主题活动，培养队员们的理想观，加强学校精神文明建设。

2001 年，团县委、县少工委组织开展“队形队列”展示活动，丰富校园文化生活，营造和谐向上的育人氛围，培养学生集体荣誉感。

2002 年，团县委、县教育局、县少工委在县一小开展“红领巾小健将”队课，加强少年儿童对遵守社会规范的认识，培养互相帮助、互相配合的精神。10 月，为庆祝中国少年先锋队建队 53 周年，团县委、县少工委举行 2002 年新队员入队主题队日活动。

2003 年，“六一”国际儿童节到来之际，团县委、县少工委组织志愿者到澄迈县实验小学开展志愿服务活动，帮助和陪伴农民子女度过一个快乐的节日。

2005 年，为纪念中国少年先锋队建队 56 周年，增强少先队组织的吸引力、凝聚力和战斗力，展示澄迈县少先队员才艺风采，让广大的少先队员度过一个喜庆、祥和的节日。团县委、县妇联、县教育局、县少工委联合在县实验小学开展澄迈县少先队员个人才艺比赛活动。

2006 年 4—6 月，组织学生参加“第二届全国少年儿童书信写作比赛”活动，引导少年儿童加深与父母的情感沟通，增强家庭责任感和社会责任感，呼吁全社会倾听孩子的心声，为少年儿童健康成长创造良好的社会环境，有 5000 多名团员、少先队员参加投稿。5 月 31 日至 6 月 1 日，团县委联合县委政法委、县教育局、县妇联、县少工委在县一小举行“同在蓝天下 快乐共成长”澄迈县庆“六一”关爱困难未成年主题系列活动启动仪式，为贫困学生赠送 4 份学习用品和慰问金，捐款 1700 元。

2007 年，为庆祝中国少年先锋队建队 58 周年，引导队员们继承和弘扬少先队的光荣传统，增强少先队员的光荣感和自豪感，团县委、县教育局、县少工委在实验小学开展“迎奥运 庆建队”澄迈县庆祝中国少年先锋队建队 58 周年“今天我当家”少儿厨艺烹饪大赛。

2008 年，团县委、县教育局、县少工委开展“五个一”（一面团旗、一本支部工作手册、一册团活动记录簿、一套基础资料、一份团报团刊）活动纪念庆祝少先队建队 59 周年，主要开展以“举队旗、学队章、戴领巾、敬队礼、重温入队誓词”为主要内容的队日活动，强化少先队员队史、队情、队知识教育，激励他们继承和发扬少先队的光荣传统，增强加入少先队的光荣感和自豪感。

2009 年 10 月 13 日是中国少年先锋队建队纪念日。10 月，在实验小学召开澄迈县纪念中国少年先锋队建队 60 周年系列活动开幕式、“庆队日 爱科学”少儿手工艺及小发明展示、“庆队日 画成长”少儿书画比赛、“祖国发展 我成长”少儿演讲比赛，在县委礼堂举行“祖国发展 我添彩”少儿歌舞乐器大赛。

2010 年，开展“少代会我们共同关注”全国统一主题队日活动。组织全县少先队员收听中央人民广播电台“中国之声”10：30—11：00 播出的第六次全国少代会专题节目《时刻准备着》。6 月 1 日晚收看中央电视台少儿频道《大风车》栏目及 19：30 播出的全国少工委办公室联合制作的第六次全国少代会特别节目，组织少先队员登陆第六次全国少代会专题网站，了解大会情况。通过团县委推荐，县一小杨灵芝同学当选为全国少代会代表，参加第六次全国少代会。

（九）禁毒宣传活动

1999 年，为做好全县青少年禁毒预防教育工作，促进校园禁毒宣传教育，团县委、县少工委、县教育局联合到澄迈中学开展“无毒校园”禁毒宣传活动。

2000年3月，团县委、老城镇团委在老城镇联合开展禁毒“流动课堂”宣传志愿服务活动，为老城居民讲解毒品危害知识。6月，团县委联合相关职能部门开展“6·26”国际禁毒日主题活动。8月，团县委邀请禁毒讲师在澄迈中学开展“远离毒品——防毒行动”禁毒活动。

2001年4月，团县委联合县教育局在全县校内开展禁毒知识竞赛活动，使学生加深对禁毒知识的了解。6月，团县委组织志愿者在金江镇人流集中地向过往群众发放300多份禁毒宣传手册。10月，团县委联合全县中小学校开展“国旗下的讲话”禁毒宣传教育活动。

2002年8月，团县委走进中兴镇开展禁毒宣传志愿服务活动，为周边居民讲解普及毒品危害知识。11月，举办2002年澄迈县禁毒志愿者培训班，规范禁毒志愿者服务体系，加强学校禁毒志愿者队伍建设。12月，团县委在金江镇客运站周边开展禁毒宣传进社区活动。

2003年3月，团县委、县妇联、县总工会联合开展禁毒进乡村宣讲活动，提高乡镇群众识毒、防毒、拒毒的意识。6月，团县委联合相关职能部门在澄迈中学开展“6·26”国际禁毒日宣传教育活动启动仪式。

2004年，团县委组织学生参加省少工委组织的中小学生禁毒征文比赛，全县投稿2500多篇。

2006年，来自全县的团干部和瑞溪中学学生3000多人在瑞溪中学举行“澄迈县青少年远离毒品 遏制艾滋万人宣誓签名活动月”启动仪式。

2007年，团县委联合相关职能部门开展“依法禁毒 构建和谐”禁毒宣传教育系列活动。

2008年“6·26”国际禁毒日，联合县司法局在金江镇设立禁毒宣传咨询点一个，现场播放禁毒录像，展示禁毒图片。散发宣传单和《中华人民共和国禁毒法》手册3000多份，组织团员青年参与县“6·26”国际禁毒日宣传活动主会场的活动。老城镇团委、永发镇团委、县二中团委、山口中学团总支等开展禁毒咨询、参观戒毒展览、帮教等活动。

2009年，设立澄迈县2009年“6·26”国家禁毒日禁毒宣传咨询点，现场以悬挂《中华人民共和国禁毒法》知识挂图、发放宣传资料、悬挂禁毒横幅标语、设立宣传教育台等方式开展禁毒宣传，发放《中华人民共和国禁毒法》宣传本500余册、《禁毒知识问答》等宣传资料500余份，接受咨询100余人次。

2010年，征集100名禁毒志愿者，和县公安局联合成立禁毒志愿者大队，禁毒宣传活动统一行动日在县委东门开展禁毒志愿活动，发放禁毒宣传教育资料、画册等2000余份。组织部分志愿者深入各社区、娱乐场所发放禁毒倡议信6000余份。

（十）村级团组织换届选举

1999 年，根据《中国共产主义青年团章程》，加强对村级团组织换届选举工作的领导，做好村级团组织班子成员的考察工作，严格候选人资格条件。推进换届宣传工作，营造良好的换届氛围。

2002 年，成立村级团组织换届选举工作筹备小组，召开村级团组织换届选举工作动员大会以及团员青年和青年代表会议，对换届选举工作进行动员和部署。

2005 年，中兴镇村级团组织换届选举工作，率先在仁洞村开展，大会选举产生仁洞村新一届团支部委员会。

2008 年 7 月，制定并下发换届选举工作材料，各村排好换届时间表，做好团员登记、选举办法制定、候选人推荐等准备工作。坚持民主选举办法，确保每位团员青年的选举权和被选举权，维护广大青年权益。

2010 年，推进村级团组织换届选举工作。根据中国共产主义青年团章程和中国共产主义青年团基层组织选举规则（暂行）规定》及《关于在全省村（社区）党组织换届选举工作中抓好村级团组织换届选举工作的通知》文件要求，团县委与县委组织部联合制定《关于在全县村级党组织换届选举工作中抓好村级团组织换届选举工作的通知》，要求澄迈县村级团组织换届工作按程序进行，做好村级团组织换届选举工作部署和推进工作。

1999—2010年共青团澄迈县委员会获奖授誉一览表

表 12-2-3

序号	获奖时间	获奖者（单位）	奖项	获奖级别
1	1999 年	县公安局徐敏	1998 年度“全国青年岗位能手”	国家级
2	2002 年	县公安局交警大队吴伟文	2001 年度“全国青年岗位能手”	国家级
3	2002 年	团县委	第四届“乡村青年文化节”优秀组织单位	国家级
4	2003 年	白莲中学初三（5）班团支部	2003 年度“省级五四红旗团支部”	省级
5	2004 年	团县委	“首届中国青年欢乐节组织奖”	国家级
6	2004 年	团县委	“海南省共青团工作创新奖”	省级
7	2005 年	团县委陈屿	2004 年度“全国青年中心建设试点工作先进个人”	国家级
8	2005 年	团县委	“中国少年儿童平安行动”优秀组织奖	国家级

续表 12-2-3

序号	获奖时间	获奖者（单位）	奖项	获奖级别
9	2008 年	县第二中学团委、永发镇团委	2007 年度“海南省五四红旗团委”	省级
10	2008 年	山口初级中学团总支	2007 年度海南省“五四红旗团（总）支部”	省级
11	2008 年	白莲中学学生王菲	2007 年度“海南省优秀共青团员”	省级
12	2008 年	团县委吴坚平、澄迈中学周云	2007 年度“海南省优秀共青团干部”	省级
13	2008 年	县人才劳动力市场、中国移动海南公司澄迈分公司解放路营业厅、老城人民法院	2007 年度“全国青年文明号”	国家级
14	2008 年	团永发镇委	2008 年度“海南省五四红旗团委”	省级
15	2009 年	永发镇永跃社区居民曾德斌	2008 年度“全国优秀共青团员”	国家级
16	2010 年	团县委	2010 年度“海南共青团情况调查工作先进单位”	省级
17	2010 年	团桥头镇委	2009 年度“海南省五四红旗团委”	省级
18	2010 年	澄迈县政务服务中心团支部、澄迈县第二中学高一（1）班	2009 年度“海南省五四红旗团支部（总支）”	省级
19	2010 年	中国移动澄迈分公司综合事务员罗冰、老城中学学生符丽芬	2009 年度“海南省优秀共青团员”	省级
20	2010 年	瑞溪中学团委书记岑选平	2009 年度“海南省优秀团干部”	省级
21	2010 年	团县委曹玉金	2010 年度“海南共青团情况调查工作先进工作者”	省级
22	2010 年	团县委曾祥涛	2009 年度“全国优秀共青团干部”	国家级

第三节　县妇女联合会

一、组织机构

1968 年 4 月，县妇联被撤销，由县革命委员会政工组负责妇女工作。1973 年 7 月恢复，一直沿袭不变。2010 年，县妇联配备干部 7 人，设主席 1 名，副主席 2 名，各部室干部 4 人。下设 6 个部室，分别是办公室、权益部、发展部、组联部、宣传部、儿童部。管辖乡镇妇联 11 个，176 个村（居）委员会妇代会。

二、代表大会

1998 年 8 月，澄迈县妇女第九次代表大会在金江镇召开，会议出席代表 240 人。大会选举产生澄迈县妇女第九次代表大会委员 29 名。谢爱珠当选为县妇联主席，王瑞琼、徐琼玉、洪业转当选为县妇联副主席。

2003 年 12 月，澄迈县妇女第十次代表大会在金江镇召开，会议出席代表 170 人。大会选举产生澄迈县妇女第十次代表大会委员 35 名，常务委员 11 名。李秋波当选为县妇联主席，王小香、陈玉娥当选为县妇联副主席。

2008 年 12 月，澄迈县妇女第十一次代表大会在金江镇召开，会议出席代表 180 人。大会选举产生澄迈县妇女第十一次代表大会委员 35 名，常务委员 11 名。徐琼芳当选为县妇联主席，王小香、赵瑞平当选为县妇联副主席。

三、主要工作与活动

（一）慰问捐助活动

1999 年，县妇联组织慰问团、乡镇妇联组织慰问队赴各村、单位慰问老革命、老党员、高龄老人 186 人，发放慰问金 18500 元。

2000 年，组织全县妇女为受灾群众捐款捐物，奉献爱心，捐衣物 75 件，捐款 59500 元。

2001 年，各级妇联组织开展庆“六一”国际儿童节活动。5 月 29 日，县委常委陈平辉及县妇联主席谢爱珠一行携带礼品到县机关幼儿园慰问幼师和孩子们，全县“两节”期间使用活动经费 5 万多元，向贫困母亲和失学儿童捐款 2019 元。

2002 年，开展“尊老敬老月”活动，为老年特困母亲献爱心，各乡镇妇联和机关妇委会慰问老年特困母亲 76 人。

2005 年，慰问老年、特困母亲、老党员、贫困孤寡老人 82 人，给台风受灾地区的妇女儿童送温暖，给灾区捐款 2480 元。在“六一”国际儿童节前夕，对 55 名贫困儿童进行慰问，送去慰问品及慰问金 3600 元。

2007 年，县妇联到县农机二厂等单位对 17 名特困下岗女工和部分离退休老干部进行慰问，送去棉被、花生油、粉丝、挂面等慰问品和慰问金 5000 元。

2009 年，开展“尊老敬老月”活动。到金江镇长安等地看望慰问 80 名老年特困母亲、老党员。

2010 年 1 月，开展慰问和送温暖活动，慰问老年、特困母亲、老党员、孤儿、贫困孤寡老人 90 人，送去慰问品和慰问金。10 月，在抗洪救灾期间，慰问贫困妇女儿童 13 户 21 人，跟踪帮扶受灾妇女重修房屋，支持 15000 元帮助解决住房问题。7 月，选送 4 名孤儿参加“冉冉朝阳，慈善蓝天行”孤儿游省城公益活动，促成结对帮扶，对特困残疾儿童进行慰问。12 月，实施“关爱留守儿童”行动，创建农村流动留守儿童书屋 1 个，发动全县各小学校给农村流动留守儿童书屋捐集书籍 8000 本。

（二）学习培训

1999 年，县妇联、县农业局、县科技办、县科协联合举办科技培训班 4 期，参加学习妇女 160 人，张贴宣传标语 510 张，悬挂横额 21 条，播放专题片 2 个。县妇联、县科教局在县委礼堂举办“家庭教育知识讲座”，由海南师院博士、副教授肖少北为家长授课。

2002 年，抓好海南省第六个“妇女科技月”活动，县委组织部、县科协与县妇联在县党校联合举办 1 期农村妇女党员干部实用技术培训班，有 42 名农村妇女参加培训。

2003 年，协同县就业局等组织下岗女工及农村富余女劳力参加各种就业培训 500 多人次，其中有 200 多人经培训走上再就业岗位。与县纪委联合召开“当好廉内助，树反腐家风”教育大会。

2008 年，配合县科协、县卫生局、县委党校开展“送科技、送卫生、送文化、送法律”四下乡活动，在各镇举办农村妇女实用技术培训班 7 期，参训妇女 1455 人。发放虾病防治、鸡鸭疾病防治、橡胶栽培和瓜菜种植等实用科技书册 4000 本。制定优惠政策、开发公益性岗位、免费培训等，帮助下岗失业人员特别是特困人员实现就业与再就业，外出务工妇女约 3000 人，帮助妇女就业约 1392 人，举办妇女技能培训班 30 期，参加培训妇女约 2534 人次，下岗再就业培训妇女约 758 人次，帮助下岗女工再就业 123 人。配合省妇联、省扶贫办、省计生委和省农信社在文儒镇政府举办 1 期妇女骨干培训班，近 200 名农村妇女骨干参加培训。联合县科协到文儒镇、加乐镇等 5 个镇举办培训班，约有 1000 多名妇女参加，发放《平安家庭》手册、橡胶管理与割胶技术资料、肉猪与母猪饲养技术资料、妇女健康知识 100 问与妇女小额担保贷款财政贴息政策小册和环保袋等各类宣传品 5000 多份。配合抓好“阳光工程”培训工作，联合县农业局举办“阳光工程”妇女养猪培训班，组织妇女到养猪场参观学习，培训养猪女能手及妇女骨干 69 人。

2009 年，联合县科协到永发、中兴、大丰、加乐等镇举办农民实用技术培训班 5 期，参训人员 1000 人次，发放宣传资料 4000 册。

2010 年，举办纪念“三八”国际劳动妇女节 100 周年暨妇女“半边天”作用与海南国际旅游岛建设知识讲座，全县妇女骨干近 400 人参加。配合省妇联、省扶贫办、省计生委和省农信社在文儒镇政府举办 1 期妇女骨干培训班，近 200 名农村妇女骨干参加培训，发放平安家庭手册、橡胶管理与割胶技术资料、槟榔胡椒病虫害防治、小额贷款知识资料和环保袋等宣传资料 1500 多份。联合县科协到文儒镇、加乐镇等 5 个镇举办培训班，有 1000

多名妇女参加，发放《平安家庭》手册、橡胶管理与割胶技术资料、肉猪与母猪饲养技术资料、妇女健康知识100问与妇女小额担保贷款财政贴息政策小册和环保袋等各类宣传品5000多份。配合抓好“阳光工程”培训工作。配合县委组织部，在海南大学继续教育学院举办澄迈县2010年妇女干部领导能力提升班，对40名来自各单位股级以上的妇女干部开展培训。

（三）权益保障

1999年，全县18个乡镇配备女领导干部16名，参加乡镇人代会的代表930人，其中女代表212人，占22.8%。

2000年，召开澄迈县纪念“三八”国际妇女节90周年暨男女平等基本国策宣传大会，有500多名妇女干部参加会议。县妇联、县司法局举办“148”妇女儿童合法权益咨询活动，散发宣传资料200份，各乡镇妇联设咨询服务点接受咨询。县妇联组织以宣传“男女平等基本国策”“妇女维权”为内容的宣传车，到全县18个乡镇和部分农场、工厂做巡回宣传，散发宣传资料150多份，收听观众3000多人次。在“男女平等基本国策”宣传月，宣传江泽民总书记关于《全党全社会都要树立马克思主义妇女观》的重要讲话和《男女平等是促进我国社会发展的一项基本国策》的重要批示。全县悬挂横额38条，散发宣传口号180多份，宣传资料100多份，张贴标语500多张。

2001年，动员符合条件的股级女干部报名参加副科级岗位竞岗，全县31名女干部报名竞岗，有183名干部竞考入围，其中女干部22名，占12%，使用18名，占81.8%，其中女干部提拔使用6名，占33.3%。

2002年，配合公安干警解救被拐卖三年的未成年少女张某。

2008年，宣传妇女权益保障法、婚姻法、海南省预防和制止家庭暴力管理办法等相关法律，使广大妇女和家庭成员学法、懂法、用法、守法。加强“男女平等基本国策”宣传，开展“三八妇女维权周”活动，到福山、瑞溪、永发等镇开展（《中华人民共和国妇女权益保障法》《海南省预防和制止家庭暴力规定》）知识讲座和咨询活动，有1000多妇女群众接受法律知识教育。根据《澄迈县妇女发展规划（2001—2010）》和《澄迈县人民政府关于落实好澄迈县妇儿发展“两规划”工作的通知》等有关文件规定，配合组织部门落实海南省《关于进一步做好培养选拔女干部、发展女党员工作的意见》，为女干部成长架桥铺路，组织妇女干部到北京、湖南等妇干院校学习。协助县妇儿工委建立和完善领导工作机制、目标管理责任制、监督考核激励机制和示范带动机制。截至2008年底，《澄迈县妇女发展规划》六大领域34项主要目标，有28项达到2010年目标，达标率82.4%；《澄迈县儿童发展规划》四大领域35项主要目标，提前达到终期目标有28项，未达标6

项，1 项无法对比（即孕产妇缺铁性贫血患病率），达标率 80%。

2009 年，联合县司法局、县总工会举办澄迈县法律援助宣传月活动，发放宣传资料 5000 多份，悬挂宣传横幅 25 条。联合县总工会举办澄迈县 2009 年法律知识培训班，县妇联全体人员、各镇妇联主席，各战线妇委会主任及各单位工会主席约 80 多人参加培训，培训内容涉及《中华人民共和国工会法》《中华人民共和国妇女权益保障法》《海南省妇女权益保障若干规定》等法律法规。

2010 年 3 月 29 日，联合县司法局开展“送法下乡”宣传活动，向群众宣传“一法一规”知识，男女平等基本国策，发放《禁毒手册》、《小学生法律知识读本》、《平安家庭》、禁毒知识问答等宣传资料 5000 多份，围裙 500 条，环保袋 500 个，参加的群众 2000 人。配合省妇联开展妇女普法网上行活动，以“一法一规”宣传为重点，宣传男女平等基本国策、依法维护妇女儿童合法权益法制宣传教育，组织近 500 人通过南国都市报参与法律知识竞赛活动，提高群众的法律知识水平。

（四）“五好文明家庭”创建

1999 年，成立澄迈县“五好文明家庭”活动协调小组，由县委宣传部、县妇联、广播电视台等 15 家单位组成，制定《澄迈县 1999 年“五好文明家庭”创评、表彰活动工作意见》，开展“尊老爱幼、男女平等、夫妻和睦、勤俭持家、邻里团结”活动。澄迈县美亭乡雅新村委会妇代会主任王德凤一家被评为海南省“五好文明家庭”标兵，县建环局吴坤茂等 3 户评为海南省“五好文明家庭”户，加乐镇王梅金荣获国家“三八绿色奖章”。

2002 年，邀请全国更新家庭教育观念报告团莅临澄迈县举行家庭教育报告会。县城各机关单位、中小学校和幼儿园的家长 600 多人在县委礼堂听取专家、教授及优秀家长代表的报告，为澄迈县家庭教育注入新鲜血液，掀起重视家庭教育的热潮。

2004 年，黄大雄、吕家珍、王翠莲、李开德等 4 户家庭被省妇联评为省“五好文明家庭”，黄大雄家庭被全国妇联评为全国“五好文明家庭”。

2008 年，开展“五好文明家庭”创建活动。抓住“家”字做文章，通过举行报告会、演讲会、表彰会等形式，提高广大家庭成员的思想道德素质和科学文化水平。加强社会公德、职业道德和家庭美德建设，开展“美德在农家”活动，制定《澄迈县妇联关于开展“美德在农家”活动方案》，围绕“美德在农家”活动中的“学”“议”“做”“乐”“评”5 个环节，开展“五好文明家庭”“绿色环保家庭”创评活动。

2009 年，举办家庭教育知识讲座，全县副科级以上女领导，各镇、县直机关各战线及有关单位分管妇女工作的领导，受过省级以上表彰的先进个人以及村（居）委会妇代会主任、部分家长近 400 人参加。开展“五好文明家庭”、“绿色环保家庭”与“低碳家庭”

创评工作。联合福山镇、桥头镇在福山侯臣文化度假村举行庆“三八”国际劳动妇女节暨家家乐活动，参与活动的妇女群众2000多人次，发放奖品2500多件，金额12000元。开展“迎国庆讲文明树新风”系列读书活动，引导广大家庭、妇女儿童多读书、读好书，唱响“读书的家庭最和谐，读书的女人最美丽”。

2010年，开展帮扶解困、实施关爱留守儿童活动，丰富“五好文明家庭”创建内容。

（五）平安家庭创建

平安家庭创建活动是从2005年开始开展的一项群众性基层创建活动。

2007年，组织开展“不让毒品进我家”活动和妇女“面对面”预防艾滋病工作，在52个村（居）委会成立妇女禁毒会，165个村（居）委会成立妇女禁毒会。组织“平安家庭”创建工作，在派出所创立32个“家庭暴力投诉站”。

2008年，开展示范户（点）创建工作，创建“平安家庭”示范户和示范点。以“不让毒品进我家”活动为切入点，深化“平安家庭”创建活动。开展“妇女姐妹手拉手，不让毒品进我家”活动，启动“无毒家庭”建设，完成165个村（居）委会建立妇女禁毒会目标，组织妇女禁毒会、妇女禁毒骨干队伍深入家庭、社区、戒毒所开展帮教工作，印刷禁毒和艾滋病宣传围裙15000条，印刷“平安家庭”宣传手册6000册，在开展“不让毒品进我家”和妇女“面对面”预防艾滋病活动中发放给各镇妇联、妇代会主任和广大群众，举办禁毒和艾滋病知识讲座7期，有1000多人参加，散发宣传资料3000多册。

2009年，联合县司法局和县总工会到加乐镇开展法律下乡村活动，向群众宣传“一法一规”知识，《中华人民共和国禁毒法》、防治艾滋病知识与《平安家庭》等法律知识，参加活动的群众有3000多人次，发放资料3000多份，围裙300条。联合县公安局、禁毒办、疾控中心、海汽澄迈分公司在澄迈车站候车大厅前举行禁毒、防艾宣传进企业活动和捐书仪式，捐赠《平安家庭》、《中华人民共和国禁毒法》、禁毒知识问答、预防艾滋病知识小册等宣传资料16000册，参展群众3000人次。在县二中举行澄迈县禁毒宣传进百校活动启动仪式，发放禁毒宣传小册、平安家庭、禁毒知识问答、漫画艾滋等宣传资料约20000份，有4000多人次参加启动仪式，启动仪式举行千人签名和参观禁毒图片展览。举办少年儿童安全防洪知识讲座，特邀请省红十字会救护培训中心高级培训师邱兆云在“六一”国际儿童节期间到澄迈做安全教育知识讲座，县一小、二小、金江中心学校的学生和老师500多人参加讲座。借助“12·4”法制宣传日，开展“百万妇女学法律，家庭平安促和谐”法律知识读书竞赛活动，发动200人参加。

2010年，联合县司法局、县计划生育协会开展“平安是我家　维权你我他”和家庭志愿者宣传活动，发放平安家庭、宣传手册，海南省法律援助条例、小学生法律知识读本及环保袋、清洁露、避孕套等宣传品8000多份，参与群众1000多人次。举办学习贯彻《海南经济特区禁毒条例》骨干培训班。参加“6·26”国际禁毒日禁毒宣传“五进”活动，组织300名妇女组成妇女方阵参加启动仪式，并做集体宣誓，设立禁毒宣传咨询点，向群众发放《海南经济特区禁毒条例》、禁毒手册、漫话艾滋等禁毒宣传资料1000多份，围裙200个，宣传毒品危害的相关知识。开展禁毒进家庭活动，发动组织妇女参加以“依法禁毒，构建和谐”为主题的禁毒宣传“五进”活动，组成宣传队，协同镇司法所、团委对过往行人、临街店面、茶店、市场等人群聚集的场外和公共娱乐场所发放禁毒宣传资料11000余份，让妇女参与毒品工作从我做起，从我家做起。

（六）关爱妇女

1999年，县妇联到山口乡孔水村免费为52名母亲、280多名儿童进行健康检查，全县悬挂《中华人民共和国母婴保健法》宣传横额24条，张贴标语155张，散发宣传资料520份，发放宣传册450本，减免病人检查费4795元，向贫困母亲赠送扶困费1万多元。

2005年，与卫生局医务人员组成“三八”女子医疗队，免费为福山镇300多名妇女义诊，协调县妇幼保健院做好妇科病普查普治工作。

2007年，协同县疾病预防控制中心在桥头镇、加乐镇加桐村委会、瑞溪镇番丁村委会、金江镇北排山村和老城镇仲音村举办“面对面”预防艾滋病的知识讲座和妇女防毒、拒毒知识讲座，散发各类宣传小册子900多份。在第20个“世界艾滋病日”里，举行“遏制艾滋，履行承诺”咨询宣传活动。

2008年，开展关爱妇女健康活动，为妇女免费检查。下发《关于开展妇科常见病查治工作的通知》，配合海南妇婴健康快车开展送健康下乡活动，到加乐、永发、瑞溪、仁兴和桥头5个镇，为237名妇女免费提供妇科检查。

2009年，协助“海南母婴健康快车”开展女性健康服务，在建设局、园林所、福山镇等6个单位进行免费妇检，受检妇女400人次。联合县卫生局等到文儒镇石浮开展妇幼保健知识宣传、咨询、义诊活动，参加活动的妇女1000多人次，发放“一法一规”、《平安家庭》、禁毒和预防艾滋病等宣传资料2000份，围裙300条。

2010年，开展妇女免费检查工作，下发《关于开展妇科常见病查治工作的通知》，要求组织单位在职和退休女干部职工进行妇科疾病普查。配合海南妇婴健康快车开展送健康下乡活动，到加乐、永发、瑞溪、仁兴和桥头5个镇，为237名妇女免费提供妇科检查。

（七）巾帼建功

1999年，县妇联在县工商银行的支持和赞助下，举办“工行杯”澄迈女性形象演讲大赛，参赛选手15名来自全县各战线各个行业。澄迈县妇联被评为海南省农村妇女“双学双比”竞赛活动10年先进协调成员单位。白莲镇富豪村养猪专业户李转英被评为海南省“十佳女能手”，同时获“全国先进女能手”的殊荣。王玉兰等20名农村妇女被评为“先进女能手”。

2000年，澄迈县第四个“妇女科技月”活动，县妇联、县科协、县委组织部、县畜牧服务中心联合举办农村妇女骨干实用技术培训班，参加学习的妇女有220人，有172名妇女经考核合格，被评为助理农技师。

2003年，徐菊芬、廖锦芳、洪兰、王广花被省妇联授予“三八红旗手”称号，澄迈县邮政局解放路支局被省妇联授予“三八红旗集体”称号。李秋波被全国妇联评为“全国维护妇女儿童权益先进个人”称号。黄少兰获海南省防治“非典”一线“三八红旗手”称号。澄迈县地税局荣省妇联授予“巾帼文明示范岗”称号。县农业局被省妇联授予“双学双比”活动先进集体。黄少兰、赵瑞平被省妇联授予“巾帼建功先进个人”称号。县邮政局文明路支局营业所被省妇联授予“巾帼文明示范岗”“全国巾帼文明示范岗”称号。远志幼儿园符春被全国妇联授予“巾帼创业带头人”“全国巾帼建功标兵”称号。黄丽萍被省妇联授予“双学双比”活动女能手。农业局被省妇联授予“双学双比”活动先进集体。刘青和获双学双比活动先进科技服务工作者。谢容旧获“三八绿色奖章”称号。

2006年，县妇联表彰农村妇女“双学双比”竞赛活动先进协调单位14个，先进女能手29人，十佳女能手10人，“三八”绿色工程女能手16人。表彰城镇妇女“巾帼建功”活动先进单位10个，巾帼文明示范岗5个，下岗再就业先进单位5个，“巾帼建功”标兵10人。

2007年，县妇联被全国妇联授予“全国先进妇联组织”荣誉称号。县卫生局被省妇儿工委评为2001—2005年度海南省实施妇女儿童“两纲”“两规划”先进集体。 杨珠被全国妇联、国家信访局授予“全国妇联系统信访工作先进者”荣誉称号。王扬兰被评为“社会治安综合治理先进个人”。县园林所被省妇联评为“海南省三八红旗集体”。

2009年，联合老城开发区管委会、县总工会、县人社局、县就业局、县团委举办企业用工招聘会3期，涉及4000多个岗位，吸引来自全县各地的大中专毕业生、农民工、下岗职工及退伍军人等8000多人参加招聘会，当场有368人被企业录用。

2010年8月，在省妇联的重视与支持下，开展“巾帼励志中专班”招生工作，有34名农村贫困学生争取到海南省经济技术学校就学的机会。开展小额贷款工作，截至11月，有604名妇女申请贷款，贷款金额10595154元。

（八）参选参政

2001年，县政府制定《澄迈县妇女发展规划（2001—2010）》，为提高妇女整体素质，加快实现男女平等的进程，广大妇女参选参政提供政策基础。

2010年，县级党委部门和政府部门领导班子女干部配备率分别为71.43%和52%。女性进入各级领导岗位比例稳固，县处级以上女干部逐年增加。2010年，县级党政领导班子后备干部中女干部比例为23.08%；全县1710名公务员中女公务员350人，占总数的20.5%；发展女党员占党员总数的25.36%；县级人大代表220人，其中女性48人，占21.8%；县级政协委员219人，其中女性36人，占16.44%。

2010年，根据《澄迈县妇女发展规划（2001—2010）》等有关规定，组织做好加强基层组织建设和换届工作。在全县176个村（社区）建设“妇女之家”，规范标准、统一标识，完成挂牌工作并完善有关工作机制。开展“两委”换届调研，联合县委组织部、县民政局到全县11个镇，开展妇女进村（社区）“两委”情况调研，形成《关于妇女进村（社区）“两委”情况的调研报告》，提出村民委员会成员候选人中妇女应当至少有1个名额，在村党的基层委员会、党总支部委员会、党支部委员会中，应有1名以上女党员的建议，为推进农村妇女参选参政工作奠定基础。省妇联、县妇联联合举办农村妇女参选参政能力培训班，对各镇妇联主席、各村（居）妇代会主任、妇女骨干等130多人开展培训。配合省妇联发动乡镇妇联干部赴江西培训农村妇女参选参政知识，提高业务能力。

（九）表彰及获奖情况

1999年，召开澄迈县纪念“三八”国际妇女节89周年暨表彰大会，参加会议妇女代表300多人，表彰先进妇联组织22个，先进妇女干部24名，“三八”红旗集体28个，“三八红旗手”27名。

2000年，表彰“巾帼科技致富工程”先进协调单位34个，先进女能手90名，十佳女能手10名。

2001年，表彰澄迈县城镇妇女“巾帼建功”先进单位2个，“巾帼文明示范岗”6个，“巾帼建功”先进工作者19名。

2004年“三八”国际妇女节期间，表彰澄迈县农村妇女“双学双比”竞赛活动先进协调单位4个，澄迈县“三八红旗集体”1个，“三八红旗手”6个，澄迈县“巾帼文明示范岗”1个，澄迈县农村妇女“双学双比”竞赛活动先进女能手6个，澄迈县“五好文明家庭”4户，澄迈县“三八绿色奖章”获得者2个。

2005年，在“三八”国际妇女节期间表彰25户家庭为澄迈县“五好文明家庭”。

2006年，表彰农村妇女“双学双比”竞赛活动先进协调单位14个，先进女能手29人，十佳女能手10人，“三八绿色工程女能手”16人；城镇“巾帼建功”先进单位10个，“巾帼文明示范岗”5个，“巾帼建功标兵”10人。

2009年，县“120”急救中心被评为“全国巾帼文明示范岗”称号。老城开发区管委会投资服务中心被省妇联评为“海南省三八红旗集体”称号。县公路局洪兰被省妇联评为“省三八红旗手”称号。县国土局李秋波的文章《春蕾绽放姐妹花》荣获海南省妇联“春蕾计划”实施20周年征文比赛二等奖，文儒中心学校春蕾女童班的徐丽花的文章《我是幸运的》和王钟羽的文章《春蕾计划改变了我的命运》分别获得一等奖和三等奖，徐小冰的文章《我的成长历程》和王银的文章《真情》分别获得优秀奖，县妇联会被省妇联、省儿童福利会评为“春蕾计划”实施20周年征文比赛组织奖。陈雪辉（澄迈县实验小学）、符海妹（澄迈县新吴学校）、何小敏（澄迈县瑞溪中心学校）被评为“海南省教育系统巾帼建功标兵”称号。曾海燕、洪兰被全国妇联评为“全国三八红旗手”称号。老城开发区管委会投资服务中心被全国妇联评为“全国三八红旗集体”称号。

2010年，县农业局和澄迈县“120”急救中心被全国妇联妇女“双学双比”领导小组评为“全国城乡妇女岗位建功先进集体”称号。县妇联赵瑞平被省妇联评为“三八红旗手”称号。中国移动海南公司澄迈分公司营业中心被省妇联评为“三八红旗集体”称号，澄迈县司法局金江司所所长黄琦被省妇联评为“三八红旗手”称号，澄迈县瑞溪镇瑞联村委会妇代会主任曾英雪被省妇联评为“三八红旗手”称号。永发镇李玉波被全国妇联评为“全国城乡妇女岗位建功先进个人”称号。永发镇龙楼村被全国妇联命名为“首批妇联基层组织建设示范村”，桥头镇老人体育协会被全国妇联命名为“全国妇女健身活动示范站点”，大丰镇红岭社区被全国妇联命名为“全国创建学习型家庭示范社区”，老城经济开发区管理委员会被全国妇联命名为“全国女大学生创业实践基地”。

第四节 县科学技术协会

一、机构队伍

1999年，县科学技术协会内设机构有办公室、科普部、青少年部和学会部 。编制10人，实有人数9人。配置主席1人，副主席2人。2000年，机构设置不变。2001年，对县科协编制进行重新核定，编制为8人，其中行政编制1人，事业编制6人，工勤编制1人。2002—2010年，县科协的人员编制和内部机构设置不变。

二、主要工作与活动

1999—2010年是澄迈县科学技术协会科学普及、科技下乡、基地建设和咨询服务等工作取得长足进步的时期。2008年，澄迈县荣获“全国科普示范县”荣誉称号。2010年，创建全国科普示范县，澄迈县再次被中国科协授予“全国科普示范县”称号。

（一）青少年科技教育

1999 年，举办各类青少年科技竞赛 5 次，参加人次 810 人；举办夏、冬令营 2 次，参加人次 700 人；举办科技报告会 10 场次，听讲青少年 4070 人；青少年科技活动经费 2 万元。

2000 年，举办各类青少年科技竞赛 6 次，参加人次 754 人；举办夏、冬令营 2 次，参加人次 730 人；举办科技报告会 8 场次，听讲青少年 2930 人；青少年科技活动经费 2.2 万元。

2001 年，配合全省举办第五届科技周活动以及各类大型科普活动，组织各中小学校开展生物百项、小星火计划、科普小先生等科技活动和各类奥林匹克竞赛活动，做好青少年科学创造发明推荐上报工作。

2002 年，开展“大手拉小手青少年科技传播行动”，邀请 5 名专家在澄迈中学、澄迈二中、澄迈二小、澄迈实验小学等十所中小学作题为“认识生命，了解自己”的科普报告会 15 场。举办中小学“科普小先生”征文活动和演讲比赛。组织青少年参加第十四届海南省青少年科技创新大赛，获得 5 个一等奖和 2 个二等奖。

2003 年，组织各中小学校开展科技传播行动、生物百项、科普小先生、科技小论文等科技活动和各类奥林匹克竞赛活动，丰富青少年的思维能力和创造力。

2004 年，组织各中小学校开展、生物百项、科普小先生等科技活动和各类奥林匹克竞赛活动，丰富青少年的科技知识，促进青少年成长。

2005 年，加强青少年素质教育，培养孩子们从小爱科学、学科学、用科学、追求科学的兴趣，组织参加第十七届海南省青少年科技创新大赛，开展第三届“科普小先生”演讲比赛，举办“大手拉小手——青少年科技传播行动”。

2006 年，召开中小学校科技创新大赛动员大会，在 22 所中小学校开展青少年创新活动，组队参加海南省青少年科科技创新大赛，获得 3 个一等奖、5 个三等奖。

2007 年，抓好青少年科技教育工作，打造青少年科技创新活动品牌，在全县各中小学校开展青少年科技创新大赛等科技教育活动，丰富青少年的思维能力和创造力。

2008 年，组织参与第 20 届省青少年科技创新大赛，全县 30 个作品参赛，19 个作品获奖，优秀竞赛项目一等奖 3 项、三等奖 1 项；优秀少儿科学幻想绘画 12 幅，一等奖 1 幅、二等奖 2 幅、三等奖 9 幅；优秀科技实践活动 1 项，获三等奖；科技辅导员科教创新成果 1 项，二等奖；年度杰出科技辅导员 1 名，其中桥头中心学校李海玲同学的《海水饮料机》荣获第 23 届全国青少年科技创新大赛少儿科幻绘画二等奖。科普报告活动在澄迈中学、澄迈二中和澄迈三中设 3 个分场，由中国科协青少年科技中心、中国科学院老科学家科普报告团、海南省科协和海南省教育厅组织的“大手拉小手——科普报告希望行”科普报告团三名老科学家为师生介绍中国航空航天武器、遥感技术、新材料技术等科技知识。全县中学教师、青少年学生1000多人参加。

2009年，联同县科教局邀请省科协“大手拉小手”科普报告团专家到澄迈县做主题为“二十一世纪青少年健康新概念”的科普讲座，聆听的初中、高中学生560人次。科普讲座结束后组织同学们参观第21届海南省青少年科技创新大赛优秀成果展。组织参加第21届海南省青少年科技创新大赛，澄迈县代表队荣获15个奖项，其中青少年科技创新项目5项，获得一等奖2个、二等奖1个、三等奖2个；优秀少儿科学幻想绘画5幅，获得一等奖1幅、二等奖1幅、三等奖3幅；优秀科技实践活动2项，获得二等奖2个；科技辅导员科教创新成果1项，荣获二等奖；优秀科技辅导员提名奖1名；优秀组织奖1个。其中桥头中心学校吴明方创作的科幻画《会飞的房子》荣获第24届全国青少年科技创新大赛少儿科学幻想绘画一等奖。参与第十八届中国儿童青少年威盛计算机表演赛（海南赛区）竞赛活动，全县有2万名学生参加，有7名教师获此项竞赛“全国优秀辅导员”荣誉称号。开展第一届海南省青少年“智力七巧板”竞赛（澄迈赛区）活动，有33所学校3000多名学生参加，提交“智力七巧板”创意作品68件，获得省组合分解及创新比赛项目奖36个，其中创新比赛项目奖33个，一等奖8个、二等奖13个、三等奖12个；组合分解比赛项目3个，二等奖1个、三等奖2个；优秀辅导员奖7个；优秀团体奖3个；优秀组织奖1个。获第十三届“七巧科技”系列活动全国总决赛项目奖8项，其中一等奖2个，三等奖4个，县三中荣“全国七巧科技系列活动示范学校”称号，王丽娟老师获评优秀科技辅导员。

2010年，组织开展“生物多样性保护”征文活动。联合县教科局组织全县中小学校开展“生物多样性保护”征文活动，收到征文39篇，选送省级参赛作品20篇。组织参加第二届海南省青少年“智力七巧板”竞赛（澄迈赛区）活动，有33所学校3000多名学生参加，提交作品30件，获得14个奖项，全国二等奖一项，省级多幅“智力七巧板”创意作品比赛获奖7项，一等奖1个，二等奖3个，三等奖3个；“智力七巧板”个人比赛获奖1项，一等奖1个；“智力七巧板”团队比赛获奖5项，三等奖5个；澄迈县第三中学王娟老师，获得优秀辅导员奖1个。组织通报表彰全县青少年科普活动优秀个人与单位，表彰省级以上获奖选手34人，省级以上优秀辅导员16人次，县级获奖选手6人，县级优秀辅导员10人，县级优秀组织团体7个等，给予获奖选手，奖励奖金5600元。组织参加第22届海南省青少年科技创新大赛。文儒中心学校王善雪同学创作的科幻画《割胶机》荣获第25届全国青少年科技创新大赛科幻画一等奖，永发中心学校王爱作品《未来能源》和加乐中心学校徐月师作品《甲型 H1N1 流感转化机》分别获得全国青少年科技创新大赛科幻画三等奖。全县各中小学校个代表队选送来参加县级评选的竞赛项目 30 项、实践活动 6 项、少儿科幻画 151 幅。经省终评，澄迈县获青少年科技创新成果奖 5 项，获得二等奖 2 个、三等奖 3 个；优秀少儿科学幻想绘画 6 幅，获得一等奖 3 幅、二等奖 2 幅、三等奖 1 幅；科技辅导员科教创新成果奖一等奖 1 个，二等奖 2 个；优秀科技实践活动二等奖 1 个；优秀科技辅导员 1 名，优秀组织奖 1 个。参与第十九届中国儿童青少年威盛计算机表演赛（海南赛区）竞赛活动，全县 6 所学校 2000 名学生参加，获得学生优秀奖 5 个，获得优秀教师个人组织奖 1 个，获得优秀指导教师奖 2 名。

（二）科普宣传活动

1999 年，开展科普宣传，营造一个崇尚科学的社会氛围。举办“保护妇女儿童权益”宣传活动，通过广播、科普宣传栏、图片展览等形式宣传保护妇女儿童合法权益的重大意义，提高妇女的社会地位，促进儿童健康成长，参加人数 1 万多人次。与县妇联配合开展第四个“妇女科技月”活动，开设“妇女与科技”专题报道，组织科技宣讲团下乡巡回宣传科技知识，印发科普资料 1 万份，制作宣传栏 18 个，出版墙报 25 期，宣传“科学技术是第一生产力”的思想，宣传科学知识和农业技术新成果，参加活动妇女 3.7 万人次。

联合县妇联、县畜牧服务中心举办全县各村委会妇女干部和妇女骨干“畜禽饲养及常见病防治”实用技术培训班，参加培训人数 220 人。在澄迈县农函大分校举办“畜禽饲养，热作栽培”专业实用技术初级函授班 2 期，培训农村党员干部 200 人次。与华南热带农业大学联合办学，开设“农业经济管理”大专班，招生 46 人。会同县委组织部、县农业局、县农技推广中心、县畜牧服务中心、县水产局在全县 18 个乡镇举办各类农村实用技术培训班 24 期，参加培训的农民 2500 人次。通过县委党校、农技站、科学文化学校、科技夜校等培训阵地，开展农技培训，培训农民 2.5 万人次。全年办培训班 177 期，培训农民 4.5 万人次。开展农民技术职称评定工作，全县有 838 人获得农民技术职称。

2000 年，招收全县各镇学员进行培训，农函大分校经费列入县年度财政计划和预算，拨款 25 万元。

2001 年，农村致富技术函授大学招收第三批学员 100 人，培训热作栽培、畜禽饲养等专业，学员来自金江、长安、瑞溪、永发等 10 个乡镇。

2002 年，澄迈县被中国科协批准参加“全国科普示范县”创建活动，为落实“科教兴县”战略和做好“全国科普示范县”创建的工作，提高干部职工群众科技素质，举办学习《中华人民共和国科学技术普及法》暨科普知识竞赛活动。竞赛分初赛和决赛两阶段进行，通过决赛，得出一等奖 1 名，二等奖 2 名，三等奖 3 名。

2003 年，配合县妇联第七个“妇女科技月”活动，利用电视、广播、报刊等宣传媒体，开展科普宣传活动，组织科技宣讲团下乡巡回宣讲科技知识，印发科普资料 1.2 万份，制作宣传栏 12 个，出版墙报 32 期。

2004 年，开展以“科技以人为本，全面建设小康社会”的科技活动周活动。在福山镇开展科普大集市、组织科技小分队友下乡到农村、企业生产基地进行技术指导，利用科普大篷车巡回宣传。中国科协发文《关于命名第二批全国科普示范城区和科普示范县（市、区）的决定》，澄迈县被中国科协批准为“全国科普示范县”。

2005 年，在农村开展对党员、基层干部的适用技术和市场经济知识培训，培养农村科技致富的领头雁，举办各类培训班 41 期。在文化、科技、卫生“三下乡”活动中，实施农村电影“2131”工程，会同县妇联会开展建立“农村妇女禁毒会”，宣传“不让毒品进我家”活动，举办科技大集市 2 场，发放科技资料 2000 份。

2006 年，县委县政府召开全县科技大会，对 2005 年度十大科技创新先进单位和先进个人进行表彰，促进科技与科普事业的发展。

2007 年，在县广播电视台开办《科技之窗》专栏节目，制作播放科普栏目 30 期，推广薄膜覆盖技术、“博 II15”、“博优 978”、“茂椒 4 号”等新技术新品种 15 项。

2008 年，开展澄迈“全国科普日”科普宣传活动。联合县海洋渔业局、县农技推广中心、县畜牧服务中心、县热作服务中心、县医院等 10 家单位举办“节约能源资源，保护生态环境，保障安全健康，共建和谐澄迈”为主题的“全国科普日”活动，开展科技展览、咨询、义诊、农村实用技术培训等服务，发放科普宣传资料 2000 多份，展出科普知识图片 150 张，举办培训班 3 期，培训群众 500 人次，为 60 多名群众提供义诊服务，活动参与群众 2000 人。

2009 年，以“节约能源资源，保护生态环境，保障安全健康”为主题，在金江镇各社区居委会举办科普宣传普及展览和咨询活动，发放由省科协和省纲要办编印的“科学认知甲型 HINI 流感”宣传资料 1000 份。在《科技之窗》专栏节目，播放甲型 HINI 流感防控知识、《农广天地》及《科普大篷车》等系列节目。定期更新科普宣传栏的科普内容，宣传普及教育科学技术和生活常识。配合开展“科技月”活动，举办科普讲座 2 场，举办各类培训班 7 期，培训 1000 人次，发送各种宣传和实用技术资料 6000 余册（份），展出科普展板 60 张，播放《科技之窗》专栏 7 期。

2010 年，举办农村实用技术培训班 9 期，播放“科技之窗”专栏 8 期，赠送各类科技宣传资料 8000 份，张贴科普挂图 50 张次，参与群众 5000 人次。利用科普活动站、科普图书室、科普宣传栏等科普资源，面向公众开展科普活动，宣传普及科学技术和生活常识，编印发放各类科普宣传资料 40000 册。

（三）科技下乡活动

1999 年，在农村推广农技新成果，联合相关单位，在长安、瑞溪、永发、桥头、福山等乡镇普及冬季瓜菜栽培技术和荔枝栽培管理技术，在美亭、白莲、老城、马村等乡镇普及香蕉栽培技术和网箱养殖技术，在太平、山口、加乐、石浮等乡镇普及快速养猪技术和橡胶、胡椒栽培与管理技术。联合县农业局在金江、文儒、山口、长安、瑞溪、永发等乡镇推广“II 优 128”农业科技新成果。全县农业先进技术普及率在 85%以上，科技因素对农业贡献率 35%以上。

2000 年，省科协、海口曲科阜金光生物科技有限公司、省农函大等单位，在全县各地开展以农业种养业为主要内容的“四送一训”（送资料、送科技、送新项目、送新成果，开展农村实用技术培训）的科普惠农活动。承办单位组建由 20–30 名农业专业技术人员组成的“科普讲师团”，组织 10—20 辆“科普惠农直通车”，深入各镇村委会送科技入户、送技术到人，免费为农民发放农村科技报刊、光盘和技术资料，开展农业实用技术培训，带动农村经济发展。

2001 年，为让农民掌握实用技术，县科协与县妇联在加乐、山口、瑞溪、长安等 18 个乡镇举办“香蕉、荔枝、阳桃、水稻栽培与管理”“养猪技术”“瓜菜栽培与病虫害防治”等农村妇女实用技术培训班，全年办培训班 89 期，培训农民 2.8 万人次。

2002 年，开展科技下乡活动，推动农村经济发展，按照中央关于“三下乡”活动通知精神和县委县政府开展联手扶贫工作部署，在全县各镇举行科普知识讲座 37 场，举办科普展览 22 次，赠送科技书籍 4500 多册，印发科技资料 7150 多份。

2003 年，在全县各镇举行科普知识专题讲座 25 场，举办科普展览 16 次，赠送科技书籍 5500 多册，印发科技资料 8360 份。组织科技人员深入生产一线，对农民实地指导培训，解决生产技术难题。

2004 年，组织各学会科技人员开展科普进村活动，培训农民 1 万多人次。联合县涉农单位下乡送科技活动，组织县讲师团成员和农口战线科技人员深入农村、生产一线，举行科技专题讲座 20 场，举办科普展览 15 次，赠送科技书册 6000 多册，印发科技资料 4500 份，接受咨询的农民 2.7 万人次。

2005 年，首届科技活动月中，开展机关干部和中小学生参观航天科技展，组织科技人员深入各镇村庄、田洋、果园、养殖场进行科技咨询和技术指导服务，组织青年医务工作志愿者下乡义诊，在全县举办科技书市，组织大篷车巡展宣传及科普图片展，组织科技人员下乡举办科技培训班，组织镇分管科技工作的主任、部分种养专业户到县内外科技示范基地参观学习，举办科技知识专题展播周活动，组织干部学生参观县科普基地，组织企业家召开科技创新、知识产权工作座谈会，组织各镇农村科技致富能手召开科技致富经验交流会等活动。

2006年，开展科技下乡，用科普大篷车开展大型图片展，在县城金江镇、福山镇、美亭工作站等巡回展出环境、资源、医疗、农业等知识图片200多幅，提供农业技术咨询，发放实用材料书册1600册。组织水稻、瓜菜、水果科技咨询小组为农民群众提供生产技术指导，发放瓜菜水果橡胶等作物栽培实用书册5000多册。下乡举办农村实用技术培训班10期，培训农村党员干部及农民1500人次，发放资料书册8000余册。

2007年，县科协和县妇联联合举办全省第三届“科技月”和第十一个“农村妇女科技月”活动，以“普及现代科技，构建和谐澄迈”为主题，开展对妇女骨干进行培训，传授农业科技知识。

2008年，组织水稻、瓜菜、橡胶科技咨询小组到金江、瑞溪、永发、文儒等镇为农民提供农业技术指导，赠送实用栽培书册1000多册。与县妇联、县热作服务中心、县畜牧服务中心等部门到长安、福山、仁兴等镇举办6期农技培训班，培训党员干部及农民1200人次，发放资料1500多册。

2009年，深入农村、学校，举办科普讲座5场，办各类培训班7期，培训1000人次，发各种资料6000多份，展出科普展板60块。办科技咨询服务活动1场。

2010年，按照省科协要求，做好“四送一训”（送资料、送科技、送新项目、送新成果，开展农村实用技术培训），涉及8个乡镇280个自然村，举办科普讲座280次，免费发放光盘1000张，资料3000册，成立示范户200多户，将农民急需的各种技术技能送到农民手中。

（四）实用技术培训

1999年，举办各类农村实用技术培训班93期，培训农民1.94万人次，促进农民群众生产技能和科学素质的提高。

2000年，农函大开展农村实用技术培训2期，招收学员100名，培训畜禽饲养、热作栽培技术。县委组织部结合“三级联创”工作，组织相关单位到各乡镇举办各类实用技术培训，每个乡镇培训农村党员、村委会干部100人，其中妇女人数占30%，用1个月完成培训。

2001年，联合有关部门举办畜牧、热作、水产、农学等各类农村实用培训班135期，受训人数3.8万人次。

2002年，拓宽实用技术培训渠道，抓好农村党员、基层干部和农民实用技术培训。全年举办瓜菜种植、畜禽饲养、热作栽培培训145期，培训人数4.2万人次，提高农村干部群众的科技素质和生产劳动技能。

2003年，开展农村实用技术培训，提高农民科技素质，联合有关部门和单位，举办畜牧、热作、农学等各类实用技术培训班104期，受训人数3.5万人次。

2004年，联合涉农单位，针对各乡镇不同的经济特点和生产要求，分门别类进行培训。与县委组织部、县农业局、县农技中心在桥头、福山、美亭等镇（站）举办冬季瓜菜实用技术培训班18期，培训农村党员干部及生产骨干2200人次。在石浮大边、珠宝岭两个村委会，为67户橡胶种植户和100多户养猪户传授橡胶栽培技术和快速养猪技术，帮助解决生产技术难题。

2005年，深入乡（镇）、农村为农民提供技术服务、技术咨询，利用各种挂图，放映科教电影，播放科普录像、宣传普及科学知识，破除封建迷信，开展科技咨询、科技指导、科技培训等活动。

2006年，根据农村农民群众需求不同，因需施教，分类指导。在金江、长安、瑞溪、永发等镇（站）办办冬季瓜菜栽培与管理、养猪技术等农业适用技术培训班20期，培训农村党员干部及农民3000余人次。在中兴、仁兴、加乐等镇办橡胶栽培与管理、槟榔栽培技术等农业生产技术培训12期，培训农民1860人次。在福山、老城、大丰等14个镇（站）办高致病禽流感、口蹄疫及动物疫病防控培训班14期，培训人员2000多人次。全年举办畜牧、热作、农学等各类农村实用技术培训班80多期，培训人数1.2万人次，发放各种科普资料6.5万份。

2007年，举办农村实用技术培训班85期，培训农民1.18万人次，发放实用技术资料1.5万册，组织科技人员到田间地头实地指导，提供咨询服务。

2008年，赠送农村实用技术和科普图书、资料2000册，受益群众1500人。组织水稻、瓜菜、橡胶科技小组到金江、瑞溪、永发、文儒等镇的田间地头开展技术指导，解决农民群众生产技术难题。开展新型农民培训活动，会同各镇和有关部门举办100余期农村实用技术培训班，接受培训的人数约1.2万人次，发放实用技术资料2.1万册。普及橡胶树割胶技术、水稻超高产栽培技术、测土配方施肥技术，“推广博Ⅱ优15”“海椒4号”“吉祥尖椒”等新品种。

2009年，举办60期农村实用技术培训班，开展农民科普咨询服务活动9期，开展基地、协会示范带动农民致富项目创建2起，发放各类科普宣传资料、实用技术资料1.6万册，展出科普展板80张次，《科技之窗》专栏播放40余期，受益农民1.1万人次。

2010年，会同各镇村（居）委会举办农村实用技术培训班35期，培训人数4500人次，发放实用技术资料6000册。贯彻落实“农业增效、农民增收、农村稳定”的农村工作方针，引导全县妇女开展“双学双比”活动和实施“巾帼科技致富”工程，与县妇联联合开展妇女实用技术培训，开展“高产、优质、高效”农村生产技术培训和海洋捕捞、海水养殖等知识培训，组织农技人员及授课教师实地指导，做到服务进村、入户、到田头，使接受培训者把学到的理论知识变为实际操作技能。

（五）科普示范基地建设

1999年，把科普示范基地建设作为科普工作与农村经济发展的结合点，通过科普示范基地的示范辐射，把农村科技引进、开发、推广有机结合起来，走科技示范带动经济发展的路子。全县建立桥头荔枝示范基地、大拉黄牛改良示范基地、永发瓜菜示范基地、美亭香蕉示范基地等一批基地活样板。

2001年，在桥头荔枝、永发瓜菜、美亭香蕉、大拉黄牛改良示范基地的基础上，增建白莲养猪示范基地。

2002年，以科普示范基地为依托，典型引路，激发群众学科技用科技的热情，带动农民发展生产，增加收入。全县有4000户农民通过科普示范基地带动，摘掉贫困帽子。

2003年，全县建立起桥头荔枝科普示范基地、白莲养猪科普示范基地、永发瓜菜科普示范基地、美亭香蕉科普示范基地等科普示范基地，为广大群众提供看得见、摸得着、学得会的样板。

2004年，创建科普示范基地3个，成立科普教育示范学校10所。

2007年，建成杂优水稻、香蕉、反季节瓜菜、荔枝、龙眼、秸秆氨化养牛、网箱养鱼、对虾养殖、鸭鱼混养等10个科普基地。

2008年，县科协对澄迈县鸭鱼养殖协会、澄迈县长安正宗鱼苗厂科普基地、澄迈中学科普教育示范基地等3个科普示范组织授予“澄迈县先进科普组织”称号。

2009年，澄迈县鸭鱼养殖科普示范基地被评为全国“百县百项科普示范特色建设专项”项目。

2010年，县科协参与鸭鱼混养等24个科普基地、4个科普教育基地、6个科普示范学校的建设。澄迈三中被海南省科协和省教育厅命名为（2010—2013年度）“海南省科技教育示范学校”。

1999—2010年间，建成杂优水稻、香蕉、反季节瓜菜、荔枝、龙眼、养牛、养鱼、对虾养殖、鸭鱼混养等科普示范基地24个，科普示范镇3个，科普教育基地3个，示范社区2个，科普示范学校6所，科技示范村25个，科普示范户1984户。

24个科普示范基地：澄迈县热作水果示范基地、澄迈县万昌苦丁茶示范基地、福山福橙科普基地、福山香蕉科普示范基地、福山瓜菜科普示范基地、美亭龙坡洋绿色食品科学试验示范基地、美亭奇菜生产示范基地、桥头荔枝科普示范基地、桥头超级水稻科普示范基地、大丰龙眼科普示范基地、美亭香蕉科普示范基地、白莲养猪科普示范基地、白莲养鹅科普示范基地、老城鲍鱼养殖科普示范基地、老城养虾科普示范基地、金江瓜菜科普示范基地、长安瓜菜科普示范基地、瑞溪养鱼科普示范基地、永发瓜菜科普示范基地、永发养羊科普示范基地、新吴鸭鱼养殖科普示范基地、太平养猪科普示范基地、加乐养猪科普示范基地、石浮养鸡科普示范基地。

3 个全县科普示范镇：永发镇、中兴镇、福山镇。

2 个科普示范社区：老城镇老城社区、金江钟寨社区。

6 所科普教育示范学校：澄迈中学科普教育示范学校、澄迈三中科普教育示范学校、澄迈二小科普教育示范学校、澄迈县加乐中心小学科普教育示范学校、澄迈县瑞溪中心小学教育示范学校、澄迈县桥头中心小学科普教育示范学校。

3 个科普教育基地：澄迈县气象局科普教育基地、澄迈县文体广电出版局科普教育基地、澄迈县热作示范场科普教育基地。

（六）科普协会和科普学会

1999 年，全县建成农技协会 55 个，拥有会员 807 人。

2000 年，抓好协会学会工作，组织中华医学会、畜牧学会等交流 43 次，到外地参观学习 86 人次，赴省或省外进修深造 38 人次，邀请专家作专题报告 7 场，撰写论文 40 篇。

2001 年，抓好农技协会，带动周边经济发展，全县有农技协会 56 个，会员 938 人。

2002 年，组织各学会举办学术交流 123 次，有 2015 人次参加，到外地参观学习的科技人员达 225 人次，邀请专家学者作学术讲座和专题报告 25 场，撰写论文 163 篇，开展技术咨询人数 2.3 万人次。

2003 年，组织各学会举办学术交流 112 次 1876 人次参加，到外地参观学习的科技人员 205 人次，邀请专家学者作学术讲座和专题报告 20 场，撰写论文 150 篇，开展技术咨询人数 2.5 万人次，办农村培训班 95 期，培训农民 2.3 万人次。

2004 年，组织农村学会、畜牧学会、热作学会、中华医学会等进行学术交流 30 次，邀请专家作学术报告 10 场，撰写论文 60 多篇，设立科技咨询点 25 个，受询农民 1.8 万人次。

2005 年，组织各学会举办学术交流 116 次 2013 人次参加，到外地参观学习的科技人员 218 人次，邀请专家学者作学术讲座和专题报告 26 场，撰写论文 167 篇。

2006 年，组织各学会举办学术交流 35 次 1070 人次参加，到外地参观学习的科技人员

130 人次，邀请专家学者作学术讲座和专题报告 7 场，撰写论文 566 篇。

2007 年，组织协会学会人员参与“科技月”和“科普周”活动，深入农村生产一线开展培训、指导及咨询工作。

2008 年，各种学会 13 个、县级协会（研究会）9 个，镇级农村专业技术协会 28 个，镇级科普协会 11 个，村科普分会 165 个，会员 4 万多人。

2009 年，澄迈县鸭鱼养殖协会获得“海南省先进农村专业技术协会”称号。

2010 年，澄迈县人民政府授予澄迈县果菜运销协会唐亲文等 5 人为“农产品运销能手”称号；授予澄迈县果菜运销协会、福橙产销协会等 10 家专业合作组织为“最佳农民专业合作组织”。

至 2010 年，全县拥有学会 13 个：澄迈县数学学会、澄迈县物理学会、澄迈县热作学会、澄迈县农机学会、澄迈县林业学会、澄迈县中华医学会、澄迈县制糖学会、澄迈县化学学会、澄迈县农学会、澄迈县畜牧学会、澄迈县水产学会、澄迈县水利学会、澄迈县档案学会。

县级协会 9 个：澄迈县鱼鸭养殖协会、澄迈县瓜菜运销协会、澄迈县花卉盆景产业协会、澄迈县生猪养殖行业协会、澄迈县热带水果协会、澄迈县青少年辅导员协会、澄迈县无核荔枝协会、澄迈县农副产品运销协会、澄迈县糖厂糖蔗协会。

镇级农村专业技术协会 28 个：金江水稻专业技术协会、太平养猪专业技术协会、加乐养猪专业技术协会、文儒益智专业技术协会、文儒槟榔专业技术协会、长安瓜菜专业技术协会、长安养鸭专业技术协会、瑞溪瓜菜专业技术协会、瑞溪养鱼（淡水）专业技术协会、永发瓜菜专业技术协会、永发养羊专业技术协会、新吴养鱼（淡水）专业技术协会、新吴养鸭专业技术协会、中兴橡胶专业技术协会、福山咖啡专业技术协会、福山水稻专业技术协会、桥头水稻专业技术协会、桥头荔枝专业技术协会、美亭瓜菜专业技术协会、美亭香蕉专业技术协会、白莲养猪专业技术协会、白莲糖蔗专业技术协会、白莲养牛（黄牛）专业技术协会、老城养鸭专业技术协会、老城养虾专业技术协会、马村养鱼（淡水）专业技术协会、大丰龙眼专业技术协会、仁兴橡胶专业技术协会。

全县镇、村委会两级科普协会：镇科普协会 11 个、村科普分会 165 个。

（七）科普基础设施工程

1999—2010 年，全县设有 11 个镇科协，800 个村科普小组，各配置 1 名副镇长和村委会副主任负责科普工作。全县成立学会 13 个，县级协会（研究会）9 个，镇级农村专业技术协会 28 个。科技人员 5687 人，各种学会协会会员 4 万人，辐射农民 30 多万人，农村专业技术协会及其会员已覆盖全县 80% 乡镇。基本建立和完善县镇和村三位一体的科普服务网络，形成以县为中枢，镇为依托，村为基础的科技推广服务网络。

1999年，制作宣传栏18个。

2000年，制作宣传栏18个，出版墙报25期。

2001年，制作宣传栏12个，出版墙报32期。

2002—2003年，科普基础设施工程，主要对原有宣传栏的维护与宣传画更新。

2004年，建立县城科普长廊和镇科普宣传栏10个，建设科普文化室6个，科普图书室60个。

2005年，建设成加乐镇、中兴镇、文化北居委会等5个科普宣传栏，创建钟寨居委会、老城居委会等6个科普图书室和澄迈三中科普教育示范学校。

2006年，建立和完善科普教育示范学校6个，建成金江大拉、中兴好保、老城居委会等9个科普（图书室）活动站，12个科普宣传栏，配备乡村科普宣传员30人。

2007年，建立健全县、镇、村委会、自然村四级农村科普网络，逐步完善建成11个镇、156个村委会、800多个自然村的科普协会、科普分会、科普小组。在县城区公共场所建有1处科普画廊，在全县11个镇（场）38个村（居）委会建有科普宣传栏，建成科普活动室、图书室100多个，配备科普宣传员177名。

2008年，联合各级党委政府及相关职能部门，开展“科普惠农”工程。建设科普宣传栏24个，健全完善科普活动站7个，创建3个科普示范镇，8个科普示范村，2个科普示范社区，9个科普教育（示范）基地，6个科普教育示范学校，开展“一站一栏一员”的建设工作。

2009年，全县建成科普宣传栏29个，完善科普活动站7个，创建科普示范镇3个，科普示范村8个，科普示范社区2个，科普示范学校6个，科普教育（示范）基地9个。

2010年，实施百县百项科普示范特色专项，参与鸭鱼混养等24个科普示范基地，4个科普教育基地，6个科普示范学校的建设工作。

至2010年止，全县投资3300万元，建成青少年活动中心、文化馆和展览馆，在全县11个镇118个村（居）委会建有科普宣传栏27个，科普活动站、图书室100多个，配备科普宣传员170名。全县参与学习的农民群众累计5万人次。澄迈县重视科普事业，科普经费投入逐年增加，每年平均投入41万元，人均0.70元。

第五节　县工商联合会（总商会）

一、组织机构

1994年，澄迈县工商联合会对外称“澄迈县总商会”，实行一个机构、两块牌子。12

月，县总商会（工商联）第六届会员代表大会召开，大会选举产生第六届理事会，会长1名，主任1名，副会长、理事、常务理事若干名，由主任主持日常工作。2006年10月，县工商联成立党组织机构，同时更名为澄迈县工商联（总商会）。会长、副会长和副秘书长由各界经济代表人士兼职担任，由常务副会长（正科级）主持工商联日常工作，为工商联法人代表。2008年3月，县工商联领导班子成员职务更名为主席和副主席。2008年7月，县工商联（总商会）从副科级升格为正科级机构。

1999—2005年，县总商会（工商联）有企业会员167人，行业协会1个，会员中有省人大代表2名，省政协代表1名，县人大代表3名，县政协委员28名。

2006—2010年，县工商联（总商会）有企业会员248个，行业协会2个，会员中有省人大代表2名，省政协代表1名，县人大代表5名，县政协委员36名。

二、代表大会

2001年12月8日，澄迈县总商会（工商联）第七届会员代表大会在金江镇召开，出席代表66人。大会选举产生会长1名，主任1名，副会长8名。

2006年12月10日，澄迈县工商联（总商会）第八届会员代表大会在金江镇召开，出席代表62人。大会选举产生会长1名，常务副会长1名，副会长12名。

三、主要工作

澄迈县工商业联合会（总商会），是党和政府联系非公有制人士的桥梁纽带，是政府管理非公有制经济的助手，坚持“充分尊重，广泛联系，加强团结，热情帮助，积极引导”的工作方针。

（一）组织非公有制经济人士回报社会

1999—2000年，澄迈县民营企业家勇挑社会责任，投身光彩事业，回报社会，非公有制企业和非公经济人士回报社会各类捐款800.18万元，其中向教育部门捐资助学捐款200.1万元，向残疾人士捐款123.6万元，组织慰问活动约60.5万元，支持其他社会公益事业415.98万元。

2001—2002年，澄迈县引导非公经济人士回报社会，履行社会责任，非公有制企业和非公经济人士回报社会各类捐款1200.53万元，其中向教育部门捐资助学捐款317万元，向残疾人士捐款219.52万元，组织慰问活动约53.99万元以上，支持其他社会公益事业610.02万元。

2003—2004年，澄迈县引导非公经济人士回报社会，履行社会责任，非公有制企业和非公经济人士回报社会各类捐款1612.43万元，其中向教育部门捐资助学捐款470万元，向残疾人士捐款300.13万元，组织慰问活动约60.3万元以上，支持其他社会公益事业782

万元以上。海南福隆集团有限公司参与社会公益事业，2003 年支持农村解决饮水问题及修路 25 万元。“非典”疫情发生后，澄迈县民营企业参加各类社会捐助互助活动，捐款捐物折合人民币 258 万元。

2005—2006 年，澄迈县引导非公经济人士回报社会，履行社会责任，非公有制企业和非公经济人士回报社会各类捐款 1800 万元，其中向教育部门捐资助学捐款 512 万元，向残疾人士捐款 325 万元，组织慰问活动约 62.5 万元，支持社会主义新农村建设和农村文娱活动 342 万元，支持农村学校建设 163 万元，支持农村道路建设 182 万元，其他捐款 450 万元。海南福隆集团有限公司参与社会公益事业，支持农村学校建设 10 万元。

2007—2008 年，澄迈县引导非公经济人士回报社会，履行社会责任，非公有制企业和非公经济人士回报社会各类捐款 2115.36 万元，其中向教育部门捐资助学捐款 535 万元，向残疾人士捐款 363 万元，组织慰问活动约 65.5 万元，支持社会主义新农村建设和农村文娱活动 269 万元，支持农村学校建设 178 万元，支持农村道路建设 231 万元，其他捐款 473.86 万元。配合陈琼月专职副主席带领的省工商联（总商会）慰问团对县老工商业者、工商联干部遗孀、非公有制企业会员、特困工商业者、五保户、黎族和苗族同胞、工商联退休干部、下岗职工、孤寡老党员、残疾人、孤儿等 98 人进行慰问，发放慰问品和慰问金 3 万多元。四川汶川“5·12”特大地震发生后，县工商联（总商会）向全县非公有制企业和会员发出倡议书，捐款帮助灾区人民渡过难关。其中黄少雄及其和信集团捐款 15 万元，其他会员和工商联机关捐款 55 万元，县果菜运销协会受政府委托为灾区赠送 100 吨瓜菜。三亚鲁能集团发起 2008“爱心助学、阳光行动”启动仪式 7 月在澄迈县举行，县工商联（总商会）主席黄少雄捐款 10 万元，县工商联（总商会）名誉主席王汉昌捐款 10.5 万元，企业会员捐款 25 万多元。王汉昌、曾健、王大魁等会员向政协教育基金会捐款 3 万多元。县科技教育基金启动仪式上黄少雄主席捐款 10 万元。

2009 年，春节期间，按照省工商联和县委、县政府的要求，在全县范围内对原老工商业者、特困工商业者、五保户、工商联干部遗孀、下岗职工、孤寡老党员、残疾人、孤儿等 50 多人进行慰问，发放慰问品及慰问金 1.6 万元。永发举办第八届海南（永发）冬季优质农资展销会，县工商联（总商会）主席、海南和信集团董事长黄少雄捐资 10 万元支持农资展销会。

2010 年春节期间，县工商联（总商会）对县城和部分乡镇原老工商业者、特困工商业者、五保户、工商联干部遗孀、孤寡老党员等 30 多人进行慰问，发放慰问金及慰问品 2.5 万元。端阳节金江的文体活动中捐款 12000 元。

2010 年，第九届国际老人博览暨海南第八届盈滨龙水节组织非公有制企业捐款 1000

多万元；第十一届中国海南岛欢乐节，县非公有制代表人士工商联（总商会）主席黄少雄捐款 25 万元，县政协副主席、工商联（总商会）名誉主席王汉昌捐款 25 万元，工商联（总商会）副主席曾健捐款 10 万元，会员李成雄捐款 10 万元，共计 70 万元。

2010 年，海南省经历 50 年不遇的持续强降雨，给全县的农业、养殖业等造成损失。澄迈县企业会员向受灾群众捐款捐物，华盛水泥公司捐款 100 万元，通威股份有限公司捐款 102 万元，果菜协会为农户免费发放种子 200 多万元，副会长王美志个人拿出 22 万元购买瓜菜种子发放给农民，海南长升集团有限公司捐款 17 万元，共计捐款 441 万元。海南惠民公司在大丰、福山、永发等 3 个镇建设瓜菜集中大棚育苗点，育尖椒等种苗 700 多万株，为农民提供种苗，种苗可种面积 200 多公顷，帮助农民恢复生产。

2010 年 8 月，海南生态软件园开展“关爱成长，与你同行”奖励资助老城优秀学子活动，捐款 26 万多元，奖励和资助老城地区 97 名大学新生、36 名贫困生以及 51 名优秀中小学生，受益学生 309 名。9 月，澄迈县 10 家非公有制企业捐款 6 万多元，资助 18 名高考贫困生圆上学梦。

县工商联配合县委统战部于 9 月 14 日，在昆仑农场举行非公有制经济人士回报社会感恩行动活动，帮扶和慰问美合革命根据地 55 年党龄，75 岁以上老革命、老党员、老模范“三老”人员以及生活困难的革命烈士后代，贫困人员有 43 名，每人分别获得 2000 元的慰问金。全县 20 多家非公有制企业捐款 14.2 万元，这些捐款全部用于帮扶贫困老革命、老党员和老模范等。

（二）扶持和帮助民营企业排忧解难

1999—2000 年，为做好为民营经济服务工作，在全县民营经济蓬勃发展的大背景下，县工商联发挥助手作用，加强与政府部门的联系与合作，搭建服务平台，建立完善工商联经济服务体系，为企业提供融资担保服务平台，全年为 5 家企业解决融资贷款 5000 万元。

2001—2002 年，加强和县人事劳动和社会保障局、县总工会的合作，举办下岗职工、中专、职技学校和应、往届学生等专场招聘会 2 次，累计入场 2500 人次，达成就业意向 1000 余人次。

2003—2004 年，强化法律服务，维护会员企业的合法权益，搭建法律仲裁服务，接受 50 余名会员的仲裁咨询，调解合同纠纷 5 起。

2005 年，组织民营企业家参加培训、讲座、论坛 13 次，组团考察交流 1 批，组织企业家随县委、县政府及省工商联代表团出访 5 批；协助引进项目 6 个。

2006—2007 年，开展“民营 100 成长之路”活动，对县内民营企业进行帮扶，与有关担保公司与金融机构一起到需贷款的民营企业中进行调研和落实贷款项目的情况。会同县人劳局、县总工会联合每年印发《关于全面推行工资集体协商工作的通知》，在县工商联（总商会）会员企业进行宣传，逐步在通威股份有限公司等公司推行，要求工人工资通过劳资双方集体协商解决，企业要增加收入的透明度，在利润好时，要适当增加员工的工资。2007年初，县工商联（总商会）主席黄少雄协助县委、县政府引进广州富力集团“富力和信红树湾”项目，项目用地446.67公顷，投资50亿元。

2008年，开展“民营100成长之路”活动，对县内民营企业进行帮扶，与有关担保公司与金融机构一起到需贷款的民营企业中进行调研和落实贷款项目的情况。为全县60多家民营企业筹措贷款2亿多元。2澄迈县工商联（总商会）被省工商联（总商会）、海南信联盛投资担保有限公司授予海南省“民营100成长之路”融资活动优秀组织奖。召开澄迈县中小企业融资推动会，为企业融资和银行拓展业务开辟更加便捷的通道，以实现金融资本与企业需求的有效对接，促使政、银、企三方更好地合作，以实现共赢。《海南省经济特区促进中小企业发展条例》即新25条颁布后，工商联（总商会）组织机关干部到企业进行宣传、学习，利用媒体、悬挂横幅等方式，到企业进行宣传。

2009年，开展“民营100成长之路”活动，对县内民营企业进行帮扶。组织融资对接会，有48家中小企业参加，贷款项目50多个，贷款总额1.8亿元，会后，县工商联派员陪同金融机构和担保公司，到参加融资企业中考察，有12家企业贷到6000多万元。

2010年初，与有关担保公司与金融机构开展民营企业贷款项目调研，为12家民营企业组织贷款6000多万元。

（三）参政议政

1999—2000年，随着全县民营经济的加快发展和工商联工作性质的转变，工商联的参政议政工作获得发展。全县工商联界别代表委员提交政协大会发言5篇，提交团体提案、议案12件。在两会上的发言、提案、议案得到县委、县政府主要领导的重视，为改善民营经济发展环境以及政策的制定提供翔实的材料和参考依据。

2001—2002年，全县工商联界别代表委员提交政协大会发言6篇，提交团体提案、议案10件。工商联调查研究能力地得到提升，全县工商联系统撰写调研报告5篇。针对宏观调控出现的新情况、新问题，组织人员，深入了解情况，向县委提交《澄迈县民营经济发展情况报告》。在县政协组织的提案评比工作中，工商联两次获得优秀提案奖。

2003—2004年，当选为人大代表及担任政协委员的会员，履行职责，参加各种考察和调研活动，了解社情、民意、商情，以高度的政治责任感建言献策。向人大、政协会议提交议案、提案20多件，其中《关于扩大对中小微企业融资渠道的意见建议》得到重视，促进解决中小微企业融资难困境。

2005—2006 年，全县工商联界别代表委员提交政协大会发言 5 篇，提交团体提案、议案 15 件，为县委、县政府决策提供依据。

2007 年初，县工商联把调查研究工作作为参政议政的基础，围绕经济发展和建立社会主义市场经济体制中出现的热点、难点，个体私营经济发展中的新情况、新问题，开展专题调研活动，反映会员的意见和要求，撰写专题调研报告或材料 6 篇，撰写《2007 年澄迈县非公有制经济发展调研报告》《全县民营企业现状及当前民营企业经营情况》。

2009 年，在县政协八届三次会议上，工商联作题为《从容应对金融危机，促进澄迈县经济平稳较快发展》的发言。组织人员深入到相关单位及部分中小企业实地调研，向县委、县政府提交《关于澄迈县下岗失业人员再就业工作的调研报告》和《积极拓宽融资渠道为中小企业发展提供贷款的调研报告》。会同县人劳局、县总工会联合发文《关于全面推行工资集体协商工作的通知》，组织人员一起到老城工业开发区等非公有制企业中进行宣传、学习、贯彻落实文件精神。县政府对交办的县政协八届三次会议提案议案“关于解决私营个体企业融资贷款难的决议”作答复。

2010 年，在县人大、政协两会上，非公有制经济代表人士中的人大代表和政协委员提案 20 多件。县工商联作题为《抓住海南西部地区开发机遇加快澄迈县非公有制经济的发展》和《关于加快发展澄迈县休闲产业的建议》的发言。撰写《2009 年澄迈县非公有制经济发展调研报告》《全县民营企业现状及当前民营企业经营情况》《关于近年来开展非公有制经济人士思想政治工作情况》《抢抓建设国际旅游岛契机，提高服务非公经济的能力》等调研报告。

1999—2010 年，在每年召开的县人大、政协“两会”上，都向县委、县政府建言献策，撰写专题调研报告和提案。在政协例会上提交《关于提升老城开发区第三次创业水平的决议》《继续加大扶持力度推进澄迈县深水网箱养殖业科学高效发展》《关于推进福山咖啡文化风情镇可持续发展的建议》等提案。

第六节　县文学艺术界联合会

一、组织机构

1985 年，成立澄迈县文学艺术界联合会（简称“县文联”），为主管全县文学艺术工作的群众团体组织。1998 年机构改革，县文联仍为群众团体组织（副科级）。1999—2010 年，县文联设主席、副主席、秘书长各一名，不设立内部机构。2007 年 6 月，省委组织部下发《关于澄迈县总工会等人民团体和群众团体机关参照公务员法管理人员登记的批复》，澄迈县文学艺术界联合会现有人员列入国家公务员管理登记。至2010年，机构未变。

二、基层组织

1999—2010年，挂靠县文联的协会有4个，分别是澄迈县音乐工作者协会、澄迈县书法协会、澄迈县唐宋文化研究会和海南诗社澄迈分社。

1987年12月，澄迈县音乐工作者协会成立，挂靠县文联。至2010年，拥有会员58名，其中国家级会员1名，省级会员5名。

1995年5月，海南诗社澄迈分社成立，挂靠县文联。至2010年，拥有会员50名，其中省级会员3名。

1998年5月，澄迈县书法协会成立，挂靠县文联。至2010年，拥有会员75名，其中省级会员3名。

2009年9月，澄迈县唐宋文化研究会成立，挂靠县文联，县文联为业务主管单位，县民政局为登记管理部门。至2010年，拥有会员39名。

三、主要活动

县文联成立后，组织、协助各协会开展学习研讨、交流比赛、送艺下乡、成果展览等活动。

1999年，在金江镇举办美术、根雕展览活动。

2005年，县文联协助县音协邀请省音协副主席黎友合在美威歌舞厅做“歌曲创作”讲座和作品研讨活动。

2006年，县文联协助县音协邀请海南知名词曲作家钟龙宝、周南捷、符美霞、谢永祥、卢修业、黎友合等为会员作讲座，进行创作研讨，组织协助县书协与国家书画名家以及省知名书画家交流合作，为中国海南盈滨龙水节书画活动助力。

2008年，县文联协助县音协出版《澄迈创作歌曲集》，协助出版海南音乐刊物《椰林歌声》，编印《澄迈县美术书法作品集》，收集美术书法作品75幅。

2009年，县文联副主席、诗人江非诗歌创作学术研讨会在海南师范大学文学院举行。来自北京大学、中国社科院、南开大学、首都师范大学、复旦大学等学术机构的著名评论家、诗人以及海南师范大学的研究生40余人参加。

2010年，县文联组织澄迈县书法协会会员到福山镇开展送春联下乡活动，现场书写春联650多幅，赠予周边群众，送出新春的祝福。

1999—2010年，县音协、县书协常采用走出去、请进来等方法与先进市县进行交流。由会员组成的“歌舞团”，在金江影剧院以及各乡镇演出后，还到临高县、定安县、琼海市、屯昌县等市县交流演出。县书协成立以来，坚持每年送书法下乡，多次举行“送书法进万家”活动。

第七节　县残疾人联合会

一、组织机构

1989 年 7 月，澄迈县残疾人联合会成立，原为民政局挂靠机构，理事长由民政局副局长兼任。1994 年 2 月，从民政局分离，成为副科级事业单位。1998 年 9 月，经县编委批复升格为正科级机构，并转为参照公务员管理单位，隶属县政府。1999 年，澄迈县残疾人联合会内设机构有澄迈县残疾人劳动就业服务站和澄迈县残疾人服务总社，有在职干部职工 9 人。2003 年，澄迈县残疾人联合会内设机构有澄迈县残疾人劳动就业服务站，有在职干部职工 9 人。2005 年，澄迈县残疾人联合会内设机构有办公室、康复部、宣文部、澄迈县残疾人劳动就业服务站，有在职干部职工 9 人。至 2010 年，澄迈县残疾人联合会内设机构未变，有在职干部职工 10 人。

二、代表大会

（一）澄迈县残联第四次代表大会

2002 年 12 月，澄迈县残联第四次代表大会在金江镇召开，会程 1 天。出席此次代表大会的代表 71 人，其中正式代表 53 人、特邀代表 8 人、列席代表 10 人。省残联副理事长王宣英，县委常委、组织部部长王启强，县政府副县长曾日进以及县残工委成员单位，各镇分管残联工作的领导出席此次代表大会。会议采用等额无记名投票的方式，选举澄迈县残联第四届主席团，曾日进为县残联第四届主席团主席，陈烈文、陈伟治为第四届主席团副主席，推举陈伟治为县残联第四届执行理事会理事长，吴容为副理事长。

（二）澄迈县残联第五次代表大会

2007 年 12 月 24 日，澄迈县残联第五次代表大会在金江镇召开，会程 1 天。此次会议正式代表 78 人，其中残疾人及亲友代表 49 人、健全人代表 29 人、列席代表 31 人、特邀代表 5 人。会议采用等额无记名投票方式选举产生澄迈县残联主席团委员 51 人，选举叶和平为澄迈县残联第五届主席团主席，曾维雄、陈伟治、刘春荣、蔡仁广、王金萍、邱亚环为主席团副主席，推举陈伟治为县残联执行理事会理事长、吴容为副理事长、选举王玉卿、王定权、陈伟治、邱亚环、梁学桂、谢海江、曾维雄为出席省残联第五次代表大会的代表。

三、康复工作

1999年，在全县范围内组织开展白内障患者、肢残少年和聋哑儿调查筛选，全县有白内障患者402人，聋哑儿26人，肢残少年8人。

2000 年，在全县组织开展白内障患者、肢残少年和聋哑儿筛查，筛查出白内障患者

455例、肢残少年8例，聋哑儿26人，将筛查结果报省残联。

2001年4月，组织开展“视觉第一中国行动”活动，组织省人民医院及澄迈县医院眼科医生，到金江、瑞溪、老城、福山等镇为200名例白内障患者施行复明手术。在金江镇举办1期聋哑儿培训班，培训聋哑儿及家长47人，为4例肢残少年施行矫治手术，转送35名精神残疾人住院治疗。

2002年，组织开展“视觉第一中国行动”活动，组织省人民医院及澄迈县医院眼科医生，为150例白内障患者施行复明手术，为3例肢残少年施行矫治手术，转送28名精神残疾人住院治疗，为残疾人发放轮椅16张，拐杖12副，助听器25个。

2003年，组织省人民医院及澄迈县医院眼科医生为126例白内障患者施行复明手术，36名残疾人得到不同程度的康复治疗，赠送全县残疾人轮椅22张、助听器20个、拐杖10副。

2004年，组织开展“爱耳日”活动，赠送聋人助听器26个，做好小儿麻筛查，落实6例少儿肢体矫治手术，为5名残疾人安装假肢，施行白内障免费复明手术130例，赠送全县残疾人轮椅21张、拐杖22副。

2005年，组织开展“视觉第一中国行动”活动，为100名白内障患者施行复明手术，为6名少年施行肢体矫治手术，赠送全县残疾人轮椅20张、助听器20个、拐杖16副。

2006年组织110名例白内障患者施行复明手术，对全县肢残少年进行筛查，落实11例少儿肢体矫治手术，为9名残疾人安装假肢，赠送全县残疾人轮椅15张、助听器31个、拐杖13副。

2007年，全县投入康复经费48万元，完成白内障复明手术239例，肢残矫治手术7例，培训聋哑儿68名，发放助听器25个，低视力助视器5个，装配假肢11例，赠送轮椅68张，拐杖26副，残疾人用品用具183件。加强社会化康复服务体系，提高残疾人的康复保健水平，残疾人康复意识和全社会残疾人康复工作深入开展。

2008年，组织开展各种康复活动，和卫生局、民政局组织实施“健康快车”白内障复明手术工作，登记造册的患者送到省医院，为43例白内障患者免费手术；组织实施新农合白内障免费复明手术60例。组织人员对各镇行动不便的肢残人进行摸底、筛查，对符合条件的8位肢残少年儿童实施矫治手术，对符合安装假肢的进行假肢安装，为2名智障儿童提供康复训练，做好残疾人用品用具供应工作，发放轮椅、助听器、拐杖等用品用具一批。

2009年，会同卫生局、民政局配合省政府实施“亮睛”工程，在全县开展白内障患者摸底、筛查，全县有白内障患者1700多例，全部登记造册，全年免费复明手术完成315

例。为 5 名残疾儿童实施免费矫治手术。选送 3 名智障儿童到省残联参加康复训练，选送 3 名智障儿童的家长参加培训，为 268 名残疾人赠送轮椅、拐杖、助听器等。

2010 年，县残联按照全国残疾人社区康复示范县培育标准，制定《澄迈县创建全国残疾人社区康复示范县活动实施方案》，安排 210.6 万元用于残疾人社区康复示范县的创建工作，全县辖区内残疾人社区康复经费人均 4 元。先在金江镇、福山镇、老城镇各选 3 个康复站进行试点，以点带面，促进全县社区康复站建设的推广和普及。试点成功后，在老城镇召开全县创建残疾人社区康复示范县工作现场会，推广福山镇、老城镇和金江镇的创建经验。而后，全县铺开社区康复站建设和社区康复示范县创建活动。澄迈县被省残联推荐代表海南省参加中残联召开的全国残疾人社区康复示范县创建工作经验总结会议。会上，澄迈县被民政部、卫生部、中国残联授予“全国残疾人社区康复示范县（市）”称号。

县残联和县“亮睛工程”项目办合作，将全县符合条件的 454 名白内障致盲患者送到省眼科医院实施免费复明手术，选送 8 位患自闭症和脑瘫儿童到省人民医院进行治疗和康复训练，为 6 名肢残儿童实施免费矫治手术，选送 9 位截肢者到省用品用具站免费安装假肢，购买 43 套康复训练器材安装到基层康复站，为全县 96 名行动不便的肢体残疾人赠送轮椅，赠送盲棒、拐杖、助听器等用品、用具一批。

四、社会保障和助残帮扶

1999 年，县残联将残疾人扶贫助残工作纳入政府年度计划，动员社会各界结队帮扶，扶持农村残疾人发展种养业和家庭副业，在资金、技术、种苗等方面对残疾人进行扶持。县残联将符合低保条件的残疾人推荐给民政部门办理低保，做到应保尽保。推荐 560 位（户）残疾人给民政部门办理低保。

2000 年，推荐 520 位（户）残疾人给民政部门办理低保，在春节期间开展慰问残疾人活动，慰问 200 名残疾人，发放慰问金和慰问品折价 13 万元。

2002 年，县政府率先在全省设立残疾人弱势群体扶持资金，全县 182 名困难残疾人享受到每人每月 50 元的弱势群体补助，推荐 643 位（户）残疾人给民政部门办理低保。县残联为没有住房的金江镇山口村残疾人王冶谦新建住房，为桥头镇残疾人王翠建一间 60 平方米的养兔场，赠送 16 只种兔。开展“中国世纪爱心万里行在澄迈”助残募捐活动，全县捐款 62800 元支持残疾人事业。春节期间，县残联开展慰问残疾人活动，慰问物品折价 18 万元。

2003 年，全县新增 248 名困难残疾人纳入弱势群体补助，推荐残疾人就业 25 人，帮助残疾人个体就业 6 人，走访慰问残疾人 68 户（人），赠送轮椅、棉被、米、食用油等折价 4 万元。

2004年，全县新增64名困难残疾人纳入弱势群体补助，走访慰问困难残疾人200人次，慰问品折价10万元。

2005年，全县新增354名困难残疾人纳入弱势群体补助，投入30万元为43名残疾人进行危房改造，走访慰问困难残疾人200人次，慰问品折价12万元。

2006年，全县新增154名困难残疾人纳入弱势群体补助，投入40万元为40名残疾人进行危房改造，走访慰问困难残疾人200人次，慰问品折价12万元。

2007年，全县新增306名困难残疾人纳入弱势群体补助，投入170万元为170户残疾人进行危房改造。

2008年，新增扶助残疾人300人，全县受扶助残疾人数1085人，每人每月补助60元。实施农村贫困残疾人危房改造项目，全年安排110户进行改造，除省下拨的资金外，县配套资金60万元。

2009年，新增200名残疾人纳入救济，每人每月60元，解决部分农村残疾人生活困难问题，为6位创业困难的残疾人向省残联争取申请小额贴息贷款。

2010年，省政府补助，县政府给予配套，全县355位重度残疾人领取到每月100元的重度生活补助，将185名精神、智力以及部分重度肢残对象纳入阳光家园计划，每月发放150元的生活补助，实施家居抚养。县政府安排62万元，加上省残联的补助，完成残疾人危房改造120户（间）。县残联筹集资金，购买鸡苗1100只，发放给4位残疾人养殖，扶持发展生产。

五、培训就业

1999年，县残联协调劳动就业部门，扶持残疾人就业，推荐城镇残疾人就业650人，扶持385户残疾人创业和发展家庭种养业，实现个体就业，农村残疾人灵活就业436人。

2003年，县残联在金江镇举办1期残疾人种养业培训班，培训残疾人66人。

2004年，县残联举办5期残疾人种植业、养殖业培训班，培训残疾人1500人。

2004年，县残联举办5期残疾人种植业、养殖业培训班，培训残疾人500人。

2005年，县残联举办3期残疾人种植业、养殖业培训班，培训残疾人248人。在金江镇举办1期摩托车维修培训，培训残疾人33人。

2008年，开展残疾人职业技能和农村实用技术培训，联合就业局举办1期摩托车维修培训班，在加乐镇、瑞溪镇、仁兴镇组织开展3期残疾人养猪技术、瓜菜种植和割胶技术培训班，培训残疾人及亲属400余人，选派15名残疾人到省参加各类培训班。以贯彻落实国务院《残疾人就业条例》为契机，按《澄迈县安排残疾人就业实施办法》的要求，对全县75个单位进行年审，为残疾人就业保障金的征收打下基础。在开展按比例安排就业工作的同时，扶持残疾人个体就业和自愿组织就业，扶助农村残疾人参加生产劳动，推荐城镇残疾人就业15人，帮助个体就业10人，农村残疾人就业75人。

2009年，全县残疾人教育、职业培训向多形式、多层次、多专业发展。在全县机关单位、工厂、企业、宾馆酒店等开展一次按比例安排残疾人就业情况调查，全面贯彻和落实按比例就业的政策，扶持残疾人个体就业和自愿组织就业，推荐城镇残疾人就业15人，帮助个体就业7人，农村残疾人就业43人。

2010年，全县推荐残疾人就业53人，为11个镇残疾人专职委员办理公益性岗位，扶助5户残疾人家庭发展养殖业、实现个体就业、农村残疾人灵活就业37人。

六、文体活动

2003年，组织残疾运动员参加海南省第三届残运会，获得2枚金牌、2枚铜牌。

2006年，组织残疾运动员参加海南省特奥会，获得2枚金牌、4枚银牌、2枚铜牌。

2007年，县残联联合海南月亮湾高尔夫球会举办一场关注残疾人事业的“温暖2007”高尔夫主题赛事，筹得善款10万元，用于残疾人事业、补助残疾学生。与省残联在福山镇、老城镇、金江镇开展文化助残文艺演出，给基层残疾人带来精彩节目和慰问，将晚会募得款项交给当地残联，支持残疾人事业。

2008年，“全国助残日”期间，举办全县残疾人乒乓球、羽毛球和象棋比赛，对获奖的镇和个人给予表彰，丰富残疾人体育文化生活。

2009年，组织有才艺的3名残疾人参加第一届海南省残疾人艺术会演，澄迈县获得省残联颁发的组织奖，2位残疾艺人获得优秀奖。澄迈县残疾运动员王于代表省参加全国特奥会乒乓球比赛，荣获12—15岁组男子单打和男子双打第一名。

2010年，在第五届省残运会上，澄迈县22人代表团参加6个项目的比赛，获得2枚金牌、5枚银牌、3枚铜牌。王英銮代表海南省赴河北省石家庄市参加“威纳邦杯”全国乒乓球锦标赛，勇夺女子TT66-8级团体第一名。澄迈县4位残疾运动员代表海南省赴福建参加第五届全国特奥会，获取7枚金牌、4枚银牌。

1999—2010年的“全国助残日”，县残联残工委组织全县残工委成员单位开展助残一条街宣传教育活动，让全社会对残疾人事业有更多的理解，支持和关注，在“爱耳日”“爱眼日”“聋人节”“盲人节”“特奥日”等残疾人节日，利用报纸、横幅、宣传单等对残疾人事业进行宣传，开展系列助残活动，营造社会助残氛围。

第十三编　政法　军事

第一章　公　安

第一节　管理机构

1999年，澄迈县公安局设7个股室，6个派出所和看守、收容所，行政派出所19个。2001年8月，澄迈县公安局实行机构改革，全员竞争上岗，设分局1个，大队7个、股室7个，派出所18个和看守所、拘留所、强制戒毒所，下辖农垦福山分局（下设6个派出所）、边防支队（下设4个边防派出所）、林业公安分局和林场派出所。2008年11月，澄迈县公安局设1个分局（老城分局），指挥中心、刑警大队、治安大队、交警大队、国保大队、经侦大队、禁毒大队、巡警大队等8个执法勤务机构（副科级），政工监督室、法制室、警务保障室等3个综合管理机构（副科级），看守所、拘留所、戒毒所等3个监所（副科级），16个行政派出所，其中澄城、金江和大丰派出所为副科级单位，其余派出所为股级，分别是老城、福山、永发、加乐、文儒、石浮、新吴、瑞溪、长安、美亭、白莲、中兴、仁兴派出所。下辖农垦福山分局，下设6个派出所（副科级），分别是红光、红岗、西达、昆仑、和岭、金安派出所；下辖边防支队，下设4个派出所，分别是桥头、东水、马村、老城边防派出所；下辖林业公安分局和太平林场派出所。至2010年，澄迈县公安局根据工作职责和机构改革要求，全局内设指挥中心等18个副科级机构和13个股级机构。其中分局1个（副科级），为老城分局；执法勤务机构8个（副科级），分别是指挥中心（加挂办公室牌子）、国内安全保卫大队、刑事侦查大队、交通管理大队、治安管理大队（加挂爆炸危险物品监管大队牌子）、经济犯罪侦查大队、禁毒大队、巡警大队。综合管理机构3个（副科级），分别是政工监督室（加挂监察室、督察大队牌子）、法制室、警务保障室；监管场所3个（副科级），分别是看守所、拘留所、戒毒所。行政派出所16个，澄城派出所、金江派出所、大丰派出所为副科级单位，其余13个派出所为股级单位，分别是加乐派出所、文儒派出所、石浮派出所、新吴派出所、永发派出所、瑞溪派出所、长安派出所、美亭派出所、白莲派出所、老城派出所、福山派出所、中兴派出所、仁兴派出所。下辖农垦福山分局，下设 6 个派出所（副科级），分别是红光派出所、红岗派出所、西达派出所、昆仑派出所、和岭派出所、金安派出所；下辖边防支队，下设 4 个派出所，分别是桥头边防派出所、东水边防派出所、马村边防派出所、老城边防派出所；下辖林业公安和太平林场派出所。

第二节　治安管理

一、特种行业管理

1999 年，对特种行业进行清理整顿。审查批准发放特种行业许可证 98 本，其中旅馆业 82 户 82 人，印刻业 3 户 3 人，废品收购业 13 户 13 人。

2000 年，加强对危爆物品和特种行业的管理，对全县烟花爆竹厂和销售店进行安全大检查，停业整顿 1 家，关闭存储仓库 2 个，吊销销售店许可证 121 个，没收爆竹原材料 100 多公斤；对全县 98 家公共娱乐服务场所进行清理整顿，责令停业整顿 5 家，取缔 4 家，签订《公共娱乐场所服务治安管理责任书》85 份。

2005 年，审查批准发放刻章许可证 236 张。2006 年，办理刻章许可证 241 张。2007 年，户政窗口办理刻章许可证 215 张，检查出租屋 232 间，巡查发现违法犯罪线索 2 条。

2010 年，派出专业人员对各旅店宾馆进行业务指导，全县旅馆业 83 家，安装旅馆业治安管理信息系统 78 家，并且开通使用，占旅馆业总数 94%。通过加强旅馆业治安信息系统管理，提高治安防控能力。办理刻章许可证 282 张。

二、打击“黄赌毒”

（一）打“黄”

1999 年，全县查禁黄色录像室 5 处、出售淫秽书籍及黄色录像带摊点 2 处。

2002 年，全县开展整顿文化市场音像制品专项斗争，建立健全长效扫黄禁赌监督管理机制。开展扫黄统一清查行动 8 次，清查发廊、舞场、出租屋等公共场所 214 家，清理音像销售点 9 家。

2005 年，会同广电文体局开展扫黄统一清查行动 8 次，清查发廊、舞场等场所 214 家，清理音像销售店 44 家、书摊 23 家，收缴黄色光盘 23 张、盗版光盘 6300 多张、违禁书刊 320 多册，吊销违规经营音像店执照 4 本。

2010 年，查缴盗版音像物品 165 件，淫秽色情光盘 35 件，黄色书刊 63 册。

（二）治“赌”

1999 年，捣毁利用电子啤酒游戏机为借口开设赌场进行赌博的场所 23 个，缴获电脑主机26部，显示器280台，牌机80部，抓获涉赌人员768人，行政拘留703人，没收赌资45万元，罚款110万元。

2000年，海南省委坚持“三讲”集中教育与推动当前工作相结合，提出“让宝岛更加文明”的号召，大张旗鼓地打击“黄赌毒”，加强精神文明建设。3月19日，在省委领导的直接督促和安排下，经过周密部署，公安机关一举捣毁澄迈县盈滨半岛时代、鼎富等3个赌场，抓获涉赌人员852人，查获赌资100多万元。3月27日，海南省委在海口召开常委会，免去对“3·19”非法设赌事件负有领导责任的陆志远中共澄迈县委委员、常委、书记的职务；澄迈县委常委、政法委书记李光兴停职检查。做出彻底查清“3·19”非法设赌、追捕逃犯、严肃查处失职者和涉赌公职人员等7项决定。海南省委、省政府还制定《海南省关于共产党员、国家工作人员涉赌行为的党纪政纪处分规定》，落实禁赌工作责任。

2005年，查处赌博治安案件98起，抓获涉赌违法人员177人，罚没总金额37.65万元，取缔涉赌场所27个，责令整改娱乐场所38家。

2006年，多措并举、多管齐下查禁赌博违法犯罪行为，捣毁4个赌博窝点，取缔非法彩票、彩图、彩报的批发点、销售点46个，查处私彩赌博案件38起，抓获违法人员36人。

2007年，县公安局多策并举、多管齐下查禁赌博违法犯罪行为，组织民警开展打击私彩赌博专项行动。全年取缔非法彩票、彩图、彩报的批发点、销售点62个，查处私彩赌博案件180起，抓获私彩赌博违法行为333人，处以行政拘留31人、治安罚款302人，治安罚款30.24万元，没收赌资1.1万元，缴获牌机15台、大小板牌8块、马机7台等一批赌博工具。

2010年，破获赌博刑事案件1宗，查处赌博治安案件85起，处理违法犯罪人员169人（其中行政拘留120人，罚款45人），收缴赌资10万余元，罚款7500元，没收赌博用具一批。

（三）禁“毒”

1999年，破获贩毒案件25宗，捣毁贩毒犯罪团伙7个，抓获贩毒犯罪嫌疑人69名；抓获吸毒人员186名，捣毁吸毒窝点39个，吸毒人员劳动教养12人。

2000年，破获贩毒案件14宗，其中重大案件1宗，捣毁贩毒团伙3个，抓获贩毒分子17名；断掉吸毒窝点9个，抓获吸毒分子78人，强制戒毒113名，报送吸毒人员劳动教养7人。

2005年，破获毒品犯罪案件129起，抓获犯罪嫌疑人33名，缴获毒品74.4克，其中海洛因 28.1 克，摇头丸 190 粒，强制戒毒 757 人次。

2010 年，破获毒品犯罪案件 152 起（其中重特大案件 10 起），抓获犯罪嫌疑人 163 人，缴获毒品海洛因 697.99 克，毒资 6.8 万元；查处毒品治安案件 810 起，收戒吸毒人员 1344 名，整治查处涉毒娱乐场所 14 家，抓获吸食新型毒品违法人员 112 名，停业整顿涉毒娱乐场所 10 家，吊销营业执照 1 家。

第三节　案件侦破

一、重案侦查

（一）收缴黑枪黑弹

1999 年，收缴非法销售炸药 875 公斤，雷管 35000 发，导火线 150 多米，列管 200 枚，火药枪 7 枝，管制刀具 17 把。

2005 年侦破涉爆案件 2 宗，抓获非法购买炸药、非法使用雷管犯罪嫌疑人冯某某等 5 人。开展集中整治爆炸物品、枪支弹药和管制刀具专项行动，张贴《通告》1200 份，收到群众举报线索 3 条，上交“五六式”步枪子弹 4000 发，日制旧炮弹 2 枚，长火药枪 1 支，气枪 1 支，仿真枪 4 支。

2010 年，收缴各类非法枪支 5 支，各类子弹 100 余发，导火索 96 米，电雷管 2 枚、黑火药 700 克，管制刀具 12 把，“缉枪治爆”专项行动取得成效。

（二）命杀案件

1999 年，全年发生命案 9 起，破案 3 起，破案率 33.3%。

2000 年，全年破获命案 2 宗。

2001 年，全年发生命案 2 起，破案 1 起，破案率 50%，抓获 2 人。

2002 年，全年发生命案 2 起，破案 1 起。

2003 年，全年发生命案 4 起，破案 1 起，破案率 25%，抓获 3 人。

2004 年，全年破获命案 7 宗，其中当年命案 5 宗，历年命案 2 宗，摧毁命案犯罪团伙 4 个，抓获命案犯罪嫌疑人 26 名。

2005 年，全县发生现行命案 7 宗，破获命案 6 宗，破获历年命案 2 宗，破案率 85.7%，抓获涉案嫌疑人 24 人。

2006 年，全县发生命案 16 宗，经公安局侦办，破获 15 宗，破案率 93.75%，抓获犯罪嫌疑人 31 人。

2007 年，全县发生命案 8 宗，破获命案 7 宗，破案率 87.5%；抓获犯罪嫌疑人 14 人。

2008年，全县发生命案4宗，与上年相比下降50%；破获3宗，抓获犯罪嫌疑人5人，破案率75%。

2009年，全县发生现行命案7宗，侦破7宗，抓获犯罪嫌疑人9人，现行命案破获率100%。

2010年，全县发命案8起，破获10起（其中破获积压命案2起）。

（三）“两抢一盗”案件

1999年，发生盗窃案62宗，破案45宗，抓获犯罪嫌疑人68人，抢劫案件发案29宗，破22宗，抓获犯罪嫌疑人29人。

2000年，破获“两抢”案件22宗。

2001年，开展打击盗抢机动车和街头“两抢”犯罪专项斗争，破获盗窃机动车和“两抢”案件25宗，摧毁犯罪团伙5个，抓获犯罪嫌疑人38名，缴获赃车15辆。

2002年，破获机动车辆犯罪案件25宗，抓获犯罪嫌疑人35人，“两抢”案件23宗，抓获犯罪嫌疑人14名。

2003年，破获“两抢一盗”案件79宗，抓获犯罪嫌疑人87人，缴获小汽车1辆、摩托车35辆、手机20部、耕牛8头。

2004年，破获“两抢”案件37宗，摧毁“两抢”犯罪团伙5个，抓获两抢人员37人，破获盗窃案93宗，其中耕牛案件25宗，摧毁盗窃耕牛团伙2个，抓获犯罪嫌疑人8人，追回被盗耕牛10头。

2005年，“两抢”案件发70宗，与2004年同比下降41.2%，破获“两抢”案件22宗，抓获犯罪嫌疑人19人。盗窃案件发347宗，同比下降27.6%，破获盗窃案件106宗，抓获犯罪嫌疑人106人，追缴摩托车143辆。

2006年，全年发生“两抢一盗”案件117起，同比下降9.4%，抓获113人。

2007年，全年破获侵财案件81宗，与上年相比，破案率上升8.9%；抓获犯罪嫌疑人87人，摧毁犯罪团伙8个。

2008年，破获侵财案件140宗（其中积案7宗），抓获犯罪嫌疑人117人，摧毁犯罪团伙12个。

2009年，破获盗窃案件88宗，抓获犯罪嫌疑人90人；抢劫案件36宗，抓获犯罪嫌疑45人；抢夺4宗，抓获犯罪嫌疑人5人；摧毁13个盗窃犯罪团伙和5个抢劫团伙。

2010年，破获“两抢一盗”案件105起，抓获犯罪嫌疑人63人，追缴赃车2辆，摩托车30辆，耕牛6头，打掉“两抢一盗”团伙6个。

二、专项斗争

1999年8月5日，县公安局民警在海口、琼山等地抓获重大抢劫案犯郑某和同案犯蔡某。

2003 年 9 月，金江街头“两抢”犯罪活动有所抬头，严重侵害人民群众的生命和财产安全，县公安局设置金江地区打击“两抢”网络图，打掉以黄某某为首的“两抢”犯罪团伙，破获 10 宗“两抢”案件。2004 年 12 月 3 日，拉运甘蔗的汽车司机王某在海榆中线 32.5 千米处被人伤害致死，澄迈县公安局抽调警力组成专案组，深入调查，于 12 月 6 日将犯罪嫌疑人王某抓获，于 12 月 9 日将涉嫌包庇的犯罪嫌疑人方某抓获。

2005 年 10 月底和 11 月初，澄迈县连续发生“10・31”金江镇江南长堤路追债行凶致死案和“11・4”老城镇报复行凶致死案两起恶性案件，澄迈县公安局组织警力侦破，两案涉案的 17 名犯罪嫌疑人落网。

2010 年，刑事案件发案 951 件，侦破案件 452 件，破案率 47.5%。开展“亮剑”专项行动，破获毒品犯罪案件 152 起（其中重特大案件 10 起），抓获犯罪嫌疑人 163 人；缴获毒品海洛因 697.99 克，毒资 6.8 万元；查处毒品治安案件 810 起，收戒吸毒人员 1344 人。

1999—2010 年澄迈县刑事案件一览表

表 13-1-1

年 份	发案（件）	侦破案（件）	破案率（%）	重案率（%）	侦破重案（件）
1999 年	148	115	77.7	45	43
2000 年	157	110	70.1	35	23
2001 年	278	165	59.4	40	34
2002 年	234	136	58.1	41	40
2003 年	493	307	62.3	39	48
2004 年	869	362	41.7	32	75
2005 年	746	382	51.2	35	82
2006 年	862	317	36.8	30	70
2007 年	702	344	49.0	36	80
2008 年	964	312	32.4	29	68
2009 年	1085	375	34.6	30	95
2010 年	951	452	47.8	40	103

第四节　交通管理

一、道路整治

1999 年，纠正违章 7500 起，暂扣违章车辆 6400 辆，扣证 1100 本，处理违章人员 7450 人。

2002 年，纠正各类违章行为 3718 起，暂扣汽车 429 辆，摩托车 1453 辆，吊扣驾驶证 213 本，查处违章人员 175 名。

2005 年，纠正交通违章 5213 起，查扣无牌无证、假牌假证和报废摩托车 521 辆，排查整治事故危险路段 4 处。

2010 年，排查事故危险路段 4 处，整治交通事故隐患 4 处。

二、事故查处

1999 年，发生交通事故 101 起，一般事故 69 起，重大事故 28 起，交通肇事逃逸案 4 起。

2002 年，受理交通事故 99 起，其中重大事故 9 起，一般事故 65 起，轻微事故 25 起；破获交通肇事案 6 宗，追究刑事责任 6 人。

2005 年，发生交通事故 645 起，死亡 14 人，比上年减少 3 人，没有发生群死群伤的交通事故。

2010 年，发生道路交通事故 1186 起，其中重大事故 15 起，一般事故 235 起，交通事故死亡 18 人，受伤 189 人，造成经济损失 57 万元，追究刑事责任 15 人，全年无特大交通事故发生。

三、机动车与驾驶员管理

1999 年，办理车辆入户 3700 辆，驾驶证 1025 本。2003 年，办理摩托车年检 16000 辆，机动车驾驶员年审 6350 人，摩托车驾驶证 750 多本，摩托车入户 6800 辆。2004 年，办理摩托车年检 6100 辆，机动车驾驶员年审 6450 人。

2005 年，办理摩托车年检 6700 辆，摩托车入户 3500 辆。2006 年，办理摩托车年检 4543 辆，摩托车入户 2200 辆，三轮汽车入户 24 辆。2008 年，办理摩托车年检 4252 辆，摩托车入户 1820 辆，三轮汽车入户 17 辆。

2010 年，办理摩托车年检 3276 辆，摩托车入户 1226 辆，三轮汽车入户 19 辆。

四、宣传教育

1999 年，开展交通安全法规宣传活动，出动警力 348 人次，宣传车 12 辆次，开展宣传 26 场次，散发宣传资料 2600 份，张贴标语 420 条，悬挂横额 24 条。

2002年，编发各项工作和宣传简报79期，情况通报12期，每月份的大事记12期。开展创建“平安大道”和“畅通工程”活动，交警部门出动152人次，出动车辆32辆次，深入各乡镇开展交通法规宣传25次，发放宣传资料2000多份，张贴宣传标语250条，开展交通安全10次，接受教育中小学生2000多人次。加强消防安全宣传教育活动，开展“两个专项治理”活动。

2005年，编发各项工作和宣传简报108期，每月的大事记共12期，开展保持共产党员先进性教育活动，开展党员先进性教育。开展整顿机关纪律作风动员部署大会，加强队伍纪律作风建设。开展禁毒宣传教育活动，以放飞风筝和气球等方式开展“6·26”国际禁毒日活动。与团县委、县教育局等部门开展“119”消防宣传日活动，举办150人的消防安全培训班，举办4000多人的中小学生消防安全知识专场报告，组织1000多名学生进行火场逃生演习。

2010年，出动警力173人次，宣传车辆32辆次，深入全县各乡镇开展交通法规宣传25次，散发交通法规宣传资料2000余份，张贴宣传标语250条，在高速公路沿线乡镇、学校上交通安全课10次，接受教育的中小学生2000多人次。

第五节　户政管理

一、户籍管理

户口实行分类管理。城镇居民城镇发户口簿，公共户口建立“集体户口簿”，农村妇女嫁到城镇的办理“自理户口登记簿”。

1999年底止，户口登记全县总户数为110403户，人口461103人，其中男249038人，女212065人，非农业户口86680人，办理农转非50人。

2005年底止，户口登记全县总户数为117130户，人口508357人，其中男276302人，女232055人，非农业户口169069人，办理外来流动人口暂住证4590张。

2010年底止，户口登记总户数为154743户，人口558682人，其中男301878人，女256804人，非农业户口188830人，办理外来流动人口暂住证9998张。

二、居民身份证管理

1999年底止，全县制发居民身份证13000余张，临时身份证2500余张。

2002年底止，全县制发居民身份证13500余张，临时身份证3500余张。

2005年，全县开始实施第二代身份证换证工作。在全省统一开展换发二代证工作中，县公安局按照省公安厅关于换发二代证工作部署，统一换发。2005年止，全县制发二代居民身份证 45427 张，完成省厅下发的全年完成 45000 张的换发任务。

2010 年底止，全县制发居民身份证 41253 张，临时身份证 395 张。

第六节　出入境及往来港澳台管理

1999 年度，受理申请往来港澳台 160 人份。

2002 年度，受理出入境及往来港澳台申请 457 人份，其中申请往来港澳台 350 人份，出国 107 人份。

2005 年，受理出入境及往来港澳台申报材料 916 人次，其中申请往来港澳台 705 份，申请出国 211 份。

2010 年，受理出境及往来港澳台申请 3006 件，其中申请往来港澳台 2112 份，申请出国 857 份，申请定居 37 份。

第七节　接处警服务

建立“110”“119”“122”报警服务台，形成以县公安局指挥中心为龙头、派出所为纽带、巡逻防暴力量为骨干、基层治保力量为基础、各种警力密切配合、全县辖区有效控制的治安防范服务体系。

1999 年，接警 223 次，救助群众 21 人，寻回迷路老人 6 名。2000 年，接警 1202 次，出动警力 5000 人次，车辆 1263 辆次，救助危难群众 137 人。2002 年，接警 2468 起，其中违法犯罪案件 1088 起，治安事件 4 起，火灾事故 62 起，交通事故 421 起，交通违章 3 起，其他治安灾害事故 8 起，纠纷 28 起，公民求助 34 起，走失寻人 408 起，自杀 4 起，其他 408 起，出动警力 9709 人次，出动机动车辆 2386 辆次。

2003 年，接警 2445 次，指令出动警力 12606 人次。2004 年，接警 3169 次，其中刑事类警情 383 起，治安类警情 1641 起，其他类警情 1145 起，出动警力 13988 人次，出动机动车辆 4718 次。

2005 年，接警 2955 次，其中违法犯罪类警情 1916 起，火灾类警情 142 起，交通事故类警情 686 起，其他类警情 211 起，出动警力 14869 人次，出动机动车辆 3013 辆次。

2006 年，接警 3049 次，其中刑事类警情 211 起，治安类警情 1508 起，其他类警情 1330 起，出动警力 15245 人次，出动机动车辆 3049 辆次。2007 年，接警 2839 次，其中违法犯罪类警情 1515 起，火灾事故类警情 110 元，交通事故类警情 841 起，求助 14 起，其他类警情 359 起，出动机动车辆 2968 辆次，出动警力 13443 人次。

2008 年，接警 3342 次，其中违法犯罪警情 2031 起，火灾事故警情 50 起，交通事故警情 986 起，求助 10 起，其他警情 265 起，出动机动车辆 3343 辆次，出动警力 15385 人次。2009 年，接警 4528 次，其中违法犯罪案件 2792 起，交通事故 1240 起，火灾事故 72 起，求助 14 起，其他 410 起，出动机动车辆 4538 辆次，出动警力 22708 人次。

2010 年，接警 4048 次，其中违法犯罪类警情 1931 起，火灾类警情 449 起，交通事故类警情 1374 起，其他警情 274 起，出动机动车辆 4048 辆次，出动警力 16010 人次。

第八节　消　防

一、管理机构

1990 年，原消防股升格为澄迈县公安局消防大队。消防大队负责防火宣传、防火措施检查等工作。

1991 年 4 月，澄迈消防大队组建金江消防中队。2003 年 4 月，组建老城经济开发区消防中队，消防中队负责灭火、抢险救灾等服务工作。

金江中队担负 2000 平方千米，8 个镇 5 个农场 176 村（居）委会 876 个自然村 57.5 万人的消防安全保卫任务。1999 年、2001 年、2003 年、2004 年、2005 年、2006 年、2008 年、2010 年被省消防总队评为“基层建设先进单位”，其中 2000 年抗洪抢险救援中被评为“抗洪抢险先进单位”；2010 年，中队团支部被省团委评为“青年文明号”；2010 年，5 名官兵在抗击“10・17”特大洪涝灾害事故中荣立三等功。

特勤中队辖区面积 203.4 平方千米，担负着老城经济开发区和金马物流中心，3 个乡镇 21 个村委会近 10 万人的消防安全保卫任务。2003—2008 年连续 6 年被总队评为“基层建设先进单位”；2006—2008 连续三年获得省总队岗位练兵大比武市县组级中队总分第一名，被评为“执勤岗位练兵先进单位”；2006 年，中队党、团组织分别被总队评为“先进党支部”和“先进团支部”，获得“政治工作先进单位”和“先进食堂”的荣誉；在 2008 年“7・5”红塔集团和 2009 年“12・8”火灾中表现突出，中队各荣立集体三等功一次；2009 年中队党支部被评为“先进基层党组织”；2010 年，在打造海南省公安消防铁军大比武竞赛活动中获得市县组级中队总分第二名，中队食堂被总队评为“先进食堂”。

二、主要工作

（一）救火防洪工作

1999—2010 年，在灭火防洪救援中，县公安消防大队扑灭火灾防洪约 616 起。其中影响较大的有：

2008 年 10 月 11 日，澄迈县金江镇文化北路正源电器城二、三楼仓库火灾，着火面积 500 多平方米，直接财产损失为 2 万元。接到报警后，金江消防中队派出 4 辆消防车、20 名官兵赶赴现场处置，及时控制火情，挽回经济损失 15 万元。

2008 年 12 月 8 日，位于澄迈县福山地区的中油深南天然气压缩站，由于违章操作强行拉断高压气管，大量天然气泄漏爆燃。县消防大队全勤指挥部、特勤与金江中队 6 辆消防车、49 名官兵火速赶赴现场处置，第一时间控制灾情，奋战 5 个多小时，此起火灾过火面积约合 20 平方米，造成直接财产损失 600 多万元，挽回经济损失 3 亿多元。

2009 年 5 月，《中华人民共和国消防法》施行后，消防部队的职能由单一的灭火救援拓展为灭火救灾、抢险救援与社会救助等 18 项。

2010 年 10 月，澄迈地区遭受 50 年以来最大暴雨袭击，河流水位暴涨、所有水库告急，多条道路被大水淹没，交通中断。县消防大队接到县委、县政府出动命令，紧急赶赴受灾地点展开救援，接警出动 8 起，出动车辆 20 车次，警力 93 人次，冲锋舟 5 艘次，手台机动泵 5 台次，装运填沙包 300 个，营救被困群众 600 多人，疏散转移群众 1100 多人。全体官兵表现突出，荣获海南省公安厅表彰，县公安消防大队被记“集体三等功”1 次，9 名官兵各被记个人“三等功”1 次。

（二）宣传教育

2009 年，县公安局开展消防安全检查 4 次，检查单位 120 家，发现火灾隐患 51 条，当场责令整改 36 条，限期整改 15 条，下发整改通知书 12 份，隐患发现率和隐患整改率达到 100%。全年发生火灾 46 起，比上年同期增加 27.8%，无人员伤亡，直接经济损失 36.4 万元，无群死群伤和重大以上火灾事故发生，实现“四无”目标。

（三）安全管理

2010 年，县公安局组织警力 216 人，出动警车 43 辆次，深入开展油气田及输油气管道安全保卫工作大检查专项行动，检查储蓄油库 5 家，加油站 56 个、加气站 5 个、油田采油井 32 个、油气处理企业 5 家。采取多种措施，对输油气管道的占压物进行清理整治，通过整治行动，澄迈县境内输油气管道未发生安全事故。

第二章　司法行政

第一节　工作机构

一、县司法局

澄迈县司法局具有法制宣传、法律服务和法律保障三大职能，是主管法制宣传、法律援助、公证、社区矫正工作，指导管理各镇司法行政工作的县级司法行政机关。

澄迈县司法局于 1982 年 11 月组建成立。2010 年，县司法局内设办公室、法制宣传岗、基层工作岗、法律援助处、监所外执行管理岗、律师公证指导岗 6 个股室，在各镇设立 11 个派出司法所。

二、律师事务所

澄迈县律师事务所，成立于 1982 年，属于国办律师事务所，是澄迈县司法局下属二级事业单位。根据司法部关于律师事务所社会法律咨询服务机构脱钩改制的要求，2002 年 1 月澄迈律师事务所由国办所改制成为合伙律师事务所，改制后名称更改为海南颖川律师事务所。2010 年，海南颖川律师事务所迁往海口办公。

1999 年，澄迈县律师事务所专职律师 2 名，律师助理 3 人，全年代理各类法律案件 39 件，解答法律咨询 230 人次，代写各类法律文书 65 件，收入 5.48 万元。

2000 年，澄迈县律师事务所专职律师 2 名，律师助理 2 人，全年代理各类法律案件 40 件，解答法律咨询 125 人次，代写各类法律文书 66 件，收入 4.42 万元。

2001 年，澄迈县律师事务所专职律师 2 名，律师助理 3 人，全年代理各类法律案件 14 件，解答法律咨询 98 人次，代写各类法律文书 41 件，收入 2.6 万元。

第二节　普法宣传教育

1999 年，全县上法制课 13 次，制作宣传资料 38500 份，出动宣传车 215 次，广播宣传 212 次，撰写法制报道 135 篇，开展法制宣传活动 86 次，召开法制座谈会 35 次，举办培训班 50 期，受培训人数 5247 人次。全县受到法制教育人数 73 万多人次，其中县城机关普法教育面 98%，农村普法教育面 89%。

2003 年，全县举办法制骨干培训班 62 期，开展专题法制课 89 次，印发澄迈《法制宣传报》8 期 9000 份，出动宣传车 185 辆次，全县广大群众、青少年、学生等群体均受到不同程度的法制教育，受教育人数 56 万人次，全县机关、城镇人口受法制教育率 98%，农村人口受法制教育率 95%。

2005 年，县司法局在“四五”普法总结验收工作基础上，开展宪法、土地管理法、人口与计划生育法、公证法、预防未成年人犯罪法、海南省禁毒条例、信访条例等相关法律法规的宣传。全年开展法制讲座 14 场次，法制宣传骨干培训班 25 期，专项法制课 8 场次，开展法律咨询 12 次，接受群众法律咨询 360 人次，赠发各类法制宣传光盘 420 套，法制宣传小册子 14000 多册，散发宣传单 4500 份，印发澄迈《法制宣传报》3 期共 2500 份，举办“四五”普法考试和法律知识测试 4 次 3437 人参加，征订法制宣传刊物、书籍 412 套（册），受教育人数 45 万人次。

2010 年，全年设法律咨询点 17 个，举办法制讲座 16 期，举办图片展 22 场，赠发法制宣传资料 13000 册；举行法律咨询活动 6 次，咨询群众 800 多人；举行法制讲座 3 次，听课人员 600 多人。

一、“法律进学校”工程

1999 年，县司法局会同县委宣传部、教育局、关心下一代工作委员会等部门印发《禁毒斗争宣传提纲》《禁毒战争宣传实施方案》《负起责任 抵制毒品——致全县中小学家长的一封信》等资料 12000 份，分发到各村庄群众、学生家长手中，开展禁毒宣传。县司法局制作《远离毒品》视频教育专题片，在全县各中小学播放宣传，覆盖率 100%。

2005 年，县司法局联合县委宣传部、教育局、公安局和普法办开展专项校园法制宣传活动。活动以县城学校为重点，预防未成年人犯罪法、未成年人保护法为内容，通过法制课、以案释法、图片展、法律知识测试、法制文艺等形式，开展与青少年学生生活密切相关的法律法规知识宣传。

2010 年，县司法局采取法制文艺、新闻媒体专栏、印发宣传材料、编印普法读本、解答法律咨询等形式开展法制宣传教育。全年发放各类法律知识读本 1 万多册，法律法规宣传资料（小册子）5000 多份，张贴、悬挂标语横幅 200 多条，开展法制宣传活动 30 场次，接待法律咨询 400 多人次，举办法制讲座 10 多场，电视报道 100 多次，报刊、网站刊登稿件 20 多篇，全县受教育人数 40 多万人次。配合县法宣办开展对全县各单位的“五五”普法规划和决议执行情况进行检查验收，全省普法验收组到澄迈县进行“五五”普法检查验收。

二、“法律进企业”活动

1999 年，县司法局组织全县企业干部参加全县在职干部参加法律知识考试。考试内容为国家赔偿法、行政诉讼法、行政处罚法、宪法修正案等法律知识。组织全县企业股级以上干部参加三期全县股级以上干部法制讲座。讲座的主题为“严格依法行政是社会主义法治国家的根本保证”“依法治税 强国富民”“邓小平法制理论与依法治国”。

2005年，县司法局协调县委组织部、宣传部采取省普法办统一命题、集中考试、开卷答题、独立完成、当场交卷的方式，组织全县企业干部会同全县党政机关、人民团体等在职干部一起以《干部法律知识读本》为主要内容的法律知识考试。

2010年，县司法局从5—9月集中5个月时间对重点景区、公园、车站、机场、港口等服务窗口单位和各类中介服务机构的干部、职工开展法制宣传教育。举办“服务业与消费者权益保障”专题法制讲座，210人参加。12月，县司法局联合省总工会和县总工会到卜蜂水产饲料（海南）有限公司举办“送法进企业”法制宣传活动，给卜蜂水产饲料（海南）有限公司赠送2400本海南省“法律进企业”宣传教育资料——《法律法规汇编》和《澄迈县“法律进企业”法律知识读本》，举办《中华人民共和国工会法》为主要内容的法律知识的讲座。

三、“法律进机关”工程

1999年，县司法局局组织全县在职干部参加法律知识考试。考试的内容有国家赔偿法、行政诉讼法、行政处罚法、宪法修正案等法律知识。全县设31个考场，参加考试的干部有7083人，占应考试干部人数的99.8%，其中副处级以上干部29人，副科级以上干部497人，一般干部6557人，最高分99.5分，最低分83分，平均分数94.6分，及格率100%。举办3期全县股级以上干部法制讲座。讲座的主题为“严格依法行政是社会主义法治国家的根本保证”“依法治税 强国富民”“邓小平法制理论与依法治国”。协助县普法办抓好全县各部门专业法的学习和宣传工作。

2005年，县司法局组织全县在职干部征订“四五”普法学习资料《干部法律知识读本》，做到人手一册。协调县委组织部、宣传部采取省普法办统一命题、集中考试、开卷答题、独立完成、当场交卷的方式，组织全县党政机关、人民团体、企事业单位等在职干部以《干部法律知识读本》为主要内容的法律知识考试。

2010年，开展“交通安全进机关”活动。印发《关于开展交通安全法律知识考试的通知》，以“关爱生命、文明出行”为主题，利用办公场所的电子屏幕、宣传橱窗等开展道路交通安全法律法规知识宣传，组织全县机关工作人员学习道路交通安全法律法规，观看交通安全警示教育录像片，提高对交通违法行为危害性的认识，树立起交通安全意识。

四、“法律进单位”工程

1999年，县司法局组织全县单位干部参加法律知识考试。考试的内容有国家赔偿法、行政诉讼法、行政处罚法、宪法修正案等法律知识；组织全县单位股级以上干部参加三期干部法制讲座。讲座的主题为“严格依法行政是社会主义法治国家的根本保证”“依法治税 强国富民”“邓小平法制理论与依法治国”。

2005年，县司法组织全县单位在职干部征订“四五”普法学习资料《干部法律知识读本》，做到人手一册。协调县委组织部、宣传部采取省普法办统一命题、集中考试、开卷答题、独立完成、当场交卷的方式，以《干部法律知识读本》为主要内容的法律知识考试。

2010年，按照《海南省“法律进单位”活动实施方案》文件精神，在全县107个从事服务业的客运、通信、医院、餐饮、酒店、商场、金融、旅游景点等窗口单位，开展“法律进单位”活动，有4000多名服务窗口从业人员受到法制宣传教育，发放《海南省“法律进单位”活动法律知识读本》900册，《中华人民共和国禁毒法》《中华人民共和国劳动合同法》《中华人民共和国消费者权益保护法》等法律法规宣传资料4000多份，举办法制宣传活动7场，法制讲座6场，听课人数500多人次，举办普法骨干培训班2期，培训人数200多人次，召开法制座谈会3次，电视报道36次，报刊、网站刊登稿件9篇，悬挂（张贴）标语横幅10条。

五、禁毒宣传活动

1999年，县司法局会同县委宣传部、教育局、关心下一代工作委员会等部门召开全县各乡镇分管政法的领导和中小学校长、教委办主任等70多人参加的中小学禁毒工作会议，对全县中小学校农村的禁毒宣传工作进行部署。印发《禁毒斗争宣传提纲》《禁毒战争宣传实施方案》《负起责任 抵制毒品——致全县中小学家长的一封信》12000多份，发到单位、村庄、学生家长。组织5名涉毒违法犯罪人员到澄迈中学、澄迈第二中学、瑞溪中学等学校进行禁毒现身说法教育活动。制作的《远离毒品》等30多套视频教育专题片，在县电视台、各单位、各乡镇农（林）场、各中小学和农村播放宣传，观看人数60万人次。在“6·26”国际禁毒日期间，县司法局采取设置宣传点、播放禁毒电视录像、展示禁毒图片、出动宣传车、悬挂宣传横幅、发放宣传资料等形式开展禁毒宣传教育活动。

2005年，县司法局通过设置宣传点、发放宣传册、举办法制讲座和案例剖析培训班，开展典型人物现身说法，印发《致全县青少年、中小学生家长的一封信》《禁毒宣传提纲》并制作《远离毒品》（光盘）、《毒品是人民公敌》（琼剧录音带），挂图等各种法制宣传资料，开展禁毒宣传进乡村活动。“6·26”国际禁毒日期间，县司法局参加县禁毒委举行的各类禁毒宣传活动，配合中兴、仁兴镇政府开展禁毒宣传活动。

2010年，以新颁布实施《海南经济特区禁毒条例》为主要内容，举办4期法制宣传骨干业务培训班。

六、专项法制宣传

1999年，配合乡镇换届选举工作，开展普法教育活动。以乡镇换届选举为契机，发动各乡镇法律工作者，配合乡镇选举委员会及乡镇人大主席团，组织广大干部群众学习《中华人民共和国全国人民代表大会组织法》《中华人民共和国地方各级人民代表大会和地方各级人民政府组织法》《中华人民共和国全国人民代表大会和地方各级人民代表大会选举法》，提高干部群众依法办事思想认识。

2005年，围绕党委政府的中心工作开展各类法制宣传教育活动。会同县计生局、县法院、县公安局、县检察院等单位，抽调骨干力量组成普法讲师团队伍，通过举办法制讲座、巡回宣传车、发放宣传资料等形式，在全县开展人口与计划生育法、海南省人口与计划生育条例、社会抚养费征收管理办法和行政诉讼法等法律法规宣传活动。县司法局和监察局、信访局抽调骨干组成普法小分队，深入全县各镇、华侨农场举办培训班，宣传《中华人民共和国信访条例》，加强对村级干部的信访法律知识教育。结合开展打击“两抢一盗”和毒品犯罪专项斗争工作，在县城、各镇主要街道路口悬挂横幅、张贴宣传标语，印发宣传资料，开展法制宣传，使“严打”斗争家喻户晓，人人皆知。

2010年，针对南渡江非法采砂破坏环境的状况，开展法制宣传教育，编印《澄迈县河道采砂规范化管理暂行规定》等宣传资料，深入南渡江沿岸砂场和村庄散发，向砂场经营者、村干部和群众开展河道采砂规范化宣传活动，提高砂场经营者、村干部、群众合法、规范采砂和自觉维护环境的意识。在“三八”国际妇女节与县妇联联合开展主题为“维护妇女合法权益，共建平安和谐家园”的妇女维权法制宣传活动。针对加乐镇有些村民以“祖宗地”为名义非法占用农田的问题和老城镇存在私自买卖土地的现象，成立法制宣传教育工作组，深入两地开展土地法宣传，利用农民赶集日，设立咨询点，向群众发放土地管理法资料，解答群众的问题，到老城镇大场村、道辅村，加乐镇加桐、常树、北统村等土地矛盾纠纷突出的村庄开展法律法规宣传，提高农民法律意识和法制观念，引导村民自觉守法，在县电视台举办多期土地法的专题报道。设立咨询点解答法律咨询23人次，举办法制宣传22场次，出动法制宣传车巡回宣传5次，录制宣传磁带10盘，制作宣传车标牌4块，张贴标语500条，悬挂横幅80多条，播放宣传录音5场次，发放宣传册子2000多本，土地法律法规宣传单1000份，受教育群众5万多人。

第三节 人民调解

1999年，全县调解纠纷742宗，调解成功736宗，调解成功率98.4%，比上年提高

7.4%，防止纠纷激化55宗，其中防止“民转刑”纠纷18宗67人，防止群众性械斗11宗，防止群众性上访23宗410人，代理诉讼13宗，代理非诉讼79宗。

2005年，调解和处理矛盾纠纷143件，成功118件，参与各镇开展矛盾纠纷排查94次，防止群众上访35件，防止群众性械斗26宗，参与严打整治专项治理活动56人次。

2010年，全县有1个县级人民调解委员会、11个镇级人民调解委员会、165个村级人民调解委员会，形成县、镇、村调解机构三级联动，有调解员973人，受理调解民间纠纷985件，成功调解882件，成功率95%，履行调解协议882件。

第四节　公　证

1999—2010年，办理各类国内公证2905件，公证业务收费81.8万元。

2005年，公证处按照《中华人民共和国公证暂行条例》和《公证程序规则》的规定，做到前审批，后出证，主动进行证后服务，发现问题及时解决，办结国内公证471件，其中经济类公证352件，民事类公证119件。

2010年，有公职律师1人，公证处1家，公证员3人。公证处办结公证案件375件，涉外公证案件131件，国内公证244件，其中国内经济类公证77件，国内民事类公证298件，总收入176316元。

第五节　法律服务

一、基层司法服务

（一）安置帮教

1999年，安置“两劳”刑释解教人员18人。

2000年，各乡镇成立帮教领导小组，开展安置帮教活动，全年开展帮教活动227次，帮教56人。

2001年，注重对刑满释放人员回归社会的排查，建档跟踪，做到底数清、情况明、信息灵，防止托管、漏管现象发生。

2001—2004年，全县刑满释放人员320人，有289人基本落实帮教措施，列管帮教率90%；安置274人就业，安置率86%。重新犯罪率明显下降。

2005年，做好回归刑释解教人员的安置帮教工作，安置刑释解教人员212人。

2006年，接收刑满释放人员265名，帮教255名，帮教率96.2%；安置125名，安置率 96.2%。

2010 年，有刑释解教人员 419 人，其中刑释人员 351 人，解除劳教 68 人，安置 397 人，帮教 397 人，脱管 22 人。

（二）社区矫正

2009 年，全国试行社区矫正工作。4 月，澄迈县启动社区矫正工作， 成立澄迈县社区矫正工作领导小组。社区矫正工作由司法局基层工作指导岗工作人员兼顾，日常监管职责由基层司法所工作人员兼顾管理。12 月，经编委批准县司法局新增内设机构监所外执行管理岗，专门负责指导全县社区矫正工作。

2010 年，新增大丰司法所，全县基层司法所数量由 10 个增加到 11 个。各镇成立镇一级社区矫正领导小组，明确社区矫正适用范围及主要任务，社区矫正组织、队伍及职责，建立社区矫正工作制度。累计接收社区矫正人员 150 人，累计解除社区矫正人员 32 人。登记在册 118 人，其中缓刑 60 人，假释 13 人，监外执行 3 人，剥夺政治权利 42 人。组织社区矫正人员集中培训 171 次，个别谈话教育 379 次，组织公益劳动 257 次，落实低保 1 人。

二、乡镇司法所服务

基层法律服务机构包括乡镇司法办公室、法律服务所、调解委员会等组织。2001 年，在各镇设立 16 个司法所，实行县司法局和乡镇政府双重领导。因业务量少、缺少基层法律服务工作者等原因，全县法律服务所数量逐年递减。至 2004 年，全县剩 4 家法律服务所。2006 年，全县剩金江 1 家法律服务所。

1999 年，全县 13 家法律服务所有 8 家开展全部业务工作，95%的法律服务所工作制度健全。全年调解纠纷 752 宗，调解成功 742 宗，调解成功率 98.7%；防止纠纷激化 55 宗，其中防止“民转刑”纠纷 18 宗 67 人，防止群众性械斗 11 宗，防止群众性上访 23 宗 410 人。全年代理诉讼 13 宗，代理非诉讼 79 宗，宣传法律咨询 2560 人次，培训调解员 430 人，代写法律文书 76 件，办理见证 52 件，担任法律顾问 42 家，避免或挽回经济损失 4.7 万元，业务收费 2.96 万元。

2005 年，全县司法所宣讲法律 198 场次，为基层政府提供司法建议 16 条，被基层政府采纳 14 条，制定和修改处理村规民约 125 件，调解和协助基层参与各镇开展矛盾纠纷排查 94 次，防止群众性上访 35 件，防止群众性械斗 26 宗，参与“严打”整治及专项治理活动 56 人次，做好回归刑释解教人员的安置帮教工作，安置刑释解教人员 212 人。

2010 年，全县各司法所、法律工作者宣讲法律 88 场次，协助基层政府处理社会矛盾纠纷 123 件，开展矛盾纠纷排查 76 次，防止群体性上访 19 件，防止群体性械斗 8 件，参与社会治安整治及专项治理活动42次。

三、法律援助

1999年，办理法律援助案件26宗，其中民事案件11宗，法院指定的刑事辩护案件8宗，行政案件7宗，代写法律事务文书24件，接待法律咨询72人次。

2005年，全年办理法律援助案件25宗，其中民事案件15宗，刑事案件10宗，接待法律咨询73人次。

2008年，在全县10个镇完善法律援助工作机制，做到村有联络员、镇有工作站、县有法律援助处，完善法律援助工作网络。扩大受援面，保障弱势群体和农民工的合法权益，全年办理法律援助案件18件，其中刑事案件10件，民事案件8件。接待群众来电来访155人次，为群众解答大量的热点、难点问题。派出业务骨干进驻老城镇文大村，协助调解海南精细化工厂的土地纠纷问题，派出业务骨干参加林权改革工作和农村治安突出问题的专项整治工作。

2010年，办理法律援助案件161件，其中刑事案件25件，民事案件33件，非诉讼案件102件，行政诉讼1件。代写法律事务文书76件，接待群众来电662人次，来访442人次。

第三章　检　察

第一节　工作机构

1999年，澄迈县检察院内设办公室、技术装备室、法警大队、审查批捕检察室、审查起诉检察室、法纪检察室、控告申诉检察室（含举报中心）、民事行政检察室、监所检察室、法律政策研究室、反贪局（分设侦查一大队、侦查二大队）。2000年，全院有62人，其中副处级1人、科级1人、副科级9人、科员47人、工人4人。2001年，增设政工科和预防职位犯罪工作室。2002年，进行内设机构改革，设反贪污贿赂局（下设侦查一大队、侦查二大队、职务犯罪预防室）、渎职侵权罪案侦查局、办公室、政工科、侦查监督科、公诉科、控告申诉检察科、监所检察科、民事行政检察科、技术装备科。政工科及反贪局为正科局单位，其余为副科级单位，同年28名中层干部经过竞争上岗。2005年，渎职侵权罪案侦查局更名为反渎职侵权局，增设监察科，成立业务监督管理中心。2008年，全省率先成立驻福山和老城开发区 2 个检察室，即老城检察室和福山检察室。2009 年，在编在岗人员 57 人，配备检察长 1 名，副检察长 4 人。2010 年，全院设有 13 个机构和 2 个派驻乡镇检察室。招录 14 名年轻干警充实到检察队伍，全院 66 人（含工勤人员）。

第二节　刑事检察

一、批捕起诉

1999 年，受理批捕案件 132 件 198 人，经审查，批准逮捕 131 件 181 人。批捕、起诉 17 名毒品犯罪分子。2000 年，受理公安机关、检察院自侦部门提请审查批捕案件 132 件 204 人，批捕 135 件 198 人，决定追捕犯罪嫌疑人 2 人。

2002 年，受理公安机关移送审查批捕案件 164 件 248 人，批捕 163 件 241 人；配合政法机关召开公捕公判大会 4 场次，公开逮捕 13 人。

2005 年，受理报捕案件 231 件 312 人，批捕案件 217 件 288 人，与上年同期相比，批捕件数和人数分别上升 3%和下降 9%。

2008 年，受理提请逮捕案件 239 件 340 人，批捕案件 233 件 337 人，件数、人数比上年同期分别上升 15.9%、22.1%。

2010 年，受理公安机关提请逮捕案件 315 件 427 人，批捕案件 294 件 393 人，件数比上年同期上升 5.7%，人数与上年同期持平。不批准逮捕 8 件 13 人。

1999—2010 年澄迈县刑事案件批捕一览表

表 13-3-1

年　份	批捕（件）	批捕（人）	不捕（件）	不捕（人）	追捕（件）	追捕（人）
1999 年	131	181	0	0	0	0
2000 年	135	198	0	12	0	2
2001 年	152	241	0	0	0	0
2002 年	163	241	1	7	0	0
2003 年	189	252	0	23	0	1
2004 年	211	215	4	13	0	5
2005 年	217	288	0	18	0	3
2006 年	192	258	0	23	0	3

续表 13-3-1

年 份	批捕（件）	批捕（人）	不捕（件）	不捕（人）	追捕（件）	追捕（人）
2007 年	201	276	0	7	0	20
2008 年	233	337	0	0	0	0
2009 年	296	418	0	6	0	13
2010 年	294	393	8	13	0	12

1999—2010 年澄迈县刑事案件起诉一览表

表 13-3-2

年 份	起诉(件)	起诉(人)	不诉(件)	不诉（人）	抗诉（件）	抗诉（人）	追诉（件）	追诉（人）
1999 年	104	140	2	3	0	0	0	0
2000 年	118	176	0	7	0	0	0	4
2001 年	144	217	0	0	0	0	0	0
2002 年	162	213	1	6	0	0	2	3
2003 年	193	245	0	9	0	0	0	1
2004 年	185	250	2	3	0	0	0	0
2005 年	216	262	0	2	0	0	0	0
2006 年	169	218	0	2	0	0	0	0
2007 年	208	281	6	6	0	0	0	0
2008 年	237	315	0	0	0	0	0	0
2009 年	291	371	0	0	2	2	10	0
2010 年	258	371	1	1	3	6	0	4

二、审查起诉

1999 年，向县法院起诉 104 件 140 人，不起诉 2 件 3 人，移送海南检察分院起诉 11 件 18 人，出庭公诉 81 次，发表公诉意见书 81 篇。坚持“从快从速”原则，体现“严打”精神，如谢某故意杀人、抢劫一案，犯罪情节特别恶劣，后果特别严重，社会危害巨大，起诉部门从受理此案到移送海南分院审查起诉用 4 天时间。

2000 年，提起公诉 118 件 176 人，不起诉 7 人，出庭支持公诉 118 次，发表公诉意见书 118 篇，移送海南检察分院起诉 14 件 16 人。依法严厉打击严重刑事犯罪，如被告人李某某无视国家法律，为泄私愤，将待发状态的手榴弹挂在县国土局的大门上，危害公共安全，县检察院接手里此案至移送法院起诉，用 4 天时间，李某被判处有期徒刑 10 年。

2003 年，受理移送审查起诉案件 210 件 273 人，经审查，起诉至县法院 193 件 245 人；移送海南分院审查起诉 11 件 13 人，其中故意伤害致死 8 件 10 人，抢劫 2 件 2 人，贪污 1 件 1 人。

2004 年，起诉至县法院 185 件 250 人，移送海南分院审查起诉 10 件 25 人，退查 52 件 78 人。

2005 年，受理移送审查起诉案件 228 件 283 人，经审查，起诉至县法院 216 件 262 人，受理案件与上年同期相比增加 6%，审结案件与上年同期相比增加 18%；移送海南分院审查起诉 9 件 14 人。

2008 年，依法受理移送审查起诉案件 258 件 356 人，件数、人数比上年同期分别上升 19.4%、25.4%。经审查，起诉至县法院 237 件 315 人，移送海南检察分院审查起诉 28 件 49 人，退查案件 40 件 63 人，撤回起诉案件 1 件 1 人。

2010 年，受理移送审查起诉案件 308 件 396 人，件数、人数比上年同期分别下降 3.14% 和 6.16%。经审查，起诉至县法院 258 件 319 人，移送海南检察第一分院审查起诉 25 件 42 人。不起诉 1 件 1 人，对一审刑事案件提出抗诉 3 件 6 人。

三、侦查监督

1999 年，提前介入办案 9 件次，对应立案侦查而没立案的，依法要求公安机关立案 2 件 3 人，对公安机关在侦查阶段的各种违法行为发出纠正通知书 4 份，口头提出纠正意见 7 次。

2000 年，对应当立案而没立案的，依法要求公安机关说明不立案理由 3 件 4 人，公安机关直接立案 2 件 2 人，通知补充侦查 3 人。

2005 年，坚持立案监督长效机制，对全县各派出所 2004 年办理的 1564 宗治安案件和 761 宗刑事案件进行立案监督检查，提前介入公安机关侦查活动，掌握第一手材料，对一销售假种子案的犯罪嫌疑人王某作出批捕决定。

2008 年，坚持提前介入制度，提前介入 68 件次，其中出席刑事案发现场 8 件次，适时介入引导侦查取证 60 件次。

2010 年，提前介入重大案件 35 件，其中出席刑事案发现场 9 次，参加重大案件讨论 7 次；向公安机关发出《纠正违法通知书》8 份，发出《要求提供法庭所需证据材料意见书》105 份。

第三节 反贪污贿赂检察

1999年，受理贪污贿赂线索9件10人，经初查，立案侦查6件6人，其中贪污1件1人，挪用公款5件5人，逮捕犯罪嫌疑人5名，办结并移送起诉4件4人，结案率66.7%。重点查办司法人员和行政执法人员职务犯罪案件，受理司法人员犯罪线索4件4人，立案4件4人，如白莲镇地税所原副所长关某利用征收屠宰票税之便挪用公款52055元，接到举报后的第二天，便派员调查取证，并于当日立案。

2002年，受理贪污贿赂、渎职等职务犯罪案件线索19件24人，立案侦查10件12人，其中贪污案6件6人，挪用公款案2件2人，玩忽职守案1件2人，滥用职权案1件2人，通过办案为国家挽回直接经济损失183万元。省院授予“集体二等功”荣誉称号。

2005年，受理案件线索26件，其中反贪17件，渎侦9件。通过初查，立案10件10人，其中挪用公款案6件6人，贪污案2件2人，受贿案1件1人，渎职案1件1人。立案数比上年增加2件，案件涉案金额近700万元。

2008年，反贪污贿赂局经初查立案9件10人，不立案1件1人。在立案侦查的案件中，贪污案件6件7人，受贿案件1件1人，行贿案件2件2人，投案自首1人，办案挽回经济损失32.55万元。

2010年，受理贪污贿赂、渎职侵权等职务犯罪线索29件，立案9件12人，其中反贪部门立案8件11人，反渎部门立案1件1人，办案挽回经济损失60.21万元。

1999—2010年澄迈县经济案件情况表

表13-3-3

年份	受理案件（件）	立案数（件）	逮捕人数（人）	起诉人数（人）	免诉人数（人）	追回赃款（元）
1999年	9	6	5	4	0	333754
2000年	8	8	0	0	0	1060000
2001年	21	7	12	0	0	160000
2002年	19	10	9	0	0	748619.13
2003年	32	9	8	0	0	500000
2004年	33	7	13	11	0	360000
2005年	26	10	10	8	0	0

续表 13-3-3

年　份	受理案件（件）	立案数（件）	逮捕人数（人）	起诉人数（人）	免诉人数（人）	追回赃款（元）
2006 年	24	6	8	8	0	4000000
2007 年	20	5	13	11	0	0
2008 年	10	9	10	10	0	325500
2009 年	33	8	10	12	0	140000
2010 年	29	12	12	12	0	602100

第四节　渎职侵权检察

1999 年，立案 2 件 2 人，分别是仁兴监狱十六监区原副监区长陈某某虐待被监管人案和仁兴监狱白水塘砖场关押点看守班干警冯某失职致使在押人员逃脱案，办理历年积案 1 件 1 人。

2002 年，受理查处“侵权”渎职案件 4 件 6 人，其中立案 2 件 4 人。在立案的 2 件案件中，4 人均为行政人员，占立案人数的 100%。

2005 年，办理渎职案件 1 件 1 人。2006 年，在立案侦查的案件中，挪用公款案 4 件 5 人，10 万元以上的挪用公款案 2 件 3 人，结案 8 件 9 人。

2007 年，受理案件线索 8 件，初查 6 件线索，其中立案侦查 1 件，5 件作不立案决定，2 件待查，侦查终结移送审查起诉 1 件。

2010 年，初查反渎职侵权案件线索 4 件，立案 1 件 1 人，经查不予立案 1 件，移送反贪部门立案侦查 1 件。

第五节　刑事执行检察

1999 年，对超期羁押的情况提出纠正意见 9 件，对罪犯减刑、假释、保外就医活动办理减刑、假释、暂予监外执行、保外就医中的违法情况，提出纠正意见 6 件次。

2000 年，监所检察共对司法机关在各个诉讼程序上的超期羁押提出口头纠正意见 72 件次，依法发出纠正违法通知书 19 份，办理被监管人员重新犯罪案件 7 件 9 人。加大对减刑、假释、暂予监外执行和保外就医工作的监督力度，对超过保外就医期限失去保外就医条件的 14 名罪犯及时向监狱提出收监建议，监狱根据情况收监 9 名保外就医罪犯。

2002 年，监所检察发出纠正违法通知书 46 份，纠正超期羁押 39 人次，纠正率 85% 以上，超期羁押的现象得到有效遏制；通过纠正超期拘押行动，深挖犯罪线索，查获隐案 2 件，协助抓获故意伤害致死案作案嫌疑人 1 名；督促看守所清理违法截留的罪犯 4 人，将他们交付监狱执行刑罚；向看守所建议对保外就医罪犯收监 2 名，留所服刑犯的减刑不符合法定条件的有 8 名。

2005 年，开展好超期羁押纠正及刑罚执行监督工作。根据《关于开展全省看守所留所服刑人员清理工作的通知》，在清理过程中，向看守所提出口头建议 6 次，书面建议 1 次。县看守所于 4 月 30 日将余刑一年以上的 19 名留所服刑罪犯全部送监狱执行。

2008 年，县检察院监所检察科核查入所人犯 410 人，出所人犯 375 人，确保看守所人犯出入所工作依法进行；做好防止和纠正超期羁押工作以及清理留所服刑人员专项工作。

2010 年，参加看守所清仓活动 19 次，提出口头纠正意见 22 次，书面纠正意见 13 次，杜绝“牢头狱霸”现象滋生，督促看守所催办案件 334 人次，做好超期羁押预防工作。

第六节　控申检察

1999 年，加强举报申诉工作，举行举报宣传周，对积压的举报线索进行全面清理和分流处理。全年处理各类举报控告信件 92 件，属检察机关管辖的 55 件，转其他机关处理 37 件，控申举报部门初查 18 件 21 人，移送本院业务部门 19 件。

2000 年，按照“对人民负责，让人民满意”的要求，开展文明接待活动，开通举报、投诉电话，方便群众控告、申诉和举报。全年接待群众来访 203 人次，处理群众来信 103 件，对属于检察机关管辖的受理线索依法及时办理，其中初查举报线索 17 件，处理“两访一户”（集体上访、告急上访和上访老户）案件 25 件，其中告急上访 6 件，集体上访 19 件。坚持并完善检察长接待日制度，正副检察长接待来访群众 97 人次，处理一批重大疑难案件和久诉不息的问题。被省检察院评为文明接待室，获得最高人民检察院授予“全国检察机关文明接待室”荣誉称号。

2002 年，对群众举报、控告和申诉做到“三快”，即登记快、分流快、反馈快，受理举报控告线索 45 件，接待群众来访 88 人次，其中正副检察长接待来访群众 45 人次；处理群众来信 52 件，初查举报线索 11 件，处理一批重大疑难案件和久诉不息的问题。

2005 年，受理各类信访 76 件，均做到有效分流。其中移送检察院业务部门 32 件，转公安机关 20 件、纪委 5 件、其他机关 4 件，控申初查 5 件，直接答复 8 件，存查 1 件，刑事申诉（赔偿）3件。

2008年，受理群众来访来信98件，其中来信51件，来访47件90余人次，所受理的举报线索都在规定的时间里分流，成立以检察长为组长的排查化解涉检重信重访工作领导小组。

2009年，受理群众来信来访104件，接待群众来访70批96人次。群众反映的问题均在法定期间内分流到相关部门或按要求进行答复，将案件的处理结果向来信来访群众反馈。

2010年，受理群众来信来访126件，其中举报31件34人，控告70件19人，一般申诉24件26人，刑事申诉案件1件1人，所受理的信访件均在规定的时间内分流。

1999—2010年澄迈县办理控告申诉信件情况表

表13-3-4　　单位：件

年　份	受理数	自办数	转办数	存查数
1999年	92	18	56	6
2000年	103	17	65	14
2001年	37	—	—	—
2002年	45	—	—	—
2003年	79	—	—	—
2004年	54	—	—	—
2005年	76	32	29	3
2006年	77	33	35	—
2007年	103	75	35	2
2008年	98	—	—	—
2009年	104	—	—	—
2010年	126	—	—	—

第七节　民事行政检察

1999年，以纠正发生法律效力但确有错误的民事、经济、行政判决、裁定为重点，强化民事审判、行政诉讼监督工作，维护公民、法人和其他组织的合法权益。审查申诉案件3件，对人民法院正确的判决裁定，做好申诉人的服判息诉工作。

2000年，受理民事行政申诉案件12件12人，办结11件11人，办理未结1件1人。

2003年，通过县电视台宣传、悬挂横额和张贴标语，加大宣传，民事行政检察工作有新起色，受理案件4件4人，办结4件4人。

2005年，民事审判和行政诉讼检察工作力度不减。对于公民不服法院生效裁判的申诉，及时受理，认真审查，受理案件2件2人，办结1件1人。

2008年，院民事行政检察科接受民事行政法律咨询25人次，向县司法局提出检察建议1次，和解民事执行案件4宗，派员到全县各个法庭进行民事行政审判监督活动26次。

2010年，办理民事督促起诉案件26件，全部立案，涉案金额2461.05万元，收回国有资产542.43万元，追缴收回土地租金164万元；参与民事执行和解案件6宗，和解6宗；受理申诉案件3件，依法办结或移送上级院处理。

第八节　预防职务犯罪

1999年，结合办案做好预防犯罪工作，开展社会性的宣传活动，增强公民法制意识；以案说法，通过典型案例到发案单位进行以案讲法，办理一案，教育一片；结合办案，分析职务犯罪的变化、规律和特点，总结带有警示性的经验教训。

2001年，贯彻“打预并举，标本兼治，综合治理”的方针，加大预防犯罪力度。在查办贪污贿赂犯罪案件中，把打击和预防有机结合，把预防犯罪溶入办案全过程，立足治本。

2005年，向发案单位发出检察建议5份，向有关主管部门提出预防建议2份。

2008年，向发案单位提出书面建议7份，口头建议5份，检察建议被采纳率100%，开展预防宣传和警示教育8次。

2010年，开展预防咨询13次，设立警示教育基地4个，举办预防职务犯罪警示教育讲座5次，以案说法活动14次，开展预防咨询现场会3次，发放宣传资料2000余份，受教育人数2000余人。

第四章　法　院

第一节　工作机构

1999年，澄迈县人民法院内设刑事审判庭、民事审判庭、经济审判庭、行政审判庭、执行庭、告诉申诉庭、办公室、政工室、来访接待室、纪检监察室、电脑室、司法警察大队，下辖金江、白莲、永发、加乐以及农垦系统的红岗、昆仑、西达、红光、和岭等9个人民法庭。2001年机构改革，至2003年保留9个机构2个人民法庭（除农垦系统外）。9个机构是办公室、纪检监察室、立案庭、刑事审判庭、民事审判庭、行政审判庭、执行庭、司法警察大队；2个人民法庭是老城人民法庭和永发人民法庭。2009年，增设审判监督庭、审判事务管理办公室、研究室。全院有内设机构14个，为“八庭五室一局一队”，“八庭”即刑事审判庭、民事审判庭、行政审判庭、立案庭、审判监督庭、老城法庭、永发法庭、中兴法庭，“五室”即办公室、政工室、纪检监察室、审判事务管理办公室、研究室，“一局”即执行局，“一队”即司法警察大队。至2010年不变。

第二节　刑事审判

1999年，审理各类刑事案件131件170人，审结131件，其中审结毒品犯罪案件19件24人，比上年增长125%。对吴某等4名以贩养吸的犯罪从重判处10—14年。配合“6·26”国际禁毒日出禁毒宣传专栏，召开3场公判大会。

2000年，审理各类刑事案件140件205人，结案率100%，其中判处5年以上有期徒刑的62人，重刑面30%。尤其是审理在全县具有重大影响的李某私藏枪支弹药、爆炸政府部门犯罪一案，首次在县影剧院进行大型公开审判，审判毒品犯罪案件27件，罪犯30人，判处最高刑期15年。

2003年，刑事案件受理202件262人，比上年增加37件97人，审结202件。全年被判处有期徒刑251人，5年以上有期徒刑有42人。针对毒品犯罪，县法院适时召开宣判大会，对涉毒案件33件49人进行依法宣判。

2005年，刑事案件收案217件，审结216件，审理涉毒案件29件33人，故意伤害案件41件50人；审理抢劫案件13件21人，盗窃案件69件88人。

2008 年，全年受理刑事案件 245 件，审结率 100%。其中，审理毒品犯罪 74 件 82 人，盗窃 62 件 82 人，抢劫 12 件 18 人。判处 10 年以上有期徒刑犯罪分子 16 人；判处 10 年以下 5 年以上有期徒刑犯罪分子 14 人。

2010 年，受理刑事案件 299 件，审结 297 件，结案率 99.33%。在审判中，加强毒品案件、“两抢”案件、职务犯罪案件的打击力度；重视刑事附带民事案件的调解工作，使受害人的损失得到赔偿。

1999—2010 年澄迈县人民法院刑事案件审理情况表

表 13-4-1　　单位：件

年　份	受理案件数	审结案件数
1999 年	131	131
2000 年	140	140
2001 年	129	129
2002 年	165	165
2003 年	202	202
2004 年	200	196
2005 年	217	216
2006 年	154	153
2007 年	217	216
2008 年	245	245
2009 年	282	279
2010 年	299	297

第三节　经济审判

1999 年，受理经济案件 37 件，全部审结。会同金融部门召开防范和化解金融风险座谈会，及时审结金融部门起诉的 22 件贷款纠纷案件，标的金额 600 多万元。

2000 年，受理经济案件 44 件，审结 43 件。快审快结一批涉及国有企业改革和债权债务案件和农村承包合同纠纷等案件。

2001 年，县法院机构改革，撤销经济庭，实行民商事案件一体化审理，所有的民商事案件均由民事审判庭审理。

第四节　民事审判

1999 年，审理各类民事案件 397 件，审结 388 件，结案率 98.2%。处理好 2 宗典型的伤农案件，维护农民的合法利益。

2001 年，受理各类民事、经济案件 344 件，审结 330 件，结案率 95.9%。成立金融案件巡回法庭，配备法官定期到各家银行驻点办公，为盘活金融机构沉淀资金，依法治贷做出贡献。

2005 年，受理民商事案件 392 件，审结 358 件。加大案件调解力度，全年调解结案 164 件，调解率 50.7%。调解桥头镇美运村民小组在选举村主任时发生的斗殴案件。

2008 年，全年受理民商事案件 429 件，审结 417 件，审结率 97.2%。坚持“能调则调、当判则判、调判结合、案结事了”的原则，把诉讼调解贯穿于案件审理全过程，民事案件调解和撤诉率 79.6%。

2010 年，受理民商事案件 1089 件，审结 1074 件，结案率 98.62%，其中审结信贷案件 491 件，结案标的 1857 万元。推进民商事案件繁简分流、速调速裁速执，适用简易程序结案 908 件，占结案数 84.54%。

1999—2010 年澄迈县人民法院民事案件审理情况表

表 13-4-2　　单位：件

年　份	受理案件数	审结件数
1999 年	303	302
2000 年	303	301
2001 年	403	386
2002 年	401	377
2003 年	468	446
2004 年	463	439
2005 年	392	358
2006 年	463	433
2007 年	447	433
2008 年	451	439
2009 年	910	892
2010 年	1089	1074

第五节 行政审判

1999年，县法院受理各类行政案件18件，是上年收案数的两倍。2000年，受理各类行政案件81件，比上年增加63件，结案率100%。有效处理瑞溪仙儒村50名群众不服县公安局治安拘留及瑞溪镇政府非法拘禁行政案件，使当事人自动撤诉。2001年，受理各类行政案件68件，全部审结，其中在处理太平乡政府申请执行唐某等4人非法占学校土地执行案时，与乡政府协调，使其主动销原决定，保证政府行政的合法性。

2003年，受理行政案件35件，审结35件，结案率100%。

2004年，受理各类行政案件22件，全部审结。加大对行政赔偿案件的调解力度，行政赔偿案件的调解率100%。

2005年，受理行政案件8件，审结8件。

2006年，受理行政案件11件，审结11件。

2007年，受理行政案件22件，结案22件。对一些缠诉的无理起诉，决定不予受理，决定不予立案9件；对群众的合理诉求，力争通过与行政机关协调的方式解决纠纷，通过协调解决纠纷后原告撤回起诉4件。

2010年，受理行政案件6件，审结6件，结案率100%。树立“息诉止争”和“协调平衡”理念，对涉及土地征用、房屋拆迁3件行政纠纷作诉前协调处理。

1999—2010年澄迈县人民法院行政案件审理情况表

表13-4-3　　单位：件

年　份	受理件数	审结件数
1999年	18	18
2000年	81	81
2001年	68	68
2002年	25	25
2003年	35	35
2004年	22	22
2005年	8	8
2006年	11	11
2007年	22	22

续表 13-4-3

年　份	受理件数	审结件数
2008年	19	18
2009年	13	13
2010年	6	6

第六节　审判监督

1999年，审理案件41件（旧存4件），结案40件。2001年，审理刑事监督案件3件，民事监督案件10件。2002年，审结再审案件11件。2003年，审结再审案件15件。2002年以来，被二审改判、发回重审及提起再审的37件案件，按照错案追究程序进行清理审查，其中有3件被确认为错案，对5名错案责任人依照有关规定作出处分，其中依法驳回当事人申诉请求的10件，依法改判或纠正6件。

2004年，审结再审案件6件，复查案件19件，审结18件。 2005年，审结再审案件3件，复查案件11件。2006年，复查案件12件，结案11件，再审案件2件。2007年，复查案件11件，结案11件，再审案件3件。

2008年，审理申诉再审案件5件，结案4件。2009年，审监庭成立，受理申诉再审案件2件，结案2件。2010年，审理再审案件5件，结案5件。

第七节　案件执行

1999年，受理案件271件，执结167件，执行标的4991.6万元，完成省高院规定的70%任务指标，扭转“执行难”的局面。依法采取搜查、查封、扣押、拘留等强制措施，查封扣押价值1500万元的各类财产，拘留抗拒执行的当事人17名。其中为县政府各行政主管部门执行生效的行政决定案件49件。

2000年，受理案件221件（旧存97件），执结221件，执行标的4016.73万元，扭转“执行难”的局面。

2001年，受理案件453件，执结268件，执结标的2510.2万元。执行行政决定案30宗，采取强制措施，拘留拒不履行生效行政决定的行政相对人2名。

2003年，受理案件261件（旧存77件），执结225件。执行案件收案26l件，执结25l件，执结标的5713万元，执结率96.2%，清理出的19件执行积案得到妥善处理。

2004 年，受理案件 208 件（旧存 36 件），执结 199 件，执结标的 459.54 万元。

2005 年，受理案件 176 件（旧存 9 件），执结 359 件，执结标的 2358.95 万元。开始实施案件执行进展周报制度、通报批评和告诫制度、重大执行案件执行前汇报制度、“易人执行”和“交叉执行”制度，做到不让当事人赢官司输钱。

2006 年，受理案件 175 件（旧存 17 件），执结 160 件，执结标的 1153.2 万元。

2007 年，受理案件 197 件（旧存 15 件），执结 180 件，年执结率 91.4%，执结标的金额 3144 万元。依法执行 19 件土地侵权纠纷案件，执行和化解金江镇黄龙村民小组申请执行的 12 件村民侵占村集体土地的案件。

2008 年，受理案件 201 件（旧存 17 件），执结 186 件，执结标的金额 2640 万元。启动为期 6 个月的集中清理积案的执行风暴，有 726 件积案列入集中清理范围。

2009 年，受理案件 188 件（旧存 15 件），执结 179 件，执结标的 1142.48 万元。清理积案 180 件，结案 180 件，结案率 100%。其中有财产可供执行案件 32 件(涉府案件 12 件，涉国企案件 7 件，其他类型案件 13 件)，重点案件 85 件（涉府案件 18 件，涉国企案件 33 件，特困群体案件 29 件，省人大、省委政法委挂牌督办案件 3 件，重复信访案件 3 件）。

2010 年，受理案件 268 件（旧存 9 件），执结 259 件，执行标的 7003 万元，执结率 96.64%。执行和解 142 件，执行和解率 51.8%，执行到位 209 件，执行到位率 80.6%。

第五章　军　事

第一节　人民武装

一、工作机构

1996 年 4 月，根据文件精神，人民武装部收归军队建制，改称中国人民解放军海南省澄迈县人民武装部。2004 年编制精简，至 2010 年机构设置人员编制不变。

二、兵役工作

1999 年冬季征兵工作，全县有 27 个政审组，负责审查体检合格应征青年的政治状况，对体检合格人员进行文化测试。在 1999 年新兵输送工作中，县人武部做到“三个交清”，即交清新兵的档案材料、交清新兵的数量和质量、交清新兵的思想状况。

2001 年，县征兵办公室对通过县站体检的一批应征青年进行县、乡、村三级联审。2003

年，对联审合格的应征青年分片走访，掌握应征青年的现实表现，保证当年入伍青年政治合格的要求。

2005年，县人武部深入到全县10个镇、7个农场及县城进行宣传，发放宣传单、公开信1500多份，设立咨询站1个，县电视台和各级广播站开设征兵专栏，播放有关征兵工作会议精神及各级领导讲话，开展爱国主义、革命英雄主义和依法服兵役教育。

2008年，全县征兵工作实行县领导与各镇、农场领导签订责任书的办法，做到上级机关、县委县政府、接兵部队、应征青年和家长“五满意”。

2009—2010年，澄迈县征兵工作制定六项廉洁征兵工作措施：抓好廉洁征兵学习教育，健全办事公开制度，推行廉洁征兵责任制，落实监督检查制度，推行廉洁征兵“回访制”，对违反政策规定的严肃处理。由于措施到位，广大适龄青年都积极报名应征，征兵任务按时按质完成。

三、军事训练

1999年，根据省政府和海南军区的部署，全县组织民兵应急分队进行培训。民兵应急分队训练主要突出抓好应急运用和一专多能、提高执行任务能力的训练。

2001年，贯彻条令条例和适应人武部正规化建设的需要，县人武部在解决非军事化问题和干部业务培训上下功夫，每月利用2个晚上，由部领导轮流授课，集中学习共同条令和国防法、兵役法、民兵工作条例、征兵工作条例及民兵预备役工作方法。在每月的军事学习日里，组织机关干部学习文字写作。军事科参谋当教员，给所有干部讲解和辅导电脑操作，使他们能利用电脑处理业务工作。

2003年，县人武部突出抓机关干部的军事共同课目训练，在每个工作日下午抽出1小时进行体能训练，每周二、四进行长跑训练，每月进行一次手枪实弹射击；在海南军区动员处组织的基础课目考核中，人武部机关干部取得总评优秀。

2004年，根据未来战争动员需要，组建5个战备应急连，包括医疗救护应急连、通信保障应急连、运输应急连、公路防护应急连和工程保障应急连，制订完善兵员动员、抢险救灾、维护社会治安等12个应急方案，组织战备应急分队进行相应的演练。

2008年，县人武部组织专武干部业务集训，针对目前业务能力，集训重点加大办公自动化业务的培训力度，使专武干部熟悉日常办公自动化业务的基本操作方法，培养专武干部必须专于武装工作的意识。组织人武部机关现役干部进行军事技术和岗位练兵强化训练。选派4名新上任的专武干部参加全省专武干部集训，中兴镇武装部长在集训中取得全省第二名的好成绩。

2010年，省军区对澄迈县民兵整组工作进行考评验收，到点率95%，民兵分队组织严密，行动迅速，队伍整齐，获得省军区检查组的好评。

四、军民共建

（一）支援地方建设

历届县委领导班子都有县人武部党的主官参与， 其目的是及时将上级军事机关的工作指示和要求以及本地区军事工作情况向地方党委、政府报告，并根据地方中心工作，安排好各项军事工作，参与、接受地方党委的领导，把自己视为地方党委和人武部联系的“桥梁”，人武部始终处于上级军事机关和县委的双重领导。

1999—2010 年，驻澄迈部队为支援地方建设，平均每年出劳动力 200 人次、车辆 30 台次，植树 1000 多棵。组织多批次官兵义务献血，无偿资助敬老院和学校款项、食品、用品等，受到人民群众的拥戴。

2010 年，协调驻澄迈各军警单位围绕新时期“三个提供、一个发挥”（军队要为党巩固执政地位提供重要的力量保证，为维护国家发展的重要战略机遇期提供坚强的安全保障，为维护国家利益提供有力的战略支撑，为维护世界和平与促进共同发展发挥重要作用）历史使命，忠实履行职责，把参与社会经济建设、三个文明建设和做好军事工作结合起来，开展共建社会主义新农村、扶贫帮困、捐资助学等拥政爱民活动，组织民兵预备役人员参加兴修利、植树造林、护林保胶、社会维稳等急难险重任务。

（二）拥军慰问

1999—2010 年，县武装部每年都协调县委、县政府和驻军各部队，做好拥军慰问工作。2010 年春节前夕，由县四套班子领导及武装部等相关职能部门负责人组成的澄迈县拥军慰问团，对驻军机关单位进行走访慰问。省军区举行建区 60 周年系列庆典活动，在老城镇组织省级应急力量会操演练，部党委与县委、县政府沟通协调，组织联系相关人员进行选址，落实演练场地，配合演练实施。县委、县政府赠予省军区庆典活动会务费 60 万元。县人武部协调省军区实施对海上目标实弹射击相关事宜，联系县海洋渔业局船只警戒，协调县边防支队实施交通管制等保障事项。其间，县领导看望慰问驻训进行实弹射击训练人员。

（三）军民共建富民强兵

1999—2010 年，县人武部每年都采取不同方式，开展军民共建活动。2009 年 6 月，县人武部响应县委县政府号召，参与“爱心包裹”捐购活动，为地震灾区小学生送去关爱礼物，捐购每个“爱心包裹”100 元，人武部干部职工共捐购“爱心包裹”18 个 1800 元。11 月，组织驻军团以上领导干部进行“一帮一”助学活动，促进军地双拥工作开展。

五、国防教育

（一）教育宣传

1999年，澄迈县开展“国防教育周活动”，进行形势报告会、《中华人民共和国国防法》和《中华人民共和国兵役法》的宣讲，播放国防知识系列片，组织少年军校学员上街宣传国防知识。

2001年，配合地方有关部门开展国防教育，县人武部建立立体式的国防教育网络，使之横向到边，纵向到底。

2002年，县征兵办结合冬季征兵工作，利用电视等多种形式，开展国防教育宣传活动。

2004年，为提高全县群众的国防意识，增强国防观念，在县广播、电视台专门开设《国防教育专栏》，通过广播、电视把国防教育参透到国民教育活动中，增强各级干部和人民群众的国防观念。

2005—2010年，县人武部每年都采取多种形式开展国防教育活动。

（二）青少年军校教育

1999—2010年，县人武部每年派出干部和教员训练军校的新学员，每期训练时间为一个星期。每年秋季开学，县人武部都派出教员到各中学组织学生进行为期一周的军训。

1999—2010年，澄迈县各中学，虽然没有开办军校，每年招的新生都经过军事训练，使学生掌握军事和国防知识，增强他们的体质，培养吃苦耐劳精神。

第二节　人民防空

一、组织机构

澄迈县人民防空委员会于1990年5月成立。1999—2010年，县人民防空委员会对全县人防工作负全责任，县人防办公室平时在县委、县政府、县人民武装部、县建设局的领导下完成防空袭的各项工作，业务上受省人防办的指导。如进入战争状态，县人民防空办公室按照预案要求立即转为人民防空动员指挥部，指挥部的职责是组织和领导全县人民进行防空袭斗争，协调做好防空袭的自救互救工作，组织专业队伍及时消除空袭后果，与上级人防组织及周边市县人防部门保持联络，指挥调整解决防空袭中出现的各种问题。

二、主要工作

人民防空工程是国防的重要组成部分、是防备敌人空袭以及战时掩蔽人员，储存物资的重要设施。1999—2010年，澄迈县人防工程按照“全面规划、突出重点、平战结合、质量第一”的建设方针，把人防工程的布局与城市建设、城市防卫作战、要地防空作战，一并考虑统筹安排，重点解决指挥工程、医疗救护工程和后勤保障工程的建设。人防工程维护管理，按照国家颁发的《关于人民防空工程维护管理规定》实施。保证战时能藏、能打，保存战争潜力，使工程处于良好状态，更好地发挥其作用。

根据国家关于组建人防专业队伍的有关文件，本着专业对口，长期准备、平战结合、保障重点、便于执行的原则，澄迈县于2010年建立抢险抢修、医疗救护、防化、通信、运输、治安、消防7个人防专业队，队员有100多人。防空专业队伍由县人防指挥部统一指挥，所需装备、器材按照平战两用的原则，由组建单位提供。

防空专业队伍是群众性对敌空袭做斗争的骨干力量。其任务是平时抢险、抢修、救灾。战时抢修、医疗救护、防火灭火、防疫灭菌、消毒和消除放射性沾染、保障通信联络、抢运人员和物资、维护社会治安等。专业队伍由人防部门和军事部门按平战结合、专业对口和便于指挥的原则提出组建计划，由主管部门组织落实。城建部门组织建筑、道路、桥梁的抢险抢修队伍，水电部门组建水电设施的抢险抢修队伍，卫生医药部门组建医疗救护队伍，公安部门组建消防和治安队伍，卫生、化工、环保等部门组建防化队伍，交通部门组建运输队伍。

1999—2010年，澄迈县人防办常年开展人防教育活动，结合每年10月29日全省统一防空警报试鸣日，开展人防科普教育宣传。

第三节　武　警

一、武警澄迈边防支队

（一）管理机构

澄迈县边防支队，编制正团级单位，直隶于中国人民武装警察部队海南省边防总队，业务上受澄迈县公安局领导。支队机关内设司令部、政治处、后勤处、勤务中队。外设东水边防派出所、马村边防派出所、桥头边防派出所、老城边防派出所和边防机动中队。

武警澄迈边防支队前身为澄迈县公安局边防股，成立于1952年，属地方建制。当时下辖东水、玉包两个边防派出所。1983年，“三警”合并，成立澄迈县武警大队，归武警海南行政区支队领导。1987年，又从武警序列中分离出来，恢复为澄迈县边防保卫股，对外称边防大队，隶属于行政区边防保卫分局。1988年，海南建省，增设马村边防派出所，玉包边防派出所改称桥头边防派出所，边防支队对外称中国人民武装警察部队澄迈县边防支队，对内称澄迈县公安局边防分局。2001年，边防体制再次改革，由分级管理分级指挥调整为统一领导管理与分级指挥相结合的领导管理体制，改称为中国人民武装警察部队澄迈边防支队（澄迈公安边防支队）。2002年，增设老城边防派出所。2003—2010年，管理机构不变。

（二）主要工作

1999—2010年，澄迈边防支队查获各类枪支71支，其中军用“五四”式手枪3支，子弹11发；仿造“六四”式手枪2支、子弹16发；电击钢珠7支，长短粉药枪59支。查获军用手榴弹1枚，炸药6公斤，雷管89条，匕首45把。查获走私香烟案件1宗，价值14缴获毒品海万元；查获违规汽油191吨，罚款63870元。取缔赌博点21个，缴获显示屏275个，牌机105部，抓获赌博人员395人，罚款183.2万元。抓获吸毒人员63人，摧毁吸毒窝点7个，洛因17.5克。

1999—2010年澄迈县边防支队破获走私（违规）案件情况表

表13-5-1

年　份	案件起数（起）	案值（万元）	案件情况
1999年	9	—	查获雷管3000个，炸药16公斤；查获违规燃油案件7起，抓获违规分子4人，毒品9.5克，抓获涉毒人员10名
2000年	6	20	破获贩毒案1宗，抓获吸毒人员50人，强制戒毒50人，缴获毒品23克；收缴非法销售炸药10公斤，雷管3000个，导火线50米；抓获违规汽油50吨，价值17万元
2001年	5	7	查获违规香烟15箱，违规汽油6吨
2002年	3	6	查获违规汽油10吨
2003年	3	9	查获违规汽油14吨
2004年	2	4	查获违规汽油6吨
2005年	4	12	查获违规汽油16吨
2006年	6	15	查获违规汽油18吨
2007年	4	11	查获违规汽油15吨
2008年	0	—	—
2009年	0	—	—
2010年	0	—	—

二、武警澄迈中队

（一）管理机构

澄迈县武警中队，编制正连级单位，隶属于中国人民武装警察部队海南省总队海口市支队。

（二）主要任务

主要担负看守所看守勤务，防止监管羁押对象脱逃；制止监管羁押对象行凶、破坏、骚乱和暴乱；防范和打击违法犯罪分子袭击执勤目标、劫夺监管羁押对象等犯罪活动；协助看守所预防和处置灾害、事故；协助看守所押解监管羁押对象前往监狱；配合县公安局打击各类重大刑事案件，维护澄迈县的安全稳定。

（三）主要工作

1999—2010 年，武警澄迈中队结合治安形势特点，深入研究应对办法，实地展开演练训练，提升部队的应急处突能力。在澄迈县公安局部署的缉毒行动中，中队官兵在金江、福山等地参与多次行动，协助缴获毒品 2000 余克。2010 年 5 月，据情报，中队迅速出动应急班协助抓捕，抓获毒枭，缴获海洛因 200 克。

第十四编　综合政务

第一章　民　政

第一节　管理机构

1999 年，澄迈县民政局内设机构有农村养老局、福利股、优抚股、办公室、安置股、救灾股、民间组织管理股、行政区划地名股、基层政权和社区建设股。2000 年增设老龄办，2005 年增设低保办。2010 年，内设机构有办公室、社会救助岗、优抚岗、救灾岗、基层政权和社区建设岗、行政区划地名岗、社会福利和社会事务岗、民间组织管理岗、退伍军人军队离退休干部安置办公室、老龄办、双拥办。

第二节　基层政权建设

1994 年，澄迈县开始进行第一届村民委员会选举。1999—2010 年，澄迈县民政部门履行职责，组织指导好每一届村民委员会选举工作。

1998—2001 年，组织指导完成全县第三届村委会换届选举工作，指导各镇各村开展村务、财务公开工作。

2002—2004 年，组织指导完成第四届村委会换届选举工作。

2005—2007 年，组织指导完成第五届村委会换届选举工作，指导各镇各村学习《海南省村务公开方法》，检查监督各镇各村落实村务公开工作。

2008 年，加强对第五届村（居）委会两委干部的培训，配合组织部门举办两期培训班，对全县“两委”干部 780 人进行上岗培训，提高政策水平和履职能力。开展村级组织民主管理规范化建设。全县 165 个村（居）委会均建立健全村级事务民主决策制度和村民会议、代表会议议事规则，各村居委会均设置标准化村务公开栏，公开内容规范丰富。制作宣传横幅 40 条，出动宣传车 5 辆次，召开座谈会 3 场次，加强《中华人民共和国村民委员会组织法》的宣传。

2010年，贯彻执行《中华人民共和国村民委员会组织法》，完成全县第五届村委会换届选举工作。开展村委会换届选举工作调研，制定《澄迈县第五届村委会换届选举工作的实施方案》。全县165个村（居）委会全部按时完成换届选举工作。选任村（居）委会、党支部“两委”干部1074人，其中女干部177人；支部书记、村委主任“一肩挑”52名，“两委”成员交叉任职的有118名。

第三节 社会救助

一、社会救助

（一）城乡最低生活保障

1999年，澄迈县开始实施城市居民最低生活保障待遇，保障标准为57元。2005年，澄迈县开始实施农村居民最低生活保障待遇，保障标准为67元。

2002年，全县城市居民最低生活保障待遇对象有3863户9451人，保障标准为每人每月57元，全年发放低保金53.87万元。

2005年，全县有保障城乡低保对象8702户15326人，其中城市低保3621户8859人，农村低保5081户6467人，支出保障金147.86万元，其中城市低保104.54万元，农村低保43.32万元。

2008年，城市低保保障标准从118元提高到168元，农村低保保障标准从67元提高到107元。全年累计保障城乡低保对象11720户10739人，其中城市低保4602户1038人、农村低保7118户9701人，支出保障金2034.6万元，其中城市低保1374.1万元，农村低保660.5万元。全县城市低保月补差达122元，较上年同期提高33元，农村低保月补差达67元，较上年同期提高32元。五保供养资金纳入本级财政预算，全年纳入五保供养对象3682户3698人，比上年度新增对象1072人，全年发放供养金572.9万元，加上物价补贴，五保实际供养标准达每人每月145元。

2010年，城市低保保障标准从220元提高到250元，补助水平不低于月人均197元；农村低保保障标准从150元提高到180元，补助水平不低于月人均107元；农村五保供养标准从160元提高到250元。全县纳入城市低保保障的对象4939户11154人，占非农人口的6.3%，全年发放低保金1916万元；纳入农村低保保障的对象6582户10426人，占农业人口的3.1%，全年发放低保金1243万元；纳入农村五保供养的对象3916户4023人，全年发放供养金987.5万元。

1999—2010年澄迈县社会救助情况表

表 14-1-1

年份	总户数（人）	总人次（人）	城市低保		月保障标准（元/人）	总户数（人）	总人次（人）	农村低保		月保障标准（元/人）
			户数（人）	人数（人）				户数（人）	人数（人）	
1999年	3432	9295	3432	9295	57	—	—	—	—	—
2000年	3556	8769	3556	8769	57	—	—	—	—	—
2001年	3779	9246	3779	9246	57	—	—	—	—	—
2002年	3863	9451	3863	9451	57	—	—	—	—	—
2003年	3817	9338	3817	9338	57	—	—	—	—	—
2004年	3753	9183	3753	9183	57	—	—	—	—	—
2005年	43543	106503	3621	8859	118	30486	38802	5081	6467	67
2006年	46689	119899	2493	6558	118	67282	86392	7059	8646	67
2007年	52974	116781	4417	9825	118	77481	103426	7019	8581	67
2008年	59301	122920	4602	10381	168	93333	112800	7118	9707	107
2009年	58331	128770	4977	11040	220	93705	122700	7179	10217	150
2010年	54586	133864	4939	11154	250	81374	124562	6287	9971	180

（二）城乡医疗救助

2003年，澄迈县开始实施农村医疗救助，救助对象为农村低保对象、五保户，年救助封顶线为2000元。

2005年，澄迈县开始实施城市医疗救助，救助为城市低保对象，年救助封顶线为2500元。

2007年，澄迈县农村医疗救助和城市医疗救助扩大救助面，将农村和城市特困对象纳入救助范围。

2008年，全县救助城乡困难群众625人次，其中城市57人次、农村568人次，支出医疗救助金162.3万元，其中城市16.7万元、农村145.6万元。

2009年，完善城乡医疗救助制度，将原城市医疗救助和农村医疗救助两个实施办法合并，出台《澄迈县城乡医疗救助实施办法（试行）》，统一城乡医疗救助的标准，调整提高城乡医疗救助封顶线标准，城乡医疗救助封顶线标准为8000元。全年城乡医疗施救1458

人，发放救助资金 422.33 万元，其中城市救助 236 人，救助资金 85.75 万元；农村救助 1222 人，救助资金 336.58 万元。

2010 年，调整提高城乡医疗救助封顶线标准，城乡医疗救助封顶线标准由原来的 8000 元提高到 20000 元。全年城乡大病医疗救助 2082 人，发放救助资金 970.6 万元，其中城市医疗大病救助 295 人，发放救助资金 173.35 万元；农村医疗大病救助 1787 人，发放救助资金 797.25 万元。城乡医疗二次救助 1142 人，发放救助资金 139.05 万元；城乡医疗门诊救助 26326 人，发放救助资金 313.3 万元。资助城乡低保、农村五保、优抚对象参加新型农村合作医疗和城镇居民基本医疗保险，全年资助人数 26245 人，资助资金 91.4 万元。

2003—2010 年澄迈县城乡医疗救助情况表

表 14-1-2

年份	城市医疗救助			农村医疗救助		
	救助户数（户）	救助人数（人）	救助金额（元）	救助户数（户）	救助人数（人）	救助金额（元）
2003 年	—	—	—	41	41	76600
2004 年	—	—	—	36	36	69700
2005 年	49	49	99100	24	24	45098
2006 年	76	76	113500	30	30	52464
2007 年	45	45	103000	207	207	370000
2008 年	57	57	167000	568	568	1456000
2009 年	236	236	857500	1222	1222	3365800
2010 年	295	295	1733500	1787	1787	7972500

二、五保户、孤寡供养

1999 年，全县有五保户（孤儿）1247 人，供养标准为每月 100 元。

2002 年，全县有五保户（孤儿）1520 人，供养标准为每月 110 元。

2005 年，全县有五保户（孤儿）2626 人，供养标准为每月 120 元。

2008 年，全县有五保户（孤儿）3698 人，供养标准为每月 145 元。实施“霞光计划”乡镇敬老院建设项目 2 个，即中兴镇敬老院和老城镇白莲敬老院。敬老院建设总投资 156.2 万元，其中省级下拨资金 110.2 万元、县地财配套资金 46 万元。两家敬老院接收集中供养五保对象 60 人。

2010 年，全县有五保户 4023 人，供养标准为每月 250 元。开展孤儿人口普查审核审批工作，执行孤儿养育新标准。

1999—2010 年澄迈县孤儿供养情况表

表 14-1-3

单位	户数（户）	人数（人）	金额（元）
金江镇	47	68	489600
瑞溪镇	29	45	324000
桥头镇	17	24	172800
大丰镇	10	12	86400
加乐镇	3	4	28800
文儒镇	3	4	28800
永发镇	11	16	115200
老城镇	8	11	79200
福山镇	4	6	43200
仁兴镇	2	2	14400
中兴镇	9	12	86400
西达农场	6	6	43200
昆仑农场	6	10	72000
金安农场	3	3	21600
红光农场	7	9	64800
和岭农场	2	3	21600
红岗农场	4	5	36000
合计	171	240	1728000

三、赈灾募捐

2006 年，澄迈县遭受旱灾、台风等自然灾害袭击，全县受灾人口 18 万人，受灾农田 1.3 万公顷，其他作物 0.76 万公顷，经济损失 4370 万元。全年下拨各镇、工作站和华侨农场救灾救济款 165 万元，发放救济粮 700 吨，衣服 4000 套，棉被 2000 张，救济灾民 27364

人。募集捐款 3.76 万元，拨出专项资金 67 万元，帮助农村特困户、五保户、残疾人、孤老人员、孤儿等 85 户进行危房改造，新建住房 45 间、维修住房 62 间。争取省民政厅和县政府支持，投入资金 108 万元对县福利厂进行危房改造，安置“四残”人员、特困职工 20 户 86 人住房困难问题。

2007 年，全县遭受旱灾、台风等自然灾害袭击，受灾人口 18 万人，受灾农田 1.3 万公顷，其他作物 0.76 万公顷，经济损失 4370 万元。全年下拨各镇救灾救济款 173 万元，发放救济粮 400 吨，衣服 4000 套，棉被 2000 张，救济灾民 2.34 万人；投入资金 19.15 万元，帮助农村特困户、五保户、残疾人、孤老人员、孤儿等 62 户进行危房改造，新建住房 8 间、维修住房 54 间；投资 6 万元对桥头镇敬老院进行危房改造；争取省民政厅和县政府支持，投入资金 108 万元对县福利厂职工宿舍进行危房改造，安置“四残”人员、特困职工 20 户 86 人住房困难问题。

2008 年 5 月，组织为支援四川汶川地震捐款 284 万元。全年各类自然灾害造成受灾人口 20.12 万人，农作物受灾面积 14590 公顷，成灾面积 6240 公顷，其中绝收面积 3460 公顷，因灾导致各项直接经济损失 5743 万元。全年下拨各镇救灾资金 131 万元、救济粮 555 吨，衣服 4000 套，棉被 2500 张，累计救助 3.2 万人次。投入危房改造建设资金 136 万元，完成危房改造 317 间，其中新建住房 104 间、维修住房 213 间，占全年危房改造任务的 528%，解决 317 户 635 人的住房困难问题。建立县、镇、村三级灾害信息员制度，三级信息员队伍 178 人。实施革命老区“三集中”（集中扶贫对象、集中使用扶贫资金、集中解决制约贫困农村发展的主要问题）项目建设，改善老区群众生产、生活条件。省民政厅下达澄迈县革命老区“三集中”建设项目 11 个，建设资金 184 万元，帮助金江镇博潭村等 11 个革命老区村庄硬化道路 11 条总长 6 千米。

2010 年，全县受灾人口 15.6 万人，农作物受灾面积 16559 公顷，绝收面积 2990 公顷，倒塌房屋 973 间，损坏房屋 1150 间，紧急转移灾民 4200 人，直接经济损失 10.52 亿元。全年下拨各镇救灾救济款 367.5 万元、救灾粮 1435 吨、衣服 5500 套、棉被 4750 张，救助灾民 10.5 万人次。投入资金 1044.8 万元，恢复重建住房 733 间，占 75%，维修住房 698 间，占 60%。列入全省 2010 年民政特殊困难群体危房改造任务 60 间，实际投入建设资金 124 万元，其中省民政厅下拨 24 万元，地财投入 100 万元，完成危房改造 154 间，其中新建 95 间，维修 59 间，解决五保户、孤儿、孤寡老人等对象 154 户 163 人的住房困难问题，占全年危房改造任务的 256%。组织为支援青海玉树地区地震捐款 60 万元。

四、福利彩票

2003 年，澄迈县成立社会福利彩票销售管理中心，负责社会福利彩票各票种在澄迈县的发行销售。

2008 年，开展福利彩票“快 2”发行销售试点工作。用 3 个月时间完成销售额 301 万元，募集社会公益金 60.2 万元，福利彩票成为澄迈县发展社会福利事业资金重要来源。

2004—2010 年，全县社会福利彩票销售额 5230.89 万元，募集社会福利公益金 210.08 万元。

2004—2010 年澄迈县福利彩票销售情况表

表 14-1-4　　单位：万元

年份	销量	公益金
2004 年	607.64	21.96
2005 年	586.67	23.92
2006 年	484.05	19.73
2007 年	508.06	20.71
2008 年	1028.27	41.63
2009 年	947.17	38.55
2010 年	1069.03	43.58
合计	5230.89	210.08

第四节　拥军优抚

一、拥军

1999—2010 年，每逢春节或“八一”中国人民解放军建军节，澄迈县党政主要领导干部都率领慰问团，前住部队驻地慰问，召开座谈会征求意见，帮助部队解决实际困难。

1999 年，澄迈县被海南省委、省政府，海南军区授予第五届海南省“双拥模范城（县）”称号。

2001 年，县政府为驻澄迈军警拨款若干元，解决县人武部旧营房改造、协调解决大拉基地的供电问题等实事。组织进行“八一”中国人民解放军建军节慰问，为驻军营级以上单位和县边防中队各购置一台电脑。给没有安排工作的随军家属每人每月发放 200 元随军家属生活困难补贴。

2005 年 8 月，县委常委扩大会同意给各驻澄迈军警拨款若干元，解决县人武部民兵训练基地建设打井资金问题，划拨 1.33 公顷土地作为民兵训练基地建设用地，解决大拉生产基地安装有线电视接收设备问题，解决大拉基地土地权益问题，为某部队解决加高部队驻地营区围墙建设问题。

2008 年，县政府为各驻澄迈军警拨款若干元，给县边防支队新建办公楼，周围征地 1.53 公顷作为营区建设用地，拨款若干元县边防支队用于建设办公楼，给县边防支队、县人武部干部随军家属办理工作挂靠。

2010 年，澄迈县被评为第八届“海南省双拥模范城（县、区）”称号。县政府为各驻澄迈军警拨款若干元，县人社局协调省边防部队西南中沙群岛边防支队干部解决 1 名随军家属到县人民医院工作。

二、优抚

1999—2010 年，县民政部门按照《革命烈士家属、革命军人家属优待抚恤暂行条例》和《革命残废军人优待抚恤暂行条例》，对优待对象给予定期抚恤和临时生活补助，其生活标准不低于当地一般群众的生活水平。

（一）烈士、病故军人抚恤

1999 年，全县抚恤对象 425 户，发放抚恤金 44.37 万元，户均 1044 元。

2005 年，全县抚恤对象 573 户，发放抚恤金 160.15 万元，户均 2795 元。

2010 年，全县抚恤对象有 937 户，发放抚恤金 485.8 万元，户均 5184 元。

（二）荣残军人抚恤

1999 年，全县在乡革命伤残军人 72 人，发放伤残金 5.63 万元，人均每月 65.16 元；在职伤残军人 93 人，发放保健金 2.50 万元，人均每月 20.84 元。除享受定期抚恤金外，还给予特殊待遇：1.在乡二等乙级以上的伤残军人，享受公费医疗（全县 15 人）；2.一等以上革命伤残人员，生活不能自理者，享受护理费补助（特等每月 60 元，一等每月 50 元，全县 2 人）；3.在乡一等以上伤残军人，其粮食和副食品按当地干部定量标准，由国家供应；4.革命伤残军人乘船、搭车可享受八折至半价优待；5.在乡伤残军人享受抚恤金之后生活仍有困难者，农村社队（乡镇）给予适当优待，政府给予临时补助。

2005 年，实行革命残疾军人残疾等级套改，新旧残疾等级对应关系：特等套改一级，一等套改三级，二等甲级套改五级，二等乙级套改六级，三等甲级套改七级，三等乙级套改八级。全县在乡革命残疾军人有 69 人，发放伤残金 11.85 万元，人均每月 1717 元；在职伤残军人 104 人，发放保健金 5.67 万元，人均每月 545 元。

2010 年，全县在乡革命残废军人有 43 人，发放伤残金 15.58 万元，人均每月 3623 元；在职伤残军人 84 人，发放保健金 59.54 万元，人均每月 7089 元。

（三）优抚

2008年，全县1351名重点优抚对象，年发放抚恤补助金957.84万元。拨出资金78.14万元，帮助优抚对象解决“三难”问题，其中解决生活困难325人，补助资金8.2万元；解决住房困难53户（新建住房26间、维修住房27间），补助资金32.08万元；解决医疗困难317人，补助资金37.86万元。购置毛毯1120张，赠送全县重点优抚对象；资助全县重点优抚对象参加新型农村合作医疗，资助资金1.351万元。组织落实义务兵家属优待工作，年度评定义务兵家属优待506户，发放优待金28.94万元。

2010年，全县937名重点优抚对象，年发放抚恤补助金485.8万元。全年拨出资金52万元，帮助优抚对象解决“三难”问题，其中解决生活困难296人，补助资金7.5万元；解决住房困难34户（新建住房27间、维修住房7间），补助资金33.2万元；解决医疗困难99人，补助资金11.3万元。在纪念抗日战争胜利65周年之际开展走访慰问抗日老战士活动，全县抗日老战士有80人，拨发慰问金26.4万元。落实义务兵家属优待工作，2010年全县评定义务兵家属优待473户，发放优待金83.4万元。落实义务兵服役期间立功受奖奖励政策，为66名义务兵颁发立功受奖颁奖，发放奖金1.86万元。完成农垦系统民政职能移交地方政府管理的工作任务，接收辖区内各国有农场移交的优抚对象103人。

三、优待

1999—2010年，县政府做好优待工作，并扩大优待面。优待方法：城镇和国有农场入伍的战士家属每月优待20元，农村入伍的战士优待按半个至一个全劳动力一年的收入计算。

1999年，全县优待830户，发放现金22.82万元，户均275元。

2009年，县政府出台《澄迈县义务兵家属优待金实施办法》，城镇义务兵家属优待金为每人每年1200元，农村义务兵家属优待金为每人每年2400元。城镇义务兵家属优待66户，发放优待金1.86万元，农村义务兵家属优待222户，发放优待金53.28万元。

2010年，全县优待453户，发放现金81.8万元。

四、补助

（一）定期定量补助

孤老烈士家属、因公牺牲及病故军人家属、长期患病生活特别困难的复员退伍军人和老革命人员，在享受各种待遇之后生活仍有困难的，政府给予定期定量补助。

1999年，全县享受定期补助1599人88.23万元，月人均46元。

2005年，全县享受定期补助1098人133.49万元，月人均101.3元。

2008年，全县享受定期补助1351人388万元，月人均239元。

2010 年，全县享受定期补助 937 人 485.8 万元，月人均 432 元。

（二）临时困难补助

优抚对象在享受定期定量补助等各种待遇后，生活仍有困难的，政府给予临时优抚补助。

1999 年，发放临时困难补助 1266 人次 34196 元，人均 27 元。

2005 年，发放临时困难补助 693 人次 325710 元，人均 470 元。

2008 年，发放临时困难补助 325 人次 82000 元，人均 252 元。

2010 年，发放临时困难补助 296 人次 75000 元，人均 253 元。

五、供养

1999—2010 年，县政府建立烈属养老院（光荣院），供养直系烈属、荣残军人。逢年过节，县党政领导干部前往慰问，不定期组织老人到外地参观。光荣院迁建至江南，建一栋二层楼房，面积 450 平方米，内设单双人卧室、电视厅、护理间、厨房和卫生间。

1999 年，江南光荣院全院收养 28 人，月生活费标准 158 元。

2005 年，全院收养 19 人，月生活费标准 200 元。

2008 年，全院收养 11 人，月生活费标准 350 元。

2010 年，全院收养 10 人，月生活费标准 500 元。

此外，金江、永发、桥头、中兴、老城、大丰、福山、文儒、瑞溪等镇建有敬老院，收养孤老烈属和年老复员军人。2010 年，全县有敬老院 9 间。

六、立功奖励

2009 年，县政府出台《澄迈县义务兵立功奖励实施办法》，对军人凡获得授予荣誉称号或立一等功者，给予一次性奖励 10000 元；二等功者，给予一次性奖励 5000 元；三等功者，奖励 500 元；获得优秀士兵称号的，奖励 200 元。

2009—2010 年澄迈县义务兵立功奖励一览表

表 14–1–5

年份	总人数（人）	一等功（人）	二等功（人）	三等功（人）	优秀士兵（人）	奖励金额（元）
2009 年	66	—	—	18	48	18600
2010 年	89	—	—	4	85	19000

第五节　军人转业及复员安置

一、军转干部安置

1999—2010年，全县做好军队转业干部安置工作。1999年，省下达澄迈县军转干部指标10名，至8月全部安置完毕，且均列入行政编制，转业军人的政治、生活待遇得到基本保证。7月，对遗留的9名随军家属作出妥善安置，使驻军官兵安心服役。

2002年上半年，安置军转干部2人。2005年，做好军转安置和部分企业军转干部解困维稳工作。省下达澄迈县军转干部指标6名，1名到县里报到办理安置手续；全县企业军转干部生活补助兑现率100%，养老保险、医疗保险的参保率100%，拖欠企业军转干部的工资得到补发。

2008年，落实办理军队转业干部安置手续3人，足额发放企业军转干部生活困难补助，提高企业军转干部生活困难补贴标准。

2010年，全县企业军转干部领取生活困难补助104万元，利用节假日走访维稳户数320户，发放维稳金20万元；个案解决特殊困难户30户6万元。组织军转干部到县人民医院进行体检，为在岗的军转干部缴纳基本养老、医疗保险费，其中缴纳养老医疗保险费7.15万元。

二、复员退伍安置

1999—2010年，全县接收安置复员军人若干人，拨出补助款646.8万元，为复员军人修建（维修）住房564间。对负伤带病回乡的年老体弱不能劳动的复员军人，给予定期定量补助。至2010年，发放补助款14.06万元。

1999—2000年，实行计划性安置，安置城镇兵若干人（安排工作），其中转业士官若干人，安置率100%。

2000—2001年，推行一次性经济补偿自谋职业安置办法，妥善安置城镇退役士兵和转业士官。接收城镇退役士兵若干人，其中转业士官若干人，拨付安置资金81.95万元，接收安置军队移交地方政府安置无军籍职工1人。

2001—2002年，推行政府一次性经济补偿自谋职业安置办法，妥善安置城镇退役士兵和转业士官，接收城镇退役士兵，拨付安置资金55.45万元。

2005—2006年，推行一次性经济补偿自谋职业安置办法，妥善安置城镇退役士兵和转业士官，接收城镇退役士兵，拨付安置资金79.25万元。

2008—2009年，接收城镇退役士兵，拨付安置资金48万元。

2009—2010年，接收城镇退役士兵若干人，其中转业士官若干人，拨付安置资金105万元。

第六节　离退休军干安置

1999—2010年，澄迈县做好接收军队离退休干部的安置工作，以分散安置为主。全县接受安置2人，均为团级干部。

第七节　婚姻登记

1999—2010年，执行新《婚姻登记条例》规定，男、女青年必须达法定结婚年龄，方能登记结婚。结婚、离婚、复婚均由乡（镇）人民政府办理。澄迈县公民与外籍人、华侨、港澳同胞申请结婚，按照《涉外婚姻登记办法》办理。

1999年，全县办理婚姻登记2649对，其中结婚2068对，补发登记406对，离婚175对。

2002年，全县办理婚姻登记2902对，其中结婚2073对，补发登记587对，离婚242对。

2005—2010年，全县申请婚姻登记36419对，涉外登记147对。2008年，组织婚姻登记员参加全省婚姻登记上岗业务培训，提高执法水平，规范婚姻登记服务窗口建设。全年办理结婚登记7000对，补发登记310对，离婚登记145对，婚姻登记合格率100%。

2010年，全年办理婚姻登记8400对，补发结婚证622对，离婚登记232对，婚姻登记合格率100%。

1999—2010年澄迈县婚姻登记一览表

表14-1-6　　单位：人

年份	合计	结婚登记	补发登记证	离婚登记
1999年	2649	2068	406	175
2000年	2852	2195	467	190
2001年	2734	1944	583	207
2002年	2902	2073	587	242
2003年	2882	2061	606	215
2004年	2706	2543	29	134
2005年	2512	2398	46	68
2006年	2962	2803	50	109
2007年	3772	3563	86	123

续表 14–1–6

年份	合计	结婚登记	补发登记证	离婚登记
2008 年	7817	7356	315	146
2009 年	7068	6531	339	198
2010 年	9582	8728	622	232

第八节　老区建设

一、扶助老区村庄建设

2010 年，全县有老区村庄 510 个，其分布（按原 18 个乡镇 6 个国有农场计）情况金江镇 13 个，长安镇 13 个，瑞溪镇 2 个，新吴镇 3 个，加乐镇 47 个，中兴镇 8 个，白莲镇 20 个，老城镇 9 个，马村镇 6 个，福山镇 19 个，桥头镇 47 个，文儒乡 29 个，太平乡 37 个，石浮乡 21 个，山口乡 31 个，仁兴乡 19 个，美亭乡 15 个，红光农场 21 个，红岗农场 16 个，西达农场 47 个，昆仑农场 15 个，和岭农场 9 个村，大丰农场 25 个，红山农场 1 个。

1999—2010 年，政府发放扶助老区建设款 1874 万元，生活优抚款 1536 万元，帮助老区发展生产，兴办水电，发展社会公益事业，以及解决口粮困难等。

二、扶贫工作

澄迈县边远地区，主要分布在太平、山口、加乐、长安、桥头、石浮等地区。扶持工作原则是政治上扶持为主，经济上扶持为辅；自力更生为主，集体照顾与国家救济为辅；安排生产增加收为主，生活照顾为辅。

（一）资金扶持

1995—1999 年间，国家投入资金 774.4 万元，其中地方政府和各部门投入 605.2 万元，扶持 96 个自然村拉电 42 千米，修路 48.9 千米，打井 37 眼，修建渠道 75 千米，改善增加农田灌溉面积 523.93 公顷。修建校舍 300 平方米，扶贫受益面积 7734 户 36689 人，扶持种植槟榔、龙眼、瓜菜等作物 240 公顷，培育荔枝种苗 36 万株。扶持养殖面积 7 公顷，培育鱼苗 320 万尾，鸭苗 150 万只。

（二）物资扶贫

对劳力少或无劳力的贫困户给予照顾，主要以发放救济物资谷种、花生种、化肥、农药等生产工具并在集体口粮分配上给予优惠。

（三）科技扶贫

举办农村综合性科技培训，对农民进行生产科技等技术培训，赠送各种科技书册，以科学技术帮助农民脱贫致富。其中规模较大的是1999年举办科技技术培训14期，参加培训2563人次，赠送各种科技书册140份。

第九节　地名管理

一、地名普查与补查

1999—2010年，地名普查与补查收录九大类与地名相关的历史演变、风俗传统、人文特征、自然环境等方面的地名资料1522条，按类别分类登记，其中水系类11条，陆地地形类35条，行政区域类187条，居民点类893条，交通运输设施类355条，水利、电力、通信设施23条，纪念地、旅游胜地类10条，建筑类8条，具有地名意义的单位类356条。根据地名普查与补查成果，2009年编绘澄迈县行政区划图。

二、地名标准化

根据国家有关规定、区划不同情况，对1999—2010年地名普查与补查收录的九大类与地名相关地名资料1522条进行命名、实名和标准化、规范化处理并对一些特殊的地名进行专业审定，将收录的1522条地名全部地名标准化。

第十节　长寿老人工作

2000年，澄迈县老龄工作委员会成立。出台相关政策，鼓励老年人居家养老。2008年，做好百岁老人申报和保健金的发放工作。全县百岁以上老人有81人，全年发放保健金14.58万元，人均月标准150元。做好老年人优待证制发工作，全年制发优待证10500个。

县长寿研究会从2008年开始准备“中国长寿之乡”申报的有关资料。2009年3月，向中国老年学学会提交，4月通过专家组评审。2009年6月，注册成立澄迈县长寿研究会。建立健全老龄工作机构，县、镇、农场建立老龄工作办公室，配备人员。落实老年人优待政策，制发老年人优待证，发放百岁老年人保健金。出台《澄迈县80周岁以上长寿老年人、生活补贴发放管理暂行办法》，对全县80周岁以上老年人发放生活补贴，资金列入地财预算保障。全县80周岁以上老年人有9653人，月发放生活补贴资金80.3万元。

2009年7月12日，中国老年学学会授予澄迈县“中国长寿之乡”称号，新闻发布会暨授匾仪式在北京人民大会堂举行，全国人大常委会原副委员长何鲁丽，全国政协原副主席王文元，省委常委、秘书长许俊等出席授匾仪式。

2010年，出台《澄迈县长寿老年人生活补贴管理办法》，对居家养老的80周岁以上老年人发放生活补贴。补助标准为80—89周岁人月补助标准100元、90—99周岁人月补助200元、100岁以上的长寿老年人月补助标准为600元（其中300元为省补贴），长寿老年人生活补贴资金由县财政负担。全县80周岁以上老年人有11468人，全年发放生活补贴资金1099.7万元。制发老年人优待证，全年发放老年人优待证8017张。开展百岁老人健康体验工作。建立百岁老人健康档案185份。

2010年6月14—17日，第九届国际老人文化博览开幕式在金江绿地广场举行，全国人大常委会原副委员长何鲁丽、海南省委书记罗保铭、中华老人文化促进会会长古今生等出席。全世界有16个国家与地区参加此次活动。2010年6月，县长寿研究会组织开展澄迈县“十大长寿之村、十大长寿之家、十大长寿明星”评选活动，评选出黄竹村等10个“长寿之村”、王汉仁家等10个长寿之家、李爱珠等10位“长寿明星”。

2010年12月，三个长寿十大表彰大会在福山咖啡文化风情镇举行，会议分别给获奖个人、单位授匾，中国老年学学会副会长萧振禹出席会议并发表讲话。

第二章　机构编制

第一节　管理机构

1999年，澄迈县机构编制委员会为县委工作部门，挂靠县人事劳动局，负责全县行政管理体制、机构改革以及机构编制管理的日常工作，为副科级单位。2001年，县机构编制委员会办公室列入县委工作部门序列，为县机构编制委员会常设办事机构，既是县委的工作机构，又是县政府的工作机构，挂靠县人事劳动保障局，正科级。内设行政编制股和事业编制股。2003年，县机构编制委员会办公室加挂县事业单位登记管理局牌子。2009年，县机构编制委员会办公室由原挂靠县人事劳动保障局改为单独设置，列入县委工作机构序列，内设机构编制岗、事业编制岗、事业单位登记管理岗（县事业单位登记管理局）和机构编制监督岗等4个职能机构。至2010年不变。

第二节 编制管理

1999—2010年，加强对全县机构编制、实有人数进行动态管理。加强机构编制总量控制，执行机构编制法规和政策，从紧从严控制机构编制，规范管理机构编制，实行集中统一管理。从严控编核编，把好人员调配和招聘的关口。探索机构编制工作新方法，探索变“养人”为“养事”管理机制，机构编制管理逐步规范。在机构编制管理方面，实行“一支笔”审批制度，规范机构编制审批程序。加强机构编制台账管理，推行实名制管理，坚持机关事业单位进人空岗审批制度，坚持增人备案制度，完善机构编制管理与财政预算相互约束机制。

1999—2010年，澄迈县部门分为党政群行政机关和事业单位。行政机关使用编制分为行政编制和工勤事业编制，群团机关部分使用行政编制，部分使用事业编制；事业单位使用事业编制，分为全额预算、财政定额（差额）预算、自筹等三种。

第三节 党政机构改革

一、县级机构改革

1999—2010年，澄迈县开展3次党政机构改革。

（一）2001年党政机构改革

县委工作机构调整情况：县委组织部归口管理县委老干部局（副科级行政单位），县委直属机关与企事业工作委员会更名为县委直属单位工作委员会，县机构编制委员会办公室列入县委工作机构序列，既是县委的工作机构，又是县政府的工作机构，挂靠县人事劳动保障局，不计县委机构个数。

县政府工作机构调整情况：撤销县工业交通局、县贸易局、县经济合作局，组建县经济贸易交通局；撤销县教育与科学技术局，教育管理行政职能划归县教育局，科学技术管理行政职能划归县科技与信息产业局；县国有资产管理局更名为县国有资产管理委员会办公室，挂靠县财政局；县人事劳动局更名为县人事劳动保障局；撤销县建设与环境资源局，土地和环境资源管理行政职能划归县国土环境资源局，建设管理行政职能划归县建设局；县水利电力局更名为县水利局；县林业局由事业单位改为行政单位。

改革后，党政机构设置27个，其中县委工作机构7个，部门管理机构1个；政府工作部门设置20个（含公安局、司法局），挂靠机构1个。社会团体7个，按宪法章程设置的机构：人大、政协、检察院、法院。具体机构设置如下：

县委工作机构（7 个）：县纪律检查委员会机关（县监察局与其合署办公）、县委办公室、县委组织部、县委宣传部、县委统一战线工作部、县委政法委、县委直属单位工作委员会、县机构编制委员会办公室（挂靠县人事劳动保障局，不计县委机构个数）。

县政府工作机构（20 个）：县政府办公室、县发展计划局、县经济贸易交通局、县教育局、县科技与信息产业局、县公安局、县监察局（与县纪律检查委员会机关合署办公，不计机构个数）、县民政局、县司法局、县财政局、县人事劳动保障局、县国土环境资源局、县建设局、县农业局、县文化广电体育局、县卫生局、县审计局、县统计局、县水利局、县林业局、县计划生育局。

社会团体 7 个：县总工会、团县委、县妇女联合会、县科学技术协会、县工商业联合会、县文学艺术界联合会、县残疾人联合会。

按宪法章程设置的机构：人大、政协、检察院、法院。

（二）2004 年机构改革

2004 年政府机构改革，县发展计划局更名为县发展和改革局；县计划生育局更名为县人口和计划生育局；撤销县经济贸易交通局，工业和经济贸易职能划归县商务局、交通职能划归县交通局，安全生产管理监督职能划归县安全生产监督管理局（副科级行政机构，挂靠县人事劳动保障局）；撤销县国有资产管理委员会办公室。

改革后，党政机构设置 28 个，其中县委工作部门 7 个，县政府工作部门 21 个（含公安局、司法局）。社会团体 7 个，按宪法章程设置的机构：人大、政协、检察院、法院。

县委工作机构（7 个）：县纪律检查委员会机关（县监察局与其合署办公）、县委办公室、县委组织部、县委宣传部、县委统一战线工作部、县委政法委、县委直属单位工作委员会、县机构编制委员会办公室。

县政府工作机构（21 个）：县政府办公室、县发展和改革局、县商务局、县交通局、县教育局、县科技与信息产业局、县公安局、县监察局（与县纪律检查委员会机关合署办公，不计机构个数）、县民政局、县司法局、县财政局、县人事劳动保障局、县国土环境资源局、县建设局、县农业局、县文化广电体育局、县卫生局、县审计局、县统计局、县水利局、县林业局、县人口和计划生育局。

社会团体 7 个：县总工会、团县委、县妇女联合会、县科学技术协会、县工商业联合会、县文学艺术界联合会、县残疾人联合会。

按宪法章程设置的机构：人大、政协、检察院、法院。

（三）2009 年机构改革

2009 年政府机构改革，原教育局的职责和原县科学技术与信息产业局的科学技术管理职责划入，组建县教育和科学技术局；原县商务局的工业管理职责和原县科学技术与信息产业局的信息产业管理职责划入，组建县工业和信息化局；县发展和改革局更名为县发展和改革委员会；县人事劳动保障局更名为县人力资源和社会保障局；原挂靠县人事劳动保障局的县机构编制委员会办公室单独设置，列入县委工作机构序列；原挂靠县人事劳动保障局的县安全生产监督管理局单独设置，为县政府工作部门；县文化广电体育局更名为县文化广电出版体育局；县建设局更名为县住房和城乡建设局；县交通局更名为县交通运输局；县人口和计划生育局更名为县人口和计划委员会；省澄迈食品药品监督管理局更名为县食品药品监督管理局，由省垂直管理机构调整为县政府工作部门，挂靠县卫生局；县旅游局更名为县旅游发展委员会，由县政府直属事业单位调整为县政府工作部门；县海洋与渔业局由县政府直属事业单位调整为县政府工作部门。

改革后，党政机构设置32个，其中县委工作部门8个，县政府工作部门24个（含公安局、司法局）。社会团体7个，民主党派1个，按宪法章程设置的机构：人大、政协、检察院、法院。

县委工作机构（8个）：县纪律检查委员会机关（县监察局与其合署办公）、县委办公室、县委组织部、县委宣传部、县委统一战线工作部、县委政法委、县委直属单位工作委员会、县机构编制委员会办公室。

县政府工作机构（24个）：县政府办公室、县发展和改革委员会、县旅游发展委员会、县农业局、县工业和信息化局、县财政局、县人力资源和社会保障局、县教育和科学技术局、县文化广电出版体育局、县卫生局、县公安局、县司法局、县监察局（与县纪律检查委员会机关合署办公，不计机构个数）、县民政局、县国土环境资源局、县住房和城乡建设局、县交通运输局、县商务局、县海洋与渔业局、县审计局、县水务局、县人口和计划生育委员会、县统计局、县林业局、县安全生产监督管理局。

社会团体8个：县总工会、团县委、县妇女联合会、县科学技术协会、县工商业联合会、县归国华侨联合会、县文学艺术界联合会、县残疾人联合会。

按宪法章程设置的机构：人大、政协、检察院、法院。

2010年，原挂靠县卫生局的县食品药品监督管理局改设为政府工作部门，同时加挂县食品药品监督稽查队牌子。

二、乡镇机构改革

1999年，全县有18个乡镇：金江镇、老城镇、马村镇、白莲镇、福山镇、桥头镇、长安镇、瑞溪镇、永发镇、新吴镇、加乐镇、中兴镇、美亭乡、太平乡、文儒乡、石浮乡、山口乡、仁兴乡。

2002年，乡镇行政区划调整后，全县原有18个乡镇调整为10个镇：金江镇、文儒镇、加乐镇、瑞溪镇、永发镇、老城镇、中兴镇、桥头镇、福山镇（红光农场管理）、仁兴镇（西达农场管理），精简44%。

2005年12月，福山镇、仁兴镇分别从红光农场、西达农场整体移交县政府管理。

2007年9月，海南省人民政府批准成立大丰镇，保留澄迈华侨农场牌子，实行一套人员、两块牌子的管理模式。

2009年乡镇机构改革，澄迈县设置11个乡镇：金江镇、文儒镇、加乐镇、瑞溪镇、永发镇、老城镇、中兴镇、桥头镇、福山镇、仁兴镇、大丰镇。统一内设党政综合办公室、经济发展办公室、社会事务办公室等3个职能机构。各镇事业单位整合为“两个中心”，即农业服务中心、社会事务服务中心，金江镇加设县市政服务中心。

至2010年，11个乡镇不变。

第四节　政企分开改革

一、党政机关与经济实体脱钩

1997年，根据海南省委办公厅、省政府办公厅《关于党政机关与所办经济实体脱钩的通知》，澄迈县开展党政机关与所办经济实体脱钩工作，1999年10月，根据《澄迈县机构编制委员会关于同意保留县外贸总公司事业单位的批复》，保留县外贸总公司为事业单位。物资总公司、医药总公司、商业（集团）公司、电影公司、房产总公司、林业总公司、林产品公司、供水公司、九龙东电站、九龙西电站、金江公园、江南医院、沙砖厂、土地开发总公司、拖拉机站、县政府招待所、县委招待所（澄迈宾馆）等17家自收自支事业单位改为企业单位。单位性质改变后，其隶属关系不变，但不再承担（除特别委托外）县委、县政府部分职能的工作，其人员等各项管理工作均按企业有关规定执行。

二、国企改革

2008年，出台《澄迈县深化国有企业改革工作实施方案》，成立县国有企业改革工作领导小组（下设办公室），统筹领导国有企业改革工作。列入改革的国有企业有86家，参与改革人员7216人（其中在岗职工4029人，“三三制”下岗失业人员1299人，退休人员1888人），总支出约14651万元。解除劳动关系人数为3920人。

三、农垦归属

2009年，根据《海南省人民政府办公厅关于印发海南省农垦中小学校移交地方管理实施方案的通知》和《海南省人民政府办公厅关于农垦中小学校移交地方管理有关问题的通知》文件精神，将农场教育机构从农垦企业中剥离，县编办会同有关部门深入农垦各中小学核查资产、进行国土测量、核查移交教师档案以及在校学生数，澄迈县人民政府分别于2009年7月3日、2009年12月27日与红光农场、金安农场、西达农场等3家农场签订《海南省农垦中小学校移交地方管理协议书》《海南省农垦中小学校移交地方管理补充协议书》，根据移交协议书规定，接收1282名教职工，其中在职940名，符合办理提前离岗、提前退休人员101人，在册离退休教师241名。

第三章　人　事

第一节　管理机构

1999年，澄迈县人事保障机构为县人事劳动局。2001年，更名为县人事社会保障局，下设办公室、社保岗、工资福利与离退休岗、公务员和流动人员管理岗等业务股室。2009年3月，成立局党委，下属有6个党支部，分别是县人社局党支部、县社保局党支部、县就业局党支部、县农保局党支部、海南技校澄迈分校党支部、离退休党支部。2009年12月，更名为澄迈县人力资源和社会保障局，是主管全县人事、劳动和社会保障工作的职能部门。截至2010年，下辖6个单位：澄迈县社会保险事业局、澄迈县就业局、澄迈县农村社会养老保险局、澄迈县劳动保障监察大队、澄迈县小额贷款担保公司、海南省技工学校澄迈分校；内设9个岗室：综合岗、信访岗、社会保险岗、培训就业岗、劳动关系岗、劳动监察岗、退休福利岗、专业技术人员管理岗、公务员管理与人员流动岗。

第二节　人事制度改革

自1996年开始，澄迈县开始实行国家公务员制度，4月，成立澄迈县推行国家公务员制度领导小组，颁发《澄迈县党政机关（试）行国家公务员制度实施方案》。按照人事制度管理要求及《中华人民共和国公务员法》规定，落实公务员“凡进必考”制度，把好公务员的入口关。本着公平、公正、公开原则，录用大学生进入公务员队伍。

1999—2010年，干部主要来源：县外调入（包括公务员交流）、大中专毕业生分配、部队转业干部及随军家属、公务员考录、事业单位考录、录用农村干部等。

1999 年，全省应届大中专毕业生统一招考中，7 名毕业生被录取。因受经济和机构改革等因素影响，1997—1999 年国家统招统分的近 500 名非师范类大中专毕业生就业门路狭窄，县人事劳动局根据省人劳保厅制定接受毕业生的宏观政策，做好毕业生推荐工作，引导大中专毕业生转变就业观念。

2002 年，办理公务员录用手续 8 人。2003 年，采取公开和有限两种形式新录用 65 名国家公务员。2004 年，制定出台《澄迈县政府机构改革方案》《澄迈县政府机构改革人员安置意见》《澄迈县事业单位机构改革方案》《澄迈县中小学校教职工编制建议方案》。

2005 年，县人事劳动保障局配合省人事劳动保障厅完成全县党政机关及法院、检察院、公安、司法等部门 14 个职位的招考录用；配合县教育局完成招录 150 名大中专毕业生到各中小学校任教工作，充实教师队伍；联合县卫生局完成招录 35 名卫生类本科生到县医院和各镇卫生院工作。

2006 年，按照人事制度管理要求落实公务员“凡进必考”制度，把好公务员队伍和人员流动工作入口关，录用公务员 14 人，大中专毕业生就业 10 人，招收工人 51 人，干部调动 112 人，工人流动 49 人，大中专毕业生报到登记 40 人。

2008 年，会同县教育局招聘具有大中专学历的毕业生 104 人，充实教师队伍。招录 38 名医疗卫生专业毕业生充实到医疗卫生单位。录用 20 名大学生进入公务员队伍。

2009 年，招录 71 名公务员（工作人员），本科或以上学历，面向全国引进 8 名应届优秀硕士研究生，使公务员队伍的年龄、知识和专业结构更加完善。完成事业单位参照公务员的登记考试工作，登记公务员 139 名，招录 9 名专业技术人员，分到县安全生产监察大队与县机关幼儿园工作。

2010 年，录用 34 名高中教师和 27 名医疗卫生人员。

第三节 公务员管理

1999 年，县人事劳动局开展全县国家公务员计算机应用能力培训和国家公务员计算机培训考核工作，举办 7 期培训班，有 318 名国家公务员在党务工作中通过计算机应用能力初级资格考核。

2002 年，县人事社会保障局组织开展公务员依法行政培训并组织考试，全县有 963 名公务员参加全省依法行政考试。

2005 年，创新公开招考机制，在深化“公开、平等、竞争”原则的基础上，放宽学历限制，提高公务员录用考试的科学性和适用性，改进职位招考模式和报考专业条件的设置。配合省人事劳动保障厅完成全县党政机关以及法院、检察院、公安、司法等部门14个职位的招考录用工作。

2008年，全县公务员1371人，其中女公务员226人，占公务员总数的16.5%；少数民族公务员24人，占公务员总数的1.8%；中共党员公务员1151人，占公务员总数的84%。研究生以上学历公务员14人，大学本科学历公务员554人，大学专科学历公务员559人，中专及以下学历公务员244人。35岁以下公务员357人，36—45岁公务员480人，46—54岁公务员379人，55岁及以上公务员155人。完成2007年度绩效考核工作，完成第三批参照公务员管理单位的申报工作，开展“人民满意公务员”的评选活动，组织学习《行政机关公务员处分条例》，联合县委组织部对各镇和行政单位公务员实行计算机技能培训，参训人数1350多人。

2010年，全县公务员1713人，其中女性公务员347人，占公务员总数的20.3%；少数民族公务员35人，占公务员总数的2%；中共党员公务员1357人，占公务员总数的79.2%。研究生以上学历公务员26人，大学本科以上公务员824人，大学专科学历公务员626人，中专及以下学历公务员237人。35岁以下公务员485人，36—45岁公务员567人，46—54岁公务员469人，55岁及以上公务员192人。开展县国土监察执法大队、县统计普查办公室等2家事业单位参照公务员法管理工作，对新录用公务员开展为期12天的公务员（工作人员）初任培训，72名新进公务员参加培训学习并结业。

第四节　事业单位人员管理

1999年，根据省编办《关于市县开展事业单位登记管理工作的通知》文件精神，在全县范围内开展事业单位法人登记工作。

2004年，对28家参照公务员制度管理事业单位和272家事业单位采取分批分次进行法人登记，有45家取得事业单位法人登记证书，登记率17%。

2005年，全县办理法人登记单位32家，对2004年登记的45家事业单位进行年检。

2006年，登记事业单位法人13家，变更事业单位法人8家，补办事业单位法人证书4家。

2008年，登记事业单位法人37家，变更事业单位法人7家，补办事业单位法人证书3家。做好法人登记年审工作，加强对事业单位法人的监督管理。与县公安局、国土局、财政局等单位建立联合机制，使事业单位登记管理规范化、科学化。

2010年，全县有事业单位251家，其中符合事业单位法人登记条件160家，登记事业单位法人141家，登记率88.1%。变更的事业单位法人有12家，注销的事业单位法人有6家，参加年检的单位125家，年检率96%。规范事业单位登记档案的管理，对事业单位的登记、年检资料进行复核、整理，并按要求对登记信息资料、年检资料进行整理、汇总并归档管理。

第五节　专业技术人才管理

一、职称评审

1999年，把好审核关，做到职称政策公开、审评程序公开和评审结果公开，不断完善职称监督机制。做好职工资格证书制度推行工作，按照“先培训后上岗”原则，为用人单位提供从事技术工种的从业人员培训、技能鉴定，截至11月底，为全县机关事业单位工人技术等级考试办理培训考核53名，筹备全县从事发廊、按摩的专职人员培训。县技工学校9月通过省人劳保厅的评估，达到合格技工学校的标准，电脑专业毕业生39人，机电专业34人理论考试成绩合格率100%，毕业生的推荐就业安排落实70%。

2002年，全县接受职称外语专业报名考试56人，经济专业报名考试32人，职称计算机培训168人，申报农民职称26人，接受教育、卫生和其他专业评审人数694人，办理执业资格鉴定初级3人，中级3人，高级6人。

2005年，县人事社会保障局做好各类专业技术人员职称评聘工作和各项技能培训工作，受理全国外语和经济专业职称考试报名64人；评聘专业技术资格432人（其中高级职务26人，中级职务101人，初级职务305人）；受理全县教师专业技术职称复查登记换证4800人；举办汽车驾驶、手套皮革加工等各类培训班19期，参加培训人数1727人，完成年计划210%。

2008年，开展对各类人才的培训3期，培训2200余人次；办理技能鉴定625人，其中初级工412人，中级工190人，高级工23人。组织外语、经济职称考试和职称申报评审。经济职称报考人员12人，审计7人，外语115人。

2010年，组织专业技术资格评聘、外语、经济职称考试和职称申报评审，评出初级专业技术人员229名；受理经济职称报考人员5人，外语94人。

1999—2010年澄迈县专业技术人员情况表

表14-3-1　　单位：人

年度	总数	行业			职称结构		
		行政	事业	企业	高级	中级	初级
1999年	827	—	827	—	15	122	690
2000年	312	—	312	—	2	17	293
2001年	481	—	481	—	25	67	389
2002年	609	—	609	—	23	180	406
2003年	898	—	898	—	24	180	694
2004年	—	—	—	—	28	117	—
2005年	500	—	500	—	5	23	472
2006年	699	—	699	—	42	260	397
2007年	717	—	717	—	25	181	511
2008年	495	—	495	—	27	119	349
2009年	625	—	625	—	33	268	324
2010年	497	—	497	—	28	205	264

二、人员招聘

1999—2010年期间，贯彻落实《事业单位公开招聘人员暂行规定》和《海南省事业单位新进人员招聘办法》等文件精神，探索事业单位公开招聘制度，联合县教育系统和县卫生系统通过公开招聘招录一批专业技术人才。

2005年，县人事社会保障局配合县教育局招录150名大中专毕业生到各中小学任教，和县卫生局联合招录35名卫生类本科生到县医院和各镇卫生院工作。

2008年，县人事社会保障局同县教育局面向全县招聘师范类毕业生补充到县各级学校，招聘具有大中专学历的毕业生104名，充实教师队伍。根据县医疗卫生工作人员短缺的现状，在全县范围内招录38名医疗卫生专业毕业生充实到医疗卫生单位。

2010年，县人社局配合县卫生局和县教育局开展医疗卫生专业人才和高中教师招聘工作，录用27名医疗卫生人员和34名高中教师；印发《澄迈县事业单位岗位设置管理实施方案》，按照“先入轨、后完善、整体启动、配套推进”的步骤，推行事业单位岗位设置和岗位聘用工作。

三、人才情况

1999—2003 年期间，依照 1992 年 6 月颁布的《海南省有突出贡献的优秀专家选拔管理试行办法》和中共中央、国务院《关于对做出突出贡献的专家、学者、技术人员继续实行政府特殊津贴制度的通知》文件精神，做好各类人才和专家的选拔推荐工作。

自 2004 年以来，落实《海南省优秀专家选拔管理办法》和《海南省 515 人才工程实施方案》文件精神，组织实施“515”人才工程的选拔和培训工作。2006 年、2008 年全县人才总量分别为 2855 人和 3062 人，2010 年达到 3747 人，年均增长 8.07%；党政管理人才分别为 1512 人和 1521 人，2010 年达到 1850 人，年均增长 1.98%；管理人才 275 人和 297 人，2010 年达到 350 人，年均增长 8.2%；专业技术人才 6980 人和 7380 人，2010 年达到 8480 人，年均增长 7.33%；技能人才为 335 人和 505 人，2010 年达到 850 人，年均增长 30.22%；农村实用人才 26 人和 61 人，2010 年达到 95 人，年均增长 40.5%。

2010 年，全县有高级职称 204 人，中级职称 1668 人，初级职称 3611 人，分别占专业技术人才总数的 3.71%、30.39%和 65.9%。2006—2010 年，招录 178 名公务员、123 名专业技术人才。在公务员和专业技术人才中，具有研究生以上学历的 20 人，大学本科学历 1550 余人，大专学历 2935 人，中专学历 3045 人。

第六节　人员流动与服务

1999 年，全县安排遗留的 9 名随军家属。因受经济和机构改革等因素影响，1997—1999 年国家统招统分的近 500 名非师范类大中专毕业生就业门路狭窄，根据省人劳保厅制定接受毕业生的宏观政策，做好毕业生推荐工作，引导大中专毕业生转变就业观念，减轻政府压力。

2000 年，录取乡镇武装干部 3 人，办理大中专毕业就业 17 人，办理干部调出县外 7 人，工人调出县外 13 人。

2002 年，办理人员流动 116 人，安置大中专毕业生 60 人。

2006 年，办理大中专毕业生就业 10 人，招收工人 51 人，干部调动 112 人，工人流动 49 人，大中专毕业生报到登记 40 人。

2008 年，办理大中专毕业生报到登记 795 人，办理干部调动 118 人（其中调出县外 19 人，调入县内 43 人，县内调动 56 人），办理工人流动 45 人。

2010 年，办理大中专毕业生报到登记 123 人，办理干部调动 42 人（其中调出县外 11 人，调入县内 10 人，县内调动 21 人），办理工人流动 20 人（其中调入县内 2 人，县内调动 18 人）。大中专毕业生就业 34 人，招收工人 21 名。

第七节 工资福利待遇

1999 年，根据省人劳保厅、财政厅《海南省人事劳动厅、海南省财政税务厅关于 1997 年调整机关、事业单位工作人员工资标准等问题的通知》文件精神，对全县各机关事业单位人员工资标准进行调整，开展调整机关、事业工作人员工资标准工作。

2002 年，审批退休人员 408 人，审批正常晋升工资 450 人，审批遗属生活困难补助 210 人。贯彻落实《关于 2002 年机关、事业单位正常增资有关问题的通知》文件精神，全县在职 7485 人晋升一档职务工资、离退休人员 2327 人增加离退休费。

2005 年，根据《海南省人民政府办公厅关于市县调整机关事业单位工作人员工资标准有关问题的通知》文件精神，将工资浮动标准从省统一加浮动 0.5 标准调整到省统一加浮动 0.7 标准，参加调资人员 11944 人（含退休人员），人均增资 161 元/月。对符合 2004—2005 年连续考核称职以上的人员给予晋升一档职务工资，增资总人数 12155 人（含离退休人员），人均增资 60 元/人。全年办理退休审批手续人员 423 人，办理遗属供养手续 32 人次，机关、事业单位重新确定工资 1499 人次，重新确定工龄 13 人次，办理退休干部建房补助 49 人次，办理死亡一次性抚恤金 15 人次，办理离休干部补发 17 个月离休费手续 250 人次，办理补发退休人员 18 个月 18%部分退休费手续 1473 人次，弱势群体生活困难补助 534 人次。落实工资统发和工资发放情况定期上报制度，确保工资按时足额发放。

2008 年，办理干部退休 221 人次，工人 464 人次；重新确定机关人员工资 3559 人次，事业单位 12168 人次，重新确定工龄 19 人次；发放退休干部修建住房补助费 17 人次，死亡一次性抚恤金 21 人次，工作人员牺牲、病故遗属生活困难补助 15 人次。

2010 年，完成 2009 年考核升档，涉及单位 220 家，参加调资人数 11008 人；完成全县公务员 1242 人津贴的调整工作，人均月增资 300 元；完成 58 家义务教育单位 5330 人绩效工资的晋升，人均月增资 300 元；完成公共卫生事业 29 家单位 811 人的绩效工资调资工作，人均月增资 1301.5 元；完成全县 220 家机关事业单位共 11008 人晋升特区津贴和特区生活补贴的工作，人均月增资 500 元。

第四章　劳　动

第一节　劳动制度改革

1989 年，《海南省人事劳动、工资分配和社会保险制度综合配套改革总体方案》出台以来，取消企事业单位干部调动、工人流动由主管部门审批的规定。1992 年，取消大中专毕业生指令性分配计划，实行大中专毕业生市场化就业。1993 年 3 月，实行双向选择的市场就业制度，取消干部与工人、固定工与合同工以及各类不同所有制企业职工之间的身份界限，实行一体化的社会保险制度和企业自主分配制度。

一、实施劳动合同制

在贯彻实施《中华人民共和国劳动法》的过程中，特别是在 1996 年劳动合同制普遍推广后，澄迈县建立劳动合同制度和劳动关系协调机制。劳动合同制度普遍实行，国有企业、集体企业和外商投资企业合同签订率 95%。

1999 年，完善劳动合同制度，推行集体合同，全县签订劳动合同 1834 份。

2000 年，完善劳动合同管理，按规定办理劳动合同签订 659 份，其中续订劳动合同 408 份。

2002 年，签订劳动合同 397 人，解除与终止劳动合同（包括下岗职工）1138 人。

2006—2007 年，完善劳动关系协调机制，加强劳动合同管理，推进平等协商和集体合同制度，提高集体合同和劳动合同的签订率。劳动合同签订率分别为 75%和 88%，年增长率分别为 27%和 20%。

2010 年，办理劳动合同签订 476 人，劳动合同签订率 88%，通过“春暖行动”抽查用人单位 60 家，涉及劳动者 7000 多人，对未依法签订劳动合同的用人单位下达劳动保障监察限期整改指令书，由县总工会与卫生战线、供销社和幼儿园等 77 家企业签订工资集体合同，涉及职工人数 3682 人。

二、实施劳动用工备案管理

2007 年，正式开展劳动用工备案工作。根据《关于建立劳动用工备案制度的通知》和《海南省人事劳动保障厅关于全省实行劳动用工备案的通知》文件要求，建立劳动用工备案制度。

2009 年，结合“春暖行动”推进全县劳动用工备案制度建设，依托各镇劳动保障服务中心，搞好调查摸底工作，督促各用人单位办理劳动用工备案手续。

2010年，劳动用工备案2000多份，涉及劳动者2000多人。

三、劳务市场

1999—2002年，因经济和机构改革等因素影响，下岗职工再就业形式十分严峻，同时1997—1999年国家统招统分的近500名非师范类大中专毕业生就业门路狭窄，安置任务艰巨。企业法律意识淡薄，违法侵权行为时有发生。

2003年，县政府投入30万元建成人才劳动力市场和再就业培训基地，坚持“劳动者自主择业、市场调节就业、政府促进就业”的方针，加强就业再就业工作。

2007年，就业形势严峻，困难群体就业问题突出，就业再就业基础工作仍然比较薄弱。人才劳动力市场规模小，档次低，职业介绍手段落后单一，不能实现信息互通共享。8月，启动澄迈县人才劳动力市场建设，内设人事劳动保障便民服务中心、社会保险费征收大厅、城镇居民医疗保险服务窗口、行政效能监管中心、职业介绍所5间、培训基地2所及相关办公场地。

2010年，劳动就业制度改革取得进展，企业自主用人、劳动者自主择业的市场就业机制不断完善。同时，随着经济发展，外出就业人口总量下降，依托老城经济开发区，加大职业技能培训，实施就业优先战略，提高劳动者就业竞争力。截至2010年底，城镇新增就业人数4320人，完成年计划270%；下岗失业人员实现再就业1726人，完成年计划288%（其中就业困难对象实现就业459人，完成年计划306%）。

第二节　职业培训与技能鉴定

1999年，积极做好下岗职工转岗培训，提高下岗人员劳动技能和就业竞争力。全年对下岗职工转岗培训644人次。按照“先培训后上岗”的原则，为用人单位提供从事技术工种的从业人员培训、技能鉴定，为机关事业单位工人技术登记考试培训考核53名。

2000年，加强对下岗职工就业前培训，全年就业前培训449人。县政府批准实施招用技术工种从业人员职业资格考核实施办法，组织客房服务员、前厅服务员、餐厅服务员、美容美发等工种进行考核。办理培训考核初级51人，中级77人，高级155人，技师1人。办理初级专业技术职务评聘256人，办理经济专业资格考试报名67人，职称外语考试76人。

2005年，举办汽车驾驶、手套皮革加工等各类培训班19期，参加培训人数1727人，完成计划210%。对全县新进国家干部进行岗前培训，举办培训班2期，培训人数350人，合格率100%。

2008年，县人事社会保障局开展对各类人才培训3期，培训2200余人次；办理技能鉴定625人，其中初级工412人，中级工190人，高级工23人。

2010年，县人社局对申请职业技能鉴定的66人的材料进行审查，在省技能鉴定指导中心的指导下进行职业技能鉴定工作；完成外语（186人）、经济职称（13人）考试和职称的组织申报和评审工作；安装人才信息采集软件系统；向县政府申请285个职称指标（高级50个，中级235个），将285个指标分配到各有关单位。

第三节　劳动监察与争议仲裁

1999年，完善劳动合同制度，全县签订劳动合同1834份，处理劳动争议10宗。对全县219家行政、企事业单位进行劳动用工年审，制止和纠正部分用人单位违法侵权行为，责成116家单位补签劳动合同1148份，追缴拖欠社会保险金25万元，查处并补发克扣职工工资7.43万元，责令66家拖欠养老金单位补缴养老、工伤保险金2.45万元。进行社会保险费征缴执法大检查，对全县65家各类用工单位实施执法检查，对拖欠养老金的单位签发劳动监察限期整改指令书25份，回缴被拖欠养老、工伤保险金45万元，新参保600人。对县烟草公司拒不执行整改，按照法律程序申请法院强制执行，追回拖欠多年的养老保险金。加强劳动能力鉴定和工伤认定工作，安全监察股对劳动能力鉴定工伤因公确认15例，处理厂矿企业劳动安全重伤事故8宗，接待劳动安全监察工作上访事例10人次，处理厂矿企业劳动伤亡事故2宗，重伤6宗，检查全县锅炉压力容器安全运行23台次；人才交流中心整理聘用干部档案81卷，就业档案40卷。

2002年，签订劳动合同105份，解除与终止劳动合同（包括下岗职工）1138份，处理调解劳动争议案件5宗。开展民工权益保护活动月1次，检查32家单位，给违反劳动保障权益的4家企业下达劳动监察限期整改指令书，被下达指令书的单位基本上按要求进行整改。开展常规监察，受监察的单位有39家，涉及劳动者0.34万人，受理案件8件，结案6件。保障年审单位240家，涉及劳动者2.94万人，追发劳动者工资3.2万元。受理工伤案件12宗，其中死亡1人，重伤2人，轻伤9人，受理因公致残10人。

2005年，开展专项检查8次，查处违法用工5宗，为民工追回拖欠工资82万元；开展专项宣传活动6次，接受法律咨询人数1.2万人次，悬挂横幅34条，张贴标语4860张；受理群众举报投诉28宗，结案28宗，结案率100%，涉案金额146万元，为劳动者追回拖欠工资116．8万元。受理劳动争议案件19宗（开庭调解18宗，仲裁1宗），维护劳动者的合法权益；成立澄迈县人事劳动仲裁委员会，接受劳动争议申诉5件，受理3件（其中调解处理1件，促使当事人和解而撤诉2件），在法定期限内结案率100%。做好劳动能力认定工作，接受工伤申报49宗，其中认定46宗，不予认定1宗，正在审核调查2宗；受理劳动能力鉴定21人/次。

2008年，开展劳动用工执法检查42次，其中常规检查35次，专项执法检查7次，检查面达用人单位的85%，涉及职工近2万人，对具有违法用工行为的用工单位下达整改指令书。查处拖欠工资案19宗，为农民工追回拖欠工资36.7万元，受理劳动争议案件13宗（成功调解11宗，仲裁2宗），涉及金额60多万元。截至12月，农民工保证金累计578万元。

2010年，检查用人单位98家，劳动用工常规检查95次，专项执法检查4次，其中“春暖行动”1次，整治非法用工、打击违法犯罪专项行动1次，开展重大劳动保障违法案件查处工作1次，农民工工资支付情况专项检查1次。接到群众举报投诉电话130个，接待群众来信来访4000多人次。受理并办理劳动合同签订476人，受理劳动争议案件13宗（调解结案13宗）。受理拖欠工资案30宗161.74万元，涉及农民工216人，为195名农民工追回拖欠工资161.08万元，办结29宗，剩下1宗由于工资数额存在争议移交给劳动关系股，办结率100%；劳动合同签订率88%。建立健全农民工工资保证金制度，规范建筑行业工资支付，制止克扣、拖欠劳动者工资行为。收到农民工保证金12宗162.7万元，全部办结并退还农民工工资保证金。农民工保证金账户余额2307.01万元。申请工伤认定65例，认定55例，其中行政复议维持及行政诉讼胜诉1例，不予以认定10例，劳动能力鉴定人数为13例，其中因工伤残鉴定6例，因病伤残鉴定7例。

第四节　再就业工作

1999—2010年，开设政策知识咨询点、发放资料等，对就业再就业政策法规宣传。开发公益性岗位，为下岗失业人员缴纳养老、失业、医疗保险金，加大劳务输出力度。举办人才劳动力招聘会，引导和帮助下岗失业人员、农村富余劳动力、大中专毕业生、退伍兵以及残疾人等实现就业再就业。

1999年，向省内外输送劳务人员4批，人数350人，其中广州白云机场85人，广州第一保安基地35人，其他230人；举办各类技能培训班（包括电脑打字、汽车驾驶和政策性培训等），参加培训人员986人。

2002年，向省内外输送劳务人员6批，人数396人，其中广州白云机场105人，广州第一保安基地50人；举办各类技能培训班（包括电脑打字、汽车驾驶和政策性培训等），参加培训人员 860 人。

2005 年，向省外转移就业 1188 人，向省内其他市县转移就业 1996 人，向澄迈县城镇转移就业 7375 人，境外就业 27 人；城镇失业率控制在 3.5%内，下岗失业人员再就业率 60.5%；为有就业愿望的求职者举办 19 期各类技能培训班（如汽车驾驶、手套皮革加工等），参加培训人员 1727 人；新增办理失业登记领取失业金人员 356 人，全年累计发放失业金 402 万元，办理人事档案托管 356 份。

2008 年，新增就业岗位累计 3866 个，完成年计划 257%；实现下岗失业人员再就业累计完成 1432 人，完成年计划 238%，其中就业困难对象累计完成 343 人，完成年计划 236%；免费培训下岗失业人员累计完成 2105 人，完成年计划 280%，其中创业培训累计完成 131 人，完成年计划 218%；劳动力输出 8750 人，完成年计划 219%，其中省外 2220 人，省内 6530 人。至年底，全县城镇登记失业率 2.1%，申报零就业家庭 112 户，确认 60 户，帮助就业 60 户，就业率 100%。

2010 年，举办 3 次大型招聘会和 13 次小规模专场招聘会，应邀进场招聘的企业 100 多家，提供就业岗位 5000 多个，参加应聘的人员近 7000 人次，约 2000 多人实现就业。新开发公益性岗位 117 个，累计开发公益性岗位 395 个，帮助 273 名失业人员、90 名零就业家庭成员，17 名就业困难大学生和 15 名残疾人实现就业。组织培训农民工、下岗失业人员和退役军人 2935 人进行汽车驾驶、叉车驾驶、家政服务员、创业培训、机电维修、中式面点师、中式烹调师等培训。为 965 名大中专毕业生办理报到登记、为 72 名大中专毕业生办理失业登记手续、托管大中专毕业生档案 4282 份。认定“零就业家庭”112 户，安排公益性岗位就业的“零就业家庭”成员 96 人，累计发放再就业优惠证 4518 本，安排 215 个公益性岗位指标分配到 30 家符合公益性岗位设置单位。县城镇新增就业人数 4320 人，完成年计划 270%；下岗失业人员实现再就业 1726 人，完成年计划 288%（其中就业困难对象实现就业 459 人，完成年计划 306%）；下岗失业人员享受免费再就业培训 903 人，完成年计划 120%；劳动力输出 8970 人（其中省外 2618 人，省内 6352 人），完成年计划 224%；城镇登记失业率为 1.6%。

第五章　社会保障

第一节　管理机构

一、澄迈县社会保障局

1992年2月，澄迈县社会保障局成立，隶属澄迈县人事劳动局，为副科级事业单位。2004年更名为澄迈县社会保险事业局。2009年5月，升格为正科级事业单位，内设办公室、养老保险股、医疗保险股、工伤生育保险股、社保关系管理股、社会化管理股、信息统计股、稽核股、基金结算股等9个股级机构，在编人员22人。至2010年，机构设置未变。

二、澄迈县就业局

澄迈县就业局是参照公务员管理的事业单位，其前身为澄迈县劳动服务公司。1997年2月，经澄迈县机构编制委员会批准，将原来澄迈县劳动服务公司改为澄迈县劳动就业服务局，后更名为澄迈县就业局，机构规格为副科级单位，隶属澄迈县人力资源和社会保障局管理。澄迈县就业局内设“五岗一室”，即财务岗、失业保险岗、技术培训岗、社会劳动力管理岗、职业介绍岗办公室。至2010年，机构设置未变。

第二节　城乡养老保障

一、城镇从业人员养老保险

1994年，《海南经济特区城镇从业人员养老保险条例》开始实施，养老保险从企业扩展到机关、事业单位、社会团体和个体经济组织的从业人员。缴费比例变更为从业人员月工资总额的21%（其中用人单位缴纳18%，从业人员缴纳3%）。2000年，省政府颁布《海南省城镇个人参加养老保险办法》，灵活就业人员被纳入养老保险范围，养老保险的覆盖率进一步扩大。2008年，养老保险实现全省统筹。2009年，海南农垦职工社会保险移交各市县属地管理，澄迈县辖区内红光、西达、昆仑、红岗、金安、和岭等6家农场14875名职工和17170名退休人员的社会保险关系移交县社会保险事业局管理。

1999—2010 年澄迈县城镇从业人员基本养老保险基金收支和人员参保情况表

表 14-5-1

年份	基本养老保险基金总收入（万元）	基本养老保险基金总支出（万元）	在职职工（人）	离退休人员（人）
1999 年	0.22	0.24	20424	4617
2000 年	2824	2753	20378	4929
2001 年	3858	3217	20323	5272
2002 年	4633	4422	20732	5394
2003 年	5484	4953	18492	5558
2004 年	5298	5285	17023	6636
2005 年	6016	6290	17714	6786
2006 年	14103	7839	17830	7174
2007 年	9587	10245	20550	7569
2008 年	13505	11023	22513	7810
2009 年	36195	26569	38864	25540
2010 年	41634	39260	44512	27624

二、农民养老保险

1999 年，全县参保农民 1353 人，投保金额累计 145.616 万元（不计利息），其中村干部 805 人，其他农民 548 人。全年发放人数 122 人，发放金额 7.58 万元。

2005 年，全县参保农民 1353 人，投保金额累计 145.616 万元（不计利息），其中村干部 805 人，其他农民 548 人。全年发放人数 258 人，发放金额 13.9 万元。

2008 年，全县参保的农民 1353 人，投保金额累计 145.616 万元（不计利息），其中村干部 805 人（原参保人数 854 人，退保和死亡 49 人），投保金额 124.936 万元，其他农民 548 人，投保金额 20.68 万元。发放人数 333 人，发放累计金额 155.219 万元（其中财政拨发 110.029 万元，投保金发放 45.19 万元，2008 年发放 19.328 万元）。

2010 年，按时足额发放“老农保”养老金。截至 11 月底，累计 1573 人参加“老农保”，投保额为 145.68 万元。应发养老金人数 398 人，发放金额 6.07 万元，累计发放 183.5 万（其中财政拨付 138.3 万元，基金发放 45.2 万元），基金存款 130.5 万元。

第三节　城乡医疗保险

2001年9月，省政府颁布《海南省城镇从业人员基本医疗保险条例实施细则》。澄迈县于2001年7月后在机关事业单位、省属单位开始实行城镇从业人员基本医疗保险。县社会保障局按照“以收定支、收支平衡”的原则，实行“收支两条线”管理，即保费征收由县地税局负责，医疗报销由县社保局负责，建立医疗保险个人账户。在定点医疗机构管理上，将澄迈县人民医院、澄迈县中医院、农垦红岗农场医院、农垦西达农场医院、农垦和岭农场医院、国有红光农场医院、国有昆仑农场医院为定点医疗机构，实行年审和考核评比制度，加强医疗保险管理。2004年1月，省政府颁布实施《海南省城镇个人参加医疗保险办法》，保障灵活就业人员、失业人员、无缴费能力单位职工的享受医疗保障的权益，医疗保险的参保面得到扩大。2010年，根据省人社厅《关于进一步解决关闭破产国有企业退休人员医疗保险问题的通知》文件要求，将澄迈县辖区内的国有企业关闭破产职工纳入医疗保险，解决困难国有企业从未参加基本医疗保险的退休人员医疗补助问题。

1999—2010年澄迈县城镇从业人员医疗保险基金收支和人员参保情况表

表14-5-2

年份	从业人员医疗保险基金总收入（万元）	从业人员医疗保险基金总支出（万元）	在职职工（人）	离退休人员（人）
1999年	—	—	—	—
2000年	—	—	—	—
2001年	570	372	9110	2369
2002年	711	606	11164	2524
2003年	972	985	12695	3099
2004年	1286	1047	26441	18545
2005年	1383	1305	26723	19113
2006年	1695	1386	13548	5040
2007年	2194	1363	16356	5706
2008年	3175	1806	18435	5632
2009年	8640	2192	32248	23416
2010年	11513	6535	34693	24746

2001 年，城镇居民基本医疗保险参保人数 9110 人。2003 年，城镇居民基本医疗保险参保人数 12695 人。2005 年，城镇居民基本医疗保险参保人数 26723 人。2007 年，城镇居民基本医疗保险参保人数 22062 人。

截至 2008 年底，城镇居民基本医疗保险参保人数 60365 人，成年人 39648 人，未成年人 20717 人，筹集资金 720.27 万元，其中各级财政补助 455.07 万元，居民缴费 265.2 万元，支出 406.29 万元，参保率 97%。

截至 2009 年底，全县参加基本医疗保险 55664 人，其中退休人员 23416 人，接收农垦系统转移参保人员 29843 人。医疗保险基金收入 8640 万元，比上年增加 4054 万元，增长 127.73%。

截至 2010 年底，参加城镇从业人员基本医疗保险总人数为 59439 人。其中在职人员 34693，退休人员为 24746 人。参加城镇居民基本医疗保险总人数为 58799 人，其中成年人 40244 人，中小学生儿童 18555 人。城镇从业人员基本医疗保险收入为 11513 万元，支出为 6535 万元。城镇从业人员基本医疗保险基金滚存结余为 14599 万元。城镇居民基本医疗保险收入为 1127 万元，支出为 557 万元。城镇居民基本医疗保险基金滚存结余为 1577 万元。

第四节 职工各类保险

一、工伤保险

1994 年《海南省经济特区城镇从业人员工伤保险条例》出台后，澄迈县根据省社会保障局的《海南经济特区城镇从业人员工伤保险申报审批流程》，将企业、机关事业单位、城镇个体经济组织的从业人员全部纳入保障范围，对工伤人员的救治及就医期间的管理等经办程序做出明确规定，澄迈县工伤保险经办逐步走向规范化。2004 年，国务院颁布实施《工伤保险条例》，对工伤保险的适用范围、工伤保险资金来源、工伤认定的标准、工伤保险待遇项目和标准做出相应调整，待遇水平得到提高。2008 年以来，社保局开展工伤预防宣传活动，增强用人单位和参保人员的工伤预防意识。在工伤保险基金管理上，设立工伤保险基金财政专户，实行收支两条线管理，专款专用。

1999—2010 年澄迈县工伤保险基金收支和人员参保情况表

表 14-5-3

年份	工伤保险基金总收入（万元）	工伤保险基金总支出（万元）	在职职工（人）	离退休人员（人）
1999 年	0.56	0.24	20299	—
2000 年	53	19	18164	—
2001 年	51	25	18355	—
2002 年	75	46	16870	—
2003 年	75	46	15512	—
2004 年	79	85	11865	—
2005 年	93	170	14768	—
2006 年	111	139	14900	—
2007 年	136	85	16113	—
2008 年	167	265	17551	—
2009 年	481	216	32000	—
2010 年	230	171	30268	—

二、生育保险

根据《海南省城镇从业人员生育保险办法》办法，澄迈县 2003 年开始推行生育保险，生育医疗费由原来的医疗保险基金支付，改为生育保险基金支付，报销比例同医疗保险报销比例一致，按 85%的比例予以报销。2010 年，实施《海南省城镇从业人员生育保险条例》，生育保险报销比例由原来 85%提高到 100%，并且把男职工未就业配偶产生的生育医疗费列入生育保险报销范围，由生育保险基金支付。增加生育女职工和计划生育女职工可以享受生育津贴，参保职工受益面和受益水平明显提高，越来越多的参保人感受到生育保险所带来的实惠。在生育保险基金管理上，设立生育保险基金财政专户，实行收支两条线管理，专款专用。

1999—2010 年澄迈县生育保险基金收支和人员参保情况表

表 14-5-4

年份	生育保险基金总收入（万元）	生育保险基金总支出（万元）	在职职工（人）	离退休人员（人）
1999 年	—	—	—	—
2000 年	—	—	—	—
2001 年	—	—	—	—
2002 年	—	—	—	—
2003 年	35	3	5947	—
2004 年	32	9	7981	—
2005 年	59	12	8776	—
2006 年	74	19	9847	—
2007 年	79	15	9923	—
2008 年	119	32	15783	—
2009 年	150	23	28955	—
2010 年	137	48	28786	—

三、失业保险

1999 年，失业保险收入 575936.68 元，支出 1561266.45 元。

2000 年，失业保险收入 42 万元，支出 55 万元，发放失业生活费人数 1565 人（其中下岗人员 1295 人，失业人员 270 人）。

2005 年，失业保险参保人数 6278 人，失业保险收入 3269513.82 元，支出 4025644.48 元，发放失业保险金人月数 15002 人/月。新增办理失业登记领取失业金人员 356 人，全年累计发放失业金 402 万元。

2008 年，失业保险参保人数 15805 人，失业保险收入 7421635.34 元，支出 1329436 元，发放失业保险金人月数 4152 人/月。

2010 年，失业保险参保人数 28681 人，失业保险收入 10405916.05 元，支出 9381467 元，发放失业保险金人月数 17736 人/月。

第五节　企业离退休基本生活保障

一、企业离退休人员基本养老金保障

1999年起，推行企业离退休人员基本养老金由银行、邮局等社会服务机构社会化发放。至2001年，全国基本实现社会化发放，从机制上保障广大离退休人员按时足额领取基本养老金。

2004年，起全国实现企业离退休人员基本养老金全部按时足额发放。随着基本养老金计发办法的改革和养老金调整机制的建立，企业离退休人员基本养老金水平逐步提高，特别是2000—2007年，国家多次提高企业退休基本养老金，人均月养老金水平从615元增加到963元，增长57%。

2010年，人均增加养老金198元，全县企业退休人员基本养老金提高到1090元左右，保障退休人员的基本生活。

二、企业退休人员社会化管理

随着社会保险制度改革的深化，企业退休人员社会化管理服务开始起步。2003年6月，中共中央办公厅、国务院办公厅转发劳动保障部等13个部门共同制定的关于积极推进企业退休人员社会化管理服务工作的意见，推动企业退休人员社会化管理服务工作的进程。至2010年底，全县有6321名企业退休人员纳入社区管理，比2003年增加2845人。企业退休人员纳入社会化管理后，街道（乡镇）社区劳动保障所（站）开展受理参保登记和政策咨询，为退休人员申请医药费报销等业务，在方便参保人员的同时，拓展社会化管理服务的空间。

第十五编　科技 教育

第一章　科　技

第一节　科技队伍与项目

一、队伍建设

1999—2010 年，全县各类专业技术人员 5388 人。按技术职务分，高级技术职务 277 人，中级技术职务 1811 人，初级技术职务 3300 人。按专业类别分，工程技术人员 67 人，农业技术人员 121 人，科学研究人员 7 人，卫生技术人员 703 人，其他各类技术人员 4490 人。按年龄分，35 岁以下 1697 人，36—40 岁 1061 人，41—45 岁 1008 人，46—50 岁 526 人，51—54 岁 671 人，55 岁以上 425 人。

二、工业项目

2002 年，建立海南博士院士产业园（海南省高新技术产业示范区），发展新型材料产业、生物制药产业、电子信息产业、海洋资源产业、高新技术研发。至 2005 年，园区有欣龙控股（集团）股份有限公司、海南睿丰光纤光缆有限公司、海南欣安生物制药工程有限公司等企业建成投产，并建有博士后科研工作站 1 个。

2007 年，海南省政府与中国电子信息产业集团公司在海口举行信息产业与信息化战略合作协议签约仪式。双方共同组织修编“信息智能岛”总体规划，共同规划建设海南软件园。中电集团从资金投入、信息产业转移、技术转让等方面参与和支持海南软件园建设。以建设省级软件园为契机，走软件园区的产业聚集模式，按照“园区＋大项目带动”模式，以面向中电集团等国内外重大信息产业企业招商为主，以引导省内 IT 企业向园区汇聚为辅，通过总体规划，分期建设，滚动发展，打造以软件外包、IT 教育培训、软件研发、呼叫中心和互联网媒体等为重点的软件生态基地。2008 年 11 月 6 日，中国电子信息产业集团有限公司旗下专业科技园区开发管理公司海南生态软件园投资发展有限公司进入产业园，建立海南生态软件园。2009 年 5 月 20 日，海南生态软件园开工建设。打造以互联网、文化创意、健康服务三大产业为主导的产业群，打造颇具特色的生态微城市。海南生态软件园是海南“一岛一区两园”省级发展战略重要组成部分，是海南“十二五”期间把高新技术产业培育成支柱产业的重要平台。

油气化工基地建设。福山油气化工基地开展资料采集攻关，克服火成岩屏蔽等世界难题，创造复杂小盆地石油勘探开发新水平，实现较高的勘探开采效益。1999 年实现工业性突破，2000 年试产原油突破 1 万吨，2006 年生产原油 11 万吨、液化气 5 万吨、天然气 2 亿立方米，实现油气销售 7 亿元。建成海口天然气管道、花场油气处理中心、天然气压缩站、加气站、液化天然气站。“十一五”期间，基地勘探开发投资 20 亿—30 亿元，完成二维地震采集 2000 平方千米，三维地震采集 1000 平方千米，部署探井、开发井 200 口，进尺 50 万米，至“十一五”末，油气产量 50 万—80 万吨。

2008 年，20 万吨精细化工、马村港扩建工程、中油马村油库改造、老城污水处理厂等重点高科技项目正加快推进。

三、农业项目

1999—2010 年，澄迈县农业发展重点项目主要是热带高效农业，如澄迈福橙研究所研究推广的澄迈福橙、海南陆侨农牧开发有限公司研究推广的无核荔枝，还有福山咖啡、桥头地瓜、水稻杂交、超级水稻等种植和推广。以及海南茂源农牧业有限公司优质肉牛纯繁基地项目、海红实业有限公司的白莲鹅项目、新华达万头种猪养殖项目等。此外，还有畜牧品种的改良、种植业、畜牧业、渔业、林业等各种病虫害的预防和防治等。

第二节　科研成果

2000 年，澄迈县荣获海南省科技成果转化奖两项。

2001 年，澄迈县获得省科技厅认定的高新技术企业 4 家，高新技术项目 2 个，高新技术产品 2 个。荣获海南省科技成果转化奖二等奖 1 项，科技进步奖二等奖 1 项、三等奖 1 项。

2002 年，澄迈县获得省科技厅批准的海南省农业科技示范园 2 个，获得海南省 2002 年度科技进步先进县的殊荣。

2003 年，澄迈县获得省科技厅批准的海南省高新技术产业示范区（老城开发区博士院士产业园）1 个，海南省农业科技示范园 1 个，荣获海南省 2003 年度科技进步先进县的殊荣，被首届中国果菜产业论坛组委会授予“中国果菜十强县”荣誉称号。

2004 年，实施科技重点项目 4 项，获得项目经费 600 万元，实施省科技重点项目 3 项，获得项目经费 15 万元。获得科技进步奖三等奖 1 项，科技成果转化奖一等奖 2 项。

2005 年，被科技部授予“2003—2004 年度全国科技进步考核先进县”荣誉称号。

2006年，成功申报国家重点科技计划项目“科技富民强县专项行动计划”冬季瓜菜无公害高产栽培技术示范推广，得到科技部认可，获得73万元资金支持。

2007年，被科技部授予“2005—2006年度全国科技进步考核先进县”荣誉称号，被评为省科技进步先进县。

2008年，在老城开发区建立“海南省高新技术产业示范区”，面积533.33公顷。建成的博士后科研工作站，有6位院士参与研发的三个项目建成投产。获得海南省科技厅认证的高新技术企业有海南陆侨农牧开发有限公司、武钢集团海南有限责任公司、海南翔泰渔业有限公司、海南中海油气有限公司、海南正业中农高科股份有限公司和欣龙控股（集团）股份有限公司6家。

2009年，被省科技厅评为“2007—2008年度科技进步先进县”，全县有22个项目获得省科技进步和科技成果转化奖。获得科技进步一等奖、二等奖、三等奖各1项，获得科技成果转化奖一等奖4项，二等奖2项。其中，海南欣龙无纺股份有限公司建立起国家既非织造材料工程研究开发中心，研发出非织造材料生产技术60多项，申报国家专利35项，获国家技术创新优秀奖2项，省科技进步奖和转化奖11项。“福山咖啡产业开发”“大刺鳅人工繁殖种苗及池塘养殖”和“富民强县项目”等7个国家重点科技项目和10个省重点技术项目在澄迈进行可行性研究及实施并取得较好成效。

2010年，荣获省科技活动月评比一等奖，美亭瓜菜服务站被确定为省级标准服务站，桥头服务站站长杨应宁被省评为优秀特派员。

第三节　科技推广与应用

一、示范基地建设

2001年，抓好3.33公顷“无核荔枝示范基地”和6.67公顷“早熟优质荔枝品种比较试验基地”建设管理工作，为周边地区桥头、福山、大丰的荔枝种植专业户提供技术指导和培训。

2002年，抓好3.33公顷“无核荔枝示范基地”和6.67公顷“早熟优质荔枝品种比较试验基地”建设工作，邀请福建、广东、广西、海南等地14名专家学者到澄迈县示范基地开展荔枝、龙眼发展前景学术研讨。

2003年，澄迈县与中国科学院广州分院、海南省科技厅联合在美亭龙坡洋建立洋绿色食品科学试验示范基地，基地面积80公顷。通过推广测土配方施肥技术、无公害栽培等技术，产品在产量和质量上都有所突破，产量比以往传统方法提高10%以上，瓜菜每公斤收购价提高 0.1—0.2 元。

2004 年，与中科院广州分院、省科技厅三方合作在金江镇龙坡洋创办 80 公顷无公害绿色食品生产试验示范基地，以点带面，推动全县建立无公害果菜生产基地面积 8333.33 公顷，通过国家农业部的验收，被评为“中国果菜无公害科技示范县”。

2005 年，与中科院广州分院、省科技厅合作，在金江镇美亭龙坡洋实施 80 公顷绿色食品生产试验示范项目，抓好 9 户农户实施面积 0.87 公顷规范化、标准化瓜菜生产试验，统一播种、施肥、喷药管理，瓜菜产量和品质大大提高。

2006 年，继续与中科院广州分院、省科技厅合作，在金江镇美亭龙坡洋实施 80 公顷绿色食品生产试验示范项目，组织专家在山内坡村委会举办瓜菜栽培技术和病虫害防治技术培训班 5 期，培训菜农 350 人次，出墙报指导宣传 5 期，发放瓜菜栽培技术手册 1800 多册。

2007 年，承担“冬季瓜菜无公害高产栽培技术示范推广”项目，建设面积 2000 公顷。制定《澄迈县推广测土配方施肥技术工作方案》，在美亭龙坡洋、瑞溪罗浮洋、福山香蕉基地三处宣传发动，推广测土配方施肥技术。

2010 年，承担“冬季瓜菜无公害高产栽培技术示范推广”项目，全县建有龙坡洋、罗浮洋、大东洋、金安洋、太平洋、万昌洋、排坡洋、美良洋、罗驿洋、面前洋等 10 个示范基地，面积 128.67 公顷，示范户 325 个。

二、科技服务

2001 年，做好农业招商引资开发项目的跟踪服务工作，为企业解决土地承包纠纷、种苗供应及栽培技术等问题。

2002 年，实施全国百项农业新技术项目 3 个，推广农业使用新技术 15 项，新优良品种 30 多个，完成冬种瓜菜 1.06 万公顷，总产值 26.8 万吨，产值 4.1 亿元。全县创建科技示范村 120 个，科技小组 380 个，科技示范户 3148 户。

2003 年，县农业科技“110”指挥中心出动车辆 160 多辆次，为农民解决生产技术难题 475 个。推广实用技术 32 项，优良品种 66 个。完成冬种瓜菜 1.04 万公顷，总产 30.6 万吨，产值 5.8 亿元。创建科技示范镇 6 个，示范村 20 个，示范户 696 户。

2004 年，新建福山、大丰 2 个农业科技“110”服务站。县农业科技“110”指挥中心成立农作、畜牧、水产 3 个快速服务小分队，开展农业科技快速服务。县农业科技“110”指挥中心出动车辆 230 辆次，帮助农民解决生产技术难题 425 个。推广农业实用技术 36 项，优良品种 70 多个。全县科技示范村 21 个，示范场 19 个，示范户 1116 户。

2005 年，新建白莲、美亭、金江、瑞溪、永发等 5 个农业科技“110”服务站，镇农业科技“110”服务站有7个，服务范围涵盖面80%，在第十八号台风“达维”后的防灾救灾工作中发挥重要作用。全县创建科技示范村21个，示范户1116户。

2006年，全县农业科技“110”服务站有9个，服务范围涵盖面85%。金江、瑞溪、永发、美亭、福山等5个农业科技“110”服务站被确定为省级标准服务站。全县创建科技示范村22个，示范户1116户，其中金江镇大拉村和老城镇仲音村获得省科技厅授牌。

2007年，规范农业科技“110”体系，建立9个农业科技“110”服务站，4个农业科技“110”服务点，给每个服务站（点）配备电脑、电子显示屏等硬件设施。澄迈县农业科技“110”带领蕉农在3月“蕉癌”风波中打一场保卫战，福山农业科技“110”服务站获得省级龙头服务站和省级优秀服务站殊荣，金江、桥头、永发、美亭、白莲等5个农业科技“110”服务站被评为省级标准服务站。全县创建科技示范村21个，示范户1097户。

2008年，抓好澄迈县农业科技“110”服务网络建设，建立县级农业科技“110”指挥中心1个，镇级农业科技“110” 服务站8个，村级农业科技“110”服务点5个。县农业科技“110”系统举办各种科技培训班99期，培训农民3600人次，接受农民咨询服务 2.5万人次，实地技术咨询指导服务3000多次。澄迈县与省农科院联合在桥头、长安试种示范超级稻早晚造各6.67公顷，早造亩产804.9公斤，晚造亩产600公斤，试验成功带动超级稻的推广种植。

2009年，加大农业科技“110”体系建设。在中兴、仁兴、加乐、文儒、大丰等5个镇新建镇级农业科技“110”服务站5个，使全县农业科技“110”体系镇级覆盖率100%；完善指挥中心办公场地，服务站服务硬件设备和有关制度等；开展培训、指导、技术咨询等各项活动。全年农业科技“110”体系开展测土配方施肥技术等新型技术培训班72期，培训农民近9000人次，接受农民来访来电咨询约8万人次，实地指导1800多次。开展冬季瓜菜无公害高产栽培技术示范推广工作，完成示范推广面积4666.67公顷，覆盖8个乡镇，154个村委会，562个自然村；完成技术培训任务，在镇、村举办技术培训班143期，培训农民1.56万人次；项目区冬季瓜菜总产量21.5万吨，平均亩产量超3吨，产值4.2亿元；产品质量达到国家规定的无公害标准；引进无公害冬季瓜菜标准化高产栽培技术25项，推广12个新品种；参与项目建设的农户13256户，人均农民瓜菜纯收入2180元，增收475元。巩固科技示范村、示范户创建成果，加大相关人员技术培训。组织有关专家对科技示范村、示范户人员开展生产实用技术培训。创建科技示范村25个，示范户1200户。

2010年，农业科技 “110”服务站有福山、金江、桥头等14个，服务点4个，科技示范村22个，科技示范户1116户，服务辖区人口39.5万人，全县91%的地区在服务网络范围内。全县接到群众生产技术求助电话6730多人次，到服务站咨询23000多人次，到田间指导服务4500多人次。引进无公害冬季瓜菜标准化高产栽培技术25项，引进试种瓜菜新品种29个，其中12个新品种符合本地种植，已在全县大面积推广；推广使用EM原露等一批无公害农药。

三、科技培训

1999年，全县举办科技培训班4期，培训300多人次，接受技术咨询800多人，发放科技资料500多册。

2001年，全县举办科技培训班6期，培训400多人次，接受技术咨询1000多人，发放科技资料600多册。

2002年，开展科技下乡送技术UCD光盘479盒，送科技资料6.83万册，举办科技大集市85场，科技培训班261次，培训农民7.83万人次。

2003年，开展科技下乡送科技UCD光盘224盒，科技资料3.7万册，举办科技大集市52场，科技培训班176次，培训农民4.2万人次。

2004年，县农业科技“110”系统举办培训班384期，培训农民58000人次，发放科技书册资料5.2万册。

2005年，县农业科技“110”系统举办各种科技培训班384期，培训农民55000人次，发放科普资料7.3万册，发送科技服务短信息11万条，推广农业实用技术达到40项，优良品种86个，帮助农民解决生产技术难题723个。

2006年，县农业科技“110”系统举办各种科技培训班58期，培训农民5600多人次，实地技术咨询指导服务3600多次。

2007年，县农业科技“110”系统举办各种科技培训班101期，培训农民4300人次，接受农民咨询服务2.3万人次，实地技术咨询指导服务3600多次。

2008年，组织技术骨干150人次，深入各镇、各村庄开展科技服务，为农民进行科技咨询和技术指导。举办各类培训班56期，培训农民6000人次，发放各种科技资料30000册。其中举办橡胶、香蕉等各类技术培训班20期，培训农民1500人次。

2009年，派技术员800人次开展送科技下乡，举办各类培训班250期，培训农民12000人次，科技咨询30场6000人次，发放各种科技资料40000册。其中举办橡胶、香蕉各类技术培训班60期，培训农民2400人次。

2010年，组织举办各类技术培训班，派技术员900多人次，举办各类培训班200期，培训农民10000人次，科技咨询35场7000人次，发放各种科技资料45000册。其中举办橡胶、香蕉、槟榔培训班200期，培训农民10000多人次。

四、农业技术推广

（一）杂交水稻品种推广

1999年，在省农科院的技术支持下，澄迈县重视杂交水稻品种的推广工作，提高粮食产量。全县杂交水稻种植面积2万公顷，占粮食种植面积的75%。

2005年，全县杂交水稻种植面积1.40公顷，占粮食种植面积的81%。

2008年，与省农科院合作，引进袁隆平院士超级水稻种植获得成功。从省种子站引进常规超级水稻种子200公斤，在太平墟太平田洋示范种植面积6.67公顷获得成功。引进“茂椒四号”“茂丰五号”“新丰五号”“海椒四号”“良鼎一号”等优良辣椒品种，经对比试验后，选择适合的品种推荐给农民种植，均获得成功。

2009年，在全县推广种植超级水稻面积66.67公顷。从省种子站引进常规超级水稻种子450公斤，在瑞溪镇罗浮洋田示范种植面积20公顷获得成功。在桥头镇红旗冲引进水稻新品种“冈优177”“特优248”“T优551”进行面积666.67公顷水稻精确定量栽培，经对比试验后，选择适合的品种推进给农民种植，均获得成功。2010年，澄迈县水稻总面积2.33万公顷，其中杂交水稻2万公顷，占水稻总面积的85%。

1999—2010年澄迈县杂交水稻种植面积一览表

表15-1-1

年度	水稻播种面积（万公顷）	杂交水稻面积（万公顷）			占总面积的比例（%）
		早造	晚造	全年	
1999年	2.60	1.20	0.80	2.00	75
2000年	2.53	1.20	0.80	2.00	80
2001年	2.53	1.24	0.83	2.07	82
2002年	2.53	1.26	0.84	2.10	83
2003年	2.20	1.12	0.75	1.87	84
2004年	2.13	1.04	0.69	1.73	82
2005年	1.67	0.84	0.56	1.40	81
2006年	1.93	0.92	0.61	1.53	80
2007年	2.07	1.00	0.67	1.67	80
2008年	2.13	1.06	0.71	1.77	83

续表 15-1-1

年度	水稻播种面积（万公顷）	杂交水稻面积（万公顷）			占总面积的比例（%）
		早造	晚造	全年	
2009 年	2.20	1.04	0.69	1.73	80
2010 年	2.33	1.20	0.80	2.00	85

（二）农业科技培训

1999 年，全年举办病虫害防治及无公害瓜菜栽培技术培训班 10 次，田洋灭鼠培训班 9 期，参加培训人数 4623 人次，接受技术咨询 29632 人次。

2005 年，全年举办病虫害防治及无公害瓜菜栽培技术培训班 12 次，田洋灭鼠培训班 10 期，参加培训人数 5273 人次，接受技术咨询 32164 人次。

2008 年，全年举办病虫害防治及无公害瓜菜高产栽培技术等培训班 15 次，田洋灭鼠培训班 12 期，培训 5562 人次，接受咨询 35428 人次。

2009 年，开展农业培训和农业咨询活动，举办病虫害防治及无公害瓜菜高产栽培技术等培训班 17 次，培训 6123 人次，接受咨询 38712 人次。

2010 年，实施基层农业推广体系改革与进行科技示范县项目，选出 40 名技术人员每人指导示范户 10 户，每户辐射 20 户，进行农业技术指导。全年举办病虫害防治、无公害瓜菜、高级栽培管理技术及农村沼气综合利用培训班 12 期，培训 3600 多人次，接受咨询 2.4 万多人次。

五、畜牧业技术推广

1999—2010 年，开展技术入户、科技培训和新型农民创业培训等活动，畜禽品种改良、秸秆综合利用、生猪“四良”（良舍、良种、良料、良管）配套、生态发酵床养殖等一批实用新技术得到推广应用，猪、牛、羊的出栏率分别为 198%、101.6%、182.3%，良种畜禽覆盖率 70%以上。推广应用畜牧技术有澄迈福牛饲养管理技术、文儒山寮鸡饲养管理技术、白莲鹅饲养管理技术、肉鸭饲养管理技术、禽类常见病的诊断和防治技术、生猪良种人工授精技术、澄迈福牛人工授精技术。

（一）科技培训

1999 年，组织技术人员进村入户，对养殖户进行技术指导，提供养殖水平。全年派出技术人员 130 人次，技术指导养殖户 3769 人次，发放宣传资料 7000 册。

2005 年，组织技术人员深入农村，在技术上指导养殖户科学养殖。全年派出技术人员 145 人次，技术指导养殖户 4214 人次，发放宣传资料 8500 册。

2008 年，组织技术骨干，深入驻点养殖户，开展技术培训和实地指导，解决生产技术问题，提高农民畜禽养殖实用技术水平。全年派出畜牧技术干部达 150 人次，培训养殖户 4819 人次，印发技术资料 10000 多册。

2009 年，派出畜牧技术干部达 150 人次，培训养殖户 4819 人次，印发技术资料 10000 多册，保证畜禽养殖业健康发展。

2010 年，举办重大动物疫病防控、无公害安全生产、畜产品质量安全、畜禽标准化养殖、畜禽改良、人工授精技术、畜牧业法律法规等技术培训 12 期，累计培训人员 2500 人次，技术咨询 3500 人次，发放技术资料 4 万册。

（二）品种改良

2008 年，引进“摩拉”“西门塔尔”“辛地红”“尼里”“南迪文”“海南和牛”等优良种公牛冻精粒，采用人工授精技术，对本地水（黄）牛进行杂交改良，全年改良耕牛 1195 头次，其中水牛 725 头次，黄牛 470 头次，所产下的各种杂交牛 583 头，为农民增加经济收入 130 多万元。

2009 年，县畜牧局改良耕牛 1342 头次，其中水牛 852 头次，黄牛 490 头次，所产下的各种杂交牛 583 头，为农民增加经济收入 160 多万元。

2010 年，重点抓好和牛人工授精体系建设，建成 11 个镇级和牛人工授精站、17 个和牛人工授精点，购置液氮瓶 34 个，购买液氮 5000 立方米，配备 11 名基层配种员，年和牛配种能力达到 2000 头，全年和牛人工授精 1856 头次。

六、渔业技术推广

1999 年，组织举办 40 期技术培训，受训人数 5750 人次，办理渔民和农民技术职称 100 人。引进鲍鱼沉箱养殖，广东中泰有限公司在桥头镇儒里村沿海进行沉箱鲍鱼养殖，激发周边渔民和本地企业养殖积极性，县政府出台优惠政策，养殖一个沉箱鲍鱼，县政府扶持 50 元，沉箱模具由县政府统一制作，水产部门负责培训技术人才，养殖规划和跟踪服务，兴起投资养殖鲍鱼热潮，全县有鲍鱼沉箱养殖 4100 口。安徽省水产部门在长安镇长安鱼苗场，引进中华绒毛蟹试养成功，带动全县中华绒毛蟹养殖。

2005 年，组织举办 36 期技术培训班，培训内容有鱼、虾、蟹、贝及藻类等养殖技术和病害防治知识，受训人数 3700 人次。宣传、鼓励养殖户发展高密度罗非鱼养殖，养殖面积 96.67 公顷，取得较高的经济效益。

2008 年，组织 28 期技术培训班，培训内容有鱼、虾、蟹、贝及藻类等养殖技术和病害防治知识，受训人数 3100 人次。推广罗非鱼养殖技术，鼓励养殖户发展罗非鱼养殖。

2009 年，组织 10 期技术培训班，培训内容有鱼、虾、蟹、贝及藻类等养殖技术和病害防治知识，受训人数 1200 人次。

2010 年，组织 8 期技术培训班，培训内容有鱼、虾、蟹、贝及藻类等养殖技术和病害防治知识，受训人数 2111 人次。

七、农综技术推广

2008 年，在永发、瑞溪、金江、文儒等 4 个乡镇推广超级水稻 49.53 公顷，亩产 550 公斤以上，收获粮食 408000 公斤，增产粮食 140000 公斤。在文儒、福山、中兴、金江、桥头、仁兴等乡镇举办瓜菜、超级水稻、福橙、橡胶种植及割胶技术，禽畜饲养等农民技术培训班 22 场次，培训农民 4746 人次。全年投资 68 万元，种植示范性超级杂交水稻 48 公顷，发放优质瓜菜种子 1360.5 公斤，惠及 800 户农民。

2008 年，补贴农民购置农业机械 44 台（套）。2009 年，推广农业机械 50 台（套），完成 20 多户农民购机补贴。2010 年，投资 30 万元，用于补贴农民购买农机具 20 台（套），其中补贴购买东方红大中型拖拉机 3 台 15 万元；补贴购买金鹿牌拖拉机 7 台 10 万元；补贴购买“工农-12K”手扶拖拉机 10 台 5 万元。

2009 年，在瑞溪、文儒等 2 个镇项目区推广水稻种植 48 公顷，补贴特优 128 种子 1753.5 公斤，种植面积 68 公顷，亩产 600 公斤以上，收获粮食 432000 公斤，增产粮食 144000 公斤，农民收入 32 万元。在文儒、中兴、金江等乡镇举办各类农民技术培训班 15 场次，培训农民 1100 人次。在瑞溪、福山、金江等乡镇发放优质瓜菜种子 4025 公斤，合计 437267 元，推广瓜菜 449.70 公顷。

2010 年，在金江、永发等 2 个镇项目区推广超级水稻种植 60 公顷，亩产 650 公斤以上，收获粮食 585000 公斤，农民收入 105 万元。推广农作物栽培技术、病虫害防治、施肥、除草等先进适用技术，在仁兴、中兴、永发、金江等镇举办瓜菜栽培与病虫害防治、橡胶栽培与割胶技术、超级稻栽培管理、抛秧技术和病虫害防治等培训班 6 期，培训农民 870 多人次，发放各类实用技术资料 8000 多册，在文儒、金江等镇设示范点，推广超级水稻种植 66.67 公顷。

1999—2010 年，推广栽培技术有抛秧技术、秧盘栽培技术、精确定量栽培术。

第四节　气象测报

一、管理机构

1999 年，澄迈县气象局内设地面观测股、预排股、防雷技术所。实行海南省气象局与澄迈县人民政府双重领导，以海南省气象局领导为主的体制。2003 年机构改革，实行定编。

2002年12月，成立防雷工程部。2008年，内设办公室、业务股、财务室、防雷技术所、防雷工程部。至2010年机构人员不变。

二、基础建设

（一）气象信息网络和信息分析处理系统

1999年，建设MICAPS气象信息综合分析处理系统，是与卫星通信、数据库配套的支持天气预报制作的人机交互系统。其主要功能是通过检索各种气象数据，显示气象数据的图形和图像，对各种气象图形进行编辑加工，为气象预报人员提供一个中期、短期、短时天气预报的工作平台。2010年，更新MICAPS系统。历经10年的更新和应用，该系统成为气象部门应用最广的预报业务平台系统，在预报预测业务和科研工作中发挥技术支撑作用。

（二）天气预测和预警服务系统

1999年，建设天气预测和预警服务系统，应用大气变化的规律，根据当前及近期的天气形势，对某一地未来一定时期内的天气状况进行预测。它是根据对卫星云图和天气图的分析，结合有关气象资料、地形和季节特点、群众经验等综合研究后作出的。预警系统是指在灾害或灾难以及其他需要提防的危险发生之前，根据以往的总结的规律或观测得到的可能性前兆，向相关部门发出紧急信号，报告危险情况，以避免危害在不知情或准备不足的情况下发生，从而最大程度的减低危害所造成的损失的行为。2010年，对该系统进行改造升级。

三、主要工作

（一）地面测报业务

1999年，县气象局测报总错情率为0.15‰，测报质量与上年同期相比有所下降。气象技术装备保障较好，常规观测资料、自动站数据资料及加密自动气象站资料传输及时率和到报率95%以上，无缺报现象发生。

2008年是省气象部门实施观测业务零错情工作目标的第一年，测报质量有所下降，未出现重大错情。气象技术装备保障较好，常规观测资料、自动站数据资料及加密自动气象站资料传输及时率和到报率98%以上，无缺报现象发生。周边未出现新破坏观测环境行为。

2010年，县气象局测报业务基本平稳运行，未出现重大错情，测报总错情率为0.12‰，测报质量与上年同期相比有所下降。气象月、年报表上报和上传齐全按时，无缺、漏报现象和出现错情。气象技术装备保障较好，常规观测资料、自动站数据资料及加密自动气象站资料传输及时率和到报率98%以上，无缺报现象发生。

（二）气象服务

1999年，发布突发气象灾害预警信号50次，发布重要气象信息快报30期，专题天气预报9期，汛期会议专题报告2期。冬、春汛期气候预测3期，重要天气报告20期等。

2008年，辖区内发生的重要灾害性天气达到发布标准的及时发布预警信号，及时上传给上级业务主管部门，无迟、漏发现象。全年制作《重要气象信息快报》24期，制作《重要气象信息专报》3期，制作《专题天气预报》18期，发送气象决策服务传真727份次，完成《旱情报告》书面报告、《关于“低温冷害”对我县农业生产造成严重影响的调查报告》书面报告各1份，呈送县政府。发布重要天气“消息”“警报”“紧急警报”36期，发布“灾害天气预警信号”50次，发送气象服务手机短信59384条。开展人工增雨作业2次，缓解旱情，取得较为明显效果。

2010年，发布突发气象灾害预警信号73次，发布重要气象信息快报49期，专题天气预报11期，气象服务手机短信128327条，汛期会议专题报告2期，汛期气候预测2期，重要天气报告27期等。

（三）政务信息

1999年，共省局监审处报送政务公开信息25项，完成监审处每季度不少于5项的考核规定。向省局办公室报送工作信息36篇。

2005年，向省局监审处报送政务公开信息30项，完成监审处每季度不少于5项的考核规定。向省局办公室报送工作信息40篇。

2010年，向省局监审处报送政务公开信息29项，完成监审处每季度不少于5项的考核规定。向省局办公室报送工作信息39篇。

（四）气象宣传

1999年，在“3·23”世界气象日，深入乡镇、企业、学校举办防雷知识专场讲座10场，宣传《气象探测环境和设施保护办法》《气象灾害防御条例》《中华人民共和国气象法》等气象法律法规及防台风、防雷电等气象科普知识。

2005年，组织图片巡展到乡镇、企业、学校举办防雷知识专场展示5场，结合气象防灾减灾内容宣传气象工作在防灾减灾工作中发挥的重要作用。

2010年，利用各种活动月宣传有关气象法律法规及各种防雷减灾知识，提高社会影响力。在“3·23”世界气象日、“5·12”全国防灾减灾日及5月的第六届科技活动月过程中，组织开展以设立开放日、科普知识咨询活动日为主要形式的宣传活动10场。

（五）气象执法

2010年，执法内容主要包括建（构）筑物是否安装防雷装置、安装的防雷装置是否符合国家防雷规范要求并定期维护和检测；新（改、扩）建项目防雷工程施工设计蓝图是否经气象主管机构审核、防雷工程竣工后是否经气象主管机构验收、安装的防雷产品是否符合国家防雷规范要求并经省气象主管机构备案。除了根据防雷管理有关规定对辖区内的建筑物防雷装置实行定期检测外，主要督促新建、扩建、改建的建筑项目实行防雷装置设计审核、竣工验收制度与“三同时”（同时设计、同时施工、同时投入使用）制度，对违反规范的行为责令整改。

第五节　地震测报

一、机构人员

1991 年 12 月，澄迈县地震办公室从县科委下属副科级事业分离出，改名澄迈县地震局，其工作机构为正科级事业单位。1995 年 11 月，因机构改革，澄迈县地震局改名澄迈县地震办公室，由正科级单位调整为副科级单位，归口县科教局管理人。2006 年 2 月，根据上级部门要求，澄迈县地震办公室更名为澄迈县地震局，内设办公室、业务股，为县科技信息产业局下属副科级事业单位。2009 年，澄迈县地震局改为参照公务员法管理事业单位。至 2010 年，其机构人员未变。

二、主要工作

（一）地震监测

1999 年，加强震情值班,确保台网正常运转。全年落实宏观异常 3 起。

2000 年，建设澄迈县群测群防“三合一”联络网，要求各镇助理员、联络员时刻注意宏观异常情况，及时上报。

2001 年，按照省地震局的要求，澄迈县安装地震信息反馈系统接收装备，完成地震信息反馈系统建设，确保震时海南省能快速、科学、有效地开展地震应急工作。

2002 年，澄迈县设立仁兴九乐山温泉水点宏观观测点，观测员每周定期对水温进行（测）报，并把水温数据及时上报省地震局监测预报中心。

2003 年，加强震情值班,确保台网正常运转。2003 年 5 月 12 日 9 时，澄迈县地震办接到省地震局预报中心通报:5 月 11 日 7 时 2 分 7 秒在澄迈县福山迈岭附近发生 2.1 级地震。澄迈县地震办立即到震区开展调查，经过调查是文学村附近的某石场于 11 日早上进行大药量爆破作业，爆破震感较强。

2004 年，建立澄迈加乐数字地震遥测台,为省地震局监测台网中心提供监测数据。

2005 年，加强震情值班,确保台网正常运转。全年落实宏观异常 4 起。

2006 年，加强加乐数字遥测地震台管理和维护，指定专人看管台站，保护好台站周边的监测环境不受到破坏。

2007 年，建设安装完成“十五”重点建设项目地震信息节点项目，并投入运行，该系统能较大提高澄迈县地震观测信息处理能力。

2008 年，加强震情值班，确保台网正常运转。全年落实宏观异常 7 起。出台《澄迈县落实地震、火山和海啸等宏观异常现象管理规定》。

2009 年，加强加乐数字遥测地震台管理和维护，指定专人看管台站，保护好台站周边的监测环境不受到破坏。

2010 年，加强对信息节点和地震台网的管理和维护,定时对设备进行检修和维护,加强对台网周围环境的管理、确保台网正常运行。

（二）防震减灾

1999 年，利用“7・28”防震减灾宣传周,在全县开展地震科普宣传活动，通过宣传专栏、电视标语、挂图等多种手段，进乡村、进社区、进学校，宣传防震减灾政策法规和地震科普知识。加强震情值班，确保台网正常运转。联合相关部门到各个学校开展地震应急救援疏散演练。

2000 年，根据省地震局的指示，澄迈县地震办联合县电视台安排播出《面对地震》《迎接挑战——99 震灾警示录》防震减灾宣传片。建设澄迈县群测群防“三合一”联络网，要求各镇助理员、联络员时刻注意宏观异常情况，及时上报。

2001 年，协助省地震局做好琼北火山地震监测工作，做好观测台的选址和观测仪器及观测环境的保护工作，保障琼北火山监测预报工作顺利实施。按照省地震局的要求，安装地震信息反馈系统接收装备，完成地震信息反馈系统建设，确保震时全省能快速、科学、有效地开展地震应急工作。做好地震应急基础数据收集工作，修订印发《澄迈县地震应急预案》。

2002 年，设立仁兴九乐山温泉水点宏观观测点，观测员每周定期对水温进行（测）报，并把水温数据及时上报省地震局监测预报中心。制定澄迈县工程场地地震安全性管理办法，严格落实抗震设防管理要求。

2003 年，宣传防震减灾政策法规和地震科普知识，提高广大群众防震减灾意识。3 月，组织澄迈中学 110 名学生到海口市火山口公园参观学习。

2004 年，建立澄迈加乐数字地震遥测台，为省地震局监测台网中心提供监测数据。

2005 年，组织防震减灾助理员、群测群防联络员参加培训，利用“7・28”防震减灾宣传周等重大节假日开展宣传。举办全县各镇（农场）分管领导、防震减灾助理员、群测群防联络员 300 人次。加强对信息节点和地震台网的管理和维护，定时对设备进行检修和维护，同时加强对台网周围环境的管理、确保台网正常运行。全年共落实宏观异常 4 起。

2006年，县以防灾减灾宣传周、科技活动月和“7·28”唐山地震纪念日为契机，开展防震减灾宣传活动。主要通过县电视台、《要务公开报》和县政府网等媒体和上街头现场进行宣传。加强加乐数字遥测地震台管理和维护，指定专人看管台站，保护好台站周边的监测环境不受到破坏。加大对学校地震应急演练的指导，联合县教育局陆续组织县第一小学、山口中学、长安中心学校、石浮学校等学校开展地震应急演练，向学校赠送2000本地震常识图书和200张防震减灾宣传光盘。

2007年 ，建设安装完成“十五”重点建设项目地震信息节点项目，并投入运行。在金江镇大拉村、京岭村推进地震安全（试点）农居工程建设。加强“四网两员”建设，建立健全对防震减灾和宏观观测点工作体系。开展金江地区地震小区划项目建设，为县城区抗震设防提供依据。落实地震应急救援模拟演练工作，开展地震应急救援模拟演练，检验防震减灾工作机制，提高群众对地震应急的认识，掌握防震减灾自救互救常识。

2008年，编制《海南省澄迈县金江镇地震小区划报告》，获中国地震局批准。结果符合金江镇一般建设工程的抗震设防要求，可作为城市发展和土地利用规划的依据。举办有150人次参加的农村建筑工匠培训班，重点培训民居抗震工程的建筑施工技术。截至2008年底，包括试点金江镇大拉村15户，全县有70户示范农居按抗震设防标准建成。澄迈县地震局与团县委组织金江镇7个社区建立起社区地震救援志愿者队伍，志愿者队伍54人。县政府根据《海南省人民政府办公厅关于加强全省防震减灾工作的意见》精神，按照“一队多用、一专多能”的原则，由地震、消防、通信、医疗等有关部门组成一支地震、火山、海啸灾害紧急救援队，救援队有39名队员。

2009年，开展农村居民地震安全工程典型示范户建设。至2010年底止，完成农村居民地震安全工程典型示范户322户。抗震农居典型示范户的建设在农村群众建造房屋中起到示范带动作用，全县农村居民建房抗震设防意识逐步增强。按照国家Ⅱ类地震应急避难场所标准率先在全省建设金江绿地广场地震应急避难所，总面积7.06万平方米，可供万人应急避难。

2010年，县地震局加大对学校地震应急演练的指导，联合县教育局组织县第一小学、山口中学、长安中心学校、石浮学校等学校开展地震应急演练，县地震局向学校赠送5000本地震常识图书和1000张防震减灾宣传光盘。在金江镇金大拉酒店举办农村建筑工匠抗震设防培训班，镇防震减灾助理员和村镇建筑工匠（主要是在澄迈县农村地区施工的包工头）100余人参加培训。省地震局专家从实践应用角度出发，为参加培训的农村工匠讲解农村民居地震安全工程管理、场地选址要求、农村民居抗震技术基础知识，介绍房屋结构抗震理论和方法、房屋抗震加固、抗震结构、施工技术等，现场解答工匠们提出的一些疑难问题。在县委礼堂举办全县防震减灾助理员联络员培训班，来自镇村一线的防震减灾助理员、群测群防联络员近200人参加培训，授课老师结合“5·12”汶川特大地震经验教训，重点讲解地震群测群防工作、地震安全民居选址与地质灾害、农居工程抗震技术等多方面地震及建筑知识，通过培训，加强防震减灾群测群防和农村民居地震安全工程工作，推进防震减灾“四网两员”网络建设。

（三）宣传教育

1999年，利用“7·28”防震减灾宣传周,在全县开展地震科普宣传活动。通过宣传专栏、电视标语、挂图等，进乡村、进社区、进学校，宣传防震减灾政策法规和地震科普知识。

2000年，根据省地震局指示，联合县电视台安排播出《面对地震》《迎接挑战——99震灾警示录》防震减灾宣传片。

2001年，开展六进活动，宣传防震减灾政策法规和地震科普知识。

2002年，通过上街头以图片展示、发放宣传画册等开展宣传教育，设立咨询点，给市民详细解答防震减灾知识，要求各校开展地震应急演练和向学生进行防震减灾知识宣传教育。

2003年，利用多种手段宣传防震减灾政策法规和地震科普知识，提高广大群众防震减灾意识。

2004年，在“7·28”宣传周期间，要求各镇、学校开展防灾减灾宣传和地震应急疏散演练。

2005年，组织防震减灾助理员、群测群防联络员参加培训，利用“7.28”防震减灾宣传周开展宣传教育。

2006年，以科技活动月和“7·28”唐山地震纪念日为契机，开展防震减灾宣传活动。通过县电视台、《要务公开报》和县政府网等媒体和上街头现场进行宣传。

2007年，开展防震减灾知识进校园活动，在全县学校开展地震应急演练及科普知识宣传教育。

2008年，举办全县各镇（农场）分管领导、防震减灾助理员、群测群防联络员300人次参加的培训班，学习群测群防和农居抗震工程知识。利用防震减灾日、科技活动月和“7·28”防震减灾宣传周，开展地震科普宣传活动，通过宣传专栏、电视、标语、挂图等进乡村、进社区、进学校，宣传防震减灾政策法规和地震科普知识，发放宣传材料10000余份，接受民众的各种咨询，使地震基本知识、地震自救互救、抗震设防、防震减灾法律法规和民居抗震工程等知识被更多的民众掌握。在澄迈三中为师生举办防震减灾地震科普知识讲座。

2009年，宣传教育活动通过图片展示、发放宣传画册等多种形式开展，并设立咨询点，就防灾减灾知识给市民作详细解答。

2010 年，以“5·12”全国防灾减灾日，结合第六届科技活动月开展防震减灾宣传活动，在县电视台播放《中华人民共和国防震减灾法》《直面地震》《蟾童》《地震揭秘》《地震与防护》等宣传片。在《澄迈要务报》上刊登《海南省防震减灾条例》。在县政府网开设防震减灾科普宣传专栏。组织举办防震减灾图片展览。在县城中心地段组织举办防震减灾图片展览，利用电视播放科普宣传片，设立咨询点、发放宣传资料等多种方式，开展防震减灾宣传活动，普及群众防震减灾常识，发放宣传材料 5000 余份。在全县每一个村（居）委会举办 1 期防震减灾知识宣传专栏，各镇开展农村民居地震安全工程建设知识进乡村、进农家活动。召开各镇防震减灾助理员会议，部署全县的防震减灾科普宣传教育工作，发放省地震局印发的宣传挂图、《中华人民共和国防震减灾法》、《防震减灾报》，以及县地震局编印的《防震减灾科普知识》《如何避震》《澄迈县农村民居地震安全工程建房技术要点》画册和防震减灾宣传小报。各镇防震减灾助理员将宣传资料分发到澄迈县的每一个村（居）委会和学校，防震减灾助理员和联络员将宣传挂图张贴到村委会和学校宣传栏，发放各种防震减灾宣传材料。县地震局对各镇村委会的防震减灾宣传工作进行抽查。

第二章　教　育

第一节　教育体制改革

一、机构改革

澄迈县教育局是县政府主管教育工作的职能部门，负责宏观管理和指导全县学前教育、基础教育、职业技术教育、成人教育、高中阶段教育；统筹规划全县中小学师资队伍建设，统筹上级下达的教育经费；组织和指导全县中小学校容校貌建设，编制全县教育发展规划及年度计划，负责全县教育改革发展与教育信息化建设等方面工作。

1999 年，澄迈县教育局（简称“县教育局”）内设办公室、人事股、基教股、职成教股、计财股、审计股、体卫艺股、督导室、纪检组，设直属单位 5 个：教研室、招生办、工会、勤工办、电教站。2001 年，县政府机构改革，澄迈县教育与科学技术局更名为澄迈县教育局，机关各股室设置不变。2003 年，增设高招办、综治办、关工委。2004 年，取消澄迈县进修学校继续教育职能，在澄迈中学成立教师培训部负责全县中小学教师继续教育职能，由澄迈中学 1 名副校长分管澄迈县中学培训部工作。2009 年，县政府机构改革，澄迈县教育局与澄迈县科技局合并，原澄迈县教育局更名为澄迈县教育和科学技术局，局机关内设 21 个岗室：办公室、人事岗、计财岗、基础教育岗、中招办、职业与成人教育岗、高招办、审计岗、教育督导岗、体卫艺岗、教育工会、综治办、电教站、教研室、青少年活动中心、学生资助管理中心、纪委、勤工办、关工委、科技管理站、知识产权岗。

2010 年，澄迈县教育和科学技术局教研室与澄迈中学教师培训部合并，成立澄迈县教师研训中心，负责统筹全县教育教学研究和师资培训等方面工作。

二、办学体制改革

1999 年，澄迈县按办学体制分为公办、私立两类学校，实施“分级办学、分级管理”体制。县属学校内部实行校长负责制，校长任职实行委任制与聘任制相结合。其中县重点中学（澄迈中学）正副职，县级中学、镇完全中学正职由县委常委会任命，其他公立学校领导成员则由县教育主管部门任命。

2004 年，澄迈县实施重大办学管理体制改革，落实“以县为主”农村义务教育管理体制改革，撤销自 1987 年以来实施的“分级办学，分级管理”的乡镇教委会，成立乡镇中心学校，调整管理职能，由乡镇中心学校垂直管理各完全小学，各完全小学负责管理各教学点，至 2010 年未变。

三、学校管理改革

1999 年，加强财务公开、校务公开制度，将全县中小学校全纳入校务公开制度；落实各校的学农基地，开展学农实践，提高学生的创造能力和生产技能，培养学生热爱劳动的品质，在桥头镇、瑞溪镇办起特教班，使残疾少年入学达 213 人，入学率 88%，其中有 19 人到省聋哑学校学习，就读人数排在全省第 3 位。

2000 年，优化学校管理，向管理要质量。规范学校收费，制止乱收费，推行校务公开，规范学校财务管理，完善制度，提高资金使用效益。优化教学常规管理，提高管理的有效性。

2001 年，做好扶持薄弱学校办学改革。组织县城 12 所学校对口支援农村薄弱学校，组织 60 名教师支教，促进农村薄弱学校的发展，缩小城乡间教学差距。

2002 年，局领导班子成员及各股室干部分片包干、分组包点调研，深入各乡镇中学、中心小学和县直校，督促加强学校管理。

2003 年，贯彻全省教育会议精神，促进各类教育协调发展，缩小全县基础教育城乡和南北地区的差距，促进均衡发展，农村薄弱学校得到改造。县三中、太平学校、马村学校等在校生逐年增多，学校环境得到改善，办学质量稳步提高。发展职成教教育，与海南师院联合办学，办中文函授班 3 个，学员 300 人；将澄迈中学、县职校和县进修学校合并，加大投入，与省外贸学校、省粮食学校联合办学，在原来“中职学历教育”招生基础上增加“综合学历教育”和“短训教育”两种招生形式。协助乡镇、村委会举办实用技术培训班，为发展经济培养技术人才。规范幼儿园管理，提高幼儿教育质量，组织26名幼儿园骨干参加省级《幼儿园教育指导纲要(试行)》培训班，组织4名园长参加省教育厅举办的《幼儿园教育指导纲要（试行)》研讨班。加强对幼儿园的建设和管理，对各幼儿园进行年审，把年审结果公示，接受社会监督。加强特殊教育工作力度，加快特教班的配套建设，制定《澄迈县建立残疾儿童少年随班就读工作与保障体系实验方案》，发动并免费让残疾儿童入学，入学率92%，开展向残疾儿童“献爱心”活动，接受捐款1.2万元，用于发展特殊教育。

2004年，开展“教师论坛”“同课擂台”活动，永发中心小学开展“教师沙龙”等活动。

2005年，组织“送训下乡”活动，把教研送到边远学校，提高教师队伍素质和教育教学质量。完善校本研训制度，出台《关于加强中小学教研工作的意见》《关于加强中小学教学工作的意见》《关于开展区域教研协作活动的意见》。

2006年，开展校本研训活动，山口中心学校开展“主题式研训”，永发中心学校开展“教师沙龙”，澄迈中学开展“同课擂台”活动等。

2007年，举办第二届“校长论坛”活动，推行“读书工程”活动，举行县级校长或骨干教师读书心得交流4次。抓好跟进培训、送教下乡活动，组织11名骨干教师组成指导小组，到各中心学校做师德建设、教学研究、教学设计和案例写作等专题讲座，提升教师课改理念、理论水平和专业水平。每月通报一次校长参加教学教研活动情况，作为校长任期工作考核的一项内容，促进学校的教学教研工作。加强学生学业考评研究，实行教学质量监控，对小学三年级和五年级学科进行调研测试，中学抽取一个年级一个学科进行测试，对测试效果落后的学校，组织教研员分析原因，跟踪指导，组织校本教研活动，帮助薄弱学校迎头赶上。

2008年，抓教学理念的细化，细化“课前，从学生中来”“课中，关注课堂生成”“课后，到学生中去”的“三部曲”，使教师的教学理念转化为教学行为，促进课堂教学效益提高。开展优质课评比和课例展示，组织教师交流研讨活动，有1400多名教师参加观摩研讨活动，达到资源共享，共同提高的目的。开展以“查找问题一明确问题一理论学习一课例研讨一总结提高”为主线的区域联片教研活动10次，提高各学校校本研训水平，促进教师成长，提高教师的教研和教学能力。

2009年，对学生成长过程跟踪，对小学一年级语文、三年级语文和四年级数学以及初一英语进行抽查测试。测试结束后，分析优缺点，做好改进工作，组织教研员和骨干教师深入到测试成绩靠后学校，跟踪教师所在班级的工作态度和教学情况，了解学校的管理，督促学校和教师限期整改。

2010年，建立健全体制机制，加快学前教育发展，推进义务教育均衡发展；推进素质教育，减轻中小学生课业负担；改革职业教育办学模式；改善民办教育发展环境，深化办学体制改革；健全教师管理制度，加强教师队伍建设；完善教育投入机制，提高教育保障水平。

第二节 基础教育

一、基础教育概述

1999年，以巩固“两基”成果，提高“普儿”质量为目标，推进中小学布局结构调整，改善办学条件，降低农村初中辍学率，提高办学水平和教育质量。小学在校生50749人，适龄儿童入学率99.51%；初中在校生21060人，初中毛入学率94.86%；高中生在校生1944人，比上年增加270人，高中阶段升学率60.5%，扫盲和农村成人教育成效明显，非文盲率99.80%。

2002年，抓好“普九”巩固提高，全县各中小学采取减免或缓交等办法，防止学生辍学，春季小学在校生59092人，返校率99.99%；中学在校生17682人，比上年同期增长0.97%；高中在校生2525人，比上年同期增长0.88%。

2005年，落实“以县为主”农村义务教育管理体制改革，解决农村义务教育工作中的问题；突出“普九”难点，狠抓控辍保学工作；建立健全“两基”巩固提高工作机制，巩固和提高扫盲成果；落实“两免一补”助学政策，扶持农村家庭经济困难学生接受义务教育。学前一年受教育率76.1%；小学在校生49457人，适龄儿童入学率99.90%；初中在校生23335人，初中毛入学率96.87%；高中阶段升学率64.5%；扫盲和农村成人教育成效明显，非文盲率99.83%。

2008年，加大教育投入，提高中小学校的办学水平。2018年秋季，全县小学在校生46212人；初中阶段在校生20683人；高中阶段在校生4814人，比上年同期增长6%。

2010年，落实“以县为主”农村义务教育管理体制。教育经费实现“三个增长”，率先在全省实行“三免四补”［免除义务教育阶段、高中和中职学校学杂费、课本费、学生住宿费，为义务教育阶段、高中和中职学校贫困寄宿学生提供生活补助、助学金（仅中职学校）、作业本费，以及为孤、残学生额外补助生活费］助学政策；义务教育巩固率得到提高。小学在校生45987人，适龄儿童入学率99.91%；初中在校生21103人，初中毛入学率 97.5%；学前和高中阶段教育得到发展，学前一年受教育率 88.5%，高中阶段升学率 80.4%；教育信息化步伐加快；推进基础教育课程改革，教育质量得到提高。

二、幼儿教育

（一）幼儿园设置

1999 年，全县有幼儿园 5 所。2002 年，全县有幼儿园 50 所。2005 年，全县有幼儿园 72 所。2007 年秋季，全县有幼儿园 77 所。2008 年，全县有幼儿园 90 所。2008 年秋季，全县幼儿园入学率为 46%，学前一年受教育率 82.9%，残疾儿童少年入学率 89.8%。2009 年，全县幼儿园 105 所，其中公立 1 所，民办 104 所，入园率 45%，学前一年受教育率 82.9%。特殊教育 2 个教育班，残疾儿童少年随班就读。2010 年，全县幼儿园 114 所，其中公立 1 所，其他部门办 2 所，民办 111 所。在园幼儿数 15595 人，入园率 74.5%，学前一年受教育率 88.5%。

2010 年澄迈县幼儿教育基本情况表

表 15-2-1

类别	园数（所）	班数（个）		入园人数（人）		教职工（人）		
		总数	其中学前班	总数	其中学前班	总数	其中教师	其中其他
公办	1	10	0	416	0	39	24	15
民办	113	443	85	15179	4400	1037	640	397
总计	114	453	85	15595	4400	1076	664	412

（二）幼儿园选介

澄迈县机关幼儿园

澄迈县机关幼儿园是县妇联于 1984 年为响应全国妇联关于加强托幼事业，解决县城幼儿入园难问题而创办的公立幼儿园，以“一切为了孩子，服务社会，服务未来”为办园宗旨。地处金江镇文化北路的繁华地段，全园占地面积 4813 平方米；幼儿园财政编制 40 名，每个班级配有两教一保，1996 年经省教育厅评审确定为省二级幼儿园。

1999 年，建造临街六层综合楼 1 幢，解决部分教职工住房问题。2000 年 8 月，1 名保安人员调入，1 位老师荣获“县优秀儿童工作者”称号。2001 年 3 月，荣获“海南巾帼文明示范岗”称号，12 月开始筹建东边综合楼。2002 年，2 名教职工退休，2 名教职工调入。

2003年5月，东边综合楼建成投入使用，一至六楼为教职工宿舍，一楼东边为食堂，有完整厨房设备和规范卫生管理，西边为音体室。2004年，幼儿园财政供养人员38人，幼儿园荣获全县中小学及幼儿园文艺会演舞蹈一等奖，荣获省级调教课评比三等奖。2005年，1名教职工调入，幼儿园荣获2004—2005年度县级“巾帼建功活动先进单位”称号，为丰富幼儿的区域活动，添置大量的幼儿玩具柜、幼儿图书、幼儿玩具等可操作的材料。2006年6月，幼儿园荣获海南省第三届幼师基本功比赛集体舞二等奖；12月，荣获海南省第五届幼儿园优质课评比三等奖；2名教职工调入，1名教师荣获澄迈县“优秀共产党员”称号。2007年，全园教职工39名，23名专业技术人员，其中12人是幼教中级职称，11人是幼教初级职称。设9个班级，357名幼儿。2008年，荣获海南省第六届幼儿园优质课评比一等奖、说课三等奖。改装厨房炉灶并添置一批厨房设施，改善教室及前后走廊的环境，排除安全隐患，保持教室和寝室的通风透气，光线明亮。2009年，2名骨干老师荣获澄迈县“优秀共产党员”称号和澄迈县“优秀教师”称号；投入资金，更新教学设备，改善幼儿的生活条件，每班配备1部教学用的电视机、收录音机、VCD电钢琴、手风琴、磁性黑板，为幼儿创造良好的学习生活环境。2010年，4名教师竞岗录入，1名保安调入，财政供养人员35人，取得专业技术职称人员20人，其中幼教高级职称16人，一级教师职称1人，二级教师职称2人，医师1人。暑假期间，把四楼西边第1间教室改装，扩招1个班，设10个教学班，幼儿人数354人。在教育教学方面，开设“十一五”规划的“分享阅读”实验课题。

三、小学教育

（一）发展概况

1999年，全县有小学253所。2002年，全县有小学331所。2005年，全县有小学277所。2007年，全县有小学262所。

2008年，全县有小学256所，秋季开学小学适龄儿童入学率为99.9%。

2009年，农垦中小学校移交地方管理，移交完小32所，教学点28所，共66所学校，小学生9238人。2009年，全县完全小学306所，教学点92所，小学在校生48246人，小学学龄儿童入学率为99.83%。

2010年春季，全县有完全小学284所（其中民办2所），小学教学点92个，其中，在校生50人以下学校86所（其中完小3所），占小学校总数的29%；小学在校生100人以下学校160所（其中完小70所），占小学校总数的54%。全县小学在校生49549人，全县适龄少年入学率96.43%，全县小学学龄人口入学率为99.81%，辍学率为0.27%。小学毕业生升学率为100%，残疾儿童小学入学率89.14%。

2010 年秋季，澄迈县小学在校生为 45987 人，适龄儿童入学率 99.91%，小学辍学率为 0.06%。全县有 223 名残疾儿童少年随班就读生，适龄残疾儿童少年入学率 89.3%。开展助残献爱心活动，海南彩票公益事业贫困残疾生助学 25 人，教科局助残献爱心经费助学 1 人。县政府规划，兴办特殊教育学校和爱心学校。

1999—2010 年澄迈县小学教育基本情况表

表 15-2-2

年份	学校数（所）	在校学生（人）	招生人数（人）	毕业人数（人）	教职员工（人）
1999 年	253	50689	8291	8254	3537
2000 年	276	50216	7387	7325	3521
2001 年	302	59092	9886	9856	3342
2002 年	331	57920	10330	10037	3330
2003 年	320	55161	9565	9906	3473
2004 年	288	52416	9351	9074	3569
2005 年	277	54979	11213	9327	3684
2006 年	261	54394	10837	8947	3784
2007 年	262	49030	9438	8526	3799
2008 年	256	46212	8493	8025	3795
2009 年	306	50426	9483	8700	3495
2010 年	284	45987	8169	7751	3389

（二）办学设施

1999—2010 年，澄迈县公办、民办小学均为 6 年制，办学形式均为全日制。澄迈县小学推进教学手段、设施现代化发展。至 2010 年底，全县小学教育教学设施基本完备。

2010年澄迈县小学主要设施一览表

表15-2-3

类别	图书馆（间）	阅览室（间）	藏书（册）	实验室（间）	仪器室（间）	语音室（间）	电脑室（间）	电脑（台）	体育室（间）	田径场（个）
全县小学	96	106	541550	22	22	0	47	1300	27	27
直属小学	7	7	21060	6	6	0	6	300	7	7
中心小学	20	20	24150	16	16	0	20	1000	20	20

（三）学校选介

澄迈县第一小学

澄迈县第一小学坐落在澄迈县金江镇南渡江畔，民国3年（1914年）创办，是一所办校历史悠久的县级重点小学。

1988—2000年，学校在县财政部门支持下，建设1栋教学楼，2栋综合楼，1栋综合性楼（下面为铺面，上面为教师住房），3栋教师宿舍楼。在教育教学上，学校取得较好成绩，做到“德、智、体、美、劳”全面发展。

2001年9月，学校以集体领导为核心、以教育教学管理工作为中心、以新一轮课程改革为动力、以提高教育教学质量为总目标，实行全员管理，全程管理，全面管理，推行新一轮课程改革，转变教育理念、体现教与学互相促进，教学相长。有90多名教职工，教师70多人，职工20多人，学生1200多人。学校注重常规管理，抓好班子建设，充实领导班子，配备得力人员，调动教师的积极性。抓教师队伍建设，稳定教师队伍，提高教师的管理和教学水平。有高级教师30多名，省级骨干教师5名，还有不少县级骨干教师。制定各项学校管理制度，以各项制度促进学校的教与学以及后勤管理。改进考试方式，便于监督和考试公平。开展特色教育，2002年学校开设电教馆，对教师开展远程教育，对学生开设电脑课程，普及电脑知识，倡导文明上网。开展学生课外兴趣小组活动，丰富校园文化建设。2003年，一位学生考取海南国兴中学，有37名学生考取澄迈中学。被省校务公开协调会议组评为“海南省校务公开工作先进单位”。

2004年，学校提出“一年理思路，两年明目标，三年上台阶”工作目标。组织人力、物力和财力实施依法治校、以德治校。完善学校各项硬件建设，做到用爱、用情、用心做教育，取得可喜成绩。2005年，主持研究《新课程背景下的主体性教学》结题，获“课题实验先进单位”称号。2006年，学校确定“爱校、务实”的校风、“开心做事，踏实做人”的校训、体现学校“永争第一”精神的校徽和传扬一小校风、校训的校歌，作为师生共同遵守的准则，共同追求和分享的价值观，作为学校文化的核心和灵魂，加强班级文化建设，做好班级布置，提出班级口号。学校在教学教研上取得好成绩：多次获得“澄迈县十佳学校”“海南省课程改革先进单位”“海南省网络教研先进集体”等荣誉称号；有1人被评为“全国优秀教师”，1人被评为“海南省优秀教师”，50多人次获得县委、县政府的各种表彰；13人次获“海南省省级骨干教师”称号，37人次获“澄迈县县级骨干教师”殊荣。

2010年，校园面积66.67公顷，各种功能区域划分明确，有现代化的教育教学设施，标准的教室、功能室和运动场，是琼北地区一流学校。在校生人数1679人，设置37个标准平行班，是澄迈县规模较大的重点小学。学校师资力量雄厚，72名教师学历全部达标，其中有本科学历18人，有中级职称资格54人。

澄迈县第二小学

澄迈县第二小学创办于1976年3月，前身为澄迈中学，1979年改为澄迈县第二小学。

澄迈县第二小学位于澄迈县金江镇解放中路23号，是县直属小学，辖区人口1.3万。2010年，校园面积13165平方米，教学综合楼2栋，开设36个教学班，有学生1683人，有教职工101人，其中专任教师96人，学历达标率100%。学校有省级特级教师1名，省级骨干教师3人，中学高级教师3名，小学高级教师65名。学校图书室藏书39800册，拥有250米塑胶跑道运动场1个，100米直道1条，内有足球场、排球场、篮球场、羽毛球场等体育设施设备；有55部计算机的计算机教室2间；有科学实验室、多媒体电教室1间；有校园广播网，教学仪器设备达到省定二类标准。

学校实施以德育为核心的素质教育，以培养合格加特长的人才为目标，校训是“博学、明德、求真、至善”，被评为“全国青少年文明礼仪教育示范基地”“苏教版语文教科书实验研究先进单位”“海南省艺术教育先进单位”“海南省少先队工作示范学校”“海南省校务公开先进单位”“海南省贯彻《学校体育工作条例》优秀学校”“澄迈县十佳学校”“澄迈县科普教育示范学校”。

学校注重教科研工作，时常承担课题的实验研究，20世纪70年代的“三算结合”，20世纪80年代的“注音识字，提前读写”和“现代数学”，20世纪90年代的“目标教学”“促进学生数学学习评价的实验研究”等。

澄迈县实验小学

澄迈县实验小学创建于1990年，是一所公办的县直属完全小学，位于金江镇文化北路育才巷。占地面积14829平方米，建筑面积11700平方米，绿化面积3428平方米。2010年，在校学生2030人，有35个教学班，教职工103人，本科学历40人，专科学历56人，中师学历6人，学历达标率100%。高级教师4人，一级教师79人，省级骨干教师4人，县级骨干教师23人，教学能手3人。校园教学区、运动区、生活区三区分明，错落有致。

1990年8月初，开始筹建学校各项工作。9月开学，有教职工18人，教学班7个，其中有1个学前班，有286人学生，校道路道没有硬化，坑坑洼洼，全是红泥土。

1999年，学校的办学条件得到改善，办学成绩显著，学生人数逐年增加，在校生1300人。

2004年，乘着基础教育改革之风，进行课堂教学改革，完善教育教学设备，规范学校管理，教育教学成绩显著，有1位同学参加亚太地区小学数学奥林匹克竞赛中成绩优异，代表海南省赴新加坡参加决赛。

2005年，学校主持的国家级课题《运用现代教育技术进行课堂教学，提高教学质量》结题。

2006年，在上级教育部门支持下，进行危房改造，新建1幢四层的教学楼，安装1间多媒体教室。学校“三区”（教学区、运动区、生活区）分明，学校管理规范、科学。

2007年，学校办学条件得到改善，校道硬化，“四机一幕”（投影机、电视机、CD机、电话机，投影幕）进教室，老师们第一次用上现代技术教学，课堂教学效率得到提高。学校被评为“海南省电教实验学校”。

2008年，在全县小学升学考试中取得优异的成绩，有1名同学考取海南中学，3名同学考取国兴中学，30名同学考取澄迈中学。

2010年，取消实验班，实行平行班和小班制教学，注重教师培训，补足短板，调动广大师生的积极性。学校提出“以德立校、正德兴校”的“德文化”核心理念，全体师生秉持“重德、博学、务实、创新”的校训，高扬“平安和谐、书香飘溢”的校风，践行“博学善导、厚生乐教”的教风和“乐学善思、好问求实”的学风。坚持“以身立教”“以德育人”“德艺双馨”的准则，建设教师团队。

学校致力于教育均衡化发展，创建标准化、规范化学校，建起1栋教学大楼、1个塑胶田径运动场、1个足球场、2个篮球场、1个排球场等校舍场馆。学校设有电脑教室、图书室、阅览室、电子图书阅览室、校史室、电子备课室、科学实验室、劳技室、仪器室、美术教室、音乐教室、舞蹈教室、阶梯教室、心理咨询室、档案室、校医室、少先队室、教师书吧等专用教室，配套设施一应俱全。网络系统、多媒体教学系统、监控系统、校园广播系统覆盖全校。

学校以“满足学生个性发展需求，促进学生健康成长”为宗旨，按照国家和省的课程方案要求，开齐开足课程，发掘书法、绘画、剪纸、象棋、葫芦丝、古筝、声乐、舞蹈、竹竿舞、七巧板、航模、篮球、足球、排球、武术等校本课程。安排每周三下午为特色课时间，以班校结合的形式开展特色课教育，促进学生个性发展。每学期开展科技节、读书节、书画节、武术节、艺术节等文化活动，为学生搭建亲近科学、感受创造、体验创新、享受快乐的平台。

在全县的各年级各学科教学质量抽查考试、小学毕业水平测试中，综合评价从2006—2010年连续5年全县第一，学生在省、县级书法、美术、航模、七巧板、音乐、舞蹈、科技创新等各类竞赛中，也取得骄人的成绩。教师在参加各类省级县级说课、公开课、论文评比中也多次荣获嘉奖。学校多次荣获“澄迈县十佳学校”“海南省三八红旗集体”“海南省优秀少先队集体”“澄迈县先进学校”等荣誉称号。

澄迈县金江中心学校

金江中心学校创办于1962年，原为金江镇小学，2004年学区撤销后更名为金江中心学校，下辖10个完小。2010年，学校有教职员工172人（专任教师163人），其中小学高级教师49人，小学一级教师114人；本科38人，大专96人，教师任职资格合格率和学历达标率均100%。中青年教师占教师总数的79%，其中省级骨干教师3人，省教学能手1人、教坛新秀2人，县级骨干教师20人，教坛新秀2人。至2010年，中心校有24个教学班，在校学生1000多人。

金江中心学校占地面积3668平方米，建筑面积4590平方米，教学设施完善，设有多媒体教室和电脑教室各1间，图书室藏书16575册。1994—2004年，改建北面教师宿舍楼，修建学校校门、校道。2004年，修建校道文化墙，打造校园文化、班级文化，校园文化氛围浓烈，学校管理规范化。

金江中心学校坚持“科研促教、活动导学、书香养校、环境育人”的办学理念，大胆探索，真抓实干，踏踏实实做好各项工作，取得较好成绩。2008年，被评为“澄迈县先进基层党组织”“澄迈县十佳学校”，海南省“法律进学校活动先进集体”。2009年，获得澄迈县“纪念改革开放三十年暨建国六十年读书教育活动”组织奖，被县少先总队评为“先进集体”。2010年，在澄迈县小学生舞蹈和音乐比赛中分别获得二等奖和三等奖。

1999—2010年，学校教师撰写52篇论文获国家级或省级奖项，206篇论文获县级奖项，37人次获说课、公开课各级各类竞赛奖项。学生参加美术、书法、音乐、舞蹈、读书活动、征文等各类比赛，获奖人数130多人。

四、中学教育

（一）发展概况

1999年，有初中22所，高中2所。2002年，有初中20所，高中2所。2005年，有初中28所，高中3所。2007年，有初中29所，高中3所。

2008年，有初中28所，高中3所。2008年秋季，初中阶段入学率96.6%；高中在校生 4814 人。

2009 年，农垦中学校移交管理：中学 5 所，九年制学校 1 所，初中生 3147 人。澄迈县公办完全中学 3 所，初级中学 16 所，九年一贯制学校 8 所，普通高中在校生 4660 人，初中在校生 21430 人。

2010 年春，全县有初中 16 所，九年一贯制学校 12 所（其中民办 4 所），完全中学 3 所；初级中学、九年制学校初中在校生 300 人以下 7 所，占初中学校的 26%。全县中学在校学生初中 20288 人、高中 4707 人。初级中等教育完成率 96%以上，初中学生辍学率为 2.7%，初中学生毕业率为 96%。2010 年秋季，初中在校生 21103 人，适龄少年入学率 97.5%。初中辍学率呈大幅度下降。高中教育迅速发展，普通高中招生 1872 人，首次完成普通高中招生计划，高中在校生 5073 人。

2010 年澄迈县中学情况一览表

表 15-2-4

校名	校址	班级数（个）			学生数（人）			校舍情况	创办时间
		合计	高中	初中	合计	高中	初中	建筑面积（平方米）	
澄迈中学	金江镇江南	71	45	26	5421	3554	1867	23424	1924 年
澄迈二中	金江镇地坡岭	57	19	38	4292	1366	2926	10319	1982 年
澄迈三中	金江镇京岭坡	17	—	17	960	—	960	4699	1976 年
澄迈进校	金江镇江南	—	—	—	—	—	—	—	1959 年
山口中学	山口乡	7	—	7	384	—	384	—	1965 年
中兴中学	中兴镇	9	—	9	533	—	533	—	1956 年
仁兴中学	仁兴乡	5	—	5	226	—	266	—	1965 年
太平中学	太平乡	8	—	8	292	—	292	—	1963 年
加乐中学	加乐镇	19	6	13	1189	364	825	—	1956 年
文儒中学	文儒乡	9	—	9	429	—	429	—	1958 年
石浮中学	石浮乡	5	—	5	182	—	182	—	1974 年
长安中学	长安镇	18	—	18	1106	—	1106	—	1965 年
瑞溪中学	瑞溪镇	16	5	16	1131	978	153	—	1956 年
永发中学	永发镇	19	—	19	1393	—	1393	—	1962 年

续表 15-2-4

校名	校址	班级数（个）			学生数（人）			校舍情况	创办时间
		合计	高中	初中	合计	高中	初中	建筑面积（平方米）	
新吴中学	新吴镇	8	—	8	296	—	296	—	1964 年
美亭中学	美亭乡	6	—	6	190	—	190	—	1965 年
白莲中学	白莲镇	30	6	24	1699	326	1373	—	1956 年
老城中学	老城镇	24	—	24	1716	—	1716	—	1968 年
马村中学	马村镇	3	—	3	140	—	140	—	1975 年
福山中学	福山镇	18	—	18	1151	—	1151	—	1958 年
桥头中学	桥头镇	10	—	10	467	—	467	—	1965 年
西达中学	西达农场	11	—	11	510	—	510	—	1968 年
金安中学	金安场卜弟岭	6	—	6	210	—	210	—	1969 年
昆仑中学	昆仑农场	11	—	11	465	—	465	—	1967 年
和岭中学	和岭农场	9	—	9	386	—	386	—	1967 年
红岗中学	红岗农场	6	—	6	166	—	166	—	1969 年
大丰中学	华侨农场	6	—	6	270	—	270	—	1977 年
红光中学	红光农场	17	—	17	775	—	775	—	1967 年

（二）学校选介

澄迈中学

澄迈中学是一所具有革命传统的学校。1926 年 6 月，澄迈县第一个中共党组织——“邓仲支部”在澄中成立，陈垂斌任书记。不久又成立澄中团支部，发展 20 多名进步青年学生加入共青团组织。是海南省一所办学历史悠久和红色文化底蕴厚重的省一级（甲等）学校。

2010 年，学校校园占地面积 135314 平方米，校舍建筑面积 53175 平方米，绿化面积 47360 平方米，校园绿树成荫，景色宜人；教学区、运动区、生活区布局合理，错落有致。学校有藏书室 10 间，学生阅览室 3 间，教师阅览室 1 间，电子图书 30 万册，多媒体电子白板教室 117 间，教师电子备课室 6 间，语音室 2 间，电脑室 7 间（500 台电脑），心理咨询室 2 间，理化生、通技实验室 18 间，仪器室 37 间，书法室 1 间，美术室 6 间，音乐室 5 间。高标准配备科学馆、体育馆、图书馆、艺术馆等相应设施，改善校园广播网系统、电子监控系统、校园计算机系统，实现多媒体网络教学全校化。学校有教学班 72 个，学生人数 3711 人；教职工 367 人，其中教师 320 人，职工 47 人；特级教师 1 人，高级教师 91 人，中级教师 120 人。

学校以“崇文养正”为核心理念，秉承“厚德博雅，自强不息”的校训，发扬“守正弘毅，图强思变”的精神，恪守“勤学笃行日进日新”的校风，严履“进德修业，乐育英才”的教风，以课堂教学为抓手，改革教学模式，盘活校本研训，促进教师专业水平的提高。教师在国家级、省级、县级优质课评比中获奖有 82 人，公开发表教学论文有 300 多篇；8 人被评为全国、省“优秀教师”和“德育工作先进个人”，3 人被评为“省级学科带头人”，12 人被评为“海南省级骨干教师”，35 人被评为“澄迈县级骨干教师”。

学校坚持“为每一名学生提供适合的教育” 的办学宗旨，遵循“求真求实，善学善思”的学风，以“博习亲师、自主友善、乐意担当的阳光学子”为培养目标，重视学生的德智体美全面发展和个性发展，学校管理不断走向规范化、制度化、科学化，教育教学质量不断提高。有邱蕊、王澄谦、王智等 70 位同学被清华大学、中国人民大学、中国科技大学、复旦大学等大学录取，其中 2010 年，王智同学以总分 939 分摘取海南省理科状元桂冠。

1999—2010 年，学校荣获“国家级校本研训基地”“全国高中化学新课程实验先进学校”“全国青少年集邮活动示范基地”“全国青少年五好小公民主题教育先进集体”“全国消防安全教育示范学校”“全国青少年道德培养基地”“全国特色学校”“海南省校务公开先进单位”“海南省艺术教育工作先进单位”“海南省未成年人道德基地”“海南中小学德育先进单位”等荣誉称号。

澄迈县西达初级中学

澄迈县西达初级中学前身是海南农垦西达农场农业中学,1968 年始建于西达农场场部东南边的山坡地。

1999 年，有学生 730 人，教职工 50 人，15 个教学班。教学楼设有 2 间化学实验室、2 间物理实验室及教室。中考有 9 名学生被农垦中学录取，有学生 14 人次获得全国学科竞赛国家级、省级奖。

2000 年，秋季入学学生 738 名，15 个教学班，有 1 名学生考上海师附中，2 名学生考上农垦中学，5 名学生获得全国竞赛奖，有 4 名教师的教案或教学设计获得农垦区二、三等奖。

2001 年，秋季入学学生 710 人，14 个教学班，有 2 位学生考上垦中，有 4 位学生获全国奖。

2002年，秋季入学学生682人，有14个教学班。有1名学生考取海师附中，1名学生考取国兴中学，7名学生考取农垦中学，7名学生参加全国竞赛获奖。

2005年，海南农垦教育局投入900万元，兴建1幢四层科学馆，2幢四层学生宿舍，1幢2层学生食堂。有2名学生考取农垦中学，8名教师的论文获全国、省级奖项。

2008年，中考1名学生考取华侨中学，2名学生考取农垦中学，18名学生考取县级的重点高中，6名学生获全国竞赛奖，3位教师论文获省级奖项。

2009—2010年，移交地方管理，改名为澄迈县西达初级中学。移交澄迈县政府管理后，办学经费充足，教师待遇得到提高，城乡教育水平拉近距离，向均衡化办学发展。中考1名学生考取海南中学，2名学生考取农垦中学，10名学生考取农垦实验中学，12名学生取八一中学，2名考取加来高中，7名学生获全国竞赛奖。

2010年，学校占地面积3.31公顷，建有1幢五层教学大楼，建筑面积2375平方米，设有学生教室15间，学生电脑室1间，内置电脑56部。10间教师办公室和行政办公室，1幢四层科学馆楼，建筑面积2700平方米，设有多媒体教室、物理实验室、化学实验室、生物实验室、生物标本室、劳技室、体育器材室、心理咨询室、地理室、音乐室、图书室、阅览室、美术室各1间。图书室藏有图书2万册，各功能室设备配置齐全。2幢四层男女学生公寓楼，建筑面积3200平方米，80个套间，床位600个。1幢二层学生食堂楼，建筑面积800平方米，餐位300位。运动场拥有200米环形硬化跑道1个、小型足球场1个、塑胶篮球场2个、水泥羽毛球场3个、排球场2个，单双杆及爬高杆各2套、铝合金宣传栏4个，升旗台1个、4.8米高“放飞梦想”铝合金标像1个。建有混凝土校道约500米，其他彩砖硬化面积约3000平方米。校道两边及周边种植树木114株、草坪面积4200平方米。学校有正、后门2个，正门有遥控门栏，保安值班室1间，约10平方米。学校四周有围墙包围，大楼后边建起栏杆，便于封闭管理。学校有13个教学班级，在校学生536人。在职在岗教职员工46人，专任教师40人，中学高级教师5人，中学一级教师14人。

1999—2010年，西达初级中学被评为“卫生评比先进单位”“十佳学校”“教职工体育活动优秀组织奖”、仁兴镇“优秀党支部”“澄迈县规范化学校”等光荣称号。

澄迈县老城初级中学

老城初级中学的前身是白莲农业中学，创建于1958年9月，1959年8月改名为老城农业中学，1968年升格为完全中学，称为老城中学。

2001—2004年，筹集资金300多万元，改造危房4460平方米，硬化校道1500平方米，新建篮、排球场各1个，建起电脑室、多媒体教室各1间，学校图书室藏书2万多册。2009年3月，国家农村初中校舍改造项目学生公寓楼和食堂竣工，项目资金分别为287.16万元和 45.28 万元，建筑面积分别为 3032 平方米和 510 平方米。2010 年 9 月，教学楼重建项目竣工，项目资金 430 万元，建筑面积 3200 平方米。

2010 年，学校占地面积 29284 平方米，校舍面积 65320 平方米，学校建筑总面积 8853 平方米，教学规模 24 个班级，学生人数 1560 人，教职工 107 人，其中高级教师 28 人，省级骨干 4 人，县级骨干教师 14 人。教学用房 6800 平方米，教辅用房 5111 平方米，学生公寓 3032 平方米，教师工作间 756 平方米，学生运动场地 10953 平方米。学校后勤工作完善，实现立升膜法卫生饮水覆盖整个校园，学校食堂建筑面积 510 平方米，能容纳 300 多人就餐，学校完善功能室建设，有多功能会议室 1 间，行政会议室 1 间，教师办公室 2 间，图书室 2 间，学生电脑教室 2 间，实验室 3 间，实验器材 3 间，体育器材室 1 间，心理咨询室 1 间，校医室 1 间，广播室 1 间，美术室 1 间，学生电脑室 2 间，交互式电子白板进入 25 个教室，网络实现班班通，学校还有校园广播网，校园实现网络全覆盖。学校基本上实现教育教学现代化，办学质量得到提高，中考成绩斐然，为省级、县级重点中学输送一批优秀人才。

1999—2006 年，有 12 位学生考取省重点中学。2002 年，校田径队荣获全县中小学生田径运动会总分第五名，有 3 位学生分别荣获全国数学竞赛一、二、三等奖。2003 年，学生足球队代表澄迈县参加海南省首届乡镇初级中学男子足球赛荣获第七名和“道德风尚奖”，有 4 位学生荣获全国数学竞赛一、二等奖和全国英语能力竞赛二、三等奖。2004 年，有 3 位学生荣获全国英语能力竞赛一、二等奖。2007 年，有 20 多位学生考取省重点中学，其中王徐生荣获中考并列第一名。王徐生、沈厚任、余静被海南中学录取。2008 年，有 10 位学生考取省重点中学，其中王日旺排名全省第二、全县第一。王日旺、谢德欢被海南中学录取。2009 年，有 11 位学生考取省重点中学，其中吴丹、王定娇被海南中学录取。2010 年，有 13 位学生考取省重点中学，其中王玉珏、蔡盼盼、黎行豪被海南中学录取。学校被评为“澄迈县十佳学校”。

第三节　职业与成人教育

一、中等职业教育

1999 年，全县设立 3 所职业中学，分别是澄迈县职业学校，校园面积 3.33 公顷，建筑面积 4604 平方米，在校生人数 70 人，开设电脑班、机动车维修班、酒店管理办。澄迈县白莲职业中学，校园面积 8 公顷，建筑面积 9106 平方米，在校生人数 20 人，学校有图书室、实验室、职业教育设施。澄迈县加乐职业中学，校园面积 5.93 公顷，建筑面积 6588

平方米，在校生人数 40 人。全县有校办工厂 2 个，学农基地 249 个。

2000 年，全县中等职业技术教育开办电脑班、高效热带水果班和食用菌班等 3 个班，招生 100 人。投入资金 30.4 万元，建设有 32 台计算机的电脑教室，建设起面积 0.80 公顷的水果基地、1 间 36 平方米的食用菌接种室，建立起有 4 部汽车和多部机电的机电维修实习工场。2009 年，举办 2 期热带水果师资培训班，有 67 位教师参加学习培训。全县实施初三毕业分流，有 465 名学生于毕业前参加各种实用技术学习，包括电脑打字、家用维修、摩托车维修、养蜂技术、渔业捕捞技术等，促进学生掌握实用技术和实习操作能力。

2001 年，职业学校有县职业学校、白莲职业中学、加乐职业中学 3 所。根据乡镇的产业结构，在个别中学开设职业教育实用技术课程，在桥头中学开设“9＋1”渔业教育班，新吴中学开设农技教育班，加乐中学开设良种猪人工授精实验班，太平中学开设食用菌培育班和蜜蜂饲养班等，为发展当地经济起到促进作用。2001 年，全县职业教育毕业生有 31 名，有 27 名被用人单位录取。

2002 年，县教育局组织县职校、白莲职业中学、加乐职业中学学校招生工作人员在县城、白莲镇、加乐镇主要街道设立招生宣传点，为当地群众和学生宣传《中华人民共和国职业教育法》，发放 1235 份职业教育宣传单、张贴宣传标语 623 张，悬挂宣传横幅 15 条，组织人员深入各中学进行招生宣传，营造有利职业教育发展的氛围。开展学习雷锋热心为民服务活动周活动，组织县职校、白莲职业中学、加乐职业中学师生开展好活动周工作，3 所学校分别成立活动周领导小组，组建 10 个家电维修组、15 个农学服务组、13 个畜牧兽医服务组，深入街道、农村等为市民、教师、农民义务维修家电、电脑达 40 部，给种植专业户送去农学资料、禽兽饲养与防治资料 538 份，为农民诊治禽兽 352 只。

2003 年，挖掘和利用教育资源，把职业教育做强做大，召开全县职业教育工作会议，学习贯彻全国、全省职业教育工作会议精神。县职校在与海南省外贸学校联合办学的基础上，增设 2 个专业，扩大招生 60 人；加乐职业中学和白莲职业中学除扩大招生外，采取减免学杂费等办法吸引生源，做好本校初三毕业生分流工作。省教育厅到澄迈县举办职业教育成就展和职业教育艺术团演出。

2004 年，县委、县政府为打造一所基础能力达到国家重点职业院校办学要求的学校，制定澄迈现代职业教育发展规划，整合全县的职业教育资源。把海南省技工学校澄迈分校和澄迈县职业学校合作办学，成立澄迈县职业教育中心。为县职业中学与省有关中专学校联合办学穿针引线，白莲职业中学、加乐职业中学分别与省工业学校、海口丽波美容美发学校进行联合办学。

2005 年，白莲职业中学与海南省工业学校联合招生办学，白莲职业中学加挂海南工业学校澄迈分校牌子，学校于9月份开始招生，招生澄迈县学生110人，设2个班。全县中等职业教育招生379人，占高中阶段在校生比例为16.9%。全县中等职业教育在校生人数709人，任课教师42人，毕业生就业率为86%。

2006年，出台《澄迈县职业教育“十一五”规划》《澄迈县职业教育实施方案》《关于资助中等职业学校在校生的办法》等文件。省旅游学校、省机电工程学校分别与白莲职业中学、加乐职业中学联合办学。在校生人数860人，任课教师42人，其中县职业学校在校生人数772人，任课教师26人；白莲职业中学在校生人数51人，任课教师9人；加乐职业中学在校生人数为37人，任课教师7人。中等职业教育毕业生就业率90%，其中澄迈中等职业技术学校就业率91%，澄迈白莲职业中学就业率90%，澄迈加乐职业中学就业率90%。

2007年，创办澄迈中等职业技术学校，县委、县政府投入6000元启动学校一期工程建设。澄迈中等职业技术学校在校生人数1587人，任课教师51人，学校配备计算机实习室2间，配备汽修实训室、焊工实训室、电工实训室、钳工实训室等各1间，配备家电实验室、语音室等各1间，配备容纳250人座位的多媒体教室1间。开设的专业有计算机应用、财会电算化、物流管理、汽车维修、电工、电气与空调技术、电子应用技术、服装制作、现代办公设备与文秘等9个。白莲职业中学在校生人数248人，任课教师15人，学校配备电脑室1间，开设农学、电工2个专业。加乐职业中学在校生人数326人，任课教师8人，学校配备电脑室、多媒体教室各1间，建设蔬菜、橡胶种植基地2.67公顷，开设畜牧兽医、食品加工检验、农学、汽车维修等4个专业。全县中等职业教育毕业生就业率90%，其中县中等职业技术学校就业率94%，白莲职业中学就业率92%，加乐职业中学就业率85%。

2008年，全县职业中学在校生人数2000人，其中澄迈中等职业技术学校1456人，白莲职业中学248人，加乐职业中学296人。县中等职业学校与省内外优质中等职业学校联合办学，有广州从化技工学校、海口第一职业中学、海南省旅游学校、海南省经济技术学校、海南省工业学校、海南省商业学校、海南省财税学校、海南省机电工程学校、海南省农业学校等9所学校。联合办学模式促进澄迈县中等职业教育发展，完善中等职业学校的办学机制、培养人才机制、提升中等职业学校教育教学质量。县职教中心做好教育教学研究引领工作，培养学生实践能力，对学生技能鉴定、考证的指导和管理，抓好农村劳动力转移培训、农村实用技术培训等工作。

2009年，出台中职招生优惠政策，实行提前招生、登记入学制度，给家庭困难学生免交学费和杂费。采取“三段式”办学，澄迈县中等职业学校“第二段”办学的承担学校是海口第一职中、省旅游学校、省经济技术学校、广州市从化技工学校；白莲职中“第二段”办学的承担学校是省工业学校、省商业学校、省旅游学校；加乐职中“第二段”办学的承担学校是省机电工程学校、省农业学校、省经济技术学校。不愿到省中专学校就读的学生，可继续在原校就读。

2010 年，加强职教中心硬件设施建设，调整和加强职校领导班子，增加教师力量。成立中职招生工作领导小组，分派 5 个中职招生工作小组，深入各中学、农村和家庭开展招生宣传工作。加强“双师型”教师队伍建设，加强国家、省、市骨干教师三级培训，探索教学模式改革，提升中职教育教学质量。组织好高等教育成人招生考试工作、自学考试工作及全省职工教育统计工作，抓好各种职业技术培训，实现农村劳动力转移培训 152 人次，农民实用技术培训 24102 人次。

二、学校选介

澄迈中等职业技术学校

澄迈中等职业技术学校位于澄迈县金江镇金马路，由海南省教育厅批准、澄迈县人民政府兴办，是一所集中等学历教育、职业技能培训于一体的中等职业技术学校。1982 年建校后，致力于技能型人才的培养，培养大批的技术人才，为澄迈经济建设发展做出贡献，为老城经济开发区的经济建设输送大量的技能人才。

1999 年，学校专任教师 14 人，兼职教师 2 人。2004 年，经省教育厅批准，海南省技工学校澄迈分校和澄迈县职业技术学校合并，成立澄迈中等职业技术学校，学校教职工人数 30 人。2007 年，海南省技工学校澄迈分校与澄迈县职业技术学校合并为澄迈中等职业技术学校，县政府投入 6000 万元，征地 3.33 公顷对学校进行一期扩建。学校专任教师 89 人，兼职教师 25 人。专任教师有高级职称 8 人，中级职称 29 人，中高级职称占专任教师的 41.5%，双师型教师比例 39%，专任教师本科以上学历 78 人，硕士以上学历 1 人。多名教师获得“澄迈县级优秀教师”称号。

2010 年，学校校园占地面积 111.33 公顷，建筑面积约 7.2 万平方米。学校有 53 个教学班，在校生 1488 人，教职员工 165 人。学校整体布局合理，建有 2 幢 6 层教学楼、2 幢 5 层实训楼、1 幢 4 层图书馆、1 幢 4 层行政办公楼、5 幢 6 层学生宿舍楼、4 幢 6 层教师工作间、1 个 400 米标准塑胶运动场及 1 座大型体育馆。体育馆是举办大型体育赛事或大型文艺晚会场所，能容纳 5000 名观众，是澄迈县标志性建筑物。

学校设有办公室、教务科、学生科、总务科、实习设备科、培训科、招生办、就业科、教研室、资助办、综合档案室、保卫科 12 个中层机构；学校有工会和团委 2 个社会团体，设有学校党支部。教育教学设施完备，教学楼设计新颖，教室宽敞明亮，安装高标准的多媒体教学系统；学生公寓设施齐全，安装太阳能热水供应系统；学生食堂配套现代厨具设备，为学生提供卫生可口膳食；学校有实训设备总价值3000多万元，集教学、培训、考证等功能于一体的实训室55间。学校接入专业光纤网络、置有百兆光纤为主干的校园局域网，校园内安装闭路电视系统、智能广播系统，拥有先进的校园安全监控系统。

学校秉承“综合素质＋一技之长”的办学理念，坚持“以服务为宗旨，以就业为导向”的办学方针和“内涵求质量、质量求发展”的发展思路，坚持以在2017年前把学校办成一所规模5000人以上、能起示范骨干作用、在琼西北有辐射影响力的中等职业学校为学校建设发展目标，教育教学质量稳步提升。1999—2000年，学校招生逐年增加，1999年招生150人，2010年招生增加到939人。学校开设汽车运用与维修、机电设备安装与维修、工程机械运用与维修、高星级饭店运营与管理、高星级饭店运营与管理(高尔夫球方向)、摩托车维修、计算机应用、财会电算化、中餐烹饪与营养膳食、咖啡生产与加工、美发与形象设计、服装设计与工艺、民族工艺品制作、计算机应用等专业。1999—2010年，学生参加国家级、省级职业技能竞赛，有2人获得国赛二等奖、1人获得国赛三等奖、1人获得国赛优秀奖，3人次获得省赛一等奖、16人次获得省赛二等奖、22人次获得省赛三等奖。学校落实“职业教育就是就业教育”的精神，做到以“出口”带动“进口”，深入到各企业考察，与企业进行沟通、交流，本着对学生、对学校、对用人单位负责的宗旨，慎重选择顶岗实习单位，每年毕业生就业率98%以上。

二、成人教育

（一）扫盲教育

根据海南省教育厅和澄迈县委、县政府要求，教育部门开展扫盲工作，举办县级农业技术教育培训班，全县各乡镇村（居）委10万人次参加培训。青壮年、妇女文盲率降至5%以下，“两基”工作得到巩固提高，扫盲人数涉及全县各乡镇（农场）8万人。

1999年，全县基本扫除青壮年文盲，之后以农村实用技术培训为抓手，提高农村劳动者素质，引导农民依靠科技致富，抓好农民文化技术学校建设，规范学校管理，健全学校机制，开展农民培训，让农民在短时间内掌握科技技能，提升文化水平，巩固好扫盲成果。

2000年，抓好“普九”的巩固提高工作，依法发动学生入学，对于特困户、军烈家属的子女采取减免、缓缴和代收费等办法，开展农民学习培训，巩固扫盲工作成果。

2001年，全县各农村文化技术学校根据县教育局部署，开展多种办学，课程设计采取多样化和实用性相结合，把教学、科研，示范、推广统一起来，课程内容有农业气象、反季节瓜菜种植、热带高效水果种植、水稻技术、家禽饲养、淡水养殖、果菜包装保鲜等，培养大批农技人员与种植大户。农民文化水平和技术的提升确保扫盲工作成效。全县定期举办乡镇级扫盲培训班 17 期，有 325 人次参加，定期举办村级扫盲培训班 40 期，有 332 人次参加。

2002 年，依托农村中小学和农村文化技术学校，建起教育网络，抓好扫盲工作。邀请省农技专家团到各乡镇农村技术文化学校授课，提高扫盲成果和农村经济发展。在乡镇级定期举办扫盲培训班共计 9 期，有 125 人次参加，村级定期举办扫盲培训班 38 期，有 312 人次参加。

2003 年，以农村文化技术学校为抓手，在乡镇、村委会开展实用技能培训班，为经济发展培养技术人才，通过提高农民文化水平，促进扫盲工作的成效。

2004 年，把巩固提高“两基”工作摆在重要位置，加大义务教育法宣传力度，全方位做好中小学控辍工作，做好迎接“两基”验收工作。全县“两基”工作在年审复查中获得省好评，“两基”工作成果为扫盲工作提供有力保障。

2005 年，为培养会生产、懂技术，善经营的新型农民，发挥农村文化技术学校的作用，举办农业知识和农业技能培训 8，提高农民文化水平，保障扫盲工作成果。被海南省评为“‘两基’巩固提高工作通报表扬单位”。

2006 年，把“两基”巩固提高作为重点工作，让困难学生上学得到保障，落实“普九”教育工作，发动学生入学，做好“控辍”工作，开展农村培训及扫盲工作。

2007 年，抓好远程教育培训和应用工作，发挥远程教育在教育教学、农民培训和党员培训的作用，巩固全县扫盲工作成果。

2008 年，巩固义务教育水平，通过“三个强化、一项落实”，利用远程教育设备设施开展农民培训、党员培训、农村扫盲等工作，巩固提高“两基”成果。澄迈县获得“海南省‘两基’工作先进县”称号。

2009 年，发展农村中小学现代远程教育，加强农村中小学现代远程教育资源建设，以远程教育为抓手，促进农科教结合，把培训农村党员和提高农民文化素质结合起来，提升扫盲工作成效。

2010 年，全县“两基”工作稳步发展，到乡镇及农村，利用远程设备设施开展扫盲培训，扫盲工作取得成效，全县青壮年、妇女文盲率降至 5%以下。

（二）文化技术培训

澄迈县在各乡镇（农场）设立乡镇成人文化技术学校，开展科学栽培技术、选种、育苗、田间管理、水肥管理、病虫害识别与防治农民、养殖技术、瓜果栽培、杧果栽培、橡胶割胶等实用技术培训；各乡镇文化技术学校根据农民实际情况，灵活安排授课、现场实践学习，全县每年开展 5 万人次以上的文化技术培训，让农民掌握农业新型技术，促进农业增产、农民增收。

1999 年，全县 19 所乡镇设有农民文化技术学校，161 所村农民文化技术学校，组织脱盲人员 57854 人次到金江镇大塘洋参观抛秧栽培示范田；开展科技兴农工作，促进农民增收，全县有耕牛改良配种示范点 11 个，耕牛改良面 50%。推广农业新品种、新技术 17 项，应用面积 1.47 万公顷。开展“科技下乡”活动，接受咨询 2 万多人次，培训人数 6.5 万人次。有各类科技示范点和科技专业户 2863 个（户）。桥头镇荔枝研究会完成“无核荔枝株系选育和温敏败育现象的发现及无核栽培技术的研究”获省科技进步奖。

2000 年，成立乡镇农民文化技术学校领导机构，校长由乡镇党委书记或镇长担任，副校长由镇分管领导和属地学校中小学校长担任，村级农民文化技术学校也成立领导机构，机构负责人由村委会支部书记或村委会主任担任，成员有若干村委会干部。投入经费及配备设备设施，完善农民文化技术学校各类培训机制。

2001 年，各乡镇举办农民种植、养殖培训班和农村劳动力转移培训班 178 期，培训人数 2289 人次；举办村级农民种植、养殖培训班和农村劳动力转移培训班 339 期，培训人数 23879 人次。

2002 年，全县乡镇级农民文化技术学校举办 73 期农业种植培训，培训人数 5999 人次，举办养殖培训 69 期，培训人数 4894 人次，举办劳动力转移培训 23 期，培训人数 1578 人次。

2003 年，举办农民技术文化培训 285 期，涉及农民人数 27291 人，其中举办农业种植培训 129 期，培训人数 13881 人次；举办养殖培训 106 期，参加人数 9312 人次；举办农民劳动力转移培训 50 期，参加人数 4098 人次。举办农业和渔业职业教育培训 35 期，参加人数 5623 人次。

2004 年，设立成人文化技术学校 15 所，其中 3 所为省级成人文化技术学校，校舍面积 1226 平方米，实训基地面积 12.97 公顷，配备专职教师 3 人，兼职教师 55 人，配备电脑、图书、挂图、课桌椅等设备。全县 137 个村委会设立 136 所成人文化技术学校，其中 8 所为县级成人文化技术学校，校舍面积 6103 平方米，实训基地面积 76.53 公顷，配备专职教师 25 人，兼职教师 322 人，配备电脑、图书、挂图，课桌椅等设备，全县的成人文化技术学校基本满足农民培训需求。

2005 年，为培养会生产、懂技术，善经营的新型农民，聘请省、县知名专家举办乡镇级和村级农民培训讲座，举办乡镇级农民培训 74 期，种植培训有 4241 人参加，养殖培训有 3070 人参加，劳动力转移培训有 2025 人参加。举办村级农民培训 223 期，种植培训有 9535 人参加，养殖培训有 8828 人参加，劳动力转移培训有 11099 人参加。

2006 年，开设乡镇成人文化技术学校 19 所，举办 65 期农民培训班，参加种植技术学习 3807 人次，参加养殖技术学习 2915 人，参加劳动力转移培训 664 人。开设农村成人文化技术学校 132 所，举行 218 期农民培训学习，参加种植技术学习 8163 人，参加养殖技术学习 6801 人，参加劳动力转移培训 2075 人。县政府为每所文化技术学校配备电视机，VCD 播放机、图书、挂图、课桌椅等设备。

2007 年，开设乡镇成人文化技术学校 19 所，举办 79 期农民培训班，参加种植技术学习 4238 人，参加养殖技术学习 3572 人，参加劳动力转移培训 664 人。开设农村成人文化技术学校 165 所，举行 218 期农民培训学习，参加种植技术学习 8163 人，参加养殖技术学习 7034 人，参加劳动力转移培训 1925 人。

2008 年，举办三年制中专学历农村实用技术专业班，开设专业有养殖、种植、经营管理等专业，在专业班级日常管理上按照全日制在校生的管理方式进行，日常学习采取集中学习培训和技能实训相结合，每个教学点聘用所在乡镇领导或乡镇学校领导担任班级管理员。管理员的作用是负责跟踪督促学员上课、实训、管理及考核等工作。

2009 年，在金江镇、福山镇、瑞溪镇、老城镇、中兴镇设置中专学历村干部班教学点基地，开设专业有种植、养殖、管理等专业，任课教师由教学点基地聘请省县技术专家进行讲演授课。中专村干部班学制为 3 年，以工学交替，定期举行集中学习和实训指导的形式进行培养学习。

2010 年，以澄迈中等职业技术学校为抓手，举办十三期惠民培训，累计 62 天，有 1303 人次参加培训，其中举办计算机类培训 136 人次，驾驶员教练培训 152 人次，烟花爆竹安全培训 230 人次，技能培训 785 人次等。在桥头中学举办“9+1”渔业职业教育培训班，54 名来自桥头、老城、马村等从事渔业的渔民参加培训。

（三）函授与成人高考自考

1999—2010 年间，全县在职人员 7000 人参加函授，参加自学考试的在职人员 1250 人。

1999—2003 年间，县教育局贯彻落实海南省教育厅及海南省考试局的文件精神，组织实施好海南成人高等教育招生考试报名工作和自学考试报名、自学考试考生毕业申报工作。2004—2010 年间，县教育局依据海南省教育厅和海南省考试局成人招生、自考会议安排，部署实施全县成人招生考试报名和考试工作，以及自学考试报名、自学考试毕业生申报工作。全县每年参加成人招生考试人数 700 人左右，根据全国成人高考统一时间安排，设立考点在澄迈中学，试卷保密室设在澄迈县青少年活动中心。县教科局每年都发函联合县纪委、公安局、保密局、县供电局、海警部队等部门，做好相关成人高考的保密、安保、供电、考试秩序等考场系列工作，每年成人高考录取率 80%。自学考试在每年 4 月和 9 月，县教育局做好自考报名点各项工作，包括引导考生在网上注册报名、及时在系统查询新生情况、为新生拍摄相片及上传相片、引导学生按时打印准考证依时参加考试等工作，为考生提供便利服务。每年参加自学考试的人员为澄迈县各行业的在职工作人员，约有100名，参加120个科目课程考试，每年通过自学考试的毕业申报50多人。

1999年，辽宁教育学院在澄迈县设点举办大专自考班，全县在职教师踊跃报名参加自考班学习。

2000年，在省小学教育培训中心和辽宁教育学院的支持下，举办小学教师大专自考班，有150多人参加学习，提高参加学习教师的文化素质和教学业务水平。

2001年，澄迈县报考成人高考人数539人，被录取人数489人，录取率90.7%。成人高考组织纪律好，没有严重考试违纪事件发生，受到省考试局的表扬。

2002年，县教育局以提高全县教师文化素质为目标，加强成人教育政策宣传，高等教育自学考试人数816人，成人高考报考人数727人。

2003年，为提高教师文化素质和教学业务水平，县教育局与海南师范学院联合办学，设立3个中文函授班，为在职教师提供学历文凭学习便利，参加函授学员300人。组织全县在职人员报考成人高考，全县报考人数969人,录取775人，录取率79.98%。

2004年，宣传成人高考有关政策法规，动员符合条件的在职人员报考，全县成人高考报考人数928人，录取875人，录取率94.29%。

2005年，为提高中小学教师的学历和教师队伍文化素质，在抓好3个专科中文函授班的同时，争取到海南师范大学在澄迈县开办中文和教育管理2个函授本科班，提升澄迈县学历教育的质量。全县报考成人高考人数779人，录取人数729人，录取率93.58%。

2006年，为提高教职工的学历层次和文化素质，适应新课程改革要求，县教育局协助海南师范大学在澄迈县举办5个函授班，参加函授班学习人数400人，函授教育为教师提升学历提供便利。全县成人高考报考人数513年，录取454人，录取率88.5%。

2007年，协助海南师范大学在澄迈县设点办函授班，开设中文本科班、小教语文班、小教数学班、教育管理班、汉语言文学专科班等函授班，有410人参加函授。全县成人高考报考人数684人。

2008年，海南师范大学在澄迈县设点办班，学习人数400人，主要生源为澄迈县在职的中小学教师。全县报考成人高考人数681人，考点设在澄迈中学。县教育局做好一系列考试工作，确保成人高考公平、公正、顺利开展。

2009年，海南师范大学在澄迈县开设中文本科班、小教语文班、小教数学班、教育管理班、汉语言文学专科班等函授班，学习人数500人。报考成人高考人数1105人，考点设在澄迈中学。录取人数1008人，录取率91.22%。参加自考报名人数80人，县教育局引导考生网上注册报名，为考试拍照上传到考试报名系统。按时打印考生准考证及通知考生领取，为自学考生提供考试便利。

2010年，海南师范大学在澄迈县开设5个函授班，参加函授在职教师500人。成人高考报考人数866人，考点设在澄迈中学。录取澄迈考生633人，录取率为73.09%。参加自考报名人数70人，县教育局做好引导考生在网上注册报名、及时系统查询新生情况、为新生拍摄相片及上传相片、引导学生按时打印准考证依时参加考试。

第四节　社会办学

一、学校设置

2000年，澄辉学校成立，是澄迈县教育局批准举办的九年一贯制学校，地址设在环城西路澄辉路。欣才学校批准设立，是一所完全小学，位于澄迈县老城镇工业大道潭才新村。

2001年，位于金江镇长安墟的立新小学经澄迈县教育局批准设立，是一所完全小学。

2004年，嘉兴学校成立，是一所完全小学，位于金江镇大拉农场场部。

2004年，大拉学校成立，是经澄迈县教育局批准设立的一所九年一贯制学校，位于澄迈县金江镇大拉村。

二、学校选介

澄迈县澄辉学校

学校始建于2000年9月，是一所九年一贯制全封闭寄宿式民办学校，地处澄迈县金江镇环城西路澄辉路52号。学校校园绿树成荫，地处县城，交通便利。学校占地面积约9100平方米，建筑面积2950平方米，设有实验室、图书阅览室等功能教室。

办学第一年，在校生人数不足200人，8个班级，教师18人。2010年，学校学生近400人，11个班级，教师25人。学校建有食堂餐厅、校门、卫生间；宿舍全部贴地板砖，安装空调，学校操场水泥硬化，购置体育器材、课桌椅、床铺等设备。

学校坚持“依法从严治校，科学规范管理，内部管理上等级，全面发展打基础，发挥特长育人才”的办学思路，走精品之路，创特色学校，育合格人才。学校秉承“教育不是灌满一桶水，而是点燃一把火”的办学理念，恪守“重德、团结、求实、创新”的校训，围绕“知礼、感恩、主动、阳光”的育人目标，狠抓“做人为根本，素质为基础，合格加特长”的成才教育。学校致力于精细化管理，实现科学发展。营造一个文明向上的育人氛围，培养一支敬业爱岗的教师队伍，制定一套运转灵活的管理制度。学校以校风正、学生质量“低进高出”，学科人均分由30分提高到人均70分，受到社会各界的赞誉。

学校聘请湖北籍校长，湖北的教师和海南优秀教师，采用湖北教育教学的管理模式，以“五陪”“四禁”“两抓”为特色，遵循教育教学规律，激发学生潜能，循循善诱、因材施教，全面提高学生综合素质。

第五节　教师与教研

一、教师结构

1999 年，全县各级各类学校教职工 5546 人，其中普通中学 1696 人，职业中学 63 人，小学 3575 人，幼儿园 212 人。

2002 年，全县各级各类学校教职工 5250 人，其中普通中学 1597 人，职业中学 37 人，小学 3330 人，幼儿园 286 人。

2005 年，全县各级各类学校教职工 6015 人，其中普通中学 1805 人，职业中学 13 人，小学 3684 人，幼儿园 513 人。

2007 年，全县各级各类学校教职工 6186 人，其中普通中学 1963 人，职业中学 85 人，小学 3799 人，幼儿园 339 人。

2008 年，全县各级各类学校教职工 6221 人，其中普通中学 2015 人，职业中学 63 人，小学 3795 人，幼儿园 339 人。

2009 年，全县公办中小学教职工总人数 5364 人，分别是高中教职工 319 人（其中专任教师 255 人），初中教职工 1550 人（其中专任教师 1327 人），中学（含高中）高级职称教师和一级职称教师分别为 182 人和 605 人（原农垦学校只统计被聘教师），占专任教师总数的 9.7%和 32.3%。小学教职工 3495 人（其中专任教师 3316 人）。具有中学高级职称教师 7 人，占小学专任教师总数的 0.2%，小学高级职称教师 1276 人，占小学专任教师总数的 36.5%。职业学校教职工总人数 76 人，其中专任教师 61 人，高级职称教师 13 人，占专任教师总数的 21.3%；中级职黎教师 18 人，占专任教师总数的 29.5%。

2010 年，全县教职工总数 5260 人，专任教师 4778 人，其中中学教职工 1871 人，专任教师 1601 人；小学教职工 3389 人，专任教师 3177 人。

二、继续教育

1999 年，为提高教师素养，为素质教育创造条件，全县 80 多名中小学正副校长、乡镇正副主任接受第二轮提高班培训，全县农村完小校长 180 多名，分两期在县教师进修学校培训学习。组织全县 2889 名小学教师一般基本功（口语、三笔字、简笔画）训练和考核，并通过省级基本功合格验收。全县有 150 多名小学教师参加小学教育大专班培训学习。

2000年，全县3330名小学教师基本功考核全部通过海南省小学教师基本功合格验收，组织112名教师参加国家级、省级骨干教师培训对象的考核选拔工作。

2001年，江南小学蔡兴飞老师被评为“国家级骨干教师”，全县63名中小学教师被评为“海南省第一批省级骨干教师”。组织全县中小学教师进行普通话培训学习。

2002年，组织全县中小学教师参加海南省普通话培训测试中心的普通话水平测试和计算机全员培训，并颁发等级证书。

2003年，组织全县小学教师学科基本功教学技能培训并进行考核发证。组织开展小学校长任职资格培训和开展全县小学校长提高培训。

2004年，全县有5名小学校长被评为“海南省小学第一批省级骨干校长”。进行继续教育机构改革，取消澄迈县进修学校继续教育职能，在澄迈中学成立培训部负责全县中小学教师继续教育，由1名副校长分管培训部工作。

2005年，组织全县小学新课程全员培训。县教研室蔡兴飞被评为海南省特级教师。

2007年，组织全县小学教师进行新课标实践解读专题培训。选派4名骨干教师参加海南省小学班主任市县培训者培训。组织培训者深入开展全员培训。

2008年，举办1期校长（骨干）培训班，聘请教育专家作学习管理报告。组织教师学习《中华人民共和国教师法》《教师职业道德行为规范》《给教师的建议》《影响教师的100个案例》等。启动以现代信息技术为手段，以基础教育课程改革为内容的新一轮教师教育教学技能培训；启动以现代教育技术为主要内容的“英特尔未来教育”培训，培训省级骨干教师45名；启动以现代远程教育为载体的电脑培训，举办4次中心学校教导主任以上的领导培训班，培训500多人。举办全县完小以上校长农村中小学现代远程教育工程应用年活动现场会、观摩会。派出65名中小学校长和骨干教师到北京、上海和省内等教育先进地区跟班或培训学习，提高校长、骨干教师的素质。举办教师全员培训与学习，让骨干教师承担培训任务，让骨干教师承担点评公开课、展示课任务，派骨干教师外出学习，派出骨干教师30人次到外省学习。抓好110名中级、25名副高教师职称的评审工作。做好“新一轮省级、县级和校级骨干教师的选拔”工作，通过自下而上推荐、考试、培训、考核等程序，评选出新一轮省级、县级骨干教师分别为62人、388人。按照省政府文件精神，妥善解决持报到证到县教育局报到且仍待岗的师范院校2002年前招收的“统招统分”师范类毕业生110名，竞岗择优录用高中教师21人、职校教师2人进行岗前培训。

2009年，举办校长（骨干）培训班，聘请教育专家作教育教学管理报告，教师节举行表彰大会，表彰“十佳班主任”“十佳德育标兵”“优秀教师”等，弘扬先进，树立典型。

抓好教师跟进培训，对实验教师进行教材分析、教学建议、案例解读，让教师把握教材特点，提高驾驭教材能力。举行小学语文、小学数学和中学部分学科的跟进培训。邀请人教社课程专家对中小学语文、数学、英语 6 个学科的教师进行培训。全年参加培训教师 5000 多人次。将培训重心下移，强化校本培训，创新自上而下和自下而上双向互动探索的培训思路，在永发、中兴、加乐中心学校举行小学教学骨干教师和教研员培训活动，累计参训教师 1200 多人次，发挥学校领导、教研组长、骨干教师的引领作用。“走出去”学习培训，派出 12 名教师赴新加坡参加淡马锡基金会培训学习。举办 2008—2012 年骨干教师远程培训开班典礼，将全县学校分为 5 个片区，组织教研员、骨干教师、学科带头人深入作巡回培训。推行“校长读书工程”活动，定期举办“校长论坛”和“读书报告会”等活动，提高校长和教师的理论水平。

2010 年 3 月，举行小学语文、小学数学和中学部分学科的跟进培训。邀请人教社课程专家对中小学语文、数学、英语 6 个学科的老师进行培训。强化校本培训和“走出去”学习培训。推行“校长读书工程”活动，抓好局机关干部职工培训。开展“法律进机关”学习活动。组织理论中心组学习 2 次，全体公务员学习 4 次，参加人数 152 人次，组织干部职工观看反腐倡廉警示教育片等。

三、教师招聘

（一）教师资格认定

县教育局组织教师参加省厅举行的教师资格认定教育教学考试，对考试合格的申报人员进行资格审查，依据《教育资格条例》进行资格认定后颁发教师资格证书。

2001 年，澄迈县教师资格认定 10 人。2002 年，澄迈县教师资格认定 1119 人。2003 年，澄迈县教师资格认定 74 人。2004 年，澄迈县教师资格认定 21 人。2005 年，澄迈县教师资格认定 181 人。2006 年，澄迈县教师资格认定 30 人。2007 年，澄迈县教师资格认定 94 人，其中澄迈中学、澄迈二中、瑞溪中学等 22 人被省厅认定具备高中教师资格。2008 年，澄迈县教师资格认定 94 人。2009 年，澄迈县教师资格认定 69 人。2010 年，澄迈县教师资格认定 70 人。

（二）教师招聘工作

2000 年，全县招聘教师 60 名，其中高中教师 9 名，初中教师 11 名，小学教师 40 名。

2001 年，全县招聘教师 100 名。

2002 年，全县招聘教师 62 名，其中初中教师 17 名，小学教师 45 名。

2003 年，全县招聘教师 160 名，其中初中教师 49 名，小学教师 111 名。

2004 年，全县招聘教师 218 名，其中高中教师 18 名，初中教师 45 名，小学教师 155 名。

2005年，全县招聘教师150名，其中初中教师50名，小学教师100名。

2006年，全县招聘教师190名，其中高中教师14名，初中教师72名，小学教师104名。

2007年，全县招聘教师200名，其中高中教师19名，初中教师73名，小学教师108名。

2008年，全县招聘教师80名，其中初中教师34名，小学教师46名。

2009年，全县招聘教师129名，其中高中教师7名，初中教师56名，小学教师66名。

2010年，全县招聘教师33名，其中初中教师16名，小学教师17名。

四、教师待遇

1999年，解决1998年师范类188名毕业生的工资发放问题。开展全县教职工工资调整工作。

2001年10月起，全县教师工资由县财政统一发放，杜绝拖欠教师工资的现象，解决教师的后顾之忧，提高教师积极性。

五、教育科研

1999年，抓好教育科研，全县推广目标教学实验。4月，教育局副股级以上干部、县城中小学领导58人参加在实验小学举行语文和数学教学工作研讨会，研究推广目标教学实验工作。5月初旬，在澄迈县举行海南省第五届小学语文青年教师阅读课教学观摩活动，参加人数1100余人。5月下旬，召开全省小学数学第二届教研会，澄迈县教师展示三节“目标教学”课例，参会人员314人。10月，由县教研室组织67位学校领导、骨干教师赴广西南宁参加全国第十三次目标教学研讨会活动，研讨全面推进素质教育培养学生的创新精神和实践能力问题，观摩所有学科示范课并听专家作的学术报告。11月，举行全县第三次目标教学研讨会，中小学领导及骨干教师208人参加，省教科所蒋敦杰副所长到会做指示，局领导传达广西南宁会议精神，布置下阶段实验研究目标教学及其管理工作，通报表彰实行目标教学成绩显著的澄迈中学、县第二中学、瑞溪中学、县第一小学、县实验小学、江南糖厂小学、文儒教办、瑞溪小学等9个先进单位和表扬22个成绩较好的学校。

2000年，推广目标教学模式，参加目标教学实验班级有2215个，占全县中小学班级数的91%，参加实验教师中学1081人，小学2878人，全县用目标教学备课本备课教师3900人，占教师总数96%。召开全县目标教学工作会议，全县中学、乡镇中心小学，教办负责教学工作领导及县教研员75人参会，总结目标教学的经验，组织学科骨干对万宁市、琼山龙桥学区实施目标教学交流展示23节课。组织青年教师参加目标教学调教活动，有400多人参与县级调教，有12位中小学教师获得省级奖励。开展目标教学展示活动，学校领导、骨干教师上示范课811节（中学204节，小学607节），听评目标教学课7534节。开展全县目标教学“说一做一评”观摩活动，有200多名中小学教师参与。

2001年，推广目标教学实验，做好课程改革的准备工作，组织各学校教导主任，教研组长对目标教学的基础理论、目标教学与创新教育、评价和管理系统、课时和单元达标教学模式等研究课题进行学习，并采取集中学习，组织讨论方式组织教师学习。抓好目标教学“三优”评选活动，进行优质课、优秀教学论文和优质教案评选。举行初中物理和小学语文中青年教师“说一授一评”评优活动，有40位教师登台说课和授课，传播教学经验。选送目标教学论文参加全省和全国评比，获得省一等奖2篇，二等奖6篇、三等奖2篇；全国二等奖1篇，三等奖2篇。县教研室被海南省教育厅评为“基础教育教研先进单位”，被全国目标教学专业委员会授予“全国目标教学研究先进单位”称号。组织教师到海口、儋州、琼海、文昌、琼山等地学习课改经验。全年组织外出学习的教师有900余人次，学习外地先进的教学技艺，吸取创新教育经验。

2002年，省基础教育课程改革工作专家指导小组到澄迈县调研,对澄迈县课改实验给予肯定,认为实验工作有序运作，教师的教学观念和学生的学习方式发生新变化，有些经验值得推广。制定《澄迈县省级基础教育课程改革实验工作方案》《澄迈县基础教育新课程实验推广规划》《澄迈县省级基础教育课程改革实验工作小组责任分工表》《关于进一步加强基础教育课程改革实验研究的意见》，以及13个学科的县级培训方案等，对课改实验作全面规划和合理安排，组织培训和外出观摩学习。召开全县基础教育课程改革培训动员大会，邀请教育厅副厅长石秀慧和省教科所所长将敦杰等专家作讲座。组织300多名学校领导参加省举办的课改通识培训，8名骨干教师参加国家级课改培训，263名教师参加省级课改培训，1297名实验教师参加县级课改培训，600多名教师到海口等外市县课改实验区观摩学习。课改实验小组聘请16位兼职教研员，按照县城地区搞强强联合和乡镇(片)搞强弱联合的做法，加强对实验的指导，做到每校有重点实验学科，每学科有重点实验老师，做到校校有特色，科科有特点，人人有作法，个个有收获。课改实验小组采用内外结合、双向交流的方法,派员外出学习，向各实验学校提供课改信息和辅导资料，在《澄迈教育》上设置课改专栏，发表各校实验教师的课改论文，深入16个乡镇（片）中小学调研，听取90多节研究课，开设40多场研讨会，组织2000多名中小学教师听课，加强课改实验交流。在县城举办为期1周的新课程课堂教学交流研讨周活动，分5个教学点，上56节交流课，涉及小学9个学科、中学11个学科，开设27场研讨会，参加观摩和研讨的教师2500多人次。开展集体备课和课题研究，征集课改优秀教学案例57篇、优秀说课稿48篇、优秀教学设计28篇、优秀论文12篇、研究性学习实验的阶段总结和论文16篇，推荐23篇教学案例和27篇说课稿参加省级评比。

2003年，开展基础教育课程改革,做好课改实验教师的岗前培训和岗后培训工作。举办课改新教材分析培训班，让实验教师理解新教材内容，把握新教材特点,提高驾驭新教材的能力。举办 2 期课程改革培训班，分通识培训和学科培训两个阶段，涉及小学 8 个学科，中学 10 个学科，1100 多名新进入实验的教师参加培训。邀请上海、武汉、北京等地的专家学者及国家级、省级课改专家做专题讲座近 20 个。深入乡镇中小学指导和交流课改实验工作,进行集体备课、课型研讨、教学观摩、说课评课、案例分析和反思交流等教研活动。建立课改基地 14 个和课改学科试点学校 20 所。在全国小学数学奥林匹克竞赛中，加乐中心小学有 4 人获一等奖，6 人获二等奖，6 人获三等奖。文儒中心小学在由新加坡主办的亚太小学数学奥林匹克竞赛中有 6 人获奖，其中 1 人获海南赛区第 6 名，被指定参加总决赛(全省 10 人)，获总决赛第二名。加强校本研训工作，制定《澄迈县校本研训工作方案》，成立校本研训领导小组和专家指导小组。澄迈中学、白莲中学、永发中心小学和福山中心小学被定为澄迈县首批校本研训基地。制定《“综合实践活动”和“校本课程”的开发与研究意见》等实验制度，开展课题研究，使课改实验工作走上规范化、科学化，立项的课题有《新课程背景下的主体性教学实验研究》。规范“四册一表”的使用，印发《中小学教研活动记录本》，加强教学管理，征集课改论文，总结课改经验。收集到教学论文、教学设计、教学案例等 450 多篇,其中有 5 篇获省评比一等奖，18 篇获二等奖，26 篇获三等奖。县教育局被省教育厅评为“课程改革先进单位”，白莲中学和瑞溪中心小学被评为“课程改革先进学校”，蔡兴飞、何中日等 8 人被评为“课程改革先进个人”。

2004 年，开展教研活动，举办小学语文、数学和科学实验教师的后续培训班，培训实验教师 1500 多人次，督促指导各学校举办课改校本培训 10 多次。举行各种教学技能展示，加强课改教师的经验交流，分片区举办新课程交流活动周，300 多人参加做课交流，1200 多人次观摩。由省教育厅主办，县教育局承办的新课程开放周活动，中学开放 84 节课，小学开放 56 节课，三亚、乐东、五指山、琼中、文昌、琼海、临高等市县和昆仑农场、和岭农场等 2000 多名教师观摩，加强与兄弟市县的课改交流，推动课改的深入开展。收集、编写《澄迈县课程改革实验资料汇编》《澄迈县基础教育课程改革实验优秀论文、教学设计、案例、说课稿集》《教育故事专辑》3 部课改资料。邀请省级、国家级课改专家做课改专题讲座 10 多次，西安吴效锋专家作题为《课改实验给教师带来的困惑和解除的方法》的报告，省教研培训院副院长周积昀、龙官吾分别作题为《课改学校的管理与实验教师的师德》和《校本研训给学校带来的变化》的报告，请省教研培训院领导和专家多次到澄迈县做专题报告，提高中小学领导和骨干教师的认识，营造良好的校本研训氛围。出台教研室、教研组、教师研训工作规范，确保校本研训有章可循，以“三次备课、两次反思、两次飞跃”为主的研训形式开展说课、做课评比活动，组织“讲自己的教育故事”展示活动。全县教师参加省级论文评比有3人获一等奖，6人获二等奖，9人获三等奖，4名教师代表澄迈县到海口做新课程优质课展示。学生参加全国中学数理化竞赛，有9人获一等奖，27人获二等奖，25人获三等奖。参加小学数学奥林匹克竞赛有4人获特等奖，7人获一等奖，12人获二等奖，17人获三等奖。有4名小学生代表海南到新加坡参加亚太小数奥赛总决赛，有2人获得金奖。

2005年，举办10期实验教师后续培训，4期校长、教导主任课改培训，参加培训的实验领导和教师2800多人次。指导学校举办课改校本培训20多次，县教育局被指定在全省教育工作会议上作大会发言。开展课堂教学研究和区城教研协作活动，在永发、白莲等农村学校和县城小学开展课堂教学研究活动和组织开展各中小学联片教研协作活动，提高教师的研究能力和教学能力，加强各学校间的合作与交流。举办课改讲座，引领实验教师成长，多次邀请省级、国家级课改专家与教师面对面交流，省教研培训院副院长周积昀作题为《校园文化建设》讲座，龙官吾副院长和孙孝武副主任作主题为“与课改教师对话”的交流活动等。全年邀请省级以上专家做专题讲座12次,参加的教师3000多人次。完善校本研训制度，出台《关于加强中小学教研工作的意见》《关于加强中小学教学工作的意见》《关于开展区域教研协作活动的意见》，搭建起网络教研平台，指导各中小学建立博客网页，网页上的文章累计1007篇，评论781条，访问人数达279313人次。开展研究的课题有县一小和实验小学共同研究的《小学数学新课程背景下的主体性教学研究》，县二小和金江镇中心学校共同研究的《教育评价研究》等。组织“送训下乡”活动，把教研送到边远的学校，提高教师队伍素质和教育教学质量。开展教学评比，收集教研成果，扩大教学交流。举办全县小学数学、中学语文、中学物理优质课评比，评出一等奖8名，二等奖18名，三等奖26名；举办优秀论文、优秀案例和优秀说课稿评比，评出一等奖82篇，二等奖146篇，三等奖250多篇；编辑出版《澄迈县课程改革实验资料汇编》（校本研训专辑）《教育教学故事专辑》（第二辑）课程改革资料，制作课改专题光盘《在希望的田野上——澄迈县农村课改巡礼》，编印《澄迈县新课程优秀论文、教学设计、案例、说课稿》（第二辑）。全县教师参加省级论文、教学设计、案例、观摩课、教师范文、教师美术作品比赛有14人获一等奖，36人获二等奖，91人获三等奖。高考第一批入围人数226人，比上年增加107人，中考综合评价名列全省第三名。学生参加省级比赛有5人获一等奖，36人获三等奖。学生参加亚太小数奥赛海南赛区有3人获特等奖，6人获一等奖，23人获二等奖，28人获三等奖，有3名学生入选海南队到新加坡参加总决赛。全省农村课程改革现场会在澄迈县召开，澄迈县在会上作经验介绍。

2006年，抓好基础教育课程改革，加强教育科研工作，提高教育教学质量。举办小学

三、四年级语文、数学和初中部分学科课改实验教师的后续培训班 12 期，课改专题讲座近 10 次，受训教师 3000 多人次。邀请江苏教育出版社李继海、陈圣春等省级、国家级课改专家到澄迈县讲课 10 次，听课教师 2000 余人次，指导学校举办课改校本培训 20 多次。开展课堂教学教研，提高教师教学能力，教育局教研员深入到农村学校开展评课研讨活动 100 多人次，观摩教师达 2500 多人次。举行中小学多个学科的中青年教师说课和课堂教学优质课评比活动，加强教师的教学交流，评出一等奖 24 节，二等奖 48 节，三等奖 78 节。进行优秀论文、优秀案例、优秀教案和优秀说课稿“四优”评比，收到文章 1200 多篇，评出一等奖 220 篇，二等奖 450 篇，三等奖 60 多篇。加强对新教材教法和学法的研究，使新课程理念落实到教育教学实践中，县一小和实验小学共同研究的《小学数学新课程背景下的主体性教学研究》通过省级结题验收。有 1 名教师在全国小学英语教师教学技能比赛中获得一等奖，教师参加省优质课评比，有 2 人获一等奖、5 人获二等奖、8 人获三等奖，教学论文参加省评比有 45 篇获一等奖，72 篇获二等奖，138 篇获三等奖。高考最高分 829 分，名列全省第 11 人，被清华大学录取，700 分以上有 12 人。学生在省级各学科知识竞赛中有 56 人获一等奖，78 人获二等奖，126 人获三等奖，有 11 位教师获优秀指导奖。有 4 名优秀小学生入选海南队，赴新加坡参加小学数学奥林匹克总决赛，1 人获金奖。

2007 年，举办新课程培训班 6 期，受训教师 1200 多人次，举行校级课改培训 10 多次。举办澄迈县学校第二届“校长论坛”活动，推行“读书工程”活动，举行县级校长或骨干教师读书心得交流 4 次。组织 11 名骨干教师组成指导小组，深入各中心学校做师德建设、教学研究、教学设计和案例写作等专题讲座，提升实验教师的课改理念、理论水平和专业水平。开展听课评课、专题研讨、交流互动等课堂教学研究活动 50 多次，听课 110 多节，观摩教师 1600 多人次；举行中小学综合实践、音乐、生物和英语等学科说课评比活动，有 128 名教师上展示课，有 1600 多名教师参与观摩研讨；举办“首届民盟杯师生书画大赛”，有师生 704 人参加比赛，参观人数 2000 多人次；开展区域联片教研活动 10 余次，推进网络教研，在博客群里教师发表文章 10600 多篇，点击数 690 多万人次。举行“四优”评比活动，收集稿件 492 篇，推荐参加全省评比有 26 篇获一等奖，46 篇获二等奖；对小学三、五年级学科进行调研测试，中学抽取一个年级一个学科进行测试，组织教研员深入研究测试结果，对学校跟踪指导，组织校本教研活动，帮助薄弱学校解决实际教学问题。

2008 年，组织专职、兼职教研员深入全县中小学开展课堂诊断活动，通过听课、评课、专题研讨和互动交流等课堂教学研究活动，对教师的课堂教学进行诊断，对教师课堂教学的不良行为进行矫正，提高教师的课堂教学能力。开展将教学理念具体转化为教学实践活动的研究活动，细化“课前，从学生中来”“课中，关注课堂生成”“课后，到学生中去”

的“三部曲”，使教师的教学理念真正转化为教学行为，提高课堂教学效益。开展优质课评比和课例展示活动，组织教师交流研讨活动，有1400多名教师参加观摩研讨活动，达到资源共享，共同提高的目的。抓课题研究工作，澄迈县承担省级课题《中小学养成教育》课题研究，举行县级交流研讨活动6次，澄迈中学、县二小等9所学校承担省级课题《有效教学实验研究》。开展网络主题研训“跟帖”，让教师在集体备课、听课评课或分片举行公开课后，由教研员或骨干教师在博客上“发帖”，供教师们学习讨论、发表观点。

2009年，开展“人人执教研究课”活动，规定每学期每位教师在校内上一节以上的研究课，教案及评课记录存入教师个人档案，对研究课的观摩研讨活动，中心学校长期向全镇开放，农村完小也定期向全镇开放。开展校本教研活动，提升教师课改理念，开展“同‘题’异‘课’”活动、集体备课活动、三级听课评课活动。全年开展说课评比、优质课评比、美文诵读评比等活动，有2000多名教师参加观摩研讨。开展养成教育课题研究活动，转变学生的学习习惯，围绕《中小学养成教育研究》和《有效教学实验研究》两个课题开展教学研究，各中小学从学习、生活、行为、言行习惯养成等确立子课题，开展研究。

2010年，开展同“题”异“课”活动，针对同一问题，通过两节以上不同内容的课，展示解决问题的不同策略，使教师从中领悟解决问题的不同方法。开展集体备课活动，在加乐中心学校举行集体备课活动，有40多名中心校教研员参加研讨，教研员结合具体的教学内容交流解决问题的方法。利用博客资源，举办“三文”（教育教学论文、教育教学故事、网络美文）评选活动，收到网络美文900多篇，评出一等奖86篇，二等奖136篇，三等奖188篇。教师在博客（包括新建博客）上交流的各类文章有21500余篇，评论13500余条，点击数10069886次，被省教育研究培训院评为网络教研一等奖。举行新课程优秀“四优”评比活动，收集到优秀论文、优秀案例、优秀教案和优秀说课稿600多篇，评出一等奖135篇，二等奖238篇，三等奖292多篇，推荐优秀论文和优秀案例参加省级评比，获一等奖55篇，二等奖87篇，三等奖93篇，编印《澄迈县基础教育课程改革实验优秀论文、案例、随笔集》。在各学科知识竞赛中，有128人获得省级一等奖，186人获得省级二等奖，256人获得省级三等奖。

第六节　教育行政管理

一、教育经费

1999年，全县教育经费总支出中：国家财政性教育经费投入5787.7万元，社会团体和公民个人办学经费投入31.8万元，社会捐、集资办学经费投入374.3万元，学、杂费投入1170.4万元，其他经费投入188.2万元。教育部门教育经费总支出中：国家财政性教育经费投入4207.9万元，社会捐、集资办学经费投入371.1万元，学、杂费投入1150.6万元，其他经费投入177.7万元。

2002年，全县教育经费总支出中：国家财政性教育经费投入9288.5万元，社会团体和公民个人办学经费投入46.4万元，社会捐、集资办学经费投入302.9万元，学、杂费投入1428.2万元，其他经费投入868.5万元。教育部门教育经费总支出中：国家财政性教育经费投入7604.7万元，社会捐、集资办学经费投入302.1万元，学、杂费投入1396.7万元，其他经费投入866.2万元。

2005年，全县教育经费总支出中：国家财政性教育经费投入12808.2万元，社会捐、集资办学经费投入176.6万元，学、杂费投入494.9万元，其他经费投入468.6万元。教育部门教育经费总支出中：国家财政性教育经费投入12452.3万元，社会捐、集资办学经费投入176.6万元，学费、杂费投入467.1万元，其他经费投入468.5万元。

2008年，教育经费支出33929.5万元，其中工资福利支出17599.9万元，对个人和家庭的补助支出5682.9万元，商品和服务支出3907.6万元，其他资本性支出5527.1万元，基本建设支出1212万元。

2010年，教育经费支出58593万元，其中工资福利支出31208万元，对个人和家庭的补助支出4050万元，商品和服务支出5083万元，其他资本性支出17877万元，基本建设支出373万元。

二、教育建设与管理

1999—2010年，澄迈县以全面提高教育教学质量为目标，以基础教育课程改革为契机，以师资队伍建设为突破口，以规范学校管理为手段，坚持教育创新，改善学校办学条件，大力实施素质教育，促进澄迈教育均衡发展。

（一）人事制度改革

1999年，对全县教师队伍进行整顿，加强教师师德教育，对不合格人员及省教育厅不予承认的民师和代课教师予以辞退。实施“1151”工程，即培养10位杰出校长，100位学科带头人，500位县级教学能手，1000位乡镇与校级教学能手等骨干教师队伍。

2001年，解决392名民转公教师工资遗留问题，使这批教师同公办教师同工同酬。

2002年，按照省规定的新编制标准，做好教职工的定编、定员、定岗工作，试行学校内部人事制度改革，实施校长任期目标责任制和教师资格准入制度。

2003年，对澄迈中学中层领导、7个学区主任和瑞溪中学、仁兴学校校长等岗位进行公开竞岗。

2004年，制定《澄迈县教师职业道德“十不准”》，以福山中学为试点，试行教职工量化积分管理办法，强化师资管理。

2005年，制定《澄迈县关于边远、贫困地区教师津贴暂行办法》，对在边远、贫困地区任教的教师每月每人补贴50元；制定《澄迈县教育系统事业单位人事制度改革实施方案》《澄迈县中小学校长竞岗聘任方案》《澄迈县教师综合考核评比分流方案》《澄迈县学校教职工结构工资试行方案》。

2006年，落实《澄迈县中小学骨干教师管理办法》，给国家级、省级骨干教师每月每人分别补贴150元和100元。

2007年，出台《中小学校教师岗位绩效津贴暂行办法》，完善中小学绩效工资分配制度，体现多劳多得。通过自下而上的推荐、考试、培训、考核等程序，评选出新一轮省级骨干教师65名，县级骨干教师400名，校级骨干教师600名。

2008年，解决持报到证到县教育局报到，至2010年仍待岗的师范院校2002年前招收的“统招统分”遗留师范类毕业生110名，竞岗择优录用高中教师21名，职校教师2名。

2009年，完善全县中小学绩效工资分配制度，实现教职工平均工资水平不低于当地公务员平均工资水平的目标。根据《澄迈县农垦中小学校移交地方管理实施方案》，完成澄迈县境内农垦所属普通中小学校移交给县政府管理工作。全县农场有1282名教职工移交，其中移交在职人员1002名，内（病）退人员39名，在册离退休教师241名。不符合移交人员183名，其中离退休工人176名，外包人员7名。解决35名历史遗留的师范生上岗问题；做好全县教职工档案整理工作，整理档案4576个，核准到龄退休人员132名。

2010年，制定《澄迈县中小学校长绩效考核办法》，组织考核组对全县52所中小学校长进行绩效考核。招聘95名思源实验学校的特岗教师，安排到全县32所中小学校实习支教一年。组织开展顶岗支教工作，2010年接纳126名师范类大学生到各中小学校顶岗支教。选送93名中小学教师到师范院校进行为期2个月的强化培训学习，选派56名中小学校教师到高等师范院校脱产学习1年。做好33名2009年上岗的新录用教师的转正工作和全县中小学教职工的绩效考核和奖励性绩效工资的发放工作。

（二）规范管理

1999年，实行学校办学水平等级评估管理，要求各学校教办依据省教育厅制订的标准进行自查，找准差距，解决存在问题。

2000年，持续实施校务公开和财务公开制度，由局纪检监察组和工会深入加强监督、跟踪、落实，遏制教育乱收费、滥订资料等问题；开展办学水平等级评估活动。

2001年，颁布《澄迈县教育局领导班子廉政建设暂行规定》《澄迈县教育局加强机关文明建设管理规定》《澄迈县教育局财务管理制度》等规定，促使干部思想作风、工作作风、生活作风好转。制定《澄迈县教育局关于中小学校校舍及工程建设的暂行规定》，明确规定学校基建项目必须经过局审批同意才能动工，工程费不能超过预算5%，并且不能产生新的债务。

2002年，加大《中华人民共和国义务教育法》的宣传，完善“一保二控三监管”机制；推进学校目标管理责任制，深化学校内部管理机制改革，实行量化管理，完善教育人事和教师业绩档案的管理体制，改进和强化学校、师生、学籍等管理。

2003年，关爱师生，筑起校园“非典”防护网，向师生、群众发送非典知识宣传单8万多张，《防治非典手册》1700多册；依照《幼儿园教育指导纲要（试行）》开设培训班，规范全县幼儿园管理，提高幼儿教育质量；出台《澄迈县教育局加强学校食品卫生工作意见》，强化校园从业人员的业务培训和管理，加强检查督促，确保师生员工的身体健康和生命安全。

2004年，规范民办学校管理，印发《关于认真做好2004年民办中小学校年检工作的通知》。加快全县学校布局调整，制定2004—2008年澄迈县中小学布局调整规划，首次制成全县中小学校分布图。

2005年，加大学校后勤管理社会化进程，县二中、文儒中学、加乐中学、长安中学、永发中学、白莲中学、福山中学引进社会资金建起学生公寓楼和学生食堂，改善学生的吃住条件，加强学校的后勤保障规范管理。县教育局成立教育工会，指导各学校建立工会组织，配齐工会领导机构，确保工会工作正常开展。

2006年，深化基础教育课程改革，强化教学管理，狠抓考研工作，提高教育教学质量，加强教师队伍管理，将澄迈县中小学骨干教师纳入年度考核管理。

2007年，县教育局会同县编委深入各中小学校，开展教师岗位的核编、定编工作，出台《中小学校教师岗位绩效津贴暂行办法》。

2008年，开展“学校规范管理年”活动。从校务管理、教师管理、学生管理、教学科研管理、安全管理、校园管理、后勤管理、档案管理等方面规范学校管理，规范学校的办学行为；启动“教育质量年”活动和开展“规范化学校创建”工作，开展普通高中“省一级学校”创建工作，澄迈中学5年内达到“省一级学校”标准，澄迈二中等15—20所中小学达到“省规范化学校”。落实校长教学教研第一责任人职责，加强对校长参加教学、教研活动的监督管理。出台《2008年澄迈县普通中小学校招生工作实施意见》，全县实行免试划片入学。

2009年，落实“控辍保学”“两免一补”措施，巩固提高“两基”成果，保证每个学生不因贫困而失学；强化跟踪学生成长过程，加强学生学业考评研究机制；建立农垦移交地方管理后教育管理体制，即教育局直接管理农垦原有的中学、九年一贯制学校和中心学校，九年一贯制学校和中心学校负责管理原辖区的完小和教学点。

2010年，抓好幼儿教师培训和组织实施“以园为本教研制度建设”项目，落实《国务院关于当前发展学前教育的若干意见》，开展农村学前教育调研工作，制定全县2011—2013年学前教育三年行动规划；落实“控辍保学”和“三免四补”措施，巩固提高“两基”成果，发展特殊教育；加强学生学业考评研究，实行教学质量监控制度。

（三）基础设施建设

1999年，全县依法利用各学校的勤工俭学费用，投入57万元改善办学条件，投入37万元修建教职工住房；新建校舍2860平方米，其中教师宿舍475平方米；在建校舍10850平方米，其中教师宿舍6030平方米。

2000年，全县筹措1053万元，新建校舍16329平方米，其中教师宿舍9774平方米。

2001年，投入24.6万元建设64个座位语音室。新建校舍6742平方米，改造危房7250平方米，美化校园21500平方米。

2002年，投入890万元开展危房改造建设项目，完成58所中小学17850平方米的危房改造任务，筹集资金754.8万元，兴建教师住房11085平方米。

2003年，建设县二中教学楼主楼、澄迈中学教学主楼和学生公寓食堂、永发中学学生公寓食堂、文儒中学学生公寓食堂、加乐中学学生公寓食堂；改造县二中等8所中小学危房，面积5550平方米；建起8间电脑室和1间多媒体教室。

2004年，新建校舍7700平方米，改扩建校舍5670平方米，新建8间电脑室和2间多媒体教室。

2005年，投入1206万元改造危房2.1万平方米，三中新建物理、化学实验室，县二中、长安中学、白莲中学、福山中学新建学生公寓楼。

2006年，学校危房改造完成省定投资75个项目29063平方米和县定投资6个项目15311平方米。

2007年，新建21间网络教室和21间多媒体教室，新建县青少年活动中心。

2008年，投入300万元，实施生态循环型学校建设工程。改造老城谭昌小学、福山中学、永发中学、白莲中学和加乐中学等5所标准化生态循环型学校。有关企业向瑞溪番丁小学捐款42万元，建设教学楼、学生卫生间，赠送200个书包；向加乐加茂小学捐赠7块黑板、120盒课桌椅和250个笔盒；向福山官族小学捐赠15套课桌椅和一批体育器材。2005年开展对口支援薄弱学校至2008年，县直属学校、各镇中学、中心校和企事业单位向全县37所农村薄弱学校派出挂职干部、支教骨干教师1200人次，捐款约650万元，赠送图书8万多册，学习用具2万多件，课桌椅100套和一批教学用品、体育器材等。投入450万元兴建县青少年活动中心；投入3659万元，改扩建澄迈中学；投入30多万元购置教学仪器，投放到文儒中学等9所中学。老城中学、福山中学、加乐中学、永发中学、加乐中心学校等学校建设标准的实验室，填补镇中小学没有标准实验室的空白。在文儒中心学校等中心学校建起多媒体教室18间，使全县中心学校配齐多媒体教室和计算机网络。全县有4所学校获全省校容校貌评比一等奖，1所获二等奖。

2009年，全县小学有2238667平方米，中学有1127071平方米，职业学校有43338平方米。校园建筑面积情况：小学有328921平方米，危房面积16671平方米，新建面积1282平方米；中学有277875平方米，危房面积13346平方米，新建面积18796平方米；职业学校有33462平方米。其中，实施农村初中校舍改造工程，澄迈县教育扩大内需项目8个，投入资金1018万元，建筑面积8850平方米；中小学校舍安全工程项目13个，投入6579万元，建筑面积78332平方米。

2010年，校安工程项目19个，投入资金3546万元，建筑面积25205平方米。

（四）安全教育管理

1999年，确立“大安全”观念，落实安全文明目标责任制，明确学校在学法、守法、防火、防盗、防毒、防破坏、防自然灾害、禁毒、打黑、保密安全、交通安全、设施设备安全、治安安全等方面的职责；开展安全管理法规的学习宣传，健全规章制度；开展安全管理工作，加强学校安全管理、强化师生安全意识为主题的安全教学活动，开展安全知识宣传教育，加强安全教学监督检查；利用国旗下的讲话、周会、班会时间进行以防溺水、防盗、防抢、防勒索、交通安全为主题的安全教育，悬挂、张贴安全标语、宣传画、挂图，在班级、年级和校园制作有针对性的安全教育黑板报，强化学校师生的安全意识和法律法规知识。

2000年，开学前召开教育大会，教育局对安全工作进行安排部署，把安全管理工作作为全县中小学校工作年度考核评估的重要内容；与各学校单独签订安全管理责任书，明确和细化学校主要领导、分管领导的责任，学校安全管理工作，机构健全，责任明确；组织开展学校安全专项整治工作，全县学校上报学校安全专项整治自查表，自查发现隐患22处，在秋季开学前后进行整改。

2001年，落实“安全第一、预防为主”的方针，树立安全管理意识，与学校签订年度安全稳定责任状。发挥安全管理责任人对安全管理工作的领导、组织、协调和监督作用，机关岗室、包点股室到各校开展安全工作检查，指导学校加强安全管理工作并对存在问题进行立行立改。

2002年，按照“严管理，重防范”的工作思路，抓好学校校舍安全、食品卫生饮用水安全，对没有办理卫生许可证的食堂坚决整改，要求食堂从业人员定期健康检查，严防食物中毒和食源性疾病的发生，会同食品、卫生等管理部门对多所学校进行食品卫生专项检查。抓好宿舍安全管理，全县各寄宿制学校在宿舍楼配备灭火器、应急灯，设置上下楼梯标识以及安全警示语，坚持生活老师值班制。抓好消防安全，开展消防安全教育，通过发放消防资料、灭火演练、火场逃生演习等活动向学生传授防火、灭火知识以及报警、自救技能。

2003年，落实安全工作机制，实行“一把手”负总责，做到“六有”（有领导机构、有专职人员、有规章制度、有专项经费、有管理台账、有应急救援预案），建立“一岗双责”安全责任制，按照“谁主管，谁负责，谁在岗，谁负责”的要求，落实职责，做到齐抓共管。落实学校安全工作值班值岗制度，建立安全信息上报制度。和各学校畅通安全信息渠道，经常利用教育信息网上传安全常识、图片、安全警示、文字信息等内容，各学校坚持学校安全工作周碰头、月汇报，由综治办汇总报局领导。

2004年，开展“平安校园创建”活动，将平安校园建设工作列入议事日程，对校园周边环境进行集中专项治理。配合公安、工商、文化、城建、交管等部门对校园周边环境进行集中整治，取缔一批违法违规的网吧、小摊小贩，收缴一批不健康的盗版淫秽图书。

2005年，联合县公安、安监、食药监等部门加强制度建设，强化排查检查，突出管理重点，实现校园零安全责任事故纪录。配合县安监局、食品药品监督管理局、疾病防控中心等部门，对学校食品、卫生安全进行专项整治活动，改善学校消防安全、食品卫生安全、校车安全，确保师生安全。

2006年，坚持“预防为主、标本兼治、重在治本”的原则，提高工作认识，落实安全责任，建立健全制度，促进规范管理，完善学校安全常规管理制度、安全工作目标考核制度和安全隐患督办制度，完善安全工作措施，提升管理水平。联合县公安交巡警大队、消防大队、食品药品等部门，组成联合检查组对全县中小学进行安全大检查，检查学校46所，查出一般安全隐患114处，没有发现重大安全隐患。

2007年，坚持“以人为本，积极预防”的安全方针，树立学校安全“责任重于泰山”的思想，履行安全监管职责，对局机关主要领导、主管领导和职能股室进行责任分工，教育局一把手是全县教育系统安全工作第一责任人，对辖区学校安全工作负总责，主管领导负直接责任，其他领导负责所管股室与职能相关的安全工作。教育局把培养师生安全意识同宣传教育相结合，把消除安全隐患同日常管理相结合，把提高应急能力同定期组织演练相结合，巩固学校安全工作成果。实行外来人员盘查登记制度，闲散人员一律禁止进入学校，在汛期、节假日实行24小时值班制，做到有领导带岗、教师值班，保证24小时有人值守。对全县各中小学特别是对寄宿制学校的食品卫生、食堂管理、学生宿舍管理、消防设施、饮水、用电设施等进行重点检查，及时发现问题，及时整改。

2008年，建立健全各项安全管理制度，建立校园突发事件预警机制。开展地震预防和疏散演练，澄迈中学举行消防演练活动。组织人员到各学校排查安全隐患，查出安全隐患11处。会同公安、文体、工商等部门对县城学校周边200米内的电子游戏娱乐场所、非法摊点和网吧进行整治，净化未成年人环境。组织人员到各中小学对学生公寓、教学楼、电脑室等人员密集场所进行排查，发现隐患及时消除。

2009年，调整澄迈县中小学安全生产领导小组，与各中小学签订安全生产责任书，做到“谁主管、谁负责”。制定澄迈县教育系统突发公共事件应急预案，落实应急措施。开展“关爱生命，安全发展”为主题的“安全生产月”活动，开展“学校安全教育月”活动，组织64所学校参加活动，参加学生30677人，制作宣传报13期，张贴标语635条，召开“平安校园，平安你、我、他”主题班会课289次，自救自护安全教育课98场，学校组织应急疏散演练15次，参加安全教育专题培训9117人，征文1768篇。进行安全生产大检查，定期对校舍、设施等进行安全检查，对教学楼、师生宿舍、食堂、电脑室、实验室等人员密集场所进行排查，向学生免费发放《中小学生自救安全手册》3万多册，发放禁毒宣传单4万份，发放《禁毒宣传手册》和《平安家庭手册》4000册，展出禁毒图片496张，悬挂宣传横幅10条，活动覆盖全县203所中小学校，受教育学生5.5万人次。加强校车管理，定期检测。加强学校食品卫生管理，会同县卫生防疫站对学校的食堂、小卖部、饮食摊点等进行专项检查，对不符合卫生标准的，责令限期进行整改。做好甲型HINI流感的防控工作，建立“零”报告制度，做到早报告、早治疗、早隔离，确保师生安全。向各中小学发放《预防常见疾病知识要点》800册，《碘缺乏病防治小常识》1万份，《食用碘盐消除碘缺乏病》1万份，预防艾滋病宣传图片1万份，疟疾书签8万张，疟疾挂图5000张，疟疾教学用书1000册，提高学生的预防意识。会同公安、文体、工商等部门对县城学校周边200米内的电子游戏娱乐场所、非法摊点和网吧进行整治，清理无证经营摊点25个，占道经营30个，摧毁乱搭乱建摊点5个。开展“平安校园”创建活动，开展“校园文化长廊”“文明班级评比”“书法绘画比赛”“演讲比赛”“歌咏比赛”等校园文化活动，营造积极健康的校园文化氛围。

2010年，加强安全教育，增强师生的安全防范意识和自护自救能力。县一小、山口中学、长安中心等学校组织全校师生进行地震应急疏散演练，各中小学（幼儿园）开展各种形式的宣传教育活动。开展“我是小小交通协管员”“安全伴我在校园，我把安全带回家”等活动，组织64所学校参加活动，制作宣传标语520条，悬挂宣传横幅73条，召开主题班会课315次，出版安全教育板报63期，自救自护安全教育课52场，发放《中小学生自救安全手册》15000册到各中小学校。定期对校舍、设施进行安全检查，加强学校食品卫生管理，整治校园周边环境，为学校（幼儿园）配置警用器材，提高学校防范风险能力，拨付300多万元，建造20所警务室，为53所学校、幼儿园安装视频监控系统，为138位校警配备服装，购买106支警棍，安装学校警示标识牌和减速带以及为11所学校（幼儿园）配备保安。

（五）办学督导评估

1999年，对白莲等7所中学和县一小等12所小学进行等级评估，在全省校容校貌的评比中，参评的4所学校均获奖，永发镇侍郎小学和瑞溪中心小学获一等奖，白莲镇文玉小学和福山镇花场小学获二等奖。

2000年，组织人员对新吴、文儒、福山和白莲4个乡镇的学校进行办学情况调查，发现学校的办学力量比较薄弱，不平衡。对桥头、福山、新吴等乡镇的18所中小学进行了办学条件等级评估，各校的办学条件各项指标大体保留在1997年“两基”检查时的状况，整体办学水平提高速度较慢，原因是教育经费投入不足，教学用房不足，教室建设严重滞后。对澄迈中学、县一小等学校的艺术教育工作进行检查评估，澄迈中学、县第二中学被评为全省学校体育工作先进单位。

2002年，加大校园建设力度，迎接省校容校貌评比，永发中心学校、博罗小学，桥头镇西岸小学、沙土小学，新吴镇龙楼小学，长安中心小学荣获一等奖，太平博芳希望小学，白莲中学荣获二等奖，县教育局被省评为校容校貌“组织工作先进单位”。

2003年，抓好校容校貌建设，把危房改造作为工作重点，在全省校容校貌评比中，桥头镇沙土小学和西岸小学，永发中心小学和博罗小学，新吴龙楼小学、长安中心小学等6所学校荣获一等奖，太平博芳希望小学和白莲中学荣获二等奖。教科局被省教育厅评为校容校貌“组织工作先进单位”。在创建绿色学校中，桥头镇沙土小学被评为海南省的“卫生达标单位”。红山小学被省教育厅评为“校园经济示范学校”，桥头镇善丰小学、大丰中心小学被省教育厅评为“校园经济达标学校”。

2004年，加强文明生态学校建设，创办绿色学校。福山中学、永发中学、永发长福小学、金江龙坡小学、太平小学、白莲南兴小学和红山小学等7所学校参加全省文明生态学校建设评比，通过初评。社会力量办学行为走上正轨，加大力量对民办学校的规范管理，促进民办学校健康发展。

2005 年，加大对口支援农村薄弱学校工作力度，促进教育均衡发展，制定《澄迈县教育局关于进一步开展对口支援农村薄弱学校工作实施方案》，规定县直属学校、各乡镇（站）中学和中心学校要对口支援一所农村薄弱学校。通过资金和设备支援，改善办学条件，派学校中层和骨干教师开展帮扶，提高教学质量。

2006 年，抓好办学水平督导评估工作，促进教育管理水平提升和教育教学质量提高。按照《海南省普通高中（完全中学）办学水平督导评估方案》《海南省普通初级中学办学水平督导评估方案》和《澄迈县中小学办学水平督导评估方案》的要求，做好对 18 所学校的评估工作。

2007 年，加强办学督导评估，提升学校办学水平。按照《海南省普通高中(完全中学)办学水平督导评估方案》《海南省普通初级中学办学水平督导评估方案》《海南省普通小学办学水平督导评估方案》《澄迈县中小学办学水平督导评估方案》的要求,对金江中心学校等 19 所学校进行新一轮学校办学水平的评估工作。做好省政府对县的教育督导评估工作，在 5 个方面 22 个项目的评估中获得“四优一良”的成绩。

2008 年，根据海南省普通高中、初中、小学办学水平督导评估方案和《澄迈县中小学办学水平督导评估方案》的要求，对 19 所学校进行评估。抓好教师培训、学校管理的督查检查工作，对全县小学是否办重点班、集中培训考试和利用节假日组织学生有偿补课等情况进行督导。

2010 年，澄迈县教育工作被省政府教育督导评估组评为优秀。做好省对县教育工作督导评估自评前期工作，抓好办学水平督导评估工作，促进规范学校的创建。按《海南省普通高中（完全中学）办学水平督导评估方案》《海南省普通初级中学规范化学校督导评估方案》和《海南省普通小学规范化学校督导评估方案》的要求，对 32 所学校进行评估，红光中心学校被评为县级规范化学校。做好“两基”年审工作，加强督导队伍建设，提高教育督导水平。参加国家督导学会组织在鄂尔多斯举办的全国教育督导培训学习，提高教育督导理论水平和实际操作水平。加强对教师培训和学校管理安全的督导检查，对学校是否设置重点班、集中培训考试班和利用节假日组织学生进行有偿补课等情况进行督导。加强对贫困学生住宿费、生活费补贴，校舍安全工程，对规范办学行为等的督导检查。

三、考试与招生

（一）小学招生

1999—2010 年，全县小学采用划片招生的方式招收学生。

1999—2010 年澄迈县小学招生一览表

表 15-2-4　　单位：人

年度	招生数	年度	招生数	年度	招生数
1999 年	8291	2003 年	9565	2007 年	9438
2000 年	7387	2004 年	9351	2008 年	8493
2001 年	9886	2005 年	11213	2009 年	9483
2002 年	10330	2006 年	10837	2010 年	8169

（二）初中、高中招生

澄迈县设澄迈县中等学校招生办公室（临设），负责全县初中毕业水平考试及高中阶段招生录取工作，具体考试与招生情况：

1999 年，全县初中采用考试招生方式招收初一年级学生，高中通过中招考试录取高一新生。秋季，全县初一年级新生 7378 人，高一年级新生 850 人。

2000 年，全县初中采用考试招生方式招收初一年级学生，高中通过中招考试录取高一新生。秋季，全县初一年级新生 7391 人，高一年级新生 890 人。

2002 年，全县初中采用考试招生方式招收初一年级学生，高中通过中招考试录取高一新生。秋季，全县初一年级新生 7858 人，高一年级新生 1028 人。

2005 年，全县初中均采用划片入学的方式招收学生，高中通过中招考试录取高一新生。秋季，全县初一年级新生 8861 人，高一年级新生 1271 人。

2006 年，全县初中一年级采用划片入学的方式招收学生，高中通过中招考试录取高一新生。秋季，全县初一年级新生 8728 人，高一年级新生 1600 人。

2008 年，全县初中一年级通过划片入学的方式招收学生，高中通过中招考试录取高一新生。秋季，全县初一年级新生 7832 人，高一年级新生 1546 人。

2010 年，全县初中一年级仍通过采用划片入学的方式招收学生，高中通过中招考试录取高一新生。秋季，全县初一年级新生 7861 人，高一年级新生 1887 人。

1999—2010 年澄迈县初中招生一览表

表 15-2-5　　单位：人

年度	招生数	年度	招生数	年度	招生数
1999 年	7378	2003 年	8411	2007 年	8053

续表 15-2-5

年度	招生数	年度	招生数	年度	招生数
2000 年	7391	2004 年	8348	2008 年	7832
2001 年	7819	2005 年	8861	2009 年	8225
2002 年	7858	2006 年	8728	2010 年	7861

1999—2010 年澄迈县普通高中招生一览表

表 15-2-6　　单位：人

年度	招生数	年度	招生数	年度	招生数
1999 年	850	2003 年	1099	2007 年	1660
2000 年	890	2004 年	1238	2008 年	1546
2001 年	995	2005 年	1271	2009 年	1619
2002 年	1028	2006 年	1600	2010 年	1887

（三）高中考试

1999 年，澄迈县设有高中部的学校有澄迈中学，学生人数 1769 人，参加高考 580 人，被大中专院校录取 280 人，录取率 48.3%。

2002 年，澄迈县高中在校学生 2988 人，参加高考 994 人，被大中专院校录取 674 人，录取率 67.8%。

2005 年，澄迈县高中在校学生 4368 人，参加高考 1511 人，被大中专院校录取 831 人，录取率 55%。

2010 年，澄迈县高中在校学生 6146 人，参加高考 2087 人，被大中专院校录取 1043 人，录取率 50%。

1999—2010 年澄迈县高考考生报名情况表

表 15-2-7　　单位：人

年度	高考人数	年度	高考人数	年度	高考人数
1999 年	580	2003 年	1359	2007 年	1838
2000 年	685	2004 年	1488	2008 年	1766
2001 年	876	2005 年	1511	2009 年	1829

续表 15-2-7

年度	高考人数	年度	高考人数	年度	高考人数
2002 年	994	2006 年	1836	2010 年	2087

1999—2010 年澄迈县高考录取人数情况表

表 15-2-8　　单位：人

年度	录取人数	年度	录取人数	年度	录取人数
1999 年	280	2003 年	733	2007 年	992
2000 年	620	2004 年	818	2008 年	935
2001 年	675	2005 年	831	2009 年	987
2002 年	674	2006 年	973	2010 年	1043

第七节　教育科技发展基金会

2009 年 7 月，澄迈县教育科技发展基金会成立。业务主管单位为县人民政府，经海南省民政厅批准注册，注册资金 407 万余元。澄迈县教育科技发展基金会是在县政府指导下，为政府排忧解难的民间组织。基金会以社会募集资金为主、以政府拨款为辅，以资助贫困家庭学生为主、以奖励优秀高考学生为辅。

2009 年，奖励优秀高考生 23 人，资助高考特困生 118 人，资助资金 49.2 万元。海南生态软件园开展“关爱成长，与你同行”奖优助困活动，资助 132 人，资助资金 16.34 万元。

2009—2010 年，澄迈县教育科技发展基金会筹集资金 696.87 万元，公益性支出 220.07 万元。资助贫困生 585 人，发放资助金 146.92 万元；奖励高考优秀生 52 人，奖励资金 27.2 万元。2009—2010 年，在教师节表彰奖励一批学校、校长、教师、学生等单位与个人，奖励资金 45.95 万元。

第十六编　文化 体育

第一章　文　化

第一节　文化体制改革

1999年10月，县机构编制委员会印发《关于我县部分事业单位改为企业单位的通知》，将县电影公司单位性质改变为企业单位，其人员等各项管理工作按企业有关规定执行。

2006年，县政府启动国企改革工作，将电影公司列入全县84家企业之一进行改革。12月15日，县国企领导小组成员单位和县文体局在县电影院召开澄迈县电影公司改革工作动员会，正式启动电影公司改革工作。

2007年1月，完成电影公司清产核资专项审计工作。3月，由县国资局出具证明，以县电影公司的名义在《海南日报》发布资产转让公告。1—4月，进行3次审查核实职工档案和3次张榜公示，核实在职104人，退休49人。4月16日，省政府印发《海南省支持文化体制改革和文化事业文化产业发展若干政策的通知》，电影公司职工要求按该文件精神将电影公司改制为事业单位。1999年，电影公司被定性为企业单位，电影公司改革工作按全县国企改革方案进行，造成电影公司职工上访县政府和省政府。2008年1月，县机构编制委员会就县电影公司机构性质作出批复，明确县电影公司仍按1999年印发《关于我县部分事业单位改为企业单位的通知》文件精神维持企业单位性质。2009年6月，完成改革工作，原电影公司解散。

2007—2010年，根据中共海南省委宣传部下发《关于印发海南省新华书店系统转企改制方案的通知》，澄迈县新华书店于2007年转企改制，将原事业单位，按企业管理性质改转为企业单位，更名为澄迈县新华书店有限公司，隶属海南省新华书店有限责任公司。同年，海南省新华书店有限责任公司和江苏省新华书店集团公司进行跨省重组，成立海南凤凰新华出版发行有限责任公司，澄迈县新华书店有限公司成为海南凤凰新华出版发行有限责任公司的子公司。

澄迈县有11间镇综合文化站，原属于澄迈县文体局下属事业单位，由澄迈县文体局统一管理调配。2010 年，全省统一机构改革，在各镇设立隶属于镇政府的副科级事业单位镇社会事务服务中心，各镇综合文化站成为镇社会事务服务中心内设职能机构。

第二节 文化市场与管理

1999 年，推进文化市场法治建设，完善文化市场稽查队的思想、组织建设和文化市场经营管理制度，加大执法力度，以整顿音像市场为中心，打击色情演出为重点，加强全县文化市场执法和管理，净化文化市场。

2000 年，抓好文化市场安全生产管理和“扫黄打非”工作，加强电子游戏经营场所专项治理。联合消防部门对全县歌舞娱乐场所、电子游戏室进行消防测检，落实安全措施，测检 18 家，责令停业整顿 4 家。做好“扫黄打非”工作，全年开展突击检查 3 次，常规检查 34 次，出动人员 124 人次，收缴非法盗版音像制品 673 盒，淫秽、色情音像制品 142 盒，盗版、黄色书册 286 册，查处无证经营图书游商 3 个，取缔无证经营音像制品 1 家，图书经营点 2 家。宣传开展电子游戏经营场所专项整治工作，联合多个职能部门开展执法活动，开展突击行动 43 次，出动车辆 64 辆次，出动人员 350 人次，检查经营场所 64 家次，取缔无证经营单位 2 家，关闭在学校周边不足 200 米设点单位 8 家，没收赌博机 94 台，封存有奖机型机种 700 余部。

2005 年，抓好互联网上网营业场所专项整治和“扫黄打非”工作。建立网吧专项整治工作综合执法制度，会同相关部门开展网吧专项治理工作，加强对全县 60 家网吧巡查。对 51 家违法经营网吧进行处罚，罚款 6 万余元，停业整顿 10 家，取缔黑网吧 12 家。召开全县网吧业主会议，学习《互联网上网营业场所管理条例》，要求业主做好“净网先锋”监控软件的安装，有 800 多台电脑申报安装监控系统。清查出版物市场和打击盗版音像制品，全年组织“扫黄打非”行动 12 次，出动人员 240 人次，出动车辆 112 辆次，检查文化娱乐场所 155 家，收缴盗版音像制品 13200 盒，盗版图书出版物 1500 册，取缔无证经营音像制品店、摊位 9 家，没收淫秽色情“口袋书”读物和卡通画册 1480 多册，淫秽出版物 1100 件，收缴盗版教学辅导读物 300 多册。召开澄迈县公开销毁非法盗版音像制品现场会，现场销毁一批非法盗版音像制品，震慑非法盗版音像制品销售行为。

2010 年，全县文化市场行政执法队伍出动检查 780 人次，检查经营单位 440 家，查处违规经营单位 62 家。其中立案 62 起，收缴各类非法物品 6000 件，罚没款 7 万元，受理举报案件 5 起。

第三节　文化设施

1999—2010年，以公共文化服务机制、服务设施、服务机构和队伍建设为核心，形成结构合理、发展平衡、网络健全、运营高效、服务优质的覆盖全县的公共文化服务体系。投入1700多万元建设县文化馆、图书馆、展览馆；投入600多万元建设金江影剧院；县投资120万元，省配套设备建设广播电视发射铁塔和改造发射机房，完成广播电视演播厅建设。

一、文化馆

澄迈县文化馆原位于金江镇解放西路，2007年迁址金江地坡岭扩建，2009年新馆落成。新建文化馆建筑总面积约为3000平方米，活动用房面积2100平方米，设有音乐歌友厅、舞蹈排练厅、音乐排练厅、美术培训室、老人活动室、跆拳道演练厅、书画、摄影展览厅、非物质文化遗产展厅等。专用活动室总面积为1200平方米，平均每室150平方米；内外环境和谐统一，馆内和室外开展各类文化活动年达40次以上。根据文化馆功能需求和工作拓展需要，文化馆配备音响、灯光、舞台灯架、钢琴、流动展板、展览支架、喷绘、激光条幅机、写真机、民乐乐器、电脑、扫描仪等数字化加工和流动服务设备，开通自主网站，编辑出版内部文化刊物《金江文艺》，为公众提供网上文献资源查询、文化信息阅览及发表交流阵地。

二、图书馆

澄迈县图书馆始建于1936年，1963年独立建馆，旧馆位于金江镇解放西路，新图书馆2009年落成并对外开放，位于澄迈县金江镇文化广场，共5层，建筑面积4800平方米，可藏书100余万，设读者座位670个,每天可接待2000人次。作为澄迈县重要文化设施，图书馆融成人、老年人和少儿服务功能于一体，成年人、老年人服务区域设有面向大众的综合借阅室、报刊阅览室、老年人阅览室，音像资料视听室、共享工程播放室；面向研究性读者的参考阅览室、古籍阅览室、地方文献室、读者自习区。少儿服务区域设有少儿阅览室。各个部门实行自动化管理一卡通业务，图书借阅，阅览室阅读，电子阅读，网络查询，视听欣赏等。2010年底，澄迈县图书馆有藏书66428册。

三、影剧院

（一）金江影剧院

2009年，金江影剧院因年久拆迁重建，新址位于金江镇文化广场，建筑面积3648平方米，2010年6月投入使用。新建的金江影剧院有座位800个。

（二）银龙电影城

位于金江镇文化北路128号瑞佳广场4楼。2006年电影公司改制，电影院及前庭出售给海南南光瑞佳房地产开发公司。2010年，省电影公司投资组建银龙电影城，总面积1680平方米，设有4个放映厅455个座位，12月20日开始营业。

四、书店

（一）澄迈县新华书店

澄迈县新华书店，位于金江镇解放中路，1999—2010年， 内设图书门市部、文具门市部各1个，图书仓库2个，外设图书销售网点21个。

1999—2006年，澄迈县新华书店是中共澄迈县委宣传部下属股级事业单位，实行企业管理。设有经理室、办公室、业务室、门市部、教材仓库，主要业务是独家发行全县中、小学校教材，年发行教材630万元58.3万册。书店及门市位于解放中路134号，门市面积108平方米。门店经营党政类、少儿连环画类、工具书类图书，兼营文具产品和春联等销售业务，采取封闭式图书上架销售方式，门店年销售量30万元2.7万册。

1999—2002年，管理较为混乱，机构臃肿，人浮于事，经营艰难，学校拖欠教材款无法收回。截至2002年，累计外欠海南省新华书店教材款251万元，没有能力缴存职工五险一金。

2003—2006年，根据县委宣传部的部署，新华书店进行自我改革，实行“人事、劳动、分配”三项制度改革。2003年，改选领导班子成员，任命陈世强为经理，郑祖祥、徐世文为副经理，留岗25人，政府流转54人。主要业务是独家发行全县中、小学校教材，年发行教材710万元59.1万册。加入海南省新华书店连锁经营，重新装修门店，改善经营环境。门店拓宽经营，销售图书门类齐全，增加教辅订购和销售，扩大文具产品和学生用电子产品销售规模，开展春联及年画促销活动，采取开放式图书上架销售方式，门店年销售量90万元4.8万册。节省仓储和采购经费，年经营利润200万元。机制改革后，新华书店活力释放，经营有序，收入增加，在保障职工工资发放和缴存职工五险一金的同时，按计划清还债务。截至2006年，所欠海南省新华书店教材款251万元全部还清。

2007—2010年，根据海南省委宣传部下发《关于印发海南省新华书店系统转企改制方案的通知》文件精神，2007年，澄迈县新华书店开始转企改制，更名为澄迈新华书店有限公司，注册资金100万元，隶属海南省新华书店有限责任公司，人事任命、财务管理、分配制度等由海南省新华书店有限责任公司负责实施。设有总经理室、办公室、业务室、财务室、中心门店、大客户部、多元化经营部、物流仓库等。2007年，海南省新华书店有限责任公司和江苏省新华书店集团公司进行跨省重组，成立海南凤凰新华出版发行有限责任公司。江苏省新华书店集团公司持有海南凤凰新华出版发行有限责任公司 51%股份，海南省新华书店有限责任公司持有海南凤凰新华出版发行有限责任公司 49%股份，澄迈新华书店有限公司成为海南凤凰新华出版发行有限责任公司的子公司。主要业务是独家发行全县中、小学校教材，年发行教材 1100 万元 61.9 万册。改变经营模式，投入资金，门店再次装修，购书环境优美舒适，连锁经营种类拓展，吸引客源。门店拓宽经营，销售图书门类齐全，增加教辅订购和销售，扩大文具产品和学生用电子产品销售规模，开展读书活动和春联及年画促销等其他活动，采取开放式图书上架销售方式，门店年销售量 300 万元 9.8 万册。年经营利润 400 万元，职工工资和福利得到提高。在海南凤凰新华出版发行有限责任公司的支持下，2008 年，拍得位于金江镇文化北路 332 号黄金地段的澄迈县金江商场 927 平方米土地使用权和 2781 平方米建筑使用权，为企业发展预留较好的空间。

（二）澄迈金江广智书店

2006 年 12 月，民营书店澄迈金江广智书店设立，注册资金 5000 元，为个体经营企业，经营范围为图书、教辅、音像、文具、教育类电子产品。2007—2008 年，年平均销售额 10 万—20 万元，主要销售图书及教辅 4000—6000 册，销售图书及教辅金额 6 万—12 万元。2009—2010 年，年平均销售额 30 万—40 万元，主要销售图书及教辅 7000—9000 册，销售图书及教辅金 20 万—28 万元。

五、农村文化设施

1999 年，全县农村有水泥灯光球场 26 个，篮球场 10 个，乒乓球台 130 张。

2001 年，投入 1000 万元，建成金江绿地广场，是举行群众文化活动和健身娱乐的场所。

2002 年，投入 30 万元，改造县灯光球场和建设一批乡镇灯光球场。投入 80 万元，购置广播电视台设备，使广播人口覆盖率 100%。

2004 年，向省文体厅申请在金江绿地广场和城东社区各安装 1 套健身路径。组织对全县体育设施进行科学规范普查，体育场地总数有 357 个（座），其中体育场 1 座，有固定看台灯光球场 7 座，羽毛球馆 1 个，乒乓球馆 1 个，天然游泳场 1 个，篮球场 134 个，排球场 141 个，门球场 2 个，田径场 3 个，小运动场 20 个，足球场 17 个，室外网球场 1 个，非标准体育场地 28 个。

2006 年，安装 5 套全民健身路径，向省文体厅申请资金在中兴镇孔水村建设球场、文化室等文体设施。

2010 年，建成乡镇综合文化站 11 个。投入 156 多万元，建成 72 个农家书屋，每个农家书屋赠送 4 个书柜和近 2 万元的图书。完成信息共享工程建设任务，按省配额指标，澄迈县有 1 个镇文化站，144 个村委会为建设单位，利用中央资金购置 144 部电脑，制作基层点牌子下发各个基层点。

第四节 文艺创作

一、文学

1999—2010年，澄迈文学创作活动十分活跃，有一支文学水准较高的文学创作队伍。文学作者在《人民文学》《诗词月刊》《北京文学》《天涯》《诗刊》《海南日报》《金江文艺》等报纸杂志上发表一批小说、散文、词歌等文学作品。

1999年，王景恩的散文《党恩民情比海深》《甘洒千滴汗换得万民安》在国家级刊物《中国世纪行》上发表，在《共产党员》杂志上刊登其散文《南渡江畔》。林明富在《海南声屏报》副刊上发表短篇小说《失约》，何泽富在南海出版公司出版作品集《乡韵趣吟》。

2010年，王景恩的散文《绽开在南渡江畔的三朵红花》发表在《中国世纪魂》刊物上，张运群在《教师博览》发表散文《粉笔味儿》，江非创作的词歌《关于故乡》《一张纸》发表在《诗刊》上，黄大刚创作的小说《偷懒的老师》发表于《椰城》。

2001年，江非的《献诗与感谢》《小镇》《向往的屋檐下》《多少人可以构成一个村庄》分别发表于《北京文学》《天涯》《诗刊》等刊物，黄大刚散文《番薯》发表于《海南教育》。

2002年，江非的《平墩湖边的诗》《入秋与无题》《山东》分别发表在《江南》《人民文学》《天涯》上，张运群的小说《一堂生动的税法课》发表于《海南日报》上，王景恩的散文《为人处世千家赞不枉此生功绩多》发表于《中国当代散文精选》，黄大刚的《选举》发表于《海南党建》，获得2002年《海南党建》优秀文章三等奖。

2003年，陈焕泽出版《银海扬帆—文学作品集》，收录《国庆五十周年有感》《读〈东周列国志〉偶感》《喜逢故友又言别》《月夜独饮》《遥寄恩师》《咏怀》等作品，黄大刚的散文《在山村当教师的日子》发表于《海南教育》，小说《担保》《东叔就坐在那辆车上》《儿子当官》《李积善和他的摩托车》《享受》《夏收》《工作》分别在《中国教师报》《海南特区报》《海南党建》上发表，江非的词歌《一只蚂蚁上路了》《小歌十六首》《小歌：夜色》《天堂守门人》《到北方去》分别发表于《诗刊》《花城》《鸭绿江》等刊物上，张运群的小说《抢收》《李老师，下课了》《胡主任的讲话实录》《张老汉卖猪》《朱卫赌肉》《李婶做媒》《王大宝认瓜》《毁路费》分别发表于《中国教师报》《海南特区报》《海南特区法制报》上。林明富散文《加笼坪观绿》发表在《海南诗社》上，获得海南省离退休干部散文征文比赛优秀奖。

2004年，江非在《山花》《诗刊》等刊物上发表《在地头上》《新华文摘》《田野落日一片》《土拨鼠之歌》等一大批词歌，黄大刚散文《与书牵手》《我们怎么伤害了他》《垂钓》分别发表于《新教育》《中国教师报》《2004年海南作家原创作品选》等刊物，张运群的小说《溪水清清》发表于《中国教师报》，莫仕爵散文《在上海读钱》发表于《天涯社区》网络文学版。

2005年，黄大刚的小说《那块心型石头》，散文《幸福的差距》《美丽的风景》分别发表于《新教育》《海南日报》。江非的诗歌《短歌与谣曲》发表于《诗刊》。莫仕爵的诗歌《爱的颂歌，献给共和国》，散文《雨，淋湿了诗的花瓣》发表于《天涯社区》网络文学版，获中华鲁迅文学文学研究院首届全国文学大赛金奖。林明富出版小说散文集《乡咏》。

2006年，王景恩的散文《情理交融催人奋进》发表于《中国当代散文精选》，诗歌《金江好》《咏红湖福山水库》发表于《新海南诗选》，黄大刚的散文《不以成败论英雄》《邂逅》《常记他人的好》《把不幸送给自以为不幸的人》《宝藏在身边》《感觉的重量》《生活的角度》《快乐的开关》《简单的快乐》《乐于吃亏》分别发表于《海南特区报》《海南日报》，小说《老侯其人》《名牌》《王永旺回来了》分别发表于《今日海南》，《海南特区报》《天涯》增刊。林森的评论《时代的狂欢与个人的隐痛》发表于《黄河文学》，随笔《忍把浮名，换了浅斟低唱》发表于《青年文学》诗歌《村口》《夜深沉》发表于《青年文学》。何泽富出版作品集《银湖逸韵》。江非的诗歌《面对一具意外出土的尸骨》发表于《诗刊》。莫仕爵散文《金色阳光的家园》、诗歌评论《南江(王广俊)的诗》、文学评论《小小说创作的“黄鼠狼”——黄大刚写作技巧》、散文《一饭松涛话去来》《与君相逢夕照时》等5篇发表于“天涯社区”网络文学版。

2007年，陈焕泽出版《美鸽诗集》，收录《仲秋与诸同窗游黄山》《游橘子洲头怀念毛主席》等词歌。林森的短篇《邦墩西里》发表于《滇池》，获2007年滇池文学奖，评论《空旷的世界让我们内心平静》发表于《文艺报》，随笔《一个人的二十年》发表于《文学界》。黄大刚的散文《为人与处事》《一句话的力量》《留只眼睛看自己》发表于《海南特区报》，小说《骗局？骗局！》《代价》《幸福的房子》《又到军坡节》《学习雷锋好榜样》《道歉》发表于《海南特区报》。张运群的小说《诗仙生气》发表于《法制博览·经典杂文》散文《仙人潭》发表于《新教育》。江非的诗歌《江非的诗》发表于《诗刊》。蔡于章的散文诗《金江》《龙水》《水贵土贵娘子贵》发表于《椰城》。莫仕爵的诗歌《绿地八面风》发表于《海南诗文学报》，散文《心桥》发表于国际文学网站《榕树下》，王景恩的散文《香山庙、白玉蟾及其故里》发表于《海南名人与故居》一书。

2008年，王景恩的诗歌《红树林》《椰林叹》发表于《诗词月刊》，江非的诗歌《江非诗歌及评论》《骑着一匹瘦马走奥运》《收割机已经开到了眼前》《燕子低飞》分别发表于

《诗选刊》《诗刊》《星星》。黄大刚小说《不一样的感觉》《戏里戏外》和以“彩票题材”创作的《用彩票垒起的房子》等作品在《海南特区报》上发表。张运群的小说《平衡》《角度》《雅骗》，散文《观念》发表于《海南特区报》。林森的中篇小说《小镇》发表于《中国作家》，获第二届中国作家鄂尔多斯文学新人奖。林明富的儿童文学《吊牛山火光》，荣获中华鲁迅文学研究院首届全国文学大赛一等奖。

2009 年，王广俊的《王广俊的诗》《南渡江》《我也想和妻子在南渡江上划舟》《南渡江分别叫什么》发表于《诗林》《诗选刊》《海南特区报》,《枪手》（小话剧）获第十一届“群君奖”戏剧曲艺作品预选赛优秀奖,《洪波曲》获第十一届“群星奖”戏剧曲艺作品预选赛三等奖,《南渡江的渡口》(外二首）获 2009 海南诗歌大奖赛新诗优秀奖。王景恩的诗歌《做客西岛》《石磨》发表于《诗海》，江非的诗歌《迷人的清香》《美好的时光怎样度过》《水是怎样抽上来的》《我幻想的道路去过罗马》《江非新作》《迷人的清香》《祖国》发表发表于《中国文学年鉴》《中国诗歌精选》《中国年度诗歌》《诗刊》《新中国六十年文学大系诗歌卷》《诗歌月刊》等刊物。黄大刚小说《惆怅》《拿回我的钱》《我不想再见你》《绯闻》《目的地》发表在《海南特区报》上。《曾德英诗选》(共 10 首)发表于《诗选刊》。林森的短篇小说《春夏秋冬》《不能点亮的夜色》《我特意去看了看那条河》分别发表于《芳草》《作品》《飞天》刊物。林明富散文《大丰稍阳桥》获《海南省地名故事》优秀奖。陈焕泽《九龙溪垂钓》《反对日本加入安理会常任理事国有感》《荷花》,《早春》收录于《中华诗词文库海南诗词卷》。

2010 年，王景恩的诗歌《鹊桥仙.登泰山》《游海南陵水清水湾》发表于《诗海》，江非的诗歌《一个奔跑的人在风中》《白马》《雷州半岛》《江非的诗》《时间的孩子》《隐匿者》《诗三首》《穿越空洞》分别发表于《中国年度诗歌》《中国诗歌精选》《本草集》《汉诗》《诗探索》《三月三》《特区文学》《天涯》《星星》《诗刊》《上海文学》《十年诗选》等刊物。黄大刚小说《被领导握过的手》《“怕”老婆的男人》《最佳产品》《第一盒月饼》发表在《海南特区报》。蔡瑞林的作品《无悔的选择》发表于《海南人大》，获得海南省第十七届人大新闻奖三等奖。莫仕爵的艺术评论《墨舞之美》发表于《海南日报》《中华书法网》，艺术评论《生命的观照》发表于《海南岛艺术》。黄大强出版《澄迈民间歌谣》(上集)。林明富散文《马白山与老屋》，荣获海南省政协征文比赛优秀奖，文稿收录入《海南名人与旧居》。

二、音乐、舞蹈

1999—2010 年，澄迈县中小学校重视音乐、舞蹈教育，艺术创作和表演人才辈出，在省级和国家级的比赛中获得优异成绩。以澄迈中学、澄迈一小音乐教师和县文化馆创作人员为主体的艺术人才创作的音乐作品和撰写的论文多次获得奖项。

1999 年，王芬获得“奥克杯”海南省澄迈赛区第六届青年歌手赛一等奖。李蔓莉、谷雨创作的歌曲《妹妹送哥去参军》，在音乐家协会征歌评选中获优秀奖。

2000 年，曾德仕的《那年那月》获得全国青少年走进新世纪文学艺术作品大赛二等奖。吴建兴参加全国中国银行系统第二届歌手大赛通俗组获三等奖。

2001 年，王芬参加海南省“红盾杯”青年歌手赛，获得二等奖。

2002 年，冯衡获得海南省“明珠杯”琼剧唱腔比赛二等奖，撰写的论文《浅议小学音乐欣赏课教学》在 21 世纪中国教育改革论坛中出版，获国家级一等奖，撰写的音乐教学案例《艺术表现的舞台》获得省级三等奖。何高润、冯衡创作歌曲《校园多美丽》《学习英雄李向群》《老师和妈妈》获海南省青少年蒲公英竞赛活动优秀奖，《金色的小船》《阳春三月花盛开》《小百灵的歌》被收入《海南省优秀创作歌曲集》。

2003 年，姜童创作节目《梦鸽》获得海南省第四届中学生文艺会演一等奖、优秀创作奖、优秀指导教师奖，讲授的音乐新课程实验课“牧歌”获得全省二等奖。冯衡《巴姐赞》获得海汽集团会演表演一等奖。李蔓莉《海汽是我家》获得海汽集团会演创作一等奖、《巴姐赞》获创作二等奖。李蔓莉与王哲昌、何高润等收集整理的《苗家生活好》填补海南苗歌复调的空白。王坤玉的音乐论文获得海南省学校艺术教育科研论文评比中学组一等奖。张运妹、王健编排的舞蹈《竹林欢歌》获得海南省广场文艺会演二等奖。

2004 年，王坤玉获得全省中小学生小歌手比赛优秀指导老师一等奖。张运妹、王健编排的舞蹈《袅娜雀影》获海南省群星奖评选三等奖。

2005 年，曾德仕撰写的论文《浅谈中学音乐课堂歌唱教学中的眼唱》获得教育创新与教学质量提高征文大赛一等奖，《音乐课堂教学中背谱的尝试》获得首届“希望杯”人民教师主题征文大赛一等奖。姜童获得海南省“青年志愿者”银奖，创作的节目《向往》获得海南省东西南北中广场文艺比赛一等奖。

2006 年，冯衡获得第五届海南省中小学音乐课堂教学评比指导教师一等奖，曾德仕创作的《亲爱的你在哪里》获得全国第六届“青年歌声”歌曲创作比赛三等奖。

2007 年，符荣兰歌曲作品《五指山的姑娘》获得“全国校园歌曲创作选拔活动”优秀作品奖。澄迈县选送的民间舞蹈《椰乡趣》参加省文艺会演获得一等奖，参加文化部“群星奖”评选，获一等奖。

2008 年，曾德仕创作的《田野上的希望》获得全国第八届《青年歌声》歌词创作比赛二等奖、歌曲创作比赛三等奖。

2009 年，姜童的论文《学生如何在音乐鉴赏课中体现主体地位之我见》在《科技信息》

上发表，编排的八音乐团演奏《欢腾的龙水节》获得海南省东西南北中广场文艺会演一等奖。

2010年，符荣兰的《海南飞起来》获得感动中国词曲创作大赛歌词一等奖，《农民兄弟》获得二等奖，《红豆情》获得中国当代爱情题材音乐作品征集活动歌词创作三等奖。曾德仕的《椰风吹过的地方》在第十一届“人民之春·中国民族民间歌曲演创大奖赛”中获得“中国民歌十大金曲金奖”。8月，符荣兰歌曲作品《雨中行》获得“21世纪华人音乐奖，中国优秀词曲、音乐论文、音乐教案、歌手、乐手展示评选全国大型音乐活动”二等奖。澄迈县选送的作品八音乐器演奏《万花灯》获得文化部“群星奖”一等奖。

三、琼剧、木偶剧

琼剧，又称“海南戏”。澄迈地方国营剧团为县琼剧团。自1991年后，澄迈县琼剧团进行改革，走社会化经营道路，实行团长负责制，高薪聘请社会文艺人才，实施“按劳分配，多劳多得”政策，调动艺员积极性。

1999年，县琼剧团由王蔚武担任团长，全年演出107余场，演出剧目有《铁面巡按》《三堂会审》《徐彩英四告》《爱情与黄金》等。县琼剧团演出的《铁面巡按》在海南省第一届琼剧艺术节上获得二等奖，王蔚武获得省级“优秀男主角奖”。

2000年，县琼剧团在演出市场疲软、竞争激烈的情况下，创作2台剧目，全年演出110场。2001年，琼剧演出市场竞争激烈，县琼剧团创作剧目1台，全年演出104场。

2002年，澄迈县琼剧团由内部职员黄云安承包。黄云安承包后，对县剧团进行改革，重金聘请郭远强、莫育东、蔡彩珍、邓海燕、陈莲坚、王小蓉、王广裕、徐月、荷花等名生名旦，加强剧团演员阵容。投入资金排演新剧目，操练演出成名剧目有《康王告状》《恩爱情缘》《狗衔金钗》《珍珠塔》《汉文皇后》《刁蛮公主》《妙趣鸳鸯》《澄江桥》《张文秀》等10多个。

2005年底，县琼剧团聘请莫育东在《徐秀四告》《怒斩亲夫》《三看御妹》《长乐官》等剧目中主演小生，获得较好的经济效益和社会效益。2006—2007年，演出场数月月增加，月均演出26场以上。

2008年，县琼剧团演出《珍珠塔》剧目获得海南省琼剧会演演出优秀奖。宝岛澄迈青年琼剧团演出的《三堂会审》剧目获优秀奖（民营）。澄迈南强琼剧团演出的《妙郎中状》剧目获得优秀奖（民营）。澄迈县文化广电出版体育局获得组织奖。莫育东、刘阳佳、符花、吴坤深、黄名星、黄珍、李育风获得表演优秀奖。

2010年，聘请海南著名小生陈进和的徒弟谢崇石，主要演出《广东开科》《三看御妹》《澄江桥》《巡按还乡》《刁蛮公主》等剧目。

四、美术、雕刻

1999 年，王大刚油画作品《小巷春秋》获得全国第八届群星奖。徐日龙雕刻作品《风雨同舟》获中国工艺美术学会、中国群众文化学会颁发优秀奖和省展二等奖。王世雄的国画作品《榕树下》入选省展作品。

2000 年，徐日龙雕刻作品《志同道合》《同舟共济》入选世界华人艺术展，分别荣获银奖和铜奖。

2001 年，徐日龙雕刻作品《大雄圣会》入选“新世纪北京颐和园文学艺术创作交流会”并获一等奖。

2005 年，徐日龙的油画作品《椰洲通道》在 2005 世界华人艺术精品大展（北京一首尔一香港国际艺术交流展）评选中获得国际银奖。陈智胜的国画作品《鹭鸶归来夕照时》入选省展作品。

2006 年，徐日龙的雕刻作品《咫尺天涯》参加第四届中国雕刻艺术节暨国际石木雕刻大奖赛，被组委会永久收藏。唐雪珍的油画作品《心的享受》和黄博的油画作品《憧憬》入选省展作品。

2007 年，徐日龙的塑刻作品《泉水咚咚》入选国展作品，七彩雕画作品《黎姹风愿》入选海南省群文美术、书法、摄影展。罗方的油画作品《农舍》、李畅琛国画作品《收获》入选海南省群文美术、书法、摄影展。陈智胜的国画作品《山水》获得省邮政展三等奖。林道林的油画作品《港口》获得深圳展优秀奖。

2008 年 8 月，县文联出版《澄迈县美术书法作品集》。王积的油画作品《椰苗》、罗方的油画作品《农舍》、张丹的水彩作品《永不凋零的花》入选省展作品。

2009 年，王大刚的油画作品《鹅娃》入选省展作品并获得三等奖。

2010 年，陈世兴水彩画作品《金江木桥黄昏》被评为中国时代改革创新美术作品金奖，作品由组委会收藏。王世雄的国画作品《渡口》入选海南省群文美术、书法、摄影作品展。“花瑰艺术”被列入省级非遗保护名录，由海南省人民政府公布。徐日龙木雕作品《冼太夫人安抚》和《观世音菩萨镇南海》获海南省首届工艺美术精品展铜奖。

1999—2010年澄迈县绘画、雕刻作品展赛、发表、获奖（省级以上）情况表

表16-1-1

获奖时间	获奖作者	书画展名称	主办单位、地点或发表所在报刊名称	参展或发表作品名称	获奖级别或馆藏
1999年1月	王大刚	—	文化部社会文化司	《小巷春秋》（油画）	群星奖
1999年9月	徐日龙	—	中国工艺美术学会 中国群众文化学会	《风雨同舟》（木雕）	优秀奖
2000年7月	徐日龙	2000世界华人艺术展	中华人民共和国文化部 文化艺术人才中心 中国文学艺术界联合会 艺术指导委宣会 人民画报、中国画报 2000世界华人 艺术展组委会	《同舟共济》 《志同道合》 （木雕）	铜奖 银奖
2001年5月	徐日龙	世界华人艺术展	人民画报社、 世界华人艺术展组织委	《龙凤争辉》（木雕）	人民画报社会和本展组委会收藏
2001年	徐日龙	—	北京市中国民间文化艺术门交流促进会	《风景这边独好》（木雕）	一等奖
2002年10月	徐日龙	2002中国（东阳）木雕艺术大赛	2002中国（东阳）木雕艺术大赛组委会	《天域探索》（木雕）	（东阳市政府）永久收藏
2004年4月	王大刚	省委宣传部、总工会、省美协庆“五一”书画展	省委宣传部、总工会、省美协庆“五一”书画展	《老宅》（油画）	三等奖
2004年7月	王大刚	海南省风情美术、摄影展	海南省风情美术、摄影展	议价（油画）	优秀奖
2005年	徐日龙	世界华人艺术精品大展	世界华人艺术精品大展组委会	《椰洲通道》（木雕）	国际银奖

续表 16-1-1

获奖时间	获奖作者	书画展名称	主办单位、地点或发表所在报刊名称	参展或发表作品名称	获奖级别或馆藏
2008 年 1 月	王大刚	海南省纪念的纪律检查机关恢复重建 30 周年书画展	省纪律检查委员会省美术家协会举办	《林中有主》（油画）	三等奖
2009 年 7 月	王大刚	—	省群艺馆（海口）	《鹅娃》（油画）	优秀奖
2010 年	徐日龙	海南省首届工艺美术精品展	海南省首届工艺美术精品展筹委会	《冼夫人南抚》（木雕）	铜奖

五、书法

1999 年，莫仕爵的行书作品入展海南省第六届书法篆刻作品展。吴清健的书法作品《草书中堂》被选为参加“海南省庆祝中华人民共和国成立 50 周年暨迎澳门回归祖国书画作品展”。

2000 年，冯德迈书法作品《唐柳公权教子帖》参加海南省五县临书作品交流巡回展并获得三等奖。

2001 年，吴清健的刻字作品入选“海南省第六届书法作品展”。

2002 年，吴清健的作品入选中南五省书法联展。

2004 年，吴清健的作品《酒酣心自开》《酒人》入展首届“昌茂杯”暨海南省第四届刻字艺术作品展。

2006 年，冯德迈书法作品入选海南省九市县书法作品集并联展。莫仕爵行书作品入展海南省第七届书法篆刻作品展。吴清健的书法作品在树立社会主义荣辱观“保税杯”海南省公务员书法大展中被评二等奖，在儋州市中秋文化周“移动杯”十市（县）书法作品联展中荣获二等奖，刻字作品入展海南省第五届刻字艺术作品展。

2008 年，吴清健的刻字作品《纠缠》入展第七届全国刻字艺术展，评审委员会评审评为入展作品并被收藏，入展第十二届国际刻字艺术交流大赛，并被收藏。

2009 年，莫仕爵的行书作品入展海南省第八届书法篆刻作品展。

2010 年，吴清健的刻字作品《变则通》在海南省第七届刻字艺术作品展中荣获一等奖，被评审为入展作品和收藏。莫仕爵参加庆祝中国共产党建党 80 周年海南省书画名家精品展。

六、摄影

1999 年，陈世兴的摄影作品《酒乡之夜》获得火山口旅游摄影杯三等奖。

2002 年，陈世兴的摄影作品《丝路风情》获得丝绸之路中国摄影艺术节摄影大奖赛优秀奖。

2004 年，陈世兴的摄影作品《七仙女》获得“七仙岭风采”摄影大赛优秀奖，《向往》入选海南省第二届新星杯摄影艺术民展览，《鼻哨传艺》入选“海南农垦杯”第四届海南省摄影艺术展，获得“群星奖”。

2005 年 3 月，陈世兴的摄影作品《生生不息》在“洞天杯”三亚历史文化全国摄影大奖赛中获得入选奖。

2008 年 3 月，陈世兴的摄影作品《五月端阳龙水浴》获得“洞天杯 · 蓝丝带”海洋保护全国摄影大展专业组入选奖：陈世兴美术作品《支农》入选中国文史出版社出版的《庆祝中华人民共和国成立 60 周年——新中国书画 60 年（1949—2009）》，并获得金奖。

1999—2010 年澄迈县文艺作品获奖（省级以上）一览表

表 16-1-2

作品类别	作者姓名	作品	获奖情况	主办单位	获奖时间
美术	王大刚	《小巷春秋》	群星奖	文化部社会文化司	1999 年
摄影	陈世兴	《酒乡之夜》	1999 火山口旅游摄影杯三等奖	海南省华侨摄影学会荔湾酒乡	1999 年
雕刻	徐日龙	风雨同舟	二等奖	省展	1999 年
音乐	吴建兴	《走进我的思念》	全国中国银行系统第二届歌手大赛	全国中国银行	2000 年
音乐	王　芬	—	海南省“红盾杯”青年歌手赛二等奖	—	2001 年
摄影作品	陈世兴	《传艺》	全国第十三届群星奖“光华杯”美术摄影书法作品大赛优秀奖	海南省群星奖组委会	2002 年
摄影作品	陈世兴	《丝路风情》	2002 丝绸之路中国摄影艺术节摄影大奖赛优秀奖	中共甘肃省委宣传部 中国摄影家协会 甘肃省文联	2002 年

续表 16–1–2

作品类别	作者姓名	作品	获奖情况	主办单位	获奖时间
音乐	冯　衡	论文《浅议小学音乐欣赏课教学》	一等奖	—	2002 年
音乐	冯　衡	《校园多美丽》	海南青少年蒲公英赛优秀奖	—	2002 年
美术	王大刚	油画《荔枝熟了》	三等奖	海南省群众艺术馆	2002 年
文学	黄大刚	《选举》	《海南党建》优秀文章　三等奖	—	2002 年
文学	江　非	—	新世纪首届北京文学奖	北京市作协	2003 年
文学	江　非	—	第二届华文青年诗人奖	中国作协诗刊社	2004 年
美术	王大刚	《老宅》	优秀奖	海南省宣传部 海南省总工会	2004 年
摄影	陈世兴	《鼻哨传艺》	群星奖	文化部社会文化司	2004 年
刻字艺术	吴清健	《酒人》	首届“昌茂杯”暨海南省第四届刻字艺术作品展三等奖	海南省书法家协会	2004 年
摄影	陈世兴	《七仙女》	“七仙岭风采”摄影大赛优秀奖	海南省摄影家协会	2004 年
摄影	陈世兴	《生生不息》	“洞天杯”三亚历史文化全国摄影大奖赛中获入选奖	三亚历史文化全国摄影大奖赛组委会	2005 年
文学	江　非	—	第三届华语文学传媒大奖提名	南方报业集团	2005 年
书法	吴清健	—	“树立社会主义荣辱观”“保税杯”首届海南省公务员书法大展二等奖	海南省书法家协会	2006 年
美术	陈智胜	《山水》	三等奖	省邮政展	2007 年
美术	林道林	《港口》	优秀奖	深圳展	2007 年

续表 16-1-2

作品类别	作者姓名	作品	获奖情况	主办单位	获奖时间
文学	曾令蕃	《竹三公》	年度小说大赛金奖	《中国作家报》和南中国作家协会联合举办	2007 年
文学	林　森	—	2007 年度滇池文学奖	《滇池》杂志社	2007 年
摄影	陈世兴	《五月端阳龙水浴》	“洞天杯 · 蓝丝带”海洋保护全国摄影大展专业组入选奖	三亚市委宣传部 海南省摄影家协会	2008 年
刻字艺术	吴清健	《纠缠》	海南省第六届刻字艺术展	海南省书法家协会 海南省刻字艺术研究会	2008 年
文学	林　森	—	中国作家鄂尔多斯文学新人奖	中国作家协会、中国作家杂志社	2008 年
文学	林　森	—	“海南文学双年奖•新人奖”	海南省作协	2008—2009 年
美术	王大刚	鹅娃	三等奖	省展	2009 年
刻字艺术	吴清健	《变则通》	海南省第七届刻字艺术展一等奖	海南省书法家协会 海南省刻字艺术研究会	2010 年
美术	陈世兴	《金江木桥黄昏》	中国时代改革创新美术作品金奖	中国国际经济技术合作促进会 中国管理科学研究企事业发展研究中心 全国产业经济国情调查办公室	2010 年
文学	蔡瑞林	《无悔的选择》	海南省第十七届人大新闻奖三等奖	《海南人大》	2010 年

续表 16-1-2

作品类别	作者姓名	作品	获奖情况	主办单位	获奖时间
奇石	冯志楷	《竹报平安》	“魅力奇石，激情亚运会”主题奇石展览全国排行榜24名	广东赏石协会	2010年

第五节　群众文化

一、组织指导机构

县文体局内设文化岗和下属县文化馆负责全县文化艺术活动组织指导工作。县文化馆为股级事业单位。各镇设综合文化站、各村（居）委会建有农村文化室和农家书屋，具体负责组织基层群众开展各种文化艺术活动。

1995年，机构改革，文化体育部门合并，成立文化体育局。2001年，县文化体育局与县广播电视局合并为县文化广电体育局。2002年，改名为澄迈县文化广电出版体育局。县文体局负责对全县文化艺术工作进行指导、管理，组织举办全县性和重大的文体活动；组织全县重点精神产品的创作、生产和有关产品的审读。县文体局文化股是该职能的具体管理执行内设机构。县文化馆负责落实具体群众文化工作。

1951年5月，县文化馆成立，1987年10月经县编委会定编，核定县文化馆主管单位为县文化局。2001年5月，文化体育局与广播电视局合并为文化广电体育局，文化馆划转为其下属股级事业单位。内设部门有办公室、非物质文化遗产保护中心等9个岗位。澄迈县文化馆原位于金江镇解放西路，2007年迁址金江地坡岭扩建，2009年新馆落成。新建文化馆建筑总面积约为3000平方米，活动用房面积2100平方米，为总面积70%，设有音乐歌友厅、舞蹈排练厅、音乐排练厅、美术培训室、老人活动室、跆拳道演练厅、书画、摄影展览厅、非物质文化遗产展厅等。

二、群众文艺活动

1999—2010年，澄迈县群众文艺活动十分活跃。县文体局和县文化馆，包括县文联等部门单位或独立或联合举办歌咏比赛、广场健身操（舞）比赛、书法摄影比赛、大型主题晚会等各类专题活动。

1999年，为庆祝中华人民共和国成立50周年，在县城金江镇举行“万人环城跑”活动，举办庆祝中华人民共和国成立50周年大型文艺晚会“祖国颂”，县琼剧团全年演出107场。

2002年，春节期间举办“新世纪、新澄迈”大型图片巡回展，在县城主要街道、各镇、农场巡回展出，观众 20 多万人。举办 10 多场文艺晚会，举办海南省庆祝中共十六大广场文艺展演暨 2002 年海南省广场文艺会演颁奖仪式、海南省少年篮球锦标赛、“力加杯”海南省排球联赛等文体活动。

2005 年，在绿地广场举办元宵节焰火晚会、“五一”文艺晚会、海南省北部地区广场文艺会演、“七一”文艺晚会、庆祝中华人民共和国成立 55 周年歌唱祖国大型文艺晚会。做好送文化下乡工作，全年送琼剧下乡 38 场，电影 200 场。

2010 年，做好国际老人文化节和龙水节开幕晚会。组织参加海南省东西南北中（北部地区）广场文化会演，县文体局自编自导节目《丰碑》《乐岛》获得好评。组织新春群众游园，迎新春卡拉 OK 歌手大奖赛、琼剧比赛，有 60 名选手参加比赛。协助举办加乐镇家家乐农民文化节琼剧比赛和排球邀请赛。配合做好文化节的非物质文化遗产传承人的现场展示活动。配合县委、县政府、县长寿研究会举办“中华老人书画展暨澄迈百岁老人图片展”；举办“庆祝海南解放 60 周年”图片展。开展全国文化信息资源共享工程展播活动，举行“共享书香，快乐阅读”“共享工程助春耕”等展播。在金江影剧院举办 2010 年“信合杯”澄迈县中老年人广场健身操（舞）大赛暨 2010 年海南省中老年人健身操（舞）澄迈赛区选拔赛，有 40 支队伍 600 人参加，其中县城机关 17 支，乡镇（农场）23 支，城东代表队、澄迈中学代表队、永发镇代表队分获前三名。承办好全省农家书屋现场会。

三、文化演展获奖项目

1999—2010 年，澄迈县群众文艺活动内容丰富、形式多样，艺术质量水平较高。群众文艺团体参加国家、省级等各类文艺会演，书画、摄影展赛获得一批奖项。其中荣获省级奖项有 29 项。

1999—2010 年澄迈县文艺团体荣获省级以上奖项一览表

表 16-1-3

序号	获奖名称	颁奖部门	颁奖日期	备注
1	2002 年海南省第二届合唱艺术比赛优秀奖	海南省文体厅	2002 年 12 月	澄迈县合唱团
2	2003 年海南省第二届合唱艺术比赛优秀奖	海南省文体厅	2002 年 12 月	澄迈县合唱团男声四重唱演唱组
3	2003 年海南省广场文艺会演创作奖	中共海南省委宣传部、海南省文体厅	2003 年 9 月	—

续表 16–1–3

序号	获奖名称	颁奖部门	颁奖日期	备注
4	2004 年海南省东西南北中广场文艺会演二等奖	中共海南省委宣传部、海南省文体厅	2004 年 4 月	—
5	2004 年海南省东西南北中广场文艺会演三等奖	中共海南省委宣传部、海南省文体厅	2004 年 4 月	—
6	2006 年海南省东西南北中广场文艺会演二等奖	中共海南省委宣传部、海南省文体厅、海南省文明办	2006 年 6 月	—
7	2006 年海南省东西南北中广场文艺会演三等奖	中共海南省委宣传部、海南省文体厅、海南省文明办	2006 年 6 月	—
8	2006 年海南省东西南北中广场文艺会演三等奖	中共海南省委宣传部、海南省文体厅、海南省文明办	2006 年 6 月	—
9	2007 年海南省东西南北中广场文艺会演一等奖	中共海南省委宣传部、海南省文体厅	2007 年 6 月	—
10	2007 年海南省东西南北中广场文艺会演三等奖	中共海南省委宣传部、海南省文体厅	2007 年 6 月	—
11	2007 年海南省东西南北中广场文艺会演三等奖	中共海南省委宣传部、海南省文体厅	2007 年 6 月	—
12	2007 年海南省东西南北中广场文艺会演一等奖	中共海南省委宣传部、海南省文体厅	2007 年 6 月	—
13	2007 年海南省东西南北中广场文艺会演三等奖	中共海南省委宣传部、海南省文体厅	2007 年 6 月	—
14	2007 年海南省东西南北中广场文艺会演三等奖	中共海南省委宣传部、海南省文体厅	2007 年 6 月	—
15	2007 年海南省东西南北中广场文艺会演三等奖	中共海南省委宣传部、海南省文体厅	2007 年 6 月	—

续表 16-1-3

序号	获奖名称	颁奖部门	颁奖日期	备注
16	2007 年海南省东西南北中广场文艺会演三等奖	中共海南省委宣传部、海南省文体厅	2007 年 6 月	—
17	2008 年海南省琼剧会演组织奖	中共海南省委宣传部、海南省文体厅	2008 年 11 月	—
18	2008 年海南省东西南北中广场文艺会演三等奖	中共海南省委宣传部、海南省文体厅	2008 年 6 月	—
19	2008 年海南省东西南北中广场文艺会演二等奖	中共海南省委宣传部、海南省文体厅	2008 年 6 月	—
20	2008 年海南省东西南北中广场文艺会演三等奖	中共海南省委宣传部、海南省文体厅	2008 年 6 月	—
21	2008 年海南省东西南北中广场文艺会演三等奖	中共海南省委宣传部、海南省文体厅	2008 年 6 月	—
22	2009 年海南省农家书屋读书征文优秀组织奖	海南省文体厅	2009 年 11 月	—
23	海南省庆祝建国 60 周年第二届海南乡土文化节暨东西南北中广场文体活动组织工作奖	中共海南省委宣传部、海南省文体厅	2009 年 9 月	—
24	2009 年海南省东西南北中广场文艺会演创作奖	中共海南省委宣传部、海南省文体厅	2009 年 9 月	—
25	2009 年海南省东西南北中广场文艺会演二等奖	中共海南省委宣传部、海南省文体厅	2009 年 9 月	—
26	2009 年海南省东西南北中广场文艺会演三等奖	中共海南省委宣传部、海南省文体厅	2009 年 9 月	—
27	组织农家书屋工程建设先进单位	海南省文体厅、财政厅	2010 年 1 月	—

续表 16-1-3

序号	获奖名称	颁奖部门	颁奖日期	备注
28	组织参加“家乡美、我的书屋、我的家”全省阅读征文活动和“我的书屋、我的家”演讲比赛先进单位	海南省文体厅	2010 年 1 月	—
29	2010 年海南省中老年人广场健身操（舞）大赛最佳组织单位奖	2010 年海南省中老年人广场健身操（舞）大赛组委会	2010 年 1 月	—

第六节　报刊与出版物

一、机关报刊

2003 年，澄迈县增设版权局，与澄迈县文化广电出版体育局并立，实行两块牌子一套人员，内设图书音像版权岗，履行文化出版工作管理。2008 年，县文化广电出版体育局被评为“全国版权工作先进单位”。县部门出版刊物由有关部门自行主办，为内部刊物，免费发行。主要有：

（一）《澄迈要务报》

原名《要务公开报》，由中共澄迈县委主办，县新闻办公室编辑出版。早期办报宗旨为公布澄迈县党务政务重大决策决定等文件资料。2006 年 3 月改用现名，扩大办报内容，发展为综合型周报。《澄迈要务报》，版面四开四版，每周三期，属内部刊物，免费送给全县各机关企事业部门、各镇、各村委会。

（二）《澄迈年报》

由县委办公室主办，主要以图片资料反映上年澄迈县的经济、政治、文化与社会各个方面的发展状况。版面为十六开本，免费发行。

（三）《金江文艺》

创刊于 1951 年，为全县唯一综合性文化艺术季刊，主管县文体局，主办县文化馆。主要发表文学、美术、摄影、书法、民间文艺等文艺作品。先后曾名《澄迈文艺》《蒲公英》等，后改称《金江文艺》。至 2010 年，已出版 162 期。

二、民间出版物

（一）《爱心圆梦之家》

原名《爱心放飞》，创办于 2009 年，由澄迈县教育发展基金会主办。刊物为十六开本，不定期出版，主要栏目有《县领导关怀》《理事会动态》《秘书处工作》《捐款活动》《助困奖优活动》《教师节表彰》《爱心单位简介》《感恩之心》《捐资芳名榜》《受资助名单》《文体活动》《佳校简介》等。

（二）《长寿研究》

创办于2010年，由澄迈县长寿研究会主办。刊物为十六开本，主要栏目有《本刊特稿》《寿乡讯闻》《寿乡探秘》《寿星专访》《长寿论坛》《养生课堂》《名人养生》《孝行天下》《生活百科》《乡土艺苑》等。刊物免费赠阅。

（三）《潮音》

创刊于2009年，为唐宋文化研究会属下的民间自发创办的富有文学色彩的内部交流的季刊，澄迈县唐宋文化研究会主办。

“潮音”，即潮流的声音。潮流，即改革开放的潮流，社会和谐的潮流，全党全民努力实现中国梦的奔小康建设现代化强国的潮流。《潮音》办刊宗旨为“培养本土作者，反映本土风貌”。意在为生长、生活、学习、工作在澄迈这片热土上的文化人，提供一个属于自己耕耘的文艺园地。设有史余、诗品、文韵、戏曲、花儿诸栏目。刊物免费赠阅。

第七节　史志编修

一、机构

（一）澄迈县史志编纂委员会

澄迈县史志编纂委员会，原为澄迈县地方志编纂委员会，成立于1985年1月，设主任一名，副主任、委员若干人，主任由县委书记或县政府主要领导人担任。1995年10月，澄迈实行党政机构改革后，党史、地方志机构合并，澄迈县地方志编纂委员会随之撤销，成立澄迈县史志编纂委员会，主任由县委书记担任，增设常务副主任一名，至2010年设置沿袭未变。

（二）县委党史研究室（县地方志办公室）

中共澄迈县委党史研究室和澄迈县地方志办公室原分别为县委、县政府工作部门，1995年8月，党政机构改革，两室合并，更名澄迈县史志办公室，为县政府正科级事业单位。2001年7月，党政机构再次改革，改称中共澄迈县委史志办公室，实行一套人员、两块牌子，即中共澄迈县委史志办公室和澄迈县地方志办公室，归口县委工作部门，为县委直属正科级参照公务员法管理事业单位。内设综合股和编审股两个股。至2010年设置沿袭未变。

二、中共党史资料编写

《海南英烈谱·澄迈县分卷》　全书13.3万字，收集革命战争时期澄迈县革命烈士300多人。中共澄迈县委史志办公室编，海南出版社出版，2000年12月第一版印刷1000册。

《澄迈革命斗争人物录》　全书23万字。收集革命战争时期澄迈县革命斗争人物450多人。中共澄迈县委史志办公室编，陕西旅游出版社出版，第一版于2002年12月印刷，精装200册，平装2000册。全国公开发行。

《澄迈革命斗争回忆录》　全书28.3万字。中共澄迈县委史志办公室编，陕西旅游出版社出版，2003年9月第一版印刷2000册。全国公开发行，新华书店经销。

《抗日战争时期澄迈县人口伤亡和财产损失资料》　全书8万字。中共澄迈县委党史研究室编。2010年12月第一版第一次印刷，印数1000册。内部赠阅。

三、方志资料编纂

（一）县地方志资料

《澄迈县志》　全书约190万字，澄迈县史志编纂委员会编纂出版。是中华人民共和国成立后澄迈县出版的第一部县域资料性著述。志书上限追溯事物发端，下限至1998年。编撰历时20多年，由海南出版社出版，2008年12月第一版第一次印刷，印数2000册，公开发行。

《澄迈要览》　全书8.3万字，中共澄迈县委党史研究室、澄迈县地方志办公室编。2008年12月第一版第一次印刷，印数3000册。内部赠阅。

《永庆寺》　全书8万字，中共澄迈县委党史研究室、澄迈县地方志办公室编。2010年4月第一版第一次印刷，印数3000册。赠阅。

《康熙澄迈县志》（古籍，清高魁标纂修）　校点、加注，全书24万多字，中共澄迈县委党史研究室、澄迈县地方志办公室编。2010年12月第一版第一次印刷，印数1000册。内部赠阅。

《2008年澄迈县大事记》　全书约6万字，中共澄迈县委党史研究室、澄迈县地方志办公室编。2008年12月第一版第一次印刷，印数1000册。内部赠阅。

《2009年澄迈县大事记》　全书约8万字，中共澄迈县委党史研究室、澄迈县地方志办公室编。2010年1月第一版第一次印刷，印数1000册。内部赠阅。

《美榔双塔秘踪》　全书约8万字，中共澄迈县委党史研究室、澄迈县地方志办公室编。印数3000册，2010年12月出版。内部赠阅。

《2009年澄迈县年鉴》　全书约40万字，中共澄迈县委党史研究室、澄迈县地方志办公室编。2010年9月第一版第一次印刷，印数1000册。内部赠阅。

（二）镇村部门资料

《博潭村志》　全书21.6万字，《博潭村志》编委会编，主编王明恩、王永庆，副主编陈垂明、陈扬丰。1998年8月出版，印数800册。全国公开发行。

《澄迈祖源志》　全书56万字，《澄迈祖源志》编委会编，主编王明恩、王永庆，副主编邓金东、王玉章。海南出版社出版，1999年12月第一版第一次印刷，印数2000册。全国公开发行。

《澄迈县妇女80年》　全书8.4万字，澄迈县妇联会编。2000年12月第一版印刷1000册。内部赠阅。

《马村志》　全书22.5万字，《马村志》编委会编。主编马家琳，副主编马家万、马汉森、马必前。海南出版社出版，2002年6月第一版，印刷1000册。全国公开发行，新华书店经销。

《槟榔根村志》　全书约12万字，《槟榔根村志》编纂委员会编。主编邱育官，副主编邱育槐、邱世雄、邱世喜。2008年第一版，印数500册。内部赠阅。

第八节　广播电视

一、机构

1999年，澄迈县广播电视局为全县广播电视事业的管理机构。2001年，澄迈县进行机构改革，澄迈县广播电视局和澄迈县文化体育局合并，组建澄迈县文化广电体育局，2002年11月，改名为澄迈县文化广电出版体育局，为县政府组成部门，正科级行政单位。澄迈县广播电视台是澄迈县文化广电出版体育局下属副科级事业单位，在宣传业务上受县委宣传部的领导。县文体局负责对全县广播电视工作进行指导、管理、检查和监督，确保广播电视安全播出。县文体局广播电视股是该职能的具体管理执行内设机构。县广播电视台负责落实具体的宣传播出工作。

2009年9月，根据《中共海南省委办公厅海南省人民政府关于印发〈澄迈县人民政府机构改革方案〉的通知》要求，澄迈县文体局拟定《澄迈县文化广电出版体育局主要职责内设机构和人员编制规定》上报县编委审核。2009年12月，澄迈县人民政府办公室印发县文体局“三定”方案。广播电视股调整为广播电影电视管理岗，广播电视管理职责职能不变。

（一）广播电台

1991 年，澄迈县人民广播电台建成，由于人员、设备等条件限制，澄迈县人民广播电台（频率 FM94.6）仅自办《澄迈新闻》《校园铃声》《法制专栏》《点歌台》等几个专栏节目，同时转播中央人民广播电台节目。

（二）电视台

1988 年，澄迈县电视转播台成立，为发展澄迈广播电视事业打下基础。2001 年 7 月，澄迈县广播电视台、广播电台、电视转播台、局台合一（俗称三合一），成立澄迈县广播电视台，隶属澄迈县文体局管理，为下属副科级事业单位，宣传业务工作受中共澄迈县委宣传部指导。2002 年，被国家广播电影电视总局授予"2001—2002 年度广播影视系统标准化先进集体"称号。

县广播电视台内设办公室、新闻中心（编辑部、记者部、制作部、专题部）。有 1000 瓦调频广播发射机 1 部、300 瓦电视转播发射机 1 部、新闻摄像机 7 部、新闻采编制作设备 1 套。广播综合覆盖率 95.3%，电视综合覆盖率 93.4%。

2008 年，在原址重新设计建设广播电视发射塔。2009 年，启动澄迈县广播电视演播中心办公大楼建设。县广播电视发射塔于 2008 年 4 月动工建设，7 月主体安装完毕，塔高 75 米，省文体厅配套发射设备。澄迈县广播电视演播中心办公大楼于 2009 年 12 月开工建设，规划用地面积 1474.24 平方米，建筑面积 3212.35 平方米。

2010 年，全年播出广播电视新闻节目 4100 多篇，《一周新闻浏览》65 个，专题制作 67 个，上送新闻 295 条，中央台采用 25 条，省内外媒体采用 270 条。在 60 年一遇的强降雨洪涝灾害中，派出多路记者深入报道汛情和灾情，完成报道 150 条并上报，其中央台发稿 4 条，省台 20 条，《直播海南》栏目 9 条，《夜线》栏目 5 条。

二、广电事业

（一）设施建设

1999—2010 年，县委、县政府和县文体局对县广播电视台的采编播设施建设加大投入。其中 2001 年，购置广播电视设备，使广播综合人口覆盖率 95.3%。2002 年，对广播电视制作室、演播室、录音室、配电房等进行改造完善，通过资产整合迁移播出机房和改造主干线。2003 年，购置摄像机、播放、刻录等采编设备。2004 年，更新改造广播电视发射塔，加强维护管理，确保广播电视信号的正常传输。 2008 年 4 月，在原广播电视发射塔原址重新设计建设广播电视发射塔。7 月，主体安装完成，塔高 75 米，省文体厅配套发射设备。2009 年 12 月，澄迈县广播电视演播中心办公大楼开工建设，项目规划用地面积 1474.24 平方米，建筑面积 3212.35 平方米。2010 年，电视台有 1000 瓦调频广播发射机 1

部，300瓦电视转播发射机1部，新闻摄像机7部，新闻采编制作设备1套，广播综合覆盖率95.3%，电视综合覆盖率93.4%。

（二）“村村通”工程

广播电视“村村通”工程是党中央、国务院为解决广大农村人民群众收听收看广播电视难，把党和国家的声音传送到千家万户而实施的一项民生工程和政治工程，是社会主义新农村建设的“一号工程”。1998年，党中央、国务院决定启动广播电视村村通工程，第一轮工程至2005年结束。2006年，党中央、国务院决定继续实施广播电视村村通工程，按照“巩固成果、扩大范围、提高质量、改善服务”的要求，构建农村广播电视公共服务体系。

1999—2005年，根据国家广播电视总局和省广播电视局（2001年机构改革合并为省文体厅）部署，澄迈县在行政村安装无线广播接收播放设备，收听中央、省和县广播节目。

“十一五”（2006—2010年）期间，澄迈县实施20户以上的自然村广播电视“村村通”工程，2009年，国家和省下达全县20户以上广播电视盲村“村村通”工程任务305套。

中兴、仁兴两镇是澄迈县广播电视“盲村”，是澄迈县广播电视村村通工程建设的重点镇，县文体局利用国家及省“村村通”器材设备和地方配套资金，以“光纤电视进村入户和村村通直播卫星建设混合覆盖”的方式，在中兴镇和仁兴镇实施广播电视“村村通”工程建设，扩大广播电视覆盖范围。2009年，澄迈县完成安装直播卫星接收设施（第一批无加密）305套，其中中兴镇105套，仁兴镇200套，解决305户1525人偏远山区群众收听收看广播电视难的问题。根据省文体厅部署，完成69个行政村69套广播设备安装任务。

（三）有线电视

中国有线电视网络有限公司澄迈分公司　1991，澄迈县有线电视站成立，为县广播电视局下属单位，在县城金江镇建设有线同轴网。2002年，成立海南省广播电视信息网络有限公司澄迈分公司，隶属澄迈县广播电视台。2004年，澄迈县广播电视台将县有线电视网络资产及人员整体移交给海南省广播电视信息网络有限公司管理，股东通过决议，成立海南省广播电视有线网络有限公司澄迈分公司。2005—2010年，海南省广播电视有线网络有限公司澄迈分公司对澄迈县12个乡镇农场（福山镇、中兴镇、仁兴镇、西达农场、昆仑农场、和岭农场、加乐镇、文儒、红岗农场、瑞溪镇、永发镇、新吴）网络进行整合联网，确保澄迈县本地电视节目在这些地区有效覆盖，以及统一电视节目信号源和有线广播电视的安全播出。2006年，海南省广播电视有线网络有限公司体制重新调整，股东通过决议，注销海南广播电视有线网络有限公司澄迈分公司，成立海南广电有线网络有限公司澄迈分公司。2007年，海南广电有线网络有限公司体制重新调整，股东通过决议，注销海南广电有线网络有限公司澄迈分公司,成立中国有线电视网络有限公司澄迈分公司，在岗人员35人。2007年，金江县城有线电视整体转为数字电视，其间，金江机房同时传送数字信号（数字节目80套）及乡镇模拟信号（模拟节目46套）。

有线电视独立网　20世纪末，随着科技的发展，电视机逐渐普及起来。为把党的政策及时传送到基层，全县18个乡镇相应成立文化站，对本镇的文化事业进行管理，但乡镇文化站因没有相应的经营管理能力而将有线电视的经营管理权承包给私人业主投资经营管理，造成18个乡镇（农场）存在有线电视独立网。

根据国务院《卫星电视广播地面接收设施管理规定》《广播电视管理条例》和海南省文体厅《关于海南省有线广播电视网络建设经营管理有关问题的通告》文件精神，县域内只能设立一个有线广播电视覆盖网。2007年，依据《关于重申坚决制止有线电视独立网跨行政区域建网联网，确保中共十七大广播电视安全播出的紧急通知》文件精神，县委、县政府依法收回部分有线电视独立网的经营管理权，收回福山镇、加乐镇、文儒乡、石浮乡、瑞溪镇、永发镇、新吴镇、中兴镇、仁兴乡等9个有线电视独立网的经营管理权。2008—2010年，全县还有9个有线电视独立网约有用户7850户，其中老城镇2000户、白莲站1300户、桥头镇2500户、大丰镇300户、金江镇长安工作站500户、山口工作站200户、美亭工作站250户，红岗550户、金安农场使用美亭的信号250户等。1999—2009年，独立网主要传送模拟电视信号节目36套。2010年，建设数字电视机房，传送数字电视信号节目75套。这些独立网的扩张给行政部门在管理上造成压力，增加安全播出的风险。

（四）开办节目

为让全县人民群众及时了解县委、县政府的中心工作和决策部署，1999年，澄迈县广播电视台推出一档自办电视新闻节目《澄迈新闻》。栏目以报道时政、社会民生动态新闻为主，通过记者摄像镜头，对热点新闻和民生问题进行报道。1999—2010年，《澄迈新闻》每年平均摄制播出新闻节目3100多篇，其中广播新闻1500多篇，电视新闻1600多篇，电视专题节目制作70余篇，上传省台新闻稿件100余篇，为澄迈的社会经济发展营造良好的舆论氛围，为全县人民群众提供丰富多彩的电视节目。在县委、县政府的重视和支持下，通过与省台、新华网、南海网、蓝网合作，2009年增设澄迈县广播电视台网上新闻，加大对外宣传澄迈力度。

2003—2004年，海南澄迈广播产业发展有限公司主要传送有线模拟信号节目46套（含创办县新闻节目，增设澄迈县本地节目1套）。2005—2010年，海南广电有线网络有限公司澄迈分公司金江机房同时传送数字信号（数字电视节目80套）及乡镇模拟信号（模拟电视节目46套）。

2010年，9个有线电视独立网传送数字电视节目信号节目75套。

第二章 文物古迹

第一节 文物保护单位

1999—2010 年，全县登记文物单位（点）218 处（2008—2011 年全国第三次文物普查数据）。其中，县级以上文物保护单位有 66 处，占全县总文物单位（点）的 30.28%。按保护级别分，全国重点文物保护单位 1 处，即美榔双塔（含美榔双塔、陈道叙周氏合葬墓、灵照墓，其中美榔双塔 1996 年公布为全国第四批重点文物保护单位，陈道叙周氏合葬墓和灵照墓 2006 年列为全国第六批重点文物保护单位，同时，美榔双塔、陈道叙周氏合葬墓、灵照墓三个文物点并为 1 处）；省级文物保护单位 6 处，即澄迈学宫、里桥、福安窑址、罗驿村李氏宗祠、南轩石墓、庵堂山墓塔（均为 2009 年第二批省保单位）；县级文物保护单位 57 处。按类别分，古遗址 3 处、古墓葬 22 处、古建筑 29 处；近现代重要史迹及代表性建筑 12 处。按年代分，宋代 11 处、元代 4 处、明代 15 处、清代 20 处、中华民国 1 处、中华人民共和国 10 处，待定 5 处。按区域分布分，金江镇 23 处、老城镇 23 处、永发镇 7 处、大丰镇 7 处、文儒镇 2 处、桥头镇 1 处、中兴镇 1 处、金安农场 1 处、昆仑农场 1 处。另外，还有省级历史文化名村 1 个，老城镇石石矍村。

澄迈县县级以上文物保护单位一览表

表 16-2-1

编号	名称	年代	类别	地址	管理单位	备注
1	陈道叙周氏合葬墓	宋	古墓葬	金江镇扬坤村委会美榔村东北 1 千米	美榔双塔管理处	国保
2	灵照墓	宋	古墓葬	金江镇扬坤村委会美榔村西南 800 米	美榔双塔管理处	国保
3	美榔双塔	宋	古建筑	金江镇扬坤村委会美榔村东南隅	美榔双塔管理处	国保
4	里桥	明	古建筑	老城镇老城糖厂东南	老城镇	省保
5	罗驿村李氏宗祠	清	古建筑	老城镇罗驿村东隅	老城镇	省保

续表 16-2-1

编号	名称	年代	类别	地址	管理单位	备注
6	澄迈学宫	宋至清	古建筑	老城镇老城居委会澄江北路	老城镇	省保
7	庵堂山塔墓	清	古墓葬	金江镇好让村委会潭官村西南	金江镇	省保
8	南轩古墓	待定	古墓葬	永发镇东兴村委会南轩村西 1 千米	永发镇	省保
9	福安窑址	清	古遗址	中兴镇福安村北约 2 千米	中兴镇	省保
10	大丰老街	清	古建筑	大丰镇大丰居委会大丰村中	大丰镇	县保
11	封平约亭	清	古建筑	大丰镇大丰居委会大丰村内	大丰镇	县保
12	谭昌学堂	待定	古建筑	老城镇谭昌小学西南隅	老城镇	县保
13	文林冯公祠	明	古建筑	老城镇石联村委会石矍村西隅	老城镇	县保
14	冼夫人后裔墓群	宋、元明、清	古墓葬	大丰镇富昌村东北约 200 米	大丰镇	县保
15	吴氏先茔	宋、元明、清	古墓葬	大丰镇孝友村东 20 米	大丰镇	县保
16	冼夫人石墓	待定	古墓葬	大丰镇富昌村南约 200 米	大丰镇	县保
17	谢三公夫妇墓	清	古墓葬	金江镇好让村委会北让村东南 500 米	金江镇	县保
18	大美村王氏宗祠	明	古建筑	金江镇大美村委会大美村西	金江镇	县保
19	大美古民居	待定	古建筑	金江镇大美村委会大美村中	金江镇	县保
20	王克勤夫妇墓	明	古墓葬	金江镇大美村委会大美村东北 1 千米	金江镇	县保
21	黄应期夫妇墓	明	古墓葬	金江镇名山村委会山朝村北 400 米处	金江镇	县保
22	王五公夫妇墓	明	古墓葬	金江镇乔桃村北约 100 米	金江镇	县保
23	北令沟古墓	明	古墓葬	金江镇大美村委会文英村南约 1 千米	金江镇	县保

续表 16-2-1

编号	名称	年代	类别	地址	管理单位	备注
24	陆大公夫妇石墓	待定	古墓葬	金江镇扬坤村委会万昌村北 200 米	金江镇	县保
25	金江书院	清	古建筑	金江镇解放路县第二小学院内	金江镇	县保
26	美梛村塔墓	待定	古墓葬	金江镇扬昆村委会美梛村西南 200 米	金江镇	县保
27	冯平、符节烈士纪念碑	中华人民共和国	近现代重要史迹及代表性建筑	金江镇文明路中部	县民政局	县保
28	澄迈县革命烈士纪念碑	中华人民共和国	近现代重要史迹及代表性建筑	金江镇文化路 15 号县总工会大院内	县民政局	县保
29	解放海南战役决战胜利纪念碑	中华人民共和国	近现代重要史迹及代表性建筑	金江镇黄竹村委会美永路南 30 米	县民政局	县保
30	博潭坡石墓	清	古墓葬	老城镇石矍村东南约 100 米	老城镇	县保
31	杜仲儒夫妇墓	宋	古墓葬	老城镇老城中学东北 20 米	老城镇	县保
32	丘浚母太孺人李氏墓	明	古墓葬	老城镇那流村东南隅	老城镇	县保
33	飞腾坊	明	古建筑	老城镇仲音村颜春岭陵园内	老城镇	县保
34	登第坊	明	古建筑	老城镇倘村东隅	老城镇	县保
35	吴景晖故居	明	古建筑	老城镇倘村东北隅	老城镇	县保
36	将军第	清	古建筑	老城镇石矍村西隅	老城镇	县保
37	夏阳侯庙	清	古建筑	老城镇石矍村西隅	老城镇	县保
38	马白山将军纪念园原址	中华人民共和国	近现代重要史迹及代表性建筑	老城镇马村墟西海边国社岭上	老城镇	县保
39	风门岭革命烈士纪念碑	中华人民共和国	近现代重要史迹及代表性建筑	老城镇风门岭南	老城镇	县保
40	吴霜旧居	中华人民共和国	古建筑	老城镇倘村东北隅	老城镇	县保
41	步蟾坊	明	古建筑	老城镇罗驿村西	老城镇	县保
42	罗驿村节孝坊	清	古建筑	老城镇罗驿村东约 500 米	老城镇	县保

续表 16-2-1

编号	名称	年代	类别	地址	管理单位	备注
43	沙土惨案旧址	中华民国	近现代重要史迹及代表性建筑	桥头镇沙土村北部约 200 米处	桥头镇	县保
44	玉包港登陆作战纪念碑	中华人民共和国	近现代重要史迹及代表性建筑	桥头镇玉包村东 1000 米	桥头镇	县保
45	大边贞烈坊	明	古建筑	文儒镇大边村小学西南 80 米	文儒镇	县保
46	王文儒烈士纪念碑	中华人民共和国	近现代重要史迹及代表性建筑	文儒镇至屯昌县海榆中线 3 公里处	文儒镇	县保
47	张二公墓	清	古墓葬	永发镇新吴村委会石鼓村东北 500 米	永发镇	县保
48	郑廷鹄海氏合葬墓	明	古墓葬	永发镇永灵村委会汕头村西北 200 米	永发镇	县保
49	南轩村石照壁	明	古建筑	永发镇东兴村委会南轩村中	永发镇	县保
50	新吴冼夫人庙	清	古建筑	永发镇新吴村委会新吴老墟东北	永发镇	县保
51	美合革命根据地纪念碑	中华人民共和国	近现代重要史迹及代表性建筑	昆仑农场十四队美合岭东南	昆仑农场	县保

第二节　主要古墓古建筑

澄迈县历史悠久，文化遗产丰富。文物古迹是澄迈两千年古县的文化遗产精品。已公布的各级文物保护单位就有 66 处，其中美榔双塔、陈居士周氏合葬墓、灵照墓为国家级文物保护单位；省级的有澄迈学宫、里桥、福安窑址、罗驿村李氏宗祠、南轩石墓、庵堂山墓塔 6 处；县级的有封平约亭、大丰老街、南轩石照壁、大美村王氏宗祠、将军第、文林冯公祠、大边贞烈坊、登第坊、谭昌学堂、儒粪学堂等 57 处。此外还有不少古村落、宅第民居、坛庙祠堂、学堂书院、牌坊影壁类的古建筑文物遍布全县境内，虽然还没有被列入各级重点文物保护单位，也有着较高的历史价值、艺术价值和社会价值。

第三节　文物考古

澄迈县重要文物考古发掘为2002年、2004年先后2次对福安窑址的考古发掘。福安窑址为1964年广东省文物工作者在考古调查期间发现，2002年，海南省考古研究所报请国家文物局批准，对福安窑址进行第一次清理发掘。发掘时间从2002年5—7月止，清理出土文物2300多件。

2004年3—5月，再次对福安窑址进行考古发掘。发掘出土文物1000余件，均为清代陶瓷。按釉色分为青釉、青花、酱釉三种，器形主要有碗、壶、罐、杯、盅、盘、碟、盆、缸、瓮、盏、香炉、砚台、烟斗、器盖、瓷权（枰砣）等。其中青花器形印有文字、花卉图案，一些明显呈海南地方特色的青蛙纹样。还发现大量窑具，主要有垫饼、垫圈、垫钵等。

福安窑址发掘是海南第一次对古窑址发掘，发现4座窑炉，其中2座保存较为完整。福安窑址的发掘填补海南省古窑址发掘的空白，为研究海南古代陶瓷技术和工艺传统提供新的资料，为探索明清时期海南手工业的生产状况提供有价值的实物。

第四节　非物质文化遗产

澄迈县非物质文化遗产保护中心挂靠县文化馆，与县文化馆实行两块牌子、一套人员办公。1999—2010年全县有国家级保护项目1项，省级3项，县级32项，非遗生产基地1个。

2008年，在省非物质文化遗产保护中心、省群艺馆的指导下，采用案头工作与田野调查相结合，分头调查与集中整合相结合，领导、专家与普查人员相结合的方式，对全县非物质文化遗产开展普查。通过普查，基本掌握全县非物质文化遗产分布情况和现存状况。全县共查找出线索676条，圈定重点普查项目66项，完成田野普查21项，完成调查实物收集100多件，完成项目调查登录9项。把《七彩雕画》《澄迈县炭相画》汇编成册。“花瑰艺术”被列入第三批国家级非物质文化遗产保护名录。

澄迈县县级以上非物质文化遗产一览表

表16-2-2

级　别	类　别	保护名录	公布时间	传承人
国家级	传统美术	花瑰艺术	2010年6月	徐日龙
省　级	传统美术	七彩雕画	2009年6月	徐日龙

续表 16-2-2

级 别	类 别	保护名录	公布时间	传承人
省 级	传统美术	海南澄迈民间炭相画	2009 年 6 月	王远辉
	民间信俗	军坡节	2010 年 6 月	—
县 级	传统美术	澄迈民间炭相画	2007 年 5 月 8 日	王远辉
	传统美术	七彩雕画	2007 年 5 月 8 日	徐日龙
	民间文学	美榔双塔的传说	2009 年 7 月 20 日	—
	民间文学	九乐宫的传说	2009 年 7 月 20 日	—
	民间文学	关于黄大将军显灵的故事	2009 年 7 月 20 日	—
	民间文学	飞虎将军的传说	2009 年 7 月 20 日	—
	民间文学	济公山的传说	2009 年 7 月 20 日	—
	民间文学	关于效古、旺商、里万村的传说	2009 年 7 月 20 日	—
	民间文学	生的不圆拾的圆	2009 年 7 月 20 日	—
	民间文学	龙江潭的传说	2009 年 7 月 20 日	—
	传统戏曲	华乐琼剧团	2009 年 7 月 20 日	—
	人生礼仪	苗家婚俗	2009 年 7 月 20 日	—
	人生礼仪	押手丁	2009 年 7 月 20 日	—
	民间舞蹈	盅盘舞	2009 年 7 月 20 日	—
	民间手工艺	编席子	2009 年 7 月 20 日	—
	民间手工艺	米筛竹编	2009 年 7 月 20 日	—
	民间手工艺	酿酒	2009 年 7 月 20 日	—
	民间手工艺	芝麻糖制作工艺	2009 年 7 月 20 日	—
	民间手工艺	牛肉干制作工艺	2009 年 7 月 20 日	—
	民间手工艺	品笠编织	2009 年 7 月 20 日	—
	民间手工艺	中兴刀制作工艺	2009 年 7 月 20 日	—
	民间手工艺	福山咖啡传统制作技艺	2009 年 7 月 20 日	—
	传统美术	花瑰艺术	2009 年 7 月 20 日	—
	传统美术	十柱障板屋	2009 年 7 月 20 日	—
	传统美术	浮雕油漆画	2009 年 7 月 20 日	—
	民间信俗	求子幕	2009 年 7 月 20 日	—

续表 16-2-2

级 别	类 别	保护名录	公布时间	传承人
县 级	民间信俗	走马灯	2009 年 7 月 20 日	—
	民间信俗	做斋	2009 年 7 月 20 日	—
	民间信俗	加茂公期	2009 年 7 月 20 日	—
	民间信俗	军坡节	2009 年 7 月 20 日	—
	民间音乐	二胡	2009 年 7 月 20 日	—
	民间音乐	吹喽哨	2009 年 7 月 20 日	—
	民间音乐	盲人乐器	2009 年 7 月 20 日	—
	民间音乐	唱山歌	2009 年 7 月 20 日	—

第三章 体 育

第一节 管理机构

澄迈县体育运动工作机构原为县体育运动委员会，简称“县体委”，1996 年与澄迈县文化局合并，成立澄迈县文化体育局。2001 年，县机构改革，澄迈县文化体育局与澄迈县广播电视局合并，组建为澄迈县文化广电出版体育局，为政府组成部门，正科级行政单位。内设办公室、体育股、文化股、文博股、广电股、出版股、文化市场管理股等。负责贯彻执行党和国家体育运动工作的方针政策、法律法规规章；拟定并组织实施本县文化广电体育事业发展规划、计划；会同有关部门规划、协调、管理全县体育工作；组织举办全县性和重大的文体活动；协同有关部门查处体育运动等方面的违法、违规行为；管理全县体育市场。县文体局体育股是该职能的具体管理执行内设机构。至 2010 年，其机构职能未变。

第二节 场馆建设

一、县城体育场地

1999 年，县城体育运动场地总面积 5 万平方米，其中灯光球场有 13 个，普通排球场

15个、篮球场30个、乒乓球台30张、300米田径场1个、400米田径场2个。

2002年1月，由企业投资1000多万元兴建的千秋文化体育广场竣工投入使用。该广场建设面积3.60公顷，设有可容纳2000名观众的灯光篮、排球场，羽毛球、乒乓球馆，网球场，健身娱乐室等，为县里举办体育活动主要场地。2004年8月2—6日，海南省第二届体育运动会的乒乓球、中国象棋2个单项比赛在此举行。

2008年重建澄迈县城灯光球场。此灯光球场建于20世纪60年代，可容纳2500名观众，由于年久失修，2008年7月重建。

2010年，澄迈中学田径场建成，建设面积1.8万平方米、8条跑道。其他各中小学的运动场地和体育设施也得到加强和完善。

二、乡镇体育场地

1999年，随着澄迈县农村经济的发展，农村的体育运动场地及设施日益增多和得到完善，全县农村拥有水泥灯光球场26个、篮球场10个、乒乓球台130张。乡镇企业的体育运动场地和设施也有一定规模。位于永发镇的椰风饮料食品厂兴建篮、排球场各3个，足球场1个，场地面积2.3万平方米，可容纳观众1000名。位于福山镇的红湖欢乐园兴建篮、排球场各2个，可容纳观众5000人。

2001年，县政府投入1000多万元，建成金江绿地广场，是举行群众文化活动和群众健身娱乐的场所。

2004年，县文体局向省文体厅申请在金江绿地广场和城东社区各安装1套健身路径。组织对全县体育设施进行科学规范普查，体育场地总数357个，其中体育场1座，有固定看台灯光球场7个，羽毛球馆1个，乒乓球馆1个，天然游泳场1个，篮球场134个，排球场141个，门球场2个，田径场3个，小运动场20个，足球场17个，室外网球场1个，非标准体育场地28个。

2005年，县文体局组织申报国家体育总局“雪炭工程”，争取国家支持拨付50万元改造县灯光球场。

2006年，安装5套全民健身路径，向省文体厅申请资金在中兴镇孔水村建设球场。

2008年，利用体彩资金和省拨资金建设篮球场17个。

2009年，村级体育场地建设投入119万元，其中建成篮球场21个，健身路径13个，赠送乒乓球桌25张，全县文体活动场所近600处。

2010年，投入160余万元，建设20个村级体育健身场所。

第三节 学校体育

1999—2010年，澄迈县重视学校体育工作，各中小学校把体育工作作为学校工作不可缺少的重要组成部分，落实《学校体育工作条例》，成立学校体育健康工作领导小组，增加器材和经费投入，开展体育健身活动。按国家规定开好体育健康课，每周2节加每天早上25分钟晨练和课间操。学校每年组织拔河比赛、排球比赛、篮球比赛等活动，促进学生体育素质全面发展。

1999—2010年，澄迈县每年都举办一次全县中小学生田径运动会，每2—3年举行一次全县中小学生排、篮、乒乓球赛。

澄迈中学有男、女篮球队，县二中有男、女排球队，县三中有男、女篮球队，县体校设有蓝、排球、乒乓球、举重等各种培训班。

第四节 业余体育学校

一、机构

澄迈县业余体育学校创建于1974年，1996年经县编委会批复同意，核定县业余体育学校为文化体育局直属股级全额拨款事业单位，配备校长1名，副校长2名（兼教练）。2001年机构改革，县文化体育局与广播电视局合并，成立县文化广电体育局，2002年更名为县文化广电出版体育局，业余体育学校划转为文体局下属事业单位。

二、工作情况

根据海南省体育运动项目的布局，结合澄迈县的体育强项和实际，业余体校设有排球、田径、乒乓球、篮球、举重五大项目，于2004年9月新增沙滩排球项目。1999—2010年业余体校先后向上级体育部门输送50多名优秀运动员，在省级和全国比赛中多次获得好成绩。举重项目向省级体育运动学校和海口市体育工作队输送符积锋、陈明贤、符伟福等9人，其中符积锋在2000年和2001年的全国青年举重锦标赛均取得第三名，2001年亚洲青年举重锦标赛取得3项第一名，并代表海南省和解放军（协议）参加第九届全国运动会。

1999—2010年，在县委、县政府的重视下，县财政拨付专项经费，维修体校训练房，添置训练器材，增设运动员宿舍和食堂，改善训练条件。业余体校采取“三集中”“三放心”的管理模式，即集中住宿、集中训练、集中文化课学习，让家长放心、领导放心、运动员放心。业余体校根据运动员的年龄特点，因材施教，发挥队员的整体潜能。制定工作目标，签订目标责任状，做运动员的思想工作，调动队员的积极性和使命感，增强每个队员的集体荣誉感。

第五节　体育团体及群众活动

澄迈县是全国体育工作先进县，具有深厚的群众体育运动基础和悠久的体育历史传统，有众多的体育团体和丰富多彩的体育活动。

1999—2010 年，澄迈县拥有篮球协会、各类武术协会、羽毛球协会、门球协会、足球协会、乒乓球协会、排球协会、棒球协会、网球协会、自行车协会以及各种活动俱乐部 20 多个，私营活动场所 10 多个。

大多数镇、村、居委会均有农民蓝排球队、健身舞队、舞龙舞狮队、龙舟队。每年春节、元宵、端午、国庆、中秋、重阳等传统节日，县文体局均在县城和各镇、村组织举办各种比赛活动，群众体育活动非常活跃。县文体局、县教科局经常组织各类体育团体参加全国、全省乃及世界性的比赛，如全国、全省中学生各类比赛，全国、全省青少年各类比赛，全国、全省农民运动会，全省田径运动会等各类比赛，县二中男、女排球队多次代表中国参加世界中学生沙滩排球赛，均获得好成绩。

1999—2010 年，开展的群众体育活动丰富多彩，全民健身运动方兴未艾。全县开展的体育活动有排球、篮球、乒乓球、羽毛球、门球、中国象棋等。逢年过节，各乡镇都习惯举办九人排球赛。

1999 年，为庆祝中华人民共和国成立 50 周年，在县城金江镇举行“万人环城跑”活动，环跑队伍分成 88 个方块 4000 余人，集中在县二中操场举行升旗及启跑仪式，全程 3.5 千米。

2000 年，在节假日期间举办系列群众文体活动。春节期间，举办全县排球、乒乓球、男女象棋比赛；“三八”国际妇女节、“五一”国际劳动节、“五四”青年节、“六一”国际儿童节等节日举办全县乒乓球、篮球比赛；在瑞溪镇举办五市县排球邀请赛，承办海南省“虎牌杯”篮球联赛澄迈主场赛。

2005 年，抓好全民健身活动，组织节假日群众体育活动。举办“邮政杯”篮球邀请赛、“工行杯”象棋比赛、第二届“宝岛杯”男子九人排球邀请赛、“联通 · 世界风杯”乒乓球男子团体赛等赛事活动；举办盈滨“龙水节”女子拔河比赛、龙舟邀请赛、排球邀请赛、足球邀请赛。

2006 年，抓好节假日群众体育活动，做好环海南岛国际公路自行车赛澄迈赛段的组织工作。

2009 年春节期间，举办男子篮球邀请赛、象棋比赛、男子 9 人排球邀请赛、乒乓球赛、羽毛球赛，举办全民健身日“万人环城跑”大型体育活动，承办“力加杯”海南省排球联赛和篮球赛，承办好环岛赛澄迈赛段的各项工作。

2010 年春节期间，举办男子篮球邀请赛、象棋比赛、乒乓球、羽毛球赛，组织 8 月 8 日全民健身日“万人环城跑”活动。

第六节　重大赛事

为发展全民体育健身运动，澄迈县经常开展各种体育比赛活动，各中小学也因地制宜地开展有特色的校园体育比赛活动。县体委组队参加省、国家开展的各类体育运动会，获得多项奖项。

一、省（区）级竞赛

1999 年，组队参加“虎牌杯”篮球赛，获银牌一枚；参加省少年举重比赛，获 8 枚金牌、4 枚银牌、8 枚铜牌；参加省青少年田径比赛，获总分第五名。

2000 年，组队参加省首届体育运动会 7 个项目比赛，获 16 枚金牌、6 枚银牌、7 枚铜牌，破 5 项省最高纪录，名列金牌榜第 7 名，田径队获得体育道德风尚奖。

2005 年，组队参加全省少年男子田径锦标赛，获得 2 枚金牌、6 枚银牌、3 枚铜牌；参加全省少年举重锦标赛，获得 6 枚金牌、5 枚银牌、4 枚铜牌，总分位居第六；参加全省少年乒乓球锦标赛，获得男子团体总分第二名和个人男子单打冠军。

2009 年，组队参加全省体育锦标赛。参加全省少年田径、举重、乒乓球、沙滩排球、篮球锦标赛。其中获得乒乓球单打铜牌 3 枚、团体第三名，田径金牌 4 枚，沙滩排球男子乙组第二名，男子甲组第五名。

2010 年，承办好 6 月 9—13 日在澄迈县举行的全省少年儿童羽毛球锦标赛。组队参加全省少年田径、举重、乒乓球、沙滩排球、篮球锦标赛和自行车锦标赛。其中少年田径锦标赛获得金牌 3 枚、银牌 5 枚；自行车锦标赛获得金牌 1 枚、银牌 1 枚；少年举重锦标赛获得银牌 3 枚；少年儿童乒乓球锦标赛获得铜牌 2 枚。

二、全国性竞赛

1999—2010 年，全县 69 名运动员参加全国比赛，获 14 枚金牌、6 枚银牌、4 枚铜牌。

三、承办协办赛事

1999—2010 年，澄迈县组织引进、承办系列省级体育赛事。通过举办体育赛事，宣扬体育健身理念，营造全民健身氛围。

2000 年，承办海南省“虎牌杯”篮球联赛澄迈主场赛。

2003 年，承办“力加杯”海南排球联赛、全省少年举重锦标赛和全省少年篮球锦标赛。

2005 年，承办海南省少年乒乓球锦标赛。

2009 年，承办省少年乒乓球锦标赛，抓好比赛宣传，场地布置，安全保卫，运动员、裁判员接待，用餐住宿安排等工作，确保比赛顺利进行。承办“力加杯”海南省排球和篮球联赛。承办环岛赛澄迈赛段的各项工作，制定环岛赛澄迈赛区组织工作总体方案，成立环岛赛澄迈赛区组委会，确保赛事的顺利开展。

2010 年，承办全省少年儿童羽毛球锦标赛，抓好比赛宣传，场地布置，安全保卫，运动员、裁判员接待，用餐住宿安排等工作，确保比赛顺利进行。

1999—2010 年澄迈县运动员参加省级体育比赛获奖一览表

表 16-3-1

时间	比赛名称	项目	比赛地点	主办单位	获得成绩
1999 年 7 月	“虎牌杯”	篮球	海口市	海南省文体厅	第二名
1999 年 10 月	海南青少年	田径	海口市	海南省文体厅	总分第五名
2000 年 7 月	海南省联赛	篮球	海口市	海南省文体厅	第一名
2000 年 5 月	海南省农民赛	排球	海口市秀英区	海南省文体厅	第三名
2000 年 8 月	海南省“锦标赛”	沙滩排球	琼海市	海南省文体厅	第二名
2001 年 5 月	海南省青少年	田径	乐东县	海南省文体厅	总分第六名
2002 年 7 月	海南省联赛	排球	定安县	海南省文体厅	第五名
2003 年 6 月	海南省锦标赛	乒乓球	海口市	海南省文体厅	团体第三名
2004 年 8 月	海南省运动会	排球	海口市	海南省文体厅	第五名
		篮球	海口市	海南省文体厅	第二名
		田径	海口市	海南省文体厅	团体第六名
2005 年 7 月	海南省“力加杯”	排球	文昌市	海南省文体厅	第五名
2006 年 5 月	海南省少年	篮球	海口市	海南省文体厅	第一名
2006 年 7 月	海南省少年	沙滩排球	陵水县	海南省文体厅	第二名
2007 年 6 月	海南省少年	沙滩排球	澄迈老城	海南省文体厅	第二名
2007 年 5 月	海南省少年	篮球	海口市	海南省文体厅	第二名
2008 年 10 月	海南省少年	田径	海口市	海南省文体厅	总分第六名

续表 16-3-1

时间	比赛名称	项目	比赛地点	主办单位	获得成绩
2008 年 11 月	海南省中学生	排球	文昌市	海南省教育厅	第二名
2008 年 7 月	海南省联赛	篮球	琼海市	海南省文体厅	第二名
2008 年 10 月	海南省运动会	篮球	海口市	海南省文体厅	第三名
2009 年 11 月	海南省中学生	排球	定安	海南省教育厅	第三名
2009 年 5 月	海南省少年	沙滩排球	文昌市	海南省文体厅	乙组第一名
2010 年 7 月	海南省“力加杯”	排球	文昌市	海南省文体厅	第三名
2010 年 6 月	海南省少年	沙滩排球	文昌市	海南省文体厅	第一名
2010 年 4 月	海南省少年	篮球	澄迈县	海南省文体厅	第二名

第十七编 医疗 卫生

第一章 医疗卫生体制改革

第一节 技术人才管理改革

澄迈县医疗技术人员实行公开考试，聘任持证上岗。1999 年，全县有医疗卫生单位 27 个，其中局直属单位 8 个，卫生院 19 个，国有农场医院 6 个。针对农村基层卫生院医务人员工作不积极、按部就班、医疗服务质量不高、社会效益和经济效益差问题。1999—2003 年，澄迈县卫生主管部门对基层卫生院推行打破“吃大锅饭、捧铁饭碗”的管理模式，对卫生技术人员实行按劳取酬、多劳多得、奖勤罚懒的浮动工资制度改革，浮动奖金上不封顶，下不保底，按工作目标、任务、数量等考核分配浮动工资，在领取工资之外还有奖金。这项带有激励机制的改革，改变卫生人才的精神面貌，激发工作热情，主动工作，医疗项目顺利开展。

2004 年，实施各类医疗卫生人员全员竞岗考试的改革，参加理论考试人数 876 人，本着公开、公平、公正和精简、规范、高效的原则，通过竞争上岗，优化卫生系统人力资源配置，劣者转岗、待岗和分流。这项改革使医务人员有危机感，认识到通过学习提高医疗技术，为人民服务的紧迫感，推动医疗卫生各项工作的开展。

2005 年，澄迈县人民政府批准《关于印发澄迈县农村卫生管理体制改革方案的通知》，改革目标明确医疗卫生机构人员和分配制度改革。改革核心是卫生技术人员统一调配，确定“竞争上岗，全员聘任”用人方式。组织县人民医院等四家副科级单位 199 名医技人员和基层卫生院 245 名医技人员进行全员竞岗考试。对考试不合格人员的按内部转岗等方式进行处理。对卫生专业技术人员实行聘任制，聘用期 1—3 年，加强聘期和聘后管理。按照“绩效优先，按劳分配，兼顾公平”的原则，完善医疗卫生单位的经济管理方案，建立健全重实绩，重贡献，向优秀人才和关键岗位倾斜的分配激励机制。县卫生局下发关于村级卫生机构设置规划管理方案，规定村卫生室至少有一名取得注册资格的乡村医生，充实和加强村卫生室医疗人员的配置。

2006年，县卫生局对全县行政村卫生室乡村医生进行工作补贴的改革。规定对乡村医生实行县级财政每人每月补贴100元，各乡镇卫生院每人每月补贴20元，鼓励乡村医生安心扎根农村，为农村群众服务。

2008年，加强卫生人才的业务培训，实施传、帮、带模式，通过县对镇、镇对村进行业务指导、分类指导、逐级培训等方式，医疗人员业务水平和服务技能得到提高。

2009年至2010年，实施大学毕业的各类别医疗卫生人员的人才补贴改革，鼓励医务人员安心扎根基层。补贴标准：主任医师每人每月200元，副主任医师每人每月150元，主治医师每人每月100元，医师每人每月50元，补贴资金由县财政拨付。

第二节　医疗制度改革

1998年，海南省制定《海南省农村合作医疗管理暂行办法》《海南省1998年至2000年农村合作医疗计划指标的通知》《海南省农村合作医疗实施方案》，加强农村合作医疗工作。

按照1998—2000年农村合作医疗计划指标任务要求，1998年，澄迈县政府下发县卫生局制定的《关于澄迈县农村合作医实施方案》，设立合作医疗管理机构和监督领导机构开始开展工作。组织专业队伍47人，到各镇农村抓好合作医疗试点工作，至1999年初，全县30个试点村合作医疗站挂牌运作。在村镇干部、下乡工作队、乡村医生共同工作下，全县参加合作医疗人数36171人，个人筹资485871元，村集体筹资57930元，乡镇及县投入8.8万元，完成省定任务的104%，为全县全面铺开农村合作医疗工作打好基础。

2001—2002年，做好巩固发展和人员动态管理，为人人享有初级卫生保健打下基础。从2003年起，由政府扶持、农民自愿参加的新型农村合作医疗（大病统筹）工作，在澄迈县开展试点。至2004年，全县有17.24万人参加新型农村合作医疗，住院医药和门诊费用155.98万元，其中住院1485人次，医药费用报销153.44万元，医药费用平均人次报销1038.6元。

2005年，全县有188227名农民参合，参合率为71%。有23863人次获得新农合补偿，补偿金额374.95万元，其中门诊报销11703人次，报销金额30.76万元；住院补偿3028人次，报销补偿321.89万元，住院人均补偿1063元；住院分娩补偿790人次，补偿金额3.95万元。通过检查评估，确定35家村级卫生室（所）为定点医疗机构，方便参合农民就近就医。

2006年，全县有18.82万人参加新型农村合作医疗，占全县农村人口的57%。

2007年，全县有30.1万人参加新型农村合作医疗，占全县农村人口的90.6%。

2008年，新农合保障制度覆盖全县11个镇177个行政村，有32.89万人参加新型农村合作医疗，占全县农村人口的98.76%。全县住院补偿7844人次，补偿资金1123.25万元，人均补助1431.98元，补助比例为34.55%；门诊报销69852人次，报销费用291.80万元；分娩补偿4503人次，补偿87.31万元；二次补偿8545人次，补偿702.52万元。合作医疗基金，由中央、省、县三级财政分别按每人每年补助40元、32元、8元等标准拨付，个人缴纳10元，合计90元，形成“中央、省、县、个人”四级筹资机制。合作医疗每人每年最高可报销3万元。报销比例：乡镇级定点医疗机构医药费用分两段补偿，即卫生院住院不设起付线，医药费用在300元以下（含300元）按30%比例补偿，300元以上费用按80%比例补偿；县级定点医疗机构为60%；省级定点医疗机构为50%；非定点医疗机构为40%。

2009年度，全县有309950名农民参合，参合率为97.2%。有272928人次获得新农合补偿，补偿金额3702.40万元，总受益面88.06%，比上年同期提高58.90%。澄迈县把人均筹资标准从100元提高到120元。为巩固参合率，提高定点医院住院补偿率，县级由60%提高到70%，镇级由80%提高到85%，并将年度补偿封顶线上调到5万元。新农合基金运行平稳安全，农民受益面和受益水平明显提高，新农合给越来越多的农民带来实惠。

2010年，实行以住院加门诊统筹模式为主的新农合补偿制度，提高参合农民受益面。2新农合参合人数33.6万人，参合率97.91%，参合农民人均筹资标准提高到140元，补偿人次43.6万人次，统筹基金支出4283.42万元，基金使用率91.09%。

2010年澄迈县农村合作医疗情况表

表17-1-1

<table>
<tr><th rowspan="2">乡镇</th><th rowspan="2">行政村总数（个）</th><th rowspan="2">自然村个数（个）</th><th rowspan="2">应参人数（个）</th><th rowspan="2">已参加人数（个）</th><th rowspan="2">年人均筹资（元）</th><th colspan="2">其中</th><th rowspan="2">总筹资（元）</th></tr>
<tr><th>个人（元）</th><th>县（元）</th></tr>
<tr><td>老城</td><td>25</td><td>118</td><td>38356</td><td>41218</td><td>140</td><td>20</td><td>12</td><td>5770520</td></tr>
<tr><td>桥头</td><td>10</td><td>94</td><td>20024</td><td>20041</td><td>140</td><td>20</td><td>12</td><td>2805740</td></tr>
<tr><td rowspan="2">福山</td><td rowspan="2">8</td><td rowspan="2">78</td><td rowspan="2">12576</td><td rowspan="2">12678</td><td rowspan="2">140</td><td rowspan="2">20</td><td>12</td><td>—</td></tr>
<tr><td>—</td><td>1774920</td></tr>
</table>

续表 17-1-1

<table>
<tr><th rowspan="2">乡镇</th><th rowspan="2">行政村总数（个）</th><th rowspan="2">自然村个数（个）</th><th rowspan="2">应参人数（个）</th><th rowspan="2">已参加人数（个）</th><th rowspan="2">年人均筹资（元）</th><th colspan="2">其中</th><th rowspan="2">总筹资（元）</th></tr>
<tr><th>个人（元）</th><th>县（元）</th></tr>
<tr><td rowspan="2">金江</td><td rowspan="2">62</td><td rowspan="2">328</td><td rowspan="2">105088</td><td rowspan="2">98632</td><td rowspan="2">140</td><td rowspan="2">20</td><td>—</td><td>—</td></tr>
<tr><td>12</td><td>13808480</td></tr>
<tr><td rowspan="2">中兴</td><td rowspan="2">15</td><td rowspan="2">81</td><td rowspan="2">23640</td><td rowspan="2">21764</td><td rowspan="2">140</td><td rowspan="2">20</td><td>12</td><td>—</td></tr>
<tr><td>—</td><td>3046960</td></tr>
<tr><td>仁兴</td><td>7</td><td>85</td><td>8520</td><td>9006</td><td>140</td><td>20</td><td>12</td><td>1260840</td></tr>
<tr><td rowspan="2">加乐</td><td rowspan="2">11</td><td rowspan="2">114</td><td rowspan="2">21543</td><td rowspan="2">21582</td><td rowspan="2">140</td><td rowspan="2">20</td><td>12</td><td>—</td></tr>
<tr><td>—</td><td>3021480</td></tr>
<tr><td>文儒</td><td>13</td><td>83</td><td>26788</td><td>27401</td><td>140</td><td>20</td><td>12</td><td>3836140</td></tr>
<tr><td>永发</td><td>20</td><td>179</td><td>39717</td><td>38262</td><td>140</td><td>20</td><td>12</td><td>5356680</td></tr>
<tr><td>瑞溪</td><td>15</td><td>74</td><td>32058</td><td>30562</td><td>140</td><td>20</td><td>12</td><td>4278680</td></tr>
<tr><td>大丰</td><td>16</td><td>75</td><td>14741</td><td>14741140</td><td>140</td><td>20</td><td>12</td><td>2063740</td></tr>
<tr><td>合计</td><td>202</td><td>1309</td><td>343051</td><td>335887</td><td>140</td><td>—</td><td>—</td><td>47024180</td></tr>
</table>

第三节 农村卫生体制改革

2004 年，全省卫生工作会议将澄迈县定为全省农村卫生体制改革试点县，县委、县政府成立澄迈县农村卫生体制改革领导小组，县政府签发《澄迈县农村卫生体制改革方案》，从乡村一体化卫生管理、中层干部竞岗办法等 10 个方面做出具体实施细则。

按照统筹规划、健全服务网络、改革管理体制、盘活资源、重心下沉、规范管理、提高效能的工作思路，在试点推进农村卫生管理体制的改革创新，使老百姓在农村、在自己的家门口“有人看病、有地方看病、能看好病”，摸索符合县情的农村卫生事业发展路子。针对农村基层医疗单位管理体制滞后、资金投入不足、“一无三配套”（业务用房无危房，业务用房、专业设备、技术人员配套）没有得到改善、镇村二级医务人员业务水平不高、农村卫生人才匮乏、财务管理不规范、县镇村三级医疗预防保健网络不健全等弊病，着手实施改革，抓好“八个一个”工作。在改革用人机制过程，完善“一个考核”；在改革人事制度过程，选好“一个头”；在医疗卫生资源配置过程，突出“一个整合”；在推进三级医疗预防保健网的建设过程，抓好“一条线”；在公共卫生服务体系管理过程，落实“一个规范”；在基层卫生院经济管理的运作过程，管好“一本账”；在新农合制度建立后，农民因病治疗费用报销过程，完善“一个补偿”；在规范村级卫生室管理的基础上“下放一点权”。通过大胆改革，健全医疗服务体系，夯实县镇村三级医疗预防保健网络基础，优化城镇和镇村两级卫生资源配置，缓解资源分布不尽合理与区域间发展不平衡的矛盾，盘活已有卫生资源，使县级医疗卫生机构为龙头，乡镇卫生院为纽带，村级卫生室为网底的三级医疗卫生网络形成一体，互联互通，快捷便利。

2005年，实施农民健康工程，提升农村卫生工作水平。在桥头卫生院召开澄迈县推进县镇村卫生一体化改革现场会，实施区域规划，优化卫生资源配置。整合疾病预防控制机构和县城卫生院,把县卫生防疫站、县结核病防治所、县皮肤性病防治所、县健康教育所合并，组建澄迈县疾病预防控制中心，完善疾病预防控制职能，提升全县疾病预防控制综合处置能力。把金江卫生院、澄城卫生院和县卫生学校3个县城医疗单位的11个门诊，整合为5个单位管理的综合门诊，实行人员统一调配，院务财务统一管理，改革农村卫生管理体制，实行县镇村卫生服务管理一体化。加强县、镇、村三级卫生网络协作，实行县镇二级医疗机构一体化管理。加强逐级培训，形成以大带小，以强携弱，优势相补，共同发展的工作格局。改革卫生投入体制，加大基础设施改造力度，多渠道解决资金难题，采取“省专项基金出一点，政府配套一点，受益单位自筹一点”的“三个一点”做法，多方筹资抓基础设施改造。争取到省专项资金317万元，县政府配套30万元，受益单位按一定比例自筹资金，加强乡镇卫生院“一无三配套”建设。白莲中心卫生院等9个卫生院基础设施建设工程竣工投入使用，全县卫生院就医环境得到改善，服务能力得到提高。县财政拨付186万元用于县中医院、桥头卫生院等9个医疗卫生单位的建设。

2006年，全省农村卫生工作现场会在澄迈县召开，向全省推广澄迈卫生改革经验。《海南日报》《人民日报》对澄迈县卫生改革进行专题报道。

2008年，中央电视台《聚焦三农》栏目专题报道澄迈农村卫生改革取得的成果。美国哈佛大学公共卫生学院中国项目部主任、卫生部顾问、清华大学公共管理学院卫生与发展研究中心主任刘远立博士3次带着他的同行到澄迈县调研，肯定澄迈医改的模式。

2009年，澄迈推行县乡村一体化医疗卫生管理体制改革，建立以县级医院为龙头、镇卫生院和村卫生室为基础的农村医疗卫生服务网络，打造3千米就医半径，使农民“小病不出村、轻病不出镇、一般疾病不出县”，方便人民群众就医。

2010年，实施基本药物制度，全县26家卫生院和农场医院实施国家基本药物制度，基本药物使用率占74.26%，高出基本药物使用标准的4.26%。通过实施基本药物制度，使门诊次均费用从实施制度前的41.74元下降到35.51元，总共让利102.5万元。

第二章　医疗卫生管理

第一节　管理机构

一、管理机构

1999年，澄迈县卫生局内设人秘、医政、药政、防保、财务股。2008年，县卫生局内设办公室、政工股、基妇股、疾控股、计财股、医政股等6个股室。2009年12月，卫生局机构人员编制重新核定，内设机构调整后设有办公室、计划财务岗、医政岗、疾病预防控制岗、妇幼保健与社区卫生岗、中医岗、农村卫生管理岗、卫生应急岗等岗室，沿袭至2010年。

二、医疗机构

2002年，全县乡镇撤并后，乡镇卫生院保留原有设置。2007年，澄迈华侨农场撤销成立大丰镇后，将原华侨农场医院改设立为大丰镇卫生院。1999—2010年，澄迈县级医疗单位有县人民医院、县中医院、澄迈县妇幼保健院；镇级医疗单位有瑞溪中心卫生院、永发中心卫生院、加乐卫中心生院、白莲中心卫生院、金江卫生院、金江镇卫生院、长安卫生院、新吴卫生院、石浮卫生院、文儒卫生院、太平卫生院、福山卫生院、桥头卫生院、马村卫生院、老城卫生院、大丰镇卫生院（原华侨农场医院）、美亭卫生院、仁兴卫生院、中兴卫生院、山口卫生院。

（一）县级医院

澄迈县人民医院

澄迈县人民医院位于澄迈县金江镇文化北路177号，是澄迈县规模最大的集医疗、教学、科研、预防、保健、康复于一体的二级甲等综合性医院，肩负着全县及邻近辖区医疗重任及基层的转诊任务。

1999年，行政设有院长办公室、医务办公室、护理部、财务科、保健科；临床科室设有内一科、内二科、急诊科、儿科、外科、妇产科、中医科、五官科；医技科室设有检验科、放射科、药剂科、心电图室、超声诊断室、脑电图室、脑血流图室、纤维胃镜及结肠检查室、针灸室、理疗室、病理室、病案电脑室、图书室。医院拥有CT机、彩超机、全自动生化分析仪、X光机（500毫安)、全自动化学发光仪、高频移动手术X射线机、高频移动式手术X射线机、麻醉机、全自动血细胞分析仪、无创呼吸机以及动态心电图机等多件大中型医疗设备。全院有病床 215 张，职工总人数 298 人，其中卫生专业技术人员 223 人，非卫生技术专业人员 75 人；高级职称 11 人，中级职称 53 人，初级职称 159 人；在编 285 人，聘用 13 人，年收入 10988180.25 元。

2003 年，成立澄迈县“120”急救中心，实现澄迈县“120”院前急救的统一受理、统一调度指挥。2008 年，结合医院业务发展需求，成立重症医学科，将外科分成独立的外一科和外二科，投入资金 94 万元购置免疫分析系统仪、内窥镜一体清洗中心设备、超声波胎儿监护等一批先进医疗设备。

2009 年，搬迁新院址,位于澄迈县金江镇金马三横东路，占地面积 9.53 公顷，总投资 8000 万元，总建筑面积 20000 平方米。设有澄迈县“120”急救中心、重症医学科、感染科、呼吸机消化内科、神经及心血管内科、颅脑及骨病骨伤外科、普外科、妇科、产科、儿科、五官科、中医科等 12 个临床科室和规范建设的手术室、检验科、放射科以及功能检查科、药剂科、职能部门等 26 个科室。省卫生厅投入 1000 多万元，用于手术科室、检验科、放射科标准规范化建设及院内各项人性化服务设施建设，新院含有门诊部大楼、外产科住院大楼、内科住院大楼、感染科住院大楼等。

2010 年，感染科大楼建成，感染科从内科分离出来形成独立科室，儿科大楼增设新生儿病区，将牙科从五官科分离出来更名为口腔科，设立口腔科门诊，投入资金 255 万元购置小儿呼吸机、放射影像工作站、全自动血液黏度计、“120”救护车、手术显微镜等一批先进医疗设备。全院职工 410 人，卫生专业技术人员 291 人，非卫生技术专业人员 119 人；高级职称 28 人，中级职称 91 人，初级职称 172 人；在编 282 人，聘用 128 人，返聘 16 人，门诊量 189564 人次，入院人数为 10827 人次，病床使用率 102.08%。

1999—2010 年澄迈县人民医院部分年度抢救危重病人成功率情况表

表 17-2-1

年度	抢救危重病人例数（人）	抢救成功数（人）	抢救成功功率(%)
1999 年	110	96	87.27
2000 年	125	99	79
2001 年	130	96	78.86
2002 年	176	128	72.73
2003 年	235	171	72.77
2004 年	—	—	—

续表 17-2-1

年度	抢救危重病人例数（人）	抢救成功数（人）	抢救成功功率(%)
2005 年	—	—	—
2006 年	—	—	—
2007 年	436	383	88.05
2008 年	478	441	92.26
2009 年	327	260	79.51
2010 年	155	130	83.87

澄迈县中医院

澄迈县中医院是中医诊疗的主要单位，创建于 1997 年 9 月 11 日，位于澄迈县金江镇解放东路 5 号，占地 766.67 平方米，业务用房面积 1500 平方米，是集医疗、教学、保健为一体的中医医院。1999 年，设有内科、儿科门诊和内科住院病房，设病床 12 张。全院共有职工 18 人，副主任医师 2 人，住院医师 3 人。门诊病人 26978 人次，住院病人 322 人次。2001 年，购买面积约 700 平方米的商住房作为住院病房。2006 年，在医院中庭增设输液大厅。2007 年，内科、儿科住院病房分开管理，正式设立独立的儿科病房。 2008 年，设置病床 25 张，主要设备有黑白 B 超机、300 毫安 X 光机、全自动生化仪、呼吸机、麻醉机、心电图机、全自动血液分析仪，尿液分析仪等。

2010 年，全院共有职工 47 人，其中高级卫技人员 4 人，中级卫技人员 6 人。设床位 25 张，临床科室设内科、儿科、外科、理疗科；医技科室设放射科、心电室、彩超室、检验科；行政后勤科室设院办公室、医务科、财务科、门诊部、住院部、供应室、药库、中药房、西药房、收费处。门诊病人 73880 人次、住院病人 954 人次。

澄迈县妇幼保健院

澄迈县妇幼保健院，副科级事业单位。位于金江镇立新路 7 号，占地面积 1038.2 平方米，业务用房 1600 平方米。是海南省卫生厅批准的非营利性医疗卫生保健机构，是澄迈县唯一一所集医疗、预防保健、教学科研、培训为一体的县级妇幼保健院。担负着妇女保健、儿童保健、孕产妇保健、婚前保健、生殖健康、新生儿疾病筛查、基层业务指导、健康教育及临床检验、乳腺 X 光透视、妇幼卫生“三网”监测等工作，贯彻执行《中华人民共和国母婴保健法》《中华人民共和国母婴保健法实施办法》《婚前保健规范》《妇女儿童发展纲要规划》等法律法规和规范规划。

1999 年,设有办公室、财务科、妇女保健科、儿童保健科、妇产科、内儿科、检验科、

B超室等临床保健科室，在岗职工20人。此后科室设置基本未变。至2010年，设有办公室、财务科、信息科、基层指导科、妇女保健科、儿童保健科、妇产科、内儿科、检验科、彩超室等临床保健科室，在岗职工33人，其中卫技人员27人，高级职称1人，中级职称11人，初级职称15人。设有妇产科病床34张，儿科病床25张。

澄迈县疾病预防控制中心

2004年9月，澄迈县人民政府批准将县卫生防疫站、县结核病防治所、县皮肤性病防治所、县卫生健康教育所四家单位合并，成立澄迈县疾病预防控制中心，隶属县卫生局，为副科级事业单位。有工作人员91人，其中正式人员88人，临时人员3人。设有办公室、防疫、卫生监测、计免、结核病防治、皮肤性病防治、预防接种门诊、宣教、检验9个职能科室。中心占地面积3076平方米，办公用房面积约2300平方米，其中实验室用房面积611.24平方米，分为理化室、微检室、艾滋病检测室、生物安全实验室、天平室等。配备有紫外可见分光光度计、全自动酶标仪、微量振荡器、全自动生化仪、气相色谱仪、纯水处理器、超净工作台、生物安全柜、高压蒸汽灭菌器、电导率测定仪、旋光测定仪、生物显微镜等一批实验仪器设备。

2008年，县皮肤性病防治所从县疾控中心分离。

2010年，内设办公室、卫生监测、计免、防疫、宣教、检验、地幔、结核病防治、接种门诊9个职能科室。有工作人员71人，其中正式人员63人，临时人员8人；大学本科11人、大专23人、中专及以下29人，取得高级职称1人、中级职称7人、初级职称52人。11月，通过实验室资质认定，海南省质量技术监督局颁发资质认定计量认证证书。

澄迈县皮肤性病防治所

澄迈县皮肤性病防治所位于金江镇文明路，澄迈县卫生局下属股级事业单位，占地面积1113平方米，设有皮肤与性病科门诊、艾滋病免费咨询检测门诊、财务科、办公室和信息科、艾滋病抗病毒和性病防治科、麻风病和精神卫生防治科、美沙酮药物维持治疗门诊、工会委员会。承担着全县皮肤病、麻风病、性病/艾滋病、精神卫生防治，以及为吸毒人员提供美沙酮药物维持治疗，预防艾滋病等工作。2004年撤销合并到县疾病预防控制中心，2008年从县疾病预防控制中心分出，重新恢复成立县皮肤性病防治所。

2010年，有工作人员29人，财政编制人员13人，劳动部门审批自筹人员6人和聘用10人，其中：从事皮肤性病科（含麻防、性病/艾滋病工作）临床工作10人，美沙酮门诊7人，检验科2人，护理工作3人，精防工作1人，办公室和信息等科室人员6人；大学本科4人，大专5人，中专以下20人；中级职称2人，初级以下职称27人。

（二）乡镇卫生院

1999年开始，澄迈县基层卫生院的基本建设每年得到中央预算内资金、省财政资金、县财政资金的配套，加之建设单位自筹资金投入，基本建设得到改建或新建，医疗业务用房得到改善，解决农村农民有地方看病、有地方住院治疗，职工住宿得到改善。

至2010年，中央预算内资金、省财政资金投入1046.36万元。全县乡镇卫生院有瑞溪中心卫生院、永发中心卫生院、加乐卫中心生院、白莲中心卫生院、金江卫生院、金江镇卫生院、长安卫生院、新吴卫生院、石浮卫生院、文儒卫生院、太平卫生院、福山卫生院、桥头卫生院、马村卫生院、老城卫生院、大丰镇卫生院（原华侨农场医院）、美亭卫生院、仁兴卫生院、中兴卫生院、山口卫生院等20家。

（三）乡村卫生室

澄迈县加大乡村卫生室建设力度，村卫生室逐年增加。1999年，全县村卫生室有154家。2004—2008年，澄迈县作为海南省医疗卫生管理体制改革试点单位，行政村实现村村有卫生室的目标。对边远偏僻地区的自然村，1000人的自然村增设村卫生室，使农村百姓的小病小伤在自己的家门就能得到及时、便捷的医疗服务。村卫生室配备听诊器、体温器、血压器等三大件以及办公桌、药柜、诊床、出诊箱、急救箱、氧气袋（瓶）、消毒罐、担架、喷雾器、视力表灯箱等设施。2010年，全县乡村卫生室203家。

1999—2010年澄迈县村卫生室建设发展情况表

表17-2-2　　单位：间

年份	村卫生室建设数量	其中：自然村卫生室数量
1999年	154	—
2000年	151	—
2001年	155	—
2002年	178	—
2003年	163	—
2004年	179	—
2005年	192	—
2006年	192	—
2007年	191	—
2008年	199	—

续表 17-2-2

年份	村卫生室建设数量	其中：自然村卫生室数量
2009 年	203	6
2010 年	203	6

1999—2010 年澄迈县村卫生室专业卫生技术人员情况表

表 17-2-3　　单位：人

年份	执业资格人员情况			
	主治医师	执业医师	助理执业医师	乡村医生
1999 年	1	7	10	126
2000 年	1	6	9	108
2001 年	1	6	13	127
2002 年	1	9	21	141
2003 年	2	7	13	136
2004 年	2	13	20	144
2005 年	2	9	23	146
2006 年	2	8	22	153
2007 年	2	10	21	140
2008 年	2	11	24	156
2009 年	2	10	24	159
2010 年	2	10	20	153

（四）农场医院

澄迈境内有海南省农垦金安医院、海南省农垦红光农场医院、海南省农垦和岭医院、海南省昆农垦仑农场医院、海南省农垦西达医院、海南省农垦红岗医院等 6 家农场医院。

（五）民营医院

澄迈县有澄迈博爱医院、澄迈中山医院等民营医院。

澄迈博爱医院

澄迈博爱医院于 2009 年经卫生行政主管部门批准成立，是澄迈县首家专家型平价医院。博爱医院坐落于金江镇华兴路，拥有医疗用房面积 6000 余平方米，床位 95 张。有医护人员 107 人，其中副高以上 6 人、中级职称以上 25 人。拥有多普勒四维彩超机、黑白 B 超机、X 光机、心电图机、脑电图、电解质分析仪、自动生化分析仪、血尿常规检测仪、微量元素测定仪、妇科治疗仪、不孕不育诊断治疗仪、微波治疗仪、电子阴道镜、高频电刀、红外线乳腺诊断仪、胎心监护仪、内窥镜等设备，有心电工作站监护仪、麻醉呼吸机等大型仪器。开设妇产科、妇科、内科、外科、儿科、中医科、耳鼻喉科、泌尿科、肛肠科等多个专科门诊。

澄迈中山医院

澄迈中山医院于 2010 年 12 月经卫生行政主管部门批准成立，是一家一级综合性医疗机构。设有内科、外科、妇科、儿科、中医科、康复科、体检科、检验科、影像科、药剂科、手术室等业务科室。医院拥有一批临床经验丰富的专家、教授，其中正高职称 1 人，副高职称 4 人，中级职称 6 人，初级职称 12 人，开放床位 90 张。配备有四维彩超、X 线（DR）、经颅多普勒、全自动生化分析仪、血液流变学检测仪、全自动血球分析仪、心肌酶检测仪、全自动尿液分析仪、全自动电解质分析仪、自动分析心电图机、肺功能仪、听力测试仪、数码电子阴道镜等先进辅助诊断仪器及拥有数字化专业流动体检大巴车 1 辆。配备有多功能心电监护仪、除颤仪、呼吸机等先进的抢救设备。

（六）个体诊所

1999 年，澄迈县有个体诊所 98 家，其中中医科 23 家、口腔科 13 家、眼科 2 家、西医科 60 家。随着经济的发展，个体诊所逐年增加。至 2003 年，个体诊所 115 家。此后，又逐年减少。2010 年，个体诊所只有 95 家。

1999 年澄迈县卫生系统医疗机构及医务人员表

表 17-2-4

编号	隶属关系	机构名称	医务人员数（人）	病床数（张）	备注
1	直属	卫生防疫站	45	0	—
2	直属	妇幼保健院	20	—	—
3	直属	结核病防治所	9	0	—
4	直属	皮肤性病防治所	13	0	—
5	直属	红石医院	8	—	设置 2 家门诊
6	直属	卫生学校	8	—	设置 2 家门诊
7	直属	县人民医院	—	—	设置 1 家门诊

续表 17-2-4

编号	隶属关系	机构名称	医务人员数（人）	病床数（张）	备注
8	直属	中医院	15	12	—
9	基层卫生院	马村卫生院	10	—	—
10	基层卫生院	老城卫生院	23	—	设置 1 家门诊
11	基层卫生院	白莲中心卫生院	32	—	—
12	基层卫生院	美亭卫生院	21	—	设置 1 家门诊
13	基层卫生院	福山卫生院	21	—	设置 3 家门诊
14	基层卫生院	桥头卫生院	16	—	—
15	基层卫生院	山口卫生院	12	—	—
16	基层卫生院	中兴卫生院	17	—	—
17	基层卫生院	仁兴卫生院	16	—	设置 1 家门诊
18	基层卫生院	太平卫生院	9	—	—
19	基层卫生院	加乐中心卫生院	21	—	—
20	基层卫生院	文儒卫生院	25	—	设置 1 家门诊
21	基层卫生院	石浮卫生院	12	—	—
22	基层卫生院	长安生院	21	—	设置 1 家门诊
23	基层卫生院	瑞溪中心卫生院	24	—	—
24	基层卫生院	永发中心卫生院	24	—	设置 1 家门诊
25	基层卫生院	新吴卫生院	14	—	—
26	基层卫生院	金江卫生院	40	—	设置 4 家门诊
27	基层卫生院	金江镇卫生院	12	—	设置 2 家门诊

1999 年澄迈县卫生医疗机构、床位、人员情况表

表 17-2-5

编号	机构分类	机构个数（个）	床位数（张）	人员数（人）										其他技术人员	管理人员	工勤技能人员
				合计	卫生技术人员											
					小计	执业医师	执业（助理医师）	注册护士	药师（士）	技师（士）	检验师	其他	见习医师			
1	总计	126	893	1547	1181	320	214	353	63	57	44	174	23	19	143	204
2	医院	8	510	803	607	151	101	213	35	31	23	76	4	5	78	113
3	综合医院	7	490	764	575	144	101	198	32	29	21	71	4	5	73	111
4	中医医院	1	12	16	14	5	0	14	2	0	3	0	0	0	0	2
5	社区卫生服务中心（站）	2	10	24	23	7	5	8	0	0	0	3	1	0	1	0
6	社区卫生服务中心	1	10	16	16	4	5	5	0	0	0	2	1	0	0	0
7	社区卫生服务站	1	0	8	7	3	0	3	0	0	0	1	0	0	1	0
8	卫生院	20	361	391	284	46	67	87	23	13	11	48	6	10	49	48
9	中心卫生院	4	120	111	90	16	19	32	7	7	5	9	0	2	12	7
10	乡卫生院	16	241	280	194	30	40	55	16	6	6	39	6	8	37	41
11	诊所、卫生所、医务室	90	0	192	173	90	19	30	2	1	1	31	8	0	0	19
12	妇幼保健院（所、站）	1	12	26	19	7	0	8	0	2	1	2	0	0	4	3
13	专科疾病孩子治院（所、站）	2	0	30	17	2	5	3	2	4	3	1	0	0	5	8
14	皮肤病与性病防治所（中心）	1	0	17	10	2	2	1	2	2	2	1	0	0	3	4

续表 17-2-5

编号	机构分类	机构个数（个）	床位数（张）	人员数（人）												
				合计	卫生技术人员									其他技术人员	管理人员	工勤技能人员
					小计	执业医师	执业（助理医师）	注册护士	药师（士）	技师（士）		其他				
											检验师		见习医师			
15	结构病防治所（站、中心）	1	0	13	7	0	3	2	0	2	1	0	0	0	2	4
16	疾病预防控制中心	1	0	61	49	17	16	4	1	6	5	5	4	4	3	5
17	卫生监督所（中心）	1	0	9	7	0	0	0	0	0	0	7	0	0	0	2
18	其他卫生机构	1	0	11	2	0	1	0	0	0	0	1	0	0	3	6

2008 年澄迈县卫生医疗机构、床位、人员情况表

表 17-2-6

编号	机构分类	机构个数（个）	床位（张）	合 计	卫生技术人员（人）							
					执业医师	执业助理医师	注册护士	药师（士）	技师（士）		其 他	
										检验师		见习医师
1	总计	118	873	1151	306	224	349	61	59	44	152	20
2	医院	8	490	630	149	112	213	36	33	23	87	9
3	综合医院	7	470	599	144	111	198	33	31	21	82	4
4	中医医院	1	25	35	9	0	14	3	0	3	0	6
5	社区卫生服务站	2	10	23	7	5	8	0	0	0	3	1
6	社区卫生服务中心	1	10	16	4	5	5	0	0	0	2	1
7	社区卫生服务站	1	0	7	3	0	3	0	0	0	1	0
8	卫生院	20	361	257	42	65	81	20	12	10	37	4
9	中心卫生院	4	120	83	17	20	27	5	7	5	7	0

续表 17-2-6

编号	机构分类	机构个数（个）	床位（张）	合计	卫生技术人员（人）							
					执业医师	执业助理医师	注册护士	药师（士）	技师（士）		其他	
										检验师		见习医师
10	乡镇卫生院	16	241	174	25	45	54	15	5	5	30	4
11	诊所	82	0	144	79	21	31	3	0	0	10	2
12	妇幼保健院	1	12	20	8	0	9	0	2	1	1	0
13	专科疾病防治所（所、站）	2	0	19	4	4	3	2	5	4	1	0
14	皮防所	1	0	12	4	1	1	2	3	3	1	0
15	结防所	1	0	7	0	3	2	0	2	1	0	0
16	疾病预防控制中心（县属）	1	0	49	17	16	4	0	7	6	5	4
17	卫生监督所（县属）	1	0	7	0	0	0	0	0	0	7	0
18	其他机构	1	0	2	0	1	0	0	0	0	1	0

2010年澄迈县卫生医疗机构、床位、人员情况表

表 17-2-7

编号	机构分类	机构个数（个）	床位数（张）	人员数（人）												
				合计	卫生技术人员									其他技术人员	管理人员	工勤技能人员
					小计		执业（助理）医师	注册护士	药师（士）	技师（士）		其他				
						执业医师					检验师		见习医师			
1	总计	130	1035	1786	1371	366	216	431	67	75	50	216	25	80	132	203
2	医 院	10	655	1057	807	193	112	291	41	50	29	120	11	60	76	114
3	综合医院	9	630	1007	763	184	111	271	38	48	27	111	11	60	73	111
4	中医医院	1	25	47	37	10	0	20	3	0	4	0	0	0	1	9

续表 17-2-7

编号	机构分类	机构个数（个）	床位数（张）	人员数（人）													
				合计	卫生技术人员									其他技术人员	管理人员	工勤技能人员
					小计		执业（助理）医师	注册护士	药师（士）	技师（士）		其他				
						执业医师					检验师		见习医师			
5	社区卫生服务中心（站）	2	10	23	22	7	0	7	0	0	0	8	1	0	1	0
6	社区卫生服务中心	1	10	15	15	4	0	4	0	0	0	7	1	0	0	0
7	社区卫生服务站	1	0	8	7	3	0	3	0	0	0	1	0	0	1	0
8	卫生院	20	358	395	283	44	65	88	22	14	12	50	5	15	42	55
9	中心卫生院	4	120	110	88	13	17	33	7	8	6	10	1	5	9	8
10	乡卫生院	16	238	285	195	31	48	55	15	6	6	40	4	10	33	47
11	诊所、卫生所、医务室	92	0	168	160	92	18	28	0	0	0	22	4	0	0	8
12	妇幼保健院（所、站）	1	12	33	24	11	11	9	0	1	1	3	0	1	3	5
13	专科疾病防治院(所、站)	2	0	29	16	2	3	3	3	4	3	1	0	0	5	8
14	皮肤病与性病防治所（中心）	1	0	17	9	2	1	1	2	2	2	1	0	0	3	5
15	结核病防治所(站、中心)	1	0	12	7	0	2	2	1	2	1	0	0	0	2	3
16	疾病预防控制中心	1	0	62	50	17	16	5	1	6	5	5	4	4	3	5

续表 17-2-7

编号	机构分类	机构个数（个）	床位数（张）	人员数（人）												
				合计	卫生技术人员									其他技术人员	管理人员	工勤技能人员
					小计	执业医师	执业（助理）医师	注册护士	药师（士）	技师（士）	检验师	其他	见习医师			
17	卫生监督所（中心）	1	0	9	7	0	0	0	0	0	0	7	0	0	0	2
18	其他卫生机构	1	0	10	2	0	0	0	0	0	0	0	0	0	2	6

第二节　医政管理

1999 年开始，县卫生部门依照法律法规，监督管理医疗质量和服务质量，按规定对全县医疗机构进行院感检查，减少医疗感染。组织对重大人员伤亡事件的紧急救护及灾后疾病应急救治工作。负责医疗卫生机构的办证、核验和医疗市场的行政执法监督，打击非法行医，净化医疗市场，使群众放心求医。开展医疗安全教育，开展医疗废物集中处置工作，依法受理医疗事故的鉴定申请和处理，做好医疗纠纷处置工作。负责医务人员培训，医师、护士登记注册，对全县医务人员进行激励评比，评出十佳医生及护士。负责组织卫生下乡和义诊工作。做好白内障复明的相关工作，按省卫生厅的要求对贫困白内障患者进行筛查，上送 100 例手术患者。

2001 年，落实《中华人民共和国执业医师法》出台以来的相关政策，做好医师执业资格证书确认，确认 688 人及注册 638 人。做好执业医师资格考试的审核报名，接受省卫生厅安排做好澄迈县执业医师技能考试考务工作。

2002—2007 年，规范医疗机构设置，按医疗机构准入制度，核查各医疗机构的设置标准，取缔无执业医师以上资格及不符合标准的个体诊所及非法行医 34 家，打击非法行医，取缔金安、京岭、塘口三家大型地下产院。引导农场作业区的医疗机构办理设置医疗机构，规范办理 25 家医疗机构。

2008 年，试行医疗保险工作；县保险公司为卫生院和个体医疗机构 50 家单位在县保险公司办理购买医疗保险，减轻医务人员医疗纠纷困扰，按国家规定每年妥善处置医疗纠纷事件3—5件。争取县政府对财政资金的支持，每年每间卫生室的乡村医生得到400元的补助，使基层医疗卫生医务人员安心工作。

2010年，抓好行政村卫生室的规范建设与管理，实现村村有卫生室，抓好乡医的业务培训，提升农村卫生室的诊疗服务水平。推进城乡一体化卫生监督服务网络建设试点工作，完成县卫生监督所办公场地的改造装修，对卫生监督员、助理卫生监督员、卫生监督协管员进行考核和聘任，全县聘任卫生监督员7名，助理卫生监督员29名，卫生监督协管员82名。举办4期卫生监督人员的业务培训班，提高卫生监督人员业务水平。完善卫生监督机构，形成城乡一体化的卫生监督服务网络，实施镇村级卫生监督。建立城市居民健康档案4.3万份，建档率86.10%；建立农村居民健康档案15.3万份，建档率50.82%。完成重性精神病的筛查、诊断、评估工作，将重性精神病纳入公共卫生管理。

第三节　药政管理

一、管理机构

1999年，澄迈县药品检验所负责对全县药品生产和药品销售进行质量监督检查。2002年，更名成立澄迈县药品监督管理局。2010年，更名成立澄迈县食品药品监督管理局，内设办公室、食品生产监管室、食品流通监管室、餐饮服务监管室、药品生产流通监管室、医疗器械保化品监管室。负责澄迈县餐饮服务食品安全、药品和医疗器械、保健品、化妆品安全监督管理。

二、主要工作

1999年，在全县范围内开展整顿医药市场，取缔非法药贩。组织考核药品零售企业、集体零售医药人员、核发药品零售店73家，其中金江地区25家，福山6家，瑞溪5家，永发4家，加乐4家，白莲、老城、昆仑、仁兴、长安、美亭各3家，桥头、红岗、石浮各2家，马村、西达、中兴、文儒、金安各1家。

2000—2001年，在全县范围内打击整顿医药市场。查处无证经营药品店1家，罚款500元；警告经营药品排放、收费、标签不规范药店3家；查处假劣药品24个品种，其中进口药品5个品种，估值3.5万元。组织人力组成检查组，对医疗单位使用药品情况进行质量检查，确保药品使用安全有效。

2005年，澄迈县药品监督管理局对药品管理相对较薄弱的乡镇卫生院、村卫生室、个体诊所、农村药店进行药品质量大检查，对有形成非法药品市场倾向的城乡接合部进行有针对性的清查，对易产生危害的精神药品、人用疫苗、一次性无菌医疗器械、中药饮片、性保健品等进行专项检查。出动执法人员 721 人次，执法车辆 114 辆次，检查涉药单位 162 家，查处假劣药品案件 6 件，没收金额 154.2 元，罚款金额 512 元。制定《澄迈县农村药品监督供应网络建设实施方案》，对全县 10 个乡镇、7 个农场建立以卫生院院长，计生员为主的农村药品协管员和信息员队伍，实现监督网覆盖全县行政村，实现药品配送到全县 80%以上的行政村。

2006 年，捣毁海南三九保健品厂有限公司生产假药窝点。经检查，该公司车间、仓库、办公室等地发现有 18 种不同颜色、不同形状的片剂，其中疑为“波立维片（PLAVIX）”的约有 3.5 万片，疑为米非司酮等其他各类片剂 10 万片，涉案药品货值 100 万元左右。

2008 年，出动执法人员 1200 多人次，检查辖区内的药械生产企业、药械批发企业、零售药店、医院卫生院、个体诊所、村委会卫生室，检查覆盖率 100%。发出责令整改通知书 55 份，立案 56 宗，其中简易程序 46 宗（39 宗做出警告的处罚、7 宗罚款 1050 元），一般程序 10 宗，撤案 1 宗，罚没款 7284 元。完成药品计划抽样 21 件，监督抽样 18 件，快速检测 110 件，受理群众举报 8 例。贯彻《关于进一步加强食品安全工作的决定》精神，提高综合监管能力，坚持标本兼治与建立长效机制相结合，开展食品安全示范县创建工作。澄迈县被授予“国家级食品安全示范县”称号。

2010 年，加强开展食品安全联合执法行动，净化食品市场。坚持标本兼治、打防结合、分类监管、综合治理的原则，在日常监管的基础上，抓住重点品种、重点对象、重点区域和重要时段，开展专项整治和执法检查，解决存在的突出问题。出动执法人员 9000 多人次，检查辖区内的药械生产企业、药械批发企业、零售药店、医院卫生院、个体诊所、村委会卫生室，检查覆盖率 100%。立案 145 宗，移交公安 1 宗，罚没款 68.44 万元。

第四节　医疗设施建设

1999 年，县级的医疗卫生单位完全实现工作用房、医疗用房三硬化，乡镇卫生院实现门诊、病产房水泥钢筋楼房化。全县各医疗卫生单位占地面积 146353 平方米，医疗门诊用房面积 47155 平方米。县医院新购医卫慈善用地，面积 593 平方米，价值 86.24 万元。

2000 年，投入 18 万元对县中医院门诊大楼后一层改造，面积 125 平方米。

2001 年，县医院投入 23 万元采购工作站电脑，激光打印机等电子化设备用于医疗信息化工作。

2002 年，县医院投入 139 万元购置超声诊断仪器、脑电波诊断仪器等医疗设备。

2003 年，县医院投入 24 万元采购救护车用于医院紧急救护。

2004 年，县医院争取到 40 万元省专项基金，对传染病科进行改造。县防疫站利用国债资金建设一幢六层楼 2000 平方米的检测中心大楼。争取农场资金 15 万元及省级项目资金支持，在大丰华侨农场医院原址新建一幢 560 平方米的门诊楼。白莲中心卫生院自筹 10 万兴建一幢平顶房。

2005 年，改革卫生投入体制，加大基础设施改造力度，采取“省专项基金出一点，政府配套一点，受益单位自筹一点”的“三个一点”做法，筹资抓基础设施改造。争取到省专项资金 317 万元，县政府配套 30 万元，受益单位按一定比例自筹资金，加强乡镇卫生院“一无三配套”建设。白莲中心卫生院等 9 个卫生院基础设施建设工程竣工投入使用。争取到 186 万元，用于县中医院、桥头卫生院等 9 个医疗卫生单位的建设。

2006 年，县疾病预防控制建设项目建成，县人民医院传染病区建设项目建成投入使用。

2007 年，投入 8000 万元，选址新建县人民医院留医部。至年底，全县共有 17 个乡镇卫生院的业务用房及医疗环境和职工住房得到新建扩建，建设与改造规模达到 6900 平方米。

2008 年，利用中央国债资金 90 万元，加强对福山、中兴、文儒卫生院门诊楼项目建设，建筑面积 1100 平方米。利用省财政补贴资金 30 万元建设石浮卫生院产房。县政府通过银行贷款投入 1000 万元建设瑞溪中心卫生院、老城卫生院。乡镇卫生院的基本设施得到新建或扩建改建，建设与改造规模 13000 平方米。装备半自动与自动生化仪、200 毫安光机、尿分析仪、多普勒胎儿听诊器、超声波诊断器仪、洗胃机、三导心电图机、多参数监护仪等 29 个品种医疗设备，数量 108 台，装备资金 98.97 万元。改善农村卫生“一无三配套”。

2009 年，福山卫生院新建 1 幢 500 平方米的门诊综合楼，总投入 54.16 万元。利用中央资金和省、县政府配套资金 2030 万元，建设大丰、白莲、永发、加乐卫生院和县医院基础设施。县政府投入 1000 万元，实行代建制建设老城卫生院综合门诊楼和瑞溪中心卫生院综合门诊楼。利用省卫生厅下拨的六大件基本医疗设备配备到全县各乡镇和村卫生室，全县乡镇卫生院配齐六大件医疗设备，利用省卫生厅下拨的 2 辆救护车配备长安卫生院和中兴卫生院。投入 810 万元建设 135 家规范化村卫生室，使农村卫生室达到三室分开（即诊断室、治疗室、观察室和药房分开）的规范化设备，配备出诊箱、氧气袋、高压消毒器等必要医疗设备。投入近 1000 万元建设“健康海南、澄迈先行”医疗健康信息化项目，信息化诊疗服务覆盖 3 家县级医院、20 家乡镇卫生院、176 个行政村，形成县、乡、村三级全覆盖的卫生信息网络系统，构建以健康监护一体机、健康门户为核心的数字化健康服务平台及以医疗联盟和远程会诊平台为核心的城乡一体化支持平台。

2010年，投入1115万元用于136家村卫生室建设，建设面积8160平方米。

第三章　医疗技术

第一节　中　医

1999—2010年，澄迈县中医院和澄迈县人民医院中医科（康复理疗科）是中医诊疗的主要单位，此外还有一些民间中医生。

县人民医院设立中医门诊和中医科，还设立理疗、针灸等传统中医科目，开展中医内服外洗，针灸理疗推拿按摩等所有中医传统治疗项目。治疗病种有眩晕、胃痛、腰痛、咳嗽、痹症以及消渴症等，主要医疗设备有毫针、梅花针、三菱针等多种普通针具以及灸疗器具、火罐、刮痧板等。在疗养康复中心，以老年病种为主，也采用传统的中医治疗方法，对病人进行治疗。常年住院率90%以上。

县中医院以中医专科专病治疗为主，中医医务人员除运用中医基础理论，进行辨证施治外，还运用现代医学知识和现代医学辅助检查技术进行疾病检查。对阑尾炎、胆囊炎、泌尿系统结石、消化性溃疡等疾病，采用传统中医方法治疗，不采用手术治疗，减少病人痛苦，减轻经济负担。用古方六味地黄丸加减治疗乙型肝炎，取得一定疗效，用古方茵陈蒿汤加减治疗急性黄疸型肝炎效果明显，与西药联合使用效果更优。在“中医骨伤科”治疗中，注重先手法复位、后手术治疗的原则，采用中药内服、外敷等方法，注重功能锻炼、加强理疗恢复，减少患者治疗费用和缩短治疗时间。

县中医院拥有HXY-IV型微电脑脊椎牵引床、CZ-超短波电疗机、康本龙中低频温热治疗仪、智能型中药熏蒸汽自控治疗仪、骨质疏松治疗康复系统、温针电针综合治疗仪、三维多功能牵引床、电脑疼痛治疗仪、微波治疗仪、电热针治疗仪、除颤仪、自动煎药机等医疗设施。

1999—2010 年澄迈县人民医院中医科部分年度收治病人情况表

表 17-3-1

年度	入院人数（人）	出院人数（人）	病床数（张）	治愈率（%）	病床使用率（%）
1999 年	252	251	38	99.69	15.28
2000 年	205	204	38	66.67	16.68
2001 年	312	313	38	58.29	18.85
2002 年	233	227	38	40.21	26.45
2003 年	195	195	38	30.28	17.33
2004 年	—	—	—	—	—
2005 年	—	—	—	—	—
2006 年	—	—	—	—	—
2007 年	—	—	—	—	—
2008 年	—	—	—	—	—
2009 年	—	—	—	—	—
2010 年	—	—	—	—	—

第二节　西　医

1999—2010 年，澄迈县西医诊疗单位主要有县城各医院、各社区卫生院和各镇卫生院及乡村卫生所。此外，还有各私人诊所。

2008 年，澄迈县人民医院设立重症医学科，设置监护床位 4 张，配备 4 名医生、8 名护士，2 台有创呼吸机、1 台心电图机、1 台除颤仪、吸痰机、喉镜、输液泵、注射泵等急救设备。2009 年，床位增加到 8 张，医生 6 名，护士 12 名，配有进口全套中央监护系统，有创呼吸机 5 台、无创呼吸机 1 台、便携式呼吸机 1 台、血滤机、除颤仪、纤支镜、快速血气分析仪，以及先进物理降温设备及吸排痰等设备。

内二科始建于 1996 年，建科之初仅有医生 6 人，护士 7 人，开放病床 25 张。1999 年内二科有医护人员 14 人，其中医生包括科主任仍仅 6 人，中级以上 3 人。主要负责心脑血管性疾病的诊治。2009 年，病床增设到 41 张，医护人员增加到 22 人，其中医生 8 人，正高 1 人，副高 2 人，主治 2 人，执业医师 3 人。医疗设备保持原科室特色，没有增加，但病床使用率达 100%以上，是年收治住院病人 1500 人次，平均住院日 9 天，人民满意度99%，业务收入逐渐增长，业务水平逐渐提高，诊病治病范围逐渐向心内科、神经内科靠拢，在医院重症科做后盾下，逐渐完善急性心肌梗死、急性脑梗死、脑出血、急慢性心衰、高糖中毒等高危病人的救治；在医院指导下不断改善服务流程、改变服务态度、增进医患沟通、构建医患关系，完成各项医疗任务。

内一科是澄迈县人民医院的重点科室。1999 年，内一科包括普通病房（28 张床位）和感染病房（10 张床位）。2003 年非典时，增设发热门诊和肠道门诊，24 小时接诊服务。2009 年病房床位增加到 41 张，仍设有普通病房（32 张床位）和感染病房（9 张床位）。有医护人员 22 人：副主任医师 4 人，主治医师 1 人，医师 5 人；主管护理师 1 人，护理师 4 人，护士 7 人。科室配备设备：有创呼吸机 1 台、无创呼吸机 1 台、肺功能仪 1 台，有心电监护仪、注射泵、洗胃机等设备，并开展相应诊疗技术。内一科主要收治内科特别是呼吸系统疾病和感染性疾病的常见病多发病，如咳嗽、支气管炎、肺炎、慢性阻塞性肺疾病、慢性肺源性心脏病、支气管哮喘、支气管扩张症（并咯血）、肺癌并肺部感染、咯血内科治疗、急慢性呼吸衰竭、高血压、冠心病、心功能不全、脑动脉供血不足、脑中风、化脓性脑膜炎、病毒性脑炎、继发性癫痫、肺结核、胸腔积液、结核性胸膜炎、自发性气胸、急性胃肠炎、急性有机磷农药中毒、急性镇静安眠药中毒、急慢性胃炎、急性消化道出血、消化性溃疡、急性胰腺炎、肝炎、肝硬化并腹水、肾病综合征、甲状腺功能亢进症、甲状腺功能亢进性心脏病、电解质紊乱等。

外科有医生 12 人，其中主任医师 1 人，副主任医师 1 人，主治医师 5 人，医师 5 人。设置病床 40 张。分普外组和骨外科，2008 年，结合医院业务发展需求，将外科分成独立的外一科和外二科，各设置床位 20 张，2009 年床位分别增加至 35 张。外一科负责的业务有普通外科、泌尿外科、胸外科。主要治疗疾病有消化道溃疡、消化道肿瘤、胆石症、阑尾炎、疝、泌尿系结石、前列腺肥大乳腺、甲状腺的手术治疗等疾病，拥有心电监护仪 1 台、神灯 1 台，单道注射泵 1 台、压缩雾化器 1 台等医疗设备。外二科负责的业务有颅脑、脊柱、关节、骨肿瘤、四肢创伤、手足部感染性疾病、压疮、褥疮、烧伤、蛇咬伤以及虫蜇伤的治疗，拥有高频移动式手术 X 射线机 1 台、骨动力系统 1 套、骨治疗仪 1 台、全方位腹部手术牵开器 1 台、双道注射泵 1 台、微创定向钻颅器 1 台、下肢骨折内固定安装器 1 台、心电监护仪 2 台、亚低温治疗仪 1 台等医疗设备。

感染科设置床位 34 张，医生 5 名，护士 7 名，承当全县传染病防控工作和诊治工作，拥有多参数心电监护仪 1 台、数字十二道心电图机 1 台等医疗设备。

妇产科是集医疗、科研、预防、保健、康复于一体的临床科室。1998 年，建立危重孕产妇急救中心，承担全县的高危危重孕产妇的救治。拥有超生多普勒胎心监护仪 6 台、电子阴道镜1台、心电监护仪2台、新生儿辐射抢救台3台、胎儿监护仪2台、便携式监护仪1台等医疗设备。2009年，将妇产科分成妇科和产科，产科设有床位52张，医生10名、护士16名，妇科病床12张，医生4名，护士8名，科室有心电监护仪、多功能分娩床、中央型电子胎心监护系统等先进设备。

儿科是澄迈县儿科领域内规模最大、技术力量最强、设备最先进、功能最齐全的专科，被定为澄迈县重点优势发展专科。全科拥有医护人员39名，其中副主任医师2名、主治医师8名、住院医师3名。有床位32张，设有小儿普通病区、新生儿病区、手足口病区，开设普通门诊、发热门诊、肠道门诊、手足口专科门诊及儿童保健门诊等。拥有小儿呼吸机、床旁心电图机、空气–氧气混合器、中心吸氧装置、活动式吸氧装置、中心负压吸引装置、婴儿培养厢、蓝光治疗箱、多功能监护仪、开放式新生儿辐射台、单管或双管推注泵、微量血糖仪、经皮黄疸测定仪、超薄空气洁净屏、高压泵雾化器等先进仪器及设备。

第三节　中西医结合与护理

1999年开始，澄迈县人民医院对肠梗阻、阑尾炎、胰腺炎、急慢性肝炎、肺炎、急慢性气管炎、风湿病等疾病，采用中西医结合治疗，在手术室采用药麻加针刺麻醉的中西医结合方法，使用麻醉药量减少，毒副作用少，可提高麻醉的安全性；在外科通过采用中医的小夹板固定法，使用中医药和西医药相结合消炎止痛，使骨折病人的愈合期缩短。

澄迈县中医院利用西医先进的医疗设备对病人进行诊断，再采用传统的中医疗法对病人进行治疗。全县各医院开设中、西医诊疗科室，开展中西医结合治疗。根据患者情况，对症开中药处方，适当配以西药，或西医处方，配以适当中药成药(丸、散、颗粒)增强疗效。

县城各医院设立护理科，设立总护士长，各科室设护士长，每一科室按比例配置一定数量的护士，负责各科室的护理工作。镇卫生院设护士长，按比例配置护士，负责护理工作。各社区卫生所、各村卫生室，根据实际需要配置乡村护士，负责护理工作。

澄迈县人民医院护理工作实行二级管理，即护理部总护士长—病区护士长。护理工作在护理部的领导下，结合医院的实际制定护理工作计划，包括护理人员继续教育培训考核计划、质量控制计划、各级护理人员培养目标、培养计划等。2004年，按照海南省卫生厅医政处印发《基础护理操作规程及其质量考核标准》，制定护理查对制、交接班制度、分级护理制度、护理查房制度、护理会诊制度、执行医嘱制度、护理病例讨论制度、早会制度、护理缺陷登记报告制度、护理安全管理制度、危重病人抢救等11项制度。

2009年，结合海南省卫生厅医政处印发《海南省护理管理规范》，修订与完善护理人员岗位职责、护理工作与护理质量考核标准、技术操作规范等。

2010年，实施优质护理服务，根据《分级护理服务内涵、服务项目》，临床护士护理患者实行责任包干制，使护士对所负责的患者提供连续、全程的护理服务，将原来的岗位责任制改变为以病人为中心的整体护理模式，病人对护理工作的满意度明显提高。

第四章　疾病防控

第一节　计划免疫

1999—2010年，澄迈县医疗部门在全县范围内使用乙肝疫苗、卡介苗、脊灰疫苗、百白破疫苗、麻疹疫苗、白破疫苗等6种国家免疫规划疫苗基础上，以无细胞百白破疫苗替代百白破疫苗，将甲肝疫苗、流脑疫苗、乙脑疫苗、麻腮风疫苗纳入国家免疫规划，对适龄儿童进行常规接种。

1999年，加强流动人口和常住人口的免疫接种工作管理，提高疫苗接种率，全县“五苗”单苗常规基础接种率：卡介苗100%、脊灰糖丸100%、百白破100%、麻疹100%、乙肝96.79%。

2000年，“六苗”单苗常规基础接种率：卡介苗99.71%、糖丸99.91%、百白破99.84%、麻疹99.80%、乙肝全程95.65%。

2001年，“六苗”单苗常规基础接种率：卡介苗99.66%、糖丸99.66%、百白破99.73%、麻疹99.66%、乙肝全程98.39%。

2002年，“六苗”单苗常规基础接种率：卡介苗98.99%、糖丸98.57%、百白破99.45%、麻疹98.73%、乙肝全程98.39%、乙肝及时率69.30%。

2003年，“六苗”单苗常规基础接种率为：卡介苗94.31%、糖丸91.82%、百白破94.36%、麻疹91.96%、乙脑90.30%、乙肝全程97.85%、乙肝及时率93.44%。

2003—2004年，第一轮强化免疫(2003年12月5—6日)为0—36月龄儿童1288人次进行服苗，第二轮强化免疫(2004年1月5—6日)为0—36月龄儿童1299人次进行服苗，强化免疫服苗率95%以上。

2005年，全县开展规范化接种门诊建设，规范免疫接种行为，提高免疫接种质量。大多数乡镇、农场按照县疾控中心要求实行常规免疫每月冷链运转。计划免疫相关疾病得到有效控制。全县计免建卡率 99.89%，接种证持证率 99%，卡介苗接种率 98.10%，三联加强接种率 98%，麻疹疫苗接种率 96.8%，整个四苗合格接种率 93.98%。乙肝疫苗接种率和首针及时接种率，分别为 94.8%和 90.10% 。

2006 年，“六苗”单苗常规基础接种率：卡介苗 96.88%、糖丸 98.15%、百白破 93.18%、麻疹 94.85%、乙脑 91.5%、新生儿乙肝疫苗全程 99.35%、及时接种率 98.55%。加强免疫接种率为：糖丸 95.23%、百白破 90.15%、麻疹 96.52%、乙脑 90.21%。

2007 年，新生儿出 7859 人，全县以乡为单位，入册人数 7859 人、入册率 100%，建证人数 7859 人、建证率 100%。“六苗”单苗常规基础接种率：卡介苗 97.03%、糖丸 95.81%、百白破 91.81%、麻疹 95.84%、乙脑 90.5%、新生儿乙肝疫苗全程 99.46%、及时接种率 98.97%。加强免疫接种率：糖丸 95.76%、百白破 90.47%、麻疹 95.72%、乙脑 90.66%。2017 年 1 月 5—6 日，全县开展强化免疫活动全县 0—36 龄服苗 19977 人次，其中流动人口服苗 1952 人，服苗率达到省要求的 90%。

2008 年，全县新生儿出生 8886 人（包括流动人口），以乡为单位，新生儿建卡建证率 98%，卡、证相符率 100%。“六苗”单苗常规基础接种率：卡介苗 93.26%、糖丸 95.2%、百白破 92.64%、麻疹 92.25%、乙脑 90.92%、乙肝全程 98.63%、乙肝及时率 93.60%。加强免疫接种率：糖丸 95.86%、百白破 90.69%、麻疹 95.99%、乙脑 90.70%。强化免疫查漏补种活动，0—36 龄共服苗 2099 人次，其中流动人口服苗 133 人，服苗率达到省要求的 90%，儿童免疫能力得到提高。

2009 年，全县开展强化免疫查漏补种活动，0—35 月龄服苗 22488 人次，其中流动人口服苗 1877 人，服苗率达到省要求的 90%。新生儿出生 8992 人(包括流动人口)，以乡为单位，新生儿建卡建证率 100%，卡、证相符率 100%。“七苗”单苗常规基础接种率：卡介苗 99.73%、糖丸 99.12%、百白破 99.07%、麻苗 98.71%、乙脑 98.72%、乙肝全程 99.77%、A 群流脑 98.30%、乙肝及时率 95.44%。加强免疫接种率：糖丸 94.72%、百白破 98.77%、麻疹 98.11%、乙脑 99.60%、白破 94.87%。

2010 年，全县新生儿出生 9643 人(包括流动人口)，以乡镇为单位，新生儿建卡建证率 100%，卡、证相符率 100%。“七苗”单苗常规基础接种率：卡介苗 99.71%、糖丸 99.81%、百白破 99.72%、麻苗 99.76%、乙脑 99.76%、乙肝全程 99.83%、A 群流脑 99.69%、乙肝及时率 94.56%，达到国家要求。加强免疫接种率：脊灰糖丸 99.77%、百白破 99.68%、麻苗 99.89%、乙脑 99.65%、白破 99.44%、A＋C 群流脑 99.61%、甲肝 98.86%，达到国家要求。15 岁以下儿童非脊灰 AFP 报告率≥1/10 万，AFP 病例报告后 48 小时内调查率 100%，采集全格粪便标本率 95%，做好 60 天后的随访工作。

全县每年对0—4岁以下儿童进行二轮的强化免疫服食糖丸工作。1999—2010年，县级召开活动动员会12次，乡级召开活动动员会336次，全县各级政府有关单位经费投入约30万元，澄迈县疾控中心出动624人次，乡级出动7022人次，累计对29376名儿童进行强化免疫服食糖丸。各疫苗针对传染病控制在国家要求指标之下。

第二节 传染病防治

一、概况

1999年开始，澄迈县实行“预防为主”的方针，贯彻各种卫生法规，开展卫生宣教工作，加强卫生队伍自身建设，对基层防保人员进行培训，对传染病进行防控，有的传染病基本消灭。

2005年，建立健全传染病疫情报告运行机制和规章制度，乡镇以上医疗机构实现网络直报，疫情网络直报率、审卡及时率100%，按规定要求及时、准确上报疫情，按时撰写疫情月、季、年度分析。实现“平台到县，触角到乡”的网络连接，做到早隔离、早报告、早诊断、早治疗，提高疫情监测、报告的及时性与准确性，建成现代化信息技术的疫情报告网络体系。全县传染病报告2212例，发病率463.95/10万，比上年同期比增加6.45%。1999—2010年，澄迈县传染病发病率1010.52/10万（1991年为87.4/10万），呈上升趋势。

2006年，澄迈县开展全球基金疟疾项目，疟疾发病数从1999年的17例下降到2010年的1例。2008年，海南部分市、县发现急性肠道传染病——霍乱病例。县爱卫办协调各镇政府和县直各机关、企事业单位，开展以整治“五小”（小浴室、小美容美发、小歌舞厅、小旅馆、小网吧）卫生和环境“脏、乱、差”，以及食品卫生、除四害等工作为主的爱国卫生运动，使县城和各镇的环境卫生综合整治预防传染病工作得以有序开展，霍乱病及其他急性肠道传染病的传播扩散得到控制。疾病预防控制体系建设不断完善，县、乡、村三级防保网逐步加强，全年没有重大疫情发生。卫生应急工作逐步规范，在处置手足口病、霍乱、疟疾等急性传染病防控工作中行动迅速，措施有力。全县报告乙、丙类传染病18种2399例，年总发病率501.52/10万，死亡12例，死亡率2.39/10万，无甲类传染病和非典、人禽流感等重大传染病疫情发生，乙类报告发病率居前3位为肺结核、乙肝、痢疾。县疾控中心抽调21人，组成“澄迈县疾病预防控制中心手足口病防控工作领导小组”“流行病学调查一组”“流行病学调查二组”“消杀组”“后勤组”等5个小组，负责手足口病防控措施的落实，做到发现病例，及时处理。所有疑似的142例病人，按卫生部手足口病预防控制指南（2008年版）的要求做及时处理，涉及幼儿园的，派专人进行监督指导。2010

年，全县共报告手足口病 2825 例，死亡 1 例。

2009 年，全县报告各类传染病 17 种 3100 例，总发病率 641.90/10 万。无甲类传染病报告，其中乙类传染病报告总数 1645 例，发病率为 340.59/10 万，丙类传染病报告病例数 1455 例，发病率 301.31/10 万。全县累计报告手足口病例 1075 例，甲型 HINI 流感病例发生 7 例。开展甲流、疟疾防控工作，县卫生局及时制定应急预案，成立专家组，储备必要的药品、设备、器材，开展防控演练，进行防控工作督导检查，接种疫苗 9900 份。在出现手足口重症病人后，组织专家进行抢救，开展宣传教育，全县手足口病疫情得到控制，获得省卫生厅的肯定。加强其他重点传染病的防控工作，全县保持无脊髓灰质炎状态。落实扩大国家免疫规划工作，“七苗”全程接种率 90%以上，及时接种率 95%以上，实现国家免疫规划全程有效接种率达到以乡镇为单位 85%的目标。强化结核病控制项目管理，全县总发病率 598.52/10 万，与 2008 年同期相比下降 23.09%。

2010 年，全县未发生甲类传染病，乙类传染病 11 种 1609 例，发病率 329.47/10 万，丙类传染病报告病例数 6 种 3326 例，发病率 681.05/10 万。开展霍乱防治，全县监测腹泻病人标本 171 份，外环境 129 份，所有监测结果全部为阴性。开展登革热疫情监测，2010 年全县无登革热病例发生。抓好春季抗疟，加大高危人群、流动人口及重点区域的抗疟力度，开展“三热”病人的血检，普及健康宣教，至 2010 年 12 月 31 日，全县“三热”病人的血检 3322 例。

1999—2010 年澄迈县主要传染病发病率排位表

表 17-4-1　　单位：%

排位	1	2	3	4	5	占发病总数比例
1999 年	淋病	乙肝	肺结核	梅毒	甲肝	82.59
2000 年	肺结核	乙肝	痢疾	淋病	梅毒	91.07
2001 年	肺结核	乙肝	淋病	痢疾	梅毒	90.13
2002 年	肺结核	乙肝	淋病	痢疾	疟疾	88.05
2003 年	乙肝	肺结核	疟疾	痢疾	淋病	93.38
2004 年	乙肝	肺结核	痢疾	疟疾	甲肝	87.83
2005 年	肺结核	乙肝	痢疾	疟疾	淋病	88.36
2006 年	肺结核	乙肝	痢疾	梅毒	疟疾	87.40
2007 年	肺结核	乙肝	痢疾	梅毒	淋病	87.75

续表 17-4-1

排位	1	2	3	4	5	占发病总数比例
2008 年	肺结核	手足口病	乙肝	流行性腮腺炎	痢疾	86.12
2009 年	手足口病	乙肝	肺结核	流行性腮腺炎	流行性感冒	86.77
2010 年	手足口病	肺结核	乙肝	急性出血性结膜炎	梅毒	93.07

二、地方病防治

1993 年国务院召开“中国 2000 年实现消除碘缺乏病目标动员会”精神，澄迈县建立健全“政府领导、部门配合、社会参与”的可持续消除碘缺乏病长效工作机制，坚持“分类指导、突出重点、预防为主、防治结合”的工作方针，开展地方病防治工作。

1999—2000 年，每年都按省防疫站要求进行宣传与监测。2001 年开始，每年对 5 个乡镇碘盐监测 288 份，尿碘 300 份，并结合 “5·15”全国碘缺乏病宣传日进行宣传。碘盐覆盖率从 2001 年的 49.8%提高到 2010 年的 89.5%，合格食用碘盐率从 2001 年的 46.4%提高到 2010 年的 71.8%。

1999—2010 年澄迈县碘盐调查汇总表

表 17-4-2　　单位：%

年度	1999 年	2000 年	2001 年	2002 年	2003 年	2004 年	2005 年	2006 年	2007 年	2008 年	2009 年	2010 年
居民覆盖率	49.7	49.6	49.8	48.8	55.3	57.3	57.6	60.2	84.7	90.5	96.8	89.5
合格食用率	46.3	46.4	46.4	45.1	52	54.1	53.5	58.1	81.6	84.3	93.7	71.8

三、职业病防治

根据海南省颁布的《海南省工业劳动卫生管理规定》精神，1999 年开始对工厂、企业进行全面的调查。建立工人卫生档案，定期对接触有毒有害物质的工人进行健康检查，对工厂进行预防性卫生监测，保护职工身体健康。

2001 年，对 4 家生产企业进行监测，参加健康体检 334 人，健康者 298 人，其中 29 名工人表面抗原阳性，血压偏高 5 名，肝脾大 2 名，未发现有职业性中毒者。

2002 年，对 4 家企业进行监测，参检人数 840 人，受检率 67.6%，没有发现职业性中毒者。

2004 年，对 5 家企业进行监测，参检人数 481，受检率 82.8%，没有发现职业性中毒者。

2005年，对7家重点企业进行监测，参检人数602人，受检率73.1%，没有发现职业性中毒者。

2006年，对5家重点企业进行监测，参检人数375人，受检率91.6%，没有发现职业性中毒者。

2007年，对7家重点企业进行监测，参检人数1443人，受检率74.5%，没有发现职业性中毒者。

2008年，对6家单位进行职业性健康监测，体检1941人，受检率74.7%，检验结果其中HBsAg阳性224名，血压升高者3名，谷丙转氨酶升高14名，妇科检验异常2名，其他项目检验均正常，未发现有职业性中毒者。

2009年，对6家单位进行职业性健康监测，有2207人接受体检，检验结果其中HBsAg阳性230名，无血压升高者，谷丙转氨酶升高48名，其他项目检验均正常，未发现有职业性中毒者。

2010年，对4家重点企业进行检测，参检人数686人，检验结果其中HBsAg阳性者52名，肝功能异常者39名，未发现有职业性中毒者。

1999—2010年澄迈县职业病健康体检企业参检人员情况表

表17–4–3

年度	1999年	2000年	2001年	2002年	2003年	2004年	2005年	2006年	2007年	2008年	2009年	2010年
参检人数（人）	190	289	334	840	0	481	602	375	1443	1941	2207	686
参检企业（个）	2	3	4	4	0	5	7	5	7	6	6	4

说明：2003年因抽调人员开展非典防疫，职业病防治工作暂停

四、结核病防治

1999年，累计接诊可疑肺结核症状病人4900人次，发现肺结核病人1350人，其中免费治疗病人916人。

2000年，结核病人发现情况为初诊病人1925人、拍片1925人、痰检1925人，初诊病人全年指标2100人，完成全年指标91.6%；新涂阳新病人90人、全年指标150人，完成全年指标60%；复治涂阳8人，全年指标12人，完成全年指标66.6%；初治涂阴357人，全年指标348人，完成全年指标102%；重症涂阴69人，全年指标30人，完成全年指标230%；密切接触者103人，全年指标110人，完成全年指标93.6% 。登记报告肺结

核病452人，全年指标460人，完成全年指标98.2%。

2001年，结核病人发现情况为初诊病人1710人、拍片1710人、痰检1710，初诊病人全年指标2000人，完成全年指标85.5%；新涂阳新病人93人、全年指标150人，完成全年指标62%；复治涂阳10人，全年指标12人，完成全年指标83.3%；初治涂阴351人，全年指标348人，完成全年指标100.8%；重症涂阴65人，全年指标30人，完成全年指标216%；密切接触者123人，全年指标110人，完成全年指标111.8%；登记报告肺结核病462人，全年指标460人，完成全年指标100.4%。

2002年，结核病人发现情况为初诊病人1705人、拍片1705人、痰检1705，初诊病人全年指标1900人，完成全年指标89.7%；新涂阳新病人102人、全年指标150人，完成全年指标30.7%；复治涂阳8人，全年指标12人，完成全年指标68.0%；初治涂阴357人，全年指标348人，完成全年指标102%；重症涂阴55人，全年指标30人，完成全年指标183.3%；密切接触者113人，全年指标110人，完成全年指标102.7%。登记报告肺结核病432人，全年指标450人，完成全年指标96.0%。

2003年，结核病人发现情况为初诊病人1855人、拍片1855人、痰检1855，初诊病人全年指标1900人，完成全年指标97.6%；新涂阳新病人120人、全年指标150人，完成全年指标80%；复治涂阳10人，全年指标12人，完成全年指标83.3%；初治涂阴347人，全年指标348人，完成全年指标99.7%；重症涂阴69人，全年指标30人，完成全年指标203%；密切接触者103人，全年指标110人，完成全年指标93.6%；登记报告肺结核病462人，全年指标460人，完成全年指标100.4%。

2004年，结核病人发现情况为初诊病人1925人、拍片1925人、痰检1925，初诊病人全年指标1900人，完成全年指标101.3%；新涂阳新病人128人、全年指标150人，完成全年指标85.3%；复治涂阳8人，全年指标12人，完成全年指标66.6%；初治涂阴357人，全年指标348人，完成全年指标102%。重症涂阴40人，全年指标30人，完成全年指标133.3%；密切接触者103人，全年指标110人，完成全年指标93.6%；登记报告肺结核病422人，全年指标460人，完成全年指标91.7%。

2005年，开展“世界防治结核病日”宣传活动，促进群众对结核病及其防治知识的了解。组织专业技术人员深入基层检查督导，送医送药，确保澄迈县卫X项目的开展。

2007年，澄迈县作为全省唯一一个县，代表全省参加全国结核病耐药性基线调查，获得国家参比实验室专家组的好评，完成调查工作。

2009年，县疾控中心利用全球基金结核病控制项目资金，加强管理，提高结核病防治能力，以85%治愈率、70%初治涂阳肺结核病人发现率为工作目标，重视广泛宣传，以“世界结核病日”为基点，制作电视专题，悬挂跨街横幅16条，设咨询点6个，参加咨询医务人员79人，发放宣传单8000张，张贴宣传画590张，接受咨询群众2000多人，促进群众对结核病及其防治知识的了解。截至12月31日，初诊病人数1382人，拍片1382人，痰检1281人，涂阳新病人291人，复治19人，初治涂阴290人，完成全年任务的118%。

2009年，澄迈县被省卫生厅评为全省结核病防治工作先进单位，全省年终评比第二名。

2010年，以“3·24”世界防治结核病日为切入点，制作电视专题，悬挂跨街横幅14条，设咨询点2个，参加咨询医务人员47人，发放宣传单7500张，张贴宣传画570张，接受咨询群众1500多人，促进群众对结核病及其防治知识的了解。截至11月30日，初诊病人数1281人、拍片1281人、痰检1257人、涂阳新病人261人、复治36人、初治涂阴343人，完成全年涂阳肺结核病人治疗任务的124%。

五、艾滋病防治

澄迈县疾控中心是全球基金艾滋病项目、中盖艾滋病项目的实施机构。

澄迈县艾滋病防治工作起步较快。1999年，澄迈县的艾滋病防治工作主要为：以省疾病预防控制中心引进乐施会项目，通过世行贷款资金，在永发镇、福山镇和老城镇设置艾滋病防治高危人群干预队，队伍人员以抽调当地卫生院的医务工作人员为主。对当地的娱乐场进行干预，对娱乐场所的从业人员开展艾滋病检测服务。当年未检测到艾滋病感染者。

2000年，艾滋病防治工作以疾控中心艾防科人员和高危人群干预队员为骨干，以切断艾滋病的传染源为目的，加强永发镇、福山镇、老城镇和金江镇娱乐场所的干预活动和检测服务，对娱乐场所从业人员的监测检测和发放安全套，预防艾滋病。

2001年2月至2004年10月，香港乐施会“社区为本预防艾滋病项目”，2002年、2008年、2009年，美国康州哈特佛德社区研究所“杀微生物剂/如用避孕套预防艾滋病项目”，第一轮（2004/2008年）、第二轮（2009/2013年）“全国艾滋病综合防治示范区”等项目分别在全县开展不同的干预。

2004年6月，澄迈县发现首例艾滋病感染者。7月，澄迈县被列为全国127个艾滋病综合防治示范区之一。2009年防治艾滋病工作中，全县自愿接受艾滋病咨询检测5人，接受检测孕产妇4046人，婚检7207人，只有孕产妇发现1例阳性感染者。对县强制戒毒所采检200例，未发现HIV阳性者。开展针具交换工作，发放注射器30090只，回收针具30391只。

至2010年12月31日，经检测，发现全县艾滋病感染者呈上升趋势。

六、“非典”预防

2002年11月中旬，广东、北京等省市暴发传染性非典型肺炎（简称“非典”）。

2003年4月中旬，县卫生防疫站成立防治“非典”工作领导小组，下设预防性消毒小组、流行病学组、宣传培训组、疫点消毒组、后勤综合组、热线电话值班组，开设3部24小时热线电话，同时联上全国通“95120”专用线路。县委、县政府组织人员对全县窗口单位、车站、电影院、娱乐场所、中小学校、幼儿园、集贸市场、大型商场等重点部位督导检查。印发《澄迈县卫生防疫站预防“非典”应急处理方案》《澄迈县卫生防疫站疫情报告管理制度》《澄迈县卫生防疫站消毒工作方案》。5月1日起，全县各医疗单位实行“非典”疫情报告制度。县委、县政府成立防疫队伍，设立“非典”检查站，对来澄船只、车辆特别是疫区逐船逐车逐人登记，对人员进行体温测试，发现发烧病人及时进行隔离观察。通过广播、电视、宣传单、打标语、挂横额、开设宣传栏、举办咨询点等形式宣传“非典”的防治知识。截至5月23日，挂出横额100多张，出动宣传车辆200辆次，电视播放时间30多小时，印发宣传材料30多万份，监测船只100多艘，监测人员1000多人次，观察病人313例，投入人力250人次，投入23万元购买消毒药品、防护设备、消毒器械等医疗器械，消毒总面积27万平方米。全县无发现传染性非典型肺炎病例。

第三节　灾后疫情处置

1999年夏秋季期间，金江镇大坡村，太平夏富村、大茂村，永发镇长福村，山口龙兴村等村庄居民房屋遭受洪涝灾害。灾后，县卫生防疫站成立两支应急队伍，加强灾后应急值班，防疫人员兵分五路，至各乡镇、村庄，逐一排查淹没水井和村庄，指导消毒、检测等工作。防疫人员开展外环境、积水处及受淹户进行预防性消毒，加强灾后防病知识宣传和疾病监测工作，防止洪涝灾害引发传染病流行。

2003年8—9月，因台风大暴雨造成福山镇花场村、桥头镇玉包港、长安长福村等水淹灾害。县卫生局部署防洪防涝灾害卫生应急工作，组织县疾控中心成立应急队伍，分为流调小组、消杀小组、信息报告小组等开展灾后防病工作，做到医疗救治、疾病控制、卫生监督无缝衔接。用抽水机将未消退的积水抽干，发动群众搞好环境卫生，防疫人员开展外环境、积水处及受淹户进行预防性消毒，加强灾后防病知识宣传和疾病监测工作，防止洪涝灾害引发传染病流行。

2004年7—8月，澄迈县出现台风和持续强降雨天气，造成县境部分村庄农田、房屋淹没，人民生命财产安全受到严重威胁。根据县卫生局部署，县卫生防疫站防疫人员投入抗灾救灾工作中，指导和规范全县卫生系统做好卫生应急处置工作。防疫人员开展外环境、积水处及受淹户进行预防性消毒，加强灾后防病知识宣传和疾病监测工作，防止洪涝灾害引发传染病流行。

2008年夏秋季，澄迈县遭受台风强暴雨袭击，福山镇花场村、桥头玉包港、金江镇大坡村等村民房屋被水浸。按照县政府和省卫生厅的有关防灾工作要求，县卫生防疫部门实行24小时值班制，主要负责人带班制，每日了解受灾情况，值班人员做好当班情况的书面记录并实行交接班制度，加强与县卫生局、县政府及县三防办指挥中心沟通联系，确保灾情信息畅通准确。按照省级要求，各医疗卫生单位做好上报辖区发热、腹泻病人，被淹水井等相关灾情疫情情况，每天上报到县疾控中心，再由县疾控中心上报到县卫生局和省疾控中心。县疾控中心对水灾后生活饮用水进行消毒，对居民周围外环境灭蚊灭蝇消杀工作，开展群众灾后防病卫生知识宣传教育，发动群众搞好环境卫生，开展外环境、积水处及受淹户进行预防性消毒。逐一排查淹没水井和村庄，指导消毒、检测，防止洪涝灾害引发传染病流行。全年对累计消毒面积16.2万平方米，使用消毒物质量为1230公斤，发放宣传资料数6.5万张，消毒水井560个（大口井144个、手压井416个），其中被淹大口井9个，手压井2个，全部进行吊瓶放药消毒，并检测合格，出动防疫队282人次，出动防疫车57车次。

2010年国庆节期间，澄迈县受强热带风暴影响，出现连续降大暴雨过程，暴发洪涝灾害，县卫生防疫部门及时派出卫生防疫人员对受灾乡镇开展救灾防病工作，做好疫情监测工作，加强肠道传染病监测，做到传染病无漏报。出动防疫人员1261人次，出动车次400次，开展受灾地区水源的监测和消杀，消毒被淹水井424口，预防性消毒水井515口，消毒水井939口，做到清理、消毒不漏一口井。做好灾区环境消杀和厕所、垃圾、粪便的管理处置工作，加强清淤后外环境消杀工作，对下水道口、粪坑、垃圾堆、水淹内涝地区等进行消杀,消毒面积647223平方米，使用消毒物资1578.3公斤。开展传染病防治知识宣传和健康教育活动，教育灾区群众增强保护意识和自身防病能力，发放防病宣传资料47500张，开展培训87次，培训人数2137人。

第五章　妇幼保健

第一节　妇女保健

1999年，县妇幼保健院使用冷强光透明仪和妇产科诊断仪检查2769人，发现患有宫颈炎407人，念珠菌45人，附件炎13人，卵巢囊肿2人，其他疾病24人，所有患者均给予治疗。

2000年，全县出生活产4446人，产妇总数4481人，住院分娩4405人，住院分娩率99.08%；孕产妇保健管理4170人，管理率93.79%；孕产妇系统管理2237人，系统管理率53.65%；高危孕产妇488人，高危孕产妇住院分娩率99.59%；孕产妇死亡2人，死亡率44.63/10万。

2001年，全县出生活产4567人，产妇总数4591人，住院分娩4528人，住院分娩率99.15%；孕产妇保健管理4267人，管理率93.43%；孕产妇系统管理2368人，系统管理率51.58%；高危孕产妇513人，高危孕产妇住院分娩率95.32%；孕产妇死亡2人，死亡率43.56/10万。

2002年，全县出生活产5118人，产妇总数5137人，住院分娩4978人，住院分娩率96.90%；孕产妇保健管理4879人，管理率95.33%；孕产妇系统管理1977人，系统管理率38.48%；高危孕产妇501人，高危孕产妇住院分娩率98.60%；孕产妇死亡2人，死亡率38.93/10万。

2003年，全县出生活产4413人，产妇总数4448人，住院分娩4302人，住院分娩率97.48%，孕产妇保健管理4290人，管理率97.21%；孕产妇系统管理1865人，系统管理率41.93%；高危孕产妇714人，高危孕产妇住院分娩率99.86%；孕产妇死亡2人，死亡率44.96/10万。

2004年，全县出生活产5078人，产妇总数5084人，住院分娩4972人，住院分娩率97.91%；孕产妇保健管理4909人，管理率96.67%；孕产妇系统管理2541人，系统管理率49.99%；高危孕产妇375人，高危孕产妇住院分娩率98.93%；孕产妇死亡2人，死亡率39.33/10万。

2005年，全县出生活产5396人，产妇总数5403人，住院分娩5328人，住院分娩率98.74%；孕产妇保健管理5168人，管理率95.77%；孕产妇系统管理2736人，系统管理率50.64%；高危孕产妇262人，高危孕产妇住院分娩率100%；孕产妇死亡1人，死亡率18.51/10万。

2006年，全县出生活产5687人，产妇总数5680人，住院分娩5644人，住院分娩率99.40%；孕产妇保健管理5540人，管理率97.42%；孕产妇系统管理2785人，系统管理率49.03%；高危孕产妇207人，高危孕产妇住院分娩率99.51%；孕产妇死亡2人，死亡率35.21/10万。

2007年，全县出生活产6285人，产妇总数6273人，住院分娩6242人，住院分娩率

99.32%；孕产妇保健管理6122人，管理率97.41%；孕产妇系统管理3188人，系统管理率50.82%；高危孕产妇256人，高危孕产妇住院分娩率100%；没有孕产妇死亡。

2008年，全县出生活产6499人，产妇总数6500人，住院分娩6457人，住院分娩率99.35%；孕产妇保健管理6439人，管理率99.08%；孕产妇系统管理3245人，系统管理率49.93%；高危孕产妇432人，高危孕产妇住院分娩率100%；没有孕产妇死亡。进行妇女病普查普治1301人，患病人数占42.04%，对患病妇女给予及时治疗。通过“降消”“妇幼卫生监测”“预防艾滋病母婴传播”等项目的实施，加强培训和开展健康教育，深入基层指导危急转诊及解困救助。救助贫困孕产妇1452人，减免17.6万元。开展孕产妇免费咨询6947人，免费艾滋病病毒抗体检测4998人，检测率71.94%，没有发现HIV抗体阳性孕妇。

2009年，为农村孕产妇在乡镇卫生院免费产前检查31944人次，实施农村住院分娩补助和高危孕产妇住院分娩救助工作。做好“三网合一”监测和两个系统管理及巩固爱婴医院工作，将福山卫生院创建为爱婴医院，对已创建爱婴医院的卫生院进行强化培训，加强对孕产妇进行母乳喂养宣教，宣教4686人次。加强“降消”项目及中央补助地方农村孕产妇住院分娩补助项目工作，发放贫困孕产妇医疗救助卡1356张，受益孕产妇1754人，减免21.34万元，中央补助地方农村孕产妇住院分娩补助项目救助491人，减免15.5万元。做好预防艾滋病母婴传播工作，控制和减少艾滋病的母婴传播。全县开展孕产妇免费咨询6530人，免费艾滋病病毒抗体检测5965人，检测率88.58%，没有发现HIV抗体阳性孕妇。全县出生活产6734人，产妇总数6751人，住院分娩6709人，住院分娩率99.63%；孕产妇保健管理6682人，管理率99.23%；孕产妇系统管理3855人，系统管理率57.25%；高危孕产妇604人，高危孕产妇住院分娩率100%；孕产妇死亡率44.55/10万，婚前医学检查率51.44%。全县进行妇女病普查普治622人，患病人数占35.53%，对患病妇女给予及时治疗。

2010年，全县开展孕产妇咨询6219人，免费HIV抗体检测5664人，发现1例孕产妇HIV抗体阳性。婚前咨询12331人，免费HIV抗体检测12061人，没有发现HIV抗体阳性病例。活产总数6548人，孕产妇死亡率15.27/10万；围产儿死亡率11.30‰，新生儿死亡率7.18‰，婴儿死亡率9.47‰，5岁以下儿童死亡率13.29‰，新生儿破伤风发病率0，低出生体重发生率3.48%，中重度营养不良患病率2.76%，孕产妇保健覆盖率98.41%，孕产妇系统管理率61.30%，住院分娩率99.68%，产后访应率89.63%，高危孕产妇管理率100%，高危住院分娩率100%，6个月内母乳喂养率95.60%，纯母乳喂养率63.49%，妇科病普查率0，7岁以下保健覆盖率74.96%，0—3岁儿童系统管理率58.30%，婚前医学检查率 77.98%。对永发、石浮、中兴、桥头等乡镇孕产妇实行贫血监测专项调研，全县孕产期中重度贫血患病率 1.47%。实施农村妇女增补叶酸预防神经管缺陷项目，对全县准备怀孕和早期妊娠的农村妇女免费增补叶酸。截至 12 月底，发放叶酸 5368 人，叶酸服用率 70.53%。

1999—2010 年澄迈县孕产妇保健管理情况（产前检查率）表

表 17-5-1

年度	1999 年	2000 年	2001 年	2002 年	2003 年	2004 年	2005 年	2006 年	2007 年	2008 年	2009 年	2010 年
活产数（人）	4443	4446	4567	5118	4413	5078	5396	5687	6285	6499	6734	6548
管理人数（人）	4143	4170	4267	4879	4290	4909	5168	5540	6122	6439	6682	6421
管理率（%）	93.25	93.79	93.43	95.33	97.21	96.67	95.77	97.42	97.41	99.08	99.23	98.06

1999—2010 年澄迈县住院分娩情况表

表 17-5-2

年度	1999 年	2000 年	2001 年	2002 年	2003 年	2004 年	2005 年	2006 年	2007 年	2008 年	2009 年	2010 年
活产数（人）	4443	4446	4567	5118	4413	5078	5396	5678	6285	6499	6734	6548
住院分娩数（人）	4406	4405	4528	4978	4302	4972	5328	5644	6242	6457	6709	6546
住院分娩率（%）	99.18	99.08	99.15	97.26	97.48	97.91	98.74	99.24	99.32	99.35	99.63	99.68
新法接生率（%）	99.85	99.75	100.07	98.69	99.75	99.04	99.46	99.40	99.36	99.35	99.63	99.68
高危产妇数（人）	456	488	513	501	714	375	262	207	256	432	604	544
高危住院分娩产妇数（人）	455	486	489	494	713	374	262	206	256	432	604	544
高危住院分娩率（%）	99.78	99.59	95.32	98.60	99.86	99.73	100	99.52	100	100	100	100

1999—2010年澄迈县婚前医学检查情况表

表17-5-3

年度	1999年	2000年	2001年	2002年	2003年	2004年	2005年	2006年	2007年	2008年	2009年	2010年
实检人数（人）	857	924	741	886	1110	18	14	123	643	17	7398	13644
应检人数（人）	2620	2732	2468	2530	3670	5050	4800	5132	6810	11650	14328	17496
婚检率（%）	32.7	33.82	30.00	35.02	30.25	0.36	0.29	2.40	9.44	0.15	51.63	77.98

说明：2009年开始，实行免费婚前医学检查。至2010年，全县婚前医学检查率77.98%，达到当年的“50%”目标要求；孕产妇产前检查率98.06%，达到当年“农村70%以上”的目标要求；孕产妇系统管理率98.06%，比2000年（93.79%）有所提高；孕产妇住院分娩率99.68%，达到“农村住院分娩率65%”的目标要求；全县农村消毒接生率99.68%，达到“95%以上”的目标要求

第二节　儿童保健

1999年，对0—7岁儿童体检2947人，查出患病人数48人，缺陷947人，疾病矫治46人。开展围产期保健工作，全县有产妇2376人，产前检查2376人，产妇产后访视5095人次，婴儿访视768人。

2000年，全县0—6岁儿童41617人，保健管理22175人，管理率53.28%。婴儿死亡率14.17‰，5岁以下儿童死亡率17.32‰，新生儿破伤风发生率0.45‰，出生缺陷发生率125.60/万。

2001年，全县0—6岁儿童39550人，保健管理27083人，管理率68.48%。婴儿死亡率14.67‰，5岁以下儿童死亡率16.64‰，新生儿破伤风发生率0.88‰，出生缺陷发生率134.49/万。

2002年，全县0—6岁儿童41183人，保健管理25250人，管理率61.31%。婴儿死亡率12.90‰，5岁以下儿童死亡率15.83‰，新生儿破伤风发生率0.98‰，出生缺陷发生率128.97/万。

2003年，全县0—6岁儿童36619人，保健管理22376人，管理率61.10%。婴儿死亡率19.94‰，5岁以下儿童死亡率26.29‰，没有新生儿破伤风发生，出生缺陷发生率259.70/万，母乳喂养率87.56%。

2004年，全县0—6岁儿童37904人，保健管理27462人，管理率72.45%。婴儿死亡率17.33‰，5岁以下儿童死亡率23.04‰，新生儿破伤风发生率0.59‰，出生缺陷发生率140.73/万，母乳喂养率89.12%。

2005年，全县0—6岁儿童37589人，保健管理26182人，管理率69.65%。婴儿死亡率14.46‰，5岁以下儿童死亡率17.79‰，新生儿破伤风发生率0.19‰，出生缺陷发生率170.62/万，母乳喂养率95.22%。

2006年，全县0—6岁儿童36772人，保健管理17781人，管理率48.35%。婴儿死亡率14.95‰，5岁以下儿童死亡率20.22‰，没有新生儿破伤风发生，出生缺陷发生率160.40/万，母乳喂养率94.67%。

2007年,全县0—6岁儿童37674人,保健管理28756人,管理率76.33%。婴儿死亡率14.00‰，5岁以下儿童死亡率17.82‰，没有新生儿破伤风发生，出生缺陷发生率112.55/万，母乳喂养率95.17%。

2008年，全县0—6岁儿童39919人，保健管理27958人，管理率70.03%。婴儿死亡率14.62‰，5岁以下儿童死亡率18.62‰，没有新生儿破伤风发生，出生缺陷发生率88.86/万，母乳喂养率95.16%。

2009年,全县0—6岁儿童41242人,保健管理30122人,管理率73.04%。婴儿死亡率13.07%，5岁以下儿童死亡率15.89%，没有新生儿破伤风发生，出生缺陷发生率60.31/万，母乳喂养率93.84%。

2010年，实施0—36个月儿童健康管理项目，开展儿童免费健康体检，加强幼儿园所集居儿童体检，发动散居儿童参与体检，与免疫接种相结合推动儿童体检工作，提高儿童保健覆盖率。根据海南省儿童保健门诊规范要求，在全县推广儿童保健门诊建设，20家卫生院建立儿童保健门诊，其中创建永发中心卫生院等5家标准化儿童保健门诊并投入使用，保障儿童健康水平。创建爱婴医院15家，改善产科病房环境，更新医疗设备，对已创建爱婴医院的卫生院进行强化培训，加强对孕产妇进行母乳喂养宣教，宣教4686人次。福山卫生院创建爱婴医院通过评估。婴儿死亡率9.47‰，比2000年（14.17‰）下降4.7‰。5岁以下儿童死亡率13.29‰，比2000年（17.32‰）下降4.03‰，达到以“2000年为基数下降1/5”的目标要求。新生儿窒息死亡率229.00/10万，较2001年（350.00/10万）下降1.21%，达到“减低”的目标要求。5岁以下肺炎、腹泻死亡率分别是92.00/10万、15.00/10万，较2001年（350.00/10万、66.00/10万）下降2.58‰、5.1‰，达到《2001—2010年儿童发展规划》目标要求。5岁以下儿童中重度营养不良患病率2.93%，比2000年的4.00%下降1.07%，达到两纲两规的目标要求。

澄迈县出生缺陷发生率在2000—2010年10年间呈波动态势。2003年开始呈下降趋势，从259.70/万降到2010年的82.19/万，达到“降低”的目标要求。

1999—2010年澄迈县婴儿及5岁以下儿童死亡一览表

表17-5-4

年度	1999年	2000年	2001年	2002年	2003年	2004年	2005年	2006年	2007年	2008年	2009年	2010年
活产数（人）	4443	4446	4567	5118	4413	5079	5396	5687	6285	6499	6734	6548
婴儿死亡数（人）	—	63	67	66	88	88	78	85	88	95	88	62
婴儿死亡率（‰）	—	14.17	14.67	12.90	19.94	17.33	14.46	14.95	14.00	14.62	13.07	9.47
5岁以下儿童死亡数（人）	—	77	76	81	116	117	96	115	112	121	107	87
5岁以下儿童死亡率（‰）	—	17.32	16.64	15.83	26.29	23.04	17.79	20.22	17.82	18.62	15.89	13.29
肺炎死亡人数（人）	—	—	16	22	33	19	16	16	18	18	11	6
肺炎死亡（1/10万）	—	—	350.00	430.00	748.00	374.00	297.00	287.00	286.00	277.00	163.00	92.00
腹泻死亡人数（人）	—	—	3	7	8	4	8	9	8	5	3	1
腹泻死亡率（1/10万）	—	—	66.00	137.00	181.00	79.00	148.00	158.00	127.00	77.00	45.00	15.00
新生儿窒息死亡人数（人）	—	—	16	16	15	19	21	12	15	11	16	15
新生儿窒息死亡率（1/10万）	—	—	350.00	312.00	340.00	374.00	389.00	211.00	239.00	169.00	238.00	229.00

说明：从1999—2010年，澄迈县婴儿死亡及5岁以下儿童死亡监测数据显示，2010

年婴儿死亡率比 2000 年下降 33.17%，5 岁以下儿童死亡率较 2000 年比较下降 23.27%。根据《中国儿童发展纲要（2001—2010）》提出的要求，澄迈县婴儿和 5 岁以下儿童死亡率以 2000 年为基数分别下降 1/5 的目标已经实现

2000—2010 年澄迈县出生缺陷发生率情况表

表 17-5-5

年度	2000 年	2001 年	2002 年	2003 年	2004 年	2005 年	2006 年	2007 年	2008 年	2009 年	2010 年
围产儿数（人）	1035	1041	1008	924	1208	1348	1995	2399	2563	2776	2920
出生缺陷数（人）	13	14	13	24	17	23	32	27	41	28	24
出生缺陷发生率（1/万）	125.60	134.49	128.97	259.70	140.73	170.62	160.40	112.55	159.97	100.86	82.19

2001—2010 年澄迈县出生缺陷前五位发生率及缺陷儿顺位构成比一览表

表 17-5-6

2001—2005 年

排位	第一位	第二位	第三位	第四位	第五位
出生名称	腹水	脑积水	无脑儿	唇裂	多指（趾）畸形
例数（人）	23	11	9	8	7
发生率（1/万）	41.6	19.90	16.28	14.47	12.66
构成比（%）	25.27	12.09	9.89	8.79	7.69

2006—2010 年

排位	第一位	第二位	第三位	第四位	第五位
出生名称	唇裂	腹水	脑积水	多指（趾）畸形	无脑儿
例数（人）	22	19	18	13	12
发生率（1/万）	17.39	15.02	14.23	10.27	9.48
构成比（%）	14.47	12.50	11.84	8.55	7.89

说明：2010 年，开展提高 0—14 岁儿童白血病、先天性心脏病等六种儿童重大疾病新农合补充标准试点工作，全年有 13 名儿童得到救助，救助比例提高到 90%，救助金额

25.38 万元。全县儿童建册率 92.4%，健康管理率 70.6%，新生儿访视率 56.5%。早孕建册率 53.99%，产前保健覆盖率 92.0%，产后访视率 65.24%。完成农村孕产妇住院分娩补助 4675 人，完成率 97.40%。服用叶酸人数为 5368 人，完成率 70.53%

第六章　公共卫生

第一节　公共卫生监测

一、公共卫生场所监测

1999 年，随机抽样各茶店、饭店、酒店、食品加工厂等进行食具监测，其中金江镇 69 家、文儒镇 8 家、加乐镇 6 家、石浮 4 家、西达农场 2 家、福山镇 11 家、白莲镇 10 家、老城镇 15 家、大丰镇 7 家、瑞溪镇 8 家、桥头镇 10 家、永发镇 8 家、马村 6 家，共计 164 家。采样容器分别为盘、茶杯、汤匙、碗。检测指标为大肠菌群。随机抽样医院、卫生院、诊所等进行医疗监测，其中监测医院 2 家、卫生院 9 家、诊所 25 家。采样容器分别为压舌板、工作台、医生手、针头、注射器、治疗盘、镊子。检测指标为细菌总数、致病菌。对金江镇 5 个家庭，采样室内空气检测，检测项目为二氧化碳、甲醛。

2000 年，随机抽样各茶店、饭店、酒店、食品加工厂等进行食具监测，其中金江镇 85 家、文儒镇 9 家、加乐镇 6 家、石浮 5 家、西达农场 2 家、福山 12 家、白莲 10 家、老城 16 家、大丰镇 7 家、瑞溪 8 家、桥头 10 家、永发 9 家、马村 5 家，共计 184 家。采样容器分别为盘、茶杯、汤匙、碗。检测指标为大肠菌群。随机抽样医院、卫生院、诊所等进行医疗监测，其中监测医院 2 家、卫生院 9 家、诊所 28 家。采样容器分别为压舌板、工作台、医生手、针头、注射器、治疗盘、镊子。检测指标为细菌总数、致病菌。

2001 年，全县有公共场所经营单位 168 间，发放卫生许可证 69 间，发证率 41.07%；从业人员 504 人，体检 486 人，体检率 96.4%；发现“五病”（病毒性肝炎、痢疾、伤寒、活动期肺结核、皮肤病）52 人，阳性率 10.7%；公共场所用具、用品采样 243 份，合格 197 份，合格率 81.1%。

2002 年，监测 800 个单位，覆盖率 80%，合格率 50%。发放卫生许可证 217 个，从业人员体检合格 275 人。

2004 年，监测服务单位 706 间，采样 2574 份，现场卫生监督 463 间，建档案管理 451

间，发放卫生许可证120间，开展从业人员健康体检 584 人，体检不合格 59 人，合格率89.9%。

2005年，对食品、公共场所980个单位进行监测，食品合格率93.1%，食具消毒合格率70.6% 。对306所医疗卫生单位进行消毒效果评价，累计采样1687份，不合格有67份，医疗器械消毒合格率98.5%，检测份数比2004年增加200份，合格率比上年上升3个百分点，办理健康证3000个。

2006年，对食品和公共场所从业人员体检1760人，发放健康证1600人，对食品、公共卫生场所1029个单位监测，食品合格率93.1%，食具消毒合格率70.6% 。对306所医疗卫生单位进行消毒效果评价，累计采样1687份，不合格有67份，医疗器械消毒合格率98.5%，检测份数比上年增加200份，合格率比上年上升3个百分点。

2007年，对食品、公共卫生场所625个单位监测，采样2574份，监测结果合格率55.4%，医疗消毒监测96家，采样298份，合格率96%。

2008年，公共卫生场所监测575间，采样4574份，发放卫生监测结果4373份，占卫生监测份数的95.6%，体检4948人，体检合格率88.5%。

2009年，全县餐饮服务的餐具抽样654家2741份，不合格881份，公共场所采样8家，41份样品，办理从业人员健康证6026个，体检不合格不能办理有155个。

2010年，对全县食品及公共场所从业人员进行健康体检5027人，对辖区内的医院、诊所共189间开展消毒质量检测工作，检测样品400份。对食品、公共场所经营单位卫生监测从2001年的168间增加至2010年的189间，从业人员体检从2001年的486人增加至2010年的5027人。10年间，公共卫生监测力度持续加强。

二、食品卫生监测

1999—2004年，对全县经营月饼的茶店、饼店进行现场随机抽样，检测项目为酸价、化氧化值、砷、铅、黄曲霉素B、细菌总数、大肠菌群。

1999—2004年澄迈县经营月饼的茶店、饼店现场随机抽样数据表

表17-6-1

年度	1999年	2000年	2001年	2002年	2003年	2004年
样本量（份）	126	108	87	47	89	62
合格率（%）	97	98.6	97.4	99	97.6	98

2005年，对食品、公共卫生场所980个单位进行监测，食品合格率93.1%，食具消毒

合格率 70.6%。发放卫生许可证 877 个、健康证 3000 个。处理食物中毒事件 23 起，打击劣质食品活动 13 次,依法取缔加工窝点 23 个、查封 5 个,没收不符合卫生要求的食物 3000 公斤。

2008 年，对食用盐碘含量监测，随机抽取 9 个镇，每个镇抽取 4 个行政村（居委会），每村 8 户居民食用盐，全县抽检 288 份样品，监测结果为碘盐 249 份，合格 238 份，合格食用率 82. 6 %。碘盐重点抽样监测 5 个镇，每个行政村（居委会）随机抽检 15 户盐样，每个镇抽检 60 份盐样，全县 300 份，监测结果为碘盐 268 份，合格碘盐 242 份，合格碘盐食用率 80.7%。

2009—2010 年，对全县经营月饼的茶店、饼店进行现场随机抽样，检测项目为酸价、化氧化值、砷、铅、黄曲霉素 B、细菌总数、大肠菌群。

2009—2010 年澄迈县经营月饼的茶店、饼店现场随机抽样数据表

表17-6-2

年度	2009 年	2010 年
样本量（份）	68	49
合格率（%）	99	99

1999—2010 年，全县核发食品卫生许可证 1230 张，占应发总数的 95%；从业人员的健康体检 18000 人次。食品抽检 2300 份，合格率 86%。食具采样 51200 份，合格率 71.4%。依法处罚经营单位 120 家，罚款 260000 元。

三、饮水卫生监测

1999 年开始，澄迈县有关部门每年组织人员对饮用水进行两次抽样检查。

2001 年，对 49 间单位饮用水进行监测，饮水人口 2 万人，其中集中式供水单位 19 间，合格 19 间，合格率 100% 。分散式供水单位 30 间，合格率 60%。供水公司末梢水监测 16 份，合格率 100% 。医院污水排放监测 3 间，采捡 3 份，合格 1 份，合格率 33%。

2002 年，监测 72 间单位，其中集中式供水监测 21 间，合格 21 间，合格率 100%。供水公司未末梢水监测 16 份，合格率 100% 。医院污水排放监测 3 间，采检 3 份，合格 1 份，合格率 33.3%。

2004 年，监测 43 间单位，其中集中式供水单位 34 间，合格率为 67.6%。分散式供水 9 间，合格率 66.7%。医院污水排放监测 2 间，合格率 50%。供水公司末梢水监测 1 间，合格率 100%。

2005年，对44间单位饮用水进行监测，其中集中式供水监测33间，合格率78.8%。分散式供水监测11间，合格率81.8%。医院污水排放监测2间，合格率100% 。

2006年，监测59间单位，其中集中式供水监测40间，合格率67.5%。分散式供水监测19间，合格率68.4%。医院污水排放监测2间，合格率50%。

2007年，监测24间单位，其中集中式供水监测15间，合格9间，合格率60%。分散式供水监测9间，合格4间，合格率44.4%。医院污水排放监测2间，所检项目结果均符合国家污水排放标准。

2008年，监测43间单位，其中集中式供水监测35间，合格21间，合格率60%。分散式供水监测8间，合格5间，合格率62.5%。医院污水排放监测2份，所检项目结果是县中医院污水排放不符合国家污水排放标准。

2009年，对37间单位饮用水卫生进行监测，其中集中式供水26间，合格10间，合格率为38.5%。分散式供水监测11间，合格5间，合格率45.5% 。医院污水排放监测4份，所检项目结果是县中医院污水排放符合国家污水排放标准。

2010年，监测33间单位，其中集中式供水监测29间，合格10间，合格率34.5%。分散式供水监测4间，合格2间，合格率50%。对县医院污水排放监测，采检1份，所检项目结果是县医院污水排放符合国家污水排放标准。对全县饮用水水源分类调查，其中居民饮用自来水172500人，占人口总数34.7%；简易自来水204897人，占人口总数41.2%；手压机井水25208人，占人口总数5.1%；大口径井水18920人，占人口总数3.8%；深层井水20526人，占人口总数4.1%；江河水55459人，占人口总数11.1% 。水质检查64份，合格15份，合格率23.4% 。不合格的主要是铁、锰、pH值、细菌总数超标，硫酸盐、碘、氯、氟化物的含量不足。全县居民已改变用河、沟等自然水的旧习惯，自觉使用自来水、井水等卫生水。

全县集中式供水合格率从2001年的100%降至2010年的34.5%，分散式供水合格率从2001年的60%降至2010年的50%，饮用水卫生合格率呈下降态势。

1999—2010年澄迈县饮用水卫生监测情况表

表17-6-3

年度		1999年	2000年	2001年	2002年	2003年	2004年	2005年	2006年	2007年	2008年	2009年	2010年
监测（间）		50	55	49	72	0	43	44	59	24	43	37	33
其中	集中（间）	15	18	19	21	0	34	33	40	15	35	26	29

续表 17–6–3

年度		1999 年	2000 年	2001 年	2002 年	2003 年	2004 年	2005 年	2006 年	2007 年	2008 年	2009 年	2010 年
其中	分散（间）	35	37	30	51	0	9	11	19	9	8	11	4
集中式供水合格率（%）		80	77.8	100	100	0	67.6	78.8	67.5	60	60	38.5	34.5
分散式供水合格率（%）		54.3	48.6	60	61	0	66.7	81.8	68.4	44.4	62.5	45.5	50

说明：2003 年因抽调人员开展非典防疫工作，饮用水卫生监测工作暂停

四、学校卫生监测

学校卫生主要是对学生进行卫生知识教育，每年进行健康体检，保护视力，对多发、常见病的调查和监测。学生的健康检查和疾病矫治工作，县城中小学校和乡镇中学、中心小学由县卫生防疫站负责。乡村小学由乡镇一级卫生院负责。

1999 年，对辖区内 24 间学校现场开展教室课桌椅、采光、照明及教室和学生宿舍人均面积调查，对 13080 个学生进行体检。

2000 年，对辖区内 25 间学校现场开展教室课桌椅、采光、照明及教室和学生宿舍人均面积调查，对 14160 个学生进行体检。

2001 年，对 29 间中学和小学校的学生进行体检，体检总人数 16804 人。其中中学 9 间，学生 5648 人；小学 20 间，学生 11156 人。服药人数 16804 人，占体检数 100%。

2002 年，进行学校卫生监督监测 20 所，健康体检 18 所，体检学生人数 19000 人。发现患龋齿 250 人，沙眼 121 人，近视 680 人。开展预防性驱虫服药 8250 人。

2004 年，对 28 所中学和小学学生 12000 人进行健康体检，学生寄生虫感染率 8.63 %，已服药驱虫 5100 人，占学生总数的 78%。

2005 年，对 25 间中学和小学校 13000 名学生进行健康体格检查，龋齿患病率 11.03%，寄生虫感染率 21.14%，近视率为 30.51%。

2006 年，对 10 间中学和小学校 6000 名学生进行健康体格检查，龋齿患病率 11.03%，寄生虫感染率 21.14%，近视率为 30.51%，学生体检人数逐年减少。下半年， 因学校卫生监测政策调整，全县停止开展学生体检工作。

2010 年，全县有校医室 9 间，专职校医 20 人，兼职保健教师 218 人。

五、旅业卫生监测

1999—2010年，澄迈县卫生防疫站每年对旅店、旅馆、宾馆、招待所旅业人员进行体检，确保从业人员无传染病上岗，对店内床上用品、洗浴盆等卫生进行定期监测检查。详见表17–6–4。

1999—2010年澄迈县公共场所（旅业）卫生监测报表

表17–6–4

公共场所	监测项目	监测户数（户）	总户数（户）	合格户数（户）	合格率（%）	年度
宾馆酒店	1. 室内空气中 CO_2、甲醛、PM10 2. 床上卧具、毛巾、茶具的细菌总数，大肠菌群	4	4	4	100	1999年
		5	5	5	100	2000年
		4	4	4	100	2001年
宾馆酒店	1. 室内空气中 CO_2 、甲、PM10 2. 床上卧具、毛巾、茶具的细菌总数，大肠菌群	5	5	5	100	2002年
		5	5	5	100	2003年
		4	4	4	100	2004年
		3	3	3	100	2005年
		5	5	5	100	2006年
		4	4	4	100	2007年
		5	5	5	100	2008年
		5	5	5	100	2009年
		5	5	5	100	2010年

第二节　社区卫生服务

一、社区医疗卫生服务建设

2004年下半年，启动农村卫生管理体制改革试点工作，海南省卫生厅批准澄迈县作为全省的试点县，着手进行前期搭台推进。

2005年，澄迈县人民政府印发澄迈县农村卫生管理体制改革方案，拉开正式改革工作序幕。落实国务院下发《关于发展城市社区卫生服务的若干意见》的精神，结合澄迈县卫生资源分布和结构情况，发展社区卫生服务作为农村卫生管理体制改革和促进卫生事业发展的内容，设置社区卫生服务中心和卫生服务站。成立光明社区与江南社区两家卫生服务站。

2005年后，社区卫生服务发展不断扩大，利用社会力量，设立钟寨社区卫生服务站，开展社区卫生医疗服务项目，开展医疗科目有内科、外科、妇科、儿科、中医科、五官科以及检验，卫生技术人员14名，其中副主任医师1名，医师5名，护士8名。配备一批常规检查设备。设立江北社区卫生服务站，开展社区中西医治疗项目，卫生技术人员7名，其中副主任医师1名，主治医师2名，医师1名，护士3名，配备一批常规检查设备。

2006年，澄迈县把20个卫生院从设置机构上落实，设置8个社区卫生服务中心（白莲、瑞溪、中兴、仁兴、桥头、永发、大丰、加乐），12个社区卫生服务站（福山、山口、太平、文儒、石浮、美亭、老城、马村、长安、新吴、金江、金江镇），实行两块牌子，一套人员，实行设置机构着眼先移，完善健全社区卫生服务功能。

2010年，推进社区医疗卫生服务，促进医疗卫生事业发展，方便群众，使群众享受到便捷、价廉、安全的卫生服务。

二、农村医疗卫生服务建设

1999年开始，澄迈县抓好农村卫生室建设，全县有150家卫生室，装修改造2家，配备听诊器、体温器、血压器、药柜、诊床、出诊箱等医疗设备。

2002年，发展到177家卫生室，装修改造2家。

2004年，全县有179家卫生室，实现行政村“村村有卫生室”目标。此后农村卫生室得到较快的发展。至2009年，全县有203家卫生室，装修改造25家，基本配备听诊器、体温器、血压器、药柜、出诊箱、氧气瓶、吸氧机、视力表灯箱、担架、诊桌、抢救箱、喷雾器、血糖仪、消毒罐、观察床、病床等医疗设备。在实现行政村“村村有卫生室”目标的基础上，对村级卫生室推行规范化管理。促使农村卫生室达到“三室一房”（诊断室、治疗室、观察室和药房）分开的规范化设备。配备出诊箱、氧气袋、高压消毒器等必要医疗设备，着力提升农村卫生服务水平。

2010年，全县有203家卫生室，装修改造卫生室29家。

第三节　农村改水改厕

1999年，澄迈县加大农村改水改厕工作力度，投入改水改厕资金3631.52万元，其中改水投入3046万元，改厕投入585.52万元。完成自来水受益人数25683人，建成卫生户厕7773户，分别占省下达任务的128.19%和111.04%。

2000年，全县完成农村自来水受益9794人，建成卫生户厕6133户，分别占省下达任务的163.23%和102.22%。

2002年，全县完成农村自来水受益人数6807人，建成卫生户厕2052户，分别占省下达任务指标的136.14%和102.6%。

2005年，全县完成改厕441户，改水受益人数20012人，分别完成省下达任务指标（改厕250户，改水2万人）的176.4%和100,06%，农村自来水普及率52.5%，农村卫生厕所普及率61.93%。利用世行贷款80万美元建设永跃、长村、盐丁、美桃、美厚、孟乐、东水、新兴、玉包、中兴等10座自来水厂，帮助3250户16253人饮上安全自来水。

2007年，全县完成农村自来水受益人数1025人，建成农村户厕160座，分别占省下达任务的102.5%和106.67%。

2008年，中央下达“三集中”（集中扶贫对象、集中使用扶贫资金、集中解决制约农村发展的主要问题）农村扶贫项目改水改厕专项资金30万元，群众自筹资金4万元，建设金江镇好操村供水工程和中兴镇孔水村供水工程，实现新增农村自来水受益人数3020人，占省下达改水任务指标的100%。县爱卫办对全县11座具有大口井的“一井一塔一泵”农村自来水水源投放三氯异氰尿酸片消毒剂进行消毒，分别于消毒前和消毒后对出厂水和末梢水进行水质监测各一次，监测项目有总大肠菌菌群、菌落总数、耐热大肠菌肠和余氯等4项指标，各项指标均符合饮用水标准，确保农民群众饮水卫生安全。利用2007年中央补助地方农村改厕项目（为跨年度实施项目）资金51.63万元，在全县各镇新建卫生户厕1475座，经考核验收确认合格者对建厕农户予以350元的补助。

2009年，落实省卫生厅、省爱卫办《关于印〈2009年海南省农村饮水安全工程水质卫生监督技术方案〉的通知》精神，开展好农村饮用水项目水厂水质监测工作。编印3000本《澄迈县农村改厕宣传手册》发放到各镇和农村。利用省下达给澄迈县中央补助地方“三集中”农村改水资金30万元，定点建设金江镇宋岭村饮水工程和老城镇美造村饮水工程。省下达给澄迈县农村改厕项目补助资金139万元，县财政安排县级配套经费325万元，用于建造农村卫生户厕4000座，其中省下达2009年跨年度执行2008年农村改厕任务指标2780座，每座户厕补助给建厕农户中央和省级资金500元，县财政对省下达的改厕任务指标（2780座）每座给予发放县级配套经费350元，每座卫生户厕补助850元，其余1220座县政府额外下达的改厕任务指标一样补助850元，从县财政下达的县级补助资金（325万元）中安排10万元给各镇，作为镇一级年度改厕工作经费。截至11月，全县建成投入使用的卫生户厕5000座，分别占省下达年度任务指标（2780座）和县政府下达年度任务指标（4000座）的179.86%和125.00%。澄迈县农村卫生厕所普及率和农村无害化卫生厕所普及率分别达到64.92%和64.93%。

2010年，根据省卫生厅、省爱卫办《关于印发海南省2010农村饮水安全工程水质卫生监测技术方案的通知》和省财政厅《关于拨付2010年农村饮用水与环境卫生监测项目经费的通知》精神，开展好农村饮用水项目水厂水质监测工作。利用省下达给澄迈县中央补助地方“三集中”农村改水资金31万元，定点建设金江镇龙生村饮水工程、仁兴镇仁坡村饮水工程和老城镇美造村饮水工程。从县财政下达的2010年农村改水改厕工作经费275万元中安排31万元，作为以上3宗农村饮水工程的县级配套经费。截至11月，完成2010年跨年度执行2009年农村改厕项目任务指标4500户。省下达给澄迈县每座卫生户厕补助资金500元（其中中央400元，省级100元），合计300万元落实到位，县财政安排的县级配套经费275万元也落实到位，下达到建厕农户的补助资金标准为850元/座，在组织县级考核验收后，协同县财政和县农村信用合作联社等单位，通过惠民“一卡通”将补助资金发放给农户。

第四节 爱国卫生运动

一、机构人员

1999年，澄迈县爱国卫生运动主管机构为县爱国卫生运动委员会，简称“县爱卫会”，主任由县级党政领导担任。县爱卫会下设办公室，简称“县爱卫办”，具体负责日常工作。2001年9月定编为县卫生局归口管理副科级全额事业单位，2007年定编为县卫生局下属副科级事业单位，核定财政预算管理事业编制6名，领导职数2名，无内设机构。县爱卫会办主要职责：除害灭病、“三管”（管水、管粪、管厕）、“四灭”（灭鼠、灭蚊子、灭苍蝇、灭蟑螂）、“五化”（美化、绿化、净化、亮化、硬化）工作，及农村改水改厕、市政公共卫生设施建设和健康教育等各项工作。

二、主要工作

（一）卫生县城创建

1999年，县政府印发《关于印发澄迈县创建卫生县城实施方案和澄迈县开展灭鼠达标工作方案的通知》《澄迈县城镇除四害管理暂行规定》，县爱卫会制定澄迈县创建国家卫生县城二年计划任务分解表，开始创建国家卫生县城。

2000—2001年，按照《海南省卫生县城考核评分标准要求》，县爱卫会重新修改制定《澄迈县创建卫生县城实施方案》，将具体创建任务指标分解落实到各个职能单位。调整县创建卫生县城领导小组成员，由县委书记亲自担任组长，县委副书记、县长任常务副组长，副县长任副组长，下设创建办公室，由职能单位抽人员组成。县委、县政府把创卫工作纳入主要议事日程，召开专题会议部署，利用6—7月2个月时间开展城容镇貌综合整治月活动，抓好县城交通、市场、治安、文化、卫生、城建六大秩序的综合整治工作。经整治，县城实现硬化、亮化、美化、绿化、净化。

2002年，县委、县政府在全县范围内开展环境卫生综合整治活动，组织检查评比，掀起爱国卫生运动新高潮。投入资金，完善市政基础设施配套，开展市政建设，兴建金江绿地广场、南渡江北岸防洪大堤、体育广场、金马路等，改善县城市容市貌，达到美化、绿化、净化目的。

2005年，县委、县政府印发《澄迈县创建卫生县工作总体方案》，利用5年时间开展创建“卫生澄迈”活动。

2007年，落实《澄迈县创建国家卫生县城工作实施方案》，结合实际，经过组织县级考核验收，举荐县电力公司和县公路分局为省级先进单位。县电力公司和县公路分局通过省级考核验收，被省爱卫会授予“海南省卫生达标单位”荣誉称号。

2008年，中兴卫生院、里万卫生室和县公路局大拉道班达到“省级卫生先进单位（庭院）”的标准，被省爱卫会授予“海南省卫生先进单位”荣誉称号。全县累计有30个单位实现创建“省级卫生先进单位”。

2009年，县委、县政府召开澄迈县创建国家卫生县城动员大会，全面动员和部署卫生创建工作，成立以县委书记为组长、县委副书记、县长为常务副组长的澄迈县创建国家卫生县城工作领导小组，下设办公室（简称“县创卫办”），由县政府分管副县长兼任办公室主任。划拨专项工作经费200万元，用于环境卫生整治和创建国家卫生县城工作。县委办和县政府办制定和印发《澄迈县创建国家卫生县城工作实施方案》《澄迈县创建国家卫生县城责任分工及检查评比标准》等文件，明确各责任单位创建任务。

2010年，县委、县政府和县创建国家卫生县城工作领导小组制定和印发《关于创建卫生县城培训班参会人员早退情况的通报》《关于印发澄迈县创建国家卫生县城工作问责规定的通知》《关于成立澄迈县创建国家卫生县城工作领导小组办公室资料组和检查督导组的通知》《关于深入开展以环境卫生综合整治为主要内容的爱国卫生运动的通知》《关于印发澄迈县创建国家卫生县城第一轮环境卫生整治工作方案的通知》《关于要求县创卫办各检查督导组开展检查督导工作的通知》《关于成立除“四害”监督监测督导组的通知》《关于印发〈澄迈县创建国家卫生县城各项工作细化表〉的通知》《关于印发〈2010第11届中国海南欢乐节卫生环境综合整治工作方案〉的通知》等文件，加强县创卫办队伍建设，从相关单位抽调人员38人，组成宣传组、资料组和检查督导组3个工作组，其中检查督导组又下设5个工作组，协调督导全县创建工作，做到责任明确，任务落实到人。1999—2010年，金江镇在全省爱国卫生检查评比中年年名列榜首。

（二）病媒生物防制

1999年，开展3次大规模投药灭鼠活动，投入灭鼠经费10万余元，投放灭鼠药饵3200公斤，投药覆盖率和药物保留率98%以上，单位灭鼠达标率98.7%，鼠密度由投药前的40.5%下降到2.4%。11月，通过省级考核验收，澄迈县被授予“海南省灭鼠达标县城”荣誉称号。

2000年，开展3次大规模投药灭鼠活动，投入灭鼠药360公斤。10月中旬，澄迈县遭受百年不遇洪涝灾害，县爱卫办协调卫生局、防疫站，组织医疗队伍和防疫队伍深入灾区，开展灾后防病工作，确保大灾之后无大疫发生。

2002年，在全县范围内组织开展三次大规模投药灭鼠活动。在全省除“四害”工作检查考核中，县城鼠密度监测粉迹法阳性率0.63%，受到省考核组专家好评。

2003年，印发《开展爱国卫生运动、预防非典型肺炎工作方案》，开展以环境卫生综合整治和除四害为重点的爱国卫生运动，全县悬挂宣传横幅212条，清理卫生死角145处，疏通水沟10320米，填平积水坑洼780平方米，对出入车站公交车消毒车辆7100辆次，消毒客运三轮车9510架次，开展全县投药灭鼠2次，投放灭鼠药饵900多公斤，发放抗非典宣传资料30万份，出动宣传车巡回宣传4天，县卫生局、爱卫办、防疫站和县医院联合开展宣传咨询活动18次，电视宣传7天。

2005年，开展3次大规模投药灭鼠活动，投入灭鼠药2850公斤。

2007年，在全县范围内开展一次较大规模投药灭鼠活动，灭前和灭后开展鼠情调查建厕工作，掌握鼠害消长规律，为开展科学灭鼠提供依据。全县投入灭鼠药饵近1200公斤。

2008年，在全县范围内开展2次大规模以灭鼠为重点的除四害活动。2次灭鼠活动投放灭鼠药饵3500多公斤，各镇、农（林）场和县直各单位报捡死鼠4029只。开展整治“五小”卫生、环境“脏、乱、差”、食品卫生、除四害等爱国卫生运动。

2009年，在全县范围内开展两次以灭鼠为重点的病媒生物防制工作。根据省爱卫会开展灭蚊活动预防登革热传染工作的通知部署，县爱卫会印发《关于大力开展爱国卫生运动作好预防登革热传染工作的紧急通知》，要求各镇、各农场和县直各机关、企（事）业单位开展蚊虫防制工作，降低布雷图指数，谨防登革热病发生流行。

2010年，在全县范围内开展三轮大规模投药灭鼠活动，在金江镇城区范围内各机关单位和居民区摆放灭鼠盒3000多个。将县城建成区的病媒生物防制灭鼠达标工作以89万元承包给海南省博亚环保科技有限公司开展，实施期限为15个月（自2010年8月至2011年11月）。县爱卫办和海南博亚公司紧密协调，举办6期卫生创建暨病媒生物防制培训班，加强对县城建成区投药灭鼠和防鼠设施建设。省爱卫会组织专家，对县城“海南省灭鼠先进城区”工作成果进行第二次复查考核，确认县城建成区灭鼠工作在鼠密度、室内鼠迹、外环境鼠迹、防鼠设施建设等方面均达到国家标准，被重新确认为“海南省灭鼠先进城区”。

（三）环境卫生整治

根据环境卫生整洁、方便管理的原则，将县城区划分为六大责任片区，将镇墟划为11个责任片区，每个责任片区配备一个城管中队，负责区域内城市管理行政执法工作和市容、规划建设的日常监管。通过区域分块、目标到队、定岗布控、责任到人的管理方式，整合区域中的行政资源，实现各种城市管理信息互通，形成有效的问题反映通道，及时发现和处理问题。将各责任区再细化分解落实到各社区、居委会和各驻地机关、单位、部门，负责抓好责任区的环境卫生整治和保洁工作。各街道、小巷居民落实门前“三包”，确保门前环境卫生整洁干净。

1999年，开展爱卫月活动，抓好宣传及对县城各单位和乡镇所在地环境卫生的综合整治、除四害等工作。

2000年，县政府印发《澄迈县环境综合整治工作方案的通知》，开展环境综合整治，从相关单位抽调人员组成突击小组，每天上午8：00至晚上11：00，上街抓好整治工作。全县召开动员会46场次，参加人员9018人次，悬挂横幅26条，清理卫生死角74处，疏通水沟29016米，填平洼地817平方米，食品卫生监督133间，投入灭鼠用药190公斤，拆除违章建筑26间、洗车场4个，清除乱张贴800多处。

2001年，开展爱卫月环境卫生整治活动，干部职工和在校师生2908人次参与爱卫月活动，悬挂跨街横幅21条，刊出宣传栏7版，受健康教育人数13.4万人次，清理卫生死角5处，疏通水沟304米，清除乱张贴42处，清除乱搭建8处，清除乱堆放9处，受罚人数11人，投放灭鼠药300多公斤，拾死鼠1214只。

2003年，开展抗击非典爱国卫生运动，开展城乡爱国卫生综合整治，除“四害”，执行门前“三包”责任制签订和监督管理，加强饮食、旅业等服务行业卫生监督、监测管理等工作，新签订门前“三包”责任制的单位和居民1500个（户）。

2005年，县爱卫办协调县环境卫生综合整治办公室、卫生局、建设局、公安局、交通局开展环境卫生综合整治和监督检查，推进卫生创建工作。

2008年，全县开展4次大规模城乡环境卫生综合整治活动，各部门（单位）和在校师生出动16500多人次参加整治，清理卫生死角430处，拆除乱搭建86处次，清理占道经营281处次，悬挂跨街宣传横幅264条。

2009年，县爱卫办协同县城管局、交通局、公安局、市管中心等职能部门，开展爱国卫生月和迎接中华人民共和国成立60周年庆典活动以及重大节（假）日爱国卫生综合整治活动，把开展整治“五小”的环境同治理“六乱”（乱搭建、乱停放、乱占道、乱摆放、乱扔垃圾、乱张贴），以及创建国家卫生县城（城镇）等工作相结合。

2010年，落实省爱卫会《2010年海南省爱国卫生工作要点》和县委、县政府有关爱国卫生工作部署，围绕爱国卫生工作中心任务，开展卫生创建、环境卫生综合整治、农村改水改厕、病媒生物防制等工作。

（四）控烟宣传

1999年，结合“5·13”世界无烟日，采取电视、横额、宣传栏、宣传车、标语、义诊、咨询等形式，开展吸烟危害健康宣传活动。开展创建“省无烟草广告县城”活动，会同卫生、工商、公安、城监等职能单位，对县城烟草广告进行清理整顿，率先跨入“海南省无烟草广告县城”行列。

2000年，开展控烟活动，出动人员170多人次，悬挂横额12条，刊出宣传栏21版，电视宣传3天，没收印有“万宝路香烟”图案遮阳伞1把，烟灰缸9个，受宣传、教育人次29万余人。

2001年，县政府召开专题会议，研究部署无烟日宣传、清理整顿烟草广告活动。从县卫生局、县爱卫办、县公安局、县工商局、县城监中队等职能单位抽调人员，对全县烟草广告进行清理整顿，挂出横额3条，电视宣传3天，发放宣传资料200多份，刊出宣传栏4版，缴没、销毁希尔顿烟草广告遮阳伞1把，“555”牌香烟广告遮阳伞1把，健牌香烟广告烟灰缸14个，受宣传、教育人次8万多人。

2002年，利用电视、宣传栏、横额等开展控烟宣传，倡导公共场所不吸烟，从事卫生、教育、宣传工作人员无烟日当天不吸烟。组织卫生、工商、城监、爱卫等职能单位，开展经常性检查监督，对县城烟草广告进行清理整顿。收缴并销毁烟草广告遮阳伞一把，“555”牌香烟广告售烟架1台。

2003年，县爱卫会和县教育局组织县城中小学生4000人，在澄迈县第二中学开展“拒绝第一支烟，做不吸烟的新一代”签名活动。县车站把开展无烟日宣传和控烟活动同抗击非典环境卫生整治相结合，在候车亭、客车上设置显目的禁烟标志，在候车厅刊出宣传专栏，发挥候车厅吸烟室作用，采取宣传、劝阻和干预手段，让吸烟者进入吸烟室吸烟，禁止旅客在公共场所吸烟，避免造成旅客被动吸烟的危害，提高群众控烟意识。县卫生局、县爱卫办、县工商局、县城监大队等职能单位，对县城各种类型的烟草广告进行清理整顿。出动人员260人次，电视宣传5天（画面标语），广播宣传5天（宣传控烟知识），悬挂横额27条，刊出宣传栏32期，张贴控烟宣传画50张，张贴宣传标语210余张，设置禁烟标志60多个（块），收缴并销毁烟草广告一批（健牌香烟广告遮阳伞2把，标有“555”

牌香烟广告的售烟架 1 台，健牌香烟广告烟灰缸 6 个），参加咨询人数 180 多人，利用行政干预手段劝阻吸烟 350 多人次，受教育人数 20 多万人次。

2004—2007 年，每年利用宣传栏、横额等宣传工具，围绕世界无烟主题“创建无烟环境”，开展控烟宣传，倡导公共场所不吸烟，从事卫生、教育、宣传工作人员无烟日当天不吸烟。县爱卫会会同卫生、工商、城监等单位，对县城和部分镇及国有农场的烟草广告进行清理整顿，未发现任何形式的烟草广告。

2010 年，县爱卫办协同县疾控中心，围绕世界无烟日活动主题“性别与烟草——抵制针对女性的市场营销”，在县城热闹路段设立宣传咨询点，接受群众控烟知识咨询，向群众和学生散发控烟宣传画幅和宣传手册，发放控烟宣传手册 1500 多份，发放控烟宣传画幅 600 张，在县城各路段悬挂控烟宣传横幅 5 条。

第十八编　人　物

第一章　人物传

朱　献（1903—1947），母子两代抗日英雄。澄迈县第三区白莲乡（今属老城镇）潭池村人。出生于贫苦农民家庭，早年在潭池小学读书。民国 28 年（1939 年）参加琼崖抗日独立总队（琼崖纵队前身），任总队附马白山的传令兵。1941 年调到地方做党政工作，任中共澄四区委、澄三区委组织委员。他积极发展党的组织，先后恢复和建立中共潭池、玉楼、夏社 3 个党支部，发展吴文芳、吴清福、姜大定、姜维华、李瑞新等 21 人加入中国共产党。发动姜维腾、林廷良、吴伯起、李大清等 36 人参加琼崖抗日独立总队。在海南岛抗战最艰苦、最残酷时期，临危受命，于 1942 年 2 月出任中共澄三区委书记，带领安仁、东兴、白莲、老城等 4 个乡人民开展抗日救国斗争。上任后，建立澄三区抗日常备队并兼任队长。1942 年下半年，潘江汉、陈义清（陈岩）率领第 4 支队主力挺进澄迈县第三区南凿肚一带。南凿肚是中共澄三区委经常驻扎的地方，朱献带领澄三区人民抗日武装积极配合琼崖独立总队第 4 支队主力行动，白天分散，夜间集中，偷袭日伪区乡维持会，骚扰日本侵略军据点，伏击、袭击分散行动的小股日伪军，严惩汉奸。有力地策应琼文根据地的反“蚕食”、反“扫荡”斗争，有力地支持六芹山抗日根据地建设。

1942 年 10 月下旬，第 4 支队转战临高、儋县（今儋州市）后，第 1 支队第 3 大队就将挺进儒万山（亦称亚挽山）。朱献按照中共澄迈县委指示，筹划区委和区常备队配合第 3 大队开辟儒万山抗日根据地的方案。朱献带上县委书记李独清给吓歪三关于支持人民抗日武装的亲笔信，找儒万山土匪首子吓歪三，对其动之以情，晓之以理，重申去年他与中共澄迈县委口头订立的“约法三章”之协议。经过一番努力，吓歪三表示遵守互不侵犯协议，不干扰人民抗日武装在儒万山的活动，不让国民党顽固派叶丹青部、日军进山，不损害山中老百姓的利益等。吓歪三的“三不”态度，为开辟儒万山抗日根据地扫除了最大的障碍。1942 年 10 月底，第 1 支队第 3 大队开进儒万山后，在中共澄三区委、区常备队和中共琼二区委的配合下，开展打击国民党顽固派、拔除伪顽据点等工作。大队长李高蕃在攻打澄三区大尾村顽军据点战斗中英勇牺牲；接任的大队长颜灼新，不久在对日军作战中也光荣牺牲。朱献在配合第3大队拔除敌据点作战的同时，恢复和重建南凿肚一带文南、南轩村等5个中共支部，成立安仁、东兴、白莲、老城等乡抗日民主政府，建立“白皮红心”保甲民主政权，健全完善地下交通站、交通线，动员青年参军参战，开展筹粮筹款，做好迎接第1支队进驻儒万山。第3大队和澄三区委、琼二区委，经过几个月的艰苦奋斗，付出巨大的代价，做出重大牺牲，儒万山抗日根据地初具规模。

1943年1月，第1支队部和第1大队进驻儒万山，接着总队部直属医院、军械厂和总队部新闻电台也先后西迁儒万山。第1支队主力在儒万山站稳脚跟后，琼崖特委、琼崖东北区抗日民主政府、琼崖抗日独立总队部也随后迁入儒万山，不久转移至六芹山根据地。在“坚持内线，挺出外线”战略方针的指导下建成儒万山抗日根据地，儒万山成为沟通琼文地区和琼西地区的重要枢纽。

朱献带领人民广泛开展抗日救国斗争，日伪军在澄三区的人员和财产损失严重，使日本侵略军恼羞成怒，于1943年农历五月初五（公历6月7日），抓走朱献的母亲庞氏和妹妹朱妚尾，囚禁于白莲日军据点内，企图威逼利诱朱献，只要朱献放弃共产主义信仰，脱离共产党队伍，不再参加反日抗日活动，立即释放他的母亲和妹妹；如果想参加“政府”工作，白莲维持会会长、澄迈县地方警卫队队长任你选；如果坚持反日抗日，母亲和妹妹的生命安全难以保证。消息传来，他挥笔在油印本《论持久战》一书扉页上写下“自古忠孝难两全”。此招无效，日本侵略军改变手法，用各种种手段，逼迫朱母给朱献捎口信或托人代写劝降信，但是被朱母拒绝。日本侵略军在白莲、老城等地赶集的日子里，将朱母和妹妹捆绑着游街示众污辱人格，以此为诱饵，暗藏伏兵，诱使朱献率部来解救，乘机摧毁朱献领导的澄三区委和澄三区人民抗日武装。朱献识破日军的阴谋诡计，敌强我弱，率部救母是自坠陷阱，只好强忍悲痛未鲁莽行动。在白莲据点里，朱母和妹妹遭受日本侵略军各种严刑拷打，受尽凌迟折磨。同年6月，日本侵略军在白莲墟南边将母女俩杀害，并抛尸荒野。噩耗传来，第3大队和澄三区人民抗日武装的同志们纷纷请战，要为朱母庞氏和朱妚尾报仇。朱献写下誓言：“牢记母训，继承遗志，坚持斗争，抵抗外侮！”

日本侵略军妄图斩草除根，到处搜捕其近亲家族之人。同年10月，日本侵略军突然进村抓捕其堂兄朱宗信、堂妹朱某，严刑毒打至死。1943年间，白莲乡抗日民主政府李作芳、李传仁两任乡长相继被日顽杀害，日军疯狂对民主村庄进行“扫荡”，白莲大地到处笼罩着恐怖的阴影，数人婉言拒任乡长之职后，朱献服从组织任命，兼任白莲乡乡长。1944年1月，日军拆除朱献房屋,将其木、石、砖、瓦等材料运到白莲墟建设日军据点。无家可归的胞兄朱宗惠是中共地下交通员，无奈举家迁至玉扬村地下交通站居住。妻子李如仙跟随朱献走上革命道路。

抗战胜利后，朱献仍任中共澄三区委书记、白莲乡民主政府乡长。他带领澄三区人民参加解放战争，多次组织人员割断敌人的电话线，破坏美伦桥，使敌人的公路交通和电话联络瘫痪；积极筹集钱粮各种物资支持琼崖纵队作战，朱献成为敌人眼中钉，肉中刺，千方百计想拔除掉。1946 年 2 月，国民党 46 军主力进入澄迈“清剿”在六芹山根据地的琼崖纵队和澄迈革命根据地村庄，其未满周岁儿子朱小和胞兄朱宗惠一家 4 人，被国民党兵围捕毒打迫害致死。

1947 年 6 月 12 日，朱献等人在白莲乡儒林村活动时，被告密，遭受老城乡国民党乡兵 30 多人包围，为掩护其他同志脱险,只身阻击牵制敌人，在战斗中壮烈牺牲。朱献及其母亲、儿子、胞兄、嫂嫂、侄子、胞妹、堂兄、堂妹等 9 人先后被日军、国民党军杀害或迫害致死。

1951 年 12 月 16 日，中共澄迈县委、澄迈县人民政府为朱献烈士修墓立碑，碑上镌刻着县委书记张光兴亲笔写的“朱献同志：为人民而死，虽死犹荣”。 1993 年冬，因为修建环岛西线高速公路，中共白莲镇委、白莲镇人民政府、中共白莲镇潭池村支部委员会、白莲镇潭池村村民管理委员会，将朱献烈士墓及墓碑迁至潭池村前 100 米的地方，并且建造纪念亭一座。

马传俊（1917—1949），马白山长兄马家璧的儿子，澄迈县第四区大峰乡（后改为大东乡）银题村（今老城镇马村村）人。民国 14 年（1925 年）父亲马家璧随陈继虞民军在反对军阀战斗中牺牲。童年时代就读于本村私塾小学。1938 年跟随三叔马秋江、四叔马白山在昌江县立第二小学（今东方市墩头小学）读书。此期间，常随高年级学生到周边乡村散发张贴抗日救国传单，号召民众起来抗日。同年 8 月，随三叔马秋江回到位于罗驿村的澄迈县立第二小学读书。1939 年 1 月马秋江任中共临高县委书记，马传俊离开澄迈县立第二小学，回到出生地银题村。在马秋江的指导下，他建立大东乡银题村青年抗日救国会，并担任会长。在他的领导下，银题村青年积极开展抗日救亡活动。

1939 年 11 月，马传俊参加中国共产党，被选为中共银题村支部（1943 年底改为马村）书记。1940 年夏，在美合根据地“琼崖抗日公学”第一期军事班学习。同年 12 月 15 日“美合事变”后，为了揭露国民党顽固派破坏团结抗日的罪行，马传俊运用当地民众熟悉的反面人物为教员，编写民谣，让村民传唱，动员群众团结起来，开展抗日救亡活动，捐款献枪，支持抗日斗争。仅银题村就献枪 2 支、光洋 650 元（块），支持人民抗日武装，继而在村中成立“农救会”“妇救会”。

1943 年，侵琼日本侵略军对琼崖抗日根据地及民主村庄进行大规模“蚕食”“扫荡”，妄想消灭琼崖人民抗日武装。当时在银题村驻有日军一个小分队，为了分割、封锁、控制人民抗日武装的活动，企图在大亭村设赶集点，强迫银题村一带村庄，在大亭各盖1—2间茅草屋，强制村民到大亭集市。为了粉碎日军的企图，马传俊组织党员和群众，以到大亭干活为名，了解日军的活动规律。晚上组织村中党员和群众马家范等人，潜入敌据点，3次火烧大亭集市茅草屋，迫使日本侵略军放弃这个集市点。然后，转移至文大村盖10多间砖瓦房，强迫村民到文大村集市，马传俊又组织银题村抗日积极分子潜进文大村，利用夜幕掩护，用炸药炸毁了5间，日本侵略军行动屡屡受挫，集市点计划只好停止实施。

抗日战争胜利后，马传俊任中共澄四区委委员，负责大东乡等地的工作。1946年，国民党46军疯狂对琼崖纵队和根据地进行军事“围剿”与经济封锁。为了支持琼崖纵队的反“围剿”斗争，同区委书记符正三，区长陈宗理和区委委员劳介秀等人商议，决定将澄四区生产基地牧养的60头牛出卖，支持琼崖纵队。他组织马村（原银题村）党支部马家万、马建台等人，把牛运送到雷州半岛，卖得3000多块光洋（银圆）如数上交。还动员澄四区群众捐献粮食8000余斤，支持前线作战。

1947年，为了加强对马村一带民主村庄的领导，他提议将大峰、马村、包金、文大、美当、东水等村的中共党支部组建中共大东乡总支部委员会，获得澄四区委书记符正三、区委委员劳介秀的支持。各村党支部书记会议一致赞同组建大东乡党总支，推选马汉蕃为中共大东乡总支书记。党总支成立后，全体党员发动群众，动员青壮年积极参军，壮大革命队伍。马传俊所动员的青壮年一次就有17人参加琼崖纵队。还组织“青年同心会”，团结、教育、鼓励青年勇敢地投入战斗。

澄四区大东乡石石矍村，是国民党乡兵的一个据点，驻有一个联防中队。中队长罗光邦与罗光斗是兄弟，这是一对作恶多端的流氓恶霸，乡民称他们是一双“吃人虎”。他们经常捕捉敲诈勒索革命人员家属，无恶不作，血债累累。敌人凭这个据点控制着澄四区马村一带沿海，不利革命活动，成为澄四区委长期以来的心腹之患。1947年8月，区委书记符正三牺牲，马传俊接任中共澄四区委书记，以那时起，他就千方百计寻求机会拔除这个敌据点。1948年夏，琼崖纵队挺进支队猛冲队魏学良部来到马村这一带，实施拔除敌据点，扩大、巩固解放区的行动。他向魏学良队长报告石石矍 敌据点的情况，魏队长决定拔掉这个钉子。马传俊率领区常备队，配合挺进支队猛冲队攻打石石矍 据点，击毙罗家两兄弟，虏获2名小队长，15名乡兵，缴获步枪32支，子弹一批。救出澄四区原大峰乡征收员劳运隆。战斗速战速决，挺支猛冲队、区常备队无一伤亡。

1949年8月，马传俊带领区委武装人员在老城乡鲁丘村执行任务，遭敌袭击，在战斗中壮烈牺牲，时年32岁。

遗孀孙玉梅，中共党员，1921年3月5日出生，临高县马袅人。她是中共澄迈县委优秀的地下交通员，其智勇双全的传奇事故和英雄事迹，在解放海南岛战史中记上浓墨重彩的一笔。2018 年 11 月 4 日去世，享年 97 岁。

李公范（？—1950），籍贯诞辰未详。第四野战军 43 军 128 师 384 团 2 营 4 连 2 排 4 班班长。在解放海南岛战役中，是一位用身体堵住敌人地堡机枪眼的马特洛索夫式的战斗英雄。

1950 年 4 月 17 日凌晨，128 师 384 团 2 营的船队抵近澄迈县桥头乡理善港（因理善村而得港名，今称新兴港）海域。营长刘鑫命令 6 连的船队全力摇橹划桨，全速向海岸冲去。

没料到这段近岸海底礁石多，高低深浅不一，海岸又是陡壁，2 营指挥船无知不觉地驶入两块礁石的间隙中，被卡住，不能动弹，水深浪急，人员上岸困难。

这时，6 连 2 排、3 排以猛烈的火力向岸上敌人射击。营指挥船在 2 排、3 排掩护下，有 4 名战士摸黑奋勇跳下水，把船缆拉到岸边拴住，船上的人扯着船缆登岸。随后，6 连 2 排、3 排也冲上岸来。

前进的道路被陡崖挡住了。战士们一个踩着一个的肩膀，爬上了陡崖，冲了过去。

4 连、5 连登陆地段是理善港一片开阔平缓的沙滩，是敌人集中兵力重点防守的地方。

4 连的 1 号船登陆后，敌人的机枪像狂风暴雨般横扫过来，封锁住了去路。指战员们匍匐在沙滩上，徐连长仔细观察，5 条火舌是从海岸边隐隐约约的地堡群里喷出来的，地堡群前边还有两道鹿寨，当即命令 4 班班长李公范把敌人的地堡群拿下来。

李公范以自己的身体堵住敌人的机枪眼，为渡海登陆部队开辟了胜利前进的道路。

于承光（1914—1950），1914 年 3 月 24 日出生，山东省文登县米山镇南郑格庄人。原名于文焕，参加革命后，当地“还乡团”等反动势力太猖狂，免得家属遭殃，曾改用邵仙、于文、孙涛等名字，而于承光是他最后的一个名字。毕业于山东文登（高级）师范学校。1931 年开始，以西崮头小学教师的身份做掩护，从事中共地下党的情报传送、宣传发动，发展组织等工作。1933 年加入中国共产党，曾任中共文登县二区委组织委员、党支部书记。1938 年 2 月参加抗日游击队，曾任文登县抗日游击大队教导员。后整编入八路军胶东东海军分区第 5 支队 2 团，任 2 营分支书记、营长。1941 年率部参加昆嵛山战役，歼灭国民党顽固派丛景月所部。1942 年秋，调往胶东南海军分区任营长。1945 年春之后任团参谋长，同年秋随军挺进东北，过海后，由孙涛之名改为于承光。1946 年 1 月于东北民主联军（东北野战军前身）第 3 纵队 8 旅（师）任团参谋长。1948 年夏进入东北野战军哈尔滨干部学校学习，11 月任东北野战军第 40 军 120 师 358 团副团长。1949 年 6 月任中国人民解放军第四野战军第 40 军 120 师 358 团团长。7 月，率部参加湘赣战役、衡（阳）宝（庆）战役和两广战役。12 月，率部进驻雷州半岛的安铺地区，开展海上大练兵等工作，准备参加渡海登陆作战解放海南岛。

1950 年 4 月 16 日 19 时，团长于承光、政委王宝瑢率领 358 团（120 师唯一参加渡海登岛作战的建制团）2500 多名官兵渡海参加解放海南岛战役，17 日黎明时分在临高角一带登陆。19 日，于承光指挥所部攻击临高县美台国民党军第 64 军 156 师师部和 466 团，歼其大部，俘敌 400 余人，残敌向东南方向逃窜。当天夜 12 时，奉命随军驰援澄迈的第 43 军。4 月 21 日下午 3 时，120 师 358 团首先进至金江镇东北面的北排山村，在村北的鹧鸪山（岭）与国民党 32 军 252 师 754 团一部遭遇，全歼该敌，俘虏 200 余人。继而又和 43 军 128 师 382 团一部、383 团渡海先锋营一起，在龙腰岭（又称大岭）上的 100 高地（笃真岭）、95 高地（加岭山）、鹧鸪山（岭）一带，夹击南线围攻 43 军和琼纵第 3 总队的国民党军，将其 3 个团打败。然后掩护 40 军迂回包围敌人，5 时，40 军主力插至黄竹、美亭东西两侧，解除美亭决战南线敌人的威胁。22 日，奉命攻占澄迈白莲，与其他兄弟部队一道，打垮白莲地区的国民党 62 军、32 军残部以及教导师的抵抗，并歼其一部。随后，第 40 军令 358 团要不惜一切代价向海口市东南的南渡江铁桥挺进，截断国军从海口逃往榆林、三亚方向的通道。南渡江铁桥距刚攻占的白莲墟还有数十里，海南岛东北部尚在国军控制之下，完成这个任务要抄乡村小道且边战斗边前进。4 月 22 日下午 4 时，部队攻击至白莲墟东北方的加佳村、美造村（两村相邻），团长于承光和政委王宝瑢、副团长兼参谋长丁文杰、团政治处主任王方成等人在加佳村旁丛林边的团指挥所内研究前进突击路线。当时，团指挥所旁边有一个水井，战士、群众在那儿取水；和加佳村相邻的美造村边大榕树底下周围驻有 358 团侦察连，大榕树旁有口水井，战士们有的在水井边取水喝，有的生火烤地瓜充饥。下午 5 时许，加佳村、美造村突遭国军飞机空袭，团指挥所被炸，于承光受伤抢救无效，光荣牺牲；其余团干均负重伤（据四野 15 兵团 4 月 25 日 21 时致野司、军委、琼纵的电报）。因为战事紧急，团部立即请示随军登岛指挥一线部队作战的第 40 军军长韩先楚，同意将于团长和一位排长、一名班长的遗体就地掩埋，立 3 座坟，做了标记，位于加佳村水井附近的旱地坎圮处。驻美造村的 358 团侦察连也被炸，有五六十人阵亡，三四十人受伤。牺牲的侦察连战士由中共澄四区委派潭池村、仁里村庞修富等村民掩埋，分两处集体安葬在美造村边的大榕树附近的坡地坎圮间。

解放后，于承光的家人不知道他的牺牲，而部队也不知道他的家在何方。和平时期，他的家人在寻找他，他的部队也在寻找他的家人。59 年后，部队终于联系上烈士的家人，长女于锡玲教授在山东大学工作，是中国晶体研究的创始人之一；大儿子于锡欣是高级工程师。于承光在澄迈牺牲，部队一直想为他修墓立碑，但历史久远，具体地点等很多细节都无法确定，所以久拖没有办成。后来据 358 团原副团长兼参谋长丁文杰，团政治处宣传股原股长李湖等亲历者的回忆，认定于承光战斗牺牲在澄迈县美亭乡军路村。但是四野老战士记忆有误，据四野15兵团1950年4月25日21时电报和加佳村、美造村的老村民回忆互相印证，就是今澄迈县老城镇老城居委会美造村东边的加佳村（已荒废，土地已被征用正在开发）。2009年3月31日，在部队和海南省人民政府、临高县人民政府的关怀下，拨款10万元，在于承光牺牲的地方和烈士老家各取几把泥土等物品，在“临高角登陆战烈士陵园”重新为于承光烈士修墓（衣冠冢）立碑。

于承光等数十名第358团将士的名字铭刻在临高角“四十军海南岛战役牺牲烈士纪念碑”上，他的半身塑像安放在第120师师史馆。

王石三（1926—1964），琼崖纵队著名“攻坚突击手”、特等功臣、战斗英雄。海南澄迈县第二区西坡乡（今文儒镇土腰村委会）石村村人。中国共产党党员。原名王永章，参加革命后改为王石三。民国32年（1943年）参加琼崖抗日独立总队（琼崖纵队前身），历任班长、排长、连长等职。在战争年代，他英勇善战，屡立战功，亦多处负伤。曾立小功3次，大功3次，特等功1次。1950年6月，他被琼崖纵队授予“特等功臣”光荣称号，中共海南岛区委员会授予“人民功臣”荣誉称号。1954年2月，全国人民慰问解放军代表团颁发“人民英雄”勋章1枚。

1950年后,曾任中国人民解放军公安部队琼山支队上尉队长。他在多年艰苦斗争中,积劳成疾,加上战争留下的伤痛，久治不愈，不幸于1964年在琼山县府城英年早逝，时年38岁。

李大义（1916—1993），海南澄迈县第二区北雁乡（今文儒镇）山心村人。1936年参加革命，同年9月参加中国共产党。在山心村私塾学校任教，以教师职业为掩护，做中共地下交通联络站的工作。1937年4月任中共澄兴区委组织委员、宣传委员、区委书记。1938年3月任中共善集县（辖今澄迈县南渡江之南的东部、南部、西南部和原琼山六区的新兴、屯昌、南坤、林加、松涛、番加等地）县委委员兼宣传部部长；1939年至1943年3月任中共澄迈县委委员兼宣传部部长。1943年3月13日夜因公受伤，因伤势较重，较长时间于乡村治疗养伤。伤愈后去西昌、坡尾等地抗日根据地学校担任校长。1948年调任中共澄二区委宣传委员。1951年4月到海南行政公署集训,集训结束后参加琼山县土改试点工作。1952年至1953年底参加澄迈、临高两县土改工作。1954年任海南人民法院办公室秘书。1957年任海南行政公署老区办公室主任。1958年任海南技工学校校长。1982年4月退休，后改为离休，享受二等甲级伤残优待（今套改为五级伤残优待）和地专级待遇。1993年10月27日在金江逝世，享年77岁。

黄德富（1921—1990），琼崖纵队“特等功臣”、战斗英雄。原名陈扬茂。海南澄迈县第二区石北乡（今文儒镇南林村）老林村（海南军区档案记载：老廉村）人。民国29年

（1940年）春被日军抓去西昌乡一带修建公路，不堪日军毒打折磨，当年6月投奔革命，参加琼崖抗日独立总队（琼崖纵队前身），改名黄德富。1946年加入中国共产党。1949年3月“春攻”之战打响，同年4月20日，在石禄战斗中，奋不顾身炸掉守敌碉堡，缴获机枪1挺，立大功。4月底在昌江县昌化港战斗中缴获机枪1挺，立大功。1950年初，在崖县（今三亚市）公路伏击战中，缴获机枪1挺，立大功，同年6月，他被琼崖纵队记特等功1次并授予“特等功臣”光荣称号，8月，任海南军区27团2营4连连长。1953年任海南军区6团2营4连连长。1954年复员回乡参加农业生产劳动。1955年春后，先后在澄迈县第二区北雁乡（今文儒镇）信用社、县民政科、县税务局等单位工作。1978年退休，1983年后改为离休，享受县（处）级待遇。1990年逝世，享年74岁。

冯君保（1927—1999），琼崖纵队特等功臣、战斗英雄。海南澄迈县第一区国江乡（今中兴镇大云村委会）崇文村人。初小文化。民国34年（1945年）2月参加澄迈县第一区抗日常备队，1946年12月，参加琼崖游击独立纵队（琼崖纵队前身），1947年10月参加中国共产党。历任通讯员、班长、排长、连长、副营长、营参谋长等职。在战火纷飞的年代里，主要参加儒万山根据地保卫战，美亭伪乡公所（黄竹村）袭击战、临高海岸岭战斗、儋县光华墟战斗、崖县九所（今属乐东）战斗、西昌墟战斗、儒万山根据地夏收保卫战，儋县（今儋州市）光华岭战斗等，多次立功受奖，其中立小功5次，立大功3次，特等功1次。1949年4月，在儋县光华墟战斗中，带领突击队炸毁敌碉堡3座，为夺取战斗胜利扫除了障碍，立下了战功。接着参加崖县九所（今属乐东）战斗。随后不久，新民县（今屯昌）西昌墟战斗打响，琼崖纵队某部强攻2天未果，冯君保向团长李福文请缨，请求带队主攻得到批准。他带领7团3营7连突击队，首先突破敌据点鹿寨，炸毁敌碉堡，攻占敌核心阵地，兄弟部队随就展开全面攻击，消灭西昌墟之敌。此役，7连无一伤亡，并缴获一大批枪支弹药，俘敌18人，战后记大功1次，升为琼崖纵队第1总队7团3营7连连长。1949年夏收期间，盘踞在澄迈县第三区东兴、安仁（今属海口市）据点的国民党军，面对粮食紧张，经常派兵下乡抢粮。这时，儒万山根据地党组织发动群众，开展反抢粮的斗争。同年夏末，7连奉命参加儒万山根据地夏收保卫战，主要任务是拔除东兴、安仁这2个国民党军据点。冯君保率部进驻儒万山，看准时机，趁大风暴雨之夜，突袭据点，消灭守敌。两据点被拔除，震慑了本地国民党军，近2个月不敢进入根据地抢粮，保卫了儒万山根据地的夏收果实。

1950年4月，率部参加接应渡海大军作战。同年6月，琼崖纵队为他记特等功1次，授予琼崖纵队“特等功臣”、战斗英雄。12月，任海南军区4团3营副营长，1941年8月，升任海南军区29团3营参谋长。1952年6月后，在中南干部文化速成学校、中南海军教导大队学习。1953年底转业，曾在澄迈县山口、仁兴、昆仑等地工作。1979年因病退休，1983年转为离休1999年病逝，享年72岁。

赵世泰（1933—2002），澄迈县第一区仁厚乡（今仁兴镇）加白村人。民国22年（1933年）7月出身于农民家庭。1946年4月参加琼崖纵队，历任战士、班长、排长、副连长、团参谋等职。战争年代，曾荣立三等功3次。1954年6月加入中国共产党。1966年任陵水县人民武装部科长，1969年任解放军132师394团副团长，1972年任昌江县人民武装部副部长，1978年任琼中县人民武装部部长，1984年任海南军区通什（今五指山市）军分区副师职顾问。1986年6月离休，2002年1月1日于海口逝世，享年69岁。

李泽丰（1929—2002），又名李自丰。海南省澄迈县仁兴乡加白村人。民国18年（1929年）9月18日出生于穷苦农民家庭。中共党员。1944年8月参加琼崖抗日独立纵队，历任战士、班长、排长、连长、营长、科长等职。战争年代，曾荣立三等功2次。解放后，入武汉高级步兵学校学习，1967年任崖县人民武装部部长，1971年任中共乐东县委书记，1973年任中共东方县委书记，1982年离休。2002年，在海口市病逝。

吴多清（1925—2005），澄迈县第一区仁厚乡（今仁兴镇）灵地村人。民国14年（1925年）9月11日出生于一个农民家庭。1941年3月参加革命，同年加入中国共产党。1942年1月任中共灵地村支部书记。1942年3月入中共琼崖特委党校初级班学习，同年9月任中共仁厚乡总支书记。1942年8月22日，侵琼日军对灵地村实行大屠杀，全村被害43人。其中，吴多清一家6口人，父母姐弟5人被日军杀害。吴多清不被日军威淫所吓倒，掩埋好亲人的遗体，化悲痛为力量，踏着鲜血染红的路，继续带领仁厚乡人民配合琼崖抗日总队开展游击战争，打击日本侵略者。1943年3月任中共澄一区委干事，同年10月任中共澄一区委委员兼宣传部部长。1945年任中共澄迈县委委员兼民运部部长。1946年7月至1948年10月兼任中共澄一区委书记。1948年11月任中共澄迈县委委员兼民运部长、澄迈县解放区土改试点工作团团长等职。

1950年5月后，曾兼任澄迈县团委书记、海南团委宣传部部长。1952年下半年任海南行政公署供销合作总社干部学校校长。1953年任海南行政公署水产局科长、副局长。在海南“反地方主义”运动中受株连遭撤职降职，被错误批判，得到不公正待遇，调任乐东县商业局副局长等职。1966年病休。1980年转为离休，享受县处级待遇。2005年4月28日在海口逝世，享年80岁。

李独清（1912—2005），又名李作诗。海南省澄迈县白莲镇罗驿村人，民国元年（1912年）9月5日出生于一个农民家庭。在就读高小学期间，开始担任平民夜校的义务教师。1928年春，就读省立第六师范（今琼台师范）。1934年秋，毕业返乡小学任教，1935年任县二小校长。任教期间，抵制读经复古，对学生灌输抗日民主思想，进行爱国主义教育。“西安事变”后，动员师生组织抗日救亡宣传队走上街头，深入农村，积极宣传中国共产党团结抗日的主张。1938年秋，在中共地下党负责人马秋江引导下，秘密组织家乡青年筹款集枪，支持琼崖工农红军的“云龙改编”。1939年2月，日军入侵海南岛。遵照党组织和李定南（当时任独立队中队长）的指示，密访动员当地乡绅捐款2000大洋，征集枪支120多支。随后会同几位战友，扛枪带款，踏上抗日征途。先后在琼崖抗日独立队第三大队、第二支队工作。1940年，琼崖国民党顽固派发动“美合事变”，澄迈党组织一度陷于瘫痪。1941年夏，李独清调任澄迈县委书记，历经两年多的努力，建立健全县、区、乡三级的基干队、常备队、常备班等抗日武装，扩建区乡和各村保甲政权组织，争取土匪头子吴以珍（妚歪三）中立，支持抗战，不仅恢复、巩固了红军时期创立的儒万山游击根据地，还把南渡江两岸的澄一、澄二两区连成一片，创建六芹山抗日根据地，完成迎接琼崖党政军领导机关的西迁任务，为琼崖特委坚持长期抗战站稳脚跟，开辟五指山中心根据地创造条件。1943年11月，澄迈县抗日民主政府成立，当选县长。1945年秋，日军投降，国民党46军到琼劫收。次年初，国民党大举进犯白沙解放区，根据琼崖特委、总队部采取“坚持内线，挺出外线”的方针，李独清率领县短枪队和区乡武装，配合琼纵的一个中队留守六芹山区与敌周旋，牵制国民党46军主力175师3个团及地方土顽部队共5000余兵力，从而确保了特委、总队部领导机关的安全转移，有效地粉碎国民党军的“清剿”。1946年7月，任澄迈县委书记兼县长。1947年5月，在琼崖第五次代表大会上被选为琼崖区党委候补委员，后转为委员。1948年11月，受中共香港分局派遣，代表琼崖党组织赴中央汇报琼崖革命斗争情况，受到周恩来副总理的亲切接见。此后，留任中央统战部第二室任研究员。1949年9月，被推选为华南解放区代表团代表，出席中国人民政治协商会议第一届代表会议和开国大典。1950年5月，海南岛解放，任海南财委副主任。1953年3月，调任海南行政区公署副主任，党组代书记（正厅职）。1955—1957年，调任广东省工业厅副厅长，省政府工业办公室副主任。1958年冬，调任华南工学院（今华南理工大学）党委书记、副院长。1978年底，出任广东省民委副主任、党组副书记。1981年，广东民族学院由通什迁穗，兼任代院长。1983年11月离休，享受副省级待遇。离休后任广州地区老战士联谊会琼纵分会名誉会长、广东振兴海南联谊会副会长、名誉会长、广东民族研究学会会长、顾问等职。他喜欢写旧体诗词，不少作品入选《岭南千家诗集》《中华诗魂》《当代三百家诗词选》《百年经典诗词选》等，著有诗词集《晚霞诗草》。生平事迹被录入《中华人物大典》《中国当代诗词家辞典》《海南名人辞典》等。2005年，因病在广州去世。

李科史（1917—2006），海南澄迈县第二区北雁乡（今文儒镇）山心村人。20世纪30

年代初入山心村私塾学校读书。民国26年（1937年）2月28日参加中国共产党，尔后，参加琼崖工农红军。同年调任中共善集县琼兴区委组织委员。1938年4月入中共琼崖特委马列训练班学习2个月。其时，他积极发动琼兴区30名青年参加人民抗日武装队伍，收集民间枪支20多支。1938年12月5日参加“云龙改编”，任琼崖抗日独立队（琼崖纵队前身）第1中队第3小队小队长。1939年2月，调任澄兴区委组织委员，负责琼崖东西路联络站的工作。1940年6月入美合抗日根据地“琼崖抗日公学”学习，之后转到中共琼崖特委党校第2期干训班学习。1941年1月起，任中共澄迈县委委员兼组织部部长、统战部部长。1943年3月任中共琼澄定边区党委委员兼组织部部长、民运部部长。同年11月任中共澄迈县委委员兼民运部部长、澄二区委书记、区长等职。1946年，中共琼崖特委、琼崖独立纵队总队部在六芹山革命根据地指挥全琼军民反击国民党46军“围剿”，初期在特委驻地外围为特委接收传送文件、采购物资供应等工作，后期任琼定联区区委书记。1947年初再调任澄二区区委书记。1948年3月，任中共新民县（今屯昌县）县委委员兼组织部长、民政科科长。1949年5月至1953年底任中共新民县委副书记兼组织部部长、县土改工作团团长。1952年带领100多名土改工作队队员参加澄迈县土改工作。1954年2月入中共广东省委党校学习，同年8月调任广东省百货公司资改科科长、加工科科长。1958年10月调任广东省茂名市煤矿指挥部副指挥。1959年6月任茂名市商业局业务科科长。1960年2月任茂名市饼干厂厂长、党支部书记。1963年3月入中共广东省委党校学习，学习结束后调任茂名市新华书店经理。20世纪70年代末退休，80年代初改为离休，享受地（厅）级待遇。2006年逝世，享年89岁。

温九炳（1916—2008），琼崖纵队著名攻坚爆破能手、特等功臣、战斗英雄。民国5年（1916年）5月出生，海南澄迈县第一区福来乡（今中兴镇福来村委会）群麻村人，中国共产党党员。1947年4月参加琼崖纵队，1948年1月加入中国共产党，历任琼崖纵队挺进救乡队2排班长，琼崖纵队第5总队5团1营排长、副连长，5团2营5连代理连长、连长等职。革命战争年代，先后参加战斗25次，立功受奖多次，其中立小功2次、大功4次、特等功1次。1948年5月，在乐东县扫水战斗中，炸毁敌碉堡，缴获敌机枪1挺，步枪2支。1949年4月底，在感恩县（今东方市）板桥、高篱战斗中，带领突击队出色完成攻坚突击爆破任务，立了大功。同年5月，在崖县东孔（今属乐东县黄流镇）战斗中，缴获敌机枪2挺，步枪5支。1950年6月，琼崖纵队授予“特等功臣”光荣称号；中共海南岛区委员会授予“人民功臣”荣誉称号。1951年8月后，任海南军区30团2营4连、2连连长，乐东县第五区武装部部长，乐东县兵役局科长。1954年2月，全国人民慰问解放军代表团颁发“人民英雄”勋章1枚。

1958 年 3 月转业，历任琼中县三门坡拖拉机厂厂长、县化工厂厂长、县硫铁矿厂厂长、县机械厂厂长、毛阳水电站站长等职。1975 年 6 月退休，1983 年转为离休，享受县（处）级待遇。

2008 年 7 月 23 日，在澄迈县金江逝世，享年 92 岁。

符家宝（1902—2007），海南澄迈县第四区桥头乡（今桥头镇）文昌村人。中共党员。清光绪二十八年（1902 年）11 月 11 日出生于一个穷苦农民家庭。民国 31 年（1942 年）3 月参加革命，5 月在澄迈县办事处工作，任澄迈县基干队第二小队队长。受县委派遣到桥头乡进行抗日救国宣传，严惩澄四区伪区长谢延德、桥头乡伪乡长黄光显，大长澄四区抗日群众的志气，大灭日伪汉奸的威风。动员 10 多名青年参加人民抗日武装队伍，收集社会民间长短枪 36 支，受到县委的嘉奖。同年夏，县特务中队、基干队整编归第四支队后，县委组建澄迈县警卫连，任县警卫连连长。1943 年 3 月调任中共澄四区委委员、区抗日民主政府委员，分管武装及财经工作。同年 6 月，带领区乡武装配合第一支队特务连（亦称少年连）12 名机灵小战士智取桥头乡才坡日军据点，毙伤日军 10 余人，缴获重机枪 1 挺、步枪 10 支、手榴弹 2 箱，子弹 2000 多发，以及其他物品一批。同年 7 月参加中国共产党。7—12 月，配合第一支队第三大队伏击驻桥头乡包岸港、花场、福山日军多次，击毙日军 25 人，缴获轻机枪 3 挺、步枪 18 支，日币（军票）1 箱。1945 年 5 月，琼崖东北区抗日民主政府为符家宝记三等功 1 次，授予“琼崖抗日英雄”称号。同年 9 月任澄迈县中区委委员、中区政府委员。1948 年任新民县（今屯昌县）腰子区委委员、区政府委员。

1950 年 5 月任新民县（今屯昌县）农建科科长，1958—1966 年任屯昌县畜牧局局长，其间，屯昌县畜牧业增长 10 倍，成绩显著，被授予“广东省劳动模范”称号。1965 年 7 月 1 日上午 9 时，符家宝等全国 300 余名代表在人民大会堂受到毛泽东、刘少奇、彭真、谭震林等中央领导的亲切接见。1971 年 2 月退休，1988 年 7 月改离休，享受县处级待遇。

符家宝离休后，经常到学校为师生讲革命传统的红色故事，积极支持澄迈县中共党史编写工作，提供 10 万多字的党史资料。2000 年被评为海南省“健康十佳老人”（90 岁以上者），颁发匾牌一块，以资纪念。

吴以明（1918—2007），海南澄迈县第三区白莲乡孝友村（今属大丰镇）人。民国 32 年（1943 年）6 月参加中共地下工作。1945 年 12 月加入中国共产党。1946 年 1 月任澄三区民主政府政治服务员。同年 3 月任白莲乡乡长助理、副乡长。1947 年 7 月任澄三区白莲乡乡长。1949 年 10 月任澄四区民主政府区员兼白莲乡乡长，直至海南解放。

1950 年 7 月任澄迈县人民法院审判员，1953—1956 年任澄迈县人民法院副院长。1956 年至 1959 年任澄迈县人民检察院检察长、中共澄迈县委委员。其间，曾入武汉中南政法干部学校学习 2 年。1959 年下半年任海南松涛水利工程局民工团第 5 团政委、海南松涛水利工程局灌区工程指挥部副指挥、中共松涛水利工程局党委委员、保卫科科长等职。1961 年 7 月至 1966 年 10 月任中共澄迈县委常委、副县长。其间，曾任万宁县“四清”工作总团长安分团党委副书记、副团长。1967 年 11 月至 1969 年 4 月任澄迈县生产组委员会委员。1969 年 5 月至 1978 年 10 月任澄迈县革命委员会常委。1979 年 4 月至 1981 年 6 月任澄迈县人大常委会副主任。中共澄迈县委第三届至第六届代表大会代表；第二届至第七届澄迈县人民代表大会代表。1988 年 4 月离休，享受县处级待遇。离休后任澄迈县关心下一代工作委员会顾问等职。

王清蔚（1922—2007），海南澄迈县澄南区（今属金江镇）塘口村人。民国 11 年（1922 年）2 月 17 日出生于一个穷苦农民家庭。1938 年参加革命工作，1940 年 7 月入美合抗日根据地“琼崖抗日公学”学习。1941 年参加琼崖抗日独立总队。1942 年参加中国共产党。1945 年 9 月起在琼崖游击队独立纵队挺进支队任班长、政治服务员。1947 年后历任澄迈县胜利队 1 排政治服务员，琼崖纵队第一总队建国队指导员、政治干事，第一总队第 7 团政治处宣传股股长、2 营教导员。1950 年 7 月后，历任海南军区第 3 营、独立第 29 团第 3 营、炮兵团第 3 营教导员，海口市人民武装部政工股股长。1957 年起任崖县人民武装部政委、陵水县人民武装部部长。1959 年任澄迈县人民武装部副部长等职。1981 年离休，享受到副师级待遇。

吴坤泰（1931—　　），海南澄迈县第二区西坡乡（今属文儒镇）土腰村人。民国 20 年（1931 年）11 月 25 日出生于穷苦农民家庭。1941 年入土腰村私塾学校读书。1944 年 1 月参加琼崖抗日独立总队，历任战士、警卫员、班长。1948 年任琼崖纵队第一总队 7 团 2 连政务员。1949 年任第五总队第 5 团 4 连副指导员，同年任 5 团 9 连政治指导员。1950 年 1 月任 5 团 2 连政治指导员。1952 年 7 月，奉命率部追捕空降美蒋特务，首先捕获 2 名特务，尔后和兄弟部队、民兵一起捕获 10 名特务，缴获电台 1 部，手枪 12 支。1953 年奉命参加海南农垦橡胶基地建设，任澄迈县西达农场团委书记、中共西达农场党委委员。1957 年任海南榆林要塞守备师 153 团 2 营副营长。1958 年入石家庄高级步兵学校学习。1960 年任海南榆林要塞守备师 152 团作战股长，1964 年任该团副团长。1966 年入宣化解放军炮兵指挥学院学习。1969 年任文昌县（今文昌市）人民武装部部长。1977 年任东方县（今东方市）人民武装部部长。1979 年任海南军区 131 师副师长。1984 年 5 月离休。

吴　波（1951—2010），澄迈县加乐镇加应村人。中师学历，小学语文高级教师，1980 年 12 月参加工作。曾在加乐镇桂村园小学、加朗小学、石坑小学、产坡小学、加乐小学任教，一生从教 30 年，扎根乡村。他爱生如子，教书认真，多次获得教师“先进个人”

称号。2003 年秋，他偶然得知李美丰村 10 岁的李琴因双腿残疾不能上学。为让孩子上学，吴波毫不犹豫地担当起接送小李琴的责任，4 年如一日，不管刮风下雨，还是身体不适，每天来回 4 趟，按时接送，从不旷一节课，直到自己到了直肠癌晚期，在短短 58 载光阴中，他把自己的心血投入到孩子们身上，被《海南日报》《南国都市报》、中央电视台、海南电视台、澄迈县电视台等多家媒体报道。2007 年，被媒体评为“感动海南十大人物”之一。2010 年，因病去世，享年 59 岁。

刘新力（1965—2010），河北武邑人，1988 年毕业于中国政法大学法律系，同年被分配到海南省人民检察院工作，1992 年 11 月加入中国共产党，2009 年 2 月任澄迈县人民检察院检察长。在检察机关工作 22 年来，先后被记三等功三次、二等功二次，多次被评为优秀共产党员，先进个人。2010 年 11 月 6 日，在工作中因劳累过度，心脏病突发，经抢救无效去世，时年 45 岁。因公殉职后，最高人民检察院追授刘新力“模范检察官”，中共澄迈县委追认为优秀共产党员，海南省人民检察院追记个人一等功。

第二章　人物表

一、省级以上劳动模范、先进人物名录

1999—2010 年澄迈县省级以上劳动模范先进人物一览表

表 18-2-1

姓　名	性　别	所在单位	荣誉名称	授予时间
郑光伟	男	就业局	2006 年度海南省十大杰出青年岗位能手	2007 年
王　权	男	粮食局	全国粮食清仓查库工作先进个人	2010 年
			海南省国有粮食企业改革工作先进个人	2008 年
李玉辉	男	和岭农场机关	防风救灾先进个人	2005 年
莫秀英	女	澄迈县档案局	全省档案先进工作者	2007 年
莫秀英	女	澄迈县档案局	海南省精神文明建设工作积极分子	2003 年
何景民	男	澄迈电信	先进工作者	2008 年
徐文教	男	澄迈电信	先进工作者	2010 年

续表 18-2-1

姓　名	性　别	所在单位	荣誉名称	授予时间
吴乾发	男	澄迈县金江镇大拉村委会（原书记）	全国劳动模范	2000 年
王文积	男	澄迈县中兴镇农技中心	全国劳动模范	2005 年
黄大雄	男	澄迈县教育局局长	省劳动模范	2000 年
李述发	男	澄迈县金江镇司法所	“五一劳动奖章”	2003 年
陈小敏	女	澄迈县总工会副主席	海南省先进工作者	2009 年
许　泉	男	农民	海南省先进工作者	2009 年
王瑞刚	男	澄迈县工商局	全国基层个私协会优秀秘书长	2010 年
冼因化	男	澄迈县工商局	全国工商系统法制工作先进个人	2010 年
罗春娥	女	澄迈县国税局	全国三八红旗手	2001 年
冯开升	男	澄迈县国土环境资源局	第一次全国污染源普查先进个人	2010 年
闫晓霞	女	澄迈县国土环境资源局	第一次全国污染源普查先进个人	2010 年
黄泽民	男	澄迈县国土环境资源局	国土资源管理依法行政先进个人（国土资源部）	2004 年
陈扬华	男	澄迈县信访局	全省信访工作先进工作者	2001 年
王茀畅	男	—	海南省农垦审计工作先进个人/省农垦企业管理工作先进工作者/省统计“双基”建设先进个人	2001 年、2005 年
颜汉兴	男	—	全国工业普查商办工业先进工作者/2006 年至 2010 年全国粮食系统法制宣传教育先进个人	2010 年
李儒法	男	—	第三次全国林业系统工业普查部级先进个人/全国沿海防护林体系建设工程先进个人	2006 年
王泽永	男	澄迈县统计局	第一次全国农业普查先进个人/第二次全国农业普查先进个人	2008 年
王广福	男	澄迈县教育局	海南省中小学德育工作先进个人	2005 年
王平章	男	澄迈县纪律检查委员会	全省纪检监察宣传教育先进个人	2004 年、2007 年
王咸宠	男	—	海南少数民族团结进步先进个人	2003 年
陈崇位	男	澄迈县教育局	海南省教育先进工作者	2003 年
王大坤	男	澄迈县国土环境资源局	全国打击环境违法行为先进个人	2005 年

续表 18-2-1

姓　名	性　别	所在单位	荣誉名称	授予时间
陈焕泽	男	澄迈县工商银行	中国工商行“海南省行统计先进工作者”	2005 年、2007 年 2009 年、2010 年
陈焕丰	男	—	海南省机关工委先进个人奖	2007 年
李良会	男	澄迈县农技中心	海南省植保系统（农产品质量安全检测）先进个人	2010 年
王达明	男	澄迈县农技中心	海南省植保系统（植物检疫）先进个人	2010 年
李博赈	男	澄迈县农技中心	海南省农作物数字化监测预警先进个人	2010 年
			全国植保专业统计工作被评为先进个人	2009 年
王上明	男	瑞溪镇人民政府	2010 年度海南省抗洪救灾先进个人（颁奖部门：海南省委、省政府）	2010 年
王朝明	男	商务局	全国劳模	2005 年
黄　琦	女	澄迈县司法局	全国模范人民调解员	2007 年
王慧珍	女	澄迈县司法局	全国“五五”普法中期先进个人	2009 年
王运宝	男	澄迈县司法局	全国模范人民调解员	2010 年
王义俊	男	台盟澄迈支部	全国台联“为常驻大陆台胞服务先进个人”	2005 年
			中央统战部各民主党派工商联无党派人士为全面建设小康社会做贡献先进个人	2006 年
李达林	男	澄迈县邮政局	海南省劳动模范	2000 年
吴淑珍	女	澄迈县邮政局	全国优秀支局长	2007 年
李振海	男	澄迈县邮政局	海南省劳动模范	2005 年
徐庆龄	男	县委组织部	海南省优秀党务工作者	2008 年
王文位	男	澄迈县委组织部	全省党内统计、干部统计工作先进个人	2002 年
孔文波	女	海南省统计局	海南省“双基”建设先进个人（海南省统计局）	2005 年
孔文波	女	海南省妇联	海南省先进妇联工作者（海南省妇联）	2003 年
王文积	男	澄迈中兴镇好保村	全国劳模	2003 年
尤俊雄	男	澄迈县城建监察中队	海南省十佳城建监察队员	2000 年
陈永照	男	海南养鸭示范基地	海南省劳动模范（海南省人民政府授予）	2000 年
曾德槐	男	海南省高级人民法院	先进工作者	2006 年

续表 18-2-1

姓　名	性　别	所在单位	荣誉名称	授予时间
曾维陆	男	海南省教育厅	先进工作者	2004 年
曾令革	男	屯昌县公安局	全省优秀青年卫士（团省委、省政法委授）	2000 年

二、党政副处级以上人员名录

1999—2010 年澄迈县党政副处级以上人员一览表

表 18-2-2

姓　名	性　别	籍　贯	工作单位	职务 / 职称	始任职时间
蔡大明	男	拔南村	海南出入境检验检疫局	处长	—
蔡笃满	男	中兴横滩村	国务院台办	正处	2006 年
蔡　桦	男	拔南村	海南种子站	站长	—
蔡惠梅	女	拔南村	牙叉农场	副场长	—
蔡锦源	男	广东揭西	西达农场	党委书记	2002 年
蔡儒学	男	海南澄迈	西达农场	副场长	2001 年
蔡汝保	男	中兴横滩村	省纪委	副厅	—
蔡兴平	男	中兴横滩村	安全厅	副处	—
蔡正安	男	拔南村	中国建行海南分行	处长	—
蔡正海	男	拔南村	中共东方县委农场部	部长	—
蔡志森	男	拔南村	中共秀英区委员会	常委、纪委书记	—
曾　冲	男	瑞溪镇瑞溪村	海南省司法厅	副处长	2010 年
曾德川	男	瑞溪镇北云村	海南省卫生厅	正处	—
曾德金	男	老城镇文大村	澄迈县人大常委会	主任	—
曾德坤	男	瑞溪镇北云村	海南省信息厅	正处	—
曾繁茂	男	拔南村	海口市人民检察院	副检察长	—
曾繁森	男	拔南村	海口电厂	副场长	—
曾繁政	男	老城镇文大村	莺歌海盐坊	党委书记	—
曾海联	男	广东五华	西达农场	场长/高级政工师	2002 年

续表 18-2-2

姓　名	性　别	籍　贯	工作单位	职务 / 职称	始任职时间
曾　坚	男	老城镇文大村	澄迈县医药总公司	总经理(享县处级)	—
曾金花	女	老城镇文大村	海南省高级人民法院	审判员/副处	—
曾　林	男	老城镇文大村	深圳市出入境管理局	处长	—
曾令澄	男	老城镇文大村	三亚市建设局	办公室主任	—
曾令敏	男	瑞溪镇瑞溪墟	海南省检验检疫局	调研员/正处	—
曾令南	女	瑞溪镇瑞溪墟	海南省烟酒公司	副总经理	—
曾令殒	男	老城镇文大村	临高县财办	副主任	—
曾令学	男	老城镇文大村	海南省发展和改革委	调研员	—
曾令严	男	老城镇文大村	陵水县农机局	局长	—
曾令祖	男	老城镇文大村	海南省航政局海事处	处长	—
曾　平	男	老城镇文大村	海南省林业局	副巡视员	—
曾　坪	男	老城镇文大村	海南农业发展银行三亚支行	行长	—
曾　桥	男	老城镇文大村	海南省人民政府研究室	副处级	—
曾　望	男	瑞溪镇瑞溪墟	东方市委	常委副市长	—
曾维陆	男	老城镇文大村	海南省教育厅中小学教育处	处长	—
曾　武	男	老城镇文大村	海口市税务局	党组书记、局长	—
曾祥安	男	老城镇拔南村	老城经济开发区纪委、老城镇委	纪委书记、党委书记	—
曾祥翰	男	老城镇文大村	海南省中级人民法院	庭长	—
曾祥鹤	男	老城镇拔南村	广东银行、暨南大学	总经理、教授	—
曾祥煌	男	老城镇文大村	海南省欧诺个上局合同处	处长	—
曾祥辑	男	老城镇文大村	中共澄迈县委	副书记	—
曾祥雄	男	拔南村	海南省国税培训中心	主任	—
曾小兰	女	老城镇文大村	海口市美兰区	副区长	—
曾新元	男	老城镇文大村	中共尖峰岭林业局	党委书记	—
曾　雄	男	老城镇文大村	海南省中级人民法院	院长	—
曾　毅	男	老城镇文大村	共青团海南省委组织部	副部长	—

续表 18-2-2

姓　名	性　别	籍　贯	工作单位	职务 / 职称	始任职时间
陈干忠	男	海南儋州	西达农场	副场长	2009 年
陈开兴	男	海南儋州	昆仑农场	党委书记	—
陈瑞飞	男	海南万宁	昆仑农场	党委副书记	—
陈瑞生	男	拔南村	海南省生物研究中心	主任	—
陈育武	男	老城镇白莲墟	中国银行海南省分行	处长	—
戴琼兴	男	海南澄迈良田村	中国科学院三亚深海科学与工程研究所、南海研究站	副所长（副厅）、站长、党委书记	—
邓旭红	女	老城镇龙吉村	广州黄埔公证处	主任	—
冯厚标	男	老城镇石石矍村	和岭农场	党委书记	—
冯开才	男	老城镇玉楼村	中山大学	系支部书记 研究生导师	—
冯开鹏	男	老城镇玉楼村	琼州大学财务处	副处长	—
冯开平	男	老城镇玉楼村	广东工业大学	党支部书记 研究生导师	—
冯礼明	男	老城镇仲音三村	海南省精兵预防控制中心公共卫生研究所	所长（主任医师）	—
冯生伯	男	老城镇美当村	澄迈县农办干部处	副处长	—
冯贤贵	男	老城镇仲音村	海南省海迈总公司第二船务公司	党委书记	—
冯君坤	男	金江镇下岭村	新星农场	副处长	2003 年
符　晋	男	海南海口	澄迈县地方税务局	局长、党组书记	2009 年
符小青	男	海南文昌	西达农场	党委书记	2009 年
符忠甫	男	老城镇美鼎村	—	处长	—
何昌天	男	瑞溪镇三多村	省第二中级人民法院司法行政装备处	副处长	2010 年
何小鹏	男	瑞溪镇瑞溪村	海南省建设工程质量安全监督管理局	局长/正处	2009 年
黄华桥	男	大丰镇虎头村	海南省公安厅	副处长	2005 年
黄　忠	男	老城镇美宁村	海南两院	处长	—
柯　带	女	老城镇玉楼村	中山大学统战部	副部长	—
孔庆福	男	拔南村	海南省彩票管理中心	副主任	—

续表 18-2-2

姓 名	性 别	籍 贯	工作单位	职务／职称	始任职时间
邝才峰	男	拔南村	广东工商职业技术学院	纪委书记	—
劳美发	男	拔南村	广东省安全生产厅	处长	—
劳其光	男	老城镇玉楼村	湖南省长沙市委	副处长	—
李才优	男	老城镇儒宗村	海南省司法厅	调研员（处级）	—
李传昌	男	老城镇罗驿村	广东省海南行政区文联	副主任	—
李道庆	男	老城镇罗驿村	华南热带农业大学工学院	所长	—
李独清	男	老城镇罗驿村	华南工学院	党委书记、副院长	—
李傅伟	男	大丰镇美桃村	海南省检察院二分院装备处	副处	—
李怀茂	男	老城镇罗驿村	美蓉田农场	党委书记	—
李景智	男	老城镇罗驿村	海南省保亭育种站	站长	—
李就征	男	老城镇儒宗村	海南省人劳厅	处长	—
李利勇	男	老城镇罗驿村	海口市规划局	副局长	—
李　敏	女	老城镇美当村	海南测绘局	副处长	—
李明居	男	澄迈县潭烈村	金安农场	副场长	2003 年
李石兴	男	海南澄迈下六村	西达农场	副场长	2009 年
李世高	男	大丰镇美桃村	海口市林业局	党组书记、局长	—
李守进	男	瑞溪镇瑞溪墟	广东省委宣传部新闻办	副部长、新闻办主任	—
李述贵	男	老城镇罗驿村	海南省残联会	主任	—
李元富	男	中兴镇北茂村	省民政厅	副厅长	—
李运珊	男	老城镇罗驿村	海南医学院	副院长、教授	—
梁培昌	男	老城镇东水港村	海南石华运输服务有限公司	总经理助理	—
廖光普	男	澄迈中兴孔水村	海南省纪律检查委员会	副厅	2006 年
林树标	男	拔南村	中华职教社	办公室主任	—
林尤智	男	拔南村	海南省交通厅	处长	—
林玉莲	女	老城镇罗驿村	海南省商检局	局长	—
刘青福	男	瑞溪镇瑞溪墟	海南省侨办	副主任	—
刘扬高	男	瑞溪镇三多村	海南省司法厅	副处长	—

续表 18-2-2

姓　名	性　别	籍　贯	工作单位	职务 / 职称	始任职时间
陆善和	男	海南澄迈	西达农场	副经理	2007 年
罗德祯	男	老城镇大丰墟	海南省文联会	副主席	—
罗晓铭	男	老城镇谭昌村	海南司法厅	副处长	—
罗学东	男	老城镇潭昌村	广东省高级人民法院	处长	—
罗永忠	男	老城镇美玉村	海口市农林局	副局长	—
罗忠贵	男	老城镇音大村	澄迈县人民银行	行长	—
马必前	男	老城镇马村	海南省工委办公厅	副主任	—
马传煌	男	老城镇马村	海口市秀英区	处长	—
马传秀	男	老城镇马村	海南医学院	处长	—
马传忠	男	老城镇马村	海口市农林水利局木材检查站	站长	—
马传壮	男	老城镇马村	—	处长	—
马广山	男	老城镇马村	海南省直属机关事务局	副处长	—
马汉蕃	男	老城镇马村	澄迈县林业局	局长	—
马汉雄	男	老城镇马村	海南地震局	处长	—
马洪中	男	老城镇马村	海南省政府驻北京办事处	主任/副厅	—
马家斌	男	老城镇马村	广西柳州塑料企业集团总公司	副总经理	—
马家成	男	老城镇马村	海口市政法委	办公室主任	—
马家明	男	老城镇马村	海口市出入境边防检查总站培训中心	主任	—
马家仁	男	老城镇美俗村	海南永城物业发展总公司	董事长、总经理	—
马家曙	男	老城镇马村	海口市人民政府办公室	—	—
马家万	男	老城镇马村	澄迈县政协	主席	—
马家宜	男	老城镇马村	中国人民银行澄迈支行	行长	—
马建台	男	老城镇马村	广西地质局办公室	主任	—
马　雄	男	老城镇马村	海南工商银行	行长	—
马毓文	男	老城镇马村	澄迈县总工会	主席	—
马毓兴	男	老城镇马村	工商银行澄迈支行	行长	—
马毓周	男	老城镇马村	澄迈县粮食局	副局长	—
马志民	男	老城镇马村	东方县人民政府	副县长	—

续表 18-2-2

姓 名	性 别	籍 贯	工作单位	职务／职称	始任职时间
蒙志卿	男	瑞溪镇瑞溪墟	省人民医院	副主任	2009 年
莫美清	男	澄迈县中兴镇	澄迈县政府	副处	—
欧东顺	男	海南万宁	澄迈县委组织部	县委常委、组织部部长	2006 年
潘在明	男	瑞溪镇瑞溪墟	澄迈县人大	副主任	—
邱德群	男	瑞溪镇瑞溪墟	海南省政协	副主席	2008 年
邱德胜	男	海南澄迈	西达农场	副场长	2009 年
邱剑虹	女	瑞溪镇瑞溪墟	海南省地税局	内审处处长	—
邱英雄	男	海南澄迈	秀英区政府	人大常委会主任	2002 年
邱 雨	男	瑞溪镇瑞溪墟	陵水县委	常务副县长	—
沈 寂	女	老城镇老城墟	海南省政协	副处长	—
唐 玲	女	老城镇马村	海南省保健院	院长	—
王必尊	男	福山镇社区	中国热带农业科学院	研究员	2000 年
王昌益	男	海南澄迈	海南省水文勘探局	副局长	2002 年
王澄杰	男	海南澄迈	人劳厅就业局	副调研员	2009 年
王达兴	男	海南澄迈	海口龙华区	人大常委会主任	2008 年
王发禄	男	大丰镇儒良村	海南省电视台	台长助理	—
王国庆	男	海南屯昌	西达农场	场长	2008 年
王和民	男	澄迈中兴	海南软件职业技术学院	党委副书记	2010 年
王 华	男	澄迈桥头	海南大学	副院长	2008 年
王建全	男	大丰镇儒良村	海南省委宣传部	对外宣传办主任	—
王介平	男	澄迈县	金安农场	场长	2000 年
王美利	男	澄迈桥头	中国火箭研究员	副主任	2008 年
王 敏	男	老城镇龙凤村	—	副处长	—
王明文	男	老城镇包金村	国家海洋局南海分局科技处	处长	—
王 平	男	老城镇包金村	海南省财政厅	处长	—
王 琦	男	大丰镇儒良村	海南大学	法学院副院长	—

续表 18-2-2

姓　名	性　别	籍　贯	工作单位	职务／职称	始任职时间
王启强	男	海南琼海	澄迈县委组织部	县委党委、组织部部长	1999 年
王清祥	男	龙华区	金安农场	场长	2001 年
王儒遵	男	老城镇包金村	海南省才涨停	处长	—
王善开	男	海南澄迈	昆仑农场	场长（正处）	2004 年
王　胜	男	福山镇博才村	澄迈县人民政府	副县长	2007 年
王世望	男	拔南村	海南省公路局	管理处副处长	—
王　伟	男	大丰镇儒良村	海口晚报	网络中心主任	—
王蔚森	男	大丰镇仁荣村	保卫局	保卫（正师）	—
王小平	女	海南澄迈	海南省保监局	局长（正厅级）	2009 年
王延波	男	海南澄迈	海南省人大秘书	海南省政府	2002 年
王扬俊		海南澄迈	海南省政府	副秘书长	一
王诒飞	男	海南澄迈	西达农场	党委书记	2009 年
王远玉	男	海南澄迈	海南省扶贫办	正处	—
王振华	男	大丰镇儒良村	海口市人大政策室	研究室主任	—
王忠汉	男	老城镇吴鼎村	海南省教育厅	处长	—
吴家明	男	老城镇大杨村	海南省建设厅、国土局	副厅长、局长	—
吴　龙	男	拔南村	中共广州市委	处长	—
吴　民	男	—	发改局	党组书记	2006 年
吴　明	男	西秀镇拔南村	海南省卫生厅	副厅长	—
吴名昌	男	拔南村	三亚港务局	副局长	—
吴名杰	男	拔南村	海南省公路局	工会主席	—
吴清亲	男	老城镇荣堂村	省交通运输局公安局	副局长	—
吴清泉	男	老城镇荣堂村	琼山水利局	局长	—
冼德富	男	大丰镇大丰村	澄迈县人大常委会	正县（处）级	2006 年
谢健华	男	老城镇东水港村	海口市检察院	办公室主任	—
谢君大	男	瑞溪镇瑞溪墟	海南省检察院	处长	—
谢树忠	男	老城镇道辅村	—	副处长	—

续表 18-2-2

姓　名	性　别	籍　贯	工作单位	职务／职称	始任职时间
徐菊芬	女	海南澄迈	海南省人劳厅	正处	—
徐鸣江	男	澄迈县中兴镇	安全厅	副厅	—
徐瑞坤	男	海南澄迈	和岭农场、红光农场	副场长、党委书记	2004 年
徐瑞泰	男	瑞溪镇南浙村	海口市纪律检查委员会	检察二室主任	—
徐应新	男	瑞溪镇南浙村	琼山区	副区长	2009 年
许兴志	男	河南泌阳	商务局	副处	—
杨少雄	男	广东揭阳	西达农场	党委书记	2005 年
李刘杰	男	澄迈瑞溪墟	中国银行海南分行	处长	—
李冠涛	男	澄迈瑞溪墟	海南省发改委	场长	—
郑浩书	男	澄迈县	金安农场	场长	2008 年
郑金魁	男	拔南村	中共澄迈县副书记政法委	—	—
郑吕昌	男	老城镇龙吉村	海南地质局	副处长	—
郑尚起	男	老城镇龙吉村	广州港集团拖轮公司	副总经理 高级工程师	—
郑尚越	男	老城镇龙吉村	广东黄埔港	副处长	—
钟　导	男	老城镇儒宗村	民进海南省委员会	委员	—
钟良海	男	广东阳江	和岭农场农垦总局 纪检监察派驻第八组	党委副书记派驻第 八组副组长	2002 年 2009 年
钟文渊	男	拔南村	海口市人民法院	研究室主任	—
钟鸾翰	男	拔南村	澄迈县人大常委会	副主任	—
周勤荣	男	海南东方	海南电网公司澄迈供电局	局长/副处级	2005 年
朱恭敬	男	老城镇群美村	海南省国土资源厅	副处长	—
朱日书	男	瑞溪镇瑞溪墟	海南省人大	副调研员	—
王生辉	男	金江镇大美村	海南省审计厅	处长	—
方　凌	女	金江镇大美村	海南省审计厅	副处长	—

三、医卫科教界副高以上技术职称人员名录

1999—2010 年澄迈县医卫科教界副高以上技术职称人员一览表

表 18-2-3

姓　名	性　别	籍　贯	工作单位	职务 / 职称	始任职时间
蔡笃运	男	—	海南省人民医院	主任医师	—
蔡　锐	男	拔南村	海口市工业局	高级工程师	—
蔡　森	男	拔南村	海南教育学院	副教授	—
蔡宪生	男	拔南村	澄迈县老城中学	高级教师	—
蔡小霞	女	拔南村	海南医学院	高级讲师	—
曾德大	男	文大村	马村中学	高级教师	—
曾德江	男	老城镇东水港村	广州工业产品检验所	高级工程师	—
曾德雄	男	文大村	老城中学	教导主任高级教师	—
曾德茁	男	瑞溪镇北云村	海南省人民医院	副高	2010 年
曾德亮	男	文大村	澄迈县文儒中学	校长、中学高级教师	—
曾繁惠	男	拔南村	澄迈中学	讲师	—
曾繁轶	男	拔南村	海南国兴中学	高级教师	—
曾　捷	男	澄迈中兴	澄迈县人民医院内一科	副主任医师	2007 年
曾令銮	男	瑞溪镇瑞溪墟	瑞溪中学	副校长、中学高级	—
曾令伦	男	瑞溪镇瑞溪墟	瑞溪中学	工会副主席、中学高级	—
曾　生	男	文大村	新实纤维公司	助理、工程师	—
曾　涛	男	老城镇文大村	中国东方资产管理公司	高级经济师	—
曾维陆	男	老城镇文大村	琼台师范高等专科学校	讲师	—
曾维泽	男	文大村	澄迈县二中	高级教师	—
曾祥川	男	拔南村	中海油公司	高级机械师	—
曾祥鹤	男	老城镇拔南村	广东银行、暨南大学	总经理、教授	—
曾　晔	男	拔南村	柏森建筑咨询设计研究公司	一级建筑师	—
曾　英	女	文大村	老城中学	高级教师	—
曾　勇	男	文大村	海南省水利电厂	勘测工程师	—
曾　俞	男	文大村	海南省水利电厂勘测	工程师、设计院工程师	—

续表 18-2-3

姓　名	性　别	籍　贯	工作单位	职务／职称	始任职时间
陈顾频	女	文大村	海口市第四中学	高级教师	—
陈家誉	男	福山镇洋干村	福山中学	校长/中高	2009 年
陈开乾	男	老城镇沙吉村	新疆	高级工程师	—
陈莉敏	女	老城镇文大村	海南省琼剧一团	高级职称	—
陈清安	男	拔南村	中海洋燃料油公司	总经理、政工师	—
陈心安	男	澄迈	红光中学	校长/中高	2007 年
邓旭红	女	老城镇龙吉村	广州黄埔公证处	主任	—
方国政	男	澄迈新吴	澄迈县海洋与渔业局	高级工程师	2005 年
冯昌朝	男	音书村	海南省国兴中学	数学科高级教师	—
冯宏昭	男	石石矍村	老城初级中学	语文科高级教师	—
冯厚成	男	石石矍村	海口职业学校	物理科高级教师	—
冯厚恩	男	石石矍村	—	语文科高级教师	—
冯开才	男	老城镇玉楼村	中山大学	系支部书记、研究生导师	—
冯开平	男	老城镇玉楼村	广东工业大学	党支部书记、研究生导师	—
冯开炎	男	老城镇石石矍村	海南教育学院	副教授	—
冯开育	男	福山镇永边村	海南华侨中学	高级教师	2002 年
冯麟煌	男	谭才村	海南省作家协会常务副主席	国家一级作家	—
冯文炳	男	老城镇石石矍村	广东林业局设计院	高级工程师	—
冯兴良	男	福山镇美玉村	福山中学	中高	2007 年
符德胜	男	福山镇多乐村	日本静冈大学	教授	2006 年
符锡成	男	福山镇多乐村	海南科技职业学院	副教授	2010 年
何德群	男	瑞溪镇瑞溪村	海口市实验中学	中学高级教师	2007 年
何连祥	男	瑞溪镇瑞溪村	瑞溪中学	高级教师	2010 年
何运堂	男	海南澄迈	昆仑农场	高级农艺师/副高	2004 年
洪光国	男	中兴镇福来村	华南热作学院	教授	—
黄翠金	女	拔南村	广东民族学院	中文系主任	—
黄君儒	男	瑞溪墟	瑞溪中学	副教导、中学高级	—

续表 18-2-3

姓　名	性　别	籍　贯	工作单位	职务 / 职称	始任职时间
黄小坚	—	老城镇东水港村	广东佛山市燃气集团股份有限公司	高级工程师	—
贾彦丽	女	—	海南省地质局	高级会计师	—
姜晓青	男	老城镇国社村	海南财政学校中专	高级讲师	—
姜宗成	男	国社村	老城中学	高级教师	—
邝善侦	男	拔南村	浙江维尼纶厂	高级工程师	—
李博赈	男	澄迈	农技中心	土肥站站长、高级农艺师	2007 年
李才辉	男	儒宗村	老城卫生院	院长	—
李道庆	男	老城镇罗驿村	华南热作学院技术研究所	高级工程师	—
李华敏	女	老城镇罗驿村	海南师范学院	副教授	—
李克烈	男	澄迈桥头	中国热带农业科学院	副研究员	2008 年
李名亲	男	海南澄迈	和岭中学	中高	2010 年
李　宁	女	罗驿村	澄迈中学	数学高级教师	—
李　强	男	大丰镇美桃村	国兴中学	高级教师	在职
李世民	男	大丰镇美桃村	琼州大学	高级教师	在职
李淑平	女	瑞溪镇瑞溪墟	海南医学院	主任医师、副教授	—
李述创	男	老城镇罗驿村	北京市冶金研究所	高级工程师	—
李学高	男	澄迈县罗驿村	国防科委	高级工程师	—
李学荫	男	老城镇罗驿村	电子工业部广州无线电研究所	高级工程师	—
李业锦	男	瑞溪镇番丁村	首都师范大学	副教授、硕士生导师	—
李业跃	男	老城镇罗驿村	海南琼剧学院	高级讲师	—
李以明	男	罗驿村	白莲中学	语文科高级教师	—
李永斌	男	场部	澄迈县大丰学校	校长、副高	2009 年
李永京	男	场部	澄迈县大丰学校	副高	2009 年
李运珊	男	老城镇罗驿村	海南医学院	高级建筑师	—
李中雪	男	老城镇罗驿村	海南建筑设计院	高级建筑师	—
李作槐	男	罗驿村	海南中医院	主任医师	—
李作宋	男	澄迈县罗驿村	海南电力公司	高级工程师	—

续表 18-2-3

姓 名	性 别	籍 贯	工作单位	职务 / 职称	始任职时间
李作训	男	老城镇罗驿村	湛江	高级讲师	—
梁 琼	女	拔南村	海口市荼山中学	高级教师	—
林诗庄	男	文章村	广东电力有限投资公司	总经理	—
林方忠	男	澄迈	福山中学	中高	2005 年
林 忠	男	老城镇老城墟	海南省交通厅	副总工程师	—
刘有运	男	海南澄迈	西达农场	教师、中学高级教师	2000 年
刘 玉	女	老城镇玉楼村	中山大学环境科学研究所	副教授	—
罗德祯	男	大丰墟	海南省文联会	副主席（一级作家）	—
罗光瑜	男	—	海口市一中	高级教师	—
罗如珍	女	马村	海南人民医院	主任医师	—
孔 波	男	拔南村	解放军 187 医院	副主任医师	—
吕家珍	男	大场村	澄迈县人民医院	副主任医师	—
吕业燕	男	老城镇大场村	航天部	高级工程师	—
马传润	男	老城镇马村人	珠江冶炼厂	高级工程师	—
马传运	男	老城镇马村	国防科工委	高级工程师	—
马传忠	男	老城镇马村	海口市农林水利局木材检查站	站长、工业经济师	—
马汉彩	男	老城镇马村	海南热带病防治研究所	副主任医师	—
马家琳	男	老城镇马村	中央民族大学	副教授	—
麦光庆	男	拔南村	海口市第六中学	高级教师	—
欧月兰	女	瑞溪镇瑞溪墟	澄迈县医院	主任医师	—
潘永安	男	桥头镇沙土村	澄迈中学	总务处副主任（副高）	2010 年
邱 萍	女	拔南村	海南省人民医院	副主任医师	—
沈新鹰	男	澄迈	红光中学	中高	2007 年
唐秀霞	女	澄迈	红光中学	中高	2007 年
唐志强	男	海南澄迈	和岭中学	中高	2009 年
王才春	男	白莲墟	海南医学院附属医院	主任医师	—
王才壮	男	拔南村	美国依阿华州立大学	博导	—
王尝章	男	海南澄迈石村	澄迈县人民医院	主任医师	2005 年

续表 18-2-3

姓　名	性　别	籍　贯	工作单位	职务 / 职称	始任职时间
王　竞	男	澄迈加乐	美国加州大学圣地亚哥分校	教授	2010 年
王圣魁	男	澄迈	福山中学	中高	2010 年
王书光	男	老城镇美当村	中山医科大学	教授	—
王淑珍	女	拔南村	海口市第十中学	高级教师	—
王　涛	男	海南澄迈	海南省公路勘察设计院	副院长、高级工程师	2007 年
王　祥	男	海南澄迈	和岭中学	中高	2009 年
王选红	男	大丰镇美桃村	海南省群众工作部	副教授	在职
王应敏	女	—	复旦大学	副教授	—
王　珍	女	澄迈	红光中学	中高	2007 年
王　文	男	潭池村	儋州西培中学	高级教师	—
王永壮	男	澄迈桥头才芳村	中国热带农业科学院	办公室负责人	2001 年
王宗健	男	儒宗村	老城中学	高级教师	—
韦爱蓉	女	拔南村	澄迈县金江中学	高级教师	—
吴爱芳	女	拔南村	暨南大学教授	教授	—
吴光恒	男	拔南村	中科院物理研究所	研究院、博导	—
吴呵能	男	海南澄迈	红岗学校	中学高级教师	2007 年
吴　宏	男	拔南村	吉林大学机械学院	高级工程师	—
吴　华	男	拔南村	吉林工业大学工程力学学院高级工程师	高级工程师	—
吴惠文	女	海南澄迈雷宅村	澄迈县妇幼保健院	副院长、副主任护师	2008 年
吴家权	男	老城镇沙吉村	和岭医院	高级工程师	—
吴建永	男	拔南村	美国乔治城大学马兰大学	教授	—
吴进远	男	拔南村	费米国家实验室	工程师	—
吴锦体	男	拔南村	贵州险峰机床厂	高级工程师	—
吴坤俊	男	拔南村	海口市海事局	高级工程师	—
吴轮德	男	拔南村	海口市高级技术学校	高级教师	—
吴轮儒	男	拔南村	澄迈县老城中学	高级教师	—
吴美静	女	拔南村	海口市第十中学	高级教师	—

续表 18-2-3

姓　名	性　别	籍　贯	工作单位	职务 / 职称	始任职时间
吴　鹏	男	拔南村	海南省人民医院	高级工程师	—
吴乾章	男	老城镇拔南村	中科院物理研究所	晶体学家	—
吴　强	男	潭池村	昌江矿区中学	高级教师	—
吴清华	男	老城镇昌盛村	海南农业学校	高级讲师	—
吴　山	男	澄迈	红光中学	中高	2007 年
吴燕岑	男	拔南村	海南地质局	高级工程师	—
吴玉湾	女	拔南村	海南省纺织总公司	总工程师	—
吴贞铮	女	拔南村	海口市秀英区疫病预防控制中心	主治医师	—
吴宗林	男	拔南村	澄迈县老城中学	高级教师	—
吴宗宽	男	拔南村	海南客货海运公司	高级工程师	—
吴宗尧	男	拔南村	吉林工业大学	教授	—
谢学良	男	大场村	澄迈县人民医院	副主任药师	—
徐　云	男	瑞溪镇瑞溪墟	澄迈县医院	副主任医师	—
杨素娟	女	老城镇东水港村	广州华南师院	教授	—
杨　志	男	海南澄迈	广东省工商职业技术学院	副教授	2004 年
张光炯	男	福山镇社区	福山中学	中高	2002 年
郑惠珠	女	老城镇龙吉村	海口市人民医院	主任医师	—
郑吕强	男	场部	澄迈县大丰学校	副高	2006 年
郑曼妮	女	—	187 医院	高级护理师	—
郑尚魁	男	老城镇龙吉村	海大旅游学院	实验师	—
郑尚起	男	老城镇龙吉村	广州港集团拖轮公司	副总经理、高级工程师	—
钟心异	男	老城镇美鼎村	海南热作病防治研究所	副主任医师	—
钟鸾尧	男	拔南村	临高县人民医院	院长	—
周焕起	男	澄迈桥头	中国热带农业科学院	副研究员	2010 年
王绍寿(王康寿)	男	金江镇大美村	海南大学	高级工程师	—
王诗俊	男	金江镇大美村	海南大学	讲师	—

续表 18-2-3

姓 名	性 别	籍 贯	工作单位	职务 / 职称	始任职时间
王冠华	女	金江镇大美村	海南琼台师范学院	副教授	—
王高科	男	金江镇大美村	海南省高等体育运动技术学校	高级讲师	—
王茂山	男	金江镇大美村	澄迈县第三中学	政历科高级教师	—
王高昌	男	金江镇大美村	海南省农垦中学	物理科高级教师	—
王咸芳（王芳）	男	金江镇大美村	澄迈县老城中学	语文科高级教师	—
王绍民	男	金江镇大美村	海口市长流中学	语文科高级教师	—
王光强（王世文）	男	金江镇大美村	海南富南国际信托投资公司	注册土地评估师	—
王明霞	女	金江镇大美村	海南省安宁医院	副主任医师	—
王琛呈	女	金江镇大美村	艾默生网络（深圳）有限公司	高级工程师	—

四、省级以上文艺协会人员名录

1999—2010 年澄迈县省级以上文艺协会人员名录一览表

表 18-2-4

姓 名	性 别	出生时间	籍 贯	学 历	工作单位	级别/类别	获得时间
王广生	男	1937 年	加乐镇加玉村	—	海南大学艺术系	工艺美术、雕塑家	—
何泽富	男	1937 年	加乐镇效古村	—	澄迈县教师进修学校	海南省作家	—
陈 东	男	1936 年	加乐镇德润村	—	县琼剧团	中国戏剧家	—
王广俊	男	1971 年	加乐镇加产村	—	—	海南省作家	2008 年
黄清炳	男	1950 年	加乐墟	—	澄迈县文化广电出版体育局	中国民俗摄影协会、海南省书法家	—
王 铮	男	1964 年	加乐镇岭门村	—	—	海南省书法家	2008 年
王大刚	男	—	加乐镇凭高岭村	—	澄迈县文化馆	海南省美术家	—
王仁广	男	1948 年		—	海南广播电视台	海南省戏剧家	—
杨少雄	男	1936 年	加乐镇加乐圩	—	—	海南省知名戏曲艺术家、戏剧家协会	—

续表 18-2-4

姓名	性别	出生时间	籍贯	学历	工作单位	级别/类别	获得时间
陈世兴	男	1937 年	加乐镇德润下村	—	澄迈县广播电视局	中国摄影家、海南省摄影家	—
王时明	男	1963 年	加乐镇下山村	—	—	中国民俗摄影协会会员	—
沈克顺	男	1955 年	澄迈永发	大专	县科协	海南省摄影家	2010 年
黄　驹	男	1953 年	澄迈县金江镇	研究生	海南省粮食局	海南省书法家	—
符少龄	女	1954 年	澄迈县中兴镇	大本	海南省农垦总局	海南省书法家	—
张昌辉	男	1972 年	澄迈县金江镇	大专	陵水县本号镇祖关区祖关小学	海南省书法家	—
陈小伟	男	1973 年	澄迈县加乐镇	大本	琼台师范高等专科学校	海南省书法家	—
王有福	男	1965 年	澄　迈	—	省组织部	海南省书法家	—
陈　娣	女	1988 年	澄迈县金江镇	大专	金江镇校服厂（右旁）	海南省书法家	—
王虹铧	女	1986 年	澄迈县加乐镇	大专	加乐镇加乐居委会加头村	海南省书法家	—
吴清键	男	1962 年	澄迈县仁兴镇	大本	县图书馆	中国书法家	2010 年
吴清泽	男	1958 年	澄迈县金江镇	高中	县电影公司	海南省书法家	2001 年
周德群	男	1962 年	澄迈县金江镇	高中	县图书馆	海南省书法家	2001 年
冯国书	男	1955 年	澄迈县老城镇	大本	县农综办	海南省书法家	2006 年
冯德迈	男	1963 年	澄迈县金江镇	大本	县委办	海南省书法家	2006 年
李　凯	男	1972 年	澄迈县金江镇	高中	个　体	海南省书法家	—
黄清炳	男	1952 年	澄迈县加乐镇	高中	县文体局	海南省书法家	2005 年
庞耀史	男	1976 年	澄迈和岭农场	大本	个　体	海南省书法家	2001 年
吴　泽	男	1975 年	澄迈县文儒镇	高中	农　民	海南省书法家	—
蔡笃家	男	1955 年	澄迈县金江镇	大专	澄迈县山口文化站	海南省书法家	2001 年
王　铮	男	1964 年	澄迈县加乐镇	大本	工商银行海口秀英支行	海南省书法家	2006 年
欧东顺	男	1962 年	海南万宁	大学	县委组织部	海南省书法家	—
王景恩	男	1953 年	海南澄迈	大专	房管局	海南省诗词学会	2004 年
曾维招	男	1957 年	海南澄迈	大专	绿韵宾馆	海南省诗词学会	2004 年
王惠群	男	1952 年	海南澄迈	大专	检察院	海南省诗词学会	2004 年

续表 18-2-4

姓　名	性　别	出生时间	籍　贯	学　历	工作单位	级别/类别	获得时间
吴多鑫	男	1957 年	海南澄迈	大学	县文联	海南省诗词学会	2004 年
王圣任	男	1951 年	海南澄迈	大学	县人行	海南省诗词学会	2006 年
陈庆佑	男	1960 年	海南澄迈	大专	住建局	海南省诗词学会	2004 年
陈焕泽	男	1968 年	海南澄迈	大专	县工行	海南省诗词学会	2004 年
何泽富	男	1937 年	海南澄迈	大学	县进修学校	海南省诗词学会	—
符运道	男	1960 年	海南澄迈	大学	澄迈中学	海南省诗词学会	2004 年
李科裕	男	1939 年	海南澄迈	大专	加乐学校	海南省诗词学会	2007 年
符　容	女	1957 年	海南	大专	镇小	会员	2004 年
冯　衡	男	1972 年	海南	大学	教育局	会员、理事	2006 年
曾德仕	男	1980 年	海南	大学	老城开发区	会员、理事	2009 年
曾德英	男	1962 年	海南澄迈	大学	澄迈县教科局	省级作家	2005 年
王广俊	男	1971 年	海南澄迈	大学	澄迈县委农工委	省级作家	2008 年
黄大刚	男	1976 年	海南澄迈	大学	澄迈县政府办	省级作家	2008 年
何泽富	男	1937 年	海南澄迈	大学	澄迈县教师进修学校	省级作家	2000 年
蔡于章	男	1945 年	海南澄迈	大学	澄迈县纪律检查委员会	省级作家	2009 年
李秋波	女	1956 年	海南澄迈	大学	澄迈县国土环境资源局	省级作家	2009 年
李树木	男	1966 年	海南海口	大专	澄迈县政协工青妇文史委	省级作家	2008 年
江　非	男	1974 年	山东临沂	大学	澄迈县文化馆	国家二级作家	2008 年
徐日龙	男	1953 年	长安	大专	个体	省级花瑰艺术传承人	2010 年
						工艺大师	2009 年
						海南省美术家	2007 年
李学强	男	19373 年	老城	初中	县文联	中国钢笔画联盟会员	—
李敦宦	男	1938 年	澄迈	大专	澄迈县文化馆	中国摄影家	2003 年

续表 18-2-4

姓　名	性　别	出生时间	籍　贯	学　历	工作单位	级别/类别	获得时间
陈世兴	男	1940 年 8 月	澄迈加乐	大专	澄迈县文体局	中国民俗摄影协会会员	2001 年
						海南省摄影家协会会员	2002 年
						中国摄影家协会会员	2003 年
						亚洲摄影家协会会员	2007 年
						海南省美术家协会会员	2010 年
邓金东	男	1964 年	澄迈瑞溪	大学	美鸽诗文社	海南青年作家、	2002 年
						海南省诗联艺术家	2005 年
林　森	男	1980 年	瑞溪下坡村	大学	天涯杂志社	中国作家	—
刘琼玉	女	1942 年	澄迈老城	高小	澄迈县文化馆	中国戏剧协会海南支会会员	1993 年
陈宗用	男	1970 年 3 月	澄迈瑞溪	大专	澄迈县瑞溪中学	中国民俗摄影协会会员	1998 年
						海南省摄影家协会会员	2004 年
苏　文	男	1960 年	文昌	高中	澄迈县工商银行	中国摄影家协会会员、海南省摄影家协会会员	2003 年
洪仿辉	男	1971 年 5 月	澄迈中兴	初中	澄迈县中兴镇顺意照相馆	海南省摄影家协会会员、中国民俗摄影协会会员	2004 年
王和光	男	1935 年	澄迈加乐	高中	澄迈县加乐镇乐溪小学	海南省摄影家协会会员、海南省民俗摄影协会会员	2004 年
徐日开	男	1957 年	澄迈仁兴	高中	仁兴镇企业	海南省摄影家协会会员、中国民俗摄影协会会员、海南省民俗摄影协会会员	2004 年
符祥康	男	1968 年	澄迈福山	学士	琼台师范学院	中国美术家协会会员、海南省美术家协会副主席	2006 年

前志补遗

附　录

澄迈县高级专业技术职称人员一览表

表 1

姓　名	性别	出生年月	籍贯	毕业学校	工作单位	技术职务	评定年月
王茂山	男	1936 年 4 月	澄迈县	广东师范学院	澄迈县第三中学	政治科高级教师	1988 年 11 月
陈经兰	男	1936 年 12 月	海南省琼海市	广东师范学院	澄迈县第三中学	生物课高级教师	1988 年 11 月
吴多裕	男	1934 年 10 月	澄迈县金江镇	关东师范学院	澄迈县第三中学	数学科高级教师	1991 年 6 月
李树秀	男	1940 年 12 月	澄迈县金江镇	华南师范学院	澄迈中学	语文科高级教师	1988 年 11 月
陈明卿	男	1944 年 3 月	澄迈县加乐镇	广东教育学院	澄迈中学	物理科高级教师	1991 年 6 月
梁天真	男	1935 年 9 月	广东省阳江市	广东师范学院	澄迈县教研室	物理科高级教师	1987 年 11 月

说明：摘自省人劳厅编《海南省高级专业技术人才名录》(海南出版社，1995 年 10 月)

澄迈县被授予“海南省有突出贡献优秀专家”称号一览表

表 2

姓名	性别	出生年月	籍贯	毕业学校	工作单位	评定年月
邱生发	男	1941 年 7 月	澄迈县金江镇	广州中医学院	澄迈县人民医院	1992 年 8 月
杨先堂	男	1952 年 6 月	澄迈县	佛山兽医专科学校	澄迈县畜牧兽医技术推广中心	1994 年 8 月
陈明卿	男	1944 年 3 月	澄迈县加乐镇	广东教育学院	澄迈县教研室	1996 年 8 月
李科祥	男	1941 年 11 月	加乐镇内龙村	中山大学	海南省农科院	1992 年 8 月
王　鹏	男	1931 年 10 月	金江镇加潭村	海口高级农校	海南省水产研究所	1992 年 8 月
黄建中	男	1930 年 6 月	澄迈县加乐镇	兰州医学院	海南省人民医院	1992 年 8 月
冯麟煌	男	1942 年 9 月	老城镇潭才村	海南师专	海南省作家协会	1994 年 8 月
许志坚	男	1943 年 12 月	永发镇排坡村	湛江水产专科学校	海南省水产研究所	1992 年 8 月
王和驹	男	1960 年 9 月	加乐镇岭脚下村	海南医学院	海南省人民医院	2008 年 6 月

说明：摘自省人劳厅编《海南省高级专业技术人才名录》(海南出版社，1995 年 10 月)

澄迈县籍被授予“享受国务院特殊津贴专家”称号一览表

表 3

姓名	性别	出生年月	籍贯	毕业学校	工作单位	评定年月
李科祥	男	1941 年 11 月	加乐镇内龙村	中山大学	海南省农科院	1992 年 11 月
王　鹏	男	1931 年 10 月	金江镇加潭村	海口高级农校	海南省水产研究所	1992 年 11 月
黄建中	男	1930 年 6 月	澄迈县加乐镇	兰州医学院	海南省人民医院	1993 年 11 月
王文华	男	1944 年 10 月	金江镇村头村	大连海运学院	广州港务局引航站	1992 年 11 月
许志坚	男	1943 年 12 月	永发镇排坡村	湛江水产专科学校	海南省水产研究所	1991 年 11 月

编后记

《澄迈县志（1999—2010）》为澄迈县第二部社会主义新县志，自2010年启动，至2020年落笔，历时10年，先后历经王邦照、王斯、王泽史、邱铭成等四届主任的执笔，不辍笔耕，终于成书出版。

2010年，根据国务院、海南省地方志办公室的部署，澄迈县委、县政府决定修编《澄迈县志（1999—2010）》。3月，县委办、县政府办下发《关于修编〈澄迈县志（1999—2010）〉的通知》，县史志办制定《澄迈县第二轮地方志编纂方案》并下发各单位，成立《澄迈县志（1999—2010）》编纂委员会，县委书记、县长分别担任编纂委员会主任和常务副主任。县委副书、分管县委常委、县地方志办公室主任分别担任编纂委员会副主任。县地方志办公室主任、副主任分别担任《澄迈县志（1999—2010）》编辑部主编、副主编，县直有关单位领导担任编纂委员会委员。并于3月2日召开全县第二轮修志工作动员会，全县125个单位领导参加会议，举办修志业务培训班，修志人员参加培训学习。于此，第二轮《澄迈县志（1999—2010）》编纂工作宣告启动。

县史志编纂委员会根据全县实际，制定并下发《澄迈县第二轮修志工作方案》，向各承编单位发放志书编写提纲，进一步明确各承编单位的任务和责任，要求按照“谁主管，谁负责”的原则，认真制定志书修编工作计划，抽调骨干人员承担志稿的撰写，按时提供质量保证的稿件。原计划2011年底前完成初稿任务，但由于部门人员变动大等多种原因，工作任务未能按时完成。

2012年底，为利于各承编单位对志稿的撰写，县地方志办公室对原提纲进行调整和细化，将二、三级纲目进行分解，并根据内容配备具体的表格。至2014年5月，《澄迈县志（1999—2010）》已形成基本的雏形。

为了加快修志进度，按时间节点完成修志任务。从2012年至2016年9月，县地方志办公室先后3次向县委分管领导汇报工作情况，并以县委办名义专门发文，要求各承编单位提交质量有保证的稿件。同时编写志书凡例，就志书的写作基本要求发给各承编单位。将全办人员分成4个组，以2名副主任和2名股长为组长，实行组稿催稿责任制，对口负责各自单位志稿的催收和整理工作。2016年9月，全县125个承编单位基本上都上交志稿，经整理修改，形成篇目设置22篇102章，字数70多万字的第二稿。

虽然形成《澄迈县志（1999—2010）》第二稿，但由于材料不全，缺项、断线内容过多，文字粗糙等，志稿不尽人意，志书资料征集和修改继续进行。

2018年8月，根据修志的新形势和县委主要领导的意见，主任王斯果断决策，邀请省史志专家符和积在原来基础上重新拟定编写提纲，以两办名义发文，争取以最快的时间让各单位提供质量有保证的稿件。志稿征集完毕后，经县地方志办公室组织人员整理后，交给符和积、周文奇 2 位专家全程把关，确保在专家的指导下志书的质量得到保证，符和积设置的篇目有 20 编 78 章 351 节 138 万字。

2019 年 3 月，王泽史到任后，针对二轮县志修编落后的情况，先后召开一次培训学习会，2 次志稿撰写推进会，一次专家评议会和复审会，同时会同县委督查室深入供稿滞后的承编单位督促，提请县纪委、监委对不完成任务的单位进行通报批评。通过采取超常规的方法，确保志稿在短短几个月时间内顺利完成。

2019 年 3 月初，县地方志办公室将志稿呈送符和积、李养国、周文奇、王海云、朱兴明等 5 位海南省史志专家通阅审改。在专家提出审读意见后，根据专家的指导意见，编审人员进行修改，形成“评议稿”。4 月，县编纂委员会召开《澄迈县志（1999—2010）》专家评议会，符和积、李养国等 5 位专家，县委分管领导、省地方志办公室市县指导处处长陈家传、副处长符思权和县有关部门领导 100 多人参加会议。会后，综合专家和省办领导的意见，对志稿再次进行修改而形成“复审稿”，并将志稿送给符和积、周文奇、王海云 3 位专家和《澄迈县志（1999—2010）》编纂委员会成员单位负责人审阅，并请他们继续提出修改意见。

11 月中旬，县编纂委员会主持召开《澄迈县志（1999—2010）》复审会议，县委分管领导，省地方志办公室相关领导及专家、县志编委会全体成员及编辑部人员 120 多人参加会议。会后，编辑部根据大家的意见将志稿再作修改，并将书稿发给各承编单位予以核实确认。12 月，专家符和积又根据各承编单位反馈的意见进行修改和文字处理，从而形成送审稿，篇目有 18 编 77 章 358 节，总计 140 多万字，呈报澄迈县人民政府和海南省地方志办公室审核。2020 年 9 月，主任邱铭成到任后，组织编纂人员认真核对，确保志稿数据准确，语言简练。协调方志出版社顺利通过三审三校，并同出版社商定印刷的有关事宜，确保《澄迈县志（1999—2010）》在上级部门规定的时间内出版发行。

《澄迈县志（1999—2010）》的编纂出版，得到海南省地方志办公室主任毛志华、副主任秦武军及市县指导处陈家传、符思权的精心指导，他们提出宝贵的意见和建议；得到澄迈县委、县政府领导的关心和支持，以及全县 125 个承编单位的积极配合。值此，在本书出版之际，我们表示衷心的感谢和崇高的敬意！

由于我们学识能力有限，加上许多资料缺失，书中难免存在一些缺点乃至错误之处，恳请读者批评指正。

《澄迈县志（1999—2010）》编辑部

2020 年 10 月